ÉDITION

Directeurs de collection et auteurs :
Dominique AUZIAS et Jean-Paul LABOURDETTE
Auteurs : Elodie BALLET, Nelly DEFLISQUE,
STE SIMAX CONSULTANT-Christine MOREL,
Patricia BUSSY, Johann CHABERT, Juliana HACK,
Faubert BOLIVAR, Yaissa ARNAUD BOLIVAR,
Jean-Paul LABOURDETTE, Dominique AUZIAS et alter
Directeur Editorial : Stéphan SZEREMETA
Rédaction Monde : Caroline MICHELOT,
Morgane VESLIN, Pierre-Yves SOUCHET,
Jimmy POSTOLLEC, Elvane SAHIN
et Natalia COLLIER
Rédaction France : Elisabeth COL,
Tony DE SOUSA, Mélanie COTTARD
et Sandrine VERDUGIER

FABRICATION

Responsable Studio : Sophie LECHERTIER
assistée de Romain AUDREN
Maquette et Montage : Julie BORDES,
Sandrine MECKING, Delphine PAGANO
et Laurie PILLOIS
Iconographie et Cartographie : Anne DIOT
assistée de Julien DOUCET

WEB ET NUMÉRIQUE

Directeur Web : Louis GENEAU de LAMARLIERE
Chef de projet et développeurs :
Nicolas de GUENIN, Adeline CAUX et Kiril PAVELEK
Intégrateur Web : Mickael LATTES
Webdesigner : Caroline LAFFAITEUR
Community Traffic Manager : Alice BARBIER
et Mariana BURLAMAQUI

DIRECTION COMMERCIALE

Directeur commercial : Guillaume VORBURGER
assisté de Manon GUERIN
Responsable Régies locales :
Michel GRANSEIGNE
Gestion commerciale : Vlmla MEETOO
et Assa TRAORE
Chefs de Publicité Régie nationale :
Caroline AUBRY, François BRIANCON-MARJOLLET,
Perrine DE CARNE MARCEIN et Caroline PREAU
Chefs de Publicité Régie internationale :
Jean-Marc FARAGUET, Guillaume LABOUREUR,
Camille ESMIEU assistés de Claire BEDON
Régie GUADELOUPE : Gilles MOREL

DIFFUSION ET PROMOTION

Directrice des Ventes : Bénédicte MOULET
assistée d'Aissatou DIOP, Marianne LABASTIE
et Sidonie COLLET
Responsable des Ventes : Jean-Pierre GHEZ
assisté de Nelly BRION
Relations Presse-Partenariats :
Jean-Mary MARCHAL

ADMINISTRATION

Président : Jean-Paul LABOURDETTE
Directrice des Ressources Humaines :
Dina BOURDEAU assistée de Sandra MORAIS
et Eva BAELEN
Directrice Administrative et Financière :
Valérie DECOTTIGNIES
Comptabilité : Jeannine DEMIRDJIAN,
Adrien PRIGENT et Faiza ALILI
Recouvrement : Fabien BONNAN
assisté de Sandra BRIJLALL et Vinoth SAGUERRE
Responsable informatique :
Briac LE GOURRIEREC
Standard : Jehanne AOUMEUR

■ **PETIT FUTÉ GUADELOUPE 2020** ■
LES NOUVELLES ÉDITIONS DE L'UNIVERSITÉ
18, rue des Volontaires - 75015 Paris.
✆ 01 53 69 70 00 - Fax 01 42 73 15 24
Internet : www.petitfute.com
SAS au capital de 1 000 000 €
RC PARIS B 309 769 966
Couverture : La Pointe des Châteaux
© Charles-Henry THOQUENNE
Impression : CORLET IMPRIMEUR -
14110 Condé-en-Normandie
Achevé d'imprimer : 12/12/2019
Dépôt légal : 12/11/2019
ISBN : 9782305021898

Pour nous contacter par email, indiquez le nom
de famille en minuscule suivi de @petitfute.com
Pour le courrier des lecteurs : info@petitfute.com

BIENVENUE EN GUADELOUPE !

Difficile de saisir en seul mot, toutes les richesses, toute la beauté et toute la diversité de ce « papillon ». L'émerveillement commence dès l'approche des côtes de la Guadeloupe, où, à travers le hublot de l'avion, s'offrent à vos yeux, comme une récompense des heures passées en vol, le bleu profond de l'océan. Celui-là même qui, à la fois fascinant et grisant, pousse les skippers à s'élancer à l'assaut de la mythique Route du Rhum. Mais ce n'est là qu'une mise en bouche, juste un avant-goût de la variété des paysages de l'archipel. En Grande-Terre, les falaises vertigineuses, les lagunes et la mangrove sont autant de sites propices à la découverte et à la détente. Et que ceux qui rêvent de lézarder sur le sable à l'ombre des cocotiers se rassurent : l'échouage des algues sargasses ne touche que 3 % des quelque 300 plages que compte l'archipel. De quoi profiter largement, et en toute saison, de la douceur des eaux turquoise et cristallines. Les amateurs de nature et de sport seront conquis par la Basse-Terre qui dispose de bien des atouts : l'exubérance de sa forêt tropicale, ses cascades, ses rivières, ses bains d'eau chaude, ses traces et autres spots de plongée. En prenant le large, les cétacés offrent un spectacle aux petits comme aux grands, tout au long de l'année.

Et que dire de Marie-Galante, des Saintes et de la Désirade ? Elles vous séduiront sans aucun doute par l'authenticité de leurs paysages ruraux, leur folklore, leur patrimoine naturel préservé, cette ambiance paisible et cette douceur de vivre qui incitent à lâcher prise.

Dans tout l'archipel, la gastronomie n'est pas en reste. De la cuisinière traditionnelle au jeune chef plein de créativité, en passant par les camions de type *food-trucks*, tous rivalisent d'imagination pour magnifier les produits frais du pays. Bien au-delà des ti-punchs, crabes farcis et accras, les poissons, les fruits de mer et les produits de la terre font également partie du dépaysement. Si les plats mettent sans cesse les papilles et les pupilles en éveil, le gwo ka saura à lui seul vous enivrer et vous transmettre l'âme de la Guadeloupe, à travers les chants, les danses et les rythmes traditionnels.

L'équipe de rédaction

▶ **REMERCIEMENTS.** Merci aux différents offices de tourisme qui coopèrent chaque année afin de fournir les meilleures informations. Nous remercions également tous les lecteurs qui participent à l'écriture de ce guide en nous faisant part de leurs remarques, ou en nous amenant à découvrir de nouveaux lieux qui auraient pu échapper à notre vigilance.

■ **IMPRIMÉ EN FRANCE**

10-31
Certifié
Ce produit
de forêts gérées
durablement et
sources contrôlées.
pefc-france.org

D1642144

Retrouvez cette offre en page 101

SOMMAIRE

© TOM PEPEIRA - ICONOTEC

Bourg de Deshaies.

© PACK-SHOT _ SHUTTERSTOCK.COM

■ BASSE-TERRE ■

Eglise de Saint-François.

REPÉREZ LES MEILLEURES VISITES

★ INTÉRESSANT ★★ REMARQUABLE ★★★ IMMANQUABLE ★★★★ INOUBLIABLE

Basse Terre *Majestueuse*
Grande Terre *Fascinante*
Marie Galante *Authentique*
Les Saintes *Éblouissantes*
La Désirade *Surprenante*

EDITO DU PRESIDENT

Chers visiteurs,

Vous qui avez fait le choix de découvrir les Iles de Guadeloupe, nous sommes heureux et fiers de vous accueillir.

Que vous soyez en quête de paysages majestueux ou de sensations fortes, amoureux de la culture et du patrimoine, amateur de bonne cuisine ou tout simplement à la recherche de moments de détente, les iles de Guadeloupe aux mille visages sauront vous émerveiller.

Laissez-vous transporter au coeur de nos origines, découvrez des territoires contrastés : la trépidante Grande-Terre, Basse-Terre et ses paysages majestueux, la surprenante Désirade, les Saintes éblouissantes, Marie-Galante l'authentique.

Goûtez à notre gastronomie aux innombrables saveurs, plongez dans nos eaux cristallines, vibrez au rythme du zouk et du gwo ka, contemplez la faune et la flore sauvages, visitez nos sites culturels et patrimoniaux exceptionnels …

Forte de l'engouement qu'elle suscite, notre archipel développe et modernise sans cesse ses infrastructures et son offre d'hébergement pour satisfaire ses visiteurs.

Chez l'habitant, à l'hôtel, en gîte, dans un écolodge, ou sur un bateau, chacun trouvera son bonheur. Vous l'aurez compris, quelles que soient vos attentes, vous serez comblés par tant de diversité !

Et si votre séjour sur nos îles ne suffit pas à vous permettre d'appréhender toutes ces richesses tant elles sont nombreuses, une chose est certaine, nous saurons vous donner l'envie d'y revenir !

Ary CHALUS
Président de la Région Guadeloupe
Président du Comité du Tourisme des iles de Guadeloupe

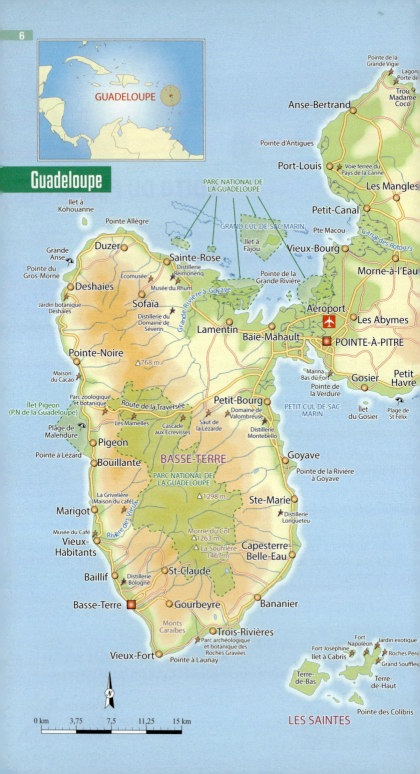

Altitude (en mètres)	
500	
400	
300	
200	
100	

Route principale
Route secondaire
Chef-lieu
Ville
Aéroport
Plage
Curiosité
Distillerie

Le Moule

Porte d'Enfer

Distillerie Damoiseau

Maison Zévallos
Maison Coloniale

GRANDE-TERRE

Anse à la Gourde

St-François

Le Helleux

Golf de St-François

Pointe des Châteaux

Ste-Anne

Pointe des Colibris

Plage des Raisins Clairs

Plage de Ste-Anne

Plage de la Caravelle

LA DÉSIRADE

Pointe du Grand Abaque

Beauséjour

Pointe Colibris

Terre-de-Haut

Terre-de-Bas

Île de la Petite Terre

OCÉAN ATLANTIQUE

St-Louis

MARIE-GALANTE

Distillerie Bellevue

Distillerie Poisson

Distillerie Bielle

Grand-Bourg

Capesterre-de-Marie-Galante

LES PETITES ANTILLES

Anguilla
St-Martin
St-Barthélemy
Barbuda
Saba
St-Kitts
Nevis
Antigua
Montserrat
GUADELOUPE
Marie-Galante
Les Saintes
Dominique
MARTINIQUE
St-Lucie
Barbade
St-Vincent
Bequia
Canouan
Moustique
Cariacou
Union
Ronde
Grenade

Le rhum arrangé, une spécialité locale.

Les plages guadeloupéennes invitent au farniente.

Carnaval des Enfants au Gosier.

La Cascade aux Ecrevisses, sur la Route de la Traversée.

LES PLUS DE LA GUADELOUPE

Une île si lointaine et si proche à la fois

A la fois Région et Département français d'outre-mer (971), la Guadeloupe partage avec la métropole la même monnaie, la même langue, et le même niveau de prestations sanitaires et sociales. Cependant, le dépaysement est bien présent quand vous arrivez sur l'île pour la première fois et bien au-delà de la simple différence des températures. La double identité franco-antillaise a généré une mixité des visages, de cultures, des mentalités et un mode de vie différent de celui de l'Hexagone.

Une destination sûre

Vous n'aurez pas de frayeur avec les animaux ici : pas de requin le long des côtes, ni de serpent ou d'araignée géante. Bien sûr, les scolopendres (mille-pattes à la piqûre douloureuse) sont à éviter.
En mer, soyez prudent car le poisson-lion (appelé également rascasse volante), muni d'épines vénimeuses, est malheureusement présent aux Antilles depuis quelques années maintenant. Son venin reste actif même après sa mort. Sur le plan sanitaire, vous bénéficiez du système de santé français. Pensez à vous munir de votre carte d'assurance maladie. Quelques consignes de vigilance sont en outre à respecter si vous êtes amené à circuler dans certains quartiers pauvres, afin notamment de vous prémunir contre la leptospirose ; commencez par éviter de marcher pieds nus. Enfin côté sécurité, certains quartiers sont à éviter à la tombée de la nuit... comme partout dans le monde.

Une destination « ouverte » toute l'année

Avec une température moyenne de 27°C, des pointes à 32°C en juin, juillet, août et l'absence de saisons tranchées, la nature tropicale est généreuse côté températures. Un mercure sous les 20°C apparaît comme un vrai évènement ici, un sujet tout trouvé pour la une du quotidien local... On a coutume de dire qu'il y a deux saisons touristiques annuelles : la haute saison, de novembre à avril, et la basse saison, de mai à octobre. Mais c'est une destination ensoleillée toute l'année, surtout quand il fait froid en Europe ! Certes, il y a la saison cyclonique

(de juin à fin novembre), au cours de laquelle de fortes dépressions et parfois des cyclones mémorables peuvent retenir les voyageurs. Mais ces phénomènes sont constamment surveillés et s'anticipent. Sans doute à cause de ces aléas climatiques, la saison est alors bien plus calme sur le plan de la fréquentation touristique. Pourtant, si vous séjournez sur les îles pendant l'hivernage, l'archipel saura tout autant vous séduire, et vous vivrez avec les habitants des moments forts face aux éventuels déchaînements de mère nature.
Pas de panique cependant : un dispositif très efficace d'alerte et de sécurité des personnes est mis en place par les collectivités. De mi-décembre à mi-juin, le temps redevient plus sec, avec un taux d'humidité plus supportable. Dans l'ensemble, les prix des séjours sont nettement à la baisse fin avril, après les vacances de Pâques. Pour les grandes vacances (juin, juillet et août), la température et le taux d'humidité sont plus élevés, mais un séjour en famille s'envisage aisément. C'est également la période idéale pour profiter d'une croisière car la mer est plus calme sauf avis de tempête, bien sûr. Attention, en juillet et août, le prix des billets d'avion et des hébergements a tendance à repartir à la hausse car beaucoup d'Antillais vivant en métropole retournent « au pays » à cette période.

Soleil, plages et farniente

Avant de partir, si l'on vous promet le soleil toute l'année, de superbes plages de sable fin, une mer turquoise et chaude, n'allez pas imaginer qu'il s'agit d'arguments excessifs car la Guadeloupe possède réellement tous ces atouts. Il y fait bon toute l'année même s'il peut tomber des pluies diluviennes en dehors de l'hivernage. Vous avez le choix entre du sable blanc, doré, ou gris intense si vous vous trouvez sur une plage volcanique. On peut très bien « se la couler douce » à Sainte-Anne, Saint-François ou Gosier (en Grande-Terre) ou préférer l'aqua-randonnée dans les rivières, le bivouac dans la forêt tropicale, l'ascension du volcan ou la pêche au gros (en Basse-Terre) ! L'archipel allie exotisme et modernisme, confort et nature, détente et loisirs de plein air toniques, sans oublier les sensations fortes en mer ou les nombreuses activités nautiques.

© GILLES MOREL

*Statue de Marcel Lollia dit Vélo,
rue Saint-John Perse à Pointe-à-Pitre.*

Des activités de plein air à profusion

Avec sa nature exubérante de chlorophylle, cernée par un littoral encore préservé, l'archipel constitue un formidable terrain de jeux. Baignades, sports et loisirs aquatiques, aventures en mer... Une partie des activités tourne beaucoup autour du balnéaire. Si vous n'avez jamais eu l'occasion de tenter la plongée sous-marine, c'est le moment de vous lancer ! La richesse des fonds marins de l'archipel guadeloupéen invite en effet à découvrir le Grand Bleu. La transparence de l'eau rassure, et les moniteurs agréés aussi ! Il est très facile de pratiquer la plongée ici, avec masque et tuba, bouteilles ou en apnée pour les plus exercés ou encore avec un casque ajustable, notamment dans la réserve naturelle de Bouillante. En outre, on peut louer toutes sortes de bateaux, faire de la voile avec ou sans skipper, avec ou sans moteur, partir en croisière autour de l'archipel... Les plus sportifs apprécieront la pêche au gros, la planche à voile, le surf, le jet-ski, le kitesurf, le flyboard, le kayak, le pédalo... et les plus méditatifs resteront paisiblement à l'ombre dans leur hamac ou sur le sable à scruter l'horizon.

Les loisirs aériens (survol en avion, parapente, hélicoptère, ULM, chute libre...) constituent également un moyen original de découvrir l'archipel sous un autre angle et de s'offrir des sensations inédites.

Dans les terres, les randonnées se muent en circuits de trekking ou de canyoning, en balade accompagnée en buggy, en 4x4, en moto, en bivouac en forêt... On part, à pied, à la recherche des chutes d'eau et de leurs bassins profonds, où les bains sont autant de récompenses après une bonne marche. Les sentiers botaniques escarpés offrent encore d'autres sensations. Connaisseur ou pas, le promeneur sera enchanté par la luxuriance des espèces et essences de ce jardin tropical. A découvrir également, le monde de l'agriculture traditionnelle, avec les plantations de canne à sucre, les bananeraies, les bonifieries (fabriques de café), les cacaotières... Citons pour finir un itinéraire Ecomusée et Patrimoine, qui croise la route des distilleries de rhum, des maisons coloniales et des villas créoles. Les villes de Basse-Terre et de Pointe-à-Pitre proposent des circuits guidés thématiques passionnants.

Un écotourisme en plein essor

Premier secteur économique de la Guadeloupe, l'activité touristique se distingue, au fil des ans, par une vraie recherche d'équilibre et une plus grande diversité des offres d'hébergement et d'activités. Au-delà de l'économie générée par les stations balnéaires situées plus généralement sur la Grande-Terre, des modes d'hébergement alternatifs ont vu le jour ces dernières décennies jusqu'à se développer considérablement ; l'écotourisme est aujourd'hui en plein essor. Les établissements jouent la carte du développement durable et se tournent vers des sources d'alimentation en électricité solaire, la préservation des ressources en eau et des constructions réalisées grâce à des matériaux écologiques. Cette diversification de l'offre est bénéfique pour les îles de l'archipel, tant pour les entrepreneurs qui investissent dans l'économie verte et multiplient les initiatives en écotourisme que pour les voyageurs en quête de séjours plus ruraux et plus authentiques et la population à qui cette activité procure des emplois.

Le « savoir-fête » made in Guadeloupe

On connaît bien la trilogie soleil-rhum-cocotiers ! Clichés ou ingrédients de base pour la fête ? Lors de vos balades et excursions, vous remarquerez certainement cet aspect sympathique du caractère guadeloupéen. Le goût de la fête n'est pas une simple formule ici. Il y a toujours une occasion pour s'amuser, mettre de la musique et esquisser des pas de danse. Pour preuve, aux onze jours fériés reconnus en métropole viennent s'ajouter neuf jours chômés en Guadeloupe (lundi et mardi gras, mercredi des cendres, jeudi de la Mi-Carême, Vendredi saint, samedi Gloria, 27 mai, 21 juillet, 2 novembre). Le calendrier des fêtes patronales est également impressionnant, et s'y ajoutent la période du Carnaval, les festivals, les zouks en plein air... Évidemment, le ti-punch (véritable remède anti-stress) aide à maintenir l'ambiance.

Argent

Monnaie

On utilise ici la même monnaie qu'en métropole, l'euro.

Banques

Renseignez-vous auprès de votre agence ou sur Internet pour connaître ses succursales sur place. Les cartes de paiement sont acceptées partout. Attention, les chèques « hors place » (émis sur des succursales de la métropole) sont souvent refusés. Prenez tout de même votre chéquier avec vous car certains excursionnistes et commerçants les acceptent, ce qui peut dépanner si on est à court de liquidités.

Idées de budget

Tout d'abord, il faut savoir que la destination Guadeloupe est beaucoup plus accessible en période de basse saison. Par exemple, de septembre à mi-décembre et de mai à fin juin, il est possible de trouver un billet aller-retour à moins de 400 € en vol économique. A l'inverse, lors des périodes de fin d'année et des vacances scolaires, les prix s'envolent et atteignent les 1 500 €, toujours en vol économique. Il en est de même pour l'hébergement et les locations de véhicules. Ainsi, si vous choisissez bien la période, vous pouvez y séjourner à un tarif très intéressant, d'autant que certains sites proposent des packages (avion, hébergement, location de voiture) défiant toute concurrence (à partir de 700 €).

▶ **Petit budget.** En règle générale, les voyageurs à petit budget trouveront des hébergements (auberge de jeunesse, locations chez l'habitant, hôtels non classés, studios, bungalows...) pour environ 30 € par nuit (hors promotions de basse saison) aux quatre coins de l'île. Des loueurs indépendants ou certains hébergements proposent également des locations de véhicules à des prix attractifs. Côté restauration, vous trouverez des plats à emporter, des camions qui vendent des sandwiches, des bokits, des plats locaux... pour moins de 10 €. Enfin, beaucoup de sites naturels et randonnées sont accessibles gratuitement ou à des tarifs réduits et peuvent ainsi permettre de visiter l'archipel à moindre coût.

▶ **Budget moyen.** Il est possible de loger dans un hôtel de charme, dans des locations saisonnières, des gîtes de bon standing pour moins de 100 € par jour pour 2 personnes, petit déjeuner inclus en basse saison. Comptez environ 150 € en haute saison pour le même type de prestations. Si vous pouvez vous allouer 25 € par personne et par repas, vous aurez l'embarras du choix pour vos déjeuners et vos dîners. Regardez bien la carte ou demandez les tarifs avant de vous installer car certains établissements, qui ne vous semblent pas payer de mine, pratiquent des tarifs assez surprenants, en comparaison de leurs prestations et de leur décor.

© GILLES MOREL

Le Lagon, Saint-François.

▶ **Gros budget.** La Guadeloupe dispose, bien sûr, d'établissements de luxe entre hôtels classés 4 étoiles et locations de standing. Vous pouvez y trouver des chambres standard aux alentours de 200 € en basse saison. Pour les suites avec vue, comptez à partir de 400 € en haute saison. Ces établissements offrent des prestations de qualité à la hauteur des tarifs. Il existe ainsi de très belles villas de luxe en location à la semaine. Comptez de 1 500 à 20 000 € selon la semaine (oui, la fourchette est large mais l'étendue des prestations l'est également !). Cette gamme d'hôtellerie dispose généralement d'un restaurant en cohérence avec la qualité des prestations proposées en hébergement. En outre, nous avons pris soin de répertorier dans nos rubriques dédiées aux restaurants de chaque commune, les meilleurs établissements de l'île. Comptez de 45 à 100 € par personne à la carte.

La Guadeloupe en bref

L'archipel de la Guadeloupe

▶ **Superficie de l'Archipel :** 1 703 km².

▶ **Statut :** DROM (Département et région d'outre-mer) et RUP (région ultrapériphérique européenne).

▶ **Préfecture :** Basse-Terre, 10 443 habitants.

▶ **Sous-préfecture :** Pointe-à-Pitre, 16 343 habitants.

▶ **La Grande-Terre** compte 590 km² et abrite la sous-préfecture de Pointe-à-Pitre et son aéroport.

▶ **La Basse-Terre** compte 848 km² et est séparée de la Grande-Terre par un bras de mer. Elle accueille la Préfecture et les sièges du Conseil régional et du Conseil départemental.

▶ **Marie-Galante.** D'une superficie de 158 km² et à environ 60 km de Pointe-à-Pitre, elle accueille trois communes (Grand-Bourg, Saint-Louis et Capesterre-Belle-Eau) et 10 966 habitants.

▶ **Les Saintes.** L'archipel des Saintes est composé d'un chapelet d'îlets sauvages et protégés et de deux îles habitées : Terre-de-Haut (1 601 habitants sur 6 km²) et Terre-de-Bas (1 060 habitants sur 6,8 km²).

▶ **La Désirade.** 1 481 habitants pour une superficie de 22 km² (11 km de long pour 2 km de large).

▶ **Petite-Terre** (rattachée à la Désirade). Pas d'habitant à Petite-Terre hormis le garde de l'ONF qui loge dans le « phare du bout du monde ».

Population

▶ **Population Guadeloupe et archipel :** au 1er janvier 2016, la Guadeloupe compte 394 110 habitants soit 10 525 de moins qu'en 2011.

▶ **Densité :** 245,8 hab./km².

▶ **Espérance de vie moyenne :** 77 ans (hommes) et 84,1 ans (femmes).

▶ **Langue officielle :** français.

▶ **Langue parlée :** créole antillais.

▶ **Religions :** catholicisme, évangélisme, adventisme, hindouisme.

Economie

▶ **PIB/hab :** 21 201 €.

▶ **PIB :** 8 417 millions d'euros.

▶ **Taux de chômage (BIT) :** En décembre 2017, Pôle Emploi recensait 65 540 personnes sans activité et demandeurs d'emploi, catégorie A, B et C. Ce chiffre augmente de 2,2 % par rapport à l'année 2016.
Source : chiffres INSEE (décembre 2017).

Téléphone

Numérotation

Les numéros fixes commencent par le 05 90 pour la Guadeloupe, 05 96 pour la Martinique, 05 94 pour la Guyane.

▶ **Antilles vers la France.** Numéro de l'abonné (10 chiffres).

▶ **Antilles vers l'étranger.** 00 + indicatif du pays + numéro de l'abonné.

▶ **France vers Guadeloupe.** Numéro de l'abonné (10 chiffres).

▶ **Pour appeler la Guadeloupe de l'étranger,** depuis un poste fixe, vous devez composer le 590 et le numéro de votre correspondant sans le zéro initial.

Téléphonie mobile

Les îles de la Guadeloupe sont couvertes par trois réseaux de téléphonie mobile (Orange Caraïbes, Digicel et SFR). Les opérateurs de métropole assurent la continuité du service (sous réserve de contrat optionnel spécial voyage, à demander avant le départ en général).

Les numéros commencent par 06 90 en Guadeloupe, par 06 96 en Martinique, et par 06 94 en Guyane.

▶ **Depuis mai 2016,** les frais de *roaming* n'existent plus. Cela implique que votre opérateur téléphonique ne peut plus facturer de surcoût lorsque vous voyagez. Vous pouvez ainsi téléphoner de l'Hexagone vers l'Outre-mer (et inversement) au tarif des communications normales.

■ **CARTE BLABLA MOBILE**
☎ 0801 10 20 30
www.blablamobile.fr
Cette carte téléphonique est utilisable au départ de tous les opérateurs locaux et de métropole. Elle est rechargeable de 2 € à 100 € et permet des coûts de communication à partir de 0,01 € vers la métropole au départ d'une ligne fixe, ou à partir de 0,19 € au départ d'un mobile. Disponibles chez tous les revendeurs Blabla et sur le site www.blablamobile.fr
Cette carte prépayée, commercialisée par l'opérateur local Dauphin Telecom, s'utilise gratuitement au départ de la ligne d'origine du numéro, quel que soit votre opérateur, depuis tous les mobiles (Iphone ou Androïd) ou d'une ligne fixe des Antilles-Guyane et de métropole. Vous économisez jusqu'à 40 % sur vos coûts de communication sans déduction du crédit de votre mobile ou du forfait de votre ligne fixe. L'utilisation est simple, depuis un mobile ou un fixe, composez le 0801 10 20 30 suivi du code *pin* de la carte et du numéro du correspondant. Astuce : si vous téléchargez l'application « Blabla Mobile », vos contacts s'enregistrent automatiquement de votre mobile vers l'application et le code *pin* de la carte est enregistré une fois pour toutes, plus besoin de le saisir à chaque appel. Autre plus, vous pouvez régulièrement doubler votre crédit lors des journées « Double Top-Up ».

Décalage horaire

Il est 5h de moins en Guadeloupe qu'en France pendant l'heure d'hiver, 6h de moins pendant l'heure d'été. Au mois de janvier, lorsqu'il est 18h à Paris, il est 13h en Guadeloupe ; au mois de juillet, lorsqu'il est 18h à Paris, il est 12h en Guadeloupe. Un décalage important qu'il convient de garder en mémoire lorsque vous souhaitez téléphoner.
Les Antilles se trouvent à 7 000 km environ de Paris (soit 8 heures de vol). Pointe-à-Pitre se situe à 2 700 km de New York et 3 600 km de Montréal. Vers l'Amérique du Sud, la terre la plus proche est le Venezuela, à plus de 1 000 km (1 heure de vol environ).

Formalités

Carte d'identité nécessaire pour les ressortissants français et les Européens en général. Depuis janvier 2014, la carte d'identité a une durée de validité de 15 ans au lieu de 10 pour les personnes majeures. Cette prolongation concerne les cartes délivrées à compter de cette date mais également celles délivrées depuis janvier 2004, qui sont reconduites pour 5 années supplémentaires sans aucune démarche de votre part. Pour les mineurs, la carte est valable 10 ans. Un passeport en cours de validité est requis pour les voyageurs en provenance de pays n'appartenant pas à l'Union européenne.

Pointe-à-Pitre											
Janvier	Février	Mars	Avril	Mai	Juin	Juillet	Août	Sept.	Octobre	Nov.	Déc.
18°/ 25°	17°/ 24°	17°/ 25°	18°/ 26°	19°/ 27°	21°/ 27°	20°/ 27°	21°/ 28°	21°/ 28°	20°/ 27°	19°/ 27°	18°/ 26°

Climat

La Guadeloupe bénéficie d'un climat tropical et océanique, avec des vents qui soufflent en général depuis l'est vers l'ouest (les fameux alizés), et qui permettent de supporter la chaleur. La température de la mer (côté Caraïbes) est en moyenne de 27 °C et peut aller jusqu'à 29 °C. Les températures de l'eau sont légèrement moins élevées côté Atlantique.

On distingue deux saisons :

▶ **L'hivernage** (juin à décembre) qui correspond à la période la plus chaude avec des épisodes pluvieux intenses fréquents et des alizés faibles. Le thermomètre peut grimper jusqu'à 35 °C. De juin à octobre, le temps est plus chaud et plus humide : c'est la période dite « cyclonique ». A l'arrivée d'une dépression, il faut s'attendre à des précipitations plus ou moins fortes et des vents plus ou moins violents selon l'intensité du phénomène météorologique.

▶ **Le Carême** (janvier à mai) s'impose comme la saison sèche et plus « fraîche ». La température oscille entre 22 et 25 °C en journée et peut descendre en dessous des 20 °C dans le sud de Basse-Terre de décembre à février. Selon que vous résidez en Grande-Terre ou en Basse-Terre, vous pourrez constater que chacune bénéficie d'un micro-climat. La Basse-Terre étant plus humide, de par ses reliefs, sa forêt tropicale. Le taux d'humidité élevé se remarque tant il est perceptible dès que vous sortez des locaux climatisés de l'aéroport. Il peut varier de 50 à 75 % selon la saison. Le premier semestre est propice à la survenue d'épisodes de brume de sable qui peuvent provoquer une gêne respiratoire et des picotements dans les yeux.

▶ **Veille météorologique sur l'archipel :** www.meteofrance.gp. Sur ce site, vous prendrez connaissance des prévisions météo détaillées pour chaque jour de la semaine selon le secteur où vous résidez. Vous êtes également informé des phénomènes en cours qui pourraient entraîner le déclenchement de la procédure de vigilance par la Préfecture.

Saisonnalité

On distingue plusieurs saisons touristiques :

▶ **La haute saison**, de fin décembre à fin avril, correspond à la période durant laquelle les compagnies aériennes, les hébergements, les locations de véhicule, etc., pratiquent les tarifs les plus élevés avec un point culminant pour la période du Nouvel An.

▶ **La basse saison** correspond aux mois de mai, juin, septembre, octobre, novembre et début décembre. A cette période, les tarifs sont les plus accessibles et pratiquement tous les établissements proposent des promotions particulièrement intéressantes.

▶ **Juillet et août** constituent à eux seuls la **moyenne saison** car bien que l'affluence de touristes soit moindre, beaucoup d'Antillais vivant en métropole viennent rejoindre leur famille pour les vacances. Les prix repartent à la hausse.

▶ **La saison cyclonique court de juin à fin novembre**. Pas d'affolement à ce sujet car cette période fait l'objet d'une veille très poussée par les scientifiques. Vous pouvez donc toujours prévoir un séjour à cette période de l'année. Chaque région concernée est alertée bien en amont de l'arrivée d'un éventuel phénomène. Des dispositions sont prises par les hébergeurs et tous les acteurs économiques sur les directives de la Préfecture.

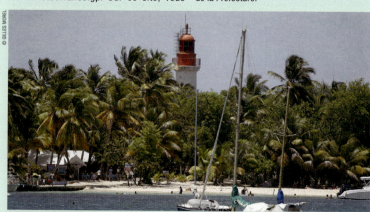

© GILLES MOREL

Phare de l'îlet du Gosier.

IDÉES DE SÉJOUR

Les voyagistes, en métropole, sur place ou sur Internet, vous orienteront le plus fréquemment vers des séjours d'une semaine, soit 6 à 7 nuits en Guadeloupe, ce qui est assez court. Après un vol de 8 à 9 heures et un décalage horaire de 5 à 6 heures à digérer, le calcul est vite fait... Exemple : en partant un samedi de Paris à la mi-journée, vous arrivez à Pointe-à-Pitre le même jour, en fin d'après-midi. La semaine écoulée, vous devrez reprendre l'avion le samedi suivant pour arriver en métropole le dimanche (+ 1 jour), après une nuit dans l'avion et un atterrissage aux aurores.

Pour les visiteurs néophytes, le jour qui suit l'arrivée est souvent le temps des informations pratiques, le moment où l'on prend contact avec le nouvel environnement. Le dernier jour est réservé aux préparatifs de retour, et aux achats. Cela ne laisse donc que 5 jours complets sur place pour la découverte rapide de l'archipel. C'est pourquoi, il est intéressant de cibler vos envies, de choisir une zone géographique selon une ou des thématiques de circuits. Jetez un coup d'œil à la carte de l'île, cela vous permettra de mieux gérer vos déplacements. Petite, la Guadeloupe est parcourue par un réseau de voies express, nationales ou départementales, mais elles sont embouteillées aux heures de pointe, surtout autour des agglomérations. Des ralentissements à prendre en compte dans vos déplacements.

Séjour court

La Guadeloupe en une semaine

Pour un séjour d'une semaine, il vous faudra faire un choix car vous avez une kyrielle d'activités à votre disposition. Ce circuit type se conçoit, de préférence, avec un hébergement qui vous permet de rayonner facilement sur l'île, soit sur Sainte-Anne, Le Gosier ou encore Petit-Bourg. Vous pouvez également choisir de séjourner quelques jours en Grande-Terre puis le reste de la semaine en Basse-Terre pour limiter les déplacements. Ce programme est destiné à ceux qui souhaitent visiter l'ensemble du territoire. Vous pouvez bien sur l'orienter différemment selon vos souhaits et votre lieu de résidence.

▶ **Jour 1 : arrivée à Pointe-à-Pitre.** La différence de température vous saisit dès que vous sortez de l'aéroport climatisé ! Après 7 à 8 heures de vol, vous devrez encore résister 5 ou 6 heures en plus, décalage horaire oblige. Épuisé par le voyage, on n'a alors qu'une idée : récupérer sa voiture de location et filer vers son hébergement ! Un conseil pour les voyageurs indépendants : réservez votre voiture de location à l'avance. Vous pourrez ainsi faire jouer la concurrence en comparant les tarifs et vous gagnerez du temps à votre arrivée. Les enseignes nationales proposent un accueil à l'aéroport et vous transfèrent par navette gratuite jusqu'à leurs locaux situés dans une zone dédiée. Les autres loueurs vous amènent jusqu'à leur lieu de dépôt.

▶ **Jour 2 : le sud de la Grande-Terre.** Le lendemain, vous êtes réveillé aux aurores. A 6h du matin, le soleil brille déjà dans un ciel bleu et la luminosité est forte. Aux Antilles, on se lève tôt et on se couche tôt également ; le soleil disparaît autour de 18h d'octobre à mars et 19h d'avril à septembre. On profite ainsi des matinées, plus fraîches ! Commencez la journée en prenant quelques repères (plage la plus proche, commerces...) et en piquant une tête dans la piscine ou la mer. Évitez une exposition trop longue au soleil dès le premier jour. Ensuite, direction le sud de la Grande-Terre avec en ligne de mire, la pointe des Châteaux à Saint-François via Sainte-Anne. Commune idéale pour les plaisirs balnéaires en famille, Sainte-Anne est très touristique avec son décor de carte postale aux eaux cristallines, protégée par la barrière de corail au niveau de la plage du bourg. Quant à la pointe des Châteaux, langue de terre où se fracassent d'énormes vagues écumeuses venant du large, son paysage sauvage vaut le détour et son panorama sur les îles environnantes est époustouflant. A ne pas manquer, l'escalade facile jusqu'au calvaire pour la vue cavalière sur la côte déchirée et les pitons plantés dans la mer. De nombreuses plages et restaurants panoramiques sont sur votre route. Retour par le même chemin avec une halte au village artisanal de Saint-François puis au marché de Sainte-Anne pour déguster les produits locaux.

REPÉREZ LES MEILLEURES VISITES

★ INTÉRESSANT   ★★ REMARQUABLE   ★★★ IMMANQUABLE   ★★★★ INOUBLIABLE

▶ **Jour 3 : découverte de l'est de la Basse-Terre, de Petit-Bourg à la ville de Basse-Terre.** Dès Petit-Bourg, arrêt au choix au jardin de Valombreuse, à la distillerie Montebello ou bien, quelques kilomètres après, à celle de Longueteau à Capesterre-Belle-Eau. Le secteur offre la possibilité de faire des randonnées (chutes Moreau, chutes du Carbet...) si la météo le permet. A Trois-Rivières, se trouve le parc archéologique des roches gravées, vestiges de la présence des premiers habitants de l'île, les Amérindiens. Ensuite, Saint-Claude, seule commune de l'archipel à ne pas disposer de littoral, est le point de départ pour la Soufrière, point culminant de l'île. Vous pouvez vous ressourcer aux bains jaunes (bassin d'eau tiède à 26 °C) de Matouba. Pour les candidats à l'ascension du volcan, il faut prévoir une demi-journée ou une journée complète. Vous pouvez aussi faire appel à un guide de montagne pour une visite passionnante hors des sentiers battus. Basse-Terre, chef-lieu du département labellisé Ville d'Art et d'Histoire, est intéressante à visiter. Arrêt recommandé au fort Louis-Delgrès, au Jardin botanique (le plus ancien de la Guadeloupe) et à la distillerie Bologne.

▶ **Jour 4 : la route de la Traversée et la Côte sous-le-vent.** La route de la Traversée vous entraîne à l'intérieur des terres, dans le grand parc national de la Guadeloupe où le terme végétation luxuriante prend tout son sens. Cette route dessert de très beaux sites : la cascade aux Écrevisses, le zoo de Guadeloupe, ou plus loin à Pointe Noire, l'habitation Côte-sous-le-Vent ou encore la maison du cacao... Vous atteignez ensuite Bouillante, véritable triangle d'or de la plongée sous-marine. Le site de Malendure et sa plage de sable noir abritent la réserve sous-marine baptisée Réserve Cousteau. De nombreuses activités nautiques sont proposées (pêche au gros, bateau à fond de verre, plongée classique ou avec casque, baignade, aquarando...). Mieux vaut avoir réservé au préalable.

Pour le retour, deux itinéraires sont possibles : reprendre la route de la Traversée ou prendre la route du littoral de la Côte sous-le-vent pour atteindre Deshaies, puis Sainte-Rose au nord de la Basse-Terre. La vue panoramique, tout au long du trajet, est d'autant plus magnifique au moment du coucher du soleil. Si vous avez le temps, arrêtez-vous au jardin botanique de Deshaies ou à l'écomusée de Sainte-Rose.

▶ **Jour 5 : escapade en mer.** Plusieurs options pour cette journée : opter pour la détente et partir en voilier pour la journée jusqu'à Petite-Terre, Marie-Galante ou les Saintes. Au programme : baignade, repas à bord et visite de l'île pendant quelques heures. Départ à 7h30 et retour vers 18h pour une journée bien remplie. Autre solution : la balade en mer dans la fameuse réserve naturelle du Grand Cul-de-Sac marin, jusqu'à l'îlet Caret, avec une visite de la mangrove, et une plongée avec masque et tuba dans le récif coralien à bord d'une saintoise (embarcation traditionnelle). Les départs se font principalement de Petit-Canal ou de Port-Louis.

La visite des îles de l'archipel (La Désirade, Marie-Galante et Les Saintes) peut s'effectuer en navette au départ de Pointe-à-Pitre pour Marie-Galante, de Trois-Rivières pour Les Saintes ou de Saint-François selon votre destination et la compagnie maritime. Sur place, il faut prévoir de louer une voiture pour Marie-Galante. La Désirade peut se visiter en voiture ou en vélo et dispose de sentiers de randonnée. Les Saintes se visitent à pied, à scooter, vélo ou en voiture électrique (toute circulation de véhicule est interdite pendant la fête du 15 août).

▶ **Jour 6 : le nord de la Grande-Terre.** Poussez jusqu'à Saint-François doté d'une dynamique marina (nombreux restaurants et magasins), d'un golf et d'un embarcadère pour les îles (Marie-Galante, La Désirade). Ensuite, prenez la direction du Moule, l'une des plus anciennes communes de Grande-Terre, aux infrastructures toutefois modernisées. Sur la route, plusieurs haltes possibles ; la distillerie Bellevue, le musée Edgard-Clerc, la maison de Zevallos, que l'on dit hantée et qui mérite d'être contemplée pour son architecture particulière (elle provient des ateliers

Un large choix de cartes routières

Dès votre arrivée à l'aéroport de Pointe-à-Pitre, dans le hall de réception des bagages ainsi que dans les offices et syndicats d'initiative, la Région met gracieusement à votre disposition des cartes routières, calquées sur les cartes IGN (Institut géographique national), en format plus petit. Vous en trouverez généralement une également dans le véhicule que vous louez et dans plus de 100 points de distribution (les hôtels notamment). Précises, ces cartes routières vous permettront de découvrir l'archipel sans rien ignorer des sites et autres curiosités valant le détour. Des circuits de randonnée au format poche, pour les fervents du tourisme vert, ainsi qu'une carte spéciale patrimoine pour les amateurs de musées sont également proposées. Au verso de ces cartes, des textes présentant les plus belles balades, des plans de villes et des infos pratiques.

Où séjourner ?

Où séjourner à Grande-Terre ?

▶ **Le Gosier, la Pointe de la Verdure, Sainte-Anne.** Lorsque l'on atterrit à l'aéroport Guadeloupe Pôle Caraïbes, c'est la destination la plus rapide pour les voyageurs fatigués du vol en avion. L'occasion de visiter le bourg, de faire un saut à Pointe-à-Pitre, qui possède de nombreux arguments culturels (comité départemental du tourisme, musées, animations musicales de rue) et commerciaux (nombreuses boutiques, marché). Sur la Nationale 4, juste avant Gosier et en direction de Sainte-Anne, le quartier Pointe de la Verdure concentre les grands complexes hôteliers et les plages qui vont de pair. Pour ceux qui aiment les plaisirs balnéaires, les bars et restaurants, les soirées dansantes (casino, hôtels, clubs)..., vous êtes au bon endroit !

▶ **Sainte-Anne.** Superbe littoral, plages style carte postale « mer et cocotiers » avant d'arriver à la station balnéaire, qui offre une grande diversité de logements, et des baignades sécurisées très agréables pour les familles. Côté animation, c'est plus calme.

▶ **Saint-François.** Tous les amateurs de golf connaissent ! Vous y trouverez également une marina dotée de restaurants, bars et boutiques, des plages, un casino et le nouvel embarcadère pour les îles (plus besoin de repartir à Pointe-à-Pitre pour trouver un bateau tôt le matin).

▶ **Le Moule,** étonnante commune encore méconnue des touristes, et qui a pourtant des arguments : la plage de l'Autre-Bord, avec son spot exceptionnel pour les surfeurs, mais aussi des bâtiments modernes, un parcours santé pour les petits et les grands, et des commerces.

Où séjourner à Basse-Terre ?

▶ **La Côte sous-le-vent :** Bouillante, Malendure, Pointe-Noire, Pigeon... Cette route du littoral Sud, circuit privilégié des amoureux de plongée sous-marine, d'aquarando et autres treks dans la forêt, a vu de nombreux hébergements de qualité se construire. Les gîtes et habitations développant une dimension écotouristique sont privilégiés. Il y en a ici plus qu'ailleurs, authentiques, bien intégrés et espacés dans la nature. La Côte sous-le-vent est le point de départ également pour les balades à pied, les randonnées et les loisirs verts sur la côte, dans le parc national et le parc des Mamelles, près de multiples rivières, cascades, bassins, sources d'eaux chaudes...

Eiffel). Vers Anse-Bertrand, spot des surfeurs, la route agréable longe la baie et permet de découvrir des sites naturels grandioses : le lagon de la Porte d'Enfer et la pointe de la Grande-Vigie. A faire absolument, une petite randonnée sur le sentier des crêtes, l'un des plus sauvages des Antilles. Descente vers Port-Louis, petit port tranquille, puis vers Petit-Canal d'où l'on quitte le bord de mer pour rejoindre Morne-à-l'Eau. Le cimetière, monumental et en plein centre du bourg, impressionne. Retour ensuite en direction de Gosier.

▶ **Jour 7 : préparez le départ !** Les vols vers la métropole sont fixés en fin d'après-midi ou dans la soirée. Certaines structures d'hébergement permettent de se changer avant l'aéroport en mettant à votre disposition une bagagerie et des douches. On peut ainsi profiter pleinement des activités jusqu'aux derniers instants. Si l'on n'est pas trop épuisé, pourquoi ne pas s'offrir une dernière activité sportive sur la plage (balade en scooter des mers, en canoë-kayak...) avant le départ. Côté shopping, pour les oublis, l'aéroport est pourvu de boutiques, d'une pharmacie, d'un snack...

Séjours longs

Séjour de 2 semaines

Un séjour de deux semaines, c'est l'idéal pour se poser, visiter l'archipel avec un rythme calme, emprunter les chemins de traverse, faire des arrêts imprévus, prendre le temps de la rencontre avec la population. Une formule bien adaptée à la Guadeloupe commencerait par choisir, dans un premier temps, un lieu de détente balnéaire en Grande-Terre pour profiter pleinement des plaisirs nautiques. Les noctambules et fêtards apprécieront l'animation des marinas (Gosier, Bas-du-Fort, pointe de la Verdure, Saint-François) et pourront décider de rester quelques jours de plus dans ces zones très touristiques. Les autres seront déjà passés en Basse-Terre pour une seconde semaine riche en sensations et découvertes du versant de l'île plus sauvage. Un circuit en deux parties bien distinctes sur les deux ailes du papillon Guadeloupe, qui évite de faire des kilomètres inutiles et prend toute sa cohérence sur les routes. Un programme qui se complète par une visite des autres îles de l'archipel.

▶ **Jour 1.** Pour limiter la fatigue et surtout si votre vol arrive en soirée, choisissez un hébergement en Grande-Terre car le secteur sud, zone économique et touristique, est sujet aux embouteillages aux heures de pointe. Installez-vous sereinement.

▶ **Jour 2.** Vous allez vous réveiller aux aurores, décalage oblige. Prenez le temps d'un bain dans la piscine ou dans la mer sans trop vous exposer au soleil. Sur deux semaines, vous avez le temps d'acquérir un joli bronzage sans risque pour votre peau et sans virer au rouge écrevisse. Repérez les lieux afin de situer les commerces, les restaurants, les plages à proximité et à l'aide d'une carte, visualisez votre périple à venir pour l'optimiser.

▶ **Jour 3.** Direction le Sud Grande-Terre avec la pointe des Châteaux à Saint-François. Vous passerez d'abord par Sainte-Anne, réputée pour ses plages au sable fin bordées de cocotiers. La plage municipale, aux eaux très calmes, est idéale pour les familles car elle est protégée par une barrière de corail. Vous y trouverez une kyrielle de restaurants et un marché tous les matins en bord de plage. Vous arrivez ensuite à Saint-François. Suivez la direction de la pointe des Châteaux. Cette bande de terre vaut le détour par ses paysages et les petites criques disséminées sur votre droite. Escalade obligatoire jusqu'à la croix monumentale d'où vous aurez une vue panoramique sur les îles alentour ! Là encore, vous trouverez pléthore de restaurants si vous souhaitez déjeuner sur place. Retour vers le centre de Saint-François pour prendre ensuite la direction du Moule. Sur votre droite, après le rond-point où trône la statue de Martin Luther King, la maison de Zévallos, construite par Gustave Eiffel et qui se visite certains après-midis (il est préférable de se renseigner en appelant avant). Vous pouvez également faire une halte à la distillerie Damoiseau, seule distillerie de la Grande-Terre. Enfin, prendre la direction du Nord Grande-Terre pour Anse-Bertrand. C'est sur cette commune que se situent la pointe de la Grande-Vigie et la Porte d'Enfer, des sites naturels gigantesques dont les célèbres falaises se dressent, imposantes voire effrayantes, d'où leurs noms. Les vagues, par tout temps, viennent se fracasser sur la roche dans un bruit assourdissant. Retour par le même itinéraire ou par la route des Grands Fonds, désormais bien indiquée.

▶ **Jour 4.** Il serait dommage de profiter d'un séjour en Guadeloupe sans s'intéresser à l'écosystème si particulier de la mangrove. Cette balade peut s'effectuer au départ de la marina du Gosier, du port de Vieux-Bourg à Morne-à-l'eau ou bien de Petit-Canal. Quel que soit le moyen de locomotion (bateau de pêcheur, bateau électrique, VTT des mers, pédalo, kayak), la sortie est aussi enrichissante que relaxante.

En alternative à la visite de la mangrove, vous pourrez opter pour une plongée dans le Nord Grande-Terre. Les spots de plongée bénéficient d'une variété de paysages impressionnants. L'architecture sous-marine y est totalement différente de celle de la réserve de Bouillante, notamment grâce à des grottes, arches, tombants, passes, jardins coralliens, épave d'avion...

▶ **Jour 5.** Une journée orientée vers le farniente sur une des nombreuses plages du Sud Grande-Terre ou plus sportive si vous le souhaitez. Les activités nautiques (scooter des mers, paddle, bouée tractée, flyboard...) s'y déclinent à volonté sur les plages de la pointe de la Verdure de Gosier, de Sainte-Anne ou encore de Saint-François. Pour les adeptes de sensations fortes, un survol aérien en avion, ULM, hélicoptère, un saut en chute libre constituent d'autres moyens de découvrir l'archipel vu du ciel.

▶ **Jour 6.** Une journée qui combine découverte patrimoniale et shopping avec la visite de Pointe-à-Pitre (son marché, ses rues commerçantes, ses musées...). Renseignez-vous auprès de l'office du tourisme si vous souhaitez participer à une visite commentée de la ville qui nécessite une inscription préalable. Le service du patrimoine organise des visites guidées passionnantes sur divers thèmes (architecture du XXe siècle, places, bords des quais, cimetière, maisons traditionnelles...).

▶ **Jour 7.** Partez à la découverte d'une des dépendances de l'archipel. Si la Désirade peut éventuellement se visiter en une journée, il est conseillé de passer au moins deux jours à Marie-Galante mais également aux Saintes. Les Saintes sont constituées de plusieurs îlets dont seuls deux sont habités ; Terre-de-Haut et Terre-de-Bas. Chacune de ces îles vit dans une atmosphère bien différente. Terre-de-Haut est le point de chute de la grande majorité des touristes. Elle se visite en vélo, en scooter, en voiture électrique ou à pied. Terre-de-Bas, plus sereine, est à conseiller pour de belles randonnées et son authenticité. Quant à Marie-Galante, elle a su garder sa ruralité tout comme la Désirade.

▶ **Jour 8.** Retour en Guadeloupe continentale si vous avez choisi de séjourner une nuit sur l'île de votre choix pour profiter d'un séjour de deux jours. Prévoyez un hébergement aux alentours de Capesterre-Belle-Eau ou Trois-Rivières qui sont à proximité des sites à visiter car le rythme des journées va s'intensifier. Veillez à bien préparer les randonnées à venir en prenant soin de disposer de tout le matériel nécessaire (vêtement de pluie, chaussures de marche, chapeau ou casquette, eau, fruits secs, téléphone chargé...). Le climat de l'île étant très changeant, renseignez-vous concernant l'état des traces et la météo à venir auprès des agents du parc national de la

Guadeloupe. Informez votre hébergeur de votre destination. Les pluies importantes peuvent vite rendre des traces impraticables ou transformer une petite rivière en un torrent violent, restez donc vigilant et prudent.

Le niveau de difficulté des traces (sentiers) est répertorié comme suit : très facile (moins de 2h, idéal en famille), facile (moins de 3h, pour les randonneurs occasionnels), moyen, (moins de 4h, pour les randonneurs habitués), difficile (plus de 4h, réservé aux randonneurs expérimentés et sportifs). La planification ainsi proposée doit être aménagée en fonction de la météo. Des structures, des guides de montagne permettent de visiter ces sites en toute sécurité. N'hésitez pas à faire appel à leurs services.

▶ **Jour 9.** La rivière du Grand-Carbet prend sa source sur le flanc oriental de la Soufrière. Ses eaux sulfureuses s'éclaircissent après les trois chutes pour se jeter 11 km plus bas, dans l'océan Atlantique. A la mesure de la puissance aquatique de ces chutes, la végétation, régulièrement arrosée par les pluies tropicales, est particulièrement luxuriante.

▶ **Jour 10.** Visite de la ville de Basse-Terre avec la maison de l'Architecture et du Patrimoine. Visites-découvertes autour de l'urbanisme et de l'histoire de la ville, de l'architecture militaire et administrative avec les bâtiments d'Ali Tur, les édifices religieux, le cours Nolivos et les aménagements urbains du XVIIIe siècle, la typologie de la maison créole traditionnelle, les cimetières publics et privés... Réservations obligatoires. Poursuivez votre balade jusqu'à la distillerie Bologne, située au pied du volcan. Créée vers 1665, elle fut au XIXe siècle, l'une des plus importantes de Basse-Terre. Ensuite, faites une halte au Fort Louis Delgrès.

▶ **Jour 11.** Randonnée à la Soufrière. Mêmes précautions que pour les chutes du Carbet. Au sommet, la vue est extraordinaire. D'un seul regard, vous visualisez toutes les petites Antilles. Vous pourrez embrasser des yeux Marie-Galante, les Saintes et la Désirade. Avec des jumelles et par temps dégagé, il est souvent possible de distinguer la Dominique et même la Martinique.

▶ **Jour 12.** Direction Bouillante via la route de la Traversée. Cette départementale transversale en Basse-Terre (D23) dessert certains des plus beaux sites du parc national de Guadeloupe et promet de nombreuses randonnées. Elle avance, sinueuse et étroite, au beau milieu d'une végétation exubérante. Des circuits pédestres faciles d'accès sont gérés par l'Office des Forêts. Faites une halte à la cascade aux Ecrevisses (accessible aux personnes à mobilité réduite), au zoo de Guadeloupe, à la Maison de la forêt... Ensuite, Bouillante, capitale de la plongée vous

accueille entre sources d'eau chaude et sites de plongée époustouflants, qui peuvent s'aborder lors d'une plongée bouteille, en kayak, en bateau à fond de verre, en randonnée aquatique (vous marchez sous l'eau à 4-5 m de profondeur muni d'un casque intégral). La découverte des cétacés est une alternative fascinante qu'il faut réserver à l'avance.

▶ **Jour 13.** Dernière étape de ce périple, le Nord Basse-Terre via Sainte-Rose et Deshaies. L'idéal étant de prendre un hébergement dans cette zone pour éviter les longs trajets. La route du littoral et les plages sont superbes. Faites un arrêt à l'écomusée Créole Art à Sofaïa – Sainte-Rose, conservatoire de plantes médicinales, arboretum et musée doté de plusieurs espaces, au musée du Rhum et au domaine de Séverin dont une partie de la visite s'effectue en petit train. Côté Deshaies, à ne pas manquer, le Jardin botanique, un site exceptionnel, à la fois botanique et parc animalier sur un domaine de 7 hectares ayant appartenu à Coluche. A noter qu'une structure propose de découvrir les cétacés au départ de Deshaies, si l'aventure vous tente, sans devoir retourner à Bouillante.

▶ **Jour 14.** Voici le jour du retour arrivé. Profitez d'une dernière baignade, effectuez vos derniers achats et prévoyez le temps suffisant pour parvenir à l'aéroport sans risquer d'être en retard car la route permettant d'y accéder est souvent embouteillée, notamment aux heures de pointe en période scolaire.

Séjour de 3 semaines

Bienvenue en Guadeloupe, vous allez apprécier, à leur juste valeur, les contrastes des paysages, des cultures et l'hospitalité des populations que vous allez rencontrer. L'idéal de cette configuration est de choisir des hébergements selon vos zones d'activités afin de limiter les allers et retours, fatigants et longs.

▶ **Jour 1.** Jour d'arrivée, La fatigue du voyage, cumulée au décalage horaire, va vite se faire ressentir. Choisissez un hébergement dans le Nord Basse-Terre (Deshaies, Sainte-Rose, Lamentin) afin de limiter votre trajet, d'autant plus que la nuit tombe vite et qu'il est alors moins facile de se repérer. Deshaies est la ville où vous trouverez le plus grand choix d'hébergements en Nord Grande-Terre.

▶ **Jour 2.** Vous serez réveillé très tôt en raison du décalage horaire. Prenez le temps de vous détendre au bord de la piscine ou lors d'une première baignade en mer. Repérez vos futurs itinéraires grâce à une carte détaillée que vous trouverez à l'aéroport, dans la voiture de location, dans votre logement... Faire le tour de la commune où vous résidez pour repérer les commerces à proximité.

▶ **Jour 3.** Sillonnez le littoral des alentours de Deshaies. La plage de Grande-Anse est l'une des plus vastes et plus belles plages de Guadeloupe, avec des kilomètres de sable doré. Attention, des rouleaux plus virulents que d'autres peuvent vous surprendre ! La visite du Jardin botanique est quasi incontournable. Elle constitue une première approche de la faune locale mais dans une version beaucoup plus disciplinée que celle que vous allez découvrir dans le parc national de la Guadeloupe. Poursuivez la balade jusqu'à Sainte-Rose, où le musée créole Art de Guadeloupe, le musée du Rhum, le domaine de Séverin et de belles habitations anciennes sont autant de rappel d'un passé agricole florissant. De belles balades à faire jusqu'au Bain de Sofaïa ou sur le chemin des contrebandiers.

▶ **Jour 4.** Partez vers la Côte-Sous-le-Vent jusqu'à Bouillante où la Réserve Cousteau promet des rencontres et des paysages inoubliables entre découverte des cétacés, plongée en bouteille ou PMT, découverte des fonds marins à bord d'un bateau à fond de verre ou en marchant sous l'eau équipé d'un casque intégral tel un cosmonaute... C'est également le lieu de départ de randonnées en immersion dans la nature au travers de parcours organisés à la demi-journée, à la journée, voire sur deux jours avec nuit en bivouac.

▶ **Jour 5.** Si la route de la Traversée assure le lien entre l'est de l'île et la Côte-sous-le-vent sans avoir à faire un détour par le nord ou le sud de la Basse-Terre, elle dessert également certains des plus beaux sites du parc national de Guadeloupe. Vous pourrez, à loisir, vous baigner dans l'eau vivifiante de la cascade aux écrevisses (l'accès est adapté aux personnes à mobilité réduite), faire de belles promenades au col des mamelles qui culmine à 786 m, découvrir la faune endémique des Antilles et la flore dans son milieu naturel au zoo de Guadeloupe, vous balader à la cime des arbres au Tapeur...

▶ **Jour 6.** Amis randonneurs expérimentés, voici votre moment privilégié ! Direction la côte est pour la découverte des chutes du Carbet. A ce niveau, il est préférable de choisir un hébergement de ce côté de la Basse-Terre. Reportez-vous aux consignes énoncées dans la proposition de séjour sur deux semaines afin d'assurer au mieux votre sécurité et votre confort.

▶ **Jour 7.** Départ pour le Sud avec l'excursion vers la Soufrière, surnommée la « Vieille Dame ». Toutes les informations dans notre rubrique consacrée à la Soufrière ou sur le site www.la-soufriere.com

▶ **Jour 8.** Achevez la visite de la Basse-Terre par son extrême sud au moyen d'une balade dans la ville commentée par un guide de le Maison du Patrimoine et de l'Architecture. Passez par la distillerie Bologne et le fort Louis Delgrès...

▶ **Jours 9 et 10 : les Saintes.** Profitez de cette position géostratégique pour prévoir une escapade vers les Saintes au départ de Trois-Rivières. La traversée dure environ 20 minutes. Vous pouvez arriver à Terre-de-Haut, plus touristique, ou encore à Terre-de-Bas, selon la compagnie. En tout état de cause, les deux îlets disposent d'hébergements. Toutefois prévoyez votre logement à Terre-de-Bas, car les offres sont beaucoup moins nombreuses. Consacrez une journée à chaque îlet. Une navette effectue plusieurs rotations quotidiennes entre les deux îles. Terre-de-Haut se visite à pied, à vélo, à scooter ou en voiture électrique. Quant à Terre-de-Bas, vous trouverez des quads, des buggys, des scooters, des voitures à la location ou navettes pour une visite guidée.

▶ **Jour 11.** Remontez vers la Grande-Terre et découvrez la ville de Pointe-à-Pitre en tuk-tuk, pour sillonner les rues et découvrir l'histoire de ville. Arrêtez-vous au musée Schoelcher, au musée Saint-John Perse et contemplez l'architecture du Pavillon de la ville, ainsi que le Mémorial ACTe, dédié à la mémoire de l'esclavage. Le service du Patrimoine ou des guides organisent des visites thématiques passionnantes.

▶ **Jours 12 et 13 : départ pour Marie-Galante du port de Bergevin (Pointe-à-Pitre).** Avec ses 158 km², elle se place en 3e position des îles françaises des Antilles, après la Martinique et la Guadeloupe. Comptez au moins deux jours pour une découverte digne de ce nom de la « Galette » surnommée encore l'île aux cent moulins. Son infrastructure hôtelière est très diversifiée.

▶ **Jour 14 : le Sud Grande-Terre.** Passez par Gosier puis Sainte-Anne, réputée pour ses superbes plages dont celle du Club Med. Poursuivez ensuite jusqu'à Saint-François et suivez la direction de la pointe des Châteaux. Vous arrivez sur une bande de terre au paysage sauvage où la mer se déchaîne. Montez jusqu'à la croix monumentale pour bénéficier d'une vue panoramique sur les îles alentour ! De nombreuses petites plages à découvrir sur votre droite.

▶ **Jour 15 : le Nord Grande-Terre.** Prendre la direction de Saint-François puis celle du Moule. Sur votre droite, la maison de Zévallos, construite par Gustave Eiffel et qui se visite l'après-midi. Vous pouvez poursuivre jusqu'à la distillerie Damoiseau (seule distillerie de la Grande-Terre) ou le musée Edgar Clerc. Ensuite direction Anse-Bertrand pour découvrir la pointe de la Grande-Vigie et la Porte d'Enfer, des sites naturels gigantesques dont les célèbres falaises se dressent imposantes. Les vagues, par tout temps, viennent se fracasser sur la roche dans un bruit assourdissant. Retour par le même itinéraire ou bien par la route des Grands Fonds, désormais bien indiquée.

▶ **Jour 16.** Plongez à Port-Louis pour apprécier toute la diversité des paysages sous-marins de l'archipel qui ne ressemblent en rien à ceux de la Réserve Cousteau et/ou partez pour la découverte de la mangrove au départ de Petit-Canal ou de Morne-à-l'Eau en bateau de pêcheur, électrique, VTT des mers, kayak...

▶ **Jour 17 : « Day charter » à Petite-Terre.** Réputée pour la richesse de ses fonds marins, elle a pour seuls habitants des iguanes, des crabes et des oiseaux. Quatre gardes de l'ONF résident à tour de rôle sur l'île, près du « phare du Bout du monde ». Cette réserve naturelle est un sanctuaire de la faune et de la flore. La chasse et la pêche y sont strictement interdites. Plusieurs catamarans proposent cette excursion à la journée au départ de la marina de Saint-François. A la voile, il faut environ 2 heures pour y accéder.

▶ **Jour 18 : l'île de la Désirade.** Comptez 45 minutes en bateau au départ de Saint-François, car la Désirade se situe au large de la pointe des Châteaux. Ses sections (Les Galets, Beauséjour, le Souffleur et Baie-Mahault) sont reliées par une unique route. De belles balades à prévoir pour découvrir une faune étonnante entre pélicans, frégates, touloulous, anolis, iguanes, agoutis... dont certains se cachent parmi les cactus. La découverte peut s'effectuer seul ou en petit comité avec un guide.

▶ **Jour 19.** Profitez d'une journée farniente sur une plage ou pratiquez votre activité sportive préférée dans une des bases nautiques du Gosier, de Sainte-Anne ou de Saint-François.

▶ **Jour 20.** Offrez-vous une ultime sensation avant de penser au retour. Découvrez l'archipel au travers d'un circuit aérien pour apprécier des panoramas hors du commun, en avion, en ULM ou en hélicoptère et pourquoi pas en chute libre !

▶ **Jour 21.** C'est le retour. Sachez que la plupart des établissements hôteliers ont un service de bagagerie et une douche à disposition afin de profiter de la baignade jusque dans l'après-midi. L'enregistrement est ouvert 4h avant le départ.

Séjours thématiques

Avec sa belle diversité de paysages et d'activités, l'archipel de la Guadeloupe offre une riche palette de séjours insolites, des balades bien balisées (sur terre comme en mer), de découverte de la flore tropicale, dense et odorante, d'un patrimoine chargé d'histoire, et d'un présent bien vivant. Partout, des parcours pour les plongeurs, les marcheurs, les amateurs de vraies randonnées, de trekking plus ou moins sportifs, sans parler des adeptes de farniente sur les plages, qui trouveront forcément leur bonheur en Guadeloupe.

Activités nautiques et plongée

Les amateurs de plongée, qu'ils soient débutants ou expérimentés, pourront sonder des fonds marins exceptionnels en longeant les rochers des grandes anses, et en remontant le long des côtes rocheuses. Les férus de sports nautiques savent que les Antilles sont réputées pour leur climat et leur régime de vents, propices à la voile. Loin des cités balnéaires de Grande-Terre, les côtes bordant les plages sableuses de Basse-Terre et les formations coralliennes au large sont de formidables terrains d'observation marine. Dans les eaux côtières tropicales, la luminosité diminue de moitié tous les dix mètres. Ainsi, les différents sites de plongée s'offrent au regard dès les premiers mètres, et permettent d'évoluer à la lumière solaire. Parée de paysages virginaux, la Guadeloupe est une destination « plongée » mondialement connue. Les coraux fragiles abritent encore des jardins aquatiques à préserver. On peut aussi prendre un bateau, puis couper le moteur pour s'ancrer près de la barrière de corail. Ressentir le calme apaisant des eaux avant de se laisser glisser en apesanteur dans ce monde marin, pour nager de concert avec les petits poissons bleus fluorescents, les anémones et étoiles de mer, les tortues et concombres de mer... Les plongeurs du monde entier viennent découvrir ces eaux translucides qui restent toute l'année à bonne température, autour de 27°C. Anse-à-Machette, Anse-à-Sable, la Barque, Anse-à-Négresse, Anse-à-Zombi : autant de noms évocateurs pour des criques, anses et plages paradisiaques, lagons et îlets hospitaliers...

Les hôtels, résidences hôtelières, gîtes... ont quasiment tous des partenariats avec un club de plongée, ce qui permet de bénéficier d'un tarif préférentiel. Dans certains, il est proposé une initiation en piscine pour se familiariser avec le matériel. Les clubs de plongée locaux, installés dans les bourgs et villes à vocation balnéaire, ainsi que des plongeurs indépendants (plus ou moins diplômés) proposent des baptêmes et des sorties en mer. En longeant le littoral sous-le-Vent, on découvre de nombreux panoramas sur les îlets Pigeon (surnommée la Réserve Cousteau et haut lieu de la plongée sous marine), puis Bouillante (cité géothermale, sources d'eau chaude), autour de l'île de Montserrat ou au départ de Pointe-Noire. Pour les aventuriers en herbe, prendre les bateaux de pêche de Bouillante vers les îlets Pigeon, ou ceux de Sainte-Rose vers l'îlet Caret. Masque et tuba suffisent pour voir de gros poissons ! Si l'on veut avoir la chance d'apercevoir des cétacés, il faut aller au large de Bouillante, de Deshaies ou d'Anse-Bertrand. Depuis les ports du Lamentin ou de Sainte-Rose, on peut aussi explorer en bateau ou canoë l'étonnante réserve naturelle de Grand Cul-de-sac marin, et découvrir la mystérieuse mangrove, avec sa flore et sa faune extraordinaires qui survivent entre terre et mer.

INVITATION AU VOYAGE

Randonnée

Si la plupart des touristes privilégient le bleu de la mer des Caraïbes, opter pour des séjours axés sur la marche, et passer des semaines passionnantes au cœur de paysages guadeloupéens variés est tout à fait possible, en s'enfonçant dans les terres et les montagnes de l'Est. En Guadeloupe, on compte pas moins de 200 km de sentiers et chemins de randonnée appelés traces. On peut aussi s'organiser tout seul avec une bonne carte, et les informations avisées du comité du tourisme et des offices locaux. Toutefois, il est primordial de bien suivre les recommandations des agents d'accueil avant une randonnée : ne jamais partir seul, prévenir un tiers de votre parcours, avoir de l'eau et de la nourriture, etc.). Tous ces conseils sont précisés sur le site du parc national (www. guadeloupe-parcnational.com) et sur www.rando-guadeloupe.gp. L'état des traces est régulièrement mis à jour. Des professionnels proposent des sorties accompagnées pour tous les niveaux.

▶ **De nombreux sentiers sur Basse-Terre et Grande-Terre.** Les durées des balades répertoriées varient du quart d'heure de marche à une bonne journée. En Grande-Terre, la route du littoral et celle de la Traversée abritent plusieurs chemins de crête qui offrent des vues spectaculaires, comme à la Pointe des Châteaux, après Saint-François, ou vers les immenses falaises du Nord, aux sites bien nommés de la Porte de l'Enfer ou de la Pointe de la vigie.

▶ **Basse-Terre, paradis des randonneurs.** Contrairement à ce que le nom pourrait faire croire, le relief de l'aile Est est escarpé, volcanique. Irrigué par des rivières sauvages finissant en torrents, cascades et bassins d'eau douce, il ménage des baignades rafraîchissantes en récompense des petits efforts de la marche. L'ascension de la Soufrière (1467 m, sommet de l'archipel) est incontournable, tout comme les marches plus gourmandes autour du Morne Michot (avec des haltes dans ses jardins créoles), la découverte des zones autorisées des chutes du Carbet (joyau du parc national de Guadeloupe) ou encore un voyage à travers l'exubérante forêt primaire. Les randonnées aquatiques dans la rivière, au cœur de la forêt, invitent les plus téméraires aux joies du canyoning entre glissades ludiques sur des rochers toboggans et grands sauts dans les bassins, à des bivouacs en forêt tropicale...

▶ **L'option la plus aventureuse.** Emprunter sur toute la longueur de Basse-Terre l'ancien GR G1 appelé «Trace des Alizés», autrefois chemin de grande randonnée, déclassé car trop difficile à entretenir. Une randonnée faisable en 7 ou 8 étapes, à bien préparer (avec ou sans guide), en ayant pris soin de vérifier l'état des sentiers et des sites. Les randonnées se définissent en 4 niveaux (niveau très facile à facile : familial, sur des chemins bien tracés avec des passages moins faciles ; niveau moyen à difficile : pour habitués de la randonnée avec passages sportifs à difficiles pour randonneurs expérimentés). Les marches les plus exigeantes empruntent des chemins pouvant être escarpés, souvent boueux, qui traversent des rivières (itinéraires déconseillés par temps de pluie). En se basant à Basse-Terre, en un lieu stratégique qui permet de joindre facilement Saint-Claude, Vieux-Habitants, Pointe-Noire, Deshaies, Trois-Rivières, Goyave, Petit-Bourg et Pointe-à-Pitre, on rayonne en voiture et l'on peut arriver à l'heure aux différents points de départ des randonnées.

Suivre et comprendre les « Traces-Mémoires »

Des sites patrimoniaux liés à la mémoire de l'esclavage et à la période coloniale dans les Caraïbes jalonnent le paysage de l'archipel et peuvent constituer une thématique de séjour. Ces circuits de l'histoire guadeloupéenne s'attachent à faire connaître les lieux de mémoire liés à ce passé douloureux encore prégnant. Les sites historiques (marches des esclaves de Petit-Canal, fort Delgrès de Basse-Terre..., les habitations transformées en écomusées, les domaines agricoles, les distilleries abandonnées ou encore en activité sont autant de témoignages économiques et sociaux, anciens et contemporains, qui se visitent souvent avec force émotion. Pour la détente (toujours au programme), de nombreuses haltes sont possibles au fil des routes : restaurants, tables d'hôtes, promenades dans les jardins botaniques, visites de plantations, plages...

Si vous souhaitez vous intéresser à la thématique de l'histoire de l'île à l'époque coloniale, le Conseil départemental a mis en place une signalétique routière. Des totems en français, créole et anglais qui permettent de guider le visiteur vers les sites concernés par l'esclavage. Une carte localisant tous les sites est disponible au musée Schoelcher situé à Pointe-à-Pitre. Le Mémorial ACTe, centre d'expression caribéen situé à Pointe-à-Pitre, constitue une halte de choix en la matière.

COMMENT PARTIR ?

PARTIR EN VOYAGE ORGANISÉ

Spécialistes

Vous trouverez ici les tours opérateurs spécialisés dans votre destination. Ils produisent eux-mêmes leurs voyages et sont généralement de très bon conseil car ils connaissent la région sur le bout des doigts. À noter que leurs tarifs se révèlent souvent un peu plus élevés que ceux des généralistes.

■ AQUAREV
2, rue du Cygne (1er)
Paris
℡ 01 48 87 55 78
www.aquarev.fr
info@aquarev.com
Ouvert de 9h30 à 17h30, le samedi de 11h à 12h30 et de 14h à 17h.
Aquarev propose des séjours en Guadeloupe (tous niveaux), avec hébergement en 4-étoiles. Le centre de plongée Les Heures Saines se situe à Pigeon (Bouillante), juste en face de la célèbre Réserve Cousteau.

■ ALMA VOYAGES
573, route de Toulouse
Villenave-d'Ornon
℡ 05 56 87 58 46
www.alma-voyages.com
agvalma@almavoyages.com
Ouvert du lundi au vendredi de 8h à 19h et le samedi de 9h à 18h.
Chez Alma Voyages, les conseillers connaissent parfaitement les destinations. Ils ont la chance d'aller sur place plusieurs fois par an et donc, bien vous conseiller. En plus, chaque client est suivi par un agent attitré ! Une large offre de voyages (séjour, croisière ou circuit individuel) avec l'émission de devis pour les voyages sur mesure vous sera proposée. Alma Voyages pratique les meilleurs prix du marché et travaille avec Kuoni, Beachcombers, Jet Tour, Marmara, Look Voyages... Si vous trouvez moins cher ailleurs, l'agence s'alignera sur ce tarif et vous bénéficierez en plus, d'un bon d'achat de 30 € sur le prochain voyage. Surfez sur leur site !

■ CHAMINA VOYAGES
Langogne
℡ 04 66 69 00 44
www.chamina-voyages.com
contact@chamina-voyages.com
Grand spécialiste de la randonnée sur les chemins du monde, l'agence indépendante lozérienne Chamina propose des circuits toujours accompagnés de guides munis de carnets de route à remplir. La Guadeloupe ne pouvait qu'attirer ces inconditionnels marcheurs ! Trois voyages disponibles, l'un court et facile en Guadeloupe et aux Saintes (8 jours et 7 nuits), l'autre court à Basse-Terre et aux Saintes (8 jours et 6 nuits), le troisième plus long où l'on prend son temps à Basse-Terre et Marie-Galante (14 jours et 13 nuits), alternant randonnées en montagne, baignades et découverte du patrimoine. L'hébergement se fait en bivouac, en gîte, en hôtel grand confort ou en chambre d'hôtes (selon la formule souhaitée), avec une dimension écotourisme dans les choix afin de rester au plus près de la nature. Possibilité de voyages à la carte également.

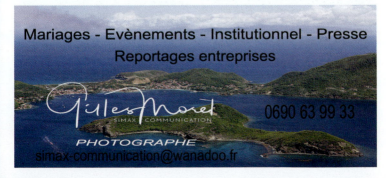

■ LA BALAGUÈRE
48, route du Val-d'Azun
Arrens-Marsous
℡ 05 62 97 46 46
www.labalaguere.com
labalaguere@labalaguere.com
Du lundi au vendredi de 9h à 19h, samedi de 10h à 12h et de 14h à 17h30.
La Balaguère, spécialisée dans la randonnée et le trek, propose des séjours avec ou sans guide, pour les familles et petits groupes, pour tous les niveaux, du débutant au marcheur expérimenté. Le parcours « Guadeloupe et Les Saintes, rando coco » propose des activités diverses et variées comme du canyoning, du kayak ou encore de la plongée.

■ DEPART VOYAGES
CP 1555
Av. du Tribunal-Fédéral 34
LAUSANNE ℡ +41 21 729 50 00
www.depart.ch
info@depart.ch
Agence suisse basée à Lausanne qui propose des séjours aux Antilles françaises depuis 1976. Deux gros catalogues sur les îles (*Les perles des Caraïbes* et *Les perles de l'océan Indien*) rassemblent une sélection d'hôtels et de locations aux Antilles françaises et dans l'océan Indien. De nombreux séjours sont disponibles à travers la Guadeloupe, dans des hôtels de 2 à 5-étoiles. Des autotours ainsi que des séjours « Combiné d'îles » sont aussi proposés. Vols Air France au départ de l'aéroport de Bâle-Mulhouse.

■ DESTINATIONS QUEYRAS
8, route de la Gare
Guillestre
℡ 04 92 45 04 29
www.randoqueyras.com
contact@randoqueyras.com
Ancrée dans le Parc naturel régional du Queyras, Destinations Queyras offre depuis dix ans un grand choix de randonnées. Cette agence de voyages, créée par quatre professionnels de la montagne, propose des séjours de randonnée pédestre, à raquettes ou à skis de montagne et des treks à l'étranger. En Guadeloupe, l'agence organise 2 circuits, le premier de 11 jours « Guadeloupe et les Saintes en liberté, Rando Coco » et le second de 9 jours « La Guadeloupe et les Saintes ».

■ EXOTISMES
164, rue Albert Einstein
Marseille ℡ 0 826 96 5000
www.exotismes.fr
information@exotismes.com
Spécialiste de l'exotisme et du voyage dans les îles, cette agence a sélectionné une série de séjours en Guadeloupe, avec un large choix d'hôtels, des studios, des résidences hôtelière, bungalows et villas tout confort. Des voyages de noce, des excursions, et des croisières en catamaran sont aussi organisées par l'agence. Le site propose également des offres discount de dernière minute et la possibilité d'organiser son séjour à la carte.

■ NOMADE AVENTURE
40, rue de la Montagne-Sainte-Geneviève (5ᵉ)
Paris ℡ 01 46 33 71 71
www.nomade-aventure.com
infos@nomade-aventure.com
M° Maubert-Mutualité ou RER Luxembourg.
Ouvert du lundi au samedi de 9h30 à 18h30. Circuits sur mesure. Activités.
Comparée à ses concurrentes, voici une agence de voyage nouvelle génération qui innove ! Les catalogues sont ici de vrais magazines, et les guides des voyageurs confirmés ayant une attache particulière avec la destination qu'ils vous font découvrir. Le côté aventure et fun définit des circuits à la carte pour des groupes constitués, ou du sur-mesure pour les indépendants, sur les itinéraires avec peu de logistique. Des modes de déplacement originaux (mobylette, pirogue, chameau, cheval, etc.), transports en commun locaux sans trop de superflu, rencontres avec la population locale, hébergement chez l'habitant ou en 2 étoiles, et trekking dans des lieux restés sauvages et authentiques. En Guadeloupe, le côté nature attire le voyagiste, avec une offre en écotourisme sur la Basse-Terre avec itinéraire entre mer et rivière et nuits en gîtes. Un vrai coup de cœur pour les différentes îles de l'archipel et celle de la Dominique, où l'on joue les Robinson avec Nomade.

▶ **Autre adresse :** Autres agences à Lyon, Toulouse et Marseille.

■ PASSION DES ÎLES
℡ 08 25 16 15 02
www.tui.fr
Spécialiste des îles et des lagons, ce tour-opérateur vous organise des voyages sur mesure : combinés inter-îles et croisières en Guadeloupe, à Saint-Martin ou encore à Saint-Barthélemy. Définissez les dates de votre séjour et votre ville de départ, sélectionnez vos activités favorites (*farniente*, spa, découverte culturelle, aventure, plongée, golf, etc.), une thématique (voyage de noces par exemple) et votre choix d'hôtellerie. Pour la Guadeloupe, différents types d'hébergement, de charme, de luxe ou pour les familles sont proposés, ainsi que des promotions sur la Pointe de la Verdure au Gosier, où l'offre hôtelière près de la plage est vaste.

■ **SUBOCÉA**
4, rue Henri et Antoine Maurras (16ᵉ)
Marseille
✆ 04 95 06 12 39
www.subocea.com
info@subocea.com
Agence méridionale (basée à Marseille et Toulouse), spécialiste des séjours de plongée dans les mers chaudes (Méditerranée, Adriatique, océan Indien, et bien sûr mer des Caraïbes), AMV Voyages propose des séjours en Guadeloupe, dans des résidences hôtelières près de Pigeon, où le centre nautique organise des sorties autour des îlets dans la réserve Cousteau. Hébergement au Paradis Créole ou au Domaine de la Pointe Batterie, qui surplombent la côte. Le centre de plongée dispose d'un catamaran pour 36 plongeurs avec 40 équipements à bord, d'une barge en aluminium pour 10 plongeurs et d'un chalutier pour 22 plongeurs. Formations possibles. Les sorties s'organisent à la journée ou à la demi-journée en fonction de l'éloignement des sites. Il est aussi possible de choisir de découvrir l'archipel des Saintes (hébergement en 2-étoiles ou en appartement). Des séjours sur l'île de la Dominique sont également proposés.

■ **TROPICALEMENT VÔTRE**
43, rue Basfroi (11ᵉ)
Paris
✆ 01 43 70 99 55
www.tropicalement-votre.com
Lorsque cette agence s'installe à Paris, il y a plus de 10 ans, l'océan Indien était la destination privilégiée. Depuis, la carte des destinations de Tropicalement Vôtre s'est étoffée, l'offre s'étendant à l'océan indien, aux Caraïbes, à l'Asie, au Moyen-orient à l'Afrique et au Pacifique. Avec un développement particulier sur le secteur du luxe, la sélection de villas et d'hôtels cible des séjours en hôtellerie de charme, des locations de maisons de rêve pour voyages de noces et séjours en famille. L'agence est spécialisée dans l'organisation de combinés inter-îles (Guadeloupe-Marie Galante, Guadeloupe/Saint-Barthélemy, séjour Guadeloupe + excursion à la Désirade, séjours aux Saintes, combinés Guadeloupe/Martinique).

▶ **Autre adresse :** 96, rue Pierre-Corneille, 69003 Lyon ✆ 04 72 32 26 89

■ **UCPA**
104, boulevard Blanqui (13ᵉ)
Paris
✆ 0 825 01 03 05
www.ucpa-vacances.com
ucpamarocsiege@gmail.com
Incontournable, cette association loi 1901 à but non lucratif promeut depuis 1965 les séjours

sportifs à travers le monde. En Guadeloupe, aux Saintes plus précisément, formidable terrain d'activités sportives, nautiques et balnéaires, on peut apprendre à diriger un catamaran, un voilier ou un kayak de mer, faire de la rando aquatique, du canyoning, du windsurf et de la plongée, ou entreprendre une croisière découverte... Il existe même un voyage farniente, pour simplement séjourner à Basse-Terre. Les possibilités sont multiples, et tous les nouveaux d'intensité physique sont représentés. Des formules et séjours liberté, sans encadrement, sont au programme, mais vous bénéficierez toujours des conseils avisés de l'équipe sur place, qui en général connaît bien le terrain !

■ **ULTRAMARINA**
✆ 08 25 02 98 02
www.ultramarina.com
info@ultramarina.comrina.com
Centre d'appel accessible du lundi au samedi.
Cette agence de voyages propose un panel de destinations aux fonds marins exceptionnels, pour des séjours axés autour de la plongée. Plusieurs hôtels et centres de plongée sont proposés en Guadeloupe, dont aux Saintes et à Marie-Galante, mais aussi à la Dominique. En Guadeloupe, le spécialiste de la plongée Ultramarina propose des séjours avec des sorties sur la réserve Cousteau, ou sur l'épave du *Gustavia* coulé en 1991. Les îlets Pigeons sont un très beau terrain d'approche pour les débutants. Par ailleurs, il est possible de participer à des sorties d'observation des baleines et à l'écoute sous-marine par hydrophones (valable de novembre à mai uniquement). Des séjours sont aussi proposés sur l'archipel des Saintes.

■ **VOYAGES ANTILLAIS**
24, rue du 4-Septembre (2ᵉ)
Paris
✆ 01 47 42 95 07
www.voyagesantillais.fr
reservation@voyagesantillais.com
Spécialiste des DOM-TOM depuis plus de 40 ans, cette agence, qui possède 3 points de vente dans le monde (Paris, Saint-Denis de la Réunion et Baie-Mahault à Grande-Terre), propose à ses clients des facilités de paiement pour l'achat de billets d'avion et de séjours touristiques, des formules pour voyages de noces, diverses catégories d'hébergement et d'autres services encore, comme la location de véhicules. Selon les périodes, des promotions sont proposées sur le site Internet et en agence.

▶ **Autre adresse :** Agence guadeloupéenne : Immeuble Colorado, Moudong Centre – 97122 Baie-Mahault ; ✆ 05 90 38 00 48.

Généralistes

Vous trouverez ici quelques tours-opérateurs généralistes qui produisent des offres et revendent le plus souvent des produits packagés par des agences spécialisées sur telle ou telle destination. S'ils délivrent des conseils moins pointus que les spécialistes, ils proposent des tarifs généralement plus attractifs.

■ GO VOYAGES

☎ 08 99 86 08 60
www.govoyages.com – infos@govoyages.com
Go Voyages propose le plus grand choix de vols secs, charters et réguliers au meilleur prix au départ et à destination des plus grandes villes. Possibilité également d'acheter des packages sur mesure « vol + hôtel » et des coffrets cadeaux. Grand choix de promotions sur tous les produits sans oublier la location de voitures. La réservation est simple et rapide, le choix multiple et les prix très compétitifs.

■ PROMOVACANCES

☎ 08 99 65 48 50
www.promovacances.com
Ouvert du lundi au vendredi de 8h à minuit. Le samedi de 9h à 23h. Dimanche de 10h à 23h.
Promovacances propose de nombreux séjours touristiques, des week-ends, ainsi qu'un très large choix de billets d'avion à tarifs négociés sur vols charters et réguliers, des locations, des hôtels à prix réduits. Également, des promotions de dernière minute, les bons plans du jour. Informations pratiques pour préparer son voyage : pays, santé, formalités, aéroports, voyagistes, compagnies aériennes.

■ THOMAS COOK

☎ 08 92 70 10 88 – www.thomascook.fr
Plusieurs agences partout en France.
Tout un éventail de produits pour composer son voyage : billets d'avion, location de voitures, chambres d'hôtel… Thomas Cook propose aussi des séjours dans ses villages-vacances et les « 24 heures de folies » : une journée de promos exceptionnelles tous les vendredis. Leurs conseillers vous donneront des infos utiles sur les diverses prestations des voyagistes.

Réceptifs

■ CARAÏBES FACTORY

☎ 06 90 20 54 04 – caraibesfactory.com/
bonjour@caraibesfactory.com
Plateforme numérique de réservation en ligne de visites d'entreprises. Circuits sur réservation. Compter entre 32 € et 105 € selon le type de circuit.
A la recherche d'expériences atypiques pour sortir des sentiers battus ? Caraïbes Factory vous emmène au cœur des coulisses des entreprises guadeloupéennes, pour découvrir les savoir-faire dont dispose le territoire (brasserie, distillerie, site éolien, centrale géothermique, etc.). Sylvia sera votre guide sur le circuit choisi, et vous dira tout (ou presque) sur les procédés de fabrication, l'histoire des machines et des hommes. Exemple de circuit chaud bouillant : visite guidée de l'usine géothermique de Bouillante (seule usine de France à produire de l'électricité à partir de la vapeur d'eau), plongée en bouteille de nuit pour explorer les sources chaudes, collation 100 % locale face à la mer.

■ CARIB HOLIDAYS

10 Les Comptoirs de Saint-François
SAINT-FRANÇOIS ☎ 05 90 85 08 50
www.caribholidays.fr
info@caribholidays.fr
En bordure de mer.
Ouvert du lundi au vendredi de 8h à 19h, le samedi de 8h30 à 12h et de 15h à 18h.
Au programme : des séjours, des escapades tout inclus dans les îles pour une semaine ou un week-end vers Marie-Galante, les Saintes, La Désirade, Saint-Martin, Saint-Barthélemy, la Martinique, Sainte-Lucie, Antigua, etc.) et également des croisières et des billets d'avion.

■ CŒUR DES ILES

Zone Frêt
Aéroport Pôle Caraïbes
LES ABYMES ☎ 05 90 21 71 74
coeurdesiles.travel
etrebos@coeurdesiles.com
Cœur des îles propose un panel d'excursions et d'activités à votre mesure entre accueil et assistance, transferts, location de voitures, visites guidées de l'archipel, croisières, traversées maritimes.

■ CONCIERGERIE DE JADE

Résidence Créole
Pointe de la Verdure, Route des hôtels
LE GOSIER
☎ 05 90 68 65 85
resasevasionsdejade@gmail.com
A côté du casino.
Agence ouverte toute l'année de 8h à 12h et les lundi et jeudi de 14h à 18h. CB et Chèques Vacances acceptés.
L'équipe de la Conciergerie de Jade vous assiste dans l'organisation de votre séjour de la recherche d'une location (villa, appartement, studio, etc.), d'un véhicule de location (en Guadeloupe et à Marie-Galante depuis l'aéroport, au port de Bergevin, au Gosier, à Saint-François) ou encore d'un billet maritime pour vous rendre dans les îles de l'archipel, et vous offre des infos sur les excursions dans toute la Guadeloupe. Informations disponibles à l'agence ou par téléphone.

■ FEELING GUADELOUPE
26 rue Cours Nolivos
BASSE TERRE ✆ 05 90 94 10 71
www.feelingguadeloupe.fr
contact@feelingguadeloupe.fr
Ouvert du lundi au vendredi de 8h à 17h.
Audrey et Chris vous concoctent des séjours sur mesure, adaptés à vos envies et votre budget. Laissez-vous conduire en dehors des sentiers battus, à la découverte d'une Guadeloupe authentique, pour des séjours classiques ou thématiques.

■ MARANATHA TOURS
Quai Ferdinand Lesseps
17 Centre Saint-John-Perse
POINTE-À-PITRE ✆ 05 90 88 51 58
www.maranatha-tours.com
info@maranatha-tours.com
Maranatha Tours est une agence spécialisée dans l'organisation de séjours et d'excursions axés sur la nature et l'écotourisme. Vous êtes encadré par des guides et des accompagnateurs qui sauront vous transmettre leur passion pour l'histoire, la culture et la nature de toute la Caraïbe. Possibilité d'organiser des circuits, visites et séjours sur mesure.

■ PASSION OUTREMER
17 Centre des Arcades
SAINT-FRANÇOIS ✆ 05 90 47 17 17
www.passion-outremer.com
sylvie.c@passion-outremer.com
Tous les jours de la semaine de 8h30 à 17h.
Passion Outremer propose une liste d'hôtels, d'excursions et de circuits à travers l'archipel de la Guadeloupe, de la Martinique et de nombreuses autres destinations.

▶ **Autre adresse :** 27, rue des Petites-Ecuries 75010 Paris ✆ 01 53 34 12 50

■ PATOU EXCURSION
Marina de Saint-François
SAINT-FRANCOIS ✆ 06 90 85 71 42
www.patouexcursionsbateaux.com
patou-excursions@orange.fr
Ouvert 7j/7, de 8h30 à 13h et sur RDV l'après-midi.
Au fil des ans, les retours clients pour ce prestataire sont toujours aussi positifs, gage du sérieux de la structure. Patou présente, via son site de prestations touristiques, une multitude d'activités dans tout l'archipel : croisières à la journée en voilier, visite des îles de Guadeloupe, découverte de la Grande-Terre en buggy ou en 4x4, canyoning, aqua-randonnée, randonnées en Basse-Terre, rencontre avec les cétacés, nombreuses activités nautiques. Elle dispose également de bonnes adresses en termes d'hébergement et de location de véhicule. Il est possible d'effectuer une pré-réservation sur le site Internet, moyennant le versement d'un acompte. Patou sait s'entourer de professionnels sérieux, qui savent faire apprécier la Guadeloupe aux visiteurs tout en leur inculquant le respect de la nature.

■ REVERIE CARAÏBE ET BUTTERFLY GUADELOUPE EXCURSIONS
Marina
SAINT-FRANÇOIS ✆ 06 90 35 30 86
reverie-caraibe.com
contact@reverie-caraibe.com
Agence ouverte tous les jours. Excursions en bateau de 70 à 95 €.
Julie et Nicole proposent des excursions à la journée pour découvrir la Guadeloupe en voilier, en kayak, en jet ski, etc. Au programme : visite de la mangrove, rencontre avec les cétacés, visite de l'îlet Caret.

■ RIVERAIN TOURS
3 Rue Frébault
POINTE-À-PITRE ✆ 05 90 91 72 10
www.rivtours.com
riveraintours@rivtours.com
Situé dans le quartier le plus commerçant de la ville
Agence ouverte de 8h30 à 12h30 et de 14h30 à 17h, le samedi de 9h à 12h. Et de 8h30 à 17h en haute saison pendant la semaine.
Une agence de voyages guadeloupéenne, forte de plus de 20 années d'expérience, qui sera parfaitement à même de vous guider quelque soit votre type de séjour. Vous pouvez découvrir des promos séjours et des croisières aux tarifs attractifs. Possibilité d'acheter son billet d'avion en ligne également

▶ **Autres adresses :** Basse-Terre : 4, rue Christophe-Colomb ✆ 05 90 25 50 14 • Le Moule : 42, rue Saint-Jean ✆ 05 90 23 15 74 • Marie-Galante : 3, rue de l'Eglise à Grand-Bourg ✆ 05 90 97 94 00

■ VERT INTENSE
Rue du Camp-Jacob
Morne-Houel
SAINT-CLAUDE ✆ 06 90 55 40 47
www.vert-intense.com
info@vert-intense.com
Vert Intense est spécialisé dans la conception de voyages sport et nature dans les îles de la Guadeloupe. Bénéficiant de l'appui du Parc national de la Guadeloupe, la structure propose des séjours respectueux de la nature et des hommes pour un tourisme durable. A noter : Vert Intense fait partie des guides habilités vous permettant d'accéder aux différents cratères de la Soufrière, obligatoirement muni d'un masque à gaz. Une visite originale qui vous ébahira. Leur site Web dispose d'une boutique en ligne qui vous permet de concevoir votre séjour sur mesure en choisissant vos hébergements et vos activités parmi leurs différents partenaires.

Sites comparateurs

Plusieurs sites permettent de comparer les offres de voyages (packages, vols secs, etc.) et d'avoir ainsi un panel des possibilités et donc des prix. Ils renvoient ensuite l'internaute directement sur le site où est proposée l'offre sélectionnée. Attention cependant aux frais de réservation ou de mise en relation qui peuvent être pratiqués, et aux conditions d'achat des billets.

■ EXPEDIA FRANCE

℡ 01 57 32 49 77
www.expedia.fr
Expedia est le site français n° 1 mondial du voyage en ligne. Un large choix de 300 compagnies aériennes, 240 000 hôtels, plus de 5 000 stations de prise en charge pour la location de voitures et la possibilité de réserver parmi 5 000 activités sur votre lieu de vacances. Cette approche sur mesure du voyage est enrichie par une offre très complète comprenant prix réduits, séjours tout compris, départs à la dernière minute…

■ JETCOST

www.jetcost.com
contact@jetcost.com
Jetcost compare les prix des billets d'avion et trouve le vol le moins cher parmi les offres et les promotions des compagnies aériennes régulières et *low cost*. Le site est également un comparateur d'hébergements, de loueurs d'automobiles et de séjours, circuits et croisières.

■ QUOTATRIP

www.quotatrip.com
QuotaTrip est une nouvelle plateforme de réservation de voyage en ligne mettant en relation voyageurs et agences de voyages locales sélectionnées dans près de 200 destinations pour leurs compétences. Le but de ce rapprochement est simple : proposer un séjour entièrement personnalisé aux utilisateurs. QuotaTrip promet l'assurance d'un voyage serein, sans frais supplémentaires.

PARTIR SEUL

En avion

Prix moyen d'un vol Paris-Pointe-à-Pitre : en haute saison, de 500 € à 1 200 € en classe économique et en basse saison de 400 € à 850 €. A noter que la variation de prix dépend de la compagnie empruntée mais, surtout, du délai de réservation. Pour obtenir des tarifs intéressants, il est indispensable de vous y prendre très en avance. Pensez à acheter vos billets six mois avant le départ et faites des simulations avec des dates différentes, vous pourrez ainsi constater que le tarif varie sensiblement à quelques jours ! Les compagnies aériennes proposent également des tarifs très attractifs aux périodes d'affluence moindre (mai, juin, septembre). C'est pendant ces mois généralement que vous trouverez un billet aller-retour aux alentours de 400 €.

QuotaTrip, l'assurance d'un voyage sur-mesure

Une nouvelle plateforme en ligne de voyages personnalisés est née : QuotaTrip. Cette prestation gratuite et sans engagement joue les intermédiaires inspirés en mettant en relation voyageurs et agences de voyages locales, toutes choisies pour leur expertise et leur sérieux par Petit Futé. Le principe est simple : le voyageur formule ses vœux (destination, budget, type d'hébergement, transports ou encore le type d'activités) et QuotaTrip se charge de les transmettre aux agences réceptives. Ensuite, celles-ci adressent un retour rapide au voyageur, avec différents devis à l'appui (jusqu'à 4 par demande). La messagerie QuotaTrip permet alors d'échanger avec l'agence retenue pour finaliser un séjour cousu main, jusqu'à la réservation définitive. Un détail qui compte : un système de traduction est proposé pour converser sans problème avec les interlocuteurs locaux. Une large sélection d'idées de séjours créée à partir des fonds documentaires du Petit Futé complète cette offre. QuotaTrip est la promesse d'un gain de temps aussi bien dans la préparation du voyage qu'une fois sur place puisque tout se décide en amont.
En bref, avec ce nouvel outil, fini les longues soirées de préparation, le stress et les soucis d'organisation, créer un voyage sur-mesure est désormais un jeu d'enfant : www.quotatrip.com !

Principales compagnies desservant la destination

▪ AIR ANTILLES
✆ 0 890 648 648
www.airantilles.com

La compagnie se positionne sur le créneau des prix. Elle effectue des rotations régulières au départ de la Guadeloupe vers la Martinique, Saint-Martin et Sint Maarten, Saint-Barthélemy, Cayenne, Saint-Domingue, Porto Rico, Miami, La Barbade. Les destinations d'Antigua et de la république dominicaine (La Romana & Punta Cana) font l'objet de rotations uniquement en saison.

Vous pouvez réserver en ligne en quelques clics en temps réel et 24h/24 votre billet d'avion avec un accès direct et immédiat à l'ensemble des offres et à des tarifs compétitifs notamment avec de ventes « flash ». La compagnie effectue la continuité régionale dans le cadre d'un partenariat avec Air France.

▪ AIR FRANCE
✆ 36 54
www.airfrance.fr

Air France offre jusqu'à 14 vols directs, hebdomadaires au départ d'Orly Ouest. C'est en Boeing 777-300 qu'Air France dessert Pointe-à-Pitre en moins de 9h, des appareils offrant un haut niveau de confort et équipés de 3 cabines de voyages : Economy, Premium Economy (cabine intermédiaire) et Business. De nouveaux sièges équipent les cabines Business et Premium Economy et les sièges de la cabine Economy sont tous équipés d'écrans individuels offrant près de 100 films et 300 albums ainsi qu'un vaste choix de jeux vidéo.

▸ **La classe Business** : 12 sièges convertibles en lit avec la mise à disposition d'un iPad Pro de 13 pouces, de casques à réduction de bruits, d'une trousse confort avec produits Pure Altitude, d'une couette et d'un véritable oreiller. Les clients de la classe Business se verront offrir un menu Signature, spécialement conçu par le chef Rostang. Les passagers de la classe Premium et de la classe Business disposent d'un salon privatif dans les aéroports de Paris Orly, Pointe-à-Pitre, Fort-de-France et La Réunion avec wifi gratuit – service de presse – buffet et boissons à discrétion. Un changement de « cap » qui nivelle la compagnie par le haut (excellente nouvelle !) tout en conservant les tarifs concurrentiels.

▪ AIR BELGIUM
www.airbelgium.com
info@airbelgium.com

Tarifs à partir de 345 € en classe économique, 739 € en premium et 1 739 € en business, bagages, repas et boissons inclus.

A compter du 7 décembre 2019, la jeune compagnie belge fondée en 2016 reliera la Guadeloupe et la Martinique depuis l'aéroport de Charleroi. Deux vols hebdomadaires sont annoncés pour la Guadeloupe : le mercredi et le samedi. Les liaisons seront assurées à bord d'avions Airbus A340 comprenant 3 classes.

Maison Coloniale de Zévallos, Le Moule.

1ère Compagnie

Régionale de la Caraïbe
au départ des Antilles-Guyane

NOUVELLES DESTINATIONS

Guadeloupe

Martinique

Sainte-Lucie

Barbade

Saint-Domingue

Punta Cana

San Juan

Saint-Barth

Saint-Martin

Dominique

Miami

Port-au-Prince

Sint Maarten

Cayenne

Grand-Santi

Maripasoula

Saint-Laurent

Saül

Saba

Tortola

St-Eustache

Nevis

St-Kitts

Curaçao

■ **JETBLUE AIRWAYS**

☎ +1 877 477 7441

www.jetblue.com

Une compagnie américaine à bas prix basée à New York qui dessert Pointe-à-Pitre à compter du 1er février 2020, à raison de trois vols hebdomadaires opérés en Airbus A320 de 162 sièges avec wifi et télévision en direct gratuits. Lundi, mercredi et samedi à 7h (arrivée à 12h20) au départ de New York JFK, retour de Pointe-à-Pitre à 19h40. Vols à partir de 400 €. La compagnie se positionne en Guadeloupe sur une période allant de novembre à avril. L'aéroport Pôle Caraïbes vient donc s'ajouter à d'autres destinations déjà desservies telles que Saint-Martin Princess Juliana, Aruba, la Barbade, les Bahamas, Haïti, Cuba, etc.

■ **LEVEL**

☎ 01 86 26 93 00

www.flylevel.com

Première compagnie *low cost* à proposer des vols vers la Guadeloupe depuis le 3 juillet 2018, à raison de 4 rotations par semaine depuis Paris. La flotte est composée de deux A330-200 neufs et équipés et du wifi très haut débit. Desserte assurée le mardi, mercredi, vendredi et dimanche. Tarif de base : 99 € pour un aller simple en classe économique. Le repas, le bagage cabine et la connexion wifi sont en option pour la classe économique.

▶ **Autre adresse :** au Canada ☎ +1 438 448 4400.

■ **AIR CARAÏBES**

☎ 0820 835 835

www.aircaraibes.com

Centrale de réservation ouverte du lundi au samedi de 8h à 21h, dimanche et jours fériés de 8h à 18h. A Paris : 4, rue de la Croix Nivert, Paris. Métro Cambronne. Ouvert du lundi au vendredi de 9h à 18h, samedi de 9h30 à 17h.

Air Caraïbes, compagnie aérienne française régulière spécialiste des Caraïbes propose jusqu'à 3 vols quotidiens entre Paris Orly et la Guadeloupe (Pointe-à-Pitre).

Cette desserte est complétée par son réseau régional vers la Martinique, Saint-Martin (Grand Case), Sainte-Lucie et la République dominicaine (Saint-Domingue). La destination de Saint-Barthélemy est aussi proposée avec une desserte opérée par St. Barth Commuter.

La compagnie relie également la province et la Belgique à la Guadeloupe au départ d'Orly grâce à TGV AIR.

Elle offre une liaison air-mer vers Marie-Galante, la Dominique et Les Saintes avec navigAIR.

Air Caraïbes propose 3 classes de services à bord de ses vols transatlantiques : Soleil (Economique), Caraïbes, (Premium Economy), Madras (Affaires).

Son programme de fidélité gratuit Préférence permet de cumuler des miles et de bénéficier d'avantages.

Consultez le site Internet pour les promotions en cours. Tous les vols sont affichés et le moteur de réservation est intégré au site.

© GILLES MOREL

Zoo Regatta.

ENVOLEZ-VOUS VERS
LA GUADELOUPE À PRIX TIMBRÉS !

LIONS&LIONS

Partez à Pointe-à-Pitre !
Nous vous proposons jusqu'à 3 vols A/R quotidiens
au départ de Paris Orly 4.

Informations / Réservations

0 820 835 835
Service 0,12 € / min
+ prix appel

aircaraibes.com
ou en agence de voyages

Haute en Couleurs

Air Caraïbes - 9 Boulevard Daniel Monsin - Parc d'activités la Providence - ZAC de Dothémare - 97139 ABYMES GUADELOUPE (FWI)
www.aircaraibes.com - SA à Directoire et Conseil de surveillance au capital social de 51 112 725 € - RCS PTP 414 800 482.

■ **CORSAIR**

☏ 39 17

www.corsair.fr

La compagnie régulière Corsair dessert quotidiennement Pointe-à-Pitre en direct au départ d'Orly Sud. Si vous habitez en province, vous pouvez acheter des billets combinés, comprenant un voyage en TGV (partenariat TGV Air au départ de 18 villes métropolitaines), et le billet Corsair.

Corsair propose à ses clients des cabines spacieuses et confortables à bord d'une flotte composée de B747 et d'Airbus. Corsair propose dorénavant 3 classes de voyage : *la classe Business, la Premium et la classe Economy*. La compagnie offre des sièges ergonomiques, avec un vrai confort d'assise, de nombreux divertissements à bord, avec notamment la mise à disposition d'écrans individuels tactiles et interactifs, proposant une large gamme de films, de reportages, et de jeux accessibles à bord depuis les écrans individuels ou via le wifi interne « Corsair On Sky » depuis smartphones, tablettes et ordinateurs...

Le site Internet de la compagnie facilite la recherche de tarifs, offre la possibilité de s'enregistrer 24 heures à l'avance, de choisir son siège, d'éditer sa carte d'embarquement, et de mémoriser ses recherches d'une visite à l'autre. Le client peut aussi bénéficier d'options tels que le surclassement via les enchères, ou encore le temps de réflexion. Le client peut aussi réserver « en ligne » les produits qu'il souhaite acheter en duty free à bord de l'avion avec des réductions pouvant atteindre les 40 %. Il peut également commander des repas « à thème » de type marin, terroir, italien, gourmet…

Agrémentées de l'espace Eco + situé à l'avant des appareils, les cabines Economy proposent un niveau de confort amélioré avec davantage d'espace pour les jambes.

Sites comparateurs

Certains sites vous aideront à trouver des billets d'avion au meilleur prix. Certains d'entre eux comparent les prix des compagnies régulières et *low-cost*. Vous trouverez des vols secs (transport aérien vendu seul, sans autres prestations) au meilleur prix.

■ **EASY VOLS**

☏ 08 99 19 98 79

www.easyvols.fr

Comparaison en temps réel des prix des billets d'avion chez plus de 500 compagnies aériennes.

■ **MISTERFLY**

☏ 08 92 23 24 25

www.misterfly.com

Ouvert du lundi au vendredi de 9h à 21h. Le samedi de 10h à 20h.

MisterFly.com est le nouveau-né de la toile pour la réservation de billets d'avion. Son concept innovant repose sur un credo : transparence tarifaire ! Cela se concrétise par un prix affiché dès la première page de la recherche, c'est-à-dire qu'aucun frais de dossier ou frais bancaire ne viendront alourdir la facture finale. Idem pour le prix des bagages ! L'accès à cette information se fait dès l'affichage des vols correspondant à la recherche. La possibilité d'ajouter des bagages en supplément à l'aller, au retour ou aux deux… tout est flexible !

■ **OPTION WAY**

☏ 04 22 46 05 23

www.optionway.com

contact@optionway.com

Du lundi au jeudi, et le samedi de 8h à 20h, le vendredi de 8h à 19h.

Option Way est l'agence de voyage en ligne au service des voyageurs. L'objectif est de rendre la réservation de billets d'avion plus simple, tout en vous faisant économiser. 3 bonnes raisons de choisir Option Way :

▶ **La transparence comme mot d'ordre.** Finies les mauvaises surprises, les prix sont tout compris, sans frais cachés.

▶ **Des solutions innovantes et exclusives** qui vous permettent d'acheter vos vols au meilleur prix parmi des centaines de compagnies aériennes.

▶ **Le service client,** basé en France et joignable gratuitement, est composé de véritables experts de l'aérien. Ils sont là pour vous aider, n'hésitez pas à les contacter.

Location de voitures

Les stations-service sont nombreuses et bien réparties sur l'île. Elles font office de boutiques (en-cas, cigarettes, boissons fraîches, alcool, etc.). Elles dépannent le consommateur avec des horaires plus larges que les commerces habituels. Notons ce service qui tend à disparaître en métropole : ici on « vous » fait le plein. Toutes les stations pratiquent les mêmes tarifs, qui fluctuent chaque mois selon un calcul savant et dont le résultat est annoncé par la préfecture.

■ **AUTO EUROPE**

☏ +33 974 592 518 – www.autoeurope.fr

reservations@autoeurope.fr

Auto Europe négocie toute l'année des tarifs privilégiés auprès des loueurs internationaux et locaux afin de proposer à ses clients des prix compétitifs. Les conditions Auto Europe : le kilométrage illimité, les assurances et taxes incluses à tout petits prix et des surclassements gratuits pour certaines destinations. Vous pouvez récupérer ou laisser votre véhicule à l'aéroport ou en ville.

Refaire le monde

Partez refaire le monde en Guadeloupe avec la compagnie Corsair
Vol direct et quotidien au départ d'Orly

■ ALAMO RENT A CAR
✆ 08 05 54 25 10 – www.alamo.fr
Avec plus de 40 ans d'expérience, Alamo possède actuellement plus de 1 million de véhicules au service de 15 millions de voyageurs chaque année, répartis dans 1 248 agences implantées dans 43 pays. Des tarifs spécifiques sont proposés, comme Alamo Gold aux États-Unis et au Canada, le forfait de location de voiture tout compris incluant le GPS, les assurances, les taxes, les frais d'aéroport, un plein d'essence et les conducteurs supplémentaires. Alamo met tout en œuvre pour une location de voiture sans souci.

■ BSP AUTO
✆ 01 43 46 20 74 – www.bsp-auto.com
Site comparatif acccessible 24h/24. Ligne téléphonique ouverte du lundi au vendredi de 9h à 21h30 et le week-end de 9h à 20h.
Il s'agit là d'un prestataire qui vous assure les meilleurs tarifs de location de véhicules auprès des grands loueurs dans les gares, aéroports et les centres-villes. Le kilométrage illimité et les assurances sont souvent compris dans le prix. Les bonus BSP : réservez dès maintenant et payez seulement 5 jours avant la prise de votre véhicule, pas de frais de dossier ni d'annulation (jusqu'à la veille), la moins chère des options zéro franchise.

■ CARIGAMI
✆ 01 73 79 33 33 – www.carigami.fr
Notre coup de cœur : Le site compare toutes les offres de 8 courtiers en location de voitures, des citadines aux monospaces en passant par les cabriolets et 4x4. En Guadeloupe, vous trouverez facilement sur 9 villes différentes l'offre la plus intéressante pour votre location de voiture. En plus du prix, l'évaluation de l'assurance et les avis clients sont affichés pour chacune des offres. Plus qu'un simple comparateur, vous pouvez réserver en ligne ou par téléphone. C'est la garantie du prix et du service !

SE LOGER

Les différents tour-opérateurs qui officient sur les Antilles proposent des forfaits de plus en plus accessibles, attirant ainsi une clientèle plus large. L'arrivée de la compagnie aérienne Norwegian, qui draine un public américain très exigeant, devrait aboutir à une évolution de l'offre d'hébergement. Les Antilles sont devenues, notamment pour la période d'hiver, les îles favorites des métropolitains. Sachez que la période de Noël et du Nouvel An correspond à la très haute saison, aux tarifs les plus élevés (tant au niveau des vols que de l'hébergement ou encore des locations de véhicule). Dans ce guide, nous vous présentons nombre de structures privées proposant des locations saisonnières. Tous les types d'hébergement et tous les budgets sont concernés, du studio standard à la superbe villa avec piscine sans oublier les gîtes et logements indépendants (villa ou appartement), meublés et équipés. Sachez que certains gîtes proposent des prestations supérieures à celles d'hôtels et de résidences pourtant huppés. Le tourisme durable et l'écotourisme ont le vent en poupe en Guadeloupe et notamment sur la Basse-Terre.

■ AUX-ANTILLES.FR
www.aux-antilles.fr
Le site est une mine d'informations sur les îles : l'histoire et le patrimoine, la géographie et le climat, les monuments et sites à visiter, etc. C'est aussi une centrale de réservation hôtelière qui couvre la zone des « Petites Antilles », des Grenadines jusqu'aux îles du nord de Saint-Martin. Le principe est simple : l'internaute peut choisir sa destination parmi un éventail de propositions, effectuer sa réservation immédiatement, en fonction des disponibilités réelles, et confirmer son séjour en communiquant simplement le numéro de sa carte bleue de manière entièrement sécurisée. Les promotions sont intéressantes en basse saison !

VOTRE LOCATION DE VOITURE EN GUADELOUPE :

bsp-auto.com
+33 1 43 46 20 74

KM illimités

Assurances incluses

Annulation offerte

Payez 5 jours avant le départ

'Zéro franchise' à petit prix

7j / 7

bsp-auto.com

■ **PRESTIGE VILLA RENTAL**
℡ 06 85 18 53 01
prestigevillarental.com
Site de location de villas de luxe aux Antilles.
Disponibilités et réservation sur le site Internet.

■ **VILLA PRESTIGE ANTILLES**
Rue Marganan
Imeuble océane
Sint-François ℡ 06 90 47 66 99
villa-prestige-antilles.com
location@villa-prestige-antilles.com
Les tarifs des villas sont indiqués sur le site Internet.
Vous cherchez une villa de luxe à louer pour vos vacances en Guadeloupe ? Le site Villa Prestige Antilles propose un panel de locations.

Hôtels

Beaucoup d'hôtels sur l'île ont ces dernières années bénéficié de travaux de rénovation, via les fonds européens, permettant ainsi une montée en gamme de leurs prestations des équipements plus modernes. Une grande partie de ces établissements disposent d'hébergements avec kitchenette. Vous trouverez également des offres en résidence hôtelière. Les offres de location de studio, d'appartement, de villa, du logement standard aux prestations très haut de gamme, sont en pleine expansion sur la Guadeloupe et ses dépendances. L'hébergement en écogîtes, axés sur le développement durable, a explosé aussi, notamment en Basse-Terre. Ces établissements indépendants ou intégrés à un groupe hôtelier sont présents dans les brochures des divers tour-opérateurs. Ces derniers bénéficient d'accords commerciaux avec les compagnies aériennes, et peuvent donc vous proposer un package avion + hôtel à des tarifs négociés, parfois plus intéressants que si vous effectuez vous-même la réservation pour le vol et pour l'hébergement.
Pour ceux qui peuvent se décider au dernier moment, des soldeurs de voyage proposent des formules très intéressantes, à huit jours du départ ! La grande majorité des établissements disposent de portails de réservation en ligne et proposent des tarifs attractifs en basse saison. Ils sont également généralement référencés sur les plateformes (Booking, Expedia, Tripadvisor, etc.). Il est toujours intéressant de comparer les tarifs sur ces différents sites pour ne pas manquer les promotions régulières qui y sont proposées.

■ **BLUE SEASON HÔTELS**
28 bis, boulevard Sébastopol
Paris 4e ℡ 01 56 43 42 20
www.blue-season-hotels.com
Ce groupe commercialise ou gère des hôtels dans l'océan Indien et dans les Caraïbes, notamment en Guadeloupe l'hôtel Fleur d'épée situé à Gosier – Bas du Fort.

■ **CLUB MED LA CARAVELLE**
Plage de la Caravelle
Sainte-Anne ℡ 05 90 85 49 50
www.clubmed.fr
carccmaf01@clubmed.com
Pour connaître les tarifs d'hébergement, consultez le site Web. Vous pouvez également venir profiter des équipements (plage, piscine, salle de sport, bar et restaurant, activités sportives) pour une journée en semaine (10h-18h) : 80 €/adulte, 45 €/ enfant de 12 à 17 ans, 30 €/enfant de 4 à 11 ans. Le Club Med est implanté depuis plus de 30 ans sur cette plage qui figure au rang des plus belles de l'archipel guadeloupéen.

■ **DES HÔTELS ET DES ÎLES**
Paris 8e
120, rue La Boétie ℡ 01 42 56 46 98
www.deshotelsetdesiles.com
info@deshotelsetdesiles.com
M° Saint-Philippe-du-Roule
C'est un groupe implanté en Guadeloupe qui propose de très beaux complexes hôteliers : Créole Beach Hotel & Spa, Mahogany Hôtel & Résidence à Gosier, Toubana Hôtel & Spa et ses villas de luxe à Sainte-Anne, Jardin Malanga à Trois-Rivières, Bwa Chik Hôtel à Saint-François, Langley Resort à Deshaies et les Aqualodges (bungalows flottants situés à Saint-François et dans la baie des Saintes).

▶ **Autre adresse :** Réservations en Guadeloupe : ℡ 05 90 90 46 46.

■ **KARIBEA HOTELS**
Guadeloupe ℡ 0 820 343 334
www.karibea.com
info@karibea.com
Une enseigne locale appartenant au groupe Fabre qui gère des hôtels de standing en Martinique et en Guadeloupe (hôtels Clipper, Salako et Prao situés sur la pointe de la Verdure à Gosier).

■ **PIERRE & VACANCES**
Le Village de Sainte-Anne
Sainte-Anne
℡ 05 90 47 00 00
www.pierre-vacances.fr
contact.pvci@pierre-vacances.fr
Depuis 1999, ce groupe a construit deux belles résidences à Sainte-Luce, en Martinique, et à Sainte-Anne, en Guadeloupe.

■ **PRIMEA HOTELS**
79, rue du Théâtre (15e)
Paris ℡ 01 45 75 08 80
primeahotels@orange.fr
Les contacter par mail.
Ce groupe (ex-Prime Invest Hôtels) gère ou commercialise deux résidences : la résidence le Vallon à Saint-François, la résidence Turquoise au Gosier.

Chambres d'hôtes

L'alternative aux hôtels et résidences hôte-lières existe bel et bien en Guadeloupe, et s'étoffe même d'année en année. Vous trouverez des locations saisonnières bien équipées qui répondent à la demande grandissante des vacanciers et touristes de passage. Ce type de logement ne coûte pas forcément moins cher car la qualité des prestations est revue à la hausse. C'est surtout l'occasion de découvrir un cadre familial, une ambiance typique, et d'échanger avec les propriétaires ou gérants. Mais attention à la qualité parfois inégale des prestations, aux photos trompeuses ou la déconvenue que peut représenter une villa individuelle sans âme, nouvellement construite. Attention également aux mauvaises surprises : certains propriétaires peu scrupuleux louent parfois des appartements au rez-de-chaussée de leur propre habitation sans aucun confort d'accueil, à des prix élevés, et imposant des contraintes pour préserver la sérénité des habitants ! Pour plus de sécurité, faites fonctionner le bouche-à-oreille. Il existe des réseaux et des labels de qualité qui vous garantissent la prestation (marque de confiance du Parc national de Guadeloupe, Bienvenue à la ferme pour le tourisme vert, Clé Vacances, Gîtes de France...).

La chambre d'hôtes est située dans la maison même du propriétaire qui vous fournit « la nuitée », c'est-à-dire l'hébergement voire le petit déjeuner. Les bungalows, appartements ou villas appartenant à des particuliers sont généralement d'un bon niveau de prestations. Comme partout, le littoral coûte plus cher que la campagne. C'est un calcul à faire car en choisissant de vous éloigner du littoral, vous aurez l'obligation de louer un véhicule pour vous déplacer.

■ ANTILLES PASSION

Bouillante
✆ 05 90 80 44 75
www.antilles-passion.com
gites.guadeloupe@wanadoo.fr
Groupement de particuliers qui met à la dispo-sition des visiteurs un hébergement diver-sifié allant du studio tout confort à la villa de standing, en passant par le bungalow et l'appartement sur Bouillante. Chacun peut trouver, dans toute cette variété, la formule qui lui convient.

■ CLÉVACANCES

Square de la Banque
Pointe-à-Pitre ✆ 05 90 82 09 30
clevacances.com
971@clevacances.com
La variété de la gamme d'hébergement Clévacances constitue leur force tandis que leur label garantit la qualité des prestations grâce à un réseau de professionnels du tourisme (Comité départemental du tourisme, offices de tourisme, syndicats d'initiative...). Le label regroupe des chambres d'hôtes, des gîtes, des villas, des appar-tements, des résidences... Vous pouvez faire une recherche de votre futur lieu de vacances sur leur site ou bien télécharger leur catalogue. L'exigence est de mise (seul un hébergement sur 10 est accepté). Les hébergements répertoriés sont inspectés tous les 3 ans.

■ GÎTES DE FRANCE

✆ 05 90 91 64 33
www.gitesdefrance-guadeloupe.com
gitedefrance.gpe@wanadoo.fr
De nombreuses offres promotionnelles sont à découvrir sur leur site en période de basse saison.

Campings

Le camping est peu prisé aux Antilles (le camping sauvage est interdit). En Guadeloupe et en Martinique, planter sa tente n'est pas vraiment dans les mœurs, exception faite du week-end pascal, au cours duquel on assiste, au contraire, à un véritable mouvement de masse, avec les incidences environnementales que cette affluence implique. Toute l'île se donne rendez-vous sur les plages ! Des associations et l'ONF travaillent de concert pour sensibiliser la population aux gestes écocitoyens. Lors de ce week-end prolongé de Pâques (et seulement à cette période de l'année), la tradition est de se retrouver en famille ou entre amis sur le littoral, voire à proximité des rivières, pour passer du bon temps ensemble et dormir quelques nuits sur place. Si vous recherchez la quiétude, évitez la plage et la rivière à cette période !

SE DÉPLACER

Avion

La bataille des prix pour les vols régionaux est plus que jamais d'actualité. Lorsqu'elle est combinée à la baisse du prix du pétrole (qui avoisine les 30 US$, au lieu des 100 US$ moyens de ces dernières années), cette concurrence permet aux voyageurs de bénéficier de tarifs très avantageux tels que la rotation Pointe-à-Pitre/Fort-de-France à 59 €, mise en place par Air Antilles Express et Air Caraïbes au printemps 2016.

■ AIR ANTILLES

Aéroport Pôle Caraïbes
Les Abymes ✆ 0 890 648 648
www.airantilles.com
contact@airantilles.com
La compagnie est dotée principalement d'appareils ATR 72.
La compagnie se positionne sur le créneau des prix. Elle effectue des rotations régulières au départ de la Guadeloupe vers la Martinique, Saint-Martin et Sint Maarten, Saint-Barthélemy, Cayenne, Saint-Domingue, Porto Rico, Miami, la Barbabe. Les destinations d'Antigua et de la République dominicaine (La Romana et Punta Cana) font l'objet de rotations uniquement en saison. Vous pouvez réserver en ligne en quelques clics en temps réel et 24h/24 votre billet d'avion avec un accès direct et immédiat à l'ensemble des offres et à des tarifs compétitifs notamment avec de ventes « flash ». La compagnie effectue la continuité régionale dans le cadre d'un partenariat avec Air France.

■ AIR CARAÏBES

✆ 0820 835 835 – www.aircaraibes.com
Centrale de réservation ouverte du lundi au samedi de 8h à 21h, dimanche et jours fériés de 8h à 18h.
Sur son réseau régional, Air Caraïbes dessert la Martinique (Fort-de-France), la Guadeloupe (Pointe-à-Pitre), Saint-Martin (Grand Case), Sainte-Lucie et la République dominicaine (Saint-Domingue). La destination de Saint-Barthélemy est aussi proposée avec une desserte opérée par St. Barth Commuter.

▶ **A Paris :** 4, rue de la Croix Nivert, Paris. Métro Cambronne. Ouvert du lundi au vendredi de 9h à 18h, samedi de 9h30 à 17h

Bateau

Pour les amoureux du Grand Bleu, la solution idéale dans les Caraïbes reste le bateau. Un conseil : les navettes maritimes régulières mettent parfois en place des tarifs réduits si l'on réserve à l'avance ou sur Internet. N'hésitez pas à les contacter depuis la métropole pour effectuer une réservation inter-îles suffisamment à l'avance. Si vous prévoyez votre voyage en pleine saison, attention également aux places disponibles ! N'oubliez pas que la population locale voyage beaucoup. Les week-ends et les dates fériées sont jours d'affluence. La gare maritime de Pointe-à-Pitre, qui se trouve à Bergevin, offre de nombreuses commodités. L'immense parking, certes payant, est surveillé : plus de problème comme au centre-ville, même si c'est un peu plus éloigné évidemment. Les voyageurs bénéficient d'un plus grand confort lors des départs et arrivées, ce qui n'est pas un luxe. Les jours et horaires des rotations sont fournis à titre indicatif, car ils sont susceptibles d'être modifiés sans préavis par chaque compagnie en raison de mauvaises conditions météo, d'une trop faible fréquentation, d'un souci mécanique... Il est préférable de vérifier les horaires avant le jour du départ prévu pour éviter les mauvaises surprises de dernière minute. Si vous choisissez de joindre l'utile à l'agréable, vous pouvez choisir d'aller visiter les îles et îlets de l'archipel guadeloupéen lors d'une croisière à la journée à bord d'un catamaran. Ce type d'excursion, en plus ou moins petit comité selon l'enseigne choisie, propose quasiment le même programme : navigation, baignade, repas à bord ou dans un restaurant de l'île...

■ VENT PORTANT

Place Bernard-Moitessier
La Rochelle ✆ 05 46 44 76 93
www.ventportant.com
contact@ventportant.com
Cette agence internationale de location de bateaux présente des flottes de voiliers monocoques et catamarans, avec ou sans skipper. On pourra naviguer dans toutes les Antilles, au large de Pointe-à-Pitre notamment.

■ FILOVENT

14, avenue André Morizet
Boulogne-Billancourt ✆ 01 70 80 97 52
www.filovent.com – info@filovent.com
Accueil téléphonique du lundi au samedi de 9h à 19h.
Une bonne façon de larguer les amarres ! Filovent est spécialiste de la location de bateaux partout dans le monde. Pour les Antilles, rien de mieux qu'un voilier ou un bateau à moteur, avec ou sans skipper. En Guadeloupe, la base Filovent se trouve à la marina du Bas-du-Fort, dans la rade abritée de Pointe-à-Pitre. C'est un bon point de

départ pour sillonner les divers abris qui longent le littoral de la Guadeloupe ou pour sillonner les îles de la Désirade, des Saintes (20 milles) ou de Marie-Galante. Pour sa flotte, Filovent a sélectionné 138 constructeurs, ainsi que 842 modèles de bateaux différents, soit un large choix d'embarcations à disposition (selon la destination).

Bus

En général, les bus circulent de 5h30 à 20h, du lundi au vendredi. Il faut cependant se méfier lorsque l'on emprunte les transports en commun pour rallier le marché de Pointe-à-Pitre le samedi matin (le plus animé). Pour le retour, mieux vaut quitter le centre-ville avant 14h. Pas de bus le dimanche ni les jours fériés, excepté dans le nord de Grande-Terre (vers Morne-à-l'Eau et le Moule) où le réseau est plus abouti. La Grande-Terre est mieux desservie que la Basse-Terre. Le Syndicat mixte des transports urbains du Petit-Cul-de-Sac-Marin, en charge de l'organisation du transport urbain sur le territoire des Abymes, de Baie-Mahault, de Pointe-à-Pitre et de Gosier, a mis en place le réseau Karu'Lis dont les lignes desservent ces diverses villes. Ces bus sont repérables facilement à leur couleur orange. Les tarifs de déplacement varient de 1,40 à 2 € selon la zone. Les tickets unitaires sont vendus dans les bus. Les Pass Voyages 5 (10 tickets) s'achètent à l'agence commerciale de Pointe-à-Pitre, située à l'arrêt Cités Unies, desservi par les lignes U3, U5, A10, A30, A40, A50, A57, A70, A80, A91, A94, A98 et A99. Attention, les rotations du réseau Karu'Lis s'arrêtent également en tout début d'après-midi le samedi et n'existent pas le dimanche.
Le réseau de bus Karu'Lis dispose depuis juillet 2016 de lignes (AE1- AE2-AE3 et AE4) au départ de l'aéroport pour rejoindre les Abymes en 5 min, Baie-Mahault (centre commercial de Destreland) en 20 min, Jarry et Gosier en 35 min, et Pointe-à-Pitre en 15 min.

▶ **Comment reconnaître les lignes ?** 7 lignes urbaines (Pointe-à-Pitre) repérables par la lettre U. La ligne U2 part de la place de la Victoire et vous amène jusqu'au bourg de Gosier. 11 lignes péri-urbaines (Les Abymes) : Lettre A. 7 lignes péri-urbaines (Baie-Mahault) : Lettre B. 6 lignes péri-urbaines (Gosier) : Lettre G. Retrouvez le plan des zones desservies et leurs fréquences sur leur site karulis.com. Un Numéro Vert est par ailleurs à votre disposition pour toute information complémentaire : 0 800 390 097 (ou via l'infoligne au 05 90 24 26 06). Des bus privés assurent la desserte vers la Basse-Terre au départ de la gare de Bergevin (Pointe-à-Pitre). D'autres partent en direction des autres communes de la Guadeloupe (Saint-François, le Moule, Petit-Canal, Anse-Bertrand, Les Abymes, Morne-à-l'Eau).

Voiture

Pour conduire aux Antilles, certaines habitudes ou particularités locales peuvent surprendre.

▶ **État des routes et intempéries.** La Guadeloupe dispose dans l'ensemble d'un bon réseau routier. Les routes nationales sont numérotées et bien entretenues. Grâce au développement des routes départementales et nationales, seules quelques routes départementales et secondaires se révèlent sinueuses ou escarpées à l'image des Grands-Fonds en Grande-Terre, de la route de la Traversée. Mais le climat est rude pour le bitume, et les services de la voirie ont souvent beaucoup de travail. Certains chemins privés faisant l'objet d'une servitude de passage et permettant l'accès aux hébergements sont l'objet de litiges entre les différents propriétaires. Vous pouvez ainsi avoir à emprunter un chemin avec des nids de poule dont l'état peut empirer après une grosse averse tropicale.

Il existe d'importants problèmes d'écoulement des eaux, surtout lors de fortes pluies. Dans de nombreuses communes, des fossés ont été creusés de part et d'autre de la chaussée, pour éviter les inondations. Par temps de forte pluie, mieux vaut circuler en veilleuse voire en feux de croisement. En cas d'orage, méfiez-vous, en plus de l'inondation de la chaussée, des éboulements, voire des glissements de terrain qui sont possibles (particulièrement en Basse-Terre, sur la route de la Traversée). En général, si de trop fortes averses surviennent, il vaut mieux ne pas tenter une grande excursion automobile et surtout ne pas entreprendre de randonnée.

▶ **La Région Guadeloupe** et le Conseil général ont créé Routes de Guadeloupe, un établissement public unique en France qui gère, sous la tutelle des deux collectivités, les 416 km de routes nationales et les 619 km de routes départementales. Il permet notamment d'informer les usagers d'un accident sur une route, de travaux, d'un embouteillage... afin d'utiliser une voie de délestage si possible. Ces informations, en temps réel, sont également disponibles sur le site www.trafikera.fr.

▶ **Signalisation.** Les indications touristiques autour des plages, pour informer, par exemple, des différentes possibilités de loisirs (plongée, voile, jet-ski, etc.), sont désormais bien détaillées. N'hésitez pas à demander des précisions à la population qui est toujours prête à vous renseigner. Autour de Pointe-à-Pitre, lorsque vous souhaitez quitter la rocade, attention aux véhicules qui arrivent sur votre droite et qui, eux, rejoignent la rocade ! C'est très dangereux quand on n'est pas habitué...

Louer une voiture

En haute saison, il peut s'avérer difficile de trouver un véhicule. Il vaut donc mieux réserver avant d'arriver. Vous disposez d'un large choix entre les grandes enseignes nationales et les loueurs locaux. Certains loueurs indépendants peuvent vous faire bénéficier de meilleurs tarifs, les grands loueurs travaillant davantage avec les tour-opérateurs.

La location de véhicules entre particuliers peut constituer une bonne alternative pour faire des économies ou en cas de pénurie. Néanmoins, mieux vaut se tourner vers une plateforme dédiée qui servira d'intermédiaire et vous fournira les garanties nécessaires (paiement sécurisé, assurance, assistance, etc.).

Attention aux locations « pirates », qui peuvent se révéler problématiques au moindre petit sinistre. Sachez que si vous trouvez un tarif vraiment très attractif en pleine saison, c'est que le loueur n'est pas un professionnel déclaré.

Les tarifs affichés chez les loueurs sont des tarifs d'appel et de base (location + assurance au tiers), mieux vaut donc avoir l'assurance complémentaire CDW (multi-risques). Il vous faut par conséquent demander le tarif complet avec cette extension de garantie, et comparer les prix. Si vous avez une carte bancaire Visa ou Eurocard, l'assurance complémentaire est déjà incluse. Vous économisez ainsi un surcoût d'assurance. Les grands loueurs, ceux qui représentent des marques internationales, disposent généralement de parcs plus importants.

▶ **Les enseignes locales.** Dans certains pays, on déconseille aux touristes de s'adresser aux loueurs locaux car ils proposent souvent des conditions de sécurité et de garantie moins satisfaisantes. En Guadeloupe, ce n'est pas du tout le cas. Ils sont nombreux, certes, mais déploient dans l'ensemble beaucoup d'efforts pour satisfaire les clients : voitures neuves et climatisées, livraison et dépannage rapides, accueil convivial, et souvent des tarifs attractifs.

INVITATION AU VOYAGE

A la tombée de la nuit, attention aux piétons et cyclistes qui circulent non éclairés le long des axes routiers en zone d'habitat diffus notamment les vendredis et samedis soir. Lors des dépassements et avant les virages, faites comme tout le monde, klaxonnez pour vous signaler ! La nuit, n'hésitez pas à faire des appels de phares si vous n'êtes pas sûr d'avoir été bien vu. Il est préférable de partir tôt le matin si l'on a plusieurs heures de route devant soi, afin d'éviter les embouteillages : les routes sont étroites, le paysage est très vallonné et il est souvent difficile de doubler.

▶ **Limitation de vitesse.** Le plus marquant est sans doute la propension qu'ont certains chauffards à ne pas respecter les limitations de vitesse. Dès le premier carrefour, vous vous rendrez compte que la vitesse joue un rôle important chez les automobilistes guadeloupéens, un paramètre à ne pas négliger. Il faut savoir que la Guadeloupe fait partie des plus mauvais élèves en matière de sécurité routière avec un taux d'accidents mortels parmi les plus élevés de France. De votre côté, respectez ces limitations et ouvrez l'œil. Soyez vigilant aux carrefours, car vous pouvez rencontrer un automobiliste qui ne marquera pas l'arrêt au panneau Stop devant vous, un autre chauffeur qui s'arrêtera pour vous laisser

passer alors qu'il est prioritaire... L'usage du clignotant est à revoir également ! La main du conducteur sortie par la portière remplace bien souvent le clignotant et les arrêts inopinés pour saluer une connaissance sont fréquents. Les bus ont encore trop souvent tendance à s'arrêter sur la bas-côté à la demande d'un passager sans respecter les arrêts prévus à cet effet. Respectez donc les distances de sécurité.

▶ **Ralentissement, embouteillages et contrôles.** Tous les jours de la semaine de 6h30 à 9h et de 16h30 à 18h environ (de 12h à 15h le mercredi, le vendredi et les veilles de jours fériés), les embouteillages sur les routes nationales sont légion. L'unique route côtière sur chaque partie de l'île est régulièrement encombrée, même en journée. Les bouchons sont amplifiés par les conditions climatiques, notamment au moment des pluies. Quant aux contrôles de police, ils se multiplient surtout pour mesurer votre taux d'alcoolémie... Faites attention au nombre de ti punchs avalés dans la journée ! Avec deux verres, vous êtes déjà positif, et après quatre verres, vous êtes bon pour passer la nuit en cellule de dégrisement ! La Guadeloupe est dotée de radars automatiques. Leur nombre ne cesse de croître. Les radars mobiles ou jumelles sont également fréquents sur les axes principaux.

▶ **Adresses.** Les communes effectuent un véritable travail de fourmi en attribuant des noms à chaque rue et chaque chemin, et des numéros à chaque habitation. Même si cela devient plus rare, il peut être encore utile, pour situer une adresse, de préciser « à côté du stade, derrière la poste, après la gendarmerie… ». C'est surtout toujours le cas pour la zone de Jarry où, même si toutes les rues sont nommées, le meilleur moyen de se repérer reste d'obtenir des indications quant aux enseignes à proximité. Les sites touristiques sont pour leur part bien signalés par des panneaux sur le bord des routes.

▶ **Des animaux sur les routes !** Chèvres, vaches, chiens errants ou encore iguanes peuvent déambuler sur les voies, sans vraiment s'inquiéter du trafic, et ils ont la fâcheuse habitude de traverser sans regarder. Les chiens errants, très nombreux, sortent surtout la nuit tombée. Une attention de tous les instants s'impose sur la route.

■ **CARAIBES AUTO**
Blanchet
Morne à l'Eau
✆ 06 90 25 47 45
www.caraibes-auto.fr
caraibes.auto@orange.fr
Tarifs de 16 à 65 € selon saison, durée et type de véhicule. Livraison sur le lieu d'arrivée (aéroport ou gare maritime).
Un large choix de véhicules de 5 à 7 places (Peugeot 101, 308, 3008 ; Dacia Sandero et Lodgy ; Skoda Fabia) climatisés, propres et régu-lièrement entretenus. Pas d'attente à votre arrivée, votre véhicule est livré à l'aéroport ou à la gare maritime. Le petit plus : l'accueil et la grande disponibilité de David, le propriétaire de l'agence.

■ **HOUELBOURG LOCATION**
1411 rue Henri Becquerel
Baie-Mahault
✆ 06 90 37 66 07
www.houelbourglocation.com
contact@houelbourglocation.com
Horaires agence : de 8h30 à 16h30. Tarifs à partir de 22 €. Livraison aéroport ou gare maritime gratuite de 5h à 21h. Conducteur additionnel gratuit.
Un choix de véhicules récents essence 5 portes avec climatisation pour votre séjour (Volkswagen Polo, Nissan Micra, Citroën C3, Peugeot 208). Livraison à l'aéroport et à la gare maritime, ou sur votre lieu d'hébergement.

■ **PRO-RENT**
ZI de Jarry
Rue Alfred Lumière
Baie-Mahault ✆ 05 90 26 73 44
www.pro-rent.com
pro-rent@wanadoo.fr
Agence ouverte du lundi au vendredi de 7h30 à 19h, le samedi de 8h à 19h et le dimanche de 12h à 19h. Accueil aéroport et port 24h/24 et 7/7jours sur réservation. Une navette assure le transfert vers l'agence située à Jarry, à 10 min de l'aéroport et à 5 min du port. Après 20h, les

INVITATION AU VOYAGE

véhicules sont livrés sur le parking du port ou de l'aéroport 9,45 €/jour pour une voiture en catégorie économique.
Vaste flotte de véhicules neufs ou récents qui bénéficient d'un suivi régulier. Vous y trouverez des voitures économiques, des automatiques, des diesels, des SUV, des monospaces, des utilitaires, des cabriolets.

■ RL LOCATION
Morne Vergain
Les Abymes ✆ 05 90 10 66 87
www.rl-location.com
contact@rl-location.com
Ouvert 7j/7 de 7h à 23h y compris les jours fériés. Pris en charge à l'aéroport ou à la gare maritime. Tarifs à partir de 24 € par jour.
Large choix de véhicules de tourisme et utili-taires de la marque Peugeot, de la citadine au

9 places. Tous les véhicules sont récents et régulièrement entretenus.

Taxi

Les stations de taxis sont situées à l'aéroport, à la gare maritime, aux embarcadères, aux abords des gares routières, dans le centre de Pointe-à-Pitre (près du quartier commerçant de la rue Frébault). Quantité de chauffeurs se signalent à l'attention des clients éventuels et vous n'aurez généralement que l'embarras du choix. Ils sont maintenant tous équipés d'un taximètre. Le tarif varie selon qu'il s'agit d'une course de jour (de 7h à 19h) ou de nuit. Voici quelques exemples de tarifs pour un trajet avec 2/3 personnes au départ de l'aéroport : Gosier 30 €, Saint-François 70 €, Capesterre-Belle-Eau 60 €.

Deux-roues

Parcourir l'île en deux-roues permet d'éprouver une sensation de liberté sur les routes de campagne qui longent le littoral ou parcourent l'intérieur des terres... A cela, deux petits inconvénients : les averses, et le trafic, souvent important, avec des chauffeurs et malheureusement des chauffards qui roulent vite sur des routes étroites et négligent le code. Certains panneaux de signalisation, le stop et le cédez-le-passage, notamment, ne sont pas toujours respectés. Des animaux errants peuvent en outre surgir des bas-côtés (chats, chiens, cabris, bœufs, poules, etc.). Notre conseil est le même qu'aux automobilistes : soyez prudent !

Auto-stop

Il n'est pas rare de voir des jeunes, des personnes âgées ou des personnes allant travailler faire du stop pour aller au bourg car « le car ne passe pas » dans certaines communes. Ce moyen de locomotion partagé, les habitants l'offrent pour rendre service. Le stop, ça marche donc pas mal en Guadeloupe ! Il n'y a pas beaucoup de routes sur l'île, et elles sont très fréquentées, mais il est toutefois plus facile de faire sa demande en ville ou dans une station-service, directement auprès d'un chauffeur.

Attention sur les routes !

Les attentes en matière de sécurité routière sur l'île de la Guadeloupe sont nombreuses... En effet, chaque année on dénombre plusieurs centaines d'accidents et on déplore parallèlement des dizaines de victimes. Parmi elles, les usagers dits « vulnérables » : cyclomoteurs, motos, vélos et piétons. Au 4 août 2019, la préfecture de la région Guadeloupe a ainsi recensé 26 morts sur la route, toutes liées à des comportements à risque (vitesse excessive, non port du casque et de la ceinture de sécurité, conduite sous l'emprise de l'alcool, etc.). L'abaissement de la vitesse maximale autorisée sur les routes à double sens sans séparateur central, mis en place depuis le 1er juillet 2018, a néanmoins contribué à faire baisser le nombre d'accidents sur les routes de 13 % par rapport à 2018. De même, la Guadeloupe a été désignée comme région pilote pour l'installation de radars tourelles, dont le déploiement est prévu courant 2019.

© GILLES MOREL

Le Mémorial ACTe de nuit.

Francis Joyon (Ultime) détient un nouveau record en 7 jours, 14 heures, 21 minutes et 47 secondes.
© ALEXIS COURCOUX

LA ROUTE DU RHUM

La Route du Rhum constitue un évènement majeur pour l'archipel Guadeloupéen à tel point que la Région Guadeloupe a choisi d'y être associée. Ainsi la course est rebaptisée depuis 2008 La Route du Rhum – Destination Guadeloupe.

La notoriété de cette course transatlantique permet à la Guadeloupe de rayonner non seulement sur la métropole mais également dans le monde avec des heures de reportages, de prises de vues, d'interviews tous les quatre ans de fin octobre à fin novembre. Elle représente également une manne économique estimée à environ quatre millions d'euros de recette entre l'hébergement, les restaurants, les locations de voitures, de bateaux et autres activités.

Cette mise à l'honneur participe sans aucun doute à influencer de futurs visiteurs à la recherche d'une prochaine destination de vacances ainsi que les agents de voyage chargés de les conseiller à ce sujet.

■ LA ROUTE DU RHUM – DESTINATION GUADELOUPE
www.routedurhum.com
Tous les 4 ans. Prochaine course en 2022.

La Route du Rhum – Destination Guadeloupe : 40 ans en 2018

Cette course transatlantique en solitaire, imaginée par Michel Etevenon, réunit tous les 4 ans les plus grands skippers du monde qui s'affrontent sur des bateaux de toutes tailles. Cette course, désormais mythique, rassemble des skippers professionnels et des amateurs qui doivent effectuer le même parcours sans aide extérieure. La ligne de départ se situe au nord de la pointe du Grouin à Saint-Malo, avec un passage de la bouée du Cap Fréhel. Après 3 542 milles de traversée, chaque marin doit contourner la Guadeloupe en la laissant à bâbord, passer par l'îlot de la tête à l'Anglais, la bouée de Basse-Terre avant d'atteindre la ligne d'arrivée proche de Pointe-à-Pitre.

Lors de la dernière édition en 2018, les bateaux se sont élancés de Saint-Malo le 4 novembre pour arriver jusqu'à Pointe-à-Pitre... quelques jours plus tard pour les plus rapides. Les 123 coureurs ont dû affronter des conditions météorologiques difficiles, notamment avec une dépression au large d'Ouessant et des perturbations qui ont conduit plusieurs d'entre eux à rejoindre des ports en Bretagne et en Espagne. Certains concurrents ayant pris du retard à cause des perturbations, notamment au large du Golfe de Gascogne et aux abords des Açores, la date de fermeture de la ligne d'arrivée a été repoussée de 5 jours, soit le 7 décembre à 14 heures. 79 skippers ont franchi la ligne d'arrivée à Pointe-à-Pitre, devant le centre caribéen d'expression et de mémoire de la traite

L'arrivée au coude à coude de Gabart et Joyon sur la Route du Rhum-Destination Guadeloupe 2018.

Francis Joyon vainqueur de la Route du Rhum-Destination Guadeloupe 2018.

et de l'esclavage, le Mémorial ACTe. Cette édition aura marqué les esprits par l'échouage malheureux du Britannique Alex Thompson à quelques encâblures de l'arrivée en classe IMOCA et par un magnifique final à suspense entre François Gabart et Francis Joyon, vainqueur de la course. On compte également 42 abandons et deux concurrents hors temps au vu de la difficulté de cette course au large et des conditions météo éprouvantes.

L'épreuve est ouverte aux monocoques et multicoques répartis en plusieurs classes selon la longueur du bateau :

▶ **ULTIME** : Multicoques de moins de 60 pieds.

▶ **MULTI50** : Multicoques.

▶ **IMOCA** : Monocoques.

▶ **CLASS40** : Monocoques.

▶ **RHUM** : Multicoques de 39 à 60 pieds n'entrant dans une classe définie ci-dessus.

▶ **RHUM** : Monocoques de moins de 39 pieds n'entrant pas dans une classe définie ci-dessus.

L'histoire de la Route du Rhum

▶ **1978 :** La première transatlantique accueille 38 concurrents dont Florence Arthaud, Olivier de Kersauson, Philippe Poupon, Bruno Peyron... De cette première épreuve devenue une manifestation très populaire, on retiendra la disparition d'Alain Colas sur son bateau trimaran *Manureva* le 16 novembre. Victoire du Canadien Mike Birch sur son multicoque

Olympus Photo qui devance de 98 secondes Michel Malinoski sur *Kriter V* après 23 jours de traversée (23 jours, 6 heures, 59 minutes et 35 secondes). Les deux skippers s'étaient livrés à un sprint final d'anthologie.

▶ **1982 :** Sur 52 marins inscrits, 19 abandonneront dont un pour chavirage. Les grands multicoques font leur apparition dans la course (avec 3 de plus de 20 m). Vainqueur : Marc Pajot sur *Elf Aquitaine*, qui malgré une avarie parvient à franchir la ligne d'arrivée le premier, en 18 jours, 1 heure et 38 minutes avec 10 heures d'avance sur Bruno Peyron sur *Jaz*.

▶ **1986 :** 33 skippers prennent le départ. Le nombre de géants des mers croît avec 13 bateaux de plus de 23 m. Cette édition est marquée par la disparition en mer de Loïc Caradec le 14 novembre après un chavirage de son maxi catamaran de 26 m lors d'une tempête. Vainqueur : Philippe Poupon sur *Fleury-Michon VIII* en 14 jours, 15 heures, 57 minutes et 15 secondes.

▶ **1990 :** La taille des bateaux est limitée à 60 pieds. 3 skippers (Hervé Laurent, Francis Joyon, Bruno Peyron) se voient refuser l'inscription avec des bateaux de 65 pieds. Vainqueur : Florence Arthaud sur *Pierre 1er* en 14 jours, 10 heures, 8 minutes et 28 secondes. Elle entre dans la légende de la Route du Rhum car elle est la première femme à gagner cette course.

▶ **1994 :** 24 bateaux sont au départ avec une nouveauté, deux courses dans la course entre les multicoques et les monocoques.

Laurent Bourgnon l'emporte sur le multicoques *Primagaz* en 14 jours, 6 heures, 28 minutes, 29 secondes et Yves Parlier sur *Cacolac* en monocoque.

▶ **1998 :** 19 multicoques et 18 monocoques prennent le départ pour les 20 ans de la Route du Rhum.

Nouvelle victoire de Laurent Bourgnon sur *Primagaz* en multicoques en 12 jours, 8 heures, 41 minutes et 6 secondes et première place d'Ellen MacArthur sur *Kingfisher* (elle a 22 ans) en catégorie 50 pieds.

▶ **2002 :** 58 concurrents au départ mais seulement 28 bateaux à l'arrivée suite au passage d'une dépression sur la route des concurrents.

Vainqueurs : Michel Desjoyeaux sur trimaran en 13 jours, 7 heures et 53 minutes – Ellen MacArthur en Imoca en 13 jours, 13 heures, 31 minutes et 47 secondes – Franck-Yves Escoffier (Multi50) – Bruno Reibel (Classe 1 monocoques) – Nick Mononey (Classe 2 Monocoques) – Régis Guillemot (Classe 3 Monocoques).

▶ **2006 :** 74 skippers alignés au départ dont 62 rejoignent la Guadeloupe.

Vainqueur : Lionel Lemonchois sur son multicoque de 60 pieds *Gitana 11* après 7 jours, 17 heures, 19 minutes et 6 secondes (le record est pulvérisé de plus de 4 jours) – Roland Jourdain (Imoca) – Franck-Yves Escoffier (Multi50) – Pierre Antoine (Classe 3 multicoques) – Philippe Chevalier (Classe 1 Monocoques) – Kip Stone (Classe 2 Monocoques) – Michel Kleinjans (Classe 3 Monocoques) – Phil Sharp (Class40).

▶ **2010 :** Un casting de choix avec 85 skippers au départ dont 9 Ultimes, ces fameux grands multicoques.

Palmarès : Franck Cammas (Ultime) en 9 jours, 3 heures, 14 minutes et 47 secondes – Roland Jourdain (Imoca) – Lionel Lemonchois (Mutli50) – Thomas Ruyant (Class40) – Andrea Mura (Rhum).

▶ **2014 :** Pour la 10e édition, l'événement regroupait 91 skippers dont 8 guadeloupéens. 34 des 91 concurrents se sont élancés des pontons le 1er novembre, logistique oblige. Une majorité de classes Rhum, de Multi50 et d'Ultimes ont été les premiers à ouvrir le bal.

Palmarès : Loïc Peyron (Ultime) en 7 jours, 15 heures, 8 minutes et 32 secondes soit une vitesse moyenne de 19,34 nœuds. Nouveau record (le skipper s'était engagé dans l'aventure à la dernière minute) – Erwan Le Roux (Multi50) – François Gabard (Imoca) – Alex Pella (Class40) – Anne Cazeneuve en Rhum (la navigatrice décède un an plus tard, le 19 novembre 2015, d'un cancer à l'âge de 51 ans).

▶ **2018 : Pour le 40e anniversaire de cette mythique course, une affluence record :**

Pour la 11e édition, le quota de 100 bateaux fixé initialement a dû être revu car ce sont pas moins de 123 solitaires qui se sont élancés de Saint-Malo à destination de Pointe-à-Pitre, parmi lesquels huit skippers guadeloupéens :

Damien Seguin (inscrit en Classe Imoca après 2 participations en CLASS40), Thibault Vauchel-Camus (Multi50 – 1re participation), Rodolphe Sépho (Class40 – 2e participation), Carl Chipotel (Class40 - 1re participation), Dominique Rivard (2e participation – CLASS40), Willy Bissainte (Rhum Mono – 3e participation), Luc Coquelin (Rhum Mono – 6e participation) et David Ducosson sur le bateau d'Anne Cazeneuve (Rhum Multi – 1re participation).

Palmarès : Francis Joyon (Ultime) en 7 jours, 14 heures, 21 minutes et 47 secondes qui détient un nouveau record – Paul Meilhat (Imoca) – Armel Tripon (Mutli50) – Yoann Richomme (Class40) – Pierre Antoine (Rhum multicoques) – Sidney Gavignet (Rhum monocoques).

© ALEXIS COURDOUX

Francis Joyon et François Gabart,
respectivement 1er et 2e de la Route du Rhum-Destination Guadeloupe 2018.

DÉCOUVERTE

Route de Capesterre-Belle-Eau, Allée Dumanoir.
© THOMASLENNE – SHUTTERSTOCK.COM

LA GUADELOUPE EN 20 MOTS-CLÉS

Averses

A partir de juillet-août, on entre dans l'hivernage. La saison devient humide, très humide même. Le niveau de précipitations est élevé, et régulier. Petites ou grosses averses, il peut pleuvoir tous les jours dans les zones de forêts et de mornes, et souvent à la même heure. Puis le soleil revient rapidement : c'est la magie du climat tropical, propice à une végétation luxuriante. Le taux d'hydrométrie demeure constant, ce qui compense l'aridité de la saison sèche (Carême), de janvier à juin. Pour les randonnées et sorties en mer, toujours prévoir des vêtements légers et imperméables en plus de ceux que vous portez et impérativement vérifier l'état des traces (sentiers) que vous allez emprunter. Restez vigilant également lors de balades près des cours d'eau car les fortes pluies peuvent venir grossir très rapidement le lit d'une rivière.

En cas de pluie, si vous êtes sur la plage, évitez de vous abriter sous les mancenilliers dont la sève peut provoquer des brûlures.

Bijoux en or

Grande spécialité des îles, particulièrement représentée dans les bijouteries de Pointe-à-Pitre, ces bijoux locaux en or antillais sont le résultat d'un beau métissage de formes anciennes, héritées à la fois des cultures africaines, indiennes et européennes. Les boucles créoles sont les plus connues. Notons également les chaînes dites « de forçats » qu'affectionnent aujourd'hui les rappeurs, ainsi que les pendentifs, anneaux et fines boucles d'oreille « grains de choux » qui accompagnent le costume créole. Les élégantes contemporaines en raffolent !

Canne à sucre

Les champs de canne à sucre serpentent au bord des routes, dans les vallées ou sur les hauteurs des mornes. Omniprésente, la canne à sucre reste attachée au destin des Antilles et couvre aujourd'hui 13 750 ha sur l'île de la Guadeloupe alors qu'elle couvrait plus de 26 000 ha dans les années 1980. D'incroyables histoires se racontent autour de sa culture : intrigues pour les planteurs exploitants, douleurs pour les ouvriers agricoles, luttes et combats pour maîtriser et humaniser sa technique de culture. Rien d'étonnant à voir, dans la littérature insulaire, tant de récits tissés autour de la canne. Aujourd'hui, les écomusées, répartis aux quatre coins de l'île, révèlent l'histoire de cette filière et sa fabrication. Les distilleries se visitent toute l'année mais la production n'a lieu que pendant la période de récolte de la canne. Coupée entre février et juin, ses ballots transportés par des tracteurs appelés titans jusqu'aux distilleries coopératives, où la canne sera transformée en rhum agricole. Son jus de fruit fraîchement broyé, délicieux au goût (et finalement peu sucré) est très tonique. Le travail autrefois manuel des coupeurs et des amarreuses est aujourd'hui mécanisé.

Carnaval

La plus grande fête de l'année et l'un des carnavals les plus réputés au monde ! Il commence début janvier, le vendredi qui suit le dimanche des Rois (Epiphanie), et se termine le mercredi des Cendres. De jour comme de nuit, on assiste alors à près d'un mois de frénésie et de joie dans les rues : défilés de costumes splendides, musique, fanfares, tambours et liesse populaire dans toute la Guadeloupe. Les participants regroupés dans différentes associations se préparent des mois à l'avance à l'évènement en s'occupant notamment de la création des costumes.

Cimetières

Les Antilles ont préservé certaines traditions des rites funéraires hérités de leur passé européen. Mêlés à la culture locale, les us et coutumes autour de la mort ont donné lieu à différentes pratiques d'embellissement des tombes. Les cimetières créoles ne forment pas un espace à part et lugubre. Au contraire, ces lieux indissociables de la vie des familles sont devenus au fil du temps un patrimoine commun, entretenu et visité avec respect. Certains se distinguent par leur belle implantation dans des sites naturels, d'autres par leurs architectures. Le plus connu, celui de Morne-à-l'Eau, s'étage comme un grand échiquier de tombes au damier noir et blanc, entre des sentes escarpées dont le plan, dessiné par les habitants eux-mêmes, est mis en valeur par l'éclairage nocturne.

Cimetière de Morne-à-l'Eau.

Le cimetière marin de Port-Louis est tout aussi pittoresque avec ses tombes en forme de baignoire, entourées de coques de lambi. A la Toussaint (les 1ᵉʳ et 2 novembre), tous ces cimetières brillent de mille feux : chaque famille désherbe, nettoie le caveau, le repeint et installe ensuite une multitude de bougies et candélabres en signe de reconnaissance et de respect des êtres disparus. Les familles viennent le soir se recueillir sur les tombes de leurs défunts dans une ambiance conviviale, à la lumière des bougies, bien loin de la morosité des cimetières métropolitains à cette même période. Le soir venu, il est même difficile de se frayer un chemin dans les allées ! Si vous souhaitez faire des photos de ce moment, demandez toujours l'autorisation.

DROM

La Guadeloupe est un département d'outre-mer, mais aussi une région, avec ses îles satellites. Il existe donc un conseil général et un conseil régional de la Guadeloupe. Jusqu'en 2003, l'acronyme DOM-TOM était utilisé pour désigner l'ensemble de la France d'outre-mer. Depuis cette date, on parle plutôt de DROM-COM (Département et Région d'outre-mer – Collectivité d'outre-mer). Au sein de l'Union européenne, la Guadeloupe possède le statut de Région ultra-périphérique d'outre-mer, terme englobant les territoires européens éloignés du continent. Depuis 2015, Ary Chalus est président du Conseil régional et Josette Borel-Lincertin est présidente du Conseil départemental.

Fais ça pour moi...

Avec l'incontournable « pa ni pwoblem » en guise de réponse, c'est l'expression courante qui résume bien l'un des traits du caractère guadeloupéen, l'esprit d'entraide. D'âpres discussions empreintes de convivialité peuvent ainsi être démonstratives. On parle en français créole, un langage coloré, affranchi des formalités de la métropole. D'ailleurs, ceux qui rentrent regrettent souvent ce mode de vie plus spontané qu'ils ont appris sur l'île...

Fruits et légumes

« Fruit ou légume ? » : la question typique que l'on pose au marché ! Par exemple, le fruit à pain, qui se mange comme un féculent mais pousse dans un arbre, ou encore la banane, née d'une plante et que l'on mange salée ou sucrée... Vous découvrirez les diverses saveurs des ananas Victoria, Bouteille ou Cayenne, reconnaissables à leurs formes. Les légumes racines (patates douces, ignames), le giraumon (qui ressemblent à un potiron), les christophines... ces mets foisonnent sur les étals des producteurs et accompagnent toujours les plats traditionnels. Vous serez amené à faire nombre d'autres découvertes culinaires, de celles qui donnent envie de manger local sans modération d'autant que vous rencontrez des agriculteurs qui vendent leur production au bord des routes ! Pour les irréductibles des produits métropolitains, sachez que les supermarchés vendent tous les primeurs et maraîchers que l'on trouve en Europe – mais attention, le tarif, lui, n'est pas le même...

Jardins

La nature généreuse aux Antilles ne manque ni de soleil ni d'eau, surtout dans les zones situées près des forêts humides (massifs de Basse-Terre, Côte au Vent, Côte sous-le-Vent, monts Caraïbes). Les maisons les plus modestes possèdent leurs carrés de verdure, où de beaux spécimens de plantes et de fleurs grandissent à vitesse grand V. La légende dit : « plantez une graine la veille, elle aura déjà pointé une feuille hors de terre le lendemain ». A visiter, les magnifiques jardins de la Basse-Terre (jardin botanique, jardins du domaine de Valombreuse, écomusée créole, etc.). Les plantes médicinales, bien connues pour leur bienfaits, font partie intégrante de bon nombre de jardins antillais.

Karukera

Karukera est le nom donné à l'île par ses premiers habitants, les Indiens Caraïbes, qui signifie « l'île aux belles eaux » en référence à ses rivières, cascades et bassins. L'île sera baptisée Santa María de Guadalupe de Estremadura par Christophe Colomb quand il l'aborde lors de son deuxième voyage, puis Guadalupe donnera Guadeloupe en français.

Langouste

Crustacé-roi en Guadeloupe, la langouste à carapace épineuse et longues antennes attire le touriste en lui faisant miroiter des délices intouchables en métropole. Abordable ici car abondant encore dans les filets des pêcheurs, elle est également élevée en viviers. Proposé à toutes les sauces, cet invertébré marin à la chair succulente était considéré autrefois comme un « plat de pauvre » : on en mangeait quand il n'y avait pas de poisson ! Autre variété, la cigale de mer, qui se cuisine comme la langouste mais dont la chair est plus fine et plus parfumée, est plus recherchée et donc vendue plus cher. Les deux se dégustent grillées, en sauce, en salade...

Marchés

Ils commencent généralement très tôt le matin, et chaque village possède le sien. Souvent de taille modeste, ils sont en général familiaux et paysans. Tout le monde ne pouvant pas installer son propre étal, planches et tréteaux suffisent parfois pour les fruits et légumes. Les marchés touristiques sont folkloriques, mais ce n'est pas là que l'on fait les meilleures affaires. Tous sont très colorés. Les photographes adorent prendre des clichés de ces scènes vivantes et chromatiques ; les marchands un peu moins, sauf si vous leur achetez des produits ! Les marchés aux fruits et légumes sont plutôt situés en centre-ville, parfois sous une halle ou au cœur du village. Les marchés aux poissons sont davantage situés en bordure de mer. Les marchés nocturnes hebdomadaires sont très fréquentés, généralement à partir de 16h. De nombreux petits traiteurs viennent aussi avec leurs bacs en inox encore chauds, et vous donnent envie avec leurs recettes appétissantes, à consommer sur place ou à emporter ! Les marchés les plus typiques sont ceux de Gosier, Sainte-Anne, Saint-François, Le Moule et Basse-Terre.

Musique

Thés dansants, *sound systems*, zouk, *lewoz*, en plein air ou dans un local, en concert ou en discothèque : la musique antillaise irrigue la société comme l'eau les champs de canne. Qu'il soit orchestral ou numérique, le zouk love est bien connu mais il existe bien d'autres styles que l'on entend régulièrement à la radio. Citons par exemple le gwoka (forme d'expression traditionnelle typique de la Guadeloupe qui permettait aux esclaves de communiquer entre eux), l'ancienne biguine (née dans les années 1930), la mazurka, le kompa haïtien ou encore le jazz-ka. Le reggae, le raggamuffin et le dancehall, importés de Jamaïque, ont fait une belle percée ces vingt dernières années, avec l'établissement du mouvement rasta en Guadeloupe ; idem pour la soca music venue de Trinidad ou encore le merengue venu de la République dominicaine. Toute l'année, la programmation musicale, souvent à l'initiative des associations culturelles, suit le rythme des nombreux rendez-vous festifs : chants de Noël, Carnaval, festivals, soirées orchestrales... A noter, le grand retour du gwoka, par le biais d'une jeune génération qui reprend l'héritage des anciens, avec les tambours qui battent le rappel de l'Afrique et restituent une ambiance de fête rituelle. Le groupe Koseika, essentiellement composé de femmes musiciennes polyvalentes, est l'un des exemples de la promotion de la musique locale par le biais d'instruments modernes et traditionnels.

Ouassous

Mets de choix dans la cuisine antillaise, ces crustacés d'eau douce sont nommés « ouassous » en Guadeloupe (ce qui signifie « roi des sources ») et « z'habitants » en Martinique. Ils ont de longues pinces bleues, une carapace d'un ton gris-bleu et vivent en eau douce. Sur les cartes de restaurant, ils sont aussi appréciés que les langoustes. Le terme *écrevisse* est impropre pour les désigner, car tous les *ouassous* appartiennent à la famille des fausses crevettes. Ils peuvent atteindre une vingtaine de centimètres et peser plus d'une livre, et sont donc très recherchés. Les *ouassous* sauvages sont les plus appréciés des connaisseurs, mais la demande est telle qu'il a fallu faire de l'élevage. A visiter : le parc aquacole

Faire – Ne pas faire

Faire

▶ **Consommer local.** Par économie, car certains aliments et produits manufacturés sont beaucoup plus chers aux Antilles qu'en métropole. Cependant, consommez local, non seulement pour soutenir l'économie de la Guadeloupe, mais surtout pour goûter à la richesse des fruits et légumes du pays, poissons et boissons « péyi ».

▶ **Lancer un « bonjour ! »** à la cantonade en arrivant dans un restaurant ou un commerce, ou lorsque vous rencontrez quelqu'un, et dire « bonsoir » à partir de midi.

▶ **Demander** ce que vous devez apporter quand vous êtes invité chez quelqu'un.

▶ **Essayer** de dire quelques mots en créole.

▶ **Prononcer le mot « goyave »** comme le mot voyage, quoi qu'en dise la phonétique...

▶ **Tutoyer son interlocuteur.** C'est une pratique qui rapproche inévitablement, en gommant les clivages. On peut ainsi en venir à tutoyer naturellement ses voisins de table, ses compagnons de randonnée... Mais mieux vaut attendre que votre interlocuteur ait fait le premier pas car certains pourraient s'offusquer de tant de familiarité et le prendre pour un manque de respect. Et aux Antilles, la notion de respect de l'autre est très importante.

Ne pas faire

▶ **Être pressé,** en règle générale, ni à la Poste ou à la banque, ni dans les petits commerces ou au restaurant. Les services publics fonctionnent sensiblement comme en France, mais à un rythme différent. Que ce soit à la Poste, à la banque ou ailleurs, évitez surtout de vous montrer pressé, ou pire, agressif : cela ne ferait que ralentir la transaction. Soyez patient, surtout si vous êtes en vacances !

▶ **Parler de la France** quand on veut évoquer la métropole, et comparer sans cesse la Guadeloupe avec la métropole.

▶ **Prendre à la légère** les cicatrices laissées par l'histoire des Antilles. La traite négrière et l'esclavage sont toujours des sujets très sensibles.

▶ **Oublier les règles élémentaires de prudence** en randonnée, et lors de sorties en mer. Suivez bien les conseils avisés des agents de l'ONF et de tous les professionnels.

▶ **Rapporter des coquilles de lambi,** désormais protégées, tout comme les coraux ou encore les tortues !

▶ **Jouer avec les étoiles de mer.** Elles sont fragiles et ne doivent pas être manipulées.

▶ **Croire que vous achetez des pistaches en cornet dans la rue** : en fait, ce sont des cacahuètes !

▶ **Dire « la » coco.** Eh oui, le mot coco est masculin, et les Antillais y tiennent !

à Pointe-Noire sur Basse-Terre. Attention, les exemplaires surgelés que l'on trouve dans les supermarchés proviennent généralement d'Asie et non pas de Guadeloupe.

Pêche

C'est une activité majeure qui conditionne un grand nombre de cartes de restaurants. En de nombreux villages côtiers, les professionnels et les particuliers, locaux et touristes, viennent après le retour des bateaux trouver ici leur bonheur. Dans les petits ports, on voit toujours les barques à l'ombre des cocotiers et les casiers avec du poisson frétillant. Les clients sont là : Les tarifs sont plus intéressants que dans les magasins ! Mais comment parler de la pêche en Guadeloupe sans aborder d'emblée la catastrophe écologique

qui frappe les Antilles françaises ? Après avoir pollué les sols et les rivières, le chlordécone, un pesticide, poursuit ses dégâts en mer. La contamination des eaux a rendu quantité de poissons et de fruits de mer impropres à la consommation. Depuis 2013, les zones où la pêche est interdite sont régulièrement étendues, et désormais, la pêche doit être sélective.

L'invasion du poisson-lion appelée également rascasse volante est aussi venue perturber l'écosystème local. Une des meilleures réponses réside sans doute dans sa pêche puisque sa chair est comestible et raffinée. N'hésitez pas à en demander aux pêcheurs du quartier où vous résidez. Précision utile, il doit être vendu préparé, en filet, car ses épines restent venimeuses même après la mort du poisson-lion.

Plages

Avec les 70 kilomètres de sable fin qui bordent la bien-nommée Karukera (« l'île aux belles eaux »), la Guadeloupe possède de grandes anses de sable blond ou gris en Basse-Terre (entre Sainte-Rose et Pointe-Noire), des plages sauvages et volcaniques de sable gris ou noir (de Goyave à trois-Rivières), des grèves au sable blanc (du Gosier au Moule)... Les coins à baignade abondent ! Aux Saintes, la moindre crique abrite une petite plage. Marie-Galante est bordée de 12 d'entre elles ; dont une de 12 km de longueur (Folle-Anse). La Désirade n'offre « que » sa côte Sud aux baigneurs (plages de Baie-Mahault, du Souffleur, Fifi). Contrairement aux vacanciers, les insulaires se baignent très tôt le matin ou installent leurs serviettes seulement pour une petite heure en fin d'après-midi, le temps d'un bain et du séchage rapide, avant de repartir vers d'autres activités. En revanche, pour les week-ends et jours fériés très prisés, les plages sont bondées. Le long week-end de Pâques, par exemple (seule période de l'année où le camping sauvage est toléré, excepté à Gosier et Sainte-Anne où il est interdit même à cette date), les groupes d'amis et les familles s'organisent. Les meilleurs emplacements sont même surveillés par les intéressés qui montent des gardes quelques jours en avance voire deux semaines... Les plages sont alors envahies par les toiles de tente et les barbecues pour les grillades. On sort les bouteilles de rhum et de soda, sans oublier la musique pour l'ambiance !

Rhum

Quel est le meilleur rhum de Guadeloupe ? Bologne, Montebello, Séverin, Longueteau, Père Labat, Damoiseau... le 50° ou le 55° ? Impossible de répondre à cette question, puisque chaque Guadeloupéen vous dira que la rhumerie la plus proche de son village d'origine fait le meilleur agricole qui soit... Pour vous faire une opinion, goûtez à différents noms de plantations, sans ajouter trop de sucre de canne, juste relevé d'un trait de citron vert. Pour respecter la tradition, évitez d'ajouter des glaçons dans votre ti-punch ! Entre ti-punch, cocktails à base de rhum, rhum arrangé maison, en passant par le redoutable bois bandé, ce ne sont pas les occasions qui manquent... Le rhum se décline également en vieux, ambré, hors d'âge... A consommer avec modération. Chaque année, des rhums de Guadeloupe sont récompensés au concours général agricole lors du Salon de l'agriculture. Il est toujours de tradition de verser quelques gouttes de rhum au sol à l'ouverture d'une bouteille neuve, en hommage aux défunts.

Rivières et sources

Outre ces plages, l'île aux belles eaux offre un tout autre panorama à qui souhaite admirer la nature luxuriante et se rafraîchir. La Basse-Terre regorge de cascades et de bassins qui feront le bonheur des amateurs d'eau douce. En empruntant la route de la Traversée, la Rivière Bras-David ou la Cascade aux écrevisses sont accessibles après quelques minutes de marche. Et que les plus frileux se rassurent ! Sainte-Rose et ses fameux bains soufrés (Sofaïa), Bouillante (bassin de Thomas) et bien d'autres, ne sont pas en reste, grâce à leurs sources chaudes particulièrement appréciées pour les bienfaits et le bien-être qu'elles procurent.

Si Dieu veut

Vous entendrez souvent cette expression aimable, qui vous fera peut-être sourire la première fois. Dans la conversation de tous les jours, c'est une manière de temporiser, de faire les choses sans précipitation ; par exemple si vous demandez un service à quelqu'un, il ou elle peut vous répondre « oui, on verra cela demain... si Dieu veut ». Idem, lorsque vous dites « à demain », beaucoup de Guadeloupéens vous répondront « si Dieu veut ».

Villas créoles

Ces habitations traditionnelles fleurissent à nouveau sur les terres guadeloupéennes. Effectivement, les Antillais ont longtemps délaissé ce mode d'habitat traditionnel pour la maison en béton. Les grandes maisons, pour symboliser la réussite sociale, devaient en effet être massives et construites en béton (pour mieux résister aux cyclones). Elles appartenaient souvent à des fonctionnaires. Aujourd'hui, on reprend goût à la maison de maître agrémentée d'une terrasse, devenue une véritable pièce à vivre aux Antilles. Les constructions sont mieux adaptées au climat tropical et suivent la RTG (réglementation thermique de Guadeloupe). L'objectif est d'améliorer le confort thermique à l'intérieur des pièces (en agissant sur l'orientation du bâtiment, la ventilation, l'isolation...) et de limiter le recours à la climatisation, très gourmande en électricité. Vous pouvez admirer des habitations traditionnelles dans les vieux quartiers de Pointe-à-Pitre, sur Basse-Terre. A voir également, la maison Zévallos (sur la route du Moule en venant du rond-point Martin Luther King à Saint-François) ou le musée Saint-John Perse de Pointe-à-Pitre pour l'originalité de leur architecture. Elles sortent toutes deux des ateliers Eiffel.

SURVOL DE LA GUADELOUPE

A l'est de l'Amérique centrale par 16° de latitude nord et 60° de longitude ouest, l'archipel guadeloupéen baigne dans la mer des Caraïbes et l'océan Atlantique. A 7 000 km de la métropole, il appartient à l'arc antillais et regroupe sept îles habitées (La Grande-Terre, la Basse-Terre, Marie-Galante, Les Saintes, La Désirade), les îles de Saint-Martin et Saint-Barthélemy étant devenues depuis 2007 des Collectivités d'outre-mer.

GÉOGRAPHIE

Deux îles principales, Grande-Terre et Basse-Terre, forment le département de la Guadeloupe. Elles sont séparées par un étroit bras de mer (La Rivière Salée) et communiquent par deux ponts (La Gabarre et L'Alliance). Trois îles (Les Saintes, La Désirade, Marie-Galante) forment l'archipel de la Guadeloupe. Pour les voyageurs qui découvrent la destination pour la première fois, cette notion d'archipel est souvent une bonne surprise, elle correspond réellement à la promesse d'une diversité de paysages, de destinations et de populations car chaque île a sa propre spécificité.

▶ **Grande-Terre**, à l'est, et sa « capitale » Pointe-à-Pitre s'étend sur 590 km². La Grande-Terre abrite les plages de sable fin, des paysages sublimes (Pointe des Châteaux, Porte d'Enfer, Pointe de la Vigie...). Les structures hôtelières y sont quasiment toutes installées. C'est également le lieu de prédilection des noctambules avec des casinos (Gosier et Saint-François), des discothèques et bars à foison sans oublier de nombreux musées et le tout nouveau Mémorial ACTe, centre d'expression dédié à la traite et à l'esclavage. La partie nord, dominée par le plateau volcanique et quasiment occupée par la culture de la canne à sucre, est bordée d'une côte découpée et de hautes falaises. Au sud, le relief descend en collines sur d'immenses plages de sable blanc, bordées de palmiers. Les Grands Fonds, plus ruraux et rareté topographique, offrent au regard de multiples mornes et ravines encaissées. Sa côte sud, bordée par un littoral plus calme, abrite la partie la plus touristique.

▶ **Basse-Terre**, à l'ouest, s'étend sur 848 km². Elle est séparée de la Grande-Terre par un bras de mer. Elle accueille la préfecture éponyme. Plus sauvage et escarpée, elle est dominée par la présence vivante de la Soufrière, volcan et point culminant de l'archipel (1467 m d'altitude). Au centre, le parc national de la Guadeloupe, véritable paradis pour les randonneurs, recèle des centaines de kilomètres de pistes et de sentiers (appelés traces en Guadeloupe), ponctués de chutes d'eau, de bassins, de sources (parfois chaudes). Les chutes du Carbet et l'ascension du volcan constituent des thématiques courantes de randonnées à la journée. La Côte sous-le-Vent abritent des criques, des anses et de grandes étendues de plage.

© LIONEL MEYER – FOTOLIA

Chutes du Carbet, Capesterre-Belle-Eau.

Plage de la Chapelle, Anse-Bertrand.

▶ **Marie-Galante** (surnommée La grande galette ou l'île aux cent moulins), à environ 60 km de Pointe-à-Pitre, possède un relief peu élevé, ne culminant qu'à 204 mètres d'altitude. On la compare à une large galette, de formation calcaire et 15 km de circonférence. Sur une superficie de 158 km², le territoire marie-galantais alterne champs de canne à sucre et plages et accueille trois communes (Grand-Bourg, Saint-Louis et Capesterre-Belle-Eau). Il y règne une atmosphère rurale. L'île et ses 13 000 habitants s'ouvrent doucement au tourisme mais avec discernement et pertinence afin de conserver son cachet authentique.

▶ **La Désirade**, située à une quinzaine de kilomètres de la pointe des Châteaux, semble plantée dans la mer comme un rocher. Véritable réserve naturelle, l'île de 22 km² de superficie (11 km de long pour 2 km de large), pour 1 649 habitants, ne compte qu'une étroite bande de terre habitée dans sa partie sud, le nord déployant falaises et ravines. Les habitants de la Désirade sont particulièrement accueillants. Vous ne pouvez que tomber sous le charme. L'île s'atteint après 45 min de bateau

au départ de Saint-François. C'est un paradis pour les randonneurs. Elle abrite une faune étonnamment variée et protégée pour certaines espèces.

▶ **Les îlets de Petite-Terre**, à 12 km au sud de la Désirade, ne sont habités que par une colonie d'un millier d'iguanes antillais, de crabes et d'oiseaux marins, excepté le garde de l'ONF qui loge dans le « phare du bout du monde » et qui préserve jalousement la quiétude du site.

▶ **Les Saintes**, chapelet de neuf îlots volcaniques au sud-ouest de Grande-Terre, s'étirent sur 13 km² de superficie et abritent des mornes sauvages, des rochers et des criques désertes. Sa baie figure parmi au palmarès du club des plus belles baies du monde. Seuls deux îlots sont habités : Terre-de-Haut (1 800 habitants), très prisée par les touristes en excursion à la journée débarqués des navettes de Guadeloupe continentale, et Terre-de-Bas (1 100 habitants sur 6,8 km²), plus sauvage et plus calme d'un point de vue fréquentation mais néanmoins non dépourvue d'intérêt (belles randonnées via des sentiers aménagés par l'ONF).

CLIMAT

Le climat tropical est clément : pour résumer, soleil, pluie et vent par intermittence pratiquement toute l'année, avec un ensoleillement dominant et régulier. La moyenne des températures tourne autour de 25 °C (de 26 à 35 °C dans la journée selon la période de l'année). Les alizés venant de l'est contribuent à modérer la chaleur tropicale. En janvier et février, le thermomètre peut descendre au-dessous de la barre des 20 °C, la nuit dans le Sud Basse-Terre. De fortes précipitations peuvent avoir lieu même en période de saison sèche. Elles peuvent occasionner des coulées de boue sur les reliefs, voire bloquer la route de la Traversée ou d'autres axes routiers plus fréquentés. Par temps de pluie, les randonnées sont déconseillées, car la montée rapide des eaux des rivières peut surprendre. Renseignez-vous toujours avant une randonnée si vous n'êtes pas accompagné d'un guide expérimenté.

Côté Atlantique, la température de l'eau tourne autour de 20 à 24 °C avec une mer généralement plus houleuse. Côté Caraïbes, le climat est un peu plus chaud et humide, avec des températures autour de 25 °C et une mer plus calme, idéale pour les sports nautiques et surtout de voile.

On peut distinguer deux climats distincts sur le relief des Petites Antilles :

▶ **En plaine,** sur Grande-Terre (Guadeloupe), les îles plates de Saint-Martin, Marie-Galante, Saint-Barthélemy, les Saintes et la Désirade, les températures sont plus élevées, adoucies par les alizés et une faible pluviométrie surtout en Nord Grande-Terre.

▶ **En altitude,** sur la Basse-Terre très vallonnée, les températures sont plus basses, les pluies plus importantes, les forêts humides et la végétation luxuriante.

Des saisons périodiques

▶ **De décembre à mai,** saison sèche (Carême).

▶ **De juin à octobre,** saison plus chaude et plus humide (hivernage).

▶ **De fin octobre à début décembre,** durant les mois de l'automne métropolitain, la saison est humide, très humide même. Le niveau de précipitations est très élevé et régulier : il peut pleuvoir tous les jours, en petites ou grosses averses. Températures douces.

▶ **Juin et octobre,** mois de transition, les averses et les pluies peuvent causer des dégâts matériels, sans rapport avec la force des cyclones, véritables épées de Damoclès sur l'hivernage des Caraïbes.

▶ **La brume de sable.** Ce phénomène bien connu aux Antilles fait l'objet d'alertes de pollution atmosphérique de la part de la préfecture et le réseau de surveillance Gwadair. Ces épisodes de brume de sable, qui interviennent entre juin et août, peuvent provoquer une gêne respiratoire, une toux, irriter les yeux. La brume de sable provient du Sahara. Des particules de sable sont soulevées dans les airs par des vents désertiques qui les propagent notamment vers l'ouest où elles traversent l'océan Atlantique grâce aux alizés.

▶ **Pour voyager en période de moindre affluence,** nous vous conseillons les mois de mai, juin, septembre ou octobre, périodes pendant lesquelles les tarifs sont au plus bas. En juillet et surtout en août, il pleut plus abondamment, mais jamais très longtemps.

Si vous prévoyez une croisière en voilier durant la saison cyclonique (de juin à novembre). Faites confiance aux prestataires sur place, ils sauront vous conseiller d'autant qu'ils s'informent de la possible survenue d'un épisode plus d'une semaine à l'avance.

Les cyclones

Ouragans pour les météorologistes (*hurricanes* en anglais), les cyclones peuvent survenir dans les Caraïbes entre juillet et octobre (officiellement du 1er juillet au 30 novembre). A partir de 1950, on a décidé de les baptiser par l'ordre alphabétique de prénoms, exclusivement féminins. En 1978, après de longues protestations des ligues féministes, l'utilisation de prénoms féminins et masculins, français, anglais et espagnols est alterné. Il existe six listes. Lorsqu'un cyclone engendre des dégâts ou des victimes, son prénom est supprimé par égard pour la population.

▶ **Seuls sont nommés les cyclones et les tempêtes tropicales.** Les dépressions tropicales, dont les vents sont inférieurs à 63 km/h, sont, quant à elles, numérotées. Un phénomène devient une tempête tropicale lorsque ses vents atteignent une vitesse comprise entre 63 et 118 km/h. Au-dessus de 118 km/h, il devient un cyclone dont la puissance est évaluée sur une échelle de 1 à 5.

▶ **Le phénomène cyclonique.** A l'origine, simple zone de basse pression au large de l'Afrique, au niveau du Cap-Vert, le cyclone se forme si certains critères sont remplis. Il commence d'abord par se déplacer vers le continent nord-américain (côte ouest). Tout se joue à partir de là, dès qu'il commence à « remonter » (direction nord), il « redescend » très rarement (direction sud). Ainsi, les zones qui étaient sur la même ligne savent déjà qu'elles seront épargnées. Il arrive aussi qu'il ne concerne aucune région terrestre en remontant vers le pôle Nord. Il fait alors le tour de l'hémisphère Nord et revient vers l'Europe sous forme de tempête… Contrairement à l'idée reçue, ce ne sont pas seulement les vents ultra-violents que l'on craint le plus, mais bien les très fortes pluies dévastatrices. Rien ne leur résiste ! Par ailleurs, toutes les îles ne sont pas logées à la même enseigne ! Plus les moyens structurels manquent, plus l'économie du pays des îles est pauvre, plus l'impact des ravages est élevé sur la population et les infrastructures.

La procédure de vigilance « temps dangereux » aux Antilles

Sous l'égide de l'Organisation mondiale de la Météorologie (OMM) et afin de protéger les populations, notamment dans les pays les moins bien équipés, les régions du globe soumises aux cyclones tropicaux se sont regroupées afin de mettre en place des systèmes d'alerte précis, de façon à prévenir au mieux les risques de mer dangereuse sur le littoral et de fortes pluies dans les terres. Dans la région Caraïbes/Amérique centrale, le comité des Ouragans a adopté un plan d'opérations qui est réactualisé et complété chaque année. Les départements antillais ont leur Plan Spécialisé Urgence Cyclone (PSUC), qui définit les responsabilités coordonnées en matière d'observation des phénomènes, de prévisions, d'avis à émettre, et d'actions à entreprendre.

▶ **Vigilance jaune : « Soyez attentifs ! »** Une perturbation de type cyclonique (tempête tropicale ou cyclone) peut représenter une menace pour le territoire, à échéance plus ou moins rapprochée.

▶ **Vigilance orange : « Préparez-vous ! »** Le risque potentiel se rapproche.

▶ **Vigilance rouge : « Protégez-vous ! »** Le phénomère représente un risque rapproché à plus ou moins fort impact.

▶ **Vigilance verte : « Plus de dangers significatifs ou dangers s'éloignant ! »** La couleur verte peut alors être émise dès que les conditions météorologiques n'ont plus de risque de s'aggraver.

Hors cyclone, ces trois codes couleurs sont également utilisés pour prévenir d'un danger dû aux fortes pluies avec ou sans orages, aux alizés ou à une mer dangereuse.

Uniquement en cas de cyclone tropical violent devant sévir sur le territoire, deux autres couleurs ont été incluses dans cette procédure :

▶ **Vigilance violette : « Confinez-vous, ne sortez pas ! »** Un cyclone tropical intense (ouragan majeur) représente un danger imminent pour une partie ou la totalité du territoire, ses effets attendus étant très importants.

▶ **Vigilance grise : « Restez prudents ! »** Un cyclone tropical a traversé le territoire, avec des dégâts. Même si les conditions météorologiques sont en cours d'amélioration, il subsiste des dangers : inondations, coulées de boue, fils électriques à terre, routes coupées... Les équipes de déblaiement et de secours doivent pouvoir commencer à travailler sans être gênées dans leurs déplacements et activités. Continuer d'être à l'écoute des communiqués de la Préfecture, des médias, de la situation météo, etc. Attendre les consignes des autorités.

▶ **Un système d'alerte bien rodé.** Un développement vital qui aide considérablement les autorités et la population à s'organiser pour affronter le phénomène. Chaque année, avant le début de la saison cyclonique, l'ensemble des médias rappelle les consignes de sécurité à appliquer en cas de menace ou de confirmation de menace. Les services de secours effectuent chaque année une simulation en début de saison, afin de remettre en mémoire les différentes phases de l'alerte et revoir les moyens à mettre en œuvre en cas de déclenchement du plan de secours spécialisé cyclones.

Les phases d'alerte sont définies par un code couleurs qui évolue au fur et à mesure de l'approche de la dépression. Les habitants des zones concernées sont tenus de s'informer régulièrement de l'évolution du risque par le biais des médias et des communiqués de la Préfecture, des bulletins météo, et bien sûr, de se conformer aux consignes de sécurité.

▶ **Ouragan Irma.** En septembre 2017, l'ouragan Irma – classé catégorie 5 et considéré par les météorologues comme un « supercyclone dévastateur » – a touché les Petites Antilles. Si la Guadeloupe a été relativement épargnée (le centre du cyclone est passé à 100 km des côtes de Basse-Terre, occasionnant une très forte houle), les îles de Saint-Martin et Saint-Barthélémy ont pour leur part été fortement frappées. Cinq personnes ont perdu la vie sur l'île de Saint-Martin et d'innombrables dégâts ont été recensés...

▶ **Ouragan Maria.** Un passage dévastateur dans les Antilles : le 18 septembre 2017, l'ouragan Maria, de catégorie 5 (la plus élevée sur l'échelle de Saffir-Simpson) a fait deux morts en Guadeloupe et une dizaine dans les Caraïbes. Son œil est passé à moins de 50 kilomètres du sud de Basse-Terre et à 20 kilomètres au sud des Saintes. La quasi-totalité des bananeraies de l'île a été affectée par l'ouragan et l'eau et l'électricité ont été suspendues plusieurs heures. Les voies de circulation ont été coupées, notamment dans le sud de l'île, en raison des fortes inondations sur les routes.

Mais c'est sur l'île de la Dominique que le bilan est le plus lourd : plusieurs morts ont été recensés et 70 à 80 % des habitations ont été endommagées par des vents soufflant à plus de 240 km/h.

ENVIRONNEMENT – ÉCOLOGIE

L'environnement naturel de la Guadeloupe est l'un de ses grands atouts. La législation évolue vers plus de protection des espaces verts et marins, de plus en plus surveillés. Et pour que l'activité humaine ne détruise pas davantage la biodiversité locale, le tourisme se met au vert lui aussi. Les initiatives en faveur du développement durable dans les secteurs de l'hébergement et des visites de sites se multiplient. Cependant, il reste encore bien des lacunes et faire évoluer les mentalités sur place est un travail de longue haleine.

La gestion des déchets

Comme dans la plupart des îles, elle constitue un dossier important à gérer pour les collectivités locales. Comparé à la métropole, l'archipel accuse des retards significatifs en matière de tri sélectif et de recyclage. Le taux de collecte s'améliore toutefois progressivement. L'objectif zéro déchet a été fixé par la collectivité régionale à 2035. Le Syndicat de Valorisation des Déchets (SYVADE) a la charge de traiter et valoriser les déchets ménagers et assimilés d'environ 275 000 habitants et a de nombreux projets : la réhabilitation de la décharge de la Gabarre, la construction d'une ferme solaire et d'une plateforme multifilière. Le SYVADE vise l'excellence environnementale et souhaite faire de l'ISDND (Installation de stockage de déchets non dangereux) de la Gabarre (anciennement décharge) un véritable pôle de valorisation et d'excellence au travers de projets d'envergure alliant modernité et innovation.

Des bornes d'apport volontaire ont été installées dans les différentes communes. Elles permettent de récupérer environ 11 kg d'emballages ménagers par habitant chaque année qui sont valorisés à 80 % grâce à l'implication de la population de plus en plus consciente du problème. Par ailleurs, la population est également fortement incitée à transformer ses déchets ménagers en compost, car la récupération des déchets, au même titre que la gestion de l'eau, constitue un des budgets les plus importants des collectivités.

A ce jour, plus de 75 % des déchets sont toujours enfouis dans les décharges de la Gabarre et de Sainte-Rose. Seuls 25 % sont valorisés par la plateforme multifilière de la Gabarre. Deux sociétés locales permettent le recyclage du verre en sable de verre et les résidus de pneus en remblais. Le sable de verre ou gravier, selon la nature humide ou non du sol, est utilisé pour remplacer le sable extrait des rivières tandis que les résidus de pneus déferraillés, appelés *gwadadrain*, permettent de protéger les tuyaux de canalisation des eaux installés dans les tranchées. Il s'avère que le sable de verre est vendu au même prix que le sable de rivière et que le *gwadadrain* est proposé à un tarif moindre que le tuf.

Comme en métropole, l'interdiction du plastique va s'étendre à de nouveaux produits plastique dits à usage unique à compter du 1er janvier 2020 : vaisselle jetable, bouteilles d'eau dans les cantines scolaires, touillettes et pailles, cotontiges. Des alternatives arrivent progressivement sur le marché ou reviennent au goût du jour : pailles comestibles, en inox, en fibre de canne ou en bambou, gobelets en carton, couverts et assiettes en fibre de canne ou en bambou, etc.

La gestion de l'eau

Une question qui fait débat plus que jamais en Guadeloupe et qui constitue à l'heure actuelle un enjeu prépondérant. Bien que bénéficiant d'une pluviométrie conséquente, l'eau y est très mal répartie. Si les rivières et les chutes de la Basse-Terre font le bonheur des visiteurs, elles permettent également d'alimenter en eau la population jusqu'aux zones les plus urbanisées de la Grande-Terre qui dispose, pour sa part, de faibles ressources souterraines. Marie-Galante dispose d'une nappe phréatique et Les Saintes et la Désirade sont alimentées par une canalisation sous-marine. Pour maintenir une pression suffisante, ces dernières années, l'eau était rationnée via des tours hebdomadaires pour chaque commune. Une situation difficile à vivre pour la population, mais également pour les touristes. Le réseau de canalisations date des années 1970. Il est si vétuste que plus de 50 % du liquide vital s'échappe dans la nature alors que le Grenelle de l'environnement a fixé un plafond de 15 % de pertes. Le montant des travaux à réaliser pour une remise en état du réseau est estimé à 600 millions d'euros.

La Région Guadeloupe a mis en place une campagne de sensibilisation et octroie une aide pour l'installation d'une citerne permettant de récupérer l'eau de pluie, pouvant être utilisée pour le lavage des sols, des voitures, l'arrosage des jardins, le remplissage des piscines, l'alimentation des sanitaires. Entre 2014 et fin 2016, plus de 15 milliards d'euros ont été investis dans un plan de secours afin d'améliorer la situation. La création d'une nouvelle usine de traitement au Moule, le renforcement des capacités des usines de Sainte-Anne et Prise d'eau, le renouvellement d'une partie des canalisations en Grande-Terre ont notamment permis de limiter les coupures d'eau tournante devenues nécessaires en saison sèche. Cette opération consiste à couper l'eau d'une commune pendant 24h de façon à assurer une pression suffisante dans les autres secteurs. Pas très pratique pour une destination à vocation touristique, mais beaucoup d'établissements (gîtes, résidences hôtelières, hôtels...) ont réagi en s'équipant de dispositifs leur permettant une autonomie temporaire, afin de ne pas perturber le séjour de leurs clients. L'année 2017 a marqué le début du remplacement du réseau d'eau de Gosier à Saint-François pour supprimer les pertes en eau. La remise à neuf du réseau devrait continuer à s'opérer petit à petit. En janvier 2018, un contrat de convergence pour l'eau a été acté par les présidents des établissements publics de coopération intercommunale et ceux des collectivités territoriale et départementale. Il vise à investir 71 millions d'euros pour mettre fin aux tours d'eau et aux pénuries. Les travaux sont prévus dans le courant de l'année 2019 et au plus tard début 2020. Dans un deuxième temps, c'est près de 600 millions d'euros qui devraient être investis dans un plan pluriannuel pour remettre en état les réseaux et les infrastructures. En mai 2019, un accord a été signé par les exécutifs des grandes collectivités et les présidents des EPCI pour la création au 1er janvier 2020 d'une structure unique de gestion de l'eau (production, adduction, distribution, assainissement, actions de préservation, etc.)

L'assainissement autonome

Plus de 60 % des habitations ne sont pas reliées à un réseau d'assainissement collectif et la majorité des installations autonomes ne sont pas aux normes, voire totalement vétustes. Elles doivent ainsi être équipées d'une installation autonome répondant aux normes en vigueur. Chaque commune entreprend des visites afin de vérifier le bon état des équipements. Le propriétaire a l'obligation de réaliser les travaux de mise aux normes dans les 4 années qui suivent ce contrôle, mais les habitudes persistent.

Les énergies renouvelables

Plus de 80 % de l'énergie en électricité provient de ressources fossiles. Malgré des conditions climatiques exceptionnelles avec un taux d'ensoleillement exceptionnel (jusqu'à 1 400 heures par an), l'énergie solaire ne représente qu'environ 6 % de la production électrique. La filière bagasse (résidu de la canne à sucre) atteint 3,5 %, l'éolien 3 %, la géothermie 3 % et l'hydraulique 1 %. La production d'électricité est essentiellement dépendante des centrales alimentées par le charbon et les produits pétroliers qui sont responsables de rejets de gaz à effet de serre alors que la loi Grenelle 1 a pour ambition d'atteindre 50 % d'énergie renouvelable d'ici 2020 et une autonomie vers 2030.

La géothermie

Située à proximité de la Soufrière, la centrale géothermique de Bouillante représente un cas unique en France. La Guadeloupe dispose d'un réservoir naturel d'eau chaude (environ 250 °C). Depuis 1969, elle exploite les sources chaudes afin de produire de l'électricité. Cette source d'énergie naturelle est disponible 365 jours/an, contribuant ainsi à la stabilité du réseau. Cette première unité de production avait une capacité de 5 mégawatts (MW). La deuxième unité de production, Bouillante 2, a vu le jour en 2005 et a porté la production totale à 15 MW. Elle fournit désormais 6 % de la consommation électrique de l'île. En décembre 2015, la BRGM qui exploitait la centrale n'étant pas en mesure d'assurer la pérennité de la centrale, Ségolène Royal et Emmanuel Macron ont signé un accord de principe de vente de la centrale à ORMAT Industry, une société américaine. ORMAT détient désormais 60 % du capital et va investir 10 millions d'euros pour accroître le potentiel de la centrale. La Caisse des dépôts et consignations est également entrée dans le capital à hauteur de 20 %. Les 20 % restants appartiennent toujours à BRGM. Le fort potentiel de la centrale devrait ouvrir de nouvelles perspectives de développement du tourisme thermal et permettre à la population de bénéficier d'une électricité vendue à un tarif raisonnable.

Un projet de création d'une autre centrale géothermique située, cette fois, à Vieux-Habitants, fait l'objet d'études. Si la campagne de forage exploratoire se révèle fructueuse, la centrale pourrait voir le jour pour 2022. Bien que la construction de ce type d'ouvrage coûte cher (5 millions d'euros pour un MW installé), son coût de production d'énergie, par la suite, s'avère plus rentable qu'avec l'énergie fossile.

LES RECOMMANDATIONS DU BON MARCHEUR

La nature guadeloupéenne, aussi luxuriante et envoûtante soit-elle, présente certains dangers que les randonneurs ne mesurent pas toujours. Pour profiter pleinement de votre randonnée découverte, quelques recommandations incontournables :

▶ **Préparer la sortie.** Visualiser l'itinéraire avant de partir, estimer la difficulté des sentiers, repérer les points de pause. Une bonne préparation physique est souhaitable pour profiter pleinement de votre randonnée. Ne surestimez pas vos forces ! Choisissez vos itinéraires en fonction de votre condition physique.

▶ **Appeler et surveiller la météo** (☎ 0892 68 08 08). Aux Antilles, le temps est très changeant ; une averse est vite arrivée, surtout pendant l'hivernage (de juillet à décembre). Sachez reconnaître les changements dans le ciel ou toute modification de votre environnement. Ainsi, les nuages sur les sommets, une eau boueuse, des feuilles flottant à la surface des cours d'eau, ou encore les crabes de terre qui regagnent leurs trous sont autant de signes annonciateurs de la pluie. Méfiez-vous des sentiers qui traversent les rivières. Leur niveau peut monter très rapidement. Une brusque montée des eaux, liée à la pluie en altitude peut se produire même par beau temps. La plupart des sentiers comportent des traversées de torrents pouvant connaître des crues soudaines et violentes. Si l'eau monte, ne traversez pas !

▶ **Regarder l'état des traces.** La plupart des sentiers sont relativement bien entretenus, certains sont assez « rustiques » mais demeurent praticables. En raison de l'humidité, la marche en forêt peut devenir pénible pour les personnes peu entraînées. Attention aux glissades. Le site du parc national répertorie l'état de chaque trace sur son site www.guadeloupe-parcnational.com, n'hésitez pas à le consulter.

▶ **Partir tôt, de préférence le matin.** Si vous partez après le déjeuner, attention à la chaleur et aux insolations. N'entamez jamais une randonnée après 15h30, car aux Antilles, le crépuscule ne dure pas plus de 30 minutes. La nuit tombe vite, entre 18h30 et 19h de février à juillet, et entre 17h30 et 18h d'août à janvier.

▶ **Ne pas partir seul.** Même en groupe, prévenez toujours quelqu'un de l'itinéraire et du temps estimé de votre randonnée. Ayez un téléphone portable en cas d'urgence. Ne

surestimez pas vos forces. Choisissez vos itinéraires en fonction de votre condition physique. En Guadeloupe, la plupart des traces sont des sentiers « sportifs » réservés aux bons marcheurs, souvent organisés en associations. Vous pouvez aussi faire appel aux services d'un guide (accompagnateur de montagne).

▶ **Etre bien équipé.** Des chaussures de marche fermées, idéalement pas trop lourdes, sont les mieux indiquées. Ne prenez pas de sandales, mais un maillot de bain (baignades fréquentes sur les parcours) et des vêtements chauds et imperméables, et des vêtements de rechange à conserver au sec dans un sac étanche. Une boussole et petite pharmacie d'appoint sont recommandées pour les randonnées de plus de 10 km. Indispensables également : des cartes détaillées, des lunettes de soleil et crèmes solaires, et éventuellement un masque de plongée.

▶ **Prévoir pique-nique et encas nutritionnels.** Pour une énergie bien diffusée toute la journée, emportez des fruits (bananes, avocat), des légumes crus, du fromage, des barres de céréales ou du pain complet. Pour la journée, des fruits secs, de la noix de coco ou de la pâte d'amandes sont bien plus indiquées que des barres chocolatées et autres snacks sucrés, qui ne feront que fondre dans le sac... Prenez aussi, évidemment, de l'eau en quantité suffisante (1 à 2 litres par personne pour toute randonnée supérieure à 2 heures).

▶ **Ne rien laisser derrière soi !** Ne jetez rien à terre. Les mégots de cigarette comme les papiers d'emballage et bouteilles en plastique se ramènent dans le sac à dos.

▶ **Etre discret.** Les rires et conversations intempestives éloignent les animaux. Pour avoir la chance de voir le joli colibri dans l'arum, rien ne vaut une marche silencieuse !

▶ **Rester sur les sentiers.** Pour ne pas se perdre et respecter la faune et la flore, ne vous aventurez pas n'importe où.

▶ **La chasse, la pêche et la cueillette sont interdites.** Tout prélèvement est formellement proscrit à l'intérieur de la zone centrale du Parc national.

▶ **Laisser les animaux domestiques à la maison !** Pour la tranquillité de tous, les chiens ne sont pas admis sur les sentiers du parc national, même tenus en laisse.

Le problème des algues sargasses

Depuis 2011, les plages guadeloupéennes sont contraintes d'héberger ponctuellement des invitées indésirables. Les sargasses, des algues brunes flottantes se développent en milieu tropical au nord-est du Brésil, elles sont connues depuis longtemps des pêcheurs. Mais désormais elles envahissent une grande partie du littoral de l'archipel à cause des courants marins, occasionnant une gêne considérable pour les différents acteurs des eaux guadeloupéennes. Le sulfure d'hydrogène, le gaz rejeté par les sargasses, peut avoir des effets sur la santé des individus, allant de la simple irritation des yeux et de la gorge à des troubles du système nerveux et constitue donc un sérieux frein à la baignade. Les professionnels de la mer sont également confrontés à ce désagrément, comme les pêcheurs qui se retrouvent fortement handicapés pour la pose de leurs filets. Pour autant, l'invasion des sargasses sur le littoral n'est pas reconnue comme catastrophe naturelle par le gouvernement. Face à cette situation, les collectivités tentent bien de faire leur possible en dégageant les plages, mais il ne faut que quelques jours à ces algues pour reprendre leur place et stagner le long des côtes de l'île. Plusieurs solutions sont envisagées pour faire face à ce nouveau type d'invasion des côtes : les étaler en couches minces afin qu'elles sèchent au soleil sans pourrir et dégager des gaz nocifs, les utiliser comme compost, les récupérer en pleine mer grâce à un navire dépollueur avant qu'elles n'atteignent les côtes. La population et les collectivités municipales ont tiré la sonnette d'alarme face aux risques sanitaires et au coût difficilement supportable que constitue l'enlèvement des sargasses. Le ministre de la Transition écologique et la ministre des Outre-mers Annick Girardin, lors de leur visite en Guadeloupe en juin 2018, ont annoncé un plan de 13 millions d'euros contre les sargasses pour déployer des capteurs permettant de collecter des données (échouages, dégagement de gaz), lancer une étude sur la composition des sargasses, renforcer le réseau de suivi et d'échouage et diligenter une mission dans les îles voisines à la recherche de solutions de coopération, de ramassage et de valorisation.

Fin octobre 2019, la Guadeloupe accueille une conférence internationale sur les sargasses qui réunit des autorités de la Caraïbe, du Mexique, du Brésil et des Etats-Unis. Parallèlement, la Région organise le salon Sarg'Expo pour présenter les innovations opérationnelles permettant de prévoir, surveiller (télédétection) et gérer les échouages de sargasses, d'assurer le suivi sanitaire (capteurs H2S), la collecte (barrages, collecte en mer, etc.), le stockage et la valorisation des algues (matériaux biosourcés, compostage, valorisation énergétique).

Le chlordécone, un enjeu sanitaire et environnemental

Utilisé de 1972 à 1993, ce pesticide est un polluant persistant considéré comme biodégradable qui a été utilisé pour lutter contre le charançon des bananiers. Le produit faisait l'objet d'une interdiction aux USA depuis 1979 et en Europe depuis 1990.

Le chlordécone a pollué de façon durable une partie des sols de la Basse-Terre et contaminé les eaux douces et marines de cette zone, mais également en Martinique. Tous les organismes vivants (légumes poussant dans le sol, bétail élevé sur place, poissons des zones littorales bien définies) font l'objet d'une contamination. On compte environ 20 % de la surface agricole utile concernée par cette problématique.

Dès 2004, ce risque a été inscrit comme priorité au Plan national santé environnement adopté par le gouvernement. Depuis 2008, trois plans d'action ont successivement vu le jour pour la Guadeloupe et la Martinique afin d'approfondir les connaissances de ses effets sur la santé,

© GILLES MOREL

Terre-de-Haut, Les Saintes.

d'expérimenter des moyens de remédier à cette pollution.

Le Commissariat à l'énergie atomique mène également depuis une dizaine d'années une étude sur un procédé inédit de dégradation naturelle qui réduirait la durée de contamination des sols par le pesticide, qui est actuellement évaluée par les scientifiques à plusieurs dizaines voire centaines d'années. Si les premières études de terrain ont été probantes en Martinique, des études complémentaires restent encore nécessaires, nécessitant de nouveaux moyens financiers. Les quatre précédentes demandes de financement national ayant été refusées par l'agence nationale de recherche, une cinquième demande devra être effectuée.

La ciguatera

La ciguatera est une intoxication alimentaire provoquée par la consommation de poissons contaminés par une toxine issue d'une micro-algue. Les espèces concernées sont identifiées. Il s'agit de prédateurs vivant dans des récifs coralliens endommagés par cette toxine. Pour le consommateur, la vigilance s'impose en veillant à se procurer du poisson auprès de pêcheurs professionnels capables de reconnaître les poissons pouvant présenter un risque. En règle générale, les symptômes apparaissent quelques heures après l'ingestion du poisson (mal de tête, vertiges, douleurs abdominales, nausée, diarrhée voire une sensation de brûlure, de fourmillement, de décharge électrique).

PARCS NATIONAUX

DÉCOUVERTE

■ **PARC NATIONAL DE LA GUADELOUPE** ★★

Siège administratif – Montéran
SAINT-CLAUDE ✆ 05 90 41 55 55
www.guadeloupe-parcnational.fr
Créée par le Parc national, l'application Rando-Guadeloupe (randoguadeloupe.gp), destinée au grand public, propose des itinéraires de randonnées détaillés, leur niveau de difficulté, l'itinéraire à suivre et de nombreux conseils avisés, une cartographie dynamique, des traces GPS et offre une navigation 3D.

Sur un espace relativement réduit, une exceptionnelle biodiversité caractérise ce parc naturel fondé en 1989, qui s'étend sur plus de 21 850 ha. Il concerne 21 communes.

▶ **De la forêt humide,** connue sous le nom de « forêt de la pluie », à la forêt des nuages, plus sèche et proche de la savane que l'on trouve en altitude, on y dénombre 816 espèces recensées dont 300 espèces d'arbres, 100 espèces d'orchidées, 270 espèces de fougères ; les plus impressionnants se trouvant dans la forêt de la pluie à la végétation inextricable. Terrain d'études encore largement méconnu, paysage enchanteur en perpétuel changement, le parc n'a pas seulement un intérêt scientifique ou touristique ; il constitue aussi une inestimable réserve d'eau douce, dont l'île a de plus en plus besoin.

Parmi les multiples essences de bois aujourd'hui protégés, on dénombre des bois précieux, utilisés comme bois d'œuvre jusque dans les années 1970. A plus de 30 m de hauteur, la cime des plus grands arbres, au niveau de la canopée, forme un véritable toit de verdure. Plus bas, à une vingtaine de mètres, des arbres plus modestes s'efforcent de capter la lumière du soleil. Au sol, des jeunes pousses, des arbustes, des fougères et cet enchevêtrement de racines qui soutient les géants de la forêt. Ces puissants contreforts autour du tronc assurent ainsi leur stabilité. Le spectacle est impressionnant ! Accroché aux branches des différentes strates de végétation, sans toutefois les parasiter, se développe un foisonnement de lianes et de plantes épiphytes. Ces plantes avec leurs racines contribuent à l'ambiance visuelle unique de la forêt de la pluie.

▶ **La faune du parc,** moins spectaculaire que la végétation, moins riche que celle du continent voisin, a souffert de la chasse – même si l'activité a toujours été réglementée. 17 espèces de mammifères y sont répertoriées : on peut rencontrer la mangouste, prédateur d'autres animaux comme les reptiles, les tortues et les oiseaux, mais aussi le racoon de Guadeloupe, sorte de raton-laveur, lointain cousin des ours probablement ramené du continent nord-américain au XIXe siècle. Onze espèces de chauves-souris peuplent aussi la forêt et contribuent à sa régénération. La forêt tropicale, royaume des oiseaux, abrite 33 espèces spécifiques, dont le seul pic sédentaire des petites Antilles, qui n'existe que dans cette région du monde, ainsi que plusieurs variétés de grives, ou encore le coucou-manioc. A défaut de les observer facilement, on peut aisément les entendre !

▶ **Quelques-uns des plus beaux sites de Guadeloupe,** comme la Soufrière ou les chutes de Carbet, sont situés au cœur du parc, protégés par la réglementation des parcs nationaux, malgré la forte fréquentation touristique.

Réglementation du Parc national de la Guadeloupe

▶ **La pratique de la chasse, la pêche** et la capture de crabes sont interdites.

▶ **La collecte de sable,** plantes, minéraux ou fossiles est proscrite.

▶ **L'usage du ski nautique** et du scooter marin sont prohibés.

▶ **Le bruit** est à éviter.

▶ **Les pique-niques** sont autorisés uniquement dans les aires aménagées.

▶ **Le camping** n'est pas autorisé.

▶ **L'utilisation des rivières** et des cours d'eau pour faire des lessives n'est pas autorisée.

▶ **Les ordures** doivent être ramassées et rapportées par les randonneurs, il n'y a pas de poubelle sur place.

▶ **Les feux** sont permis uniquement dans les espaces signalés.

(source : Parc national : mode d'emploi)

▶ **La zone du Grand Cul-de-Sac marin et les îlets Pigeon**, formidable aire de plongée sous-marine, ont été intégrés au parc national en 2009. C'est ainsi qu'ont été immergés des corps-morts destinés à l'arrimage des bateaux de plaisance ou de plongée. On évite par ce moyen que les ancres n'endommagent gravement les bancs de coraux.

▶ **Les communes voisines du parc** tentent de concilier développement durable, notamment pour les infrastructures touristiques et la préservation de l'environnement. Ce souci s'étend à l'agriculture, avec les tentatives de réimplantation des cultures traditionnelles actuellement en cours (café, cacao ou vanille). Tous ces efforts s'intègrent à l'effort régional de protection de l'environnement, auquel participe le programme de l'UNESCO sur l'Homme et la Biosphère (MAB).

Le parc national de la Guadeloupe a choisi de fédérer les acteurs du tourisme vert au travers de la nouvelle marque nationale Esprit vert lancée en décembre 2015.

FAUNE ET FLORE

Faune

▶ **Sur terre.** La vedette incontestée du parc national est le raton-laveur. C'est l'animal symbole du zoo de Guadeloupe, au Parc des Mamelles. Très recherché par les braconniers, il a trouvé refuge au cœur de l'île de Basse-Terre. Vous observerez également des tortues terrestres, différentes espèces d'iguanes (présents aussi sur l'îlet de Petite-Terre, aux Saintes), des agoutis (gros rongeur, cousin du rat et du lapin) et des mangoustes (introduites dans les plantations pour lutter contre les rats, une solution qui s'est révélée inefficace à long terme). L'iguane des Petites Antilles, espèce endémique, est particulièrement menacé. Sa population s'est considérablement réduite depuis des années du fait de la disparition progressive de son habitat (la forêt sèche) et de la prolifération rapide de l'espèce d'iguane exotique. L'espèce vient de bénéficier de la reconduction pour 5 ans du plan national d'actions qui vise à réguler la population d'iguanes exotiques et de concilier les activités humaines au cycle de vie de l'iguane endémique. L'avifaune, moins abondante depuis l'ouragan Hugo de 1989, est particulièrement intéressante dans la réserve naturelle. On y trouve le crabier-bois (ou crabier grosse-tête), oiseau devenu rare dans les Caraïbes, mais aussi le ramier bleu ou la perdrix rouge ainsi que des oiseaux de mer (sternes, frégates, pélicans bruns), d'eau douce (poules d'eau, martins-pêcheurs) ou terrestres (passereaux), qu'ils soient sédentaires ou migrateurs. La forêt abrite un grand nombre d'insectivores dont le pic noir ou tapeur (*Melanerpes herminieri*), espèce endémique de la Guadeloupe.

▶ **En milieu marin,** mises à part les très nombreuses espèces de poissons (diodon, mombin, poisson-papillon, poisson-perroquet, poisson-chirurgien, ange, sergent-major, coffre) et d'invertébrés (oursins, lambis, étoiles de mer), les animaux les plus remarquables, restent les tortues marines très rares. La chasse et le braconnage ont entraîné la disparition du flamant rose et du lamantin, un mammifère marin herbivore menacé d'extinction dans toute la Caraïbe qui fait l'objet d'un projet de réintroduction.

Le poisson-lion appelé également rascasse volante, originaire de l'océan Pacifique, a été observé, pour la première fois, en 2010 dans les eaux guadeloupéennes. Depuis, il n'a cessé de croître. Il s'agit, non seulement, d'une espèce carnivore qui représente une menace réelle pour la faune sous-marine, mais il est également doté d'épines venimeuses. Sa chair est comestible et il se cuisine facilement, aussi commence-t-on à le trouver à la carte des restaurants. Sa pêche permet de contribuer à réguler cette espèce invasive. Mais restez vigilant car même mort, les épines du poisson-lion restent venimeuses, il faut donc le faire préparer par un pêcheur et acheter ses filets.

▶ **Différentes variétés de tortues :** la tortue caouanne, la tortue olivâtre ou cul-rond, la tortue verte et la belle tortue luth qui se nourrit de méduses. Certaines s'étouffent en confondant les sacs en plastique flottant avec leur repas préféré. Leurs lieux de prédilection pour s'alimenter et s'abriter sont les mangroves et les herbiers marins.

Depuis 1991, toutes les tortues de l'archipel guadeloupéen sont protégées par la législation française : interdiction totale de capture, de transport et de vente des tortues ou de

Fougères dans le Parc national de la Guadeloupe.

leurs œufs. Elles se font rares dans les eaux des Caraïbes, qui constituent pourtant un site de choix. Après avoir été mangées à toutes les sauces, abattues pour leur carapace et recherchées pour leurs œufs qui donnent, paraît-il, de merveilleuses omelettes, on s'est enfin rendu compte que l'espèce menaçait de s'éteindre. Pourtant, il existe encore des vendeurs d'écaille à la sauvette et des petites cases restaurants qui proposent (en

Le retour du lamantin aux Petites Antilles

En août 2016, deux lamantins issus du zoo de Singapour, Kaï et Junior, âgés de 6 et 7 ans (650 et 470 kg) sont arrivés en Guadeloupe après plus de 40h de vol. Ce projet de réintroduction du lamantin a été initié en 2008. Le lamantin, mammifère marin herbivore, a disparu des Petites Antilles en raison de l'activité humaine. L'objectif est de rétablir assez d'individus pour la conservation de l'espèce dans le Grand Cul-de-Sac Marin. A terme, le Parc national de la Guadeloupe, initiateur du projet, prévoyait d'accueillir au moins 15 individus dont 10 femelles, tous munis de balises afin de suivre leur évolution. Mais l'expérience s'est avérée plus complexe que prévue car Junior est mort d'une infection rénale en octobre 2016. Kaï, malgré une surveillance accrue, a fait l'objet des plus grandes inquiétudes en juillet 2017 après des signes cliniques suspects et une perte de poids, mais son état s'est par la suite amélioré. Etant inapte à être relâché et le Parc national de la Guadeloupe n'ayant pas vocation à détenir des animaux en captivité, il a été transféré au Parc zoologique de Paris-Vincennes le 16 octobre 2018 où il a rejoint trois de ses congénères dans un bassin adapté à sa nouvelle vie. Loin d'être remis en cause, le programme de réintroduction du lamantin devrait prendre un nouveau tournant dans les prochaines années. Le comité d'orientation régional capitalise sur cette expérience pour conforter de nouvelles modalités de réintroduction, comme le relâcher direct d'animaux semi-sauvages en milieu naturel.

DÉCOUVERTE

© AUTHOR'S IMAGE

parfaite illégalité) un plat à base de tortue. N'encouragez pas ce commerce vil, et si par hasard vous trouvez des œufs ou des bébés, signalez-les au parc national de la Guadeloupe. Pour en savoir plus : www.tortuesmarinesguadeloupe.org

Les tortues marines sont, comme l'iguane, concernées par le plan national d'actions. Il consistera à concilier l'activité de pêche et la sensibilisation de la population.

▶ **Les moustiques.** Si l'on vous dit qu'ils sont prêts à s'introduire dans vos draps, croyez-le ! Leurs piqûres n'ont rien d'anodin s'il s'agit du moustique *Aedes aegypti*, car il peut transmettre la dengue et le chikungunya qui a fait son apparition aux Antilles fin 2013. En 2016, c'est le zika, déjà constaté au Brésil, qui est apparu aux Antilles. Ce virus se transmet par les mêmes moustiques. S'il s'avère asymptomatique pour la majorité des personnes, il peut être dangereux pour les fœtus au cours des six premiers mois de la grossesse et provoquer des microcéphalies. Les huiles essentielles mélangées (citronnelle, géranium, lavande) ont une certaine efficacité, mais seules les répulsifs à base de DEET (30 ou 50 %) éloignent durablement les moustiques. Les vêtements longs à la tombée de la nuit sont conseillés, même si l'épidémie n'a plus cours aujourd'hui.

▶ **D'autres insectes,** répandus mais inoffensifs, sortent de l'ombre : le ravet et la blatte américaine. Ayant résisté aux cataclysmes, aux inondations et aux diverses épidémies et destructions, les blattes existaient avant les dinosaures, il y a 350 millions d'années. Et elles sont toujours là ! A la nuit tombée, on peut les voir se faufiler dans les recoins de la chambre ou de la salle de bains. Même si elles vous répugnent, plutôt que de chercher à les écraser (ce qui n'est pas toujours facile), laissez-les vivre. Elles ne vous feront pas de mal car elles se nourrissent de débris organiques (miettes de pain, amidon, etc.). et de punaises. Attention en revanche au mille-pattes ou scolopendre, dont la piqûre est douloureuse, voire dangereuse en fonction de la taille du rampant. Il faudra alors se rendre à la pharmacie ou chez un médecin,

surtout s'il s'agit d'un enfant ou d'une personne allergique au venin. En résumé, hormis quelques pénibles insectes, la faune antillaise est plus bigarrée que réellement dangereuse.

Localisation de la flore

Les fleurs, omniprésentes dans les îles, offrent un spectacle multicolore de tous les instants et font rêver les métropolitains : hibiscus, bougainvillées, anthuriums et autres espèces plus communes répandent leurs parfums et leurs couleurs.

▶ **Sur la Côte sous-le-Vent,** zone périphérique du Parc naturel, se développe une forêt de halliers, d'épineux et de brousses cactées. Plus de 300 espèces d'arbres aux racines parfois en contreforts (châtaignier-pays, acomat boucan) ou en échasses, de lianes et de plantes épiphytes suspendues aux branches ou agrippées aux troncs... Ces différentes espèces sont décrites aux abords des sentiers botaniques et au travers d'expositions (entrée libre) organisées par la Maison de la Forêt, que l'on trouve sur la route de la Traversée, près de la cascade aux Ecrevisses, qui coupe le massif montagneux d'est en ouest et relie la Côte au-Vent à la Côte sous-le-Vent.

▶ **En altitude,** la forêt est saturée d'humidité. L'eau ruisselle partout, imbibant le sol et y creusant des fossés. Sur l'île, quelque 100 rivières aux eaux vives érodent les roches les plus dures. Les cours d'eau finissent par se disperser dans des criques marines ou des marécages. Prudence lors des excursions pédestres et randonnées, car par temps de pluie, le niveau d'une rivière en crue peut monter à une vitesse fulgurante, charriant des débris et entraînant tout sur son passage. Renseignez-vous toujours sur l'évolution de la météo.

▶ **Autour de la Soufrière,** des mousses, lycopodes et ananas sauvages tapissent le sol. Le parc zoologique et botanique (à 20 minutes de Pointe-à-Pitre et à 1 heure de Basse-Terre) offre un éventail représentatif de la flore des îles, avec nombre de fougères, choux-palmistes, châtaigniers petites-feuilles, acajous blancs, gommiers blancs, lauriers-roses de montagne... Dans la forêt marécageuse, la végétation est dominée par le mangle-médaille, qui présente à la base du tronc de puissants contreforts en forme de palettes. Le palétuvier jaune à grosses racines apparentes (qui lui donnent l'impression de bouger), les racines palmées de l'acomat boucan (derrière lesquelles les Caraïbes se cachaient et faisaient leurs barbecues), le bois-côtelette et ses feuilles aux superbes courbes symétriques, ou encore le bois bandé ou bois rouge (utilisé pour le parquet des anciennes maisons créoles et dont l'écorce réduite en poudre est utilisée, comme la mandragore,

Le mancenillier

Votre vigilance est requise avec cet arbre que l'on trouve sur les plages et dont la sève est toxique. Il est généralement signalé d'un trait rouge qui fait le tour du tronc. Ne vous abritez pas sous cet arbre en cas de pluie, la sève qui en coule provoque des brûlures sur la peau.

comme un puissant aphrodisiaque) sont autant d'espèces végétales étonnantes à découvrir.

▶ **Près du littoral,** notamment autour de la mince bande qui sépare Basse-Terre de Grande-Terre, se développe la mangrove, une végétation typique des marécages tropicaux, où poussent les palétuviers, la mangle rouge et la mangle blanche. On rencontre d'autres espèces tropicales près du littoral, comme les cocotiers bien sûr, mais aussi le palmier royal, le fromager, le frangipanier, le flamboyant cher aux poètes (aux fleurs d'un rouge éclatant), le raisinier... Citons enfin le mancenillier, dangereux car très corrosif ; lorsqu'il pleut, cet arbre dégage un acide qui peut se coller à vous. Il est généralement signalé par un marquage rouge.

Arbres, arbustes et plantes

Lors de la période coloniale, la faune et la flore ont subi d'importants bouleversements. On a importé d'Afrique, des Indes et des Amériques animaux, arbres, fleurs et plantes au gré des implantations dans ces nouveaux paysages et climats. Voici les plus connus :

▶ **Abricot-pays (***Mammea americana***),** un arbre des forêts tropicales humides américaines qui aime la lumière, les plaines et les clairières. À l'état sauvage, il produit un fruit de table endémique du bassin caribéen. L'abricot, qui n'a rien à voir avec son cousin métropolitain, possède un gros noyau comestible, une chair sucrée, et peut atteindre 25 cm de diamètre et peser jusqu'à 4 kg. Peu connu malgré son fort potentiel culinaire (salade de fruits, jus, confiture, tarte, etc.), l'abricotier des Antilles est rustique mais sympathique !

▶ **Arbre à pain (***Artocarpus altilis***).** Originaire de la zone Pacifique, il a été importé de Tahiti par les Anglais à la fin du XVIIIᵉ siècle. C'est l'un des arbres les plus célèbres de la période coloniale, ayant même figuré dans plusieurs films dont *Les Révoltés du Bounty* de Frank Lloyd. Très prisé, on en acheminait les pieds par bateau afin de les replanter dans d'autres régions. Il en existe près de 40 variétés aujourd'hui.

▶ **Avocatier (***Persea americana***).** Originaire de l'Amérique centrale, son nom vient de l'aztèque *ahua guatl*. L'arbre et le nom seront rendus célèbres par les Espagnols aux XVIᵉ et XVIIᵉ siècles. Il en existe plus de 200 variétés. On suppose qu'il était déjà connu par les premiers peuples caribéens.

▶ **Bananier (type** *Musa***).** Une plante que l'on le considère à tort comme un arbre. Originaire d'Asie, il est sans doute, avec les cocotiers, l'un des symboles les plus représentatifs du monde tropical, au sens large du terme. Alimentation de base pour les populations locales, son fruit, la banane « à manger » (dessert) ou « à cuire » (légume), aux multiples vertus nutritionnelles, se divise en une

cinquantaine d'espèces sauvages et cultivées. Dans les bananeraies des Antilles, l'épandage massif du chlordécone, un pesticide cancérigène, constitue l'un des scandales écologiques les plus marquants. Révélé dans les années 2000, il aurait contaminé plus de 40 000 habitants, sans parler des nappes phréatiques dans le sud de Basse-Terre. Il est aujourd'hui rigoureusement interdit.

▶ **Cacaoyer (ou cacaotier,** *Theobroma cacao***).** Introduit d'Amérique du Sud (Amazonie) par les Amérindiens. Il s'est répandu en Guadeloupe à partir du milieu du XVIIᵉ siècle.

▶ **Calebassier (***Crescentia***).** Très répandu dans les pays tropicaux, on ne connaît pas précisément ses origines (Amérique tropicale, Asie ?). Son fruit était utilisé par les Amérindiens dans la fabrication de divers objets usuels, une pratique qui a perduré à l'époque coloniale.

▶ **Canne à sucre (***Saccharum officinarum***).** Originaire de la péninsule indienne, elle a fait littéralement le tour du monde. C'est la plante la plus cultivée au monde ! Elle a été introduite dans les Caraïbes par Christophe Colomb, qui l'a rapportée des Canaries (1493).

▶ **Cannelier.** Originaire du sud de l'Inde, il s'est bien acclimaté dans les Antilles tropicales humides. Ceux qui pensent à la cannelle en poudre dans le riz au lait sont toujours étonnés de voir l'arbre lui-même, avec son écorce épaisse et dure, que l'on extrait avant de la raffiner en bâtonnets, en poudre, en huile essentielle... Très prisée depuis l'Antiquité, la cannelle est une épice et plante médicinale de renommée mondiale. Les feuilles du cannelier sont très aromatiques également.

▶ **Châtaignier des Antilles (ou châtaignier-pays).** À ne pas confondre avec le châtaignier de France. On en consomme le noyau comme une châtaigne, d'où son nom. Il a les mêmes origines que l'arbre à pain.

▶ **Corossolier (***Anona muricata***).** Originaire d'Amérique du Sud (probablement du Pérou), son fruit est apprécié en jus et en sorbet. Connu aussi sous le nom d'annone (ou anone) en hommage au Suisse Jean-Jacques Annone.

▶ **Flamboyant (***Delonix regia***).** Originaire du Madagascar, il est très répandu et d'une grande beauté entre ses tons du jaune au rouge. Sa période de floraison (entre juin et août) sur le littoral est un ravissement pour les sens !

▶ **Goyavier (***Psidium***).** Originaire de l'Amérique centrale et de l'Amérique du Sud ainsi que du bassin caribéen, il s'est parfaitement adapté au milieu tropical. Son nom provient du terme arawak *guajava*. Le fruit plaît, mais l'arbre beaucoup moins, car il est envahissant, résistant et aime se développer au détriment de son environnement.

La mangrove, écosystème fragile

Végétation caractéristique des zones marécageuses dans les pays tropicaux proches du littoral, la mangrove est une niche écologique pour les oiseaux et pour la reproduction des crustacés, mollusques et poissons. Périodiquement inondée par la mer quand la marée monte, elle est constituée de plantes à tiges hautes et à racines échasses, qui se nourrissent des sols salés, comme les palétuviers ou mangles. Elle couvre des milliers d'hectares en Guadeloupe. Fragile, la mangrove voit sa superficie diminuer du fait de la pollution des sols, mais il reste de belles sorties à faire en bateau ou en kayak de préférence en compagnie d'un guide, qui vous feront évoluer lentement à la découverte de ce milieu particulier. Près de la Rivière Salée et des îlets, au large de Saint-Rose et du Lamentin, la réserve du Grand Cul-de-sac marin, classée par le Parc national de la Guadeloupe, bénéficie d'une réglementation draconienne. Des prestataires sur place proposent la visite sous plusieurs formes : bateau-mouche, yole, VTT des mers... des moyens écologiques pour approcher cet univers étrange où se réfugiaient les Negs Marrons lorsqu'ils avaient réussi à s'échapper de la plantation. Immergés dans l'eau, ils défiaient ainsi l'odorat des chiens de chasse.

▶ **Manioc (*Janipha manihot*).** Arbuste originaire d'Amérique du Sud. Les Amérindiens de la Caraïbe ont dû l'acheminer avec eux, car il constituait la base de leur alimentation. Ils transformaient ses racines en galettes (les cassaves). Il est très répandu. La cuisson de ses racines demande une attention particulière, car il comporte un produit qui peut devenir toxique au contact d'une enzyme. Sa distillation donne un alcool, le cauim et la tiquira (Brésil).

▶ **Papayer (*Carica papaya*).** Ses origines un peu flouescar on le retrouve aussi bien en Amérique centrale et du Sud que dans les îles du Pacifique/ Les Caribéens, qui l'ont sans doute introduit dans la région, l'ont nommé *ababai*. Il se développe très vite (jusqu'à 10 m par an dans de bonnes conditions) mais possède de fait une durée de vie très courte (4 à 5 ans en moyenne). Son fruit est très apprécié, tant par les connaisseurs que par les scientifiques, qui en ont extrait la papaïne. Le Brésil en est le plus grand producteur.

▶ **Piments (*Capsicum*).** Originaires d'Amérique du Sud, ils sont cultivés dans les Caraïbes. Il existe plusieurs variétés (cooli, café, etc.). Attention, on ne plaisante pas avec le piment antillais ! A moins de vouloir tester votre niveau d'endurance, évitez tout contact avec les yeux, et lavez soigneusement vos mains après l'avoir manipulé. Evitez également de croquer directement dans le fruit... La variété dite végétarienne est nettement moins forte et idéale pour donner du goût aux plats.

▶ **Groseille *peyi* ou groseille de Noël (*Hibiscus sabdariffa*).** Provenant d'Asie, le groseiller est apparu en Afrique puis sur le continent américain au XVIIe siècle. Il s'agit d'un hibiscus buissonnant d'environ 3 m de haut. Il produit, une seule fois par an des fruits rouges qui s'ouvrent à maturité. En Guadeloupe, ce fruit est très prisé. Le sirop de groseille, accompagné de rhum, fait partie intégrante de l'ambiance de Noël.

■ SOS FAUNE SAUVAGE

Route de la Traversée
BOUILLANTE © 05 90 98 83 52
www.sosfaunesauvage.com
paola@sosfaunesauvage.com
Cette association, qui a vu le jour en 2001, a pour vocation de protéger et de préserver les espèces menacées de disparition aux Antilles et en Guyane. Leur centre de soin dispose de locaux mis à disposition par le zoo de Guadeloupe, qui finance également l'intégralité de ses dépenses de fonctionnement. A ce jour, après plus de dix années d'existence, ce sont plus de 600 animaux (d'une centaine d'espèces) qui ont été soignés ; la moitié a pu être relâchée. Une antenne a été ouverte en Guyane en 2009 et une autre existe aussi en Martinique.

HISTOIRE

Il faut connaître l'histoire des Antilles françaises pour comprendre le contexte environnemental actuel. La connaissance du passé et du présent en Guadeloupe est directement liée à la politique que la France détermine pour les pays d'outre-mer, même si un cadre d'autonomie sur les décisions territoriales fonctionne en parallèle des décisions administratives de la métropole. Si le système scolaire, composante essentielle de la République, a longtemps tenu sous silence les spécificités du système esclavagiste puis colonial, l'heure aujourd'hui est à plus d'études insulaires, plus de fierté avec notamment la revalorisation du créole et de sa culture. Les mouvements sociaux contre la vie chère notamment en 2009, sont la preuve évidente que bon nombre d'Antillais s'estiment lésés.

Période précolombienne

Une histoire des origines imprécise

Vouloir dater les premiers peuplements sur le continent américain et dans les Caraïbes a donné matière à de nombreuses controverses. Peu de données archéologiques subsistent, la période coloniale ayant effacé la plupart des traces de ces premiers habitants des îles. Aujourd'hui, les chercheurs disposent de nouvelles techniques (ostéométrie, anthropométrie) et disciplines (climatologie, biologie ou génétique) qui fournissent des apports considérables aux recherches, ce qui permet de dissiper progressivement l'épais brouillard qui demeure autour de l'époque précolombienne.

Les chiffres avancés pour le début du peuplement américain varient de 50 000 (et même antérieurement) à 12 000 ans avant notre ère. Depuis 1927, on rapproche l'origine du peuplement au célèbre détroit de Béring (entre l'actuelle Alaska et la Sibérie) : des populations de type mongoloïde ont traversé ce passage et se sont déplacées progressivement dans le continent, surtout après la fonte des glaciers (culture Clovis). Même si cette théorie conserve toute sa valeur scientifique, chaque nouvelle donnée majeure peut remettre en cause les schémas préétablis. Celle de l'homme de Kennewick, par exemple, un squelette retrouvé sur les rives de la rivière Columbia (Etat de Washington), daté du milieu du Xᵉ millénaire avant notre ère, et défini comme étant de type caucasoïde, autrement dit européen !

De nos jours, de plus en plus d'affirmations crédibles laissent penser que le peuplement du continent américain n'aurait pas été unique mais multiple : plusieurs vagues de diverses origines seraient parvenues sur le continent à des périodes successives. En effet, l'ère dite pléistocène (de 1,8 million à 10 000 av. J.-C.) se caractérise surtout par des changements brusques du climat. Les glaces recouvrent une partie de l'hémisphère Nord, entraînant un abaissement du niveau de la mer. Les impacts sur les populations ont dû être importants, provoquant des déplacements majeurs. L'espace caribéen a subi un abaissement du niveau de la mer d'environ 20 m. On situe à cette période la légendaire Atlantide, mentionnée par Platon entre autres.

© GILLES MOREL

Mémorial ACTe.

Trois vagues humaines successives déferlent dans les Caraïbes. Comparées au continent, les îles caribéennes ne connaissent la présence de l'Homme que plus tardivement. Si on se base sur l'évolution environnementale et sociétale de l'espace caribéen, on découvre trois périodes distinctes.

▶ **Le Paléo-indien ou âge lithique** (de 10 000 à 5 000 av. J.-C.) tout d'abord. A ce jour, il n'existe aucune trace démontrant la présence de l'homme sur les îles à cette époque, même si une éventuelle migration depuis la terre ferme aurait été possible grâce à l'abaissement du niveau des eaux.

▶ **Le Méso-indien ou âge archaïque** (de 5 000 av. J.-C. à nos jours). Le début de cette période, très mal connue, se caractérise par l'apparition de peuplades de chasseurs-cueilleurs qui se déplacent au gré de leurs prises et besoins alimentaires, étant a priori des populations nomades. Ils utilisent la pierre, les os et les coquillages pour diverses activités de subsistance. Aucune trace de céramique n'ayant été relevée, on en a déduit qu'ils ne la connaissaient pas encore, et cette période est dite précéramique. A ce jour, plusieurs sites ont été repérés sur les bandes littorales, mais la plus ancienne datation, effectuée en 1969, a été constatée dans le sud-ouest de Trinidad et référencée sous le nom de culture Bawari (5 000 av. J.-C.). On y a extrait un tombeau (3 400 av. J.-C.), contenant les restes d'un squelette masculin. Il est fort probable que les hommes du Méso-indien sont remontés jusqu'aux Petites Antilles. De là, ils sont arrivés aux Grandes Antilles, où l'on retrouve des traces sur de nombreux sites (Haïti, République dominicaine, Cuba, Porto Rico). Il semble que le peuplement se soit fait sur de multiples sites, aux empreintes différenciées entre le Sud et le Nord. Autrement dit, à part la voie trinidadienne, les Méso-Indiens ont pu emprunter d'autres passages. Par la Floride ? Le Mexique ? Le Venezuela ? L'un des débats actuels qui anime les paléontologues est l'acquisition par l'homme de la maîtrise des voies maritimes. Cette connaissance de la navigation serait plus ancienne qu'on le pensait auparavant, comme en atteste le peuplement de l'Australie par les Aborigènes (environ 30 000 av. J.-C.). De plus, la région a connu à deux reprises (IIIe et IIe millénaires) un abaissement du niveau de la mer, ce qui a dû perturber la vie côtière de ces peuplades. Mais cela reste une hypothèse. Le phénomène de l'insularité induit aussi des différenciations culturelles. Le site le plus ancien connu des Petites Antilles est celui de Norman Estate (Saint-Martin), qui remonte à la fin du IIIe et début du IIe millénaire.

▶ **Le Néo-indien ou âge céramique**. Au IIe millénaire av. J.-C., le bassin de l'Orénoque voit l'émergence de la culture des tubercules, parmi lesquels figure le manioc. De même, l'usage de la poterie fait son apparition. Parallèlement, les populations indiennes, baptisées saladoïdes, adoptent un mode de vie plus sédentaire, en s'installant dans des villages. Elles s'établissent par la suite à Trinidad, avant d'arriver progressivement dans les Petites Antilles, notamment en Guadeloupe où l'on retrouve des traces de leur occupation au Moule (site de Morel), à Saint-François, à Trois-Rivières (Grande-Anse) et à Marie-Galante (Folle-Anse, Anse à Coq).

Le précéramique

Vers la fin de cette ère (à partir du Ve siècle av. J.-C.), la naissance d'une nouvelle culture originaire de l'Orénoque apporte la culture saladoïde, nom donné en référence au site de Saladero dans l'actuel Venezuela. Ces peuples se distinguent par leur maîtrise de l'artisanat (céramique), de l'agriculture, des techniques de navigation et de la pêche. Avec une progression étonnante, les Saladoïdes gagnent rapidement les Petites Antilles et les parties méridionales des Grandes Antilles (Porto Rico, Haïti et la République dominicaine). Ils ont sans doute acheminé avec eux des végétaux et des graines du continent, comme le manioc, la patate douce ou encore le piment. Les traces identifiées montrent de fréquents déplacements et une préférence pour une implantation sur la côte. La fertilité de la terre guide leurs mouvements. La prise de contact avec les chasseurs-cueilleurs méso-indiens et l'émergence de cette culture est encore mal connue. Peut-être une assimilation pure et simple ? Il se peut également que les primo-arrivants aient assimilé une partie de ces nouveaux arrivants, en repoussant une autre partie jusqu'à Cuba. Dans ce cas, ils auraient croisé la route des expéditions de Christophe Colomb. Il n'existe aucun indice allant dans le sens d'une conquête ou d'une expansion brutale. Ces agriculteurs hors pair connaissent aussi l'environnement aquatique. Leur culture (Ciboneys) évolue avec le temps, et leur population augmente au début de notre ère et maintient le contact avec le continent.

▶ **1635 >** Après l'île de Saint-Christophe (actuel Saint Kitts), la Compagnie des Isles d'Amérique missionne Charles Liénard et Jean Duplessis, sieur d'Ossonville, pour coloniser une ou plusieurs îles non habitées, comme la Guadeloupe, la Martinique ou la Dominique. La Martinique jugée inhospitalière, le duo choisit la Guadeloupe.

▶ **1645 >** La Compagnie des Isles d'Amérique confie le gouvernement de Marie-Galante à Constant d'Aubigné, père de la future Mme de Maintenon.

▶ **1648 >** La Compagnie des Isles d'Amérique fait faillite et les îles sont à vendre : Charles Houël achète l'archipel de la Guadeloupe avec son beau-frère. Les premiers colons français s'installent aux Saintes.

▶ **1652-1814 >** Lutte entre la France et l'Angleterre. L'enjeu est de s'approprier les Saintes, qui abritent des mouillages uniques pour protéger les flottes.

▶ **1664 >** Jean-Baptiste Colbert fait constituer la Compagnie des Indes occidentales. Les îles, dont la Guadeloupe, reviennent à la Couronne.

▶ **1674 >** Nouvelle banqueroute, la Compagnie des Indes occidentales est dissoute, mais l'Exclusif est maintenu.

▶ **1676 >** Les Hollandais pillent Marie-Galante.

▶ **1685 >** Le Code noir de Colbert.

▶ **1691-1816 >** Nombreuses périodes d'occupation anglaise.

▶ **1720 >** Gabriel de Clieu, gouverneur de la Martinique, introduit le café aux îles.

▶ **1725 >** Déportation des lépreux de Guadeloupe à la Désirade.

▶ **1787 >** La Guadeloupe se dote d'une assemblée coloniale pour se protéger de la Révolution.

▶ **1789 >** La Guadeloupe envoie cinq députés à l'Assemblée constituante.

▶ **1793 >** L'envoyé de l'Assemblée législative, Jean Baptiste Raymond Lacrosse, arrive en Guadeloupe avec le drapeau tricolore.

▶ **1794 >** Décret d'abolition de l'esclavage (Convention). Les Anglais occupent la Guadeloupe, mais Jean Baptiste Victor Hugues reprend possession de l'île et introduit la guillotine.

▶ **1802 >** Napoléon Ier rétablit l'esclavage.

▶ **1815 >** Interdiction de la traite négrière. Elle ne sera respectée qu'en 1831.

▶ **1816 >** Fin des conflits liés à la défense de Marie-Galante.

▶ **1843 >** Tremblement de terre. L'île est touchée très sévèrement et un incendie ravage Pointe-à-Pitre faisant environ 3 000 morts. Avec la reconstruction, la Guadeloupe entame l'ère industrielle. Les deux premières usines sucrières apparaissent. On en comptera 11 en 1863.

▶ **1848 >** Le décret pour l'abolition de l'esclavage est signé le 27 avril 1848. L'abolition de l'esclavage est fêtée (jour férié) le 27 mai en Guadeloupe et à Saint-Martin, le 9 octobre à Saint-Barthélemy. L'événement est célébré un jour différent selon la date d'application du décret sur chaque île (le 22 mai en Martinique, le 10 juin en Guyane). Elections : Louisy Mathieu, ex-esclave, représente la Guadeloupe (IIe République).

▶ **1851 >** La Banque coloniale (Banque de la Guadeloupe, l'actuelle Banque des Antilles françaises, BDAF) est créée.

▶ **1852-1870 >** Le Second Empire. Les libertés subissent de nombreuses restrictions.

▶ **1854 >** Début de l'immigration indienne.

▶ **1863 >** Deuxième établissement financier : le Crédit foncier colonial.

▶ **1871 >** IIIe République. Représentation des colonies à l'Assemblée nationale, à la Chambre des députés, puis au Sénat. De nombreuses réformes sont lancées en France (laïcité, gratuité de l'enseignement, etc.) et se reflètent en Guadeloupe.

▶ **1883 >** Le lycée Carnot est créé à Pointe-à-Pitre.

▶ **1884 >** Loi sur les municipalités.

▶ **1897 >** Tremblement de terre, Pointe-à-Pitre est partiellement détruite.

▶ **1898 >** Hégésippe Jean Légitimus, l'un des fondateurs du Parti socialiste, est président du Conseil général.

▶ **1900 >** Télégraphe sans fil au Gosier.

▶ **1913 >** Première Guerre mondiale. Les premiers conscrits partent. La guerre permet à la Guadeloupe d'exporter du rhum massivement jusqu'en 1922.

▶ **1922 >** La banane fait une entrée timide dans l'économie.

▶ **1928 >** Cyclone dévastateur avec mer déchaînée et vents très violents : les morts se comptent par centaines, les blessés sont éparpillés sur l'île, les cultures anéanties, Basse-Terre est balayée. Pointe-à-Pitre, noyée, déplore de sérieux dommages.

▶ **1936 >** Adolphe Félix Sylvestre Eboué est le premier gouverneur de couleur.

▶ **1940 >** Constant Louis Sylvain Sorin, gouverneur vichyste, arrive en Guadeloupe. Il partira en juillet 1943.

▶ **1946 >** La Guadeloupe devient un département français.

▶ **1961 >** Le Bureau des migrations des départements d'outre-mer (BUMIDOM) est créé et prend en charge l'organisation de flux migratoire vers la métropole.

▶ **1961-1965 >** Troubles indépendantistes.

▶ **1976 >** Eruption de la Soufrière.

▶ **1979 >** Cyclone David.

▶ **1983 >** Création du conseil régional.

▶ **1989 >** Cyclone Hugo.

▶ **1994 >** Après l'essoufflement du mouvement indépendantiste, le pouvoir est assuré par la « dame de fer » guadeloupéenne, Lucette Michaux-Chevry (au conseil régional) et par la gauche socialiste dirigée par Dominique Larifla (au conseil général).

▶ **1991 >** Une canalisation sous-marine de 14 km est construite pour acheminer l'eau douce de la Guadeloupe jusqu'à la Désirade.

▶ **Janvier 1994 >** Marie-Galante, Capesterre et Grand-Bourg sont constituées en communauté de communes, la première des DOM.

▶ **1998 >** Célébration du 150ᵉ anniversaire de l'abolition de l'esclavage.

▶ **Mai 1998 >** Election de Lucette Michaux-Chevry à la présidence de la région de la Guadeloupe.

▶ **1999 >** La déclaration de Basse-Terre. Signée conjointement par les présidents des conseils régionaux Lucette Michaux-Chevry, Alfred Marie-Jeanne (Martinique) et Antoine Karam (Guyane), la déclaration se donne pour objectif de rendre public le bilan négatif de ces trois départements. La banane martiniquaise est au centre de la bataille commerciale que se livrent les Etats-Unis et l'Europe.

▶ **2000 >** Loi d'orientation pour l'outre-mer.

▶ **2002 >** L'économie guadeloupéenne est en crise : le tourisme est touché par l'effet du 11-Septembre et la production bananière est sinistrée.

▶ **2003 >** Plus de responsabilité et moins d'assistanat. La réponse pourrait-elle être la Loi de programme pour l'Outre-mer ? En avril, le conseil régional annonce la création d'un fonds de soutien à l'économie locale pour relancer l'investissement.

▶ **Décembre 2003 >** Référendum sur l'avenir institutionnel : le « non » l'emporte avec 72,98 % des suffrages et un taux d'abstention de 49,66 %. La réforme proposait la création d'une collectivité territoriale unique se substituant à la région et au département. Cette assemblée unique aurait bénéficié de compétences en termes de politique culturelle, sportive, de transports, de fiscalité, d'urbanisme.

▶ **2004 >** Le candidat socialiste, Victorin Lurel, devient le nouveau président de la région.

▶ **21 novembre 2004 >** Un séisme de magnitude 6,3 réveilla la Guadeloupe à 7h41. Son épicentre se situait entre les Saintes et la Dominique. On a déploré une victime (une fillette) à Trois-Rivières et des dégâts importants aux Saintes.

▶ **2005 >** Référendum sur la Constitution européenne. La Guadeloupe répond « oui » avec 58,6 % (faible participation de 30 %). Le comité de gestion de la commission européenne débloque au total une aide de 110 millions d'euros pour la banane antillaise. François Baroin est le nouveau ministre de l'Outre-mer par le gouvernement de Dominique de Villepin, il remplace Brigitte Girardin.

▶ **2007 >** Saint-Martin et Saint-Barthélemy sont détachées de la Guadeloupe et deviennent des collectivités d'outre-mer.

▶ **17 août 2007 >** Le cyclone Dean de catégorie 3 a dévasté une partie des plantations de bananes. Ses effets ont été beaucoup plus dévastateurs sur la Martinique.

▶ **2009 >** Le 20 janvier, le collectif Lyannaj Kont Pwofitasion (LKP), composé des syndicats et d'une quarantaine d'associations, a lancé une grève générale qui a bloqué entièrement l'économie de l'île pendant 44 jours, l'un des plus longs mouvements sociaux qu'aient connus les Antilles. La Martinique rejoignait la Guadeloupe le 5 février. Le 4 mars, Elie Domota, porte-parole du LKP, signait l'accord Bino.

▶ **14 mars 2010 >** Victorin Lurel est réélu président du conseil régional.

▶ **Mai 2012 >** Fortes inondations dans la région de Pointe-à-Pitre. Élections législatives portant à l'Assemblée nationale 4 députés de la majorité de gauche.

▶ **16 mai 2012 >** Victorin Lurel est nommé ministre de l'Outre-mer dans le gouvernement de Jean-Marc Ayrault (socialiste). Il est remplacé à la présidence du Conseil régional par Josette Borel-Lincertin, élue le 3 août 2012.

▶ **2 avril 2014 >** Victorin Lurel n'est pas reconduit dans ses fonctions dans le gouvernement formé par Manuel Valls. Il est remplacé par George Pau-Langevin, guadeloupéenne également.

▶ **2 mai 2014 >** Victorin Lurel a retrouvé, sans surprise, son fauteuil de président du conseil régional avec 31 voix sur 38 suite à la démission de Josette Borel-Lincertin.

▶ **Avril 2015 >** Josette Borel-Lincertin détrône Jacques Gillot, président du Département de 2001 à 2015, et devient présidente de la nouvelle institution baptisée désormais conseil départemental.

▶ **10 mai 2015 >** Jour de la commémoration de l'abolition de l'esclavage en France métropolitaine, François Hollande inaugure le Mémorial ACTe, centre d'expression caribéen de mémoire de la traite et de l'esclavage en présence de chefs d'Etats de la Caraïbe et d'Afrique.

▶ **18 Décembre 2015 >** Ary Chalus devient le 6ᵉ président du Conseil régional en obtenant 57,52 % des voix au second tour face au président sortant, Victorin Lurel.

▶ **19 septembre 2017 >** Passage de l'ouragan Maria, évalué en catégorie 5. Deux morts et deux disparus en mer, ainsi que de nombreux dégâts (bananeraies et végétations de l'île) ont été recensés.

Le Néo-indien

Fait curieux, on constate au VIIᵉ siècle des changements au niveau de la fabrication des poteries et de la construction de l'habitat. L'avancée vers le nord est perturbée et les liens avec le continent sont affaiblis. Mais aucun fait et aucune preuve matérielle (destructions, incendies, arrêt brutal des cultures, etc.) n'attestent d'un changement radical. Ils auraient subi des influences provenant toujours du Sud, qui déterminèrent une nouvelle période (le Huecoïde), différente du Saladoïde. On ne peut parler d'une nouvelle vague migratoire car la culture saladoïde est parvenue jusqu'à l'époque colombienne en subissant des mutations, conséquence logique d'une adaptation au nouvel espace de vie qu'étaient les Caraïbes.

Les Tainos, culture émergente du monde antillais

Après différentes vagues d'immigration et de déplacements des peuples dans les Caraïbes, une culture émerge à partir du XIIᵉ siècle, désignée sous le nom de Tainos par les Européens. Les récits des premiers colons nous relatent la présence de femmes qui pratiquent une « langue différente » de celle des hommes. Etant sédentaires, ces femmes devaient sans doute parler une langue vernaculaire, alors que les hommes, suite aux échanges et déplacements avec le continent et les autres îles, avaient développé une langue dérivée. Notons que ce phénomène a pu être constaté dans d'autres régions du monde.

Rencontre définitive des deux mondes et la Guadeloupe

Le 17 avril 1492, le célèbre cartographe et marin génois Christophe Colomb (1451-1506) est nommé amiral par Isabelle de Castille et Ferdinand d'Aragon. Après un voyage plus long que prévu (35 jours), devenu historique, il arrive dans la nuit du 12 octobre 1492 à la tête de trois bateaux (*La Pinta*, *La Niña* et *La Santa Maria*) et de 90 hommes, aux îles connues aujourd'hui sous le nom de Bahamas (à San Salvador), appelée *Guanahani* par les locaux. Inspiré par Ptolémée, Pline l'Ancien, Marco Polo et Al-Farghâni, il pensait qu'il avait confirmé une nouvelle voie maritime conduisant au Japon, la route pour la Chine et l'Inde, là où ses hommes trouveraient des épices et de l'or ! Il ne le savait pas, et ne le saura jamais : ce n'est pas avec le monde asiatique qu'il a fait connaissance. Par la suite, il se dirige vers Cuba, puis vers Haïti qu'il baptise *Hispaniola* (« l'île espagnole »). Bien que ces îles présentent des caractères différents, l'ensemble de leur population sera

appelé Tainos par « ces arrivants de l'au-delà des mers », l'expression phonétique proche des mots indigènes utilisés pour les accueillir.

Une rencontre qui tourne au génocide

Les deux mondes se découvrent mais la rencontre tourne rapidement au désastre pour les autochtones. La colonisation, entamée dès l'arrivée des flottes de Colomb, est en marche. De 1492 à 1502, soit dix ans à peine après la découverte des Amériques, la population amérindienne des Grandes Antilles diminue, jusqu'à disparaître totalement, décimée par les maladies nouvelles importées du Vieux continent (grippe, variole, etc.), par les combats et expéditions punitives, par les déportations et l'assimilation en masse, et bien entendu par l'esclavage. Les habitants des Petites Antilles (indiens Karibs) résistent plus longtemps, comme en attestent de multiples documents, mais ils disparaissent à leur tour au XIXᵉ siècle, victimes d'un véritable génocide.

Baptiser à tour de bras...

Les baptêmes de Marie-Galante, le 3 novembre 1493, de la Guadeloupe le lendemain, et de Saint-Martin une semaine plus tard auront lieu lors du deuxième voyage de Christophe Colomb. Pratiquement tous les noms que nous connaissons prennent leurs origines de cette époque. C'est ainsi que l'appellation indigène de Karukera (ou Caloucaéra, qui signifie, dit-on, « l'île aux belles eaux ») est devenue Guadalupe, en hommage au monastère royal sacré de Santa María de Guadalupe (dans la communauté autonome d'Estrémadure, dans la province de Cacerès), lieu où Christophe Colomb avait reçu de la main du roi et de la reine d'Espagne le document officiel le mandatant pour l'expédition « aux Indes ».

Le Nouveau Monde (Orbe Novo)

Nom donné par Pierre Martyr d'Anghiera, compagnon de route de Christophe Colomb, est raconté en Europe par les premiers colons. D'autres chroniqueurs, les religieux missionnaires, en majorité plus érudits, relatent leurs voyages après les découvertes des conquistadores. Précieux témoignages qui donnent une idée des mœurs et mentalités des Européens de l'époque, plus que sur l'histoire et les origines des autochtones indigènes. Les chroniqueurs ont affaire à des zones entièrement dépeuplées, à des peuplades diminuées au contact de nouveaux arrivants. Une grande partie de ces récits contient des jugements personnels où les considérations religieuses ou de « civilisation » l'emportent sur les faits. Les Espagnols eux-mêmes utilisent le terme de « Caraïbes » pour définir les régions « sauvages » où tout est permis, avec l'approbation de l'autorité royale.

Le XVIᵉ siècle

Dans la première moitié du XVIᵉ siècle, l'administration du nouveau continent est hasardeuse, car elle dépend entièrement des premiers colons espagnols, qui étaient tout sauf des enfants de chœur... Christophe Colomb meurt en 1506.

Les priorités étant surtout commerciales, les « petits espaces » comme la Guadeloupe ou la Martinique n'intéressent pas les Espagnols. Ils préfèrent les Grandes Antilles et une partie du continent, suivant la décision papale qui rendait l'Espagne seule maîtresse de la région. L'île d'Hispaniola, première colonie des Espagnols, devient une importante base arrière dans les Caraïbes, et le premier véritable relais de l'expansion ibérique vers le continent. D'autres îles des Grandes Antilles tiendront ce rôle, Cuba surtout. Les Portugais s'installent au Brésil à partir de 1532. Ils visitent de temps en temps les Petites Antilles, qui leur servent pour le ravitaillement.

Avec l'arrivée d'autres puissances coloniales (France, Angleterre, Provinces unies), les Petites Antilles sont reconsidérées. Une administration établie à Séville (la Casa de Contratación) est chargée de contrôler le commerce maritime et délivre les autorisations de passage au compte-gouttes. Les demandes étrangères sont systématiquement rejetées, ce qui va inciter les autres puissances européennes à s'y prendre « autrement »...

Les colons ont besoin de main-d'œuvre

Les Espagnols agissent vite, et les mouvements entre les deux continents s'accélèrent. Juan de la Cosa (1460-1510), le propriétaire de *La Santa Maria*, explore le sud de la Caraïbe à partir de 1499. Il réalisera à son retour la célèbre carte appelée *mapamundi*, où il référence toutes les nouvelles terres. La Couronne espagnole est en adéquation totale avec les attentes des colons : le système de l'*encomienda* (ferme) se met vite en place. Il se développe et entraîne un besoin de main-d'œuvre. Au fur et à mesure que la colonisation se structure, l'administration prend de l'ampleur mais on ne contrôle pas un si vaste continent avec si peu d'hommes. D'ailleurs, l'Espagne se focalise désormais sur des espaces précis, négligeant les grandes surfaces ou laissant des territoires hostiles aux autochtones. Leur reconversion en esclaves se révélant une tâche difficile, les conquistadors optent pour une solution radicale qu'ils connaissent déjà : se servir en Afrique.

Début de la traite négrière

Après une demande infructueuse auprès de Jean II du Portugal, Christophe Colomb s'oriente vers le trône castillan. Il rencontre d'abord le confesseur et conseiller d'Isabelle de Castille, Juan Perez. Colomb, homme de science, maîtrise plusieurs langues. C'est un lettré, personnalité doublée d'une avidité maladive pour « l'or ». Le « grand projet » est enfin adopté. Isabelle de Castille accepte par convictions religieuses, Ferdinand d'Aragon y voit, lui, des retombées financières. Pour la première expédition, Christophe Colomb n'a à sa disposition que deux caravelles et une caraque. Les volontaires ne se bousculent pas sur le pont ! Il s'agit quand même d'aller vers l'inconnu. On recrute donc ce que l'on trouve.

À l'époque, le christianisme comme le judaïsme et l'Islam, n'ont rien contre l'esclavage. Au contraire, ils justifieront la pratique de la traite négrière comme une réponse aux exigences de la nouvelle économie coloniale à grande échelle. Le pape Léon X se souciera plus du baptême des déportés que de l'institution esclavagiste ou des conditions de transport, pourtant inhumaines. Les Portugais ne transportaient vers le Brésil que des esclaves baptisés. En 1502, les premiers esclaves d'origine africaine arrivent à Hispaniola. Dix ans ont suffi pour mettre en place ce commerce ignoble. En Guadeloupe, l'importation des esclaves commence plus tardivement (1644).

Les Caraïbes au temps de la flibuste

De 1516 à 1555, l'Espagne est menée par le tout-puissant Charles Quint. En France, c'est François Iᵉʳ qui règne de 1515 à 1547. En Angleterre, Henri VIII dirige le pays de 1509 à 1547. Ces trois puissances commerciales ne s'apprécient guère. François Iᵉʳ est souvent seul face à ces deux grandes puissances. Le successeur de Charles Quint, Philippe II (1555-1598), maintient les hostilités, ayant face à lui une France affaiblie par les conflits internes et une Angleterre remontée par l'avènement d'Elisabeth Iʳᵉ sur le trône. Mais, accaparées par les affaires européennes et les menaces territoriales, la France et l'Angleterre ne peuvent se permettre de s'aventurer dans la zone des alizés. D'un autre côté, admettre que la puissante Espagne demeure la seule maîtresse des océans n'est pas acceptable non plus. La voir s'enrichir seule et développer son « monopole hispanique » doit alors être remis en cause plus subtilement.

▶ **La « guerre des courses » va commencer !**
L'Angleterre et la France dépêchent des bateaux chargés de « multiples missions », souvent affranchis de la tutelle royale ; en bref, des indépendants qui travaillent à leur compte. Au XVIᵉ siècle, période transitoire, les initiatives officielles et personnelles s'entremêlent. Les

cargaisons espagnoles transportant des métaux précieux des Amériques ne sont plus seules à bord, alors que les conflits en Europe se règlent aussi en mer. Une bonne excuse pour en découdre dans les océans et dans le Nouveau Monde.

▶ **Le Far West caribéen.** Cette vaste région, théâtre de disputes au sujet des voies maritimes, et où la seule devise est « force et courage », devient l'épicentre du conflit. Fort de ses lettres de marque fournies par François Iᵉʳ, le Dieppois Jean Ango et ses hommes s'attaquent aux vaisseaux espagnols. Acteur important dans les Caraïbes, il aide le navigateur florentin Giovanni Verrazano (Jean de Verrazane), qui était envoyé par François 1ᵉʳ pour trouver une route vers la Chine. Il n'y parviendra pas, tué en 1528 par les autochtones, probablement en Guadeloupe, lors de son second voyage. Jean Fleury, l'homme de François Iᵉʳ, fait des ravages dans les années 1520. Il sera exécuté en 1527 avec l'ordre de Charles Quint. Jean-François Leclerc (anobli par Henri II), dit « Jambe de Bois », sème la terreur dans la région. Francis Drake, pirate d'Elisabeth Iʳᵉ, est l'homme à craindre à partir des années 1570. Avec ses mercenaires, souvent originaires des ports normands, il organise un trafic en France et en direction des Antilles. Ces actes de piraterie obligent les Espagnols à n'autoriser que les voyages en convoi à partir de 1540.

Le XVIIᵉ siècle

La Compagnie de Saint-Christophe

Aussi efficace qu'impopulaire, Richelieu souhaite instaurer enfin une politique coloniale. Mais comment ? Lucide, il est conscient qu'il n'a nullement les moyens de ses ambitions. En Angleterre, la reine Elisabeth Iʳᵉ meurt en 1663 ; les règnes de Jacques Iᵉʳ (1625-1649) et de son fils Charles Iᵉʳ (1649-1660) sont une période difficile pour le royaume, alors qu'en France, les Guerres de Trente Ans épuisent les troupes. En mer, c'est Richelieu qui mène le jeu. Grand maître de la navigation à partir de 1625, il imagine une compagnie dotée de très larges pouvoirs, capable d'assumer les devoirs étatiques et de coloniser des terres encore libres. En 1626, avec la collaboration de Pierre Belain, sieur d'Esnambuc, la Compagnie de Saint-Christophe est créée, baptisée du nom de l'île où l'ex-flibustier s'est installé et qu'il partage avec les Anglais (aujourd'hui Saint Kitts). C'est officiellement la première colonie française des Antilles. Pour se donner bonne conscience, les statuts affirment que l'une des missions de la Compagnie est d'évangéliser pacifique-

ment les « sauvages », bonne formule pour se distinguer de l'Espagne et, pourquoi pas, de s'attirer les faveurs du pape.

Richelieu et le roi possèdent des parts : ils ne manqueront pas de contribuer aux débouchés commerciaux du *pétun* (tabac), la culture phare du moment, qui deviendra un monopole d'Etat en 1674. Produit de troc, le tabac donne le change à toutes les valeurs, même pour l'achat des esclaves. A partir de 1660, il sera relayé par le sucre. Mais, la compagnie peine ! Le charisme et l'habileté de Pierre Belain en assurent cependant le fonctionnement. A l'instar des Anglais et des Hollandais (Provinces unies), des « engagés » arrivent. A l'époque, les personnes intéressées étaient obligées de travailler trois ans pour le maître ayant financé leur voyage, d'où le surnom des « 36-mois », qui désignait ces contrats de non-droit, parfois revendus à un tiers. Une fois ce contrat exécuté, ils étaient libres et avaient droit à un lopin de terre. Mais il était si difficile d'arriver en bonne santé à la fin qu'dit « contrat » du fait des conditions de travail et d'hygiène.

Les débuts très pénibles de la colonisation ne permettaient pas l'installation des femmes dans les îles. En 1631, Richelieu envoie Charles Liénard, sieur d'Olive à Saint-Christophe, avec le titre de lieutenant-gouverneur. Ce dernier mandatera son adjoint, Guillaume d'Orange (1605-1674), pour qu'il explore les îles inhabitées comme la Guadeloupe, la Martinique et la Dominique. Le Normand rendra un rapport détaillé de son voyage.

La Compagnie des Isles d'Amérique

Les résultats de la Compagnie ne sont pas à la hauteur des attentes. En 1635, un nouvel édit est préparé en vue de la création de la Compagnie des Isles d'Amérique, qui remplace la précédente. Le principe d'autofinancement est maintenu : les îles appartiennent à la compagnie et les actionnaires doivent tout assumer. Le gouverneur, qui représente l'Etat sur l'île, a pratiquement tous les droits (militaire, judiciaire), même celui de distribuer les terres.

Afin d'accélérer son développement et le flux migratoire, Richelieu rajoute dans les statuts la possibilité de délivrer des titres de noblesse pour ceux qui respecteraient certaines conditions. Nicolas Fouquet (1615-1680), le futur surintendant des Finances de la France, en est le président. Après les formalités remplies, il ordonne à Charles Liénard et Jean Duplessis, sieur d'Ossonville, de coloniser une ou plusieurs îles non habitées, comme la Guadeloupe, la Martinique ou la Dominique. Une fois installés, ils devront fournir du tabac à la Compagnie pendant six ans.

La société coloniale

Le planteur (dit « maître case »), au sommet de la pyramide sociale, est le propriétaire d'une surface agricole qu'il exploite par l'intermédiaire d'un commandeur (homme de confiance) ou d'un gérant et d'un certain nombre d'esclaves ou d'engagés (les « 36-mois »). Il vit, en règle générale, dans la « plantation », terme repris de l'anglais, d'où il dirige ses affaires. Dans la plantation, on distingue généralement les Noirs d'Afrique, aux travaux des champs, et les Créoles nés sur l'île, soumis à la domesticité. Le terme de *nègre marron* désigne un esclave en fuite. Le colon qui n'appartient pas à la classe convoitée des planteurs est appelé « petit-blanc » (péjoratif) ou encore « petit-habitant ». De par ses faibles moyens, il est souvent confondu avec l'engagé.

▶ **Les premiers colons arrivent en Guadeloupe.** Après avoir trouvé des colons, en majorité des engagés et des religieux, le duo quitte Dieppe avec deux bateaux. Ils arrivent à la Martinique en 1635. La jugeant inhospitalière, ils s'établissent en Guadeloupe. C'est dans l'actuelle commune de Sainte-Rose qu'ils choisissent de s'installer et cultiver les terres. Une meilleure connaissance de l'île les amènera ensuite à Basse-Terre et Capesterre Belle-eau. Mal organisée, l'expédition rencontre de nombreuses difficultés : notamment la famine, aggravée par les soucis d'approvisionnement et les épidémies... La période de transition nécessaire pour défricher et préparer les cultures avait été omise ! Une logistique extérieure et régulière aurait pu compenser cette déficience, mais elle ne vient pas. Désemparés, les colons se rapprochent des « sauvages », apprennent leur savoir-faire et découvrent la culture du manioc, de la patate douce, de l'igname...Duplessis, en désaccord avec de l'Olive, meurt en 1635. Les affaires vont mal. Les biens indigènes sont très vite convoités et les colons passent à l'attaque ! Des épisodes conflictuels qui reflètent parfaitement la mentalité coloniale des débuts. Les groupes de colons échappent très vite à l'autorité centrale pour prendre leur destinée en main eux-mêmes. Et comme celle-ci ne répond aucunement à un plan préétabli, la colonisation improvise avec les moyens du bord. En 1616, Charles Houël, sieur de Petit Pré (1616-1682) devient le gouverneur de la Guadeloupe, clôturant ce premier épisode fort mouvementé de la colonisation de l'île. Il accueille un contingent de femmes afin de les marier aux colons candidats. Côté commerce, les affaires ne s'arrangent pas. La France va mal et la compagnie de Richelieu également. Elle ne rapporte pas les gains escomptés – pire, elle connaît la banqueroute en 1648. On décide donc de vendre « les biens ». Toutes les îles de la compagnie sont à céder. En 1648, Charles Houël achète l'archipel de la Guadeloupe avec son beau-frère. Cette vente met en évidence l'échec flagrant de la France qui ne parvient pas à structurer sa politique coloniale.

Dans les premières années de la colonisation, peu de femmes partent ainsi à l'aventure tropicale. Après une installation timide, leur nombre augmentera surtout avec l'arrivée régulière des convois jusqu'à la fin du XVIIe siècle.

▶ **Le cas de l'impératrice Joséphine.** L'histoire de l'illustre Marie-Josèphe Rose Tascher de La Pagerie, plus connue sous le nom d'impératrice Joséphine, est assez révélateur. On rattache son nom et sa personnalité au monde colonial, à tout ce que l'organisation colonialiste implique (servitude des populations noires, habitations, plantations, etc.) alors que son père Joseph-Gaspard de Tasher, sieur de La Pagerie (Orléans), ne s'est rendu en Martinique qu'en 1726 en tant que lieutenant d'artillerie. Autrement dit, lorsque Joséphine se marie, en première noce, avec Alexandre François-Marie de Beauharnais, elle est la fille d'un militaire née aux Trois-Ilets : une Créole, comme on avait coutume de dire à l'époque. Son père, parti en France pour le mariage, meurt près de Blois en 1750.

▶ **L'habitat.** Le climat relativement clément de la Guadeloupe avait l'avantage de rendre secondaire le problème de l'habitat. Pour les premiers planteurs, la priorité était l'alimentation et l'eau. Les autochtones se montrent d'une grande utilité : les huttes des premiers colons s'inspirent de leurs cases. Le bois deviendra, à la fin du siècle, l'un des éléments-clés de l'habitat ; la célèbre maison créole remonte à ces fondations coloniales.

Les colons indépendants se distinguent des autres. Ils ont financé leur voyage et, une fois sur l'île, deviennent « maîtres de case », ce qui logiquement leur ouvre la voie à de meilleures conditions de vie, tant espérées. Ils sont parfois accompagnés par des serviteurs, dont le voyage a été pris en charge par le maître. En compensation, ces engagés doivent travailler 36 mois, une durée qui variera selon les époques. L'arrivée de la canne va fortement influencer l'organisation sociale. Les champs de la plantation se développent autour des habitations, rendant la vie urbaine marginale.

L'organisation autour de l'habitation contrôle tout le processus de production de la canne à sucre. La plantation a sa vie propre, édicte ses règles internes. Avec l'arrivée du tissu industriel, une partie des activités agricoles sera abandonnée.

▶ **L'agriculture.** Principale raison de la présence coloniale, l'économie agricole repose d'abord sur la culture du tabac, suivie de la culture du cotonnier sauvage, autre héritage amérindien qui se développera au XVIIIe siècle avec l'arrivée d'une variété dite « longue soie », très demandée en France.

Apporté assez tôt dans les Grandes Antilles par les Espagnols, l'indigo est prisé au moment où le cours du tabac chute à cause d'une surproduction dans les années 1640. Il se répand à la fin du siècle où l'on voit plus d'une centaine d'indigoteries dans l'archipel, principalement à Marie-Galante et Grande-Terre. Mais le processus de fabrication étant très astreignant, et concurrencé de toute part, les indigoteries disparaîtront à partir de 1730. Aujourd'hui, quelques artisans ont repris le travail de l'indigo à la Désirade. Diverses denrées, produites en faibles quantités mais recherchées (thé, cacao, café, fruits exotiques, épices) assurent un commerce régulier avec l'Europe.

L'apparition aux Antilles françaises de la canne à sucre est cruciale. Les Portugais l'avaient introduite au Brésil au début du XVIe siècle, et elle arrive dans l'archipel vers la fin des années 1630. Il faudra attendre les années 1660 pour qu'elle devienne la principale culture, et supplante rapidement le tabac. La canne à sucre nécessite de grandes surfaces, ce qui va entraîner la concentration des terres aux mains d'un nombre de planteurs restreint. Compte tenu des enjeux commerciaux plus importants, la société est scindée par des clivages sociaux, politiques et culturels. Elle devient dépendante d'une main-d'œuvre importante. L'esclavage, déportation de populations originaires d'Afrique, alimentera ce système agraire établi autour de la canne à sucre. Son importance sera telle que les Anglais prendront l'habitude d'appeler les Antilles françaises « les îles à sucre françaises ».

La Compagnie des Indes occidentales

En France, en 1654, Louis Dieudonné est sacré roi, sous le nom de Louis XIV (1654-1715). Curieux, le Roi Soleil s'intéresse à tout, et les colonies ne font pas exception. Le royaume souhaite réaffirmer son autorité dans les Antilles, y mettre de l'ordre. L'énergique homme de confiance et grand serviteur, Jean-Baptiste Colbert (1619-1683), prend les choses en main. Habile financier, il attache une grande importance à la marine. Les colonies d'outre-mer lui apparaissent comme une source vitale non négligeable, riche en matières premières. Mais les Hollandais y possèdent déjà des raffineries et contrôlent le commerce entre les ports français, y compris les Antilles ; ce qui déplait à Colbert, qui reprend le flambeau de Richelieu et passe à l'attaque. Sa première décision radicale sera, en 1664, d'édicter la constitution de la Compagnie des Indes occidentales.

Dotée de larges prérogatives jusqu'à battre monnaie, la Compagnie recevra le droit exclusif du commerce avec le Nouveau Monde (1670). Les îles sont rachetées. De toute façon, les vendeurs n'ont guère le choix. Les colons planteurs apprécient au début, mais contrairement aux Hollandais et aux Anglais, cela ne marche pas ! La troisième expérience est encore un échec : les pertes s'accumulent. En effet, la France se différencie des Anglais et des Hollandais par son côté centriste, et l'État s'en sort assez bien : circulation des marchandises est synonyme de taxes et le sucre « français » est en vogue. Les innombrables intermédiaires y trouvent leur compte. Il faut aussi transporter les esclaves, qui sont soumis à des taxes, ainsi que les colons candidats à la vie aux Antilles. Il faut rapporter des denrées en Europe pour les distribuer et les vendre, acheminer des produits en Afrique, fournir en besoins les colons, etc. Regroupant une grande partie des raffineries de sucre, les villes portuaires comme Bordeaux ou Nantes conservent toujours l'héritage de cette période.

En 1674, c'est la dissolution. Cette fois, pas de vente. Les îles reviennent à la Couronne qui va se charger directement de leur gestion, la notion « d'exclusivité » étant maintenue. Le sucre antillais est très apprécié et demandé, en France comme en Europe. La métropole se garde le droit du commerce et de la transformation. Interdites de raffineries, les Antilles ne peuvent vendre que du sucre brut.

Fin du siècle et le Code noir

Des conflits sporadiques avec les Anglais perturbent de temps à autre la vie quotidienne et obligent les Français à quitter Saint-Christophe (1666). Une partie migre, de gré ou de force, en Guadeloupe. En 1667, l'île est rattachée à la Martinique, ce qui fera grincer des dents, car « l'île concurrente » n'est pas très équitable dans ses choix politiques. Citons l'exemple anecdotique des esclaves qui transitaient par Saint-Pierre : non seulement les meilleurs éléments étaient vendus sur place, en plus, en cas de pénurie, l'île gardait toute la « marchandise ». Cette situation ne prendra fin qu'avec le traité de Paris (1763), soit plus d'un siècle après, on n'hésitera pas à le mettre en cause pour justifier le retard économique de l'archipel. L'économie sucrière autour des habitations continue son développement et le flux d'esclaves également. Le régime de l'exclusif a permis aux raffineries de sucre de se développer en France, on en compte une trentaine vers la fin du siècle. La population s'accroît.

Jean-Baptiste Labat

Plus connu sous le nom de père Labat (1663-1738), ce botaniste et explorateur était un missionnaire dominicain. Il a été, à ce titre, le chroniqueur des premières années de colonisation des Antilles. Auteur du célèbre ouvrage *Nouveaux Voyages aux îles françaises d'Amérique*, il est considéré comme le « père » du rhum.

A la fin du siècle, on recense 30 000 esclaves, alors que l'île compte 40 000 habitants. C'est ainsi qu'arrive le très controversé Code noir de Colbert (1685), qui stipule que « l'esclave est un bien meuble ».

Louis XIV aime les guerres. A partir de 1688, il a en face de lui toute l'Europe, excepté le Danemark et l'Empire ottoman. Vont suivre neuf années belliqueuses que les Antilles vivent de leur côté. Le général anglais Christopher Codrington (1668-1710), qui dispose d'une puissante armada, occupe Saint-Christophe et Marie-Galante. Il s'attaque ensuite à la Guadeloupe. Il n'arrive pas à s'en emparer mais cause d'importants dégâts à Marie-Galante.

Le XVIIIe siècle : lumière et révolution

John Law et les Antilles

Pour renflouer les caisses après la mort de Louis XIV, le régent Philippe d'Orléans fait appel à son homme de main, l'Ecossais John Law (1671-1729). Pour l'anecdote, ce spéculateur est l'inventeur du papier-monnaie, et de la vente anticipée d'actions sur ce que les colonies vont rapporter. Cette fois, le monopole est confié à la Compagnie d'Occident (1717), qui laissera sa place à la Compagnie des Indes, dont le port de Lorient devient l'épicentre. Transformée en un système spéculatif, la structure s'effondre en 1720. Cette crise touchera de près les colons de la Guadeloupe, certains ayant investi dans la Compagnie.

De Fleury : prospérité du commerce aux Antilles

A peine trois ans après son avènement, Louis XV et son ancien précepteur, le cardinal de Fleury (1653-1743), pacifique notable, entament une longue période de paix et un rapprochement avec l'Angleterre. Le commerce maritime avec les Antilles s'est alors stabilisé, tout comme la valeur de la monnaie (1726). Le nouveau produit de l'époque, le café, fait un tabac. Le commerce colonial devenu priorité du royaume, la France profonde sera négligée. Les campagnes connaîtront même la famine.

La guerre de Sept Ans et l'économie de l'île

Après la mort du cardinal de Fleury (1653-1743), la France est en difficulté sur tous les fronts. La guerre de Sept Ans débute en 1756. Malgré sa résistance, la Guadeloupe tombe en avril 1759 et Hopson meurt à Basse-Terre. La guerre se termine en 1763 avec le traité de Paris. Un échec cuisant pour Louis XV. La marine est dévastée et la France perd une grande partie de ses colonies, mais parvient à récupérer ses possessions des Petites Antilles : la Guadeloupe, Marie-Galante, la Martinique et Sainte-Lucie. La reconstruction est longue, mais les quatre années qui vont suivre vont être économiquement bénéfiques. Les Anglais vont créer un port (Pointe-à-Pitre), encourager la production sucrière et déclencher une nouvelle arrivée massive d'esclaves. L'île est libérée de la tutelle de Saint-Pierre et prend possession de Saint-Martin. Finalement, la guerre ravive l'économie, mais la Guadeloupe aura du mal à combler son retard avec la Martinique. En 1790, avec ses proches dépendances, on compte 367 sucreries contre 451 pour l'île sœur. De 1789 à 1802, la Révolution qui gronde en France va influer sur l'efficacité économique et sociale de la Guadeloupe.

Bataille des Saintes

Sous Louis XVI (1774-1791), les finances sont malades, ce qui n'empêche pas le roi d'apporter son soutien aux futurs Etats-Unis indépendants en 1776. Les hostilités reprennent avec l'Angleterre en 1778. En réalité, la France veut sa revanche sur le tragique traité de Paris. De nouveau, les colonies sont en ligne de mire, dont les Antilles. Les deux flottes s'affrontent pour leurs possessions ; les Anglais en sortent vainqueurs, infligeant de grosses pertes aux Français mais ne s'en sortant pas indemnes pour autant. La signature du traité de Versailles (1783) permet aux Français de reprendre l'archipel de Tobago et l'île de Sainte-Lucie.

La Révolution et l'esclavage

Dans les capitales des grandes puissances du siècle, le commerce de l'esclavage est confronté à la critique des sphères intellectuelles. Plus philanthrope que réactionnaire, la pensée abolitionniste de ses auteurs y trouve un écho. De plus en plus de consciences s'indignent et trouvent terrain favorable dans les grands mouvements d'émancipation du siècle suivant. Les Etats-Unis, devenus indépendants en 1776, sont le théâtre d'un bouillonnement idéologique où toutes les idées et visions s'affrontent. Des milliers d'esclaves noirs participent à la Guerre d'indépendance lancée par les insurgés.

Le Code noir,
« édit sur la police des esclaves »

Établi par Colbert et promulgué en 1685, ce code civil à l'usage des colons dans les Antilles françaises comporte 60 articles. Le statut, ou plutôt l'absence de statut juridique des esclaves y est largement détaillée, et donnera lieu à d'autres versions ultérieures. Le fond reste le même : l'utilisation massive des hommes et des femmes pour les plantations de la canne à sucre devait être réglementée pour « le bien de l'ordre public », et ne devait donner lieu à aucune familiarité avec les esclaves. Alors qu'en métropole des voix s'élèvent déjà contre ce système, dans les colonies, tout est permis. Les esclaves doivent être baptisés (article 2). Ils peuvent se marier entre eux, avec l'accord du maître (article 10), qui a sur eux droit de vie ou de mort. Les maîtres doivent les nourrir (article 22), les vêtir (article 25) et s'occuper des esclaves âgés ou malades (article 27). En revanche, les maîtres ont les mains libres pour ce qui est de la répression, et font l'étalage d'un large arsenal de corrections disciplinaires. La « chosification » de l'homme apparait comme le trait le plus violent du Code noir. Divers châtiments corporels sont codifiés graduellement selon la « faute commise ». On peut enchaîner, battre, mutiler et même tuer un esclave s'il a tenté de fuir, de se rebeller ou de voler. L'article 43 encadre ces actes et veille au contrôle des agissements excessifs des maîtres. Le Code noir ne donne qu'une idée de la situation des esclaves – la réalité était plus dure encore...

Ils demanderont ensuite l'arrêt de la traite négrière. Ayant connu eux-mêmes persécution et isolement, les Quakers (Société des amis), avec leur mouvement pacifiste en Pennsylvanie et en Nouvelle-Angleterre, s'illustrent dans les années 1770. Ils revendiquent l'interdiction de l'esclavage. L'Etat du Vermont demande officiellement l'abolition en 1777. L'Angleterre, maître des mers, voit de son côté la naissance de formations civiles progressistes, comme la Société anti-esclavagiste, créée en 1787. Dans la France des Lumières, l'Ancien Régime est mis en cause. Jean-Jacques Rousseau (1712-1778) dénonce le Code noir. Guillaume-Thomas Raynal, dit l'abbé Raynal (1713-1796), fustige un système ignominieux et tous ses acteurs, ce qui lui vaudra l'exil. Denis Diderot (1713-1784) attaque l'esclavagisme et plus globalement le colonialisme, alors que Voltaire (1694-1778) s'exprime favorablement contre dans son récit d'initiation *Candide*. Montesquieu (1689-1755) contribue à cette ligue abolitioniste. Le pasteur vaudois Benjamin-Sigismond Frossard (1754-1830) est plus direct. Tous ces intellectuels – dont la plupart mourront avant la Révolution – vont véhiculer les nouvelles idées humanistes. Afin d'apaiser les esprits, le gouvernement de Louis XVI prendra quelques décisions factices, comme celle d'interdire les mauvais traitements, mais les forces pro-coloniales sont toujours vivaces. Parallèlement, le système exclusiviste est rendu moins contraignant afin de permettre aux Antilles de commercer librement avec les Etats-Unis.

Le cyclone « Révolution » arrive en Guadeloupe

Dans ce contexte, la Révolution française de 1789 est proche. Eloignées de la métropole, les Antilles reçoivent des informations au compte-gouttes, mais il semble évident que les colons sentaient les menaces conjoncturelles planer autour de leurs affaires. Dirigée par le gouverneur Charles François, baron de Clugny, la Guadeloupe s'est organisée, en 1787, autour de son assemblée coloniale afin de se préserver de tout danger extérieur. L'île compte alors environ 100 000 habitants, répartis entre colons (13 %), hommes de couleur libres (3 %) et esclaves (84 %). L'Assemblée coloniale, créée en 1789, rejette la Révolution, qui, dans son élan progressiste, a rendu publique la Déclaration des droits de l'homme et du citoyen. En Guadeloupe, les rumeurs circulent, des troubles éclatent mais les mouvements sociaux sont écrasés. Le tourbillon révolutionnaire de la métropole a du mal à statuer sur les îles et les décisions contradictoires se suivent : abolition, statu quo ou adaptation ? Contraires aux idéaux de la Révolution, les colonies incarnent soudainement le mal, la perversion du système. On peine – mais l'exclusif est rétabli. L'Assemblée constituante accueille cinq députés de Guadeloupe : Hilaire François Chabert de la Charrière, Gaspard de Galbert de Rochenoire, Robert Coquille, Jean Nadal de Saintrac et Louis de Curt (également membre du Comité de la marine).

La République est proclamée en 1792, les contre-révolutionnaires sont en ligne de mire, mais Marie-Galante refuse d'obéir. L'Assemblée législative dépêche Jean Baptiste Raymond Lacrosse (1765-1829) afin de proclamer la République dans les Petites Antilles, mais les portes de la Guadeloupe et de la Martinique lui sont fermées. Accompagné du lieutenant Louis Delgrès (1766-1802), il s'installe à Sainte-Lucie et parvient finalement à entrer en Guadeloupe en janvier 1793. Il en devient gouverneur provisoire jusqu'à l'arrivée du général Georges Henri Victor Collot. Ce dernier n'hésite pas à mater durement les rébellions d'esclaves, ce qui n'empêchera pas les planteurs, les Petits-blancs, les artisans et employés de Basse-Terre, opposés aux royalistes, de faire appel à l'Angleterre.

▶ **La Convention décide d'abolir l'esclavage en février 1794.** L'insécurité est totale, les actes de violence fréquents. Les forces anglaises en profitent et ne tardent pas à se manifester. Rappelant les traités signés, la France demande le soutien des Etats-Unis… qui préfèrent rester neutres. Collot ne peut résister en Guadeloupe, alors que la Martinique accepte les Anglais comme une délivrance, ce qui leur permettra d'échapper à la guillotine et aux troubles révolutionnaires.

Entre Révolution, abolition et confusion

La République réagit en envoyant Jean-Baptiste Victor Hugues (1762-1826), un ancien négociant de Saint-Domingue, avec dans la cale de son bateau une guillotine. Mandaté avec de larges pouvoirs, lui et ses hommes passent rapidement à l'action, surprenant les Anglais pourtant épaulés par des colons et des hommes de couleur. L'île redevient française. Cette menace écartée, l'envoyé de la Convention ne déroge pas à la règle de toute révolution : pour remettre de l'ordre, il sème littéralement la terreur. La guillotine est montée en place de grève. Les pro-Anglais et les royalistes (ou assimilés) sont les premiers concernés mais, comme en France, personne n'est vraiment à l'abri… Les biens de tous les fugitifs (autrement dit de tous les colons qui ont tout abandonné, et ceux qui sont suspectés, sans distinction de couleur) sont confisqués. L'économie de l'île ne résiste pas longtemps aux événements et s'effondre totalement. Victor Hugues constate et tranche : la machine doit se remettre en marche.

▶ **La nouvelle classe des « citoyens-esclaves »** reprend le travail, de gré ou de force. Un recensement sera organisé alors que la Convention envoie un corps expéditionnaire en Guadeloupe (janvier 1795). Parmi ces hommes, le mulâtre Louis Delgrès, l'ancien esclave Magloire Pélage (1766-1810) devenu capitaine

grenadier, et l'homme noir libre, Massoteau, capitaine également. Ces trois personnages font partie des grands hommes de l'histoire guadeloupéenne. Paris ne tarde pas à remplacer Victor Hugues, jugé trop zélé, par Etienne Borne-Desfourneaux (1767-1849), mais la situation n'évolue guère. Cette fois, c'est le Directoire qui s'en mêle, écarte Desfourneaux à la fin de 1799 et envoie trois représentants, Nicolas Georges Jeannet-Oudin, René Gaston Baco de la Chapelle et Etienne Maynaud Bizefranc, comte de Laveaux, avec lesquels Delgrès, chef de bataillon et Pélage, chef de brigade, doivent composer. Entre-temps, Napoléon Bonaparte (1769-1821), après son retour d'Egypte, a pris le pouvoir par un coup d'Etat (9 novembre 1799), ce qui va changer la donne, aussi bien en France qu'aux Antilles.

Napoléon Ier et l'enjeu du commerce colonial

La première décision de Napoléon, très pragmatique, est d'arrêter la marche effrénée de la Révolution afin de remettre de l'ordre et rétablir l'économie. La Martinique et la Guadeloupe réunies produisent alors 23 000 tonnes de sucre. Les négociants appréhendent l'avenir : la Révolution a étouffé le commerce causant pénurie et augmentation des prix. Et c'est ici qu'intervient le grand débat : a-t-il été influencé par Joséphine, que l'histoire retient comme la représentante des planteurs ? Vaste débat… Mais la décision est prise : les colonies ne sont pas la France et elles peuvent continuer sous le régime de l'esclavage. Pour cela, il faut avant tout « baliser » le terrain afin de permettre aux planteurs de rentrer. Jean Baptiste Raymond Lacrosse revient en Guadeloupe, cette fois comme capitaine général et préfet colonial. Il écarte les anciens esclaves et hommes de couleur de l'armée et du pouvoir. Les conflits reprennent et Lacrosse est malmené. Très populaire, Magloire Pélage permet à Lacrosse de quitter l'île et met en place le Conseil provisoire, pour garantir les acquis de la Révolution. Nommé général en chef d'une nouvelle force, Antoine Richepance arrive en Guadeloupe avec plus de 3 000 hommes (mai 1802). C'est Pélage qui l'accueille… et les hostilités violentes sont déclenchées aussitôt. Elles prennent fin avec la mort de Joseph Ignace (25 mai 1802), près de Pointe-à-Pitre, et celle de Louis Delgrès, tué dans l'habitation Danglemont à Matouba, le 28 mai 1802. Richepance et ses troupes prennent le contrôle de l'île. La fièvre jaune, très répandue en ce temps-là, emporte le général (septembre 1802) qui sera enterré à Basse-Terre. Jean Baptiste Raymond Lacrosse revient pour reprendre les commandes.

Le XIXᵉ siècle

Par l'arrêté de juillet 1802, le général Richepance rétablit l'Ancien Régime. Promulgué par le gouvernement consulaire de Napoléon Bonaparte, cet arrêté n'arrive officiellement qu'en mai 1803 en Guadeloupe. Le statut de département décidé par la Révolution est supprimé, et l'administration, les fonctions et les pouvoirs du gouverneur sont remodelés. Un incroyable retournement de situation, mais une simple parenthèse en réalité, car la marche de l'Histoire a tout simplement été retardée. L'idée d'égalité a été expérimentée, et la justification majeure de l'esclavage chancelle. Le commerce des esclaves et ses activités annexes n'est pas enterré pour autant ; il ne prendra fin que vers le milieu du siècle. Saint-Domingue est indépendante et devient l'île d'Haïti (1804), l'Angleterre interdit la traite d'esclaves en 1807, puis les Etats-Unis et le Canada suivent en 1808.

Période napoléonienne, déclin de la plantation et maronnage

Si la Révolution est bien finie, la France de Napoléon se cherche encore, et les guerres perdurent. Minée par l'épisode révolutionnaire sanglant, l'économie de plantation sucrière de la Guadeloupe est en crise. La société a clairement vacillé sur ses bases. Elle ne s'est pas effondrée, mais les cicatrices sont profondes et annonciatrices d'une nouvelle mutation. Même si des nouveaux colons arrivent, le déclin démographique de la population blanche se poursuit. Des planteurs sont morts, et d'autres, traumatisés par les événements, ont rompu leurs liens avec l'île. Les campagnes se vident. Le marronnage, c'est-à-dire la fuite d'un ou de plusieurs esclaves, se répand. En 1835, on dénombre environ 1 500 « neg' marrons » évadés, ainsi qu'on les appelait. La chasse à l'homme et les règlements de compte sont fréquents. Tributaire du règne tumultueux de Napoléon et de son blocus continental contre les Anglais, l'espoir de revenir aux jours fastes paraît bien loin.

Devenus des habitués des îles, les Anglais débarquent à deux reprises en Guadeloupe pour ne restituer l'archipel aux Français qu'avec le traité de Paris. C'est le retour au pouvoir de Napoléon (les Cent Jours) qui les poussera réellement à quitter le sol guadeloupéen en 1816.

La Restauration

L'épisode des Cent Jours clôturé, la Restauration s'installe définitivement en France (1815-1830). Avec le retour de Louis XVIII (1815-1824), la voie est de nouveau ouverte au commerce sucrier, toujours dans le cadre du régime de l'exclusif. Toutefois, une nouvelle conjoncture internationale vient rouiller la mécanique agricole : la concurrence ! L'ère du négoce avec ses débouchés garantis semble sérieusement compromise, une tendance qui se confirme dans les années 1840. La France retrouvera sa première place mondiale parmi les producteurs de sucre grâce à la betterave, au milieu du siècle. Une nouvelle ère économique qui oblige la Guadeloupe à prendre des mesures drastiques afin d'être plus compétitive.

Lors de son court règne (Cent-Jours), Napoléon, par choix politique, avait décidé de supprimer la traite en mars 1815, mais Louis XVIII, de nouveau à la tête du gouvernement, rejette cette décision qui n'est pas sienne. Cependant, il s'est débarrassé de « l'ogre corse » avec l'aide d'une coalition menée par l'Angleterre, devenue soudainement l'apôtre de « l'anti-traite » … Bon gré, mal gré, le roi accepte mais, dans les faits, aucune application concrète n'est constatée jusqu'en 1831 ! Annuler la traite alors que l'esclavage continue, le paradoxe incite les plus intéressés au trafic à rentrer dans l'illégalité, surtout les armateurs. Et l'administration ne se montrera guère pointilleuse… Le commerce des esclaves continue ; en Guadeloupe, le malaise social donne lieu à des agitations sporadiques, souvent matées par le gouverneur Louis Léon Jacob (1823-1826). Hommes de couleur libres ou esclaves sont visés par plusieurs procès.

Un violent cyclone s'abat sur l'île en juillet 1825 ; Basse-Terre est très durement touchée. Le gouverneur Jean-Julien Angot des Rotours (1826-1830) ordonne la reconstruction de la ville. Energique et entreprenant, il en profite pour s'attaquer à l'un des problèmes majeurs de l'époque : la fièvre jaune. Il fait assécher les marais autour de Pointe-à-Pitre et finir les travaux du canal Vatable. Il réalisera d'autres chantiers visant à améliorer les conditions de vie. C'est à son époque que le Conseil colonial est remplacé par un Conseil général.

Victor Schœlcher, véritable meneur de l'abolition

L'Europe de l'ère industrielle bouillonne, l'économie mondiale connaît de fortes avancées techniques et l'anti-esclavagisme, mené en grande partie par les mouvements anglosaxons, gagne du terrain. L'Angleterre abolit carrément l'esclavage en 1833, rendant la liberté à une population dont une partie se trouve proche de la Guadeloupe. La France de l'après-Napoléon peine, et les crises institutionnelles se succèdent. La sphère républicaine s'agite et l'on ose ouvertement, en plus grand nombre cette fois, reprendre les idées humanistes de personnages historiques comme l'abbé Henri Grégoire (1750-1831). Le mot « abolition » et la mise en cause du commerce colonial ne sont plus tabous…

Mais la France est craintive et hésitante. En quête d'une complaisance unanime, elle cherche la réponse derrière la façade composée d'une multitude d'actions institutionnelles et associatives.

Dans ce contexte, Victor Schœlcher (1804-1893) apparaît et, par sa persévérance, parvient à dénouer les incertitudes de l'époque et à baliser la voie difficile de l'abolitionnisme total. Il n'est pas le seul artisan de l'abolitionnisme total, appliqué le 27 mai 1848. Contrairement à la Révolution de 1789, les planteurs et le milieu des affaires se montrent cette fois plus lucides que la sphère politique. Le déroulement des événements des vingt dernières années rendait cette éventualité plus que plausible. Ayant anticipé l'abolition, ils créent des « comités de défense » et se préoccupent essentiellement d'en minimiser les effets sociaux. Ils parviennent à en réduire l'impact économique sur leurs possessions : pas de remise en question de la propriété foncière, des réglementations astreignantes afin de maintenir l'ordre et la sécurité, une législation du travail en faveur des exigences du marché, l'indemnisation des esclaves libérés... Celle-ci se justifie par le fait que les colons s'estiment être les derniers maillons d'une chaîne légale dont l'État a été le premier bénéficiaire, notamment par les taxes prélevées. La prise de position de Schœlcher est de nouveau décisive, voire historique. Restée longtemps dans l'ombre, cette partie de l'histoire resurgit peu à peu. Républicain convaincu et par conséquent proche de la doctrine unitaire, Schœlcher lui-même donne la priorité à l'ordre et au travail. D'après lui, la machine économique, dans laquelle sont impliqués de nombreux acteurs (créanciers, armateurs, et ports des villes de Bordeaux, La Rochelle, Marseille, etc.), doit continuer à tourner pour alimenter financièrement la nouvelle masse de travailleurs salariés. Une circulation monétaire ne peut que faire prospérer l'île, mais affaiblirait le régime commercial. Ayant examiné l'émancipation britannique et ses modalités, il reste à l'écoute des milieux économiques. Dans cette optique, il fait même appel à des hommes de confiance, en dépêche certains en Guadeloupe, notamment l'avocat parisien Alexandre Gatine (1805-1864), chargé à titre de commissaire-général d'appliquer et de maîtriser la loi de l'émancipation.

L'économie post-esclavagiste

De la Révolution à 1848, maintenir un système vieillissant certes, mais ayant fait ses preuves, apparaissait comme la seule alternative pour les propriétaires fonciers et les colons des habitations sucrières. Mais le changement devient une nécessité pour conserver une certaine rentabilité. Si des aménagements de mécanisation ont été effectifs dans quelques structures, assurant une réduction des coûts, une profonde restructuration s'impose. Mais les coûts de cette réforme sont importants et le contexte n'est guère favorable à un retournement de situation. L'endettement chronique fait partie du fonctionnement des plantations ; cette fois, c'est un véritable handicap réduisant sensiblement la marge de manœuvre. Contrairement à la Martinique, la Guadeloupe est composée d'un nombre plus important de propriétés (pratiquement le double), dont la plupart ne possèdent pas les moyens de se moderniser. Et l'abolition n'arrange rien, tout comme la betterave qui concurrence la canne à sucre. La France, de son côté, ne reste pas les bras croisés, travaux et recherches vont bon train dans les domaines techniques. L'ingénieur Paul Daubrée s'intéresse au domaine colonial, qu'il étudie attentivement sur place. Il en convient que le commerce colonial doit se restructurer avec notamment une séparation de la production (les terres) et de la fabrication (les moulins). Les unités de production, quant à elles, doivent travailler en synergie ou, mieux, s'unir.

▶ **Un tremblement de terre accélère l'industrialisation de l'île.** Le 8 février 1843, la Guadeloupe du gouverneur Gourbeyre connaît l'un des plus importants tremblements de terre, de magnitude 7,5 à 8 sur l'échelle de Richter selon les estimations actuelles. L'île dans son ensemble est touchée très sévèrement, un incendie ravage Pointe-à-Pitre faisant environ 3 000 morts. Un drame médiatisé en France. L'opinion publique est choquée et les aides s'organisent. Ainsi, la première phase d'industrialisation post-esclavagiste de l'île est lancée par un désastre, car il faut bien reconstruire. Les deux premières usines de sucre, avec une appellation toute soviétique (« grandes centrales »), sont construites dès 1844-1845 : celle d'Acomat, au Moule, et celle de Duval à Petit-Canal. En 1863, l'île comptera 11 usines centrales en plus des 400 sucreries continuant leur production. Le bon déroulement d'un tel projet nécessite une grosse organisation financière, dont l'État sera le coordinateur indirect. Persuadé que des aides à caractère subsidiaire, comme l'indemnisation des planteurs pour la perte des esclaves, ne peuvent constituer un remède, Schœlcher apporte son soutien. Une loi est promulguée en juillet 1851 afin de mettre sur pied la Banque coloniale (Banque de la Guadeloupe, l'actuelle Banque des Antilles françaises, BDAF) dont le devoir est d'assurer le financement nécessaire et surtout d'émettre de l'argent. En août 1863, un autre établissement emboîte le pas, le Crédit foncier colonial qui sera autorisé à faire des prêts aux planteurs. Ce système indépendant, sorte de monnaie locale propre aux Antilles, va durer jusqu'en 1944. Tout cela n'est pas sans rappeler... les compagnies coloniales de l'Ancien Régime, même si les temps et les raisons ont changé.

▶ **Chevalier de Saint-Georges (1745-1799).** Joseph de Bologne de Saint-Georges est né le 25 décembre 1745 à Baillif d'un père planteur et d'une mère esclave nommée Anne. Deux ans plus tard, Georges de Bologne de Saint-Georges doit quitter la Guadeloupe après avoir tué un homme lors d'un duel. Aussi surprenant que cela puisse paraître, la femme de Georges décide d'emmener Anne et le petit Joseph en France afin d'éviter qu'ils ne soient vendus. La famille de Bologne, ayant des appuis, obtient la grâce du Roi Louis XV et peut quelques mois plus tard revenir aux Antilles. Joseph, totalement intégré à la famille bénéficie de cours de musique et d'escrime. Il part vivre avec son père et sa mère à Bordeaux et intègre une académie d'escrime de renom dans laquelle il suit également des enseignements de culture générale (mathématiques, histoire, langues étrangères, musique…). Il maîtrise également le clavecin et le violon, compose des concertos, publie des symphonies. Saint-Georges est connu pour être l'un des meilleurs escrimeurs d'Europe tout en menant de front sa carrière musicale. Il fait même partie de l'entourage de la Reine Marie-Antoinette à Versailles. Il meurt de maladie à l'âge de 53 ans.

▶ **Louis Delgrès (1766-1802).** Il représente le symbole de la résistance au rétablissement de l'esclavage. Colonel dans l'armée française, il est chargé de la protection de la Guadeloupe contre d'éventuels envahisseurs. Mais en 1802, Bonaparte veut rétablir l'esclavage aboli depuis 1794. Il décide de quitter l'armée pour organiser la résistance. Il prend la tête d'un groupe d'hommes dont Joseph Ignace, un des ses amis proches. Le 14 mai 1802, Richepance, envoyé par Bonaparte, entame le siège du Fort Saint-Charles où Delgrès et ses hommes sont retranchés. Ils parviennent à quitter les lieux et se séparent en deux groupes. Ignace prend la direction de Pointe-à-Pitre et Delgrès, avec 300 hommes, atteint les hauteurs de Matouba en Basse-Terre. Ils sont poursuivis par les 1 800 hommes de Richepance. Se voyant perdus, Delgrès et sa troupe décident de mourir ensemble et se font exploser avec toute la poudre encore en leur possession le 28 mai au cri de « Vivre libre ou mourir ». Quant à son ami, Ignace, il se suicide d'une balle dans la tête le 25 mai ne voulant pas être capturé.
La légende de la mulâtresse Solitude est née de cet épisode car beaucoup de femmes avaient également rallié le mouvement de résistance. Son histoire a été ensuite très remodelée. La mûlatresse Solitude, fille d'esclave, a choisi de combattre aux côtés de Louis Delgrès et d'Ignace qui s'opposaient au rétablissement de l'esclavage annoncé par Napoléon en 1802 après qu'il a été aboli en 1794. Il est exact qu'elle a été emprisonnée enceinte et exécutée le lendemain de son accouchement.

▶ **Victor Schoelcher (1804-1893).** Si l'homme politique n'est pas le seul artisan de l'abolition de l'esclavage aux Antilles françaises (à ses côtés, de nombreux anonymes ou oubliés de l'Histoire qui l'ont épaulé en métropole et dans les colonies), la mémoire collective l'a retenu pour sa persévérance et sa pugnacité face aux anciens commerces et au trafic d'esclaves. Engagé dans cette cause à partir des années 1830, après son premier voyage aux Amériques en 1929 (au cours duquel il découvre les horreurs du système), le progressiste n'a jamais baissé les bras, montrant énergiquement la seule issue pragmatique, celle d'une abolition pure et simple. La révolution de février 1848 et l'avènement de la IIe République lui assurent enfin un terrain favorable. Le 27 avril 1848, l'acte d'émancipation est signé et la phrase historique est écrite : « *Nulle terre française ne peut plus porter d'esclaves* ». Le décret prévoyait un délai de deux mois avant son application, mais dans le climat social orageux des îles, le gouverneur Jean-François Layrle est obligé de l'appliquer le 27 mai 1848, avant même l'arrivée du commissaire général envoyé de Paris.

© GILLES MOREL

Buste de Louis Delgrès.

Le milieu du siècle est donc marqué par l'émancipation des hommes et par l'industrialisation de la Guadeloupe, ouvrant la porte à l'arrivée de nouvelles technologies comme les moulins à vapeur. C'est de cette époque que datent les lignes de chemins de fer servant à acheminer la canne vers les usines centrales. Dans la lancée, il sera introduit, plus tard, de nouvelles variétés de canne à sucre pour un meilleur rendement. Quant aux cultures du coton et du café, elles seront toujours présentes après 1848. Cette nouvelle organisation économique post-esclavagiste renforce la monoculture (sucre) alors que, dès les années 1830, la betterave s'est déjà imposée en Europe. La métropole continue toujours à voir la Guadeloupe comme une île à sucre. On tente même de faire interdire le « nouveau concurrent » qu'est la betterave en France, alors que la mécanisation avance et l'abolition en marche. Une pénurie de main-d'œuvre frappe dès le début des années 1850. Estimée alors dans les 30 000 tonnes par an, la production sucrière chute de moitié. Selon des vieux principes qui perdurent aujourd'hui, on attribue la cause de cette baisse brutale à une désertion massive des unités de production.

▶ **La société post-esclavagiste**. Jadis esclaves, brusquement libres, plus de 80 000 personnes doivent décider de leur avenir. Si la liberté est là, l'équilibre social reste à trouver ; il nécessitera même une longue période d'adaptation allant jusqu'au début du siècle suivant. La Martinique s'en sort plutôt bien, tandis qu'en Guadeloupe des actes de violence seront suivis de procès. Afin d'éviter tout climat d'insécurité et d'instabilité, les instances administratives ont prévu de nombreuses mesures restrictives. A cet égard, il est intéressant de noter que l'émancipation n'a jamais été associée à un projet d'urbanisation, d'insertion sociale à grande échelle ou à un quelconque projet de réforme agraire. Ce dernier aspect, primordial pour l'île, n'est jamais évoqué. Or, la société guadeloupéenne a été modelée autour d'un élément capital : la terre. Elle porte en elle un symbole très fort. L'ancien esclave, devenu le « nouveau libre » a en face de lui une classe coloniale qui reste détentrice de la terre. Une révolution certes, mais sans partage. A partir de là, il est plus facile de cerner l'inédit rapport de forces, encore ressenti de nos jours. Les hommes de couleur libres, souvent appelés « mulâtres », forment la classe dite intermédiaire et sont, comme les Petits Blancs, concernés par l'intérêt territorial. Il faut donc ouvrir ou vendre les terres non exploitées, et vendre des parcelles de la propriété pour continuer à assurer la production. Mais cette démarche ne répondra que partiellement au problème posé. Il faut des bras disciplinés, travaillant à

l'ancienne et habitués au climat. Les nouveaux hommes libres ne suffisent pas, et ce n'est certainement pas l'Europe qui peut fournir cette main-d'œuvre. Les regards se tournent de nouveau vers l'Afrique et l'Asie (Inde, Chine, Indonésie) pour espérer relancer la machine économique. Finalement, cette immigration concernera essentiellement l'Inde et se reflétera logiquement sur la nouvelle organisation sociale, avec pour première conséquence l'augmentation accélérée de la population jusqu'en 1880. Côté politique, des élections ont lieu en France pour l'Assemblée constituante. Divers partis (colons, schœlcheristes) s'affrontent pour envoyer un député à Paris. Schœlcher, qui est candidat, est élu. Le héros des Antilles préfère représenter la Martinique et laisse Louisy Mathieu (1817-1874), ex-esclave, devenir le premier député de la Guadeloupe.

Le Second Empire

La France de la IIe République vit une profonde crise économique, une brèche grande ouverte pour Charles-Louis-Napoléon Bonaparte. Appuyé par le parti de l'Ordre, celui-ci dépose sa candidature pour l'élection présidentielle. Face à lui, une opposition impopulaire et dispersée. Elu le 10 décembre 1848 pour 4 ans. Il fait ensuite pression pour augmenter la durée de son mandat alors que l'Assemblée nationale est opposée à tout projet de résivion de la constitution. Dans la nuit du 1er au 2 décembre 1851, il dissout, par un décret, l'Assemblée nationale et rétablit le suffrage universel alors que l'esclavage est aboli. Malgré une opposition durement réprimée, le coup d'Etat est accepté. Proscrit, Schœlcher s'exile à Londres et refusera l'amnistie en 1859. Louis Mathieu rentre en Guadeloupe, et un an plus tard, le régime impérial est réinstauré. Les idées républicaines quittent les Antilles. Le souci de l'ordre et du bon déroulement des activités est plus que jamais primordial. Les inquiétudes émanant de l'inadaptation des nouveaux libres au système de salariat sont balayées. On s'y prendra par lois et décrets, autrement dit par des « obligations » au quotidien. Par exemple, toute personne qui ne travaille pas est suspecte ! Cependant, le Second Empire ne pourra pas faire mieux que la IIe République et subira plus qu'il n'exigera. Les projets lancés en Guadeloupe à l'époque du gouvernement républicain provisoire ne sont pas remis en cause, ce qui permet au processus industriel de continuer. Lors du règne de Napoléon III, jusqu'en 1870, la France va se refaire une santé économique, qui ne profite que très peu au peuple qui avait joué un rôle si décisif dans l'apogée du nouvel empereur. L'idée de puissantes banques pouvant soutenir l'industrie remonte à cette époque.

La IIIᵉ République et les banques coloniales

Une métropole en bonne santé, une Guadeloupe industrialisée et opulente. C'est avec ces termes que l'on aurait pu clore le siècle. Mais voilà… l'économiste autrichien Friedrich Hayek (1899-1992, Prix Nobel) n'était pas encore né. Sinon Paris aurait sans doute appris que la politique consistant à « commander et contrôler » une industrie relève de l'illusion totale. Deux banques, un fonctionnement par prêts et crédits, des hypothèques, une intense production de canne qui alimente sans cesse les usines centrales, appartenant à des regroupements capitalistiques (le plus important est Darboussier, créé en 1869 à Pointe-à-Pitre). Du sucre en abondance – mais pour qui ? Le système de l'exclusif est abrogé en 1861 et le commerce maritime libéré sera remplacé par le libre-échange. Le gouverneur Charles Victor Frébault (1813-1888) œuvre considérablement pour la modernisation du commerce de l'île et améliore les infrastructures du port de Pointe-à-Pitre. Plus besoin de passer par les intermédiaires ou de dépendre des traversées transatlantiques, la métropole a son sucre à portée de main, pour un coût nettement diminué. L'administration de l'île, son budget, sont de fait impliqués dans le système mis en place. La main-d'œuvre est pourvue et la population augmente. Pourtant, lors d'un discours à l'Assemblée, le député de l'époque Gaston Sarlat met en évidence le paradoxe et danger de la monoculture. Parmi les planteurs, les plus atteints seront les petites structures, obligées de céder leurs terres en contrepartie de leurs dettes, soit à l'usine, soit à une plus grande propriété. L'instabilité politique devenue endémique depuis la Révolution resurgit : Napoléon III est battu à Sedan par la Prusse de Bismarck et le régime plonge dans la crise.

La IIIe République est une période très difficile, où d'illustres noms de l'histoire française entreront sur scène (Jules Grévy, Jules Ferry, Clemenceau…). Février 1872 voit une nouvelle Assemblée se constituer, mais il faudra passer par des étapes brûlantes et plusieurs élections pour que la stabilité revienne et que la très sérieuse menace monarchiste s'amenuise. Dans ce contexte difficile, Alexandre-Henri Wallon (1812-1904), l'ancien membre de la Commission de l'abolition et auteur de l'essai *Histoire de l'esclavage dans l'Antiquité*, l'un des théoriciens de la République, fera une intervention devenue célèbre (l'amendement Wallon). Suit la loi de février 1875, qui divisera le pouvoir législatif entre deux assemblées : la Chambre des députés et le Sénat. La Guadeloupe reçoit une place de sénateur. Les élections de 1881 renforcent définitivement la République, l'année où la loi autorisant les syndicats est décrétée. La liberté de la presse et de l'imprimerie est assurée. Une période très importante pour la Guadeloupe, qui, de son côté, est entrée dans une nouvelle crise sucrière. Elle va former en grande partie la société que nous connaissons aujourd'hui avec des vagues successives de réformes menées en France qui se reflètent aux Antilles. Outre les droits syndicaux, citons les lois scolaires de Jules Ferry (laïcité, gratuité de l'enseignement). Depuis l'abolition, la majorité, non instruite, ne peut prétendre à aucune place au sein de l'organisation sociale de l'île. Les anciens esclaves, plus ou moins sous contrôle, restent en dehors du système administratif. Le lycée Carnot est créé à Pointe-à-Pitre en 1883, puis le cours Michelet en 1917. La loi sur les municipalités arrive en 1884. La Guadeloupe aura deux députés et un sénateur. En fin de siècle, le tremblement de terre de 1897, le cyclone et le séisme de 1899 (qui détruit partiellement Pointe-à-Pitre) obligent la population à reconstruire de nouveau.

Les XXᵉ et XXIᵉ siècles

Le XXᵉ siècle débute avec une Guadeloupe toujours exportatrice, des importations négligeables et une population qui a franchi les 130 000 habitants. Les réformes entreprises par la IIIᵉ République dans les années 1880 marquent pleinement le début du siècle, qui débute sur fond de crise de l'industrie sucrière dans laquelle les capitaux métropolitains sont fortement impliqués. Rien de comparable avec notre ère mais l'île se rapproche « un peu plus » de la métropole grâce au télégraphe sans fil, installé au Gosier (1900). La structuration des composantes de la société civile continue, il faudra désormais compter avec les mouvements syndicalistes, qui vont se manifester devant les difficultés financières des usines, et divers courants politiques, dont le socialisme. Nouveauté, l'appareil syndical sera confronté à un dilemme difficile : agir dans un environnement où l'activité est fragile tandis que la main-d'œuvre s'accroît. Une partie de celle-ci ira chercher du travail sur le grand chantier du canal de Panama, piloté par les Américains après l'échec retentissant de la France.

REPÉREZ LES MEILLEURES VISITES

★ INTÉRESSANT ★★ REMARQUABLE ★★★ IMMANQUABLE ★★★★ INOUBLIABLE

Le paysage politique d'avant-guerre

Diplômé du lycée Carnot, Hégésippe Jean Légitimus (1863-1944), arrière-grand-père du comédien Pascal Légitimus, est l'un des fondateurs du Parti socialiste de Guadeloupe, aligné idéologiquement sur celui de métropole. Il devient rapidement le symbole d'une majorité constituée d'anciens esclaves, autrement dit de la classe ouvrière. Le parti vient combler un vide représentatif, et son succès est fulgurant. Légitimus est président du Conseil général en 1898 et député-maire de Pointe-à-Pitre cinq ans après ; un boulevard y porte toujours son nom. Son élection en 1898 sera particulièrement marquante, faisant souffler un léger vent d'agitation, ce qui déclenche l'animosité de la sphère économique. Une tension telle que les planteurs auraient même songé à faire appel aux Etats-Unis, très présents à cette période dans les Caraïbes, notamment à Cuba, passée sous leur contrôle la même année. D'autres noms issus pour la plupart des « nouvelles classes ouvrières » ont marqué la politique ou la société guadeloupéennes. Citons par exemple le député de 1881 à 1906, le journaliste et philosophe Gaston Gerville-Réache (1854-1908), proche de Schœlcher, ainsi qu'Alexandre Issac (1845-1899), sénateur et homme d'idées autant que d'action, mais aussi Oruno Lara (1879-1924), journaliste, poète et frère d'Adolphe Lara, créateur du journal *Nouvelliste*. Le rédacteur mena une vie fort mouvementée et fut entre autres l'auteur de *La Guadeloupe dans l'Histoire*. D'autres personnalités doivent également être mentionnées : Achille René-Boisneuf, député et propriétaire du journal *Le Libéral* ; Gratien Candace (1873-1953), très actif dans la politique métropolitaine et remarqué pour sa thèse sur la valorisation des colonies ; Camille Mortenol (1859-1930), l'un des héros de la Première Guerre mondiale (une statue lui est dédiée à Pointe-à-Pitre)... Au fur et à mesure que la base de la société guadeloupéenne s'élargit, les visions et combats des uns et des autres diffèrent. Certains défendent les valeurs républicaines, l'intégration coloniale ou le principe d'une entité multiculturelle ; d'autres sont méfiants à l'égard de « l'ancien bourreau » qu'est Paris, et pour eux, tout acte de rapprochement est considéré comme une assimilation.

La Première Guerre mondiale

Comme la Martinique, la Guadeloupe du gouverneur Emile Merwart est touchée par la guerre de 1914-1918. Les deux îles fournissent à la métropole des renforts en hommes : 25 000 combattants, dont plus de 6 000 pour la Guadeloupe (1 027 morts) et des aides financières. Les premiers conscrits partent en octobre 1913. Sur le front, les « Poilus d'outre-mer » sont un peu partout, même dans la célèbre bataille des Dardanelles. Le service militaire est instauré dans les colonies, conformément à la demande de ses classes dirigeantes, et une nouvelle source d'exportation lucrative apparaît.

▶ **Les origines du rhum antillais**. Le secteur sucrier métropolitain est sévèrement impacté pendant la guerre : il faut du sucre, mais surtout du rhum, un alcool blanc que l'on appelle gnôle ou taffia. Pas encore sujet à une réglementation de qualité, le rhum voit ses origines remonter à l'année 1854, quand les droits de douane sur les alcools en provenance des colonies sont abrogés. Son exportation vers la France a commencé dès les années 1880, et avec la guerre, elle s'intensifie. Embourbée dans l'agitation du conflit, la métropole en réclame pour les tranchées ainsi que pour la fabrication d'explosifs. La consommation atteint alors un tel niveau qu'après la guerre, l'industrie française exige sa limitation (en 1922). Nouveau débouché commercial ? Ce ne sera pas le cas, mais ce goût du rhum asseoit le produit sur une réglementation industrielle exigeant une filiale de qualité.

L'Entre-deux-guerres

Après la guerre, la Guadeloupe renoue avec un contexte économique défavorable. L'optimisme déclenché par le commerce du rhum s'estompe rapidement et les cours mondiaux du sucre s'effondrent, pour cause de surproduction. A cette même période, la culture de la banane commence. Les premières plantations datent de 1922, à Gourbeyre et à Saint-Claude. Le port de Basse-Terre devient, en 1925, la porte de l'exportation vers la métropole ; celui de Pointe-à-Pitre prendra le relais à partir de 1979. Mais de nouveau, une catastrophe naturelle intervient. Si la Guadeloupe a déjà connu deux forts cyclones au début du siècle (en 1903 et 1925), celui de septembre 1928 est littéralement dévastateur. Mer déchaînée et vents très violents emportent tout. Les morts se comptent par centaines, les blessés par milliers, les cultures agricoles sont anéanties, et Pointe-à-Pitre, noyée, déplore de sérieux dommages... La capitale doit être reconstruite. De grands travaux de réaménagement de la ville portuaire débutent dès 1929. Les bâtiments que l'on voit aujourd'hui (le Conseil général et l'ancien palais du gouverneur, entre autres) datent de cette époque. L'architecture urbaine prend les formes actuelles, le béton s'impose au détriment du bois, qui résiste mal aux cyclones et aux fréquents incendies. Les aides s'organisent en métropole. A cette occasion, Paris souhaite insuffler un nouveau dynamisme à l'économie et ouvre ses portes à la banane, qu'il décide de privilégier. Les conditions favorables au marché sont réunies : Basse-Terre commence à voir mornes et vallées se couvrir de bananeraies. Le gouverneur Louis-Joseph Bouge quitte la Guadeloupe en 1936. En mai, le gouvernement de Léon Blum le remplace par Adolphe Félix Sylvestre Eboué (1884-1944), descendant d'esclaves originaire de Cayenne. Il sera le premier homme noir à occuper un tel poste en Guadeloupe. Il arrive à une période où l'île est toujours marquée par des tensions sociales : fraudes, clientélisme, manifestations, grèves (comme à Port-Louis en 1937). Talentueux et expérimenté, il fait très vite preuve d'une efficacité exemplaire, arrivant à trouver le juste compromis pour la gestion des conflits. Conformément à la vision de son gouvernement, il s'efforce de rééquilibrer les rapports patronat-ouvrier. Il partira, au grand regret de la population, en 1938, pour le Tchad à la veille de la Seconde Guerre mondiale.

La Seconde Guerre mondiale

Après le court règne de Marie-François-Julien Pierre-Alype, le nouveau gouverneur vichyste, Constant Louis Sylvain Sorin (1901-1970) débarque à Pointe-à-Pitre la tête haute (1940), et en repart moins fier en juillet 1943. Pendant trois années très dures (régime durci, libertés politiques mises au placard, privations et pénuries), la Guadeloupe est doublement isolée, coincée entre sa propre administration et la flotte anglo-américaine omniprésente... Deux issues sont possibles : le fort Napoléon aux Saintes pour les contestataires, ou les îles voisines afin de rallier éventuellement la France par bateau. Issue à haut risque, la mer est surveillée. Le bateau Jeanne d'Arc, amarré à Pointe-à-Pitre depuis février 1942, veille de son côté. Les conditions devenues encore plus difficiles vers 1942, les premiers départs seront suivis d'autres traversées à caractère social ou humanitaire. Des gouvernements opposés (celui de Félix Eboué, symbolisant la liberté, et celui de Sorin, vichyste), on retiendra un point commun : l'un comme l'autre véhiculent les mêmes principes économiques, à commencer par la nécessité absolue de diversifier les ressources alimentaires afin d'atteindre l'autosuffisance. Ils prennent même des initiatives dans ce sens-là. En juillet 1943, de nouveaux envoyés de la République arrivent aux Antilles, Maurice Pierre Eugène Bertaut se rend en Guadeloupe et efface les traces vichystes. Sorin et le haut-commissaire des Antilles, l'amiral Georges Robert regagnent la France.

Pour ou contre la départementalisation ?

La guerre est finie et le général de Gaulle rend hommage aux Antilles. Économiquement parlant, la Guadeloupe ressent en partie la situation calamiteuse de la France d'après-guerre : pénuries, envolée des prix. Deux projets de loi sont déposés à l'Assemblée nationale, dont l'un par le groupe communiste. Après de longs débats sur le statut à définir pour les « colonies d'outre-mer », la loi du 19 mars 1946 est promulguée sous le « ministère de la France d'outre-mer », la Guadeloupe devient

finalement un département : Saint-Martin et Saint-Barthélemy lui sont rattachés. Dans la réalité, cela ne constitue pas une nouveauté, car une telle option a été plusieurs fois envisagée. Deux blocs s'opposent, ceux qui sont pour la départementalisation et ceux qui s'y opposent. Moins nombreux, le second groupe milite pour une émancipation, voire pour l'indépendance. On ne parlera donc plus de gouverneur mais de « préfet » et de « sous-préfet ». Parmi les premiers députés, on trouve Gerty Archimède (1909-1980), première avocate de l'île, qui a une statue et un musée à Basse-Terre. Sur le plan politique également, la Guadeloupe reste fidèle à la conjoncture métropolitaine. Les formations de gauche dominent l'échiquier politique. Ce n'est qu'à partir du gaullisme que la diversification s'imposera.

La départementalisation des territoires

Étape marquante de l'histoire de l'île en 1946, la départementalisation s'inscrit dans une continuité. L'incontournable culture de la canne et production de rhum est maintenue, tout comme celle de la banane. Le secteur agricole demeure la première activité économique, et emploie presque la moitié de la population active dans les années 1950, incluant les activités saisonnières. Autrement dit, le nouveau statut, important au niveau législatif, ne change pas le paysage social. On constate peu de changements majeurs jusque dans les années 1950, lorsque les territoires des Caraïbes et les pays du Commonwealth connaissent de forts mouvements migratoires vers leurs métropoles respectives. Les Antilles françaises sont concernées. L'État met sur pied une réglementation, le Bureau des migrations des départements d'outre-mer (ou Bumidon), créé en 1961 pour gérer ce flux de population guadeloupéenne, qui s'accélère dans les années 1960 et se poursuit jusque dans les années 1980. Aujourd'hui, on part toujours pour travailler ou faire des études ; les jeunes surtout, qui s'installent majoritairement en Ile-de-France. La métropole recense aujourd'hui plus de 200 000 Guadeloupéens.

La décentralisation prend forme en 1982 avec la loi Gaston Defferre. En 1983, la Guadeloupe se dote d'une seconde collectivité, le Conseil régional (41 membres), qui donne naissance à un statut particulier, le monodépartementalisme. Lucette Michaux-Chevry fut la première présidente de la région, jusqu'en mars 2010 quand l'avocat de profession Victorin Lurel (PS) la remplace jusqu'en mai 2012. Il est ensuite nommé ministre des Affaires de l'Outre-mer dans le gouvernement Ayrault. Josette Borel-Lincertin prend sa suite à la présidence de la collectivité d'août 2012 à mai 2014, date à laquelle Victorin Lurel reprend son siège après avoir quitté ses fonctions de ministre. Josette Borel-Lincertin est élue présidente du Conseil départemental en avril 2015.

Emancipation, autonomie, indépendance ou simplification administrative ?

Les courants à tendance indépendantiste existent depuis l'abolition de l'esclavage et se renforceront dans le cadre d'un élargissement ou d'une affirmation du paysage politique. L'après-guerre voit augmenter considérablement le nombre d'acteurs politiques impliqués. Parmi ces militants, ceux qui prônent l'idée d'une indépendance totale commencent à se radicaliser. Il faut toutefois attendre 1963 pour que la première formation qualifiée d'indépendantiste puisse voir le jour, et 1964 pour que le parti communiste guadeloupéen adopte une ligne indépendantiste. Après une manifestation durement réprimée en 1967, les mouvements se structurent mieux. Le Groupe d'organisation nationale de la Guadeloupe (GONG) deviendra l'Union populaire pour la libération de la Guadeloupe (UPLG) en 1978. Enfin, le Mouvement guadeloupéen sera rejoint par le Kombat de libération nationale de la Guadeloupe (KLNG). Dans l'opinion publique métropolitaine, l'image de l'île de la Guadeloupe est souvent associée à des velléités indépendantistes. Pourtant, à la question de la simplification administrative des collectivités territoriales par la fusion du conseil général et du conseil régional, la population locale s'est majoritairement prononcée pour le « non » lors du référendum de décembre 2003 (72,98 %). A nouveau consultés en janvier 2010, les Guadeloupéens, dans leur ensemble, s'opposent à la fois au projet d'évolution statutaire visant à l'autonomie et au projet de collectivité territoriale unique. Les exemples de l'île de la Dominique et de Haïti, qui se sont paupérisées, ne rassurent pas. Cela étant, les périodes de grèves plus ou moins soutenues se transforment souvent en revendications idéologiques, la prise de conscience de l'identité guadeloupéenne cherchant toujours à se défaire de la tutelle de la France.

En décembre 2015, Ary Chalus remporte la présidence du Conseil régional par 57,52 % des voix au second tour face à Victorin Lurel. Les prochaines élections régionales et départementales auront lieu en 2021, sauf dans le cas où la collectivité unique est décidée avant. En effet, la Guadeloupe ayant refusé la fusion du Conseil départemental et du Conseil régional lors des référendums de 2003 et de 2010, elle dispose encore de deux collectivités, contrairement à la Guyane et à la Martinique.

Quelles réparations pour la traite négrière ?

Le 10 avril 2013, à l'occasion de la Journée nationale des mémoires de la traite, de l'esclavage et de leurs abolitions, François Hollande s'est exprimé en présence de Christiane Taubira (ministre de la Justice), qui fut à l'origine de la loi de 2001 reconnaissant l'esclavage comme crime contre l'humanité. Le Président affirme son point de vue sur une « impossible réparation » de la traite négrière, décrite selon ses propres termes comme un « outrage fait par la France à la France ». Une décision qui décevra le Conseil représentatif des associations noires (CRAN). Cette association, qui poursuit la Caisse des dépôts en justice pour avoir, selon elle, tiré profit de l'esclavage en recueillant notamment la « rançon » imposée à Haïti pour son indépendance, estime qu'en termes de mémoire, la vigilance et la transmission de l'Histoire ne suffisent pas : elle demande des réparations financières. Affaire à suivre...

En parallèle, un lieu de mémoire soutenu par la région voit le jour début 2015 à Pointe-à-Pitre, face à la mer, sur le site de Darboussier, friche d'une ancienne sucrerie. L'ouvrage est impressionnant : 230 m de long et 15 m de haut pour près de 86 millions d'euros. La construction a été réalisée par un atelier d'architecture guadeloupéen qui s'est inspiré des racines d'un arbre très particulier et bien connu aux Antilles, le figuier maudit. Cet arbre, de la famille des ficus, a la caractéristique de produire des racines aériennes qui peuvent envelopper un bâtiment jusqu'à le dissimuler. Les architectes ont repris cette idée. Les racines argentées qui encerclent le Mémorial ACTe font référence à la quête des origines des descendants des esclaves. La façade de granit noir est constellée de quartz qui symbolise toutes ces âmes disparues. Ce Mémorial ACTe, centre caribéen d'expression et de mémoire de la traite et de l'esclavage, abrite une salle d'exposition temporaire de 1 700 m^2, une salle d'exposition permanente de 700 m^2, un centre généalogique, une médiathèque et un fond d'ouvrages et d'objets issus de la période de l'esclavage, deux restaurants... Le site a été inauguré le 10 mai 2015, jour de la commémoration de l'abolition de l'esclavage en métropole par le Président François Hollande, en présence de nombreux chefs d'Etats africains. L'abolition de l'esclavage est commémorée le 27 mai en Guadeloupe et c'est un jour férié. Cette date fait référence à la date de réception du décret de l'abolition en 1848 sur l'île.

POLITIQUE ET ÉCONOMIE

POLITIQUE

Structure étatique

Si les régions de métropole regroupent plusieurs départements, les régions d'outre-mer se présentent sous une forme monodépartementale ; c'est-à-dire que le même territoire est à la fois un département et une région. Les deux conseils siègent à Basse-Terre, capitale administrative de la Guadeloupe.

▶ **Le Conseil régional.** La région Guadeloupe est dotée d'un conseil de 41 conseillers régionaux (le président, 20 hommes et 20 femmes) et de trois assemblées : le conseil régional, le Conseil économique et social régional et le conseil de la culture, de l'éducation et de l'environnement. Depuis décembre 2015, Ary Chalus, sans étiquette et alors maire de Baie-Mahault, a succédé à Victorin Lurel, (membre du Parti socialiste et ancien ministre de l'Outremer du gouvernement de François Hollande jusqu'en mai 2014).

▶ **Le Conseil départemental (ancien Conseil général).** Jacques Gillot, sénateur et président du Conseil général depuis 2001, a cédé sa place à Josette Borel-Lincertin en avril 2015.
La question de la fusion du conseil départemental et du conseil régional divise encore les élus guadeloupéens contrairement à la Martinique et à la Guyane qui ont déjà dit oui à la collectivité unique pour 2015. En mai 2014, Victorin Lurel, alors Président de Région après s'y être opposé, annonçait qu'il était favorable à une évolution institutionnelle. Une position

défendue également par l'actuel président Ary Chalus.

Enjeux actuels

En janvier 2010, suite aux chantiers de réforme initiés après le mouvement social de 2009, les Guadeloupéens, consultés par référendum, refusent tour à tour d'accéder à une autonomie accrue et de favoriser la simplification administrative (par la fusion des assemblées régionale et départementale). Néanmoins, la réforme des collectivités prévue pour 2021 va pousser la Guadeloupe à sortir du statu quo. Comme en métropole, le Conseil départemental et le Conseil régional devraient fusionner en une collectivité unique et la Guadeloupe disposera alors de conseillers territoriaux. Si les tensions sociales se sont calmées, les partenaires sociaux restent sur leur faim quant à l'implication des autorités centrales vis-à-vis de leur exception culturelle et géographique. Même si les syndicats parlent parfois de reconduire un mouvement d'ampleur, la population ne semble pas encline à revivre les événements de 2009 qui ont conduit à des fermetures d'entreprises, entre autres et qui n'ont pas contribué à améliorer les conditions de vie en Guadeloupe.
En 2018, la saison touristique s'est avérée excellente rappelant que le tourisme constitue une véritable économie pour l'archipel. L'arrivée fin 2019 d'une compagnie aérienne belge assurant des dessertes vers la Guadeloupe annonce de nouvelles perspectives pour l'accueil de touristes européens.

ÉCONOMIE

Lorsqu'il s'agit d'évoquer l'économie guadeloupéenne, on ne peut ignorer son passé colonial marqué profondément par les activités agricoles. Héritière incontestée de ce passé, l'île se trouve, aujourd'hui, devant une situation assez paradoxale : un secteur agricole très présent, tant dans les faits (main-d'œuvre, surface exploitée) que dans l'activité (sucre, rhum, banane), mais qui ne possède qu'une part relativement faible dans le PIB. Vue de plus près, cette antinomie ne paraît pas improbable : elle pourrait bien être annonciatrice d'une transition amorcée depuis

les années 1980. Avec des denrées agricoles ne pouvant faire face à la concurrence internationale, la Guadeloupe a néanmoins continué à exploiter ces ressources, tout en se dotant d'un arsenal législatif visant à développer les secteurs secondaire et tertiaire dans lequel la place qu'occupe l'administration est loin d'être négligeable. Ainsi, le marché local a connu une croissance nettement plus rapide que le secteur agricole. En règle générale, les DOM sont dotés de très nombreuses dérogations et sont sujets à des aménagements juridiques très complexes.

Le café des îles

L'Ethiopie et le Yémen sont les deux principaux producteurs mondiaux de café, avant l'Afrique et l'Amérique latine. Il reste peu de place pour le café antillais, et pourtant, du côté de Basse-Terre, on y croit ! Retour sur l'histoire passionnante de cette boisson chaude ou froide, expresso ou allongée, que plus de 80 % des Français consomment tous les jours. A ses débuts dans l'Hexagone, on ne peut pas dire qu'elle plaisait à tout le monde ! Déjà, les Croisés en auraient rapporté mais ne seraient pas parvenus à l'acclimater. Le monde musulman et l'Empire ottoman en sont de fervents consommateurs, mais à la cour royale, qui prend connaissance du breuvage, personne n'en apprécie le goût amer. Le roi est le premier à grimacer... Finalement, ce sont les commerçants hollandais et anglais, à partir du XVIIᵉ siècle, qui introduisent le café en Europe ; et pas avant le XVIIIᵉ siècle en France, grâce à la générosité du maire d'Amsterdam qui, en 1720, offre deux plants à Louis XV. L'usage à l'époque était de conserver les végétaux rares au Jardin royal (des Plantes). La même année, le capitaine d'infanterie Gabriel de Clieu, sieur de Derchigny (1687-1774), en poste à la Martinique, entend parler de ces célèbres plants et se rapproche de Pierre Chirac (1650-1732), surintendant du Jardin royal, et du naturaliste Antoine de Jussieu (1686-1758), fins connaisseurs du grain et de l'arbre.

Un périlleux voyage pour les premiers plants de la Martinique

De Clieu parvient à se procurer deux plants, s'embarque à Rochefort pour un voyage au long cours, direction la Martinique, avec ses « deux protégés ». A bord, il faut les mettre à l'abri de bien des dangers : mutinerie, piraterie, tempêtes, soif et faim de l'équipage... Finalement, il parviendra à sauver un plant, et l'acclimatation sur l'île sera parfaite. Un an et demi après, la première récolte et effectuée. Suivront les cultures dans les plantations de Guadeloupe et de Saint-Domingue. Cinquante ans plus tard, les caféiers se comptent par millions. Belle occasion de se diversifier pour les exploitants agricoles, la culture gagne toute les Antilles et continue vers les Amériques. La France devient l'un des plus importants producteurs de café en Europe de la variété dite Arabica. Un vrai succès, qui tombe à pic, car la culture du cacaoyer est irrégulière. Qualifié d'un des meilleurs café du monde, le café arabica local a longtemps été utilisé pour améliorer les mélanges de moindre qualité. Traditionnellement, la torréfaction se faisait et continue de se faire en Jamaïque, où l'on produit le mythique café Blue Mountain, très prisé des connaisseurs. C'est aujourd'hui l'un des plus chers au monde. Quelques petits producteurs, situés en Basse-Terre, ont relancé sa culture localement en s'appuyant notamment sur sa valeur patrimoniale et sa typicité.

Les enjeux actuels

On compte aujourd'hui une cinquantaine de petits producteurs installés entre Capesterre-Belle-eau et Pointe-Noire sur une superficie d'environ 100 ha. Leur coopérative, la Copcaf, dispose d'une plateforme de transformation du café (séchage au soleil, décortiqueuse, trieuse, torréfacteur). Le café guadeloupéen est un produit AOC qui nécessite d'être protégé contre les nuisibles. 30 tonnes sont produites chaque année. Citons par exemple le café du Domaine de Vanibel (www.vanibel.fr), le café Chaulet (www.cafe-chaulet) ou encore le café Bonka (www.cafebonka.com).

Le Café Chaulet est le seul en France à intégrer à sa recette des grains de café produits sur place. De fait, c'est donc le seul café français. L'entreprise a d'ailleurs obtenu l'agrément de l'Elysée pour son café Bonifieur totalement produit en Guadeloupe.

La Guadeloupe possède le statut de région monodépartementale, mais est considérée comme un « territoire d'exportation » dans les échanges commerciaux. Une société métropolitaine qui vend un bien vers la Guadeloupe est considérée comme un exportateur, par conséquent bénéficie d'une exonération de TVA. Pour tout complément d'informations, consultez le site du gouvernement : www.outre-mer.gouv.fr Les résultats économiques pour l'année 2018 sont bien orientés avec une consommation des ménages soutenue par l'augmentation de la masse salariale du secteur privé ainsi qu'une croissance des crédits (consommation +8,9 %, habitat +4,8 %). On constate également quelques signes d'amélioration sur le front de l'emploi, surtout pour les jeunes (-12,5 %) et une augmentation des offres. Le nombre global de demandeurs d'emploi enregistre ainsi une baisse de 2,7 % en 2018 après la hausse de 1,6 % de l'année précédente.

Principales ressources

L'agriculture

Dominé par les cultures d'exportation, le paysage agricole guadeloupéen recule au profit de l'urbanisation qui absorbe près de 1 000 ha chaque année sur les 20 000 ha en friches. On compte environ 7 000 exploitations sur une superficie agricole utile de 40 000 ha, soit 25 % de la superficie totale du territoire. La canne à sucre (15 000 ha), les prairies permanentes (10 000 ha) et la banane (5 000 ha) demeurent les principales productions. Historiquement, canne à sucre, rhum et bananes sont les seules priorités. Aujourd'hui encore, l'économie de l'île repose sur les ressources agricoles, dites d'exportation.

▶ **La banane, un secteur malade.** 260 000 tonnes sont produites chaque année en Guadeloupe et en Martinique et commercialisées en Europe. La filière représente 15 000 emplois directs ou indirects pour ces deux îles. On comptait 2 220 producteurs au début des années 1990 contre 850 actuellement. Originaire du sud-est de l'Asie, le bananier fait partie du paysage antillais depuis les débuts de la colonisation. Les bananeraies sont présentes sur toute la Basse-Terre. Fruit aux vertus nutritionnelles, la banane antillaise n'est pas en grande forme ! Malgré les aides européennes, les résultats du marché se font attendre. Avec une forte concurrence et soumise à des contraintes climatiques endémiques (ouragans, inondations, destructions des cultures), la filière souffre autant de la concurrence (pays tiers, Afrique, Amérique latine). Les salaires étant plus élevés dans les Antilles françaises (15 €/heure contre 1 € en Equateur et 2 € au Costa Rica à titre d'exemple). En septembre 2017, l'ouragan Maria a affecté et mis à terre la quasi-totalité des bananeraies de l'île. La production a été temporairement interrompue à la suite de cette catastrophe naturelle, mais l'activité a repris. Les exportations repartent à la hausse sans toutefois atteindre leur niveau des dernières décennies.

Le scandale phytosanitaire qui a touché le secteur pénalise également la filière. Les pesticides utilisés en abondance ont contaminé une partie des sols et des cours d'eau (constat confirmé par l'Institut français de l'environnement). La pulvérisation aérienne de chlordécone, produit hautement toxique utilisé contre la cercosporiose véhiculée par le charançon, est interdite en Europe. Aux Antilles, les exploitants et les exportateurs ont demandé des dérogations pour poursuivre l'épandage sur les bananeraies. En 2012-2013, les militants écologistes, ainsi que les associations de producteurs et consommateurs, ont exigé par voie juridictionnelle, des expertises scientifiques.

Les fonds européens en Guadeloupe

Depuis 1989, la Guadeloupe bénéficie de la politique mise en œuvre par l'Europe au profit de régions défavorisées afin de soutenir leur développement. L'objectif étant de réduire les écarts entre les différentes zones de l'espace communautaire pour une meilleure cohésion en termes d'économie, de social... Quatre programmes répartis en périodes (de 1989 à 1993, de 1994 à 1999, de 2000 à 2006 et de 2007 à 2013) ont déjà permis le versement de fonds structurels. Pour la période 2014-2020, ils représentent la somme de 1 milliard d'euros, répartis comme suit :

▶ **552 millions du FEDER** (Fonds Européen pour le Développement Régional) participent au financement des projets concernant les TIC, l'énergie, l'innovation et la compétitivité des entreprises.

▶ **254 millions du FSE** (Fonds Social Européen) concernent les projets relatifs à la formation, l'emploi et l'insertion des personnes en difficultés.

▶ **171 millions du FEADER** (Fonds Européen Agricole pour le Développement Rural) aident les projets concernant le développement rural et l'agriculture.

▶ **65 millions** de la coopération territoriale européenne

▶ **9 millilons du FEAMP** (Fonds Européen pour les Affaires Maritimes et la Pêche), qui concernent la pêche et l'aquaculture.

Informations : www.europe-guadeloupe.fr

Des études menées ont démontré un parallèle entre le nombre croissant de certains types de cancers (notamment les cancers de la prostate) et les molécules utilisées pour l'épandage. Cependant, Victorin Lurel, alors ministre de l'Outre-mer, s'étant clairement prononcé pour l'épandage aérien, l'association Collectif Vigilance Citoyenne a contesté cette décision gouvernementale. En juillet 2013, le tribunal de Basse-Terre donnait raison à l'association et ordonnait la suspension des épandages. L'arrêt définitif est tombé par décret au JO le 18 septembre 2014. A ce jour, la filière indique avoir réduit de 52 % la quantité de pesticides. Les producteurs de bananes de Guadeloupe et de Martinique ont lancé en 2015 la marque Banane française, pour distinguer grâce à un ruban tricolore, leur production de la banane « dollar » (produite dans les zones d'influence politique des Etats-Unis). La production de banane a augmenté de 6,4 % après avoir bénéficié de 30 millions d'aides financières.

▶ **Le melon de Guadeloupe.** Sa période de culture optimale, qui lui procure le plus de goût, est la saison sèche (appelée Carême), qui court de décembre à mai. Le melon est cultivé sur l'île depuis 30 ans et bénéfice d'une IGP (indication géographique protégée). Bien que reconnu pour ses qualités, le melon guadeloupéen est malmené sur le marché européen, notamment par le melon du Sénégal et celui du Maroc proposés à un tarif moindre. 70 % des volumes sont à l'exportation.

▶ **La canne à sucre.** Graminée encore appelée « herbe des Canaries », la canne a été introduite aux Antilles vers 1645 et a supprimé rapidement le tabac, alors produit phare des débuts de la colonisation. Véritable symbole des puissances coloniales, le sucre que l'on obtient à partir de la canne est associé à l'histoire de la Guadeloupe. Les Anglais ne désignaient-ils pas les Antilles comme les « îles à sucre françaises » ? A la fin du XVIIIe siècle, l'installation des usines sucrières et des distilleries sur l'île vit son apogée. Basse-Terre et ses bananes, Grande-Terre et sa canne à sucre. Présente un peu partout, vous pouvez l'apercevoir dans les vastes étendues, mais elle apprécie surtout les plaines. La culture de la canne à sucre représente la deuxième activité agricole. La filière emploie 10 000 personnes et produit en moyenne 650 000 tonnes chaque année. Aujourd'hui il reste deux usines sucrières sur l'île : Gardel en Grande-Terre et Grande-Anse à Marie-Galante. On dénombre 5 000 exploitations dans tout l'archipel, dont 1 700 sur Marie-Galante. En 2019, la campagne sucrière de Marie-Galante s'est achevée le 17 juin. Environ 78 000 tonnes ont été broyées soit un recul d'environ 8 % par rapport à l'année 2018. La campagne sucrière est donc globalement en demi-teinte avec un tonnage qui demeure tout de même dans la moyenne de la décennie. Le taux moyen cumulé de richesse saccharine de 10,46 % est le meilleur depuis ces six dernières années.

La Guadeloupe pourrait bientôt produire du sucre de canne biologique, grâce à un projet porté par la sucrerie de l'usine de Gardel qui mène une étude de faisabilité. Le marché européen étant très demandeur, ce serait le premier sucre de canne bio français et européen si le projet aboutit. Pour l'heure, il n'existe qu'un seul producteur de canne certifiée bio (transformée en jus et en suc liquide) à Petit-Canal et quelques autres producteurs en conversion qui cherchent des débouchés pour valoriser cette canne.

▶ **Une balance import-export déséquilibrée.** Sous la pression des meilleurs vaisseaux et des multinationales de la banane, le régime privilégié de deux principales productions a été contraint de céder de la place à d'autres variétés de produits maraîchers et fruitiers. Tenant compte des évolutions des marchés, les collectivités, à diverses reprises, ont tenté de timides diversifications, avec la culture de l'avocat, des agrumes, du melon, des ananas, de l'aubergine, de l'igname, de la carambole, du corossol. Ces filières de diversification sont organisées par une gestion collective de la commercialisation sur le plan local pour l'exportation. Parallèlement, seulement 20 % des besoins alimentaires sont satisfaits, ce qui laisse encore l'espoir d'un développement possible dans cette filière.

▶ **L'agro-alimentaire, manger local !** Les autorités compétentes convergent sur le sujet : l'agriculture de l'île bénéficie d'une restructuration profonde. Des programmes réitèrent les recommandations et actions pour valoriser le potentiel de l'île (productions et consommations locales) afin d'améliorer l'auto-approvisionnement de la population et se substituer un peu aux importations. Comme dans la métropole, des producteurs, des économies de production, des gains de marché, des tentatives de création et d'imposer des étiquettes de qualité et des AOC afin de se démarquer des productions européennes ou mondiales avec les « produits *peyi* ».

▶ **Une agriculture biologique à ses débuts**. Quelques agriculteurs pionniers se sont engagés dans une démarche plus soucieuse de l'environnement et tentent d'attirer l'attention du grand public sur les méfaits de l'agriculture intensive. Plus de la moitié de l'espace agricole de la Guadeloupe est située dans l'aire du Parc national de Basse-Terre, et même si elle est en progression, la surface exploitée en pur organique reste faible. Dans le programme national Ambition Bio 2022, l'objectif est d'augmenter le volume des surfaces agricoles utiles en bio.

La pêche

La filière regroupe 1 299 pêcheurs pour 644 bateaux en activité pour 3 000 tonnes de poissons pêchés par an. Les pêcheurs non déclarés (travailleurs sans couverture sociale) gonfleraient considérablement ce chiffre sans compter les plaisanciers qui vendent également leurs poissons.

L'aquaculture et la pêche ne suffisent pas à couvrir les besoins de la consommation locale. Des pêcheurs (déclarés ou non) vendent leurs poissons auprès des pôles de vente centralisée (Basse-Terre et Pointe-à-Pitre) mais il n'y a pas de criées. Une campagne d'identification des bateaux de pêche professionnelle a été lancée en juin 2018, grâce à la délivrance d'un macaron. La vente directe est pratiquée dans les nombreux petits ports ou même en bordure de route. Le secteur subit, en outre, la concurrence des pays voisins. La pollution des sédiments marins par un pesticide (le chlordécone) impose des zones d'interdiction totale ou partielle de la pêche, notamment sur le littoral bordant les plantations de bananes ayant fortement utilisé ce pesticide. Cette restriction concerne certains poissons, crustacés ou coquillages très prisés (langoustes brésiliennes, thazards, palourdes, burgots, etc.). Le programme de santé publique sur le chlordécone « Titiri » a été lancé par l'Instance d'éducation et de promotion de la santé (IREPS) en 2019 et financé par l'Agence régionale de santé (ARS) pour réduire les risques d'exposition. Il concerne la consommation des produits de la pêche issus des eaux douces et de la mer. Le but est d'informer la population pour préserver sa santé, tout en continuant à manger local.

Les taxes et exonérations

Trois types de taxes sont exigibles à l'entrée d'un produit dans un DOM :

▶ **La TVA**, au taux de 2,10 % pour le taux réduit et de 8,50 % pour le taux normal. La TVA n'est pas perçue en Guyane, à Saint-Martin ni à Saint-Barthélemy.

▶ **L'octroi de mer**, taxe dont le taux est fixé par le conseil régional de chaque DOM, est réparé entre les communes. Les marchandises produites dans les DOM (sous certaines conditions) et celles qui sont introduites dans les DOM sont assujetties au paiement de l'octroi de mer et du droit additionnel à l'octroi de mer. Les taux de droits sont déterminés par délibération des conseils régionaux. Ces droits sont perçus sur les marchandises de toute provenance, y compris de métropole et des autres DOM.

▶ **Le droit additionnel à l'octroi de mer,** toujours fixé par le conseil régional du DOM, alimente le budget de la région et son taux varie de 1 à 2,50 %.

L'assiette de ces deux derniers droits est constituée par la valeur en douane des biens importés et inclut les frais liés au transport de la marchandise jusqu'au lieu de son introduction dans le département. Le droit d'octroi de mer et le droit additionnel n'entrent pas dans l'assiette de la TVA perçue à l'importation.

▶ **Exonérations.** Afin de favoriser leur développement économique, les départements d'outre-mer bénéficient d'exonérations particulières de TVA en termes : d'équipements destinés à l'industrie hôtelière et touristique, de matières premières destinées aux activités locales de production, d'équipements destinés à l'accomplissement des missions régaliennes de l'État, de produits et matériaux de construction et outillages industriels.

L'industrie

Assez récente, la production industrielle repose sur des mesures économiques prises vers la fin des années 1970-80, la plus connue étant la défiscalisation (mais avec des lois de moins en moins attractives) ou la création de zone franche portuaire comme celle de Jarry. Les nombreux dispositifs mis en place afin de stimuler l'économie guadeloupéenne ont créé les conditions d'une croissance rapide et, avec elle, d'une amélioration sociale. De nouvelles valeurs, comme l'origine du pays, les circuits courts valorisent le secteur productif local, qui devra s'adapter aux évolutions du marché, aux mutations de la logistique verte et du défi énergétique, et à la valorisation des déchets.

▶ **Le BTP.** Un secteur qui constitue un pôle de recrutement important mais qui était en berne depuis 2014 et notamment suite au repli de la commande publique et privée due à une baisse d'attractivité de la fiscalité. Les lois de défiscalisation et les réformes successives depuis 2008 intéressent moins les investisseurs alors que la Guadeloupe souffre d'un déficit de logements. Le relèvement du plafond des niches fiscales de 10 000 à 18 000 euros dans le cadre du dispositif Pinel Outremer (en remplacement du dispositif Duflot) et son assouplissement depuis janvier 2016 n'ont pas suffi à soutenir le secteur.

En 2018, le secteur affiche des signes de reprise avec d'importants chantiers en cours (construction du nouveau CHU et extension de l'aéroport) et des ventes de ciment en hausse. Néanmoins, les projets de construction de logements autorisés sont en baisse tout comme les autorisations de mise en chantier de locaux commerciaux.

Point négatif : les délais de paiement des collectivités locales très difficilement supportables pour les entreprises du BTP déjà en difficulté.

L'artisanat

Secteur d'activité important et dynamique dans l'économie guadeloupéenne, l'artisanat représente environ une entreprise sur trois, avec une concentration plus forte dans l'agglomération pointoise, les îles satellites, le nord de Grande-Terre et le sud-est de Basse-Terre. Le secteur demeure encore très marqué par le travail dans le bâtiment bien que le secteur soit mis à mal ces dernières années. On note un nombre croissant de nouveaux artisans chaque année, souvent des auto-entrepreneurs qui se lancent sans réelles connaissances du marché. Cette manne artisanale demeure donc fragile.

Le secteur tertiaire

Majoritaire, le secteur des services est dynamique. En première position la grande distribution, les supermarchés (Carrefour, Géant, etc.), puis la téléphonie, la Poste, les banques et le tourisme, sans oublier l'importance des métiers de l'administration d'Etat et des collectivités, secteur public emploie plus de 25 000 fonctionnaires.

Le secteur des services aux particuliers progresse, dopé par l'augmentation du vieillissement de la population et du nombre de femmes travaillant et faisant appel aux prestataires de service à domicile (garde d'enfants, ménage, soutien scolaire...).

Place du tourisme

L'archipel a connu une crise au début des années 2000, provoquant la fermeture de plusieurs établissements (-40 % depuis 2000, passant d'une capacité totale de 5000 chambres à 1950 chambres d'hôtel, toutes catégories confondues). Jusqu'en 2000, le secteur concentrait 5 % de la valeur ajoutée produite en Guadeloupe. En 2009, les évènements sociaux ayant provoqué un quasi arrêt de l'économie sur l'île pendant 44 jours, une baisse du tourisme conséquente a eu lieu (-30 % du nombre de nuitées par rapport à l'année précédente). Le tourisme guadeloupéen engendre un chiffre d'affaires de 570 millions et représente 10 % des entreprises et 9 % des salariés. Entre 15 000 et 20 000 emplois sont concernés directement ou indirectement par le

secteur. Si les conflits sociaux ont alimenté, au fil des ans, une image négative de la qualité du service, le travail de communication du Comité du Tourisme sur l'importance de l'économie touristique, porte ses fruits : la population, les salariés du secteur sont sensibilisés. Les visiteurs sont charmés ; 85 % des touristes de loisirs et 94 % des visiteurs pour raison professionnelle envisagent de revenir. L'aéroport Pôle-Caraïbes a accueilli 2,4 millions de passagers en 2018, soit une hausse de 3,4 % par rapport à l'année précédente. Il représente l'aéroport le plus important d'outre-mer devant celui de la Martinique et de la Réunion. Des travaux d'extension sont prévus à l'horizon 2020 afin d'atteindre les 2,5 millions de passagers annuels et pour parvenir à 3 millions vers 2030.

Un contexte concurrentiel

Aux Antilles françaises, les entreprises de la filière hébergement sont impactées par une rentabilité moindre par rapport à la France métropolitaine. La masse salariale est de 10 points supérieure à celle de l'hexagone (42 % contre 32 %), le coût des marchandises est plus élevé et la saisonnalité de l'activité très prononcée. Les autres îles des Caraïbes, dont Cuba et la République dominicaine, constituent une véritable concurrence avec un écart de coût important en termes de salaires, d'où le challenge pour la Guadeloupe et les Antilles françaises à rester compétitives. Certaines destinations voisines ont pris des parts de marché à la Guadeloupe en optant pour des stratégies différentes entre tourisme de masse avec des séjours à faible coût et en all inclusive, d'autres en s'orientant vers le tourisme de luxe.

Un ciel qui s'enrichit

La Guadeloupe semble toutefois avoir trouvé son créneau ces deux dernières années, en bénéficiant de l'actualité événementielle sportive en 2018 avec l'Open de Golf et la Route du Rhum. Contrairement à d'autres destinations des Caraïbes, elle accueille une clientèle principalement métropolitaine. Les liaisons hexagonales vont encore s'accroître avec le premier Airbus A350-100 d'Air Caraïbes qui permettra à la compagnie d'augmenter le nombre de passagers transportés à compter du mois de décembre 2019. Dans le même temps, Air France a annoncé l'augmentation de la fréquence de ses longs-courriers avec trois vols transatlantiques quotidiens. XL Airways opérera de décembre à mai des vols au départ de trois nouvelles villes : Bordeaux, Nantes et Lyon. La compagnie Level proposera quant à elle un vol quotidien contre quatre vols hebdomadaires.

Le Comité du Tourisme travaille par ailleurs à l'amélioration des connexions aériennes en vue d'élargir la clientèle. Ainsi, fin 2019, la compagnie Air Belgium proposera des rotations au départ de la Belgique (Charleroi), laissant augurer une hausse de la fréquentation des touristes européens. L'Amérique du Nord n'est pas en reste puisqu'en février 2020, c'est la compagnie JetBlue qui desservira l'île au départ de l'aéroport de New York JFK. Au terme d'une convention signée entre JetBlue et la Région Guadeloupe, en partenariat avec le CTIG et l'aéroport Pôle Caraïbes, la compagnie *low-cost* assurera trois dessertes hebdomadaires sur une saison allant de novembre à avril, ce qui viendra sans doute pallier l'arrêt des rotations de la compagnie Norwegian à compter de la fin de l'année 2019. La Guadeloupe étend également son offre envers les Canadiens. Air Canada va proposer quatre vols hebdomadaires entre Pointe-à-Pitre et le Québec en haute saison, soit un vol supplémentaire. En moyenne saison, trois liaisons seront assurées et deux en basse saison. Le CTIG annonce également son objectif de négocier une desserte depuis la ville de Toronto. Au total, ce ne sont pas moins de 42 000 sièges supplémentaires dont devrait bénéficier la destination pour la haute saison.

Les croisières

L'île accueille deux types de croisières, celle de transit lorsque le navire effectue uniquement une escale d'une journée et celle dont le départ s'effectue de la Guadeloupe. L'île s'impose au fil des ans comme une étape incontournable en la matière. Deux compagnies, MSC et Costa, ont choisi Pointe-à-Pitre comme port de base. On dénombre plus de 400 000 croisiéristes en 2018. La Guadeloupe a notamment bénéficié du report des escales croisières de Saint-Martin, après les ouragans Irma et Maria. Depuis ces vingt dernières années, on constate une baisse de la croisière de transit mais une augmentation considérable (après une longue chute de 2003 à 2011) de la croisière basée en Guadeloupe.

La Guadeloupe parmi les destinations plébiscitées dans le monde

Depuis 2015, l'archipel bénéficie d'un regain de visiteurs. En 2018, l'activité touristique reste dynamique avec 735 000 touristes de séjour accueillis en 2018 (+13 % par rapport à 2017). La fréquentation hôtelière affiche sa meilleure performance depuis 2010 en enregistrant 1,3 million de nuitées, soit une hausse de 3,6 % avec une évolution marquée vers l'hôtellerie moyen et haut de gamme.

Le type d'hébergement choisi

On constate que 44 % des visiteurs logent chez des amis ou en famille (particulièrement en basse saison durant les mois de juillet/août),

25 % choisissent l'hôtel (clubs de vacances inclus) et 24 % s'orientent vers les gîtes et les villas. Le taux de satisfaction est en hausse (accueil de la population : 98 %, accueil des professionnels : 96 %, hébergement : 95 %, sites visités : 96 %).

L'attractivité de l'archipel

77 % des visiteurs admettent venir en Guadeloupe pour les plages, 23 % pour les randonnées, 23 % pour les parcs, 24 % pour ses musées et son patrimoine historique. 98 % des touristes se déclarent satisfaits de l'hébergement, de l'accueil et des loisirs. Plusieurs paramètres contribuent à propulser le tourisme au premier rang de l'économie guadeloupéenne :

▶ **L'impulsion de nombreux dispositifs législatifs** a largement profité au secteur pendant des années. Ils diffèrent selon leurs champs d'action, allant de la fiscalité aux aides pures. Si la défiscalisation a permis la réalisation de plusieurs complexes touristiques et fait bondir très rapidement la capacité de lits, la fin de la défiscalisation a sonné le glas de certains de ces établissements. Les actionnaires, n'y trouvé plus aucun intérêt, ont préféré revendre à la découpe.

▶ **Des aides à la rénovation**, subventionnées par le FEDER (Fonds européen de développement régional) ont permis de retrouver un parc hôtelier de meilleure qualité en 2015 et 2016.

▶ **La démocratisation du voyage** constatée globalement dans le monde, conséquence d'une chute considérable des prix des voyages.

▶ **Les nouvelles compagnies aériennes** pour les Antilles. La défection de trois compagnies aériennes (Aérolyon, AOM et Air Liberté), a été en partie compensée par les vols transatlantiques d'Air Caraïbes puis par l'arrivée de la compagnie low-cost XL Airways.

La taxe de séjour

Créée en 1910 (hôtels, loueurs d'appartements, villas, chambre d'hôtes, etc.) pour participer au développement touristique du territoire, elle est collectée par les hébergeurs et reversée aux communes. Elle se calcule par jour et selon le nombre de personnes. Son tarif varie selon la catégorie de l'établissement et la commune, puisque son montant fait l'objet d'une délibération du Conseil municipal. Ce montant vient donc s'ajouter au prix de la location annoncée.

Une concurrence qui met en place une nouvelle politique tarifaire au bénéfice du voyageur. Grâce à la dynamique impulsée par le Comité du Tourisme des îles de Guadeloupe (CTIG), la compagnie Air Belgium proposera des rotations depuis la Belgique à compter du mois de décembre 2019 et JetBlue au départ de New York à partir de février 2020.

▶ **Les Caraïbes, une image d'exotisme** associée à une position géographique de rêve, soit une attraction majeure dans le domaine maritime : les croisières et la plaisance. Rappelons qu'il s'agit de la zone la plus importante du monde dans ces deux domaines.

▶ **La nature préservée, un capital fort**. La Guadeloupe, loin du seul cliché de carte postale de plages au sable blanc, est de plus en plus associée à une terre sauvage, propice aux découvertes naturalistes et aux contacts avec une population authentique. Le Parc national de la Guadeloupe et ses réserves naturelles en sont le plus bel exemple.

▶ **Un environnement favorable qui permet à l'archipel de s'inscrire comme une destination sûre.** La population est française, vous n'avez pas besoin de vous préoccuper du change et vous bénéficiez du système de santé français si besoin.

L'écotourisme, une promesse sur l'avenir ?

Et si la modernisation de l'industrie hôtelière signifiait autre chose que la construction de gros complexes ? Il y a de la place pour un autre tourisme, quand la demande du public est ailleurs. Depuis quelques années, de nombreux prestataires en Guadeloupe ont pris conscience de l'impact désastreux du tourisme sur l'écosystème et sur l'équilibre social de la région. Les collectivités territoriales ont bien perçu les atouts de cette démarche. Elles accompagnent les actions qui vont dans ce sens, créant des labels de qualité et d'écotourisme et montrent que la Guadeloupe, avec son riche patrimoine naturel et humain, a une belle carte à jouer dans le milieu de l'écotourisme.

Disposant d'un parc d'hébergements inédits et diversifiés, plus en harmonie avec la nature (écogîtes ruraux par exemple), les acteurs locaux de ce nouveau tourisme s'engagent dans une démarche durable et mieux intégrée à l'environnement, notamment au travers de la marque « esprit parc national ». Concrètement, sur le terrain, les communes, associations, opérateurs et propriétaires privés montrent leur attachement à la protection des zones de grand intérêt écologique (mangrove, fonds coralliens, chutes du Carbet, volcan, cascades, forêts, campagnes) en créant des parcs d'activités qui respectent l'environnement (randonnées, excursions douces en mer sans moteurs), incitant ainsi les vacanciers à d'autres visites (plantations, distilleries, écomusées). L'archipel de la Guadeloupe ne se résume pas à ses plages et ses cocotiers !

La Route de la Mémoire

Renforcé par l'ouverture du Mémorial ACTe en 2015, le tourisme mémoriel vient diversifier l'offre touristique en mettant en valeur le patrimoine culturel. A ce jour, huit circuits touristiques entraînent les visiteurs vers des sites à l'intérêt patrimonial, architectural, historique, culinaire, etc., sur toutes les îles de la Guadeloupe.

Enjeux actuels

Des infrastructures modernes

Depuis la départementalisation en 1946, les multiples interventions de l'Etat se sont succédé afin d'améliorer l'environnement social et économique des Antilles françaises. Des fonds interministériels issus de la Loi d'orientation pour l'outre-mer (LOOM, 2000), en passant par la Loi sur l'octroi de mer (juillet 2004) et la Lodeom (2010). Les différents programmes, plans nationaux et régionaux visent le même objectif global : un aménagement territorial cohérent, des infrastructures modernes (sanitaire, communication, distribution eau, électricité, aéroport, port, routes, etc.), à comparer avec celles d'autres îles voisines. La Guadeloupe comme la Martinique avancent à grand pas, comblent leur retard de développement et affichent un niveau de vie supérieur à celui d'autres îles de l'espace caribéen. Leur stabilité politique, parallèle à la sécurité juridique, conforte les modalités de paiement, la fiabilité des transactions financières et commerciales. Autre atout, leur appartenance via la France à l'Union européenne, dont elles perçoivent des fonds structurels.

Sur la période 1970-1994, la croissance annuelle moyenne du PIB a été d'environ 4 %, soit près du double de celle de la métropole et, de 1990 à 2000, de 3,4 %. De 1982 à 1987, l'économie de l'archipel a connu une activité soutenue grâce à l'introduction des mesures de défiscalisation qui ont stimulé les investissements, insufflant une relance d'activité dans le secteur du tourisme principalement. Sur la dernière décennie antérieure à la crise, la croissance économique a été portée par le secteur marchand.

Economie structurée ou profil artificiel ?

Selon les statistiques de la douane, les ventes de champagne aux Antilles mettent les départements des Antilles aux premiers rangs des riches pays consommateurs ! C'est sans compter l'approvisionnement des croisiéristes qui absorbent ce produit de luxe vendu sur le territoire antillais. Dans ce cas, les indices tendent à révéler « un profil artificiel ». Les rouages fonctionnent grâce à un moteur déterminant, la consommation des ménages et des administrations, qui impose un volume monétaire suffisant, qu'il faut alimenter.

Le secteur privé, sous le régime de la taxation des produits à l'importation, a bénéficié d'aménagements fiscaux plus avantageux pour diverses catégories socioprofessionnelles, de défiscalisations et subventions. Les transferts publics possèdent un caractère social très poussé, ce qui ne peut que doper la consommation, le secteur des services étant sans aucun doute le premier bénéficiaire. Dans cette continuité, il faut rappeler la loi de 1950 qui procure aux fonctionnaires mutés dans un DOM une « rémunération complémentaire », soit un avantage salarial important, sans citer les à-côtés comme la déduction d'impôt, l'indemnité d'éloignement, les frais, congés bonifiés. Près d'un quart de la population travaille dans la fonction publique en Guadeloupe.

La part revenant aux sociétés (subventions, fiscalité), sous ses différentes formes, passe en second plan, mais ces dernières peuvent bénéficier, selon la conjoncture, d'autres avantages assurés par des législations complémentaires.

Grève générale en 2009 et après ?

Pourtant, l'importante avancée démographique, de 2 à 3 fois plus forte qu'en métropole, reste l'un des freins à la croissance pour tous. Si le taux de la population atteint les 30 % pour les moins de 25 ans, le chômage (22 % en 2017) les touche de plein fouet, poussant les jeunes à partir en métropole, en décourageant d'autres à entrer dans la vie active. Le système notoire des « jobeurs » (travail non déclaré) fausse en partie les chiffres. A ce nombre inquiétant d' « inactifs » est venue s'ajouter l'immigration régulière ou clandestine en provenance de la Dominique, de République dominicaine et de Haïti, surtout depuis le séisme du 12 janvier 2010. C'est dans ce contexte tendu, que les protestations de la population vont monter d'un cran en 2009. En préambule, l'île connaît un premier blocage du 8 au 10 décembre 2008 de la part du Collectif des entreprises de la Guadeloupe regroupant 42 organisations professionnelles s'opposant au prix de l'essence. Ils obtiennent une baisse des tarifs (38 centimes de baisse pour l'essence et 28 centimes pour le gazole). Fondé sur des revendications sociales et salariales, mais sans doute conforté par l'issue positive des barrages provoqués par les socio-professionnels en décembre 2008, le conflit commence le 20 janvier 2009 et s'achève le 4 mars 2009. A l'initiative, 46 organisations syndicales, politiques, associations diverses (culturelles et de consommateurs...) regroupées sous le nom LKP (Lyannaj Kont Pwofitasion), groupe mené par un leader convaincant, Elie Domota. Le mouvement de grèves paralyse l'île près d'un mois et demi. Pas moins de 165 points de revendication, dont les

plus significatifs tournent autour du pouvoir d'achat des faibles revenus, une demande de considération de « la vie chère » sur les îles (révision provisoire des prix du carburant, tarifs des cantines scolaires, billets d'avion, bourse des étudiants, produits de consommation courante mais aussi des taxes foncière et d'habitation, une revalorisation de la prime de solidarité en faveur des 50 000 foyers les plus pauvres, l'augmentation de salaires, mesure visant à réduire les inégalités...).

Emploi, pouvoir d'achat, écologie, les défis majeurs

Finalement, l'accord Bino, en mémoire du syndicaliste tué par balle dans la nuit du 17 au 18 février 2009, sera signé le 4 mars. Il prévoit une augmentation mensuelle de 200 € pour les plus bas salaires et fixe les conditions de financement. L'entreprise prend en charge de 25 à 50 % selon son effectif, l'Etat en assure 50 % et les collectivités locales 25 % chacune (pour les entreprises jusqu'à 100 salariés). L'accord prévoit qu'à l'issue de 36 mois, l'augmentation totale restera à la charge des entreprises. Le Medef refuse de signer. L'emploi des termes « pérennisation du modèle d'économie de plantation », pour qualifier la spécificité économique de la Guadeloupe, dérange. Les ministères de l'Economie et du Travail réagissent en étendant l'accord Bino à toutes les entreprises le 11 avril 2009, mais l'application des mesures tardent à venir. Le versement de la part de la prime sur les bas salaires de la part de l'Etat a été prolongée jusqu'au 31 décembre 2013 par le Sénat. Depuis, la situation est gérée au cas par cas par chaque entreprise ou chaque branche. Il s'avère que la situation n'a guère évolué depuis le mouvement social. Entre les promesses non tenues et la fermeture des entreprises, la Guadeloupe n'a pas encore tourné la page de ses revendications contre la vie chère et celle du carburant notamment. Les stations-service se mobilisaient une première fois entre le 27 et le 30 décembre 2013 et fermaient leurs portes en protestation à la mise en place du décret Lurel qui vise à réformer les méthodes de calcul du prix du carburant. N'ayant pas obtenu satisfaction, et craignant pour les emplois du personnel de piste de par la menace des pétroliers d'automatiser l'utilisation des pompes à essence, toutes les stations reprenaient leurs portes entre le 30 janvier et le 5 février 2014 après avoir obtenu des garanties de maintien de leur statut de la part des pétroliers et surtout face à l'impopularité de cette grève.

Actuellement, même si la possibilité d'un mouvement de l'ampleur de celui de 2009 semble écartée, les syndicats continuent de revendiquer et de manifester leur mécontentement. Emploi, pouvoir d'achat, gestion de l'eau, gestion des déchets, transport urbain, chlordécone. restent toujours parmi les défis urgents à relever dans l'archipel.

POPULATION ET LANGUES

Population

Aux Antilles, les nombreuses nuances et couleurs de la peau constituent une véritable mosaïque (Noirs, mulâtres, Indiens, Békés, Blancs créoles et métropolitains, et d'autres peuples encore : Chinois, Libanais, Syriens, etc. – en plus faible proportion). Autant de groupes qui forment des communautés diverses, se mêlent (ou pas) et appartiennent tous à la sphère historique et géographique de la Guadeloupe.

▶ **Noirs de peau et métissage.** Majoritaires sur les îles, les descendants des esclaves arrachés des terres africaines forment la principale communauté en Guadeloupe. Elle s'augmente de nombreux métissages : les mulâtres nés d'une union « domino » (blanc-noir), les métis (indien-noir) et les quarterons (1 quart de sang noir, c'est-à-dire un seul grand parent noir dans une descendance blanche). Les Noirs sont les garants de la culture créole, métissée elle aussi mais très vivante dans ses sources vives : langue, littérature, musique, arts culinaires...

Aux Saintes, la blondeur des locks est due à une origine indiscutablement celte. Les Saintois ont gardé les yeux clairs et les cheveux blonds de la Bretagne, patrie d'origine de leurs aïeux. Parfois, leur identité bretonne est très prononcée ! Néanmoins, ils revendiquent leur appartenance à la Guadeloupe.

Sur les îles de Marie-Galante et de la Désirade, les métissages ont façonné une population plurielle qui, bon gré mal gré, a dû s'adapter, cohabiter et travailler ensemble. La Désirade demeure l'une des îles les plus énigmatiques et les plus tragiques de l'archipel. Qualifiée autrefois de « terre de lépreux » car, après une épidémie de lèpre en Guadeloupe en 1925, les malades furent exilés sur l'île dans le quartier de Baie-Mahault. La Désirade se caractérise toujours par son style de vie insolite. Nul pourtant ne niera la richesse multiculturelle que les migrations des quatre coins de la planète ont apportée à cette terre d'asile.

▶ **Indiens Coolis.** A partir de 1854, après l'abolition de l'esclavage, les propriétaires terriens ont fait venir des Indiens dans l'archipel pour travailler dans les champs de canne à sucre et les usines sucrières. Les colons y voyaient là une main-d'œuvre bon marché. Quittant la misère, les Indiens espéraient un contrat, voire un lopin de terre. Ces conditions furent rarement respectées, et pourtant la plupart d'entre eux sont restés. Installés majoritairement sur les communes du Moule, de Saint-François, de Capesterre-Belle-Eau, sur les hauteurs de Saint-Claude et à Matouba, les Indiens ont cultivé la terre avec adresse, parfois à flanc de volcan comme c'est le cas à Saint-Claude. Encore aujourd'hui, la communauté est très soudée et entretient de bonnes relations avec les populations locales – mais ce ne fut pas toujours le cas. A leur arrivée, les anciens esclaves ont nourri de l'animosité contre eux. Il a fallu des générations pour calmer cette hostilité. Si l'usage des langues tamoul et hindi a pratiquement disparu, des éléments de la vie quotidienne indienne sont passés dans le patrimoine guadeloupéen. Tout le monde connaît le gombo, le colombo, les tissus madras... La canne à sucre provient également de l'Inde, alors que le mot « punch », en sanskrit, vient du chiffre « cinq » (*pancha*), un rappel des cinq ingrédients de la boisson que les maîtres britanniques commandaient à leurs domestiques indiens. Les Indiens ont choisi de conserver une partie de leurs traditions et croyances, tout en ayant pour la plupart adopté la religion chrétienne (catholique, adventiste, évengéliste...). Ils ont bâti plusieurs temples en Guadeloupe, dont celui de Capesterre-Belle-Eau, le plus spectaculaire.

▶ **Békés.** Descendants d'une trentaine d'anciennes grandes familles blanches, ce groupe, particulier en Martinique, est moins important en Guadeloupe. Conscients de leurs particularités ainsi que de leur héritage, ils conservent une perception aristocratique de leur identité. Il n'existe pas de codes écrits, mais les membres de cette communauté sont régis par des us et coutumes traditionnels, qui les soudent. Le non-respect de ces « règles » peut entraîner une mise à l'écart de la communauté, voire l'isolement social. Si le domaine matrimonial accepte de plus en plus de « Blancs » extérieurs, il reste peu perméable au métissage. Mais les temps changent, et la culture békée, fondée sur l'économie coloniale, a subi de profondes mutations depuis les années 1980. Les échanges avec le reste de la société se sont considérablement intensifiés, même dans l'agriculture. Reconnus comme descendants des colons et donc présents sur l'île depuis des générations, les Békés auraient plus de légitimité aux regards des Noirs et des Indiens, car ils connaissent la terre aussi bien qu'eux-mêmes. Même si de nombreux Békés continuent à exploiter la terre, la communauté s'est largement reconvertie vers les secteurs secondaires et tertiaires, dans la grande distribution locale (alimentation, concession automobile, etc.). Certains investissent en Europe, mais aussi aux Etats-Unis, en République dominicaine, au Canada...

▶ **Métros.** Les rapports entre Métros (métropolitains) et Antillais ne sont pas simples ; sans être vraiment conflictuels, ils relèvent davantage de la tolérance mutuelle que de la franche amitié. Les Antillais montrent une certaine méfiance, et du mépris parfois envers les Métros fraîchement arrivés, qu'ils considèrent comme des « envahisseurs » privilégiés sur leur territoire réduit. Mais les vrais échanges avec la population locale ne sont pas garantis d'emblée. Ici comme ailleurs, ce genre de relations prend plus de temps qu'un séjour relativement court ne l'autorise. Quand un Métro s'installe, il est dans l'ensemble assez bien accepté si, de son côté, il fait des efforts pour se fondre dans le paysage local. En moyenne, le Métro séjourne trois années aux Antilles. Il est considéré comme de passage, ce qui affecte les relations durables. Une fois le cap des cinq années passé, les relations ont de fortes chances de changer, dans le bon sens.

Avec les vacanciers et les touristes, qui sont la catégorie mouvante la plus proche des Métros, on entretient des rapports courtois voire conviviaux, dans le cadre professionnel ou économique.

▶ **Blanc-Matignon.** Groupe dont l'appellation est associée aux Grands-Fonds du Moule (Jabrun Nord et Jabrun Sud). Leurs descendants et noms sont parvenus jusqu'à nous, accompagnés d'innombrables légendes... On leur prête même des liens familiaux avec les Grimaldi de Monaco ! A priori, ils doivent leur nom à une très grande famille de planteurs, dont le premier est recensé en Guadeloupe au milieu du XVIIᵉ siècle : Léonard Matignon. Comptant plusieurs centaines de membres, ces propriétaires terriens se sont spécialisés dans les secondes cultures, comme le café, le cacao ou le coton, et ont apporté un soin particulier à préserver « l'uniformité » de leur groupe par des mariages internes. L'effondrement de l'économie coloniale et les nombreux changements au sein de la société guadeloupéenne ont quelque peu chamboulé ces habitudes.

▶ **Chinois, Japonais, Libanais et Syriens.** Dans une proportion moindre, les Chinois font comme les Indiens et parlent parfaitement créole. Ils tiennent aujourd'hui des restaurants ou des petites boutiques d'alimentation. Les Libanais et les Syriens sont également formé une communauté. Premiers commerçants ambulants (vêtements, tissus, bijoux, etc.) qui quadrillaient les campagnes, offrant selon eux les meilleurs crédits, ils ont investi les grandes rues commerçantes de Pointe-à-Pitre et les locaux commerciaux de la zone de Jarry à Baie-Mahault.

▶ **Caribéens.** Des populations des îles voisines émigrent vers la Guadeloupe pour son niveau économique plus élevé que la moyenne de la région. Les communautés haïtienne, dominicaine, dominiquaise, tentent de s'intégrer malgré une certaine réticence de la population locale.

Le créole, une langue de couleurs

Avec des origines qui remontent à plus de cinq siècles, le mot « créole » désigne bien plus que la langue vivante des îles. Empreint d'histoire et de culture, dont la pratique de la langue est l'une des composantes, il dépasse largement les frontières de la Guadeloupe, des Antilles, voire des Caraïbes. Le créole est pluriel, il convient donc d'en parler dans toute sa diversité. Les plus anciens textes connus datent du milieu du XVIIIe siècle. Né pendant la période coloniale, utilisé par les deux puissances, le mot a une origine espagnole (*criollo*) ou portugaise (*crioullo*). Comme dans toute émigration par vagues successives, les esclaves ont été coupés de leurs idiomes naturels. Leurs descendants ne connaissent que le nouvel environnement des îles et des Amériques. On a donc commencé à parler du « créole » pour désigner la population noire des îles, puis rapidement le mot a fini par englober toute la culture coloniale, enrichie par les langues parlées dans les différents pays occidentaux et africains qui la composent.La déportation massive des peuples du continent africain, mais également du sous-continent indien, joue un rôle dans sa propagation, d'autant que les groupes sont systématiquement séparés. A partir de là, il est facile d'imaginer l'incroyable mosaïque qui s'est formée ; un terrain favorable pour la naissance et le développement d'une nouvelle langue. Longtemps stigmatisé, le créole a été affublé de diverses qualifications, souvent péjoratives ou ironiques pour le décrire. On moquait alors ce « Français déformé, simplifié à l'extrême, aux intonations anormales, ce baragouin »...

▶ **Naissance de la mythologie créole.** La période révolutionnaire amorce un changement. Contes, chansons populaires, textes humoristiques et déclarations politiques de la Convention sont désormais écrits en créole. Le début d'une période faste où l'on rédige des grammaires en créole, où Lafcadio Hearn publie des contes, où l'on peut lire des feuilletons dans la presse comme *Les Mémoires d'un vonvon* de Tonton Dumoco... Les histoires pour enfants sont riches en animaux (Kompè Lapen, Kompè Macak, Kompè Tig) et de personnages savoureux (Ti Jean, Ti Chica, Misié Liwa, La Diablès ou encore Manman Dlo). Les légendes sont pleines de zombis, de volants, de soucougnans et autres mofwazé.

Quelques expressions créoles

▶ **Bonjour** : bonjou.

▶ **Bonsoir** : bonswa.

▶ **A demain** : a dèmen.

▶ **Au revoir** : ovwa.

▶ **S'il vous plaît** : si ou plé.

▶ **Je cherche** : an ka chèché.

▶ **Allons-y** : annou ay.

▶ **Comment ça va ?** : ka ou fè ?

▶ **Donne-moi** : ban mwen.

▶ **Viens** : vini.

▶ **Pas de problème** : pani pwoblem.

▶ **J'arrive** : an ka vin.

▶ **C'est mauvais** : i pa bon.

Quelques expressions créoles savoureuses...

Les expressions créoles parviennent avec brio à donner un sens au mot le plus simple. Très imagées, elles regorgent d'une bonne dose d'humour et sont à utiliser, évidemment, sans modération !

▶ **« Adan on dot soleil ! »** : à bientôt !

▶ **« Aforstan alé a lo, kalbas i pet »** : à force d'aller à l'eau, la calebasse se casse – avec le temps, tout s'use.

▶ **« Fanm sé chatenn, nonm sé fouyapen »** : les femmes sont des châtaignes (car elles germent au sol), les hommes sont des fruits à pain (au sol, ils pourrissent).

▶ **« Bèl pa ka tchuit an kannari »** : la beauté ne sait pas cuire un canari – la beauté ne nourrit pas.

▶ **« Bennyé bonné sek vit ! »** : premier arrivé, premier servi !

▶ **« Chat pa la, rat ka bay bal »** : quand le chat n'est pas là, les souris dansent.

La parenthèse se referme au milieu du XXe siècle, alors que la tendance est à l'assimilation. Les écrivains, sauf quelques exceptions, ne reconnaissent guère plus la littérature créole et restent très proches de la langue française. Pourtant, depuis plusieurs décennies, militants syndicalistes, politiques et personnalités culturelles cherchent à réhabiliter cette langue, devenue un enjeu politique et culturel, un moyen de défendre l'identité antillaise contre les conservateurs assimilateurs. La poésie ou encore les bandes dessinées déferlent sur le marché en créole, la publicité se transforme, la musique zouk, le reggae et même le rap explosent en créole. Fait sans précédent, l'université Antilles-Guyane institue, en 1973, un cours de linguistique créole. Trois ans après, la première thèse sur le sujet est soutenue. Depuis

1981, il existe à Aix-en-Provence un institut d'études créoles et francophones. Des écrivains comme Patrick Chamoiseau (prix Goncourt) et Raphaël Confiant (prix Novembre) ont remporté des prix littéraires prestigieux. Pour fédérer ces tendances, les chercheurs et les pédagogues tentent d'établir un lexique commun au créole des Antilles, et lancent en 1981 un nouveau mouvement : Bannzil Kréyôl (« Archipel créole »). On parle aussi de créolisation du monde. La Fête internationale du créole est célébrée le 28 octobre. Si le CAPES de langue créole voit le jour en 2002, ce n'est qu'à la rentrée scolaire 2019 que l'agrégation de créole est lancée à l'Université des Antilles. Désormais, des professeurs de créole pourront être recrutés dans le second degré et l'enseignement supérieur.

MŒURS ET FAITS DE SOCIÉTÉ

Castes

Moins visibles qu'en Martinique, les phénomènes de caste existent cependant en Guadeloupe. Dès le début de l'histoire coloniale, les destinées des différents peuples qui composent cette mosaïque humaine ont pris des voies bien différentes. A la Révolution, la Guadeloupe reste sous influence française. L'esclavage est une première fois aboli, puis l'usage de guillotine vise principalement la classe des planteurs colons, ce qui va chambouler les schémas préétablis entre Noirs et Blancs. Sous tutelle anglaise, la Martinique y échappe et maintient sa structure interne. Les conséquences de cette bipolarité se font encore sentir aujourd'hui. L'île est contrôlée par la « main blanche » mais les Békés sont peu nombreux. Les Métros ont un peu plus de facilité qu'en Martinique pour monter et développer des affaires, sans pour autant appartenir à un cercle ou avoir le parrainage d'un Béké.

Croyances et traditions

Reflets de l'histoire et des composantes diverses de la population, les croyances et superstitions guadeloupéennes sont teintées de l'esprit haïtien, et notamment influencées par le vaudou. Ce ne sont pas des choses dont on parle facilement, mais elles existent. Les Antillais disent souvent qu'ils ne sont pas au courant, ou écartent les questions embarrassantes en parlant d'histoire ancienne. C'est finalement dans la littérature de l'île que l'on trouve le plus de révélations. Ernest Pépin, célèbre auteur, évoque souvent dans ces livres l'univers des *soucougnans*, êtres humains capables de voler (*Toxic Island*), *dorliss* malins qui abusent des femmes pendant leur sommeil (*L'homme au bâton*), bêtes à Bon Dieu et autres diablesses (*L'Envers du décor*), tous mus de pouvoirs spirituels qui font chavirer le commun des mortels. Les maisons hantées, la nature luxuriante et la nuit précoce participent à ces forces surnaturelles. Beaucoup croient à l'existence d'esprits bienveillants ou malveillants, que l'on peut convoquer avec l'intention de faire le bien ou de nuire.

▶ **Les quimboiseurs**, très populaires aux Antilles, sont des personnages que l'on consulte comme une voyante ou un marabout, et qui interviennent dans la vie sociale. Encore aujourd'hui, on va voir le *gadezafé*, ou diseur de bonne aventure, pour comprendre et déjouer les malveines de la vie, chasser la maladie, et attirer l'amour, l'argent ou la réussite. L'usage du quimbois est plus trouble puisqu'il peut s'agir d'ingurgiter un philtre à base de végétaux et de rhum (*coud'zeb*), un breuvage censé agir sur la réalité. Les quimbois sont le plus souvent des petits paquets composés d'objets divers portant des inscriptions, d'ingrédients, d'animaux morts et sont censés envoûter celui ou celle à qui il est destiné.

▶ **Les guérisseurs.** Si les *z'esprits* et les zombis restent en compagnie de la société antillaise, ce sont bien les guérisseurs qui ont le pouvoir. Ils connaissent le maniement des plantes curatives, raclent l'écorce des arbres tropicaux, concoctent des poudres médicinales avec les feuilles de corossol... Certains utilisent les techniques des rebouteux, pratiquent les massages, replacent les os. Ils n'ont pas pignon sur rue, et vous n'aurez pas leurs adresses si facilement, mais cette pratique des soins naturels est bien ancrée dans la mentalité antillaise.

▶ **Les traditions festives et commémorations.** Ces croyances multiples induisent une philosophie du temps présent, sorte de *carpe diem* local qui consiste à profiter de l'instant puisque le bonheur, éphémère par essence, peut être interrompu de mille façons. Il faut donc vivre intensément et célébrer les occasions de se réunir. Et elle ne manquent pas : veillées mortuaires ou culturelles, soirées lewoz gwoka, Carnaval, fêtes de Noël, Mardi-Gras, Pâques mais aussi combats de coqs, courses d'attelages, évènements associatifs comme les *déjeuners champêtres* le dimanche...

Famille

La famille monoparentale est une réalité relativement bien présente. Certaines femmes guadeloupéennes se débrouillent souvent seule avec un ou des enfants parfois issus de différentes paternités, d'où son nom de *potomitan*. En retour, il est courant qu'un homme ait des enfants de mères différentes même en étant marié. Cependant, en Guadeloupe, on trouve encore de nombreux foyers composés de plusieurs générations. Au cours des dix dernières années, la recherche de liens familiaux s'accentue pour palier les effets de la vie citadine et du modèle occidental, grâce aux rencontres familiales qui se développent et aux recherches généalogiques. Mais on constate dans le même temps une augmentation du nombre des personnes âgées vivant seules ou en EPHAD, alors que le modèle guadeloupéen tendait à garder les personnes âgées au sein de la famille.

Hommes et femmes

▶ **La femme antillaise.** L'habillement, et l'élégance en général sont importants ici – notamment le dimanche pour se rendre à la messe ! Si le port ancien de la coiffe a disparu dans l'habillement quotidien, les jeunes femmes d'aujourd'hui aiment toujours autant les parures en or, les bijoux locaux par excellence. Si certaines peuvent paraître avoir de forts caractères, c'est plus par désir d'affirmer leur identité. Cela aurait-il quelque chose à voir avec le contentieux lié au machisme encore présent ? De nombreuses femmes ont pourtant réussi à imposer leurs ambitions avec talent et efficacité, et sont pour certaines parvenues à une véritable reconnaissance. Citons à titre d'exemple Maryse Condé, Marie-José Alie, Tania Saint-Val, Jocelyne Béroard, Mounia, Simone Schwartz-Bart, les politiques au long cours comme Lucette Michaux-Chevry, l'ancienne préfète Marcelle Pierrot, ou encore la présidente du conseil départemental, Josette Borel-Lincertin.

▶ **Les hommes.** Galants et pressants à l'égard des femmes, les (jeunes) hommes antillais peuvent être insistants, mais sont rarement malveillants. Sachez cultiver le bon côté de leur serviabilité sans enjeu. Avec de la gentillesse et un peu d'humour, tout se passe pour le mieux.

Homosexualité

L'homosexualité reste encore un sujet relativement tabou aux Antilles. Ne vous attendez pas à trouver la Guadeloupe dans les destinations *gay friendly*. Ici, on apprécie encore la discrétion à ce sujet.

Sécurité

En outre-mer, la délinquance se caractérise par des atteintes aux biens et des violences dans la sphère familiale plus fréquentes qu'en métropole, le pic de violence ayant notamment été atteint en 2015 avec 45 meurtres enregistrés sur l'île. Inquiété par ces phénomènes en expansion, Bernard Cazeneuve, alors ministre de l'Intérieur sous la présidence de François Hollande, expliquait en juin 2016 que cette montée d'actes criminels était liée à la proximité des territoires ultramarins avec des pays ou des régions marqués par une forte insécurité, à l'importance des trafics de drogue et de la consommation de stupéfiants et d'alcool mais aussi à la faiblesse des dispositifs et des structures de prévention. Selon l'homme politique, ces différents facteurs auraient entraîné l'île (et l'ensemble des territoires d'outre-mer) dans une « une banalisation insidieuse de la violence ». En réponse, un plan de sécurité pour les territoires ultramarins composé de 22 mesures a été lancé conjointement par le ministère de l'Outre-mer et le ministère de l'Intérieur. Sont donc mis en place, depuis 2016, un renforcement des effectifs et des moyens des forces de l'ordre, des liens plus forts entre la population et la police et le démantèlement actif des réseaux de trafic de drogue et d'armes. Malgré tout, les attentes de la population sont encore fortes, notamment concernant la prévention de la délinquance chez les jeunes, majoritairement touchés par les phénomènes de violence...

Scène de rue.

La mort en fête

Une semaine avant la Toussaint, les tombes sont nettoyées, repeintes et fleuries. Les cimetières sont tous illuminés dès la tombée de la nuit. Celui de Morne-à-l'Eau, en carrelage à damier noir et blanc et celui de Port-Louis aux sépultures de terre battue décorées de lambis en forme de baignoire, sont les plus pittoresques. Il faut faire la fête avec les aïeux et tenir toute la nuit avec l'aide du Saint-Esprit, sans oublier le pique-nique et le rhum. L'ambiance n'est pas du tout morose comme en métropole. Le 2 novembre, fête des Morts est un jour férié aux Antilles. Le soir venu, toutes ces petites bougies attirent bien sûr des photographes. Demandez l'autorisation avant de faire des photos ! La mort se fête avec les conteurs pour les familles traditionnelles. Ils sont de véritables « marqueurs de parole », exorciseurs de la dualité païenne et chrétienne. La tradition de la veillée funèbre à la maison est toujours d'actualité en Guadeloupe même si les entreprises de service funèbre sont bien présentes. A l'intérieur de la maison, le défunt est entouré de sa famille et des voisins ; à l'extérieur, les amis arrivent les uns après les autres pour accompagner l'âme du mort en buvant un verre.

Lorsqu'il est présent, le conteur récite des fables, seulement interrompues par des chants accompagnés par le *gro ka* ou *gwo ka* (tambour). Compère Lapin y côtoie bœufs, cochons et éléphants. La vie se reconstruit ainsi, avec des histoires gaies, des gestes excessifs et même des rires.

RELIGION

La religion chrétienne est pratiquement omniprésente. On compte une église dans chaque commune et également deux cathédrales, la cathédrale Saint-Pierre-et-Saint-Paul à Pointe-à-Pitre et Notre-Dame-de-Guadeloupe à Basse-Terre. La messe dominicale est fréquentée et donne l'occasion de sortir bijoux et beaux vêtements.

Chaque enterrement rassemble toute la commune. Les avis d'obsèques sont diffusés sur des radios locales quotidiennement. Lors de la disparition d'un proche, une veillée funèbre est organisée dans la maison du défunt.

Chacun peut venir lui rendre hommage autour d'un verre.

A la Toussaint, tous les cimetières sont illuminés. Toute fête patronale fait l'objet d'une célébration avec pèlerinages et processions.

La diversité du culte ne se limite pas au catholicisme, aux pratiques vaudoues ou à l'animisme : les Témoins de Jéhovah, les évangélistes, les adventistes du septième jour, les rastas et d'autres encore se sont fait de belles audiences. Les hindous ont quant à eux conservé leurs rites. En revanche, on voit peu de musulmans, les mosquées sont rares.

© GILLES MOREL

Chapelle de l'îlet Macou, Morne-à-l'Eau.

ARTS ET CULTURE

Marquée par un fort désir d'affirmer son identité, la culture créole influence tous les domaines de la créativité en Guadeloupe. Des arts picturaux à la sculpture en passant par la musique (omniprésente) et la danse, de la littérature au théâtre en passant par l'art culinaire, la vie quotidienne est rythmée par ces *cultures mixtes, à la fois traditionnelles et bien dans l'air du temps. Le temps du Carnaval mêle ces formes d'expressions aux rites séculaires, aux rythmes percussifs ancestraux, aux chants, aux chorégraphies, aux parures... C'est certainement la manifestation la plus claire de cette culture bien vivante.*

ARCHITECTURE

Portant la marque de diverses influences, l'architecture antillaise, liée à l'histoire de peuplements, évolue avec le passage des générations. D'une façon générale, qu'il s'agisse de l'architecture populaire ou prestigieuse, la tradition des charpentiers de marine a durablement influencé les constructions locales. Les matériaux utilisés sont désormais plus étudiés pour résister aux vents violents, aux séismes et aux incendies. L'esprit de caste a poussé les colons à maîtriser les techniques de construction en dur pour se démarquer des constructions indigènes.

▶ **Les maisons de maître**, visibles de loin, sont le vestige de la période coloniale. De style Louisiane, elles font souvent office de musées aujourd'hui. En ville, vous observerez avec intérêt de riches demeures contemporaines juxtaposées aux façades créoles, aux couleurs vives, ou à ces survivances coloniales. Toutes font partie du patrimoine : maison Saint-John Perse à Pointe-à-Pitre, Habitation Zévallos entre Le Moule et Saint-François et autres habitations de planteurs, château Murat à Marie-Galante, fort Delgrès à Basse-Terre, fort de l'Olive sur le territoire de Vieux-Bourg, fort de l'Union, fort Fleur-d'Épée...

▶ **La case traditionnelle**, de plan carré et d'environ 5 à 6 m de côté (3 m pour les plus petites), est percée de plusieurs portes,

jalousies (persiennes) et volets de bois. Elle est traditionnellement coiffée d'un toit de tôle ondulée, pentu, pour l'écoulement des eaux pendant les fréquentes averses. Pour empêcher l'humidité, la case en bois est posée sur de grosses pierres, ou montée sur des poteaux métalliques fichés dans le sol. Bâties sur un modèle simple à deux pièces, cet habitat modeste peut être complété par une véranda périphérique ou une galerie en façade, avec un espace toilette, ou une cuisine extérieure. Une cour, un jardin potager avec l'arbre du fruit à pain nourricier et une basse-cour complètent cet espace de vie traditionnel.

▶ **La villa créole moderne**. Passé l'ère du tout-béton, l'architecture est revenue à des expressions post-traditionnelles qui empruntent autant aux maisons de maîtres qu'à la case populaire. Une symbiose qui allie charpente en bois et structures métalliques, associe grands volumes (sur un ou deux niveaux), vérandas bioclimatiques, pergolas, aux dentelles de fer forgé ou fanfreluches en bois sur les façades...

▶ **Sur la côte, les gros complexes hôteliers**, dédiés au tourisme de masse, s'intègrent difficilement à la beauté des sites. Toutes les constructions doivent désormais respecter des normes paracycloniques et parasismiques en vigueur ainsi qu'une réglementation thermique spécifique.

Ali Tur, ou l'architecture de la reconstruction

Entre 1931 et 1937, l'architecte Ali Tur, né à Tunis, est chargé par le ministère des Colonies de reconstruire une centaine de bâtiments gouvernementaux et communaux détruits par le cyclone Okeechobee qui a ravagé la Guadeloupe le 12 septembre 1928. Il introduit notamment le béton armé qui rompt avec l'architecture traditionnelle en bois et en pierre et fait entrer la Guadeloupe dans une ère moderne avec des bâtiments publics adaptés aux conditions climatiques. L'ancien palais de justice de Pointe-à-Pitre, la préfecture à Basse-Terre, la mairie du Lamentin, le palais du Conseil départemental, les églises de Morne-à-l'Eau et Baie-Mahault comptent parmi ses œuvres les plus emblématiques.

ARTISANAT

Localement, l'artisanat est en plein développement. Quelques artisans méritants travaillent la calebasse, le bambou, le rotin, la noix de coco, la terre, le sable et les roches, le bois flotté, le cuir, l'or, le madras, la dentelle, les graines... C'est-à-dire toutes les matières naturelles que recèle l'archipel. Certains artisans bénéficient d'une exposition dans les boutiques, les villages artisanaux de Sainte-Anne, Saint-François ou encore à la Maison de la noix de Coco également à Saint-François. La boutique OCEOM, Terre & Mer située à Grand-Bourg (Marie-galante) est incontournable si vous visitez l'île. Jean-Pol Jacob crée de superbes bijoux à base de déchets marins et de coquillages qu'il récupère et qu'il recouvre d'or fin. Ses créations sont également visibles dans les deux villages artisanaux de la Grande-Terre ou à la boutique Mahogany des Saintes. Les chapeaux de paille et autres objets de vannerie font également partie du patrimoine des Caraïbes notamment les salakos, spécialité des Saintes et les bakouas. De nombreux végétaux offrent leurs feuilles ou tiges pour la confection de ces couvre-chefs amples, réalisés avec la technique du natté ou du cordé. Le pandanus ou bakoua est la plante dont les feuilles, une fois séchées, sont utilisées pour confectionner des chapeaux du même nom, des paniers et autres objets de décoration. Le salako est quant à lui fait de fines lattes en bambou parfois recouvert de tissu madras. Attention aux importations *made in* Bali ou Taïwan que l'on peut trouver sur les étalages des commerçants. Les articles provenant d'Haïti et de Cuba sont également très présents. Vous arriverez à faire la distinction assez aisément.

Que rapporter de son voyage ?

▶ **L'artisanat.** Des objets variés sont vendus un peu partout, avec une préférence pour les larges chapeaux, les sacs à main en osier, en tissu et aux motifs coco, le madras à la coupe, les chemises ou les grandes jupes bouillonnantes, à dominante orange ou bleu, mais aussi des serviettes de bains imprimées, des paréos, des tee-shirts, des sets de table, des bijoux en coquillages et les fameux chapeaux *bakoua*. On trouve aussi des poupées créoles en feuilles de bananier séchées, des plats en bambou, des sacs calebasse.

▶ **Les antiquaires.** Quelques marchands se sont spécialisés dans l'art de style colonial (lits à colonnes, consoles, fauteuils à bascule cannés, fauteuils planteur, objets de marine, etc.).

▶ **Les arts plastiques**. Les amateurs de peinture ou de sculpture antillaise pourront visiter des galeries privées mais libres d'entrée, éparpillées un peu partout sur l'île, plutôt proches des zones touristiques, où les artistes locaux empruntent à leur espace caribéen l'essentiel de leur inspiration.

▶ **Les produits pays.** A côté de l'artisanat décoratif, d'autres souvenirs sont à rapporter des vacances : disques de musique typique, livres insulaires, souvenirs gustatifs (rhum, sirop de canne à sucre non raffiné, miel, épices, cacao, plantes séchées, paquets de café et autres gourmandises comme les confitures de goyave, de banane ou les bâtons de coco) et cosmétiques (savons, perles de bains, huiles pour le corps et les cheveux).

▶ **Oubliez l'idée de rapporter des animaux ou des végétaux,** vous risqueriez de contribuer à la disparition d'espèces sauvages. Mieux vaut visiter le parc zoologique et botanique des Mamelles, le jardin botanique de Deshaies ou celui de Basse-Terre pour faire des photos des anthuriums, des roses de porcelaine, des balisiers... Pour ce qui est des fleurs tropicales, nombreux sont les jardins qui proposent des colis que vous pouvez emporter en soute. A l'inverse, ne tentez pas de rentrer en Guadeloupe avec quelques espèces de végétaux, leur importation est réglementée. Concernant les animaux sauvages, tout transport est formellement interdit. Vous encourez des amendes et une peine allant jusqu'à 6 mois de prison. Et pourtant le trafic de coquillages existe, celui du lambi notamment, protégé internationalement en raison de sa surpêche. Sa pêche (réservée aux pêcheurs professionnels) est autorisée uniquement du 1er octobre au 30 janvier. Quant aux tortues, un arrêté préfectoral interdit leur capture ou la consommation de leur chair et de leurs œufs. Ramener une carapace de tortue est strictement interdit, les douaniers sont particulièrement vigilants.

CINÉMA

Chaque année, la communauté des cinéastes antillais fait connaître ses dernières réalisations au cours du très suivi Festival régional et international du cinéma de Guadeloupe (FEMI). Très attendu, il met à l'honneur la culture créole dans le cinéma international.

Lorsque l'herbe court de Christian Lara, marque, en 1968, les débuts du cinéma antillais. Depuis, le cinéma des îles puise son inspiration dans la culture locale. Plusieurs acteurs tels que Greg Germain ou Pascal Legitimus ont connu un succès au-delà des Caraïbes. Sur l'île, une scène jeune, pleine de vitalité, s'est professionnalisée comme le montrent le Marché international du film et de la télévision caribéens (en janvier) et le Bureau d'accueil des tournages de la région, mis en place par le conseil régional. En effet, la Guadeloupe attire des productions variées, tant pour la beauté de ses paysages que pour ses ressources humaines et matérielles. Des scènes du film *Antilles sur Seine* furent tournées à la Guadeloupe, mais aussi *Emmanuelle 4*, *Rien ne va plus*, ou encore *Speed 2, Cap sur le danger*, *La Smala s'en mêle...*

Quant aux productions typiquement guadeloupéennes, après *Nèg Maron* de Jean-Claude Barny, *Le Bonheur d'Elza* de Mariette Monpierre (sorti en 2011), décrit les réalités sociales avec justesse. *Nèg Maron* nous entraîne dans l'univers de jeunes issus d'un quartier populaire en rupture avec le système social. Avec *le bonheur d'Elza*, le spectateur suit la quête identitaire d'une jeune fille de 20 ans, fraîchement diplômée et vivant en métropole, qui annonce à sa mère et sa sœur, qu'elle a pris la décision de se rendre en Guadeloupe, île qu'elle ne connaît pas, pour retrouver la trace de son père qui les abandonnées. La série *Meurtres au paradis*, tournée entièrement en Guadeloupe (principalement à Deshaies) est une co-production de la BBC et de France Télévisions. Les épisodes de la 8e saison ont été tournés en 2018 et le casting de la 9e saison a eu lieu en juin 2019.

DANSE

La génération des 45 à 70 ans, dite *Gran Moun*, reste attachée à la tradition musicale en habit folklorique. Les vieux airs de *bèlè*, du *laghia* (danse de combat) ou de la *kalenda* (danse lascive), ceux de la *biguine* (probablement une danse congolaise venue aux Antilles par la voie espagnole), la valse, la mazurka piquée et bien sur le Gwoka maintiennent une tradition vivace dans les bals de campagne, mais aussi dans les fêtes associatives. Quant aux jeunes, moins sensibles aux *touffé yin-yin* d'hier (musiques et danses traditionnelles), ils connaissent parfaitement le collé-serré décalé du zouk d'aujourd'hui, le déhanché rotatif et nerveux du ragga mâtiné de reggae cool. L'essentiel est d'y aller au *feeling* !

LITTÉRATURE

En survolant la littérature guadeloupéenne, il convient de la replacer dans son contexte caribéen, et au-delà, en métropole, dans la diaspora avec une communauté d'écrivains originaires de l'archipel, qui en sont partis pour mieux y revenir. Deux périodes, la proto-littérature (de la fin du XVIIe siècle jusqu'au milieu du XIXe siècle) et la pré-littérature (1850-1950) n'utilisent que la langue dominante, le français. Saint-John Perse ou Simone Schwarz-Bart (épouse d'André) appartiennent à cette époque. La période moderne et contemporaine, qui a vu naître notamment la poésie en créole, cherche à mettre en avant l'identité spécifiquement guadeloupéenne et se fond dans un mouvement général de fiertés créoles (arts, culture et société).

Longtemps, dans la société traditionnelle antillaise, les contes, comme en Afrique, constituait une expression de transmission culturelle privilégiée. Avant l'ère de la télé et d'Internet, on se rassemblait pour les veillées communautaires, lors de fêtes patronales ou de réunions familiales. L'occasion souvent d'écouter l'ancien raconter des récits colorés, fantastiques ou dramatiques.

Créolisme, mythes et réalités

Dans les années 1970, l'émergence du roman antillais (en français) fait connaître des noms qui deviendront célèbres : Maryse Condé, Ernest Pepin, Gisèle Pineau... Chacun, à sa manière, décrit les mythes et réalités de l'archipel. Tous seront remarqués et édités en France. Partant de ce constat, Ibis Rouge (www.ibisrouge.fr), une société d'édition insulaire créée en 1995, d'abord en Guyane puis en Guadeloupe, en Martinique et à la Réunion, entend apporter à ces auteurs un accompagnement professionnel sur place, au même titre qu'en métropole. Spécialisée dans les thèmes relatifs aux Caraïbes et à l'océan Indien, la structure indépendante possède un catalogue impressionnant.

Les grands écrivains guadeloupéens

▶ **Maryse Condé** est une enseignante et romancière née en 1937. Après une vie entre la Guadeloupe, l'Afrique et la France, elle s'établit aux Etats-Unis où elle enseigne à l'université de Columbia et travaille pour la BBC. Récompensée à plusieurs reprises, elle est l'auteur de plusieurs romans, dont les plus connus sont *Ségou* (2 volumes, 1984-1985), *Moi, Tituba sorcière* (1986), *Desirada* (1997), *Célanire cou-coupé* (2000) et *Histoire de la femme cannibale* (2005). Une autobiographie, *La vie sans fards* est sortie à la rentrée 2012, et dans la continuité de cet ouvrage est paru en 2015 *Mets et merveilles*. Elle est également présidente du Comité pour la mémoire de l'esclavage. Sur sa proposition, l'ancien président Jacques Chirac a créé la Journée de la commémoration des mémoires de la traite négrière, de l'esclavage et de leurs abolitions, fixée au 10 mai et célébrée pour la première fois en 2006. A ce titre, Maryse Condé a participé, en tant que professeur, au livre paru en 2013 : *Exposer l'esclavage, méthodologies et pratiques*. En 2015, Maryse Condé annonçait *Monts et merveilles* comme son dernier ouvrage. Mais, probablement inspirée par l'actualité, la romancière imagine le parcours d'un jeune radicalisé guadeloupéen dans *Le Fabuleux et triste destin d'Yvan et Yvanna*, paru en 2017. Le 12 octobre 2018, Maryse Condé se voit décerner le prix Nobel alternatif de littérature, une belle consécration pour l'écrivaine.

▶ **Alexis Leger, dit Saint-John Perse.** Écrivain et diplomate français né à Pointe-à-Pitre en 1887, il a reçu le prix Nobel de littérature en 1960 pour l'ensemble de son œuvre. Ses principaux recueils, *Éloges* (1907), *Exil* (1942) et *Oiseaux* (1962), évoquent les années heureuses passées dans la nature guadeloupéenne. Ses œuvres complètes sont parues en 1972. Une belle maison coloniale du centre de Pointe-à-Pitre, qui porte son nom, est devenue le Musée des arts et traditions. Une large part des expositions (photographies et manuscrits notamment) et une documentation littéraire y sont dédiées au poète. Sa maison natale, quant à elle, a malheureusement été détruite en 2017. Plus d'informations sur l'auteur sur : www.sjperse.org

▶ **Ernest Pépin.** Poète, romancier et critique littéraire né en 1950, l'ancien professeur de français, marqué par la rencontre de Cheik Anta Diop en 1983, a été récompensé de nombreux prix pour ses romans, nouvelles, livres pour enfants et recueils de poésie. Son premier roman *L'Homme au bâton* paru en 1992, l'a fait connaître du grand public. Ses romans, *Le Tango de la haine* (1999), *Cantique des tourterelles* (2004), *L'Envers du décor* (2006) et *Toxic Island* (2010), et ses essais comme cette *Lettre ouverte à la jeunesse* (2001) montrent ses préoccupations sociales, ainsi qu'une forte acuité sur l'identité profonde de l'âme guadeloupéenne. A l'origine d'un salon littéraire (Mai du livre), Ernest Pépin est une personnalité intellectuelle très respectée. Le 25 septembre 2007, pour son anniversaire, Ernest Pépin a été fait chevalier de la Légion d'honneur. Son dernier roman, *Le Griot de la peinture*, inspiré de la vie du peintre Jean-Michel Basquiat paraît en 2015.

▶ **Gisèle Pineau.** Une infirmière qui se met à écrire, tel est le destin de Gisèle Pineau. Née en 1956 à Paris, de parents originaires de la Guadeloupe, elle suit ses études à Paris jusqu'en 1979, puis regagne Basse-Terre où elle travaille au Centre hospitalier psychiatrique de Saint-Claude. Cette expérience lui donne l'occasion de sonder les maux de la société antillaise. Dans ses livres, les femmes sont souvent au centre de l'écriture. En 1998, elle dirige l'ouvrage collectif *Les Femmes des Antilles, traces et voix, 50 ans après l'abolition de l'esclavage*. En 1994, *La Grande Drive des esprits* reçoit le prix du magazine *Elle*, *Fleur de barbarie* reçoit le prix Rosine Perrier (2005), et *Folie, aller simple : Journée ordinaire d'une infirmière* reçoit le Prix Carbet des lycéens (2011). Les romans *Chair Piment* (2005), *Morne Câpresse* (2008) et *Cent vies et des poussières* (2012) évoquent les parcours réalistes, souvent violents, de femmes guadeloupéennes. En 2015 paraît son 20e roman, *Les Voyages de Merry Sisal*, l'histoire d'une jeune femme haïtienne après le tremblement de terre de 2010. *Le parfum des sirènes* paraît en 2018.

▶ **André et Simone Schwarz-Bart.** André Schwarz-Bart est né en Moselle en 1928. Sa vie bascule pendant la Seconde Guerre mondiale car ses parents sont envoyés dans un camp par les nazis en 1942. Il s'engage dans la résistance et met quatre ans avant de publier son roman *Le Dernier des Justes*, pour lequel il obtient le prix Goncourt en 1959. Son roman relate la vie d'une famille juive persécutée de la période des Croisades jusqu'à la Shoah. En 1961, il épouse une étudiante guadeloupéenne Simone Brumant avec qui il co-écrit ensuite *Un plat de porc aux bananes vertes* et la *Mulâtresse Solitude*. Ils sont les parents du saxophoniste de jazz Jacques Schwarz-Bart.

Bien que la *Mulâtresse Solitude*, jeune esclave libre, ait vraiment existé, il s'est créé une véritable légende autour de son personnage notamment grâce à André Schwarz-Bart. Son livre retrace en partie l'histoire de cette jeune martyre, même si, à la lecture, on s'aperçoit que les faits ne coïncident pas avec la véritable chronologie. Ce que l'on sait de la Mulâtresse Solitude : Elle est née, en 1772, d'un viol qu'a subi sa mère par un marin sur le bateau qui l'amenait en Guadeloupe. Sa mère s'enfuit de la plantation où elle était assignée avec sa fille. Cette dernière rejoint, à l'adolescence, le combat de Louis Delgrès et d'Ignace lorsque la France rétablit l'esclavage en 1802 après l'avoir aboli en 1794. Enceinte, elle est condamnée à mort et sera exécutée le lendemain de son accouchement, le 29 novembre 1802. En 1999, une statue de Jacky Poulier est dressée à sa mémoire au carrefour de Lacroix, sur le boulevard des Héros, aux Abymes.

▶ **Guy Tirolien.** Né en 1917 à Pointe-à-Pitre d'un père directeur d'école, Guy Tirolien va habiter à Marie-Galante à l'âge de huit ans. Une île dont sont originaires ses parents, et à laquelle il sera toute sa vie très attaché. Administrateur colonial de carrière, il publie son œuvre majeure, *Prières d'un petit enfant nègre* en 1943 puis participe à la création, en 1947, de la revue *Présence Africaine* aux côtés de Léopold Sédar Senghor et Aimé Césaire notamment. Le poète s'engage également au sein du mouvement littéraire de la Négritude. C'est en 1961 qu'il publie son premier recueil de poèmes intitulé *Balles d'Or*. Il décède à 71 ans, en 1988, sur son île tant aimée.

MÉDIAS LOCAUX

En plus des journaux, radios et chaînes de télévision de France métropolitaine, Vous trouverez bon nombre de médias locaux, journaux et magazines qui côtoient la presse nationale dans les kiosques, dépôts de presse, stations services, supermarchés et hôtels.

Presse écrite

▶ *France-Antilles* : quotidien d'information avec suppléments TV, vacances, conso, voyages...

▶ *Destination Guadeloupe* : magazine trimestriel sur le tourisme dans l'archipel.

▶ *Nouvelles semaines* : magazine d'informations régionales sur l'actualité politique, économique et sociétale hebdomadaire

▶ *Les îles Caraïbes :* magazine bimestriel sur le tourisme et le voyage dans toutes les Caraïbes. Tous les 2 mois, un dossier complet sur une île ou chapelet d'îles.

▶ *Terre d'Avenir :* magazine bimestriel sur la culture et l'environnement, l'éducation citoyenne et l'innovation écologique (gratuit).

▶ *Siwotaj* : mensuel créé en 2013 et centré sur des sujets divers : consommation, culture, patrimoine, tourisme (gratuit).

Télévision

Ne vous attendez pas à bénéficier sur la TNT d'autant de chaînes qu'en métropole. Seules dix chaînes régionales sont présentes sur la TNT locale (Gpe 1ère, France 24, Arte, France 2, France 3, France 4, France 5, France Ô, ETV et Canal 10). Les chaînes privées nationales telles que TF1, M6 ou encore BFM ne souhaitent pas en faire partie, se basant sur les raisons suivantes : un marché trop cher et restreint,

une partie de leurs programmes déjà diffusés par des chaînes locales et leur présence sur le câble ou le satellite (Orange, Canal Sat Antilles, Numéricable...) ; une formule payante mais qui représentent plus de 80 % de la couverture en Guadeloupe. Dans le cadre de la réforme de l'audiovisuel public, le gouvernement a annoncé le jeudi 19 juillet, la suppression de la chaîne France Ô. Les programmes traitant de l'Outremer seront désormais traités par France 2 et France 3, à des heures de grande écoute.

▶ **Guadeloupe Première :** chaîne télé et radio du groupe France Télévisions.

▶ **Zouk TV :** basée en Martinique. Malgré son nom, n'est pas une chaîne musicale. Programmation généraliste.

▶ **Canal 10** : une programmation entièrement locale composée d'émissions de proximité, d'un JT...

▶ **ETV** : des émissions de proximité, journal, météo...

▶ **ATV Guadeloupe** (petite sœur de la 1e chaîne privée de Martinique) : diffusion d'émissions locales et de chaînes nationales.

▶ **Alizés TV (ex-GTV puis Karukera TV) :** télévision locale de proximité.

▶ **MFM TV** : sur le net mfm.tv

Radio

▶ **Radio Caraïbes International – RCI Guadeloupe (98.6 – 100.2 – 106.6) :** radio généraliste sur les Antilles avec des émissions en créole.

▶ **Guadeloupe 1e radio (88 - 88.9 - 92.3 - 97.1 - 96.9...) :** radio généraliste sur les Antilles avec des émissions en créole.

▶ **Zouk'n news (94.6)** : zouk et informations

▶ **Radyo Tanbou (105.0)** : la radio libre de Pointe-à Pitre, musique gwoka, informations locales en créole à penchant autonomiste.

▶ **Radio Transat (91.5 et 91.7)** : une programmation pop/rock qui émet de Saint-Martin.

▶ **Média Tropical (88.1)** : beaucoup de musique tropicale et internationale, des jeux et divertissements, et de l'humour.

▶ **Bel' radio : (106.9 - 96.3)** : radio du groupe RCI pour les nostalgiques de la musique locale des années 1960-1970-1980.

▶ **Radio Souffle de Vie (101.4 – 103.1)** : radio communautaire chrétienne.

▶ **MFM Radio : 92.7 et 92.9 ou via le net mfmradio.fm**

▶ **D'autres radios** : NRJ et Trace FM, Imagine FM, 96.2 FM, Nostalgie et Chérie FM... proposent une programmation musicale proche de la programmation française. Il existe également de petites radios locales captables selon le lieu ou vous vous trouvez.

Sites Internet

■ ANTILLES-INFO-TOURISME
www.antilles-info-tourisme.com
Informations touristiques, manifestations, hôtels, locations de voiture, musées…

■ ZOUK NEWZ
POINTE-À-PITRE
contact@946.fm
Zouk Newz s'adresse aux amoureux du zouk et des plus belles nouveautés de la Caraïbe, sur la fréquence 94.6.

■ ATOUT GUADELOUPE
www.atout-guadeloupe.com
Association de professionnels de vacances et de tourisme qui a pour but de promouvoir le tourisme et les activités culturelles de l'île. Elle a l'avantage de présenter également une rubrique d'actualités avec des articles intéressants.

■ CAHIERS DE LA GASTRONOMIE CRÉOLE
gastronomiecreole.chez.com
Sité dédié à la cuisine créole avec les recettes des plats typiques.

■ COCONEWS
www.coconews.com
redaction@coconews.com
Guide des bons plans (plages, bains de rivière, hébergements et randonnées) plus l'activité culturelle et festive sur le site internet.

■ DEALS DES ILES
www.dealsdesiles.com
serviceclient@dealsdesiles.com
Un site très utile pour réaliser de bonnes affaires : vous y trouverez des offres d'hébergement, de restauration, de loisir, de voyage, de bien-être... Le tout avec des réductions très intéressantes. Il vous suffit d'acheter en ligne l'offre qui vous convient et de réserver ensuite auprès de l'établissement concerné. Possibilité de s'abonner à la newsletter pour rester informé des bons plans.

■ DESTINATION GUADELOUPE
www.destination-guadeloupe.com
virginie@destination-guadeloupe.com
Le magazine touristique guadeloupéen possède désormais son site Internet. Une bonne source pour s'informer sur l'actualité locale, le tourisme, les restaurants, les logements, et aussi les faits inusités de l'île !

■ EKONOMIZ
POINTE-À-PITRE
www.ekonomiz-guadeloupe.com/
ekonomiz@gmail.com
Bons plans et réductions intéressantes.
Ekonomiz, c'est la présentation d'un panel des meilleures activités en Guadeloupe : canyoning, plongée, bars branchés, locations de voitures, visites de parcs et musées, excursions en bateau… Le principe est simple : vous trouverez ce dépliant gratuit à l'aéroport ou à votre hôtel et vous pourrez ainsi profiter de réductions allant de 5 à 20 %. Vous aurez juste ensuite à présenter le coupon-réduction aux commerçants partenaires. Nouveau : vous pouvez déjà vous renseigner sur les activités et imprimer les bons de réduction en ligne sur le site ou télécharger gratuitement l'application pour Iphone et Androïd.

▶ **Autre adresse :** Distribué dans toutes les communes.

■ MÉTÉO FRANCE ANTILLES
www.meteofrance.gp
Il s'agit du site de Météo France sur lequel vous pouvez consulter les prévisions météo des Antilles et de la Guyane au jour le jour. Intéressant car vous avez le détail des prévisions selon votre situation géographique. Elles sont en général assez exactes quoique légèrement décalées dans le temps q uelquefois.

■ RADIO TRANSAT
www.radiotransat.fm
administration@radiotransat.com
Fréquences FM 91.5 et 91.7.
Programmation pop-rock.

LES +BLAUX
DIAMANTS DU ZOUK

ZOUK NEWZ
94.6

www.946.fm   zouk.newz   Zouk'newz

■ **FOODILES**
✆ 06 90 72 27 16 – www.foodiles.com/
contact@foodiles.com
Foodîles est un guide digital qui séduit les gourmands, résidents ou de passage. L'application gratuite, disponible sur l'App Store et sur Google Play, a pour vocation de référencer et géolocaliser les bonnes adresses de l'île (restaurants, food truck, traiteurs, pâtisseries, etc.). La page Facebook et le compte Instagram regorgent de bonnes adresses pour un séjour gourmand.

■ **OFFICE DU TOURISME**
DE LA DOMINIQUE
✆ 01 53 25 03 55
www.authentique-dominique.com
france@authentique-dominique.com
Rendez-vous sur le site officiel de l'office du tourisme de la Dominique. Il dispose, en version française, de toutes les informations nécessaires pour préparer votre séjour dans cette île anglophone.

■ **FRANCE-ANTILLES**
www.guadeloupe.franceantilles.fr
infos@franceantilles.fr
Unique quotidien d'informations en Martinique et en Guadeloupe, le journal *France-Antilles* propose une édition régionale en ligne, dans laquelle on retrouve de nombreux articles actualisés, des brèves, un agenda des sorties, des vidéos et des liens vers des sites intéressants à consulter pour les résidents.

■ **SXM CYCLONES**
www.sxmcyclone.com/
president@sxmcyclone.com
Très pratique pour connaître l'évolution d'une tempête ou d'un cyclone si vous avez prévu de venir aux Antilles (Guadeloupe, Martinique et les îles du Nord). Le site fournit également des informations sur la météo marine.

■ **VOILE EN GUADELOUPE**
www.voile-en-guadeloupe.com
contact@voile-en-guadeloupe.com
Informations pratiques sur la voile en Guadeloupe, les marinas, les ports, les régates et les courses locales et internationales, les charters, les écoles et stages de vacances, ainsi que les chantiers navals.

MUSIQUE

Si le digital zouk love, le kizomba, le reggae-rap ou le ragga couvrent souvent le nostalgique parfum des airs rétro des bals Gran Moun, la musique actuelle occupe une large part de la vie sociale antillaise, conviviale et festive. Longtemps limité au milieu antillais, le zouk s'exporte bien alors que le jazz caribéen de Mario Canonge reste confidentiel, tout comme ceux de Jacques Schwarz-Bart ou du pianiste Alain Jean-Marie. Pourtant, Kassav, le groupe emblématique des îles, le plus connu en dehors des Caraïbes, ne saurait éclipser les autres fameux artistes de Guadeloupe : Ti Celeste avec son tambour sur l'épaule, Akiyo (groupe de 20 musiciens, percussionnistes et chanteurs, animateurs incontestés du Carnaval de Pointe-à-Pitre), Vélo, l'écailleur de lambi (ce gros coquillage dans lequel on souffle) et Guy Konquet, tous deux maîtres *gwoka,* sans oublier la génération des Krys, Admiral-T. Ces derniers ont été les pionniers d'une scène urbaine qui trouve un écho particulier au sein de la communauté antillaise de métropole, permettant d'élargir leur fan-base. Ces dernières années, le rappeur Keros'N et le chanteur de dancehall Sadik se sont notamment distingués.

Quant au Kako, né début 2000, qui associe musique traditionnelle et sons plus modernes, il est porté par des artistes de diverses générations (NGy, Dominique Coco, Erick Cosaque...). A l'aune des récents mouvements sociaux en outre-mer, la jeunesse guadeloupéenne s'engage à travers des textes forts et un slam objecteur de conscience. Ce rap, emporté par des acteurs de la scène locale également reconnus à l'international – à l'instar d'Edson X ou T Kimp Gee –, revient sur les phénomènes de violence dans la société, mais également sur les politiques souvent sourdes aux revendications. Intergénérationnelles, ces musiques urbaines relatent le quotidien d'une jeunesse abandonnée et traduisent un véritable de changement mais aussi un engagement.

PEINTURE ET ARTS GRAPHIQUES

Les arts plastiques constituent une activité assez récente en Guadeloupe (avec des prémices dans les années 1960). Et pourtant, l'on dénombre de nombreux peintres et plasticiens de talent. Il faut dire que les sources d'inspiration sont multiples entre la luminosité des Antilles, bien connue et appréciée des peintres, le passé colonial, la quête identitaire... Au nombre des artistes réputés et reconnus se trouvent Goody, Michel et Georges Rovelas, Antoine Nabajoth, Joël Nankin, Ano,

Gwoka, art ancestral

Véritable patrimoine vivant de la culture guadeloupéenne, le gwoka est issu de la tradition populaire. Il a été inscrit au patrimoine immatériel de l'humanité par l'UNESCO en 2014. Dénigré par les classes dominantes jusque dans les années 1960, il revient en force aujourd'hui. Preuve en est, le festival Timoun, où l'on voit des enfants jouer du tambour et diverses percussions regroupés sous l'appellation *ka*. Le gwoka est né au début du XVIIIᵉ siècle, à l'époque de l'esclavage. Des percussions, souvent improvisées, permettaient alors aux esclaves de communiquer à distance, dans une sorte de langage codé qui échappait à la vigilance de leurs maîtres. Considéré comme un moyen de lutte, d'évasion et de communication entre les gens, au même titre que le créole, cette musique rituelle fut interdite par la société coloniale qui y voyait un acte de subversion voire de rébellion. Aujourd'hui, loin des révoltes paysannes ou ouvrières, les joueurs de gwoka et autres vrais rastas se donnent rendez-vous tous les samedis dans le centre de Pointe-à-Pitre, après le marché, aux pieds de la statue de Vélo forcément, le maître incontesté du genre avec Guy Konquet. C'est également un moyen d'expression utilisé lors de manifestations culturelles telles que le carnaval mais également lors de contestations (Mouvement de 2009, grèves, etc.). A voir, le documentaire français *Gwoka, l'âme de la Guadeloupe*, de Caroline Bourgine et Olivier Lichen (Les Films du village/Zaradoc Prod), tourné en 1995 sur le chanteur/percussioniste, mort en 2010. Konquet fut le premier à combiner le *ka*, le jazz et les sons traditionnels. Réalisé par une anthropologue, ce film musical plonge au cœur des pratiques rituelles guadeloupéennes. Kan'nida, une compagnie de danse guadeloupéenne véhicule ces traditions à travers le monde (percussion, chant, danse et costumes) et participe à des nombreux festivals de musique du monde.

▶ **A ne pas manquer :** Festival annuel de gwoka à Sainte-Anne (en juillet).

Jocelyn Akwaba-Matignon, Richard Victor-Sainsily, Jean-Marc Hunt... les sensibilités sont diverses et variées, tout autant que les styles.

La Maison d'Artistes La Ramée située à Sainte-Rose, depuis 2002, accueille des artistes de tous horizons et propose des ateliers, des expositions. Inauguré en 2017 par le collectionneur d'art Jérôme Filleau, le musée des Beaux-Arts de Guadeloupe, qui se situe sur la marina de Saint-François, est conçu comme un musée traditionnel qui privilégie les artistes nés, exerçants ou ayant exercé en Guadeloupe.

Graffiti

Si les arts plastiques contemporains de la Guadeloupe n'atteignent pas des cotes extraordinaires dans les galeries internationales, l'expression artistique la plus vivante de l'île est celle des jeunes graffeurs. De Baie-Mahault à Basse-Terre, de Sainte-Rose au Grand-Bourg ou Morne-à-l'Eau, en passant par le cimetière du Gosier, les terrains vagues de Pointe-à-Pitre ou l'échangeur de Grand-Camp, les graffeurs *peyi* sont des génies ! A l'aide de bombes de peinture acrylique, les artistes (Jimmy Sheikhboudhou, Philippe Laurent mais aussi Pwos, Cédrik Boucart, Pacman) embellissent l'île-papillon. C'est ainsi que l'on découvre, en des lieux insolites (ponts, murs d'enceintes, entrepôts, ronds-points, transformateurs électriques, abribus, etc.), leurs peintures murales, souvent de grand format, à la fois élaborées et naïves. Des plages idylliques, des paysages tropicaux, la jungle, le coucher de soleil, des portraits de pêcheurs et de femmes en costumes traditionnels, des divinités ou des rastas à la chevelure de lion... Rien à voir avec de vulgaires tags ! Si beaucoup de ces graffs constituent de commandes de collectivités, aujourd'hui, ils sont reconnus par les particuliers et bénéficient également de commandes privées.

▶ **Shuck One** est un des pionniers de cet art. Déjà reconnu à Paris depuis son arrivée en 1983, le graffeur bénéficie d'une exposition médiatique avec une des ses œuvres installées au Mémorial ACTe, centre d'expression caribéen dédié à la traite et à l'esclavage situé à Pointe-à-Pitre. Shuck One a réalisé une fresque avec pour base la carte de la Guadeloupe. Il s'agit d'une reconstitution des combats qui se sont déroulés en Guadeloupe en 1802 lorsque Napoléon rétablit l'esclavage face notamment à la résistance de Delgrès.

FESTIVITÉS

Les Antillais sont particulièrement attachés à toutes les formes de vie collective. Les fêtes, de toute nature, sont donc l'occasion de retrouvailles familiales et/ou amicales, au cours desquelles la musique est toujours présente. Des célébrations rythment le calendrier toute l'année. A Noël et au Nouvel An se déroulent les plus grands rassemblements entre parents et amis, lors de repas mémorables. Janvier et février, jusqu'à Mardi-Gras, sont attendus pour les sorties carnavalesques. Le long week-end pascal est l'occasion de se réunir à nouveau pour camper sur les plages, ou près des rivières, ce qui donne lieu à d'immenses rassemblements que les communes ont dû apprendre à gérer ces dernières années, considérant l'affluence de groupes sur le littoral. Traditionnellement, pour ces fêtes de Pâques, on mijote le matété de crabe de terre, accompagné de riz.

D'autres manifestations culturelles comme le festival de cinéma (FEMI), des évènements musicaux (Terres de Blues, Gwoka à Sainte-Anne), les compétitions sportives (Tour de la Guadeloupe en voile traditionnelle, Tour international cycliste), les démonstrations culinaires (Défilé des cuisinières), mais aussi la Fête du créole, les fêtes patronales, la fête des morts à la Toussaint, sont autant de rendez-vous qui animent l'île tout au long de l'année.

Janvier

■ CARNAVAL DE GUADELOUPE

carnavaldeguadeloupe.com
ocg971@orange.fr
Du dimanche de l'Épiphanie, en janvier, au mercredi des Cendres, en mars.
La plus importante fête de l'archipel. Il s'agit de la fête la plus fédératrice de l'année, capable de faire bouger toute l'île ! Le dimanche qui suit l'Epiphanie ouvre les festivités, qui durent jusqu'au mercredi des Cendres. Les jours et les nuits se succèdent dans la frénésie et la joie. Les costumes rivalisent d'inventivité. On dit que, après Rio de Janeiro et la Louisiane, les parades de Pointe-à-Pitre et de la Basse-Terre sont les plus élaborées. Le perpétuel retard des défilés par rapport à l'horaire annoncé, tend chaque année à se réduire. Mais le spectacle n'en reste pas moins féerique ! Dans les boutiques spécialisées et les ateliers de confection, on s'affaire dès le début de l'hivernage. Du costume romantique au moderne

en passant par le plus sexy, le naïf bricolé est souvent le plus savoureux. Mais assurément, les habits de strass et de lumière de chaque commune resplendiront le temps d'une parade. Chacun donne libre cours à son imagination à travers de chatoyants déguisements, jouant son rôle un peu mieux chaque jour, assurant sa propre mise en scène... Période de grand défoulement, le Carnaval reste l'ultime exutoire des différences. Ces semaines-là, Noirs, Blancs, Coolies, Békés ou Mulâtres évoluent sous le masque de l'anonymat. Et comme dans les férias du Sud de l'Hexagone, on y libère son envie d'être ensemble.

Les trois jours les plus importants du Carnaval ont chacun une couleur dominante que l'on retrouve dans les déguisements de la population. Cette rencontre de masques et de costumes s'opère dans le cadre d'une intrigue musicale et rythmique. C'est Vaval, roi de la fête et personnage mythique, qui incarne l'idée de la licence. On brûlera son effigie en fin de manifestation pour bien signifier que la fête est finie. Bien sûr, radio, télévision et Internet prennent alors le pas et diffusent une sorte d'hymne, en général un tube aux paroles explicites, dont les paroles sont détournées, qui bat tous les records d'audience. Un an d'attente, un trimestre de préparatifs, un mois d'élections de Miss Carnaval dans la plupart des communes, une semaine de fête et de liesse populaire !

■ FÊTE DE POMBIRAY

SAINT-FRANCOIS
Dernière semaine de janvier.
Fête indienne avec de nombreuses processions, animations, spectacles de danse..

Février

■ JOURS GRAS

Grande parade carnavalesque qui commence le Samedi-Gras, inaugure le temps du Carnaval et occupe les rues jusqu'au mercredi des Cendres. Le Dimanche-Gras, la parade arrive dans le secteur piétonnier de Pointe-à-Pitre. Le Lundi-Gras, tous les participants – organisés en associations festives, comités des fêtes, compagnies de danses, groupes et fanfares – se retrouvent à Basse-Terre. Le Mardi-Gras, les multiples parades défilent dans plusieurs communes. Le Grand Vidé en noir et blanc clôture cette semaine de festivités.

Carnaval des enfants au Gosier.

DÉCOUVERTE

© VINCENT FORMICA

Mars

■ FESTIVAL RÉGIONAL ET INTERNATIONAL DU CINÉMA DE GUADELOUPE (FEMI)
✆ 05 90 99 18 11
festivalfemi@live.fr
Au mois de mai.
Le festival a fêté ses 25 ans en 2019. Deux femmes guadeloupéennes sont à l'initiative de cette manifestation axée sur la promotion du cinéma d'auteur au travers de documentaires, de courts et longs métrages qui sont diffusés dans la plupart des villes de l'archipel pendant toute la durée de la manifestation.
Le FEMI permet aux différents acteurs du milieu cinématographique (internationaux, locaux, caribéens) de se rencontrer lors d'ateliers, de forums, de rencontres dans différents lieux culturels de l'île. Chaque année, un jury composé de personnalités du 7e Art récompense les meilleurs films lors de la cérémonie de clôture.

■ FÊTE DU CRABE
Fin mars-avril.
Le week-end de Pâques, à partir du dimanche, le crabe (*matété*) est à l'honneur et les plages sont remplies. La commune de Morne-à-l'Eau lui consacre carrément une fête spécifique !

■ MI-CARÊME
Le carnaval reprend pour une journée. Des défilés en costumes rouge et noir ont lieu dans de nombreuses communes jusque tard dans la nuit.

■ OPEN DE GUADELOUPE
Bas du Fort – LE GOSIER
www.open-guadeloupe.com
Fin mars/début avril.
L'Open Guadeloupe (internationaux masculins) fait partie de l'ATP Challenger Tour. Ce circuit a été créé en 1978 afin de permettre aux participants d'améliorer leur classement ATP et ainsi de pouvoir prétendre participer aux tournois internationaux.

Avril

■ FET A KABRIT
LA DÉSIRADE
Pendant le week-end de Pâques.
La fête à Kabrit est l'évènement majeur de l'île, qui attire les Guadeloupéens des îles alentours. Le cabri est à l'honneur pendant ces deux jours. C'est l'occasion de faire découvrir aux visiteurs les spécialités culinaires élaborées à base de cabri.

■ FÊTE DU POISSON ET DE LA MER
Début avril à Saint-François.
Les pêcheurs et les produits de la mer sont à l'honneur. Menus spéciaux dans les restaurants.

■ VOIX D'ICI ET D'AILLEURS
Eglise du bourg
Place de la Réconciliation – BAIE-MAHAULT
Dernier week-end d'avril.
Festival international avec des concerts gratuits (gospel, soul, jazz et musiques traditionnelles des Caraïbes).

Mai

▪ ARTIFLORE
TROIS-RIVIERES
Début mai.
Les fleurs tropicales et l'artisanat d'art s'exposent lors de ce festival qui leur est consacré.

▪ COMMÉMORATION DE L'ABOLITION DE L'ESCLAVAGE
Le 27 mai.
Jour férié en souvenir de l'abolition de l'esclavage de 1848. Des commémorations ont lieu un peu partout et notamment dans les forts Delgrès à Basse-Terre et Fleur d'épée au Gosier. Les administrations et les supermarchés sont fermés toute la journée.

▪ FÊTE PATRONALE DE PETIT-CANAL ET DE VIEUX-HABITANTS
Le 2 mai à Petit-Canal et Vieux-Habitants.
Défilés, animations et concerts de rue dans les deux bourgs.

▪ MEETING INTERNATIONAL D'ATHÉTISME
athleregionguadeloupe.fr
Le 1er mai
La 1re édition a eu lieu le 1er mai 2005. Événement sportif majeur, il voit passer les plus grands noms comme Marie-Josée Pérec, Usain Bolt, Maurice Green, Asafa Powell, Wilhem Bélocian et bien d'autres. Il constitue aujourd'hui une étape incontournable du calendrier mondial.

▪ TERRE DE BLUES
Office de tourisme de Marie-Galante
Rue Pierre Leroy
GRAND-BOURG ✆ 05 90 97 56 51
www.terredeblues.com
terredeblues@gmail.com
Week-end de la Pentecôte. Informations, billeterie à l'office de tourisme de Marie-Galante.
Depuis 2000, Marie-Galante accueille le festival Terre de Blues, du vendredi au lundi de Pentecôte. Devenu au fil des ans un événement culturel caribéen essentiel pour l'île, il rend hommage au genre musical né dans les plantations. De nombreux artistes locaux et internationaux s'y produisent à chaque édition. Sur place, un village du festival avec une aire d'exposition mise à la disposition des artisans en provenance de toutes les îles de Guadeloupe afin de valoriser leur savoir-faire.

Juin

▪ FÊTE DE LA MUSIQUE
Le 21 juin dans tout l'archipel.
À Pointe-à-Pitre sur la place de la Victoire et dans d'autres sites de l'île, nombreux concerts de rue.

▪ OPEN DE GOLF – RÉGION GUADELOUPE
opendesaintfrancois.com
Le 1er week-end de juin.
Ce tournoi est une étape officielle de l'Alps Tour qui est un tour professionnel européen, considéré comme le meilleur tremplin pour les joueurs français qui aspirent à intégrer l'European Tour.

▪ TOUR CYCLISTE DE MARIE-GALANTE
Fin juin sur Marie-Galante.
Le tour de l'île mobilise les foules pendant 6 jours. C'est un évènement majeur sur l'île.

▪ VOLCANO TRAIL
En juin sur l'île de Basse-Terre.
Parcours de course à pied, trail et raid sur les sentiers de Basse-Terre.

Juillet

▪ FESTIVAL DE GWO KA
SAINTE-ANNE
Généralement mi-juillet.
Festival consacré à ce genre musical typiquement guadeloupéen mettant en scène joueurs de tambour (en créole *tambouyés*), de percussions, souffleurs de lambis chanteurs et danseurs.

▪ FESTIVAL INTERNATIONAL DU ZOUK
✆ 06 90 30 52 19
festivalduzouk.org
festivalduzouk@gmail.com
Dernière semaine de juin.
Les plus grands nom du zouk sont réunis à l'occasion de ce festival qui se déroule sur une semaine fin juillet chaque année. Au programme, concours de danse, expositions, concerts, village artisanal...

▪ FÊTE PATRONALE DE SAINTE-ANNE
SAINTE-ANNE
En juillet.
Expositions, événements musicaux, marchés... Sainte-Anne en effervescence.

▪ ÎLET EN FÊTE
Consultez le site de la ville du Gosier pour connaître les dates.
Une fête folklorique sur l'îlet qui fait face à la plage du bourg. L'accès se fait à la nage ou par bateau-navette.

▪ NAISSANCE DE VICTOR SCHŒLCHER
Le 21 juillet.
Jour férié en l'honneur de l'artisan de l'abolition de l'esclavage. Les administrations sont fermées et les supermarchés sont ouverts uniquement le matin.

■ TRADITOUR
L'évènement a lieu la première quinzaine de juillet.
Course de canots saintois de voile traditionnelle au départ de Terre-de-Bas. La deuxième édition a eu lieu du 5 au 14 juillet 2019.

Août

■ ALL DAY IN MUSIC FESTIVAL
SAINT-FRANCOIS
✆ 06 90 56 59 75
alldayinmusicfestival.com
contact@alldayinmusicfestival.com
En juillet ou en août. Tickets en vente sur le site Internet.
Le plus grand show électro-caraïbéen de la Guadeloupe avec artistes invités et DJ aux platines.

■ FÊTE DE LA SAINT-BARTHÉLEMY
Le 24 août dans tout l'archipel.
Manifestations nautiques et folkloriques dans chaque commune qui met en avant ses spécificités.

■ FÊTE DES MARINS DE LA DÉSIRADE
Le 16 août.
La journée commence par une messe, se poursuit par une procession jusqu'au port pour la bénédiction des bateaux de pêche, et s'achève par un hommage aux marins disparus en mer.

■ FÊTE DES MARINS-PÊCHEURS
Autour du 15 août dans la commune de Saint-François.
Cette fête est organisée sur 3 jours par l'amicale des marins et la commune de Saint-François chaque année. Au programme, des animations, un marché aux poissons... L'évènement attire beaucoup de monde.

■ FÊTES COMMUNALES DE TERRE-DE-HAUT ET DE GRAND-BOURG
Le 15 août à Terre-de-Haut (Saintes) et Grand-Bourg (Marie-Galante).
La fête de ces deux communes est l'occasion de manifestations culturelles et musicales.

■ KARUKERA EN FOLIE FESTIVAL
Plage du Souffleur
PORT-LOUIS
✆ 06 90 94 37 85
karukeraenfolie.com
bnbevent.fwi@gmail.com
Début août. De 8h à 00h. Tickets en vente sur le site internet.
Événement familial, musical et culinaire 100 % antillo-caraïbéen.

Fête des Cuisinières de Guadeloupe.

■ FÊTE DES CUISINIÈRES
POINTE-À-PITRE
Le samedi le plus proche de la Saint-Laurent. A Pointe-à-Pitre à la cathédrale Saint-Pierre-et-Saint-Paul (après la messe).
Grande messe en l'honneur du patron des cuisinières, saint Laurent, puis défilé des femmes en costumes d'apparat dans les rues de Pointe-à-Pitre, présentant leurs plats et invitant à la dégustation de mets traditionnels. L'association regroupe plus de 200 adhérents (femmes et hommes).

■ KARUKERA ONE LOVE FESTIVAL
Plage de l'Anse champagne
SAINT-FRANCOIS
karukeraonelove.com
contact@karukeraonelove.com
Tickets en vente sur le site internet.
Un évènement musical incontournable où des artistes caraïbéen et des DJ se produisent sur une scène posée dans la mer.

■ TOUR CYCLISTE DE GUADELOUPE
guadeloupecyclisme.com
Fin juillet/août sur toute l'île.
L'un des grands évènements sportifs de l'archipel qui attire la population en masse. Renseignez-vous sur le parcours de la course pendant cette période car les routes sont bloquées pendant le passage des coureurs.

Noël sous les cocotiers...

La période de Noël est très importante dans la culture antillaise. On y chante en famille des « Chanté-Nwel », des cantiques à moitié en créole, à moitié en français. « La » Noël antillaise (féminine dans l'archipel) se fête le 24 décembre, comme en métropole. On pourrait penser que Noël dans les Caraïbes est forcément moins folklorique que sous nos latitudes, car il est difficile d'imaginer le bonhomme de neige, le traîneau à clochettes et les rennes, et que l'image du père Noël s'accorde mal avec les 30 °C à l'ombre. Pourtant, les efforts de décoration métamorphosent les plus petites communes, qui sortent aussi les guirlandes. La naissance du Christ est l'occasion d'une grande soirée populaire et conviviale, où il suffit, pour participer, de venir avec des acras, du boudin créole, une pâtisserie ou une bouteille de rhum coco ou de champagne (très apprécié des Antillais) – et d'entrer dans la danse ! Le jambon de Noël est préparé tout spécialement. Ajoutez-y la chaleur naturelle des Antillais et vous obtenez une fête familiale et conviviale qui se partage avec toute la communauté.

Septembre

■ JOURNÉES DU PATRIMOINE
Les dates des journées du patrimoine sont identiques à celle de la métropole.
Durant ces journées, vous pourrez accéder à des jardins et des propriétés privés inaccessibles en temps normal en présence des propriétaires ou de guides qui vous content l'histoire du domaine. La Guadeloupe et les îles du nord abritent aujourd'hui 106 monuments protégés, témoins du passé. Une belle façon de se replonger dans l'histoire.

Octobre

■ JOURNÉE DU CRÉOLE
Fin octobre dans tout l'archipel.
Expositions, spectacles, débats sur la culture créole et une dictée en créole.

Novembre

■ FÊTE DE LA SAINTE-CÉCILE
Le 22 novembre.
Concerts sur les places publiques et dans les églises.

■ FÊTE DE LA TOUSSAINT
Les 1er et 2 novembre dans tout l'archipel. (le 2 novembre étant également férié en Guadeloupe).
Les cimetières sont illuminés. Les familles viennent honorer leurs défunts dans le plus grand respect mais dans une ambiance bien différente de celle connue en métropole. Pour l'occasion, les tombes sont nettoyées, repeintes, fleuries et ornées de bougies. Ce sont tous les cimetières qui s'illuminent à la tombée de la nuit.

■ FÊTES DE L'AVENT
A partir du dernier vendredi de novembre et jusqu'à Noël.
Le premier vendredi, Nwèl Kakado à Vieux-Habitants. Tous les vendredis et samedis soir, vous pouvez participer à un Chanté Nwèl dans presque toutes les communes, une tradition antillaise très conviviale. Les cantiques sont chantés au rythme du gwo ka. A ne pas manquer ! Renseignez-vous auprès des offices de tourisme ou de votre hébergeur pour connaître le programme des festivités.

■ LA ROUTE DU RHUM – DESTINATION GUADELOUPE
Voir page 48.

Décembre

■ FÊTE DE LA SAINT-NICOLAS
TERRE-DE-BAS
Le 6 décembre.
Messe, procession des marins et bénédiction de la mer.

■ RÉVEILLON DE LA SAINT-SYLVESTRE
Le 31 décembre dans tout l'archipel.
Soupers dansants, bals publics... Vous y trouverez une multitude d'offres selon vos envies et votre budget.

■ RÉVEILLON DE NOËL
Le 24 décembre dans tout l'archipel.
Après la messe de minuit, chants et danses autour du repas traditionnel de Noël (*schrub*, boudin, ragoût de porc, igname, pois de bois, jambon de Noël) pour les puristes. D'autres ont depuis longtemps adopté les traditions métropolitaines avec champagne, foie gras, saumon fumé, crustacés, volailles.

CUISINE GUADELOUPÉENNE

Avant d'entrer dans les coulisses de la cuisine antillaise, regardons la carte géographique pour comprendre l'exotisme particulier de la Guadeloupe, qui combine terroirs locaux avec divers goûts et saveurs venus des quatre coins du monde. Exemple, les gratins de légumes, les fricassées de poissons et les courts-bouillons sont directement issus de la tradition culinaire française, et la banane plantain vient de l'Afrique subsaharienne... La pâte à colombo, ce mélange de plantes à épices fraîches, spécialité emblématique de l'île, est, quant à elle, importée par les Indiens. En ce qui concerne la cuisine indienne, il existe de très bons restaurants si vous souhaitez vous initier à ses saveurs parfumées. Les plats indiens sont particulièrement parfumés grâce aux nombreuses épices qui la composent (coriandre, clou de girofle, safran, cardamone, cumin, canelle, moutarde...).

PRODUITS CARACTÉRISTIQUES

Plats typiques

▶ **Acra (ou accra) :** beignet salé frit à la morue, aux crevettes, au crabe, au giraumon...

▶ **Bébélé :** spécialité Marie-Galantaise, le bébélé est une soupe très copieuse à base de tripes, de dombrés, de bananes vertes, de fruit à pain, de giraumon...

▶ **Blaff :** poissons ou fruits de mer cuits en court-bouillon épicé.

▶ **Boudin :** blanc ou noir. Une spécialité à base de porc, généralement fort bien préparée, et épicée. Le boudin se décline maintenant avec du lambi, de la morue, du poisson et même des légumes.

▶ **Calalou :** soupe verte de gombos, d'herbes (feuilles d'épinards ou de madères) et de légumes avec du crabe ou du porc.

▶ **Cassave** : galette de farine de manioc, cuite sur une platine, que l'on agrémente souvent de confiture de coco.

▶ **Chélou :** plat à base d'abats de bœuf, de mouton et de riz.

▶ **Chiquetaille de morue :** morue grillée et émiettée, servie en vinaigrette.

Des produits made in Guadeloupe

■ **CREOLE FOOD**
Domaine de Séverin
Cadet
SAINTE-ROSE
℡ 0590 69 87 67
www.creolefood.fr
La marque est produite au Domaine de Séverin à Sainte-Rose. Elle propose une gamme de moutardes, de vinaigres de canne aromatisés, de purées pimentées, de pâtes à accras de morue ou de ouassous, de beignets de banane ou coco. A tester : leurs sauces pimentées pour relever vos plats dont une, pour les plus sensibles, qui a la saveur du piment sans le piquant. Vous trouverez ces produits dans les épiceries et les supermarchés de l'île au rayon produits locaux.

■ **PIKYANGA**
www.pikyanga.com
Un concept récent qui a l'avantage de mettre en valeur la production locale au travers d'objets d'artisanat et de produits d'épicerie fine, afin de découvrir les meilleures saveurs du terroir. Pikyanga propose des coffrets gourmands (avec ou sans alcool) dont un Honeymoon assez coquin ou encore un kit apéro qui comprend la boisson et les amuse-bouches. Livraison possible à l'aéroport pour une commande passée 48h avant le départ.

Assiette créole.

▸ **Christophine :** légumes servis en salade ou en gratin.

▸ **Dombré :** boulettes de farine cuites avec des légumes secs, souvent des haricots rouges mais aussi avec des ouassous.

▸ **Féroce :** mélange d'avocat, de morue, de farine de manioc, de piment, d'ail, d'oignon et de cive.

▸ **Matété :** fricassée de crabes.

▸ **Poulet boucané :** un poulet fumé cuit dans un four fermé aux trois-quarts, surmonté d'une cheminée. La viande est placée très au-dessus du foyer et cuit tout doucement avec la fumée.

▸ **Poyo et morue :** un plat typiquement créole que certains prennent le matin, composé de morue séchée accompagnée de banane verte cuite.

▸ **Souskai :** macération de sel, d'ail et de citron vert pour la préparation de mangues, tomates…

▸ **Touffé :** cuisson à l'étouffée (viande de requin par exemple).

▸ **Pour les fêtes.** Quelques plats spécifiques, comme le jambon de Noël, caramélisé à l'ananas, les pâtés salés, les boudins créoles et l'igname de Noël, un peu plus fruitée que la moyenne. Le pois d'Angol, une variété douce et fondante, est aussi à l'honneur. Les crabes sont incontournables à Pâques.

Accompagnements

Des légumes pays garnissent régulièrement les plats mijotés : igname, madère, christophine, giraumon, patate douce au léger goût de carotte, fruit à pain sauvage (plus rare), banane plantain et chou de Chine.

Desserts

▸ **Sorbets :** de fabrication artisanale, à base de lait, ils sont le plus souvent aromatisés à la noix de coco, avec un goût prononcé de cannelle ou de vanille.

▸ **Snowball (prononcez *sinobol*) :** gobelet de glace pilée arrosée d'une dentelle de sirop (grenadine, menthe, ou orgeat). Il fait partie du paysage quotidien des enfants et des jeunes.

▸ **Entremets et pâtisseries.** Ne manquez pas les tourments d'amour, une spécialité saintoise parfumée à la noix de coco, à la banane ou à la goyave, à déguster plutôt tiède, mais aussi le flan (ou blanc-manger) à la noix de coco.

Les fruits et légumes locaux

Il en existe une extraordinaire variété, que vous pourrez acheter au marché, dans les boutiques et autres supermarchés. Vous trouverez également ces produits vendus en bord de route sur des étals et à l'arrière d'un pick-up. En Guadeloupe, les ananas, les bananes aux noms évocateurs (*Rhabillez-vous jeune homme !*, *Passe encore…* ou *Dieu m'en garde !*), les indispensables citrons verts (*limes*), avocats, noix de coco et quantité d'autres «fruits et légumes pays» sont à découvrir. Et si vous vous sentez nostalgique au retour en métropole, sachez que vous aurez le plaisir de les retrouver – pour certains d'entre eux – sur les étals des commerces spécialisés dans les grandes agglomérations.

Tropical Food, créée en 2001, distribue une gamme de produits (fruits séchés, des sirops et des farines) 100 % production locale et sans additif chimique.

LE RHUM

Véritable culture, dans tous les sens du terme, le rhum et sa dégustation font partie d'un rite traditionnel dans toute la Caraïbe. Une longue initiation vous sera nécessaire, ne serait-ce que pour apprendre à distinguer les diverses variétés.

Histoire et fabrication du rhum

Deux sortes de rhums cohabitent dans le commerce : les rhums agricoles, produits aux Antilles françaises (Martinique, Guadeloupe, Marie-Galante) et obtenus par la distillation du produit de la fermentation du jus frais de la canne, et les rhums industriels ou de sucrerie, obtenus par la distillation du résidu de la fabrication du sucre, la mélasse, et fabriqués dans le monde entier. Les connaisseurs de rhum sont aussi pointus que leurs homologues du cognac ou de l'armagnac. Les rhums martiniquais, contrairement aux rhums guadeloupéens possèdent l'appellation AOC. Cependant ces derniers rivalisent brillamment et sont souvent récompensés pour des cuvées d'exception.

▶ **Le tafia, l'ancêtre du rhum.** Lorsqu'on remonte aux origines du rhum, le premier nom qui apparaît est celui du fameux père Labat. En débarquant sur l'île, au début de l'année 1694, le révérend est terrassé par une terrible fièvre. Selon des sources historiques, il est sauvé par une décoction composée d'un alcool, ancêtre de ce que l'on appelle aujourd'hui le rhum. En 1722, Jean-Baptiste Labat mentionne dans ses mémoires intitulés *Nouveau voyage aux Isles d'Amérique* : « *L'eau-de-vie que l'on tire des cannes est appelée guildive. Les sauvages et les nègres l'appellent tafia, elle est très forte, a une odeur désagréable, et de l'âcreté à peu près comme de l'eau-de-vie de grain. Le lieu où on la fait se nomme la vinaigrerie...* ». Ce breuvage, issu de la fermentation de différents déchets sucrés provenant de la fabrication du sucre, passait ensuite dans un alambic qui rendait un liquide clair appelé *tafia*. A l'époque, cet appareil à distiller était très rudimentaire, ce qui explique la mauvaise qualité de cette boisson aux vertus cependant avérées.

▶ **Naissance du rhum industriel.** Au XVIIIᵉ siècle, la Guadeloupe vend des mélasses (déchets de l'industrie sucrière) aux colonies nord-américaines qui produisent déjà du rhum industriel. Cette technologie, mise au point par les Anglais, ne sera utilisée en Martinique et en Guadeloupe qu'à la fin du XIXᵉ siècle. Les usines guadeloupéennes disposent en effet de grandes quantités de mélasse et commencent à produire du rhum pour améliorer leurs revenus. Une production qui permet de trouver un autre débouché à la canne à sucre.

▶ **L'origine du rhum agricole.** Etroitement liés à l'arrivée de la machine à vapeur appliquée au moulin à canne, les débuts du rhum agricole en Guadeloupe suivent cette révolution technologique qui va engendrer une nouvelle manière de produire : concentration des petites habitations regroupées, création d'usines centrales équipées de machines à vapeur, autour desquelles gravitent les petites exploitations. Un réseau ferroviaire en forme d'étoile permet d'acheminer la canne à sucre des champs jusqu'à l'usine. Un certain nombre de petites habitations ne peuvent pas accéder à ce réseau en raison de leur situation géographique isolée : elles se retrouvent donc complètement écartées des usines centrales et du circuit sucrier. Certaines habitations commencent à distiller directement le jus de la canne (*vesou*) et donnent naissance au rhum agricole, appelé à l'époque *rhum z'habitants*. Par la suite, les différentes crises sucrières transforment peu à peu les usines centrales en distilleries agricoles.

▶ **Fabrication du rhum agricole.** On commence par écraser la canne en la passant dans une presse. La bagasse, masse compacte ainsi obtenue, est introduite dans un broyeur équipé de trois cylindres qui assurent un broyage de plus en plus fin pour extraire un maximum de jus (vesou). La dernière bagasse, très fibreuse, est utilisée comme combustible et fournit à l'usine l'énergie nécessaire à son fonctionnement. Le broyage doit être réalisé au plus tard 36 heures après la coupe des cannes. Le rhum agricole provient de la distillation directe du vesou et de la transformation de son sucre en alcool. Ce procédé nécessite une colonne à distiller en continu. Le vesou, soigneusement filtré, est placé dans des cuves à fermentation pendant 36 à 48 heures jusqu'à la vinification, appelée « grappe », titrant 5 à 6°. La suite du processus relève du travail classique du maître de chais. Une tonne de canne à sucre donne en moyenne 100 litres de rhum agricole à 55°.

▶ **Production du rhum industriel.** Le rhum industriel ou rhum de sucrerie est élaboré à partir de la mélasse, issue du raffinage du sucre. Dans les distilleries directement rattachées aux sucreries de canne, les mélasses sont mises à fermenter avec des levures. Cette fermentation rapide donne un jus alcoolisé qui titre de 5° à 6°. Ensuite, la distillation s'effectue dans des colonnes identiques à celles qui sont utilisées pour le rhum agricole. L'alcool en sortie titre de 65° à 75°. La législation n'admet pas plus de 65° pour la commercialisation. On y remédie en y ajoutant de l'eau distillée.

Quel rhum choisir ?

Connaître les différentes spécificités de fabrication, qui figurent sur l'étiquette, aide à se repérer…

Les rhums industriels sont colorés par l'ajout de caramel tandis que le rhum agricole n'obtient cette teinte dorée qu'après avoir vieilli en fûts de chêne.

A chaque rhum, son utilisation. Le rhum blanc et le rhum ambré sont très appréciés en ti-punch, planteur ou autres cocktails car leurs parfums s'accordent parfaitement aux jus de fruits.

Les rhums arrangés associent au rhum blanc des épices, des plantes ou des fruits, qui après macération, permettent d'apprécier des saveurs et des arômes sur mesure, le tout toujours avec modération.

La famille des rhums vieux se déguste traditionnellement en digestif. Les amateurs avertis préfèrent les rhums vieux d'au moins 12 ans d'âge, plus doux et parfumés.

▶ **Rhums agricoles.** Rhum blanc : base du ti-punch, il garde intacts les arômes de la canne fraîchement coupée. Après une réduction du taux d'alcool, effectuée à l'eau distillée ou à l'eau de source, il est commercialisé à 50° et 55° en Guadeloupe, et à 59° à Marie-Galante. Conseil d'un Marie-Galantais : mettez le rhum 59° au congélateur, et servez-le comme on le fait avec la vodka ; frappé ! Si vous avez l'occasion de tester les différents rhums de Guadeloupe,

vous constaterez qu'ils ont un goût bien différent.

Rhum vieux : une partie du rhum blanc produit en distillerie est placée en fûts de chêne. Il ne devient vieux qu'au bout de trois ans. On peut obtenir un vieillissement plus poussé en conservant certains rhums plus longtemps encore : ainsi naissent les « 3 ans d'âge », avec un degré d'alcool de 45° environ. Les « 5 à 40 ans d'âge » rivalisent avec les plus grands spiritueux et s'apprécient à la manière des vieux cognacs.

Rhum ambré : resté en foudre de chêne pendant une période d'environ 12 à 18 mois, ce rhum a pris une coloration dorée et titre généralement à 50°. C'est un rhum fort et parfumé destiné à la pâtisserie, aux cocktails et aux crêpes.

▶ **Rhums industriels.** Rhum jeune traditionnel : rhum de consommation courante qui contient 40 % d'alcool en volume. Son arôme est assez fort. Il est utilisé pour la confiserie, la pâtisserie et la cuisine. Rhum grand arôme : très aromatisé du fait de la longue fermentation (8 à 10 jours) d'un mélange de mélasse et de vinasse dans les cuves de bois, ce rhum se consomme en cocktails, et s'emploie en cuisine et en pâtisserie. Il est méconnu des Martiniquais, car toute la production est exportée. Il est produit essentiellement à la Jamaïque et en Martinique (usine du Galion).

Distilleries et routes du rhum

En 1939, on compte 55 distilleries en Guadeloupe. En 1954, il en reste 37 et, aujourd'hui, on en compte 10. Comparée à la Martinique, la Guadeloupe n'a pas d'appellation d'origine contrôlée, mais a conservé une activité sucrière importante et produit aussi bien des rhums agricoles que des rhums industriels. La distillerie dite fumante, qui fait fonctionner chaque année sa propre colonne de distillation, produit ainsi du rhum pour plusieurs autres producteurs locaux. La marque est produite par une distillerie fumante. Parfois, une partie de la fabrique encore active continue à embouteiller sur place ou à faire vieillir ses rhums. Les anciennes distilleries dites non fumantes ne fonctionnent plus.

En Guadeloupe, les rhums sont plus suaves, plus bruts, plus nerveux que leurs homologues martiniquais. Dernière étape célèbre pour la fabrication de rhum agricole, l'île de Marie-Galante, où subsistent trois distilleries pour une fabrication artisanale de rhums au titre

Ancienne sucrerie de la maison coloniale de Zévallos.

© GILLES MOREL

Royaume de l'ivresse...
(Pourtant n'abusons pas
de la boisson exquise !)

Flacon d'un planteur
très fruité qu'un ami
m'a donné ,
Grâce à toi je refais
mes voyages aux Iles.

Sucrerie et fabrique de rhum Damoiseau.

final plus élevé (59°). La Guadeloupe est régulièrement récompensée au Concours général agricole lors du Salon de l'agriculture chaque année.

Les distilleries guadeloupéennes se visitent toute l'année. Toutes sont pourvues de comptoirs de dégustation et de vente (rhum agricole, rhum vieux, punch-fruit, planteur, confitures, etc.). Si les distilleries se visitent toute l'année, l'usine de fabrication n'est en fonction que pendant la période de récolte (de février à juin).

Chaque distillerie possède ses spécificités et utilise son savoir-faire ancestral afin de produire des rhums de qualité avec des arômes et des saveurs uniques. Pour exemple il n'y a qu'à Marie-Galante que l'on produit le rhum blanc « réduit » à 59°. Afin de toucher un public large, d'amateurs et de passionnés, les gammes conçues par les différentes distilleries s'élargissent : 40° pour les cocktails, 55° (à faire sourire plus d'un puriste marie-galantais), 60°/62° et même... 73,5° pour les plus téméraires qui oseraient s'y frotter. On y trouve aussi des produits encore plus raffinés. Avec la complicité des maîtres de chai, certains rhums atteignent la catégorie des spiritueux. 12 ans, 15 ans, 19 ans et même parfois fois 25 ans d'âge,

raviront les collectionneurs, les amateurs ou même les curieux souhaitant se procurer ces précieux breuvages.

▶ **En Basse-Terre.** Une forte concentration de distilleries en Basse-Terre se visitent : Reimonenq (Sainte-Rose), Bologne (Rivières-des-Pères), Montebello (Petit-Bourg), Marquisat à Sainte-Marie, Longueteau/Karukéra (Capesterre-Belle-Eau), Usine de Bonne Mère (seul rhum industriel).

▶ **En Grande-Terre,** la distillerie Damoiseau située au Moule, véritable usine au centre du bassin cannier.

▶ **A Marie-Galante :** Distillerie Bielle, Distillerie Poisson et Distillerie Bellevue.

Donne du rhum à ton homme !

Quelques expressions créoles pour désigner l'heure du rhum, selon le moment de la journée où on le consomme :

▶ **Décollage :** au réveil, le matin.

▶ **Feu :** vers 11h.

▶ **Lave-gorge :** à l'apéritif, midi et soir.

▶ **La partante :** le dernier de la journée.

▶ **Le ti-sec :** verre de rhum pur après lequel on boit un verre d'eau.

▸ **Abricot pays :** fruit de l'arbre, se trouve à l'état sauvage dans la forêt, peut atteindre la taille d'un melon à maturité. Sa chair orangée, parfumée et sucrée se consomme nature, coupée en tranches, en sorbet, en confiture...

▸ **Acerola :** cette cerise pays, qui ressemble plus à une pomme en miniature qu'à une cerise, est pleine de vitamine C.

▸ **Avocat :** goûtez celui des Antilles, plus gros, plus charnu et plus juteux que ceux d'Israël ou d'Afrique.

▸ **Banane :** emblématique de l'archipel, il en existe des centaines de variétés ! Toutes, petites ou grosses, se consomment nature, en accompagnement (plantain, poyo, etc.) et en dessert (fressinette, figue-pomme, etc.).

▸ **Cacao :** la pâte de cacao non dégraissée et non sucrée (*baton kako*) est vendue en petits tronçons au marché. Permet de concocter des recettes au cacao pur, des desserts ou encore des boissons chocolatées.

▸ **Carambole :** fruit jaune orangé, côtelé, à consommer nature, coupée en tranches ou en jus.

▸ **Manioc :** tubercule qui se transforme en farine et en fécule, est à la base de l'alimentation traditionnelle en Amérique latine (notamment au Pérou et en Equateur).

▸ **Chadec :** sorte de gros pamplemousse.

▸ **Chou palmiste :** cœur du cocotier que l'on prélève après l'avoir abattu. Se déguste cru, en salade.

▸ **Cive :** variété de ciboulette, appelée aussi oignon pays.

▸ **Corossol :** gros fruit pourvu d'une chair blanchâtre, à peau épineuse et à gros pépins noirs. Les feuilles de l'arbre corossolier ont en outre des propriétés médicinales.

▸ **Fruit à pain :** gros fruit-branche de l'arbre sauvage ; se mange comme un légume féculent. On peut même le consommer sous forme de frites.

▸ **Giraumon :** potiron antillais utilisé en soupe, en purée, en gratin, en beignet...

▸ **Gombo :** long légume vert et pointu, à la chair gélatineuse et goûteuse. Le gombo est très apprécié dans la cuisine créole.

▸ **Goyave :** la chair de ce fruit, qui vire du vert au jaune à maturité, est d'aspect granuleux, comme celle la poire. On en tire des jus, sirops et confitures savoureux.

▸ **Igname :** tubercule commun – on en dénombre environ 80 variétés. Avec les choux de Chine, les fruits à pain, les patates douces et les bananes, c'est l'un des légumes locaux les plus utilisés dans la cuisine traditionnelle antillaise.

▸ **Lime :** le petit citron vert.

▸ **Maracuja :** Aussi appelé fruit de la passion, sa saveur acidulée en fait un fruit idéal pour réaliser jus, sorbets...

▸ **Noix de coco :** la bénédiction des Tropiques ; se consomme sur plusieurs cycles. Fraîchement coupée de son arbre, elle recèle un jus translucide, l'eau de coco revitalisante, pleine de minéraux et au goût subtil. Sa chair s'épaissit avec l'âge, et se déguste alors nature, à la cuillère, ou se découpe en carrés. Séchée, elle entre dans la composition de nombreuses recettes (desserts, farines, crèmes, alcools, etc.).

▸ **Mangue :** sa chair pulpeuse et filandreuse, succulente, se cache sous une peau épaisse virant, selon la saison, du vert à l'orange, voire au rouge à maturité. Se consomme nature, en salade de fruits, en jus, en sorbet, en coulis...

▸ **Orange amère :** moins sucrée que sa cousine occidentale, cette variété d'oranges se distingue par une peau grumeleuse qui reste verte longtemps, même lorsque le fruit intérieur est mûr.

▸ **Papaye :** gros fruit dont la chair orangée est garnie de pépins. Elle peut être consommée mûre, ou verte sous forme de gratin.

▸ **Patate douce :** ce tubercule à peau rouge, un légume féculent, est légèrement sucré.

▸ **Prune de Cythère :** appartenant à la famille des mangues (et pas des prunes), ce fruit ressemble à une petite mangue de forme oblongue. Sa chair sucrée, acidulée et fibreuse se déguste nature et donne un excellent jus, plein de vitamine C.

▸ **Tamarin :** à ne pas confondre avec le petit singe du même nom, le fruit du tamarinier est formé de gousses marron, rappellant le haricot géant, avec de grosses graines à l'intérieur. Sa chair sucrée, acidulée, s'ajoute aux sauces et aux pâtisseries pour obtenir un effet sucré-salé.

Les poissons et crustacés

▸ **Balaou :** poisson long que l'on mange frit, assaisonné de sauce froide (au citron, aux herbes et au cive).

▸ **Chatrou :** petit poulpe comestible.

▸ **Cirique :** petit crabe.

▸ **Lambi :** mollusque recherché tant pour sa chair que pour sa coquille (dont l'importation est interdite, car l'espèce est protégée). De texture ferme, plus fine que celle du calamar, sa chair est préparée en fricassée créole, avec une sauce relevée.

DÉCOUVERTE

▶ **Langouste :** crustacé épineux à carapace et aux longues antennes, considéré dans toutes les Caraïbes comme un mets de choix, et proposé à des prix plus abordables qu'en métropole. Servi à toutes les sauces, il fut longtemps considéré comme un plat de pauvre par les pêcheurs, car il abondait dans les viviers. On en mangeait faute de mieux, quand il n'y avait pas de poisson ! Puis l'engouement occidental l'a transformé en mets d'exception. Même ici, les établissements, qui jouent leur promotion sur la langouste entière ou le menu « langouste à volonté », pratiquent des tarifs élevés. Quand on vous promet de la langouste vivante du vivier, vérifiez tout de même que le restaurateur la découpe devant vos yeux. Certains, peu scrupuleux, vont en fait la pêcher dans le congélateur !

▶ **Cigale :** crustacé à la carapace plus aplatie que la langouste et à la chair très fine. On en trouve beaucoup moins souvent que la langouste dans les restaurants.

▶ **Ouassou :** grosse écrevisse, rare en rivière et donc élevée en bassin. Particulièrement apprécié à Pâques, il est concurrencé par l'importation de crabe malgache.

▶ **Oursins :** fruits de mer dont seul le blanc se mange aux Antilles.

▶ **Palourdes :** abondantes, les enfants des pêcheurs les ramassent dans le sable.

▶ **Pisquette :** poisson gros comme la moitié d'une sardine, servi sans son arête centrale.

▶ **Soudon :** palourde.

▶ **Requin :** le *touffé* de requin en tranches, mariné puis mijoté dans une sauce aux tomates fraîches épicée, est une recette antillaise typique.

▶ **Titiris :** alevins d'écrevisses, que les pêcheurs locaux prennent dans la rivière à des périodes déterminées en fonction de la lune. Frits, ils sont vendus sur le marché par les enfants des pêcheurs. On les prépare en *acras* ou en *touffé*.

▶ **Vivaneau :** poisson courant, très apprécié en cuisine créole. Il est généralement grillé entier.

▶ **Cap Créole** transforme les produits de la mer en rillettes de poisson, poissons fumés en tranches ou filet, carpacios... et les distribue dans les boutiques et supermachés et dans sa propre boutique à Bouillante.

Les épices

Autre exemple de production guadeloupéenne : Créole Food, qui propose des sauces, condiments, moutardes, mayonnaises... aux saveurs locales.

▶ **Anis étoilée :** en infusion, facilite la digestion et combat la constipation.

▶ **Bois d'Inde :** baies vertes qui deviennent brunes en séchant. Utilisées entières ou moulues, elles sont employées dans le boudin créole ainsi que dans les marinades, ragoûts et grillades. Les feuilles servent également en cuisine.

▶ **Cannelle :** écorce d'une variété de laurier, vendue en bâtonnets ou en poudre, et utilisée dans les viandes mijotées, les desserts, les boissons chaudes, le vin, le punch...

▶ **Colombo :** mélange d'épices d'origine indienne, arrivé aux Antilles avec les Coolis, à base de curcuma, de cumin, de coriandre, de clous de girofle, de poivre noir, de fenugrec, de moutarde et de gingembre, que l'on sert parfois sous forme de pâte fraîche, mais le plus souvent en graines moulues. Certaines recettes maison ajoutent de la cardamome et du tamarin ; d'autres encore y mêlent du bois d'Inde, du fenouil, de l'anis, voire du sel et du piment... Sert à préparer le plat traditionnel typique de la Guadeloupe : le colombo de viande, de volaille ou de poisson.

▶ **Coriandre :** graines rondes à l'arôme poivré, qui s'utilisent moulues avec les brochettes de poisson, ou dans le couscous.

▶ **Cumin :** graines vertes, ovales, au goût très prononcé. Ajoutées à l'eau de cuisson des légumes secs, elles les rend plus digestes. Utilisé sur les grillades et dans les sauces.

▶ **Curcuma :** rhizome beige à chair orangée, de la famille du gingembre asiatique. Aux Antilles, on l'appelle aussi safran pays. Il se réduit en poudre d'un jaune chaud, et s'utilise dans la soupe de poisson ou dans le riz (en fin de cuisson). Possède de nombreuses vertus médicinales.

▶ **Curry :** mélange indien très courant, utilisé avec la volaille, le riz...

▶ **Fenouil :** graines parfumées utilisées avec les poissons, le *blaff*, le court-bouillon et les grillades.

▶ **Fenugrec :** graines jaunes et lisses, grillées pour en atténuer l'amertume, qui enrichissent les courts-bouillons de poisson, les colombos, les marinades et les plats de féculents.

▶ **Gingembre :** rhizome asiatique aux formes torturées et à la saveur brûlante. Réputé pour ses qualités aphrodisiaques, il est surtout tonique. Ingrédient habituel du colombo, il est également employé dans la cuisine de poisson, dans les jus et les punchs.

▶ **Girofle :** ses clous sont les boutons séchés de la fleur du giroflier. Son arôme chaud entre dans la préparation des colombos, des marinades, des ragoûts, du boudin créole, des pâtisseries et des grogs. Leur huile essentielle a des vertus anesthésiantes.

▶ **Noix de muscade, macis :** noyau du fruit du muscadier. Vendue entière ou moulue, la noix de muscade est plus parfumée lorsqu'elle est fraîchement rapée. Rehausse plats salés, desserts, punchs et boissons chaudes. Entrelacs fibreux autour de la noix, le macis s'utilise moulu à l'identique.

▶ **Piment oiseau :** petit piment rouge, souvent macéré dans l'huile, utilisé pour relever les pizzas, les grillades et les sauces.

▶ **Piment antillais :** rouge ou vert, le piment antillais doit être dosé avec parcimonie, au risque de ruiner la saveur d'un plat. Que les palais sensibles soient prudents : les parties proches des graines sont redoutables ! Une autre espèce de piments à la forme allongée, dits végétariens, ne pique pas.

▶ **Roucou :** graines vermillon macérées dans l'huile, qui colorent les plats et les sauces.

▶ **Thym (gros) :** avec le persil, c'est l'association indispensable de tout jardin créole. Plus grand que son homologue méridionnal, à larges feuilles grasses, le gros thym frais est aussi plus subtil, avec une saveur plus fleurie.

▶ **Vanille :** fruit d'une liane grimpante apparentée aux orchidées, la vanille est la reine des desserts. Le vanillon (ou vanille Pompona) est une variété cultivée en Guadeloupe qui se distingue par une gousse épaisse, brune et molle, au parfum prononcé.

Les boissons

La production locale ne concerne pas uniquement la pêche, l'élevage ou l'agriculture. Outre le rhum connu de tous, des boissons gazeuses, jus de fruits, et autres boissons énergétiques sont également produits sur place. L'INRA a d'ailleurs contribué à la mise sur le marché de produits novateurs à l'image du pur jus de banane ou du jus de canne.

▶ **Café :** le café de Guadeloupe est classé parmi les meilleurs produits de l'archipel. Il a été très longtemps utilisé pour améliorer des cafés de moindre qualité. Sa production est relancée grâce à une coopérative (Copcaf) d'une cinquantaine de petits producteurs situés sur la Basse-Terre, entre Capesterre-Belle-eau et Pointe-Noire sur une superficie d'environ 100 ha, où le climat et les conditions géologiques lui sont très favorables. 30 tonnes de café AOC sont produites chaque année. Citons par exemple le café du Domaine de Vanibel (www.vanibel.fr), le café Chaulet (www.cafe-chaulet.com) ou encore le café Bonka (www.cafebonka.com).

▶ **Bières :** pour les amateurs de bières, on recommande la Corsaire (locale), et la Carib, provenant de Trinidad.

▶ **Eaux :** Capès Dolé (leader incontesté du marché) et Matouba commercialisent cette ressource naturelle de la Guadeloupe.

▶ **Jus de fruits :** les principaux producteurs de jus de fruits antillais sont Caresse Antillaise, Royal et Mont Pelé.

▶ **Gwada Kola :** un cola *made in* Gwada. La marque est associée à une fondation de soutien à la création des jeunes Gwada Kola Music.

■ **RECYCLE DOM**
49 Rue de la sucrerie – SAINTE-ANNE
℡ 06 90 59 27 93 – patrice.ibene@gmail.com
Collecte du lundi au vendredi de 6h à 14h.
Recycle Dom collecte et recycle les huiles végétales de friture usagées dans leurs emballages d'origine, les graisses de cuisson et d'évier de plonge. Ce service s'adresse aux métiers de bouche (restaurants, cafés, hôtels, food-trucks, etc.). Débarrassez-vous simplement de vos déchets et faites un bon geste pour l'environnement !

Régimes de Bananes.

RECYCLEDOM

L'INNOVATION AU SENS PROPRE

NOUS VOUS DÉLIVRONS DE VOS HUILES USAGÉES

VOUS ET NOUS, ENSEMBLE

RECYCLEDOM

49 Rue de la sucrerie
97180 SAINTE-ANNE

P. 06 90 59 27 93 - **M.** patrice.ibene@gmail.com

www.recycledom.com

Les nouveaux ambassadeurs de la gastronomie guadeloupéenne

Depuis quelques années, la gastronomie guadeloupéenne prend un nouveau virage : les chefs formés en Guadeloupe sont à l'écoute des nouvelles tendances, notamment grâce aux réseaux sociaux, très actifs, et aux émissions culinaires qui se multiplient. De nombreux chefs, comme Jimmy Bibrac, font le pari « du jardin à l'assiette » et cultivent directement leurs produits sur place. Autre exemple, la table d'Alen Coliné (du restaurant The Suggestion) propose de consommer un repas entièrement réalisé à base de fruit à pain. Les jeunes gourmets, moins conventionnels que leurs parents, innovent dans leurs habitudes de consommation et fréquentent massivement ces tables audacieuses. Et pour combler les papilles des amateurs de douceurs, Fabienne Youyoutte (Désirs du palais), sacrée meilleur artisan de France en 2019, magnifie les fruits locaux dans des glaces, sorbets, chocolats, pâtisseries et autres confiseries.

Si l'adage de ces nouveaux chefs est la qualité, ils n'en négligent pas pour autant la générosité, qui est inscrite dans l'ADN de la tradition culinaire guadeloupéenne. Ces explorateurs du goût revisitent ainsi avec brio les recettes traditionnelles en y apportant une touche de fraîcheur bienvenue. Par exemple, les lasagnes sont garnies de ouassous, vivaneau et béchamel de lambi sous les doigts du chef Ruddy Colmar (restaurant Au Widdy's), les oursins se transforment en crème brûlée avec le chef Miguel Jean-Noël pour la carte de La Rhumerie du Pirate, la cassolette de Saint-Jacques se pare de son habit de papaye verte au tandoori dans la cuisine de Jeff Antus (ancien candidat de l'émission *Masterchef* qui officie au bien nommé Délices du Papillon).

Cette transformation a évidemment une incidence sur les prix à la carte. Aussi, pour n'exclure personne de cette aventure gustative, nombreux sont les établissements qui proposent différents menus afin de toucher les clients aux bourses les plus fines, à l'instar de L'Orchidéa, la table très prisée d'Arnaud Bloquel (sacré maître restaurateur en 2018).

HABITUDES ALIMENTAIRES

▶ **Les restaurants créoles restent classiques** dans leurs propositions, avec des cartes qui souvent se résument aux fameuses assiettes d'acras, au boudin, au féroce d'avocat, au crabe farci, aux poissons grillés sauce chien, au poulet boucané (fumé car boucan signifie feu en créole) et aux plats en sauce, les plats typiques comme le *blaff*, le court-bouillon de poisson, la daube ou le *touffé* de requin mais aussi le *lambi* et le *chatrou* sont à goûter. En accompagnement, riz, lentilles, haricots rouges, légumes pays ou frites sont très courants, voir incontournables. Simple, fraîche, la cuisine antillaise se distingue par une teneur en graisse contenue, tant dans les sauces comme dans les apprêts, ce qui facilite la digestion. Cependant, le sucre est partout, du rhum à l'apéritif aux légumes locaux en passant par les desserts bien sûr : flan au coco, blanc manger, crème cassave (manioc), banane flambée, sorbets ou fruits pays..

▶ **La cuisine maison** est à goûter absolument, surtout si vous aimez les plats à base de poissons, ce qui nous amène à mentionner les courts-bouillons antillais, subtils, ou encore les légumes cultivés ou cueillis sur l'île, comme la christophine, l'igname, la banane légume, la patate douce, le gombo, le giraumon ou le fruit à pain, qui accompagnent les plats. Retour aux sources avec le *bélélé* (excellent), le *dombré*, le *macadam* et le *ti-nain* morue. Sans oublier le retour de pêche, le barracuda fraîchement coupé en tranches et cuit en sauce tomates-oignons-piment, le vivanneau entier simplement grillé, relevé d'un trait de citron vert et d'huile d'olive et son vert de cebettes jeunes... Un régal simple que seule la proximité de la mer autorise !

▶ **La gastronomie locale** est bien présente également ! Beaucoup de restaurants proposent des cartes à base de plats traditionnels métropolitains associées aux différentes saveurs locales : une fusion épatante pour les palais curieux !

▶ **Pour découvrir les richesses du terroir,** on peut explorer ce qui est admis dans la terminologie touristique comme « l'endroit qui ne paie pas de mine », soit une maison modeste qui propose une cuisine locale à prix corrects. Mais attention au petit restaurant du coin, dans les cabanes sur la plage ou les cases buvettes, il sont parfois aussi chers que les restaurants d'allure plus chic. C'est une généralité, qui souvent se vérifie.

RECETTES

Sauce Chien

Elément de base de la cuisine antillaise, cette sauce rafraîchissante, pimentée ou non, se pose sur la table et assaisonne tout : poissons, crustacés, viandes grillées, accras, salades...

▶ **Ingrédients :** cives (avec le vert des tiges) – citron vert frais – sel – huile de tournesol – piment.

▶ **Préparation :** rincez la cive sous l'eau, puis ciselez en petits morceaux les parties vertes et blanches. Pressez votre citron vert et retirez les pépins. Ajoutez quelques fins morceaux de piment (lavez-vous les mains soigneusement après le coupage, et surtout ne touchez pas votre visage). Dans un joli bol, mettre la cive et le jus de citron vert, ajoutez une pincée de sel, l'huile, et terminez avec une pincée de piment. Mélangez le tout et tenir au frais. Servir à table en même temps que les grillades.

Gratin de christophines

Pour 6 personnes.

▶ **Ingrédients :** 2 kg de christophines – 2 feuilles de bois d'Inde – 50 cl de lait – beurre pour le plat à gratin – une demi-botte d'oignon pays (cive) – 150 g de lardons ou de poitrine fumée – ail – fécule de manioc – noix de muscade – poivre – fromage râpé.

▶ **Préparation**. Cuisez les christophines dans l'eau bouillante avec les 2 feuilles de bois d'Inde (35 mn). En fin de cuisson, coupez-les en deux afin de les mettre à égoutter. Récupérez délicatement la chair en creusant sans abîmer la peau, qui servira pour farcir par la suite. Faites revenir doucement les lardons ou la poitrine fumée dans l'huile d'olive avec les cives découpées en fins morceaux, puis ajoutez l'ail. Mélangez avec la chair des christophines écrasées et ajoutez un peu de fécule de manioc, de lait et de noix de muscade. Remplissez les peaux de christophines avec la préparation, ajoutez une fine couche de fromage râpé et du poivre. Faites gratiner au four environ 10 minutes avant de servir chaud.

Langouste grillée

▶ **Ingrédients :** langouste – sel – poivre – huile d'olive – citron vert.

▶ **Préparation :** coupez les langoustes dans le sens de la longueur. Enduisez la chair du jus du citron, ajoutez l'huile d'olive, salez et poivrez. Faites griller la langouste en commençant par la carapace. Puis retournez-la. Si vous utilisez un four traditionnel, laissez cuire vos langoustes côté carapace uniquement. Vous pouvez aussi les faire flamber au rhum !

Blanc-manger léger

▶ **Ingrédients :** 40 cl de lait de coco – 80 g de noix de coco râpée – 1,5 cuillère à café d'agar-agar – 3 g d'édulcorant de cuisine (sucre de canne fin) – 1 gousse de vanille.

▶ **Préparation** : portez le lait de coco à ébullition avec l'édulcorant et la gousse de vanille coupée en deux dans le sens de la longueur. Laissez tiédir quelques minutes. Ajoutez ensuite l'agar-agar et mélangez. Versez la préparation dans 6 petits moules, et placez-les au réfrigérateur pendant 5 à 6h. Au moment de servir, démoulez et saupoudrez de noix de coco râpée.

JEUX, LOISIRS ET SPORTS

La Guadeloupe offre un large éventail d'activités sportives, culturelles et divertissantes. Des loisirs balnéaires sur les côtes aux loisirs verts dans la nature luxuriante, en passant par les loisirs aériens, la découverte de l'histoire de l'archipel, la Guadeloupe se révèle sous toutes ses formes, et toutes ses couleurs. Vous n'aurez que l'embarras du choix !

DISCIPLINES NATIONALES

L'archipel guadeloupéen a vu naître de nombreux champions, qui font la fierté de la France au moment des grandes compétitions internationales. Citons Marius Trésor, Lilian Thuram, Thierry Henry, Kingsley Coman, Alexandre Lacazette ou Thomas Lemar (football), Marie-Josée Pérec (athlétisme), Laura Flessel et Yannick Borel (escrime), Teddy Riner (judo), Gael Monfils (tennis), Yohann Gène et Grégory Baugé (cyclisme), Florent et Michael Pietrus (basket), Mathieu Bastareaud (rugby), Jean-Marc Mormeck (boxe)...

Athlétisme

Le meeting international d'athlétisme de la Grande Caraïbe région Guadeloupe, créé en 2005, est devenu une étape incontournable des compétitions mondiales. De nombreux sportifs guadeloupéens se distinguent dans les manifestations internationales comme Wilhem Bélocian, recordman du monde junior du 110 m haies en 12,99 secondes en juillet 2014. Mention spéciale pour Johanna Danois, seule athlète de haut niveau (course d'obstacles) à avoir décidé de rester « à domicile » et de poursuivre sa carrière sur son île natale.

Courses hippiques

Un sport qui compte de nombreux aficionados. L'hippodrome se situe à Anse-Bertrand, au nord de la Grande-Terre. Il attire, de décembre à août, chaque dimanche, un public d'habitués férus de courses de chevaux et de paris. D'autres y viennent uniquement pour l'ambiance festive et l'animation assurée par des artistes locaux.

Pour ou contre les bœufs tirants et les combats de coqs ?

Ces disciplines locales perdurent, cependant les courses de bœufs tirants et les combats de coqs divisent, et à raison.

▶ **Il y a ceux qui apprécient ces concours de bovidés**, attelés à des charrettes lourdement chargées (parfois plus d'une tonne) et devant gravir un terrain en côte. Les rencontres champêtres se déroulent en général de juin à décembre, après la récolte de la canne à sucre. L'ambiance est fiévreuse, et parfois même tendue entre les compétiteurs, car les efforts de la bête se conjuguent aux enjeux financiers des éleveurs. Et puis il y a ceux qui militent contre ces concours, les jugeant barbares, la SPA en tête. Les bœufs, soumis aux coups de fouet (dont le nombre est désormais limité), tirent la charge avec des cordes reliées à des anneaux de fil de fer, qui sont noués dans leurs naseaux. Ces courses devenant de plus en plus populaires, leurs partisans aimeraient les voir reconnues au rang de tradition locale ininterrompue, alors que les défenseurs de la cause animale se révoltent contre ces pratiques qualifiées d'actes de cruauté.

▶ **La question fait débat également sur les combats de coqs...** Aux Antilles, les combats de coqs existent depuis 500 ans. Ils représentent une véritable tradition bien ancrée qui fait partie intégrante de la culture locale, bien que controversée à cause de la violence des combats et de l'issue parfois fatale pour les animaux. La pratique est interdite en France excepté dans le Nord et aux Antilles. Les combats de coqs ont lieu dans un gallodrome appelé pitt à coqs (sorte de petite arène entourée de gradins) entre novembre et avril. Une pratique qui donne lieu à des paris qui peuvent atteindre des sommes importantes à voir les liasses de billets qui circulent entre les mains !

LES PLUS BEAUX SPOTS DE PLONGÉE

Deux îlets (Kahouanne et Tête-à-l'Anglais) au nord de Basse-Terre, un scintillant banc des Vaisseaux au large de Saint-François, sans oublier le Gosier, Trois-Rivières et l'extrême sud de l'île, jusqu'au mythique Sec-Pâté dans le canal des Saintes : il y a tant de sites de plongée remarquables en Guadeloupe ! A découvrir en cabotant le long des côtes ou en faisant étape dans plusieurs villes et bourgs de l'archipel.

Deshaies

▶ **La pointe Batterie** (de 0 à -20 m) : une descente en pente douce accompagnée d'une grande diversité de poissons.

▶ **L'Ancre** (de -3 à -15 m) : une vieille ancre de bateau au milieu du corail.

Port-Louis

Grande-Terre est en fait un plateau calcaire creusé par la mer où se succèdent de nombreux tunnels, arches, failles, grottes... Les sites de plongée sont ainsi d'une grande variété.

▶ **La grotte aux barracudas** (-20 m) : au nord de Port-Louis, une petite arche où se cachent de très beaux poissons coralliens, des langoustes et autres à une profondeur de 10 m. Puis en longeant le tombant vers le sud, les plus confirmés découvriront une paroi habitée de diodons, de murènes et, avec un peu de chance, de raies sur le fond sableux. Après une dizaine de minutes, on arrive devant une immense arche, domaine de barracudas de toutes tailles.

▶ **Le tombant de Port-Louis** (de -28 à -45 m, plongeurs confirmés) : de fabuleux coraux, des éponges à la taille impressionnante et des poissons.

▶ **La grotte Amédien** (-25 m, plongeurs expérimentés) : décor fabuleux, dans un éboulis de falaises calcaires avec pour compagnie des tortues, des thazards et des barracudas, jusqu'à la grotte formée de cavités et tunnels.

▶ **La pointe d'Antigues** (de -12 à -22 m) : petit tombant corallien avec de belles éponges et des raies-aigles qui peuplent les fonds sablonneux. A voir également, l'épave dépolluée d'un Cessna Agwagon 188, immergée en 2000 par 23 m de fond.

▶ **L'Œil** (-15 m) : après le passage d'une sorte de trou de quelques mètres de diamètre, on découvre des arches, des failles et des grottes.

Sainte-Rose

▶ **La passe à Caret** (-3 m, débutants) : aquarium naturel peuplé de poissons-trompettes, poissons-perroquets et bien d'autres.

▶ **La Tête-à-l'Anglais** (de -3 à -24 m) : son nom lui vient de sa forme ressemblant aux anciens casques portés par les Anglais.

▶ **L'îlet Kahouanne** (de -2 à -21 m) : il n'est pas rare d'y rencontrer des tortues en période de reproduction.

Saint-François

Côté Atlantique, les vagues sont bien présentes, et y faire ses débuts est moins aisé lorsque la houle est permanente. Le club de plongée vous mènera à un site plus propice.

▶ **Le lagon** (de -2 à -5 m, débutants) : petite « piscine » où évoluent toutes sortes de poissons. Parfait pour les baptêmes.

▶ **L'Aquarium** (de -13 à -16 m, plongeurs expérimentés) : tombant corallien accessible par bateau. La pointe des Châteaux (plongeurs expérimentés) : multitude de vallées sous-marines et d'arches.

Bouillante

La star de la plongée ici reste incontestablement la réserve Cousteau, au large de la plage de Malendure, sur la commune de Bouillante. Un écrin fabuleux blotti entre les îlets Pigeon, où la pêche maritime de loisir est interdite.

Eponge vase bleu fluo (Callyspongia plicifera).

Un buste du célèbre commandant, immergé par 13 m de fond, veille désormais pour l'éternité sur la beauté de ce monde du silence... Les lieux abritent la plus grande variété d'éponges au monde, plus de cent espèces aux surprenantes architectures, et pas moins d'une centaine de coraux dont les cornes d'élan, les cerveaux et le corail de feu, disséminés entre gorgones et anémones ; sans oublier les superbes bouquets de sabelles, dont les panaches se rétractent au moindre toucher. Sur le sable, vous pourrez observer des mollusques cachés dans leur coquille protectrice, et les tortues de mer. On y découvre également les imposants lambis, que vous aurez l'occasion de déguster sur les tables guadeloupéennes, ainsi que les petites et précieuses monnaies caribéennes, délicates comme des porcelaines ! Le volcan de la Soufrière (*la Vieille Dame*) est actif, bien qu'endormi pour l'instant, et vous aurez la surprise de trouver à cet endroit des résurgences d'eau chaude, mais douce ! Le site des Sources Chaudes vous rappellera que rien n'est définitif dans cette nature vivante.

Basse-Terre

▶ **Les Trois Pointes** (de 0 à -20 m) : aussi bien adapté aux débutants qu'aux plongeurs confirmés, qui ont la possibilité de descendre en suivant une coulée de lave.

Le Gosier

▶ **Ilet Gosier** (de -2 à -3 m) : endroit calme, protégé par son récif corallien. Site idéal pour les baptêmes et les débutants. Les poissons peuvent même être observés depuis la plage !

▶ **Epave de Petit-Havre** (de -13 à -17 m) : épave d'un ancien dragueur de sable. Rencontre possible avec les dauphins durant la saison migratoire !

▶ **Bouée d'eau saine** (de -17 à -38 m) : forte concentration de poissons autour de la bouée, avant une descente vers des eaux plus profondes où l'on voit évoluer des carangues, des bonites et des thazards.

▶ **Fajou** (de -5 à -22 m, débutants et confirmés) : une plongée dans la mangrove, lieu de reproduction de nombreuses espèces marines.

Marie-Galante

▶ **Tache à Cat** (de -3 à -6 m, débutants et niveau 1) : nombreux coraux, grande variété d'éponges à admirer ainsi que de nombreuses espèces de poissons.

▶ **Les Trois-Ilets** (de -18 à -35 m) : rencontre avec des tortues, des pagres et des gorgones à environ 18 m de profondeur.

Les Saintes

▶ **Sec-Paté** (Niveau 2). Les sorties se font généralement à la journée ou à la demi-journée. La base de cette montage sous-marine se situe à – 300 m et culmine à – 15m. Les plongées s'effectuent entre 20 et 40 m de profondeur. C'est l'occasion d'y découvrir un poisson corallien très rare : l'ange royal.

Survol de la Guadeloupe.

Cyclisme

Il n'est pas rare de croiser des coureurs bien équipés (vélos de dernière génération) évoluant sur les routes étroites et vallonnées de l'île. Après le Tour de Marie-Galante début juillet, a lieu début août le Tour cycliste de la Guadeloupe, l'évènement sportif de l'année et l'occasion de prendre part à de nombreuses animations conviviales à chaque étape. Une grande fête est organisée à l'arrivée à Pointe-à-Pitre. Cette course internationale, qui fête sa 66e édition en 2016, emprunte un superbe parcours et attire plus de 200 coureurs venus des trois DOM et du monde entier. En 2011, Yohann Gène, originaire de Pointe-à-Pitre, fut le premier cycliste guadeloupéen à participer au fameux Tour de France ; il se distingue actuellement dans de nombreuses courses internationales. Dans le peloton local, le chouchou du public est Boris Carène. Grâce à ses trois succès sur le Tour de Guadeloupe (2011, 2015 et 2018), et à sa 3e place au Tour de la Guyane en 2017, il s'est forgé une solide réputation de champion.

Dominos

Le jeu est très populaire aux Antilles. Dans le fond de la salle des *lolos* (cafés-cases) ou en terrasse, il n'est pas rare de rencontrer des amateurs de dominos. Les parties se jouent avec force gestes et vociférations. Ne vous laissez pas impressionner par le bruit. C'est normal ! Les pièces sont abattues avec fracas sur la table, histoire de déconcerter l'adversaire. Il y a une expression pour chaque domino posé ce qui en fait un jeu très animé. Par exemple, lorsqu'un joueur ne peut pas jouer, il frappe du poing sur la table en criant : « Boudé ».

Football

Comme en métropole, le foot est une institution ici. Et si l'archipel ne bénéficie pas d'une équipe de niveau national, il dispose toutefois d'une sélection associant professionnels et joueurs locaux qui participent aux tournois de la Caraïbe (Concacaf). Le plus haut niveau de championnat est la Division d'honneur (équivalent de la 6e division française). Ces dernières années, le Club Sportif Moulien est l'équipe la plus en vue.

Surf

Bien que peu populaire dans l'opinion publique, le surf est une des disciplines dans laquelle les Guadeloupéens sont les plus performants. Les jeunes surfeurs de l'île sont très souvent convoqués au sein des équipes de France pour prendre part aux compétitions internationales, à l'image des talentueux Tim Bisso et Kim Veteau.

ACTIVITÉS À FAIRE SUR PLACE

Un paradis pour les amateurs de sensations fortes en mer

Ici, les amoureux des sports nautiques sont comblés ! Toutes les activités sont disponibles, que l'on soit à la recherche des baleines, d'un cabotage tranquille en voilier, de sites de plongée, de Hobie cat, de surf, de scooter ou encore de kayak de mer... De nombreux centres proposent des formules de location à l'heure, à la demi-journée ou plus avec ou sans guide. Pour les néophytes comme pour les pratiquants confirmés, des stages sont également accessibles par le biais de structures privées ou publiques implantées dans tout l'archipel. Certaines structures sont présentes dans les halls de grandes résidences hôtelières.

▶ **Balade en mer – day charter**. Cette terminologie nous vient du tourisme anglais. Le concept est simple : une journée avec un guide, souvent avec son propre bateau, à la découverte des îles : les Saintes, Marie-Galante, la Désirade, l'îlet de Petite-Terre... La journée se déroule en plusieurs étapes : arrêt baignade et *snorkeling* (plongée en apnée), déjeuner à bord ou dans un restaurant local, visites libres ou commentées sur place... Les départs se font depuis plusieurs embarcadères, des marinas du Gosier, de Saint-François, de Rivière-Sens à Gourbeyre, et sur la plage de Malendure près de Bouillante. A bord d'un maxi-catamaran pouvant accueillir au plus 25 à 27 personnes, ou parfois d'un bateau à moteur, la journée commence tôt le matin, aux alentours de 8h ou 9h, et s'achève avant la tombée de la nuit, soit vers 17h-17h30 selon la saison.

▶ **Cétacés à tribord !** Bonne nouvelle, des baleines et cachalots séjournent dans la mer des Caraïbes à certaines périodes de l'année. Les cétacés viennent tout d'abord pour se reproduire dans les eaux chaudes de décembre à mai. Après la saison des amours, ils remontent au Nord de l'Atlantique pour se constituer des réserves de graisses grâce au krill. Après 11 mois de gestation, les femelles reviennent dans la Caraïbe pour mettre bas jusqu'à ce que chaque petit soit assez résistant pour repartir vers le Nord (entre 2 et 3 mois). On peut les apercevoir au large de la côte (en Basse-Terre, Côte-sous-le-Vent, du côté de Deshaies, Bouillante ou Pointe-Noire, ou en Grande-Terre, du côté de la pointe de la Grande Vigie, de la Pointe des Châteaux).

La voile traditionnelle

Événement nautique des grandes vacances en Guadeloupe le Traditour (qui a pris la suite du Tour de Guadeloupe en Voile Traditionnelle qui s'est déroulé de 2000 à 2017) est une course en canots saintois à voile traditionnelle comme il en existe peu ! Les canotiers, organisés en équipes, se lancent dans ce challenge local avec force et persévérance. Toute la communauté soutient les concurrents. Pendant l'année, bénévoles et plaisanciers s'entraînent en participant à de petites courses et contribuent à faire vivre la tradition maritime de la Guadeloupe et à faire découvrir des littoraux incroyables. De nombreuses animations sont organisées à l'arrivée de chacune des 8 étapes du Traditour, réparties sur 7 jours. En 2019, 29 embarcations ont pris le départ de la course depuis le chef-lieu de l'île, Basse-Terre. Pour la troisième année consécutive, l'équipage d'Hugo Thélier a remporté la course, même si Marc Forbin, vieux briscard de la voile s'est imposé sur la première étape.

Parfois, des dauphins malicieux semblent ouvrir la route aux bateaux, mais rien n'est garanti dans l'observation des grands mammifères marins. Des passionnés d'écotourisme ont créé une structure permettant de vous les faire découvrir grâce à un système sonore perfectionné qui permet de repérer les cétacés sous l'eau. Ainsi, certaines sorties en mer s'avèrent magiques, mais pour d'autres, c'est le calme plat qui règne.

▶ **Bateau à fond de verre**. Pour ceux qui ne veulent pas plonger, les bateaux à fond de verre sont accessibles à tous et permettent de découvrir la faune et la flore aquatiques, tranquillement assis sur un banc au fond du bateau. Idéal pour les familles avec des enfants en bas âge – et les personnes qui ne savent pas nager. Départs de Bouillante, de la plage de Malendure avec arrêt baignade et départs de la marina de Saint-François pour une excursion à Petite-terre.

▶ **Voile**. Riche en excellents ports d'attache, l'archipel de la Guadeloupe permet de découvrir des mouillages splendides dans la mer des Caraïbes, et dans les îles proches.
L'initiation à la voile pour les petits comme pour les grands est proposée par plusieurs bases nautiques de l'île.

▶ **Plongée sous-marine**. Si Karukera, « l'île aux belles eaux », mérite son nom par ses nombreuses rivières, ses cascades fraîches et ses sources, elle peut le revendiquer aussi par la beauté de ses plages et de ses fonds sous-marins. Les plongeurs du monde entier ne s'y trompent pas ! Les eaux sont translucides, chaudes toute l'année, les fonds colorés, la flore abondante et la faune diversifiée. Autour de la Guadeloupe et de ses îles, se cachent de nombreux sites que les clubs de plongée sauront vous faire découvrir.

▶ **Surf**. Tradition à l'origine polynésienne puis américaine, ce sport a fait son apparition en Guadeloupe il y a plus de 20 ans, pratiqué jusqu'alors par quelques métropolitains installés dans l'île. A partir des années 1980, l'usage de la planche se démocratise, jusqu'à devenir le loisir le plus branché des plages à rouleaux. Aujourd'hui, le Comité de surf guadeloupéen organise les Championnats qui regroupent les meilleurs surfeurs d'une dizaine de pays des Caraïbes et des Amériques. Sur les côtes du Nord, c'est la baie du Moule qui a remporté la majorité des suffrages lors de l'élection du meilleur spot, pour la régularité de ses vagues, puis viennent Anse-Bertrand (plage de la Chapelle), Saint-François (Anse à la Gourde), avec de longues houles hivernales du nord et des alizés qui fournissent des conditions de vent idéales. D'autres spots très fréquentés sont situés sur la côte sud, principalement à Petit-Havre, la Caravelle, Le Helleux à Sainte-Anne. En Basse-Terre, les plages de Cluny de Sainte-Rose et de Capesterre-Belle-Eau sont également idéales.

▶ **Kitesurf**. Discipline très en vogue actuellement, le kitesurf est une planche de glisse tirée par un cerf-volant. Après seulement quelques cours, dispensés dans les différentes écoles comme à Bois-Jolan à Sainte-Anne ou à la plage des salines au Gosier, les sensations fortes seront au rendez-vous !

▶ **Canoë-kayak**. Un sport de découverte physique et écolo pour explorer les îlets Pigeon, la Côte sous-le-Vent, le Grand Cul-de-sac marin... C'est sympathique, facile et convivial, et vous apprenez beaucoup sur les écosystèmes.

▶ **Scooter de mer**. Cette discipline, désormais accessible à tous sans avoir le permis mer, demande à être encadrée par des moniteurs diplômés et/ou brevetés d'Etat, exerçant dans une base agréée par les Affaires maritimes. Ces conditions permettent d'enseigner la pratique du scooter dans un cadre sécurisé et adapté, et dans le respect des autres usagers de la mer. D

▶ **Pêche au gros**. Encadrée par des professionnels de la navigation, la pêche au gros reste possible mais n'est pas de tout repos. Toute pêche est interdite aux plaisanciers dans la réserve du Grand Cul-de-sac marin, à l'îlet Pigeon, à Petite-Terre et au nord de la Désirade (banc du Crabier). Les professionnels vous indiqueront les bons coins où traquer le poisson, mais devront aussi vous parler des interdictions de pêche, dans certaines zones, par arrêté administratif, pour cause de contamination des eaux du littoral avec le chlordécone, qui concernent principalement des espèces d'estuaire.

Un formidable terrain de jeux et de découvertes naturelles

Pour qui veut connaître la Guadeloupe de l'intérieur, rien ne vaut une bonne randonnée sur le littoral ou dans les terres. La nature tropicale luxuriante, les rivières abondantes pour se rafraîchir, les bassins naturels et les plages pour se baigner, le patrimoine agricole et les écomusées rythment les balades, plus ou moins sportives, à votre convenance. D'autres opteront pour des disciplines plus confidentielles comme l'équitation ou le golf.

▶ **Randonnée**. Avec ses 300 km de pistes (tracés balisés), ses différentes réserves naturelles réparties sur près de 1 800 hectares de forêt tropicale et ses aires de pique-nique, la Guadeloupe est particulièrement ouverte à l'exploration pédestre. Il vous faudra combiner les sentiers côtiers avec ceux du parc naturel et des zones agricoles, sans oublier de paresser sur les plages et dans les lagons. Sur Basse-Terre, on n'a que l'embarras du choix, en adaptant la balade à vos capacités physiques. Dans le parc national de Guadeloupe, la nature exubérante vous séduira. Même si la plupart des randonnées ne présentent pas de difficultés majeures, certaines nécessitent tout de même une bonne santé physique. La présence d'un guide est recommandée pour mieux découvrir les paysages et la flore. Le Parc national de la Guadeloupe a mis au point une application (www.randoguadeloupe.gp) grâce à laquelle vous pouvez choisir le type de randonnée selon sa difficulté, son lieu, sa durée... Très pratique également, l'état des sentiers est mis à jour régulièrement sur www.guadeloupe-parcnational.fr.

▶ **Trekking, aquarando, canyoning**. Sur la sympathique trace des Etangs, qui vous prendra entre 1h30 et 2 heures de marche entre Capesterre et Matouba, ou sur le véritable parcours sportif des chutes du Carbet à Capesterre, qui nécessite à la fois puissance et endurance pour quelques passages délicats, différents paliers sont à envisager. Près de Goyave, on appréciera le chemin des chutes de Moreau à Goyave (4 heures), le tour de la Soufrière (2 heures 30), agréable et pas trop ardu, et la mythique trace Victor-Hugues, réservée aux randonneurs chevronnés, qui traverse toute la Basse-Terre en passant par les plus beaux sites. Pour les accros d'endurance, il y a les descentes de rivières à la nage, sauts et glissades sur les rochers (avec bivouac ou nom), et les raids aventure pour découvrir l'archipel en mode adrénaline. Ne partez pas sans guide si vous avez la moindre incertitude, car cette nature sauvage ne pardonne pas aux imprudents...

▶ **Equitation**. Pour les amateurs d'équitation, de grandes balades sur la plage, des promenades en forêt et des escapades à travers les champs de canne à sucre sont possibles. Plusieurs clubs proposent ces prestations, aux cavaliers chevronnés comme aux débutants.

▶ **Golf**. Saint-François possède un golf international avec un parcours de 18-trous. Le bourg a largement bénéficié de ces infrastructures, qui attirent une clientèle cosmopolite.

▶ **Parcours d'aventure**. Les parcours accrobranche, qui se développent en Guadeloupe, offrent la possibilité de marcher sur des sentes suspendues dans la végétation, au milieu d'arbres parfois centenaires. Un large choix de balades inédites dans la canopée est à votre portée. Une activité accessible à toute la famille.

▶ **Loisirs aériens.** ULM, parapente, chute libre, hélicoptère... Nombreuses sont les façons de découvrir l'archipel vu du ciel.

DÉCOUVERTE

ENFANTS DU PAYS

Que ce soit dans le football, l'athlétisme, le judo ou le monde des médias, la Guadeloupe dispose de nombreux représentants dont certains s'illustrent au niveau international à l'image de Teddy Riner ou encore de Laura Flessel, ministre des Sports de mai 2017 à septembre 2018.

Claudio Beauvue

Pour lui, le retour en Guadeloupe est un passage obligatoire à chaque vacances. L'ancien attaquant de l'Olympique Lyonnais est un pur produit local. Né à Saint-Claude en 1988, Claudio Beauvue a fait ses premiers pas sur un terrain de foot avec le club des Fumerolles de Saint-Claude. Formé à Carquefou et au FC Nantes après avoir quitté son île natale à 13 ans, le Guadeloupéen a porté successivement les maillots de l'ESTAC, Châteauroux, Bastia. Mais c'est à Guingamp que Beauvue se révèle au grand public en réalisant une saison pleine, la meilleure de sa carrière (27 buts et 3 passes décisives en 51 matchs joués). En juin 2015, il rejoint l'Olympique Lyonnais, un club qui lui offre l'opportunité de disputer la Ligue des Champions. Il évolue actuellement au Celta Vigo (Espagne).

Wilhem Belocian

Né aux Abymes le 22 juin 1995, Wilhem Belocian est un athlète français spécialisé dans le 110 m haies. En 2014, il est sacré champion du monde junior en établissant un nouveau record (12'99), à Eugene (Etats-Unis). Aujourd'hui, le *hurdler* lamentinois est considéré comme un des espoirs français de sa discipline même s'il n'a pas réussi à franchir le cap des séries lors des JO de Rio en 2016 après un faux départ. Après trois années de blessures, il retrouve les podiums en juillet 2019 en décrochant la médaille d'argent à l'Universiade d'été de Naples et la médaille d'or aux championnats de France à Saint-Etienne.

Yannick Borel

né en 1988 à Pointe-à-Pitre, l'escrimeur possède un palmarès impressionnant en individuel et par équipe. L'épéiste est le seul français à avoir été champion olympique, champion du monde et champion d'Europe. A son actif : 3 titres consécutifs de champion d'Europe (2016, 2017, 2018), 1 titre de champion olympique par équipe en 2016 à Rio et son premier titre de champion du monde en individuel en juillet 2018 à Wuxi, en Chine. En 2019, c'est aux championnats du monde par équipe

qu'il décroche la médaille d'or face à l'Ukraine, aux côtés de Daniel Jerent et Ronan Gustin.

Kingsley Coman

Né le 19 juin 1996, Kingsley Coman est un footballeur évoluant au poste d'attaquant. Il quitte très tôt le Paris Saint-Germain, son club formateur, pour rejoindre la prestigieuse Juventus de Turin. En 2015, il est recruté par le Bayern de Munich. Un club qui lui permet de côtoyer les sommets européens et d'être notamment sous les ordres du célèbre Pep Guardiola. Durant cette même saison, il découvre l'Equipe de France et inscrit son premier but lors de la victoire face à la Russie (4-2). Sa sélection dans le groupe disputant l'Euro 2016 récompense sa fulgurante ascension. Blessé à la cheville début 2018, il ne peut prétendre à faire partie de la sélection qui sera sacrée championne du Monde en Russie, mais réintégrera l'équipe de France avec succès par la suite.

Laura Flessel

Double championne olympique, six fois championne du monde et une fois championne d'Europe, 15 fois championne de France, la Guadeloupéenne fut le porte-drapeau de la délégation française aux Jeux Olympiques de Londres en 2012, mais ne remporta malheureusement aucune médaille. Très impliquée dans la vie associative, « La Guêpe » – ainsi surnommée pour sa technique de touche au pied de l'adversaire – est aujourd'hui manager de Clichy Escrime mais aussi présidente de la commission « Ethique et valeurs du sport » au Conseil national du sport. Laura Flessel fit partie, de mai 2017 à septembre 2018, du gouvernement Philippe 1 et 2 en qualité de ministre des Sports. Elle fut notamment chargée de lancer le chantier de préparation de l'organisation des Jeux olympiques d'été de 2024. Début 2018, elle lançait une campagne de lutte contre les discriminations dans le milieu sportif, qui comptait Antoine Griezmann parmi ses ambassadeurs.

Kassav

Ce légendaire groupe antillais a fêté ses 35 ans de carrière en 2014, et remplit toujours les salles ! Le dernier album, *Sonjé*, sorti en mai 2013, rendait hommage à Patrick Saint-Eloi, l'un des pionniers du zouk (mort le 10 septembre 2010) et revenait au zouk orchestral, joyeux et festif.

Le quintet a emprunté son nom à la *cassav*, cette galette de manioc mélangée à de la noix de coco qui rappelle les origines créoles du groupe. Son histoire commence en 1979, quand Pierre-Edouard Décimus, musicien guadeloupéen dans l'orchestre de danse Les Vikings depuis les années 1960, décide avec Freddy Marshall, autre musicien antillais, de renouveler et de moderniser la musique qu'ils ont toujours jouée. Jacob Desvarieux les rejoint et le groupe prend forme. Ils donnent naissance à un nouveau genre musical avec leur premier album, *Love and Ka dance* : le zouk. Avec le second album, *Lagué mwen*, entre en piste Jocelyne Beroard, martiniquaise de naissance. Le groupe s'agrandit et Kassav est couronné de succès dans le monde entier : Paris, Cap-Vert, New-York... Le groupe se produit souvent devant un public conquis lors de méga-concerts donnés un peu partout dans le monde. Leur tube emblématique, *Zouk la sé sel medikaman nous ni* (1984) résonne un peu comme un hymne régional, qui a fait beaucoup pour la fierté de la diaspora antillaise. Le 11 mai 2019, le groupe a fêté ses 40 ans au cours d'un concert mythique à La Défense Aréna à Paris.

Christine Kelly

Christine Kelly, née en 1969 au Lamentin, fut présentatrice sur LCI. Elle fut la plus jeune membre du Conseil supérieur de l'audiovisuel (de 2009 à 2015). Outre sa présence aux journaux télévisés, elle a animé l'émission hebdomadaire *Terre-Mère*, aux côtés de Jean-Louis Caffier, qui traitait d'environnement et de développement durable. Femme engagée, investie dans l'écriture, elle publie des livres remarqués sur des sujets socio-politiques. Ainsi, *L'Affaire Flactif*, paru en 2006 à l'issue de deux années d'investigations, lui a valu le prix du meilleur document. En 2007, son deuxième livre, *François Fillon, le secret et l'ambition*, sera suivi, fin 2008, d'un portrait de William Gallas, joueur de football guadeloupéen natif de Sainte-Anne. En 2012, la journaliste, sort un vraie-enquête sur la précarité des familles monoparentales dans le monde (*Le scandale du silence*), qui appuie ses actions militantes au sein de la Fondation K d'urgences, qu'elle a créée en 2010. En 2015, elle publie son autobiographie *Invitée surprise* et est nommée présidente du Musée européen des médias de Saint-Denis (ouverture prévue en 2019). Depuis avril 2018, elle a intégré l'équipe de chroniqueurs de *Touche pas à mon poste* et *Balance ton post* sur C8 aux côtés de Cyril Hanouna.

Alexandre Lacazette

Né à Lyon en 1991, le footballeur d'origine guadeloupéenne a fait jusqu'en 2017 le bonheur de l'Olympique Lyonnais, son club formateur.

L'attaquant s'est notamment distingué au cours de la saison 2014-2015, à la fin de laquelle il a été sacré meilleur buteur de Ligue 1 (27 buts). Lacazette a également intégré l'Equipe de France A. Il a inscrit son premier but avec le maillot bleu face au Danemark (2-1), le 29 mars 2015. Le buteur revient souvent sur son île d'origine pour se ressourcer durant ses vacances. Il a d'ailleurs été décoré de la médaille de la ville des Abymes lors de son passage en Guadeloupe, le 23 juin 2015. En mai 2016, il est notamment retenu par Didier Deschamps en tant que réserviste dans le groupe de joueurs préparant l'Euro 2016. Mais il ne sera finalement pas intégré au groupe final des 23. Il ne fera pas partie non plus de la campagne victorieuse des Bleus en Russie en 2018. Depuis 2017, il évolue dans le club d'Arsenal.

Thomas Lemar

Joueur de football réservé, guère attiré par les lumières médiatiques et qui a de plus en plus de mal à rester dans l'ombre grâce ses performances. Avant d'intégrer le centre de formation du Stade Malherbe de Caen en 2010, le jeune Thomas Lemar s'est fait remarquer en Guadeloupe. Né à Baie-Mahault, il fait son apprentissage au sein du club local, Solidarité Scolaire. Après des débuts en pro avec le SM Caen 2013-2014, il rejoint l'AS Monaco en 2015 où il passe trois saisons, dont une des plus abouties en 2016-2017, au cours de laquelle l'AS Monaco est sacrée championne de France. Convoqué pour ses premiers pas en bleu en novembre 2016, il est du voyage en Russie pour la Coupe du monde 2018. La suite on la connaît tous... Thomas fait le grand saut en Liga Espagnole pour la saison 2018-2019 dans le club de l'Athletico Madrid, aux côtés de ses coéquipiers du mondial Antoine Griezmann et Lucas Hernandez.

Jacques Martial

Jacques Martial est un acteur et comédien. Né en 1955 dans le Val-de-Marne, il est notamment connu du grand public pour son rôle de Bain-Marie dans la série de télévision *Navarro*. Il a également doublé des acteurs comme Denzel Washington, Wesley Snipes ou Ving Rhames. En 2003, il interprète *Cahier d'un retour au pays natal* d'Aimé Césaire. En 2006, il est nommé président de l'Établissement public du parc et de la grande halle de la Villette. Puis en juin 2015, il prend la tête du Mémorial ACTe de Guadeloupe, lieu de mémoire dédié à l'esclavagisme.

Gaël Monfils

D'origine guadeloupéenne, né à Paris en 1986, ce tennisman est considéré comme l'un des meilleurs joueurs du circuit masculin.

DÉCOUVERTE

Détenteur de 5 titres ATP dans sa carrière, il a atteint la place de numéro 2 français et parvient à sa meilleure place au classement ATP (7e) en juillet 2011. En 2014, il arrive en quart de final du tournois de Roland-Garros et de l'US Open. En 2015, il n'atteint que le huitième de final à Roland-Garros. En mars 2016, il prend notamment part au 1er tour de la coupe Davis (victoire 5-0 contre le Canada) avec l'équipe de France. Une rencontre disputée en Guadeloupe, pour le plus grand plaisir de « la Monf ». Ses meilleurs résultats en tournoi du Grand Chelem sont deux demi-finales disputées à Roland-Garros en 2008 et à l'US Open en 2016. Il connaît une saison difficile en 2017, ponctuée de blessures le contraignant à déclarer forfait à de nombreuses reprises. En 2019, il atteint le 2e tour à l'Open d'Australie, le 1er tour à Wimbledon et les 1/4 de finale à l'US Open.

Marie-José Pérec

Athlète née en 1968 à Basse-Terre. Après les Jeux olympiques d'Atlanta, la championne est devenue une légende du sport mondial, la première à remporter deux fois de suite la médaille d'or du 400 m, la deuxième de l'histoire à gagner le 400 m et le 200 m, et la seule athlète française à être sacrée triple championne olympique. Mais des problèmes de santé vont compromettre sa carrière. L'épisode désastreux des Jeux olympiques de Sydney en 2000, qu'elle quitte précipitamment, et des résultats décevants vont la contraindre en juin 2004 à prendre une retraite sportive anticipée. La jeune femme laisse derrière elle le souvenir d'un sacré palmarès, celui de la plus brillante athlète française d'après-guerre. En 2008, elle raconte son parcours dans une autobiographie au titre prédestiné, *Rien ne sert de courir* (chez Grasset). Du 5 au 21 août 2016, Marie-José Pérec a rejoint l'équipe de RTL pour chroniquer quotidiennement les Jeux olympiques de Rio. Elle est également marraine de plusieurs évènements sportifs

Florent Piétrus

Né aux Abymes en 1981, Florent Piétrus est un basketteur professionnel. Il a notamment été sacré 3 fois champion de France (2001, 2003, 2004) avec Pau-Orthez. En 2013, il est sacré champion d'Europe avec l'équipe de France, aux côtés de ses compères Tony Parker et Boris Diaw. L'intérieur de l'équipe de France est souvent de retour en Guadeloupe, où il organise des stages de basket-ball pour les jeunes sportifs locaux. En 2015, lors du championnat d'Europe organisé en France, il récolte une médaille de bronze avec l'équipe de France après une cruelle défaite face à l'Espagne qui sonne la fin de sa

carrière. En octobre 2016, il reçoit la médaille Robert Busnel, la plus haute distinction de la Fédération Française de Basket-ball.

Teddy Riner

Judoka français né en 1989, il est, au moment où nous bouclons cette édition, neuf fois champion du monde, dont huit titres obtenus dans la catégorie des poids lourds (plus de 100 kg) et un titre toutes catégories en 2008. Il a été sacré plus jeune champion d'Europe et champion du monde en 2007 et il est la fierté de la jeunesse guadeloupéenne. Teddy continue sa moisson de médailles d'or (J.O. de Londres en 2012, championnats d'Europe de 2011, 2013, 2014, 2016, championnats du monde de 2009, 2010, 2011, 2013, 2014, 2015, 2016, 2017). Le 13 août 2016, il décroche sa deuxième médaille d'or aux J.O. de Rio et le 2 septembre 2017, il décroche une neuvième médaille d'or aux championnats du monde dans la catégorie des plus de 100 kg à Budapest. Le 11 novembre 2017, c'est une 10e médaille aux championnats du monde toutes catégories qu'il rafle à Marrakech. Pendant 20 mois, Teddy Riner ne prend part à aucune compétition, souhaitant se préparer aux Jeux olympiques de Tokyo en 2020. Ce n'est qu'en juillet 2019 qu'il revient à la compétition lors du Grand prix du Québec à Montréal où il s'impose face au japonais Hisayoshi Harasawa.

Lilian Thuram

La scène est plus que célèbre : un homme sur la pelouse, à genoux, qui n'en revient pas lui-même, devant un public euphorique. On parle bien sûr de celui qui a marqué, un certain 8 juillet 1998, le deuxième but face à la Croatie. LE but qui a qualifié la France pour la finale de la Coupe du monde ! Après un retour décisif pour la qualification au Mondial, un match historique des Bleus aux Antilles et un tournoi phénoménal, Lilian Thuram, né en 1972, est fait chevalier de la Légion d'honneur en 1998 (comme ses coéquipiers), met un terme à une carrière de rêve en 2008. Désormais, le héros de la fameuse demi-finale s'investit dans la lutte contre les discriminations et intervient souvent dans les médias à ce sujet.

Marius Trésor

Footballeur international français né en 1950 à Sainte-Anne. Parmi les légendes du football tricolore, il est considéré comme l'un des meilleurs défenseurs de tous les temps. Vainqueur de la coupe de France avec l'Olympique de Marseille en 1976 et champion de France en 1984 avec les Girondins de Bordeaux, il totalise 65 sélections en équipe de France à partir de 1971. Marius Trésor est maintenant consultant sportif pour la radio locale RCI.

GRANDE-TERRE

Vue Aérienne du Moule.
© GILLES MOREL

Les immanquables de Grande-Terre

▶ **Randonner à travers les chemins sinueux** du lagon de la Porte d'Enfer et à la pointe de la Grande-Vigie, à l'extrémité nord, vers Anse-Bertrand. Point de vue fabuleux du haut de ces falaises, perchées à plus de 80 m au-dessus du niveau de la mer.

▶ **Se croire soudain en Bretagne** en montant au calvaire des Grandes Salines. Au sommet du sentier qui mène à l'impressionnante Pointe des Châteaux, on se croirait un peu à la pointe du Raz !

▶ **Sillonner la mangrove** et le Grand Cul-de-sac marin, classés en réserve naturelle, à bord d'un kayak, d'un VTT des mer, d'un bateau électrique.

▶ **Profiter d'une escapade en petit train** pour découvrir les paysages du nord de Grande-Terre et l'histoire de la filière cannière à l'ancienne usine de Beauport à Port-Louis.

▶ **Nager jusqu'à l'îlet du Gosier en découvrant son sentier marin pédagogique**, ou partir en aquarando à la découverte de la flore et de la faune, avec masque et tuba.

▶ **Se promener à travers les étals des marchés :** au centre-ville de Pointe-à-Pitre ou à Sainte-Anne, le vendredi en fin de journée à celui du centre de Gosier ou profiter des marchés nocturnes de Saint-François et du Moule.

▶ **Visiter la distillerie Damoiseau**, la seule située en Grande Terre, dont le rhum a un parfum et un arôme différents des rhums de Basse-Terre.

▶ **Farniente à la plage des pêcheurs de Saint-Félix**, sur la magnifique plage de la Caravelle, à Sainte-Anne ou dans le lagon de Saint-François.

▶ **Déjeuner face à la mer** dans les restaurants de la côte, avant la Pointe des Châteaux, ou sur la plage de Sainte-Anne.

▶ **S'émerveiller devant la diversité des paysages** en empruntant les sous-bois et les sentiers calcaires de Petit-Canal et de Saint-François, en quad ou en buggy.

▶ **Découvrir Pointe-à-Pitre**, à pied, en tuk-tuk ou à vélo, lors d'une visite thématique commentée par un guide.

Sur cette partie de Grande-Terre, que de contrastes ! Les communes les plus au sud, Pointe-à-Pitre et les Abymes, sont très urbanisées. Mais après avoir passé l'aéroport Pôle Caraïbes et la zone d'activités de Perrin, la campagne reprend ses droits. Si la commune de Morne-à-l'Eau, plus retirée dans les terres et longée par la mangrove du Grand Cul-de-Sac marin, impose sa douceur de vivre, loin de toute agitation, elle n'en est pas moins touchée par une circulation dense aux heures de pointe qui nous ramène à la réalité.
La communauté d'agglomération Cap Excellence qui regroupe les villes des Abymes, de Baie-Mahault et de Pointe-à-Pitre travaille sur plusieurs projets axés sur l'environnement, les déplacements, la qualité du cadre de vie, l'architecture urbaine, le social et l'économie. Au nombre de ces projets figurent la transformation de quartiers prioritaires aux Abymes et à Pointe-à-Pitre concernés par le nouveau Programme National de Rénovation Urbaine (PNRU) en éco-quartiers ou la construction du marché aux poissons de « Lauricisque poisson-pays » à Pointe-à-Pitre, inauguré en mai 2019. Les zones de Dothémare et Perrin aux Abymes sont actuellement en pleine mutation, notamment avec la construction d'une zone de commerces, d'activités et de logements, d'un pôle administratif et de projets d'envergure comme le nouveau CHU.

REPÉREZ LES MEILLEURES VISITES

★ INTÉRESSANT ★★ REMARQUABLE ★★★ IMMANQUABLE ★★★★ INOUBLIABLE

Grande-Terre

LA DÉSIRADE

Île de la Petite Terre

OCÉAN ATLANTIQUE

GRANDE-TERRE

PARC NATIONAL DE
LA GUADELOUPE

Altitude (en mètres)
500
400
300
200
100

Route principale
Route secondaire
Chef-lieu
Ville
Aéroport
Plage
Curiosité
Distillerie

Beauséjour
Pointe Colibris
Terre-de-Haut
Pointe des Châteaux
Pointe des Colibris
Terre-de-Bas
Anse à la Gourde
Golf de St-François
Maison Zévallos
Maison Coloniale
Porte d'Enfer
St-François
Plage des Raisins Clairs
Le Moule
Le Helleux
Anse de la Barque
Distillerie Damoiseau
Ste-Anne
Plage de Ste-Anne
Anse Maurice
Plage de la Caravelle
Ste-Marguerite
La Rosette
Mare Gaillard
Gros Cap
Les Mangles
Plage de St-Félix
Campêche
Petit Havre
Trou Madame Coco
Morne-à-l'Eau
St-Félix
Les Abymes
Gosier
Anse Laborde
Voie ferrée du Beauport
Port-Louis
Petit-Canal
Canal des Rotours
Ilet du Gosier
Anse-Bertrand
Pointe d'Antigues
Pte Macou
Vieux-Bourg
POINTE-À-PITRE
Marina Bas du Fort
Pointe de la Verdure
Aéroport Guadeloupe Pôle-Caraïbes
GRAND CUL-DE-SAC MARIN
PETIT CUL-DE-SAC MARIN
Ilet à Fajou
Pointe de la Grande Rivière
Baie-Mahault
Lamentin
Petit-Bourg

0   8 km

N

POINTE-À-PITRE ★★

Si vous comptez rester sur Grande-Terre, prenez une journée ou deux pour visiter Pointe-à-Pitre, mais choisissez plutôt votre hébergement au Gosier, à Sainte-Anne, au Moule ou à Saint-François. Vous serez plus près des belles plages !

Histoire

En 1654, un armateur juif hollandais dénommé Peter, qui avait échoué à Pointe-à-Pitre après son expulsion du Brésil, raconte dans ses souvenirs qu'il vendait son poisson près d'une pointe rocheuse, le long d'une jetée située au bas du fort Saint-Louis. Le lieu-dit a pris le nom de « Pointe à Peter » et le petit village, établi par la suite près du vieux fort, a ensuite été baptisé Pointe-à-Pitre. Selon d'autres sources, il faudrait plutôt, pour retrouver l'origine du nom, chercher du côté de la rivière à Pitres, mentionnée sur certaines cartes du XVIe siècle. Enfin, selon une troisième hypothèse, « Pitre » viendrait du mot espagnol *pitera*, un arbuste parasite du palétuvier.

Capitale économique de l'île, Pointe-à-Pitre ne prend véritablement son essor qu'avec l'occupation anglaise. A cette époque, la ville est une zone insalubre et marécageuse située au milieu du morne Renfermé, point de départ du développement de la ville. Grâce à la main-d'œuvre esclave, les Anglais vont y effectuer de vastes travaux d'assainissement et poser les bases du développement des échanges maritimes. Un petit port est créé pour combler les marécages. En 1748, les habitants d'un bourg voisin rattachent leur commune à la mer par l'actuelle rue Frébault.

En 1763, les Français reprennent l'île ; le gouverneur de la Bourlamaque apporte désormais un soutien régulier au développement de la ville qui sera marquée par la Révolution, mais plus encore par le tremblement de terre de 1843. Détruite presque entièrement par le séisme, puis reconstruite en 1847, elle connaîtra d'autres fléaux et catastrophes naturelles : épidémie de choléra en 1865, incendie en 1899, conflits sociaux à la fin du XIXe siècle, violents cyclones en 1928 et 1989.

Après la construction en 1869 de l'usine Darboussier à Carénage, Pointe-à-Pitre devient un centre industriel important. Jusqu'en 1974, l'usine sucrière accueille toute la canne de la région, grâce à un système ferroviaire venant de Baie-Mahault, de Petit-Bourg et d'une partie de la Grande-Terre.

L'arrivée des premiers hydravions à la Darse, à partir de 1935, en provenance de métropole, donne un nouvel essor à la ville jusqu'en 1966, date à laquelle la Guadeloupe construit son premier aérodrome au Raizet. Pointe-à-Pitre devient donc le poumon économique de la Guadeloupe.

Grande-Terre

C'est de Grande-Terre que l'on tire les images de carte postale de la Guadeloupe : plages de sable blanc bordées de cocotiers, mer turquoise. Mais hors des stations balnéaires, en longeant les lagons bleus, on découvre de superbes coins de nature sauvage, des côtes vertigineuses aux falaises de calcaire imposantes, des campagnes agricoles, des bourgs actifs et bien sûr Pointe-à-Pitre où se trouve la sous-préfecture. Une diversité de paysages qui contribue à sa notoriété, même si le climat sec impose une végétation beaucoup moins luxuriante qu'à Basse-Terre. Dans l'arrière-pays, appelé les Grands Fonds, des petites routes sinueuses permettent de rejoindre Sainte-Anne et Saint-François au départ des Abymes, et inversement, en traversant les mornes verdoyants. Vous pouvez vous y aventurer sans risque de vous perdre car les routes sont dotées de panneaux indicateurs. Respectez la limitation de vitesse car vous allez rencontrer des zones d'habitats diffus et des établissements scolaires.

La plupart des grandes chaînes hôtelières, les casinos, les activités nautiques et festives sont centralisés sur le Gosier, Sainte-Anne et Saint-François que certains touristes ne quitteraient pour rien au monde. La vie économique est particulièrement représentative sur Pointe-à-Pitre et Baie-Mahault (porte d'entrée de Basse-Terre), où sont notamment situés les zones industrielles de Jarry et Destreland, le plus grand centre commercial de Guadeloupe, l'aéroport et les chantiers navals.

▶ **La Rivière Salée sépare les deux ailes du papillon** que forment Grande-Terre et Basse-Terre ; au pont de la Gabarre, vous la traversez en voiture sans même vous en rendre compte. Possibilité de prendre la N11 également.

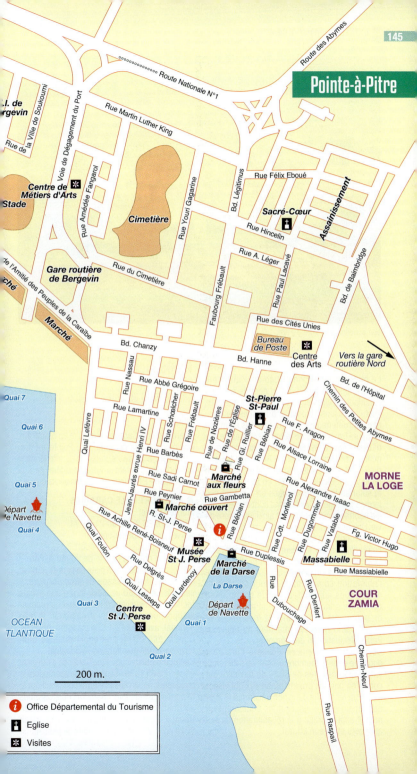

Pointe-à-Pitre

Route des Abymes

Route Nationale N°1

Rue Martin Luther King

Rue de la Ville de Soukoumi

.I. de rgevin

Rue de

Voie de Dégagement du Port

Rue Amédée Fargarol

Centre de Métiers d'Arts

Stade

Cimetière

Rue Youri Gagarine

Rue du Cimetière

Gare routière de Bergevin

de l'Amitié des Peuples de la Caraïbe

ché

Marché

Rue Félix Eboué

Bd. Légitimus

Sacré-Cœur

Rue Hincelin

Rue A. Léger

Rue Paul Lacavé

Faubourg Frébault

Assainissement

Bd. de Balmbridge

Rue des Cités Unies

Bureau de Poste

Bd. Chanzy

Bd. Hanne

Centre des Arts

Vers la gare routière Nord

Bd. de l'Hôpital

Chemin des Petites Abymes

Quai 7

Quai 6

Rue Nassau

Rue Abbé Grégoire

Rue Lamartine

Rue Schœlcher

Rue Frébault

St-Pierre St-Paul

Rue de l'Église

Rue F. Aragon

Rue Alsace Lorraine

Quai Lefèvre

Jean-Jaurès exrue Henri IV

Rue Barbès

Rue de Nozières

Rue Gl. Ruiller

Rue Bébian

MORNE LA LOGE

Quai 5

Rue Sadi Carnot

Rue Peynier

Marché aux fleurs

Rue Gambetta

Rue Alexandre Isaac

Départ e Navette

Quai 4

Rue Achille René-Boisneuf

R. St-J. Perse

Marché couvert

Rue Bébian

Rue Cdt. Mortenol

Rue Dugommier

Rue Vatable

Fg. Victor Hugo

Quai Foulon

Musée St J. Perse

Rue Duplessis

Massabielle

Rue Massabielle

Quai 3

Rue Delgrès

Quai Lardenoy

Marché de la Darse

Rue

Rue Dubouchage

Rue Denfert

COUR ZAMIA

OCÉAN TLANTIQUE

Centre St J. Perse

Quai Lesseps

La Darse

Départ de Navette

Quai 1

Quai 2

Chemin-Neuf

Rue Raspail

200 m.

i Office Départemental du Tourisme

† Eglise

✳ Visites

© GILLES MOREL

Vue aérienne de Pointe-à-Pitre.

La ville aujourd'hui

Le passage du cyclone Hugo en 1989 a été terrible pour Pointe-à-Pitre, comme sur tout l'archipel. La ville conserve cependant quelques vastes maisons coloniales à balcons de bois, que le promeneur découvre, égarées au milieu de hauts immeubles de béton. Certaines de ces bâtisses sont à l'abandon. Une association de quartier nommée Pli Bel La Ri (« Plus belle la rue ») met en valeur les façades du centre ancien de la ville (quartier Vatable) en les repeignant et valorise les dents creuses en y créant des jardins partagés. Ces actions sont menées par les habitants qui améliorent ainsi leur cadre de vie. Une belle initiative qui donne de l'élan car les propriétaires des maisons alentour jouent le jeu en rénovant à leur tour leurs biens immobiliers. Le centre-ville piétonnier offre une alternative bienvenue à la circulation, intense, tout comme l'animation commerciale autour du marché et des rues adjacentes. La vie nocturne se concentre principalement sur la marina. Mais de petits bars, restaurants et *food-trucks* se développent dans les quartiers du nouveau Palais de Justice et du Mémorial ACte.

Depuis quelques années, Pointe-à-Pitre s'est engagée dans de nombreux chantiers de rénovation urbaine. Près de 80 % du territoire est concerné par des projets ambitieux qui visent à remodeler la ville dans son ensemble et à lui donner un nouvel essor mais également un nouvel aspect grâce à la réhabilitation de ses quartiers et de son littoral.

Transports

Comment y accéder et en partir

Avion

L'aéroport Pôle Caraïbes se trouve en réalité aux Abymes, dans la périphérie de Pointe-à-Pitre. Cependant, nous avons préféré le répertorier dans la rubrique de Pointe-à-Pitre en référence à la destination « PTP » indiquée sur les billets d'avion.

■ **AÉROPORT PÔLE CARAÏBES**
Morne Mamiel
LES ABYMES ✆ 05 90 21 71 71
www.guadeloupe.aeroport.fr
campier@guadeloupe.aeroport.fr
À 3 km au nord de la ville de Pointe-à-Pitre. L'aéroport dispose d'une piste de plus de 3500 m qui permet l'atterrissage de gros porteurs, y compris de l'A380 accueilli lors d'une escale technique en janvier 2006. Il s'agit du premier aéroport des DOM et du dixième sur le plan national, avec 2 442 445 passagers en 2018. Depuis juin 2014, l'aéroport dispose d'un terminal dédié aux liaisons régionales.
L'aérogare Guadeloupe Pôle Caraïbes a été mise en service en 1996 et accueille des compagnies régionales, nationales et internationales. Pour la 6e année consécutive, l'aéroport Pôle Caraïbes a atteint les 2 millions de passagers et des travaux d'extension sont prévus à l'horizon 2020 pour atteindre 2,5 millions de passagers.

Réservez votre voiture auprès des
LOUEURS AGRÉÉS
de l'Aéroport Guadeloupe Pôle Caraïbes

Tél. : 0 590 211 364
www.ada.fr

AVIS
Tél. : 0 590 211 354
www.avis.fr

Budget
Tél. : 0 590 211 354
www.budget.fr

enterprise
Tél. : 0 590 211 358
www.enterprise.fr

interrent
Réservation :
www.interrent.com

Tél. : 0 590 931 815
www.europcar-guadeloupe.com

Tél. : 0 590 211 356
www.jumbocar-guadeloupe.com

Tél. : 0 590 211 346
www.hertzantilles.com

Tél. : 0 590 475 905
www.rentacarguadeloupe.fr

SiXT
Tél. : 0 590 211 344
www.sixt.fr

FLIZZR
Tél. : 0 590 211 152
www.flizzr.fr

Tél. : 0 590 892 803
www.thriftyantilles.com

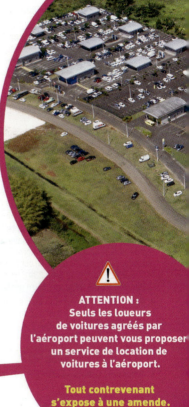

⚠️

ATTENTION :
Seuls les loueurs
de voitures agréés par
l'aéroport peuvent vous proposer
un service de location de
voitures à l'aéroport.

Tout contrevenant
s'expose à une amende.

www.**guadeloupe.aeroport**.fr

 GuadeloupePoleCaraibes

Tél. 0590 211 472
communication@guadeloupe.aeroport.fr

Guadeloupe
Pôle Caraïbes
SOCIÉTÉ AÉROPORTUAIRE

Guadeloupe Pôle Caraibes SA Société Anonyme à Directoire et Conseil de Surveillance
au capital de 148 000 € - Siège social : Morne Mamiel, 97139 LES ABYMES

En octobre 2019, c'est un projet de centrale photovoltaïque qui est lancé pour permettre à la structure de compenser intégralement son empreinte énergétique d'ici quelques années. Le site Internet permet de connaître en temps réel les horaires d'arrivée et de départ de chaque compagnie aérienne. En haute saison, l'accès des voitures correspondant au hall d'arrivées (niveau 0) est réservé aux taxis et transporteurs à partir de 12h afin de limiter les embouteillages. Il faut, dans ce cas, obligatoirement utiliser le parking. Il est interdit de stationner sur la route et autour du rond-point avant l'aéroport. Pour le voyage retour, l'enregistrement est ouvert dès 12h30 pour Air France et 4h avant le départ pour Air Caraïbes, Corsair International, XL Airways et Level.

▶ **Possibilité de s'enregistrer sur :** www.airfrance.gp, www.aircaraibes.com, www.corsairfly.com, www.flylevel.com, www.xl.com ou via les bornes en libre-service disponibles à l'aéroport.

▶ **Commerces et services.** Point d'information Comité du Tourisme de Guadeloupe (situé au rez-de-chaussée).
Vous trouverez dans l'aérogare un bureau de change, des distributeurs pour vos opérations bancaires, un point presse, une boutique de souvenirs, des cafés et points de restauration... Wifi gratuit. D'autres commerces et boutiques sont installés dans le parc d'activités Antillopôle, situé à 100 m de l'aéroport (accès au niveau du rond-point).

▶ **Services médicaux ouverts 7j/7.** L'aérogare principale accueille également au rez-de-chaussée un centre de vaccination, une pharmacie (de 8h à 21h45) et un centre médical (☎ 05 90 21 71 41, de 9h à 23h). Un bémol : l'affluence permanente au centre médical.

▶ **Taxi :** Le tarif varie selon qu'il s'agit d'une course de jour (de 7h à 19h) ou de nuit. Voici quelques exemples de tarifs pour un trajet en journée, 2 à 3 personnes au départ de l'aéroport ; Gosier : 30 €, Saint-François : 70 €, Capesterre-Belle-Eau : 60 €.

▶ **Transport urbain :** l'aéroport est relié au réseau de transport urbain Karu'lis grâce aux lignes AE Infos au ☎ 05 90 24 26 06 et sur www.karulis.com

▶ **Location de voitures.** Les nombreuses compagnies sont regroupées dans deux zones, l'une juste à côté du terminal d'arrivée accessible à pied, et l'autre plus éloignée à laquelle vous accédez par navette.

▶ **Parking.** P1 : courte durée (max. 3 heures), à partir de 2 €. P2 : à partir de 2 €. Possibilité de laisser la voiture 24 heures, voire plusieurs jours, mais attention au prix au retour, car le tarif est élevé !

■ **AIR ANTILLES**
Aéroport Pôle Caraïbes
LES ABYMES
☎ 0 890 648 648
Voir page 30.

■ **AIR CARAÏBES**
Saint-Martin
☎ 0820 835 835
www.aircaraibes.com
Centrale de réservation ouverte du lundi au samedi de 8h à 21h, dimanche et jours fériés de 8h à 18h. A Paris : 4, rue de la Croix Nivert, Paris. Métro Cambronne. Ouvert du lundi au vendredi de 9h à 18h, samedi de 9h30 à 17h.
Sur son réseau régional, Air Caraïbes dessert la Martinique (Fort-de-France), la Guadeloupe (Pointe-à-Pitre), Saint-Martin (Grand Case), Sainte-Lucie et la République dominicaine (Saint-Domingue). La destination de Saint-Barthélemy est aussi proposée avec une desserte opérée par St. Barth Commuter.

▶ **Autre adresse :** 4, rue de la Croix Nivert, Paris. Métro Cambronne.Ouvert du lundi au vendredi de 9h à 18h, samedi de 9h30 à 17h.

Location de voiture

Une zone spécifique aux loueurs de voitures a été créée à l'aéroport Pôle Caraïbes, juste à côté du niveau des arrivées. Une navette conduit les clients jusqu'au local de chaque loueur. Vous récupérez votre véhicule une fois les formalités accomplies. Toutes les enseignes de Guadeloupe ne sont pas présentes sur l'aire dédiée aux loueurs. C'est pourquoi, nous avons pris soin de les répertorier ci-dessous.
Côté pratique, il y a une station-service 24h/24 sur place. Paiement par carte bancaire uniquement (pas de guichet). Mieux vaut réserver sa voiture par internet, bien à l'avance. Les prix sont plus attractifs et vous ne risquez pas de vous retrouver sans véhicule, surtout au moment de la haute saison.

■ **ADA**
Aéroport Pôle Caraïbes
LES ABYMES
☎ 05 90 25 30 27
www.ada-guadeloupe.com
Ouvert du lundi au samedi de 7h à 21h et le dimanche de 8h à 21h. A partir de 15 € par jour (voir conditions en agence).
Un large choix de véhicules dans les gammes économique, familiale et confort. Assistance incluse sur toute la Guadeloupe en cas d'immobilisation du véhicule.

Instant détente
ou Escapade Shopping

joignez l'utile à l'agréable avec les

Commerces
&Services

de l'Aéroport
Guadeloupe
Pôle Caraïbes

Restauration : Tea-Café,
Prêt à Manger, Kafé Kréyol,
Jenny's, Sori
Change : Karukera change
Souvenirs : Bleu Soleil
Presse : Hudson news
Mode & accessoires : Surf shop
Plastification bagages : Bagpak
Duty free : Dufry
Pharmacie

LES BOUTIQUES
de l'Aéroport Guadeloupe Pôle Caraïbes

www.guadeloupe.aeroport.fr

GuadeloupePoleCaraibes

Guadeloupe
Pôle Caraïbes
SOCIÉTÉ AÉROPORTUAIRE

Tél. 0590 211 472
communication@guadeloupe.aeroport.fr

Guadeloupe Pôle Caraïbes SA Société Anonyme à Directoire et Conseil de Surveillance
au capital de 148 000 € - Siège social : Morne Mamiel, 97139 LES ABYMES

■ **AUTO DISCOUNT LOCATION**
Aéroport Pôle Caraïbes
Allée 15 ✆ 06 90 85 88 24
www.auto-discount.fr
autodiscount@wanadoo.fr
*A partir de 13 €/jour (voir conditions en agence).
Consultez leur site pour obtenir le meilleur tarif.
Ouvert tous les jours de 8h à 18h.*
Depuis 1999, Auto Discount Location figure parmi
les leaders de la location de voiture à petit prix sur
la Guadeloupe. Du modèle adapté aux personnes
à mobilité réduite, aux véhicules tout terrain en
passant par le minibus 9 places et les voitures
sans permis, vous êtes assuré de trouver le
véhicule de vos vacances. Navette gratuite
pour la gare maritime, la marina et les hôtels
de Gosier, Sainte-Anne et Saint-François. L'équipe
dynamique et sympathique mettra tout son
savoir-faire pour embellir votre séjour. Depuis
début 2019, le parc est doté d'une gamme de
motos en 125cc (permis A1), des Royal Enfield en
500cc (permis A2) ainsi qu'une Harley Davidson
en 1 600cc (permis A).

■ **AVIS**
Aéroport Pôle Caraïbes
Centrale de réservation
LES ABYMES ✆ 0 820 05 05 05
www.avis-antilles.fr
Agence ouverte 7 jours sur 7 de 7h à 21h.

Créé en 1946 par Warren Avis aux Etats-Unis,
Avis s'est rapidement développé pour devenir
un leader mondial dans la location de voitures.
Où que vous soyez dans le monde, vous vous
trouverez à proximité d'une agence Avis. En
Guadeloupe, une flotte de plus de 700 véhicules
est à votre disposition dans l'agence située à
l'aéroport, avec un service de livraison dans
les hôtels et au port de croisières. De la petite
voiture économique (Opel Corsa) aux véhicules
haut de gamme (Audi A5, Mercedes SLK), en
passant par les cabriolets (Audi A3) et les
4x4 familiaux, Avis propose une large gamme
de véhicules adaptés à tous les besoins. Plus
de 70 véhicules utilitaires, fourgons, camions
plateaux, pick-up, et fourgonnettes sont
également disponibles.

■ **BUDGET GUADELOUPE**
Aéroport Pole Caraïbes
LES ABYMES
✆ 05 90 83 69 00
www.budget-guadeloupe.com
info@budget-gp.com
*Du lundi au dimanche de 7h à 22h. A partir de
10 €/jour. Tarifs préférentiels en réservant sur
le site Internet.*
Cette agence vous offre le service d'un aéroport
international, sur la plate-forme réservée aux
loueurs, et propose une large choix de véhicules.

BONNE
ROUTE

AVIS®

■ CARAIBES AUTO

Aéroport
☎ 06 90 25 47 45
www.caraibes-auto.fr
caraibes.auto@orange.fr
Tarifs de 16 à 65 € selon saison, durée et type de véhicule. Livraison sur le lieu d'arrivée (aéroport ou gare maritime).
Un large choix de véhicules de 5 à 7 places (Peugeot 101, 308, 3008 ; Dacia Sandero et Lodgy ; Skoda Fabia), climatisés, propres et régulièrement entretenus. Pas d'attente à votre arrivée, votre véhicule est livré à l'aéroport ou à la gare maritime. Le petit plus : l'accueil et la grande disponibilité de David, le propriétaire de l'agence.

■ CITY CAR

12 lotissement Rostand Saint-Phy
SAINT-CLAUDE ☎ 05 90 59 59 51
www.citycar971.com
contact@citycar971.com
Réservation de voitures en ligne à partir de 35 €/ jour pour une location de 1 à 3 jours. A partir de 33 €/jour pour une location de 4 à 7 jours. Livraison partout en Guadeloupe 24h/24 et 7j/7. Frais de mise à disposition sur toute l'île : 25 €.
Une gamme de véhicules économiques en 4 portes climatisés. L'ensemble du parc de véhicules est neuf.

■ GINA AUTO

26 Carrefour de la Marina
☎ 06 90 24 47 00
www.ginaauto.com
ginaautorent@gmail.com
Horaires agence : lundi au vendredi de 8h à 12h30 et de 14h30 à 18h. Samedi et dimanche par téléphone pour les livraisons et restitutions de véhicules. Locations à partir de 15 €/jour pour une catégorie A.
A moins de 10 minutes de l'aéroport et du port de Bergevin, Gina Auto met à votre disposition des véhicules de 4 à 9 places, automatiques, cabrio-lets, SUV et minibus. Livraison et restitution des véhicules 7 jours/7. Assistance multilingue en italien, anglais et espagnol.

■ EUROPCAR

Aéroport Pôle Caraïbes
☎ 05 90 93 18 15
www.europcar-guadeloupe.com
reservation.Europcar@gbh.fr
Agence ouverte tous les jours de 7h à 21h.

■ HERTZ ANTILLES

Aéroport Pôle Caraïbes
LES ABYMES
☎ 0590 21 13 46
www.hertzantilles.com
reservation@hertzantilles.com
Horaires haute saison : du lundi au samedi de 7h30 à 22h30, dimanche et jours fériés de 8h à 20h30. Horaires basse saison : du lundi au samedi de 7h à 21h30, dimanche et jours fériés de 8h à 20h30.

▶ **Autre adresse :** Port de Bergevin
☎ 05 90 89 28 05. *Agence ouverte du lundi au vendredi de 7h à 13h et de 16h15 à 18h. Les dimanches et jours fériés de 7h30 à 8h30 et de 16h à 17h.*

■ JUMBO CAR

Zone des loueurs
Aéroport Pôle Caraïbes
LES ABYMES
☎ 05 90 21 13 56
www.jumbocar-guadeloupe.com
guadeloupe@jumbocar.com
Location de voiture à partir de 10 €/jour pour une durée de 7 jours. Agence ouverte de 7h à 21h tous les jours.
Large gamme de véhicules récents de la gamme économique au SUV en passant par les berlines de luxe, les monospaces, les minibus et les véhicules utilitaires. Consulter leur site pour bénéficiez des meilleurs tarifs. Pré-paiement en ligne.

■ **KARIBBEANCARS**
✆ 06 63 32 55 00
www.karibbeancars.fr
karibbeancars@gmail.com
A partir de 20 €/jour. Tarifs dégressifs selon durée.
Une plateforme de location de véhicules (Opel Corsa et Mériva) entre particuliers à bas prix basée sur l'échange et la proximité, avec kilométrage illimité, assurance tous risques et 2e conducteur inclus. Le petit plus : les tarifs sont les mêmes quelle que soit la saison.

■ **RENT A CAR**
Aéroport Pôle Caraïbes
LES ABYMES
✆ 05 90 47 59 05
www.rentacarguadeloupe.fr
service-clientele@rentacar.fr
Dans la zone des loueurs.
Agence ouverte tous les jours de 7h à 21h.
Cette agence basée à l'aéroport propose une large gamme de véhicules récents et bien entretenus, de tourisme, automatiques ou des minibus, ainsi que des services pratiques (accessoires pour bébé, réduction de franchise, etc.).

■ **THRIFTY**
Aéroport Pôle Caraïbes
LES ABYMES
✆ 05 90 21 13 60
www.thriftyantilles.com
reservation@thriftyantilles.com
Agence ouverte du lundi au samedi de 7h à 21h30. Les dimanches et jours fériés de 8h à 20h30.

■ **TOTO LOCATION**
Gare de Bergevin
✆ 06 90 65 64 99
www.toto-location.com
jean-paul.toto@wanadoo.fr
Location à la journée à partir de 35 € pour un véhicule, 26 € pour un scooter et 22 € pour un vélo électrique. Tarifs dégressifs selon durée.
Un large choix de véhicules de 5 à 9 places : Clio 5 places, Mazda 2, Sandero, Dacia 7 places, minibus 9 places, scooters, motos, vélos électriques, etc.

■ **RENT'ILES**
✆ 04 20 10 03 90
www.rentiles.fr/guadeloupe.html
contact@rentiles.fr
Réseau de loueurs indépendants. Tarifs et réservations sur le site Internet.
Le réseau Rent'Iles sélectionne les agences de location indépendantes de qualité sur l'île. Les prix sont souvent les plus bas du marché et la prise en charge peut se faire à l'aéroport, au port ou en livraison sur toute l'île de la Guadeloupe. Les options comme le rehausseur, siège bébé ou conducteur additionnel sont la plupart du temps offertes par l'agence et vous feront économiser sur le montant total de votre location.

■ **VOITURES DES ÎLES**
LE GOSIER
www.voituresdesiles.com
info@voituresdesiles.com
Location à partir de 25 €/jour.
Cette centrale de réservation propose de grandes enseignes de location de voitures à prix discount. Elle garantit ainsi un service de qualité : véhicules récents, toutes les assurances incluses, large choix d'agences (aéroport et principaux sites touristiques), assistance 24h/24, 7j/7, possibilité de rachat ou de réduction de franchise sur place. Tous les véhicules sont confirmés d'office et l'envoi du bon d'échange est instantané. Possibilité d'annulation sans frais. Devis et réservations en ligne.

■ **TROPIC CAR**
Gare Maritime
Bergevin
✆ 05 90 91 84 37
www.tropic-car.com
tropicar@wanadoo.fr
Haute saison : ouvert du lundi au samedi de 7h à 13h et de 15h à 18h, le dimanche de 16h à 18h. Basse saison : de 8h à 12h et de 16h à 17h30, le dimanche de 16h à 18h. Location à partir de 27 €/jour. Tarifs très attractifs pour des longs séjours.
Une belle gamme de véhicules à votre disposition entre Fiat Panda Eco, New Fiat Panda, Nissan Micra, Kia Picanto, Skoda Fabia, Fiat Tipo, Hyundai I20.

GRANDE-TERRE

Bateau

■ EXPRESS DES ÎLES

Bergevin
Gare maritime ☎ 0 825 35 90 00
www.express-des-iles.com
contact@express-des-iles.com
Aller-retour pour Marie-Galante à partir de 20 €/ personne si vous voyagez le jeudi et à partir de 35 € pour les autres jours. Pass Deux-Îles (aller-retour) pour les Saintes + un billet aller-retour pour Marie-Galante : 40 €. Tarifs à partir de 79 € (si vous voyagez le samedi) ou 99 € les autres jours pour les destinations de la Dominique, Sainte-Lucie et la Martinique. Possibilité de voyager avec une voiture à partir de 399 € (billet chauffeur inclus) et 289 € pour une moto.
Les îles desservies sont Marie-Galante, les Saintes, la Dominique, la Martinique, Sainte-Lucie avec également des packages incluant l'hébergement. Pour plus de renseignements concernant ces forfaits, nous vous invitons à consulter les brochures éditées par l'*Express des îles*. Elles sont disponibles dans tous les points de vente et sur Internet. Des rotations supplémentaires sont mises en place durant les vacances et les périodes de forte affluence. Comptez une heure de traversée pour les Saintes et Marie-Galante.

▶ **Pour les Saintes :** départ le samedi à 8h, retour vers Pointe-à-Pitre le même jour à 17h30.

▶ **Pour Marie-Galante/Grand-Bourg,** départs du lundi au samedi à 8h15, 13h15 et 17h15. Le dimanche 8h15, 17h15 et 19h30. Retour du lundi au samedi de Grand-Bourg à 6h, 12h et 16h. Le dimanche à 6h, 16h et 18h30.

▶ **Pour Marie-Galante/Saint-Louis :** départ du lundi au samedi à 13h15.

▶ **De Pointe-à-Pitre vers la Dominique et la Martinique :** lundi, mercredi, départ à 8h. Samedi, départ à 13h.

▶ **De Pointe-à-Pitre vers la Dominique, la Martinique et Sainte-Lucie :** vendredi, départ à 8h.

▶ **La compagnie aérienne locale Air Caraïbes** a conclu, depuis novembre 2015, un partenariat avec la compagnie maritime Express des Îles. L'offre NavigAir permet de bénéficier d'une prolongation inédite : vous pouvez maintenant rejoindre Marie-Galante avec un seul billet pour 1 € de plus. A votre arrivée à l'aéroport, vous êtes pris en charge par un minibus qui vous mène jusqu'à la gare maritime. En cas de retard du vol, vous bénéficiez d'une prise en charge et d'une priorité pour le prochain départ de bateau voire d'un hébergement si besoin. Cette offre (qui peut être soumise à modification sans préavis) est valable pour un voyage en classe Soleil et sous certaines conditions.

■ JEANS FOR FREEDOM

Gare maritime de Bergevin
☎ 08 25 01 01 25
www.jeanforfreedom.com
info@jeansforfreedom.com
Guichet ouvert du lundi au samedi de 7h à 13h. Tarifs A/R au départ de Pointe-à-Pitre : à partir de 59 €/personne pour la Martinique (bagage en soute de 25 kg + bagage à main de 10 kg inclus). Desserte minimum 5 fois/semaine toute l'année. Journées découverte dans la Caraïbe (Antigua, Monsterrat, Saint-Kitts au départ de Deshaies) de 89 à 119 € selon destination et la Dominique au départ de Pointe-à-Pitre à partir de 29,50 €.
C'est la compagnie maritime *low-cost* de Guadeloupe. Elle dispose d'un catamaran d'une capacité de 437 places, avec salon climatisé sur le pont principal et un autre ventilé sur le pont supérieur. La compagnie dessert Les Saintes, Marie-Galante et la Martinique. La compagnie propose également des journées découvertes ponctuelles dans certaines îles de la Caraïbe comme la Dominique, Antigua, Saint-Kitts, Sainte-Lucie, Saint-Vincent, Montserrat.

▶ **Pour les Saintes (Terre-de-Haut) :** départ le samedi de Pointe-à-Pitre à 8h (retour des Saintes vers Pointe-à-Pitre à 17h30). Il est conseillé de se renseigner auprès de l'agence car les horaires et les jours de départ sont sujets à modification.

■ **MARINA BAS-DU-FORT**
Bas-du-Fort
Capitainerie
✆ 05 90 93 66 20
www.marinaguadeloupe.com
info@marinaguadeloupe.com
Horaires haute saison : 8h-17h30 du lundi au vendredi, 8h-13h et 14h-17h30 le samedi, 8h-12h le dimanche, 8h-13h les jours fériés/chômés. Horaires basse saison : 8h-13h et 14h-17h du lundi au vendredi, 8h-13h le samedi, 8h-12h le dimanche et les jours fériés/chômés.
Une marina classique à quelques kilomètres au sud de Pointe-à-Pitre offrant 1 300 places à quai et sur bouées pour un tirant d'eau de 4,50 m.

■ **VAL' FERRY**
Gare maritime
✆ 05 90 91 45 15
www.valferry.fr
reservations@valferry.fr
Tarifs aller-retour : Marie Galante : 42 €/adulte (36,80 € en réservant en ligne) 25 €/enfant, 6 €/bébé ; les Saintes : 35 € ; Fort-de-France : de 82 à 118 € ; la Dominique : de 72 à 88 €. Pass découverte les Saintes + Marie-Galante) : 52 €/adulte, 35 €/enfant. Ventes flash sur le site à certaines périodes.

Vérifiez les horaires, car ils sont sujets à modification sans préavis.

▶ **Départ de Pointe-à-Pitre vers Grand-Bourg :** lundi, mercredi, jeudi, vendredi et samedi à 7h45, 12h30 et 17h ; mardi à 17h (et 7h45 et 12h30 en périodes de vacances scolaires) ; dimanche à 7h45, 16h45 et 19h15.

▶ **Départ de Marie-Galante vers Pointe-à-Pitre :** lundi, mercredi, jeudi, vendredi et samedi à 6h20, 9h10 et 15h30 ; mardi à 6h20 (et 9h10 et 15h30 en périodes de vacances scolaires) ; dimanche à 6h20, 15h30 et 18h.

▶ **Départ de Pointe-à-Pitre vers Fort-de-France via Marie-Galante :** du jeudi au lundi à 9h.

▶ **Départ de Fort-de-France vers Pointe-à-Pitre :** du jeudi au lundi à 14h30.

▶ **Départ de Pointe-à-Pitre vers la Dominique via les Saintes :** du vendredi au lundi à 8h30.

▶ **Départ de la Dominique vers Pointe-à-Pitre via les Saintes :** du vendredi au lundi à 15h.

▶ **Départ de Pointe-à-Pitre vers la Dominique :** le mercredi à 17h30, le jeudi et le vendredi à 18h (avec une escale à Marie-Galante le vendredi).

▶ **Départ de la Dominique vers Pointe-à-Pitre :** jeudi, vendredi et samedi à 6h30.

▶ **La compagnie assure également une rotation vers les Saintes** au départ de Trois-Rivières.

Pointe-à-Pitre.

© GILLES MOREL

Église Saint-Pierre-et-Saint-Paul.

Bus

■ GARE ROUTIÈRE DE BERGEVIN
Boulevard de l'Amitié des Peuples de la Caraïbe
Entre la gare maritime et le port autonome.
www.karulis.fr
Les tickets s'achètent auprès des conducteurs. Pass disponibles dans les points de vente et à l'agence Karulis.
Non loin de la gare maritime, tous les bus à destination des diverses communes se concentrent sur la gare routière de Bergevin. Certains bus partent du marché de la Darse, à proximité de la Place de la Victoire, vers Le Gosier, notamment. Cette modernisation participe d'un grand plan de restructuration du transport interurbain en Guadeloupe.

■ GARE ROUTIÈRE DE DARBOUSSIER
Tickets en vente auprès des chauffeurs de bus. Pass disponibles dans les points de vente et à l'agence Karu'Lis.
Cette gare est utilisée pour les dessertes Sud Grande-Terre (Pointe-à-Pitre – Gosier – Sainte-Anne – Saint-François).

Se déplacer

Les loueurs sont nombreux à l'aéroport Pôle Caraïbes et des taxis y sont également toujours présents au moment des vols en arrivée. Ils sont tous équipés d'un taximètre. Le tarif varie selon qu'il s'agit d'une course de jour (de 7h à 19h) ou de nuit. Voici quelques exemples de tarifs pour un trajet avec 2/3 personnes au départ de l'aéroport : Gosier 30 € – Saint-François 70 € – Capesterre-Belle-Eau 60 €.

Le réseau de bus Karu'Lis dispose de lignes (AE1, AE2, AE3 et AE4) au départ de l'aéroport pour rejoindre : les Abymes en 5 minutes, Baie-Mahault (centre commercial de Destreland) en 20 minutes, Jarry et Gosier en 35 minutes, Pointe-à-Pitre en 15 minutes.

▶ **Plus d'informations au** ✆ 0590 24 26 06, sur le site www.karulis.com ou sur la page Facebook.

Bus

Le transport public a progressé sur les zones de Baie-Mahault, Pointe-à-Pitre, Abymes, Gosier, Sainte-Anne et Saint-François.
Une ligne de bus permet d'accéder à la ville de Basse-Terre avec plusieurs arrêts :

▶ **Basse-Terre/Pointe-à-Pitre** (environ 1h05 de trajet pour un tarif de 5,60 €) : départs de Basse-Terre ou de Pointe-à-Pitre à 5h55, 8h, 10h, 11h45, 13h, 14h45, 16h20 et 18h en semaine, et à 10h, 12h15, 14h et 16h le samedi. Les dimanches et jours fériés : départ de Basse-Terre à 7h, 11h et 16h, départ de Pointe-à-Pitre à 9h, 13h et 18h.

■ KARU'LIS
Boulevard Legitimus ✆ 0590 24 26 06
karulis.com/
Du lundi au vendredi de 7h30 à 13h30 et de 14h30 à 17h30. Le samedi de 8h à 13h. Titres de transport disponibles dans les points de vente et à l'agence. Pass 10 voyages de 9,60 € à 32 € selon zone (création de carte en sus : 5 €). Tickets unitaires de 1,20 € à 4 € selon le nombre de zones traversées.
Karu'lis est un réseau de transport interurbain qui assure le transport de passagers sur six

communes : Baie-Mahault, Abymes, Pointe-à-Pitre, Gosier, Sainte-Anne et Saint-François. Le réseau comprend notamment 4 lignes qui desservent l'aéroport (repérables par la lettre AE) et 3 lignes pour le week-end et les jours fériés (repérable par la lettre Z). Tous les horaires et circuits sont consultables sur le site Internet de Karulis.

Taxi

■ JEFF DESCLA
℡ 06 90 99 31 78
Transferts aéroport selon destination : 20 € (Gosier), 25 à 30 € (Sainte-Anne), 40 € (Capesterre). Tours croisiéristes à la journée : 50 €/ personne (4 minimum, 6 maximum).
Jeff vous prend en charge chaleureusement pour vos transferts depuis ou vers l'aéroport. Sérieux et ponctualité garantis.

■ POUSSE-POUSSE
Place du marché aux épices
℡ 06 90 61 47 37
contact@poussepousse.net
Balades commentées de Pointe-à-Pitre : 30 € les 45 minutes. Balades gourmandes d'1h15 avec repas : 49 €/adulte et 25 €/enfant. Service taxi-vélo pour vos déplacements dans le centre-ville de Pointe-à-Pitre, à partir de 2 €.
Un véhicule urbain inspiré des tuk tuk thaïlandais, qui vous permettra d'apprécier la ville de la façon la plus écologique. Profitez de ce petit véhicule composé de 3 roues, d'une banquette et d'un toit pour découvrir Pointe-à-Pitre, pour un retour de course ou, comme une navette, pour vous déplacer dans la ville. Les pilotes s'expriment en anglais, espagnol, italien, portugais, français et créole (russe et allemand uniquement sur demande).

■ TAXI ART
℡ 06 90 30 30 60
7 jours sur 7 la journée. Le soir et la nuit sur demande préalable. Cartes bleues acceptées.
Minibus 8 places et voiture berline.

■ TAXI GILLES
℡ 06 90 74 74 11
gilles.dousseau@orange.fr
Paiement par carte bancaire accepté.
Gilles dispose de deux minibus 8 places récents. Il assure les transferts du port ou de l'aéroport vers votre hébergement, parle anglais et a un très bon contact avec les passagers. Courses privées ou touristiques sur demande.

■ TAXI MOYSAN RUDDY
Zone artisanale de Bergevin
Bâtiment CL – porte 115 ℡ 06 90 54 39 95
moysanruddy1@gmail.com
Compagnie de taxis disponible 7j/7.

Bateau

■ REB NAUTIC
La Digue – Station Nautique Marina Bas-Du-Fort
℡ 05 90 68 43 01
www.rebnautic.com/
rebnautic@orange.fr
Tarifs de 150 € à 700 € la journée.
Société de location de bateaux à moteurs spécialisée dans les semi-rigides et rigides, du 19' au 37' de 1 à 3 moteurs. Avec plus de 10 ans d'expérience, Reb Nautic a acquis une notoriété et un savoir-faire sur les bateaux qui sont d'ailleurs sélectionnés par les organisateurs pour toutes les grandes manifestations nautiques en Guadeloupe.

Pratique

Tourisme – Culture

■ SYNDICAT D'INITIATIVE DE POINTE-À-PITRE
1 Centre commercial Marina
℡ 05 90 90 70 02
syndicatinitiativedepap@wanadoo.fr
A côté du restaurant Le Pirate Caribéen
Ouvert du lundi au vendredi de 9h à 12h30 et de 14h30 à 17h30, le samedi de 9h à 12h.
Située sur la marina de Pointe à Pitre – Le Gosier, dans une petite case typique. Vous trouverez toute la documentation nécessaire pour découvrir la Guadeloupe et son archipel.

Peinture murale à Pointe-à-Pitre.

■ **COMITÉ DU TOURISME DES ÎLES DE GUADELOUPE**
5 square de la Banque
℡ 05 90 82 09 30
www.lesilesdeguadeloupe.com
info@lesilesdeguadeloupe.com
A proximité de la place de la Victoire et du marché.
Accueil public du lundi au vendredi de 8h à 17h, et le samedi de 8h à 13h. Informations et communications touristiques, salons professionnels, et mise en relation avec le réseau d'agences locales (offices de tourisme et syndicats d'initiative).
Dans un superbe bâtiment néo-classique datant du début du siècle, cet office départemental de tourisme est immanquable quand on se trouve place de la Victoire. Catalogues, brochures et cartes diverses sont mis à disposition en libre-service, et le site Internet agrémenté de petites vidéos assure une promotion attractive, autant pour le patrimoine naturel et humain de l'archipel que pour l'attrait commercial des divers établissements d'accueil. Les agents, très disponibles, pourront vous renseigner sur de nombreux sujets : réservations, sites à visiter, etc. Une antenne Europe du CTIG cible aussi les visiteurs européens du Nord.

▶ **Autre adresse :** 8-10 rue Buffault 75009 Paris ℡ 01 40 62 99 07.

Réceptifs

■ **MARANATHA TOURS**
Quai Ferdinand Lesseps
17 Centre Saint-John-Perse
℡ 05 90 88 51 58
Voir page 27.

■ **RIVERAIN TOURS**
3 Rue Frébault
℡ 05 90 91 72 10
Voir page 27.

Argent

■ **CHANGE CARAÏBES**
21 rue Frébault
℡ 05 90 93 70 40
www.changecaraibes.com
guadeloupe@changecaraibes.fr
Ouvert en semaine de 7h à 17h, samedi de 8h à 12h30.
Ce bureau de change vous sera utile si vous devez vous rendre à la Dominique ou aux Etats-Unis, pour changer vos euros en dollars des Caraïbes orientales (EC$) ou en dollars américains (US$).

▶ **Autre adresse :** 31 boulevard Chanzy, ℡ 05 90 89 00 88.

Santé – Urgences

■ **CHU**
Route de Chauvel
97159 Pointe-à-Pitre
LES ABYMES ℡ 05 90 89 10 10
www.chu-guadeloupe.fr
Le CHU dispose d'un service d'urgences. Toutefois, préférez, si votre état de santé le permet, la maison médicale de garde car les urgences sont toujours surchargées et l'attente y extrêmement longue. Si votre état justifie réellement de vous rendre aux urgences, appelez les pompiers qui vous y conduiront et qui préviendront de votre arrivée afin que le service concerné soit informé pour vous accueillir dans de meilleurs délais.

■ **CENTRE MÉDICAL DE L'AÉROPORT**
Aéroport Pôle Caraïbes
℡ 05 90 21 71 41
www.guadeloupe.aeroport.fr
Rez-de-chaussée, près de la pharmacie.
Ouvert 7j/7, de 9h à 23h. Consultations sans rendez-vous. Pharmacie ouverte de 8h à 21h45.
℡ 05 90 21 12 00

GRANDE-TERRE

MARIE-GALANTE

LA DÉSIRADE

LES SAINTES

BASSE-TERRE

Basse Terre *Négociante*   Grande Terre *Passionate*   Marie Galante *Authentique*   Les Saintes *Charmantes*   La Désirade *Surprenante*

LES ÎLES DE GUADELOUPE
Il y a tant d'îles en elles

COMITÉ DU TOURISME

Vous allez adorer vos Vacances dans les îles de Guadeloupe

lesilesdeguadeloupe.com

RÉGION GUADELOUPE   CONSEIL DÉPARTEMENTAL DE LA GUADELOUPE

Nouveau Monde DDB Nantes - Photos : Blue - Jean-Marc Go

Numéros d'urgence

▶ **Médecins/A.D.G.U.P.S** ✆ 05 90 90 13 13

▶ **Maisons médicales de garde :** Chauvel Abymes, Le Moule, Sainte-Rose, Capesterre-Belle-Eau et Basse-Terre. Horaires de consultations : du lundi au vendredi de 20h à minuit, le samedi de 14h à minuit, et les dimanches et jours fériés de 8h à minuit. Il est nécessaire d'appeler le médecin régulateur avant de vous rendre dans l'une des maisons médicales de garde.

▶ **Ambulances :** SAMU ✆ 15.

▶ **Secours :** police ou gendarmerie ✆ 17 et pompiers ✆ 18.

▶ **Allo Ecoute :** informe et oriente toute personne en situation de détresse (femmes battues, adolescents en situation de mal-être, parents en difficultés, etc.) ✆ 0 800 39 19 19 (appel gratuit).

▶ **Allo Service Public** ✆ 3939.

▶ **Pharmacies :** le pharmacien de garde est indiqué sur la porte des pharmacies. Vous pouvez aussi appeler le ✆ 3237 pour connaître la pharmacie de garde la plus proche de chez vous (0,34 € la minute depuis un poste fixe), consulter le site de l'ARS (www.guadeloupe. ars.sante.fr), appeler la gendarmerie ou le commissariat. Le quotidien *France-Antilles* du week-end fournit également cette information, parmi d'autres infos pratiques. Très pratique : la pharmacie située à l'aéroport Pôle Caraïbes est ouverte 7j/7.

Un pôle médical très pratique car vous n'avez pas besoin de RDV contrairement à la plupart des médecins de l'île. Toutefois la salle d'attente est toujours comble... Il convient donc d'être patient. La pharmacie attenante, ouverte 7j/7, est un atout supplémentaire.

Adresses utiles

■ **COMMISSARIAT DE POLICE**
Rue Etienne Songeons
✆ 17
Sur le boulevard où se situe le CHU, quasi en face.
Si vous avez été victime d'une infraction sans conséquence physique, vous pouvez enregistrer une pré-plainte par Internet (sur www.pre-plainte-en-ligne.gouv.fr). Il est nécessaire de laisser un numéro de téléphone. Ensuite, un agent de police vous contacte afin de vous fixer un rendez-vous. Vous évitez ainsi de passer quelques heures à attendre votre tour dans la salle d'attente.

■ **MAIRIE**
Place des Martyrs de la Liberté
✆ 05 90 93 85 85
www.pointeapitre.fr

■ **ECO MATIC**
Marina de Pointe-à-Pitre
Rond-point Blanchard
✆ 06 90 61 13 13
Machine de 7 kg à 4,50 €, 9 kg à 6 €, 20 kg à 11 €, séchoir à 1 € les 10 minutes (lessive et adoucissant compris). Ouvert tous les jours et jours fériés de 6h à 20h30, sauf le samedi. Dernier lavage à 19h30.
Une laverie automatique écologique, équipée de matériel de dernière génération. Fauteuil de massage pour patienter. Table de pliage et panier à disposition.

Orientation

Située entre les Abymes qui accueillent l'aéroport Pôle Caraïbes et la station balnéaire du Gosier, la ville de Pointe-à-Pitre peut paraître complexe lors d'une première approche. Afin de vous repérer, lorsque vous y accédez en provenance de la rocade, vous passez devant le CHU et vous arrivez directement sur l'avenue principale, le boulevard Chanzy. La zone commerçante, dont la rue Frébault est la plus réputée, le marché aux épices, le musée Schoelcher, l'église Saint-Pierre et Saint-Paul, le terminal de croisière, sont accessibles en empruntant les rues perpendiculaires au boulevard Chanzy, sur la gauche. Dans ce secteur, le stationnement est délicat le matin car l'affluence y est importante aussi bien au niveau des piétons que des véhicules. N'hésitez pas à refaire un tour du quartier car il y a beaucoup de mouvements. Attention, les magasins sont fermés le samedi à partir de 13h et le dimanche.
Pour ce qui est du Mémorial ACTe, il est plus facile d'y accéder par le rond-point de la Marina (rond-point Blanchard), en empruntant la direction de Carénage. Vous passerez

alors devant l'université des Antilles (Campus de Fouillole). Continuez tout droit jusqu'au rond-point et prenez la sortie de gauche pour accéder au Mémorial ACTe. En empruntant la première sortie, vous circulerez en direction de la gare routière de Darboussier ou du Comité du tourisme.

Se loger

Dans le centre-ville de Pointe-à-Pitre, vous ne trouverez qu'un seul hôtel : le Saint-John Perse, face au marché. Il est surtout destiné à une clientèle en déplacement d'affaires et aux voyageurs en partance pour les îles, tôt le matin. Les hôtels du Gosier, à proximité immédiate de Pointe-à-Pitre, offrent un cadre plus agréable si l'on recherche les plaisirs balnéaires, avec différentes catégories d'établissements (hôtels, résidences hôtelières, etc.) principalement situés dans les quartiers de Bas-du-Fort ou de la Pointe de la Verdure.

■ LA CASE EN MER
Ilet Boissard
Les Îlets
BP 2046
✆ 05 90 26 45 13
les.ilets@orange.fr
Situé dans le Petit Cul-de-Sac marin à proximité de Pointe-à-Pitre et de l'aéroport. Accès par la zone de Jarry.
150 € la nuit pour deux personnes, petit déjeuner inclus. Séjour de 3 nuits minimum. Table d'hôtes sur réservation : 25 € le dîner (apéritif, vin, café compris).
C'est en bateau que vous vous rendez à la Case en Mer. Les propriétaires de cette maison d'hôtes originale vous reçoivent dans une habitation typiquement créole entourée de cocotiers, de palétuviers et équipée d'un spa. Françoise et Joël y louent 2 chambres d'hôtes. Havre de paix, cet îlet résidentiel offre une vue splendide sur Basse-Terre, que domine la Soufrière. La villa est bordée par la mer sur 3 côtés. Des iguanes y vivent en liberté. Les navettes reliant l'îlet au « continent » (2 minutes à peine !) sont gratuites et disponibles à tout moment de la journée, grâce au petit bateau des propriétaires et à l'embarcadère privé. Table d'hôtes sur la terrasse en bord de mer, le soir – réservée aux résidents de l'îlet. Vous y dégusterez des spécialités de poissons et des plats créoles. Accueil convivial. Les chambres sont très confortables, ventilées et climatisées si nécessaire, équipées de grandes moustiquaires. Les lits sont spacieux, les serviettes abondantes, un sac de plage disponible avec drap de plage. Une connexion wifi est disponible gratuitement.

■ HÔTEL SAINT-JOHN PERSE
Quai des Croisières
✆ 05 90 82 51 57
www.saint-john-perse.com
saintjohnpap@gmail.com
Juste à côté du centre commercial Saint-John-Perse. Proche de la Darse.
Ouvert toute l'année. Tarifs sur la base d'une chambre double : standard à partir de 76 €, supérieure à partir de 80 €.
Situé au cœur de Pointe-à-Pitre à proximité immédiate du quai des bateaux de croisière, cet hôtel dispose de 44 chambres basiques, mais bien équipées avec climatisation, petit balcon, coffre-fort, écran plat, wifi. Il est particulièrement bien situé si vous souhaitez prendre le bateau pour les Saintes et Marie-Galante sans avoir à vous lever aux aurores car il vous permet d'éviter les embouteillages du matin. Il existe un système de transfert (payant) entre l'hôtel, la gare maritime et l'aéroport.

Se restaurer

Vous trouverez à Pointe-à-Pitre des restaurants aux spécialités variées (cuisines française, créole, libanaise, italienne). Vous pourrez également déguster à proximité de la place de la Victoire le fameux *bokit*, sandwich local dont le pain est frit puis garni.
Pour connaître les restaurants situés sur la marina, reportez-vous à la partie « *Le Gosier* », la marina étant partagée entre les villes de Pointe-à-Pitre et du Gosier. Pour plus de facilité, nous avons répertorié tous les établissements dans la même rubrique au Gosier.

Sur le pouce

■ RENÉE
53 rue Frébault
✆ 05 90 89 03 79
www.renee.gp
info@renee.gp
Autres adresses à Pointe-à-Pitre : 3, rue Ho-Chi-Minh, Bergevin (✆ 05 90 20 60 34) et boulevard Légitimus (✆ 05 90 68 13 84).
Du lundi au samedi de 6h30 à 17h30. Samedi de 6h30 à 15h. Sandwich à partir de 2,70 €, plats aux alentours de 10 €.
Renée, c'est LE concept de sandwicherie/pâtisserie/restauration rapide de Guadeloupe créé dans les années 1960. Une histoire de famille qui s'est développée autour d'un produit phare très apprécié des Guadeloupéens, le sandwich « Renée », petit pain au lait accompagné d'un jus local, mais aussi des pâtisseries aux saveurs locales ou l'incontournable chocolat tradition et une offre de restauration le midi. Une enseigne familiale empreinte de tradition et de modernité.

■ BAGUET SHOP
Angle du boulevard Chanzy
et de la rue Nassau
℡ 05 90 21 52 23
Du lundi au samedi de 6h à 19h30 et le dimanche de 6h à 12h30.
Le magasin Baguet Shop est situé sur l'axe le plus fréquenté de Pointe-à-Pitre, à proximité des gares routières et maritimes. Le magasin propose dès 6h du pain chaud, et une gamme de viennoiseries et de pâtisseries.

■ BOKIT DELUX
19 bis rue Gilbert de Chambertrand
Ouvert du mercredi au samedi de 18h à 23h. Ticket moyen à 10 € pour un bokit et une boisson.
Le snack par excellence pour découvrir le fameux bokit antillais. A déguster sur le pouce, en version classique (nature, jambon/fromage, poulet fumé, morue) agrémentée au gré des saisons de giromon, oignon, chou, carotte, courgette. Et pour sortir des sentiers battus, pourquoi ne pas tester des garnitures plus originales telles que le porc confit au sirop de batterie, ou les éditions limitées au boudin, crocodile, saumon, court-bouillon ? Egalement un choix de jus frais au bon goût de fruits locaux.

■ CAFÉ DE FRANCE
8 place de la Victoire ℡ 05 90 83 83 89
www.cafedefranceguadeloupe.com
cafedefranceguadeloupe@gmail.com
Ouvert de 6h30 à 15h30, et le samedi jusqu'à 14h. Fermé le dimanche.
Une adresse pratique et appréciée pour ses sandwichs et ses salades, qui dispose d'une terrasse avec vue sur la place de la Victoire.

■ KARIBEAN FOOD
27 Boulevard Légitimus ℡ 05 90 28 59 93
contact@karibeanfood.com
Tous les jours de 6h à 23h. Formules petit déjeuner à partir de 6h et service en continu de plats. Compter environ 10 € pour un plat et 15 € pour une formule complète.
Un lieu convivial pour déguster de plats antillais (colombo, court-bouillon de poisson, poisson frit, bébélé, giromonade, gratin de christophines, etc.) sur place ou à emporter. La spécialité de la maison : le lambi et le chatrou. Vous y trouverez également d'autres plats du jour et des mets à déguster sur le pouce (bokits, wraps, etc.)

■ KARISSIMA CAFÉ
Place de la Victoire
Situé sur la place de la Victoire, à proximité du Pavillon de la Ville.
Ouvert lundi, mardi et jeudi de 7h à 21h, mercredi de 7h à 19h, vendredi de 7h à minuit, samedi de 9h à 21h et le dimanche de 10h à 18h. Plat à la carte de 11€ à 17€. Paninis, crêpes et salades de 4 € à 15 €.
Situé sur la fréquentée place de la Victoire, le Karissima Café permet de déjeuner sur le pouce ou de déguster une glace en regardant les passants.

■ MUNCHIES FOOD TRUCK
℡ 06 90 98 05 78
munchies.gpe@gmail.com
Dans le parking du Mémorial ACTe
Du mardi au dimanche de 18h à 23h30. Menus entre 6 et 18.5 € (hors supplément).
Une adresse à connaître en fin de journée, après une visite au Mémorial ACTe ou une balade à Pointe-à-Pitre. Spécialités de viandes et poissons grillés, accompagnées de salade et de frites. Plusieurs menus au choix. Les sauces et les desserts sont faits maison. Lambi grillé à la carte le vendredi et le samedi soir.

Pause gourmande

■ DÉSIRS DU PALAIS – FABIENNE YOUYOUTTE
53 Chemin des Petites Abymes
℡ 05 90 88 54 40
desirsdupalais@gmail.com
Situé sur le boulevard du CHU de Pointe-à-Pitre-Abymes.
Ouvert du mardi au dimanche de 12h à 19h. Glace (2 boules) à 3,80 €, mini-pâtisserie à partir de 0,20 €.
Glacière, pâtissière et chocolatière, Fabienne excelle dans les créations. Elle propose de succulentes glaces en cornet maison, en pot ou au litre, dans des parfums des plus classiques aux plus surprenants (patate douce, pain d'épices, chodo, fruit à pain, canne à sucre, etc.). Excellent choix de pâtisseries également.

▶ **Autre adresse :** 11, rue Bastaraud, 97180 Sainte-Anne.

Bien et pas cher

■ AN TOL LA
Fouillole ℡ 06 90 71 49 72
Ouvert du lundi au samedi de 12h à 15h. Prix moyen hors alcool : de 15 à 18 €.
Un petit restaurant de spécialités antillaises, qui ne paye pas de mine, non loin de l'université. Une cuisine familiale appréciée des locaux, notamment pour le blaff de burgots et le court-bouillon de poisson frais.

■ LEWOZ KAFÉ
Lauricisque℡ 0690 16 76 49
lewozkafe.restaurant@gmail.com
Face au port de pêche de Lauricisque.
Ouvert du mardi au samedi soir et jeudi, vendredi et samedi midi. Addition moyenne à 30€.

Ce restaurant en bois au cadre typique est situé face au petit port de pêcheurs. Vous êtes tout de suite plongé dans l'ambiance locale avec Chonchon. Les murs sont décorés de tonneaux dédicacés par diverses personnalités. A la carte : des plats cuisinés au feu de bois, des poissons grillés, des salades, des courts-bouillons accompagnés de légumes du pays. La spécialité de la maison : le léwoz, sorte de galette à base de manioc agrémentée d'une garniture au choix. Le tout pour un prix tout à fait abordable ! L'ambiance musicale est assurée par des artistes locaux quelques soirs par semaine.

◼ **SUCRÉ SALÉ**
Boulevard Légitimus ✆ 05 90 21 22 55
Du lundi au samedi midi. Comptez 30 € pour un repas complet.
Une adresse située à peu à l'écart de l'agitation pointoise. Ce restaurant qui ne paye pas de mine propose une formule de type brasserie traditionnelle. A la carte, des plats variés, des salades complètes, des poissons et viandes rouges grillées (flan d'oursin à la crème de giraumon, pavé de thon à la sauce passion ou créole).

◼ **TOUT' NASYON**
64 Rue Vatable
toutnasyonresto@gmail.com
Du lundi au samedi de 11h à 15h. Le samedi soir de 19h à 00h (sauf le dernier samedi du mois). Addition moyenne : entre 10 et 20 €.
Ne vous fiez pas à la devanture du restaurant, vous y mangerez de bons plats antillais (dombrés, court-bouillon, etc.). Le samedi soir, un choix de viande, poisson et fruits de mer grillés, accompagnés de frites de légumes, de crudités et de riz.

Bonnes tables

◼ **1973, FOOD & SOUNDS**
19 rue Gilbert de Chambertrand
✆ 06 90 21 90 73 – tigla@wanadoo.fr
A proximité de la place de la Victoire et de l'ancien cinéma Renaissance.
Ouvert jeudi, vendredi et samedi soir à partir de 19h. Formule complète : 40 € par personne (cocktail, tapas, plat, dessert et boissons). Formule cocktail, tapas et verrines : 15 €.
Vous entrez dans une maison traditionnelle en bois des années 40, pour y déguster des cocktails, des verrines, des tapas à la créole. La cuisine proposée est très créative et revisite les recettes traditionnelles ou venues d'ailleurs. Le plus du lieu : l'ambiance musicale est assurée par des disques vinyles et la décoration vintage est très agréable. Si vous cherchez à quoi correspond le chiffre 1973, c'est simplement la date de naissance du maître des lieux, David Drumeaux.

◼ **AN CHODYÈ LA, LA KAZ À SOUPE**
59 rue Gilbert de Chambertrand
✆ 05 90 82 59 72
Ouvert du jeudi au samedi soir. Addition moyenne à 25 €.
Amateurs de soupe à la sauce créole, vous serez les bienvenus dans ce petit restaurant situé en plein cœur de Pointe-à-Pitre. Plusieurs formules de dégustation de soupes sont proposées, avec, pour les plus gourmands, une part de quiche en plus. Les soupes (giromon, lambi, langouste, ouassous, tripes et bien d'autres !) sont toutes servies avec des croûtons. Le cadre intimiste et très original saura vous charmer.

◼ **CAFE DES ARTS**
22 Quai Ferdinand Lesseps
✆ 05 90 55 76 84
info@cafedesartsrestaurant.com
Ouvert 7 j/7 midi et soir en haute saison. Fermé le samedi midi et le dimanche en basse saison. Entrées : de 8 à 15 €. Plats : entre 14 et 21 €. Pizzas de 9 à 20 €. Menu langouste pour 2 à 100 €.
Rencontre de la cuisine créole et de la cuisine italienne. Accueil chaleureux du patron avec un petit accent venu de Venise. Vue panoramique sur le Mémorial ACTe.

◼ **FAIROUZ**
17 rue Jean-Jaurès
✆ 05 90 91 39 69
Ouvert du lundi au samedi de 11h à 15h et de 19h à 22h. Mezzés à 24 €. Plat du jour (le midi) : environ 10 €. Accès facilité pour les personnes à mobilité réduite.
Ce restaurant libanais est situé dans le centre de Pointe-à-Pitre. Il a depuis longtemps une bonne réputation et il est très apprécié localement, entre autres par la communauté libanaise qui est bien présente sur l'île. Service souriant et cuisine soignée. Une bonne adresse si vous appréciez les mezzés, le taboulé vert, le houmous, les brochettes d'agneau épicées, le boulghour, les desserts au sésame et autres loukoums.

◼ **GRO'T AN NOU**
9 Rue Hincelin
✆ 05 90 24 44 27
lagrottecreole@orange.fr
Du lundi au vendredi de 12h à 15h. Ticket moyen à 35€. Ouverture certains vendredis et samedis soir.
Une adresse incontournable pour découvrir la cuisine créole avec quelques notes évolutives (salade de poisson-coffre, dombrés au lambi, fricassée de chatrou, fricassée de la mer). La spécialité du chef Alain Jarny à goûter absolument : les ti farcis. Le service est rapide et l'accueil chaleureux, dans cette « grotte » à la décoration originale.

Le midi du mardi au dimanche et vendredi et samedi soirs

Mémorial ACTe
Darboussier, 97110 Pointe à Pitre
Tel : 0590 821 081 / 0690 288 722

■ **L'INTEMPORELLE**

Memorial ACTe
Darboussier ✆ 06 90 28 87 22
lintemporelle.macte@gmail.com
Du mardi au samedi de 11h30 à 15h. Le vendredi et le samedi de 19h à 23h. Brunch un dimanche par mois. Entrée : de 8 à 15 €. Plats : de 12 à 28 €. Dessert : 10 €.
Situé au cœur du Mémorial ACTe, le restaurant bénéficie d'une magnifique terrasse avec vue sur mer et d'un cadre raffiné. Le midi, L'Intemporelle propose une sélection de plats snacking avec des recettes originales. Le soir la carte vous réserve une cuisine métissée plutôt raffinée, mettant principalement les produits locaux à l'honneur.

■ **RESTO EVELYNE**

64 Carénage ✆ 05 90 83 61 79
Non loin de l'université.
Du lundi au samedi de 12h30 à 15h. Réservation fortement conseillée. Addition moyenne entrée/ plat/dessert : 40 €.
Depuis plus de 30 ans, voici une valeur sûre en termes de cuisine antillaise, principalement à base de fruits de mer. Du poisson, en passant par la langouste, le lambi et les oursins, le chef Evelyne régale ses convives dans la plus pure tradition. En dessert, le Coco sur patate (un savoureux sorbet au coco sur son lit de confiture de patate douce) est particulièrement apprécié. Le petit plus : la vue sur mer (pensez à réserver pour être sûr d'en profiter).

■ **LE PETIT JARDIN AN TÉ LA**

4 rue Barbès ✆ 05 90 68 27 89
lepetitjardin971@gmail.com
Ouvert du lundi au vendredi 7h à 17h et le samedi de 8h à 15h. Tous les vendredis à midi est organisé un event musical et des soirées culturelles sont proposées ponctuellement.
Pour échapper au bruit de la ville sans s'en éloigner, découvrez cette halte des plus rafraîchissantes ! Niché dans un petit jardin, le restaurant propose des spécialités créoles savoureuses (les accras sont fabuleux) et de larges salades complètes. Le petit plus ? Les jus et smoothies maison, parfaits pour un goûter au frais.

Sortir

Les boutiques ferment en règle générale à 18h. Les rues se vident rapidement, chacun se hâtant d'attraper les derniers bus de la Darse. Aux alentours de la place de la Victoire, à la rue Gilbert de Chambertrand ou du côté du centre commercial Saint-John Perse, vous trouverez quelques bars et restaurants pour boire un verre ou manger un morceau. Soyez tout de même prudent la nuit dans certains quartiers. Si vous cherchez plus d'animation, dirigez-vous vers la marina (pour les adresses, consulter la partie « Le Gosier »).

■ **CINÉMA REX**

Rue René-Wachter ✆ 05 90 82 07 64
darbaud@rexdarbaud.gp

Derrière le bâtiment de la Chambre de Commerce et d'Industrie.

Période scolaire : lundi et mardi de 17h30 à 22h30, du mercredi au dimanche de 13h15 à 22h. Vacances scolaires : du lundi au dimanche de 13h15 à 22h. Plein tarif : 8 €, 3D : 10 €, tarif réduit : 6 €, 3D : 8 €. Lunettes 3D seules : 2 €. Le Rex est un cinéma à taille humaine, à l'entrée de Pointe-à-Pitre, qui dispose de 4 salles de cinéma et un bar pour acheter des gourmandises à grignoter pendant les séances.

À voir – À faire

La majeure partie des points d'intérêt se situe au centre historique de Pointe-à-Pitre, entre les quais et les boulevards. Si vous arrivez en voiture, le mieux est de trouver une place, de se garer puis de finir la route à pied.

■ PLACE DE LA VICTOIRE ⭐
Place de la victoire

Plus ancienne place de Pointe-à-Pitre, elle est témoin des combats victorieux de Victor Hugues contre l'assaillant anglais en 1794. Pour célébrer l'événement, on y plante des sabliers, et plus tard des palmiers royaux, des flamboyants et des tulipiers du Gabon. Ces beaux arbres, sur fond d'architecture créole du XIXe siècle, composent un plaisant décor, lieu de rendez-vous et de promenade, rectangle central de verdure qui semble rassembler la ville autour de lui. En 1995, un vaste espace circulaire, l'agora, inspiré du théâtre d'Epidaure, a été aménagé pour relier le jardin à la darse. A côté de bâtiments anciens comme le pavillon de la Ville (ancien presbytère), le marché de la Darse (halle à la structure métallique typique du XIXe siècle) on trouve la sous-préfecture et des maisons coloniales. Dans le jardin, ont été érigés les bustes de Félix Eboué et du Général Frébault, un monument aux morts et un kiosque à musique. Animée par des commerces ambulants, la Place de la Victoire se visite de préférence la journée. Il vaut mieux éviter de s'y promener à pied le soir. Le premier cinéma de la Guadeloupe, la Renaissance, fermé depuis 2001, trônait autrefois fièrement face à la place. Aujourd'hui, sa façade menace de s'effondrer, malgré l'inscription en 2009 d'une partie du bâtiment (toiture, façades et galeries métalliques) au titre des monuments historiques. Une déviation a été mise en place par la municipalité pour éviter le passage. Des crédits ont été votés depuis 2012 pour la rénovation de l'édifice mais les travaux n'ont pas démarré à ce jour.

■ MUSÉE SAINT-JOHN PERSE
9 rue Nozières
musee.st-john-perse@wanadoo.fr

Ouvert du lundi au vendredi de 9h à 17h, et le samedi de 8h30 à 12h30. Adultes : 2,50 €, étudiants et enfants (à partir de 6 ans) : 1,50 €. Cette ancienne maison de Souques-Pagès, un colon esclavagiste, fut occupée à l'époque par les directeurs de l'usine Darboussier. Le musée y fut inauguré en 1987, à l'occasion du centenaire de la naissance de Saint-John Perse, célèbre poète et diplomate, prix Nobel de littérature en 1960, né à Pointe-à-Pitre mais qui n'a jamais vécu dans cette demeure. La bâtisse, classée aux monuments historiques le 17 août 1979 et labellisée « Musée de France » et « Maison des Illustres », abrite une jolie collection de costumes bourgeois, ainsi que des photos, manuscrits et documents appartenant au poète. Son architecture, qui rappelle les constructions de la Nouvelle-Orléans, est réalisée à partir de fer et de briques jaunes. Les expositions permanentes – notamment sur les costumes créoles et sur la vie de Saint-John Perse – sont complétées par les documents de la bibliothèque et de la vidéothèque. La maison natale de Saint-John Perse, rue Achille-René-Boisneuf, a quant à elle été démolie par arrêté municipal, après avoir été laissée à l'abandon. Un partie de ses vestiges a fait l'objet de pillages avant l'arrêté municipal de démolition daté du 25 septembre 2017. Elle devrait être reconstruite à l'identique, notamment grâce aux éléments de ferronnerie récupérés.

GRANDE-TERRE

Place de la Victoire, Pointe-à-Pitre.

■ MÉMORIAL ACTE ★★★

Darboussier © 05 90 25 16 00
www.memorial-acte.fr
contact@memorial-acte.fr
Ouvert du mardi au samedi de 9h à 19h ; dimanche de 10h à 18h. Entrée : 15 € adulte et 10 € tarif réduit (- 18 ans, + 65 ans, personnes handicapées, étudiants, chercheurs d'emploi). Tarif Famille 45 € pour 2 adultes et de 2 à 5 enfants. Audio-guide gratuit en français, anglais, espagnol, italien, allemand et créole vous est remis au début de la visite. Accès possible par la mer pour les croisiéristes et les plaisanciers par un ponton aménagé sous réserve d'autorisation préalable de la direction. Comptez 2h de visite. Tarifs de groupes disponibles à partir de 8 personnes sur réservation obligatoire. Sacs, téléphones et appareils photos à déposer à la consigne (jeton : 1 €) à l'entrée.

Le Mémorial ACTe a été inauguré en grande pompe le 10 mai 2015, jour de la commémoration de l'esclavage en France hexagonale par le président François Hollande. De nombreux chefs d'État de la Caraïbe et d'Afrique avaient fait le déplacement pour l'occasion. Ce monument est érigé sur le site de Darboussier qui fut la plus grande unité sucrière des Antilles en mémoire aux victimes de l'esclavage et de la traite négrière. Il est conçu comme un centre caribéen d'expressions polyvalent doté d'un mémorial et non pas comme un musée traditionnel avec une exposition figée. Au 7 juillet 2016, date de son premier anniversaire, il avait déjà accueilli 160 000 visiteurs. L'objectif est maintenant d'atteindre 200 000 visiteurs par an. L'édifice de 7 800 m² abrite une salle d'exposition permanente de 1 700 m² dotée de 36 îlots thématiques et une autre salle d'exposition temporaire de 700 m². Les visiteurs sont accueillis dans le patio monumental appelé « arbre de vie ». Un espace de recherches généalogiques regroupe 6 000 à 8 000 arbres généalogiques de familles guadeloupéennes. Une passerelle de 11,5 mètres de haut et de 275 mètres de long offre une balade entre ciel et terre qui mène au « Morne Mémoire », un jardin panoramique de 2,2 ha où étaient situés la maison du maître, un vinaigrier et le cimetière d'esclaves. Egalement sur place un restaurant, une salle de congrès de 400 m² et une terrasse ouverte pouvant accueillir jusqu'à 600 personnes. La boutique est située en fin de visite. Le Mémorial ACTe a reçu le Prix du musée 2017 du Conseil de l'Europe.

■ MUSÉE L'HERMINIER

27 rue Sadi-Carnot
Angle des rues Sadi-Carnot et Jean-Jaurès
Ancien siège de la chambre d'agriculture, bâti en fer et en briques après l'incendie de 1871. Les travaux sont achevés en 1873. La bâtisse présente un perron à emmarchement qui donne accès à la galerie, faite de petites colonnes en fonte. La salle des délibérations abritait les collections d'histoire naturelle du Docteur L'Herminier, botaniste et zoologiste. Jusqu'en 1960, l'édifice abrita un musée sur la flore et la faune locale. Inscrit au titre des monuments historiques en 2008.

■ SANG, CHAÎNES - 100 CHAÎNES - SANS CHAÎNE ★

Place de la Victoire
Monument érigé en mémoire des événements du 26 mai 1967, lorsqu'un épisode dramatique de la lutte syndicale fit près de cent victimes. Les ouvriers agricoles réclamaient à l'époque une augmentation des salaires et la parité en matière de droits sociaux, mais les négociations échouèrent. Les ouvriers se rassemblèrent alors devant la Chambre de Commerce et d'Industrie de Pointe-à-Pitre, où les forces de l'ordre, appelées sur les lieux, finirent par tirer sur la foule. La nouvelle se répandit très vite en ville, et les affrontements s'étendirent à tous les quartiers faisant de nombreuses victimes. Le bilan officiel, sous-estimé pour certains, fait état de 97 morts, en l'honneur desquels cette sculpture fut édifiée.

■ SOUS-PRÉFECTURE

Place de la Victoire
Ce bâtiment construit au milieu du XIXe siècle abritait une caserne d'infanterie. Elle a été reconstruite en 1843 après le tremblement de terre et agrandie en 1858. L'édifice se présente sous la forme d'un plan en H. Les peintures extérieures de couleur vive tranchent avec l'austérité décorative et le style militaire. Derrière la façade s'ouvre une grande cour où se trouvaient les annexes. Aujourd'hui, l'édifice est à usage administratif puisqu'il accueille deux services publics : la sous-préfecture et le Trésor public.

■ PLACE GOURBEYRE

Rue de la République
Entre l'Eglise Saint-Pierre-et-Saint-Paul et le palais de justice.
La place Gourbeyre, anciennement place de l'Eglise a été aménagée en 1843, avec la construction du palais de justice et la reconstruction de l'Eglise Saint-Pierre-et-Saint-Paul. Y a été érigé en 1848 le buste du contre-amiral Gourbeyre, gouverneur de la Guadeloupe de 1841 à 1845, connu pour avoir conduit les secours après le tremblement de terre de 1843 qui a détruit la ville de Pointe-à-Pitre. Aujourd'hui, la place Gourbeyre constitue le parvis de l'église et accueille le marché aux fleurs.

Mémorial ACTe

CENTRE CARIBÉEN D'EXPRESSIONS ET DE MÉMOIRE DE LA TRAITE ET DE L'ESCLAVAGE

Mémorial ACTe

VOTRE RENDEZ-VOUS AVEC L'HISTOIRE

Meeting History

🇫 🐦 📷 ▶️

0590 251 600

www.memorial-acte.fr
Darboussier I Pointe-à-Pitre I Guadeloupe
contact@memorial-acte.fr

■ **ÉGLISE SAINT-PIERRE-ET-SAINT-PAUL** 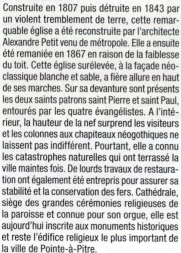 ⭐⭐

17 rue de la République
℅ 05 90 82 02 17

Construite en 1807 puis détruite en 1843 par un violent tremblement de terre, cette remarquable église a été reconstruite par l'architecte Alexandre Petit venu de métropole. Elle a ensuite été remaniée en 1867 en raison de la faiblesse du toit. Cette église surélevée, à la façade néoclassique blanche et sable, a fière allure en haut de ses marches. Sur sa devanture sont présents les deux saints patrons saint Pierre et saint Paul, entourés par les quatre évangélistes. A l'intérieur, la hauteur de la nef surprend les visiteurs et les colonnes aux chapiteaux néogothiques ne laissent pas indifférent. Pourtant, elle a connu les catastrophes naturelles qui ont terrassé la ville maintes fois. De lourds travaux de restauration ont également été entrepris pour assurer sa stabilité et la conservation des fers. Cathédrale, siège des grandes cérémonies religieuses de la paroisse et connue pour son orgue, elle est aujourd'hui inscrite aux monuments historiques et reste l'édifice religieux le plus important de la ville de Pointe-à-Pitre.

■ **PAVILLON DE LA VILLE** ⭐

Ancien presbytère
Rue de la République

A proximité immédiate de l'église Saint-Pierre-et-Saint-Paul, cet édifice construit en 1845 est parfaitement représentatif de l'architecture antillaise, avec une ossature entièrement en bois et un détail d'importance en façade : son fronton triangulaire. Il est entouré, sur trois côtés, par une galerie en fonte et se dresse au centre d'un très joli jardin. Les travaux de rénovation du bâtiment se sont achevés en 2006. Autrefois propriété privée, puis possession de la paroisse jusqu'en 1992, cet ancien presbytère est désormais classé aux Monuments historiques. Il accueille au rez-de-chaussée le centre d'interprétation de l'architecture et du patrimoine et des expositions temporaires. L'étage est consacré aux expositions permanentes, notamment celles consacrées à l'évolution de la cité des origines à nos jours mais aussi aux caractéristiques de son architecture et à son patrimoine. Le Pavillon de la Ville expose également des pièces remarquables, témoins de la vie liturgique de l'église Saint-Pierre et Saint-Paul, précieusement conservées dans la sacristie de l'église.

■ **ANCIEN PALAIS DE JUSTICE DE POINTE-À-PITRE**

Place Gourbeyre
Face à l'Eglise Saint-Pierre-et-Saint-Paul.

Premier chantier de l'architecte Ali Tur en Guadeloupe, inauguré le 30 juin 1932. Il reflète la conception qu'il se fait d'une architecture moderne et adaptée aux conditions tropicales avec une structure en béton armé pour résister aux intempéries et un patio central aéré, qui distribue les espaces intérieurs. Le mobilier d'origine des salles d'audience a également été conçu par Ali Tur. Jusqu'en octobre 2018, il abritait le tribunal de grande instance, qui a déménagé dans un bâtiment construit pour l'occasion, derrière la sous-préfecture.

■ **STATUE DE VÉLO** ⭐

Rue Saint-John Perse
Angle des rues Nozières et Saint-John Perse

C'est sous l'impulsion du mouvement culturel Akiyo que cette œuvre en bronze du sculpteur Jacky Poullier a été créée et inaugurée lors d'une cérémonie solennelle le 5 juin 2004 à Pointe-à-Pitre. La statue, inspirée de Marcel Lollia dit « Vélo », incarne ce célèbre joueur de tambour traditionnel ayant, vers la fin des années 1970, contribué à faire renaître le *gwo ka* (tambour traditionnel) en Guadeloupe. C'est autour de sa statue que tous les samedis matin, la communauté rasta et les joueurs de *gwo ka* se réunissent symboliquement. Ils vous feront découvrir les sonorités de ces tambours à l'influence africaine marquée (bien que les percussions utilisées dans les Caraïbes soient différentes).

Visites guidées

La Ville de Pointe-à-Pitre, qui bénéfice du label Ville d'art et d'histoire, propose des visites réalisées par un guide-conférencier. D'une durée moyenne d'une heure et demie, elles permettent de découvrir les facettes de la ville à travers l'évolution des différents quartiers. Renseignements et inscription auprès du Service du patrimoine de Pointe-à-Pitre.

■ **KARIB TUK**

56 Rue Achille René-Boisneuf
℅ 05 90 91 51 77

Visites de 15 à 45 €/personne selon circuit et durée. Certains circuits ne sont organisés que sur réservation.

Confortablement installés à bord d'un tuk tuk électrique, embarquez pour une visite guidée, au détour des rues de Pointe-à-Pitre. Plusieurs circuits sont proposés, pour les passionnés d'histoire (découverte de la ville et de ses monuments), les amateurs de farniente (baignade, transats et pot de bienvenue), les gourmands (visite de Pointe-à-Pitre by night et dîner), les fous de nature (visite de la Maison de la mangrove) ou les familles (chasse au trésor thématique).

■ **POUSSE-POUSSE**
Place du marché aux épices
✆ 06 90 61 47 37
Voir page 157.

■ **SERVICE DU PATRIMOINE DE POINTE-A-PITRE – CENTRE JOSE MARTY**
Rue José-Marty ✆ 05 90 21 68 91
www.pointeapitre.fr
patrimoine@ville-pointeapitre.fr
Face au cinéma Rex.
Visites organisées le mardi, mercredi, vendredi et samedi après-midi à partir de 14h30. Contactez le service du patrimoine pour connaître le programme mensuel. Tarif : 8 €/personne et 5 € en tarif réduit.
Dans ce centre municipal qui abrite plusieurs services (affaires culturelles, bibliothèque, CCAS et poste de police), le service du patrimoine organise mensuellement des visites thématiques guidées à la découverte de Pointe-à-Pitre : architecture du XXe siècle, places, bords des quais, cimetière, maisons traditionnelles. Les inscriptions doivent se faire à l'avance. Le programme est édité chaque mois ; les visites durent en moyenne 1h30. Visite guidée du musée Saint-John Perse sur demande, pour des groupes de 5 personnes minimum.

Shopping

■ **LIBRAIRIE GENERALE BY CCH**
46 rue Schoelcher ✆ 05 90 69 86 56
contact@librairiegenerale.fr
Du lundi au vendredi de 8h à 17h et le samedi de 8h à 13h.
Une des plus anciennes librairies généralistes de Guadeloupe. Créée en 1952 et rachetée en 2019, elle propose notamment un grand choix d'ouvrages sur la Guadeloupe et la Caraïbe.
▶ **Autres adresses :** Centre commercial Damencourt, Le Moule • Rue Ferdinand Forest, Jarry

■ **MARCHÉ AUX POISSONS DE LAURICISQUE**
Port de pêche de Lauricisque
Un marché aux poissons flambant neuf sur le petit port de Lauricisque. Inauguré en mai 2019, il permet désormais aux professionnels de proposer des poissons pays et des produits de la mer bruts ou transformés dans des conditions sanitaires respectueuses des normes.

■ **LOCAVORE ATTITUDE**
Rue Euvremont Gêne ✆ 06 90 54 89 44
Du lundi au samedi de 6h30 à 19h et le dimanche de 6h30 à 13h.
Un concentré de produits locaux dans une seule boutique : c'est le rêve réalisé par un couple

de Saintois, proposant d'adopter la « locavore attitude » en proposant un panel de produits (fruits et légumes, miel rouge de Saint-François, sirop de gingembre au curcuma, confitures, liqueurs, punchs, biscuits, bois d'Inde de Terre-de-Bas, farines locales, pétillants de groseille et d'ananas, confiseries) issus de producteurs et d'artisans locaux. Pour les gourmands, n'hésitez pas à goûter à la fameuse crêpe saintoise à base de poisson. Dans l'arrière-boutique, un atelier de couture propose également de jolies créations, comme le sac à tarte qui fera un bien joli souvenir de votre séjour.

■ **MARCHÉ AUX FLEURS**
Sur la place entre le tribunal et l'église Saint-Pierre-et-Saint-Paul.
Ouvert tous les jours de 6h à 14h.
Pour ceux qui souhaitent acheter des fleurs tropicales ou juste pour le plaisir des yeux !

■ **MARCHÉ CENTRAL**
A l'angle des rues Thiers et Frébault
Situé à l'angle des rues Thiers et Fré'bault. Ouvert du lundi au samedi de 6h à 14h. Fermé les dimanches et jours fériés.
Le lieu est particulièrement animé. Il s'agit d'un des plus anciens marchés de la ville, sur ce qui était autrefois la place Royale (puis la place de la Liberté) ; il accueillait à l'origine les maraîchers sous une halle en bois qui a été détruite par un incendie en 1871. Les nouvelles halles métalliques ont été inaugurées en 1874. Depuis le début des années 1980, les maraîchers ont quitté les lieux et sont désormais installés au marché de Bergevin. L'ambiance sur le marché central est colorée et parfumée par les fruits et épices qui y sont présentés. Vous y trouverez également des punchs, de la vannerie ou des philtres d'amour... Certaines des marchandes arborent la tenue traditionnelle avec la coiffe. Il est conseillé de demander l'autorisation avant de prendre une photo. Ce marché est également connu sous le nom de marché Saint-Antoine, faisant référence, à l'époque, à un magasin de tissus qui existait à proximité.

■ **Ô BOD' LANMÈ**
La Darse
✆ 06 90 11 08 81
Au marché aux poissons de la Darse, face à la Place de la Victoire.
Consulter la page Facebook pour connaître la pêche du jour. Possibilité de commande et de livraison. CB acceptée.
La devise de ce pêcheur : « vous faire savourer le meilleur de la mer ». Une bonne adresse pour trouver du poisson frais vidé et écaillé, des langoustes, des burgots et du lambi (en saison). De quoi agrémenter un bon barbecue durant votre séjour.

■ **THE FACTORY GWADLOUP**
58 Rue Achille René-Boisneuf
© 05 90 91 51 77
Du lundi au samedi de 9h30 à 18h. Fermeture à 14h le samedi. Ouvert le dimanche pendant la saison touristique.
Une jolie petite épicerie fine où se rejoignent les produits des artisans, producteurs, artistes et designers guadeloupéens. Vous y trouverez des produits locaux du plus classique (rhum, sucre, confitures, punchs, miels), au plus insolite, comme le foie gras 100 % *made in* Guadeloupe. Accueil chaleureux, dégustation de produits. De quoi ramener un petit bout de la Guadeloupe chez vous.

■ **MARCHÉ DE BERGEVIN**
Boulevard de l'Amitié des Peuples de la Caraïbe
A proximité de la gare routière et de l'entrée du port autonome.
Ouvert du lundi au mercredi de 6h à 13h, le jeudi et le vendredi de 6h à 20h, et le samedi de 3h à 12h.
Ce marché n'est pas le plus fréquenté par les touristes, mais il est bien connu de la population car ses prix y sont parmi les plus bas. Sur les étals, des fruits et des légumes locaux.

■ **MARCHÉ DE LA DARSE DE POINTE-A-PITRE**
Place de la Victoire
Ouvert du lundi au samedi de 6h à 13h. Pas de marché le dimanche et les jours fériés.
C'est l'occasion de faire une balade pittoresque, surtout le samedi matin, et d'acheter du poisson frais directement aux pêcheurs. La Darse représentait le lieu de mouillage des bateaux en provenance des îles environnantes pour venir vendre leur production. L'ancienne halle datait de 1928 et avait été construite par l'architecte

Ali Tur. Devenue vétuste et ne répondant plus aux normes d'hygiène, elle a été détruite pour laisser place à un nouvel espace de 300 m². Vous trouverez des fruits, légumes et épices (cannelle, safran moulu à un prix intéressant, mélange pour colombo, anis étoilé, girofle, poivre vert, vanille fraîche, coriandre en grain, fenugrec pour accompagner les viandes grillées, graines de roucou qui parfument et colorent l'huile pour les courts-bouillons de poisson, etc.).

■ **MARCHÉ D'ART**
Quai Gatine
Ouvert tous les jours de 6h à 14h30 sauf le dimanche et les jours fériés.
C'est le lieu dédié à la production locale, entre bijoux, bibelots, tee-shirts, poupées créoles... Une bonne raison de s'y rendre : encourager ces petits artisans.

■ **QUAI LEFÈVRE**
Du lundi au samedi de 6h à 14h. Fermé les jours fériés.
Sur ce quai, attenant au port de croisière d'où sortent les touristes en escale, se trouvent des marchands de babioles et de vêtements. Si vous venez en voiture, garez-vous un peu à l'écart pour pouvoir trouver une place.

■ **RUE SAINT-JOHN-PERSE**
Rue Saint-John-Perse
C'est l'une des artères les plus commerçantes de la ville, dans le prolongement de la place de la Victoire et de la Darse. Vous y trouverez de nombreuses boutiques (souvent de prêt-à-porter), et des petits bars où prendre un verre. Tous les matins, le quartier est très animé. C'est le passage obligé des touristes qui débarquent des bateaux de croisière. Attention, à Pointe-à-Pitre, les commerces sont fermés le samedi après-midi et le dimanche.

LES ABYMES

Lors de la traversée des Abymes, il est difficile aujourd'hui d'imaginer qu'une grande partie de ce territoire était autrefois dominée par un paysage marécageux sombre et brumeux. Le père Labat, en 1696, l'avait qualifiée d'ailleurs de « drap mortuaire des savanes et d'abîmes », d'où son nom actuel. C'est au prix d'assainissements et d'assèchements des marécages que la commune a pu se développer et construire les cités du Raizet et de Grand Camp afin d'accueillir une population toujours croissante attirée par la proximité de Pointe-à-Pitre et ensuite de la zone industrielle de Jarry. L'implantation de l'aéroport en 1950 va également permettre à la commune de connaître un réel développement. La ville des Abymes est aujourd'hui la

plus peuplée de Guadeloupe (un peu plus de 52 000 habitants) alors qu'elle en comptait seulement 4 400 vers la fin du XVIIIe siècle. Désormais, son expansion est telle que les limites de la commune sont difficilement repérables. La plupart se sont plus ou moins intégrées en continuité naturelle de Pointe-à-Pitre ou s'étendent jusqu'aux Grands Fonds. La ville des Abymes fait partie de la communauté d'agglomérations de Cap Excellence avec Pointe-à-Pitre et Baie-Mahault dont l'actuel président est Eric Jalton, également maire des Abymes. De nombreux projets de réhabilitation de quartiers, d'amélioration du cadre de vie des habitants et de développement de zones d'activités sont actuellement en cours. C'est

notamment sur le territoire de la commune qu'a débuté la vaste chantier de construction du nouveau CHU, dont la livraison est prévue en fin d'année 2022 dans le quartier de Perrin.

Transports

Comment y accéder et en partir

■ **ADA**
Aéroport Pôle Caraïbes
✆ 05 90 25 30 27
Voir page 148.

■ **ALIZES LOCATION**
Aéroport ✆ 06 90 55 92 25
www.alizes-locations.com/
contact@alizes-locations.com
Du lundi au vendredi de 7h à 21h, le samedi 8h à 20h et le dimanche de 8h à 19h. A partir de 30 €/jour. Tarifs dégressifs en fonction de la durée. Livraison aéroport incluse.
Implantée en Guadeloupe depuis plusieurs années, Alizés Location dispose d'une flotte de véhicules récents de moins de 4 ans, régulièrement entretenus. Vous bénéficierez d'un tarif tout inclus à un prix attractif. Livraison sur toute la Guadeloupe possible. Le petit plus : la société reverse 1 € sur chaque réservation à l'association Le Gaïac qui lutte pour la protection des tortues marines et des iguanes des Petites Antilles et de leur écosystème, pour compenser le gaz carbonique émis par les locations de voitures.

■ **AIR ANTILLES**
Aéroport Pôle Caraïbes ✆ 0 890 648 648
Voir page 30.

■ **AÉROPORT PÔLE CARAÏBES**
Morne Mamiel ✆ 05 90 21 71 71
Voir page 146.

■ **AUTO DISCOUNT LOCATION**
Rue Emmanuel-Varieux
Petit Pérou ✆ 05 90 97 10 00
www.auto-discount.fr
reservation@auto-discount.fr
A partir de 13 €/jour (voir conditions en agence). Consultez leur site pour obtenir le meilleur
tarif. Ouvert du lundi au samedi de 8h à 18h Dimanches et jours fériés de 9h à 11h.
Depuis 1999, Auto Discount Location figure parmi les leaders de la location de voiture à petit prix sur la Guadeloupe. Du modèle adapté aux personnes à mobilité réduite aux véhicules tout terrain en passant par le minibus 9 places, vous êtes assuré de trouver le véhicule de vos vacances. Navette gratuite pour la gare maritime, la marina et les hôtels de Gosier, Sainte-Anne et Saint-François. L'équipe dynamique et sympathique mettra tout son savoir-faire pour embellir votre séjour. Nouveau : une large gamme d'utilitaires pour vos besoins les plus originaux. ils ont aussi des voiture sans permis et des véhicules pour personne à mobilitée réduite. Depuis janvier 2019, Auto Discount Location vous propose aussi la location de motos.
Vous pouvez y trouver des modèles en 125cc (permis A1), des Royal Enfield en 500cc (permis A2) ainsi qu'une Harley Davidson en 1 600cc (permis A).

■ **AVIS**
Aéroport Pôle Caraïbes
Centrale de réservation
✆ 0 820 05 05 05
Voir page 150.

■ **BUDGET GUADELOUPE**
Aéroport Pole Caraïbes
✆ 05 90 83 69 00
Voir page 150.

■ **CARAÏBES ÉVASION**
6, immeuble commercial les Carbets
✆ 06 90 35 03 11
caraibes-evasion.net
caraibes.evasion@orange.fr
Cette agence de location de voitures est située à 10 minutes de l'aéroport.
Location de voitures à partir de 36 €. Remise de 10 % en effectuant une réservation sur le site Internet.
Situé à quelques minutes de l'aéroport, Caraïbes évasion assure votre transfert gratuitement par navette climatisée pour récupérer votre véhicule. Tous les véhicules sont récents, climatisés et 5 portes.

■ EUROPCAR

Aéroport Pôle Caraïbes ✆ 05 90 93 18 15
www.europcar-guadeloupe.com
reservation.Europcar@gbh.fr
Agence ouverte tous les jours 7h à 21h.
Europcar est présent en Guadeloupe depuis de nombreuses années et dispose de plusieurs agences sur l'île. Véhicules de toutes les catégories et de toutes les marques, essence ou diesel, possibilité de GPS ou de siège-auto. Tous les véhicules sont climatisés.

■ GUADELOUPE CAR RENTAL

Route de Vieux-Bourg
✆ 05 90 28 58 72
guadeloupecarrental@hotmail.fr
Face au magasin Weldom.
Tarifs selon catégorie de 28 à 80 €. Tarifs dégressifs dès 8 jours de location. Récupération

gratuite à l'aéroport. Agence ouverte du lundi au vendredi de 8h30 à 17h.
L'équipe propose une gamme de véhicules (Dacia Sandero et Citroën C3) s'adapte à toute demande et à tout budget. La flotte de véhicules est régulièrement renouvelée. Les voitures louées ont une moyenne d'âge inférieure à 1 an. L'agence se situe à 5 minutes de l'aéroport. La livraison est assurée à l'aéroport Pôle Caraïbes ou sur votre lieu de séjour par une équipe professionnelle et sympathique. Un service de qualité à un prix attractif !

■ HELICONIA LOCATION

Petit Perou – 6 Lot Dugazon de Bourgogne
✆ 06 90 60 25 25
heliconialocation.fr
heliconialocation@gmail.com
Ouvert du lundi au samedi de 10h à 22h. Dimanches et jours fériés sur rendez-vous. Tarifs : à partir de 12 € par jour.
Heliconia propose une large gamme de véhicules de location de la citadine au SUV. Navette gratuite de votre lieu d'arrivée (port ou aéroport) à l'agence.

■ HERTZ ANTILLES

Aéroport Pôle Caraïbes
✆ 0590 21 13 46
Voir page 152.

■ JUMBO CAR

Zone des loueurs
Aéroport Pôle Caraïbes ✆ 05 90 21 13 56
Voir page 152.

■ SQUEE

Aéroport Pôle Caraïbes
✆ 05 90 47 59 05
www.squee.fr
Dans la zone des loueurs.
Agence ouverte tous les jours de 7h à 21h. Utilisez le code promo « FUTE20 » pour vos réservations sur le site Internet !
Marque discount d'un grand loueur, Squee vous propose un parc de plus de 500 véhicules récents et bien entretenus, avec assistance 24h/24. Le tarif «local» permet d'éviter les majorations de prix des grandes enseignes, tout en bénéficiant d'un service de qualité et d'un

Location de véhicules
GUADELOUPE et MARIE-GALANTE
Tél. : 0590 89 90 59 - 09 72 27 41 66
www.magaloc.com

large choix de voitures (citadines, berlines, SUV, familiales, électriques, hybrides, automatiques, fun et prestige).

■ **RL LOCATION**
Morne Vergain ✆ 05 90 10 66 87
Voir page 45.

■ **MAGALOC**
Morne Vergain ✆ 05 90 89 90 59
www.magaloc.com
commercialmagaloc@gmail.com
L'agence est ouverte du lundi au samedi de 8h à 18h, et le dimanche de 12h à 18h. Véhicule catégorie A : à partir de 21 €. Minibus 9 places : à partir de 55 €. 4x4 et pick-up : à partir de 34 €. Large flotte de véhicules de la petite citadine au minibus en passant par le SUV ou le Pick-Up. Des équipes sérieuses et dynamiques sont disponibles à l'aéroport et sur l'île de Marie-Galante. Accueil et retour gratuit à l'aéroport. Transfert possible de l'aéroport de Pointe-à-Pitre vers la gare maritime pour les clients de l'agence de Marie Galante. Possibilité de continuité de votre location entre la Guadeloupe continentale et Marie-Galante.

■ **RENT A CAR**
Aéroport Pôle Caraïbes ✆ 05 90 47 59 05
Voir page 153.

■ **THRIFTY**
Aéroport Pôle Caraïbes
✆ 05 90 21 13 60
Voir page 153.

Pratique

Tourisme – Culture

■ **OFFICE MUNICIPAL DU TOURISME**
Rue Achille René Boisneuf
Le Bourg ✆ 05 90 20 10 83
office.du.tourisme.abymes@wanadoo.fr
Ouvert lundi, mardi et jeudi de 8h à 13h et de 14h à 17h. Mercredi et vendredi de 8h à 13h30.

Horaires soumis à modifications durant les vacances scolaires et en basse saison.

Réceptif

■ **COEUR DES ILES**
Zone Frêt
Aéroport Pôle Caraïbes
✆ 05 90 21 71 74
Voir page 26.

Argent

■ **CHANGE CARAÏBES**
Aéroport Pôle Caraïbes ✆ 05 90 21 11 48
www.changecaraibes.com
contact@changecaraibes.fr
Ouvert en journée continue du mardi au samedi, de 7h à 18h30.
Achats et ventes de devises et de cartes de paiement PCS, transferts d'argent MoneyGram, etc.

Santé – Urgences

■ **MAISON MÉDICALE DE GARDE**
Rond-point de Chauvel
✆ 05 90 90 13 13
Sur le boulevard où est situé le CHU
Horaires de consultations : du lundi au vendredi de 20h à minuit, samedi de 14h à minuit, dimanche et jours fériés de 8h à minuit. Il est conseillé aux patients d'appeler le médecin régulateur (numéro : ✆ 15).

■ **CENTRE MÉDICAL AÉROPORT PÔLE CARAÏBES**
✆ 05 90 21 71 41
Ouvert 7j/7 jusqu'à 23h pour toute consultation. Une pharmacie ouverte 7/7 est située à côté du centre médical.

■ **CHU**
Route de Chauvel
97159 Pointe-à-Pitre ✆ 05 90 89 10 10
Voir page 158.

GRANDE-TERRE

Se restaurer

■ **AN KANN'LA**
Bois-Vinière – Gare Rosa Perrin
℡ 05 90 20 27 28
ankannla@hotmail.fr
Pour y accéder, prenez la direction de
Morne-à-l'Eau au rond-point des Abymes. Le
parcours est ensuite fléché.
Ouvert tous les midis à partir de 12h et le
vendredi soir. Buffet à 25 € par personne. Menu
enfant : 12 €. Ambiance musicale le dimanche.
Les spécialités créoles et la cuisine authentique
sont à l'honneur ici. Une petite incursion au
milieu des champs de canne pour savourer la
cuisine antillaise bien présentée dans un cadre
bucolique. Les assiettes sont copieuses. Des
déjeuners en musique sont organisés certains
dimanches.

Sortir

■ **CINÉMA MULTIPLEX CINESTAR**
Zac de Dothémare
Parc d'activités de la Providence
℡ 05 90 54 05 40
www.cinestarguadeloupe.com/
ccinemas@caribbeancinemas.com
Retrouvez tous les horaires et tarifs des séances
sur le site Internet. Tickets disponibles en ligne
ou aux bornes.
Le premier cinéma multiplexe de Guadeloupe
dispose de 10 salles et peut accueillir jusqu'à
2 000 personnes. La technologie est à l'honneur
avec des projections 3D et des écrans équipés
d'une technologie de projection numérique et du
son surround. Grand parking extérieur.

■ **L'INSTANT**
Morne Vergain
℡ 06 90 73 96 39
contact@l-instant.net
Ouvert du mercredi au dimanche. Le tarif d'entrée
varie selon la soirée.
L'Instant est une discothèque très vivante et
appréciée des fêtards ! Les soirées à thème (qui
se renouvellent régulièrement), les *showcases*,
afterworks, concerts et spectacles d'artistes de
la région attirent un public éclectique.

■ **ZONE EVASION ANTILLAISE**
Rue Emmanuel Varieux
℡ 06 44 66 55 20
www.zoneevasionantillaise.com
contact@zoneevasionantillaise.com
Ouvert tous les jours de 16h à 23h45 (vendredi
et samedi jusqu'à 2h). Escape game à partir
de 21 €/personne. Jeux de réalité virtuelle :
16 € les 30 minutes. Bar et snacking sur place.
Ici on peut découvrir la Guadeloupe d'une façon

différente à travers les scénarios d'*escape*
game en réalité physique, inspirés de vrais faits
historiques ou des jeux de réalité virtuelle. En
famille ou entre amis, c'est le moyen idéal de
se divertir de façon ludique et décalée, pour
changer des activités classiques. Des animations et soirées à thème sont régulièrement
organisées (*blind test*, quiz de culture générale,
karaoké, tournois, etc.). La nouveauté : l'e*scape*
game en plein air pour découvrir les différents sites touristiques tout en s'amusant. Un
savant mélange d'indices à trouver, d'énigmes
à résoudre, de boîtes à code à ouvrir en lien
avec l'histoire et la découverte des monuments,
villes et lieux de la Guadeloupe.

À voir – À faire

■ **TAONABA MAISON DE LA MANGROVE** ⭐
Chemin de Belle-Plaine
℡ 05 90 20 25 87
www.ville-abymes.fr
Prendre la route de Perrin en venant de
Pointe-à-Pitre.
Le programme des activités est disponible à la
mairie des Abymes.
Taonaba signifie « marais et forêt inondée » en
langue caraïbe et il s'agit du deuxième nom
attribué à la Maison de la Mangrove située
à Belle-Plaine. Cette véritable plateforme de
valorisation environnementale et touristique
s'étendant sur un sentier long de 1,5 km, et
intègre également un espace muséographie,
scientifique et technique dédié aux zones
humides littorales. Marais, prairies humides,
mangrove, forêt marécageuse... se découvrent
ici (sur caillebotis) à travers des parcours de
découvertes pédestres. Les prairies humides
bordant le canal permettent également
d'observer de près la flore et de nombreux
oiseaux.

Sports – Détente – Loisirs

■ **GOLF-ÉCOLE**
Providence
Morne Mamiel
℡ 05 90 89 93 03
golfecoleabymes.over-blog.com
golfabymes@gmail.com
Face au centre commercial Milénis, au bout
de la piste de l'aéroport.
Le practice est ouvert du lundi au samedi de 7h
à 17h30 et le dimanche de 7h à 12h30. Nocturne
mercredi et vendredi jusqu'à 20h.
Ecole de golf, initiations, cours collectifs et
individuels, stages, compétitions de classement
sur une surface de 8 hectares. La licence est
obligatoire pour jouer au *practice*.

L'UNIVERS DU VIN

www.**20sur20**.biz

L'abus d'alcool est dangereux pour la santé

Parc d'Activités
La Providence
ABYMES

Tél. 0590 8204 29 · damoiseauvins@damoiseau.com

■ **AÉRO PRESTATIONS**
43 bis rue de la documentation
✆ 06 90 58 89 70
aeroprestation@gmail.com
Baptême de l'air de 20 mn à 75 €. Exemple de survol panoramique au départ de Pointe-à-pitre : Nord Grande-Terre ou Sud Grande-Terre de 30 min à 110 €. Tarifs sur la base de 2 personnes. + 25 % pour une personne seule. Supplément pour un départ des dépendances.
Plusieurs survols touristiques sont possibles au départ de Pointe-à-Pitre, Marie-Galante, Les Saintes, la Désirade, Baillif ou Saint-François. Patrick Amable est pilote professionnel et instructeur en vol. Il propose des survols en avion de l'archipel afin de constater que « d'en haut, c'est encore plus beau », comme l'annonce son slogan. Vous pourrez ainsi apprécier des panoramas inédits, car la Guadeloupe, vue du ciel, constitue une véritable palette de paysages.

■ **COMITÉ GUADELOUPÉEN DE RANDONNÉE PÉDESTRE (CGRP)**
1 bis avenue du Général-de-Gaulle
MJC Raizet
✆ 05 90 35 17 54
guadeloupe.ffrandonnee.fr
guadeloupe@ffrandonnee.fr
Le CGRP – Comité de Randonnée Pédestre – est le représentant de la FFRP en Guadeloupe. À ce titre, elle valorise et promeut la randonnée à travers différentes actions. Elle organise des événements, gère le balisage des sentiers et coordonne les diverses initiatives. Son site répertorie les différentes sorties proposées par les associations adhérentes et invite à découvrir quelques hauts lieux de l'île comme la Porte d'Enfer, la Pointe Lézard, le Bassin Bleu ou la Soufrière, avec systématiquement quelques recommandations appropriées.

■ **HELIBLUE**
✆ 05 96 66 10 80
www.heliblue.com – infos@heliblue.com
Bureau ouvert du lundi au samedi de 9h à 12h30 et de 13h30 à 16h, et le dimanche de 9h à 12h30 et de 13h30 à 15h. Fermé le mercredi.
Bien qu'installé en Martinique, Héliblue effectue sur demande des missions ponctuelles en

Guadeloupe. C'est un moyen idéal pour vivre des moments privilégiés en survolant des sites inaccessibles, confortablement installé à bord de l'hélicoptère. Petit plus : la balade est commentée par le pilote. N'hésitez pas à les contacter pour un devis personnalisé.

Shopping

■ **LA CAVE 20/20**
Parc d'activités La Providence
ZAC Dothémare Sud
✆ 05 90 82 04 29
vins-guadeloupe.com
damoiseauvins@damoiseau.com
Derrière le centre commercial Carrefour Milenis.
Ouvert du lundi au vendredi de 8h à 13h et de 13h30 à 15h30, et le samedi de 9h à 12h30.
Une sélection de références en vins de Champagne, Bordeaux, Bourgogne et vins étrangers ainsi que toute la gamme de produits Damoiseau. La Cave 20/20, c'est également tous les accessoires qui permettent d'apprécier un vin dans les meilleures conditions (verres à déguster, carafes, rangements...).

■ **CENTRE COMMERCIAL MILENIS**
Accès par la N5
✆ 05 90 48 15 15
www.milenis.fr
Ouvert du lundi au samedi de 9h30 à 20h pour la galerie commerciale et de 8h30 à 21 h pour le supermarché Carrefour. Dimanche de 8h à 12h30 (uniquement le supermarché).
Le deuxième plus grand centre commercial de la Guadeloupe après Destreland. Il regroupe le supermarché Carrefour, une quarantaine de boutiques et des points de restauration comme Hippopotamus, Mc Do, KFC.

■ **PARC D'ACTIVITÉS ANTILLOPOLE**
Aéroport Pôle Caraïbes
Première à droite au rond-point, à l'entrée de l'aéroport.
Le site est ouvert toute la journée du lundi au samedi. Parking gratuit.
Vous y trouvez des boutiques de prêt-à-porter, un institut de beauté, un salon de thé, un pressing, de la restauration rapide.

MORNE-À-L'EAU

Un nom poétique comme un air de chanson, les collines de Grands-Fonds en arrière-plan et un paysage qui se prolonge jusqu'à la région de Vieux-Bourg : Morne-à-l'Eau vit doucement à l'heure locale. Cette commune sucrière autrefois d'importance tire son nom du canal, d'une

couleur brune assez peu engageante, qui draine les bateaux de pêche avec les poissons du jour. Aujourd'hui, ses ressources sont la culture vivrière, l'élevage, et dans une moindre mesure, la pêche, du côté de Vieux-Bourg. La Fête du crabe, qui se tient au mois d'avril, est un rendez-vous annuel couru. C'est ici que l'on vient déguster des spécialités culinaires typiques : crabe farci, pâtés, *matété, calalou*, colombo ou fricassée de ouassous.

Quartiers

Le bourg de Morne-à-l'Eau

Par sa position de carrefour naturel, le bourg est un point de passage obligé pour Vieux-Bourg, Petit-Canal ou encore pour accéder au nord de Grande-Terre lorsqu'on vient de Pointe-à-Pitre. C'est également dans le bourg de Morne-à-l'Eau que se trouve le plus typique des cimetières guadeloupéens (au damier noir et blanc).

Le Port de Vieux-Bourg

A la sortie Nord de Morne-à-l'Eau, Vieux-Bourg est un agréable petit village de pêcheurs ouvert sur la mer des Caraïbes, dont la vie est encore rythmée par le va-et-vient des bateaux. C'est l'un des principaux ports d'où partent les bateaux privés pour la visite de la mangrove locale, celle qui s'étend entre l'Anse-Perrin, l'îlet à Christophe et, plus largement, le Grand Cul-de-sac marin.

Se déplacer

■ CARAIBES AUTO
Blanchet ✆ 06 90 25 47 45
Voir page 44.

Se loger

■ GÎTES JOLI BOIS
Boisvin ✆ 05 90 24 67 17
www.gitesjolibois.com
info@gitesjolibois.com
A la sortie de la commune de Morne-à-l'Eau, prenez la N5 sur 3,2 km, puis prenez la D111 direction Boisvin sur 500 m.
Tarifs pour 2 personnes à partir de 70 € par nuit ou 350 € par semaine de décembre à mai. En basse saison 50 € par nuit ou 300 € par semaine. Accès aux personnes à mobilité réduite. Les 3 gîtes sont implantés sur l'exploitation agricole, à environ 15 minutes de la plage. Ils sont dotés d'une chambre avec un grand lit, d'un salon, d'une cuisine équipée, d'une salle d'eau et d'une terrasse donnant sur le jardin. Le mobilier des gîtes a été conçu par un artisan local. Yveline Rémy, la charmante propriétaire, vous accueille vraiment chaleureusement, elle vous fera, entre autres, déguster de délicieux jus à base des fruits du jardin. Elle propose également une table d'hôtes sur demande à partir des produits de l'exploitation. Ces gîtes bénéficient du label Bienvenue à la ferme.

Se restaurer

■ LES DÉLICES DU PORT
Place de Vieux Bourg ✆ 05 90 90 08 82
Plat du jour aux alentours de 10 €.
Situé sur le port de Vieux-Bourg, ce petit restaurant dispose d'une salle et d'une terrasse. Les spécialités sont, bien sûr, le poisson, le lambi, le chatrou sous toutes leurs formes et des sorbets pour le dessert. Le choix est assez limité et les plats indiqués ne sont pas toujours disponibles mais la cuisine est bonne.

■ D'LO AN BOUCH
Port de Vieux-Bourg
✆ 05 90 25 15 75
Ouvert du mardi au dimanche tous les midis et mercredi et vendredi soir. Buffet certains dimanches. Menu à partir de 20 € avec le planteur offert.
Ce petit restaurant situé sur le port de Vieux-Bourg porte bien son nom ! Les spécialités créoles vous mettront véritablement l'eau à la bouche. Poissons frais, légumes croquants sont à l'honneur, mais aussi des spécialités végan. Un endroit très calme pour profiter d'une superbe vue sur la mangrove. Le petit plus : le restaurant s'inscrit dans une démarche écologique en bannissant le plastique.

■ LA TERRASSE DE VIEUX-BOURG
Vieux-Bourg
✆ 05 90 24 74 49
Fermé le mardi. Ouvert le midi et les vendredis et samedis soirs. Comptez de 15 € à 30 € par personne.
Une terrasse ombragée sur les hauteurs de Vieux-Bourg avec un panorama sur le port et sur la mangrove, voilà qui ne manque pas d'attraits. La Terrasse est un restaurant qui sort un peu du lot avec des plats créoles et français, classiques. Egalement des langoustes à la carte. Le service est souriant mais facilement débordé, il faut donc faire preuve de patience.

À voir – À faire

Le bourg de Morne-à-l'Eau

■ CANAL DES ROTOURS
Le canal des Rotours a été creusé en 1827, à l'initiative du baron des Rotours, afin de désenclaver Morne-à-l'eau à Pointe-à-Pitre. Il a constitué une réelle avancée pour la commune en lui permettant de se développer, car il permet le transit des marchandises. Des sucreries ont été construites le long du canal. On a dénombré jusqu'à 20 habitations. Aujourd'hui, le canal a une fonction touristique, il est utilisé pour la visite de la mangrove.

■ CIMETIÈRE DE MORNE-À-L'EAU ★★

RN5

Un cimetière à la réputation internationale, en plein bourg, ultime refuge des Blancs-Matignon. Bâti à flanc de colline, surplombant de très près le bourg, il est si impressionnant avec ses 1 800 tombes en carrelage de faïence disposées en damier noir et blanc (et parfois même rose et bleu !), qu'il est cité dans les guides du monde entier. Selon les historiens, il semblerait que la première sépulture ait été dressée en 1847, soit 20 ans après la construction de la commune, par une famille de Békés. Chose étonnante, certains caveaux ressemblent à de petites maisons qui ont, pour quelques-uns d'entre eux, été bâtis par des architectes. De l'agriculteur au musicien en passant par le planteur béké, toutes les couches de la société sont aujourd'hui représentées dans cet incroyable cimetière. Mais le moment de l'année le plus important se situe à la période de la Toussaint puisque le cimetière s'illumine de mille bougies après que chaque tombe, chaque caveau, a été nettoyé deux semaines auparavant. Aussi, le 2 novembre, fête des morts et jour férié en Guadeloupe, les familles viennent visiter leurs défunts au moment de la tombée de la nuit, avec d'imposants bouquets de fleurs. Le lieu devient alors très animé, notamment grâce à la présence de vendeurs de bokits, de pistaches ou encore de snowballs. Bien loin de la morosité des cimetières métropolitains, ce splendide amphithéâtre à flanc de colline, parsemé de végétation, continue d'émerveiller tous les visiteurs qui s'y rendent.

■ ÉGLISE SAINT-ANDRÉ ★

6 rue Bébian

L'église Saint-André de Morne-à-l'Eau a été construite en 1930 par l'architecte Ali Tur, en remplacement du précédent édifice détruit par le cyclone de septembre 1928. Représentative de la richesse identitaire du territoire et de l'introduction du béton dans les constructions, elle domine le parvis sur lequel s'ouvre le presbytère. L'édifice a été bâti selon un plan basilical dont la nef culmine à 13 mètres de hauteur, éclairée par de grandes baies verticales qui favorisent la ventilation et produisent des jeux de lumière. Le clocher, également construit en béton, est aujourd'hui en mauvais état et ne répond plus aux normes de sécurité parasismique. Il a entraîné la fermeture de l'église en 2013. Sélectionnée par la Fondation du patrimoine en 2019 parmi 18 projets emblématiques, l'église pourrait bénéficier d'une aide à la restauration dans le cadre du Loto du Patrimoine.

■ GALLODROME – PIT A COQS BELAIR ★

Section Espérance

✆ 06 90 94 10 31

dolores.belair@mornealeau.fr

Visite du musée les lundi et mardi, à 10h et 11h, le vendredi à 10h, 11h et 15h, les mercredi et dimanche sur réservation. Entrée : 7 € par adulte et 4 € par enfant. Balade en bœufs tirants sur réservation, 25 € par adulte et 15 € par enfant. Le mardi : soirée « an tan lontan » avec dîner local et groupe folklorique (sur réservation) : 30 €. Boutique souvenir à la sortie du musée.

Dolorès Bélair milite pour que les combats de coqs et les courses de bœufs tirants perdurent en Guadeloupe. Propriétaire d'un gallodrome, hérité de son père, elle organise des visites guidées toute l'année. On aime ou on n'aime pas, mais pour cette dame, la tradition est menacée par les opposants à ces jeux, qui en réclament l'interdiction pour cause de maltraitance envers les animaux. Dans sa propriété, entre novembre et juillet, des combats de coqs sont programmés ainsi que des visites guidées de l'élevage, où l'on assiste à la pesée des coqs. Au petit musée, on apprend que cette tradition ancestrale est arrivée au XVIe siècle en Guadeloupe avec les Espagnols, comme la corrida en France... La propriétaire du gallodrome propose aussi des balades en charrettes à bœufs, dans la campagne au nord de Grande-Terre, avec un arrêt pour déguster des rafraîchissements locaux. Un orchestre, composé d'accordéons et de tambours, vous accompagne sur cet attelage, paré de fleurs et de fruits tropicaux.

Le Port de Vieux-Bourg

■ ÎLET FAJOU ★

Grand-Cul-de-Sac-Marin

Niché en plein cœur du Grand-Cul-de-Sac-Marin, l'îlet Fajou fait partie de la Réserve naturelle de la Guadeloupe. Sa superficie de 115 hectares, entièrement constituée de mangrove (groupement de végétaux ligneux), est également bordée de sable blanc et d'herbes à tortues. Situé à 6km à l'ouest de Vieux Bourg, l'îlet, qui fut habité au milieu du XIXe siècle et abritait des fabriques d'engrais et de chaux, est désormais préservé de toute habitation. Seuls les animaux de l'île y règnent en maîtres, comme les tortues marines, les mangoustes, les poissons, les canards migrateurs et sédentaires, les limicoles, les râles gris mais aussi de magnifiques pélicans... L'îlet Fajou est bordé par une barrière de corail riche et avec un peu de chance on peut parfois apercevoir un bébé requin ! Des excursions sont organisées sur une journée par des connaisseurs de la Réserve naturelle (vous les trouverez notamment sur le port de Sainte-Rose).

■ ÎLET MACOU
Grand-Cul-de-Sac-Marin
Véritable écrin de végétation, l'îlet Macou est un lieu idéal pour observer la faune et la flore dans leur élément le plus naturel. Situé dans la Réserve naturelle du Grand-Cul-de-Sac-Marin, l'îlet reste peu fréquenté par les touristes mais plutôt par les habitants de Guadeloupe, qui viennent parfois se recueillir dans la petite chapelle en dur, située à l'extrémité de l'îlet. Les départs pour l'îlet se font par la ville de Vieux-Bourg sur Grande-Terre.

Shopping

■ VICNET
Route de Champs-Fleury
✆ 05 90 24 69 48
earlvicnet@wanadoo.fr
Le vendredi matin de 8h à 12h.
Tous les vendredis matin, Victor et Netty organisent un marché et vous ouvrent les portes de leur exploitation pour commencer le week-end avec des produits frais, de saison, issus d'une agriculture saine et cultivés de façon responsable. Une bonne adresse pour découvrir des fruits et légumes locaux de qualité.

Sports – Détente – Loisirs

■ BEL'MANGROV – LES VTT DES MERS
Port de Vieux-Bourg
✆ 06 90 36 60 30
www.belmangrov.com
contact@belmangrov.com
Accueil téléphonique du lundi au samedi de 9h à 17h. Tarifs : 75 €/adulte (à partir de 12 ans minimum), 50 €/enfant à partir de 10 ans minimum, 25 €/enfant à partir de 2 ans minimum. Rendez-vous à 8h45 en semaine et 8h15 le week-end et retour au coucher du soleil. Réservation indispensable (14 pédaleurs maximum). Règlement chèque ou espèces. Pas de CB.
Une activité totalement écologique, qui fonctionne à la force de vos mollets ! Nadine et Guy ont repris l'invention de François Pessin, le VTT des mers ; une embarcation équipée de flotteurs, couplée à un catamaran à pédales. Une machine 100 % peyi puisqu'elle a été mise au point et fabriquée en Guadeloupe. Silencieux, sans moteur et sécurisant, l'engin est tout à fait adapté à la découverte de la mangrove, et peut embarquer un maximum de trois passagers, pédaleurs ou non. Un enfant peut par exemple être installé entre deux adultes en toute sécurité. Chacun à votre rythme, vous vous approchez au plus près de la flore sans déranger la faune (excepté par les rires peut-être !) ni laisser d'impact sur l'environnement. Accompagné d'un guide naturaliste, vous aborderez aussi l'île aux Oiseaux, sans oublier les moments de détente dans le lagon du Grand Cul-de-sac marin et le barbecue sur la plage d'un îlet désert. Retour pour le coucher du soleil, au passage des frégates, qui nichent la nuit dans les palétuviers... Une activité, très enrichissante, à recommander à tous, petits et grands.

■ TI-EVASION KAYAK GUADELOUPE
Port de pêche de Vieux-Bourg
✆ 05 90 82 87 06
www.ti-evasion.com
responsable@ti-evasion.com
Face à l'école.
Départ de l'excursion : port de pêche de Vieux-Bourg, de 9h à 12h30 ou de 14h à 17h30. Prix : 35 € par adulte et 20 € par enfant. Durée : de 3h à 3h30. Séjour bivouac (deux jours, une nuit) : à partir de 160 €
Ti-Evasion vous propose de découvrir la réserve naturelle du Grand Cul-de-sac marin, le plus grand lagon des Petites Antilles, à bord d'un canoë-kayak, avec arrêt sur l'îlet Macou, pour un tarif à la demi-journée très intéressant. Le kayak est un moyen parfaitement adapté à la découverte de cet espace naturel d'exception tout en respectant la nature. Vous êtes accueilli dans la *kaz a kayak*, une maison typiquement créole qui sert de salon, de bar et qui est équipée d'un coin douche et de vestiaires. Vous partez en compagnie d'un guide diplômé d'Etat connaissant parfaitement le milieu. Ses explications sur la faune et la flore vous permettront de découvrir toutes les richesses du lagon, en vous sentant sécurisé. La mangrove, habitée par de nombreux oiseaux, poissons et crustacés, les îlets coralliens et leurs plages désertes sont parmi les moments forts de cette sortie en mer à la fois sportive et dépaysante.

GRANDE-TERRE

■ GET UP STAND UP PADDLE

℡ 06 90 97 62 37
www.sup-guadeloupe.com
getup.standup.guadeloupe@gmail.com
Départ de Vieux-Bourg, Sainte-Rose, Petit-Canal ou Le Gosier, selon la randonnée.
Randonnée 1h30 : 25 €/personne. Randonnées de 2h30 : 40 €. Randonnée de 5h : 50 €. Location de stand-up paddle : 40 €/jour.
Randonnée, en initiation ou location de paddle. Le paddle est un moyen simple pour une balade sur l'eau, qui permet en même temps de faire travailler tous les muscles de votre corps. Avant le départ en randonnée, vous bénéficiez d'une initiation à la prise en main du matériel. Les randonnées durent en moyenne 2h30.

■ TI-YOT

Port pêche de Vieux-Bourg
℡ 06 90 58 22 11
www.ti-yot.com – contact@ti-yot.com
Excursion à la journée : 74 € par adulte, 47 € par enfant de 10 à 14 ans, 20 € par enfant de 3 à 9 ans. Le tarif inclut le repas, la boisson et les équipements (jumelles, palmes, masque, tuba). Réservation indispensable. Pas de paiement par carte bancaire.
Le bateau accueille 8 personnes au maximum. Il est propulsé par des moteurs électriques et conçu pour proposer des prestations haut de gamme avec sa vaisselle en porcelaine, ses équipements confortables entre hamacs, bar flottant... Le bateau permet de se déplacer silencieusement au cœur de la mangrove sans perturber la faune dans le respect de l'environnement. Au programme de la journée : départ à 10h, visite commentée de la mangrove, baignade en haute mer, apéritif, déjeuner à bord du bateau, *farniente* ou baignade, observation des oiseaux, retour vers 17h30/18h.

■ VIEUX-BOURG PÊCHE DE LOISIRS

Canal de Décostière
Vieux-Bourg
℡ 06 90 74 71 61
svieux-bourgpechedeloisirs@laposte.net
De Morne-à-l'Eau vers Pointe-à-Pitre, tournez à droite au pied du Gensolin. Après 7 km, vous êtes à Vieux-Bourg. Au rond-point des Abymes, direction Perrin pendant 8 km.

Du mardi au dimanche de 8h à 15h ou à la demande pour la pêche. Réservation conseillée. Journée de pêche ou de découverte en bateau (4 personnes) : 75 € (3h), 120 € (5h). En supplément sur demande : glacière garnie, guide-accompagnateur (25 €). Prêt de cannes à pêche.
Un marin-pêcheur mornalien est à l'initiative de la structure. Le Conseil régional, le Conseil départemental, la Ville de Morne-à-l'Eau et les Affaires maritimes ont participé au lancement de cette activité qui s'inscrit dans le cadre du développement durable destiné à promouvoir ce territoire. Sept bateaux à moteur électrique, sans permis, permettent d'accéder au Grand-Cul-de-Sac marin. L'objectif : faire découvrir l'activité de pêche en proposant aux visiteurs d'accompagner les pêcheurs, mais aussi de louer des petites embarcations et du matériel de pêche pour s'initier à la pêche à la ligne. Pour les groupes, Rony dispose d'un bateau pouvant accueillir jusqu'à 20 personnes. Nita, sa sœur, dispose d'un carnet d'adresses si vous souhaitez loger à Morne-à-l'Eau.

■ YALODÉ

Base nautique de Vieux-Bourg
℡ 06 90 56 58 10
www.kayak-guadeloupe.fr
yalodekayak@gmail.com
Kayak au départ de Vieux-Bourg : 22 €/enfant (- de 12 ans) et 38 €/adulte. Canyoning sans corde ou aquarando facile au départ de Pointe-Noire : 44 €/adulte, 39 €/enfant (7-12 ans). Bivouac spécial ayurveda à partir de 2 personnes. Uniquement sur réservation.
Pascal est un guide breveté d'Etat de rivières et de mangrove depuis plus de 10 ans. Il est également passionné de contes et légendes qu'il intègre dans ses balades. Il propose des formules inédites en kayak dans la mangrove au départ de Morne-à-l'Eau ou en aquarando au départ de Pointe-Noire. La balade s'effectue par petit groupe dans des kayaks aux sièges adaptés à la forme du dos pour un meilleur confort. Balade guidée à la demi-journée. Yalodé propose également un bivouac nature et ayurveda 2 jours/1 nuit, le 1er week-end de mai et le 3e week-end de décembre.

LE SUD

La côte sud de la Grande-Terre est la plus touristique de l'île grâce à un littoral offrant de belles plages, des criques et des lagons aux eaux limpides. Tout y est réuni pour le confort et le bonheur des touristes : activités balnéaires, hébergements en hôtels ou chez l'habitant, sports à sensations, casinos, balades, restaurants, shopping.

LE GOSIER ★★★★

La ville du Gosier, située entre Pointe-à-Pitre, Sainte-Anne et Les Abymes, doit son nom au pélican. Cet oiseau de mer, doté d'une grande poche dilatable qu'il utilise pour attraper les poissons, est également appelé « grand gosier ». Il est devenu l'emblème de la ville.

Le Gosier, ville balnéaire, est le nombril touristique de la Guadeloupe avec son casino, sa marina, sa concentration d'hôtels, de gîtes, de magasins, de restaurants, de bars et de boîtes de nuit. C'est l'une des villes où vous serez certain de profiter d'animations nocturnes. Le Gosier a réussi son orientation vers le tourisme surtout grâce à la pointe de la Verdure. Sa longue plage abrite la plupart des grands complexes hôteliers et le casino. Chaque hôtel possède sa plage, mais l'accès reste libre au public. Seuls les transats et autres installations des hôtels sont réservés à la clientèle. Par contre, vous pouvez louer un transat à la journée ou encore un kayak, un scooter des mers dans les différentes bases nautiques. L'activité nocturne est, pour sa part, plus centralisée dans les quartiers de Montauban, de Bas-du-Fort et de la Marina. La marina a la particularité d'être divisée entre les municipalités du Gosier et de Pointe-à-Pitre. Nous avons, dans un souci de simplifier vos recherches, classé tous les établissements de la Marina dans la rubrique du Gosier alors que vous constaterez que l'adresse postale de certains relève de Pointe-à-Pitre. A 7 km de Pointe-à-Pitre et 10 km de Sainte-Anne, c'est un extraordinaire lieu de rencontre mais également un point de départ privilégié pour les excursions vers la Basse-Terre ou la Grande-Terre.

■ **OFFICE DU TOURISME INTERCOMMUNAL DE LA RIVIERA DU LEVANT**
93 Boulevard du Général de Gaulle
✆ 05 90 47 73 71
www.rivieraguadeloupe.com
L'office du tourisme intercommunal de la Riviera du Levant vous accompagne pour votre séjour sur le premier territoire touristique de la Guadeloupe qui regroupe les communes du Gosier, de Sainte-Anne, de Saint-François et de la Désirade. Des bureaux d'information situés dans chaque commune vous accueillent.

© GILLES MOREL

Kite surf à l'Ilet Gosier.

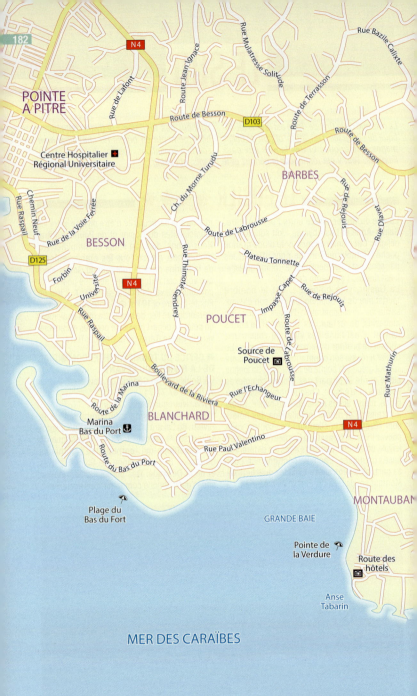

POINTE
A PITRE

N4

Rue de Lafont

Route Jean Ignace

Rue Mulatresse Solitude

Rue Bazile Calixte

Rue de Terrasson

Route de Besson

D103

Route de Besson

Centre Hospitalier
Régional Universitaire

BARBES

Ch. du Morne Turudu

Rue de Réjouis

Rue Diavet

Chemin Neuf

Rue Raspail

Rue de la Voie Ferrée

D125

BESSON

Route de Labrousse

Plateau Tonnette

Forbin

Université

N4

Rue Raspail

Rue Thimoté Gendrey

Impasse Capet

Rue de Réjouis

Route de Labrousse

POUCET

Source de
Poucet

Rue Mathurin

Route de la Marina

Boulevard de la Riviera

Rue l'Echangeur

BLANCHARD

Marina
Bas du Port

Route du Bas du Port

Rue Paul Valentino

N4

MONTAUBAN

Plage du
Bas du Fort

GRANDE BAIE

Pointe de
la Verdure

Route des
hôtels

Anse
Tabarin

MER DES CARAÏBES

0   1000 m

LEROUX

Rue R. Bordée

Rue Senor Ursule

Chemin Palmiste

Ch. Blanchard

Chemin de Leroux

Chemin des Abymes

Impasse Montout

Route de Cocoyer

Route de Cocoyer

Chemin de Leroux

Route de Champagne

Chemin de Leroux

D103

R. Duhamel

Route de Mare a Dwe

TOMBEAU

Route de Cocoyer

D104

Rue Mathurian

Rue de Goyave

Chemin de la Bouaye

Route de la Bouaye

COCOYER

Route de Chablis

Route de Chablis

D103

Route de Grand Bois

Rue Barbés

Rue Barbés

Route de la Bouaye

GRANDE
RAVINE

Chemin de Grande Ravine

Route de Tombeau

Route de Port Blanc

se Martial

Impasse Nocente

Rue de Goyave

Boulevard de la Riviera

N4

Le Gosier

Belle Plaine

BELLE PLAINE

Boulevard de la Riviera

19

Route du Collège

N4

LE GOSIER
CENTRE

Rue Raph. Lu3

D119

L'HOUEZEL

Boulevard du Général de Gaulle

Boulevard Amédée Clara

Route de l'Habitation

Plage de
la Datcha

Anse
Dupuy

Anse
Criquet

Îlet du
Gosier

vers Plage Salines
et Plage Petit Havr
& Saint-François

Histoire

Vers la fin du XVIIe siècle, la colonie française doit construire un fort à Grande-Terre. Estimé comme un emplacement stratégique, Le Gosier (Morne-l'Union) est choisi, ce qui fait de ce quartier un point militaire influent qui ne connaîtra pourtant qu'un peuplement très limité. Il faut croire que la décision était la bonne car le fort Louis (1695) sera suivi d'un second, le Fleur d'Epée (entre 1756 et 1763), construit par les Anglais sur les hauteurs de la localité du même nom (Bas-du-Fort). En effet, après avoir bombardé le fort Louis, les Anglais occupent l'île lors de la guerre de Sept Ans (1756-1763) et décident de renforcer la défense de la Guadeloupe avec la construction d'une nouvelle forteresse et la réorganisation de Pointe-à-Pitre. Après le traité de Paris en 1763 qui permet à la France de reprendre l'île, le fort Fleur d'Epée est achevé par les Français, sous le gouverneur de l'époque, Pierre Gédéon de Nolivos (1765-1768). Celui-ci envisage même de restaurer le fort Union, projet abandonné à la Révolution. Cédé au Conseil général en 1945, le fort Fleur d'Epée est restauré en 1960 et rattaché à la conservation du musée Schœlcher.

La ville aujourd'hui

La commune s'est affranchie de son passé militaire grâce au tourisme. A peine à 7 km de Pointe-à-Pitre, on y trouve de belles plages, des établissements hôteliers plutôt luxueux et une marina animée (que la ville partage avec Pointe-à-Pitre) qui n'ont eu aucune peine à attirer un grand nombre de touristes – flux touristique qui a un prix, payé par l'environnement. Le bourg présente un intérêt pour ses bâtiments (hôtel de ville, médiathèque et esplanade) qui surplombent la côte, mais également l'embarcadère pour l'îlet du Gosier, le musée des costumes traditionnels, le jardin d'Alexina ou encore son sympathique marché du vendredi après-midi. Le Gosier a rejoint le réseau France Station Nautique depuis juin 2015. Vous y trouverez donc toute une palette d'activités nautiques.

Zones touristiques – Orientation

La Marina et Bas-du-Fort

A mi-chemin entre Pointe-à-Pitre et Le Gosier, la marina de Bas-du-Fort fut construite en 1978 pour accueillir la première Route du Rhum et le restaurant éponyme. La mythique course transatlantique en solitaire de voiliers a fêté ses 40 ans le 4 novembre 2018. Les installations de la marina n'attirent pas seulement les sportifs. Les plaisanciers, les résidents et les touristes sont nombreux aussi à venir profiter de l'animation assurée par les bars, restaurants et commerces situés à proximité. La marina est divisée entre Le Gosier (quartier de Bas-du-Fort) et Pointe-à-Pitre (quartier Blanchard). Par souci de simplification et en adéquation avec les habitudes locales, tous les établissements sont répertoriés au Gosier.

Pointe de la Verdure

C'est dans ce secteur que sont situés les principaux complexes hôteliers du Gosier ainsi que le casino. Chaque hôtel exploite une partie de cette longue plage sur laquelle vous pouvez vous balader à pied d'une extrémité à l'autre. Tout au bout de la pointe de la Verdure se trouve une mangrove. Certains hôtels possèdent aussi leurs propres bars et restaurants ouverts à la clientèle extérieure. Intéressant lorsqu'on loge sur place et qu'on ne veut pas prendre la route le soir. Les plages et les soirées musicales à entrée libre pour les clients de ces hôtels attirent les locaux, le week-end et les jours fériés surtout. Seuls les transats et autres installations des hôtels sur la plage sont réservés à la clientèle. Par contre, vous pouvez louer un transat à la journée ou profiter des activités proposées par les bases nautiques même si vous n'êtes pas client d'un de ces établissements.

Le Gosier centre

Le Gosier est une commune qui s'étend le long de la route. En venant de Pointe-à-Pitre, prenez la direction de la route des hôtels pour arriver à la Pointe de la verdure ou continuez tout droit jusqu'à la plage municipale de la Datcha. Quelques commerces, l'office de tourisme et la Poste se trouvent à proximité. C'est également dans ce secteur que se tient le marché local chaque vendredi en fin d'après-midi.

Saint-Félix

A partir de l'Anse Du Mont, le littoral sud-est de Grande-Terre commence à dévoiler ses paysages idylliques de carte postale. Le quartier de Saint-Félix est une étape à ne pas manquer. Sa grande plage de sable blanc, un site exemplaire en matière d'environnement naturel intégrant des activités humaines, a bénéficié d'aménagements en faveur des métiers de la pêche, et les promeneurs y sont les bienvenus. Vous vous y intéresserez à la vie quotidienne locale, aux activités des pélicans et au retour des pêcheurs. Pour y accéder, au rond-point de Saint-Félix, prendre à droite.
Située après le rond-point de Saint-Félix, la plage des Salines – plage de sable blanc – se

trouve à la sortie du Gosier sur la N4, avant Mare-Gaillard. Elle est très fréquentée par les pratiquants de *kitesurf* et de *windsurf*. Il s'agit d'une très belle plage de sable clair qui gagnerait à être régulièrement nettoyée de ses algues. Tout au bout de la plage, une stèle célèbre la première abolition de l'esclavage en 1794. Vous pourrez y prendre le départ d'une belle promenade, en longeant le littoral pour rejoindre la plage de Saint-Félix.

Mare-Gaillard

Entre Saint-Félix et Sainte-Anne, voici un endroit du littoral tranquille que la population locale affectionne, et où l'on peut aisément garer sa voiture pour emprunter le sentier côtier autour des salines. Le vélo est aussi idéal ici, même si on trouve, çà et là, quelques côtes. Rendez visite à la colline des 500-Pas, en prenant à gauche de la route principale allant vers Sainte-Anne. C'est aussi l'occasion de vous régaler d'un poulet grillé. Autour de Mare-Gaillard, on délaisse un moment la frange côtière pour l'intérieur des terres. La chapelle du quartier, édifice tout en maçonnerie, est un lieu de pèlerinage pour le secteur. Lorsque vous prenez un peu de hauteur, vers Providence et Moulin-Bernard, le paysage offre des panoramas incroyables où la vue porte jusqu'à Basse-Terre !

Petit-Havre

La section du Petit-Havre, quartier résidentiel, qui fait toujours partie de la commune du Gosier, donne sur la mer et la plage. Prenez à droite, près de l'hôtel Le Petit Havre, pour rejoindre une plage décentrée et très appréciée qui se prête aux joies du surf (à gauche) et de la baignade (à droite, direction port de pêche). Attention, la plage des Deux Oursins nommée également l'Anse à Jacques, dédiée au surf, est dangereuse pour la baignade à cause des forts courants.

Se déplacer

L'arrivée

Bateau

■ **CAPITAINERIE DE LA MARINA BAS-DU-FORT**
La marina ✆ 05 90 93 66 20
marinaguadeloupe.com/fr/
info@marinaguadeloupe.com
Latitude 16° 13' N et Longitude 61° 31' O.
Facilement accessible 24h sur 24, de jour comme de nuit avec un balisage des chenaux très complet, une passe de 100 m de largeur et des fonds de 10 m. Accueil sur l'eau en

annexe de 7h30 à 20h non-stop en saison de décembre à avril ; de 7h30 à 13h et de 14h à 18h le reste de l'année. Contact : VHF 9 ou ✆ +59 06 90 35 19 19.
Proche du centre-ville de Pointe-à-Pitre, la Marina accueille tous types de bateaux de plaisance et grande plaisance voiliers et moteurs. Elle met à votre disposition 1100 places à quai et sur bouées pour un tirant d'eau de 4,50 m pour des bateaux de 50 m de long sur des pontons fermés avec accès réservés aux usagers par cartes magnétiques. Tous les quais, équipés en eau et électricité, sanitaires, sont sécurisés par vidéo surveillance. Bornes spéciales réservées aux bateaux avec normes américaines.

■ **CORAIL CARAÏBES**
✆ 05 45 61 07 00
www.corail-caraibes.com
corail.caraibes@wanadoo.fr
Bureau ouvert du lundi au vendredi de 8h à 17h. Option Skipper : 180 € par jour, hôtesse : 150 € par jour, matériel de pêche 100 € par croisière, kayak, paddle : 150 €, nettoyage : 160 € (en fonction de la taille du bateau). Les promotions d'été (à voir sur le site internet) sont intéressantes.
Location de plusieurs types de bateau, avec ou sans skipper, avec ou sans hôtesse. Vous pouvez vous installer à bord de votre bateau pour la nuit (nuit à bord non facturée), mais la mise en main par l'équipe technique ne se fait que le lendemain matin à partir de 7h30-8h. Prévoir deux à trois heures pour la mise en main du bateau selon sa taille et son équipement. Possibilité de débarquer sur une autre île moyennant des frais de convoyage.

■ **SPARKLING CHARTER**
1 porte de la Marina Bas-du-Fort
✆ 05 90 90 85 75
sparkling-charter.com/fr/
guadeloupe@sparkling-charter.com
Devis en ligne.
Location de voiliers neufs ou récents avec ou sans skipper ou hôtesse, au départ de la Guadeloupe ou de la Martinique. 42 bateaux (catamarans, monocoques et bateaux avec équipage) disponibles pour la Guadeloupe.

Voiture

■ **HERTZ ANTILLES**
Résidence créole – Route des hôtels
Pointe de la Verdure ✆ 05 90 84 20 24
www.hertzantilles.com
reservation@hertzantilles.com
Agence ouverte du lundi au vendredi de 7h30 à 11h30 et de 16h à 18h30, le samedi de 7h30 à 11h30 et de 16h à 18h. Dimanches et jours fériés de 8h à 11h.

■ **JUMBO CAR**
Pointe de la Verdure ✆ 05 90 22 74 14
www.jumbocar-guadeloupe.com
guadeloupe@jumbocar.com
Face au parking du Karibea Beach Resort.
Ouvert du lundi au vendredi de 7h à 13h. Samedi de 7h à 12h. Fermé dimanche et jours fériés.
Large gamme de véhicules récents, de la gamme économique au 4x4 en passant par les berlines de luxe, les monospaces, les minibus et les véhicules utilitaires. Consulter leur site pour bénéficiez des meilleurs tarifs. Pré-paiement en ligne.

■ **ADA**
Pointe de la Verdure ✆ 05 90 22 74 14
www.ada-guadeloupe.com
Mylene.Guyon@gbh.fr
Face à l'hôtel Créole Beach.
Ouvert du lundi au vendredi de 7h à 13h, le samedi de 7h30 à 12h30. Fermé les jours fériés. Location à partir de 10 €/jour.
L'agence, située au cœur de la zone touristique et à proximité des hôtels, propose un large choix de véhicules toutes catégories allant de l'économique (Twingo, Sandero) à la familiale (Lodgy). Assistance 7j/7 sur toute la Guadeloupe en cas d'immobilisation du véhicule.

■ **AUTO DISCOUNT LOCATION**
Pointe de la Verdure ✆ 05 90 85 88 24
auto-discount.fr
reservation@auto-discount.fr
A partir de 13 €/jour (voir conditions en agence). Consultez le site pour obtenir le meilleur tarif. Ouvert du lundi au samedi de 8h à 18h. Dimanches et jours fériés de 9h à 11h.
Depuis 1999, Auto Discount Location figure parmi les leaders de la location de véhicule à petit prix en Guadeloupe. Du modèle adapté aux personnes à mobilité réduite au 4x4 en passant par le minibus 9 places et la voiture sans permis, vous êtes assuré d'y trouver le moyen de locomotion adapté à votre séjour. A compter d'une semaine de location, navette gratuite pour l'aéroport, la gare maritime, la marina et les hôtels de Gosier, Sainte-Anne et Saint-François. L'équipe dynamique et sympathique mettra tout son savoir-faire en œuvre pour embellir votre séjour. L'enseigne

propose également une large gamme d'utilitaires pour vos besoins les plus originaux, des voitures sans permis et des véhicules pour personne à mobilité réduite. Depuis janvier 2019, Auto Discount Location vous propose aussi la location de motos en 125cc (permis A1), des Royal Enfield en 500cc (permis A2) ainsi qu'une Harley Davidson en 1 600cc (permis A).

▶ **Autre adresse :** Simonet, Mare-Gaillard ✆ 05 90 21 09 49

■ **EUROPCAR**
Pointe de la Verdure ✆ 05 90 84 45 84
www.europcar-guadeloupe.com
reservation.Europcar@gbh.fr
Face au Casino.
Agence ouverte du lundi au samedi et jours fériés de 7h à 12h. Tarifs préférentiels en ligne.
Large gamme de véhicules économiques, familiaux et monospaces. Tous les véhicules sont climatisés.

■ **VOITURES DES ÎLES**
Voir page 153.

■ **WEST INDIES CAR**
30 ter Lotissement Fareaux
Périnet ✆ 05 90 84 50 45
westindiescar.free.fr
location@westindiescar.com
Possibilité de package studio et véhicule. Livraison gratuite à l'aéroport et dans les hôtels de Gosier. Véhicule seul à partir de 25 €/jour. Tarifs dégressifs selon durée. Studio + voiture à partir de 35 €/jour.
Grand choix de voitures de location de 4 à 9 personnes à tarifs dégressifs. Siège bb, réhausseur et deuxième chauffeur gratuit.

En ville

Bus

Les arrêts de bus sont désormais matérialisés. Les informations concernant les horaires des compagnies ainsi que les destinations sont affichées. Si ce n'est pas le cas, n'hésitez pas à vous renseigner auprès de la population qui attend l'arrivée d'un bus. Les habitués

GRANDE-TERRE

connaissent les trajets et se feront un plaisir de vous assister. En 2017, le réseau Karu'lis a ouvert une ligne AE1 et AE2 qui traverse Gosier pour se rendre à l'aéroport. Rendez-vous sur le site Karu'lis.com pour connaître tous les horaires de passage.

Taxi

■ **TAXI GOSIERIEN**
✆ 06 90 35 82 27
Compagnie de taxis.

Pratique

Tourisme – Culture

■ **OFFICE DE TOURISME**
Rue Félix-Eboué
✆ 05 90 84 80 80
www.rivieraguadeloupe.com
officetourismevilledugosier.fr
Ouvert en haute saison (novembre à avril) du lundi au vendredi de 9h à 17h, et le week-end et les jours fériés de 9h à 12h. En basse saison (mai, juin, septembre et octobre), ouvert du lundi au vendredi de 9h à 13h, et fermé les week-ends et jours fériés. En saison intermédiaire (juillet

et août), ouvert du lundi au vendredi 9h à 16h, le samedi de 9h à 12h, et fermé les dimanches et jours fériés.

▶ **Autre adresse :** Sur la marina de Gosier / Pointe-à-Pitre.

■ **OFFICE DU TOURISME INTERCOMMUNAL DE LA RIVIERA DU LEVANT**
93 Boulevard du Général de Gaulle
✆ 05 90 47 73 71
Voir page 181.

Réceptif

■ **CONCIERGERIE DE JADE**
Résidence Créole
Pointe de la Verdure, Route des hôtels
✆ 05 90 68 65 85
Voir page 26.

Moyens de communication

■ **POSTE**
Boulevard du Général de Gaulle
✆ 05 90 22 58 60
Ouvert du lundi au vendredi de 7h30 à 12h15, puis de 13h30 à 16h, mercredi uniquement le matin. Samedi de 7h30 à 12h.

▶ **Autres adresses :** La Marina : le matin, du lundi au vendredi. • Une autre agence de la poste, normalement moins « embouteillée » que celle du centre, se trouve à Dunoyer – Pliane (sortie du Gosier en direction de Sainte-Anne), derrière le supermarché Super U.

Adresses utiles

■ **MAIRIE**
93 boulevard du Général de Gaulle
✆ 05 90 84 86 86
villedugosier.fr
courrier@villedugosier.fr
Ouvert lundi, mardi, jeudi de 7h30 à 13h et de 14h30 à 17h. Mercredi et vendredi de 7h30 à 13h.

■ **POLICE MUNICIPALE**
Boulevard Amédée Clara
✆ 05 90 47 13 41
Derrière la mairie.

Se loger

Locations

■ **HANS LOCATION**
Rue Wenceslas Beziat
Les Salines
✆ 05 90 91 19 75
www.hanslocation.fr
hanscarloc@hotmail.fr
A 2 km à peine du centre de Gosier.
Tarifs pour 2 personnes. Bungalows : 70 €/nuit pour un séjour de 1 à 7 nuits, 490 €/semaine, 900 €/mois. Loft : 95 €/nuit pour un séjour de 1 à 7 nuits, 665 €/semaine, 1 450 €/mois. Prix dégressifs en fonction de la durée du séjour. Possibilité de location de voitures.
Sur place, des bungalows deux pièces pouvant accueillir jusqu'à 4 personnes, un studio et des lofts pour 2 personnes. La vue est imprenable et le jardin tropical qui entoure le lieu en fait un cadre agréable. Accès piscine pour tous les logements. Prix dégressifs en fonction de la durée du séjour.

■ **MG VACANCES**
Quartier concorde
Rivière Pilote
✆ 05 96 96 01 88
www.mg-vacances.com/
mgvacances@gmail.com
A partir de 250 € la semaine pour un studio, à partir de 420 € la semaine pour une villa.
Location saisonnière de particulier à particulier de studios, bungalows, appartements, villas dans différents secteurs de la Guadeloupe (Saint-François et Gosier).

■ **LES MUSANDAS**
Impasse Fraiderick
Louezel
✆ 05 90 84 02 02
www.im-caraibes.com/musandas
musandas@wanadoo.fr
Entre Gosier Centre et Saint-Félix.
Studios à partir de 46 € selon saison. Tarifs dégressifs selon durée.
Vaste villa située dans un jardin luxuriant près du bourg du Gosier et à 15 minutes à pied de la plage. La vue sur mer est superbe. Par beau temps, Basse-Terre est parfaitement visible. Les 4 studios conforts ou douillets climatisés sont entièrement équipés et disposent chacun d'une terrasse privée. La piscine, en haut de la propriété, le barbecue, le lave-linge et le wifi sont à disposition.

■ **RAMA HOME**
La Marina
✆ 06 90 60 93 11
www.ramahome.com
booking@ramahome.com
Tarif : de 200 à 260 € la nuit selon occupation (2 à 6 personnes).
Vous serez charmé par cet élégant duplex à la décoration contemporaine, chic et raffinée. Equipements tout confort : cuisine, salon, 2 salles d'eau avec douche à l'italienne, 3 chambres avec lit double. L'appartement est entièrement climatisé et se situe à la marina dans une résidence privée et sécurisée. Les petit plus : le deck avec spa privatif offrant une vue sur la marina et le solarium sur la terrasse de la chambre principale ; accès bateau par ponton privé.

■ **VILLA HACIENDA**
Pliane
✆ 06 90 54 34 58
buzznespro@gmail.com
Tarif par nuit : 290 € en basse saison et 390 € en haute saison. Capacité : 6 chambres doubles. Connexion wifi et Orange TV. Séjours de 3 nuits minimum. Service traiteur et ménage sur demande.
Très belle villa style hacienda à la décoration soignée, avec patio donnant sur une grande piscine au sel d'où vous pourrez profiter d'une vue sur le jardin, la mer, la montagne et la campagne. Idéalement située dans un environnement calme, elle est adaptée aux vacances en famille ou entre amis. La plage des Salines n'est qu'à 900 mètres. La Villa Hacienda se compose d'un séjour avec grand salon et télévision et d'une cuisine entièrement équipée (plaques de cuisson, four, réfrigérateur, lave-vaisselle, machine à café, grille-pain). Côté nuit, trois chambres au rez-de-chaussée avec une salle de

© GILLES MOREL.

Côte de Gosier.

bain et des WC indépendants et deux chambres à l'étage avec une salle d'eau, une salle de bain et des WC privatifs. Au rez-de-jardin, un studio indépendant avec salle de douche, WC, kitchenette équipée, lave-linge et sèche-linge. Toutes les chambres sont climatisées et disposent d'un mobilier de qualité.

■ RAOUL ET ANTOINETTE
30 ter lotissement Faraux
Le Gosier Centre
✆ 05 90 84 50 45
westindiescar.free.fr
raoulantoinette@free.fr
Studios et F2 chez l'habitant, situés dans un quartier résidentiel, au calme et sécurisé. Studio à 30 €, F2 à partir de 40 € par jour. Tarifs dégressifs. Ouvert toute l'année. Draps et serviettes fournis. wi-fi. Possibilité de louer également un véhicule sur place.
Les dix studios et appartements sont équipés de douche, toilettes, ventilateur, cuisinière, micro-ondes, évier, réfrigérateur et vaisselle. La plage de Gosier est à 1,5 km, les commerces et restaurants à 700 m. Raoul, le propriétaire, organise pour ses locataires une sortie sur une plage, un samedi par mois, avec animations et surprises.

■ RÉSIDENCE TURQUOISE
33 boulevard Amédée Clara
✆ 05 90 84 44 13
reservationturquoise@orange.fr
A partir de 68 € pour un studio de 1 à 3 personnes. Deux-pièces pour 3 à 4 personnes à partir de 74 €. Deux-pièces mezzanine à partir
de 86 €. Trois-pièces (4-6 personnes) à partir de 95 €. Durée minimum de séjour : 2 nuits. Fermeture annuelle en septembre.
Sur la route longeant la mer et face à l'îlet Gosier, cette résidence propose à la location, à la journée ou à la semaine, 8 appartements, du studio au F3. Tous les commerces (boutiques, restaurants, banque, poste…) sont à proximité immédiate. Vous disposez de tout le confort : climatisation, cuisine entièrement équipée, téléphone avec ligne directe, télévision avec lecteur DVD, Internet en wi-fi gratuit dans chaque appartement. La terrasse ouvre sur la mer et le lagon, le regard portant facilement jusqu'aux Saintes.

■ VACANCES HIOP
Montauban
✆ 06 90 40 06 60
www.vacanceshiop.fr
vacanceshiop@gmail.com
Pour 2 personnes : 290 € la semaine (de mai à mi-décembre) et 320 € la semaine (de mi-décembre à avril).
Dans un lotissement aux airs de petit village, ces studios disposent d'une terrasse, d'une kitchenette équipée, d'une salle d'eau et d'une chambre climatisée dotée d'un écran plat. A votre disposition, un barbecue à charbon, un petit parking intérieur. Wifi en option. Les plages de la Datcha et de l'Anse Tabarin sont à quelques minutes à pied. A proximité, de nombreux commerces, restaurants et le marché nocturne de fruits et légumes du vendredi (de 16h à 22h), une éco-laverie et les navettes pour se rendre à l'îlet Gosier.

La Marina et Bas-du-Fort

■ **VILLAGE SOLEIL**
Route de la Marina
℡ 05 90 90 85 76
www.hotel-village-soleil.com
reservation@hotelvillagesoleil.fr
A proximité de la marina, d'un centre commercial et des diverses activités nautiques.
Studios : standard à partir de 62 €, en basse saison, supérieure à partir de 74 €, suite junior à partir de 196 €, avec mezzanine à partir de 144 €. Tarifs dégressifs à partir de 7 nuits. Petit-déjeuner : 10 €.
Situé sur une colline qui surplombe la marina, cet hôtel-résidence de 59 logements propose 4 catégories d'hébergement. Le site est agréablement ventilé par les alizés. Les studios standards de 27 m² sont situés en rez-de-jardin, supérieurs de 33 m² avec balcon sont situées à l'étage et les duplex peuvent accueillir jusqu'à 4 personnes. Les suites junior disposent d'une chambre avec grand lit, d'un salon avec 2 couchages et d'un coin-cuisine équipée (hotte, plaque électrique, cafetière, micro-ondes). Chaque hébergement, excepté les suites junior, est doté d'une petite terrasse dont certaines ouvrent sur la marina. Les salles d'eau ont bénéficié d'une rénovation dans un style contemporain. Le petit déjeuner est servi sous forme de buffet au bord de la grande piscine. wi-fi gratuit.

■ **FLEUR D'ÉPÉE**
49 impasse du Bas du Fort
℡ 05 90 90 40 00
www.hotel-fleur-depee.com
reservation@hotel-fleur-depee.com
Chambre classique à partir de 102 € par nuit. Réductions sur Internet. Possibilité de formule all inclusive. Buffet petit déjeuner : 15 €. Déjeuner : 28 €, dîner : 35 € (boisson incluse). Buffet du dimanche midi : 35 € (apéritif inclus).
Menu langouste à 45 €, supplément de 25 € pour les clients ayant opté pour la formule all inclusive.
Cet hôtel de 187 chambres dont 4 suites est implanté au cœur d'un jardin tropical et offre une vue imprenable sur la mer. Les chambres standard, d'une surface de 26 m², sont équipées d'un grand lit et d'un canapé-lit convertible en deux couchages supplémentaires. Elles peuvent accueillir un couple et deux enfants (moins de 12 ans). Certaines disposent d'une terrasse très spacieuse avec vue sur la mer. A votre disposition, des chambres communicantes pour les familles. L'établissement a prévu une rénovation partielle de ses chambres en 2017, qui n'occasionnera pas de fermeture. Sur place, un restaurant qui propose le buffet local et un second sur la plage à la carte. Egalement un bar ouvert de 10h à 23h, une piscine de 260 m², une boutique, un salon de coiffure, comptoir d'excursion, et de location de véhicules. Une base nautique permet de bénéficier de prestations telles que la plongée (initiation en piscine, ski nautique, banane, etc.). Prêt de palmes, masque et tuba.

Pointe de la Verdure

L'extrême pointe de la Verdure, face à la Grande Baie, reste comme son nom l'indique la partie la plus immergée dans la nature, là où mangrove, plages et côte rocheuse se rejoignent. Ici, les grands complexes hôteliers ont les pieds dans l'eau et bénéficient d'un bel environnement même s'il est regrettable que deux des plus importants hôtels, en termes de capacité, aient déjà fermé leurs portes. Les jardins tropicaux et les activités nautiques font le plaisir des vacanciers. La longue plage, bien que gérée par chaque hôtel, reste accessible au public. Les activités nautiques et les transats sont payants pour les visiteurs. Vous y trouverez également un casino, des boutiques et divers restaurants.

Bien et pas cher

■ KARAÏBES HÔTEL

Route des hôtels
Pointe de la Verdure
✆ 05 90 84 51 51
www.karaibeshotel.com
contact@karaibeshotel.com
A 11 km de l'aéroport, dans la zone balnéaire
du Gosier.
*Chambre standard supérieure à partir de 70 €.
Chambre privilège à partir de 85 €. Studio vue
mer avec terrasse à partir de 80 €. Appartements
à partir de 70 €.*
Situé à 100 m de la plage, d'un centre nautique
et à proximité du casino, d'une supérette
et de plusieurs restaurants, cet hôtel de
66 chambres fait partie des meilleurs marché
du secteur. Certaines chambres peuvent
accueillir jusqu'à 4 personnes ; les chambres
supérieures, rénovées en 2018, offrent plus
de confort. 3 chambres pouvant accueillir
les personnes à mobilité réduite. Petits plus :
laverie, piscine, petit-déjeuner, réfrigérateur. Des
appartements, du studio au T3, sont également
disponibles dans la partie résidence.

Confort ou charme

■ CANELLA BEACH

Pointe de la Verdure
✆ 05 90 90 44 00
www.canellabeach.com
reservation@canellabeach.com
*Tarifs à la nuit pour 2 personnes selon la saison :
studios standards de 145 à 190 €, studios
supérieurs de 160 à 205 €, junior suite de 190 à
225 €, appartement duplex de 180 à 240 €.*

*Petit-déjeuner inclus. Taxe de séjour incluse.
Le restaurant est fermé le dimanche et le lundi
en basse saison.*
Une résidence hôtelière tout au bout de la pointe
de la Verdure qui dispose d'une plage aux eaux
calmes. Diverses activités sont disponibles
sur place : pétanque, ping-pong (gratuits)
ou location de jet-ski, de kayak, de stand-up
paddle, balade en hydravion (payants). Les
143 chambres, de plusieurs catégories, sont
réparties autour de la piscine dans plusieurs
bâtiments. La moitié des chambres a bénéficié
d'une rénovation en 2017. Les hébergements,
tous climatisés et dotés d'une kitchenette sur la
terrasse, disposent d'une surface confortable :
25 m² pour les chambres standard, 40 m² pour
les suites junior et jusqu'à 65 m² pour les
chambres familiales pouvant accueillir jusqu'à
6 personnes. Coup de cœur pour la grande
terrasse des duplex qui permet de profiter de
soirées entre amis ou en famille.

■ KARIBEA BEACH HÔTEL

Pointe de la Verdure
✆ 08 25 826 971
*Tarifs basse saison : chambre standard à partir de
72 €, supérieure à partir de 80 € et appartement
à partir de 88 €.*
Le Karibea Beach Resort Gosier est un complexe
hôtelier rénové en 2015, situé sur un vaste
domaine avec accès à une plage aménagée.
Localisé à la pointe de la Verdure, il dispose
de 270 chambres et appartements, répartis
entre les hôtels Le Salako et le Clipper et la
résidence le Prao. Sur place, deux restaurants et
un bar, une large variété d'activités, une piscine,
un club pour enfants avec baby-sitting sur
demande.

© GILLES MOREL

Voilier au mouillage, Ilet du Gosier.

Luxe

■ ARAWAK HOTEL BEACH RESORT

41 rue des Hôtels
Pointe de la Verdure
☎ 05 90 48 69 48
www.arawakbeachresort.com
reception@arawakbeachresort.com

Chambre double standard à partir de 170 €/ nuit. Junior suite vue mer à partir de 370 €/nuit.
Entièrement rénové en 2018, l'Hôtel Arawak propose un service de qualité dans un cadre agréable et bien situé. Il dispose de chambres standard et de chambres supérieures spacieuses avec balcon face à la mer. Deux bars et deux restaurants permettent de profiter du séjour sans contrainte avec vue panoramique ou les pieds dans le sable.

■ LA CREOLE BEACH HOTEL & SPA

Pointe de la Verdure
☎ 05 90 90 46 46
www.creolebeach.com
reservation@creolebeach.com

Chambres doubles avec petit-déjeuner américain inclus, par personne, à partir de : Classic 166 €, Supérieure de 184 €, vue mer 200 €, vue mer avec terrasse de 233 €, duplex 378 €, suite 557 €. Réservations et tarifs préférentiels sur le site Internet. Wifi gratuit dans les chambres et club pour enfants pendant les vacances.
Au cœur d'un jardin tropical, cet hôtel est situé à l'extrémité de la Pointe de la Verdure, là où la côte rocheuse et les plages de sable blanc se conjuguent. 218 chambres de différentes catégories, réparties en six bâtiments à étages, composent ce complexe bien pensé. Les chambres spacieuses de haut standing ont toutes un accès Internet en wi-fi, la télévision par satellite, un réfrigérateur, un sèche-cheveux. A l'extérieur, des espaces verts, une vaste piscine et un accès direct à la petite plage et sa digue permettent de prendre l'air, sans oublier les promenades sur la côte. Le petit-déjeuner est servi sous forme de buffet américain. Le jeudi, le cocktail créole est un évènement attendu, où fruits et légumes pays frais sont pressés devant vous ! Dans les différents espaces communs et dans le hall, différentes activités et services sont organisés. Immanquable, l'Espace Créole Loisirs (la Conciergerie), qui tient une permanence tous les jours. Les agents de tourisme souriants sauront vous guider pour organiser votre séjour en Guadeloupe (sorties en mer, randonnées, visites et circuits accompagnés). A ne pas manquer, le mercredi, le petit marché artisanal nocturne, et les spectacles de musique et de danses traditionnelles. Egalement disponibles sur place, le spa La Créole, une salle de fitness, un business center avec Internet, une boutique et en soirée, un piano-bar. A noter aussi, les soirées dansantes avec orchestre, deux restaurants et un snack (pizzas) sur la plage, qui sont ouverts à tous. Côté loisirs balnéaires, la Kaz Notik sur la plage propose de faire du kayak, de la plongée, du paddle, des bouées tractées, du jet-ski... Le Créole est l'hôtel le plus recommandé de la Pointe de la Verdure.

■ MAHOGANY HÔTEL RÉSIDENCE & SPA

Pointe de la Verdure
☎ 05 90 90 46 46
hotel-mahogany.com
reservation@creolebeach.com

Tarifs sur la base d'une chambre double hors petit déjeuner : vue jardin de 178 à 236 € ; vue mer de 200 à 262 € ; duplex de 373 à 466 € et suite de 520 à 653 €.
Situé sur le même site que La Créole Beach Hôtel & Spa, Mahogany Hôtel Résidence & Spa dispose de 46 chambres, 12 duplex et 6 suites répartis dans 3 bâtiments. Les hébergements sont classés en trois catégories : chambres Confort avec vue jardin ou Corail avec vue mer (avec terrasse et kitchenette), duplex de 68 m² avec vue mer (chambre à l'étage et canapé-lit, terrasse et kitchenette au rez-de-chaussée), et suites de 120 m² (terrasse vue sur mer avec table, chaises et transats, 2 chambres à l'étage avec salle de bains dont une avec spa, cuisine entièrement équipée). Toutes les infrastructures – bar, restaurants, piscine, animations et activités sportives – sont partagées avec La Créole Beach Hôtel & Spa.

PARIS –
POINTE-À-PITRE

Gardez la maîtrise de votre budget
Ne payez que pour l'essentiel

LEVEL

NOS EXPERTS À VOTRE SERVICE

Toute l'année nous vous accompagnons
pour l'organisation de votre escapade
en Guadeloupe !

4 BUREAUX D'INFORMATION
TOURISTIQUE À VOTRE SERVICE

LE GOSIER
Rue Félix Eboué
05 90 84 80 80

SAINTE-ANNE
Galbas
05 90 21 23 83

SAINT-FRANÇOIS
Avenue de l'Europe
05 90 68 66 81

LA DÉSIRADE
Capitainerie
05 90 84 61 39

LA RIVIERA DES ÎLES DE GUADELOUPE
TERRITOIRE D'ÉMOTIONS

Offices de
Tourisme
de France

rivieraguadeloupe.com
riviera des iles de guadeloupe
#rivieraguadeloupe

Le Gosier centre

■ LA MAISON CRÉOLE

Montauban ✆ 05 90 84 36 43
www.lamaisoncreole.com
commercial@lamaisoncreole.com
En direction du bourg de Gosier en provenance de Pointe-à-Pitre

*Studio standard à partir de 72 €, studio supérieur
à partir de 89 € et studio VIP à partir de 105 €
en basse saison. Réservation en ligne sur le
site Internet avec des tarifs promotionnels très
attractifs, quelle que soit la saison, si vous
réservez à l'avance. Il est plus intéressant d'opter
pour la formule chambre et petit-déjeuner en
promotion sur le site car ce dernier (servi sous
forme de buffet à volonté) est facturé 12 € au
lieu de 17 €. Formule brunch à 24 €.*

Légèrement en retrait de la route, l'hôtel
bénéficie d'un emplacement particulièrement
calme loin de l'agitation du centre-ville. Ne
vous fiez pas au parking que vous verrez en
arrivant car la piscine et le jardin sont situés à
l'arrière du bâtiment. Les plages de la pointe de
la Verdure et du bourg du Gosier sont seulement
à quelques minutes à pied. Il s'agit d'un hôtel
à taille humaine qui accueille une clientèle à
la recherche de sérénité et de convivialité. Le
personnel y est agréable. Les hébergements sont
répartis sur 2 niveaux ; une partie d'entre eux
donnent sur le jardin créole et les autres sont
orientés côté piscine. Les studios climatisés,
équipés d'une kitchenette, peuvent accueillir
2 personnes. Egalement des chambres triples
et quadruples pour les familles (maximum
2 adultes et 2 enfants) et deux chambres
communicantes. Nouveaux, les studios supérieurs disposent d'équipements complémentaires (cafetière, micro-ondes, chargeur de
smartphone et tablette, table et fer à repasser,
colonne de douche à jets massants). Les studios
VIP sont plus spacieux et disposent en plus
d'une machine à expresso, d'une bouteille
d'eau fraîche, de peignoirs. L'hôtel propose
également de formules Lune de Miel et Nuit de
Noces. Les consulter pour les tarifs. Les petits
déjeuners sont servis sous forme de buffet sur
une terrasse ouvrant directement sur le jardin
créole, planté d'arbres fruitiers et de plantes
médicinales. Possibilité de demi-pension avec
le restaurant La Table de Bacchus, sur place.

■ AUBERGE DE LA VIEILLE TOUR

Route de Montauban ✆ 05 90 84 23 23
auberge-vieille-tour.fr

*Ouvert toute l'année. Chambre double à partir de
156 €/nuit, petit-déjeuner inclus (en catégorie
non remboursable, non modifiable). Chambre
privilège à partir de 200 €. Chambre luxe à partir
de 250 €. Suite à partir de 350 €. Wifi gratuit.*

HOTEL ***

Entre piscine & jardin

Wifi gratuit

Au coeur
de la Guadeloupe

La Maison Créole
Gosier
0590 84 36 43

www.lamaisoncreole.com

L'Auberge de la Vieille Tour est par essence un hôtel de charme, indiscutablement. A proximité immédiate du centre de Gosier, cet hôtel de style colonial construit autour d'un ancien moulin du XVIIIe siècle est implanté au cœur d'un jardin tropical de 3 hectares surplombant la mer et offrant une vue imprenable sur l'archipel des îles de la Guadeloupe. Les 103 chambres et une suite offrent toutes une vue sur la mer des Caraïbes. Cet établissement affiche un luxe calme et discret. Découvrez sa plage naturelle de sable fin nichée dans une petite crique toute équipée, son snack du midi, son restaurant panoramique pour les fins gourmets (terrasse ou salle climatisée) et son bar avec vue sur l'îlet du Gosier. Sur place également, à votre disposition, un court de tennis en quick, une piscine de 200 m², et à proximité un salon de coiffure et espace bien-être (massage, etc.).

■ LES BANANIERS
Rue des Phares et Balises
Périnet
✆ 05 90 84 10 91
www.les-bananiers.com
info@les-bananiers.com
Situé en plein centre-ville du Gosier, dans une zone résidentielle très calme.
Chambre de 72 à 95 €/nuit selon saison (petit-déjeuner offert). Taxe de séjour en sus. La réception est ouverte selon les horaires d'arrivée des vols.
Un petit hôtel simple divisé en trois parties disposées autour de la piscine. Le tout au beau milieu d'un jardin bien entretenu avec des espaces détente ombragés. D'un côté, 4 chambres avec un mini réfrigérateur pour 2 personnes et, de l'autre, 2 studios de 2 personnes et 2 autres pouvant accueillir jusqu'à 3 personnes ; enfin, la partie centrale avec l'accueil et la terrasse où vous prendrez le petit déjeuner. Les logements sont climatisés et disposent de rangements pour les vêtements (commode et penderie). Les studios sont dotée d'une cuisine sur la terrasse équipée d'un réfrigérateur de table, d'une plaque électrique et de vaisselle. L'accueil des propriétaires est sympathique. Ils sont toujours disposés à vous fournir les meilleures informations pour un séjour à votre mesure. Vous pourrez notamment bénéficier de réductions grâce à leurs partenaires (locations de voiture, sorties en bateau ou autres excursions). Parmi les services : wi-fi gratuit, TV dotée de la TNT locale. Bien pratique également, le petit déjeuner (boisson chaude, pain, beurre, confiture et jus) qui est offert par les propriétaires.

Saint-Félix

■ LE GLIGLI HOTEL RESTAURANT
200 Rue de la plage de Saint-Félix
✆ 05 90 84 28 28
fabienpierrard@hotmail.com
Chambre double de 65 à 92 €, bungalow de 88 à 125 € la nuit.
Cette petite résidence se compose de 8 chambres et de 6 bungalows climatisés, dotés d'une terrasse donnant sur la mer. Vous pouvez choisir votre bungalow avec ou sans coin cuisine. L'établissement au style épuré sera rénové en 2020. Idéal pour des petits budgets, il a l'avantage d'être situé à quelques pas de la plage de Saint-Félix. Piscine et restaurant sur place. Accueil chaleureux et équipe disponible.

Mare-Gaillard

■ GITES DES SALINES
Mare Gaillard
Impasse des Salines
✆ 06 90 35 44 14
lesgitesdessalines@gmail.com
En basse saison : de 70 à 80 € la nuit, de 155 à 195 € le week-end. 360 € la semaine en basse saison, 455 € en haute saison. Tarifs dégressifs. Forfait de 50 € pour le ménage si vous ne souhaitez pas nettoyer l'appartement au départ.
Tatiana et Philippe proposent à la location deux appartements qu'ils ont rénovés eux-mêmes à proximité de la plage des Salines. Les logements, d'une superficie de 48 m2, peuvent accueillir de 2 à 4 personnes. Ils disposent d'une chambre, d'un salon avec un canapé-lit et TV écran plat, d'une grande cuisine entièrement équipée et d'une terrasse avec barbecue. Connexion wi-fi gratuite. Possibilité de louer un véhicule.

Petit-Havre

■ CAP SUD CARAIBES
Chemin de la plage
Petit-Havre
✆ 05 90 85 96 02
hotelguadeloupe.info
capsudhotel@wanadoo.fr
Chambre double de 119 à 129 € selon la saison et la vue. Petit déjeuner inclus dans le tarif.
Un petit hôtel de 8 chambres à l'accueil personnalisé (6 chambres doubles, 1 chambre triple et une pour 4 personnes). Les hébergements ont vue sur la mer ou sur le jardin. Vous êtes seulement à 200 m de la plage de Petit-Havre. A votre disposition, un coin détente avec piscine, carbet, hamacs.

■ EDEN VANILLA
10 route de la Plage
Petit-Havre
✆ 05 90 90 03 49
www.edenvanilla.com
contact@edenvanilla.com
De 46 à 75 € la nuit selon saison et confort.
Premier petit-déjeuner offert.
A 50 m de la jolie plage de Petit-Havre, Eden Vanilla vous accueille chaleureusement dans un quartier calme et résidentiel. Niché entre végétation et plage, Eden Vanilla est une invitation au farniente et aux promenades. Sur place, neuf logements climatisés dont les chambres sont équipées d'une kitchenette, de la TV (câblée), d'un accès Internet en wifi et d'un barbecue. Vous pourrez profiter de logements rénovés pour la saison 2019-2020.

■ PETIT-HAVRE
Route de la Plage de Petit Havre
✆ 05 90 85 20 83
www.hotelpetithavre.com
pthavre@im-caraibes.com
Chambre double vue mer à partir de 90 €, selon le confort et la saison. Taxe de séjour à régler sur place.
A l'entrée d'un lotissement résidentiel, cette demeure familiale créole nichée dans un nid de verdure propose 12 chambres. Elles sont équipées de climatisation, téléphone, télévision, balcon. Certaines offrent la vue sur la mer et les îles Marie-Galante, les Saintes ou Basse-Terre. Piscine sur place. A proximité, la plage de Petit-Havre et un peu plus loin, la plage municipale de Sainte-Anne, protégée par sa barrière de corail.

Se restaurer

La Marina et Bas-du-Fort

Sur le pouce

■ BYRON BURGER BAR
Marina
✆ 05 90 90 94 83
Ouvert midi et soir de 12h à 14h30 et de 19h à 22h30 sauf le dimanche midi et le lundi.
Si vous souhaitez découvrir le hamburger en version gourmet accompagné de frites maison, c'est l'endroit qu'il vous faut. Le burger y est présent sous toutes ses formes : végétarien, montagnard, à l'indienne, à l'italienne, au poisson. L'établissement propose également des salades et des tartares.

▶ **Autre adresse :** Immeuble Futura, rue Becquerel – Jarry – Baie-Mahault

Pause gourmande

■ LA JACQUERIE
Bas-du-Fort
✆ 05 90 90 92 83
Du lundi au vendredi de 6h30 à 14h et de 16h à 19h30. Samedi de 6h30 à 14h et jusqu'à 13h le dimanche. Ouvert les jours fériés.
Un large choix de sandwichs, salades, pizzas, viennoiseries et pâtisseries. La boulangerie est ouverte tous les jours, y compris les jours fériés. Pratique pour emporter de quoi grignoter sur la plage ou prendre un bon petit déjeuner.

Îlet du Gosier.

Restaurant
La Route du Rhum

Le rendez-vous culinaire
des amoureux de la mer

Vue imprenable
sur les voiliers

Réservation au
0590 90 90 00

Bien et pas cher

■ LA FRÉGATE

☏ 05 90 90 77 70
Ouvert tous les jours de 9h à minuit. Menus à 16 € et 29 € pour le menu langouste. Menu enfant 8 €. Maxi salades à partir de 15 €. Comptez 25 € à la carte.
Ce bar-brasserie propose une carte variée entre salades, cuisine créole et cuisine française (entrecôtes, maxi salades, araignée de mer, etc.). Pour boire un verre, se détendre ou pour un repas en famille, l'accueil est chaleureux et l'ambiance conviviale.

■ LE JISS

Place créole ☏ 05 90 28 82 66
Ouvert tous les jours midi et soir. Addition moyenne : 30 €. Salades et plats à partir de 15 €. Menu enfant : 12 €, pizza : entre 12 et 20 €.
Ce bar et restaurant lounge est situé devant l'aquarium de Guadeloupe. Il bénéficie d'un cadre très agréable avec vue sur la marina et les voiliers. A la carte, des planches de tapas, des plats traditionnels (entrecôte, brochette de bœuf, pavé de poisson grillé, tartare de poisson), des pâtes (dont une à la langouste), des salades auxquels viennent s'ajouter les suggestions du jour. A la carte du dîner : des pizzas gastronomiques. Le service se déroule sur la terrasse couverte. Certaines tables sont quasiment les pieds dans l'eau et protégées par des voiles d'ombrage. Parking assuré. Réservation fortement conseillée.

■ LA ROUTE DU RHUM

La Marina ☏ 05 90 90 90 00
rest-route-du-rhum@wanadoo.fr
VHF 72 si vous débarquez en bateau.
Entrée de 7,50 à 14 €, plats chauds de 15 à 25 €. Demi-langouste : 35,50 €. Menu enfant à 7,50 €. Ouvert tous les jours de 10h à 23h. Dimanche sur réservation.
Sur la marina, avec une vue imprenable sur les voiliers, la Route du Rhum a ouvert ses portes en 1978, l'année de la première édition de la fameuse transatlantique du même nom qui a fêté ses 40 ans en 2018. C'est le lieu de rencontre des amoureux de la mer. Des lithographies des marins les plus prestigieux ornent la salle principale. Deux terrasses sont également à votre disposition, dont une en bord de marina. Un endroit sympathique et accueillant où vous êtes toujours le bienvenu pour déguster un cocktail ou savourer un repas. Vous y trouverez un large choix de poissons et viandes entre plats traditionnels et cuisine créole. Assiette de bienvenue, carpaccio de poisson, salade folle des Saintes, filet de vivaneau sauce safranée,

langoustes en vivier, feuilleté de marlin, etc. Le restaurant propose des animations musicales certains soirs.

■ LE PAM PAM
La Marina
☎ 05 90 90 83 92
Ouvert tous les jours de 9h à minuit. Bar, cocktails, glacier et crêperie. Petits déjeuners / brunch à partir de 11 €. Galettes à partir de 7 €. Salades à partir de 14 €.
Situé face aux bateaux de plaisance. Musique variée, ambiance sympathique. Au menu, un large choix de crêpes salées ou sucrées, de gaufres et de cocktails.

■ LE PLANTEUR
96 route du Bas-du-Fort
☎ 05 90 90 88 74
www.leplanteur.fr
restaurantleplanteur@gmail.com
L'établissement est situé à Bas-du-Fort. L'accès ne se fait pas par la marina mais en prenant la direction de Bas-du-Fort, Fleur d'Epée de la nationale. Vous le distinguerez facilement à sa devanture mauve.
Ouvert du mardi au samedi, midi et soir. Addition moyenne entre 25 et 30 €.
Voilà déjà plus de 20 ans que Rodolphe officie au Planteur. Sa bonne humeur communicative apporte une ambiance très conviviale. Le service se déroule sur une jolie terrasse verdoyante aménagée en patio qui bénéficie d'une fraîcheur reposante sans avoir recours à la climatisation. Ce restaurant fait partie des établissements que nous recommandons particulièrement aux amoureux de la bonne cuisine antillaise. Les recettes, traditionnelles sont élaborées à partir de produits de la mer (crabe farci, poulet aux écrevisses, blanquette de lambi, requin au paprika) On peut également y apprécier des desserts décalés, comme l'omelette norvégienne « spéciale ».

Bonnes tables

■ DRAGON FLY
Galeries de la Marina
☎ 05 90 90 95 10
Addition moyenne : 30 €

Restaurant vietnamien authentique. Les plats sont cuisinés avec amour par la patronne. Tout est fait maison, ce qui justifie l'attente, qui est largement récompensée à l'arrivée des plats.

■ LE 9
Quai n° 9
☎ 05 90 20 39 87
Restaurantle9@outlook.fr
Ouvert tous les jours de 18h à minuit. Addition moyenne à la carte : 35-40 €. Plat du jour à 14,90 €. Formule gourmande (plat, verre de vin, dessert) à 21,90 €. Formule déjeuner (plat, verre de vin) à 17,90 €. Menu enfant à 15 €.
Situé à l'extrême droite de la marina, ce restaurant lounge-bar à vin arbore une décoration type industriel. Sa carte est orientée cuisine française (carpaccio de Saint-Jacques, filet de bœuf sauce foie gras et truffes, filet de bar sauce champagne).

■ GARGANTUA GRILL
Marina
☎ 05 90 83 71 04
gargantuagrill@gmail.com
Horaires : ouvert le mardi soir et du mercredi au samedi midi et soir. Fermé le dimanche et le lundi. Addition moyenne à 40 €.
Une excellente adresse pour les amoureux de bonnes viandes, des steacks classiques en passant par les pièces d'exception ou maturées. Egalement à la carte, un choix de tapas, de salades et de poisson frais. Desserts et cocktails maison. Salle climatisée. Soirée karaoké le mardi.

■ GWADA JOE CARIBBEAN STEAKHOUSE
Bas-du-Fort
☎ 05 90 20 63 73
www.gwadajoe.com
Lundi et samedi de 19h à 22h, du mardi au vendredi de 12h à 14h et de 19h à 22h. Formules de 27 à 34 €. Ticket moyen à la carte : 30 €.
Un steakhouse d'inspiration sud-américaine mais pas que... Une bonne adresse pour manger des viandes mais aussi des poissons de bonne qualité. Petits et grands trouveront leur bonheur dans ce restaurant qui propose des plats simples sans grande surprise mais goûteux. L'accueil est y chaleureux.

■ **COCO KAFÉ**

Place Créole ☎ 05 90 93 63 02

A quelques pas de l'aquarium. Utilisez le même parking.

Ouvert du lundi au samedi midi (12h-15h) et soir (19h-22h). De 19h à 23h les jeudi, vendredi et samedi. Addition moyenne : 30-35 €/personne. Situé sur la marina, à proximité immédiate de l'Aquarium de Guadeloupe, avec vue sur les voiliers dans la marina de Bas-du-Fort. La structure tout de bois vêtue. vous permet de profiter d'un moment de détente et de gourmandise. La salle est traversée par une petite rivière artificielle habitée par des poissons. À la carte, des spécialités créoles (assiette de poisson fumé, tartare de poisson, brochettes de poulet *gwada*, thaïes, pavé de daurade grillé, sauce créole, queues de crevettes sautées à la citronnelle, miel et gingembre...), mais aussi une cuisine traditionnelle (brochette de bœuf grillée, sauce aux cèpes, andouillette grillée, brochette de poulet coco...). La spécialité du Coco Kafé est le poulet Coco Maïpo, servi sur une plaque. La cuisine est élaborée avec des produits frais locaux et l'arrivage d'avion en direct de Rungis. Le maître pâtissier propose une succulente carte de desserts. Il est conseillé de réserver car l'adresse est plébiscitée par les résidents et le restaurant est souvent complet.

■ **O KANAILLES DU SUD OUEST**

Route de la marina ☎ 06 90 92 84 20
okanailles@yahoo.com

Ouvert du mardi au samedi midi et soir. Prix moyen à la carte : 25 €.

Un lieu à l'atmosphère bien différente des autres restaurants de la marina. Dès l'entrée franchie, tout vous rappelle l'ambiance du Sud-Ouest. Chaleur et convivialité garanties ! Vous apprécierez le four à bois au cœur de la salle, qui permet au chef de réaliser les cuissons sous vos yeux. A la carte : des viandes de qualité (magret de canard, côte de bœuf, cochon de lait) accompagnées de gratins (courgettes, dauphinois, macaroni au chorizo, etc.). Toutes les cuissons sont réalisées au feu de bois. Egalement un large choix de vins. La cave compte plus de 45 références, à accompagner d'une assiette de véritable charcuterie espagnole ou à déguster autour d'un bon plat ! De quoi ravir les papilles des fins gourmets...

■ **SEA BERRY**

Marina
☎ 05 90 68 33 38
Ouvert du lundi au dimanche soir. Menu Seaberry (entrée, plat, dessert) à 27,50 €. Menu langouste 32,50 €. Menu Enfant 11,50 €. Plateau de crustacés 53,50 €. Plateau royal de fruits de mer 73,50 €.

LA MARINA

coco kafé
Restaurant

LE GOSIER

0590 93 63 02
0690 34 30 62
RESTAURANT OUVERT
du Lundi au Samedi
coco.kafe@orange.fr

CUISINE DE QUALITÉ PRODUITS DE LA MER
& DU TERROIR

Gérard Lo Pinto
Meilleur Ouvrier de France

Lo-Pinto

La Marina 97190 LE GOSIER (Guadeloupe)
☎ 05 90 68 19 79 - rotisseurdesiles@orange.fr

Ici vous trouverez des spécialités fruits mer, du poisson frais issu de la pêche locale mais également du poisson de métropole, des moules frites, des plateaux d'huîtres (dont les succulentes Gillardeau), de crustacés, de fruits de mer, un menu langouste et quelques pièces de viande pour les irréductibles.

▮ LO-PINTO TRAITEUR
La Marina
☎ 05 90 68 19 79
rotisseurdesiles@orange.fr
Accès côté parking.
Ouvert les mercredi et jeudi de 9h30 à 14h30, les vendredi et samedi de 9h30 à 14h30 et de 17h30 à 20h, le dimanche de 8h à 13h. Déjeuner sur place ou à emporter.
La rôtisserie des îles dispose d'un rayon traiteur de très bonne qualité et également d'un service pour déjeuner sur place sur la terrasse ou dans la salle climatisée. Le Chef Gérard Lo Pinto est Meilleur ouvrier de France (ancien cuisinier du Président de la République).

▮ QUAI OUEST
La Marina
☎ 05 90 85 73 26
Restoqouest@gmail.com
Marina, non loin de la capitainerie entre les quais 6 et 7.
Carte aux alentours de 35 €, plats entre 12 et 25 €. Formule midi entre 20 et 25 €. Ouvert tous les jours midi et soir sauf le dimanche midi et le lundi. Service en continu de 12h à 22h30, bar jusqu'à 1h.
Ce restaurant est situé sur la marina de Pointe-à-Pitre juste à côté de la capitainerie. Le quai a été baptisé du nom de Florence Arthaud, gagnante de la mythique Route du rhum et disparue en 2015.
Vous avez vue sur les bateaux à quai ou de passage. Vous pouvez déguster des tapas avec un cocktail ou bien une cuisine traditionnelle inspirée des saveurs du monde. Au

menu, poisson-lion, filet de loup, tataki de thon, wok de magret, burger du boucher, tartare de bœuf. Large carte de vins. Terrasse ombragée et très bien ventilée. Navette entre le parking et le restaurant.

▮ O BISTROT
Marina
☎ 05 90 21 23 59
Accès côté marina, à côté de la Boca et du Pam Pam.
Ouvert tous les jours de 17h à minuit en service continu. Addition moyenne à 25 €.
Vous pouvez vous installer sur la terrasse face aux bateaux ou bien dans la salle climatisée, plus en retrait. Le Chef propose une carte inventive. Le mélange des saveurs est parfait. Les suggestions sont sans cesse renouvelées ce qui permet d'y retourner sans se lasser. Le petit plus : le restaurant propose un service continu jusqu'à minuit et un choix de pizzas. Pratique pour un dîner tardif.

▮ SEVEN W.I
La Marina
☎ 05 90 28 39 19
seven97.wi@gmail.com
Du lundi au samedi de 18h30 à 1h. Entrées de 12 à 17 €, plats de 18 à 36 €, desserts à 8 €.
Que vous soyez plutôt terre ou plutôt mer, le restaurant-bar lounge Seven W.I saura vous satisfaire. Une carte variée et évolutive, des cocktails savoureux pour un dîner ou un moment entre amis. On vous recommande particulièrement les tagliatelles à la langouste. Petits plus : parking privé et terrasse avec vue mer.

▮ LE PLAISANCIER
12 et 13 boutiques des Moulins
Bas-du-Fort
☎ 05 90 90 71 53
restaurantleplaisancier971@gmail.com

GRANDE-TERRE

Ouvert tous les jours midi et soir. Addition moyenne à la carte : 30 €. Menus à 19 et 29 €. Possibilité de passer commande de plats à emporter.
Un des plus vieux établissements de la marina dont les plats oscillent entre les spécialités créoles et la cuisine traditionnelle à base de produits frais. Grande terrasse ouverte et bien ventilée. Lambi le samedi et langouste le dimanche.

■ **ZOO ROCK CAFÉ**
La Marina
℡ 05 90 90 77 77
zoorock@wanadoo.fr
Sur le parking de la Marina.
Ouvert tous les jours. Service restaurant de 18h à minuit en semaine, 1h du matin le week-end. Le bar ouvre à partir de 18h. Addition moyenne pour 2 plats : 25 €. Maxi-brochettes à 19 €.
L'un des endroits animés de la marina depuis son ouverture il y a plus de 20 ans. Vous pouvez y boire un verre, dîner et danser au même endroit. La partie restauration dispose de deux ambiances différentes : la salle de restaurant qui jouxte le bar avec une terrasse surélevée, ce qui rend plus agréable votre dîner, et le patio où l'ambiance est plus *cozy*. Au menu, maxi-brochettes de poissons ou de viandes servies sur un sabre. Egalement des maxi-tartares de bœuf, maxi-salades... Les portions sont vraiment très copieuses. A l'approche du week-end, le son monte ! Doumé, le manager, officie au bar dans un décor de safari pour l'esprit « zoo ». Côté bar, il faut commencer par l'apéritif de tapas avant de dîner. Brochettes et salades sont

servies jusqu'à minuit, voire 1h du matin. Puis place à la fête : soirées à thème, concerts, DJ.

Luxe

■ **LE BRANTÔME**
7 La Marina
℡ 0590 90 91 28
restaurantlebrantome.com
lebrantome@orange.fr
Horaires : du mardi au samedi midi et soir. Entrées de 17 à 18 €. Plats de 28 à 36 €. Dessers de 10 à 12 €. Parking sur la marina.
Une table digne de ce nom est de retour sur la marina et c'est une bonne nouvelle. Ce nouvel établissement offre un cadre sobre et élégant dans lequel il est facile de se sentir à l'aise. Vous apprécierez l'aspect chaleureux de la salle avec les fausses pierres murales, le carrelage imitation parquet, le papier peint, les nappes plongeantes et le service soigné. A noter la présence de couverts et de seaux à glace en argent.
Deux tables sont installées à l'écart à l'étage où se place le pianiste. La petite bibliothèque qui longe l'escalier menant à la mezzanine abrite des livres d'histoire de France datant de 1878. Vous y trouverez uniquement des produits frais ainsi que des suggestions à base de poisson local selon la pêche du jour. Le tout travaillé avec passion par un chef venu de Dordogne. Le nom du restaurant tintera particulièrement aux oreilles des visiteurs périgourdins car Brantôme est un village situé au nord de Périgueux, surnommé la Venise du Périgord.

Pointe de la Verdure

■ CHEZ DOUDOU ROSY
Pointe de la verdure
✆ 06 90 61 41 28
Ouvert le lundi et mercredi soir et le mardi, vendredi samedi et dimanche midi et soir. Menu langouste à 26 € sur commande. Addition moyenne 25 € (boisson comprise).
Doudou Rosy vous propose de découvrir la cuisine antillaise, ponctuée d'un accueil souriant, ce qui est bien appréciable. Vous trouverez des plats connus et d'autres qui le sont un peu moins mais qui méritent pourtant le détour : fricassée de coq local, colombo de requin, oeufs de dorade poêlés au vieux rhum, émincé de porc à l'antillaise. La carte est plus réduite en basse saison. Si vous souhaitez du lambi ou de la langouste, faites une réservation la veille. Et Rosy n'accepte pas les cartes de crédit.

■ L'OURSIN BLANC
Pointe de la Verdure
✆ 05 90 57 21 92
loursinblanc@gmail.com
Sur la gauche après le casino lorsque vous entrez sur la Pointe de la Verdure.
Ouvert du mardi au dimanche de 19h à 23h, et le dimanche de 12h à 15h en basse saison et tous les soirs et le week-end midi et soir en haute saison. Prix moyen d'un plat : 25 €. Plateau de fruits de mer à partir de 59 €.
Situé au cœur de la Pointe de la Verdure où se trouvent les complexes hôteliers de Gosier, ce restaurant dispose d'une salle climatisée ou d'une terrasse ouvrant sur la végétation luxuriante. Le client est soigné avec un petit coussin pour caler son dos délicat sur chaque chaise. De jolies bougies offrent une intimité appréciable. Côté cuisine, le Chef propose une sélection de produits de la mer d'une extrême fraîcheur. L'endroit est idéal pour découvrir un panel de poissons locaux, cuisinés avec beaucoup de talent et d'originalité. La présentation des plats constitue, à elle seule, un avant-goût que les palais gourmands ne tarderont pas à confirmer. Quelques plats de viande tout aussi savoureux sont également présents à la carte.
Vous y trouverez également une épicerie fine avec des produits frais (daurade, thon mariné, fruits de mer, algues) et des plateaux de fruits de mer à emporter.

■ LA VERDURE
Pointe de la verdure
✆ 05 90 55 07 69
Ouvert 7/7 même les jours fériés. Restauration de 11h30 à 15h / 18h30 à 23h. Comptez 35 €/ personne à la carte. Pizzas (le soir uniquement) de 12 à 15 €. Langouste grillée 8 € les 100 grammes.
Située au cœur de la Pointe de la verdure où sont installés les hôtels du Gosier, cette brasserie propose une carte variée entre plats créoles et cuisine française : accras, boudin, rouleaux de printemps, tartare de poisson, fricassée de lambi ou de chatrou, burgers, entrecôte/frites, fondues créole ou asiatique.
Service en terrasse ou dans la salle climatisée. Pizzas à emporter.

Le Gosier centre

Sur le pouce

■ LAMBI & CO
Boulevard du Général de Gaulle
✆ 06 90 18 56 15
Juste avant la Poste, sous les carbets.
Samedi et dimanche de 10h à 14h. Vente à emporter uniquement. Pas de commande par téléphone mais possibilité d'appeler pour connaître le menu, également disponible sur la page Facebook. Compter entre 8 et 18 €. Paiement par carte bancaire accepté.
Un concept de restauration rapide, uniquement en vente à emporter. Plats à base de fruits de mer et de crustacés, dont un produit phare, le lambi (grillé en cornet, en burger ou en plat). Un conseil : arrivez tôt car les plats sont souvent victimes de leur succès !

■ AU PETIT CREUX
77 boulevard du Général de Gaulle
✆ 05 90 84 49 19
Ouvert du lundi au vendredi le midi et le soir et le samedi à partir de 18h30. Prix du bokit à partir de 2 €. Agoulous à partir de 3,50 €. Restaurant à l'étage.
Un petit creux ? Vous êtes à la bonne adresse ! Les bokits dorés et croustillants se dégustent à toutes les saveurs (ou presque) et les agoulous gardent tout leur moelleux. Le prix est imbattable et l'adresse reste très fréquentée. L'attente est parfois un peu longue et les tables sont prises d'assaut, n'hésitez donc pas à vous y rendre tôt.

REPÉREZ LES MEILLEURES VISITES

★ INTÉRESSANT   ★★ REMARQUABLE   ★★★ IMMANQUABLE   ★★★★ INOUBLIABLE

■ SO FRESH 971 - BEACH FOOD BOX

Plage de la Datcha © 06 90 49 14 58
sofresh971@gmail.com
*Ouvert 7j/7 de 9h à 23h. Écran géant, burger
simple à partir de 6 €. Végétariens bienvenus,
salades et brochettes au bœuf, poulet, crevettes
et thon. Formules burger/frites/boisson à partir
de 13,50 €. Paiement en dollars accepté
(1 US$ = 1 €). CB. Tickets Restaurant.*
So fresh vous permet de déguster ses spécialités
sur place, face à la mer, ou à emporter. Au
menu : des burgers du boucher à composer,
accompagnés de frites maison. Pour les petites
faims, vous y trouverez également des assiette
de tapas, des maxi salades, des brochettes et
des tatakis de viande ou de poisson. Grand choix
de cocktails avec ou sans alcool.

Bien et pas cher

■ LA KAZ A LOULOUZ

Boulevard de la Riviera © 05 90 84 64 55
A proximité de la discothèque La Cascade et
du terrain de football de Grande Ravine. Face
au carrefour de Grande Ravine et Cocoyer.
Après le radar, lorsque vous venez du Gosier.
*Ouvert tous les jours de 12h à 15h et de 18h à
22h. Plat de langouste : 35 €. Plat à la carte à
partir de 15 €.*
L'adresse n'est pas facile à trouver mais ce
restaurant figure au rang des valeurs sûres si
vous souhaitez manger créole (accras, lambi,
crabe, palourdes farcies, poisson frais et autres
spécialités locales). La population locale connaît
bien cette adresse. L'accueil est sympathique,
mais le service peut être un peu lent en période
d'affluence.

■ O MÉTIS

Montauban © 05 90 84 82 28
A côté de la clinique de Choisy.
*Ouvert tous les soirs de 18h30 à 23h sauf le
dimanche en basse saison. Menu enfant à 12 €.
Brochettes (poisson ou viande) 21,50 €. Risottos
et pâtes à partir de 18 €. Vente à emporter
également.*
Le restaurant O Métis propose une cuisine créole
et traditionnelle très variée (accras, poulet coco,
entrecôte, langouste grillée, fricassée de lambis,
risottos, magret de canard au miel, brochettes
géantes de viandes ou de poisson, cuisses de
grenouille... le tout à proximité du bourg de
Gosier entre les hôtels et les nombreux bars et
clubs. Vous ne pouvez pas le manquer avec sa
paella géante au feu de bois installée en bord
de rue. Il est prudent de réserver notamment le
week-end et les jours fériés car l'établissement
est déjà bien connu par la population locale
car ses prix sont très raisonnables. Parking
à proximité immédiate. Accueil sympathique.

Bonnes tables

■ BORD DE MER

Plage de la Datcha © 05 90 84 25 23
Derrière la poste.
*Ouvert du lundi au samedi de 9h30 à 23h30.
Addition moyenne à la carte 30 €.*
Les pieds dans le sable, sur la plage du bourg
du Gosier, ce restaurant bénéficie d'une belle
vue sur l'îlet du Gosier et la Basse-Terre. Les
plats de cuisine créole (assiette de boudin et
crudités, accras de morue, court-bouillon de
poisson, poissons et langoustes grillés) sont à
un tarif abordable.

■ LA MAISON DE LA VIANDE

104 Montauban
© 05 90 04 06 32
Après la clinique de Choisy en direction de
Gosier centre.
*Ouvert le soir sauf le dimanche. Fermé
le mercredi. Service jusqu'à 23h. Ouvert le
midi sur réservation (minimum 6 personnes).
Addition moyenne 50 € hors boissons. Fondue
bourguignonne à 31 €/personne. Plateau
dégustation 4 viandes 59 €, 6 viandes 70 €.*
Ce restaurant propose des viandes que vous
ne trouverez nulle part ailleurs sur l'archipel
(taureau, zèbre, crocodile, élan, kangourou,
bœuf de Kobé selon l'arrivage). Les pièces de
viande servies sont impressionnantes (comptez
entre 300 et 600 g). L'établissement propose une
fondue bourguignonne (4 personnes minimum)
mais également une carte de poissons. Parking
privé sur place et possibilité de navette gratuite
(sur réservation) pour Gosier, la Pointe de la
Verdure.

■ RESTAURANT LA VIEILLE TOUR

Montauban © 05 90 84 23 23
auberge-vieille-tour.fr/
resa@auberge-vieille-tour.fr
Dans l'enceinte de l'Auberge de la Vieille Tour.
*Snack bar La Crique gourmande : tous les jours
de 10h à 18h, addition moyenne 20 €. Petit
déjeuner de 6h30 à 10h : 25 €. Restaurant :
ouvert tous les soirs de 19h30 à 22h30. Formule
entrée/plat ou plat/dessert à 40 €. Afterwork
en musique le mercredi à partir de 18h. Buffets
et brunch certains dimanches.*
Il s'agit du restaurant de l'hôtel du même nom.
La table y est stylée et les mets raffinés. De
nouvelles spécialités locales et internationales sont régulièrement inscrites à la carte.
Courtoisie, gentillesse, sourire et passion
animent cette maison pas comme les autres. Sur
la terrasse panoramique ventilée par les alizés
ou dans la salle climatisée, l'une des grandes
tables de la Guadeloupe qui ne faillit pas depuis
1965 !

**Salle climatisée
Terrasse ventilée**

**Cuisine traditionnelle
aux saveurs créoles**

Dans l'enceinte de
Hôtel La Maison Créole
0590 84 36 43
www.lamaisoncreole.com

■ **LA TABLE DE BACCHUS**
Montauban ℰ 05 90 84 38 22
www.lamaisoncreole.com
commercial@lamaisoncreole.com
Dans l'enceinte de l'hôtel La Maison Créole
*Accès handicapés. Restaurant ouvert tous les
soirs à partir de 19h (cuisine créole et française).
Saladerie-sandwicherie (avec plat du jour)
ouverte tous les midis. Parking dans l'enceinte
de l'hôtel La Maison Créole.*
Le restaurant La Table de Bacchus se situe dans
la même enceinte que l'hôtel La Maison Créole.
Vous pouvez choisir de vous installer dans la
salle climatisée ou sur la terrasse abritée et
ventilée. La carte associe les saveurs locales
et la cuisine traditionnelle française.

Saint-Félix

■ **BOULANGERIE GAHAGNON**
Saint-Félix
Rue de la Plage
*Ouvert du lundi au vendredi de 5h30 à 19h,
samedi et dimanche de 5h30 à 18h.*
Pour une pause gourmande au goûter ou des
plats chauds à midi. Un choix de sandwichs,
plats chauds, viennoiseries et pâtisseries sur
place ou à emporter.

Petit-Havre

Vous pourrez passer la journée sur cette plage
où plaisirs balnéaires et activités de la pêche
cohabitent. Possibilité également d'acheter
langoustes et poissons frais aux pêcheurs qui
amarrent encore leur saintoise dans la baie !

Sortir

Autour de minuit, que ce soit sur la marina ou
dans le bourg du Gosier, il est recommandé
d'avoir un lieu pour s'amuser (bars, dancings
des hôtels, discothèques) plutôt que de traîner
dans les rues ou sur la plage. L'alcool aidant,
l'ambiance peut devenir plus électrique. A éviter,
pour les personnes seules et notamment les
femmes, le petit square près de la poste dans
le bourg, et le parking de la marina.

Cafés – Bars

La Marina et Bas-du-Fort

■ **BLUEBERRY 5**
Marina ℰ 06 90 68 80 54
blueberry5.gp@gmail.com
*Ouvert du dimanche au jeudi de 16h à 1h, et les
vendredis et samedis de 16h à 3h.*
Bar à cocktails, tapas et chichas avec vue sur
les bateaux. Très belle carte de cocktails. Le

lieu est idéal pour débuter ou encore terminer une soirée entre amis ou en famille. Autour, vous trouverez divers restaurants de tout type pour vous restaurer.

■ LA BOCA

La Marina
✆ 05 90 28 90 98
www.laboca971.com
michael@laboca971.com
Ouvert du mardi au jeudi de 18h à 2h et jusqu'à 5h le vendredi et le samedi. Happy hours de 18h à 20h. Tapas à emporter.
L'un des bars les plus branchés de la Marina du Gosier. Ambiance espagnole et tapas qui vous invitent à prolonger l'apéritif voire à dîner sur place. Très bien pour un verre après le dîner également. La Boca propose également régulièrement des cours de salsa. C'est un des lieux de rendez-vous de la jeunesse aisée des environs.

■ O KANAILLES DU SUD OUEST

Route de la marina
✆ 06 90 92 84 20
okanailles@yahoo.com
Du mardi au samedi midi et soir.
Un lieu qui vous plongera dans l'ambiance du Sud-Ouest. Chaleur et convivialité garanties ! Un large choix de vins avec plus de 45 références, à déguster en terrasse ou en salle, autour d'une assiette de véritable charcuterie espagnole. Et pour les grosses faims, pourquoi ne pas se laisser tenter par de succulentes viandes cuisinées au four à bois et accompagnées de gratins. Une excellente adresse pour boire un verre ou manger un bon plat.

■ SEVEN WEST INDIES

11 Porte de la Marina
✆ 05 90 28 39 19
seven97.wi@gmail.com
Du mercredi au samedi de 18h à 1h et jusqu'à 2h le vendredi et le samedi.
Dégustez des cocktails et des assiettes de tapas en profitant de la terrasse au bord de l'eau ou du côté jardin du Seven West Indies. Ambiance musicale mixée par des DJs et *video mix shows.*

■ ZOO ROCK CAFÉ

La Marina
✆ 05 90 90 77 77
zoorock@wanadoo.fr
Sur le parking de la Marina.
Ouvert tous les soirs à partir de 18h.
Un des établissements toujours aussi incontournable de la marina. Lieu de rendez-vous des amateurs de nautisme, il y règne une ambiance décontractée. Côté fête, soirée à thème le jeudi et concert le vendredi. Les autres soirs, renseignez-vous sur place sur l'actualité des soirées, notamment sur la page Facebook.

Pointe de la Verdure

■ KARUKERA CAFE

Pointe de la Verdure
✆ 05 90 20 42 44
Face à l'Hôtel La Créole Beach.
Du lundi au dimanche de 17h à minuit et jusqu'à 2h le vendredi et le samedi.
Un bar lounge avec terrasse ouverte pour déguster un large choix de cocktails avec ou sans alcool. Le Karukera Café dispose d'une belle cave à rhums. Possibilité d'accompagner les verres de tapas. Une endroit où il fait toujours bon passer un moment entre amis.

Le Gosier centre

■ BAR DE L'AUBERGE DE LA VIEILLE TOUR

Montauban
✆ 05 90 84 23 23
Ouvert de 16h à 23h.
Animé et très bien fréquenté, voici l'un des lieux chic du Gosier. Il s'agit du bar de l'Auberge de la Vieille Tour, un des plus beaux hôtels de l'île. Il bénéficie d'un emplacement idéal pour admirer le coucher du soleil sur l'océan en buvant un cocktail maison ou en dégustant un des 40 rhums de la sélection.

■ DIB'S KARAOKE

Route de Labrousse ✆ 05 90 23 18 75
A la sortie de Gosier en direction de Pointe-à-Pitre, sur la droite après la station Total et l'entrée du centre commercial Géant Casino.
Ouvert du mardi au samedi de 21h à l'aube, le dimanche de 21h à 2h.
Pour passer une soirée conviviale à chanter, danser et boire un verre entre amis.

■ NEW TI PARIS

25 montée Périnet
✆ 05 90 88 43 20
A la sortie du bourg en direction de Sainte-Anne.
Ouvert du mardi au dimanche de 20h30 à 1h et le midi du mercredi au dimanche de 11h30 à 15h. Entrées entre 8 et 12 €, plats aux alentours de 20 €, desserts 8 €. Concerts de jazz en fin de semaine.
Pour écouter du jazz au Gosier un jeudi, vendredi ou samedi soir, rendez-vous dans ce restaurant bar musical un peu en retrait du centre, sur la route des ravines. Adresse incontournable tenue par un saxophoniste professionnel, où l'on se rassemble autour d'un cocktail maison et d'un bon plat. Menu découverte chaque semaine. C'est également un café-théâtre une fois par mois. L'établissement s'est agrandi grâce à sa terrasse mais les réservations sont conseillées pour les soirées. La programmation est à suivre sur la page Facebook.

■ L'OLYMPIA KARAOKE

Montauban

Sur votre droite en sortant de Gosier, après le restaurant le Tam Tam.

Ouvert du jeudi au samedi et les veilles de jour de fête à partir de 22h. Entrée gratuite et consommation obligatoire. Parking sur place.

Au programme, comme son nom l'indique, des soirées karaoké. Sympa, le petit coin VIP d'une capacité de 10-12 personnes.

■ OM SAYA

Chemin de la Plage ✆ 06 90 31 99 41

omsaya971@gmail.com

Ouvert du lundi au mercredi de 15h à 00h et du jeudi au dimanche de 12h à 2h.

Un bar de plage les pieds dans le sable pour siroter un cocktail ou manger un morceau (tartes maison, planches de viandes et poissons, glaces artisanales), avec une vue imprenable sur la mer et l'îlet du Gosier. Animations musicales et bar à chichas le week-end.

Saint-Félix

■ LE PETIT NEW-YORK

Route de la plage

Saint-Félix ✆ 05 90 88 89 40

www.lepetitnewyork.com

Ouvert le vendredi et le samedi de 19h à 2h du matin. Happy hour de 19h à 22h. Entrée gratuite, consommation obligatoire.

Restaurant et bar à thèmes pour boire un cocktail avec animation musicale DJ. Les évènements sont annoncés sur la page Facebook.

Clubs et discothèques

■ ZOO ROCK CAFÉ

La Marina ✆ 05 90 90 77 77

zoorock@wanadoo.fr

Sur le parking de la Marina.

C'est l'un des lieux branchés de la Marina. La partie club se trouve à l'étage, au-dessus de la salle de restaurant. L'ambiance y est conviviale et décontractée. Il vous sert des cocktails et de la bière bien fraîche pour faire baisser un peu la température de cet endroit où la musique est joyeuse et les habitués toujours de bonne humeur.

À voir – À faire

Visites guidées

■ LE CYRANO

La Marina ✆ 06 90 46 70 20

www.lecyrano971.com

tibouboulescapades@hotmail.fr

85 € par adulte la journée, 65 € par enfant de moins de 12 ans. Repas et boissons compris.

Départ de la Marina bas du fort à 7h45 retour vers 16h15. Chèques vacances acceptés.

Vous partez à bord d'un catamaran de 11 m dans une ambiance très conviviale. Au programme d'une journée à bord avec son capitaine Ti Bouboul : visite de la rivière salée et de sa mangrove, arrivée à l'îlet Caret pour un apéro les pieds dans l'eau (toasts et baignade dans des eaux cristallines), retour sur le bateau pour une dégustation de produits locaux (chiquetaille de morue, brochettes de poulet, accras...), accompagnée d'un petit planteur et de jus de fruits frais puis direction l'îlet Fajou pour une escale découverte. Au retour, un fondant au chocolat attend les plus gourmands !

La Marina et Bas-du-Fort

■ AQUARIUM DE LA GUADELOUPE

Place créole

✆ 05 90 90 92 38

www.aquariumdelaguadeloupe.com

info@aquariumdelaguadeloupe.com

Ouvert tous les jours de 9h à 18h30 et jusqu'à 19h pendant les vacances scolaires. La visite dure environ 45 minutes. Tarifs : 14 € pour les adultes et 8,50 € pour les enfants de moins de 12 ans et les étudiants, gratuit pour les moins de 4 ans. Forfait famille (2 adultes + 2 enfants) à 39 €. Possibilité d'acquérir un Pass nature à 27 € qui donne accès l'entrée à l'aquarium et au zoo.

L'aquarium a fait peau neuve en 2018. Au programme : un parcours plus attractif, des espaces d'exposition repensés, une scénographie modernisée. Il permet de découvrir la riche faune marine des Caraïbes et les multiples biotopes antillais. Montrer de façon ludique les espèces de nos fonds marins, c'est la mission historique de l'aquarium, qui se double aujourd'hui d'une urgence écologique. Comprendre le fragile équilibre de la barrière de corail par exemple, mais aussi celui de la mangrove, les fonds sableux et les abysses où poissons, invertébrés et plantes qui les peuplent restent un mystère. Des points vidéo et des panneaux pédagogiques ponctuent la visite. L'aquarium propose diverses activités accessibles aux familles avec Seatour, une structure qui permet de découvrir la mangrove, de pratiquer la plongée ou de faire une balade en voilier. L'association Karet y gère un centre de soins pour les tortues marines.

■ FORT FLEUR D'ÉPÉE

A la sortie de Pointe-à-Pitre, en direction du Gosier

✆ 05 90 90 94 61

Ouvert tous les jours de 9h à 17h. Visite gratuite. Expositions temporaires.

Construit au XVIIIᵉ siècle, ce fort dominant la rade de Pointe-à-Pitre, la Pointe de la Verdure et la baie du Gosier eut une importance capitale, notamment pendant la guerre qui a opposé la France à l'Angleterre. Son nom bucolique lui vient de Fleur d'Epée, le surnom d'un soldat particulièrement valeureux pendant les combats. Sur le site (classé), les fortifications et la galerie souterraine, où se tiennent des expositions temporaires, sont bien rénovées. Les magnifiques arbres flamboyants, les espaces verts et les plantes grasses augmentent le plaisir de la balade. Belle vue plongeante sur la marina de Bas-du-Fort et le Petit-Cul-de-Sac-Marin. Etape du circuit patrimonial « La Route de l'Esclave – Traces-Mémoires en Guadeloupe », le site est également un lieu d'art contemporain. Des expositions temporaires y sont régulièrement organisées, et les galeries souterraines abritent le fonds d'art contemporain du Conseil Général de Guadeloupe. Accès gratuit.

■ FORT LOUIS
Entrée au Bas-du-Fort, en direction des grands hôtels, puis route à droite de l'Hôtel Fleur d'Epée.
Au sommet du petit morne qui domine la mer et le plan d'eau de la marina, s'étendent les ruines du fort l'Union. Il s'agit de l'ancien fort Louis, devenu fort l'Union durant la Révolution. Vers 1700, avant sa construction, un ouvrage militaire, entouré d'une palissade et d'un fossé de défense y fut édifié pour protéger le chemin côtier en direction de Pointe-à-Pitre. Dès 1706, le renforcement du fortin est délaissé au profit des défenses de Basse-Terre.

Pointe de la Verdure ★★★

■ PLAGE DE LA POINTE DE LA VERDURE
Occupée en grande partie par les hôtels, cette plage reste entièrement accessible au public. Elle part de la plage de l'Auberge de la Vieille Tour et s'étend jusqu'au Canella Beach.

Le Gosier centre ★★★

■ ANSE CANOT
Anse Canot
Pendant longtemps, l'Anse Canot a été le point de départ des navettes pour se rendre à l'îlet du Gosier. Le site fait l'objet d'un projet de réaménagement qui a été lancé dans le courant de l'année 2019. Il doit permettre de donner un nouveau visage beaucoup plus moderne à ce site avec un accent porté sur l'accès, le stationnement et l'embellissement pour mettre en valeur la vue sur le lagon. L'aménagement prévoit un parvis uniquement piéton, une végétalisation, une aire de stationnement, des sanisettes,

du mobilier pour les riverains et un système de gradins qui doit faire la transition entre la voie et la plage.

■ ÎLET DU GOSIER
Ilet du Gosier
La navette, dont le départ est à l'anse Tabarin (au niveau de l'école de voile municipale), est le moyen le plus utilisé pour se rendre à l'îlet (5 minutes).
Accessible à la nage, ou en bateau (3 € A/R, de 9h à 17h).
A moins de 5 minutes en petit bateau de pêcheur, vous atteignez l'îlet du Gosier, que vous admiriez déjà à l'horizon de la pointe de la Verdure ou depuis le littoral. On peut accéder à cet îlet à la nage. Si vous souhaitez effectuer le retour en bateau, prévoyez-le avant votre départ, sinon vous serez contraint d'entreprendre le retour à la nage également ! Les dimensions modestes de cette terre justifient son appellation. Le sentier découverte sous-marin est au programme de quelques associations et autres accompagnateurs indépendants qui proposent de vous conduire sur l'îlet, où vous pourrez passer la journée. Vous pourrez monter au phare, vous baigner et vous détendre sur le sable blanc dans une lumière éclatante. En période d'affluence, l'îlet peut être pris d'assaut et il devient difficile de disposer d'un coin au calme. A ne pas manquer, la découverte des fonds marins et des animaux qui vivent au cœur des récifs coralliens. Vous pourrez à loisir observer et nager avec les poissons, et parfois les tortues. Trois bouées descriptives de la faune et de la flore ponctuent la randonnée sub-aquatique, avec palmes, masque et tuba.

■ JARDIN D'ALEXINA
62 rue Nicolas Ballet
✆ 06 90 54 79 56
jacky.silvestre@wanadoo.fr
Accès par le boulevard du Général de Gaulle.
Sur rendez-vous uniquement, du mardi au samedi de 9h30 à 12h et de 15h30 à 17h Adulte : 8 €. Enfant (3-10 ans) : 4 €. Tarif dégressif pour les groupes. Dégustation de boisson locale offerte.
En plein centre du Gosier, ce jardin de 3 000 m² empiète sur la forêt marécageuse de Belle Plaine. Il a été mis en valeur par une association qui l'a transformé en véritable promenade. Vous pouvez y découvrir la faune et la flore locales au travers d'un jardin pédagogique qui comprend une grande diversité d'arbres dont l'origine se situe en Guadeloupe ou dans la Caraïbe. La visite est facilitée par des cheminements piétons. Sur place également, une ruche avec des abeilles, une mare avec sa faune et flore adaptées (moloquois, tilapias, crevettes, canards...), une pépinière et une zone dédiée à la fabrication du compost.

■ ANSE TABARIN

Au niveau de l'école de voile municipale, le petit chemin à droite qui descend vers la mer donne sur un paysage assez charmant : une plage agréable, cachée dans une petite crique rocheuse avec espaces ombragés, qui jouit d'une relative tranquillité grâce au parc qui sépare la plage de la route.

■ MUSÉE CAMÉLIA COSTUMES ET TRADITIONS

Morne Périnet ✆ 05 90 83 21 70
musee.costumes.traditions@gmail.com
En venant de Sainte-Anne, prendre à gauche, direction Gosier au niveau du Leader Price.
Ouvert du mardi au dimanche de 9h à 17h. Adultes : 10 €, enfants à partir de 6 ans : 6 €. Couples, familles et groupe à prix réduits. Prévoir 2 heures de visite. Visite guidée à partir de 15 adultes.
Cette maison a vu le jour afin de faire revivre, au travers des costumes, tout un pan de la civilisation afro-indienne et caribéenne. Dans la galerie royale sont exposés les habits des souverains de plusieurs époques, puis viennent les représentations de scènes quotidiennes de la période amérindienne à l'arrivée de Christophe Colomb, et au temps des plantations à l'époque moderne... La case créole (Ti Kaz An Mwen), qui montre l'environnement d'une case, est bordée d'un jardinet où l'on a planté des plantes médicinales (Rimed razié). Cuisine de Mionnette, cour avec ses jeux traditionnels et espace audiovisuel. Les photos ne sont pas autorisées.

■ PLAGE DE LA DATCHA

Dans le bourg (Gosier centre), au niveau de la poste et face à l'îlet Gosier.
Une petite plage populaire aux eaux claires, avec en arrière-plan l'îlet du Gosier et le paysage de Basse-Terre. Éclairée jusqu'à 23h.

Saint-Félix

■ PLAGE DE LA POINTE DES SALINES

Pointe des Salines
A la sortie du Gosier sur la N4, entre Saint-Félix et Mare-Gaillard.
Une grande plage de sable blanc balayée par les alizés tout en étant protégée par la barrière de corail au large, et plutôt fréquentée par les amateurs de sports nautiques, kitesurf et windsurf en tête (notamment sur la bande la plus proche de Sainte-Anne). Une très belle plage qui mériterait d'être débarrassée des algues qui forment un tapis bien épais avant d'entrer dans l'eau.

■ PLAGE DE SAINT-FÉLIX

Anse Dunant
A la sortie du Gosier, en direction de Sainte-Anne.
La plage est en général assez ventée. Agréable pour une longue balade ou un footing.

Petit-Havre

■ PLAGE DE PETIT-HAVRE

Une petite plage avec d'un côté un sport de surf et de l'autre une petite anse plus calme où arrivent les pêcheurs. Sur place, un restaurant et une petite boutique.

Shopping

La Marina et Bas-du-Fort

■ SAIL MORE, LIVE BETTER

Marina
✆ 06 90 99 18 19
Des sacs et accessoires en voiles de bateau recyclées, *made in* Guadeloupe. Vous êtes certains de disposer d'un modèle unique. Leurs produits sont distribués dans la boutique du quai des Îles, sur la marina, et dans les galeries commerciales de Houelbourg et du Pavillon (à Jarry).

■ CRÉOLISSIME – ARCHIPEL WEB STORE EUROGOLD

✆ 03 80 26 30 20
www.creolissime.com
serviceclient@creolissime.com
Spécialiste des bijoux créoles, le site internet Créolissime un large choix de bijoux traditionnels, colliers, bracelets, mailles grain d'or, boucles d'oreilles gros sirop, créoles, pendentifs carte de la Guadeloupe, etc. Il existe également des boutiques dans les centres commerciaux de l'île (Milénis, Bas-du-Fort et Destreland) et à Pointe-à-Pitre.

Le Gosier centre

■ LA BOUTIQUE DU RHUM

Place Montauban Plaza au Gosier
✆ 05 90 89 70 60
laboutiquedurhumgosier@gmail.com
Dans le parking d'Ecomax.
Ouvert du lundi au samedi de 9h à 19h. Dimanche : 9h à 12h30.
Amateurs de rhum, cette boutique vous réjouira. A votre disposition, plus de 300 références de rhums de la Caraïbe dont, bien sûr, ceux de la Guadeloupe dans un décor soigné et chaleureux. Rien dans l'aménagement n'est laissé au hasard pour la mise en valeur de chaque produit à l'image des boutiques d'une marque de café bien connue. Également sur place, une belle cave à cigares et tous les accessoires. Et jouxtant la Boutique du Rhum, vous découvrirez la Boutique du Champagne qui vous propose un panel de vins fins, d'alcools et de champagnes

pour tous les budgets (la Guadeloupe détient la palme de consommation de champagne sur toute la France !).

◗ **Autre adresse :** Rue Thomas Edison – La Jaille, Baie Mahault.

Mare-Gaillard

■ **PETIT LE BRUN ART GALLERY**
Saint-Félix
43 Impasse Moinet ✆ 05 90 89 91 17
petitlebrunartgallery@wanadoo.fr
En venant de Sainte-Anne, sur la gauche après le rond-point du lycée hôtelier.
Ouvert du mardi au samedi de 9h à 12h30 et 15h à 18h.
Un espace culturel où se côtoient différentes formes d'art (photos, peinture, bande dessinée, littérature, sculpture...) et où s'exposent des artistes locaux.

Sports – Détente – Loisirs

■ **ATMOSPHÈRE**
Hôtel Créole Beach & Spa
Pointe de la Verdure
✆ 06 90 49 47 28
jetski-guadeloupe.com
info@atmosphere-antilles.com
Selon l'excursion, départs également de Sainte-Anne.
Ouvert tous les jours de 9h à 18h. Randonnées en scooter des mers, tarifs par jet : de 200 à 320 € selon circuit. Flyboard initiation : 95 € les 20 minutes.
Une équipe dynamique, très présente dans l'hôtel tient un stand d'informations touristiques, et vous donne des idées pour découvrir la Guadeloupe et ses multiples activités. Si vous désirez visiter Grande-Terre par la mer, hors des sentiers battus, c'est la solution idéale. Vous partez en petit groupe accompagné d'un moniteur diplômé d'Etat et découvrez des endroits inaccessibles : la mangrove et sa faune étonnante, la barrière de corail et les lagons cristallins et les îlets paradisiaques. Plusieurs formules sont proposées : initiation de 20 ou 30 minutes, randonnée de 1h, 2h ou une demi-journée avec repas inclus (5 heures), ou encore une formule à la carte. Que vous soyez débutants ou initiés, l'équipe de moniteurs vous propose un instant inoubliable à vivre entre amis ou en famille. Découvrez le flyboard : élevez-vous dans les airs au-dessus de l'eau ! N'oubliez pas de réserver.
Le permis bateau n'est pas obligatoire pour les randonnées et les initiations, car elles sont encadrées par des moniteurs diplômés.

■ **BLEU OUTREMER / SUN JET**

Hôtel Fleur d'Epée

Route de Bas-du-Fort

Pointe de la Verdure ✆ 05 90 90 85 11

www.plongee-bleu-outremer.com

Accueil à la base nautique 7j/7 de 9h à 12h et de 13h30 à 17h. Deux sorties plongée à 7h30 et 14h30. Plongée de nuit à la demande. Kayak : 8 € les 30 min. Canoë et stand-up paddle : 12 € les 30 min. PMT : 10 € la journée. Bouée tractée : 25 € les 10 min (par personne), jet-ski à partir de 20 min : 65 €.

Le centre nautique Bleu Outremer vous propose deux sorties plongée par jour, avec sur demande des plongées de nuit ou des doubles plongées à la journée ou à la demi-journée (les Saintes, Réserve Fajou, grottes de Port-Louis...). Débutez par une initiation en piscine ou un baptême en mer, passez vos brevets ou venez simplement découvrir les plongées explorations. Formations PADI, de l'Open Water au Dive Master, et FFESSM ou ANMP du niveau 0 au N3. Profitez également de l'excursion journée découverte écotourisme des îlets du Grand-Cul-de-Sac-Marin avec randonnée palmée : départ à 10h15 à bord d'une confortable vedette de 11 m et en compagnie d'un moniteur-guide expérimenté, elle débute par le port de Pointe-à-Pitre, direction de la mangrove (rivière salée), vous entraîne ensuite pour une randonnée palmée sur une épave ou la grande barrière de corail, puis pause baignade apéro sur la plage de l'îlet Caret avec déjeuner sur la Biche pour un retour vers 17h. Avec Sun Jet, profitez des initiations et randonnées en scooter des mers sans permis, avec un moniteur diplômé, dans le Petit-Cul-de-Sac ou le Grand-Cul-de-Sac. Initiez-vous également au Flyboard et amusez-vous en bouée tractée. Location de transats de plage.

■ **CATABANANA**

Marina ✆ 06 21 73 19 13

www.catabanana.com

catabanana971@gmail.com

Excursion à la journée, repas et équipements inclus (11 passagers max) : 90 €/adulte, 75 €/enfant (gratuit moins de 4 ans. Mini croisière 2 ou 3 jours Marie-Galante ou les Saintes repas et équipements inclus (4 passagers max) : 140 €/adulte et par jour.

Prenez place à bord du *Cata Banana*, catamaran à voile. Au programme : excursions à la journée (îlet Fortune, îlet du Gosier) et mini croisières de 2-3 jours à destination de Marie-Galante ou des Saintes. Les activités se déroulent en petit comité. Les repas et planteur du capitaine sont compris. Kayak et paddle sont fournis pour vous permettre de profiter d'une balade autour des îlets. A moins que vous ne soyez adepte du farniente...

■ **LE FLIBUSTIER**

La Marina ✆ 06 90 00 15 38

www.le-flibustier.fr – flibustier97@orange.fr

95 € la journée pour un adulte, 85 € par enfant de 2 à 12 ans, 20 € pour les moins de 2 ans. Repas et boissons à volonté, équipement PMT fourni. Réservation sur le site Internet. Départ de la marina de Bas-du-Fort à 8h, retour vers 17h. Capacité max : 12 passagers.

Embarquez à bord de ce catamaran à moteur tout confort pour une découverte du Grand Cul-de-Sac marin : traversée de la rivière salée et explications de la mangrove par son capitaine chevronné, arrêt sur une épave pour une plongée en PMT (palmes, masque et tuba), apéro les pieds dans l'eau à l'îlet Caret puis déjeuner à bord, préparé par un matelot expérimenté, dans le lagon de l'îlet Fajou, classé réserve naturelle. Baignade parmi les étoiles de mer avant le retour au port.

■ **GWADA GRIMPE**

Route de la Riviera ✆ 05 90 22 71 75

www.gwadagrimpe.com

info@gwadagrimpe.com

Tous les jours sans réservation de 17h à 21h. Tarif : 11 €, chaussons d'escalade compris. Escalade à partir de 7 ans. Snacking sur place.

La première salle d'escalade en pratique libre en Guadeloupe. Venez avec une tenue de sport pour passer un moment convivial. Snacking disponible sur place (boissons fraîches, amandes, cacahuètes).

■ **JET FORCE**

Hôtel Canella Beach ✆ 06 90 69 36 03

www.jetforce.fr – jetforce971@gmail.com

A la base nautique de l'hôtel.

Initiation de 20 min : 50 €. Mini-randonnée (30 min) : 70 €. Randonnée d'une heure : 120 €. Rando détente : 190 € pour 2 personnes (2 heures). Rando découverte : 230 € pour 2 personnes (demi-journée). Bouée tractée : 25 € les 10 min. Flyboard et overboard : 85 € (30 min).

Au départ de la base nautique de l'hôtel Canella Beach, à la Pointe de la Verdure de Gosier, Jet Force propose des randonnées en jet-ski. Vous êtes accompagné par un moniteur diplômé, vice-champion de Guadeloupe, mais c'est vous qui pilotez. Diverses options sont possibles, que vous soyez séduit par l'aspect sportif de cette discipline en affrontant les vagues (rando Sport) ou que ce soit plutôt la découverte des plus beaux endroits de Guadeloupe qui vous fasse vibrer (randos Détente, Découverte et Exploration). Ces dernières vous emmènent dans le Petit ou le Grand Cul-de-Sac marin, au cœur de la mangrove, à la découverte de magnifiques îlets... Les excursions les plus complètes vous permettent de varier les plaisirs en arrêtant vos montures le temps d'une exploration en palmes et tuba dans des eaux cristallines ou d'une halte sur un îlet à la plage paradisiaque.

■ ONE BOAT CLUB
Quai 1 Marina de Bas-du-Fort
℃ 06 90 27 72 67
www.oneboatclub.com/
contact@oneboatclub.com
Tous les jours de 8h à 18h. Tarifs/jour : de 239 à 3 069 € selon bateau.
Pour naviguer selon vos envies, One Boat Club vous propose la location de bateaux au meilleur prix. Une large flotte équipée aux technologies de pointe pouvant accueillir de 6 à 20 personnes et un service premium pour vivre des moments inoubliables en famille ou entre amis. Les bateaux sont prêts à l'emploi. Le petit plus : les bouées, canoës, wake-boards et jeux nautiques sont offerts avec la location. Et pas d'inquiétude, si vous n'avez pas navigué depuis longtemps, l'équipe vous offre la mise à jour de vos connaissances pour une bonne prise en main avant votre départ en mer.

■ SAFARICARAIB ADVENTURE
℃ 06 90 56 17 03
safaricaraib.com – safaricaraib@yahoo.fr
Départ tous les jours. Le lieu de rendez-vous est fixé à votre convenance selon votre hôtel ou lieu de résidence. Départ : 8h du matin, retour 16h30 (repas et boissons inclus le midi). Tarifs

pour une excursion à la journée : 70 €/enfant et 88 €/adulte.
Vous partez en Guadeloupe accompagné de guides naturalistes, en 4x4 Land Rover pour le sud ou le nord de la Basse-Terre. Dans le sud, vous découvrirez le massif du volcan, les rivières d'eau chaude à 39 °C, les spas naturels, les cascades spectaculaires, des rivières et bananeraies ainsi que la distillerie Longueteau ou le volcan jusqu'au sommet (comptez 4 heures de marche). Prévoir chaussures de randonnées, coupe-vent, crème solaire, lunettes de soleil. Au nord, vous partirez au contact de la population, des agriculteurs, des plantations d'ananas, de canne à sucre. Vous visiterez les petits villages de pêcheurs typiques de la côte Caraïbe, vous approcherez les plus belles plages de la Côte sous le Vent et vous vous baignerez dans la mer des Caraïbes avec les tortues. Après un repas créole à Pointe-Noire, l'après-midi est réservé à une escapade dans les cascades du parc national aux eaux turquoise : vous le traverserez à la découverte de la forêt tropicale humide et luxuriante pour votre plus grand plaisir. En fin de circuit, des petits jardins créoles pour goûter à une multitude de fruits de saison et découvrir une grande variété de cultures de légumes divers et variés. Safaricaraib Adventure propose également une journée en Offshore Cigarette 38 Top Gun V.I.P (sous réservation) à la découverte des Saintes, de Marie-Galante ou Deshaies et des journées Incentives pour les entreprises.

SAINTE-ANNE ★★★

Fondée au XVIIIe siècle, Sainte-Anne, ainsi nommé en référence à Anne d'Autriche (1601-1666), la mère de Louis XIV, roi des colonies, fut un chef-lieu prospère, à l'image de l'économie sucrière de l'époque. Aujourd'hui, les champs de canne sont toujours présents, bien que sur une superficie réduite, pour une activité principalement tournée vers l'exportation. L'élevage de bovins et de porcins, tout comme les cultures vivrières et maraîchères (melon, tomates, fruits tropicaux, etc.) alimentent quant à eux le marché local.
En venant de Pointe-à-Pitre par la N4, en direction de Sainte-Anne et de Saint-François, vous croiserez, côté terres, ces paysages contrastés de savanes hérissées, aux plateaux couverts de champs de canne à sucre parmi lesquels siègent les ruines de vieux moulins. Côté mer, le littoral se dévoile, avec ses belles plages aux langues de sable blanc si hospitalières, et aux alignements naturels de cocotiers appréciés de tous les photographes. Aujourd'hui, hôtels, gîtes, restaurants et autres prestataires

communs aux stations balnéaires forment un large éventail de services et annoncent le potentiel de la commune en terme d'accueil. L'urbanisation, qui masque un peu le paysage, marque le territoire. Résolument tournée vers le tourisme, Sainte-Anne oriente son avenir vers ce secteur porteur, tout en valorisant artistes et artisans à travers diverses manifestations qui attirent des amateurs venus de tout l'archipel (Festival de gwo ka en juillet, foires et marchés de producteurs locaux). Les atouts touristiques de Sainte-Anne sont cependant modérés par une forte exposition aux cyclones, une progression galopante des constructions en tous genres et un écosystème fragile.
Tournée vers la mer (Sainte-Anne abrite de nombreux pêcheurs qui pratiquent surtout la pêche au casier), la localité ne se réduit pourtant pas à son seul atout balnéaire. Son arrière-pays agricole est à découvrir également. Au nord, la route des Grands Fonds mène jusqu'au Moule, et à l'ouest, un prolongement maritime conduit jusqu'à Saint-François.

GRANDE-TERRE

Transports

Comment y accéder et en partir

■ **CONTACTS**
La Riviera
BP 93
Durivage
✆ 05 90 88 19 04
www.guadeloupe-contacts.com
contact@guadeloupe-contacts.com
N4.
*Bureau ouvert de 7h30 à 12h et de 15h à 18h.
De 21 à 40 € par jour selon modèle et saison.
Tarifs dégressifs en fonction de la durée.*
Pour votre location de voiture avec prise
en charge à l'aéroport, faites confiance à
l'agence contacts. Une flotte de véhicules
5 places récents, climatisés et bien
entretenus, de marque Dacia (Logan et
Sandero).

■ **HERTZ ANTILLES**
Pierre & Vacances
Courcelles
✆ 05 90 47 10 64
www.hertzantilles.com
reservation@hertzantilles.com
*Agence ouverte les lundis et samedis de 7h
à 11h, le dimanche de 8h à 11h, et les autres
jours de la semaine de 7h à 11h30. Fermeture
en septembre.*

▶ **Autre adresse :** Club Med La Caravelle
✆ 05 90 85 49 61 (du lundi au samedi de
8h30 à 12h. Dimanche et jours fériés de 8h30
à 11h.

■ **EASY RENT GUADELOUPE**
Richeplaine
Voie 5
✆ 06 90 51 19 54
easyrent-gp.com
contact@easyrent-gp.com
*Tarifs/jour selon durée et saison : de 27 à
45 € (catégorie semi-compacte type Citroën
C3) ; de 29 à 50 € (catégorie compacte type
Citroën C-Elysée). Location à la journée pour
les croisiéristes (au port de plaisance) : 70 à
80 €/jour.*

Une agence de location qui fait de la satisfaction de ses clients un métier. Accueil et
services personnalisés à l'aéroport, au port ou
au lieu de votre choix par du personnel parlant
français, anglais ou allemand. Flotte composée
de véhicules de qualité 5 portes neufs ou récents
(2017), en parfait état, climatisés : Citroën
C3 et C-Elysée. Livraison possible sur toute la
Guadeloupe selon les besoins.

■ **JUMBO CAR**
Hôtel Pierre & Vacances
✆ 05 90 47 00 16
www.jumbocar-guadeloupe.com
guadeloupe@jumbocar.com
*Ouvert du lundi au vendredi de 7h à 13h, le
samedi de 7h à 12h.*
Large gamme de véhicules récents, de la gamme
économique au SUV en passant par les berlines de
luxe, les monospaces, les minibus et les véhicules
utilitaires. Consultez leur site pour bénéficier des
meilleurs tarifs. Pré-paiement en ligne.

■ **LOCATION DU VOYAGEUR**
59 route de Richer
✆ 05 90 68 85 40
www.location-voyageur.com
locationduvoyageur@gmail.com
*Ouvert tous les jours de 7h à 20h. 16 € / jour à
partir de 22 jours de location pour un véhicule
de catégorie B en basse saison.*
Accueil et livraison à l'aéroport Pôle Caraïbes
ou transfert sur le lieu de votre hébergement, s'il est situé sur Sainte-Anne ou Saint-
François.

Pratique

■ **SERVICE MUNICIPAL DU TOURISME**
Les Trois Ponts Galbas
✆ 05 90 21 23 83
www.ville-sainteanne.fr
tourisme@ville-sainteanne.fr
*Ouvert lundi, mardi et jeudi de 7h30 à 12h30 et
de 14h à 17h. Mercredi et vendredi de 7h30
à 13h.*
Le service est votre disposition pour les informations sur la ville de Sainte-Anne, le patrimoine
historique et naturel et les manifestations organisées tout au long de l'année.

Se loger

Locations

■ **ALIZES BUNGALOWS**
249 rue Lethière
BP 180 ✆ 05 90 85 85 91
www.alizes-bungalows.fr
Face à la gendarmerie.
A partir de 53 € pour un bungalow classique (pour 2 personnes) en basse saison. Tarifs dégressifs en fonction de la durée du séjour et du nombre de personnes.
Si votre programme prévoit de profiter de baignades à volonté, vous êtes au bon endroit puisque la structure est située à 300 mètres de la plage municipale de Sainte-Anne. Le centre-ville, ses commerces, son marché local sont également à proximité. Les 4 studios et les 9 bungalows sont nichés dans un grand parc ombragé de 7 000 m². Les bungalows sont équipés d'une cuisine américaine, et les studios disposent d'une kitchenette. Les bungalows disposent d'une literie haut de gamme avec matelas orthopédique pour un soutien ferme ou bio 100 % latex pour les dos les plus sensibles. wi-fi très haut débit en CPL accessible sur l'ensemble du site et connexion Internet gratuite sur place. A disposition : transats, barbecue, bibliothèque, jeux de société. Linge de maison fourni et changé chaque semaine. Parking intérieur privé. La structure dispose d'une buanderie. Vous bénéficiez de tarifs préférentiels pour la location de véhicule en réservant sur le site Internet sur lequel figure également des promotions très intéressantes pour y séjourner à moindre coût.

■ **LE BEL INSTANT**
17 rue de la Plage ✆ 05 90 84 91 39
cathy_mir@hotmail.com
Prendre la direction de la plage municipale.
Tarifs selon la saison. Petit Bungalow (1 à 2 personnes) : de 460 à 560 €/semaine. Taxe de séjour non comprise.
Les quatre bungalows de charme sont situés devant la plage de Sainte-Anne. Trois peuvent accueillir deux à quatre personnes et le quatrième est conçu pour recevoir quatre personnes. Possibilité d'ajouter un lit d'appoint dans chacun des hébergements. Tous les bungalows disposent d'une terrasse privée, de la climatisation et d'une décoration de charme. Les petits animaux de compagnie sont admis. Vous avez simplement à traverser la rue pour accéder à la plage municipale.

■ **COTTON RÉSIDENCES**
Durivage 7, lotissement doré
✆ 06 90 68 15 16
www.cotton-residences.com
cotton-residences@orange.fr
A proximité de la plage de la Caravelle.
Appartement de 350 à 500 € pour 7 nuits (2 personnes). 80 €/personne supplémentaire. Nuit supplémentaire de 45 à 70 €. Service de ménage : 30 €.
Les 4 appartements sont situés dans une construction récente à deux niveaux, en bois, à l'architecture créole. Les énergies renouvelables sont privilégiées. L'éclairage et l'eau chaude sont fournis par l'énergie solaire, l'eau de pluie est récupérée pour permettre une autonomie en cas de coupure.
Les hébergements à la décoration contemporaine, d'environ 50 m², sont conçus pour accueillir jusqu'à 4 personnes. Deux sont situés au rez-de-chaussée et deux à l'étage, dans des chambres mansardées. Chacun dispose d'une chambre, d'une cuisine ouverte, d'un séjour avec couchage pour 2 personnes, et d'une terrasse donnant sur le jardin. Vous bénéficiez de nombreux équipements (Wi-Fi, téléphone, télévision TNT locale & box TV en streaming, machine à laver, barbecue, aspirateur...). Belles prestations.

■ **KOKOPLAJ**
Le Helleux ✆ 05 90 20 39 21
www.kokoplaj.net – nicoletpascal@yahoo.fr
Studio entre 200 et 450 € la semaine selon la saison, T2 (2 personnes) de 405 à 695 €, T3 (4 personnes) de 475 à 875 €.
Studios, T2 avec Spa privé et un T3 en duplex. A 150 m de la plage du Helleux, ces appartements sont aménagés avec goût : bambous et bois dans les chambres et les cuisines. Piscine dans la résidence. Tous les logements disposent de la climatisation et d'un accès wi-fi gratuit. L'établissement est proche d'une plage appréciée des surfeurs.

■ **LA PAYOMA**

24 Rue de la Plage ✆ 06 90 57 12 79
lapayoma@orange.fr

*De 380 à 590 € pour 1 couple et 2 enfants.
T3 à partir de 740 € en basse saison.*

Située à quelques mètres de la plage, la Payoma, dressée sur trois étages, vous offre une vue incontournable sur la plage de Sainte-Anne, réputée par sa beauté. Les appartements (T2, T3 et T4) sont tous entièrement climatisés et meublés, disposant chacun d'une cuisine équipée, d'une connexion wi-fi, d'un lave-linge ainsi que d'un sèche-linge. Par ailleurs, un des appartements dispose aussi d'une salle de bains avec spa. Le duplex T4 peut accueillir 8 personnes.

■ **RESIDENCE ALAMANDA**

7 lotissement Beauséjour
Le Helleux ✆ 06 90 90 19 36
www.residence-alamanda.com
contact@residence-alamanda.com

*Tarifs à la semaine par nuitée, selon saison.
Appartement 3 personnes de 45 € à 70 €.
Appartement 4 personnes de 55 € à 80 €. Villa 5 personnes de 70 € à 115 €. Villa 8 personnes de 105 € à 170 €.*

Située entre Sainte-Anne et Saint-François, la résidence est composée de deux villas et deux appartements confortables, aménagés et décorés avec goût, nichés dans un jardin paysager luxuriant de 1500 m² avec piscine (avec un bassin pour les petits). Chaque logement dispose d'une cuisine équipée, d'une grande terrasse sans vis-à-vis, de téléviseurs écrans plats avec abonnement CanalSat et de chambres climatisées. Les plus : wi-fi gratuit et illimité, espace barbecue dans le jardin, local machine à laver en libre-service (en supplément), réfrigérateur garni à l'arrivée pour le premier petit déjeuner (eau, jus de fruit, lait, confiture, pain de mie, thé, café et sucre). Service traiteur à domicile pour les repas du midi et du soir. Frais de ménage en supplément à prévoir si vous ne souhaitez pas vous en charger en fin de séjour.

■ **RÉSIDENCE LE ZANDOLI**

100 Rue Bois Campêche
Gissac
✆ 05 90 68 97 24
www.guadeloupe-sainte-anne.com
lezandoli971@gmail.com
A 4 km de Sainte-Anne.

*Tarifs selon saison et nombre d'occupants.
Appartements F2 de 310 à 600 € pour 2 à 4 personnes. Appartements F3 de 575 à 820 € pour 3 à 6 personnes. Tarifs dégressifs dès la 2e semaine.*

Au cœur d'un quartier résidentiel, Le Zandoli est situé à quelques minutes à pied de la magni-

fique plage de Bois Jolan. Pour le confort et la quiétude de ses locataires, cette résidence touristique reste volontairement petite : 7 appartements T2 et T3 de 45 m² de 4 à 6 personnes maximum et 1 appartement T4 de 120 m² pour 8 personnes maximum. Elle vous charmera par son élégance, son confort et le raffinement de sa décoration. Entièrement rénovés, tous les logements sont dotés de la climatisation, TV Canal Sat, wifi, piscine sécurisée, solarium, espace détente avec barbecue.

■ **TI KAZ MALANGA**

Section Burat
✆ 06 90 45 93 11
tikazmalanga.com
contact@tikazmalanga.com

Tarifs à la semaine pour la villa Zanoli (de 2 à 4 personnes) entre 700 € et 990 €. Bungalow Ti Kio (2 personnes) entre 350 € et 490 € la semaine et de 50 à 70 € la nuitée.

Pour séjourner sur Grande-Terre dans un cadre naturel, poussez la porte des locations Ti Kaz Malanga. La villa Zanoli, qui peut accueillir jusqu'à 4 personnes, possède une chambre avec un lit en baldaquin, une chambre avec deux lits séparés, une douche XXL, un beau hamac à l'ombre de la terrasse et une piscine privative. Le bungalow Ti Kio accueille deux personnes pour un séjour zen : hamac, fauteuils profonds, douche extérieure et barbecue. Un petit havre de paix pour se prélasser après une journée passée sur la plage de Sainte-Anne.

■ **TIKI PARADISE LODGE**

✆ 06 90 17 45 49
www.tikiparadiselodge.com
tikiparadiselodge@gmail.com

Tarifs selon saison et bungalow. Séjour 1 semaine : à partir de 350 € pour 2 personnes, 570 € pour 4 personnes et 1 050 € pour privatiser le complexe (8 personnes). Possibilité de court séjour (4 nuits minimum) : de 60 à 300 €/nuit. Frais de ménage en sus : de 30 à 100 €/ selon bungalow.

Le complexe a été pensé pour répondre aux attentes des clients qui souhaitent s'évader. Ils vous accueillent dans un cadre convivial et plein de charme.

Le complexe est composé de 3 bungalows de 2 à 8 personnes implantés au cœur d'un jardin tropical tout autour d'un magnifique lagon artificiel, idéalement situé à 5 minutes du spot de surf du Helleux, à 5 minutes du spot de kite de Bois Jolan, à 10 minutes des plus belles plages de Sainte-Anne ou de Saint-François.

L'environnement campagne dans un petit chemin très peu passant est idéal pour les sportifs qui démarrent leur journée par un petit footing. Vous pourrez profiter de moments seuls ou conviviaux

autour du carbet barbecue où vous pourrez vous délecter de délicieux rhums arrangés maison. Les services proposés : wifi, petits-déjeuners, table d'hôtes (langoustes grillées, colombo, etc.), Tiki Bar, excursions sur toute la Guadeloupe, bivouac en Basse-Terre, location de voitures. Demandez-leur, avec Baptiste Authentique Excursion tout est possible !

■ **TIVAL-LOCATION**
Bois de Lomard ℡ 05 90 44 22 83
www.tival-location.com
tival.location@gmail.com
Proche du Moule, de Saint-François.
Trois chambres climatisées façon suite pour 1 à 6 personnes avec cuisine à partager : de 245 à 350 € la semaine par chambre. Nuitée en chambre seule : de 35 à 50 €. Petit-déjeuner pour + 6 € par personne.
Voici une petite structure qui associe les atouts de la campagne à celui de la proximité de la mer et du bourg de Sainte-Anne. Elle est composée de trois gîtes à l'architecture créole qui entourent la piscine commune et le carbet idéal pour la détente ou l'apéritif. Chaque hébergement fait référence au monde sous-marin. Deux des bungalows peuvent accueillir jusqu'à 4 personnes. Le troisième est conçu pour 2 à 3 personnes et est aménagé pour les personnes à mobilité réduite. Les chambres sont climatisées, la cuisine est entièrement équipée et la terrasse est ombragée. Une machine à laver commune est à la disposition de chaque logement.

■ **VILLA IGUANE HOUSE VILLAS & MICRO SPA**
521 rue de l'Origan
℡ 06 90 84 07 28
www.iguanehouse.com
locations@iguanehouse.com
Anse Patate.
Tarifs à partir de 1 365 € pour 7 nuits. Offres et séjours de soins à la carte.
Une villa de style contemporain est située dans un quartier résidentiel très calme. Elle peut accueillir jusqu'à 5 personnes. Entièrement ouverte sur le jardin luxuriant et la piscine traitée au sel, elle comprend 2 chambres

climatisées, avec salle d'eau avec douche à l'italienne, un salon, une cuisine à l'américaine parfaitement équipée et une grande terrasse ouvrant sur la mer. Chaque chambre dispose de sa terrasse privée dotée de transats. Les tableaux et objets de décoration de la villa sont des pièces uniques, ils sont conçus par la propriétaire, Valérie Demoulin, qui est une artiste reconnue en Guadeloupe sous le pseudo de Valdem. Un bel endroit à recommander car les prestations proposées et l'accueil sont de qualité. D'autant plus que Valérie Demoulin, sur la même propriété, est également thérapeute corporel. Elle propose des séances de massage ayurvédique, shiatsu et réflexologie plantaire sur rendez-vous.

▶ **Autres adresses.** Courant 2019, trois nouvelles villas d'une capacité de 2 personnes viennent agrandir l'offre d'hébergement. Elles disposent chacune d'une piscine, d'une cuisine, d'une chambre climatisée et d'une salle d'eau. Le petit plus : la vue mer sur Marie-Galante.

Bien et pas cher

■ **HÔTEL LE ROTABAS**
Pointe de la Caravelle
Durivage ℡ 05 90 88 25 60
www.lerotabas.com
contact@lerotabas.com
Tarifs par nuitée selon la saison incluant le petit-déjeuner. Chambre double étage ou bungalow : 90 €. Bungalow jardin pour 3 personnes à 120 €. Bungalow family : 141 €. Supplément demi-pension à 25 €/personne. Possibilité de transfert de/vers l'aéroport moyennant un supplément de 50 € jusqu'à 4 personnes.
Les bungalows disposent d'une terrasse avec jardin privatif, certains disposent d'une kitchenette sur le balcon. Ils sont équipés pour accueillir 3 personnes avec un réfrigérateur, une plaque électrique et un four à micro-ondes. Les chambres se situent au premier étage d'un bâtiment surplombant la piscine et d'une superficie de 15 m² avec un salon commun, équipées de 2 lits de 120. Sur place, un snack-bar et un restaurant. Des bungalows peuvent accueillir les personnes à mobilité réduite.

GRANDE-TERRE

■ **RÉSIDENCE COCODY**
Route du Flibustier
4 rue de l'Origan
Fonds Thézan ✆ 05 90 88 33 12
www.residencecocody.fr
bungalow.cocody@wanadoo.fr
Location de bungalows à partir de 55 €/jour ou 380 €/semaine pour 2 personnes, en basse saison. Gratuit pour les enfants de moins de 6 ans. Également location de voiture en classe A, B, ou F à partir de 18 €/jour, assurances tous risques incluses (selon la saison).
Cette petite résidence très calme est située à 5 minutes de la plage de la Caravelle (Club Med) mais aussi du centre de Sainte-Anne, avec son marché, son village artisanal, ses boutiques et ses restaurants. Les bungalows de plain-pied, climatisés et bénéficiant de la vue sur la mer, peuvent accueillir 2 à 4 personnes chacun. Ils sont en outre dotés d'une terrasse fermée qui abrite la cuisine équipée, et d'une terrasse ouverte en teck. La structure dispose enfin d'un parking privé, d'un jardin clôturé et d'un accès gratuit à Internet en wi-fi. La Résidence Cocody propose aussi des voitures de location à un tarif attractif. Votre voiture vous attend devant le studio (vous ne perdez pas de temps à l'arrivée). Renseignez-vous sur le forfait studio + voiture + transfert gratuit aéroport.

■ **AU VERGER DE SAINTE-ANNE**
5 lotissement Marguerite
✆ 05 90 88 27 56
locs-guadeloupe.com
vergerdesteanne@gmail.com
Ouvert toute l'année. Bungalow à partir de 250 €/semaine/2 personnes selon la saison. Réduction de 10 % en chambre single.
Un site très calme et protégé dans une zone résidentielle, à 800 m de la plage, à l'abri dans un jardin tropical balayé par les alizés. Simplicité et charme. L'ensemble comprend 6 bungalows individuels climatisés de type créole, donnant sur de grandes terrasses ombragées et aménagées avec des hamacs, entre autres. Certains bungalows peuvent accueillir jusqu'à 6 personnes. Ils possèdent tous une kitchenette, une télévision, une douche intérieure et extérieure, un mixer, un sèche-cheveux, un fer et une table à repasser ainsi que de nombreuses penderies ou rangements. Tout est prévu pour les bébés : lit, moustiquaire, chaise haute, poussette et même la baignoire.
Stella met à votre disposition un grand nombre de documents sur la Guadeloupe et ne manque pas de conseils avisés pour vous aiguiller durant votre séjour et réserver vos excursions.
La partie commune, l'Ajoupa, vous apportera un confort supplémentaire : Wifi, téléphone, machine à glaçons, barbecue, lave-linge…

■ **ZANDOLIKOKO**
Le Helleux
160 rue Anse Gros Sable
✆ 05 90 48 44 35
www.zandolikoko.com
zandolikoko@orange.fr
Semaine selon saison : de 224 à 441 € pour un studio, de 280 à 546 € pour un T2 et de 432 à 833 € pour un T3.
Sept bungalows à la décoration colorée, au cœur d'un jardin tropical. Du studio au T3, les logements sont fonctionnels et confortables, avec une terrasse en deck à l'ombre des arbres et un jardinet privatif. Pour varier les plaisirs, il est possible de mixer le séjour en commençant dans un bungalow et en finissant dans un autre. Le petit plus : les amateurs de peinture apprécieront les œuvres de l'artiste Denis Malbrunot exposées dans les bungalows.

Confort ou charme

■ **CLUB MED LA CARAVELLE**
Plage de la Caravelle
✆ 05 90 85 49 50
Voir page 38.

■ **CASA BOUBOU**
Durivage
✆ 05 90 85 10 13
www.casaboubou.fr
claire@casaboubou.fr
Tarifs par nuit variables selon la saison. Bungalow pour 2 à 4 personnes (sur la base de 2 personnes) : de 42 à 85 €. Bungalow pour 4 à 6 personnes (base 4 personnes) : de 67 à 115 €.
Une résidence composée de 10 bungalows harmonieusement répartis au beau milieu d'une végétation luxuriante. Chaque bungalow est décoré selon son nom (Atoll, Passion, Tropic, etc.) et dispose d'une douche extérieure. L'équipement est de qualité : kitchenette équipée, climatisation, eau chaude solaire, terrasse extérieure, télévision par satellite, coffre-fort, transat, hamac, téléphone avec ligne directe, moustiquaire, barbecue… Le spa est à disposition de la clientèle, ainsi qu'une piscine. Le bungalow « Lagon » pour 2 personnes, situé à proximité de la piscine, est équipé pour les personnes à mobilité réduite. Tous les bungalows ont un accès wi-fi gratuit. La résidence se trouve à proximité de la Caravelle (plage du Club Med) qui est à moins de 15 minutes à pied. Très bonne initiative de la part des propriétaires pour l'environnement ; L'ensemble de l'établissement est autonome en eau et en électricité au cas où la fourniture de l'un ou de l'autre serait temporairement interrompue.

GRANDE-TERRE

■ LES GÎTES DE L'ORÉE

Route de Bois Jolan ℡ 06 76 56 52 29
www.gitesdeloree.com
gitesdeloree@gmail.com

Tarif par nuit selon saison et gîte. Séjour de 5 nuits minimum. De 25 à 50 €/nuit.

Trois gîtes à la décoration contemporaine, dans une résidence à taille humaine à proximité de la plage de Bois-Jolan. Chaque gîte peut accueillir de 2 à 3 personnes et dispose d'une chambre climatisée, d'une cuisine équipée, d'une salle de bain et d'une terrasse. Piscine commune avec coin détente à disposition.

■ LES CASES DURIVAGE

3 Lotissement Doré ℡ 05 90 20 37 33
www.lescasesdurivage.com
contact@lescasesdurivage.com

Classé meublé tourisme . A partir de 400 €/2 personnes et 600 €/4 personnes pour un séjour de 8j/7n. 100 €/personne supplémentaire. Il est également possible d'y séjourner pour une nuit : comptez à partir de 55 €/nuit/2 personnes et 85 €/4 personnes. 20 €/personne supplémentaire/nuit.

Ce nouveau gîte est situé à 200 mètres de la plage de la Caravelle. Les cinq bungalows, aménagés avec goût, se trouvent au cœur de la végétation. Quatre hébergements peuvent accueillir 4 à 6 personnes. Ils disposent de deux chambres dotées d'un lit 160, de deux salles d'eau, d'un salon avec canapé-lit convertible, d'une cuisine entièrement équipée et d'une terrasse avec BBQ et hamac. Un bungalow, doté d'une chambre, peut accueillir jusqu'à 4 personnes. Un hébergement peut accueillir les personnes à mobilité réduite. Sur place, un spa, une machine à laver.

■ GOLF SURF HOTEL

Le Helleux 705 Rue du Moulin
℡ 05 90 21 78 55
www.golfsurf-hotel.com
info@golfsurf-hotel.com

Tarifs selon saison et chambre : entre 80 et 120 €. Restauration possible sur place.

A quelques minutes du spot de surf de l'Anse Gros Sable, le Golfsurf Hôtel offre également un dispositif unique en Guadeloupe : un simulateur de golf et un *putting green* intérieurs ouverts à tous les publics, que ce soit pour une partie de golf *indoor* entre amis ou pour un entraînement très pointu avec un coach diplômé. L'hôtel est équipé de 26 chambres climatisées (dont 2 accessibles aux personnes à mobilité réduite), et présente une vaste gamme d'activités sportives et de bien-être. Le restaurant Le Green Bleu étonne par sa carte aux spécialités variées.

■ **LOGISREV**
Lot Poirier de Gissac
298, rue de l'Habitation
℅ 05 90 85 64 67
www.logisrev.fr
jp.costantini@me.com
Gîte pour 4 personnes : de 420 € à 630 € la semaine.
La propriété dispose de 5 bungalows pouvant accueillir toute l'année jusqu'à 20 personnes. Une piscine commune est présente au sein d'un joli patio ainsi qu'un carbet pour déguster des ti punchs à l'ombre. Une table d'hôtes est également proposée pour déguster de délicieux plats créoles.

■ **L'OISEAU BLEU**
42 domaine de Dubellay
℅ 05 90 20 84 37
www.loiseaubleu971.com
loiseaubleu97180@gmail.com
Tarifs : de 40 € à 55 € la nuit pour 2 personnes selon la saison. 5 € par personne supplémentaire.
Situé à moins de 2 kilomètres du centre-ville de Sainte Anne, l'Oiseau Bleu propose à la location 2 bungalows tout équipés avec vue sur la mer et les îles environnantes. Les logements disposent de 4 couchages. La chambre climatisée est équipée d'un lit 2 places et le séjour d'un canapé clic-clac. Piscine commune. Accès Internet gratuit.

■ **TI VILLAGE CRÉOLE**
Dupré
℅ 0690 580 586
www.tivillagecreole.fr
tivillagecreole@orange.fr
Depuis l'aéroport, prendre direction Le Gosier – Sainte-Anne – Saint-François. A l'entrée de Sainte-Anne, passer le cimetière et tourner à gauche au rond-point après le « village artisanal ». Suivre ensuite le fléchage « Ti Village Créole ».
Ouvert toute l'année. Studio pour 2 personnes : de 50 à 70 €/nuit. Bungalow 1 chambre (pour 2 à 4 personnes) : de 70 à 98 €, et bungalow 2 chambres (pour 4 à 6 personnes) : de 104 à 148 €.
Cette petite résidence familiale se situe dans un cadre verdoyant et ventilé, à flanc de colline et à proximité du centre-ville de Sainte-Anne et des plages. Elle comprend 14 logements parmi lesquels des bungalows 1 chambre (capacité de 4 personnes) ou 2 chambres (jusqu'à 6 personnes) et des studios (2 personnes). Chaque bungalow dispose d'une terrasse couverte, d'une cuisine équipée, d'une salle d'eau, d'une ou deux chambres climatisées et d'un séjour climatisé avec canapé convertible et télévision. L'un des bungalows est équipé pour

les personnes à mobilité réduite. Les studios sont également dotés d'une terrasse avec un coin cuisine et de la climatisation. L'établissement dispose d'un espace piscine avec bains de soleil, d'un parking privé, d'une laverie (avec participation) et d'un bureau des activités. L'accès wi-fi est gratuit. Un panier d'accueil est offert pour tout séjour d'une semaine.

■ **LE VILLAGE DE SAINTE-ANNE**
Lieu-dit Séo –Pointe de Helleux
℅ 05 90 47 00 00 – pierreetvacances.com
reception.ste-anne@groupepvcp.com
Différents hébergements, du studio pour 2-3 personnes au trois-pièces pour 6 personnes. Village classé 4 Soleils. Tarifs de 101 à 205 €. T3 (pour 6 personnes) : à partir de 190 €. Wifi gratuit dans les chambres. Petit déjeuner et demi-pension proposés, boissons incluses. Fermeture annuelle de septembre à mi-octobre.
A mi-chemin entre Sainte-Anne et Saint-François, en bordure de deux plages, ce village est propice à la détente dans la douceur de vivre antillaise. Les 504 appartements regroupés dans des maisons de deux niveaux d'inspiration exotique sont répartis au cœur de jardins tropicaux. Pouvant accueillir de 2 à 6 personnes, les appartements décorés dans le style créole sont équipés d'une kitchenette sur la loggia, climatisés avec salle de bains, téléphone et télévision. Gamme Premium : des hébergements supérieurs, avec une vue privilégiée. Ils offrent des équipements et des services supplémentaires : machine à café à dosettes, plancha grill /barbecue, produits d'accueil haut de gamme, lecteur DVD et mini-chaîne (matériel hi-fi en prêt à la réception selon disponibilités)... Le quartier des Tamarins de la gamme Premium dispose de sa propre piscine et d'un accès direct à une jolie plage équipée de transats. De l'autre côté du village, un vaste espace aquatique surplombe la mer : piscine, bassin à bulles et bassin pour enfants. Pour les plaisirs gustatifs, trois restaurants vous accueillent : l'Instant Créole et ses buffets, le Mille Sabords et son superbe cadre en bordure de plage pour un repas à la carte (grillades de viande et de poisson, langouste) et le Lolo avec un service de restauration rapide pour grignoter. Côté animation : jeux de piscine, aquagym, beach-volley, soirées dansantes et les Ti-clubs pour les enfants de 3 ans à 12 ans. Pour les plus actifs, les activités et excursions sur place ou au départ du village ne manquent pas. L'espace bien-être, en partenariat avec Deep Spa Services, comprend une salle de fitness, et vous propose des soins corps et visage, gommages, massages et soins esthétiques. Renseignements et tarifs disponibles sur place. Les ados ont leurs propres activités dédiées, et même un quartier général, « le spOt » (13-17 ans) interdit aux adultes – excepté un animateur qui met l'ambiance tout en ouvrant l'œil !

PIERRE & VACANCES

e village de Sainte-Anne "Les pieds dans l'eau" et ses habitations de style créole se nichent au milieu
'une végétation luxuriante en bordure de jolies plages de sable fin.

Village de Sainte-Anne Lieu-dit Séo, La pointe de Helleux - Sainte-Anne
Téléphone 05 90 47 00 00 Mail : reception.ste-anne@groupepvcp.com

Un lieu incontournable pour retrouver ses nouveaux potes, où seuls les ados ont leurs entrées, entre 20h et minuit. Ils y disposent d'un coin détente avec un grand écran, sans oublier les accessoires indispensables pour faire la fête : table de mixage, éclairages, piste de danse... Après le spectacle du soir, de nombreuses soirées à thème sont organisées : soirée blanche, frisson, disco, etc., le tout encadré par un animateur dédié.

■ **TI-SOLEIL**
706 Rue du Moulin
Le Helleux ✆ 06 90 57 62 17
www.ti-soleil.com
contact@ti-soleil.com
Tarifs à la semaine selon saison. Studio pour deux personnes : de 200 à 434 €. Studio mezzanine de 2 à 4 personnes : de 275 à 525 €. T2 mezzanine de 360 à 665 €.
Les locations de gîtes Ti-Soleil vous promettent un séjour tout confort au cœur d'un jardin de bananiers. Entièrement équipé, le studio pour deux personnes de 37 m² propose une terrasse ensoleillée. Le studio mezzanine de 45 m² accueille pour sa part jusqu'à 4 personnes et jusqu'à 5 personnes pour le T2 mezzanine.

■ **LE CAP MALO**
17, lotissement Clos d'Argent
936 rue du Littoral – Le Helleux
✆ 06 90 37 74 03 – www.lecapmalo.com
lecapmalo@gmail.com
Nous vous proposons un ensemble de six studios et un duplex a bord piscine. Situe au Helleux et Sainte Marguerite dans un cadre résidentiel très calme. Le charme Breton, la chaleur méditerranéenne, dans un écrin Guadeloupéen... Fermeture annuelle en septembre.
Le Cap Malo est composé de 4 studios de haut standing pouvant accueillir 2 personnes, dotés d'un coin cuisine et d'une terrasse (certaines avec une vue panoramique sur la mer). Piscine sur place et 3 plages à proximité, dont le spot de surf du Helleux. Possibilité de commander un repas créole pour le dîner.

Luxe

■ **LA TOUBANA HOTEL & SPA**
Fonds Thézan
✆ 05 90 88 25 78
www.toubana.com
info@toubana.com
Situé à l'entrée de Sainte-Anne, lorsque l'on arrive du Gosier.
Tarifs en chambre double, petit déjeuner inclus, à partir de : bungalow avec vue mer 216 €, suite Junior 282 €, suite classic 415 €, suite patio 580 €.
Cet hôtel de charme et spa est implanté dans un site résidentiel et c'est depuis octobre 2019 le

premier établissement de Guadeloupe à afficher 5 étoiles. Il bénéficie d'une vue panoramique exceptionnelle sur l'océan. Les 33 bungalows sont répartis dans un jardin tropical et sont orientés avec vue sur la mer ou sur le jardin. Chaque bungalow dispose d'une superbe terrasse privatisée et d'une chambre décorée avec goût. L'établissement dispose également de 12 suites, réparties en 3 catégories : Classic, Patio et Master (avec petite piscine privée). La piscine à débordement permet de prendre un verre les pieds dans l'eau. La salle de fitness superbement équipée offre une vue imprenable sur la mer des Caraïbes. Le petit déjeuner est servi sous forme de buffet sur la terrasse surplombant la mer. Le restaurant offre une carte variée avec possibilité de demi-pension. Vous y trouverez une cave à vins et à cigares de grande qualité. La petite plage privée de sable blanc abrite le restaurant de plage On the Beach et les soirées Toubana on the Beach animées par un DJ.
3 superbes villas dotées chacune de 4 chambres spacieuses avec salles de bain indépendantes, un grand séjour, une cuisine entièrement équipée et une piscine privée. Chaque villa a sa propre décoration entre le style colonial, le moderne et le contemporain. Elles disposent de l'accès à la plage privée et bénéficient de tous les services proposés à l'hôtel.

■ **LE DIWALI**
Boulevard Hégésippe Ibéné
Plage de Sainte-Anne
✆ 05 90 85 39 70
www.hotel-lediwali.com
contact@lediwali.fr
Les tarifs varient en fonction de la saison. Suite luxe avec vue mer à partir de 183 €, chambre standard jardin à partir de 120 €. Le site Internet permet également de profiter de tarifs de dernière minute.
Un véritable petit nid douillet face à la mer, où il est prudent de retenir à l'avance, le nombre de chambres étant limité. Ce petit hôtel 3-étoiles est tout simplement situé sur la plage de Sainte-Anne, « les pieds dans l'eau ». C'est un véritable hôtel de charme comme on les aime ! Intimité, confort, beau mobilier, le cocktail est une réussite complète. L'établissement de style colonial comprend 8 chambres : 2 chambres de luxe avec terrasse, vue sur la mer, et 6 chambres standard, vue sur le jardin. Toutes les chambres disposent d'un climatiseur individuel, du téléphone direct, de TV et lecteur DVD, et d'une salle de bains élégante avec baignoire ou douche, sèche-cheveux et coffre-fort. Un bar à cocktails sur place. Le petit-déjeuner est servi en bord de plage.

■ LE RELAIS DU MOULIN
Le Helleux
℡ 05 90 88 48 48
www.relaisdumoulin.com
reservation@relaisdumoulin.com
À 5 minutes du lycée de Sainte-Anne.
Suites junior à partir de 270 €. Bungalow à partir de 210 €. Suite supérieure avec bain bouillonnant à partir de 290 €. Tarifs préférentiels en réservant 30 jours avant la date d'arrivée,.
Le Relais du Moulin (ex-Eden Palm) vient de rouvrir ses portes après un changement de propriétaire. Cet hôtel de charme est niché au cœur d'un jardin tropical et figure parmi nos favoris, même s'il ne dispose pas de plage. Il abrite 60 chambres et suites récemment rénovées, à la déco contemporaine. Tous les hébergements sont dotés d'une terrasse privative. Les suites supérieures sont équipées d'un spa situé sur la terrasse, en toute intimité. Sur place, une grande piscine, un court de tennis, une salle de sport, un spa/hammam, une conciergerie, un snack-bar et un restaurant. Connexion wi-fi gratuite. La plage du Helleux est à 700 m. Le moulin à vent rénové aux ailes éclairées apporte une touche de féerie à la nuit tombée. Elles permettent également de se repérer pour retrouver la route de l'hôtel, car elles sont visibles de la route nationale !

Se restaurer

Sur le pouce

■ KARIBBEAN FLAVORS
Plage du bourg
℡ 06 90 85 88 02
Uniquement sur réservation. Prestation de 2 à 6 personnes maximum.
Imaginez un petit déjeuner sur la plage, au lever du soleil... Deux hôtesses en jupe madras vous déposent un succulent et copieux petit déjeuner, joliment servi sur un plateau flottant dressé et décoré de fleurs. Au menu : gaufres à la banane, gâteau maison, confiture, chocolat tradition, café, jus de fruits, eau, confiture, tartines salées, mini bokit, et même du champagne si vous en avez envie. De quoi profiter d'un instant en famille, entre amis ou tout simplement en amoureux, bercé par les vagues. La prestation se déroule à Sainte-Anne (plages de Bois-Jolan ou du Bourg) ou au Gosier (plage de Petit-Havre) ou à la rivière. Pas de crainte, les lieux sont choisis pour que vous puissiez déguster et en profiter sans que l'eau ne vous gêne. D'autres formules sont également disponibles au coucher du soleil, sur votre lieu de séjour, dans une piscine, etc.

■ BAGUET SHOP SAINTE-ANNE
Rue de l'Habitation
℡ 05 90 23 74 58
Horaires d'ouverture : du lundi au samedi de 6h30 à 19h30, le dimanche de 6h30 à 12h30.
Arrêtez-vous dans cette boulangerie-pâtisserie pour un petit creux, en terrasse ou à emporter ; l'équipe de Baguet Shop saura répondre à vos envies.

■ TI RAKOUN
Plage du Bourg
℡ 06 90 00 49 92
ti-rakoun.fr
contact@ti-rakoun.fr
Ouvert lundi, mercredi, jeudi, vendredi, dimanche de 8h à 17h. Fermé mardi et samedi. Addition moyenne à 15 €.
Food-truck avec terrasse, les pieds dans le sable. A la carte : brochettes (viande et poisson), bokits, burger.

■ TWADISYON GWADLOUP
Boulevard Ibene
Sur la droite, à l'entrée du marché lorsque vous venez de Gosier.
Boudin créole à partir de 10 € le kg.
Une excellente adresse pour déguster du boudin créole que nous considérons comme la meilleure de l'île ! Cet artisan est présent sur le marché de Sainte-Anne chaque samedi et dimanche matin (à partir de 5h30). Vous pourrez découvrir sur ses étals des boudins cuits au feu de bois, en diverses versions : au poisson, au lambi, à la morue, au giraumon, à la papaye... Ils sont vendus chauds, prêts à déguster, ou froids pour être réchauffés à la maison. Ces boudins sont très réputés : n'attendez pas la fin de matinée sous risque de ne plus avoir de choix, voire plus de boudins du tout !

■ LA RÔTISSERIE
149 Boulevard Hégesippe Ibene
℡ 06 90 11 18 81
Du mardi au dimanche de 9h30 à 14h30. Addition moyenne à 10 €.
Une rôtisserie pratique pour emporter des plats à déguster sur la plage. A la carte : viandes rôties, gratins, sandwichs, frites et crudités. Accueil chaleureux.

Pause gourmande

■ OH MY GAUFRE
7 Rue Emmanuel Robinet
℡ 07 72 06 03 97
gwadagaufres@gmail.com
Tous les jours de 12h à 21h sauf le dimanche. Gaufres de 3 à 4,50 €. Formules repas (une gaufre sucrée + une gaufre salée + une boisson sans alcool) entre 6 et 10 €.

L'authentique gaufre de Liège au sucre perlé, bien dorée et caramélisée ! Hmmm, vous sentez cette bonne odeur ? A déguster nature ou accompagnée de glace, de chocolat ou, encore mieux, en version locale avec de bons sirops et fruits de saison. Existe également en version salée garnie. Tout est fait maison avec des ingrédients de qualité. Consommation sur place ou à emporter.

Bien et pas cher

■ AMERICANO
2 avenue Hégésippe-Ibéné
℡ 05 90 88 38 99
www.americano-cafe.fr
americano@wanadoo.fr
Triangle du Débarcadère.
Ouvert du mercredi au dimanche jusqu'à 22h.
Ticket moyen à 15 €.
L'Américano est un café ouvert en journée que l'on ne peut pas manquer, à l'entrée de la plage de Sainte-Anne, où se tient aussi le marché tous les jours. Vous avez la possibilité d'y déguster un jus de fruits frais, d'y prendre une bière ou un apéritif, et d'y déjeuner (salades, pizzas, viandes et poissons grillés, cuisine antillaise et française) ou d'y dîner les pieds dans le sable. Une partie de la salle est équipée d'énormes tonneaux transformés en table, pour une touche très décontractée. Possibilité de manger des bokits. Concerts live jeudi, vendredi, samedi et dimanche à partir de 20h.

■ COCO NACK
Rue de la Plage ℡ 05 90 88 01 40
Menu à 13,50 €.
Petit snack sur la plage du bourg de Sainte-Anne, doté d'un menu assez classique entre produits de la mer et spécialités créoles. Pas du grand art, mais une exécution simple et goûteuse. On vient pour la proximité de la mer, pas spécialement pour la renommée du lieu. Sam, le patron des lieux, vous accueille avec le sourire et si vous lui demandez, il vous délivrera ses bonnes adresses sur l'île.

■ LES COCOTIERS
Route de Courcelles ℡ 05 90 24 13 60
En direction du village de Pierre & Vacances.
Ouvert du lundi au samedi de 12h à 15h et le soir de 20h à 23h. Ouvert le dimanche de 13h à 17h. Formule à volonté : apéritif, entrée, plat et dessert à partir de 20 €.
C'est le rendez-vous des locaux qui apprécient le lieu pour ses formules à volonté et son ambiance musicale le week-end. Tout est à volonté, même l'apéritif ! La cuisine est locale avec des accras, de la brandade de morue, des ribs, des ailes de dinde, du colombo, du poulet, du poisson grillé, des légumes locaux.

AU COIN TRANQUILLE

L.D. Châteaubrun
☎ 06 90 50 59 61
Situé sur la gauche, après le lycée Poirier de Gissac de Sainte-Anne.
Ouvert le jeudi et dimanche midi et le vendredi et samedi, midi et soir. Plat à partir de 12 €, langouste grillée à 30 €.
Très peu fréquenté par les touristes (probablement en raison du petit chemin escarpé qui y mène), ce restaurant typique offre une terrasse avec une vue imprenable sur une campagne lumineuse. Au menu, des plats traditionnels : fricassée de chatrou, brochettes de lambi, court-bouillon de poissons. L'ambiance est familiale et la bonne humeur est garantie.

LE MILLE SABORDS ET SON BAR DE PLAGE

Lieu-dit Séo
Plage du village Pierre & Vacances
☎ 05 90 47 00 00
Ouvert tous les jours de 11h à 23h sans interruption. Ouvert au public extérieur.
Le restaurant de plage du Village Pierre & Vacances propose une carte de grillades de viandes et de poissons ainsi que des spécialités de langoustes et des grandes assiettes composées. Ambiance cool et décontractée. Le bar et la base nautique du village (payante) sont à proximité.

PONCHO GRILL

Route de Saint-François
Le Helleux
☎ 05 90 91 15 53
ponchogrill.fr
roseau.naika@orange.fr
Situé entre Sainte-Anne et Saint-François.
Ouvert tous les jours de 11h à 23h30 sans interruption. Repas sur place à partir de 8 €, plats du jour sur place à partir de 10 €. Formule enfant (boisson-repas-dessert) à 8,50 €, formule adulte à partir de 13,50 €. Sur place et à emporter.
Le restaurant Poncho Grill vous propose, dans un cadre agréable et convivial, un large choix de grillades au feu de bois (poulet, ribs,

poissons, gigot d'agneau, entrecôte, brochette de bœuf, cochon grillé, langouste grillée, etc.), servies copieusement avec divers accompagnements, le tout à consommer sur place ou à emporter. Orchestre en live le vendredi et le samedi soir à partir de 20h30 et le dimanche à partir de 12h30. Accès wi-fi gratuit. Tarifs dégressifs pour toute réservation de groupe de plus 10 personnes.

L'INSTANT CRÉOLE

Village de Pierre et Vacances
Lieu-dit Séo
☎ 05 90 47 00 00
Ouvert tous les jours de 6h45 à 10h et le soir de 19h à 21h30. Comptez environ 30 € pour un dîner et 15 € pour un petit-déjeuner.
Face à l'espace aquatique et à la mer, ce restaurant vous propose des petits déjeuners sous forme de buffet tropical, des déjeuners à la carte et des dîners à thème : créoles, italiens, produits de la mer, ronde des épices... ils ne manquent pas de créativité !

KONTIKI

Plage municipale de Sainte-Anne
☎ 05 90 23 55 42
kontiki-guadeloupe.fr
Ouvert tous les jours de 9h à 19h. Plats environ 15 €, sandwichs 3,50 € environ.
Situé au bout de la plage municipale à l'opposé de la base nautique. Une restauration composée de brochettes grillées (viandes et poissons), grandes salades, sandwichs, crêpes et glaces et quelques plats locaux (fricassée de chatrou, poisson grillé…).

KOULEUR KRÉOL

Plage de Sainte-Anne
☎ 05 90 91 45 76
Fermé mardi soir, mercredi et jeudi soir. Service de 12h à 15h et de 19h à 22h. Addition moyenne : 25 €.
Une petite paillote face à la plage de Sainte-Anne où Jacques-Edouard, le propriétaire, propose des plats créoles, à des prix très raisonnables avec un menu du jour ou uniquement un plat du jour. Après un bon bain de mer, vous pouvez également y prendre un verre. Très pratique : le parking privé derrière le restaurant !

■ SOOPASOUP

9 rue de la plage ✆ 06 90 93 86 30

Ouvert du mercredi au samedi de 12h à 15h et de 18h30 à 22h. Ticket moyen à 15 €.

Un slogan qui en dit long : « C'est simple de se faire du bien et à pas cher. » Qui veut (re) découvrir la saveur des fruits et légumes locaux se laissera guider par une équipe chaleureuse et dynamique, pour déguster des soupes légères et savoureuses, des salades, des burgers, des *tété dwèt* (tapas locales) et des jus frais de saison, le tout fait maison. Le petit jardin à la décoration simple mais cosy permet de s'attabler en toute tranquillité. Et pour ceux qui souhaitent profiter de la plage située à deux pas, les repas peuvent être emportés. A noter : animations musicales le mercredi et le vendredi soir.

Bonnes tables

■ LE BALAOU RESTAURANT DE PLAGE

Pierre et Vacances

✆ 06 90 26 58 50

lebalaou.plage@gmail.com

Accès par l'entrée de Pierre & Vacances en s'annonçant à la sécurité.

Ouvert tous les jours de 10h à 22h. Service restauration de 12h à 14h30 et de 19h à 21h30. Réservation conseillée.

Julie et Michaël se sont installés dans ce restaurant de plage situé dans l'enceinte de l'hôtel du village Pierre et Vacances. La vue sur la mer est superbe, notamment au coucher de soleil. La décoration du restaurant, toute de bois et colorée, est des plus agréables. Un espace légèrement à l'écart est équipé de banquettes et de hamacs pour un moment de détente ou pour savourer un apéritif. Des transats sur la plage sont également à disposition de la clientèle du restaurant qui souhaite profiter d'un moment de *farniente* après une baignade. La carte est élaborée à partir de produits frais et locaux au gré des saisons. Vous pouvez ainsi apprécier les viandes, poissons et légumes de pays que le chef se plaît à mêler pour obtenir une cuisine métissée et créative. Le tartare de poisson ou de langouste, le pavé de dorade sauce vierge, la salade Balaou (mélange de crudités et de poisson cru), ou encore le Champagne gourmand (coupe de champagne accompagnée d'une touche sucrée) comptent parmi les must de l'établissement. Belle carte de rhums également.

■ LE GRAND BLEU

Fonds Thézan ✆ 05 90 88 25 57

www.toubana.com

info@toubana.com

Ouvert tous les jours de 12h30 à 14h et de 19h30 à 22h. A la carte, comptez en moyenne 30 € pour un plat.

Pour accéder à ce restaurant, il faut se rendre à l'hôtel La Toubana. Il s'agit du seul restaurant panoramique de Sainte-Anne. C'est d'ailleurs le rendez-vous de beaucoup d'habitués le dimanche midi. A la carte, une cuisine française raffinée ou typiquement créole élaborée par le chef Kelly Jean Baptiste, Maître Cuisiner de France. L'établissement est spécialisé dans la langouste du vivier, mais tous les plats proposés sont vraiment réguliers en qualité et en fraîcheur. Vous pouvez contempler les langoustes et le requin dans le bassin à l'entrée du restaurant. La terrasse panoramique perchée sur une falaise domine les îles de La Désirade, Marie-Galante et les Saintes. Il est préférable de réserver surtout le week-end et les jours fériés. Le bar de la piscine propose d'excellents cocktails.

■ KOTE SUD

16 lotissement Doré

✆ 05 90 88 17 31

kotesud@wanadoo.fr

Sur la route du Rotabas.

Ouvert du lundi au samedi à partir de 19h. Fermeture le dimanche. Addition moyenne : 45 €. Réservation conseillée car le nombre de couverts est restreint.

Situé sur la route de la plage de la Caravelle, ce petit restaurant dispose d'un décor élégant mais sans fioritures. Sa cuisine, entre gastronomie française et créole est excellente et régulière au fil des années. Les plats proposés sont élaborés uniquement avec des produits frais et locaux et sont toujours originaux et authentiques. Une adresse qui mérite le détour !

■ LE LUCULLUS

Route de la plage ✆ 05 90 85 44 29

Situé à l'angle du boulevard principal de Sainte-Anne et de la route de la plage (en sens interdit à ce niveau).

Ouvert tous les jours de 12h à 15h et de 19h à 22h30. Addition moyenne : 30 €. Plats à emporter.

Le restaurant ne paie pas de mine lorsque l'on passe devant, mais il est toujours très prisé, notamment par les locaux. Vous pouvez y déguster des plats bien typiques (accras, fricassée de lambi, poulet coco, blanc manger coco, gâteau de patate douce, etc.), des grillades... Très bon accueil.

■ LE MANGO RESTAURANT

Le Helleux

Rue du Moulin ✆ 05 90 88 48 48

relaisdumoulin.com/bar-restaurant/

reservation@relaisdumoulin.com

Situé dans l'hôtel Relais du Moulins.

Ouvert tous les jours, de 12h à 18h (formule snack) et de 18h à 22h (formule bar lounge/ restaurant). Entre 7 et 19 € le midi. Entrée

entre 14 et 25 €, plats entre 27 et 39 € pour le dîner.
Restaurant au sein de l'hôtel Le Relais du Moulin avec vue sur la piscine dans un cadre raffiné à la décoration soignée. Le midi : formule snack (salades, sandwich, tartare de poisson, frais) au bord de la piscine. Le soir : cuisine raffinée à base de produits frais. Vous y dégusterez un menu différent chaque soir avec des soirées à thèmes : créole (mercredi), méchoui (vendredi), langouste (samedi), paella des Caraïbes (dimanche). A noter : bar lounge à l'ambiance cosy à partir de 18h, pour savourer un cocktail et des tapas.

Sortir

■ FREDDY'S HOUSE
Le Helleux ✆ 06 90 75 34 82
lefreddys.house@hotmail.fr
Entre Sainte-Anne et Saint-François, sur la nationale.
Mercredi : 10 € avant 22h et 20 € après, incluant repas + conso. Vendredi et samedi : entrée gratuite pour les femmes et les clients du restaurant de 22h à 23h. Restaurant : menus à 20 et 25 €.
Restaurant et boîte de nuit. Grandes soirées compas le mercredi dès 19h. Samedi : soirée club. Boutique de lingerie sexy « Loveboutik » sur place, du lundi au samedi de 16h à 19h.

■ RHUM VIÉ
Boulevard Ibéné ✆ 06 90 45 45 95
Ouvert tous les jours jusqu'à 21h.
Pour déguster un délicieux cocktail les pieds dans le sable face à la mer turquoise de Sainte-Anne, faites un crochet à l'heure de l'apéro dans ce petit bar de plage. Fruits frais mixés, ti punchs, rhums blancs, vieillis ou épicés... Un large choix de boissons vous est proposé, le tout dans un décor paradisiaque sous des airs entraînants de jazz. Pour les petits creux, l'établissement propose également des salades fraîches.

À voir – À faire

Cette station balnéaire animée a su conserver un certain aspect pittoresque, typique de la côte sud de Grande-Terre. L'enjeu ici est de satisfaire la demande touristique avec une offre diversifiée pour tous (Club Med, villas avec piscine, gîtes de divers standings, résidences hôtelières, petits cafés en terrasses, restaurants de tout niveau, snacks à *bokits*) tout en préservant la vie locale active. Vous constaterez rapidement que Sainte-Anne est une commune privilégiée par les retraités métropolitains qui viennent se réchauffer au soleil des Antilles pendant l'hiver.

▶ **Sur le marché de la plage en centre-ville,** vous trouverez rhums arrangés, poissons, fruits et légumes locaux. A côté, les vendeurs de souvenirs, de tee-shirts, de paréos occupent une partie de la plage. A l'extrémité de la plage (en direction de Gosier et face à la rue donnant accès à la place de l'église), se trouve un vendeur de boudins locaux qui sont excellents. Il prépare sans doute les meilleurs boudins de poisson, crabe, morue, lambi, giromon... à des prix très compétitifs.

▶ **La plage municipale** permet la baignade en toute sécurité grâce à sa barrière de corail. De plus, elle dispose d'un poste de secours avec maîtres-nageurs-sauveteurs. Côté restauration, vous avez l'embarras du choix avec une kyrielle de restaurants et plus loin, en bout de plage, des camions à sandwiches, bokits, chichis...

■ KARUKERA LAND
Route de Delair
Impasse des Sapotilles ✆ 05 90 47 88 34
www.karukeraland.com
contact@karukeraland.com
A la sortie de Sainte-Anne, en direction de Saint-François, tournez à gauche au rond-point de Bois-Jolan. Ensuite suivez les panneaux indicateurs.
Entrée : 18 €/adulte, 15 €/enfant. Gratuit pour les 0-3 ans. Rodéo mécanique et escalade : 2,50 € ; Accrobranche : 9 €. Parc ouvert du mercredi au dimanche de 10h à 17h. Dîners-spectacles les vendredis et samedis soirs à partir de 20h. Service de restauration est ouvert de 12h15 à 14h. Menu à la carte ou buffet 37 €/adulte et de 11 à 28 €/enfant selon âge.
Ce parc de loisirs tourné vers la nature propose diverses activités : découverte du jardin créole, observation d'animaux (lama, kangourou, paon blanc, cygnes, animaux de la ferme). Vous pouvez ainsi vous promener, mais aussi déjeuner, vous baigner dans la piscine dotée d'une pataugeoire pour les plus petits et de toboggans. L'attraction phare, c'est la marmite ! Elle mesure 12 mètres de haut et c'est le plus grand toboggan de ce type dans la Caraïbe. Le parc constitue un lieu de détente agréable doté d'installations pour faire de l'accrobranche, du mini-golf, du billard, du baby-foot, du rodéo mécanique, du ping-pong, du trampoline, de la pétanque, etc.

■ PLAGE DU BOURG
C'est l'une des plages les plus réputées en Guadeloupe, les familles s'y retrouvent le week-end autour d'un déjeuner. Une barrière de corail permet de se baigner dans des eaux claires et calmes. Idéal pour les enfants. Vous pouvez quasiment atteindre cette protection naturelle en ayant toujours pied à certains endroits. La plage est éclairée le soir.

■ PLAGE DE BOIS-JOLAN

Longue et étroite, protégée par la barrière de corail et très agréable même si l'eau y est peu profonde, cette plage de sable blanc de plus d'un kilomètre est baignée d'une eau transparente d'un superbe vert émeraude mêlé à un bleu turquoise de carte postale. C'est le paradis, notamment pour les amateurs de kitesurf mais aussi pour les familles qui s'y rendent pour faire des pique-niques, protégées à l'ombre des cocotiers. La faible profondeur en bord de mer est également idéale pour la baignade des plus petits. La végétation y est luxuriante : amandiers pays, catalpas, raisiniers de bord de mer et mancenilliers donnent le change aux cocotiers. Elle est très fréquentée le week-end et les jours fériés par la population locale.

■ PLAGE DE LA CARAVELLE

Suivez les indications à l'entrée de Sainte-Anne, en venant du Gosier. Un peu avant le bourg, à droite, face à la station service.
Cette magnifique plage, aménagée par le Club Med, est bordée de nombreux cocotiers. C'est l'une des plus renommées de l'île, prisée pour la baignade en famille et les sports nautiques. Pour y accéder à pied, longez le bord de mer derrière le marché aux poissons, jusqu'au tourniquet qui vous conduit au Grand Bleu. Seul bémol, sa fréquentation intense, due en partie aux clients du Club Med qui en été permet à la population locale de bénéficier de ses infrastructures à des tarifs préférentiels.

Sports – Détente – Loisirs

■ FFRENCH INNOV

Base nautique
Plage municipale
✆ 06 90 34 38 81
Inscription à la séance recommandée. Séances d'1 heure avec coach : 20 €. Les lundis, mercredis et vendredis de 7h à 17h, les samedis et dimanches de 8h30, 9h30 et 10h30. D'autres horaires sont possibles, les contacter.
Les cours d'aquabike se déroulent en eau de mer peu profonde avec le soutien d'un coach. Groupe de 12 personnes maximum. L'activité est accessible à tous et ne génère pas de courbatures le lendemain !

■ BOIS JOLAN

Tarif : gratuit. Durée : 2h. Difficulté : facile.
Cette balade facile en bord de mer relie les plages très réputées de Helleux et Bois Jolan, à 4,5 kilomètres au nord de Sainte-Anne. Le chemin se profile entre paysages de littoral, étangs et forêts sur six kilomètres aller-retour, offrant un aperçu sur les espèces végétales répandues sur l'île : cocotiers, palétuviers ou encore mapous noirs. La mangrove révèle également son écosystème complexe et les plus discrets pourront y observer de nombreux oiseaux. Mais le clou de spectacle reste sans conteste les eaux turquoise et peu profondes de la plage du Bois Jolan.

■ LASTMINUTE EXCURSION 971

✆ 06 90 97 97 98
lastminutexcursion971.com
lastminutexcursion971@gmail.com
En partenariat avec de nombreux prestataires, Nico propose des excursions et oriente en fonction du public qu'il rencontre. Petite Terre, Marie-Galante, Les Saintes, Caret, La Désirade, 4x4, quad, buggy, plongée, catamaran, ULM, voltige, kayak, canyoning, sorties cétacés, cours de surf, location de gîtes et de voitures. Tarifs prestataires. Réductions pour plusieurs excursions réservées.

■ LA PAILLOTE BOAT

✆ 06 90 41 65 68
guadeloupebateaux.com
lapailloteboat@gmail.com
Bateau en petit comité : 12 personnes maximum. 2 billetteries situées au niveau du village artisanal de Sainte-Anne et au supermarché Casino à Saint-François. Excursions en mer à la journée (repas et boisson inclus) à partir de 65 €/adulte.
La structure permet de visiter la Guadeloupe de façon originale en 4x4 ou moto. La Paillote Boat propose des croisières en voilier à la journée. Direction l'îlet Caret, Les Saintes, Marie-Galante ou Petite-Terre. Vous pouvez également louer des bateaux (catamarans ou cigarettes) avec skipper au départ de la marina de Saint-François ou du Gosier ou acheter des billets pour les navettes pour Les Saintes, Marie-Galante et la Désirade au départ de Saint-François, Sainte-Anne, Pointe-à-Pitre.

■ PAULO LES BONS PLANS

✆ 06 90 33 23 87
Jpbpolo@gmail.com
Face au village artisanal.
Excursions à partir de 65 €/personne. Supplément repas 10 €, supplément visite de l'île 10 €. Départ à 8h – Retour à 17h.
Paulo, personnage haut en couleurs de Sainte-Anne, propose des balades en bateau à destination des îles de l'archipel. Il dispose de plusieurs autres stands de vente (village artisanal de Saint-François, plage de Sainte-Anne et face au restaurant La Frégate sur la marina du Gosier). Les excursions s'effectuent en petit comité (12 personnes maximum) et vous amènent au choix vers les Saintes, Marie-Galante, la Désirade, Petite Terre ou l'îlet Caret. Possibilité de visite commentée (avec supplément) pour la Désirade, Marie-Galante et les Saintes.

■ **POYO SURF CLUB**
✆ 06 90 76 46 07
poyosurfclub.com
poyosurfclub@yahoo.fr
Ecole de surf, stand up paddle et body-board.

Visites guidées

■ **NEMO'S GRILL BOAT**
Plage des Galbas ✆ 06 90 39 94 40
sasnemos@orange.fr
*Location à la journée à 250 € et demi-journée
à 130 €. 8 places par bateau (maximum
6 adultes).*
Vous balader en toute liberté, avec barbecue et
ambiance de folie, c'est ce que vous réserve la
location des Nemo's Grill Boat. Ces bateaux avec
barbecue écologique intégré vous permettront
en effet de partir vous installer sur le lagon de la
plage des Galbas en toute liberté avec vos amis
ou en famille. Vous pourrez ensuite préparer
et déguster un barbecue tout en profitant du
panorama d'un des plus beaux lagons du monde.
Vous sont fournis des équipements de plage
et de snorkeling ainsi qu'un équipement audio
Bluetooth pour assurer l'ambiance. Nouveautés :
pédalos avec toboggan, bouées XXL, paddle,
matelas flottant géant, kayaks transparents.

Shopping

Sainte-Anne est particulièrement bien dotée en
termes de courses alimentaires ; 3 magasins (un
à chaque extrémité du bourg et un dans le centre
à côté de la plage) sont ouverts 7j/7. Bien pratique
pour les achats au retour de la plage ou les oublis.
Celui à la sortie de Sainte-Anne, en direction
du Gosier (à côté du cimetière), a l'avantage de
bénéficier de places de stationnement.

■ **BEVERLY BOUTIQUE**
73 avenue Hégésipe Ibène
✆ 05 90 88 97 82
À l'angle de l'avenue principale et de la rue
menant au centre du bourg, cette boutique
vend de petites tenues légères, douceur du
climat oblige, et colorées. Certes, le respect
des tendances n'est pas la priorité mais ces
tenues sont adaptées à l'ambiance locale. Idéal
pour se ramener une petite robe d'été et frimer
dans les soirées barbecue !

■ **EXILIE BEACHWEAR**
31 rue de la Plage
*Ouvert tous les jours de 9h à 14h, et jusqu'à
15h le dimanche.*
Cette petite boutique est située au milieu de la
rue de la Plage, bordant, vous l'auriez deviné, la
plage de Sainte-Anne. Elle propose des articles
de plage qui sortent un peu de l'ordinaire et
s'éloignent de la traditionnelle tong en plastique,

pour s'orienter vers de petites tenues mode ou
des accessoires de plage originaux.

■ **GÉOGRAINES**
Villa Moris
Durivage ✆ 05 90 88 38 74
Après le cimetière, en direction du Gosier. Un
joli panneau marron et jaune indique le petit
bungalow qui sert de lieu d'exposition.
*Ouvert tous les jours sauf les dimanche et lundi,
de 9h à 12h et de 14h à 18h.*
Frédéric Dufour est passionné de nature. Il
récolte lui-même les graines qui seront par la
suite perfectionnées et travaille le bois dans son
atelier attenant au bungalow. Vous trouverez
des tables, des tableaux où se mêlent bois et
graines, des bijoux, des lampes calebasses…
De l'artisanat 100 % local. Nous avons eu
l'occasion de voir une superbe table-échiquier.

■ **MARCHÉ NOCTURNE**
Valette – A côté du stade municipal.
Le jeudi de 18h à 21h.
Le marché nocturne aux fruits et légumes à
côté du stade municipal constitue le point de
rendez-vous local. Les producteurs de fruits et
légumes viennent directement proposer leurs
produits à des tarifs intéressants. Quelques
plats et desserts aussi à déguster.

■ **MEDY POISSON**
✆ 06 90 93 69 37
Prendre la direction de Saint-François
jusqu'à la sortie du bourg de Sainte-Anne
(avant la gendarmerie à droite).
Présent le matin, si la pêche a été fructueuse.
Ce pêcheur propose le produit de sa pêche
(thon, dorade, langouste, marlin, vivaneau...).
Il vous les prépare sur demande, le tout à un
tarif intéressant. Il accepte les paiements en CB.

■ **RECYCLE DOM**
49 Rue de la sucrerie ℂ 06 90 59 27 93
Voir page 128.

■ **VILLAGE ARTISANAL**
Les Galbas
villageartisanalsainteanne.com
Situé à l'entrée de la ville en arrivant
du Gosier.
Fermé le dimanche et les jours fériés.
Des petites boutiques, une épicerie de produits
locaux et un bar en terrasse extérieure (ouvert
tous les jours). Vous êtes certains de trouver des
petits cadeaux sympathiques (pas tous « made
in Gwada ») ainsi que des épices. Sur place
également, une billeterie pour les navettes à destination de toutes les îles et pour des excursions.

Dans les environs

En quittant Sainte-Anne en direction de Saint-
François, les implantations touristiques se
font plus discrètes, et la nature reprend ses
droits. Le contraste est saisissant entre la
station balnéaire et ces coins de campagne
pratiquement sauvages.

LES GRANDS FONDS

La végétation s'épaissit en parvenant aux
Grands-Fonds par la D110, superbe et sinueuse
départementale. Un réseau routier secondaire
dense fait s'alterner vallons et hauteurs aux
panoramas variés, sans jamais vraiment quitter
la verdure. Les cyclistes aiment ces routes,
aux multiples possibilités de parcours. Les voies
communales ne se distinguent pas des routes
départementales. Entre les mornes, ce ne sont
que cheminements de routes et de ravines. A
l'ouest et au nord-ouest se dressent des collines
très escarpées. Le village, installé sur une crête,
émerge bientôt de la luxuriante végétation.
Prenez le temps de visiter les Grands-Fonds,
de préférence en voiture si vous voulez couvrir
le plus grand territoire possible, à cheval ou à
pied si vous souhaitez vous promener à votre
rythme.

LE HELLEUX ★★

Les amoureux de la nature y trouveront isolement
et accueil souriant. La route se rapproche de
la mer sans vraiment la desservir, l'occasion
d'une balade à pied en campagne, en coupant
à travers champs pour rejoindre la côte. Un peu
plus loin à droite se trouve l'anse à la Barque.
Si l'on s'enfonce un peu vers l'intérieur, une
route agréable mène à l'anse des Rochers. De
Sainte-Anne à Saint-François, la nationale est
doublée par une contre-allée qui suit la côte où
les gîtes et résidences hôtelières se succèdent,
à la sortie et à l'entrée de chacune des
stations.

■ **PLAGE DU HELLEUX**
Sur la droite à la sortie de Sainte-Anne, en
direction de Saint-François.
Cette petite plage n'a rien à voir avec la plage
du bourg ou de la Caravelle à Sainte-Anne. Elle
est surtout fréquentée par les amateurs de surf.

SAINT-FRANÇOIS ★★★

A une quinzaine de kilomètres de Sainte-
Anne, cette commune, à l'extrême sud-est
de Grande-Terre, s'impose aussi comme
une destination balnéaire prisée avec un des
sites les plus visités, la Pointe des Châteaux.
Outre ses belles plages de sable fin, Saint-
François dispose d'infrastructures touristiques
notamment avec sa marina, l'embarcadère
pour les îles de la Désirade, des Saintes et de
Marie-Galante, un golf international, un casino et
l'aérodrome.
Saint-François s'est orienté vers le tourisme
dès les années 1970. Il a bénéficié ensuite en
1979 d'une médiatisation internationale grâce
à la tenue d'un sommet des quatre grands du
monde de l'époque (Valéry Giscard D'Estaing,
Jimmy Carter, Helmut Schmidt et James
Callaghan).

▶ **La première grande station balnéaire.** Sans
doute, les premiers occupants des lieux furent
attirés par ce bout de côte. Aujourd'hui encore,
il règne une ambiance de fin de terre à la sortie
de la ville, quand on pousse jusqu'à la Pointe des
Châteaux, un site naturel grandiose. Des fouilles
à la pointe des Pies ou à l'anse à la Gourde ont
révélé leur existence dès l'ère précolombienne,
à partir du Ier millénaire avant J.-C. A l'époque
coloniale, Saint-François se fait remarquer par
la culture du coton, une production agricole
qui va perdurer jusqu'à la fin du XVIIIe siècle.

Elle sera sérieusement concurrencée par la montée du sucre au début du XIXe siècle. En 1820, on recense 36 établissements sucriers et 41 moulins à vent. Sur près d'un siècle (1868-1974), l'usine sucrière centrale (à Sainte-Marthe) s'impose dans le paysage économique de la région. Après l'abolition de l'esclavage, la forte présence d'une communauté d'origine indienne, embauchée sous contrat pour travailler dans les plantations, va durablement imprégner le visage de la ville. Les Coolies qui sont restés forment aujourd'hui une communauté soudée et assez prospère.

▶ **Un port de pêche festif.** Progressivement, l'agriculture se diversifie, comme l'attestent les cultures maraîchères et les activités liées à la pêche. Aujourd'hui, Saint-François reste un port de pêche vivant où l'on fête, chaque année en avril, le poisson et la mer. La Fête des marins a lieu en août. Comme Sainte-Anne, la ville sera fortement touchée par les cyclones de 1928 et 1989. Cependant, on reconstruit et on consolide les bâtiments avec des normes antisismiques plus strictes, et aujourd'hui, sans concurrence, le maître-mot du coin, c'est le tourisme !
La commune a obtenu, en 2007, la première appelation de station nautique de l'archipel.

Transports

Comment y accéder et en partir

Les horaires fournis par les compagnies maritimes sont sujets à des modifications sans préavis. Renseignez-vous lors de votre confirmation de départ auprès de la billetterie.

▶ **Navettes et bateaux vers les autres îles.** On passe facilement de Saint-François à La Désirade, et les navettes sont régulières toute l'année. En revanche, en dehors de la haute saison, il vaut mieux vous renseigner sur place le plus tôt possible afin de ne pas rater les départs hebdomadaires. Faites-vous bien préciser l'horaire de départ et de retour. Il est possible aussi de faire une excursion organisée vers Les Saintes ou Marie Galante, par exemple, avec guide et repas inclus. Les départs et arrivées des navettes s'effectuent au port maritime.

■ **AUTO DISCOUNT LOCATION**
Rond-point Martin Luther-King RN5
✆ 05 90 28 94 03 – www.auto-discount.fr
reservation@auto-discount.fr
A partir de 13 €/jour (voir conditions en agence). Consultez le site pour obtenir le meilleur tarif. Ouvert du lundi au vendredi 8h-12h et 15h30-18h, samedi 8h-13h.

GRANDE-TERRE

Depuis 1999, Auto Discount Location figure parmi les leaders de la location de véhicule à petit prix en Guadeloupe. Du modèle adapté aux personnes à mobilité réduite au 4x4 en passant par le minibus 9 places et la voiture sans permis, vous êtes assuré d'y trouver le moyen de locomotion adapté à votre séjour. A compter d'une semaine de location, navette gratuite pour l'aéroport, la gare maritime, la marina et les hôtels de Gosier, Sainte-Anne et Saint-François. L'équipe dynamique et sympathique mettra tout son savoir-faire en œuvre pour embellir votre séjour. L'enseigne propose également une large gamme d'utilitaires pour vos besoins les plus originaux. Depuis ils ont aussi des voitures sans permis et des véhicules pour personne à mobilité réduite. Depuis janvier 2019, Auto Discount Location vous propose aussi la location de motos.

Vous pouvez y trouver des modèles en 125cc (permis A1), des Royal Enfield en 500cc (permis A2) ainsi qu'une Harley Davidson en 1 600cc (permis A).

■ EUROPCAR
Avenue de l'Europe ✆ 05 90 88 69 77
www.europcar-guadeloupe.com
reservation.Europcar@gbh.fr
Agence ouverte du lundi au samedi de 7h à 12h.

■ AUTOLAGON
SAINTE-ANNE ✆ 05 90 91 14 63
autolagon-guadeloupe.com
reservation@autolagon.fr
Véhicules disponibles 7j/7, 24h/24. Réservation par téléphone du lundi au samedi de 8h à 20h ou sur le site Internet. Accueil et livraison à l'aéroport, à la gare maritime ou sur votre lieu de résidence.

Une nouvelle agence de location qui dispose d'une gamme variée de véhicules. Livraison à l'aéroport, à la gare maritime ou sur votre lieu de résidence en Grande Terre. Petit plus pour le confort des clients, tous les véhicules, même les catégories A bénéficient d'un coffre spacieux. Très pratique lorsque l'on arrive à 3 ou 4 personnes avec les valises en conséquence.

■ GWADA LOISIRS
Immeuble Kayela
10 La Marina ✆ 05 90 88 49 80
www.gwada-loisirs.com
resa@gwada-loisirs.com
Location tous véhicules (voitures, voitures électriques, VTT, scooter, semi-rigide, kayak de mer).

■ ELECTRIQUE FUN
Immeuble Kayéla ✆ 06 90 74 75 80
www.electriquefun.fr
Locations entre 35 et 40 € la journée selon modèle. Tarifs dégressifs en fonction de la durée. Pascal et Fabrice vous proposent une flotte de véhicules pour rouler fun et écolo ET découvrir la Guadeloupe tout en limitant l'impact écologique de votre séjour : scooters, motos, vélos 100 % électriques ou avec assistance. Pas de problème pour le rechargement, il s'effectue à partir d'une prise électrique normale. Egalement disponibles à la location : des véhicules essence climatisés 5 places.

■ IGUANA BEACH
Point de vente Iguana
Gare maritime ✆ 05 90 22 26 31
www.comatrile.com – comatrile@wanadoo.fr
Fermeture annuelle en juin et de septembre à mi-octobre. Fermé le lundi. Tarifs pour un

A/R (dans la même journée) vers Les Saintes (Terre-de-Haut) et Marie-Galante (Saint-Louis) au départ de Saint-François ou rotation Marie-Galante/Les Saintes : à partir de 40 €/adulte et 33 €/enfant. Les horaires et les jours de rotation sont à consulter sur le site car ils sont modifiés selon la saison. Les passagers doivent être présents 30 min avant le départ. Boutique en ligne sur le site Web.
L'Iguana Beach assure la rotation vers les 2 îles. La traversée pour Marie-Galante dure 45 minutes, celle pour les Saintes dure 1h30.

■ TOPCAR
Avenue de l'Europe ✆ 05 90 24 44 98
www.top-car.fr contact@top-car.fr
A partir de 14 € selon la saison et la durée. Livraison aéroport offerte à partir de 8 jours de location. Transfert offert sur Saint-François, Le Moule ou Sainte-Anne à partir de 8 jours de location. Prêt de sièges bébé, rehausseurs et poussettes.
Carole et Laurent vous proposent une large gamme de véhicules adaptés à vos besoins.

■ LOR'AUTO
Domaine de Tuscany ✆ 06 90 13 02 30
lorauto.fr – contact@lorauto.fr
Horaires : du lundi au samedi de 8h à 12h et de 16h à 18h30.
L'agence Lor'auto location se situe dans le Domaine de Tuscany, idéalement placée au début de la Route touristique à Saint-François. Lor'auto est une agence à taille humaine qui saura vous écouter, être attentive à vos demandes, à vos souhaits.
Elle propose des services personnalisés, livraison de votre véhicule sur votre lieux de vacances, votre prise en charge dès l'aéroport ou le port pour faciliter le transport de bagages... Disponibilité, réactivité, adaptabilité sont les caractéristiques de l'accueil qui vous sera réservé.
La flotte, composée de véhicules bien entretenus, propose une diversité d'options, dans la limite des disponibilités : manuelle ou automatique, diesel ou essence, petite berline ou familiale, fourgon ou petit utilitaire, 9 places ou 7 places...

■ HERTZ ANTILLES
Avenue de l'Europe ✆ 05 90 88 69 78
www.hertzantilles.com
reservation@hertzantilles.com
Agence ouverte du lundi au vendredi de 8h à 12h, les samedis et jours fériés de 8h à 11h.

Se déplacer

■ KARULIB
Rue Saint Aude Ferly
✆ 06 90 95 32 52
www.karulib.com
contact@karulib.com
A côté de l'Office de Tourisme
Ouvert tous les jours de 7h30 à 16h. Location de 2h : 10 €, demi-journée : 20 €, journée : 25 €.
Louez vos vélos électriques en ligne sur leur site Web. La structure fournit aussi des suggestions de parcours. Les véhicules sont acheminés sur les points de départ. Vous pouvez également choisir l'option caméra pour conserver un souvenir de votre périple. Service d'assistance.

■ JULIEN TRUBERT
Lieu-dit Labarthe
✆ 06 90 20 66 64
trubert79@gmail.com
Tarifs sur demande.
Transport de personnes sur Saint-François et transfert aéroport et port maritime. Possibilité de visite de l'île, sorties nocturnes et shopping.

■ TRAVEL'S GUADELOUPE
Route du Gouffre
Dubédou ✆ 06 90 41 65 64
excursion-guadeloupe.fr
travelsguadeloupe@gmail.com
Navette aéroport pour 1 à 4 personnes : de 25 à 55 € selon destination. Navette aéroport/port pour 1 à 4 personnes : 25 €.
Travel's Guadeloupe assure votre transfert jusqu'à 8 personnes de l'aéroport à votre lieu d'hébergement dans les communes du Gosier, Sainte-Anne, Saint-François et le Moule. Transfert possible de l'aéroport vers le port de croisières. La société propose également des excursions et visites guidées sur différents thèmes comme « Rhum et chocolat », « Patrimoine », « Chutes du carbet ».

Pratique

Tourisme - Culture

■ **OFFICE DE TOURISME**
Avenue de l'Europe
℡ 05 90 68 66 81
www.destination-stfrancois.com
infotoutsourire@orange.fr
En haute saison : ouvert du lundi au vendredi de 8h à 17h, les samedi et dimanche de 9h à 15h. En mai, juin, septembre, octobre, jusqu'au 15 novembre : du lundi au vendredi de 8h à 12h et de 14h à 16h, fermé les samedi et dimanche. En juillet et août : du lundi au vendredi de 8h à 16h et le samedi de 8h à 13h. Ouvert en matinée les jours fériés avec comme exception une fermeture toute la journée les 25 décembre, 1er janvier, mercredi des Cendres, 1er et 27 mai, 14 juillet et 15 août.
A proximité de la marina et du golf, l'office de tourisme est bien repérable, avec sa façade agrémentée d'une terrasse en bois. Disposant d'un espace de stationnement dédié et d'un personnel à l'accueil souriant et disponible, l'office ouvert au public dispense toutes sortes d'informations sur les différents types d'hébergement, les restaurants, les agences de location de véhicules, les transports en commun, les horaires des bateaux pour les îles, la météo des plages, et propose également un agenda des manifestations et animations. De nombreuses documentations sur l'activité de la commune sont à votre disposition.

Réceptifs

■ **CARIB HOLIDAYS**
10 Les Comptoirs de Saint-François
℡ 05 90 85 08 50
Voir page 26.

■ **PASSION OUTREMER**
17 Centre des Arcades ℡ 05 90 47 17 17
Voir page 27.

■ **PATOU EXCURSION**
Marina de Saint-François
℡ 06 90 85 71 42
Voir page 27.

■ **REVERIE CARAÏBE ET BUTTERFLY GUADELOUPE EXCURSIONS**
Marina ℡ 06 90 35 30 86
Voir page 27.

Se loger

Locations

■ **AQUA LODGE**
Lagon de Saint-François
℡ 05 90 90 16 81
www.aqualodge.fr
contact@aqualodge.fr
De 315 à 399 € la nuit.
Trois aqualodges, de conception locale, sont positionnés dans la sublime baie des Saintes et à Saint-François : un cadre de rêve pour s'imaginer en Robinson Crusoé. Ces bungalows flottants, d'une surface de 80 m2, sont tous composés de deux chambres, d'une salle d'eau, d'un salon avec canapé convertible, d'une cuisine aménagée, d'une terrasse et d'un solarium à l'étage. Ils peuvent accueillir jusqu'à 6 personnes. Ce nouveau concept est totalement respectueux de l'environnement : l'eau chaude et l'électricité sont produites par des panneaux solaires avec une autonomie de 3 jours sans soleil. Les eaux usées sont traitées par un système interne avant d'être rejetées en mer. Les toilettes sont sèches et un dessalinisateur génère de l'eau douce à volonté. Chaque aqualodge dispose d'une annexe électrique pour vos allers et venues sur la terre ferme.

▶ **Autre adresse :** Dans la baie des Saintes.

■ **LE DOMAINE DE SAINT-FRANÇOIS**
Chemin de la Princesse
℡ 05 90 93 01 79
www.domaine-saint-francois.com
resa@domainesaintfrancois.com
A la sortie de Saint-François, en direction du Moule.
Le domaine est ouvert toute l'année. Tarifs à la semaine selon la saison : bungalows F2 de 490 à 770 €, bungalows F3 de 680 € à 990 € et grands appartements F3 de 780 à 1 100 €. Deux piscines dont une privatisable. Possibilité de location pour le week-end. Le wifi est gratuit dans tout le domaine et les Chèques Vacances sont acceptés.
Dans un grand domaine 2 étoiles, paysagé et arboré avec goût, cette grande villa dispose de 3 appartements (2 F3 et 1 F2) très bien équipés et joliment décorés. Un des trois est adapté pour les personnes à mobilité réduite. Derrière la villa, au beau milieu d'un jardin tropical, se trouvent 8 bungalows balinais (6 F2 et 2 F3)

REPÉREZ LES MEILLEURES VISITES

★ INTÉRESSANT ★★ REMARQUABLE ★★★ IMMANQUABLE ★★★★ INOUBLIABLE

avec une piscine, un boulodrome, une laverie et un verger. Les hébergements disposent tous d'une cuisine équipée avec un réfrigérateur-congélateur, de chambres climatisées avec moustiquaires, d'une terrasse privative, d'un salon avec possibilité de couchages supplémentaires et d'une télé. Ils sont entièrement meublés en teck. Le site est aménagé et sécurisé (clos et entrée avec bip) dans un esprit zen avec des statues et des fresques. Pour veiller à votre confort à tout moment, l'établissement est équipé de réserves d'eau (pas de coupures d'eau ou de baisses de pression). De petites attentions à votre arrivée : un cocktail d'accueil offert et quelques explications sur les sites à voir et les sorties à découvrir pour passer de bonnes vacances en Guadeloupe. A partir d'une semaine de location, votre premier petit déjeuner est offert.

■ LA LISIERE DU GOLF

24 résidence Ever Green
Lotissement du Golf
℡ +590 690 75 05 93
lisieredugolf.com
Duplex loué en basse saison à partir de 500 € (650 € en haute saison). Location à la semaine. Forfait ménage de 50 €.
Ce charmant duplex de 67m² situé à la lisière du golf de Saint-François est entièrement rénové et meublé. Pour profiter des douceurs de la ville, l'appartement est idéal : il se trouve à proximité du centre-ville mais aussi des boutiques et des nombreux restaurants de la Marina. Avec ses deux terrasses idéalement placées, les repas peuvent se faire à l'ombre ou au soleil. Au choix !

■ LOCGUADELOUPE

Plage des Raisins Clairs
Résidence Les Grenadines
℡ 05 90 22 50 17
www.locguadeloupe.com
kasapopote@gmail.com
A proximité directe de la plage des Raisins Clairs et à 2 km du centre-ville.
Tarif à la semaine selon saison. De 295 € en basse saison à 380 € en haute saison.
LocGuadeloupe vous propose deux apparte-

ments « La Jade » et « La Turquoise » de 2 et 3 pièces de 35 m² avec terrasses couvertes s'ouvrant sur une terrasse extérieure et un jardinet privatif. Situées à proximité immédiate d'une des plus jolies plages de Guadeloupe, la plage des Raisins Clairs, ces deux locations sont parfaites pour un séjour en famille.

■ LA MAISON CALEBASSE

D116
℡ 06 90 34 07 77
lamaisoncalebasse.com
contact@lamaisoncalebasse.com
D116 entre Richeplaine et Ponbiray au lieu-dit Sainte-Madeleine.
Tarifs base 7 nuits : meublé 2 personnes à partir de 90 €/nuit, cottage supérieur pour 2 personnes avec spa privatif à partir de 150 €/nuit, villa 4 personnes à partir de 150 € la nuit. Possibilité de location pour deux nuits.
Cette belle structure à l'architecture créole contemporaine est située non loin des plages et néanmoins de l'agitation du centre-ville. A votre disposition dans une grande propriété arborée et savamment fleurie, 6 logements d'une capacité de 14 personnes où la calebasse est reine en matière de décoration. Le gîte Mango de 44 m² avec vue jardin, une chambre, une terrasse avec hamac et barbecue dans sa cour privée. En hauteur, la villa de luxe Océane dispose d'un lit à baldaquin et d'une grande terrasse en U. La grande villa Zozio et Zandoli, composée de deux espaces (chambre, salle d'eau, WC) accueille 4 personnes. Trois cottages avec spa privatif, dont deux en rez-de-chaussée avec terrasse et cour privée et un de standing supérieur de 70 m² à l'étage, doté de deux terrasses. Tous les hébergements sont privatifs et équipés tout confort (lave-linge, barbecue également à disposition, entrée privée, parking réservé dans une véranda sécurisée). Ces cottages offrent une surface de vie agréable en toute sérénité. Bordée de longs transats confortables, la piscine occupe une belle partie de l'espace détente ; le cadre invite au *farniente* et à la rêverie. Un service ménage, des petits déjeuners et de plateaux-repas faits maison à base de produits locaux de saison sont fournis sur demande.

■ VILLA BOUBOU

Anse Champagne
Résidence Les Jardins du Hamak
℡ 06 90 62 75 74
www.villa-lagon-guadeloupe.com
Villa à partir de 1 900 € la semaine en fonction de la saison et de la capacité. Les promotions sont annoncées sur le site Internet. Villa classée 5 étoiles par Atout France.
Location d'une villa de luxe à Saint-François « les pieds dans l'eau » à 15 m du lagon, 300 m du golf et de la marina et des commerces. Cette villa de standing de 300 m², conçue pour accueillir 8 à 10 personnes, se compose de 4 chambres climatisées équipées d'un dressing avec salle de bains individuelle, salon séjour de 45 m² avec téléviseur grand écran, mini-chaîne, lecteur de DVD. wi-fi, ADSL dans toutes les pièces et sur la terrasse. La mezzanine est dotée d'un convertible 2 places. La cuisine est entièrement équipée (lave-vaisselle, distributeur de glaçons, réfrigérateur américain, cave à vin…). La très grande terrasse couverte est prolongée d'un deck de 130 m² pourvu d'une piscine avec nage à contre-courant et un spa privé avec vue sur la mer. Vous avez 15 pas à faire pour vous baigner dans le superbe lagon de Saint-François. Pour vous balader, le garage est équipé de 2 VTT, 1 vélo électrique, 1 sac de golf, 2 canoës, 2 stand-up paddle. La Villa Boubou également dispose d'une voiturette électrique 4 places à disposition de ses occupants. Service de ménage compris (6 heures par semaine). Possibilité de disposer du service d'une cuisinière à chaque repas.

■ VILLAS & CHAMBRES D'HÔTES « CHEZ FLO »

37 Les Hauts de St-François
℡ 05 90 84 29 33
www.villachezflo.com
florence.chartier97@gmail.com
Chambres d'hôtes (2/3 personnes) : de 160 à 250 € selon période (3 nuits minimum du 21 décembre au 6 janvier) ; 3ᵉ personne de + de 12 ans : 50 à 60 €. Villa base 4 personnes (minimum 3 nuits) de 220 à 370 € selon période ; personne supplémentaire de + de 12 ans : 50 à 60 € /nuit. Villa base 2 à 12 personnes (5 nuits minimum) de 700 à 1 200 €. Ménage de fin de séjour de 100 à 200 € selon logement. Petit déjeuner : 12 € (continental) et 15 € (sucré/salé).
Sur un vaste terrain arboré de 1 700 m², Flo vous invite à la détente dans un cadre agréable avec des prestations de qualité (wifi, piscine, bain bouillonnant), que vous choisissiez de séjourner dans une chambre d'hôtes ou une villa. Chaque hébergement dispose de tout le confort et l'équipement nécessaire. Deux villas de 80 m² chacune (4/6 personnes), une villa de 460 m² (6 chambres), pour les séjours en famille ou entre amis, 4 chambres d'hôtes avec douches et WC privatifs. Depuis fin 2018, la structure est dotée d'une toute nouvelle villa de 6 chambres entièrement équipée avec un confort 5 étoiles. Nouvelle activité : Flo organise et Jordan vous apprend à faire votre chapeau tressé avec des feuilles de cocotier.

■ TITALEE LODGE

Chemin de Corot
Bien-Désirée
℡ 06 90 35 41 93
www.titaleelodge.fr
info@titaleelodge.fr
Tarifs par nuit selon saison et cottage : de 180 à 420 € (base 4 personnes), de 110 € à 180 € (base 2 personnes). Transfert port ou aéroport aller-retour, pot d'accueil et cadeau de bienvenue inclus. Forfait ménage de fin de séjour : 50 €. Envie d'un séjour sous le signe de la détente et du bien-être ? Vous trouverez tout le confort et la convivialité au sein de ces cottages dans un décor aux couleurs vives d'inspiration caribéenne et indienne. D'une capacité de 2 à 6 personnes, chaque cottage est équipé et décoré avec goût et raffinement et dispose de deux terrasses. Vous pourrez également profiter de la piscine et du carbet avec hamacs pour vous prélasser ou d'une balade dans le jardin fleuri.

■ VILLAGE DE BRAGELONE

℡ 05 90 88 57 84
www.villagedebragelogne.fr
contact@villagedebragelogne.fr
Séjour de 420 € à 910 € par semaine selon la saison et le nombre de personnes. 5 % de remise à partir de 3 semaines de location.
Ce complexe touristique propose des villas, des bungalows et des appartements tout confort pouvant accueillir jusqu'à 8 personnes. Tous les hébergements sont équipés d'une à trois chambres climatisées, d'un salon avec canapé convertible et téléviseur, d'une cuisine entièrement équipée, salle de bain, barbecue, terrasse. Vous êtes accueillis à l'aéroport, si vous louez un véhicule de son parc automobile. Préparation de plats locaux sur demande.

■ LES VILLAS ROUGES

D118 route de la Pointe des Châteaux
9 résidence Le Balaou
℡ 06 90 41 66 71
www.villas-rouges.com/
contact@villas-rouges.com
De 390 € à 650 € la villa pour 4 personnes. De 650 € à 980 € la villa pour 5 personnes. De 850 € à 1 600 € la villa de 6 personnes.

Au cœur de Saint-François, ces 4 villas tout confort offrent des prestations de qualité à ses hôtes. Jardin bordé de cocotiers, piscine, terrasse ombragée, kitchenette équipée, wi-fi... Le tout à proximité des plages et des restaurants.

Bien et pas cher

■ CANNELLE ANTILLES
Route de la Pointe des Châteaux
☎ 06 85 68 52 80
www.cannelle-antilles.fr
gitecannelle@gmail.com
Studio Sapotille à partir de 60 €/nuit. Duplex (4 personnes) à partir de 65 €/nuit.
Situés dans le cadre de la pointe des Châteaux, le gîte Cannelle Antilles propose quatre bungalows aménagés dans des tons acidulés des plus pétillants. Les 3 duplex, pouvant accueillir 4 personnes chacun, offrent un peu plus de confort que le studio pour deux personnes, qui dispose cependant de belles prestations lui aussi. Tous les logements, bien intégrés à cet environnement très calme, sont climatisés, disposent d'une petite terrasse aménagée.

■ LE COLIBRI
Bois de Bragelogne
☎ 05 90 91 71 55
www.gitecolibri.com
l.malglaive@wanadoo.fr
A 3 km de Saint-François.
De 280 € à 420 € la semaine pour 2 personnes et de 336 € à 476 € pour 4 personnes, selon saison. Wifi en terrasse et barbecue dans le jardin.
Deux gîtes identiques indépendants complètement intégrés dans le cadre superbe d'un jardin tropical. Tout en bois, ils possèdent une terrasse aménagée avec hamacs donnant sur le parc. A l'intérieur, un séjour, une cuisine équipée, une chambre, une salle de bains, une mezzanine de 18 m² aménagée en chambre à laquelle on accède par une échelle. Bon confort général et ambiance familiale. L'accueil est assuré par Pascale et Laurent. Cet ancien guide écotouristique vous donnera une mine de conseils et d'informations pour tout savoir sur les activités possibles sur l'île. Idéal pour 4 personnes (6 au maximum).

■ DOMAINE DE MAY
Section May
☎ 05 90 88 79 51
www.domainedemay.fr
domaine.de.may@wanadoo.fr
Pour vous y rendre, partez de Saint-François par la RN5, en direction du Moule, puis après le laboratoire prenez à gauche, et faites encore 700 m.

Un studio pour 2 personnes de 430 à 495 € par semaine selon la saison. Bungalow pour 4 personnes de 660 à 700 €. Appartements F2 pour 2 personnes de 495 € à 545 €. Appartements F3 pour 4 personnes de 610 € à 650 €. Appartements F4 pour 6 personnes de 998 € à 1 098 €. Majoration 9 €/jour pour séjours de moins d'une semaine. Petit déjeuner : 9 €. Frais de ménage en fin de séjour (obligatoire) : de 30 € à 60 € selon le logement.
Un bel ensemble de style créole, noyés dans un jardin tropical très bien entretenu. Les 19 logements (appartements et bungalows) disposent de tout le confort et sont tous décorés et aménagés avec soin. Ils sont répartis sur 2 niveaux et peuvent accueillir de 2 à 8 personnes selon la catégorie. Sur place, une piscine et un grand parking. A quelques minutes de la marina, de ses commerces et du casino.

■ LA FERME DES PAPAYERS
Dubédou
☎ 05 90 88 58 04
lespapayers.com
stpapayers@gmail.com
A la limite des communes du Moule et de Saint-François.
Location à partir de 400 € la semaine pour 2 personnes. 100 € par personne supplémentaire.
Les bungalows composés d'une ou deux chambres climatisées sont situés sur une propriété agricole. Les hébergements sont simples et très lumineux. Ils disposent d'une cuisine équipée et d'une terrasse donnant sur le jardin. Sur place, une piscine. Possibilité de louer une voiture.

■ CHEZ HONORÉ
Plage de l'Anse à la Gourde
☎ 05 90 85 03 93
villagehonore.com
info@villagehonore.com
Bungalow 1 pièce : de 62 € à 70 € la nuit, et de 385 € à 427 € la semaine. Bungalow 2 pièces : de 87 € à 95 € la nuit, et de 539 à 616 € la semaine. Villas : de 763 € à 1 834 € la semaine selon la saison et la catégorie.
Situé au bord de la plage de l'Anse à la Gourde, à la Pointe des Châteaux, l'emplacement est idéalement calme, à 30 mètres d'une plage de sable blanc. Plusieurs gammes d'hébergement sont disponibles : des bungalows 1 et 2 pièces, et des villas 2 et 3 chambres (dont une pouvant accueillir jusqu'à 6 adultes et 6 enfants). Sur place, un snack, un bar et un restaurant, le tout sans avoir besoin de prendre votre voiture. Honoré est une figure connue de la Pointe des Châteaux, et vous y accueillera avec convivialité.

Confort ou charme

■ BWA CHIK HOTEL & GOLF

Avenue de l'Europe
Marina de Saint-François
✆ 05 90 88 60 60
bwachik.com
info@bwachik.com

Tarifs/nuit à partir de : 89,25 € (chambre classique), 132,50 € (chambre duplex). Gratuit pour les enfants jusqu'à 2 ans et de 3 à 11 ans (hors petit déjeuner). Petit déjeuner buffet américain de 7h30 à 10h.

Entièrement rénové en 2011, cet hôtel «Eco Chic» 3-étoiles fait face au golf international 18-trous Robert Trent Jones. Il est composé de 54 chambres pouvant accueillir 2 adultes et 1 enfant chacune, et de 12 duplex équipés de kitchenettes sur la terrasse d'une capacité de 3 adultes, ou 2 adultes et 2 enfants chacune. Les chambres disposent d'une salle de bains avec toilettes et baignoire, d'un grand lit ou de deux lits jumeaux, de l'air conditionné, de la télévision câblée et du téléphone. Charmante piscine dans le complexe, avec des transats à la disposition des clients et même des serviettes de plage (sur caution). Petit déjeuner américain inclus dans le prix de la chambre, et en supplément pour les duplex. A proximité, shopping, restau-

rants, casino et diverses activités sportives sont accessibles à pied ; les plages sont à 5 minutes (plage du lagon, plage des Pies, plage des Raisins clairs...). L'établissement est équipé du wi-fi dans le hall ainsi qu'au bar de l'hôtel (service payant). Tous les jeudis ambiance musicale et bar à tapas.

■ COCO PARADISE

Bellevue ✆ 05 90 68 70 35
www.cocoparadise.fr
contact@cocoparadise.fr

Ouvert toute l'année. Tarifs à la semaine selon la saison. Bungalows 2 personnes de 400 à 580 €, bungalows 4 personnes de 560 à 820 €. Personne supplémentaire : 15 €/jour. Courts séjours : de 100 à 160 € la nuit selon saison.

Situé à 800 m de la plage et à 2 km du bourg de Saint-François, le complexe est composé de 5 bungalows indépendants de style créole répartis au cœur d'un jardin tropical. Trois bungalows d'une surface de 54 m² et dotés de 2 chambres peuvent accueillir 4 personnes. Les deux autres, de 36 m² (1 chambre), ont une capacité d'accueil de 2 personnes.

■ LA COCOTERAIE

Avenue de l'Europe ✆ 05 90 88 79 81
www.popinns.com
cocoteraie@popinns.com

Suite jardin de 153 à 225 €. Suite piscine de 179 à 251 €. Suite plage de 208 à 281 €.

Un endroit privilégié qui allie le charme d'une habitation coloniale au luxe d'un hôtel 3 étoiles. Les 52 suites sont réparties autour de la piscine, dans le jardin ou sur la plage. Elles se composent d'une chambre dont une avec baignoire octogo-nale et d'un salon avec terrasse ou balcon privé. Grand raffinement : une piscine à débordement de 1 000 m², 2 courts de tennis. Une plage de sable fin. Juste en face du golf international dessiné par Robert Trent Jones et à 5 minutes à pied de la marina et de ses nombreux restau-rants. Possibilité de privatiser pour des évène-ments (mariage, baptême, etc.).

■ LES GITES DE L'ANSE

Anse à la Barque
✆ 06 90 15 47 29
www.gites-de-lanse.com
arnaud@antilles-voile.fr
Entre Sainte-Anne et Saint-François.

Tarifs à la semaine sur la base de 2 personnes de 350 à 600 € selon la saison, pour le T3 (4 personnes) de 550 € à 850 €.

Les quatre hébergements (3 appartements 2 chambres de 65 m² et un appartement 2 chambres de 65 m2) sont certes mitoyens mais sans vis-à-vis. Ils disposent de vastes chambres climatisées avec chacune leur salle de bain, un séjour, une cuisine entièrement équipée, une terrasse privative. Piscine végétalisée commune sur place. Egalement BBC, lave-linge, lave-vaisselle et wifi à disposition. L'établissement est situé à proximité de l'Anse à la Barque, 4 km de la plage des Raisins Clairs, 6 km de la plage de Bois Jolan, 4 km du centre de Saint-François où vous trouverez une marina, golf, des restaurants, un casino, toutes sortes de boutiques…). Arnaud le propriétaire propose également des croisières sur son voilier (à la journée ou plus).

■ GITE MAGNOLIA
Chemin de May ✆ 0590 88 46 71
bernardandre@mediaserv.net
Tarifs à partir de 300 €/2 personnes par semaine en basse saison. Possibilité de forfait week-end. Les consulter.
Les 3 hébergements peuvent accueillir jusqu'à 5 personnes. Le gîte Magnolia est à proximité du bourg et de ses commerces et à peine à 3 km de la plage.

■ LES GÎTES L'ATTRAPE- RÊVES
Rue des Donneuses d'Eau
✆ 06 90 49 29 07
www.lattrape-reves.com
cathy-kty@hotmail.fr
Gîtes 2/4 personnes à partir de 65 € (selon la saison). Forfait ménage € comprenant ménage et tout le linge de maison fourni. Caution 150 €. Acompte 40 % par CB ou virement. Remise à partir de 2 semaines. 2 nuits minimum en très basse saison et basse saison, 7 nuits minimum en moyenne saison et haute saison.
A 4 km du centre, à l'écart de toute agitation et proche des plus beaux lieux touristiques, 6 gîtes de 2/4 personnes équipés et climatisés, dans un cadre calme et verdoyant. Belle et grande piscine, jacuzzi 5 places, wifi, parking sécurisé, possibilité de réserver vos petits déjeuners complets à votre gîte ou sous le carbet près de la piscine. Vous avez la possibilité de louer une salle de 45 m² pour réunions, stages... en très basse saison et basse saison. Dans une ambiance chaleureuse et conviviale, Cathy et Stéphane vous accueillent avec leur sourire, leur disponibilité et toutes leurs valeurs pour passer de votre réalité à leurs rêves.

■ GITES LES 4 COLIBRIS
Domaine de l'Anse des Rochers
✆ 06 90 38 38 82
les4colibris@orange.fr
Tarifs pour le T1 (2 adultes + 2 enfants) : de 350 € à 600 €. Pour le T2 (4 adultes) : de 400 € à 650 €.
Les 4 appartements sont dans une villa située dans un domaine entièrement clos et sécurisé de 8 ha. Sur place, une immense piscine à débordement et une plage privée. wi-fi inclus.

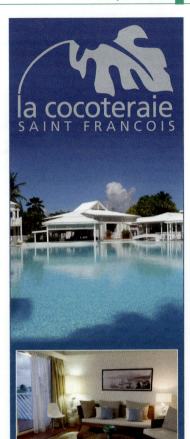

HOSTELLERIE DES CHÂTEAUX
Pointe des Châteaux –Tél. : 05 90 85 54 08
www.hostellerie.des.chateaux.com

■ **GOLF VILLAGE**
96 les Hauts de Saint-François
☏ 05 90 88 73 73
hotelresidence-golfvillage.com
contact@hotelgolfvillage.net
à partir de 100 € pour la chambre double.
Le supplément adulte : 30 €. Villas de 4 à
5 personnes : à partir de 170 €/nuit (minimum
2 nuits).
Situé sur les hauts de Saint-François, le Golf
Village bénéficie d'une belle architecture et
de bâtiments colorés, à l'image de la douceur
de vivre de la Caraïbe. L'hôtel dispose de
66 chambres, de 20 studios équipés de kitchenette et de 6 villas pouvant accueillir jusqu'à
5 personnes. Une navette gratuite (3 fois par
jour) vous permet d'accéder au centre-ville et
aux plages environnantes. wi-fi gratuit à la
réception. Le restaurant-bar, le New Green,
est situé au bord de la piscine. A la carte, une
variété de plats locaux et internationaux. Le
petit-déjeuner est copieux et très frais... Sur
place, une boutique de souvenirs, un bureau
d'excursions, de location de voitures, un service
de pressing et une blanchisserie.

■ **HOSTELLERIE DES CHÂTEAUX**
Route de la Pointe des Châteaux
☏ 05 90 85 54 08
www.hostellerie-des-chateaux.com
hostellerie-des-chateaux@wanadoo.fr
A 8 km de Saint-François, sur le site protégé
de la pointe des Châteaux à 8 km du golf, à
3 minutes de la plage des Salines, et à deux
pas de la plage de la Gourde et de la Tarare.
Pour 2 personnes : 110 €/nuit en chambre,
130 €/nuit en bungalow. Petit déjeuner et
ménage quotidien inclus. Remise de 15 % du
1er juin au 1er décembre. Réduction de 10 % la
8e nuit. Les consulter pour les longs séjours.
Il est prudent de réserver car le nombre de
logements est limité.
La résidence se situe sur la route de la pointe
des Châteaux, à seulement 3 minutes de la

plage des Saline et à proximité également des
plage de Tarare et la Gourde. L'établissement,
à flanc de colline, domine la mer et bénéficie
d'un beau panorama. Vous pouvez choisir un
hébergement en bungalow ou en chambre.
A disposition : 4 chambres doubles dans le
bâtiment principal et 4 bungalows indépendants
dans le jardin, équipés de kitchenettes, avec
vue sur la mer et de grandes terrasses privées.
Il s'agit d'une résidence à taille humaine dans
laquelle vous vous sentez comme chez vous.
Michel, le propriétaire suisse qui a eu le coup
de foudre pour la Guadeloupe, se charge de
vous accueillir en toute décontraction. Belle
piscine centrale avec un coin spa. Restaurant
sur place.

■ **HÔTEL AMAUDO**
Anse à la Barque
☏ 05 90 88 87 00
www.amaudo.fr
Ouvert toute l'année. Tarifs selon la saison.
Chambre double de 100 à 205 € selon la
catégorie et la saison. Petit déjeuner : 20 €.
Le bâtiment bleu et blanc de style colonial
surplombe l'Anse à la Barque. Sa petite capacité
d'accueil est la garantie d'un séjour de détente.
Les chambres (9 doubles, 1 triple et une suite)
sont spacieuses et jouissent d'une vue magnifique sur l'océan et les îles voisines. La suite
dotée de 2 chambres peut accueillir jusqu'à
6 personnes. Les terrasses bénéficient d'un
superbe point de vue. Petits déjeuners copieux
et accueil excellent. La piscine à débordement,
surplombant la mer, est une invitation à la
rêverie… Accès à la plage de l'Anse à la Barque.

■ **LES KAZ DE BIEN DÉSIRÉE**
Bien Désirée Saint-François
☏ 06 90 39 66 40
www.les-kaz-de-bien-desiree.com
patgwada37@hotmail.fr
De 45 à 85 €/nuit pour la Kaz Lagon
(2 personnes) et de 75 à 140 €/nuit pour les
kaz Touloulou et Zandoli (5 personnes) selon

saison et durée. Séjours de 3 nuits minimum.
Petit déjeuner offert le lendemain de votre arrivée
pour les séjour à partir de 5 nuits.
Vous trouverez 3 villas en bois dans la lignée de
l'architecture créole. La Kaz Lagon (1 chambre
climatisée) peut accueillir 2 personnes. Les Kaz
Touloulou et Zandoli disposent de 2 chambres
climatisées. Sur place, un espace lingerie avec
table et fer à repasser et machine à laver.
Excellent accueil de la part des propriétaires.
Le petit-déjeuner est préparé avec des yaourts
et des pâtisseries maison.

■ **MAJESTY PALM**
32 Les Hauts de Saint-François
℅ 05 90 90 70 10
www.majesty-palm.com
contact@majesty-palm.com
Tarifs à partir de 150 €/nuit/2 personnes.
Max 4 personnes. Petit déjeuner offert au-delà
de 6 nuits. Villa à partir de 180 €/nuit/2 à
4 personnes avec petit déjeuner offert.
Une belle et récente résidence touristique de
charme composée de quatre gîtes et d'une
villa, autour d'une piscine, à moins de 5 min
du golf, des plages, des boutiques, du casino
et de la Pointe des Châteaux. La déco, mélange
d'influences zen et créole, est du meilleur goût.
Chaque gîte dispose d'un spa privatif. Deux
gîtes sont en rez-de-jardin et les deux autres à
l'étage. Ils peuvent accueillir de 2 à 4 personnes
car ils disposent d'une chambre climatisée et
d'un canapé-lit dans le séjour. Le coin-cuisine
dans le séjour comprend un réfrigérateur, une
plaque de cuisson vitrocéramique, un micro-
ondes, un lave-vaisselle, une machine à café
expresso. La villa, entourée d'un jardin privatif,
peut accueillir de 4 à 6 personnes. Elle se
compose d'une chambre climatisée en rez-de-
jardin et sa salle d'eau, d'un séjour climatisé doté
d'un canapé-lit ; séjour ouvert sur une cuisine
entièrement équipée ; à l'étage, une chambre
et sa salle d'eau, un dressing, une terrasse.
L'accès wifi est gratuit ; vous disposez d'un
parking sécurisé, ainsi que de la possibilité de
prendre vos repas sur place (sur commande).
Le site est entièrement privatisable.

■ **LE MANGANAO HÔTEL**
Lieu-dit Bellevue, N4
℅ 05 90 24 65 48
manganao.com/fr/
reservation@manganao.com
Rendez-vous sur le site Internet de l'hôtel pour
obtenir des offres préférentielles.
Situé entre la plage des Raisins Clairs et la Pointe
des Rochers, l'hôtel propose des chambres très
confortables et parfaitement adaptées pour les
séjours en famille. La plage privative et son bar
de plage très gourmand vous feront apprécier
vos vacances... les pieds dans l'eau !

LE **MANGANAO** HÔTEL

Le Manganao Hôtel
Lieu-dit Bellevue N4
97118 Saint-François

Tél. +590 590 24 65 48
E: reservation@manganao.com

■ PLANTATION RESORT & SPA

Sainte-Marthe Center
Village Sainte-Marthe
✆ 05 90 21 02 10
hotellaplantation.com/
contact@laplantationresort.fr
Tarifs sur le site internet.
Belle architecture coloniale dans cette ancienne plantation. Les 60 chambres sont divisées en trois catégories d'hébergement selon leur taille. Chaque chambre dispose d'une terrasse et ouvre soit sur la piscine, soit sur le tennis. Tous les logements sont équipés d'une kitchenette. Sur place, une grande piscine à débordement et un bassin pour les enfants. A proximité le golf, le Casino mais aussi le centre-ville et les plages.

■ RÉSIDENCE MARACUDJA

Bellevue
✆ 06 90 49 20 38
www.gite-maracudja.fr
maracudja.sci@orange.fr
Située à 600 m de la plage, à 5 minutes du bourg de Saint-François et du golf.
Bungalows de 2 à 6 personnes dans un jardin tropical situé à 400 m de la mer et à quelques minutes de la plage des Raisins Clairs, du bourg et de la marina tout en étant au calme. Tarif par semaine : de 390 € hors saison à 750 € en saison.
Une superbe propriété arborée de plus de 4 000 m² ventilée par les alizés. Cette petite structure familiale dispose de 6 bungalows créoles dotés de un à trois couchages doubles (possibilité pour certains d'ajouter un lit d'appoint), une ou deux salles d'eau et une cuisine équipée ouverte sur la terrasse couverte, sans vis-à-vis et ouvrant toutes sur un jardin tropical. Les chambres sont toutes équipées de climatisation, d'un téléviseur. Wifi gratuit. Machine à laver le linge, planche et fer à repasser à disposition avec participation aux frais. Séjour court possible selon les disponibilités. Parking dans la propriété, piscine de 5x10 m à l'écart des bungalows pour conserver la quiétude des hébergements.

Luxe

■ LA METISSE

66 résidence les Hauts de Saint-François
✆ 05 90 88 70 00
www.hotel-lametisse.com
la.metisse@orange.fr
Hôtel de charme. Chambre grand confort de 110 € à 150 € selon la saison (170 € pendant les fêtes de fin d'année). Séjour Nuit de Noces/Lune de miel : consulter directement l'établissement. Tarif spécial fêtes de fin d'année : 170 € la nuit. Possibilité de privatiser l'hôtel pour des événements particuliers (7 chambres pour 14 personnes). Les tarifs varient selon la saison.
Cet hôtel de charme, dont les maîtres-mots sont élégance et romantisme, est situé dans le quartier résidentiel des Hauts de Saint-François, à proximité du golf international et des plages. Trois belles villas blanches accueillent les 7 chambres, réparties autour d'une piscine qui reprend la forme du papillon guadeloupéen, le tout dans un jardin fleuri. Les chambres, meublées de rotin blanc, sont bien agencées et bien équipées (TV, wi-fi, mini-bar, climatisation) et possèdent chacune une terrasse privée où vous est servi le petit déjeuner tropical, face à la piscine. Les tons apaisants, associés à des tissus et matières de très bon goût, créent une atmosphère unique dans chaque chambre. « On arrive en clients et on repart en amis », telle est la devise de la maison... C'est dire l'attention qui est portée à l'accueil ! Un véritable hôtel de charme comme on les aime, intime et accueillant, qui propose des services personnalisés à une clientèle désireuse de se faire chouchouter ; les jeunes mariés notamment. La Métisse est une adresse privilégiée où l'on vient en quête de raffinement, de calme et de discrétion.

■ VILLA LATITUDE 16°N 61°W

Bellevue
✆ 05 90 88 70 87
www.villa-guadeloupe.eu
bordey@villa-guadeloupe.eu
Meublé de tourisme classé 3-étoiles. Tarifs à la semaine. Villa entière de 1 750 à 2 500 €, villa sans l'aile à partir de 1 500 €, aile de la villa à partir de 680 €, selon la saison.
Voici une charmante demeure créole, au confort douillet, que les propriétaires, Françoise et Michel, ont su aménager agréablement, en tenant compte du bien-être de leurs hôtes. Par exemple, le parking est situé à l'entrée de la propriété pour ne pas perturber la quiétude du site. Vous pouvez louer la villa entière (jusqu'à 12 personnes), la partie principale de la villa (8 personnes) ou encore uniquement l'aile de la villa (jusqu'à 4 personnes). La villa se compose d'une chambre de maître et d'une chambre d'invités, toutes deux avec dressing et salle de bains privative, d'une chambre en mezzanine avec 4 couchages, d'un salon intérieur (avec piano, que les invités peuvent utiliser), d'une grande cuisine aux boiseries vertes et d'une grande terrasse d'angle avec hamac et coin détente. L'aile de la villa est en fait une petite case créole composée de deux chambres, d'une salle de bains et d'un petit coin cuisine sur la terrasse.

Le site dispose d'un grand jardin parfaitement entretenu, d'une piscine entourée d'un grand *deck* et équipée d'une douche solaire. Une petite volière accueille de nombreuses perruches.

Françoise prépare de bons plats créoles, que vous pourrez déguster (sur demande) sous le carbet de la piscine ou encore dans votre villa. Michel parle anglais, italien, espagnol, portugais et, bien sûr, créole.

Se restaurer

Sur le pouce

■ **CAFE CORAIL**
Résidence Kayéla
℡ 06 90 40 05 79
cafecorailgp@gmail.com
Du mardi au samedi de 7h à 17h.
Un espace chaleureux et confortable situé au cœur de la marina de Saint-François. Vous y trouverez une gamme de délicieux jus pressés à froid, de smoothies bowl, de tartines gourmandes, de houmous colorés, de thés et de cafés et bien plus encore. Le décor et l'ambiance cosy invitent à la détente, en salle, en terrasse ou pourquoi pas dans une confortable chaise boule.

■ **DOUX METS SAVEURS D'ANTAN**
Parking du restaurant « 619 »
Rond point Martin Luther King
℡ 06 90 56 72 78
traiteur-doux-mets.fr
ambroise.dominique@wanadoo.fr
Tous les jours de 9h à 14h et de 17h à 19h. Plats à partir de 4€ à emporter ou à livrer
Vous découvrirez une cuisine antillaise artisanale en portions individuelles sous vide. Elle est élaborée à partir de produits frais. La cuisine est de saison à réchauffer au bain marie, au four ou au micro-ondes. Lasagne de lambi, fricassée de lambi, pavé de dorade au court-bouillon, crabe farci, blaff de burgot, calalou de crabe et sa chiquetaille de morue, colombo de cabrit ou de poulet fermier, bébélé cuit au feu de bois, fricassée de ouassous... Appelez pour connaître les plats de saison.

■ **DELICES & GOURMETS**
Les Comptoirs de Saint-François
℡ 05 90 48 54 19
delicesetgourmets@orange.fr
Ouvert du lundi au samedi de 9h à 19h. Plat entre 12 € à 18 €, dessert entre 3 € et 4,50 €.
Frais et faits maison, les plats proposés par Délices & Gourmets sont riches en saveurs : colombo de poulet, fricassée de poissons, tartares, boudins créoles et accras de morue. Situé en face de la gare maritime, le restaurant est au cœur des animations de la ville.

Bien et pas cher

■ **AROBAS CAFÉ**
La Marina
℡ 05 90 88 73 77
Fermé le lundi et le dimanche matin. Ouvert de 8h30 à 2h. Brasserie de 12h à 15h.
L'endroit idéal pour les amateurs d'ambiance branchée. Beaucoup d'habitués s'y retrouvent le week-end. Apéritifs en musique tous les soirs. Vous pouvez demander des assiettes pour accompagner vos boissons. wi-fi sur la terrasse.

■ **LE CACTUSS**
7 résidence Kayéla
℡ 05 90 20 27 56
le.cactuss971@gmail.com
Ouvert 7j/7. Service de 9h à 23h. Menus à partir de 12,90 € (apéritif et café inclus). Menu enfant : 11 €. Tickets Restaurant et Chèques Vacances acceptés. CB acceptée à partir de 10 €. wi-fi gratuit.
Pizzeria-restaurant traditionnel sur la marina face aux bateaux ! Cuisine maison à base de produits frais à un prix plus que raisonnable ! Service dynamique dans la bonne humeur. Ici, pas de mauvaises surprises, l'équipe se met en quatre pour vous satisfaire ! Succulentes pizzas, pâtes fraîches, lasagnes maison, viandes d'origine contrôlée premier choix, salades géantes, et bien sûr, spécialités locales (accras de morue, colombo, filet de poisson frais grillé, tartare de thon, ouassous).

Chez Christine

Domaine de Tuscany
97118 SAINT FRANCOIS
℃ 06 90 99 78 78
christine.camerol@gmail.com

■ 619

Rond point Martin Luther King
℃ 06 90 72 13 01
pereiroeric@gmail.com
Ouvert de 10h à 12h30 et de 16h à 22h. Fermé le dimanche et le lundi. Comptez 30-35 €, sans le vin. La cave est ouverte de 9h à 12h et de 16h à la fin du service.
Ce chiffre mystérieux est une enseigne bien visible au rond-point Pradel où se dresse la statue de Martin Luther King, près du casino de Saint-François. C'est maintenant une adresse bien connue qui sent bon le sud ouest de la France, Pays d'origine d'Eric le propriétaire. On y retrouve les spécialités basco-landaises comme le foie gras au rhum vieux, la terrine de cochon au piment d'Espelette, le confit de canard, le tout maison bien entendu. La cuisine est servie en fonction du marché, et les poissons proviennent exclusivement des pêcheurs locaux. Quant à la carte des vins, elle est unique en Guadeloupe ; en effet, le 619 c'est aussi un vrai cave, bar à vins avec plus de 200 références de bons flacons et des meilleurs alcools. Fort de ses 25 ans d'expérience, Eric est là pour vous conseiller une de ses récentes trouvailles, soit à emporter soit à consommer autour de quelques tapas en terrasse ou à table.

■ CHEZ CHRISTINE

47 Domaine de Tuscany
℃ 06 90 99 78 78
christine.camerol@gmail.com
Du mardi au dimanche de 18h30 à 22h. Addition moyenne à 25 €.
Un petit restaurant agréable et convivial où il fait bon manger des plats métissés, alliant cuisine française et créole (tagliatelles au lambi, gigonette de poulet fermier, christophine farcie

à la morue). Christine vous réserve un accueil des plus chaleureux.

■ O BISTROT DU PORT

Rue de la Liberté
Port de pêche
℃ 06 90 48 95 35
obistrotduport@gmail.com
Mardi et mercredi de 19h à 22h. Du jeudi au samedi de 11h30 à 15h et de 18h30 à 22h. Le dimanche de 11h30 à 15h.
Le chef Thierry vous fera découvrir une gastronomie évolutive 100 % antillaise avec des produits locaux. Les plats, toujours bien présentés, égayeront vos papilles.

■ LA PETITE CRÊPERIE

La Marina
℃ 05 90 90 28 40
lapetitecreperie971@yahoo.fr
Haute saison : ouvert 7j/7 midi et soir de 12h à 14h et de 18h30 à 22h en semaine et de 12h à 22h30 le week-end. Basse saison : ouvert midi et soir du mercredi au dimanche. Galette complète : 9 €. Dessert entre 3 € et 5 €. Bolée de cidre à partir de 3 €. Menu enfant : 13,30 €.
La Petite Crêperie jouxte la Marina, poumon de la ville de Saint-François. Les délices bretons se succèdent à l'intérieur de cette échoppe très bien décorée : galettes de sarrasin au beurre salé, crêpes au froment goûteuses, bouteilles de cidre fraîches. Une adresse parfaite pour une virée bretonne au cœur de la Guadeloupe.

■ LA PLAGE

Résidence Crystal Beach
Plage des Raisins-Clairs
℃ 05 90 68 07 04
sandanais86@gmail.com
Sur la plage des Raisins Clairs.
Bar-restaurant-snack ouvert de 12h à 14h30 et 15h le dimanche. Fermé le jeudi. Menu enfant à 11,50 €. Addition moyenne : 28 €. Tapas entre 7 € et 8,50 € plus une suggestion quotidienne. Transats sur la plage gratuits et réservés à la clientèle du restaurant.
Un lieu bien agréable pour déjeuner les pieds dans le sable à seulement quelques mètres de la mer et à l'ombre des palmiers ou des carbets. Vous pouvez profiter d'une journée à la plage sans avoir à vous soucier de votre pause-repas. La plage est bien entretenue et dotée de transats à disposition de la clientèle du restaurant. Sandrine et Fabrice, anciens cavistes venus de métropole ont su apporter leur touche personnelle en améliorant notamment la carte des vins mais également le site qui connaît une affluence justifiée par la qualité des prestations : le chef a fait ses armes dans

des restaurants gastronomiques de l'île. Il propose des plats originaux orientés cuisine du monde ainsi que des salades, des hamburgers maison… Des soirées thématiques sont organisées ponctuellement. L'établissement dispose de petits coins salons bien sympas pour prendre un rafraîchissement. Possibilité également de louer le site pour une soirée privée.

■ LES PIEDS DANS L'EAU
Rue de la République
℡ 05 90 88 60 02
Près de la base nautique.
Ouvert tous les jours midi et soir de 11h à 14h30 et de 18h45 à 21h15, sauf le mercredi. Plat : 14 € (fricassée de chatrou, poisson grillé, colombo de poulet, colombo de cabri), court-bouillon : 12 €, demi-langouste : 26 €. Sur commande : langouste en fricassée ou colombo de langouste à 26 €, soupe de fruit à pain à 18 €.
Dans un cadre simple, mais avec une superbe vue sur la mer et les barques de pêcheurs, ce restaurant propose une cuisine basée principalement sur la pêche du jour. C'est le cas de la langouste, c'est pourquoi, il faut venir assez tôt si vous avez décidé de manger une langouste. Le serveur vient vous montrer le crustacé avant qu'il n'aille dans la casserole, il vous propose même de poser pour la photo ! Ambiance conviviale et ti-punch maison offert au moment de régler l'addition.

■ LE P'TIT ILET
La Marina
℡ 05 90 91 99 27
Ouvert de 15h à 22h tous les jours sauf le jeudi.
Même s'il était bien connu en tant que crêperie, le P'tit îlet cuisine désormais des moules, au beau milieu de la marina de Saint-François, avec une belle vue sur les voiliers au mouillage. Le service est sympathique, rapide et efficace. En haute saison, soirée dansante sur réservation.

■ QUAI 17
La Marina
℡ 05 90 88 52 36
Service de 12h à 15h et de 19h à 23h tous les jours. Restaurant, pizzeria, glacier. Addition moyenne 25 €.
C'est le point de ralliement de nombre d'habitués de Saint-François. L'établissement fait l'angle de la marina. La vue sur les navires de plaisance ancrés est reposante. Les nouveaux gérants, Thierry et Véro, vous présentent la nouvelle carte qui s'adapte à tous les goûts : salades, pizzas au feu de bois, entrecôte, tartare, moules-frites, poissons, et tous les desserts sont faits maison. Les assiettes sont copieuses, le service très agréable. Très bon rapport qualité-prix.

■ **TI TAB KREYOL**

Route de la Pointe des Châteaux
Village artisanal
✆ 06 90 56 72 78
ambroise.dominique@wanadoo.fr
Entre 18 € et 20 € hors boisson
Voici un établissement qui apporte du dynamisme et de la saveur au cœur de ce village artisanal. Ce petit restaurant, à la décoration contemporaine, propose des plats élaborés à partir des produits du terroir. Vous pouvez également simplement y déguster une glace au cours de votre séance shopping.
L'établissement propose également des déjeuners en musique le week-end.

Bonnes tables

■ **L'AUTRE VERSION**

Galerie Crystal Beach
✆ 05 90 93 09 15
www.lautreversion.fr/
Au premier étage de la galerie commerciale.
Ouvert le soir du mercredi au samedi à partir de 19h ainsi que les samedis et dimanches midis. Addition moyenne entre 40 € et 50 €.
Le concept est inédit en Guadeloupe et l'ambiance n'a d'équivalent nul part sur l'île. En premier lieu, l'ambiance musicale est assurée par un pianiste. Vous pouvez y apprécier des plats caribéens et des plats traditionnels métropolitains. Gage de qualité des prestations, les habitués représentent une large part de la clientèle. Bien que la carte ne soit pas renouvelée très souvent, les suggestions viennent étoffer l'offre chaque soir. Le service se déroule sur la petite terrasse ventilée ouvrant sur la mer ou dans la salle climatisée au décor contemporain. La décoration épurée joue essentiellement sur les effets de matières en associant des matériaux bruts à d'autres plus raffinés avec notamment des tables au plateau en bois et aux pieds en inox brossé. Belles prestations avec de l'argenterie sur table et excellent accueil.

■ **LE BINÔME**

5 résidence Kayéla
✆ 06 90 80 91 70
rochet.marion@gmail.com
Ouvert lundi, jeudi, vendredi, samedi et dimanche de 8h à 14h30. Fermé le mercredi et le samedi en basse saison. Addition moyenne à 15 €.
Pour bien commencer la journée avec un petit-déjeuner complet, rien de tel que de se poser dans ce petit restaurant qui fait face aux bateaux de la marina de Saint-François. Pour le déjeuner, l'établissement propose une carte type brasserie et de copieuses glaces pour le dessert.

■ **CAFÉ WANGO**

Les Marines 1 ✆ 05 90 83 50 41
cafewango.com
alizee01@yahoo.com
Ouvert tous les jours en journée continue. Addition moyenne à 30 €.
Bar et restaurant avec une belle vue sur la marina. A la carte : tapas, salades, burgers, viandes grillées, woks, etc. Particulièrement appréciés des clients : le wango red burger à base de langouste et de bœuf, le pavé de bœuf à la plancha et son camembert pané au miel et aux céréales. Cocktails classiques et créations originales par Mickaël, meilleur barman de Guadeloupe depuis 2 années.

■ **LE COLOMBO**

Section la Coulée
Route de la pointe des Châteaux
✆ 05 90 88 41 29
restaurant-lecolombo.com
nainan_rudy@hotmail.com
Ouvert tous les jours midi et soir. Fermé le mardi et le dimanche soir. Addition moyenne : 45 €, plats à 25 € environ.
C'est un endroit à signaler aux amateurs de langoustes : elles sont de toutes tailles et sortent tout droit du vivier pour être grillées au feu de bois. A la carte, des grillades et des plats créoles (colombo de cabri, fricassée de lambi...). Un joli cadre familial qui existe depuis plus de 30 ans, face à la plage. Une valeur sûre sur Saint-François. Le petit plus : possibilité de manger les pieds dans le sable, au bord de l'eau.

■ **HOSTELLERIE DES CHÂTEAUX**

Route de la Pointe des Châteaux
✆ 05 90 85 54 08
www.hostellerie-des-chateaux.com
hostellerie-des-chateaux@wanadoo.fr
A 8 km de Saint-François, sur le site protégé de la pointe des Châteaux à 8 km du golf, à 3 minutes de la plage des Salines, et à deux pas de la plage de la Gourde et de la Tarare.
Fermeture hebdomadaire le dimanche soir et lundi. Menu du soir à 21/25€ (entrée + plat et dessert). Menu Découverte (avec langouste) à 48 €. A la carte, comptez environ 36 €. Plusieurs formules Grill-Party au déjeuner : 25 € (menu complet), 32 € (formule du boucher) et 12 € pour les enfants.
Le restaurant vous propose une cuisine variée mélangeant les saveurs créoles et françaises à déguster au bord de la piscine avec une superbe vue sur la mer. La formule Grill-Party au déjeuner inclut l'apéritif, le vin, le café et le vieux rhum. Le chef réalise des spécialités locales élaborées à partir des produits locaux du jour. La carte est agréablement variée entre pâtes, salades, grillades ou plats plus élaborés.

■ LE MABOUYA DANS LA BOUTEILLE

17 Saline Est

✆ 05 90 21 31 14

www.lemabouya.fr

Ouvert tous les soirs de la semaine sauf le mardi. Premier service à 19h, deuxième service à partir de 20h30. Comptez environ 45 € par personne pour un plat + dessert. Fermeture annuelle en juillet.

Drôle de nom que celui de ce petit restaurant gastronomique qui nous ravit à chaque visite. Cette petite case créole située un peu à l'écart de la marina mérite le détour. Le chef a l'art de faire découvrir des saveurs inédites faites d'influences de la Caraïbe et de la Méditerranée. Le décor est soigné tout comme le service. Belle cave à vins.

■ LE RHUMARIN

12 Rue de la république

✆ 06 90 68 74 01

lerhumarin@gmail.com

Du mercredi au vendredi de 11h45 à 14h et de 18h30 à 22h. Samedi et dimanche de 11h45 à 14h30 et de 18h30 à 22h. Addition moyenne à 40 €.

Les « garçons », comme on aime à les appeler, proposent une cuisine « provencréole » qui ravira vos papilles. Des plats traditionnels provençaux (daube de bœuf, tarte fine aux légumes, ratatouille) mariés aux épices antillaises et aux produits frais locaux (tartare de poisson, dorade du pêcheur). Ici, c'est du fait maison avec amour et passion ! Les assiettes sont colorées et la présentation soignée. Le cadre vous charmera tout autant avec une décoration recherchée. La terrasse en bois permet de profiter d'une vue imprenable sur le lagon. Le soir, l'ambiance est plus feutrée. Le petit geste écolo : les pailles sont comestibles ou biodégradables.

■ LE JARDIN DES 5 SENS

Les Hauts de St François

Plantation Ste Marthe

✆ 06 42 91 89 05

restaurant-5sens.com/

contact@restaurant-5sens.com

Le jeudi de 19h30 à 2h, le vendredi et le samedi de 19h30 à 23h et le dimanche à partir de 12h. Menu de 39 à 49 €. Planches de 18 à 25 €.

Dans un écrin de verdure, le Jardin des 5 sens vous ouvre ses portes pour profiter d'une ambiance lounge tropicale. La terrasse à l'ombre des bambous et des carbets est des plus agréables. Dans l'assiette, des produits frais de saison et locaux d'inspiration bistronomique. Et pour grignoter en buvant un cocktail ou un verre de vin, un choix de planches à base de charcuterie, fromages et poissons.

LE RHUMARIN

LE LAGON, SAINT-FRANÇOIS

12, rue de la république

97118 SAINT-FRANÇOIS

✆ 06 90 68 74 01

lerhumarin@gmail.com

■ LES FRÈRES DE LA CÔTE
Domaine de Tuscany ✆ 05 90 88 59 43
freresdelacote-guadeloupe.fr
Ouvert tous les jours sauf samedi midi et
mercredi. Compter 9 € pour une entrée et
entre 19 et 31 € pour un plat.
Un choix de poissons impressionnant pour ce
restaurant de très bonne qualité à Saint-François
qui accompagne une carte riche et variée. Les
produits sont frais et le tout est excellemment
cuisiné. Il est vivement recommandé de réserver
en haute saison pour avoir une place sur la
terrasse.

■ L'IGUANE TAVERNE
La Coulée
Route de la pointe des Chateaux
✆ 05 90 88 61 37
Ouvert du mercredi au dimanche le soir de 19h
à 22h et dimanche midi de 12h à 14h.
L'Iguane taverne propose des spécialités alsa-
ciennes telles que tartes flambées, choucroutes
et autres spätzles que vous pourrez accompagner de vins et bières de la région. Accueil
chaleureux et cadre agréable.

■ L'ASSIETTE GOURMANDE
La Marina
Avenue Kennedy ✆ 05 90 88 96 19
Villa_pandanus@yahoo.fr
Fermé le mardi. Menus entre 24 € et 29 €.
Au cœur de la Marina, l'établissement est réputé
pour ses poissons et autres produits de la mer
comme l'y invite sa localisation. Mais ses autres
plats sont à recommander également. Le tout
dans un espace somme toute assez grand
agrémenté d'une belle terrasse. L'accueil est
chaleureux et les plats sont copieux.

■ LE METIS CAFE
Rue des Salines-de-l'Est
✆ 06 90 53 81 50
le-metis-cafe.com/
Ouvert tous les soirs à partir de 19h. Fermé le
lundi.. Menu enfant Ti-moun à 12 €. A la carte,
comptez de 10 à 15 € pour une entrée et de
15 à 310 € pour le plat principal. Salades de
15 à 19 €. Réservation conseillée.
Certes, le Métis Café ne bénéficie pas d'un
panorama mais l'établissement est joliment

aménagé et sa mise de table est agréable. La
carte est élaborée à partir de produits frais de
qualité et propose des spécialités de la mer et
du terroir. Cuisine inventive et service soigné.

■ LE POIVRIER
30 rue de la République
✆ 05 90 24 79 29
www.le-poivrier.com
Ouvert du jeudi au lundi, midi et soir. Addition
moyenne à 40 €.
Une belle terrasse au bord de l'eau, un accueil
souriant et un service efficace, ce sont les bases
qui font de ce restaurant une très bonne adresse
pour déjeuner ou dîner à Saint-François. Vous y
apprécierez des plats de cuisine française à base
de produits frais avec quelques touches locales.

■ RESTO LE 8
8 rue des Salines est ✆ 06 90 50 58 32
Ouvert du lundi au samedi de 18h30 à 23h.
Addition aux environs de 35 €. Salades en
terrasse ou à emporter du lundi au jeudi de
11h30 à 14h (compter entre 10 et 15 €).
Francis et Damien vous accueillent chaleureusement dans un cadre épuré et agréable pour
savourer une cuisine à base de produits frais,
notamment le poisson. Desserts faits maison.
Possibilité d'être installé en salle ou en terrasse.
Bar à salades le midi sur place ou à emporter.

■ LA RHUMERIE DU PIRATE
Route de la Pointe des Châteaux
✆ 05 90 83 25 94
la-rhumerie-du-pirate.com
larhumeriedupirate@gmail.com
Face à l'épicerie Mervillon, avant d'arriver
sur la pointe des Châteaux.
Ouvert du lundi au dimanche midi ainsi que
vendredi soir et samedi soir. Réservation
conseillée. 6 menus aux noms des îles
environnantes à partir de 26 €. Menu Peter
Pan (pour les enfants) : 12 €. Prix moyen à la
carte : 30 €.
Un superbe emplacement et un accueil agréable
pour ce restaurant tout en bois qui dispose
d'une immense terrasse avec une vue panoramique sur la mer, Marie-Galante, les Saintes
et Petite-Terre dont on peut distinguer le phare
par temps dégagé. Si vous avez de la chance,

vous pourrez même apercevoir des baleines évoluer au large. Vous y dégusterez toutes les spécialités antillaises au travers des plats du jour et des nombreux menus à un tarif raisonnable (langouste grillée, fricassée de lambi ou chatrou, court-bouillon de poisson). Pour les amateurs, l'établissement propose plus de 40 variétés de rhums de la Caraïbe. Si vous souhaitez une table face à la mer, pensez à réserver surtout les week-ends et jours fériés. Passage obligé : la photo en pirate des Caraïbes à l'entrée du restaurant !

■ SEASIDE
Marina
℃ 07 67 02 91 63
restaurant-seaside.com
contact@restaurant-seaside.com
Service du lundi au dimanche de 11h30 à 15h et de 18h30 à 22h30. Fermé le jeudi. Addition moyenne à 30 €.
Amateurs de poisson ou de viande, tout le monde trouvera son compte dans ce nouveau restaurant de la marina. Profitez de la terrasse ombragée pour boire un cocktail, déjeuner ou dîner, avec en prime la vue sur les bateaux. La carte offre une belle diversité de plats composés autour du poisson frais issu de la pêche locale (thon, marlin, dorade), mais aussi des burgers et des pizzas maison et un choix de viandes.

■ LE ZAGAYA
21 rue de la République ℃ 05 90 88 67 21
A proximité de la gare maritime.
Ouvert tous les jours midi et soir, sauf le dimanche, le lundi midi et le mercredi midi. Comptez en moyenne 35 € pour une formule entrée, plat et dessert. Réservation recommandée.
Le restaurant bénéficie d'un emplacement privilégié. Franchissez le seuil afin de vous en rendre compte et vous ne serez pas déçu car il est situé quasiment les pieds dans l'eau, face au lagon de Saint-François, dans une ravissante petite case créole joliment décorée. Vous êtres bercé par le doux bruit des vagues s'échouant aux pieds de la terrasse. L'équipe est très accueillante et s'attache à rendre votre passage le plus agréable possible avec un service aux petits soins. Les assiettes sont copieuses et la présentation est recherchée. Le chef propose une cuisine gastronomique élaborée à partir des produits frais du terroir mais très variée, le tout accompagné de légumes pays. Gage de fraîcheur, vous choisissez votre langouste dans le vivier. Très pratique, l'aire de jeux sécurisée pour les enfants qui permet de profiter de ce bon moment en toute quiétude. Pensez à réserver afin de bénéficier d'une table avec la meilleure vue.

GRANDE-TERRE

RESTAURANT LE ZAGAYA
UN DÉCOR DE RÊVE
UNE CUISINE RAFFINÉE
GUADELOUPE
RUE DE LA RÉPUBLIQUE (À CÔTÉ DU PORT)   TÉL. 05 90 88 67 21

Domaine de Tuscany
97118 SAINT-FRANCOIS
✆ 05 90 23 04 85

■ **TI FRANCINE**
Domaine de Tuscany
✆ 05 90 23 04 85
tifrancine.online@gmail.com
*Lundi, mardi et samedi de 18h30 à 22h. Mercredi,
vendredi et dimanche de 12h à 14h et de 18h30 à
22h. Fermé le jeudi. Addtion moyenne à 30/35 €.*
Dans un cadre convivial et coloré, à côté de la
plage des Raisins clairs, Patricia et Christophe
vous accueillent dans le restaurant Ti Francine
et vous proposent une cuisine élaborée entièrement avec des produits frais et de la région.
Bâtie autour de 2 axes, la carte surfe sur un
esprit bistronomique mais on y trouve aussi les
classiques de la cuisine créole et les superbes
pizzas de Régis. Il n'a d'autre ambition que
celle de proposer une cuisine sincère et ancrée
dans la saison, authentique et colorée, joyeuse
et généreuse.

■ **AU WIDDY'S**
Marina
10 galerie du port ✆ 06 90 30 70 11
auwiddys@hotmail.fr
*Ouvert du mardi au samedi de 19h à 23h.
Addition moyenne : 45-50 € (entrée + plat,
hors boissons).*
Une cuisine métissée, qui revisite de célèbres
plats de la cuisine du monde (risotto, lasagnes,
etc.) avec des produits locaux et de saison.
Un grand choix de poissons et fruits de mer
locaux (lambi, langoustines des grands fonds,
langoustes). Un réel plaisir, tant pour les yeux
que pour les papilles.
Réservation conseillée. Salle privative sur
demande.

Luxe

■ **L'ORCHIDEA**
12, lotissement du Golf
✆ 05 90 22 32 38
orchidea-restaurant.fr/
info@orchidea-restaurant.fr
En direction des Hauts de Saint-François,
juste après le casino, tournez à gauche.
*Ouvert du mercredi au vendredi de 19h30 à
21h30, le samedi de 12h à 13h et de 19h30 à
21h30 et le dimanche de 12h30 à 13h30 et*
*de 19h30 à 21h30. Addition moyenne :
90 €. Menus : plaisir : 49 €, Passion : 81 €,
Langouste : 105 €, Emotion : 165 €, Enfant :
25 € ; accord mets et vins de 17 à 36 € selon
le menu.*
Une des meilleures tables de Guadeloupe. Le
chef et propriétaire, Arnaud Bloquel, a été initié
par des chefs reconnus tels Christian Constant,
Joël Robuchon, Cyril Lignac... et également
avec le champion du monde de pâtisserie,
Jean-François Bérard. Intronisé en juillet 2015 à
l'Académie nationale de cuisine, il a obtenu le
trophée des Chefs ultramarins en mars 2016 et a
été sacré maître restaurateur de l'année 2018. Il
prépare une cuisine créative et subtile sublimée
par une présentation originale. Le service a lieu
sur la terrasse bordée par une piscine avec vue
sur le golf de Saint-François. Son prochain
objectif : devenir Meilleur ouvrier de France.

■ **LA PORTE DES INDES**
Desvarieux ✆ 05 90 21 30 87
la-porte-des-indes.fr/
laportedesindes971@gmail.com
Au rond-point Martin-Luther-King, prendre la
direction du Moule.
*Fermeture annuelle entre mi-septembre et
mi-octobre. Ouvert du mardi au samedi soir et
le dimanche midi. Comptez 50 € par personne
pour un menu.*
Dans cette jolie villa créole entièrement en bois,
au superbe décor, les spécialités de la maison
sont les tandooris, currys et incontournables
nans (le pain indien). Mais la carte est si vaste
qu'il vaut mieux demande conseil si vous n'êtes
pas un habitué de la cuisine indienne. Les plats
sont faits à la minute, ce qui implique une attente
(indiquée sur la carte).

Sortir

■ **CASINO DE SAINT-FRANÇOIS**
Lieu-dit Sainte-Marthe ✆ 05 90 88 41 31
www.casinosaintfrancois.com
saint.francois@groupecogit.com
Accès face au golf.
*Salle de jeux ouverte de 10h à 2h du lundi au
jeudi et le dimanche, de 10h à 3h le vendredi, de
10h à 3h le samedi et les veilles de jours fériés.*

Sur place, de nombreuses machines à sous dans un espace très populaire ouvert tous les jours, dès le matin. Ne pas oublier la pièce d'identité qui vous sera réclamée à l'entrée. Pour les jeux de table et de cartes (roulette américaine, stud poker, black-jack), on joue dans des locaux rénovés. Le piano-bar et restaurant Le Joker, ouvert du mercredi au samedi à partir de 20h, propose régulièrement des animations : soirées karaoké le mercredi et vendredi, soirées GJ surprise le jeudi, soirées années 1970-1980, concerts d'artistes locaux, défilés de mode... La page Facebook de l'établissement vous permettra de consulter la programmation.

■ **L'ENTRACTE**
Port de pêche ✆ 06 90 64 70 34
Du lundi au samedi de 10h à 13h et de 16h30 à l'aube. Fermé le dimanche.
Le bar dispose d'une terrasse offrant une superbe vue sur la mer et le port. Domi vous propose plus de 40 sortes de bières, des tapas, des salades. Tous les vendredis soir, il y a un concert live et les samedis soir, un karaoké.

■ **GAINS-BAR**
Marina ✆ 06 90 47 46 60
Ouvert tous les jours à partir de 17h sauf le mardi.
Le bar-lounge vous accueille sur la marina pour un moment de détente en dégustant un cocktail entre amis sur une terrasse au bord de l'eau. La décoration intérieure est dédiée à Serge Gainsbourg, vous y apercevrez le buste de Serge Gainsbourg et de nombreuses photos.

■ **L'@ROBAS (CYBERCAFÉ)**
La Marina ✆ 05 90 88 73 77
Ouvert tous les jours de 8h à 2h sauf le lundi. Fermé le dimanche matin et ouvert de 15h à 22h l'après-midi.
Comme son nom l'indique, vous pouvez venir ici pour consulter vos mails et surfer sur Internet. C'est aussi un bar à cocktails (avec ou sans alcool, dont notamment une « petite douceur » des plus agréables. Vous pouvez également vous restaurer sur place le midi de 12h à 15h. Apéritif en musique tous les soirs et retransmission sur écran géant des événements sportifs.

À voir – À faire

Si le bourg ne connaît pas une animation frénétique, c'est que l'on vient y chercher la tranquillité et la douceur de vivre. Certaines plages sont situées en plein centre. Des petites baraques typiques proposent des boissons, de la nourriture (brochettes, grillades, bokits, glaces). En arrivant de Sainte-Anne, la longue et belle plage municipale des Raisins clairs se trouve sur la droite après le stade municipal. Après le port de pêche, le long du front de mer, vous tombez sur

des petits restaurants où vous pouvez manger du poisson grillé. C'est également à cet endroit que se situe l'embarcadère des navettes maritimes qui vous emmènent vers les îles environnantes. Vous pouvez aussi y acheter du poisson chaque matin sur le marché de l'embarcadère. Juste après vous accéderez à la rue de la République où des restaurants plus gastronomiques sont présents en bord de lagon. Si vous souhaitez plus d'animation, c'est du côté de la marina qu'il faudra vous diriger. Très touristique mais sans cachet particulier, elle s'est développée, avec ses yachts et bateaux modernes, ses glaciers, crêperies et pizzerias, ses agences de voyages, immobilières ou locatives (voitures, bateaux), mais aussi les banques, la Poste, le supermarché. Le casino se trouve à proximité de la marina.

■ **ANSE À LA BARQUE**
Entre Sainte-Anne et Saint-François.
Dans ce site sauvage, à l'embouchure de la rivière de l'Anse à la Barque, la plage de sable blanc aux eaux turquoise est bordée par la mangrove. Une riche végétation de palétuviers, mangles, lianes, racines aquatiques avoisine la plage. Proche du sable, les arbres apportent une ombre bienvenue. On aurait bien envie d'approcher pour se protéger du soleil ! Attention, cependant, de ne pas s'asseoir ou de s'allonger sous les cocotiers, car les chutes de fruits sont possibles et potentiellement dangereuses. Les mancelliniers, dont l'essence des fruits toxique brûle la peau, doivent aussi être scrupuleusement évités (ne pas s'y abriter lors d'une averse). Ils sont signalés par de la peinture rouge autour du tronc.

■ **ANSE À LA GOURDE**
A gauche en direction de la Pointe des Châteaux, après le ralentisseur et côté Atlantique.
En plus d'une plage de sable blanc idyllique et sauvage du côté de la Pointe des Châteaux, et d'un domaine de plongée intéressant, ce site a révélé la présence d'objets archéologiques précolombiens. Une route étroite mène à un site balayé par le vent du large, spot apprécié des surfeurs.

■ **ANSE À L'EAU**
Route de l'Anse à l'Eau
Prendre la direction du Moule au niveau du rond-point de Martin Luther King pendant environ 5 km.
Une petite crique calme mais sans espace ombragé, qui se mérite car le chemin pour y accéder n'est pas des plus aisés. Vous pouvez admirer une variété de poissons en étant simplement équipé d'un masque, d'un tuba et de palmes.

■ KREOL WEST INDIES

Route de la Pointe des Châteaux
☎ 05 90 24 41 92
www.kreolwestindies.com
kreolwestindies@gmail.com
Ouvert 7j/7 de 9h à 18h30.
Kreol West Indies dispose de deux espaces de promotion des arts et du patrimoine, celui de Saint-François et un autre situé à Grand-Bourg de Marie-Galante qui est rapidement devenu un point d'intérêt majeur de tourisme culturel. Ce concept novateur d'exposition historique, sorte de machine à remonter le temps mêlant les arts contemporains et les objets du patrimoine, propose une scénographie originale reconstituant chaque période préhistorique et historique, par strates chronologiques : « Civilisations précolombiennes », « Flibuste et piraterie », « Débuts de la colonisation », « Intérieurs créoles du XVIIIe au XXe siècle » et « Les années 1940 ». Cette exposition permanente baptisée 4 000 ans d'histoire dévoile une importante collection d'objets du patrimoine mobilier antillais dans une villa au cœur d'un jardin tropical : 400 m² d'exposition… le tout mêlé aux œuvres d'art contemporain d'artistes antillais de renom : Félie-Line Lucol, François Piquet, Jean-Marc Hunt, Bénito, Yeswoo, Jean-Marie Heraud exposent plus de 200 œuvres en intérieur comme dans le parc paysager. Une boutique écocitoyenne complète la trilogie des points d'intérêt avec un logo du même nom : beach wear, produits du terroir, sacs et produits en voile et matériaux recyclés, collaboration humanitaire. Des expositions, cocktails, rencontres littéraires et autres manifestations sont régulièrement organisés (renseignements sur la page Facebook Kreol West Indies).

■ MUSÉE DES BEAUX ARTS DE GUADELOUPE

Marina
☎ 05 90 28 43 18
mbasf@orange.fr
Ouvert du mercredi au dimanche de 11h à 19h. Entrée : 5 €, enfant de 6 à 16 ans et étudiants : 3 €. Gratuit pour les enfants de moins de 6 ans accompagnés d'un adulte.

Il s'agit du premier musée des Beaux-Arts de Guadeloupe, ouvert en 2017 par Jérôme Filleau, collectionneur d'art. A travers sept salles et une coursive, le lieu propose près de 130 œuvres (tableaux, dessins et sculptures) du XVIe siècle à nos jours en privilégiant les artistes nés, exerçants ou ayant exercé en Guadeloupe. Aux grands maîtres de la période néoclassique tels que Guillaume Guillon Lethière, se succèdent les artistes du XIXe siècle comme l'illustre Evremond de Bérard. Les artistes contemporains guadeloupéens ne sont pas en reste puisqu'un important espace leur est dédié avec des œuvres prêtées par des peintres et sculpteurs en vogue, à l'instar de Félie-Line Lucol, qui transforme avec brio les déchets en sculptures et installations artistiques. Cette dernière partie de la visite surprendra à coup sûr les visiteurs par son originalité ! Jérôme Filleau se fera un plaisir de vous guider et vous fera voyager à travers les époques avec une grande pédagogie…

■ PLAGE DE TARARE

Plage de Tarare
Accessible en voiture par la D118 (en direction de la Pointe des Châteaux), à environ 5 km sur votre gauche après Saint-François. La route est caillouteuse, jusqu'à l'aire de stationnement, puis continuez à pied par un sentier.
Seul endroit en Guadeloupe où le naturisme est autorisé, cette superbe petite anse sauvage est fréquentée par les gays et les partisans du « vivre nu ». Parfois, des voyeurs rôdent et se cachent derrière les arbres. Le lieu est évidemment déconseillé aux familles. De beaux fonds marins à admirer près des rochers.

■ PLAGE DU LAGON

Plage du lagon
Accès à l'extrémité de la marina, par le boulevard de l'Europe.
C'est la plage la plus proche lorsque vous êtes dans le bourg, au bout de l'avenue de l'Europe. Autour de midi, à l'heure où il fait le plus chaud, l'eau prend sa plus belle teinte turquoise. Tout le monde s'y presse… Sur place, un restaurant éponyme où vous pouvez simplement louer un transat, boire un verre ou bien déjeuner.

■ **POINTE DES CHÂTEAUX** ★★★★

Le paysage, à l'extrême est de l'île, se fait plus sauvage, avec une végétation basse et peu d'habitations. Un royaume farouche, aux flancs rocailleux battus par les vagues. Cette extrémité ne s'apprivoise pas et vous offre bien plus qu'un spectacle exotique : une cure de nature à l'état brut. Certains disent que le diable a élu domicile dans ces rouleaux, la baignade y est d'ailleurs interdite. Un sentier, à proximité, vous mènera jusqu'à la croix où un poème de Saint-John Perse a trouvé un refuge éternel. Admirez le point de vue marin et l'île de la Désirade, que vous pouvez apercevoir par temps clair. Cette superbe promenade peut s'effectuer tranquillement en une heure aller-retour. De Saint-François, à partir de la marina, quittez la N4 et continuez sur la D118. La route longe un littoral à la végétation sauvage, offrant des paysages très attrayants de mangrove et de marigot. Sur votre gauche, des petits restaurants dans les terres diffusent des senteurs de langouste et de fruits de mer. D'autres établissements ont la chance d'être situés côté mer et offrent ainsi des vues panoramiques sur la côte rocheuse. Les plages des environs sont probablement les plus belles de l'île. A l'extrémité orientale de la Pointe, le paysage se fait plus sauvage, avec une végétation basse de mangrove. Ce marigot quasiment désertique comporte peu d'habitations et procure cette impression de fin de terre, chère aux Bretons, bien que la comparaison s'arrête là. Ne repartez pas sans avoir goûté au fameux sorbet coco préparé selon la tradition locale.

▶ **Des fouilles archéologiques** entreprises sur les sites de l'anse à la Gourde et de la Pointe des Pies ont révélé la présence d'Amérindiens, sur cette terre exposée aux alizés, de 300 à 1400 après J.-C.

La communauté religieuse des Capucins, qui s'y installe en 1683, lui donne le nom de la paroisse des Châteaux.

▶ **Une étonnante pointe calcaire qui s'avance dans la mer.** Cette extrémité ne s'apprivoise pas dès la sortie de voiture. Il vous faudra marcher un peu, et monter par le petit sentier jusqu'au calvaire pour embrasser la vue panoramique, somptueuse. Des rochers et des pitons battus par les vagues que soulève le vent – le spectacle de la nature à l'état brut ! Sur une stèle, un poème de Saint-John Perse, ode à la mer, complète cette vision magnifique. Admirez le point de vue marin sur l'île de la Désirade, par temps clair, et une large partie de Grande-Terre. Comme à la Porte d'Enfer, au nord, on dit que le diable vit dans ces rouleaux déchaînés, et la baignade sur la plage de l'Anse est d'ailleurs interdite.

■ **LES RAISINS CLAIRS**

Une longue et belle plage de sable blanc qui doit son nom aux nombreux raisiniers qui ornaient autrefois ses bordures. Grand parking pour se garer (pensez à bien fermer les portes et fenêtres du véhicule et à ne rien laisser en évidence), douche sur la plage municipale et restaurant sur place. La plage est très fréquentée pendant les vacances, les week-ends et les jours fériés. Plusieurs points de restauration sont situés en bord de route. Si vous recherchez plus de sérénité et une cuisine plus diversifiée, suivez la route du stade et du gymnase, vous arriverez au restaurant La Plage, situé les pieds dans le sable et qui dispose de transats réservés à sa clientèle.

Pointe des Châteaux.

Avenue de l'Europe,
Saint-François 97118
Tél. **05 90 88 72 28**
golfclub118@gmail.com

■ **LES SALINES**

Pointe des Châteaux – Anse des Salines
Prendre la direction de la Pointe des Châteaux,
à partir de la coulée, faites environ 8 km pour
arriver juste avant le parking de la Pointe des
Châteaux. Suivez à pied un petit chemin sur
votre gauche.
Cette large bande de sable est très agréable mais
elle ne dispose pas d'ombre. Vous aurez face à
vous un petit lagon protégé par le récif coralien.

■ **SALLE D'EXPOSITION**
ET DE CONSERVATION DU PATRIMOINE

Rue de la République
Depuis 2000, l'ancienne prison superbement restaurée abrite une salle d'exposition
et de conservation du patrimoine. Laissé
à l'abandon pendant des années, l'édifice,
datant du XIXe siècle, est maintenant le lieu de
rencontres culturelles. Des artistes y exposent
régulièrement.

Sports – Détente – Loisirs

Sports – Loisirs

■ **AQUA DES ILES**

Plage de la base nautique
✆ 06 90 57 68 88
elatre.christophe@orange.fr
Lundi, mardi, jeudi : 8h30 et 13h. Mercredi : 16h.
Vendredi : 14h. Samedi : 9h. Séance de Velaqua
dans le lagon : 10 €. Forfait 10 cours à 20 €.
Qui a dit que profiter des joies d'une baignade
n'était pas compatible avec un peu de remise en
forme ? Cet établissement sportif vous propose
de vous remettre en forme en douceur avec des
formules d'aquabiking et de Velaqua. Objectif ?
Travailler l'ensemble du corps dans l'eau et se
tonifier sans s'en rendre compte !

■ **ACTION KITE CARAÏBES**

Plage du Bourg
Base nautique ✆ 06 90 86 81 35
www.guadeloupe-kitesurf.com
surfm@wanadoo.fr
Près de la marina.
Ouvert toute l'année. Tandem découverte
(20 min) : 30 € par personne. Stage pleine
eau de perfectionnement 3x3 : à partir de 260 €,
location surveillée : 60 € la demi-journée.
La première école de kitesurf en Guadeloupe,
ouverte depuis 1999 et dotée du label Ecole
française de kitesurf. Cette structure propose
des stages pour tous niveaux. Réservation
obligatoire.

■ **ASSO GOLF 118**

Avenue de l'Europe
✆ 05 90 88 41 87
www.golf-saintfrancois.com
golfclub118@gmail.com
Ouvert du lundi au dimanche de 7h à 18h. Tarifs
selon saison et durée : à partir de 20 €. Location
de club de golf et restauration possibles sur
place.
Dessiné par le célèbre architecte Robert Trent
Jones en 1978, le Golf de Saint-François déploie
son parcours de 5 990 mètres entre cocotiers,
bunkers sablonneux et petites mares. A la fois
technique et accessible, le parcours convient
aussi bien aux joueurs expérimentés qu'aux
débutants. Un excellent moyen de s'adonner à
sa passion durant son séjour.

■ **CARAÏBE PARACHUTISME**

Aérodrome de Saint-François
✆ 06 90 86 73 36
www.caraibeparachutisme.com
caraibeparachutisme@gmail.com
Baptême de chute libre : 319 € (309 €/personne
si vous êtes deux). Options : vidéo ou photos
du baptême de chute libre : 85 €, vidéo avec
montage : 100 €, vidéo avec montage + photos :
120 €. Baptême de chute VIP + vidéo avec
montage + photos sur la plage de la Gourde
(Pointe des Châteaux) : 520 €. Ouvert du lundi
au vendredi à partir de 9h et le week-end à
partir de 8h30. Fermeture hebdomadaire le
mercredi.
Si vous aimez les sensations fortes, après
environ 30 minutes de survol de la Grande-
Terre en avion, lancez-vous harnaché à votre
moniteur. Le grand saut à 1 500 m d'altitude,
vous descendez à la vitesse de 200 km/h
pendant 45 secondes de chute libre ! Ensuite,
vous avez droit à 10 minutes de descente en
parachute, pour apprécier un panorama inédit.

Vous pouvez même obtenir une vidéo et/ou des photos de votre saut.
Attention : un certificat médical de non contre-indication à la pratique du parachutisme est obligatoire.

■ BALADE LITTORALE À SAINT-FRANÇOIS
✆ 05 90 82 09 30
Cette balade de 9 kilomètres relie l'anse à la Baie et l'anse à l'Eau, au nord-est de la ville de Saint-François. Le départ se fait au niveau du parking de la première anse. De là, un chemin d'abord goudronné puis terreux vous mènera d'abord à la chapelle de la Baie Olive, puis jusqu'à la deuxième anse en suivant le littoral. Le parcours est très facile, mais mieux vaut éviter les tongs car vous traverserez des passages de roches coralliennes. Arrivé à l'anse à l'Eau, le sentier fait une petite boucle, qui n'est pas obligatoire, avant de faire demi-tour.

▶ **Tarif :** gratuit.
▶ **Durée :** 2h.
▶ **Difficulté :** facile.

■ PARADOXE CROISIÈRES
Marina de Saint-François
✆ 05 90 88 41 73
www.paradoxe-croisieres.com
contact@paradoxe-croisieres.com
A l'entrée de la Marina.
Bureau ouvert tous les jours de 8h à 12h et de 16h à 19h. Excursion en catamaran à voile à Petite-Terre : 90 €/adulte, 70 €/enfant (de 2 à 12 ans). Pour Marie-Galante : 85 €/adulte, 65 €/enfant (excursion le jeudi pour Marie-Galante). Déjeuner et boissons à volonté inclus. Excursion en catamaran à moteur (Capresse), le tarif est de 105 € pour les adultes et 95 € pour les enfants de 2 à 12 ans.
La structure propose des sorties en mer à bord du *Paradoxe II,* un catamaran de 25 mètres. Les excursions proposées vous emmènent à Petite-Terre ou Marie-Galante. Possibilité d'affréter le catamaran pour des événements privés. Programme vers Petite-Terre : départ à 8h, traversée d'environ 1h30, baignade en PMT, apéritif et repas sur la plage, visite pédestre guidée de l'île, et retour vers 17h30. Pour Marie-Galante : départ à 7h30 pour environ 2h de traversée, visite guidée en bus, apéritif et repas, dégustation de rhum, et retour vers 18h. En nouveauté cette année, le *Capresse*, catamaran à moteur « tout confort » de 15 mètres, vous propose des excursions vers Marie-Galante mais aussi des sorties privées (12 passagers) personnalisées en fonction de vos envies (balade le long des côtes de Saint-François ou de Sainte-Anne, îlet Gosier…).

GRANDE-TERRE

■ GOLF INTERNATIONAL DE SAINT-FRANÇOIS

Avenue de l'Europe © 05 90 88 41 87
www.golf-saintfrancois.com/
saint-francois.golf@wanadoo.fr
Ouvert tous les jours de 7h à 18h. Fermeture exceptionnelle le 1er mai et le 1er janvier.
Situé au cœur de la station balnéaire, le golf est signé du célèbre architecte américain Robert Trent Jones Sr. Son parcours 18-trous, sur 5 990 km², entièrement rénové en 2011, s'étend entre cocotiers, bunkers sablonneux et lacs artificiels. L'ergonomie du parcours convient tout autant à la compétition qu'au golf touristique. Les créneaux les plus agréables restent les matinées et les fins d'après-midi. Deux professionnels du golf sont disponibles tous les jours de la semaine. Sur place, vente de matériel de jeux (balles et tees). Boutique sur place.

■ GWADA LOISIRS

Immeuble Kayela
10 La Marina © 05 90 88 49 80
www.gwada-loisirs.com
resa@gwada-loisirs.com
Location de VTT avec sac à dos, pompe et nécessaire de crevaison : à partir de 20 € la journée. Formules d'excursions en bateau.
Grâce à cette structure, vous pouvez bénéficier de nombreuses réductions concernant la plongée, le *quad*, le scooter des mers, la balade en ULM Hydravion, la journée à Petite-Terre, le *wakeski* ainsi que de toutes les bonnes adresses de restaurants et visites de l'île.

■ MARINA DE SAINT-FRANÇOIS

© 05 90 88 47 28
www.marina-saint-francois.com
Capitainerie ouverte du lundi au vendredi de 8h à 12h et de 14h à 17h, le samedi de 8h30 à 12h.
Si l'approche du port est étroite, l'abri des bateaux est assuré avec à l'arrivée, pour les plaisanciers, une ambiance conviviale, des commerces, des boutiques et des restaurants à proximité immédiate. La marina est située au cœur de la commune. Elle se distingue par son infrastructure moderne. Elle a été rénovée récemment et peut accueillir jusqu'à 220 bateaux avec 7 nouveaux pontons flottants, tous équipés de bornes de distribution d'eau et d'électricité. Les passes à travers la barrière de corail sont bien signalées. Avis aux habitués des côtes métropolitaines : le code couleur est ici inversé, et le rouge et le vert sont donc respectivement utilisés pour bâbord et tribord, et non l'inverse.

■ L'ÉCOLE DE VOILE DE FLORENT

La Marina © 06 09 51 32 72
www.florent-skipper.com
ecoledevoiledeflorent@gmail.com

Cours de voile sur une journée ou une demi-journée. Souvent en mer, à joindre par mail, téléphone ou texto.
Pour se détendre, découvrir, s'initier ou se perfectionner à la voile, en mode sportif ou familial.

■ NOA PLONGÉE

Avenue de l'Europe
© 05 90 89 57 78
noaplongee.fr
noaplongee@gmail.com
Après la marina à droite, à côté du Resto des artistes
Ouvert toute l'année, 7j/7 de 9h à 12h et de 16h à 19h. Baptême à partir de 8 ans : 50 €. Forfait découverte : 85 €. Forfait 2 plongées : 90 €. Plongée de nuit : 50 €. Palme, masque, tuba (lagon de Saint-François) 16 €.
Une vingtaine de sites de plongée à découvrir sur les sites du banc des Vaisseaux et des Roches merveilleuses, aux abords de la réserve naturelle des îlets de Petite-Terre et de l'île de La Désirade (bancs de barracudas, requins dormeurs, raies pastenagues, tortues, etc.).

■ QUAD BUGGY

Dubedou
© 06 90 51 50 51
www.quad-buggy-guadeloupe.fr
contact@quad-buggy-guadeloupe.fr
A 4 km de Saint-François en direction du Moule.
Randonnée découverte d'1h30, 80 €/quad, 100 €/buggy. Randonnée de 3h, 120 €/quad, 150 €/buggy.
Leurs randonnées sont basées sur la découverte de la faune et de la flore. Au choix, randonnée à la journée ou à la demi-journée en quad ou en buggy. Le parcours passe par la plage, la forêt et le marécage. Les randonnées sont adaptées selon le souhait et le niveau des participants. Permis B obligatoire pour le buggy 300 cm³, permis A ou B pour le quad 250 cm³. Plus sportif que le buggy, le quad nécessite environ 15 minutes de prise en main.

■ UHAÏNA CROISIÈRES

Route du lagon
© 06 90 38 58 28
www.uhaina-croisieres-guadeloupe.com
uhainacroisieres@gmail.com
1re à droite après Europcar, face au restaurant Les Artistes.
Journée à Petite-Terre à partir de 90 €/adulte, et de 70 €/enfant (2 à 12 ans). Pour les bébés de moins de 2 ans, 30 €.
L'excursion vers Petite-Terre s'effectue à bord d'un catamaran. Départ en petit comité à 7h15 pour environ 1h30 de navigation. Retour vers 17h30 après une journée au paradis sur

terre ! Possibilité de baptême de plongée dans les eaux translucides de Petite-Terre (en supplément).

■ ULM ARCHIPEL
Aérodrome de Saint-François
Chez Sixt location de voiture
✆ 06 90 57 88 92
www.ulm-archipel.com
contact@archipailes.com
Ouvert tous les jours de 8h à 18h sur rendez-vous. Circuit vert jusqu'à la Pointe des Châteaux (20 min) : 50 €, Petite-Terre (40 min) : 90 €, La Désirade (1 heure) : 120 €, les Saintes (deux heures) : 240 €.
Envolez-vous en ULM de l'aérodrome de Saint-François pour découvrir autrement la Guadeloupe et ses dépendances. Des paysages à vous couper le souffle.

■ YACHT-CLUB DE SAINT-FRANÇOIS
La Marina ✆ 05 90 48 53 68
www.ycsf.fr – voile@ycsf.fr
Installé à la Marina, le Yacht-club propose de nombreux stages, des activités autour de la voile et autres activités nautiques.

■ ULM CARAIBES
Aérodrome de Saint-François
✆ 06 90 64 28 48
www.ulmcaraibes.com
jca.developpement@gmail.com
Ouvert tous les jours. Circuits touristiques entre 40 et 260 € selon le type d'appareil et le circuit choisi.
Baptêmes, vols touristiques, école de pilotage, formation d'instructeurs, location d'appareils, randonnées aériennes dans les îles des Caraïbes... Parce que c'est plus beau, vu d'en haut ! L'archipel vu du ciel, une façon originale de découvrir les îles aux côtés d'un pilote dans un ULM biplace. Possibilité de voler en patrouille jusqu'à 4 personnes. Plusieurs circuits touristiques sont proposés. Ils sont visibles sur le site Internet. La flotte comprend également des

autogires, appareils à l'allure de petits hélicoptères qui permettent une vision panoramique appréciable. L'association propose également de vous initier au pilotage ou de vous perfectionner.

■ VOL PENDULAIRE GUADELOUPE
Aérodrome de Saint-François
✆ 06 90 49 72 19
www.volpendulaireguadeloupe.com
contact@volpendulaireguadeloupe.com
70 € pour 25 min de vol, 90 € pour 35 min, 130 € pour 50 min de vol. Tous les jours sur rendez-vous (par téléphone ou mail). Vols possibles à partir de 15 minutes avant le lever du soleil jusqu'à 15 minutes après le coucher.
La sensation d'être un oiseau, de planer au-dessus du lagon, porté par le vol lent et stable d'un ULM pendulaire... Voici l'expérience que vous vivrez sous une aile delta, confortablement installé en place arrière ! Gaëtan, le pilote, est un passionné qui saura vous faire apprécier le vol.

Détente – Bien-être

■ THE PRIVATE SPA
Sainte-Marthe Center ✆ 05 90 48 95 67
theprivatespa.fr
contact@theprivatespa.fr
Situé sur le domaine de la Plantation Resort & Spa.
Ouvert du lundi au samedi de 10h à 19h.
Pour un moment de pure détente, rendez-vous dans le cadre idyllique du Private Spa sur les hauteurs de Saint-François. Les soins du corps sont effectués avec un grand professionnalisme et les masseuses ont à cœur de rendre votre moment de bien-être le plus agréable possible. Rituel oriental traditionnel, rituel sublime de Polynésie, gommage aromatique aux épices..., autant de soins cocooning pour satisfaire ses envies de relaxation. Et pour un moment encore plus zen, n'hésitez pas à découvrir le jardin des Cinq Sens en dégustant un délicieux thé.

GRANDE-TERRE

Visites guidées

❚ DONUTS BBQ BOAT
Marina de Saint-François
☏ 06 90 62 05 55
www.donutsbbqboat.com
donutsbbqboat@gmail.com
Location à la journée (10h-17h) : 250 € le Donuts. Colis traiteur en option (entrée, plat, dessert, baguette) : 15 €/adulte et 10 €/enfant. Règlement par CB, chèque, chèques-vacances ANCV acceptés.
Voici un concept original proposé par 2 sœurs, Jenna et Stéphanie, qui permet de conjuguer balade et baignade entre amis, en famille, en couple, tout en profitant d'un bon barbecue dans l'un des 10 plus beaux lagons du monde : le lagon de Saint-François. Ces bateaux en forme de donuts géants, avec au centre un barbecue, sont dotés d'un moteur de 6 CV et se pilotent sans permis bateau. Le capitaine à bord, c'est vous ! Pas d'inquiétude, après 10-15 minutes de formation, vous serez un(e) vrai(e) pro. Les Donuts intègrent sonorisation Bluetooth, parasol, ancre plate, bar gonflable et peuvent accueillir de 2 jusqu'à 10 personnes et il est toujours privatisé pour le groupe qui le loue. Le carburant, la vaisselle (verres-assiettes-couverts et tout pour le barbecue : pince, tire-bouchon) ainsi que le charbon écologique (fibre de noix de coco qui assure une combustion sans flammes) sont compris dans la location. Ouvert tous les jours (réservation conseillée).

❚ OTANTIK TOURS
☏ 06 90 37 98 59
www.otantiktours.com
otantik.tour@hotmail.fr
Excursions tous les jours en 4x4 : 88 €/adulte et 70 €/enfant. Rando pédestre la Soufrière : 96 €/adulte et 76,80 €/enfant. Prestation minibus. Minimum 4 personnes.
Visite de la Guadeloupe profonde et authentique accompagné d'un guide. Vous partez pour une exploration de l'île hors des sentiers battus en 4x4, dans le nord et le sud de Basse-Terre, en Grande-Terre ou en randonnée pédestre à la Soufrière. Les excursions combinent balade, visites de sites naturels ou culturels et sont ponctuées d'un déjeuner créole traditionnel et d'une baignade dans la mer ou dans une cascade.

❚ LASTMINUTE EXCURSION 971
☏ 06 90 97 97 98
lastminutexcursion971@gmail.com
Bureau ouvert tous les jours de 9h à 17h.
En partenariat avec de nombreux prestataires, Nico propose des excursions et oriente en fonction du public qu'il rencontre. Petite Terre, Marie-Galante, Les Saintes, Caret, La Désirade, 4X4, Quad, Buggy, Plongée, Catamaran, ULM, Voltige, Kayak, Canyoning, Sorties cétacés, Cours de surf, Location gîtes et voitures...Tarifs prestataires. Réductions pour plusieurs excursions réservées.

❚ TRAVEL'S GUADELOUPE
Route du Gouffre
Dubédou
☏ 06 90 41 65 64
excursion-guadeloupe.fr
travelsguadeloupe@gmail.com
Visites guidées selon tématique : de 45 à 70 €/adulte.
Travel's Guadeloupe vous propose des excursions et activités pour découvrir les richesses de la Grande-Terre et de la Basse-Terre selon la thématique choisie : « Rhum et chocolat », « Découverte des chutes du Carbet », « Patrimoine », « À travers la forêt tropicale ». Tous les circuits comprennent le transport, la visite et une collation.

❚ PATOU EXCURSIONS
☏ 06 90 85 71 42
www.patouexcursionsbateaux.com
patouexcursions@orange.fr
Sur la marina de Saint-François au restaurant le P'TIT ILET.
De 9h à 12h30 et 15h30 à 16h30.
Patou présente, via son site de prestations touristiques, une multitude d'activités dans tout l'archipel : croisières à la journée en voilier, visite des îles de Guadeloupe, découverte de Grande-Terre en buggy ou en quad, canyoning, aquarando, randonnées dans la forêt de Basse-Terre, rencontre avec les cétacés, découverte de la mangrove, nombreuses activités nautiques,

excursions en bateau… Il est possible d'effectuer une pré-réservation sur le site Internet moyennant le versement d'un acompte. Sachez que certaines activités, notamment les sorties en bateau, peuvent être annulées si la météo n'est pas propice. Patou sait s'entourer de professionnels sérieux, respectueux de l'environnement, qui savent faire apprécier la Guadeloupe aux visiteurs en toute sécurité. Elle dispose également de bonnes adresses en termes d'hébergement et de location de véhicules.

Shopping

■ ATELIER DU MADRAS
Résidence Karukera
Pointe des Châteaux.
Fermeture annuelle début juillet. Ouvert en semaine de 9h à 18h30 environ. En haute saison : également le samedi.
Une petite boutique à côté de la maison de la noix de coco où vous êtes certain de trouver votre bonheur entre les sacs, les chouchous, les paréos et autres vêtements.

■ LA BIZOUTERIE
Marina
✆ 06 90 56 69 76
caro@kroline.com
A côté de l'Arobaz Café.
Ouvert de 10h à 20h du mardi au samedi et de 16h à 20h le lundi et le dimanche.
C'est avec un large sourire que vous accueille Caroline dans sa boutique de bijoux, au milieu du quartier animé de la Marina. Les bijoux et sacs, tous uniques, sont issus de l'artisanat local. Notre coup de cœur : les calebasses colorées pour emporter avec soi un joli souvenir de Guadeloupe.

■ BOUTIQUE DES ANTILLES
Route de la Pointe des Châteaux
Anse des galets
✆ 05 90 93 07 92
www.boutique-antilles.com
contact@boutique-antilles.com
Prenez la direction de la Pointe des Châteaux. A 1 km après la Maison de la noix de coco et du Village artisanal, sur votre gauche, vous verrez une grande terrasse aux barrières jaunes, remplie de hamacs de toutes les couleurs.
Ouvert tous les jours de 9h à 19h.
La boutique propose une large gamme de produits et d'objets artisanaux ainsi que des hamacs d'excellente qualité, des paréos, des nappes brodées en madras, des serviettes de bain et draps de plage… et plein d'autres confections en madras à des prix incroyables.

On peut également y trouver des punchs aux multiples saveurs, des liqueurs, des rhums blancs, ambrés et vieux, des confitures locales, du sucre de canne, de la vanille et bien d'autres douceurs. Plus de 2 000 références sur 130 m² pour un choix énorme d'artisanat, de bijoux, de vêtements, d'accessoires et d'idées cadeaux. L'artisanat tient la part belle dans la boutique avec une exposition de bijoux en nacre, en perle ou en coco, ainsi que divers objets réalisés en noix de coco, en cuir, en calebasse ou en bambou… L'établissement dispose d'une boutique en ligne également où vous pourrez découvrir toutes les saveurs de Guadeloupe : sauces, épices, condiments…

■ LA CASE AUX TRESORS
Route de la Pointe des Châteaux
✆ 05 90 93 07 92
www.boutique-antilles.com
Sur la Route de la Pointe des Châteaux (km 11, en face du restaurant Océan et tradition). Sur votre gauche, la boutique est au fond du parking.
Ouvert 7j/7 de 9h à 19h.
Cette boutique est unique en Guadeloupe ! Elle est dédiée aux artisans locaux, qui travaillent devant vous et fabriquent de très beaux objets qu'ils exposent ensuite. La boutique regroupe le plus grand choix d'artisanat 100 % local de tout l'archipel. Vous êtes certain de trouver des objets uniques et vous pouvez même faire fabriquer rien que pour vous un cadeau original. Sur les 500 m² de la boutique, 400 m² sont entièrement dédiés aux productions locales pour trouver une œuvre qui fera votre bonheur. Plus de 5 000 références sont à votre disposition entre des créations en madras, des bijoux, des lampes, des objets en sable, des créations originales en oursin ou en gorgone. Vous y découvrirez la plus grande cave à rhum : toutes les distilleries des îles de Guadeloupe y sont représentées. Sans oublier les produits du terroir à l'image des cafés, sauces, miels, confitures, épices et des tas d'autres merveilles locales à consommer sans modération. A voir également la galerie d'art avec de nombreuses toiles d'artistes guadeloupéens et l'espace artisanal doté d'un salon de massage utilisant des huiles essentielles locales. Les soins sont prodigués par une masseuse professionnelle.

■ CENTRE COMMERCIAL LES ARCADES
Face au golf.
Ce bâtiment abrite des bureaux à l'étage et des boutiques au rez-de-chaussée dont des boutiques de souvenirs, de décoration, quelques restaurants (restauration rapide) et un supermarché.

■ LES COMPTOIRS DE SAINT-FRANÇOIS

Port de Saint-François
lescomptoirsdesaintfrancois.com
Face à la gare maritime.
Boutiques ouvertes du mardi au samedi.
Sur place, des boutiques de vêtements, une
agence de voyage, des points de restauration,
un coiffeur à l'étage...

■ L'EPICERIE DES ANTILLES

Résidence Karukera
Route de la Pointe des Châteaux
Village artisanal
✆ 06 90 63 17 20
www.epicerie-des-antilles.com
blum.lionel@wanadoo.fr
Boutique ouverte de 9h à 18h30.
Une petite boutique avec un choix original et
étudié des meilleurs produits du terroir guadeloupéen. Epices, vinaigre, café, sucre, miel,
vanille, chocolat vont affoler vos papilles. Vous
découvrirez une cave à rhum complète représentant tous les rhums de la Guadeloupe (de 3 ans à
plus de 30 ans d'âge) ainsi que la nouvelle bière
locale baptisée Karett. Vous y trouverez aussi
tous les punchs des différentes distilleries et
si vous passez à la boutique le week-end, une
dégustation de rhums arrangés ou de rhums
vieux vous sera proposée. Pour compléter votre
découverte de la Guadeloupe : une gamme de
livres sur les plantes et les paysages locaux
ainsi que des bandes dessinées sur l'histoire
de la Guadeloupe pour les enfants, et tout un
choix de petits souvenirs à rapporter. Lionel
et Jérémy vous accueilleront et seront de très
bon conseil.

■ FLAMENGO

Route de la pointe des Châteaux
Village Artisanal
✆ 06 90 40 55 20
Ouverture tous les jours de 9h à 19h.
Une belle boutique qui sait conjuguer articles
de bon goût et décoration soignée et dans
laquelle vous trouverez des cadeaux vraiment
originaux. Chaque création est unique, qu'elle
soit l'œuvre d'un designer, d'un sculpteur ou
d'un céramiste, d'un graphiste ou d'un artisan.

Vous y trouverez également des hamacs de
toute beauté qui apporteront un cachet à votre
intérieur ou votre extérieur ou encore un grand
choix de tuniques et robes en coton et en soie.

■ GRAINES DE FOLIE

Route de la Pointe des Châteaux
✆ 05 90 28 16 31
www.graines-de-folie.fr
contact@graines-de-folie.fr
Au sein du Village artisanal de la Pointe des
Châteaux.
Ouvert tous les jours de 9h à 18h30.
La jolie boutique est située au village artisanal
de la pointe des Châteaux. Fabienne Troisgros, la
créatrice de Graines de Folie, confectionne des
bijoux en graines naturelles : colliers, plastrons,
bracelets, boucles d'oreilles, porte-clés sont
assemblés avec originalité et raffinement grâce
à l'association des graines à d'autres matières
nobles : céramique, métaux mais aussi des
pierres et de l'argent, afin de présenter une
large gamme de bijoux, pour tous les goûts et
tous les budgets.
En plus de ses créations originales, Graines de
Folie vous propose un grand choix d'artisanat
local, peinture sur bois, tableaux de sable,
calebasses décorées, travaillées en sacs, des
peintures sur verre, des mobiles, des bijoux
en perles d'eau, en wax (un tissu africain), et
bien d'autres... Graines de Folie est également
dépositaire de la marque Ligne Saint-Barth dont
les produits cosmétiques sont réputés pour leur
qualité. Vous y trouverez aussi une collection
de vêtements de plage ainsi qu'une collection
de vêtements, de sacs et de pochettes créés
et fabriqués en Guadeloupe !

■ MAISON DE LA NOIX DE COCO

Résidence Karukera
Route de la Pointe des Châteaux
✆ 05 90 85 00 92
Ouvert tous les jours de 9h à 18h30. Entrée libre.
Un circuit de découverte avec explications et
panneaux pédagogiques détaille le processus
de croissance et d'exploitation de cet arbre
nourricier, véritable cadeau don de la nature.
Vous y trouverez divers objets : petits mobiliers,
lampes, bijoux, boîtes et pendentifs, mais aussi

instruments de musique, épices, sucre et rhums locaux. Un verre de lait de coco vous est offert à l'entrée.

■ MARCHÉ NOCTURNE
Boulevard de l'Europe
Le mardi, à partir de 17h.
L'association Demain Saint-François a mis en place un marché, le mardi à partir de 17h, sur le boulevard de l'Europe. Les producteurs de la commune viennent vendre leurs fruits et légumes en direct. Une partie du marché accueille les artisans locaux qui proposent des bijoux en graines, des poupées et divers objets et souvenirs.

■ MY KALALOU
Route de la Pointe des Châteaux
Village artisanal
✆ 06 90 40 55 20
contact@mykalalou.com
Ouvert tous les jours de 9h à 19h.
Sculptures en verre soufflé, lampes à huile artisanales, tableaux en bois flotté, poteries, galets d'argile... L'artisanat guadeloupéen est mis à l'honneur dans cette petite boutique pleine de charme.

■ VILLAGE ARTISANAL
Route de la Pointe des Châteaux
✆ 05 90 21 52 04
www.village-artisanal.com
info@village-artisanal.com
Ouvert tous les jours de 9h à 19h.
C'est sur la route de la Pointe des Châteaux, sur la gauche, que se situe le nouveau Village artisanal de Saint-François, un site incontournable en matière d'artisanat local et autres objets exotiques. Il réunit 6 boutiques et un espace restauration (cuisine artisanale traditionnelle) dans une belle bâtisse, qui associe tons clairs et chamarrés dans un cadre verdoyant. Une promenade agréablement conçue, au charme tropical dépaysant, mène le visiteur d'une boutique à l'autre. Chacune d'entre elles réserve au visiteur son propre univers. On y trouve, entre autres, une sélection d'artisanat d'art local original et unique en Guadeloupe : création de bijoux en graines, foutas et kikoys colorées, nappes brodées, pierres semi-précieuses... On y trouve également des tableaux et photos des Antilles, des sculptures, des créations en verre soufflé, des vêtements de plage et des produits du terroir, et tous les rhums de Guadeloupe. Avant de partir, vous pouvez faire une halte au restaurant du Village qui propose une cuisine traditionnelle et artisanale, bien au frais sous la tonnelle, ou vous laisser tenter par une glace maison ou un autre petit plaisir gourmand ! Grand parking sur place.

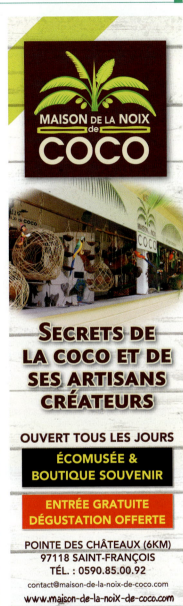

L'EST

Cette partie de l'île reste assez rurale avec la culture de la canne à sucre qui vient rappeler la présence de l'usine sucrière de Gardel et la seule distillerie de la Grande Terre, la distillerie Damoiseau. A ne pas manquer en visitant ce secteur, la visite de la maison coloniale Zévallos qui vaut le coup d'œil pour son architecture particulière.

LE MOULE ★★

Le Moule est situé sur la côte est de Grande-Terre. Les différentes fouilles archéologiques ont mis à jour le passé précolombien du site qui est conservé au musée Edgard-Clerc. Les premiers colons ayant d'abord opté pour Basse-Terre, les indigènes demeureront dans l'île jusqu'en 1660, date à laquelle ils devront la quitter, contraints et forcés. Les colons mettront du temps à valoriser cette région, la population ne s'y bouscule pas jusqu'à la fin du XVIIIe siècle, et comme la plupart des communes, elle devra son expansion accélérée à l'activité sucrière. Appelée Portland jusqu'au début du XIXe siècle, la commune ne tardera pas à devenir un important centre agricole. En 1826, elle devient la seconde ville de l'île avec 8 045 habitants et obtient deux ans plus tard le droit d'exporter directement ses produits (sucre, café, coton, cacao, épices) sans passer par la capitale. Le Moule s'établit ainsi comme premier et unique port sucrier de la Côte au Vent. Exposée avec sa façade sur l'océan Atlantique, la ville connaîtra des attaques anglaises entre 1794 et 1809. Une situation à haut risque qui oblige les autorités à réaliser d'importants travaux de fortification. Fortement touchée par le tremblement de terre de 1928, la commune conserve son passé agricole : par la RN5, au fil des kilomètres, les champs de canne se comptent par dizaines. Le visage de la commune s'est transformée ces dernières années. La ville a fait beaucoup d'effort pour redonner une image attractive, rénover ses bâtiments publics, moderniser ses infrastructures. Elle attire aujourd'hui de plus en plus de visiteurs. Les surfeurs en ont fait leur spot de prédilection car la mer y est souvent déchaînée. Ses rivages de sable blanc, ses falaises abruptes balayées par des vagues rugissantes et des pointes calcaires sculptées lui donnent un air sauvage. La commune abrite la sucrerie Gardel, la florissante distillerie Damoiseau, seule distillerie de Grande-Terre, et la célèbre Maison Zévallos, que l'on dit hantée.

▶ **L'agriculture.** Importante commune agricole littorale, elle est dominée par la canne à sucre. L'organisation des gîtes ruraux et la sensibilisation des agriculteurs sont des atouts réels pour l'écotourisme. Le décor de campagne, calme, avec ses champs de canne et ses pâturages, plaît aux vacanciers en quête de nature apaisante. Le centre de l'Institut national de recherche agronomique, situé dans la commune, s'intéresse à l'élevage et complète l'activité de la canne par d'autres productions vivrières, celle du melon notamment, avec un label contrôlé de la marque Philibon, exporté au niveau mondial pendant les mois d'hiver.

▶ **La pêche.** La qualité des fonds marins et l'expérience des pêcheurs mouliens apportent en permanence des cargaisons de poissons frais, de toutes les espèces. La Fête des pêcheurs, au mois d'août, leur est dédiée. La langouste, si recherchée par les gourmets, provient en grande partie des pêches voisines, tout comme les palourdes.

Transports

■ **CARAÏBES AUTO SERVICES**
Route de l'Habitation
☎ 05 90 23 40 26
case.caro@orange.fr
Tous les véhicules sont climatisés. 5 portes : 30 €/jour. 3 portes : 28 €. Tarifs dégressifs.

■ **NAD IN CAR**
☎ 05 90 23 46 13
www.nad-in-car.gp
nad.in.car@wanadoo.fr
Véhicules à partir de 27 € par jour en basse saison.
La flotte de véhicules est bien entretenue. Nad in Car propose des C3, Hyundai Getz, Renault Symbole, minibus 8 places. Livraison et retour aéroport gratuits à partir d'une semaine de location. Les chèques hors place, chèques vacances et les cartes bancaires sont acceptés. Possibilité de package voiture + studio les pieds dans l'eau.

■ RÉSEAU MOULIEN DE TRANSPORT (RMT)
Immeuble BDAF
49 rue Saint-Jean
© 05 90 20 64 08
transport-urbain-moulien@hotmail.fr
Départs de la gare routière – Cité Cadenet
Billets entre 1,20 € (unité) et 10 € (carnet de 10).
La compagnie se charge du transport du Moule grâce à 4 lignes dont une navette dédiée au centre-ville. Une ligne Le Moule/Pointe-à-Pitre existe également.

Pratique

■ BUREAU D'INFORMATIONS TOURISTIQUES
Boulevard maritime
Damencourt © 05 90 23 89 03
info@officetourismemoule.fr
Du lundi au samedi de 9h à 17h.
Une équipe souriante vous accueille avec dynamisme et vous présente de nombreux documents, brochures et dépliants qui facilitent le séjour, et donnent des idées de sorties et d'activités. Accès wi-fi gratuit.

■ MAISON MÉDICALE DE GARDE
Zac de Damencourt
© 05 90 90 13 13
Horaires de consultations : du lundi au vendredi de 20h à minuit, samedi de 14h à minuit, dimanche et jours fériés de 8h à minuit. Il est conseillé d'appeler le médecin régulateur.

Se loger

Locations

■ DOMAINE DE LAURÉAL
Chemin des Ignames
Lauréal
© 05 90 23 50 09
www.domainedelaureal.com
jiounandan@orange.fr
A 5 minutes en voiture du Moule et des plages.
Ouvert toute l'année. Tarifs à la semaine à partir de 240 € (F2), 340 € (F3), 460 € (F4).
Il s'agit d'une propriété en pleine campagne composée d'appartements F2 (1 chambre, 50 m$_2$), F3 (2 chambres, 70 m$_2$) et 2 villas F4 (3 chambres). Repos et calme absolu dans un jardin tropical bercé par les vents alizés. Logements très spacieux, entièrement équipés (télévision, réfrigérateur, fer à repasser…). Un barbecue est à disposition pour des soirées grillades. Au centre, se trouve une belle piscine

de 10 m x 5 m. La connexion wifi est gratuite. Possibilité de se faire livrer des plats indo-antillais sur commande.

■ LES ALIZÉS
Plage de l'Autre-Bord
© 05 90 23 46 13
nad.in.car@wanadoo.fr
Tarifs : de 230 à 350 € la semaine selon la saison. Ajoutez le prix de la location du linge (draps inclus) pour 20 €.
Dans un jardin ombragé, studios climatisés de 40 m$_2$ pouvant accueillir jusqu'à 4 personnes à deux pas de la plage. Ils disposent d'une pièce de vie, d'une salle de bains et d'une cuisine sur la terrasse. Possibilité de louer un véhicule chez Nad In Car (location de véhicule qui appartient également à Pascale, la propriétaire) et d'être accueilli à l'aéroport.

■ GÎTE MAËLANE
Zévallos
© 05 90 23 46 13
maelane.e-monsite.com
nad.in.car@wanadoo.fr
Tarif du studio : à partir de 30 euros la nuit ; de 300 à 400 € la semaine selon saison. Tarif dégressif en fonction de la saison. Possibilité de package voiture + studio avec le loueur Nad in Car.
Les studio de 40 m² bénéficient d'une vue mer. Ils sont situés sur la plage de l'Autre Bord, dans une résidence très tranquille et joliment fleurie à 500 m du centre ville. Ils sont aménagés pour accueillir de 2 à 4 personnes et disposent de tout le confort nécessaire pour réussir son séjour avec la climatisation, la TV dotée du câble et une grande cuisine équipée. Possibilité de prise en charge à l'aéroport. L'hébergement est situé à proximité de plusieurs restaurants, de la piscine municipale, de courts de tennis et d'une base de canoë-kayak.

■ JACANAHI
6 Rue des Glaïeuls
© 05 90 23 05 58
www.guadeloupevacancesloc.fr
jacanahi@gmail.com
Logement pour 4 personnes à 590 €/semaine, et studio pour 3 personnes à 310 €/semaine. TV câblée et wifi gratuit, linge fourni.
Des locations à 5 minutes du centre-ville du Moule et à 1,5 km de la plage de l'Autre Bord. Au sein d'un lotissement, vous logerez au rez-de-jardin d'une villa clôturée, comprenant 3 chambres, un salon avec cuisine américaine et une grande terrasse ouverte donnant sur le jardin arboré. Si vous optez pour le studio, d'une capacité de 3 personnes, avec kitchenette équipée, vous occuperez l'étage de la villa. Décoration soignée.

■ **FLEURS DE CANNE**
Route de Letaye ✆ 06 90 62 09 11
www.fleursdecanne.info
contacts@fleursdecanne.info
120 € la nuit en haute saison (5 nuits minimum). 100 € la nuit en moyenne saison. Week-end (en moyenne saison uniquement) : de 330 à 360 € avec la 3ème nuit offerte.
4 bungalows en bois dotés chacun d'une terrasse et d'une piscine privative. Les hébergements sont joliment décorés et aménagés et disposent d'équipements de qualité. Cuisine équipée et wi-fi gratuit. Cadre calme et agréable, accueil chaleureux.

■ **STUDIOS MALAKA ET ZANNANNA**
Résidence les embruns
Damencourt ✆ 06 90 56 87 12
corinne.alexandrealexis@gmail.com
Tarif : 50 €/nuit. Séjours à partir de 2 nuits. Premier petit-déjeuner offert.
Charmants studios tout confort et modernes dans une résidence récente et sécurisée. Chaque studio peut accueillir deux adultes et un enfant avec possibilité de louer les deux studios (porte communicante). A votre disposition : cuisine équipée, terrasse, lit double, salle d'eau avec douche à l'italienne et lave-linge, connexion wifi. Un cadre calme et agréable pour se détendre et profiter de son séjour.

Bien et pas cher

■ **ALLAMANDA SURF**
Route de Saint-François
✆ 06 90 76 23 73
allamandasurfcamp.com
contact@allamandasurfcamp.com
Bungalow pour 2 personnes : 420 € la semaine. Chambre privée pour 2 personnes : 125 € la semaine.
Situés dans un parc tropical de plus de 5 000 m², deux charmants bungalows et une maison créole typique sont parfaits pour passer des vacances sous le signe du surf. Les hôtes, passionnés de ce sport nautique, proposent des packages pour les initiés mais aussi pour les débutants. Une large piscine trône au centre des logements et il y a aussi un joli carbet pour se détendre. Le wi-fi est gratuit.

■ **LES GÎTES DE LA FERME**
✆ 05 90 24 00 11
www.gitesdelaferme.com
berlet.pierre@wanadoo.fr
Prendre la direction des Abymes depuis l'aéroport, puis des Grands-Fonds (D101).
381 € la semaine. Possibilité d'accueil à l'aéroport.
Dans cette propriété agricole de 9 hectares dédiée à l'élevage d'animaux de la ferme, Pierre

Berlet propose trois bungalows de type F2 avec terrasse, pouvant accueillir 4 personnes. Accès piscine et vue sur la plaine.

Confort ou charme

■ **LE ROYAL KEY**
Presqu'île de la Baie
✆ 05 90 32 36 00
C'est sur le site exceptionnel de la presqu'île de la Baie du Moule, lieu de détente et de villégiature, que le nouveau pôle de vie et de tourisme Royal Key est actuellement en construction face à la mer. Ce projet urbanistique de grande envergure réunit, sur un même site d'une superficie de 7 hectares, complexes touristiques et de loisirs, services et commerces de proximité et quartier résidentiel chic. Il a pour objectif de réinventer le tourisme haut de gamme dans l'archipel et propose des opportunités d'investissement. Des conseillers sont présents sur le site mercredi et jeudi après-midi ainsi que samedi matin. L'installation d'un centre de thalasso et spa Serge Blanco, au cœur du projet, associera qualité de vie et douceur de vivre.

Luxe

■ **SHAMBALA LODGE**
Portland
Gros Morne
✆ 06 90 55 79 57
shambalalodge.fr/
contact@shambalalodge.fr
Bungalow pour 2 personnes : de 120 à 180 € la nuit selon la saison. Séjour minimum de 2 à 5 nuits selon la saison.
Le confort est le maître mot de ces 5 lodges type bungalows... Composés d'une chambre, d'une salle de bain, d'une terrasse équipée d'une petite cuisine et d'une douche à l'italienne, ces logements de luxe bénéficient tous d'un jardin privatif. Une magnifique piscine vient compléter ce tableau idyllique ainsi que des soins du corps et des cours de yoga. En bonus : la plage de Porte d'Enfer se situe à deux minutes seulement.

Se restaurer

Sur le pouce

■ **BAGUET SHOP LE MOULE**
Angle du boulevard Rougé et de la rue François Serdot
✆ 05 90 23 74 58
Horaires d'ouverture : du lundi au samedi de 6h30 à 19h30, le dimanche de 6h30 à 12h30.
Votre magasin Baguet Shop se situe au centre-ville, sur la route de la pointe de la Vigie. Vous

trouverez dans un espace lumineux et climatisé qui vous accueillera pour une pause déjeuner qui vous permettra de déguster les pains et les pâtisseries artisanales.

■ LE BOKIT D'OR
Place centrale
Du mercredi au dimanche de 19h30 à 23h15.
Véritable institution sur la ville, le camion du Bokit d'Or se fait un plaisir de régaler ses clients avec de savoureux bokits (pain frit avec une garniture au choix), mais également des crêpes et des sandwichs chauds. Les habitués sont nombreux à venir s'y régaler et l'ambiance autour du camion est festive.

■ LA KAZ A ACCRAS
Boulevard maritime ℂ 06 90 30 36 17
jmtacita@gmail.com
Du mardi au dimanche de 11h à 14h30 et de 16h30 à 20h30. Le jeudi de 11h à 14h30. 2 € les 8 accras de morue.
Un passage incontournable pour déguster de délicieux accras, avec un accueil chaleureux et le merveilleux sourire de Chelssy qui, du haut de ses 24 ans, est à la tête de cette entreprise. Des classiques accras de morue aux saveurs plus originales (banane/hareng-saur, poulet fumé, poivron, crevettes, giromon, malanga), tout est fait maison avec amour et passion, en fonction des demandes et des saisons. Et n'hésitez pas à demander à Chelssy de vous raconter comment elle s'est lancée dans cette aventure !

■ NIVA FRAÎCHEUR
Plage de l'Autre Bord ℂ 05 90 10 78 19
Ouvert tous les jours de 8h à 18 h sauf le mercredi. Formule jus frais – sandwich – barquette de fruits – café à 8 €.
Niva a installé son bar à fruits à quelques pas de la plage de l'Autre Bord. La plupart des jus de fruits et de légumes qu'elle prépare proviennent de son propre jardin et sont élaborés devant vous (smoothies, salade fraîcheur, jus frais, barquette de fruits...).

Bien et pas cher

■ BIK KARAIB
Plage de l'Autre Bord ℂ 06 90 71 60 41
bik.karaib@mediaserv.net
Ouvert midi et soir du mercredi au dimanche de 10h à 15h et de 18h à 23h. Fermé le mardi. Menus de 10 à 22 € (entrée, plat et dessert). Menu enfant : 6 €.
Situé en bord de plage avec vue sur la plage de l'Autre Bord. Certains samedis, soirée concert. A la carte, des plats classiques tels que poulet boucané, brochette de ouassous, poisson grillé, gratins de légumes... Un bémol : l'attente les jours d'affluence.

■ ALIZES CAFÉ
Chemin de Tilotine
ℂ 05 90 91 50 43
p.pancrel@gmail.com
Comptez environ 15 €/personne. Menu langouste à partir de 25 €.
Un petit bar-restaurant qui propose une bonne cuisine locale, du poisson frais et une excellente viande.

■ LA CASE À SAVEURS
Rue Saint-Jean
ℂ 06 90 31 41 51
Menus à partir de 10 €. Buffet à volonté le dimanche midi à 25 €.
Un bon rapport qualité/prix pour ce petit établissement qui prépare des plats typiques et copieux. Chaque dimanche midi, l'établissement organise une journée dansante et un buffet à volonté.

■ CHEZ SOSSO
Rue Saint-Jean
ℂ 05 90 23 25 81
Ouvert tous les jours midi et soir. Addition moyenne : 15 €.
Un cadre simple mais une bonne cuisine locale, élaborée avec des produits frais pour un excellent rapport qualité/prix. Il suffit de prévenir Solange et vous pouvez être servi très rapidement. Très bon accueil.

■ LE SPOT
Boulevard Maritime
Damencourt
ℂ 05 90 85 66 02
Ouvert de 10h à 22h, sauf le lundi et le dimanche soir. Fermeture annuelle de la mi-juillet à la fin août. Prix moyen : 18 €.
A la fois restaurant, bar et pizzeria, cet établissement dispose d'une terrasse panoramique, au-dessus des vagues, depuis laquelle vous pouvez voir évoluer les surfeurs. Des compétitions ont lieu sur ce spot de surf très réputé en Guadeloupe, d'où son nom. Attention, la terrasse est très ouverte et donc exposée au vent. Au menu, pizzas, salades, pâtes, plats traditionnels et créoles à la carte.

■ LA TONNELLE
86 rue Saint-Jean
ℂ 0590 23 25 00
Ouvert du lundi au vendredi de 5h30 jusqu'à 16h. Comptez environ 5 à 6 € pour un plat principal.
Un endroit à la déco très simple, qui ne paie pas de mine mais qui mérite le détour pour sa cuisine et son excellent rapport qualité/prix. Au menu, des plats créoles très savoureux à consommer sur place ou à emporter (annoncés sur l'ardoise) ainsi que le petit déjeuner.

Sortir

■ LE SCHIVA

La Baie ℰ 05 90 23 53 59
lemandiana-schiva@wanadoo.fr
De 22h30 à l'aube vendredi et samedi et du mardi au dimanche durant les vacances. A partir de 10 €, selon la soirée. Programmation différente chaque soir de la semaine à découvrir sur la page Facebook.
L'une des discothèques les plus cotées de la Guadeloupe, notamment pour ses jeux de lumière et la qualité de sa musique (groupes de zouk, latino, compas, etc., tous très profession-nels). L'établissement dispose d'un coin VIP et d'un bar situé au rez-de-chaussée. Des soirées à thème sont organisées tout au long de l'année. Sur place, le restaurant Le Mandiana vous accueille pour une formule dîner/discothèque qui plaît à la clientèle festive. Les nuits y sont longues et animées ; les clubbers viennent de tous les horizons, de Pointe-à-Pitre comme des bourgs environnants. Prudence au retour car les accidents de la route y sont fréquents.

À voir – À faire

Deuxième commune de Guadeloupe par sa superficie, le Moule offre des paysages contrastés entre ses falaises calcaires abruptes le long de ses rivages longés par l'océan Atlantique et son territoire intérieur vallonné au niveau des grands fonds. Bourg authentique avec son port de pêche vivant, ses plages et ses vagues, son front de mer, sa mangrove... L'histoire millénaire locale a été révélée par des fouilles archéologiques importantes. Vous pouvez en avoir un bel aperçu au Musée Edgar Clerc. Une culture agricole, entre savoir-faire ancestral et modernité, demeure fortement ancrée, avec un respect des traditions et un pied dans l'avenir, qu'insuffle une municipalité entreprenante... Le Moule donne l'exemple.

▶ **Boulevard du front de mer** : un lieu de promenade où vous respirez l'air marin à pleins poumons. Un parcours santé y a d'ailleurs été installé au grand air. Les vagues aux rouleaux puissants offrent un spectacle saisissant. Une éolienne est située sur le point de vue du boulevard. L'église Saint-Jean-Baptiste, aux pierres blanches et au portail bleu orné d'une belle colonnade, est bien élégante avec son fronton classique. Dans cette même artère, on trouve commerces, boutique de fruits et légumes et quelques magasins de vêtements.

▶ **Boulevard Rougé** : visite du cimetière, qui a du caractère, comme souvent en Guadeloupe. A l'Autre-Bord, on trouve la plage des Alizés, entourée d'hébergements touristiques.

▶ **La zac de Damencourt**, installée sur 20 hectares, sur le boulevard maritime, accueille des commerces, des services, un cabinet médical, des équipements sportifs, des logements et des espaces naturels protégés et valorisés.

▶ **Musées, distilleries, centre commercial unique**, parc paysagers, parcours de santé, pit à coqs, bœufs tirants, discothèque, bons restaurants indiens : autant d'arguments attractifs qui complètent l'offre touristique du Moule, un peu à part dans le paysage guadeloupéen.

▶ **Le marché** : chaque mercredi à partir de 16h.

■ ANSE SAINTE MARGUERITE

En venant du bourg, prendre la D123, à quelques pas de l'Anse Maurice, situé sur la commune de Petit-Canal.
Cette petite plage sauvage, située face à l'île de la Désirade, est peu fréquentée. Une opération de fouilles a mis au jour un cimetière supposé d'esclaves implanté sur le littoral et endommagé par la houle. Le lieu constitue un site archéolo-gique majeur en Guadeloupe.

■ ÉGLISE SAINT-JEAN-BAPTISTE

Entrée libre le matin, du mardi au vendredi, après les offices.
Classée depuis 1978, cette église en forme de croix latine, d'inspiration néo-classique, est remar-quable. Reconstruite en 1848 après avoir subi le tremblement de terre de 1843, elle sera à nouveau mise à mal par les cyclones historiques de 1928 et 1989. Sa ventilation exceptionnelle, qui conserve intact un décor boisé aux tons pastel, en fait un lieu de prière et de méditation particulièrement apprécié des fidèles. Les services religieux sont nombreux et très fréquentés.

■ ESPACE WIZOSKY

Sur le port.
Vous ne pourrez pas manquer ces ruines d'un bâtiment datant de 1807 qui fut vendu à plusieurs reprises avant d'être racheté par la mairie dans les années 30 pour le transformer en école. Aujourd'hui, c'est une place publique réputée.

■ HABITATION ZÉVALLOS

Nationale 5
Entre le Moule et Saint-François
ℰ 06 90 15 70 57
habitationzevallos.com
amisdezevallos@gmail.com
Depuis Saint-François, poursuivez en direc-tion du Moule par la RN5. A 7 km sur votre droite.
Visites guidées mardi, mercredi et vendredi à 16h : 5 €. Visite nocturne avec apéritif le jeudi à 17h : 12€/ adulte et 6 €/enfant. Il est conseillé d'appeler pour s'assurer que le site peut vous accueillir.

Ici, tout le monde l'appelle la Maison hantée, peut-être parce que le nom de la famille Zévallos, qui l'habitait, a été oublié... La légende, elle, perdure. Depuis la route, on sent déjà l'époque coloniale qui plane encore, derrière la grille, sur les murs de cette habitation, radicalement différente des maisons traditionnelles environnantes. Ferronneries fines et élégantes, structures métalliques longilignes, toiture de briques roses et loggia à l'étage courant sur tout le carré : autant de détails apparents qui classent d'emblée cette demeure dans les meilleurs ateliers parisiens de la fin du XIXe. Pour ce qui est de son histoire, un riche habitant de Louisiane avait commandé 2 maisons pour chacune de ses filles à Gustave Eiffel. Fabriquées à Levallois-Perret, elles ont été embarquées sur un navire à destination de la Nouvelle-Orléans mais après une tempête, le navire se déroute vers le port le plus proche, à savoir Pointe-à-Pitre. Il a dû mettre aux enchères sa cargaison afin de payer les réparations du bateau. L'une des maisons a été achetée par Ernest Souquès, directeur de l'usine sucrière Darboussier, devenue maintenant le musée Saint John-Perse à Pointe-à-Pitre. L'autre a été achetée par Hector Parisis de Zévallos, planteur de canne qui l'a fait édifier à proximité de son usine en 1877. A proximité, une cheminée de 18 m de haut témoigne encore de l'ancienne puissance sucrière. La légende dit que la maison est hantée : la nuit, des cris effrayants résonneraient, ceux des fantômes de travailleurs indiens assassinés sur ordre du maître, le comte Hector Parisis de Zévallos. Afin de mater une révolte, les meneurs auraient péri dans le four de l'usine. Aujourd'hui, rien à craindre en journée : la visite guidée est bien balisée !

■ MAIRIE
Rue Joffre ✆ 05 90 23 09 00
www.mairie-lemoule.fr
Entrée libre du lundi au vendredi de 8h30 à 13h et de 14h à 17h.
Détruite par le cyclone de 1928, puis complètement reconstruite avec le concours de l'architecte officiel Ali Tur, cette mairie aux formes arrondies et massives est désormais mieux protégée contre les catastrophes naturelles. Espace public oblige, vous pouvez entrer dans le hall d'accueil, et jeter un œil sur le décor intérieur des volumes, austères et majestueux. Un bâtiment censé rappeler en toutes circonstances la présence de la puissance publique.

■ MAISON DU CRABE
3 chemin de Douteau ✆ 06 90 62 25 65
rosybenon@hotmail.fr
Situé à la frontière du Moule et de Morne-à-l'Eau.
Visite du musée en plein air, du mardi au samedi de 09h à 16h. Sur réservation. Menu : 30 €/

adulte, 15 €/enfant de – de 12 ans. Visite : 5 €/adulte, 4 €/enfant. Visite pour tout type de public (particuliers scolaire, centre de loisir, agence de voyage tour operator établissement hospitalier etc...)
A l'initiative d'un éleveur passionné, Fritz Bénon, cet écomusée en plein air a ouvert ses portes en 2000. Pour tout savoir sur le crabe de terre, découvrir toutes sortes de spécimens vivants, partager des recettes ancestrales et modernes ou savoir comment préparer le crustacé à toutes les sauces ! Elevage et vente de crabes. Traiteur, boutique et restaurant dont les spécialités sont à base de crabe (colombo, *matété…*).

■ MOULINS
Longtemps indispensables à l'industrie de la canne à sucre, avant l'arrivée des machines à vapeur qui disposaient de broyeurs à plat de plus grande capacité, ces moulins qui jalonnent le paysage datent du XVIIIe siècle. Celui de la distillerie Damoiseau à Bellevue a été entièrement reconstitué (la distillerie se visite). Vous rencontrerez de nombreux moulins lors de vos pérégrinations dans des états divers. Certains sont situés sur des propriétés privés, vous ne pourrez que les observer de loin.

■ MUSÉE EDGAR-CLERC
Route de la Rosette
✆ 05 90 23 57 57
musee.edgar.clerc@cg971.fr
Suivre les panneaux indicatifs sur la nationale.
Ouvert du lundi au vendredi de 9h à 17h. L'entrée est gratuite.
L'exposition permet de découvrir les travaux de l'archéologue Edgar Clerc sur les sites de Grande-Terre tels que Morel et les découvertes exceptionnelles qu'il y a mises au jour. Elle montre comment ses travaux pionniers ont permis de redéfinir la chronologie amérindienne en Guadeloupe et d'aborder certains aspects de la vie quotidienne des Amérindiens durant les premières périodes précolombiennes (200 av. J.-C. – 800 ap. J.-C.). A travers des collections de céramiques, d'outils en coquillage ou en pierre mais aussi par des ouvrages significatifs, les visiteurs découvrent l'histoire des Amérindiens, premiers occupants des Petites Antilles. Une reconstitution d'un village amérindien en maquette est également présentée. Le parc du musée, luxuriant, propose aux yeux du visiteur un jardin amérindien constitué d'impressionnants arbres tropicaux (grenadiers, tamarins, calebasses ou encore maniocs) et des plantes médicinales. Le musée s'enrichit régulièrement de nouvelles pièces grâce aux découvertes faites lors de fouilles archéologiques.

■ DISTILLERIE DAMOISEAU ⭐

Rhum Damoiseau
Bellevue D 101
☎ 05 90 23 55 55
www.damoiseau.com
rhum@damoiseau.com

En reprenant la nationale, après le pont en arc-en-ciel en direction du Moule, empruntez l'entrée de la discothèque Shiva, sur la route des Grands-Fonds. Au carrefour, tournez à droite. Des panneaux vous guident jusqu'à la distillerie dont l'entrée se reconnaît facilement grâce à son portique rouge entouré d'arbres du voyageur.

Visite gratuite et libre. La distillerie est ouverte tous les jours de 7h à 17h30, sauf les dimanches et jours fériés. La Cabane à rhum (boutique) est ouverte du lundi au samedi de 8h30 à 17h30, sauf jours fériés.

Parmi les patronymes les plus célèbres de l'île ! La famille Damoiseau ou 2 petits fils du fondateur, Jean-Luc et Hervé continuent à produire un rhum agricole blanc qui se distingue par sa richesse aromatique. Leader incontesté du marché guadeloupéen, il est présent en France métropolitaine et à l'export dans plus de 40 pays. La distillerie a fêté ses 70 ans en 2012. L'événement a donné naissance à un rhum vieux de 10 ans d'âge. Chaque année, le rhum Damoiseau se voit récompensé au Concours général agricole qui se déroule lors du Salon de l'agriculture. En 2016, son rhum agricole blanc 50° a obtenu la médaille d'or, pour la 6e année consécutive. Damoiseau a également décroché une médaille d'argent avec son rhum vieux 5 ans, et une médaille de bronze pour son rhum vieux X.O. La distillerie est une unité qui se modernise. Elle reste toutefois fidèle à un savoir-faire traditionnel. L'usine de fabrication fonctionne pendant la période de récolte de la canne (entre février et juin). Le moulin à vent du domaine a été restauré par des compagnons dans le but de conserver un élément clé du patrimoine de l'île, autrefois pièce maîtresse de l'économie de plantation.

Passage obligé, la boutique La Cabane à Rhum, où vous trouverez une sélection variée de rhums à la dégustation, mais aussi du sirop de batterie, des livres de recettes, des verres customisés… ainsi que de l'artisanat. La boutique, depuis son agrandissement (2015) s'est étoffée et propose un plus vaste choix, dont des produits à l'effigie de Damoiseau.

■ PARC ARCHÉOLOGIQUE OUATIBI-TIBI

Le Moule
En prolongement de la plage de l'Autre Bord. *Ouvert tous les jours. Entrée gratuite. Accueil et informations sur place ou à l'office de tourisme.* En bordure de lagon, c'est un lieu agrémenté de sculptures contemporaines. Trois espaces composent le site : un espace de mémoire qui rend hommage aux populations originelles ayant habité le nord de la Grande-Terre ; un centre d'interprétation archéologique qui présente les traditions amérindiennes ; et un espace d'animation, avec un parcours de santé doté d'accessoires sportifs accessibles à tous. Aménagé sur 7,5 hectares, ce parc archéologique est idéal pour la promenade, la détente et la méditation. Son nom est d'origine amérindienne et signifie « grenouille ».

■ PLAGE DE L'AUTRE BORD

Accès par la RN 5.
La plage de sable doré est idéale pour un pique-nique avec ses carbets dotés de tables. Elle se prête à la baignade en famille avec son lagon protégé par une barrière de corail. Vous y trouverez des sanitaires. Un parc aquatique est situé à proximité de la plage.

■ RIVIÈRE D'AUDOUIN

Rivière d'Audouin
Pour la promenade et les loisirs nautiques, la rivière d'Audouin, longue de 2,5 km, est alimentée par la ravine d'Arles et la ravine de Corneille. Certaines structures y proposent des activités nautiques, des balades en pédalo, des randonnées dans la mangrove en canoë ou en stand-up paddle.

■ USINE GARDEL

☎ 05 90 23 53 15
www.gardel.fr
gardel@gardel.fr

Depuis le Moule, prendre d'abord la D115. Depuis Saint-François, il faut quitter la nationale et prendre la D117, peu avant le Moule (après la maison Zevallos). Prudence, il n'y a pas d'indications sur la route. Une fois devant l'usine, il faut continuer sur la route et contourner le site, jusqu'à l'entrée touristique.

Visite guidée (1h à 1h30 environ) uniquement en période de récolte : 9h, 11h, 16h du lundi au vendredi et 9h et 11h le samedi. Réservation obligatoire. Tarifs : 9 € par personne, 4,50 € par enfant. Par mesure de sécurité, les enfants de moins de 10 ans ne sont pas acceptés. Chaussures fermées conseillées. Boutique Kaz à sucre (dégustation et achats).

Le site fonctionne uniquement durant le premier semestre, lorsque la canne à sucre est récoltée. Fondée en 1870, la sucrerie a survécu et reste à ce jour la seule unité sucrière de la Guadeloupe continentale. Elle est rattachée à la centrale thermique et lui fournit la bagasse destinée à l'alimentation des chaudières.

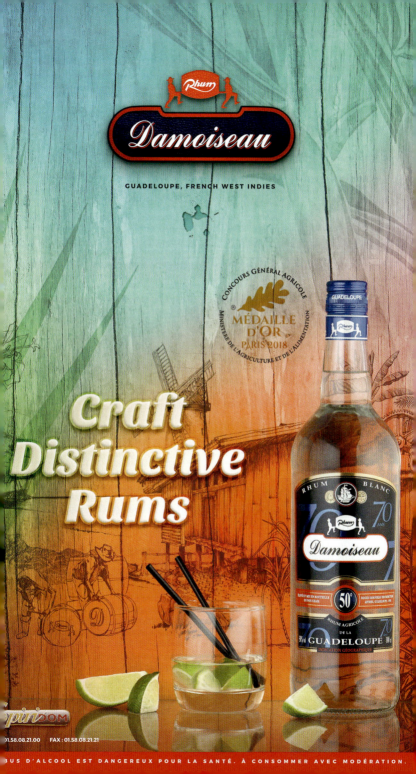

Sports – Détente – Loisirs

■ ARAWAK SURF CLUB
Boisvin
BP 79
℡ 05 90 23 60 68
Ouvert toute l'année.
Cours et stages de surf accompagnés d'un moniteur diplômé d'Etat qui vous fera partager son expérience et sa passion. A la demande, cours particulier de 1 à 3 personnes. Le matériel est fourni pour les débutants.

■ MOLEM-GLISS
Base nautique municipale
L'autre bord ℡ 05 90 90 08 69
molemgliss@gmail.com
Base ouverte 7j/7 de 8h à 17h. Location de canoë-kayak : 10 € pour 1 heure ou 20 € pour la demi-journée. Randonnée nocturne à 22h les soirs de pleine lune.
Une très sympathique équipe de moniteurs diplômés anime ce centre créé en 1995 et qui a déjà formé des champions. Au programme des activités, kayak des mers, canoë, *wave ski*, randonnée en rivières... Profitez d'une de leurs sorties accompagnées pour partir à la découverte du lagon et de la mangrove, au milieu d'une forêt de palétuviers. La structure organise des balades en groupe de 10 personnes sur réservation. Pour toute information à ce sujet, contactez-les !

■ PARAPENTE GUADELOUPE
D120
℡ 06 90 58 40 05
a2l-parapente.com
a2lparapente@gmail.com
Site d'envol à 3 km du musée Edgar Clerc en direction d'Anse Bertrand.
Ouvert de la Toussaint jusqu'à Pâques. à partir de 85 € le vol de 20 min. Possibilité d'obtenir le film de votre vol à partir de 30 €. Tarifs groupes et résidents, les consulter. Réservation obligatoire avant le jour du vol souhaité. Coordonnées GPS du site d'envol : 61°23'31''O, 16°21'21.1''N
Offrez-vous une randonnée en parapente biplace accompagné d'un professionnel diplômé. Pour les moins téméraires, vous pouvez vous lancer avec un survol de 20 minutes du littoral du Moule ou encore 35 minutes d'évolutions qui vous entraînent jusqu'à apercevoir le Grand-Cul-de-Sac marin et la Soufrière. La participation physique est minime. Vous serez surpris d'atterrir exactement sur le lieu de votre envol. Voici le matériel nécessaire : une paire de chaussures qui maintiennent les chevilles, une paire de gants, une bouteille d'eau, de la crème solaire, d'une bonne météo et de... votre bonne humeur. Evitez d'attendre les derniers jours de votre séjour pour réserver afin de prévenir un éventuel aléa météo ! Guadeloupe Parapente est la seule structure sportive que vous pourrez découvrir au milieu des fruits et légumes lors des marchés nocturnes, le mardi à Saint-François et le mercredi au Moule. Sinon, vous pouvez les joindre par mail ou par téléphone pour réserver votre vol.

■ POYO SURF CLUB
821 route de Bories
℡ 06 90 76 46 07
www.poyosurfclub.com
poyosurfclub@yahoo.fr
Randonnée de deux heures en paddle : 38 €, location de bodyboard : 9 €/jour, stage d'initiation au surf à partir de 80 €.
Créé par Cyrill, le Poyo Surf Club, dont le siège est au Moule, propose des cours et des initiations au surf sur la plage de Bananier près de Capesterre-Belle-Eau, mais aussi sur Marie-Galante, et bien sûr sur la plage du Moule. Le club organise également fréquemment des compétitions sur l'archipel.

Shopping

■ CABANE À RHUM
Bellevue D 101
℡ 05 90 23 78 23
www.damoiseau.com
rhum@damoiseau.com
Dans l'enceinte de la distillerie Damoiseau
Ouvert du lundi au samedi de 8h à 17h30, sauf jours fériés.
Il s'agit de la boutique du Rhum Damoiseau. Sur place, une sélection variée de rhums, bien sûr, mais aussi du sirop de batterie, des livres de recettes, des verres customisés... et bien d'autres produits car la boutique s'est agrandie et propose de plus en plus de choix.

■ LIBRAIRIE LA RAMURE
60 rue Sainte-Anne
Morne Sergent
℡ 05 90 23 52 11
www.laramure.fr
Du lundi au samedi de 7h45 à 13h et de 15h à 19h. Le dimanche de 9h à 12h30.
Un espace chaleureux qui propose un grand choix de livres, de la presse et des fournitures. Une sélection d'ouvrages est proposée sur le site Internet.

■ MARCHÉ LOCAL
Boulevard du Général de Gaulle
Tous les mercredis à partir de 16h.
Un marché riche en couleurs. En vente, les produits de l'agriculture locale et de l'artisanat.

■ **PARC D'ACTIVITÉS DE DAMENCOURT**
Damencourt
Vous ne pouvez pas le rater, car il est en centre-ville et assez coloré pour se faire remarquer !
L'architecture, qui rappelle une cité fortifiée, avec notamment des tourelles semblables aux anciens moulins agricoles, fait symboliquement référence au passé, mais l'objectif commerçant du complexe est bien ancré dans son époque.
La zone artisanale et commerciale compte un centre médical, un supermarché du bricolage, un centre auto, un complexe Hi-Fi/électroménager, deux banques, un salon de coiffure et d'esthétique, une parfumerie, une librairie, un centre de remise en forme, une agence immobilière, une compagnie d'assurances, une pharmacie, une pizzeria, un restaurant indien et d'autres snacks...

■ **POINT LIRE**
Zac Damencourt ✆ 05 90 22 73 19
www.pointlire.fr
point.lire@orange.fr
Ouvert du mardi au samedi de 10h à 12h et de 16h à 20h.
A la recherche de la lecture idéale pour vos vacances ? Faites un tour dans cette jolie librairie, riche de toutes les nouveautés littéraires. Le responsable des lieux et son équipe, excellents connaisseurs de la littérature, vous aideront à dénicher la perle rare...

Dans les environs

■ **ROUTE DU MOULE À ANSE-BERTRAND**
Agréable parcours côtoyant la baie, sans véritable plage mais dotée d'un littoral sauvage et de points de vue maritimes proches de la route, avec les vagues qui viennent frapper les rochers à quelques mètres de la chaussée, avant d'arriver au premier rendez-vous balnéaire : la plage de la Baie, agréable mais également proche de la route.

▶ **Vers Sainte-Marguerite et Gros-Cap.** A la Rosette, une pancarte indique le musée Edgar-Clerc. En poursuivant vers Bazin, les maisons se raréfient, et l'activité touristique également. Le paysage agricole est calme ; les vaches dans les prés regardent passer les quelques visiteurs. Vers l'Anse-Maurice, en descendant vers la mer par une route sinueuse et pentue, on pénètre dans une vallée encaissée (attention aux passages de cabris en liberté, et aux mangoustes) qui donne sur une plage sympathique, peu fréquentée sauf en haute saison.

© VINCENT FORMICA

Port du Moule.

GRANDE-TERRE

▶ **La D120 mène à la Porte de l'Enfer et la pointe de la Grande-Vigie.** Belle route qui traverse des paysages désertiques bien différents du reste de Grande-Terre et suit une côte escarpée entre la pointe du Piton et la pointe de la Grande-Vigie. La région sauvage, parfois déserte et peu touristique, garde le charme authentique des territoires inoccupés. Falaises vertigineuses et panoramas de toute beauté, en particulier vers l'extrême nord, autour de la Porte d'Enfer, du trou Madame Coco et du trou du Souffleur. Ces noms évocateurs de légendes ont été donnés à ces falaises abruptes, à ces calanques où la mer peut être furieuse. Des fractures y forment de véritables canyons dans la mer, une curiosité géologique à ne pas rater.

▶ **De la pointe de la Grande-Vigie à l'Anse-Bertrand.** La côte redevient plus calme, et le relief s'adoucit. Les villages de pêcheurs se blottissent sur des petites plages, tout comme les petits restaurants de langoustes et de poissons grillés au barbecue.

▶ **De la pointe de la Grande-Vigie à l'Anse-Laborde,** la route départementale D122 devient facile en arrivant à la mer. A proximité se trouve Anse-Bertrand et sa jolie plage de la Chapelle, très prisée des surfeurs.

LE NORD

Le Nord de la Grande-Terre offre des paysages époustouflants entre ses falaises de calcaires (Porte d'Enfer à Anse-Bertrand) et des sols très secs. Une réserve biologique a été créée sur le territoire en 2018. Entre terre et mer, elle s'étend des plaines basses aux mornes verdoyants, en passant par le littoral composé de plages de sable blanc entourées de lagons et de falaises calcaires comme la Pointe de la Grande Vigie ou la Porte d'enfer. La richesse des paysages du nord-est de la Guadeloupe prend de multiples formes : mangroves, étendues d'eau, forêts sèches de 730 hectares réparties en huit massifs.

De ce côté de l'île, vous ne trouverez pas d'hôtels, uniquement des petites structures qui rendent le séjour des plus authentiques et chaleureux. Vous êtes accueillis le plus souvent dans des établissements (hébergements ou restaurants) gérés en famille, d'où un sentiment d'authenticité lorsque l'on a la bonne idée de s'aventurer jusque dans le nord de Grande-Terre. De belles plages sont à votre disposition sur Petit-Canal ou Port-Louis.

PETIT-CANAL

Petit-Canal, qui s'étend d'un bout à l'autre du nord de Grande-Terre, doit son nom au canal creusé pour assurer le mouillage des bateaux, abandonnant ainsi son ancienne appellation (Mancenillier). Avec une population de plus de 7 700 habitants, la commune conserve peu de traces et vestiges de son passé agricole. Des 52 sucreries qui existaient à la fin du XVIIIe siècle, il ne reste plus rien aujourd'hui. L'immigration indienne a également concerné la région, un afflux de population appelée pour pallier au manque de main-d'œuvre. Perchée sur un promontoire, l'église regarde du haut de ses marches le port de pêche, à proximité immédiate, et plus loin, le phare et la baie. Une promenade à pied vous donnera le loisir d'observer sa curieuse porte et d'apprécier le panorama. Le bourg paisible est bordé, à l'ouest, par une côte plutôt marécageuse, couverte par la mangrove, et à l'est par de nombreuses anses. De Petit-Canal, la route quitte le bord de mer, continuant vers l'intérieur pour rejoindre Morne-à-l'Eau.

C'est de l'appontement, aujourd'hui point de départ des balades dans la mangrove, que débarquaient les esclaves pour y être aussitôt vendus comme main d'œuvre dans les exploitations. Les moins dociles étaient enfermés, non loin de l'église, dans la prison aujourd'hui envahie par les racines d'un figuier maudit. Selon les historiens, Ignace et ses compagnons auraient emprunté ce même appontement pour rejoindre Louis Delgrès en Basse-Terre en 1802.

Petit-Canal accueille un parc de 72 éoliennes, principal site de l'île, qui permet de fournir de l'énergie propre. Ces éoliennes sont rabattables en cas de vents très violents.

Transports

■ AGOUTI DORE
Jardin Safer-Vermont ✆ 06 90 63 24 65
Tarifs de 25 à 30 € selon véhicule et saison. Mise à disposition sur votre lieu d'arrivée (aéroport ou gare maritime).
Une petite agence familiale où vous serez accueillis chaleureusement, dès votre arrivée. Les véhicules (Peugeot 208 et 301) sont neufs et climatisés.

Pratique

■ OFFICE DU TOURISME INTERCOMMUNAL DU NORD GRANDE-TERRE
2 Vallée de Roujol ✆ 05 90 48 77 80
Lundi, mardi et jeudi de 8h à 17h. Mercredi et vendredi de 8h à 13h.
L'OTINGT vous renseigne sur les activités touristiques du territoire du Nord Grande-Terre. Deux bureaux d'information sont également à votre disposition au Moule et à Port-Louis.

Se loger

■ LA CASE A CANNE
Rue des Mangles-Gelas
Les Mangles ✆ 05 90 22 62 35
www.case-a-canne.net
Bungalow pour 2 nuits : 170 € (2 personnes) et 200 € (4 personnes). Pour un séjour de 7 nuits, un pot d'accueil dînatoire et le premier petit-déjeuner sont offerts. Chambre d'hôte : 58 € la nuit pour 1 personne et 78 € pour 2 personnes, petit déjeuner inclus. Table d'hôtes : 28 € boisson comprise.

Une adresse sympathique pour découvrir la Guadeloupe version rurale du nord de Grande-Terre, et séjourner dans un ensemble locatif formé d'une chambre d'hôtes et de 2 bungalows indépendants nichés dans un jardin tropical. Les bungalows peuvent accueillir de 2 à 4 personnes et disposent d'une chambre climatisée, d'un autre couchage dans le salon et d'une kitchenette. Belle piscine située au milieu du jardin. Marie-Agnès, la propriétaire, propose des sorties nocturnes afin d'observer les tortues marines qui viennent pondre sur les plages entre mars et novembre. Elle est habilitée à baguer les tortues et propose de faire partager sa passion en vous accompagnant sur les plages où ont été observées des traces de remontées.

Se restaurer

■ **LE SANS PAREIL**
Rue Condé Damprobe
℡ 05 90 24 27 60
Ouvert le midi du lundi au vendredi + le vendredi et le samedi soir. Sur place, plats à partir de 12 €, à emporter à partir de 7 €. Fermeture annuelle de fin juillet à début août.
Un petit restaurant sans chichis où chaque client est accueilli avec courtoisie et gentillesse par la propriétaire. Elle propose une cuisine locale bien savoureuse à l'image de la soupe de cheval ou de bœuf, du poisson grillé, du chatrou… Les classiques entrecôte-frites, sandwichs et paninis sont à la carte. Certes, le choix est réduit mais vous goûterez à la vraie cuisine locale.

Sortir

■ **LE GRILLO**
Route de Balin
℡ 05 90 24 03 96
legrillo.skyrock.com
grillo@wanadoo.fr
Le vendredi soir : Soupe-grillades avec un groupe en live : 23 €. Le samedi soir : dîner live 30 €. Infos line : ℡ 05 90 24 15 02.
Un restaurant et dancing dont la formule plaît beaucoup autour de Petit-Canal. Des soirées thématiques y sont régulièrement organisées. Le menu ne varie guère : entrées, plats (viande, poisson grillé ou ragoût) et accompagnement (riz, légumes ou gratins), et un dessert. On y vient surtout pour l'ambiance.

À voir – À faire

■ **ÉGLISE – MARCHES DES ESCLAVES – MÉMORIAL** ★★
Perchée sur un promontoire, au-dessus du port de pêche, se dresse l'église dont l'accès est rendu possible, par un escalier en pierre de taille baptisé « Marches des esclaves ». Selon une légende, chacune des 54 habitations aurait fabriqué une marche au moment de l'abolition de l'esclavage, les marches restantes correspondraient à un don de la commune et du conseil de fabrique. Selon une autre version, les marches auraient été creusées par les esclaves eux-mêmes. Sur les 54 marches, des plaques rappellent les noms des différentes ethnies africaines venues sur l'île. Tout au long de l'escalier qui conduit à une stèle et au buste de Louis Delgrès, des plaques de bois rappellent le nom des ethnies qui ont utilisé ce passage lors de leur arrivée en Guadeloupe. En bas des marches, un immense « ka », pourvu d'une flamme éternelle, célèbre la mémoire de l'esclave inconnu. Sous le monument, le Tronc des Âmes renfermerait les fouets qui ont été remis par les maîtres à l'abolition de l'esclavage.

■ **MÉMORIAL À L'ESCLAVE INCONNU**
En bas des marches aux esclaves
Il s'agit d'un immense *ka* (tambour) sur lequel on distingue une flamme éternelle dédiée à la mémoire de l'âme de l'esclave inconnu.

■ **ANCIENNE PRISON DES ESCLAVES**
À proximité de l'église, les ruines de 3 salles en enfilade dans lesquelles on peut distinguer des fenêtres à barreaux. Elle a servi, par la suite, à recevoir les délinquants et enfin de fourrière pour animaux.

■ **FORÊT DE DEVILLE-MAISONCELLE**
Accès par la N6. Située à l'entrée de Petit-Canal.
Plantée dans les années 1950 par la société qui gérait l'usine de Beauport, sur les buttes calcaires de Petit-Canal, cette forêt de 116 hectares est aujourd'hui un domaine départemental gérée par l'ONF. De belles balades à faire ; l'occasion d'observer la faune et la flore en famille. Un sentier est balisé de marques jaunes et bleues mais elles ne sont pas toujours très faciles à repérer. Chaussures de marche indispensables.

GRANDE-TERRE

REPÉREZ LES MEILLEURES VISITES

★ INTÉRESSANT ★★ REMARQUABLE ★★★ IMMANQUABLE ★★★★ INOUBLIABLE

■ ILET ROUSSEAU

Cet îlet s'est constitué après le passage du cyclone Marylin, le 15 septembre 1995. Seule une ligne de bosquets composée de palétuviers rouges existait avant cette date. Des palétuviers qui ont contribué à arrêter des fragments de coquillages, de corail, de calcaire qui ont alors formé ce nouvel îlet. C'est aujourd'hui un refuge pour les oiseaux et un lieu de découverte de la faune et de la flore de la mangrove.

■ MUSÉE DE LA VIE D'ANTAN

Rue de l'Eglise
✆ 05 90 83 33 60
museedelaviedantan971@gmail.com
Ouvert tous les jours de la semaine de 9h à 15h sauf le jeudi et le dimanche. Entrée : 2 € par enfant de moins de 16 ans et 4 € par adulte. Possibilité de tarif de groupe.
Premier musée d'Arts et Traditions populaires de la Guadeloupe au travers d'objets usuels, de publications et d'expositions représentant la vie quotidienne, depuis les premiers foyers de populations jusqu'aux années 1960. Comme au Gosier, ce musée privé est issu de la volonté d'un seul homme, Raymond Boutin, historien, créateur et conservateur du lieu. C'est lui aussi qui collecte les objets au profit de ce fonds remarquable. La centaine de pièces déjà réunies diffuse la connaissance de cette histoire, et garde vivante la mémoire. Coutumes, costumes simples et objets de la vie quotidienne sont mis en scène pour illustrer des thèmes porteurs, comme le travail aux champs et les instruments agraires, l'univers des enfants (*ti moun*), l'alimentation... L'association Patrimoine et Savoirs y gère l'organisation d'une exposition annuelle.

■ PARC PAYSAGER

Rue Achille-René-Boisneuf
✆ 05 90 22 76 18
Ouvert du mardi au dimanche de 9h à 17h. Visite libre : 5 € par adulte 2,50 € par enfant de 3 à 12 ans. Durée de la visite : 1h30. Visite guidée : 6 €/adulte, 4 €/enfant de 13 à 18 ans et 2,50 € par enfant de 3 à 12 ans.
Un parc paysager de belle ampleur et aux vocations multiples. Dans ses jardins créole, indien et fruitier, il rassemble de nombreuses espèces locales ou exogènes : plantes comestibles, plantes tinctoriales comme l'indigo, essences botaniques et médicinales créoles qui entrent encore dans la pharmacopée locale... qu'il est possible d'acheter. L'arboretum regroupe les espèces endémiques du nord de Grande-Terre. Vous découvrirez également une collection de cerisiers des Antilles. Une rizière installée dans la zone la plus humide du parc permet de collecter plus de 500 kilos de riz ! Toute l'année, le samedi en général, le parc organise des journées à thème avec des animations diverses autour des plantes (*rimed razié*, remèdes traditionnels, art culinaire, plantes comestibles, botanique et écologie, etc.). Une jolie case créole a été aménagée sur place, ainsi qu'un bar/snack et une aire de pique-nique.

■ PLAGE DE L'ANSE MAURICE

Accès par la D121
Joli panorama dans la descente avant d'accéder à la plage. Le site est équipé de carbets pour pique-niquer.

■ SITE DE BEAUTIRAN

Route des Mangles
A l'angle des routes en direction des Mangles et de Port-Louis.
A la sortie de la commune, face à l'arrêt du bus (du côté droit de la route), un chemin indiqué, sur la gauche du stade, mène au sentier pédestre. Vous êtes sur l'ancien domaine d'une usine sucrière, fermée depuis la fin des années 1950, au milieu des champs de canne, des palétuviers et des arbres fruitiers, Une balade dans cette zone agricole à l'aspect forestier, avec pâturages et mangrove, s'offre à vous au fil d'un sentier bien balisé, parfait pour la randonnée pédestre ou cycliste, seul ou en famille. Un carbet sur place permet de se reposer avant le retour.

Sports – Détente – Loisirs

■ SEA, STEP & SUN

Port de Petit-Canal
✆ 06 90 85 40 03
sea.step.and.sun@gmail.com
Rando 3h : 45 €/adulte, 10 €/enfant. Rando journée : 65 €/adulte, 20 €/enfant. Location step paddle : 30 min : 15 € – 1 heure : 25 € – 2 heures : 40 €. Coucher de soleil : 49 €/ adulte, 12 €/enfant. Hors saison : -10% pour les adultes et -20% pour les enfants. Est considéré comment enfant le mineur de moins de 30 kg.
Découvrez de nouvelles sensations de glisse en marchant sur l'eau avec le step paddle. La planche est munie d'un guidon fixe qui permet de bénéficier d'un point d'équilibre. L'engin se dirige facilement grâce à des poignées semblables à des freins de vélo qui actionnent le gouvernail situé à l'arrière de la planche. Il suffit d'actionner la poignée du côté où l'on veut tourner. La planche avance grâce à l'action de vos jambes sur les pédales, d'où l'appellation de Step Paddle. Après quelques minutes d'initiation, vous serez apte à partir pour une jolie balade à la découverte des mangroves du Grand Cul-de-Sac Marin.

■ **PRESTIGE JET 971**
Port de Petit-Canal
✆ 0690 95 20 20
www.prestigejet971.com
prestigejet971@hotmail.com
Ouvert du mardi au dimanche 10h-17h (sans interruption). Fermeture le lundi. Bouée tractée 14 €/15 minutes. Flyboard 90 €/20 minutes. Randonnées jet ski à partir de 90 €. Initiation à partir de 50 €. Baptême à partir de 40 €. Location de jet ski à partir de 75 €.
Pour profiter des loisirs nautiques, Prestige Jet propose la location de bouées tractées, de scooters des mer et de flyboard. Randonnées possibles.

■ **YAKAGWADA**
Bazin ✆ 06 90 39 94 90
www.buggyquadyaka.com
skygeuss@gmail.com
Service de navette pour les personnes n'ayant pas de véhicule sur les communes du Gosier et de Sainte-Anne : 10 €. Capacité d'accueil 9 personnes. A partir de 59 €. Rando 3h, 150 €/ buggy (2 personnes). Permis B obligatoire.
Accompagné par Serge Bridon, à bord d'un buggy-quad biplace, vous découvrirez le Nord de Grande-Terre et ses paysages naturels. Il vous installera de nouvelles machines hybrides, à prise en main immédiate. Et, vous circulerez de la côte Est de l'océan Atlantique à la côte Ouest de la mer des Caraïbes, en immersion dans les champs de cannes à sucre, à la découverte des vestiges de cette industrie sucrière ainsi que de la route de l'esclavage et de l'ancienne prison de Petit-Canal. Vous longerez la mer en buggy avec possibilité de baignade sur le plage du Souffleur. Une randonnée très conviviale.

Visites guidées

■ **CLARISMATOUR**
3 chemin Gros-Cap ✆ 05 90 22 51 15
www.clarisma-gp.com
clarisma-gp@wanadoo.fr
Arrivé au bourg de Petit-Canal, prenez la direction du port et des marches aux esclaves.
Visite de la mangrove en journée croisière avec repas (départ à 9h, retour à 16h) : 70 € par adulte, 40 € par enfant. Visite de la mangrove et de la barrière de corail en bateau à fond de verre : 30 €, départ à 9h, durée 2h30. Visite de la mangrove au coucher du soleil : 25 €, départ à 16h, durée 2 heures.
Balades en mer à bord d'un bateau à fond de verre à la découverte de la mangrove du grand cul de sac marin et de la barrière de corail. La bateau – d'une capacité de 25 passagers – permet de conserver une ambiance chaleureuse à bord en compagnie d'un guide expérimenté. Départ du port de Petit-Canal, direction la mangrove, puis escale à l'îlet Rousseau pour une randonnée pédestre afin d'y découvrir la faune et la flore spécifique. Ensuite, direction la barrière de corail. Après avoir observé le monde sous-marin du bateau, vous aurez la chance de les explorer également en palmes, masque et tuba avec la plage de pointe sable pour point de chute de détente.

PORT-LOUIS ★

Cette jolie petite commune a fait le choix de s'ouvrir au tourisme mais elle tient à conserver sa quiétude. Le secteur s'affiche tout en contraste avec le sud de Grande-Terre. Pour le moment, le Nord semble encore vivre hors du temps à l'image des nombreux moulins, plus ou moins en bon état, qui jalonnent ses paysages. La commune a plusieurs fois changé d'appellation. Tout d'abord nommée Pointe d'Antiques puis Port-Libre, elle est finalement baptisée Port-Louis en hommage au Roi Soleil. Ce petit port a subi les affres de l'histoire, puisqu'il a souffert des bombardements anglais en 1809. A partir du milieu du XIXᵉ siècle, comme dans le reste de l'île, l'activité sucrière rentable y est en récession. L'usine de Beauport, dernière à résister, décline à son tour dans les années 1950. En 1836, les propriétaires du domaine agricole, les Souques, dominent l'activité sucrière en Guadeloupe. Mais en 1901, croulant sous les dettes, la famille est contrainte à la vente. Plusieurs propriétaires s'y succèdent alors jusqu'en 1990, date à laquelle le site ferme définitivement ses portes. En 2004, le Conseil régional et la SEMAG réaménagent le site pour en faire un lieu de mémoire de la culture sucrière en Guadeloupe. Une escapade passionnante pour ceux qui s'intéressent au patrimoine grâce à des parcours de découverte agrotouristique balisés autour de l'ancienne sucrerie.
Les travaux d'aménagement de sa marina permettront très prochainement d'accueillir jusqu'à 300 bateaux. Si Port-Louis s'oriente vers le tourisme, vous n'y trouverez toutefois pas d'hôtel. Des petites structures d'hébergement, propices à une ambiance conviviale, permettent aux visiteurs de profiter d'un séjour apaisant pendant lequel chacun peut apprécier sereinement le charme des environs ou des activités proposées sur place.

Figurant au palmarès des plus belles plages de Guadeloupe, celle du Souffleur, avec son rivage de sable blanc et sa vue sur la montagne de Basse-Terre, est particulièrement appréciée. Situé à proximité de la plage, le cimetière marin, avec ses tombes de sable ornées de coques de lambis, reste un site phare tout comme la pointe d'Antigues, propice à la pratique du surf.

Pratique

■ BUREAU D'INFORMATIONS TOURISTIQUES

2 rue Gambetta
℡ 05 90 22 33 87
officedutourismeportlouis@gmail.com
Du lundi au samedi de 9h à 17h.

Se loger

■ CARAIBE CREOL' KEYS

Rue Jean-Marie Tjibaou
℡ 06 90 36 08 28
caraibecreolkeys.com
caraibecreolkeys@gmail.com
Tarifs : à partir de 53 € la nuit, de 320 à 370 € la semaine selon saison.
Situés à 10 minutes à pied de la plage, ces deux studios (25 m² et 35 m²) à la décoration moderne, sont entièrement équipés et climatisés. La jolie terrasse en bois vous permettra de profiter du barbecue à votre disposition pour faire des grillades.

■ RÉSIDENCE MADÉLIA

3 rue Dimérault
℡ 05 90 22 92 65
www.madelialocation.com/
residence.madelia@gmail.com
Bungalow : 350 €/semaine pour 2 personnes. Possibilité de transfert depuis et vers l'aéroport : 40 €.
Capacité d'accueil de 6 personnes pour le grand bungalow. Le petit bungalow comprend la chambre, la salle de bains et le salon avec coin cuisine. Le grand bungalow dispose d'une chambre supplémentaire et d'un balcon. TV disponible sur demande. A 4-5 minutes de la plage du Souffleur. Un barbecue et une cuisine (avec congélateur) permettent de profiter du jardin. Lave-linge et spa communs aux deux logements. Wifi accessible dans les parties communes.

■ KALADJA

Pelletan Plaisance
Plaisance
℡ 05 90 22 38 98
www.gitekaladja.com
kaladja@wanadoo.fr

Ouvert toute l'année. Studio 2 personnes : à partir de 43 €/nuit et 301 €/semaine. F3 pour 4 personnes : à partir de 112 €/nuit et 672 €/semaine. Petit-déjeuner complet avec des produits locaux : 9 € ou petit-déjeuner continental : 5 €. Repas d'accueil : 28 €.
4 studios indépendants et un F3 en pleine campagne, à proximité des champs de canne à sucre. Tous sont climatisés, équipés de lits simples ou doubles, d'une kitchenette et d'une salle d'eau avec douche. Draps et serviettes sont fournis. Une terrasse avec coin repas ouvre sur le jardin. Une piscine ainsi qu'un carbet avec barbecue sont en outre à la disposition des vacanciers. Accès Internet gratuit. La structure s'inscrit dans une démarche de labellisation qui privilégie les comportements écoresponsables : économies d'énergie et d'eau, tri des déchets, valorisation du patrimoine et des produits locaux. Elle a obtenu le label Clé verte en 2015.

Se restaurer

Pause gourmande

■ CHOUKASIK

Rue Rémy Nainsouta
Barbotteau
℡ 05 90 90 84 10
Du lundi au samedi de 7h à 18h. Le dimanche de 10h à 18h.
Cette petite confiserie propose un subtil mariage entre recettes traditionnelles et innovation, le tout fait à base de fruits locaux. La spécialité de la maison à goûter absolument : les dentelles au coco, biscuit fin à base de noix de coco râpée, nature ou arômatisé aux fruits.Vous y trouverez également d'autres confiseries, pâtisserie et chocolats. Idée cadeau à offrir à vos proches : un assortiment de dentelles joliment présentées dans leur boîte en fer blanc aux couleurs de la Guadeloupe.

Bien et pas cher

■ JET HOLIDAYS

Plage du souffleur
℡ 06 90 12 22 22
jet-holidays.fr
jetholidaysw@gmail.com
Du mardi au dimanche de 10h à 15h (restauration) et jusqu'à 18h (snacking). Addition moyenne à 20 €.
Pour boire un verre accompagné de tapas ou manger un morceau (pizzas, crêpes, tartare de poisson, langouste, entrecôtes), le snack-bar Jet Holidays vous accueille les pieds dans le sable, sur la plage du souffleur.

■ **AU COUCHER DE SOLEIL**
Port de pêche ✆ 05 90 84 60 81
Sur le tout nouveau port de pêche.
Ouvert tous les jours midi et soir. Comptez 15 €.
Un petit restaurant familial les pieds dans l'eau,
doté d'une terrasse joliment colorée. Au menu,
langouste grillée, fricassée de ouassous, poisson
grillé mais également palourde et crabe farcis,
poulet coco, assiette créole...

Bonnes tables

■ **LE 117**
Plage du Souffleur ✆ 06 90 52 41 60
*Tous les midis de 11h30 à 15h et les vendredis
et samedis soir de 19h30 à 23h. Addition aux
alentours de 25 €.*
C'est sur l'une des plus belles plages de la
Guadeloupe, au sein du restaurant-grill créole le
117 qu'officie le chef charcutier traiteur Fabrice
Calabre. La carte du restaurant oscille entre
cuissons au gril ou à basse température et plats
traditionnels. Pour un moment de détente autour
d'un cocktail ou pour déguster les délicieux plats
du chef dont la réputation n'est plus à faire en
Guadeloupe. Les grillades et accompagnements
peuvent également être emportés pour un repas
les pieds dans le sable. Coup de cœur pour
la poitrine de porc moelleuse et savoureuse,
cuite à basse température, accompagnée d'un
gratin et de frites de patates douces maison.
Le petit plus : la viande de porc est issue de la
production locale.

■ **LA CORRIDA DU SUD**
✆ 05 90 22 92 33
*Ouvert du lundi au samedi de 8h à 19h. Formule
créole à 12,50 € (apéritif, assiette créole, glace),
menu à 15 €.*
Une adresse à recommander à proximité de la
plage du Souffleur. Situé sur le port, ce petit
restaurant sert une bonne cuisine des plus
locales à base de produits frais. La carte est
assez réduite. Accueil très agréable.

■ **POISSON D'OR**
2 boulevard Achille René-Boisneuf
✆ 05 90 22 88 63
lepoissondor.fr/
chefdimitri971@gmail.com
*Ouvert tous les jours le midi, le soir sur
réservation. Plat du jour 20 € – Menu du jour
22 € (Entrée, plat, dessert + un verre de vin).*
Le restaurant bénéficie d'une vue superbe
certes, mais encore faut-il avoir la chance
de disposer d'une table bien située ; et pour
cela, pas de miracle : il faut, soit venir tôt, soit
réserver ! Le service étant souvent lent, il vaut
mieux aller y déjeuner hors période d'affluence.
Au menu, colombo, fricassée de lambi, ouassous
ou chatrou, court-bouillon de poisson.

À voir – À faire

Un véritable petit port de pêche, fonctionnel et
aménagé pour le trafic et l'accueil de multiples
embarcations. Vous n'y trouverez pas de marché
aux poissons, mais vous pouvez les acheter
directement au retour des bateaux. Ce n'est pas
une station balnéaire, mais un bourg authentique
qui a su valoriser son passé agricole, dominé par
la canne à sucre. L'absence d'hôtels n'encou-
rage pas les touristes à s'arrêter, pourtant,
l'élégante mairie et le front de mer – familier,
avec ses lampadaires qui lui donnent un côté
très français – est plaisant. Sur le littoral, la
végétation côtière est basse, quasiment au
ras de l'eau.
Entre Port-Louis et Vieux-Bourg, les paysages
bucoliques tranquilles traversent les champs de
canne et de jolies plages, enjambent la ravine
Gachet, et rencontrent un décor rural, doux et
verdoyant, avant de rejoindre
Petit-Canal.
Au-delà de ses maisons typiques construites
en bois et ses monuments publics, de style
néo-classique, reconstruits par Ali Tur après le
cyclone, Port-Louis abrite des monuments qui
lui confèrent un cachet particulier. Les temples
hindous ou encore l'église Notre-Dame-du-Bon-
Secours, érigée en 1891, avec son autel en
marbre qui atteste des convictions chrétiennes
des esclaves libérés, sont à découvrir.

▶ **L'aménagement du marais.** Plusieurs
sentiers mènent les visiteurs au travers de la
mangrove jusqu'à divers sites à la faune et à la
flore contrastées et permettent la découverte
de cet écosystème particulier. Une des balades
vous conduit jusqu'à la tour d'observation qui
offre une vue panoramique du Grand Cul-de-
Sac Marin, de la Basse-Terre, d'Antigues et
de Montserrat.

■ **PLAGE DU SOUFFLEUR**
En suivant le boulevard, sur le front de mer.
Parking payant (2 €).
L'une des plus agréables de Grande-Terre (voire
de la Guadeloupe !), la plage du Souffleur est
particulièrement appréciée par les familles
avec enfants, car l'eau est y généralement
calme. Allez voir les rochers situés devant le
cimetière, à quelques mètres de la côte, que l'on
peut escalader. Au sommet, après une petite
pause, un petit plongeon et vous découvrez
une multitude de poissons ! Se baigner ainsi
avec une vue sur les montagnes de Basse-
Terre laisse des souvenirs formidables de la
Guadeloupe ! Le sable doré apporte un charme
indéniable aux lieux... Quoi qu'il en soit, évitez
de rester trop tardivement, car les moustiques
– baptisés yens-yens – sont très nombreux en
fin de journée.

■ BEAUPORT

Ancienne sucrerie de Beauport
Beauport
☏ 05 90 48 96 30
www.beauport-guadeloupe.com
contact@beauportguadeloupe.com
Par la N5 entre les Abymes et Morne-à-
l'Eau. Par la N6 entre Morne-à-l'Eau et Port-
Louis. Accès par le lycée de Port-Louis.
*Ouvert du mardi au dimanche de 9h à 17h.
Tarifs : 15 €/adulte, 10 € /enfant de moins
de 12 ans. Gratuit pour les moins de 4 ans.
Horaires du train, du mardi au dimanche : 10h-
14h, 11h-15h, 12h-16h ; samedi : 11h-14h,
12h-15h.*
Cette ancienne usine sucrière est devenue un
centre culturel tourné vers la valorisation du
patrimoine de la région Nord-Grande-Terre.
Dans les années 1836, les propriétaires du
domaine agricole, les Souques, dominent l'activité sucrière en Guadeloupe. En 1901, croulant
sous les dettes, la famille est contrainte à la
vente. Plusieurs propriétaires s'y succèdent
alors jusqu'en 1990, date à laquelle le site
ferme définitivement ses portes. Par la suite,
le Conseil départemental et le Conseil régional
acquièrent le domaine en copropriété. En
novembre 2018, après 9 mois de fermeture,
c'est un site écotouristique entièrement rénové
qui voit le jour, désormais géré par la Société
d'économie mixte (SEM) patrimoniale. Les différents espaces aménagés révèlent la singularité
du lieu, notamment à travers l'historique de la
filière cannière. De nombreuses activités culturelles, artistiques et de loisirs y sont proposées :
balade en train, accrobranche, spectacles, aires
de jeu, salle d'expositions.

■ MUSÉE GRATEL

Paradis de Montalègre
☏ 05 90 25 90 00
colettemerlin@gmail.com
Visite guidée : 10 €/adulte, 5 €/enfant.
Il s'agit d'une petite case meublée et fabriquée
à l'ancienne avec sol en terre battue, un toit
en paille, des murs en bois tressé, un lit de
feuilles séchées... « Kaz a neg mawon la »
vient compléter une exposition sur l'esclavage.
Vous comprendrez ensuite ce que signifie *neg
mawon...*

■ PLAGE DE POINTE SABLE

Elle n'est accessible que par bateau. Peu
fréquentée, elle dispose d'une plage au sable
fin parsemée de cocotiers. Des carbets avec
des tables et des blancs y sont installés. On
peut y observer beaucoup d'étoiles de mer.
Deux bémols : la présence d'algues qui rend
l'eau d'une teinte verte et les yen yen (minuscules moustiques qui infligent des piqûres qui

entraînent des démangeaisons). Eviter de rester
sur la plage au coucher du soleil et prévoyez
un répulsif.

Sports – Détente – Loisirs

Les spots de plongée du Nord Grande-Terre bénéficient d'une variété de paysages. L'architecture
sous-marine y est totalement différente de
celle de la réserve naturelle de Bouillante avec
notamment des grottes, arches, tombants,
passes, jardins coralliens, une épave d'avion...

■ ANTIDOTE PLONGÉE

112 bd Achille René Boisneuf
☏ 06 90 50 69 14
www.antidoteplongee.com
contact@antidoteplongee.com
A Port-Louis, prendre la direction du centre-
ville. A l'angle de Groupama, tourner à droite
et aller tout droit jusqu'au stop. Continuer
tout droit et prendre la deuxième rue à
gauche, Antidote est à l'angle au bout de la
rue sur votre gauche, à côté de la boulangerie, sur le front de mer.
*Ouvert tous les jours. Départs à 9h et 14h.
Tarifs adultes : randonnée palmée guidée à
partir de 43 €, baptême de plongée à partir de
55 €, exploration à partir de 38 €. Formations
du niveau 1 au monitorat, Nitrox, biologie,
photographie (cursus FFESSM, ANMP, PADI).*
Le Nord Grande-Terre regorge de sites propices
à tout type d'exploration. Vous pouvez ainsi
en toute sécurité vous lancer à l'occasion de
votre initiation dans des zones où la richesse
sous-marine n'est qu'à quelques mètres de
profondeur. Idéal pour les premières sensations,
y compris pour les enfants ! Les plus aguerris
peuvent, quant à eux, explorer les spots connus
(les arches et grottes, l'avion, les tombants) ou
bien de nouveaux sites encore plus insolites.
Possibilité de formule hébergement-plongée, les
consulter. Consultez leur site pour connaître le
planning des formations et sorties ainsi que les
tarifss s'y rapportant.

■ CARAIBES FLYBOARD XTREME GLISS 971

Plage du Souffleur
☏ 06 90 58 28 80
www.caraibesflyboard.com
caraibesflyboard@gmail.com
*Initiation et découverte du flyboard : 85 € les
30 min. Bouée tractée : à partir de 10 € 15 min.
Location de jet-ski : 50 € les 20 min pour le
conducteur et 5 € pour le passager. Paddle :
12 € les 30 min. Surf : 12 €/heure.*
A votre disposition, bon nombre d'activités
nautiques entre randonnées en jet-ski, bouée
tractée, flyboard, stand-up paddle... Le tout
sur l'une des plus belles plages de Guadeloupe.

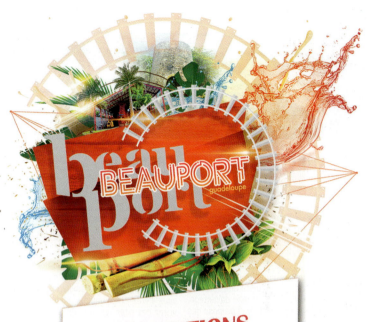

EXPOSITIONS
ACCROBRANCHES
BALADES EN TRAIN
EXCURSIONS
ESPACES BIEN-ÊTRE
HEBERGEMENTS

CONSEIL DÉPARTEMENTAL
DE LA GUADELOUPE

SEM
PATRIMONIALE
RÉGION GUADELOUPE

BEAUPORT GUADELOUPE
Ancienne usine de Beauport - 97117 Port-Louis
beauport-guadeloupe.com

 0590 48 96 30

■ EDEN PLONGÉE

25 boulevard Achille-René-Boisneuf
06 90 68 12 27
www.edenplongee.fr
alain@edenplongee.fr

Baptême : 50 € enfant et 55 € adulte. Immersion exploration et découverte : 45 € par adulte et 49 € au nitrox. Forfaits 4 plongées : 152 €.
Ce centre est labellisé Marque de Confiance par le Parc national de Guadeloupe, garantie de son implication écologique dans le cadre de ses activités. Il peut accueillir une douzaine de plongeurs simultanément (pas davantage, dans un esprit de convivialité) et propose des baptêmes pour les enfants et les adultes, ainsi que des sorties plongées en mer. Vous découvrirez l'architecture sous-marine des grottes et arches de Port-Louis, ainsi que des épaves, véritables refuges de l'aquafaune. Vous plongerez aussi près de la pointe de la Vigie. D'autres activités, comme les formations PADI, des stages de photographie et de biologie sous-marine, et des randonnées subaquatiques sont au programme.

■ GWADIVE

5 rue Schoelcher
06 90 50 95 91
www.gwadiveplongee.com
olivierthomet@live.fr
A côté de l'église.

Ouvert tous les jours sauf le dimanche. Sorties à 9h30 et 14h, sur rendez-vous. Baptême de plongée : 50 € par adulte, 45 € par enfant (de 8 à 12 ans). Plongée exploration : 43 € par adulte, 40 € par enfant. Forfaits : 3 plongées 117 €, 2 plongées dans la matinée : 75 €. Rando palmée : 35 €.
Olivier est présent sur le Nord Grande-Terre depuis près de 20 ans. Il organise des sorties en petit comité (8 personnes maximum). Découverte du Grand-Cul-de-sac marin avec ses grottes, ses arches sous-marines et son épave d'avion. La plongée tout niveau au pied de la Grande-Vigie et de ses falaises majestueuses est épatante. Possibilité de repartir avec les photos numériques de votre plongée et de la faune sous-marine. Bonne ambiance à bord !

■ JET HOLIDAYS

Plage du souffleur
06 90 12 22 22
www.jet-holidays.fr
jetholidaysws@gmail.com

Tous les jours de 10h à 18h. Jet-ski : 100 € la randonnée de 45 minutes. Fly board : 85 € (30 minutes). Bouée tractée : 15 € les 15 minutes. Stand-up paddle 18 €/heure. Restauration sur place.
Goûtez aux sensations extrêmes sur l'eau avec Jet Holidays. En famille ou entre amis, vous vivrez des moments uniques et découvrirez des sites remarquables, en jet-ski ou en bouée tractée. Et pourquoi pas prendre un peu de hauteur façon Iron man avec le flyboard ou le jet-pack ? Sensations garanties ! Et si vous avez un petit creux, Jet Holidays propose également un service de restauration.

Visites guidées

■ MANGROV-LA KA

La Marina
06 90 58 08 18
rony.barfleur@wanadoo.fr

A partir de 30 € la visite de la mangrove. Excursion à la journée 70 €, 85 € avec un repas langouste. Rotation quotidienne sur réservation. Possibilité de repas langouste livré sur le lieu de votre choix (40 €/personne). Possibilité d'accompagnement en mer à la demande.
Excursion à la découverte de la pointe des sables, de l'îlet aux oiseaux et de la mangrove ! Vous pouvez partir de Port-Louis, Sainte-Rose ou la marina du Gosier. La visite s'effectue en petit comité dans une ambiance des plus sympathiques et accompagné de Rony Barfleur (dit Wony), marin et guide expérimenté. Au programme, visite de la mangrove, arrêt à l'îlet Caret, déjeuner local avec langouste grillée sur place et arrosé de l'immanquable ti-punch. Ensuite baignade en palmes, masque et tuba et exploration. Une belle balade conviviale et confortable. Possibilité de table d'hôtes sur rendez-vous.

ANSE-BERTRAND ⭐

Située à l'extrême nord de Grande-Terre, cette petite commune rurale est rattachée à celle de Port-Louis jusqu'en 1737. Ultime point de refuge des derniers Caraïbes alors pourchassés, cette terre aride est pourtant la première à être exploitée par les premiers colons, qui y importent la culture du coton et de la canne à sucre, comme au Moule. Les tours des moulins en pierre qui s'éparpillent dans la campagne rappellent le passé sucrier de la commune, mais l'histoire retient surtout la présence des derniers autochtones qui, malgré les implantations françaises, ont réussi à s'y maintenir jusqu'à la fin du XIXᵉ siècle. Aujourd'hui, les touristes y passent avant ou après avoir visiter la pointe de la Grande-Vigie et la Porte d'Enfer, mais s'attardent peu au bourg. Lillian Thuram est un enfant du pays.

▶ **Grande-Vigie et Porte d'Enfer, des sites naturels gigantesques.** Les célèbres falaises qui se dressent d'un seul élan, comme un imposant canyon dans la mer, sont imposantes, effrayantes même, d'où leur nom. Les vagues, par tout temps, viennent se fracasser sur la roche dans un bruit assourdissant. Aménagé récemment par l'ONF, le site est désormais accessible aux personnes à mobilité réduite. Ces sites naturels grandioses représentent 20 % du territoire de la commune et font l'objet d'un projet de classement du littoral à l'instigation de l'Etat et de la DIREN.

Pratique

■ **OFFICE DU TOURISME**
Hôtel de ville
Rue Cheik Anta Diop ✆ 05 90 85 73 11
www.ot-ansebertrand.fr
omta@orange.fr
Ouvert toute l'année du lundi au samedi de 8h à 12h30 et du lundi au vendredi de 14h à 17h. Sauf les jours fériés.

Se loger

Locations

■ **BLEU OUTRE-MER**
Route de la Chapelle
✆ 05 90 22 04 47
www.ot-ansebertrand.fr
edmonde.jalentin@orange.fr
Face à la plage de la Chapelle
Location pour les week-ends, à la semaine ou plus. Location à la semaine : de 250 à 300 € pour 4 personnes.

Cette petite structure dispose de deux hébergements face à la plage. Ils sont équipés d'une chambre climatisée, d'une salle de douche, d'un séjour avec clic-clac, d'un coin cuisine équipé et d'une terrasse. L'un des appartements bénéficie d'un salon plus spacieux. Mme et M. Jalentin proposent également une petite maison créole quasi les pieds dans l'eau (à côté du restaurant l'Anthonis). Celle-ci dispose d'une chambre avec un grand lit et d'une autre chambre avec deux lits superposés.

■ **CHEZ BOULINGRIN**
Lotissement Guéry
✆ 05 90 22 02 29
www.ot-ansebertrand.fr
josiane.ithany@wanadoo.fr
350 €/semaine/2 personnes. 400 €/semaine/4 personnes.
Les studios sont situés dans un lotissement calme. Un premier studio peut accueillir 2 personnes et un second, 4 personnes. Sur place, une piscine commune sécurisée et possibilité de préparer un BBQ dans le jardin.

Bien et pas cher

■ **ALGUES DE LA CHAPELLE**
23 rue de la Chapelle
✆ 05 90 20 27 50
www.lesalguesdelachapelle.com
sci.les.marines@wanadoo.fr
Appartement de 350 à 450 € la semaine pour 2 personnes. Bungalow 4 personnes : de 400 à 480 € la semaine selon la saison.

© GILLES MOREL

Lagon de la Porte d'Enfer.

Situé à 5 min de la plage de la Chapelle, le cadre est agréable. Les logements avec chambre séparée, séjour et terrasse avec vue sur la mer sont un peu petits mais climatisés. Deux des bungalows peuvent accueillir jusqu'à 6 personnes et le troisième, jusqu'à 4 personnes. L'appartement en rez-de-chaussée dispose d'une chambre, et d'un canapé convertible dans le salon. L'appartement du haut accueille une chambre avec 5 couchages. Vue mer de tous les logements excepté de l'appartement en rez-de-chaussée qui donne sur le jardin et la piscine. Possibilité de faire préparer des paniers-repas. Un pot de bienvenue et le premier petit déjeuner sont offerts par les propriétaires, sympathiques et disponibles. Attention aux manœuvres dans le parking en pente.

■ **GÎTES MON TRÉSOR**
Rue du moulin de Mon Trésor
℃ 05 90 22 20 01
De 360 à 400 € selon la saison. Ouvert toute l'année.
À 3 km des plages et des commerces, 2 gîtes et un bas de villa dans un site calme et bien ventilé. Les gîtes disposent de 2 chambres, d'un salon, d'une cuisine équipée, d'une salle de douche et d'une terrasse avec hamac et barbecue. Mise à disposition d'un lave-linge commun aux 2 hébergements. Accès wi-fi. Matériel bébé à disposition sur demande. Piscine.

■ **OCEANES-SURF**
34 avenue Vital-Borifax
℃ 06 90 36 08 57
oceanes.pagesperso-orange.fr
oceanes20032003@yahoo.fr
Studio pour 2 personnes : 200 € à la semaine. Caution de 70 €.
15 studios climatisés pour 2 personnes chacun, situés à 800 m de la plage et des boutiques. Les studios sont équipés d'un lit et d'un clic-clac, d'une kitchenette et d'un balcon. Près du spot de surf de l'Anse-Bertrand, dans un parc fruitier de 4 hectares, c'est le plus simple pour les amateurs de sports nautiques... Les longues promenades en VTT au milieu de la canne à sucre sont sympas aussi !

Se restaurer

Pause gourmande

■ **BOULANGERIE DU SPORTIF**
Rue Victor-Schoelcher
℃ 05 90 22 15 74
www.boulangeriedusportif.com
boulangeriedusportif@gmail.com
Boutique ouverte du lundi au samedi de 5h30 à 20h et le dimanche de 5h30 à 13h.

Il s'agit d'une boulangerie fondée dans les années 1960 par un vainqueur du tour cycliste de Guadeloupe. M. Bernard avait réussi à ouvrir plusieurs boulangeries sur l'île, la seule qui subsiste est celle d'Anse-Bertrand, gérée par la 3e génération.

■ **KANNEL & MISKAD**
16 Rue Gratien Candace
℃ 06 90 94 22 15
kanneletmiskad@hotmail.com
Boutique ouverte du lundi et mardi de 9h à 19h, jeudi et vendredi de 11h à 19h, samedi et dimanche de 11h à 20h. Egalement un point de vente à la pointe de la Grande Vigie.
Envie d'une pause gourmande ? Goûtez aux glaces, sorbets et confiseries artisanales faites exclusivement à base de produits locaux. Nicaise vous fait découvrir avec passion les différents fruits, légumes et épices que l'on retrouve en Guadeloupe, comme le curcuma, le giraumon, l'avocat, le gingembre, le manioc, la banane jaune, la groseille pays et bien d'autres. Une histoire de famille qui se perpétue de mère en fille avec des recettes authentiques, pour régaler les papilles des plus gourmands.

Bien et pas cher

■ **TI MADRAS**
8 Résidence la Chapelle
℃ 06 90 93 65 01
Fermé le mardi. Addition moyenne à 15 €.
Installé au bord de la belle plage de la Chapelle, ce restaurant créole propose les spécialités de la région, du boudin au *bokit*, du lambi aux *ouassous*, sans oublier les langoustes et les accras.

■ **LA CASE À FERNAND**
107 rue Schoelcher ℃ 05 90 22 24 29
la-case-a-fernand.coconews.com/
casafernand97@gmail.com
Ouvert tous les midis sauf le lundi, le soir sur réservation. Salades entre 11 € et 14 €. Plat de 13 € à 17 €. Menu langouste à 35 €. Formule éco (sauf le week-end) à 16 €. Excellent rapport qualité/prix.
Une adresse de bord de mer à conseiller car ici tout est réuni : l'accueil, la qualité et le prix. La terrasse donne sur l'Atlantique. La case à Fernand propose des spécialités locales, des assiettes de pays classiques et copieuses (fricassée de ouassous, de chatrou, assortiment de poissons fumés, tartare de poisson, assiette créole, poisson sauce créole) accompagnées de légumes du pays. Le soir le restaurant n'est ouvert que sur réservation, appelez bien à l'avance, surtout si vous venez en groupe, car il s'agit d'un petit établissement. Sur place, une petite boutique d'artisanat local.

■ L'OCÉANE
109 rue Victor-Schoelcher ✆ 06 90 63 86 77
Ouvert du lundi au dimanche midi. Repas moyen à 25 €.
C'est dans une case traditionnelle créole au décor authentique que vous déjeunerez, face à la mer. Une carte simple mais bonne : fricassée de ouassous ou de lambi, la traditionnelle langouste ou bien encore du poisson grillé.

■ ZION TRAIN
Plage de la Chapelle ✆ 06 90 64 28 32
Menu gourmet à 38 €, formule dégustation à 22 €, menu dauphin à 9 €. Fermé le mercredi.
Le Zion Train a fêté ses 20 ans d'existence en 2015 mais Jocelyne, sa propriétaire, n'a pas pris une ride. Le restaurant est situé sur la plage de la Chapelle dont les vagues sont appréciées des amateurs de surf, vous le reconnaîtrez à ses couleurs vives. Vous pouvez concilier farniente sur la plage et bon repas rafraîchi par les alizés. Les assiettes servies sont copieuses et garnies de légumes pays cuisinés comme on les aime. Le service n'est pas des plus rapides mais... vous êtes sur la plage ! Le Zion Train dispose également d'une roulotte sur la plage (sandwiches, crêpes, boissons fraîches, glaces...). Parking sur place.

Bonnes tables

■ L'ANTHONIS
Rue du Commandant-Mortenol
✆ 05 90 22 04 02
lanthonis.coconews.com
Ouvert tous les midi et soir de décembre à fin avril. Fermé le mercredi de mai à novembre. Menus de 8,50 à 42 €.
Ce restaurant bénéficie d'un emplacement privilégié. Il offre une vue imprenable sur la mer et peut être le théâtre d'un spectacle unique, celui de la présence de baleines entre février et avril. Le chef, Jean-Marin Balin propose une cuisine traditionnelle locale. A la carte, blaff de poissons, bébélé, colombo et langouste et cigale de mer, ribs, poulet, aile de dinde, lambi, chatrou, poisson... Plusieurs formules sont proposées de l'assiette rapide au menu gastronomique. Les portions sont copieuses. La langouste livrée, directement par les pêcheurs, est choisie sous vos yeux dans le vivier.

■ LES TROIS FERMIERS
Route de Longuerue ✆ 05 90 22 19 17
https://les3fermiers.wordpress.com
les3fermiers@gmail.com
A 400 m avant l'hippodrome d'Anse Bertrand.
Ferme-auberge, gîte pour 4 personnes et table d'hôtes. Menus apéritif/entrée/plat/dessert : 30 €. Visite de la propriété. Réservation obligatoire. Ouvert du mercredi midi au dimanche midi, soir inclus.
Une adresse en pleine campagne tout au nord de l'île, où l'on peut séjourner et manger à la ferme de la famille Lagrin. Labellisé « Bienvenue à la ferme », ce gîte rural et table d'hôtes donnent une belle image de l'agriculture contemporaine. Quand Dominique, le mari, est aux champs ou au jardin, cultivant ses fruits et légumes locaux et s'occupant des bêtes, Marie-Laure, sa femme, imagine des recettes de saison. Les viandes et œufs frais lui permettent de concocter des recettes traditionnelles. Du producteur à l'assiette, les volailles (poulets et pintades), le cochon et le cabri sont cuisinés en fricassée, relevés aux ti piments, le tout s'accompagnant des gratins classiques (manioc, christophines, giraumon ou patates douces mais aussi malanga et papaye) et d'un pain fait maison. Les propriétaires proposent un menu unique.

À voir – À faire

Après l'agitation touristique du sud, ce coin tranquille est fort reposant avec son église, son hôtel de ville charmant, sa bibliothèque et ses jolies plages. vous êtes bien loin de l'agitation des zones touristiques. Les résidents plus accessibles, les restaurants et les rares hébergements pratiquent des prix corrects sans rogner sur la qualité... En somme, le séjour, bien que probablement court, sera agréable – d'autant que la nature n'a pas lésiné sur les moyens pour impressionner les visiteurs. Les paysages sont grandioses et certains sites sont plus sauvages entre côte rocheuse, plage de sable blanc aux rouleaux puissants, spots de surf, grandes et petites anses, falaises...

■ ANSE LABORDE
Anse-Laborde
Au nord d'Anse-Bertrand, en direction de la Grande Vigie.
Une belle et longue plage encore peu fréquentée, notamment à cause de sa baignade dangereuse. Les vagues et les courants peuvent être forts. Par contre, la plage est bien aménagée avec des carbets pour s'installer à l'ombre ou déjeuner. Snack sur place.

■ LAGON DE LA PORTE D'ENFER
Accès par la D122
Entre l'Anse à la Barque et la pointe de la Grande-Vigie, voici Anse-Bertrand, autrement dit la Porte d'Enfer. Le site est constitué de plateaux calcaires séparés par des dénivellations, dont la plus importante correspond à cette faille d'orientation ouest/nord-est. La plage de la Porte d'Enfer donne sur un lagon aux eaux calmes qui avance vers la terre comme un couloir. Le calme avant la tempête, où vous pourrez pique-niquer. Idéal pour un moment détente en famille à l'ombre d'un cocotier.

© VOURAYSAN

Pointe de la Grande-Vigie.

■ **POINTE DE LA GRANDE-VIGIE** ★★
D122 A
Depuis Anse-Bertrand, des panneaux indiquent
la direction à prendre jusqu'à falaise (6 km
environ). Vous voici au cap extrême du nord de
Grande-Terre. La route qui y mène est ponctuée de
superbes points de vue. Souvent, vous serez tenté
d'arrêter la voiture pour faire la photo idéale, avant
de découvrir que le panorama est encore plus
saisissant quelques dizaines de mètres plus loin.
Sur l'aire de stationnement se trouvent quelques
échoppes ambulantes pour les touristes (boissons,
souvenirs). De là, vous ne voyez encore rien, mais
le bruit des vagues commence, et vous incite à
vous approcher… Une balade assez facile, sur
un chemin rocailleux par endroits, permet de
découvrir ces paysages hors du commun. Au
fur et à mesure que l'on s'avance sur le chemin,
l'horizon apparaît doucement, les côtes s'épais-
sissent et, soudain, la masse de roches calcaires
se dresse. Un spectacle plus impressionnant que
ne le laisse supposer son altitude modérée (environ
90 m). Une mer sauvage crache des vagues aux
dentelles écumantes. Les familiers de la pointe
du Raz en Bretagne connaissent cette émotion…
Ce bout du monde est l'un des sites les plus
sauvages des Antilles.

Sports – Détente – Loisirs

■ **HIPPODROME KARUKÉRA**
Saint-Jacques
✆ 05 90 90 18 61
hippodromekarukera.fr
L'unique hippodrome de la Guadeloupe attire,
de décembre à juin, un public d'habitués qui
fait le déplacement en grand nombre pour les
courses de chevaux et les paris. L'hippodrome
de Saint-Jacques est également le site d'accueil
du Grand Prix du Conseil régional.

Shopping

■ **ANS@K.DO**
107 rue Schoelcher
✆ 05 90 22 81 18
Dans l'enceinte du restaurant La Case
à Fernand.
Boutique fermée le lundi. Ouverte de 7h à 15h.
Cette boutique d'artisanat local propose des
bijoux, des photos avec ou sans cadres, des
peintures originales sur fibres de coco, des
aquarelles, des tableaux de sables, de coquillages. Tout un choix de souvenirs accessibles
à tous les budgets.

BASSE-TERRE

Cascade aux Écrevisses,
sur la route de la Traversée.
© VINCENT FORMICA

L'EST

L'est de la Basse-Terre possède des attraits sur le plan de la culture agricole et du patrimoine humain : notamment des vestiges archéologiques qui remontent au début du peuplement de l'île. C'est également le lieu de débarquement de Christophe Colomb. Vous y trouverez un temple hindou, des distilleries, des musées dédiés au cacao, au rhum, à la banane... C'est aussi le paradis des fleurs exotiques, surtout autour de Petit-Bourg à l'image du Jardin de Valombreuse.

BAIE-MAHAULT

Point de rencontre naturelle entre les deux îles qui forment la Guadeloupe, porte d'entrée de Basse-Terre, Baie-Mahault doit son nom à une variété de palétuvier utilisé pour les cordages de la marine à voile. Cette commune d'environ 31 000 habitants est à la pointe de la modernité avec son pôle économique important, proche de l'aéroport, la zone industrielle de Jarry. On y retrouve aussi le centre commercial Destreland (plus grand de la Guadeloupe) avec ses 160 boutiques, ses banques, grande surface et services. La commune aux infrastructures modernes a investi dans l'industrie et les PME, tout en restant attachée à ses terres agricoles. Ses sols sont maniables à 45 % et constituent une des richesses naturelles les plus importantes de la Guadeloupe. Ses côtes s'ouvrent sur un site marin de grande qualité, les plans d'eau calme du Grand Cul-de-sac marin, par trois grandes baies : celle du Lamentin, celle de Dupuy et Baie-Mahault. La beauté reposante du paysage marin invite à la pratique des sports nautiques.

Transports

Baie-Mahault se situe à environ 10 km de Pointe-à-Pitre. Accès par la N1 ou N11 depuis Grande-Terre ou encore par la N2 pour ceux qui viennent du Lamentin. La zone industrielle de Jarry fourmille du lundi au vendredi soir avec plus de 35 000 personnes y travaillant. Le lieu est idéal pour faire toutes sortes d'emplettes, mais, excepté si vous comptez vous installer sur l'île, il ne dispose d'aucun attrait d'un point de vue touristique.

■ **APS LOCATION**
BP 2315 ✆ 05 90 38 10 50
www.apslocation.net
apslocation@orange.fr
Véhicules à partir de 30 €/jour en basse saison et 34 € en haute saison. Tarifs dégressifs à partir de 8 jours de location. Frais de livraison à la gare maritime ou à l'aéroport : 20 €.
Profitez d'un vaste parc de véhicules récents, bien entretenus et offrant toutes les catégories.

■ **AUTO LOC PRESTIGE**
Voie principale de Jarry
Immeuble Canada ✆ 06 90 95 24 25
www.autoloc-prestige.fr/
contact@autoloc-prestige.fr
Pack Standard limousine à partir de 290 € (pour 4 personnes).
Location de véhicules de luxe.

Basse-Terre

Plus vallonnée, plus verte et plus nature, la Basse-Terre, plus haute que la Grande-Terre, apparaît comme l'autre aile de la Guadeloupe et tout, peu ou prou, y est différent. En raison d'une pluviométrie supérieure (les nuages s'attardent sur la Soufrière !), la végétation est luxuriante, notamment dans le territoire largement protégé du Parc naturel, où les sentiers de randonnée en pleine forêt tropicale sont multiples, et où les cascades et bassins sauvages ravissent les plus randonneurs. Les plages de galets, les grandes anses de sable noir, brun ou rose et les fonds marins, des îlets Pigeon au Grand Cul-de-sac marin, attirent les amoureux d'un littoral sauvage. Basse-Terre abrite un volcan actif, cœur terrestre du parc national de la Guadeloupe. Classé par l'Unesco au réseau mondial des réserves de la biosphère, ce versant de l'île est le paradis de l'écotourisme, et se révèle particulièrement intéressant pour son offre d'hébergements atypiques et de gîtes bien intégrés dans la nature. Si la Guadeloupe n'évoque pour vous que plages de sable blanc et cocotiers, vous serez surpris par cette partie inattendue de l'archipel. Apportez vos chaussures de randonnée et ouvrez grands vos yeux !

PARC NATIONAL DE
LA GUADELOUPE

Ilet à
Kohouanne

Anse du   Pointe Allègre
Vieux-Fort

Ilet à
Fajou

GRAND CUL-DE-SAC MARIN

rande
Anse

Duzer

Sainte-Rose

Pointe de la
Grande Rivière

te du
-Morne

Distillerie
Reimonenq

Ecomusée

Deshaies

Musée du Rhum

Le Boucan

rdin botanique
Deshaies

Sofaïa

Ferry

Distillerie du
Domaine de
Séverin

Lamentin

Baie-Mahault

Baille-Argent

POINTE-À-PITRE

te
phy

Pointe-Noire

△ 768 m.

Maison
u Cacao

Acomat

Prise d'Eau

PETIT CUL-DE-SAC
MARIN

Mahaut

Parc zoologique
et botanique

Petit-Bourg

Domaine de
Valombreuse

Ilet Pigeon
(de la Guadeloupe)

Route de la Traversée

Les Mamelles

Cascade
aux Ecrevisses

Saut de
la Lézarde

Distillerie
Montebello

Plage de
Malendure

Malendure

Pigeon

te à Lézard

Bouillante

BASSE-TERRE

Pointe de la
Rivière
à Goyave

Goyave

PARC NATIONAL DE
LA GUADELOUPE

La Grivelière
(Maison du café)

1298 m.
△

Ste-Marie

Lieu du débarquement
de C. Colomb

Marigot

Distillerie
Longueteau

usée du Café

Rivière des Vieux

Morne du Col
1263 m.
△

Vieux-
Habitants

Matouba

△ La Soufrière
1467 m.

Capesterre-
Belle-Eau

Routhiers

Baillif

St-Claude

Distillerie
Bológne

St-Sauveur

Basse-Terre

Gourbeyre

Bananier

Monts
Caraïbes

Basse-Terre

Trois-Rivières

Vieux-Fort

Pointe à Launay

Parc archéologique
et botanique des
Roches Gravées

N

0   5 km

OCÉAN ATLANTIQUE

Grande Rivière à Goyave

■ **EUROPCAR**
Z.I. Jarry
✆ 05 90 38 73 95
www.europcar-guadeloupe.com
reservation.Europcar@gbh.fr
Voie principale.
Agence ouverte du lundi au vendredi de 7h30 à 12h30 et de 14h à 15h30, le samedi de 8h à 12h. Fermé le dimanche et les jours fériés.

■ **HERTZ ANTILLES**
ZI de Jarry
Angle de la rue F.-Forest et du boulevard de Houelbourg
✆ 05 90 25 25 74
www.hertzantilles.com
reservation@hertzantilles.com

Du lundi au vendredi de 7h30 à 17h30. le samedi de 8h à 11h.

■ **HOUELBOURG LOCATION**
1411 rue Henri Becquerel
✆ 06 90 37 66 07
Voir page 44.

■ **PRO-RENT**
ZI de Jarry
Rue Alfred Lumière ✆ 05 90 26 73 44
Voir page 44.

■ **UCAR**
Boulevard de la pointe de Jarry
✆ 05 90 41 11 11
www.ucar.fr
guadeloupe@votreagenceucar.fr

Les immanquables de Basse-Terre

▶ **Les randonnées à thème** avec certains sites accessibles à tous et d'autres réservés aux marcheurs expérimentés : les chutes du Carbet, les cascades aux écrevisses (avec accès aux personnes à mobilité réduite), l'aquarando, les bivouacs et le volcan.

▶ **L'ascension** de la Soufrière, accompagné d'un guide ; à faire uniquement si la météo est clémente, on y profite d'une vue extraordinaire sur Marie-Galante, les Saintes et la Désirade.

▶ **Les parcours accrobranche** pour sauter de liane en liane, d'arbre en arbre et marcher au niveau de la canopée sur la route de la Traversée.

▶ **Les plongées sous-marines,** avec ou sans bouteille. Souvent, masque, palmes et tubas suffisent pour nager en compagnie de petits poissons multicolores ou découvrir un concombre de mer.

▶ **Les fleurs et plantes tropicales** dans les jardins botaniques, publics ou privés.

▶ **Le bateau à fond de verre.** Une sortie en famille à bord du Nautilus pour regarder les fonds marins dans la réserve naturelle devenue célèbre mondialement depuis le passage du commandant Cousteau en 1959, lors de son escale à bord de la *Calypso*.

▶ **La pêche aux gros** poissons au large de la Côte sous-le-Vent à bord d'une vedette de pêche sportive.

▶ **Une sortie au large à la découverte des baleines, des dauphins, des cachalots et des tortues de mer** en compagnie d'associations de protection des animaux.

▶ **Une journée ou demi-journée en mer,** direction la mangrove, les îlets ou îles alentour, le lagon ou la barrière de corail.

▶ **Un bain tonique en rivière,** et découvrir la nature aux alentours ou au contraire, un **bain dans une source chaude.**

▶ **A travers la forêt tropicale,** la route de la Traversée vous mène au Zoo de Guadeloupe.

▶ **Découvrir Basse-Terre,** aujourd'hui capitale administrative de l'île, classée Ville d'Art et d'Histoire lors d'une visite commentée par un guide.

▶ **Les écomusées gourmands** autour du café, de la banane, du cacao, du bois et de la vanille.

▶ **Les distilleries** pour comprendre le processus de fabrication du rhum ; goûter, déguster et apprendre à faire la différence entre les crus. Si elles sont ouvertes toute l'année, les distilleries ne sont en fonction que pendant la période de récolte de la canne (février à juin).

▶ **Des bourgs tranquilles** près de la mer, où il fait bon vivre : Deshaies, Pointe-Noire, Vieux-Habitants...

▶ **Des robinsonnades** sur des plages désertes.

Du lundi au vendredi : 7h30 à 12h30 et 14h30 à 17h30. Samedi : 8h30 à 12h30. Dimanche : fermé. Location de véhicules à partir de 27 € catégorie A.
Spécialiste de la location, UCAR propose un large choix de véhicules de tourisme récents. Une enseigne de proximité à votre service, où vous serez accueilli chaleureusement.

Pratique

■ CLINIQUE DES EAUX CLAIRES
ZAC Moudong-Sud
✆ 05 90 97 62 62
eauxclaires@kapasante.fr
Dans le sens Pointe-à-Pitre > Basse-Terre : emprunter la rocade, prendre sortie « la Jaille ». Au rond-point, prendre la route de gauche direction Jarry et aller tout droit. Au rond-point suivant (rond-point Air France), prendre à droite direction « Moudong Sud ». L'entrée de la clinique est au bord de la route sur la droite après une station-service. Dans le sens Basse-Terre > Pointe à Pitre : emprunter la rocade, prendre sortie « Moudong Sud/ Jarry ». Au stop, tourner à droite et continuer tout droit jusqu'au rond-point de France Antilles. Faire demi-tour au rond-point et revenir sur ses pas pour entrer sur le parking de la clinique qui se trouve au bord de la route sur la droite (après la station-service).

La clinique privée bénéficie d'un service d'urgence 24h/24 en lien avec le SAMU et le SDIS.

■ JACKY ACTION SPORTS
14 Résidence Toussaint-Louverture
La Jaille ✆ 06 90 35 57 18
www.aventure-guadeloupe.fr
jacky.noc@wanadoo.fr
Randonnées pédestres et aquarando de 30 à 53 € selon la formule choisie. Excursion 4x4 de 45 à 68 €. Canyoning : 55 €.
Des journées sensations vertes au programme. Miniraid aventure, canyoning, aquarando, randonnées pédestres, volcans et cascades… Faites votre choix ! Prenez contact avec l'équipe pour connaître les tarifs. Possibilité de bivouac. Les excursions sont encadrées par des accompagnateurs détenteurs d'un brevet d'Etat. Recommandé par la marque de confiance du parc national.

Se loger

■ STUDIO LUCIUS
Bragelogne ✆ 05 90 95 00 06
vani.luci@wanadoo.fr
Pour une semaine à partir de 300 €.
Studio spacieux (35 m²) et coquet agréablement aménagé, situé dans un quartier, au milieu d'un jardin arboré d'arbres fruitiers. Accueil familial et chaleureux.

BASSE-TERRE

Se restaurer

Se restaurer à Jarry est chose facile étant donné le nombre de restaurants (rapides, gastronomiques, de spécialités), de *food-trucks* et autres qui sont présents. Il est vrai que la zone est connue pour abriter de très bonnes tables. Jarry étant le poumon économique de l'île, la majorité des hommes d'affaires y ont leurs bureaux ou leurs locaux commerciaux et chacun a ses habitudes. Si tous les restaurants sont ouverts le midi du lundi au samedi, certains le sont également le soir, notamment le week-end. Nous avons effectué une sélection de quelques établissements qui se distinguent, pour leur qualité ou pour une particularité notable.

Sur le pouce

■ BAGUET SHOP BAIE-MAHAULT
3 Chemin de la retraite, Centre commercial convenance gate's
☎ 05 90 95 01 80
Horaires d'ouverture : du lundi au samedi de 6h à 19h30, le dimanche de 6h à 12h30.
Arrêtez-vous dans le magasin Baguet Shop de Convenance pour découvrir les assortiments de pains, de viennoiseries et de pâtisseries. Vous pourrez également déguster des plats chauds pour votre déjeuner, ou des sandwiches et des paninis.

■ BAGUET SHOP JARRY
Angle Bd du Marquisat de Hoeulbourg et rue François Fresnau
☎ 05 90 32 02 69
Horaires d'ouverture : du lundi au samedi de 7h à 15h30.
Ce magasin Baguet Shop est situé en plein centre de Jarry, où vous pourrez déguster sur place ou à emporter votre petit déjeuner dès 7h du matin, ou votre déjeuner avec des plats chauds locaux renouvelés tous les jours.

■ RENEE
Voie principale
☎ 05 90 95 04 81
www.renee.gp
info@renee.gp
Autres adresses : Voie verte (05 90 59 94 51), Galeries de Houelbourg (05 90 92 01 86).
Du lundi au samedi de 6h30 à 17h30 et le dimanche de 7h à 13h. Sandwich à partir de 2,70 €, plats aux alentours de 10 €.
Renée, c'est LE concept de sandwicherie/pâtisserie/restauration rapide de Guadeloupe créé dans les années 1960. Une histoire de famille qui s'est développée autour d'un produit phare très apprécié des Guadeloupéens, le sandwich «Renée» accompagné d'un jus local, mais aussi des pâtisseries aux saveurs locales ou l'incontournable chocolat tradition et son pain au beurre, et une

offre de restauration rapide le midi. Une enseigne familiale empreinte de tradition et de modernité.

Bien et pas cher

■ BANH MI
Centre commercial le Pavillon
Rue Henri-Becquerel
Z.I. Jarry ☎ 05 90 94 14 13
Ouvert du lundi au vendredi de 10h à 16h et le samedi jusqu'à 15h. Sur place ou à emporter. Quelques exemples de plats : banh mi de 4 à 6,80 €, rouleaux de printemps à 3,50 €, nems de 5,20 à 6,80 €, travers de porc à 9,60 €, nouilles sautées de 7,60 à 13,80 €...
Da et Brice proposent des sandwichs vietnamiens ainsi qu'un large choix de spécialités thaï et cambodgiennes, notamment le fameux banh mi. Ce sandwich vietnamien allie la fraîcheur des légumes vinaigrés, la saveur d'une viande marinée (poulet, bœuf, porc) ou de crevettes, l'onctuosité d'une sauce et le croustillant d'une baguette traditionnelle, le tout accompagné de coriandre fraîche. Le Banh Mi est situé dans une galerie marchande dotée d'un parking. Vous pouvez déjeuner sur place, en terrasse ou sous la verrière.

■ LE COMPTOIR DES SAVEURS
rue de l'industrie
☎ 06 90 37 68 45
Ouvert tous les jours de 12h à 15h et du mercredi au samedi soir de 19h à 22h30. Formule à 18,90 € sur place et 12,90 € à emporter (hors dessert).
Un buffet à volonté composé de plats variés, mêlant cuisine créole et cuisine française. Soirée karaoké le mercredi de 19h30 à 23h.

Bonnes tables

■ LE BOUCHE A OREILLE
Rue Henri Becquerel ☎ 05 90 99 13 96
Ouvert du lundi au samedi de 8h à 18h. Service toute la journée, sur place ou à emporter. Addition moyenne à 25 € pour un déjeuner. Brunch sous forme de buffet à volonté un samedi par mois.
Un restaurant familial où vous serez accueillis chaleureusement dans un cadre cosy. Un large choix de plats cuisinés, salades, burgers, desserts maison et des boissons gourmandes, pour ravir vos papilles du petit déjeuner au goûter.

■ DELICES DU PAPILLON
1770 Rue de l'industrie ☎ 06 90 20 09 01
delicesdupapillon.com
Ouvert du mardi au jeudi de 12h à 14h30, le vendredi de 12h à 14h et de 19h30 à 21h30. Réservation fortement conseillée. Formule entrée/plat/dessert à 37 € le midi.
Aurélie et Jeff vous accueillent dans leur restaurant pour déguster une cuisine originale et métissée, revisitée avec un touche antillaise. Les produits

y sont frais et goûteux et la présentation soignée. Le visage de Jeff vous sera certainement familier, en tant que candidat de l'émission Master Chef en 2011.

■ NOSSY BE

Immeuble Les Ortolans
1 cité Fleuries
Moudong Centre ✆ 05 90 22 74 63
www.nossybe.fr – info@nossybe.fr
Restaurant ouvert du lundi au vendredi midi et le vendredi soir. Un menu «Speed du jour» plat et dessert à 25 €.

Hervé Guyard, traiteur et chef à domicile, a ouvert un restaurant-boutique à proximité de la zone d'affaires de Jarry. C'est dans une salle design au décor résolument moderne, entre tons gris, noir et fuschia, que vous pourrez apprécier sa cuisine alliant gastronomie moderne et saveurs du monde. Les vitrines incitent à la découverte gourmande de cette cuisine raffinée, que l'on apprécie sur place ou à emporter. Livraisons possibles de coffrets-repas gourmands sur Jarry et ses environs. Service de qualité pour des prestations haut-de-gamme.

■ SUGGESTIONS – THE RESTAURANT

Rue Emmanuel Condo ✆ 05 90 26 14 09
www.alencoline.fr
Dans le bourg de Baie-Mahault, au rez-de-chaussée de la médiathèque.
Un prix unique pour un menu décidé selon le marché du jour au quotidien (apéritif, mise en bouche, plats au choix, dessert) à 39 € avec des plats qui varient chaque jour. Ouvert à partir de 12h30 du lundi au samedi et vendredi et samedi à partir de 19h30. Réservation recommandée.
Dans ce restaurant situé au-dessous de la médiathèque et bénéficiant d'une superbe vue, pas de carte fixe mais une ardoise du jour avec des recettes concoctées selon le marché du Maître Restaurateur Alen Coline. A goûter absolument, le pain au fruit à pain !

■ LE TOURNIQUET

Zone industrielle de Jarry
44 rue de la Chapelle ✆ 05 90 32 70 35
Ouvert de 12h à 15h30 du lundi au samedi. Le soir, sur réservation. Addition moyenne à 20 €.
Un panorama imprenable sur la mer, une ambiance conviviale et une cuisine métissée de différentes influences. Une belle adresse à découvrir au cœur de la Guadeloupe.

Sortir

■ GWAD BOWLING & POOL

198 impasse Emile-Dessout
ZI Jarry
✆ 05 90 24 35 09
pcelinain@bowlingantilles.com

Ouvert 7 jours sur 7. Du dimanche au jeudi de 15h à minuit et les vendredis et samedis jusqu'à 2h du matin. Partie à 7 € en semaine, 8,50 € les week-ends et jours fériés. CB acceptée à partir de 15 €.
Profitez d'une partie de bowling dans une joyeuse ambiance de jeu. Des billards, baby-foot et autres jeux d'arcades sont également disponibles. Le bar à votre disposition vous permettra de vous désaltérer durant vos parties.

Sports – Détente – Loisirs

■ LES ATELIERS FOODÎLES

Rue Ferdinand Forest
Immeuble le Patio ✆ 06 90 72 27 16
lesateliersfoodiles.com
hello@lesateliersfoodiles.com
Compter entre 20 et 30 €/enfant et entre 45 et 70 €/adulte, selon l'atelier. Réservation sur le site Internet. Réduction de 10 % à partir de 2 ateliers. Possibilité d'organiser des ateliers sur mesure.
Jessica et ses partenaires vous proposent des ateliers de cuisine « comme à la maison ». Pendant quelques heures, enfants et adultes s'initient à la cuisine antillaise, la boulangerie, ou la pâtisserie, dans une ambiance ludique. Le matériel et les produits sont fournis, donc vous n'aurez qu'à enfiler votre tablier et vous laisser guider !

Visites guidées

■ AZIMUT

Port de pêche ✆ 06 90 41 88 08
www.azimutcroisiere.com
info@azimutcroisiere.com
85 €/adulte et 65 € pour les moins de 12 ans. Départ à 8h30 au port de pêche de Baie-Mahault. Déjeuner, boissons, kayak, et PMT inclus. Les sorties se font en petit comité. Pensez à réserver par e-mail ou par téléphone.
L'équipage d'Azimut vous accueille à bord avec un petit café et des jus de fruits pour vous expliquer le programme. Le catamaran peut accueillir jusqu'à 20 personnes. Le capitaine, passionné de bateaux et des écosystèmes marins est intarissable sur la diversité de la faune et de la flore sous-marine. Vous y croiserez de nombreux poissons multicolores puis vous pourrez profiter d'une sieste sur les filets du bateau ou encore pour un petit tour en canoë-kayak au fur et à mesure des haltes. Azimut vous propose également un autre parcours à bord d'un catamaran à moteur, d'une capacité de 12 places. Sur le même principe, vous découvrez les îlets Labiche, Caret et Christophe.

BASSE-TERRE

Shopping

■ BOUTIQUE DE LA PRESSE
1476 rue Henri Becquerel ✆ 05 90 26 88 00
Du lundi au samedi de 8h à 18h.
La Boutique de la presse dispose d'un grand
choix d'ouvrages, de périodiques et d'un rayon
papeterie.

▶ **Autre adresse :** 9 boulevard Félix Eboué,
Basse-Terre.

■ LA BOUTIQUE DU RHUM
Rue Thomas Edison
La Jaille ✆ 06 90 72 19 51
laboutiqueduchampagne@gmail.com
Ouvert du lundi au samedi de 9h à 19h.
Dimanche : 9h à 12h30.
Amateurs de rhums, cette boutique vous
réjouira. A votre disposition, plus de 300 références de rhums de la Caraïbe dont, bien sûr,
ceux de la Guadeloupe dans un décor soigné
et chaleureux. Rien dans l'aménagement n'est
laissé au hasard pour la mise en valeur de
chaque produit à l'image des boutiques d'une
marque de café bien connue. Egalement sur
place, une belle cave à cigares et tous les
accessoires. Et jouxtant la Boutique du Rhum,
vous découvrirez la Boutique du Champagne qui
vous propose un panel de vins fins, d'alcools
et de champagnes pour tous les budgets (la
Guadeloupe détient la palme de consommation
de champagne sur toute la France). Le tout à
déguster avec modération, bien sûr !

▶ **Autre adresse :** Place Montauban Plaza,
Gosier.

■ CENTRE COMMERCIAL DESTRELAND
✆ 05 90 38 53 85
www.destreland.com
Ouvert du lundi au vendredi de 8h30 à 20h30,
le samedi jusqu'à 21h et le dimanche (Carrefour
et Mr Bricolage) de 8h30 à 12h30.
Il s'agit du plus grand centre commercial de
l'île. Vous y trouverez des grandes surfaces
(Carrefour, Mr Bricolage et Décathlon, etc.),
du prêt-à-porter, de la téléphonie, mais aussi
deux librairies, des restaurants et toutes sortes
de boutiques, parmi lesquelles des enseignes
réputées, auxquelles s'ajoutent un cabinet
médical et des services bancaires.

■ LIBRAIRIE ANTILLAISE
Centre commercial Destreland
✆ 05 90 80 80 00
www.librairieantillaise.com
contact@librairieantillaise.com
Du lundi au samedi de 9h à 20h.
La Librairie antillaise propose des références
variées, notamment dans le domaine de la
littérature antillaise, ainsi que des produits
multimédias et de loisirs, et un rayon papeterie.

■ LIBRAIRIE GENERALE BY CCH
343 Rue Ferdinand Forest
✆ 05 90 69 86 56
contact@librairiegenerale.fr
Du lundi au vendredi de 8h à 17h et le samedi
de 8h à 13h.
Une des plus anciennes librairies généralistes
de Guadeloupe. Créée en 1952 et rachetée en
2019, elle compte notamment un large choix
d'ouvrages sur la Guadeloupe et la Caraïbe.

PETIT-BOURG

Cette petite commune au-delà du Petit
Cul-de-sac marin, en face de Pointe-à-Pitre,
est accolée à un arrière-pays exceptionnel, qui
comprend notamment la forêt du parc national.
Surnommé le poumon vert de la Guadeloupe,
70% du territoire de Petit-Bourg se trouve
dans le parc. Vous y accédez grâce à la route
de la Traversée. A vous les sites superbes et
les panoramas naturels préservés de constructions intempestives. La route qui monte au col
abandonne les dernières habitations et passe
devant la cascade aux Ecrevisses, la Maison
de la forêt et les Mamelles, morne qui culmine
à 718 m.
Plutôt résidentiel, Petit-Bourg, qui a bien grandi,
est devenu une agglomération et s'étend sur les
contreforts irrigués d'innombrables rivières.
La route de campagne de Duquéry serpente
dans ce paysage verdoyant, entre champs de
cultures vivrières et de cannes à sucre, et le

fameux parc botanique Valombreuse, aux fleurs
tropicales de toute beauté.
Au sud, par la RN1, entre Petit-Bourg et Goyave,
se déroule une côte au vent hospitalière, avec de
belles plages de sable gris, celle du Viard spécialement, où une base nautique est aménagée.

Pratique

■ OFFICE DE TOURISME
Mairie de Petit-Bourg
27 rue Victor-Schœlcher
✆ 05 90 60 12 31
otvpetitbourg@gmail.com
Ouvert les lundis, mardis et jeudis de 8h30 à 13h
et de 14h à 16h30, et les mercredis et vendredis
de 8h30 à 16h30.
Tous les sites à visiter, les événements et autres
sont à consulter sur leur site Internet.

Se loger

Locations

■ HABITATION TABANON

4-5 Moulin de Tabanon
☎ 05 90 98 16 86
www.habitation-tabanon.com
contact@habitation-tabanon.com
Villas de 630 à 2 100 € la semaine, selon la période et le nombre d'occupants. De 100 à 300 € le week-end. Durée de séjour de 3 nuits minimum.
Les villas ont été construites sur le site d'une ancienne distillerie. Les 6 villas en bois, dont 2 jumelées, sont dotées chacune d'un spa ou d'une piscine et disposent de tout le confort. L'habitation Tabanon propose un service haut de gamme sur demande avec accueil à l'aéroport avec véhicule de grande remise et dîner à l'arrivée.

Bien et pas cher

■ BELLEVUE GÎTES

18 allée des Bougainvilliers
☎ 05 90 95 25 09
www.bellevue-gites.com
contact@bellevue-gites.com
Gîtes à partir de 290 €/semaine pour 2 personnes, selon la saison et le type d'hébergement.
Quatre bungalows situés dans un joli parc arboré très reposant avec une vue mer et montagne. Les logements sont simples, mais avec terrasse, climatisés et équipés de micro-ondes, TV, lave-linge, barbecue… Les T2 disposent d'une chambre et d'un salon équipés d'un clic-clac et peuvent accueillir de 2 à 4 personnes, les T3 peuvent accueillir jusqu'à 6 personnes.

■ GÎTES ANGÉLIQUES

2456 Montebello
☎ 06 90 74 45 89
www.gites-angeliques.com
gilbert@gites-angeliques.com
A deux pas du centre nautique de Viard.
Tarif pour 2 personnes : 360 € la semaine. Tarif dégressif selon la durée.
Dans un cadre verdoyant à proximité de la forêt, à mi-chemin entre la plage et la montagne. La propriété accueille deux hébergements en bois qui s'intègrent totalement à la végétation environnante. Une piscine est à disposition sur le site. Chaque hébergement est climatisé et dispose d'une kitchenette et d'une terrasse aménagée pour la détente et les repas. Le propriétaire se fera un plaisir de vous guider à la découverte de l'île par de précieux conseils. Punch de bienvenue à l'arrivée !

La Negresse Gertrude, sur la place Gertrude à Petit-Bourg.

Confort ou charme

■ GÎTES CREOLILES

1195 Route de Tabanon ☎ 05 90 32 04 99
creoliles.fr – syga971@hotmail.fr
Nuitée à partir de : 70 € (2 personnes), 120 € (4 personnes). Lit supplémentaire : 10 €. 10% de remise à partir de 14 nuits et 20% à partir de 20 nuits.
A seulement 15 km de l'aéroport, cette résidence sécurisée propose 14 bungalows, en bois de style créole, entièrement rénovés au cœur d'un joli jardin tropical bien entretenu avec une belle et spacieuse piscine. Chaque logement de 18 m² est climatisé et dispose d'une chambre, d'une salle de bains, d'une terrasse couverte de 24 m² avec kitchenette. La résidence est équipée du wi-fi. Sur le même site, le restaurant Le Créoliles propose une cuisine créole mais aussi des plats traditionnels et des pizzas.

■ LES GITES DE LA LEZARDE

Chemin de la Glaciere ☎ 06 90 42 18 78
www.lesgitesdelalezarde.com
lesgitesdelalezarde@gmail.com
Tarifs/nuitée pour 2 personnes selon saison et logement : de 50 à 140 €. Formule petit déjeuner : 11 €. Possibilité de dîner (entrée/plat/dessert) : compter environ 30 €.
Anciennement le Palmaretum, les Gîtes de la Lézarde sont un havre de paix niché dans un écrin de verdure. En chambre, en gîtes ou en case créole tout confort, vous pourrez goûter au calme et à la douceur du lieu, à quelques mètres du Saut de la Lézarde.

Luxe

■ QUALISUN

1667 Chemin de Juston ✆ 05 90 98 66 78
www.qualisun.gp – contact@qualisun.gp
*Villas à partir de 849 € la semaine pour
4 personnes, 1 299 € pour 6 personnes et
1 499 € pour 8 personnes, selon saison et villa.
Durée minimum de séjour d'une semaine (5 jours
en basse saison).*
Magnifiques villa T3, T4 ou T5 alliant tradition
créole et modernité, avec Jacuzzi ou piscine, jardin
tropical, larges terrasses et chaises bain de soleil
pour bronzer et vous détendre. Équipements (tous
privatifs) : barbecue, wi-fi, coffre-fort, matériel Hi-Fi
complet, climatiseurs, douche extérieure, linge de
toilette/maison, buanderie, parking, équipement
pour bébé (lit parapluie).

Se restaurer

Sur le pouce

■ BAGUET SHOP PETIT BOURG

Centre commercial Collin ZAC de Colin
✆ 05 90 81 99 72
*Horaires d'ouverture : du lundi au samedi de
6h30 à 19h30, le dimanche de 6h30 à 12h30.*
Que vous habitiez à Petit Bourg ou que vous soyez
simplement en train de profiter de la nature de la
Basse-Terre, arrêtez-vous dans le magasin Baguet
Shop situé dans le centre commercial de Colin
pour déguster les préparations et les pâtisseries
artisanales en terrasse ou dans un coin « cosy ».

■ BYRON BURGER BAR – COLIN

✆ 05 90 25 00 70
*Du lundi au samedi de 12h à 14h30 et de 18h30 à
21h30 (22h30 le vendredi et le samedi). Addition
moyenne à 20 €.*
Pour découvrir le hamburger façon gourmet, le
Byron propose des burgers à la carte, à base de
viande du boucher ou de poisson, accompagnés
de frites de pommes de terre et de patates douces
maison, et des milkshakes.

Bien et pas cher

■ AKA LISE – KASSAVERIE

Duquery
✆ 06 90 83 34 73
*Du dimanche au vendredi de 11h à 18h. Fermé le
samedi. Kassav entre 3 € et 4 € l'unité.*
Kassaverie traditionnelle. Les kassav salées et
sucrées sont préparées devant vous, directement

sur les platines. Vente de farines (coco, manioc) et
de punchs locaux (goyave, passion, abricot, etc).

■ LES BIÈRES DE LA LÉZARDE

Vernou
1 allée de Merwart ✆ 0590 808625
contact@lezarde.net
*Possibilité de déguster les bières locales (blondes
ou blanches) car la Guadeloupe n'est plus
uniquement une terre de rhum.*
Un bar où vous pourrez déguster et acheter des
bières brassées sur le site, aux notes et parfums
locaux. Le cadre est particulièrement agréable,
en pleine nature.

■ LE CREOLILES

1195 route de Tabanon
✆ 05 90 32 04 99
*Ouvert 7 j/7, le midi à partir de 12h et le soir à
partir de 18h.*
Spécialités antillaises et françaises. Carte de
pizzas. Le petit plus : le cadre et la possibilité d'y
manger tous les jours, midi et soir.

■ WOPSO

✆ 05 90 32 67 46
*Du mardi au dimanche de 12h à 14h30. vendredi
et samedi soir de 19h30 à 22h. Addition moyenne
à 25 €. Plats à emporter à 9 €.*
Cadre ouvert et ventilé non loin d'une rivière.
Cuisine traditionnelle simple et abordable. Des
plats simples et goûteux. Les jus maison à base
de fruits de saison sont frais.

Bonnes tables

■ NEW MISTY

24 chemin de la Bandonnée Fougères
✆ 05 90 86 10 63
newmisty971@gmail.com
*Ouvert du mardi au samedi de 19h à 22h30.
Compter de 10 à 24 € pour une pizza. Egalement
un choix de plats à la carte.*
Le restaurant, tout en bois, est situé en pleine
campagne de Petit-Bourg, une véritable oasis
de fraîcheur, et il est fréquenté par beaucoup
d'habitués. Côté cuisine, une carte variée pour
des plats traditionnels (côte de bœuf, ris de veau,
tartare, brochettes, carpaccio de poisson) bien
préparés comme on les aime et de pizzas. C'est
un restaurant bien réputé localement, repris
depuis peu par Christophe et Jérôme. Mieux vaut
réserver le week-end car le lieu est très prisé. Petit
salon lounge pour boire un verre. N'hésitez pas à
demander conseil à Christophe pour la carte des
vins. Soirées musicales les vendredis et samedis.

NEW MISTY

Restaurant | Concert

24, Chemin de la Bandonnée Fougère
Petit Bourg, 97170 ☏ 05.90.86.10.63
✉ newmisty971@gmail.com
🅕 Restaurant New Misty

■ **LA ROMA DES ILES**
Colin ✆ 06 90 92 28 36
Du lundi au vendredi le midi à partir de 11h30 et le soir à partir de 18h30. Le samedi à partir de 18h30 et le dimanche de 18 h à 21 h. Addition moyenne à 25 €.
David, le chef, concocte des pizzas italiennes (des vraies de vraies, on vous l'assure) dans son tout nouveau restaurant cosy. Les pizzas sont cuisinées avec passion et savoir-faire. On vous recommande d'ailleurs la mollusco (selon saison), préparée avec une fricassée de lambi à tomber à la renverse. Plaisir garanti ! Egalement à la carte : des burgers maison, des salades, des cocktails et des desserts.

■ **CHEZ ZEZETTE**
23 rue Main Courante
✆ 0690 58 11 24
francine.delver@live.fr
Prendre la direction de Petit Bourg centre, jusqu'à la mairie. Tourner à gauche au niveau de l'immense lambi.
Ouvert du lundi au samedi de 11h30 à 15h30, et le vendredi soir. Autres soirs sur réservation. Menus le midi (entrée + plat) à 12 €. Réservation conseillée pour le soir, comptez environ 15 €.
Cuisine locale traditionnelle dans une ambiance familiale. La cuisine est préparée par la mère (Zezette) et le service est assuré par sa fille. Accras savoureux et jus à base de fruits frais de saison.

À voir – À faire

■ **LA FERME TI'BOU**
Arnouville ✆ 06 90 58 04 34
www.lafermetibou.fr
lafermetibou@hotmail.com
En venant de Pointe-à-Pitre, prenez la sortie Petit-Bourg au deuxième pont (direction Colin-Poirier), puis reprenez la direction Pointe-à-Pitre. La Ferme Ti'Bou est située à 1 200 m à droite après la station Esso.
Ouvert de 10h30 à 17h hors vacances scolaires le 2ᵉ et le dernier week-end du mois et du mardi au dimanche pendant les vacances scolaires. Prix : 10 € (de 2 à 4 ans) et 15 € (5 ans et plus) pour une visite avec activités, 4 € pour une visite simple sans activité (1 heure). Snack sur place. Pique-nique autorisé.
Dans le milieu naturel guadeloupéen, la ferme Ti-Bou accueille de nombreux animaux : autruches, watouzi, ânes, poules, canards, oies, cochons d'Inde, vaches. D'autres activités complètent la visite : promenades en charrette, toboggans, jeux d'eau et bateaux à pédales, piscine, rodéo, visite du parc animalier... Déjeuner sur place possible grâce à une aire de loisirs aménagée autour d'un petit jardin ornemental. Possibilité de pique-niquer ou de se restaurer sur place.

■ **LES JARDINS DE VALOMBREUSE**
Cabout ✆ 05 90 95 50 50
www.valombreuse.com
info@valombreuse.com
Ouvert tous les jours de 9 h à 18 h (dernières admissions à 16h30. Entrée : 8 € pour les enfants de 3 à 12 ans, 13,90 € pour les adultes (1 € de remise par entrée sur les tickets achetés en ligne). Chaussures de randonnée conseillées les jours de pluie. Restauration possible sur place.
Bien intégré au creux des vallons ombragés, ce grand parc floral se situe dans la région de Petit-Bourg, sur la route de Cabout en venant de Grande-Savane ou de Duquerry. Créé en 1990, ce jardin extraordinaire abrite une profusion végétale qui ravit les amoureux des fleurs et plantes tropicales. Vous y ferez des balades libres (comptez au minimum 1h30 de visite, 3 heures avec la mini randonnée) sous de hautes futaies d'où jaillissent les balisiers et les roses porcelaines, et où les colibris viennent boire le nectar des fleurs dans leur milieu naturel. Vous passerez des plans d'eau où les carpes koï évoluent paisiblement, et emprunterez des ponts romantiques. Un sentier remonte le long d'une rivière jusqu'à la cascade où l'on peut se baigner par beau temps (attention aux pierres glissantes en cas de pluie !). Un petit guide vous est remis afin de vous aiguiller dans votre parcours. Restauration possible sur place au Badiane.

■ **MAISON DE LA FORÊT** ⭐⭐
ROUTE DE LA TRAVERSÉE
Accès par la route de la Traversée, entre les Mamelles et la Cascade aux Écrevisses.
Entrée libre. Ouvert du lundi au vendredi 9 h à 16h30. Ouvert le samedi et la dimanche en haute saison est ouvert de 9h à 16h30 (fermeture à 12h30 le dimanche). Point d'information, possibilité de pique-niquer, baignade non surveillée (pas de toilettes, ni de réseau téléphonique).
La Maison de la Forêt constitue le point de départ du sentier de découverte de la forêt tropicale. Elle donne accès à une exposition sur la forêt guadeloupéenne, un parcours de découverte, une aire de pique-nique le long de la rivière Bras-David. Vous remarquerez ainsi que de nombreux arbres adoptent des perspectives rigides, comme si l'esprit de géométrie ou de contorsion s'accordait pour lutter contre ou chercher les mouvements du soleil. La rivière Bras-David abrite quantité de petites écrevisses, les fameux ouassous, qu'il est bien sûr interdit de pêcher dans le parc. Mais n'hésitez pas à vous y baigner par beau temps ! Le site dispose d'une aire de pique-nique. Dépliants et plans sont à récupérer dans la Maison de la forêt. L'accueil est assuré par des agents du parc. Leurs conseils sont à suivre. Si La Maison de la Forêt est fermée, vous pouvez tout de même suivre le balisage, car l'entrée de la boucle reste accessible.

Comptez 1 heure environ pour faire le tour du sentier découverte autour de la Maison, où vous trouverez une aire de pique-nique aménagée.

■ **PLAGE DE VIARD**
RN 1.
Grande plage de sable gris parsemée de nombreux raisiniers bord-de-mer, sur la côte au vent de Basse-Terre.

Visites guidées

■ **CARAÏBES FACTORY**
℡ 06 90 20 54 04
Voir page 26.

■ **DISTILLERIE MONTEBELLO**
Distillerie Carrère
Carrère ℡ 05 90 95 41 65
www.rhummontebello.com
rhum.montebello@wanadoo.fr
Visite gratuite de la distillerie de 7h à 12h durant la période de récolte et de coupe de la canne, de septembre à juillet. La boutique est ouverte toute l'année, du lundi au vendredi de 8h à 17h, sauf mercredi et samedi 8h à 12h.
L'une des distilleries renommées de l'archipel, fondée en 1930, l'usine Carrère est moins réputée que Damoiseau ou Longueteau. Pourtant, l'entreprise familiale a su se développer hors des Antilles, pour atteindre une bonne dimension commerciale en France, où elle est distribuée par la société bordelaise Bardinet. A Petit-Bourg, l'activité traditionnelle perdure sur des machines ultra-modernes. Vous découvrirez le processus de traitement de la canne, de sa distillation jusqu'à son vieillissement en fûts. La visite se termine par l'indispensable boutique/dégustation, où vous trouverez le rhum blanc agricole, des rhums vieux ambrés, des liqueurs et des punchs.

Shopping

■ **FNAC**
ZAC de Colin
Centre commercial Collin's
℡ 05 90 26 12 12
Du lundi au samedi de 9h à 20h.
En plus des produits multimédias, la FNAC dispose d'ouvrages sur la littérature antillaise. Le magasin organise des animations et des séances de dédicaces (voir programmation sur la page Facebook).

■ **JADIN PEYI TI BOU**
Sur le parking situé au rond-point de Montebello en face de la plage de Viard.
Tous les vendredis de 14h30 à 20h30.
Grand marché agricole, un vrai marché avec un grand choix de produits locaux.

GOYAVE

Implantée sur la « côte au vent », en bordure de l'Atlantique, Goyave, commune du parc national, bénéficie de limites naturelles. Son territoire de 5 830 hectares est dominé à l'ouest par le mont Matéliane culminant à 1 298 mètres d'où dévalent les chutes de moreau et de Bradfort qui achèvent leur course en aval dans la petite rivière à Goyave et celle de la rose.

C'est au nord de Capesterre, à proximité d'un cours d'eau, que les colons français décident de s'installer en 1684. Ils fondent leur paroisse sous le patronage de « Sainte-Anne de la Petite Rivière », en hommage à la reine Anne d'Autriche. La fête de la commune est d'ailleurs toujours célébrée le jour de la Sainte-Anne. Par la suite, la commune prend le nom de « quartier de la petite Goyave », puis « quartier de Goyave » avant de devenir définitivement le bourg de Goyave. Dans ses différentes appellations, la commune a toujours comporté le terme « goyave » pour en fin de compte le conserver seul, en hommage au fruit très abondant dans la région.

Ancienne terre sucrière, Goyave a compté jusqu'à une dizaine d'habitations sucrières, une usine textile et une brasserie, au XVIIIe siècle, contribuant ainsi à l'essor industriel de l'île. La dernière distillerie a fermé ses portes au début des années 1970. Si la canne à sucre a occupé une place prépondérante dans le secteur, d'autres cultures, comme le café, le cacao, le coton ou le gingembre, y étaient également exploitées. Aujourd'hui, l'activité économique de la commune s'appuie sur la production bananière comme principale ressource mais également sur l'aquaculture, la pêche et le tourisme. Cette dernière activité est promue par des sites naturels de toute beauté et des structures privées labellisées orientées vers la production locale, l'élevage de ouassous et la visite de parcs paysagers.

Bien des vestiges de son passé sont à découvrir lors de la traversée de la commune. On y retrouve des ruines de distilleries, d'anciennes habitations, d'une ancienne prison, une ancienne voie ferrée, un pont de style Eiffel, un aqueduc... Outre la plage de Sainte-Claire, seule plage de la commune et l'îlet Fortune, bel îlet de sable blanc face à Goyave, le territoire recèle de sites qui ravissent les amateurs d'écotourisme. Depuis les hauteurs, plusieurs traces constituent le départ de très belles randonnées au cœur de la forêt dense et humide et ouvrent notamment l'accès au bassin bleu, à la chute Moreau, et à celle de Bradfort, moins réputée mais tout aussi superbe.

Transports

■ BURG'EAU LOCATION
73 Rue Nerilla Lantidor
℡ 06 90 92 00 91
leburgeau.location@gmail.com
A la journée : 22,50 € pour les 3 portes et 25 € pour les 5 portes. A partir de 60 jours : 15 € par jour.
Location de véhicules 3 et 5 portes.

■ PRO LOC
℡ 06 90 93 10 52
proloc-gp.com – contact@proloc-gp.com
Une agence de location de voitures qui offre des véhicules neufs ou récents et un accueil personnalisé.

Se loger

Locations

■ VILLA KANDA
Moreau
23 Lotissement le Village de Moreau
℡ 06 58 18 37 65 – davidfloro@orange.fr
Tarif par nuit : 110 €. Prix dégressif pour les locations au mois.
La villa Kanda se situe dans un quartier résidentiel calme à Goyave. Elle dispose de 3 chambres (2 lits doubles et 1 canapé-lit), 2 salles de douche, 1 salon et 1 cuisine équipée. La terrasse en deck avec vue sur le vaste jardin est des plus agréables pour profiter d'une sieste ou d'un apéritif. David, le propriétaire des lieux, se fera un plaisir de vous accueillir.

Bien et pas cher

■ LES FRUITS DE GOYAVE
Rue de l'Habitation
Saint-Claire ℡ 05 90 95 28 48
www.lesfruitsdegoyave.fr
lesfruitsdegoyave@gmail.com
Ouvert toute l'année. De 250 à 590 €/semaine selon le nombre de personnes et le bungalow. Location minimum de 2 nuits. Séjour longue durée possible. 1er petit déjeuner et cocktail de bienvenue offerts pour les séjours de plus d'une semaine.
Les 5 bungalows sont répartis dans un jardin tropical situé à 800 m du bourg et à 600 m de la plage de Sainte-Claire. 2 bungalows sont prévus pour 2 à 4 personnes, 2 bungalows pour 4 à 6 personnes, un bungalow 4 à 6 personnes est équipé pour les personnes à mobilité réduite. Tous les logements disposent d'une ou deux chambres, d'un séjour avec un canapé-lit, d'une salle de bains,

d'un coin cuisine et d'une terrasse. Ils sont équipés de table de cuisson, micro-ondes, réfrigérateur, télévision, climatisation. Transfert aller-retour vers l'aéroport ou la gare maritime assuré gratuitement.

■ VILLAS PASTEL

Hauteur Douville ☎ 05 90 94 04 71
villas.pastel@wanadoo.fr
Tarifs à partir de 350 € la semaine pour 2 personnes.
Dans un cadre verdoyant à la végétation luxuriante, au cœur d'une propriété privée de plus de 25 hectares arborés sur les hauteurs de Goyave, c'est comme si on avait défriché pour installer ces trois bungalows individuels, climatisés, et orientés de façon à éviter le vis-à-vis avec les autres résidents. A proximité, la rivière, avec deux bassins sécurisés, le sous-bois, le calme de la campagne... Les trois petites villas ont une forme bien particulière qui rappelle les abris de forêt. Tous les logements sont conçus pour 4 personnes, excepté un bungalow qui peut accueillir jusqu'à 6 personnes. La propriété bénéficie d'une ventilation naturelle tout au long de l'année et de l'énergie solaire grâce aux panneaux photovoltaïques installés sur les toits. Sur place, une piscine et un espace grillade sont à disposition. Les plages ainsi que tous les commerces sont à 5 minutes du site.

Confort ou charme

■ GITES ET VILLA DE BLONZAC

Pépinière de Blonzac
Blonzac ☎ 05 90 25 00 19
www.gitesdeblonzac-guadeloupe.com
berthelot.sophie@gmail.com
Sur les hauteurs de Goyave, à 100 m du jardin d'Eau.
Tarifs par nuit selon saison, à partir de : 190 € (villa 6 personnes), 75 € (gîte 4 personnes). Séjour minimum : 4 nuits.
Classés 3-épis aux Gîtes de France, ces 3 gîtes sont situés sur les hauteurs de Goyave, au lieu-dit Blonzac, qui est une bonne base pour organiser de belles balades en Basse-Terre. En pleine campagne, dans un jardin fleuri agrémenté d'un parc de loisir, le lieu est géré par la propriétaire, Sophie, une amoureuse de la nature. Chaque gîte (Ti Bambou, Bois d'Inde et Roucou) peut accueillir 4 personnes, possède une chambre climatisée, un salon, une cuisine, un *ajoupa* et une terrasse. Piscine sur place et superbe vue sur la mer. Tous les résidents ont un accès gratuit au Jardin d'Eau durant leur séjour. Bien adapté pour les familles. Le site comprend également une villa de standing orientée vers la mer, pouvant accueillir jusqu'à 6 personnes, avec 3 chambres, dont l'une accessible aux personnes à mobilité réduite.

■ VILLAGE O TI BOUBOUL

Bois Sec
Chemin des Mineurs
✆ 06 90 72 99 34
*Tarifs hébergement en chalets/nuit : 75 €
(2 personnes), 130 € (4 personnes), 200 €
(8 personnes), 15 € lit supplémentaire. Week-
end best of du samedi midi au dimanche soir
(hébergement + repas + journée détente) : à
partir de 98 €/personne.*
Dominique vous accueille en pleine nature,
sous le signe du repos, du bien-être et de la
préservation de l'environnement. Les gîtes
type «chalets en bois» sont tous équipés et
vous pourrez profiter de la terrasse pour vos
moment de repos et de lâcher prise.

Se restaurer

■ LES CASSAVES DE JOBY ET MICHEL

Zac de Fortîles
Tous les dimanches de 8h à 13h.
Joby et Michel vous attendent tous les
dimanches avec leurs délicieuses cassaves
sucrées et salées confectionnées à base d'ingrédients et de confitures locales préparées avec
des fruits locaux de saison (ananas, mangue,
groseille et abricot pays, etc.). Notre coup de
cœur : hareng-morue.

■ LE JACK SPARROW

Chemin des mineurs
✆ 06 90 48 59 21
*Ouvert du lundi au samedi de 18h à tard dans la
nuit. En moyenne 15 € pour une crêpe et une
boisson. Viande grillée sur commande, lambi
selon saison. Réservation conseillée.*
D'après le mythe, le chef est un ancien pirate
retraité. De son passé, il a gardé ses habitudes
de pêche. Reconverti en cuistot dans une case
en bois sans prétention, il concocte de savoureuses crêpes à base de poisson frais et de
lambi selon la saison. Si le cœur vous en dit,
goûtez à la viande grillée au feu de bois et au
fameux riz G.I. Joe. Mais attention, les mets
du vieux Joe se méritent, donc patience... En
attendant, vous pourrez savourer de très bons
rhums, de la bouteille la plus basique à la plus
prestigieuse ou un jus de fruit maison. Avant
le départ, petit rituel de la maison : laisser une
dédicace au feutre sur le bar.

■ CHEZ TICO

Port de pêche
✆ 06 90 90 07 80
*Ouvert du mardi au dimanche de 7h30 à 15h et
de 18h à 23h. Repas sur place et à emporter.*
Situé face au port de pêche de Goyave, ce petit
restaurant sans prétention propose une carte
créole complète avec de délicieux fruits de
mer et des grillades. En apéro, n'hésitez pas
à commander des accras mais aussi le très
bon poulet boucané. Tico, le patron des lieux,
est d'une gentillesse inégalable et n'hésitera
pas à vous livrer de précieux conseils sur les
incontournables de Basse-Terre.

Sortir

■ BRASSERIE LEKOUZ

Sainte-Claire ✆ 06 90 40 20 00
www.lekouz.com
brasserie@lekouz.com
*Bar ouvert du mercredi au samedi de 17h à 22h.
Compter environ 4 € par bière.*
La dernière-née des brasseries artisanales
de l'île vous accueille dans un joli cadre à la
décoration industrielle, urbaine, chic et colorée.
A la carte, les 4 bières aux saveurs locales
(citronnelle-gingembre, banane, mangue,
ananas, sik à coco), accompagnées d'une
planche de charcuterie et fromages. Ambiance
conviviale garantie ! Plusieurs fois dans le
mois, la brasserie accueille des food trucks de
l'île pour découvrir des plats originaux d'ici ou
d'ailleurs (poutines, kassav, hot dog made in
Guadeloupe, etc.). Visite de la brasserie possible
sur réservation le vendredi à 18h.

À voir – À faire

■ BRASSERIE LEKOUZ

Sainte-Claire ✆ 06 90 40 20 00
www.lekouz.com
brasserie@lekouz.com
*Visite de la brasserie le vendredi à 18h sur
réservation. Bar ouvert du mercredi au samedi de
17h à 22h. Compter environ 4 € pour une bière.*
La dernière-née des brasseries artisanales
de l'île vous accueille dans un joli cadre à la
décoration industrielle, urbaine, chic et colorée.
Visite possible sur réservation pour découvrir les
4 bières aux saveurs locales (banane, ananas,
mangue, sik à coco, citronnelle-gingembre).
Bar à bière et tapas du mercredi au samedi.
Ambiance conviviale garantie !

■ CHUTES DE MOREAU ★

Suivez la nationale avant de prendre à
gauche vers Douville. Ensuite, la route forestière conduit au hameau. Le parking est à
une dizaine de kilomètres.
*De niveau 3. La route d'accès et le sentier ont
été remis en état, mais attention l'itinéraire est
déconseillé par temps de pluie. Comptez un peu
plus de 4 heures aller-retour.*
Une randonnée classée niveau 3, réservée aux
randonneurs confirmés, notamment à cause de
plusieurs traversées de rivière. Soyez prudents !
Équipez-vous de bonnes chaussures, emmenez

quelques provisions avec vous et surtout de l'eau. En cas de pluie, ne vous y risquez pas, car le niveau des cours d'eau peut alors monter très vite et les gués ne sont plus franchissables. La route d'accès ainsi que le sentier de randonnées ont été rénovés après les dégâts provoqués par le tremblement de terre de 2004. Vous vous enfoncez dans la verdoyante forêt de Moreau et marchez entre les longues lianes, les châtaigniers et les palétuviers. Après un peu plus de 2 km, traversant et retraversant la rivière, vous parvenez à une fourche, qui dessert, à droite, une jolie cascade par la ravine Mangle. Vous pouvez faire le crochet, c'est à 200 m ! L'arrivée face à la chute est spectaculaire. À son pied, un bassin pour vous baigner et vous rafraîchir. Les marches d'accès ont été taillées dans la roche.

■ JARDIN D'EAU
Pépinière de Blonzac ℰ 05 90 95 95 95
jardin.deau2@gmail.fr
Ouvert du mercredi au dimanche de 9h à 17h. Ouvert tous les jours en juillet/août. Entrée : 7 €/ adulte, 5 €/enfant (de 3 à 12 ans).
Ce jardin de 8 hectares a été aménagé par Christiane Berthelot de Kermadec, tant pour les enfants que pour les plus grands. Un cadre verdoyant où les plantes ornementales se plaisent, où les bassins, étangs et rivières sont omniprésents. Visite libre. Le mercredi, jour des enfants, le parc a préparé des activités sportives et des loisirs sur le thème de l'eau. Un terrain de volley et un bouldodrome se trouvent sur place. Au programme, bain à la rivière, balade en canoë-kayak et pique-nique.

■ PLAGE DE SAINTE-CLAIRE
Seule plage de la commune, elle a aménagée par l'Office national des forêts. Située au sud de Goyave, elle est caillouteuse et parfois un peu envahie par les algues, mais tranquille. Vous y accédez par la D33.

■ LA SOUVENANCE
MAISON SCHWARZ-BART
Bonfils
Chemin de bon air
maison.sbart@gmail.com
Consulter la page Facebook pour connaître la programmation.

Conçue et imaginée par le couple mythique d'écrivains André et Simone Schwarz-Bart, la Souvenance est un lieu de création unique en Guadeloupe, lieu de rencontre ouvert sur la culture et les arts caribéens. Des manifestations y sont organisées (concerts, résidence d'artistes, expositions, rencontres littéraires, soirées lecture, conférences-débats, etc.). En 2012, la maison s'est vu décerner par le ministère de la Culture le label Maison des Illustres, qui signale les lieux ayant vocation à conserver la mémoire de femmes et d'hommes qui se sont illustrés dans l'histoire politique, sociale et culturelle de la France.

■ VILLAGE O TI BOUBOUL
Bois Sec
Chemin des Mineurs
ℰ 06 90 72 99 34
Réservation obligatoire par téléphone de 8h à 18h. Journée détente (apéro, déjeuner, goûter, animation, rivière, hamac) de 11h30 à 17h30 : 33 €/adulte, et 19 €/enfant de 4 à 12 ans (gratuit pour les moins de 3 ans). Journée pique-nique : 6€. Journée intégrale (petit-déjeuner, cascades, apéro, déjeuner, goûter, animation, hamac) de 8h30 à 17h30 : 42 €/ adulte et 27 €/enfant. Week-end best of du samedi midi au dimanche soir : à partir de 98 €/personne. Tarifs hébergement en chalets/nuit : 75 € (2 personnes), 130 € (4 personnes), 200 € (8 personnes), 15 € lit supplémentaire.
Ce site agrotouristique, labellisé en ferme, offre l'occasion d'une bonne journée à la campagne. Au programme, promenades dans la forêt tropicale en suivant le sentier pédagogique, découverte et observation des arbres fruitiers et des plantes médicinales, puis pique-nique au bord de la rivière où des tables en bois sont installées. Jeux, balades, baignades et autres activités ludiques rythment cette journée champêtre. Un service de restauration est possible également, notamment le dimanche avec des animations culturelles et musicales (sur réservation uniquement). Dominique, la responsable, vous accueille chaleureusement. Les gens du coin apprécient la ferme et la fréquentent souvent le week-end.

Sports – Détente – Loisirs

■ RANCH DE MOREAU

31 Village de moreau ✆ 06 90 17 55 00
ranchdemoreau.com
phg.ranchdemoreau@gmail.com
*Balades : découverte (1h) 29 €, forêt et
bananeraies (2h) 55 €, rivière (3h) 79 €, pleine
lune et lever de soleil (1h30) 70 €. 6 personnes
maximum/balade. Réservation et paiement
possibles sur le site Internet.*

Le Ranch de Moreau vous invite à faire une
escale en pleine nature pour une balade à
cheval. Au programme des différentes balades
commentées : à travers la forêt et les bananeraies, en pleine rivière, au clair de lune ou
au lever du soleil. Un excellent moyen de se
détendre et de se ressourcer en profitant des
bienfaits de la nature, en se laissant guider par
Eve et Claude. Pour les plus craintifs, sachez
que les balades sont tout à fait accessibles
aux débutants.

CAPESTERRE-BELLE-EAU

Voici le lieu où Christophe Colomb a débarqué
le 4 novembre 1493. En rappel, une statue à
son effigie a été érigée en 1916 à l'entrée de
Sainte-Marie. En 1998, une plaque au « Caraïbe
inconnu » a été ajoutée afin de rappeler sa
rencontre avec les Amérindiens présents sur
l'île.
La commune englobe les villages de Sainte-
Marie au nord, de Saint-Sauveur et du Bananier.
La qualité de son sol lui permet de s'orienter
vers l'agriculture et plus précisément la culture
de la banane. Après l'abolition de l'esclavage en
1848, des travailleurs indiens sont embauchés
dans les plantations pour procurer de la main-
d'œuvre. Sous contrat, ils reprennent la tâche
des anciens esclaves noirs et vont s'installer
définitivement en Guadeloupe. Dans la section
de Changy, un grand temple pour le culte hindou
est érigé. C'est le plus beau de Guadeloupe.
Depuis Capesterre, la D3 serpente jusqu'aux
portes du Parc national de Guadeloupe et mène
aux chutes du Carbet, l'un des sites naturels
les plus visités de Basse-Terre. Célèbre
également, l'élégante allée Dumanoir, avec
son alignement parfait de palmiers royaux le
long de la route sur plus d'un kilomètre, en
parallèle de la nationale qui mène à Basse-
Terre. Les premiers palmiers furent plantés
vers 1850 par l'écrivain Pinel-Dumanoir pour
délimiter sa propriété.
A proximité également se trouve l'impressionnant temple hindou de Changy.

Se loger

Locations

■ KREOL' GITES

Chemin Edouard-Baron
Section l'Habituée
✆ 05 90 86 47 93
kreolgites.free.fr
kreolgites@free.fr
*De 385 € à 595 €/semaine selon la saison et
le nombre d'occupants.*

La structure des Kréol'gîtes est perchée sur
les hauteurs de Capesterre-Belle-Eau, dans
un cadre qui regorge de sites naturels tels
que les chutes du Carbet. Les 3 bungalows
disposent d'une chambre climatisée, un séjour
avec canapé convertible et une terrasse avec
vue sur la piscine. Machine à laver sur place.

Bien et pas cher

■ LES GÎTES DE BEAUSÉJOUR

Rue du plan incliné
✆ 06 90 06 86 69
*De 50 à 70 € la nuit et de 300 à 350 € la
semaine en fonction des saisons. Tarif dégressif
selon la durée. Apéritif de bienvenue offert.
Possibilité de table d'hôtes sur demande.*
Deux bungalows en bois entre mer et montagne,
idéalement situés dans un quartier calme, d'où
vous pourrez vous rendre tant sur la Basse-
Terre que sur la Grande-Terre. Cadre verdoyant
avec vue sur mer et sur le jardin composé de
plantes médicinales et de bananiers. Chaque
bungalow est joliment décoré, climatisé et
entièrement équipé pour recevoir deux adultes
et deux enfants. Dina vous accueille et vous
offre l'apéritif de bienvenue, à déguster sur
la terrasse ou dans votre piscine privative. Et
elle se fait un plaisir de vous donner les bonnes
adresses du coin.

■ GÎTES LA TROISIÈME CHUTE

Routhiers
Route Petit Marquisat
✆ 06 90 50 51 89
giteslatroisiemechute971@gmail.com
Prendre la direction Basse-Terre jusqu'à la ville
de Capesterre Belle Eau. Traverser le bourg et
suivre la route de la 3e Chute du Carbet jusqu'en
haut au croisement des 3 chemins en T (face
à un mur). Prendre à gauche puis à droite et
continuer tout droit jusqu'aux serres de laitues.
*De 60 à 75 €/nuit pour 2 personnes, 10 €/
personne supplémentaire. Ménage de fin de
séjour : 20 €. Petit déjeuner : 10 €/adulte,*

5 €/enfant (moins de 12 ans), gratuit enfant moins de 3 ans. Transfert aéroport-gîtes : 50 €. Le site permet de profiter d'une vue sur la mer des Caraïbes et sur les montagnes environnantes. Les deux gîtes sont situés dans un bâtiment au cœur d'un jardin. Chaque hébergement dispose de 2 chambres, d'une salle d'eau, d'un coin salon avec cuisine entièrement équipée, d'une terrasse avec barbecue donnant sur le jardin Sur place, un service de prêt de vélos. Un service de navette assure le transfert jusqu'à l'aéroport.

Confort ou charme

■ HABITATION CANTAMERLE
Route de Morne-l'Habituée
℡ 05 90 98 84 45
habitationcantamerle.com
contact@habitationcantamerle.com
Séjour de 3 nuits minimum. A partir de 90 €/ nuit ou 681 €/semaine pour 2 personnes. A partir de 290 €/nuit ou 2044 €/semaine pour 6 personnes.
Ce domaine d'un hectare, planté d'arbres fruitiers et de fleurs tropicales, est composé de 5 maisons d'une capacité d'accueil de 2 à 8 personnes. Il bénéficie d'une vue imprenable sur la montagne et les chutes du Carbet. Chaque logement dispose d'une terrasse, d'un barbecue et d'un spa privés. Belles prestations.

■ LAMATÉLIANE
Rue des Ananas
Sainte-Marie – Belair ℡ 05 90 86 31 37
www.lamateliane.com – loc@lamateliane.com
Tarifs : de 64 à 80 € par nuit pour deux personnes suivant la saison.
A 5 kilomètres des commerces et idéalement situés pour profiter pleinement de toutes les activités proposées sur la Basse-Terre ; la Soufrière, les chutes du Carbet, la route de la Traversée et autres randonnées ne sont qu'à quelques kilomètres des gîtes. Situés en campagne, l'enseigne a pour philosophie : calme et indépendance. Forts de leur succès, les propriétaires ont agrandi le domaine en 2014 et proposent désormais 4 gîtes de 60 m² pouvant accueillir chacun jusqu'à 5 personnes. Implantés sur un terrain arboré et fleuri d'une végétation tropicale, ces logements parfaitement équipés procurent à chaque locataire une intimité appréciable. Ils comprennent une chambre climatisée avec un lit 2 personnes ; un salon climatisé et ventilé faisant office de seconde chambre avec 3 lits simples ou 2 lits simples + un clic-clac suivant les logements. La cuisine avec passe-plat donnant directement sur la grande terrasse ombragée du gîte inclut tout le matériel nécessaire au séjour. Une grande piscine de 50 m², face aux gîtes, entourée d'un deck associé à un carbet est réservée aux locataires.

■ LATENTOUASIE
Rue de la Distillerie
℡ 05 90 86 41 26
www.latentouasie.com
latentouasie@orange.fr
De 75 à 90 €/nuit pour 2 personnes, de 80 à 100 € pour 3 personnes, de 85 à 105 € pour 4 personnes. 3 nuitées minimum. Une machine à laver à disposition pour un supplément de 5 €. Accès wi-fi gratuit. Plats cuisinés à emporter (poisson ou viande avec accompagnement + dessert) proposés dans la semaine le soir, sur réservation : 13 €/pers. Premier petit-déjeuner offert.
Karine et Erwan, deux jeunes Bretons, vous accueillent dans une ambiance propice au calme et à la détente pour un séjour chaleureux et convivial. Ils partageront avec vous le planteur de bienvenue. L'habitation Latentouasie est à proximité des chutes du Carbet, de la plantation Grand Café, de la distillerie... Les 4 bungalows disposent d'une chambre climatisée avec lit 2 personnes, d'une 2e chambre ventilée avec 2 lits 1 personne avec TV, d'une cuisine équipée donnant sur une jolie terrasse couverte. Par beau temps, vous pouvez apercevoir la Soufrière des chambres. Les bungalows sont situés dans un jardin arboré, avec piscine et espace barbecue commun aux 4 gîtes sous le Carbet. Table et fer à repasser à disposition sur demande. Mise à disposition de tout le nécessaire pour séjourner avec un bébé. Un book sur les activités touristiques de l'île est à disposition dans chaque gîte et les propriétaires se feront une joie de vous aiguiller dans le choix des visites.

■ VILLA MAN'CINA
162 rue Domineaux
Routhiers ℡ 05 90 38 89 94
www.villamancina-guadeloupe.com/fr-fr
villamancina@live.fr
90 € la nuit en chambre double avec ventilateur, 90 € la nuit en chambre double climatisée, 120 € la nuit en chambre triple climatisée. Table d'hôte le soir sur réservation : 26€/personne. 50 € la navette vers ou depuis l'aéroport, 40 € la navette pour Trois-Rivières (pour le ferry des Saintes).
A proximité de la forêt tropicale, pratique pour partir à la découverte de la 3e chute de Carbet qui se situe à 600 m. La villa dispose de cinq chambres avec salle d'eau privée, situées à l'étage et totalement indépendantes les unes des autres. Un lave-linge est à disposition gratuitement ainsi que l'accès à la piscine. Connexion wi-fi gratuite. Table d'hôtes sur réservation.

BASSE-TERRE

Se restaurer

Sur le pouce

■ LABEILLE
RN1 – Sainte-Marie ✆ 06 90 76 27 00
*Du lundi au samedi midi de 11h à 14h. De
18h30 à 22h le mercredi, vendredi et samedi.
Environ 8 € le plat.*
Choix de viandes boucanées accompagnées de
frites maison ou de riz, à déguster sur le pouce
(tables en plein air) ou à emporter. Bokits et
agoulous le soir. Simple, pratique et rapide pour
faire une pause sur le route menant à Basse-Terre.

■ AU P'TIT GOURMAND
13 Rue Léopold Dorval ✆ 06 90 57 20 55
*Cuisine créole le midi : du lundi au vendredi
de 11h à 15h. Bokits le soir : du lundi au jeudi
de 18h à 21h et jusqu'à 22h le vendredi et le
samedi. Ticket moyen à 10 €.*
Déguster des bokits légers et croustillants
pendant ses vacances, qui n'en a jamais rêvé ?
Vous ne serez pas déçus après votre passage au
P'tit gourmand. On vous recommande particulièrement le bokit au lambi et le bokit aux rouscailles
(viande de bœuf ou de porc grillée et épicée).

■ ZEMANIOKA
Rond-point de Saint-Sauveur
✆ 06 90 47 46 77
zemanioka.com – zemanioka@gmail.com
En face du rond-point du Centre hospitalier
de Capesterre-Belle-Eau.
*Ouvert du mercredi au dimanche de 12h à 20h.
Tarifs : de 2.5 à 4 € pour les kassav et les
crêpes, pain de manioc entre 4.5 et 6 €, bokits
de 3.5 à 5 €. Possibilité de passer commande
par téléphone.*
Dans la famille Celeste, le manioc est une
tradition qui se perpétue. Bercés dès leur plus
jeune âge entre les sacs de manioc et les platines
fumantes, c'est Kévy et Ruddy, les petits-fils
de «Man Bébé», qui reprennent à leur tour le
flambeau en proposant des produits à base de
manioc. De la traditionnelle kassav cuisinée sur
les platines au bokit, en passant par les crêpes,
le pain, les accras et les beignets, vous pourrez
découvrir le manioc préparé sous plusieurs
formes, agrémenté de garnitures sucrées et
salées. Le petit plus : le manioc ne contient
pas de gluten, donc il convient parfaitement
aux personnes intolérantes.

Bien et pas cher

■ DAME JEANNE
Rue de Doyon ✆ 05 90 86 01 27
*Sur la droite en venant du sud de Basse-Terre
Ouvert du lundi au samedi à partir de midi.
Comptez entre 15 € et 17 € pour un repas*

*sur place et entre 8 € et 12 € pour des plats
à emporter.*
Un restaurant familial à l'allure modeste en
bordure de route. Vous le remarquerez par un
pannonceau Petit Futé reproduit sur le mur.
L'accueil est sympathique, où l'on prépare
des plats locaux et savoureux (chatrou et
lambi en fricassée selon la saison, poisson
grillé, colombo, poulet aux crevettes, daube de
poissons aux crevettes). Les fruits et légumes
proviennent du potager et deviennent de succu-
lents gratins de patates douces, de bananes
plantains, de fruits à pain, de papaye, de la
purée d'igname ou de poyo (banane verte).

■ LES DÉLICES DU CARBET
Route de L'Habituée
✆ 05 90 93 77 52
fritz.bart@gmail.com
*Ouvert tous les midis. Menu (entrée + plat +
dessert) : 12 €.*
Des formules complètes et pas chères pour
un déjeuner typique créole... Poulet boucané,
fricassée de chatrou, colombo de poulet et
accras faits maison sont les incontournables
de l'établissement. Une bonne adresse !

■ L'ARMADA
Rue de la Sarde
Sainte-Marie ✆ 05 90 26 23 55
*Ouvert du mardi au vendredi de 12h à 14h et de
19h à 22h30 et le samedi soir de 19h à 22h30.*
Un petit coin de Bretagne avec des crêpes et
des galettes (certaines adaptées aux Antilles à
l'image de la galette à base de chiquetaille de
morue) et de bons cocktails. Accueil sympathique et ambiance chaleureuse. Concerts
certains week end.

■ MANIOCRIE DE GERMAINE
Rue de l'Ilet Pérou ✆ 06 90 65 35 59
maniocriedegermaine.fr
contact@maniocriedegermaine.fr
*Soirée cassaves le vendredi sur réservation :
tarif 10 € (hors boissons). Vente directe à
emporter le samedi de 16h à 20h ; autres jours
sur commande. Pendant les vacances : du lundi
au jeudi de 8h à 17h et le samedi de 10h à 20h
pour une pause gourmande.*
Germaine vous accueille chaleureusement dans
un espace réservé et vous invite à découvrir le
manioc sous toutes ses formes. Vous pourrez y
déguster des kassav préparées sous vos yeux
lors des soirées thématiques et même participer
à la cuisson sur les platines vieilles de 200 ans.
Animation et vente directe de produits faits à
base de manioc. Pause gourmande à Ti poz
mannyok pendant les vacances pour déguster
des mignardises à base de manioc (choux à la
crème, cake chocolat noisette, tarte bourdalou
manque/noisette, gâteau beurre/abricot pays,

gâteau au coco). Le petit plus : tous les produits sont faits maison et sans gluten.

Bonnes tables

◼ BEACH PARADISE
Sainte-Marie ✆ 05 90 95 16 64
En venant de Grande-Terre, tourner à gauche après la Poste de Sainte-Marie, suivre la route en passant entre les maisons. C'est tout au fond sur la plage.
Addition moyenne : 40 €. Pas de paiement par carte bancaire.
Restaurant les pieds dans le sable, dans un style *roots*. Julien prépare des acras, des frites de légumes locaux et de bonnes grillades (poisson et fruits de mer uniquement), toujours accompagnées d'une succulente sauce et de jus frais. Pour les amateurs de sucré, les desserts sont faits maison : sorbet et/ou banane flambée.

◼ JANGAL@KAFE
Route des chutes du Carbet
✆ 05 90 95 15 40
jangalkafe.com – jangalkafe@orange.fr
A la sortie du bourg sur la route des Chutes du Carbet (1ère et 2e) et du Grand Etang, après le village de L'Habituée. Ouvert tous les midis, les vendredis et samedis soir. Comptez environ 14 € le plat. Menu complet (apéritif, entrée, plat, dessert) à 22 €.
Après ou avant l'ascension des chutes, une adresse à retenir. Accueil sympathique, belles assiettes copieuses. il y a là de quoi recharger les batteries des bons marcheurs. La carte n'est pas très variée mais la cuisine est très bonne (poulet à la canne bien tendre, daurade au gingembre avec gratin ou frites de fruit à pain ou de banane...). Jus de fruits maison et ti-punch. Tout à fait le genre d'établissement en harmonie avec son environnement naturel, le tout dans une salle en bambou avec des nappes madras pour la couleur locale. Billard et connexion wi-fi gratuits.

◼ KARIBU BRUNCH
✆ 06 90 49 92 80
brunchkaribu@gmail.com
Samedi, dimanche et jours fériés de 9h30 à 16h30. Deux services par jour. Réservation obligatoire. Service à la carte. Addition moyenne à 30 €.
Un brunch façon canadienne avec le soleil et la chaleur des îles en prime. Qui dit mieux ? Karibu est un concept de brunch itinérant qui ravira vos papilles. Les lieux choisis invitent à la détente (dans un jardin ou au bord de la piscine). Le nombre de convives est limité d'où l'accueil chaleureux et personnalisé de Leslie et Krys. Tous les plats sont préparés à la commande et servis à l'assiette. Un vrai régal pour les

13 rue Leopold Dorval
97130 CAPESTERRE BELLE-EAU
0590 **03 38 15** / 0690 **57 20 55**

yeux et les papilles. A la carte : smoothies, cocktails, milk-shakes, pain doré, œufs bénédictine, shakshouka, huevos rancheros, breakfast poutine, steak and eggs, pancakes moelleux et savoureux, gaufres, poulet frit, sans oublier le vrai sirop d'érable. Le petit plus : des plats végans, végétariens et sans gluten pour contenter tout le monde.

◼ LE RIVAGE
Rue plage Bananier✆ 05 90 25 72 69
Ouvert tous les midis. Addition moyenne à 20 €.
Situé sur la plage de Bananier avec Les Saintes comme panorama, Le Rivage propose une cuisine simple locale avec de la langouste grillée, des ouassous à la nage, du colombo, du chatrou, des accras. S'armer de patience car le service peut être long en période d'affluence.

À voir – À faire

◼ ALLEE DUMANOIR ⭐
Sortie sud vers N1. Elle correspond à l'entrée de Capesterre-Belle-Eau lorsque vous arrivez de Basse-Terre (en sortant de la rocade).
Vous trouverez cette petite route sur de nombreuses cartes postales ! Elle est bordée de quelque 400 magnifiques palmiers royaux. Cette ancienne voie privée, parallèle à la nationale, a été plantée d'arbres centenaires gigantesques par la famille Pinel-Dumanoir en 1850 pour délimiter sa propriété. 300 d'entre eux sont d'origine ! L'espace de plus de 8 000 m², situé entre l'allée de la RN1 et l'allée Dumanoir, accueille désormais un parcours sportif doté d'accessoires et dispose d'aires de jeux de plein air, d'espaces détente dotés de carbet et d'une piste de VTT.

■ CHUTES DU CARBET ★★★★

Les chutes ℂ 06 90 59 66 36

L'accès aux chutes du Carbet est payant. Les sommes ainsi encaissées permettent le maintien de ce patrimoine naturel. Une équipe assure l'accueil et l'information sur place. Adulte : 2,20 €. Enfants (de 2 à 12 ans) : 1 €. Familles (2 adultes et 2 enfants) : 4,40 €. Groupes (à partir de 8 personnes) : 1,50 € par personne. Stationnement gratuit. L'aire d'accueil (accueil, information, toilette...) est située au niveau de la 2e chute. Elle est ouverte tous les jours de 8h à 16h30.

Il existe au total trois chutes de Carbet dans le Parc national de Guadeloupe et elles demeurent parmi les plus belles et les plus impression-nantes des Petites Antilles. Pour preuve, chaque année, près de 400 000 visiteurs viennent admirer leur beauté... Les chutes du Carbet ont probablement dû inspirer le surnom de la Guadeloupe « Karukera », qui signifie « l'île aux belles eaux », donné par les indiens des Caraïbes avant l'arrivée des Européens au XVe siècle. Ces trois chutes sont généralement accessibles par des chemins de randonnées d'une à trois heures de marche au départ du belvédère de l'accueil du parc dans le Haut Capesterre. Attention, il arrive régulièrement que les conditions météorologiques boule-versent ces données et poussent les visiteurs à rebrousser chemin...

La rivière du Grand-Carbet, qui prend sa source sur le flanc oriental de la Soufrière, doit son nom au village amérindien qui était composé de carbets (grandes cases ouvertes servant d'abris), installés non loin de son embouchure. Ses eaux sulfureuses s'éclaircissent après les trois chutes finalement se jeter 11 km plus bas, dans l'Océan Atlantique. A la mesure de la puissance aquatique de ces chutes, la végétation, régulièrement arrosée par les pluies tropicales, est véritablement luxuriante. La légende voudrait que Christophe Colomb ait aperçu les deux premières chutes depuis le rivage de Capesterre-Belle-Eau lorsqu'il débarqua en Guadeloupe en 1493...

Pour y accéder, sachez qu'un parking est aménagé près de la rivière Grand-Carbet, au niveau de l'aire d'accueil des trois chutes.

▶ **La première chute.** Elle s'effectue en deux paliers. Il s'agit de la chute la plus haute, située à 115 mètres d'altitude. Pour la balade, il faut compter trois heures aller-retour avec un accès final assez difficile. Certains passages sont délicats notamment la traversée de la ravine Longueteau (Capesterre-Belle-Eau) qui est dangereuse par temps de pluie (crues soudaines et violentes). Il est recommandé d'arriver au départ du sentier avant 13h, car

le bureau d'entrée ferme à 16h30. Prévoyez un bon équipement (chaussures de marche, eau, chapeau).

▶ **La deuxième chute.** Le sentier le plus court et le plus facile est celui de la deuxième chute que l'on peut atteindre en 30 minutes seulement. Des passerelles ou grilles facilitent l'évolution dans cette forêt humide où les intempéries et activités sismiques ont remodelé le relief. Il faudra donc être attentif pour arriver à cette chute de 110 mètres de hauteur visible depuis un pont suspendu pour des raisons de sécurité. Pour se baigner ou s'approcher d'une chute, il faudra donc pousser jusqu'à la première chute car l'accès au pied de la deuxième chute est interdit au public en raison des risques d'éboulement. Suivez attentivement les recommandations des agents d'accueil du site et restez prudent en toutes circonstances.

▶ **La troisième chute la plus célèbre.** Le débit est impressionnant au regard de l'altitude modérée de cette troisième chute (20 m). La randonnée jusqu'à la troisième chute peut ainsi s'effectuer par deux itinéraires différents. Par le nord, comptez 2 heures de marche depuis l'aire d'accueil. Par le sud, depuis Capesterre-Belle-Eau, comptez une 1 heure de marche à partir des quartiers de Routhiers et de Petit-Marquisat. (Attention, cet accès est fermé pour cause d'éboulement au moment où nous bouclons cette édition). Pour votre sécurité, veillez à toujours respecter les recommandations des agents d'accueil, à bien vous équiper mais aussi à vous informer de l'état des traces qui peuvent être fermées suite à des intempéries.

■ CIMETIÈRE DES ESCLAVES

Entre l'allée Dumanoir et la route d'accès aux chutes du Carbet. Accès libre.

A proximité de l'habitation Bois-Debout, en suivant un petit sentier, vous arrivez devant une stèle gravée, portant l'inscription : A la mémoire de nos ancêtres esclaves. *Honneur et Respect*. Ici, une dizaine de tombes en terre battue sans nom sont cerclées avec des coques de lambis. Un lieu de mémoire modeste, qui rappelle, non sans émotion, la dureté de l'escla-vage et de la colonisation.

■ DISTILLERIE LONGUETEAU

Domaine du Marquisat de Sainte-Marie
ℂ 05 90 86 07 91
www.rhumlongueteau.fr
contact@rhumlongueteau.fr
Section Belair – 1 km après Sainte-Marie, sur la RN1 suivre Distillerie Longueteau.
Ouvert de 9h à 18h en semaine, et de 9h à 13h le samedi. Ouvert également le dimanche matin de 9h à 13h du 15 décembre au 30 avril. Visite et dégustation gratuite, boutique.

Depuis 1895, le rhum Longueteau est fabriqué à l'Espérance-Monrepos, la dernière distillerie de la région, qui fonctionne encore à la vapeur. Le rhum est distribué sous deux marques : Longueteau pour l'export, et Monrepos pour la diffusion locale. La visite du domaine est intéressante : vous y apprendrez l'histoire romanesque de ce domaine authentique en compagnie de propriétaires accueillants, garants de leur tradition. En fin de visite, dégustation à la boutique de ce rhum agricole si savoureux, le seul sélectionné pour faire partie des produits Destination Saveur Métropole, ce qui lui permet d'être aujourd'hui présent dans le premier groupe de distribution en Europe. Le rhum ambré titrant 40° est parfait pour les cocktails (à consommer avec modération).

■ GRAND ÉTANG

Depuis Saint-Sauveur, empruntez la D4. A la sortie des terres cultivées, tournez à gauche. Un emplacement est réservé aux voitures.
Évitez de laisser des objets de valeur visibles dans votre voiture.
C'est un havre de paix ancré à quelques mètres d'un petit sentier où la végétation gagne clandestinement du terrain. A 722 m d'altitude, vous découvrirez, avec émerveillement, la faune et la flore. Au hasard de la promenade, un autre sentier mène à un lac de 2 hectares en forme d'as de pique situé sur la commune de Trois-Rivières.

▶ **La boucle des Etangs.** On accède aux Grands Etangs depuis l'aire de stationnement, après le hameau de l'Habituée, sur la départementale 4. A la sortie des terres cultivées, tournez à gauche. Un emplacement est réservé aux voitures. On fait le tour de cette grande étendue d'eau en une heure environ. A 722 m d'altitude, cet étang est comme un petit lac de montagne, où hérons et poules d'eau ont élu domicile – un véritable havre de paix. Ancré à quelques mètres d'un petit sentier, il est cerné par la végétation de la forêt hygrophile, qui gagne progressivement du terrain. Un observatoire flottant permet de découvrir, avec émerveillement, la flore et la faune aquatiques. Depuis ce site, un autre sentier de randonnée permet de relier plusieurs autres plans d'eau (Etangs Roche, Madère, As de Pique). Comptez 5 heures environ. Veillez à bien respecter le balisage.

■ HABITATION BOIS DEBOUT

Bois Debout
℡ 05 90 86 30 06
bois-debout.com
contact@bois-debout.com
Propriété de la famille Dormoy depuis 1870, l'habitation exploitait à l'origine la canne à sucre et possédait une sucrerie. Après une période de crise au début du XXe siècle, l'usine est transformée

en distillerie et compense partiellement la chute de l'activité par la production de rhum, la culture de la banane et du café. La distillerie est détruite en 1964, pendant le passage du cyclone Cléo et l'habitation se tourne petit à petit vers la culture de la banane. De ces activités successives sont conservés les vestiges d'un boucan, d'une balance, d'un parc à bœufs et de multiples chaudières à sucre éparpillées sur le site.
Dans la seconde moitié du XVIIIe siècle, la maison principale consiste en un bâtiment en maçonnerie, à deux niveaux, tout en longueur et peu profond, agrémenté d'un grand perron en pierre. A l'avant, se dresse une bâtisse en pans de bois bardée de planches, ouverte sur des galeries et des balcons, construite aux XIXe siècle. C'est à cette époque, dans les années 1890, qu'Alexis Léger (le poète Saint-John Perse, cousin germain des Dormoy), vient passer ses vacances jusqu'à l'âge de 10 ans. On retrouve dans son œuvre, la nostalgie de cette époque, notamment dans l'histoire du taureau fou, la fête des Indiens et la case à eau du poème *Le Bois debout*.
La maison est encore aujourd'hui visible, atypique de par ses plans, ses reconstructions et ajouts successifs et sa volumétrie, évoquant l'opulence d'une propriété coloniale de la fin de XIXe siècle.

■ JARDIN BOTANIQUE DE CANTAMERLE

Chemin E-Baron
Route de l'Habituée ℡ 05 90 86 44 13
Ouvert du lundi au dimanche de 9h30 à 17h. Entrée : 6 €.
Sur la route des chutes du Carbet, au lieu-dit l'Habituée, ce jardin botanique s'étend sur une superficie de 8000 m². Plus de 300 espèces d'arbres dont le jaquier, le cannelier, les palmiers et de nombreux fruitiers et ornementaux côtoient plusieurs centaines d'espèces végétales : fleurs tropicales, épices (vanille, cannelle, muscade, cardamome, etc.), plantes aromatiques et médicinales... Possibilité de visites guidées, pour mieux comprendre les richesses de ce jardin. Vous pouvez également y acheter un souvenir local (calebasses gravées, collier de graines, objet en vannerie...).

■ LES JARDINS DE LA RENCONTRE

Petite Mamelle
Haut de Routhiers ℡ 06 90 72 09 14
www.lejardindelarencontre.com/
nara.martial@outlook.fr
Sur le chemin d'accès à la 3e chute du Carbet.
Visite et dégustation pour 10 €, tous les jours de 9h à 17h. Table d'hôtes pour déguster un repas créole et des jus locaux : 20 €. Vente de produits issus du jardin : vanille, huiles essentielles, fleurs.
Jardin de 15 000 m² composé de plantes médicinales et ornementales, d'arbres fruitiers, d'une bananeraie et d'épices. Vue sur la Soufrière et les chutes du Carbet.

BASSE-TERRE

■ PLAGE DE ROSEAU

La plus belle plage du coin est indiscutablement la plage de Roseau, qui est aussi la plus fréquentée. Après des travaux en 2015, la plage devient piétonne, éclairée le soir et accessible aux personnes à mobilité réduite.

■ PLANTATION GRAND-CAFE

Rue de Caranguaise
℘ 05 90 86 33 06
plantation-grand-cafe.com
Ouvert du lundi au vendredi de 9h à 16h. Visites guidées à 10h30, 12h30 et 15h30 (12 €). Durée : 1h30 avec la dégustation. Possibilité de réserver l'après-midi, à partir de 10 personnes. En basse saison, mieux vaut téléphoner avant de s'y rendre.

12 € pour voir des bananiers, cela paraît un peu excessif, certes, mais vous entrez ici dans un domaine centenaire, qui s'étend sur une trentaine d'hectares où plus d'une trentaine de variétés sont cultivées : *musa basjoo, fehi banana, pisang roto uter* d'Indonésie, *hands planty*, mais aussi *poto, poyo, thé*... La visite se fait à pied et en charrette tractée, pour mieux apprécier la surface. A l'entrée, les tracteurs déversent leur chargement. Les bananes seront ensuite découpées, lavées et emballées. Quelques mètres plus loin, perdue dans la bananeraie, se cache une petite maison de style colonial – celle du propriétaire actuel. Dernière étape, l'atelier de découpage et de conditionnement en cartons des bananes, et la boutique de dégustation, bien sûr, où vous pourrez goûter de nouvelles saveurs, faire le plein de ce fruit nourricier, de jus locaux, de rhums... Table d'hôtes également.

■ TEMPLE HINDOU DE CHANGY ⭐

Nationale 1
Route de Capesterre
Visite vendredi et dimanche de 7h à 10h.
A quelques mètres de la route nationale, entre Sainte-Marie et Capesterre-Belle Eau, le voyageur sera surpris à la vue de ce temple indien éblouissant. Sur la façade, les statues de Maliémin, Kanadévi et autres figures de la religion hindoue trônent avec majesté. Alors que de nombreux Indiens devenaient catholiques, d'autres ont continué à perpétuer leur culte religieux, héritage de leur pays natal. Ces cérémonies sont pratiquées dans des lieux modestes, une simple chapelle en tôle faisant l'affaire, ou

dans de grands temples comme celui de Changy, appartenant à la famille Komla, le plus spectaculaire du pays. Ils se repèrent facilement dans les campagnes, grâce notamment à la présence de mâts multicolores dotés de réceptacles pour les offrandes, bougies et lampes à huile.

Il est possible de visiter le temple de Changy, les vendredis et dimanches de 7h à 10h, à condition de respecter quelques consignes : ne porter sur vous aucun objet en cuir, avoir jeûné la veille, et ne pas avoir pas eu de mauvaises pensées ni de relations sexuelles. Les Indiens eux-mêmes pénètrent dans ces temples en suivant un cérémonial précis.

Sports – Détente – Loisirs

■ POYO SURF CLUB

Plage de Bananier
℘ 06 90 76 46 07
poyosurfclub.com
poyosurfclub@yahoo.fr
Ecole de surf, stand-up paddle et body-board. Stage de surf de 3 cours de 1h30 : 80 €.

Shopping

■ L'ESCALE FRAÎCHEUR

Rue de Cayenne
Centre commercial Papayaya
℘ 05 90 81 72 47
Du lundi au samedi de 7h30 à 19h. Le dimanche de 8h à 12h.
Primeur et épicerie fine qui valorise les produits des agrotransformateurs locaux. Vente de jus frais, smoothies et soupes.

▶ **Autre adresse :** 73 rue Montauban – 97190 Gosier

■ LES JARDINS DE SAINT-SAUVEUR

Saint-Sauveur
℘ 06 90 35 17 78
lesjardinsdesaintsauveur.com
soleilnature@wanadoo.fr
Ouvert du mardi au vendredi de 9h à 17h et le samedi de 10h à 16h.
Voici une véritable savonnerie locale qui fabrique des huiles, beurres, gels douche, shampoings et savons à base de plantes et de fruits frais rigoureusement sélectionnés. Aucun produit chimique n'est utilisé dans leur fabrication. Boutique en ligne.

Extrêmement verdoyant, et pluvieux aussi, bénéficiant d'un terrain volcanique fertile, le sud de Basse-Terre est le territoire des cultivateurs de canne et banane, habitués aux terrains en pente – des Indiens particulièrement. Il attire aussi les randonneurs chevronnés qui entreprennent l'ascension de la Soufrière.

TROIS-RIVIÈRES ★★

Point de départ des navettes pour les Saintes et de circuits de randonnées immanquables (chutes du Carbet, volcan de la Soufrière, parc archéologique des Roches gravées, sources chaudes), le nom de la commune est lié aux trois cours d'eau qui la traversent : la rivière du Trou au Chien, entre Trois-Rivières et Capesterre-Belle-Eau, la rivière du Petit Carbet (7,2 km) et la rivière de Grande-Anse, à la limite entre Trois-Rivières et Gourbeyre. Ces trois rivières prennent toutes leur source dans le massif de la Soufrière, où le sol volcanique fertile a incité de bonne heure les colons français à s'installer. Dès la première moitié du XVIIᵉ siècle, le bourg fut aussi le lieu de villégiature préféré de la bourgeoisie créole, qui appréciait les sources chaudes des alentours. L'économie traditionnelle est basée sur la culture du café, de la vanille et du cacao, et de la canne par la suite. Le rhum agricole Trois-Rivières s'exporte très bien, mais aujourd'hui, c'est la banane qui est essentiellement produite ici. Par temps clair, vous pourrez admirer le panorama sur les Saintes et la Dominique. Entre Trois-Rivières et Vieux-Fort s'étend la Grande-Anse, longue de 800 m, l'une des plus belles plages de sable noir de Basse-Terre. Très fréquentée, avec ses vagues déferlantes et son sable noir, elle loge des petits *lolos* (petites cabanes), où il fait bon boire un verre ou manger du poulet grillé le midi. Elle abrite aussi un lieu de ponte de tortues marines, qu'il ne faut pas déranger. Grâce à ses nombreux atouts, le tourisme se développe à Trois-Rivières, avec une offre en écogîtes intéressante. La route qui continue jusqu'à Vieux-Fort est très plaisante, et rappelle le Sud de la France. Vous prendrez un peu de hauteur à travers une végétation plus dense et parviendrez jusqu'à la première pointe Saint-Jacques.

Transports

Comment y accéder et en partir
Le stationnement à proximité immédiate de l'embarcadère est un véritable casse-tête.

Un parking est à disposition moyennant un paiement de 5 € la journée. Vous pouvez ainsi partir tranquille. Vous trouverez, au niveau de l'embarcadère, plusieurs bars restaurants qui permettent de prendre le petit déjeuner tôt le matin. Il faut penser à se renseigner la veille sur l'horaire de départ, qui varie selon la saison. La traversée peut être également annulée en cas de météo défavorable.

■ BEATRIX
Embarcadère de Trois-Rivières
℅ 05 90 25 08 06
protourisme@lessaintes.fr
Billetterie après le bord de mer sur le marché.
Rotation aller-retour : 20 €/adulte, 14 €/étudiant et enfant de 12 à 17 ans, 12 € pour les 3-11 ans (sur place). Aller simple : 12 €/adulte, 10 €/étudiant et enfant de 13 à 17 ans, 8 € pour les 4-12 ans. Le prix du billet descend à 15 € si vous réservez par téléphone jusqu'à la veille du départ. Tarif identique pour Terre-de-Bas ou Terre-de-Haut.
Cette navette climatisée de 96 places dessert Terre-de-Haut et Terre-de-Bas au départ de Trois-Rivières. La traversée dure environ 20 minutes. Béatrix se positionne sur des horaires décalés par rapport aux autres compagnies avec des départs plus tôt le matin, des retours en milieu de journée ou après 17h en fin de journée. Certaines rotations peuvent être modifiées les jours fériés.

▶ **Du lundi au samedi :** départ de Trois-Rivières vers Terre-de-Haut à 8h, 9h30, 15h15 et 18h. Retour de Terre-de-Haut vers Trois-Rivières à 6h30, 9h, 13h et 17h15.

▶ **Le dimanche :** départ de Trois-Rivières vers Terre-de-Haut à 8h, 9h30, 17h et 18h. Retour de Terre-de-Haut vers Trois-Rivières à 6h30, 9h, 16h30 et 17h30. Départ de Trois-Rivières vers Terre-de-Bas en direct : du lundi au samedi à 8h et 15h15. Retour de Terre-de-Bas via Terre-de-Haut : les lundis, mercredis et vendredis à 8h20 et 16h10.

■ **DEHER**
Bord de mer
Chemin départemental n°7
Quai de Trois Rivières ✆ 05 90 92 06 39
www.ctmdeher.com
reservation@ctmdeher.com
*Le comptoir d'accueil vous reçoit tous les jours
de 7h à 17h, le dimanche et les jours fériés de
7h à 9h30. Possibilité de réserver via la centrale
aux numéros indiqués ci-dessus. Tarif spécial au
comptoir CTM de Trois-Rivières sur présentation
de ce guide ou sur réservation. A/R adulte : 23 €,
enfant (2-11 ans) : 16 €, 12-18 ans : 17 €. Un
parking, géré par la commune de Trois-Rivières,
est à votre disposition (5 € la journée).*
La CDM Deher assure les liaisons vers Les
Saintes depuis plus de 40 ans grâce à son
sérieux dans le respect des horaires et son
accueil chaleureux. La flotte de l'entreprise se compose de trois vedettes qui
permettent une traversée confortable ; Miss
Guadeloupe (300 passagers), l'Antoinette
(200 passagers) et la dernière arrivée Miss
Karaïbes (100 passagers). Antoinette est la
navette qui assure les rotations en basse saison.
Il faut compter 10 minutes de plus pour la
traversée (entre 30 et 35 minutes) qu'avec
Miss Guadeloupe et Miss Karaïbes. Plusieurs
traversées quotidiennes :

▶ **Trois-Rivières vers Terre-de-Haut :** 8h15,
9h, 15h45, 16h30 et 17h30

▶ **Terre-de-Haut vers Trois-Rivières :** 6h15,
6h45, 13h15, 15h45 et 17h

▶ **Trois-Rivières vers Terre-de-Bas :** 8h15 et
15h45, le dimanche à 8h15 et 16h30

▶ **Terre-de-Bas vers Trois-Rivières :** 6h, 13h,
le dimanche à 6h30 et 16h.
sauf dimanche et jours fériés
 uniquement le dimanche et selon affluence ;
les consulter

▶ **Basse-Terre vers Terre-de-Haut :** 12h15 les
lundis, mercredis et vendredis sauf jours fériés

▶ **Terre-de-Haut vers Basse-Terre :** 5h45 les
lundis, mercredis et vendredis sauf jours fériés.

■ **KARIBTOURS**
rue Nelson Mandela
Bord de mer (embarcadère)
✆ 05 90 99 73 80
www.karibtours.com
contact@karibtours.com
*Agence ouverte du lundi au vendredi de 9h à
17h et le samedi de 9h à 12h. Transfert voiture
24h/24 et 7j/7. Tarifs pour 1 à 2 personnes vers
aéroport : 50 €, Trois-Rivières vers Gosier : 70 €,
vers Sainte-Anne : 110 €, vers Saint-François ou
Deshaies : 150 €, aéroport vers Basse-Terre :
70 €. Bateaux : tarifs sur demande.*

Cette agence a mis en place une alternative au
taxi ou à la location de voiture par un système
de navette sur demande au forfait préalablement
établi. Vous pouvez réserver et payer en ligne.

■ **VAL FERRY**
✆ 05 90 94 97 09
www.valferry.fr
reservations@valferry.com
*Aller vers les Saintes : 15 €/adulte, 8 €/enfant
(2-12 ans). Gratuit pour les moins de 2 ans.
Aller-retour : 18,80 €/adulte au lieu de 23 €
si vous réservez en ligne et 14 €/enfant. Départ
également possible de Basse-Terre : aller-
retour 26 €/adulte, 17 €/enfant. Réservation
obligatoire. Pass Découverte (traversée pour
les Saintes + Marie-Galante) : 55 €/adulte,
35 €/enfant.*

▶ **Départs de Trois-Rivières vers Les Saintes** à
bord du *Marcus Garvey* tous les jours à 9h et 17h.

▶ **Retour de Terre-de-Haut vers Trois-Rivières :**
tous les jours de la semaine à 16h15 (et 6h15 sur
demande) ; Dimanche et jours fériés à 16h15 (et
7h15 sur demande)

▶ **Retour de Terre-de-Bas vers Trois-Rivières :**
du lundi au samedi à 6h et 15h45 ; dimanche et
jours fériés à 7h et 15h45.

▶ **Vérifier les horaires** la veille du départ car ils
sont sujets à modification sans préavis.

Se déplacer

■ **TAXI JONATHAN**
33 Lotissement Carbet
✆ 06 90 71 25 50
www.instagram.com/taxi_jonathan/
jonathan.jessy@gmail.com
*24h/24, 7j/7. Tarifs sur demande. Paiement par
carte bancaire accepté.*
Pour tous vos déplacements sur l'île.

■ **TAXIS MADRAS**
Chemin Neuf
✆ 05 90 92 98 14

Pratique

■ **ASSOCIATION DE VALORISATION
DU PATRIMOINE DE TROIS-RIVIERES**
Place de l'Eglise
3 Rue Gerville-Réache ✆ 05 90 92 77 01
www.troisrivieres971.com
odttr114@orange.fr
*Ouvert les lundis, mardis et jeudis de 7h à 12h30 et
de 14h30 à 17h, les mercredis et vendredis de 7h
à 12h30 et le samedi de 7h30 à 12h30.*
Hébergée dans les locaux de l'ancienne gendarmerie, construite en 1866 et rénovée en 1980,
l'Association de valorisation du patrimoine peut

vous renseigner sur les horaires des bateaux qui desservent les îles des Saintes, toutes proches (tarif moins élevé qu'au départ de Pointe-à-Pitre) mais aussi sur les sites naturels, la météo, l'état des sentiers de l'Acomat et de la Grande Pointe, sur lesquels vous pourrez découvrir de superbes paysages naturels, ainsi qu'un échantillon du patrimoine militaire et colonial de la commune.

Se loger

Bien et pas cher

■ AN EOL CARAIBES
1 chemin Lovelace
✆ 05 90 81 22 01
aneolcaraibes.com
an.eol.caraibes@free.fr
En bordure du parc national de Guadeloupe
De 50 € à 100 €/nuit selon bungalow et nombre de personnes. Petit déjeuner : 7 €. Lessive : 3 €. Pas de paiement par carte bancaire.
Ces gîtes, bien situés en surplomb du bourg, ont un emplacement idéal pour ceux qui partent aux Saintes (embarcadère à 5 minutes), et souhaitent monter à la Soufrière ou aux chutes du Carbet. Vous bénéficiez de la proximité des commerces et des transports en commun (à 200 m). Les nouveaux propriétaires sont toujours prêts à vous donner de bons conseils pour organiser votre séjour. Les logements confortables, 8 bungalows indépendants et un appartement, sont répartis au cœur d'un jardin tropical avec une belle vue sur la mer, les Saintes et la Dominique. Tous équipés d'une kitchenette et d'une terrasse ou d'un balcon, l'un des bungalows peut accueillir 6 personnes. A proximité de la piscine panoramique au sel, se trouve un carbet équipé d'une table, de chaises et d'un barbecue. De la terrasse équipée de transats, vous profitez d'une superbe vue au petit déjeuner ou au dîner (possibilité de commander des plats sur place). L'accès wi-fi est gratuit sur la terrasse de la piscine.

■ GITES AN-TIKAZ-LA
29 Faubourg
✆ 05 90 03 71 03
www.tikaz-la.com
gites.tikazla@gmail.com
Fermeture annuelle en septembre et octobre. Première semaine à partir de : 330 € pour 2/3 personnes dans une Tikaz, 590 € la pour 4/6 personnes dans le gîte.
Il y a beaucoup de « An tikaz là » en Guadeloupe, mais celles de Trois-Rivières sont immanquables ! Trois groupes de petites cases créoles colorées, construites en bois dans le style traditionnel de la région avec une vue magnifique sur les Saintes. Les gîtes, construits en bois et lambris en pleine végétation, sont équipés de chauffe-eau

solaire, de lampes à basse consommation, et d'une ventilation (sans l'usage de la climatisation). Recommandés par le Parc national de Guadeloupe, les Tikaz peuvent accueillir 1 à 3 personnes et les 3 gîtes peuvent recevoir jusqu'à 6 personnes. Possibilité également de louer le site entier pour 16 personnes. Dans le cadre d'un séjour ou d'un week-end à thème « Découvertes et bien-être », Mi-Marie, la propriétaire, propose des activités et des prestations dans un carbet en forme de dôme situé au fond du jardin. Le site est idéal pour se ressourcer. Des cours de yoga y sont proposés chaque vendredi soir et vous pouvez bénéficiez d'un massage sur demande. Également une formule camping dans les arbres (pour adultes : séjour de 1 ou 2 nuits sous tente sur une plate-forme construite dans un manguier ! Consultez Mi-Marie pour plus d'informations.

■ GÎTES DE CHECHETI
12 chemin de Savane
✆ 0590 92 96 40
www.checheti.com
contact@checheti.com
Tarifs/nuit : studios 2 personnes 60 €, bungalows 4 personne 70 €, grands gîtes 4 à 6 personnes 100 €.
Les 7 gîtes sont destinés aux familles, aux groupes mais également aux couples en quête de tranquillité : 3 gîtes sont prévus pour 2 personnes, 1 gîte pour 6 personnes (2 chambres + canapé-lit dans le séjour), 1 gîte pour 4 personnes et 2 bungalows de 2 chambres pour 4 personnes.Idéalement placés sur l'île la plus « verte » de l'archipel guadeloupéen, les amateurs de randonnée, de plongée et d'écotourisme seront proches des spots pour la pratique d'activités « nature ». Une vue panoramique sur la mer des Caraïbes et l'archipel des Saintes ainsi qu'un jardin tropical rafraîchi par les alizés sont les atouts qui caractérisent les Gîtes de Checheti.

Confort ou charme

■ GÎTES COCO ET ZABRICO
Chemin de Gaigneron
✆ 05 90 92 83 50
www.cocoetzabrico.fr
cocoetzabrico@wanadoo.fr
Tarifs selon saison pour 2 nuits à partir de : 160 € (maisonnette 2-3 personnes), 180 € (duplex 2 personnes), 260 € (duplex 3-4 personnes, 300 € (duplex 5-6 personnes). Remises à partir de 10 nuits.
L'ensemble est réparti dans un grand jardin fleuri de 3 000 m² avec piscine et aire de jeux pour les enfants. Le gîte comprend 5 hébergements différents, répartis en duplex ou maisonnettes, pouvant accueillir jusqu'à 6 personnes. A votre disposition : livres, barbecue, serviettes de plage, machine à laver…

Linge de maison fourni. Renseignez-vous sur les repas à base de produits locaux servis sur demande dans le bungalow. Le cadre est reposant et les propriétaires sont très prévenants. La plage est à 10 minutes. Très proche du village, des commerces et de l'embarcadère pour les Saintes. Dîner d'accueil et 1er petit déjeuner offerts pour une semaine de location.

■ **L'ÎLOT FRUITS GUADELOUPE**
72 route de la Regrettée
✆ 06 90 54 93 00
www.ilot-fruits.com
ilotfruitsguadeloupe@gmail.com
Tarifs selon saison et durée. Gîtes à partir de 90 €/nuit et 480 € la semaine en basse saison. Suite Les Saintes à partir de 90 €/nuit et 580 €/ semaine. Villa Gwanada à partir de 170 €/semaine. Si vous aimez la nature et le calme, le lieu va vous plaire. Vous disposez d'une vue panoramique splendide sur l'archipel des Saintes, les monts Caraïbes et la plage de Grande-Anse. Le site comprend 1 grande villa et 4 gîtes construits en bois dans un style traditionnel créole. Chaque gîte est muni d'une chambre double, d'un séjour avec lits gigognes, salle d'eau, cuisine et terrasse privée avec hamac et chaise longue. La Villa est composée de 3 chambres avec 2 salles d'eau, d'une cuisine complète et d'une grande terrasse. Le barbecue et la grande piscine centrale à eau salée sont à la disposition de tous. Les hébergements sont aménagés pour recevoir des personnes à mobilité réduite.

Luxe

■ **JARDIN MALANGA**
60 route de l'Hermitage ✆ 05 90 92 67 57
www.jardinmalanga.com
info@jardinmalanga.com
Tarifs à partir de 280 € (cottage double), 301 € (cottage triple), 400 € (suite). la nuit selon saison. Les disponibilités peuvent être consultées sur Internet. Fermeture annuelle en septembre jusqu'à début octobre et en juin. Les tarifs varient selon la saison. Restauration sur place : menu unique à 38 € hors boisson.
Cette ancienne maison coloniale date de 1927. Elle est superbement rénovée et reconvertie en hôtel de charme. L'adresse figure dans tous les voyages organisés de luxe. A votre disposition, la maison coloniale qui abrite une suite de deux chambres et 2 chambres triples (la salle de douche est située dans le couloir à l'étage) et 3 cottages répartis dans le jardin tropical, qui disposent d'une sublime vue sur l'archipel des Saintes. Ils disposent de 2 chambres avec lit king size, dont une communicante avec la chambre d'enfants à l'étage. Ils sont équipés de baignoire dans la salle de bain, d'un sèche-cheveux, d'un réfrigérateur et d'une

terrasse panoramique avec transats ouvrant sur la piscine. La mer est juste à côté ; vous aurez comme l'impression d'y plonger lorsque vous entrez dans la piscine à débordement. La plage de Grande-Anse est à 15 minutes en voiture. La table d'hôtes le Panga, ouverte tous les soirs (sauf le mercredi), est à ne pas manquer !

Se restaurer

■ **BLUE CARAIBES**
Chemin de bord de mer
✆ 05 90 92 76 21
Devant l'embarcadère des Saintes.
Ouvert chaque midi. Menu langouste à 20 €. Excellent rapport qualité-prix dans ce restaurant doté d'une belle vue. Les assiettes sont copieuses (cuisine locale) et l'accueil vraiment agréable. L'établissement organise également des soirées musicales.

■ **CABANE CRÉOLE**
Grande Anse ✆ 06 90 34 28 40
cabanecreole-maher@hotmail.fr
Ouvert tous les midis, parfois le soir, sur réservation. Plats du jour autour de 14 €. Dîner dansant : autour de 25 €.
Située face à la plage, cette cabane bénéficie d'une belle vue sur la mer et sur l'archipel des Saintes. La cuisine est créole. On y sert de belles assiettes antillaises, du poulet boucané et des poissons grillés. Les dîners dansants sont parfois organisés le vendredi ou le samedi soir, renseignez-vous à l'avance par téléphone ou sur place. Maher est réputé pour préparer le meilleur planteur qu'il vous sera donné de déguster, mais attention à ne pas en abuser... Et pour l'avoir testé, il est certain que son planteur est excellent, ni trop fort en rhum, ni trop fade ! Le planteur Cool and Bade est disponible à l'achat à la Maison du planteur, à côté du restaurant.

■ **LES COCOTIERS**
Grande Anse ✆ 05 90 92 94 05
Buffet à volonté à 20 €. Fermé dimanche soir et lundi soir. Service de 12h30 à 15h30 et de 19h30 à 23h.
Si vous voulez découvrir des spécialités locales et en profiter à volonté, le restaurant Les Cocotiers est un lieu qui vous conviendra. Deux autres formules sont proposées, le menu entrecôte et le menu Langouste. Tout est en self-service même l'apéritif. L'endroit est très fréquenté notamment le samedi soir car un DJ diffuse de la musique créole. Parking sur place.

■ **LA PAILLOTE DU PÊCHEUR**
Route de l'hôtel Saint-Poor ✆ 05 90 92 94 98
Entre Trois-Rivières et Grande-Anse. Après le pont de la rivière, en direction de Vieux-Fort. (A coté de la piscine municipale).
Ouvert tous les jours sauf le lundi soir et le dimanche soir. Uniquement sur réservation le

soir. Formules : 35, 40 ou 45 € (langouste selon la taille) et 19 € (poisson).

Avec plus de 35 années en mer, Jean-Claude Prudentos, ce pêcheur devenu restaurateur, est surnommé le Roi de la langouste dans le coin ! Chez lui, l'ambiance est familiale et l'accueil débonnaire. On vient à la Paillote pour la langouste entière et le poisson frais du matin. La formule comprend une assiette de crudités accompagnée d'accras de morue, une langouste ou du poisson grillés servis avec du riz et un café. Si vous souhaitez être installé en terrasse, mieux vaut réserver.

À voir – À faire

■ **BATTERIE DE GRANDE-ANSE**
Construite en 1691, la batterie de Grande-Anse fait partie d'un ensemble de fortins qui couvrent la côte, de Vieux-Fort à Goyave, édifiés pour assurer la défense des côtes contre les ennemis.

■ **EAUX DE DOLE** ⭐
A proximité de la route départementale.
Sur ce site se trouvent trois bassins d'eau chaude : le bassin public, le bassin Capès et le Bain des Amours, où l'on peut se baigner dans une eau à 33°C, chauffée par la Soufrière. Une eau de source, déjà connue des peuples amérindiens, provient également de ce site. De 1920 à 1960, l'établissement thermal de Dolé-les-Bains a reçu toute la haute bourgeoisie de l'île. Bon nombre de personnes souffrant de rhumatismes venaient y faire des cures. A partir de 1969, la S.A. des Eaux Capès-Dolé a repris l'exploitation du site, principalement l'extraction et la mise en bouteille d'une eau minérale. Un conseil, ne laissez rien dans votre voiture afin d'éviter les vols pendant que vous accédez aux bassins.

■ **EMBARCADÈRE DU BORD DE MER**
✆ 05 90 92 06 39
Possibilité de laisser votre voiture au parking (géré par la municipalité) pendant une excursion vers les Saintes. 5 € la journée.
L'un des points de départ pour les îles de l'archipel des Saintes, il fut dès le XVIIIe siècle très fréquenté par les contrebandiers et autres trafiquants de tout bord. Durant la Seconde Guerre mondiale, il devint point de ralliement des volontaires qui partaient vers la Dominique pour tenter de rejoindre les Forces françaises libres. Un phare, construit entre 1948 et 1949, domine cet embarcadère, qui redouble d'activités pendant la période touristique.

■ **FOUR À CHAUX**
A proximité de la plage de Grande Anse.
Il s'agit des restes d'un four à chaux construit en 1814 et qui était utilisé pour produire de la chaux à partir de roches calcaires. Inscrit au titre des monuments historiques en 2007.

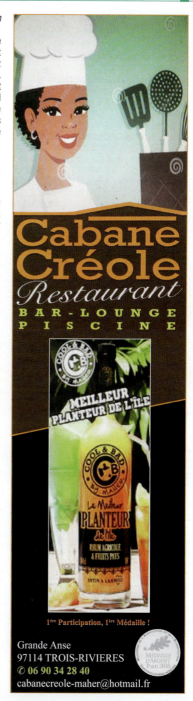

■ **MAISON DE LA BANANE**

RN1
La Regrettée ✆ 05 90 92 70 75
www.maisondelabanane.com
nancy.bureau@live.fr

Ouvert tous les jours du lundi au samedi de 9h30 à 12h et de 14h à 17h, et parfois le dimanche sur réservation. Entrée : 8 € par adulte et 7 € par enfant.

Cette maison du planteur, construite en 1902, a été entièrement restaurée. La visite est libre mais il serait dommage de se priver d'un guide aussi bien renseigné que l'est Nancy Bureau, la maîtresse des lieux. Véritable ambassadrice de la banane, l'ex-secrétaire de direction à la Chambre de commerce de Basse-Terre a créé avec son époux cet écomusée entièrement dédié à la banane. Au fil de pièces meublées et décorées, vous découvrez des costumes, coiffes et objets d'antan, ainsi qu'une collection d'instruments anciens, et des photos qui évoquent l'histoire et la culture de ce fruit nourricier, devenu premier employeur agricole des Antilles. Des panneaux explicatifs soutiennent les commentaires. La visite se termine par l'espace dégustation, évidemment rempli de produits concoctés à base de banane. Vous accédez aussi à la plantation où un parcours aménagé pour les balades vous réserve des vues superbes sur les îles de l'archipel Sud, ainsi qu'un jardin botanique avec des plantes médicinales et de nombreuses espèces exotiques. Nancy confectionne enfin des coiffes en feuille de banane, des poupées, des bracelets... que vous trouverez dans la boutique. Un guide propose d'ailleurs un atelier afin de vous apprendre à fabriquer vous-même vos créations à partir de la banane.

■ **PARC ARCHÉOLOGIQUE
DES ROCHES GRAVÉES** ⭐⭐

Bord de mer ✆ 05 90 92 91 88
parc.roches.gravees971@gmail.com

Pour vous y rendre, direction Trois-Rivières, à 13 km de Basse-Terre et à 48 km de Pointe-à-Pitre, par la N1.

Visite gratuite du mardi au samedi à 9h, 10h, 11h, 14h, 15h et 16h. La visite est guidée et dure 1 heure. Pas de visite libre. Pour un groupe de 10 personnes, il faut réserver.

Inauguré en 1970, le parc a été créé par la Société d'histoire de la Guadeloupe dans un site naturel d'un hectare environ, sur la commune de Trois-Rivières, face à l'archipel des Saintes. Au milieu d'un chaos de roches volcaniques et de végétation luxuriante, on a découvert au début du XIXe siècle ces roches portant des inscriptions (formes végétales, zoomorphiques et anthropomorphiques), sans doute gravées par les Indiens Arawaks au IIIe ou au IVe siècle de notre ère. Classé aux Monuments historiques depuis 1974, propriété de la Guadeloupe depuis 1981, le site est d'une grande importance pour l'histoire des Antilles

précolombiennes. La lumière du matin semble plus propice pour observer les reliefs des inscriptions sur les roches.

■ **LITTORAL DE LA GRANDE POINTE**

Sentier d'Acomat
Pour y accéder, prenez la direction du chemin Neuf.

Zone protégée. Balade d'accès facile, durée : 2 à 3 heures. Entre le chemin Neuf et l'anse Duquery. Un sentier vous emmènera à la découverte d'une ancienne poudrière du XIXe siècle, aux ruines d'un ancien moulin à canne à sucre. A ne pas manquer, une roche gravée baignant dans l'eau douce, qui représente une femme en train d'accoucher. Le panorama sur les Saintes et la Dominique est incontournable. Dans la continuité du sentier de la Grande Pointe, entre l'anse Duquery et le parc des Roches gravées, un chemin de sous-bois menant au lieu-dit d'Acomat vous révèlera des espèces végétales rares.

■ **PLAGE DE GRANDE-ANSE**

Grande-Anse
Entre Trois-Rivières et Vieux-Fort, à 5 km du centre de Trois-Rivières.

Cette plage de sable noir semble être le rendez-vous des amateurs du jogging matinal, sans doute du fait de sa longueur exceptionnelle. C'est une très belle plage, mais attention aux vagues déferlantes qui peuvent parfois surprendre ! La route qui continue jusqu'à Vieux-Fort est très plaisante et rappelle le sud de la France.

■ **SENTIER DE L'ACOMAT**

Suivre la D1, direction Capesterre. Prendre à droite le chemin de la Coulisse jusqu'au parking Duquery.

Trace de niveau 1.

Zone protégée par l'ONF. Balade de 45 minutes pour y accéder entre l'anse Duquery et le parc des Roches gravées. Il s'agit d'un sentier en bois dans la continuité du sentier de la Grande Pointe qui vous mènera à la rencontre d'espèces rares, voire pour certaines présentes uniquement sur ce site.

Sports – Détente – Loisirs

■ **LES ECURIES DE LA COULISSE**

500 route de Chemin-Neuf
✆ 06 90 31 33 13
www.ecuries-de-la-coulisse.com
lacoulisse@orange.fr

Randonnée commentée d'1h30 : 48 €. Randonnée en groupe (à partir de 10 personnes) : 44 €. Tarif de groupe pour l'initiation : 20 €. Découverte poney (10 min) : 5 €.

Ce centre équestre propose une randonnée qui vous entraîne jusqu'au sentier de la Grande

Pointe, face aux îlets des Saintes, des cours d'équitation. C'est également une ferme péda-gogiques qui accueillent des animaux d'antan entre cabris, des vaches et veaux, des poules, des cochons, un âne... Des visites de la ferme sont organisées en groupe. Possibilité d'orga-niser des anniversaires enfants sur le site les après-midi. Le site peut accueillir les personnes à mobilité réduite.

Visites guidées

■ SYMBIOSE CARAÏBES
37 cité bellemont,
✆ 0690766152
www.symbiosecaraibes.com
symbiosecaraibes@gmail.com
Les tarifs : de 25 à 40 €/pers
Yoann, guide breveté d'Etat, est un passionné d'écologie. Il fera tout son possible pour rendre vos randonnées agréables et instructives tout en assurant votre sécurité. Toutes les randonnées qu'il propose sont agrémentées de nombreux arrêts largement commentés qui vous permet-tront d'aborder la nature guadeloupéenne avec un autre regard. Outre l'incontournable Soufrière (dont il connait la végétation, la géologie et l'histoire sur le bout des doigts), il propose aussi de nombreuses autres balades plus secrètes, comme la trace des Neg'marrons, des randon-nées les pieds dans l'eau sur toute la Basse-Terre (pour découvrir des cascades et bassins préservés), ou le plus classique mais superbe circuit Grand'Eau. Sachez enfin que certaines des randonnées que Yoann propose au sein du Parc National ont obtenu le label «Esprit Parc» qui, comme le précise le parc lui-même, récompense « une nature exceptionnelle en harmonie avec les hommes qui la gèrent avec respect et partage exemplaires ».

Shopping

■ LA MAISON DU PLANTEUR
Grande Anse
✆ 06 90 34 28 40
En face de la plage.
Estampillé « meilleur planteur du monde », le Cool & Bad créé par Maher a remporté une médaille d'argent au salon de l'Agriculture de Paris en 2014. Fort de ce succès, il a décidé d'ouvrir la Maison du planteur que vous recon-naîtrez à sa devanture colorée, et où vous pourrez effectuer une visite et découvrir la culture et la tradition dans une ambiance convi-viale, au son de la musique locale. Dégustation et vente de planteur (50 et 100 cl) et des punchs artisanaux sur place. Maher est également le propriétaire du restaurant La Cabane créole sur le même site.

BASSE-TERRE

VIEUX-FORT ⭐

Une vingtaine de kilomètres séparent Trois-Rivières de Vieux-Fort. Au croisement de Gourbeyre et de la Pointe de Grande-Anse, prenez la D6 qui conduit à ce petit bourg de pêcheurs. Ce crochet par l'extrême Sud de la Guadeloupe par la départementale, qui serpente sur le littoral, offre de formidables points de vue sur le rivage. Constitué de falaises fortement attaquées par l'érosion marine, il avance en multiples pointes vertigineuses.
Pus au nord, sur les hauteurs, les Monts Caraïbes s'imposent telle une protection face aux éventuelles incartades du volcan la Soufrière très proche. La route côtière a vu le jour lors du réveil du volcan en 1976 pour évacuer la ville de Basse-Terre.
Le massif montagneux des Monts Caraïbes, apparu il y a plus de 450 000 ans, culmine avec le Vent Soufflé à 687 mètres. Répartis sur 1 370 hectares sur les communes de Trois-Rivières, Gourbeyre et Vieux-Fort, les Monts Caraïbes permettent d'accéder de la côte au-vent à la côte sous-le-vent. Ils constituent un point de départ de parcours de randonnées pédestres réputés.

Le territoire est, en premier lieu, occupé par les premiers occupants de l'île ; les Amérindiens. Ils vivent de la pêche, de la chasse et des ressources de leurs jardins jusqu'à ce que les colons français, emmenés par le gouverneur de la Guadeloupe, Charles Liénard de l'Olive, animés par la faim, ne décident d'investir les lieux par la force en 1635. Des fragments de poterie retrouvés attestent de la présence d'un village amérindien à l'Anse Dupuy notamment. Le site devient l'un des premiers ports d'ancrage. Le gouverneur y fait ériger un fort baptisé Fort Royal, en 1636, en l'honneur de Louis XIII. Visé par des assauts anglais à deux reprises, en 1703 puis en 1744, il change d'appellation pour devenir Vieux-Fort-l'Olive quand le fort Delgrès est construit.
Grâce à sa position naturelle, le village constitue un point stratégique pour la surveillance et la défense des côtes contre les ennemis. Cependant, malgré cette vigilance, en 1903, les Anglais parviennent à débarquer à l'Anse Dupuy et détruisent le Vieux-Fort l'Olive. A l'intérieur des murs en ruine, des couturières perpétuent la tradition de broderie de Vieux-Fort.

Dans le village, le clocher extérieur de l'église est le plus vieux de toute l'île. De loin, il ressemble à une barque inversée ou à une pierre dressée. Un sentier avance vers la falaise et le phare, construit en 1953 et inauguré en 1955 pour signaler aux bateaux qui croisaient dans le canal la proximité de la pointe. Le 16 février 1947, un voilier dominicain, La Rochannia, revenant de Montserrat et se dirigeant vers la Dominique, fit naufrage à la pointe sud de Vieux-Fort. Ce site marin, assez peu fréquenté, a le charme des côtes sauvages. On marche face au ciel, à la mer, et la vue porte loin jusque Basse-Terre. Au large se dévoile l'archipel des Saintes.

Pratique

■ OFFICE DE TOURISME DE VIEUX-FORT
Mairie – Place Marie Eusèbe
℡ 05 90 92 00 00 – jjulia2@orange.fr
Chemin D6.
Ouvert du lundi au vendredi de 8h à 12h30 et de 14h à 17h, mercredi et vendredi uniquement le matin jusqu'à 13h. Durant les vacances scolaires lundi, mardi et jeudi de 8h à 13h30, mercredi et vendredi jusqu'à 13h.
Demandez les renseignements à l'accueil de la mairie. Borne avec prospectus disponibles.

■ ORGANISATION DES GUIDES DE MONTAGNE DE LA CARAIBE (OGMC)
Route de Matouba
Fond Ravine ℡ 06 90 51 66 08
www.ogmc-guadeloupe.org
Créée en 1982 sur l'initiative des premiers guides diplômés d'État de l'archipel, l'OGMC propose diverses sorties et balades dans tous les recoins de Guadeloupe, que ce soit sur terre ou en mer. Ces guides, diplômés d'État, connaissent parfaitement le terrain. Très au fait des mesures de sécurité comme des bons plans et des itinéraires hors des sentiers battus, ils ont aussi la charge du balisage sur les sentiers, bien utile aux randonneurs quand ils marchent sans accompagnateur. Pour rappel, les traits horizontaux blancs et rouges signifient une bonne direction sur le GR, et la flèche blanche indique la direction à prendre pour rester sur le GR.

Se loger

■ GÎTES RACINES É ZEL
Route de Beausoleil ℡ 05 90 25 10 73
www.racines-e-zel.com
Gîtes de 499 à 699 € la semaine, 185 € le week-end selon le type d'hébergement et la saison. Menu de la table d'hôtes : 25 € (menu enfant à 12 €). Petit-déjeuner (sur réservation) : 8,50 €.
Le domaine est situé sur les hauteurs de Vieux-Fort à environ 800 mètres de la mer. Les trois gîtes

indépendants et la chambre d'hôtes sont meublés dans le style créole avec beaucoup de goût. Ils peuvent accueillir de 2 à 4 personnes. Les gîtes sont composés d'une chambre climatisée, d'une salle d'eau avec douche à l'antillaise, d'un salon ouvert avec canapé convertible, d'un coin cuisine entièrement équipé et d'une terrasse couverte avec chaises longues. Lave-linge sur demande. Sur place, une piscine avec une belle vue mer. Le premier petit déjeuner est offert. Table d'hôtes sur réservation (les plats sont élaborés à partir de produits frais et locaux).

Se restaurer

■ POINTE À L'AUNAY
Dans le bourg ℡ 05 90 92 07 92
Ouvert le lundi midi et du mardi au dimanche midi. Menu à 16 € (entrée, plat et dessert).
La terrasse bénéficie d'une vue imprenable sur les Saintes. La propriétaire, qui officie en cuisine, propose des plats créoles simples et traditionnels à des prix très raisonnables. Les assiettes sont copieuses et l'accueil est agréable. Le service peut être un peu long les jours d'affluence mais le panorama qui s'offre à vous permet de patienter.

À voir - À faire

■ CENTRE DE BRODERIE ET DES ARTS DU TEXTILE
Route de l'Anse-Dupuy
Fort l'Olive ℡ 05 90 92 04 14
Visite tous les jours de 9h à 17h30, le dimanche de 9h à 13h30. Entrée libre ; participation laissée à l'appréciation des visiteurs.
Le centre, situé à l'intérieur des ruines du Fort-l'Olive, a été créé en 1980 à l'initiative de la Chambre de commerce et d'industrie (CCI) de Basse-Terre pour promouvoir la broderie traditionnelle. Consacré à la tradition séculaire des femmes guadeloupéennes de cette partie de l'île depuis 300 ans, le centre de broderie regroupe l'activité d'une quarantaine de brodeuses, qui s'exposent leurs créations : de magnifiques ouvrages, nappes, robes de baptême, napperons en coton blanc et dentelles finement ciselées. Lors de votre visite, l'une de ces couturières passionnées viendra certainement vous présenter son travail. Dans la petite boutique tapissée de ces œuvres, vous n'aurez que l'embarras du choix.

■ MONTS CARAIBES
Départ de la section Champfleury
Trace sportive de niveau 4 avec des passages délicats.
Accès difficile pour une première visite. Un guide de moyenne montagne peut vous aider dans ces parcours de randonnée (comptez environ 4 heures), qui permettent de découvrir les monts

Caraïbes en partant du bourg. Sur 1 370 hectares, répartie sur les communes de Gourbeyre, Vieux-Fort et Trois-Rivières, cette chaîne montagneuse culmine au Vent Soufflé (687 m). Au Nord se dressent le massif du Houëlmont (428 m) et le morne Boucanier (481 m). Vous passez de la Côte au-vent à la Côte sous-le-vent. Du Gros Acajou à la ravine Grand-Fond, la végétation offre une faune et une flore très variées. Si vous avez pensé à apporter des jumelles, vous pourrez voir toute sorte d'oiseaux : tourterelles, perdrix, grives, pic de Guadeloupe... Partout s'exhibe la végétation luxuriante : fleurs tropicales, anthuriums, pois doux, bois trompette, ciguines et touffes de bambou sur le sol, et bien d'autres encore.

■ **PHARE DE LA POINTE DU VIEUX-FORT**
Construit en 1953 et inauguré en 1955 pour signaler aux bateaux qui croisaient dans le canal la proximité de la pointe car, le 16 février 1947,

un voilier dominicain *La Rochannia*, revenant de Montserrat et se dirigeant vers la Dominique, fit naufrage à la pointe sud de Vieux-Fort. Vous aurez une superbe vue sur le canal des Saintes, les Saintes et Basse-Terre. Le littoral à proximité est doté d'une promenade avec des carbets pour profiter du paysage à l'ombre.

Sports – Détente – Loisirs

■ **ORGANISATION DES GUIDES DES MONTAGNES DES CARAÏBES**
Route de Matouba
Fond ravine ✆ 06 90 51 66 08
ogmc.montagne@gmail.com
Compter 15 € par personne pour une sortie.
L'OGMC vous fait la Guadeloupe, des vallées aux sommets, en toute sécurité avec des guides diplômés d'État et expérimentés.

GOURBEYRE ⭐

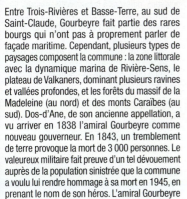

Entre Trois-Rivières et Basse-Terre, au sud de Saint-Claude, Gourbeyre fait partie des rares bourgs qui n'ont pas à proprement parler de façade maritime. Cependant, plusieurs types de paysages composent la commune : la zone littorale avec la dynamique marina de Rivière-Sens, le plateau de Valkaners, dominant plusieurs ravines et vallées profondes, et les forêts du massif de la Madeleine (au nord) et des monts Caraïbes (au sud). Dos-d'Ane, de son ancienne appellation, a vu arriver en 1838 l'amiral Gourbeyre comme nouveau gouverneur. En 1843, un tremblement de terre provoque la mort de 3 000 personnes. Le valeureux militaire fait preuve d'un tel dévouement auprès de la population sinistrée que la commune a voulu lui rendre hommage à sa mort en 1945, en prenant le nom de son héros. L'amiral Gourbeyre repose au fort Delgrès.
Aujourd'hui, Gourbeyre, entre mer et montagne, bénéficie de l'intérêt écotouristique et met en avant ses atouts entre la plage de Rivière-Sens, ses criques, ses circuits de randonnée dans la région de Dolé (aux sources chaudes réputées), et ses jolies promenades dans les massifs vers Vieux-Fort ou Rivière-Sens ; sans oublier le point culminant, le volcan qui trône à 1467 mètres au-dessus de la ville. C'est une base de séjour intéressant pour rayonner vers la Soufrière, les monts Caraïbes, les pointes et les falaises du Sud. Les locaux de l'observatoire volcanologique et sismologique de la Guadeloupe sont installés au sommet du Houëlmont, l'un des dômes des Monts Caraïbes, à seulement quelques kilomètres de la Soufrière. Sa mission : surveiller en continu l'activité de la Soufrière et la sismicité induite par l'activité des plaques tectoniques des Petites Antilles.

Transports

■ **HERTZ ANTILLES**
ZA de Valkanaers ✆ 05 90 80 14 25
www.hertzantilles.com
reservation@hertzantilles.com
Derrière le magasin BUT.
Agence ouverte du lundi au vendredi de 7h à 18h, le samedi de 7h à 13h.

■ **MARINA DE RIVIÈRE-SENS**
Marina ✆ 05 90 86 79 43
marina-rivieresens.com
Ouvert lundi, mardi, jeudi de 8h à 13h et de 15h à 18h, le mercredi et le vendredi de 8h à 13h30.
Contact : VHF 16. Cette marina (15° 58' 93" N – 61° 42' 98" O) a une capacité de 350 places. Elle se trouve à proximité de diverses boutiques (épicerie, laverie...) et dispose d'eau, d'électricité, de fuel.

■ **PRESTIGE LOCATIONS**
Marina de Riviere Sens
995, boulevard Amédée Valeau
✆ 05 90 80 89 57 – prestige-gp.com
prestige-locations@orange.fr
Tarifs à la journée : Catégorie A, Volkswagen UP ou similaire : 25 €. Catégorie B, Dacia Sandero ou similaire : 30 €. Catégorie C, Renault Clio IV ou similaire : 45 €. Catégorie F, Dacia Lodgy ou similaire : 92 €.
Cette jeune entreprise propose la location de véhicules de tourisme récents en courte et longue durée mais également la location de véhicules Utilitaires. Vous y trouverez un service de qualité. Assurance tous risques et kilométrage illimité.

Pratique

■ **ARCHIVES DÉPARTEMENTALES DE LA GUADELOUPE**
Bisdary
℡ 05 90 81 13 02
archives@cg971.fr
Ouvert du lundi au vendredi de 8h à 17h et le mercredi de 8h à 12h30.
Ce service public permet d'avoir accès aux documents de l'histoire de la Guadeloupe de 1635 à nos jours.

■ **POINT BLEU SOLEIL**
Marina Rivière-Sens
℡ 05 90 81 42 79
pointbleu@wanadoo.fr
Derrière la station service, sur la plage.
Ouvert tous les jours de 10h à 19h.
Il s'agit d'un lieu de rencontres et d'échanges autour d'un cours de zumba, des conférences, des ateliers ou encore au bar. Également des animations destinées aux enfants. Programme des activités : aquagym le mercredi à 17h30 et le samedi à 7h30, zumba le mercredi à 18h30 et le samedi à 6h30, taï-chi le vendredi à 17h30 et le samedi à 6h30.

■ **SYNDICAT D'INITIATIVE**
Rond-point Valkanaërs
℡ 05 90 92 21 64
Ouvert en semaine de 8h à 13h et de 14h à 16h, le mercredi de 8h à 12h et de 14h à 18h.
Renseignements touristiques et sur les guides de montagne.

Se loger

■ **GÎTES AURORE**
Rue des Avocatiers
℡ 06 90 40 98 80
louis.aurore570@gmail.com
De 300 à 350 € la semaine.
Location de 3 bungalows dans un jardin fleuri et à proximité de la marina de Rivière-Sens et de la Soufrière.

■ **GÎTES PAVILLON**
Pavillon
Route de Palmiste
℡ 05 90 92 29 15
www.gitespavillon.fr
contact@gitespavillon.fr
Gîte (2 chambres) : de 55 à 63 €/nuit. Studio : de 38 à 50 €/nuit. Minimum de 3 nuits. Prix dégressifs à partir de la 2e semaine.
Cet hébergement est situé sur les hauteurs du plateau de Palmiste en pleine nature à proximité des traces du bassin bleu ou de l'étang. Le gîte peut accueillir jusqu'à 4 personnes. Il est

composé de deux chambres, d'une salle d'eau à l'étage et d'une cuisine équipée, d'un salon avec canapé convertible et d'une terrasse au rez-de-chaussée. Le studio pour deux personnes (et deux jeunes enfants) dispose d'une pièce principale, d'une salle d'eau, d'une kitchenette et d'une terrasse.

Se restaurer

Bien et pas cher

■ **BLEU MER**
Marina de Rivière-Sens
℡ 0590 60 71 44
bleumer971@hotmail.com
Face à la Marina
Ouvert du lundi au jeudi de 9h30 à 16h et de 19h30 à 22h les vendredis, samedis et dimanches.
Ce restaurant-saladerie offre un choix de sandwiches, des burgers et des plats traditionnels entre cuisine française et créole (tartares de poissons, poissons à la tahitienne, magret, filet de porc au miel.....le tout préparé à l'aide de produits frais et servi avec salade et un gratin de légumes du pays).
La salade de fruits élaborée avec des fruits de saison est un délice mais c'est également un régal pour les yeux. A tester absolument ! Excellent accueil.

Bonnes tables

■ **DEL MEDIO**
Marina de Rivière-Sens
℡ 06 90 80 91 33
Situé dans l'alignement des restaurants de la marina.
Addition moyenne pour une entrée et un plat chaud : environ 30 €.
Hervé, est l'ancien responsable du restaurant le Deck à Saint-Claude que nous vous recommandions les années précédentes. Il s'est désormais installé sur la marina de Rivière Sens et propose une cuisine métissée simple et réussie. Vous pouvez y déguster des tartares de poissons, du poisson grillé, entrecôtes frites maison...

■ **CHEZ DENIS**
Dolé
RD7
℡ 05 90 92 14 43
restaurantchezdenis@gmail.com
A 200 m des bains des Amours sur la RD7.
Ouvert le midi ainsi que les mercredis, vendredis et samedis soir. Fermé le mardi. Menu complet à 23 € et menu enfant de – de 12 ans : 12 €.
Une carte très variée avec des spécialités locales où tout n'est pas forcement disponible le jour

de votre venue : poulet et poisson frais boucanés à l'ancienne, langouste, lambi, ouassous, crabe farci, légumes du jardin... Une adresse sans prétention mais bien agréable au pied des sources de Dolé.

■ **DIAMANT CREOLE**
La Regrettée
✆ 06 90 75 10 72
diamant.creole@orange.fr
Du jeudi au samedi de 12h30 à 21h30 et le dimanche de 12h30 à 15h30. Entrées entre 8 € et 18 €. Plats entre 10 € et 30 €. Plateau de fruits de mer (45 €) sur commande. Buffet terre/mer à volonté à partir de 12h30 le dimanche à 18 € (entrée, plat, dessert, hors boissons).
Cadre typique pour déguster des fruits de mer. La spécialité de la maison à ne pas rater : le blaff de burgots. Déjeuner-buffet en musique le dimanche. Soirée karaoké le vendredi à partir de 20h.

■ **LA TABLE CRÉOLE DE CHRISTOPHE**
Marina de Rivière Sens
✆ 05 90 81 38 52
Le premier restaurant de l'enfilade des restaurants sur la marina.
Ouvert de 12h à 14h30 et de 19h à 22h. Fermé le dimanche. Entrées de 8 à 12 €, plats de 18 à 22 €, desserts aux alentours de 8 €.
Un cadre agréable avec vue sur les bateaux de la marina.Les ardoises annoncent les suggestions selon le marché. Les plats proposés sont créatifs et savoureux (tempura de poisson, tournedos de daurade et sa tranche de foie gras, carré d'agneau et sa sauce au Saint-Emilion, etc.). Service rapide et efficace.

Sortir

■ **KAFE SIGNES**
Marina de Rivière Sens
✆ 06 90 94 67 40
Mercredi et jeudi soir de 19h à 23h30. Vendredi et samedi de 19h à 2h. Formules cocktail/tapas/ glace à 20 € (sans alcool) et 25 € (avec alcool).
L'un des rares lieux entre Trois-Rivières et Vieux-Habitants pour une soirée détente autour d'un bon verre. Choix de cocktails géants à déguster à plusieurs (ou seul pour les grandes soifs...). Ambiance musicale avec DJ aux platines.

À voir – À faire

■ **ANCIEN SITE MILITAIRE DE GRISEL**
Palmiste
Situé au nord de Gourbeyre, le plateau du palmiste, abrite un pan de l'histoire de l'île. Le site militaire de Grisel formait un poste avancé

en cas d'attaque venant de Trois-Rivières ou de Pointe-à-Pitre. Elle est entourée de fortifications qui comprennent des canons, les vestiges d'une citerne et les fondations de casernement.

■ **BAINS CHAUDS DE DOLÉ**
A Gourbeyre, au rond-point Valkaners, passer par le rond-point de la Bouteille pour prendre la route départementale numéro 7 qui mène vers la ville de Trois-Rivières. Quelques mètres après ce rond-point, il y a un petit parking. C'est le point de départ des bains de Dolé.
Plusieurs sources d'eaux chaudes sont présentes sur Gourbeyre, et notamment sur la zone de Dolé. Le bain dit «des Amours» est un bassin en forme de cœur anciennement baptisé «Bassin Capès». Une terrasse en bois extérieure est aménagée pour faciliter la baignade des visiteurs et l'entrée dans le fameux bassin est permise par un petit escalier. Il est possible de se faire masser le dos par les jets installés sur le pourtour du bain, dont la température moyenne est de 34 °C. Un vrai moment de douceur et de naturel pour les amoureux de la nature...

■ **HABITATION BISDARY**
Bisdary
Classée Monument historique depuis 2007, l'Habitation Bisdary est propriété de la Ville de Gourbeyre depuis 2015. Construite au début du XVIIIe siècle, elle a appartenu pendant plus d'un demi-siècle aux Jésuites. Il s'agit là de l'une des plus grandes habitations sucrières, qui s'étendait sur plusieurs centaines d'hectares et employait plus de 300 esclaves. Lors de l'attaque anglaise de 1759, les bâtiments sont incendiés. Face à l'ampleur des dépenses de réparation, les Jésuites sont contraints de vendre la propriété. En 1783, une partie des bâtiments est à nouveau la proie des flammes et les ouragans de 1816 et 1825 endommagent un peu plus l'édifice. Les vestiges des cinq bâtiments, témoins du passé industriel et colonial de l'île vont être prochainement réhabilités dans le cadre du projet « Ensemble, sauvons notre patrimoine » qui vise à préserver des hauts lieux du patrimoine. La première phase du chantier portera sur la restauration de plusieurs bâtiments (charpente, couverture, menuiseries) dont la Bonifierie et l'aménagement du parc de l'Habitation. La seconde phase se concentrera sur la restauration globale de la maison principale et l'aménagement d'un bâtiment secondaire.
Le site aura vocation à devenir un Centre d'interprétation de l'histoire et du patrimoine du Sud Basse-Terre, lieu de mémoire qui participera également à la diversification de l'offre touristique de la Guadeloupe et représentera une plus-value économique pour le territoire.

■ BASSIN BLEU ⭐

Suivez la route du Palmiste (R10), puis
« bassin bleu ».

Durée : 1h30 aller-retour, altitude maxi : 620 m.
Parking : face au départ du sentier. Le Syndicat
d'initiative pourra vous décrire le chemin à suivre
pour vous y rendre car les panneaux indicateurs
sont quasi inexistants. Ne pas s'y aventurer par
temps de pluie.

La jonction de la rivière le Galion et de la Ravine
chaude donne naissance au bassin bleu. L'eau
suit un parcours jalonné d'énormes roches
volcaniques et atterrit dans une crique bleu
turquoise. Un grand toboggan naturel et des
cascades le long du parcours font de ce site
un petit paradis. La baignade est possible à
plusieurs endroits du parcours.

■ CASCADE DE LA PARABOLE

Pour les plus sportifs, en remontant encore
la rivière le Galion, vous arrivez, environ
1 heure plus tard, devant un bassin aux eaux
profondes. Son nom lui viendrait de la forme
de sa roche érodée par l'eau.

■ POUDRIÈRE DU HOUELMONT

Route de l'observatoire volcanologique

Au cœur d'un site naturel protégé par le
Conservatoire du littoral et la commune de
Gourbeyre, ces vestiges militaires datant du
début du XIXe siècle sont entrelacés par un
figuier maudit (*ficus*). L'ensemble a été redé-
couvert il y a quelques années par un historien.
Il témoigne de la richesse de l'histoire militaire
du Sud Basse-Terre entre la fin du XVIIIe et le
début du XIXe siècle. La poudrière est entourée
d'arbres remarquables, d'une voûte prolongée
par une salle non couverte avec un dispositif
d'abreuvage et d'alimentation des animaux.

Une première phase de réhabilitation du site
a été achevée en janvier 2019, elle a permis
l'élagage du figuier maudit qui emprisonnait la
structure tout en maintenant l'équilibre entre
cet arbre majestueux et la poudrière qui semble
sortie de nulle part. Une deuxième phase de
travaux est prévue pour apporter plus de lisibilité
à ce monument, découvrir la biodiversité des
Monts Caraïbes et offrir un nouvel élément de
connaissance et de détente aux visiteurs. A
terme, ce site d'intérêt patrimonial du quartier
de Bisdary sera associé à des parcours sportifs
de plein air, comme une piste de VTT.

■ SYLVATHÈQUE ONF

Blanchet ✆ 05 90 81 37 57
onf.fr/guadeloupe

Ouvert du lundi au vendredi de 7h à 14h.
Attention, les jours et horaires d'ouverture
peuvent être soumis à modification. Il est
préférable d'appeler avant.

Il s'agit en quelque sorte d'une bibliothèque de
la forêt qui sensibilise le visiteur à l'environnement. Vous pouvez y consulter les publications
ONF et les ouvrages consacrés à la flore et à la
forêt tropicale. Sur place, un jardin créole pédagogique, une exposition permanente (*La forêt
passionnément*) et des expositions ponctuelles.
La structure est désormais dotée de nouveaux
outils tournés vers le numérique (animations
multimédia). Vous pouvez également participer
à des randonnées pédagogiques encadrées par
des professionnels de la forêt dont une nouvelle
animation du sentier, la Rando croquis, qui initie
le randonneur à la peinture en se promenant
sur le littoral de Trois-Rivières.

Sports – Détente – Loisirs

■ CLUB NAUTIQUE

Marina de Rivière-Sens
✆ 05 90 81 39 96
www.cnbt.ovh – cnbt971@gmail.com

*Ouvert du lundi au vendredi de 8h à 12h et de
14h à 17h, et le samedi l'après-midi. Location
de kayak. Également cours et stages.*

Il s'agit d'un club associatif dirigé par des
bénévoles qui proposent des activités telles que
la plongée, la voile, le kayak et l'aviron de mer.

■ FLYING FISH

Marina de Rivière-Sens
✆ 06 90 55 01 09
didier971@icloud.com

*De 220 € à 600 € par jour selon capacité
(8/10 personnes). Tarif dégressif pour une
location de 2 jours. Prévoir dépôt de garantie.*

Location de bateaux à moteur de capacité
variable, sans skipper. Le départ de la Marina
de Rivière Sens est idéal pour les excursions
aux Saintes ou à Bouillante (spot de plongée).
Bateaux adaptés pour la balade (sur le
Poupidou), la plongée et la pêche (*Maman
D'lo*) et la croisière (sur *No Name* équipé de
couchages, d'un coin cuisine et de toilettes).

■ GWADA MARINE

Marina de Rivière-Sens ✆ 06 90 75 79 16
www.gwadamarine.fr
gwadamarine@outlook.fr

*Départ tous les jours à partir de 8h et retour à
17h. Location de bateau à partir de 150 € la
demi-journée 200 €/jour en semaine. Possibilité
de louer en supplément du matériel de pêche,
une bouée tractable, un wakeboard, et un ski
nautique.*

Gwada Marine est spécialisé dans la location
de bateaux à moteur. Vous pouvez louer un
bateau au départ de la marina de Rivière Sens
à Gourbeyre ou celle du Gosier.

▶ **Autre adresse :** Marina de Pointe-à-Pitre

■ **INFINI PLONGÉE**
Marina de Rivière-Sens
☎ 06 90 94 89 53
infiniplongee.com/index.html
infiniplongee@gmail.com
Du lundi au dimanche de 9h à 18h. Baptême de plongée : 60 €. Baptême de nuit : 80 €. 5 plongées de niveau 1 : 300 €. Exploration encadrée : 40 €.
Fanny et Stéphane forment un couple de plongeurs passionnés. Chez eux, la découverte des fonds marins se pratique en famille et vous serez accueilli dans leur local comme à la maison, avec un petit café. Une fois les explications données, vous aurez la chance de découvrir les côtes de Basse-Terre, Gourbeyre, Vieux-Fort avec une vue imprenable sur la Soufrière depuis la mer. Pour les débutants qui redoutent la découverte des profondeurs, pas de panique, les moniteurs vous rassurent avec beaucoup de bienveillance et se mettent à votre rythme.

■ **RÊVE DE NAV' CROISIÈRE**
Marina de Rivière-Sens
☎ 06 90 91 11 00
www.revedenav.com
contact@revedenav.com
Prix collectif avec repas : 85 €/adulte, 65 €/1-12 ans. 8 pers. maximum pour préserver l'authenticité du moment. Formule privative de 400 à 600 €/jour tout inclus avec une nuit à bord. Placez le curseur entre détente, découverte et apprentissage voile (Initiation-Perfectionnement). Manœuvrez le voilier, dormez dans des mouillages idylliques, sautez dans l'eau

au petit matin, partez pour de mini-explorations à terre.
Rêve de Nav' est une école de croisière à la voile. Elle propose des croisières participatives allant de la découverte jusqu'à l'apprentissage de la voile en vue de l'autonomie. Deux formules possibles : en privatif ou en collectif (club). Elle propose également des excursions collectives ou privatives en voilier, le temps d'une journée à destination de l'archipel des Saintes. Départ de Rivière-Sens, près de Basse-Terre, pour une activité voile à pratiquer sur l'un des plus beaux plans d'eau du monde.
Avec la journée aux Saintes, vous vivrez une belle journée sportive à la voile en monocoque. Vous embarquerez pour une aventure en mer en toute simplicité. Au programme, manœuvres du voilier, repas puis plongée avec masque et tuba dans les belles eaux de l'archipel. Possibilité d'une croisière découverte, d'un stage d'apprentissage, de coaching pour une journée, un week-end, une semaine ou plus. Les Saintes, Marie-Galante, la Dominique...

Visites guidées

■ **AS DE PIQUE** ★★
Renseignements au Syndicat d'initiative.
Randonnée niveau 2, facile, avec quelques passages difficiles. Départ du plateau de Palmiste. Parcours de découverte qui dure 1 heure environ et contourne un étang à 720 m d'altitude. Vous aurez face à vous une superbe étendue d'eau dont la forme évoque effectivement celle d'un as de pique.

SAINT-CLAUDE ★★

Cette commune, la plus élevée des Petites Antilles (550 m d'altitude), est surtout connue pour son illustre hôte, le volcan de la Soufrière. Les Saint-Claudiens l'appellent la « Vieille Dame », un peu parce qu'ils la considèrent comme une montagne sacrée, véritable source de vie générant l'eau, la terre et le feu, influant sur le climat et sur la nature en général... Situé au sud de Basse-Terre, l'espace communal s'étend sur une superficie de 34,2 km et s'est transformé peu à peu en quartier résidentiel. Le territoire de Saint-Claude et une partie de Gourbeyre ont toujours constitué une extension de la ville extra-muros, les habitations ayant envahi peu à peu la savane. L'origine de son nom remonte à 1858, et au père Joseph de Saint-Claude, un membre éminent de la congrégation des Jésuites.

Au cours du XIX$_e$ siècle, les cultures remplacent les habitations, et le café est alors cultivé sur les hauteurs du Matouba. A la fin du XIX$_e$ siècle, d'autres cultures arbustives (vanille et cacao) prennent le relais. Dans les années 1930, les Indiens se spécialisent dans les cultures vivrières et maraîchères. Une importante communauté hindoue vit sur les hauteurs. Aujourd'hui, on peut voir sur les parties basses de la campagne (Bologne et Desmarais) des champs de canne à sucre et, dans les parties plus élevées, des plantations de bananes, des cultures maraîchères. Saint-Claude, à la fois résidentielle, agricole et touristique, est un haut lieu de la randonnée. C'est la seule commune de Guadeloupe à ne pas posséder de littoral. Elle accueille le pôle universitaire du Sud Basse-Terre sur le site de l'ancien hôpital militaire du Camp Jacob, symbole du passé de l'île. Les bâtiments, inscrits aux Monuments historiques, ont été entièrement restaurés.

Transports

■ CITY CAR
12 lotissement Rostand Saint-Phy
✆ 05 90 59 59 51
Voir page 152.

■ QUICKRENT SARL
Morin
✆ 06 90 90 25 05
www.quickrent.fr
info@quickrent.fr
Tarif à partir de 14 €/jour selon durée. Livraison gratuite à l'aéroport.
Un large choix de véhicules, de la compacte en passant par la berline et le SUV, à petits prix. Accueil chaleureux garanti dès votre arrivée à l'aéroport.

Pratique

■ OFFICE DE VALORISATION DU PATRIMOINE DE LA VILLE DE SAINT-CLAUDE
149 avenue du Maréchal Foch
✆ 05 90 60 90 23
officedupatrimoine97120.com
info@ville-saintclaude.fr
Sur les hauteurs de Saint-Claude, face à l'université et à côté de la médiathèque.
Ouvert du lundi au vendredi de 9h à 16h. Samedi de 9h à 12h. Dimanche et jours fériés de 9h à 12h (de novembre à avril).
Rendez-vous à l'Office de valorisation et d'animation du patrimoine pour vous informer sur l'offre touristique du territoire. Sur place : boutique, espace détente et dégustation, salles d'exposition, manifestations thématiques de janvier à décembre.

■ VERT INTENSE
Rue du Camp-Jacob
Morne-Houel
✆ 06 90 55 40 47
Voir page 27.

Se loger

Locations

■ GÎTE MA CHAUMIÈRE
Rue Edward-Chevry ✆ 05 90 80 23 11
betty.bordelais@orange.fr
70 €/nuit pour deux personnes et 350 € la semaine pour une personne. 600 € la semaine pour 4 personnes.
Voici un petit appartement situé en rez-de-jardin d'une villa en centre-ville, à 5 minutes d'une plage. Conçu pour 4 personnes au maximum, il est composé de deux chambres, d'une salle d'eau, d'un salon, d'une cuisine indépendante et d'une terrasse avec barbecue. Le tout dans un joli jardin bien verdoyant avec vue sur les monts Caraïbes. Mobilier et décoration traditionnels créoles.

Bien et pas cher

■ LES ALIZÉS MERS CHAUDES
Rue des boutons d'or
Ducharmoy ✆ 05 90 80 06 75
www.alizes-mc.com
alizes.mc@wanadoo.fr
Chambre d'hôtes : à partir de 65 € la nuit pour deux personnes petit-déjeuner inclus. Gîte pour 2 personnes de 55 € à 60 € la nuit. 10 € par personne supplémentaire. Petit-déjeuner : 5 à 6 € par personne. Tarifs dégressifs pour les séjours d'une semaine ou plus. wi-fi gratuit.
Dans un cadre résidentiel, 6 gîtes (pour 2 à 4 personnes) et 1 chambre d'hôtes (pour 2 personnes) situés dans un parc de 2 000 m$_2$ avec piscine, à proximité de la forêt tropicale et doté d'une belle vue sur la Soufrière. Tous les hébergements sont équipés du wi-fi. Les chambres disposent d'un réfrigérateur et du nécessaire pour la préparation du petit déjeuner. Un barbecue et une paillote sont à disposition pour les amateurs de grillades.

■ LES BANANES VERTES
Impasse des Gardenias
Choisy
✆ 06 90 55 40 47
www.lesbananesvertes.fr
info@lesbananesvertes.fr
Tarifs selon la durée du séjour, panier petit-déjeuner inclus. Chambres d'hôtes de 70 à 95 €/nuit pour 2 personnes. Ecolodges de 100 € à 180 €/nuit. Connexion wi-fi gratuite dans chaque hébergement.

Situé au pied de la soufrière à environ 550 m d'altitude, le gîte comprend 3 chambres (chacune avec terrasses couverte et cuisine) face à une grande piscine et 5 écolodges entièrement construits en bois nichés dans un écrin de verdure. Chaque écolodge est différent et peut accueillir de 2 à 5 personnes. L'un d'entre eux dispose d'un spa privatif. Le tout dernier bungalow, le préféré des propriétaires, est niché dans les arbres. Il dispose de deux chambres et d'une grande terrasse avec cuisine. Il bénéficie d'une belle vue sur la mer. Les propriétaires, amoureux de nature sont également les responsables de la structure Vert intense, qui propose des sorties randonnées et canyoning en forêt tropicale.

■ GÎTES KARAMBOL
49 résidence Gabriel Belfond
℃ 05 90 80 33 71
giteskarambol@wanadoo.fr
Gîte de 320 à 480 €/semaine pour 2 personnes ou de 65 à 85 €/nuit. Petit déjeuner : 6 €.
Les hébergements (F1 et duplex) ont une capacité de 2 à 4 personnes, nichés dans un milieu tropical à 800 m d'altitude ; un atout pour les amateurs de fraîcheur naturelle. Ils sont simples, mais disposent tous d'une kitchenette avec un coin repas et d'une terrasse, piscine et barbecue extérieur en prime. La propriétaire, qui vit sur place avec sa famille, se fera un plaisir de vous conseiller les meilleures escapades aux alentours.

■ GÎTES LA PITCHOURI
27 lotissement Gabriel Belfond
℃ 05 90 80 20 89
pitchouri-villanti@wanadoo.fr
Tarif unique toute l'année : 350 € la semaine pour 2 personnes (7 nuits), ou 60 €/nuit. 76 €/ nuit ou 450 €/semaine pour 4 adultes. 68 € ou 400 € pour 2 adultes et 2 enfants.
Une jolie petite structure qui héberge 5 logements construits dans le style créole autour de la piscine avec balnéo. Les logements de type F2 de 40 m² peuvent accueillir jusqu'à 4 personnes. Chaque appartement dispose d'une kitchenette équipée, une chambre avec un grand lit ou deux petits lits, d'une salle de bains avec toilettes, d'un séjour. Sur la petite terrasse, vous

disposez d'une table de jardin avec 4 chaises et d'un transat. Un carbet aménagé avec une table et des bancs permet de s'installer pour le petit déjeuner ou le dîner dans le jardin.

Confort ou charme

■ HABITATION MATOUBA
Route du Matouba ℃ 06 90 56 56 08
habitationmatouba.com
habitationmatouba@orange.fr
Tarifs/ nuit selon saison pour 1/2 personnes : gîtes de 90 à 120 €/ nuit, pavillon 130 €. Connexion internet.
Si vous recherchez une immersion au cœur de la nature, bienvenue à l'Habitation Matouba. Trois gîtes de charme et un pavillon, authentiques et sans prétention, mais confortables. Le petit plus : un parc de 3 hectares pour profiter de l'exubérance qu'offre le lieu : fleurs, oiseaux, rivière.

■ LA VIEILLE SUCRERIE
3 rue de la Vieille Sucrerie
℃ 05 90 80 24 85
www.lavieillesucrerie.fr/
lavieillesucrerie@gmail.com
Bungalow de 600 à 800 € la semaine selon la saison. Nuitée à partir de 86 € (4 nuits minimum). Chambres 90 €/nuit ou 170 € si vous louez les 2 chambres.
Au choix dans un jardin luxuriant, un charmant bungalow tout en bois, sur pilotis, ou deux chambres climatisées situées à l'étage de la maison des propriétaires, Evelyne et Christian. Les chambres disposent d'une belle salle de bains commune, d'un espace détente et d'un balcon avec vue sur la mer des Caraïbes. Le bungalow dispose de deux chambres climatisées, d'une salle d'eau, d'une kitchenette, d'un espace repas et d'un coin salon sur la terrasse. Egalement un spa à votre disposition, ainsi que le wi-fi. Possibilité de faire laver son linge sur place. Les propriétaires sont aux petits soins et vous fournissent les meilleurs conseils pour un séjour selon votre envie. Les prestations sont de très bonne qualité. Votre hôtesse conçoit des bijoux en graines dans le petit atelier attenant à la maison, de jolis souvenirs que vous pouvez acheter.

L'Oasis
du domaine de Beauvallon

BUFFET À VOLONTÉ
D'ici et d'ailleurs

ACCÈS PISCINE LE WEEK-END

25€ 1 APÉRITIF OFFERT

MIDI 12h-14h : Du Lundi au Samedi
SOIR 19h30-21h30 : Uniquement le Vendredi

Enfant de 4 à 12 Ans : 12€

■ **HOTEL ST GEORGES**
18 Rue Gratien Parize
☏ 05 90 44 63 63
hotelsaintgeorges.gp
direction@hotelsaintgeorges.gp
Tarifs à partir de : 155 € (standard double), 145 € (standard twin), 250 € (suite). Petit-déjeuner offert. Bar et restaurant sur place. Transfert aéroport sur demande.
Sur les hauteurs de Saint-Claude, l'hôtel St-Georges, entièrement rénové en 2019, bénéficie d'un cadre calme et verdoyant au pied de la Soufrière. De 20 à 30 m², les chambres offrent des prestations haut de gamme (literie king size, climatisation, coffre-fort, télévision, minibar) et une vue panoramique. Certaines chambres sont équipées pour accueillir des personnes à mobilité réduite. Restaurant, bar, piscine, spa et terrain de squash à disposition sur place.

Se restaurer

■ **L'OASIS DU DOMAINE DE BEAUVALLON**
D26
1468, route de Bologne
☏ 05 90 80 89 78
complexe.loasis@gmail.com
Du lundi au samedi de 12h à 14h. Le vendredi soir de 19h30 à 21h30. Formule buffet à volonté 25 €/personne avec apéritif offert.
Ce restaurant situé entre Basse-Terre et Saint-Claude surplombe les champs de canne de la distillerie Bologne et bénéficie d'un cadre très verdoyant. Vous apprécierez de déjeuner ou dîner avec vue sur la piscine. L'accueil est agréable. Vous y trouverez des plats issus de la cuisine française agrémentée aux saveurs caribéennes en formule buffet à volonté.

■ **LE TACHYON**
Habitation Dain
☏ 06 90 70 07 35
letachyon97120@gmail.com
Ouvert du mardi au dimanche midi. Addition moyenne à 30 €.
Le Tachyon vous accueille sur son immense deck pour profiter des grillades ou du buffet.

■ **LE TAMARINIER**
Place de la Mairie ☏ 05 90 80 06 67
Tout proche de la place de la Mairie, à droite en descendant.
Ouvert de 12h30 à 15h et de 19h30 à 22h. Fermé le mercredi, le samedi soir et le dimanche soir. Formule entrée + plat à 14 €.
La cuisine créole authentique, originale et bien relevée, c'est dans ce restaurant du bourg qu'on la trouve, qui plus est à des prix corrects. Le chef propose trois menus chaque jour : poisson, viande et spécialités créoles. Comme par exemple, le poulet coco, soufflé aux bananes vertes, colombo de cabri, vivanneau sauce chien, ouassous... Mais comme toute bonne chose, il faut savoir attendre que les plats soient prêts et ne pas arriver à 12h pile.

Sortir

■ **SWING CLUB**
Route de Morin
☏ 06 90 57 25 76
Ouvert jeudi, vendredi, samedi, dimanche et veilles de jours fériés. Soirée compas le dimanche à partir de 19h.
Des soirées à thèmes sont proposées le vendredi. Soirée tout public le samedi, compas le dimanche. Soirée Gran Moun le dernier samedi de chaque mois.

À voir – À faire

■ **LES BAINS JAUNES**
Situés sur la route du volcan de la Soufrière
Accessible gratuitement.
Ces sources thermales bénéficient d'une eau soufrée à 26/28 °C qui provient directement des entrailles de la Soufrière. Le bassin est nettoyé régulièrement et attire de nombreux touristes qui partent en randonnée sur la «Vieille Dame» chaque année. Dans ces bains naturels, entourés d'une végétation luxuriante, l'eau est réputée pour ses vertus contre les douleurs musculaires, les problèmes d'asthme et d'arthrite... La baignade est possible mais l'eau n'est pas potable et un panneau précise bien qu'il ne faut pas mettre la tête sous l'eau en raison de

présence d'amibes. Attention également au sol qui peut être glissant, prévoyez des sandales adaptées. Soyez donc vigilant mais profitez-en pour vous ressourcer au maximum...

■ CHUTE DU GALION ★
Route de la soufrière, Bains Jaunes, D 11.
Niveau 2.
5 km de balade aller-retour. Comptez presqu'une heure de descente assez facile hormis les derniers mètres. La remontée est assez ardue sauf pour les habitués de la randonnée.
Depuis l'aire de stationnement des Bains-Jaunes, longez le bassin du même nom (attention le parking est vite saturé). Au croisement, le chemin descend en pente douce à travers une végétation de mangles montagne, de fougères arborescentes, de palétuviers, de marbris.
Après un quart d'heure de marche, la vue se dégage sur le côté droit, en direction du Sud-Ouest et du Sud : brusquement, au détour du chemin, apparaissent de droite à gauche, les massifs de la Citerne, celui de l'Echelle et enfin la Soufrière. L'itinéraire plonge ensuite dans la ravine et, par quelques lacets, atteint le creux d'une jolie gorge. L'accès à la chute se fait soit par le sentier qui continue en face, soit tout simplement en remontant le lit du Galion, ce qui ne présente guère de difficulté et permet, en escaladant les roches, d'arriver dans un bassin au pied de la chute, qui mesure une quarantaine de mètres de hauteur. Le sentier est bien tracé et entièrement refait. La fin du trajet, un peu plus délicat, sur environ 100 mètres car il s'effectue par un passage équipé de cordages. A éviter avec de très jeunes enfants et également en période de pluie.

■ LA CITERNE
Niveau 1 (facile).
Son bassin d'une belle régularité, à l'image des cratères auvergnats, en fait l'attraction naturelle de premier plan du massif de la Soufrière. Vous y accédez à partir du parking des Bains Jaunes, comme pour monter à la Soufrière, en prenant la route de la Citerne, à droite. Au bout de celle-ci, vous découvrez un cratère profond de 52 m, à 1 103 m d'altitude. Le petit lac au fond du cratère est un enchantement. En raison de son altitude et de son dégagement, le site a été choisi pour accueillir les antennes de radio et de télévision, ce qui n'embellit pas vraiment le paysage.

■ PARC NATIONAL DE LA GUADELOUPE ★★
Siège administratif
Montéran
☎ 05 90 41 55 55
Voir page 65.

BASSE-TERRE

LE VOLCAN DE LA SOUFRIÈRE, UNE VIEILLE DAME QUI SOMMEILLE

■ LA SOUFRIÈRE ★★★★

www.guadeloupe-parcnational.fr

Depuis Saint-Claude, prenez la route de la Soufrière (N11) et allez jusqu'au parking des Bains Jaunes, car celui de la Savane-à-Mulets est fermé. Compter 1h45 de route depuis Deshaies, 1h15 depuis Gosier, 30 min depuis Trois-Rivières. Le sommet reste accessible par la trace du Pas-du-Roy, au départ du parking. Le tour du dôme par le col de l'Echelle est ouvert. Randonnée réservée aux bons marcheurs. Comptez 3 heures environ. Prévoir de bonnes chaussures de marche et un vêtement imperméable et chaud. Il faut aussi de l'eau et de quoi grignoter. Pensez également à laisser des vêtements de rechange dans la voiture.

▶ **Quelques données.** Altitude au sommet : 1 467 m. Famille : stratovolcan de type péléen (explosif). Caractère : activité en lente augmentation depuis 1992. Dernière éruption : 1976 (éruption phréatique dite mineure). Dernière éruption magmatique : 1530 (constitution du dôme). Réseau d'observation : près de 200 sites de mesure dont une soixantaine équipés de stations autonomes (avec batteries et panneaux solaires) télémétrées par radio-transmission vers l'Observatoire.

▶ **Description de la randonnée.** Durée de la rando : 4h, classée facile. Dénivelé : 500 m. La Guadeloupe est riche de plus de 300 km de sentiers de randonnée, mais la montée à la Soufrière est sans aucun doute un incontournable à ne rater sous aucun prétexte : visiter un volcan actif n'est pas quelque chose que l'on peut faire tous les jours, alors autant profiter de l'occasion qui vous est offerte (presque) sur un plateau.

On démarre la randonnée par les Pas du Roy, une section pavée (en partie) par l'armée à la fin du XIXe siècle, pour atteindre en 40 min la Savane-à-Mulets. Cette portion, assez raide, permet d'atteindre l'ancien parking (d'avant le séisme de 2004) à travers une forêt humide dominée par la marbri, plus connue sous le nom de bois-bandé. Avec de la chance, la vue sur les Saintes et les montagnes environnantes est déjà splendide. La randonnée se poursuit ensuite par un petit chemin situé en haut du parking, près d'un panneau d'interprétation. Quelques mètres plus loin, dans une petite niche creusée en hauteur d'un énorme rocher, la statuette de Notre-Dame de Guadeloupe est protégée des voleurs par une grille en fer forgé. Il n'est pas rare de voir des cierges et des fleurs déposés en offrande au pied du rocher. Des fleurs, il en est aussi question tout au long du chemin : vous ne pourrez manquer le thym de montagne et ses jolies fleurs violettes, ni le fuchsia-montagne et ses fleurs roses. Plus haut, vous croiserez les ananas-jaunes montagne,

qui forment des touffes impressionnantes et très denses au ras du sol, et le superbe « sapin de noël », qui est en fait une fougère primitive. Après encore quelques efforts, vous vous trouverez devant un site magnifique : l'éboulement Faujas. Il s'agit d'une faille créée par une éruption phréatique en 1798. La végétation y est remarquable, avec des murs végétalisés de toute beauté qui semblent se perdre dans le ciel. Encore une quinzaine de minutes de marche pour rejoindre la faille nord et le dernier raidillon avant l'ascension finale qui se fait en 20 minutes supplémentaires. Quelques mètres avant le sommet, vous passerez près d'un refuge en béton bien utile en cas de dégradation météo soudaine. Avec beaucoup de chance, la vue au sommet est à couper le souffle, puisqu'on peut admirer toute la Guadeloupe et les îles voisines. Avant d'entamer la redescente, vous passerez par la Porte d'enfer et le gouffre Tarissan : profond de 70 m, c'est le plus gros gouffre actif du sommet. Il contient un lac d'acide chlorhydrique bouillant en son sein !

Une fois de retour au point de départ, n'hésitez pas à profiter des bains jaunes : l'eau y est à plus de 30 °C en moyenne ! Attention toutefois aux amibes : ne plongez pas la tête sous l'eau.

▶ **Respectez la nature** : l'ensemble du circuit est situé au cœur du Parc national de Guadeloupe. Si vous voulez que tout le monde profite de ce lieu exceptionnel, merci de respecter les interdictions : ne sortez pas du sentier, respectez le balisage, ne prenez pas de raccourcis dans les virages (cela dégrade fortement la végétation et entraîne des glissements de terrain), ne ramassez rien et ne laissez rien derrière vous, même pas une peau de banane ! Il n'y a aucune poubelle, que ce soit sur le sentier ou même sur le parking : il faut tout ramener avec soi.

▶ **Attention** : entre 2014 et 2019, de nouvelles zones de fumerolles sont apparues au sommet, qui ont nécessité un arrêté pris le Préfet de la Guadeloupe pour élargir le périmètre de sécurité au sommet de la Soufrière afin de prévenir et réduire les risques pour les randonneurs. Une signalisation a été mise en place par les services du Parc national : merci de la respecter pour votre propre sécurité !

Pour s'approcher des gouffres du dôme de la Vieille dame, il vous faudra désormais être muni d'un équipement individuel de protection respiratoire (masque à gaz) et obligatoirement accompagné d'un guide diplômé et habilité.

▶ **Informations actualisées sur le sentier :** www.guadeloupe-parcnational.fr (rubrique Randonner) ou via l'application rando.guadeloupe-parcnational.fr

Les fumerolles au sommet du cratère rappellent que La Soufrière est un volcan actif.

La randonnée, relativement facile, dure 4 heures.

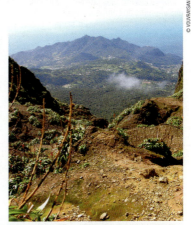

*Le panorama
est une belle récompense après l'effort !*

Le volcan a connu sa dernière éruption en 1976.

Sports – Détente – Loisirs

■ BWA LANSAN

Allée des Mahoganys ℰ 05 90 92 19 72
www.bwalansan.fr
bwalansan@gmail.com
Cette association créée en 2007 une association guadeloupéenne de découverte et valorisation des patrimoines naturels et culturels régionaux. Elle regroupe des amoureux de la marche qui s'intéressent à la culture créole. L'un des premiers clubs de randonnée guadeloupéens, Bwa Lansan propose toute l'année un calendrier d'activités variées. La section marche, avec une approche de la randonnée très consciente, suit une devise inspirée d'une phrase de Marcus Garvey (*« Un homme, sans la connaissance de son passé, de son origine et de sa culture, est comme un arbre sans racines »*). Elle emprunte des chemins de campagne mais aussi les rues des bourgs historiques. La section sports de pleine nature organise des stages de kayak, de canyoning, de VTT et autres. A ce programme s'ajoute un volet d'activités typiquement pays, comme l'initiation à la vannerie traditionnelle, la transformation de la noix de coco, le gwoka, les cuisines créole ou indienne... Les événements à venir sont indiqués sur leur site.

■ CLUB DES MONTAGNARDS

BP 45
clubdesmontagnards@wanadoo.fr
Un club centenaire pour vous aider à découvrir la nature guadeloupéenne ! Basée à Saint-Claude, la structure connaît particulièrement bien les sentiers de randonnées autour de la Soufrière. Bien que cela ne soit pas sa vocation première, le club peut exceptionnellement encadrer des groupes touristiques. Les particuliers qui désirent intégrer leurs marches peuvent contacter le secrétariat. Faire appel à un guide spécialisé, qui connaît la région et peut vous indiquer le meilleur chemin pour monter au volcan (c'est-à-dire, bien souvent, le plus court et le plus spectaculaire), c'est s'assurer de faire la randonnée dans les meilleures conditions. De plus, la plupart de ces guides, amoureux de la nature, se font un plaisir de vous initier à la flore et à la faune des environs.

■ PARC NATIONAL DE LA GUADELOUPE

Siège administratif
Montéran
ℰ 05 90 41 55 55
www.guadeloupe-parcnational.fr
Le Parc national de Guadeloupe offre 300 km de sentiers traversant la forêt et parcourant le littoral du Grand Cul-de-Sac marin. Parmi ses lieux incontournables, découvrez la Soufrière, volcan culminant à 1 470 m d'altitude et site mythique. Baignez-vous dans les eaux tièdes des Bains-Jaunes, à moins que vous ne préfériez les chutes de la rivière du Grand-Carbet ? Comme tout parc national, celui de la Guadeloupe propose régulièrement des activités ludo-éducatives pour la découverte de la nature.

■ RANDONNÉE DE LA CITERNE À SAINT-CLAUDE

Au départ des Bains Jaunes, cette balade de quatre kilomètres aller-retour vous mènera à la citerne du massif de la Soufrière. Le chemin commence par le sentier presque entièrement goudronné du Pas du Roy qui évolue dans une végétation tropicale dense. Une fois sorti de la forêt, vous aurez le choix entre continuer en direction du sommet de la Soufrière ou vous rendre à la citerne. À 1 103 mètres d'altitude, ce cratère volcanique abrite un petit lac et offre de belles vues sur les montagnes et l'océan. D'ici, vous pourrez faire demi-tour ou rejoindre l'une des nombreuses autres randonnées du massif.

▶ **Tarif** : gratuit.

▶ **Durée :** 2h15

▶ **Difficulté :** facile.

■ VERT INTENSE

Rue du Camp-Jacob
Morne-Houel
ℰ 06 90 55 40 47
www.vert-intense.com
info@vert-intense.com
Vert intense, la plus réputée des sociétés de sports nature sur l'île, propose depuis plus d'une vingtaine d'années des sorties canyoning (niveaux 1, 2 et 3) et des randonnées au sommet du volcan de la Soufrière. Labellisées par le Parc national, les sorties se font en petit groupe dans un profond respect de l'environnement. Plusieurs sorties sont programmées chaque jour, que vous soyez seul ou en groupe, pour une découverte nature ou une aventure sportive. Une multitude de possibilités, de la randonnée à thème au trek de plusieurs jours, sont à découvrir sur le site Internet. A noter : Vert intense fait partie des guides autorisés à organiser des visites des cratères de la Soufrière, obligatoirement munis de masques à gaz. Une visite originale en immersion qui vous ébahira à coup sûr !

Visites guidées

■ SYMBIOSE CARAÏBES

ℰ 06 90 76 61 52
www.symbiosecaraibes.com
symbiosecaraibes@gmail.com
Comptez entre 25 et 40 €/personne selon le type de balade. Demi-tarif pour les enfants.

Yoann Jaffré est un guide de randonnées naturalistes diplômé d'Etat et passionné d'écologie. Les sorties s'effectuent en petit comité. Il propose plusieurs circuits dans chacun des milieux qui caractérisent Basse-Terre. Il vous permet ainsi de découvrir des milieux qui possèdent chacun leur propre spécificité et leur propre végétation.

Son site Internet répertorie les différents circuits possibles sachant qu'il veille toujours à vous intégrer dans une excursion qui correspond à vos attentes mais également à vos aptitudes physiques après un premier contact téléphonique. Depuis juin 2017 il a obtenu le label Esprit Parc pour saluer son engagement écologique.

MATOUBA ★★

A la sortie nord de Saint-Claude, la N3 puis la D30 grimpent vers un groupe montagneux où d'élégantes habitations créoles sont venues se percher. Le nom Matouba vient des Indiens Caribs, et signifie « endroit où l'on trouve des oiseaux et des fleurs à profusion ». Aujourd'hui encore, ce site si paisible vit au rythme de la communauté paysanne indienne. Il pleut beaucoup à Matouba ; certains disent même qu'il pleut chaque nuit sur cette terre volcanique si fertile. Ici, des pages mythiques de l'histoire guadeloupéenne furent écrites. Le commandant Louis Delgrès, qui s'était retranché avec 300 hommes, y fut assailli par les troupes du général Richepance, envoyé par Napoléon pour rétablir l'esclavage. Le bataillon d'irréductibles préférera se donner la mort plutôt que de se rendre. Le 26 mai 1802, ils mettent le feu aux poudres – littéralement – et abandonnent le site avec un suicide collectif. Leur cri de ralliement : « Vivre libre ou mourir » ! Plus haut encore, par une route d'altitude aux points de vue superbes, Fonds-Papaye, autre village d'Indiens, vit exclusivement de l'agriculture. Chaque habitation possède son potager où poussent gros thym, aubergines, choux-fleurs, tomates et carottes. Quelques touristes leur rendent visite parfois. C'est l'occasion d'acheter quelques légumes. Attention, ça grimpe ! De Papaye, en descendant du centre thermal, une vue extraordinaire se déploie sur la mer et en particulier sur les Saintes, que vous avez l'impression de pouvoir toucher en étendant le bras alors qu'elles se trouvent à une heure de bateau.

Se loger

Saint-Claude fait partie des lieux très ventilés sur l'île où la fraîcheur est préservée. Ne soyez ainsi pas surpris si les hébergements ne proposent pas de chambres climatisées. Vous comprendrez vite que la climatisation n'est pas nécessaire et qu'à l'inverse, une couette peut même s'avérer bienvenue entre décembre et mars.

■ LES CYCAS

Matouba ℰ 05 90 32 56 26
www.lescycas.gp – les.cycas@wanadoo.fr

Studio de 76 à 95 €/nuit, Duplex de 105 à 140 €/nuit selon la saison.
Situés sur les hauteurs, 4 studios (2 personnes) et 4 duplex (4/5 personnes) climatisés dans un magnifique jardin tropical fleuri de 1,8 ha, orné de bassins avec jet d'eau, de cascades et d'arbres centenaires en bordure du parc national de la Guadeloupe.
Ces bungalows, au mobilier en bois exotique de pur style créole, possèdent tout l'équipement nécessaire. Les studios sont équipés d'un coin séjour, d'une kitchenette avec bar donnant sur la terrasse, d'une chambre avec lit double *queen size*, d'une salle de bains et d'une terrasse avec vue sur le parc et le plan d'eau. Quant aux duplex, ils disposent d'un séjour, d'une kitchenette avec bar donnant sur la terrasse, d'une chambre avec lit double *queen size*, d'une seconde chambre en mezzanine avec deux ou trois lits jumeaux, d'une salle de bains et d'une terrasse avec vue sur le parc et son plan d'eau. Idéal si vous êtes à la recherche d'une halte reposante.

■ HABITATION MATOUBA

Petit Parc
Route de Matouba
ℰ 06 90 56 56 08
habitationmatouba.com
Entre Saint-Claude et Matouba.
Tarifs sur la base de 2 personnes en gîte : de 390 à 450 € selon saison. Cottage : 650 €/ semaine pour 2 personnes. Man-Goudie. Tarifs dégressifs pour de longs séjours. Consultez Nicole pour connaître les promotions en basse saison.
Nicole, la propriétaire, est native de Guadeloupe et a mené une carrière de comédienne au théâtre.
Elle a transformé une ancienne demeure située au cœur d'un parc floral en quatre gîtes tous dotés de mobilier créole. Il y règne une atmosphère de quiétude car Nicole soigne ses clients aussi bien que les plantes tropicales de son jardin. Les deux duplex Papa-Za et Maman-Za peuvent accueillir 4 à 5 personnes. Kaz-Mimi, le studio, est aménagé pour 2 personnes. Man-Goudie, le pavillon colonial indépendant, peut accueillir 2 à 3 personnes. Coup de cœur pour sa salle de bains à l'ancienne. Wi-fi.

Se restaurer

■ LE NAMASTE

Matouba
Matouba ☎ 05 90 26 65 08
*Mardi, mercredi, jeudi et dimanche midi.
Vendredi et samedi midi et soir. Addition aux
alentours de 25 €.*
Envie de cuisine indienne pendant vos
vacances ? Le Namaste vous fera voyager
avec des saveurs inoubliables, dans un cadre
agréable non loin de la rivière rouge. Au menu :
naans, colombo indien, pakoras, samoussas,
duo de brochettes de crocodile et bœuf, etc.

À voir – À faire

■ BAINS CHAUDS DE MATOUBA

Matouba
*Accessible à partir de la maison forestière de
Matouba ou de Papaye, près de la clinique des Eaux
vives.Trace de niveau 2. Environ 1h30 de marche.*
Quel que soit le point de départ, la randonnée
permet de découvrir la forêt humide avant
d'accéder à une eau à 41 °C.

■ TRACE CARMICHAËL

*Trace sportive de niveau 4, distance : 12 km.
Comptez 4 heures pour l'aller.*
Il est fortement recommandé d'être accompagné
par un guide car le sentier reste dangereux.
Point de départ au niveau du parking de la
Savane à Mulets. Suivez le chemin des Dames,
puis tournez à gauche. Vous entrez dans une
forêt dense. La trace est particulièrement
boueuse et envahie par la végétation. Après
250 m de ligne droite et un virage à droite
à 90°, quittez, sur la gauche, une première
route, pour prendre la suivante qui est très
proche. Un panneau visible au dernier moment
indique le site. Au premier plan, des champs de
bananiers à perte de vue et, au bout de la ligne
droite, l'habitation Joséphine. Garez la voiture
à proximité du chêne et prenez à droite après
le hangar de conditionnement des bananes.
Suivez le chemin en pierre sur environ 400 m
jusqu'à ce qu'il oblique par un coude à gauche.
Ici, une petite allée étroite mène à un beau
point de vue sur la Soufrière et le plateau de
Papaye, puis à la rivière Saint-Louis jusqu'au
saut du Matouba.

BASSE-TERRE

Chef-lieu du département de la Guadeloupe,
qui a vu son influence économique reculer au
profit de Pointe-à-Pitre, Basse-Terre reste
la capitale administrative de l'île, siège du
Conseil régional, du Conseil général, de la
Préfecture, du Palais de Justice ainsi que
d'autres établissements publics importants.
Après avoir été un important port bananier, la
ville a développé ses insfrastructures publiques
modernes, dont certaines datent des années
1930 et de l'architecte Ali Tur.

▶ **Centre administratif et commerces actifs.**
En empruntant le boulevard Félix-Eboué, vous
apercevez les vieilles maisons à vérandas et
balcons de la place de Champ-d'Arbaud. La
rue de la République, très animée avec ses
boutiques, ses fast-foods et ses cafés, est
devenu le point de ralliement central des jeunes
gens au centre-ville. Le quartier commerçant
se trouve dans des rues parallèles à la mer,
au-dessus du marché, centre névralgique
de Basse-Terre. Tout près de la place Saint-
François se dresse une église de pierre grise
au charme certain. En bord de mer toujours,
le marché traditionnel où acheter fruits et
légumes, mais aussi des chapeaux de paille,
vêtements créoles et autres articles. Non loin
de là, rue de Lardenoy, se trouvent la Préfecture
et l'ancien palais d'Orléans, qui date de 1935.

Dans une petite rue parallèle à la rue de la
République se dresse la cathédrale, édifiée en
1877. Le marché, accessible par le boulevard
du Général-De-Gaulle et ouvert tous les matins,
fut construit sur le front de mer au début des
années 1930 également.

▶ **Ville d'Art et d'Histoire.** Cette ville qui garde
une atmosphère sereine de petit bourg, et où les
passants qui vous croisent vous disent encore
bonjour, se reconvertit doucement au tourisme,
en faisant corps avec son agglomération, Saint-
Claude notamment, construite aux pieds du
volcan (à seulement 5 km). Basse-Terre a
obtenu ce label attribué aux villes par le
ministère de la Culture. La convention établit
un programme d'actions visant à développer
le tourisme culturel, la sensibilisation du jeune
public et de ses habitants et le recours à des
guides conférenciers agréés par le ministère.

▶ **Entre volcan, mer et montagne.** De Basse-
Terre, vous rejoignez la Soufrière, à 12 km, par
Saint-Claude. La route de Basse-Terre à la pointe
vers Vieux-Fort ressemble à celle du Prêcheur
en Martinique : les rochers et les cocotiers côté
mer, la montagne verte et abrupte de l'autre
côté. A l'Anse-Turlet, vous vous trouvez sur la
commune de Gourbeyre où s'étend une plage de
sable noir. Une marina moderne la jouxte, avec
ses nombreux bateaux de plaisance.

Transports

La mairie de Basse-Terre a choisi de s'attaquer à l'épineux problème du stationnement dans la ville. Un parking de 500 places, sur 3 étages, situé au niveau de la gare routière, est désormais disponible depuis juin 2016. Il a coûté 12 millions d'euros. Un autre parking de 71 places est situé sur le front de mer. Le tarif horaire est de 1,50 € ou de 90 €/mois. Les rues de la ville sont divisées en 3 zones de stationnement, dont le tarif varie de 1 € à 2,50 €.

Comment y accéder et en partir

A proximité du rond-point ornés de statues de chevaux, se trouve la gare routière :

▶ **de Basse-Terre à Baillif :** ligne rouge opérationnelle de 6h à 19h, départs tous les 20 minutes

▶ **de Basse-Terre à Gourbeyre :** ligne bleue de 6h à 18 h 45, toutes les 20 minutes

▶ **de Basse-Terre à Pointe-à-Pitre** (environ 1h05 de trajet pour un tarif de 5,60 €) : départs dans les deux sens à 5h55, 8h, 10h, 11h45, 13h, 14h45, 16h20 et 18h en semaine, et à 10h, 12h15, 14h et 16h le samedi. Les dimanches et jours fériés, départ de Basse-Terre à 7h, 11h et 16h, départ de Pointe-à-Pitre à 9h, 13h et 18h. La gare maritime peut désormais accueillir 2 navires simultanément. Une structure indispensable qui ouvre des perspectives de développement pour la ville de Basse-Terre et ses environs. Elle fonctionne en autonomie via les panneaux photovoltaïques et est accessible aux personnes à mobilité réduite.

■ **DEHER**
✆ 05 90 92 06 39
www.ctmdeher.com
Le comptoir d'accueil vous reçoit tous les jours de 7h à 17h, le dimanche et les jours fériés de 7h à 9h30. Possibilité de réserver par la centrale de réservation aux numéros indiqués ci-dessus. Tarif spécial au comptoir CTM de Trois-Rivières sur présentation de ce guide ou sur réservation. A/R adulte : 23 €. A/R enfant (2-11 ans) : 16 €. Tarif jeune (12/18 ans) : 17 €.
Vous pouvez vous rendre sur l'île des Saintes au départ du port de Basse-Terre. Comptez 30 minutes de traversée.

▶ **de Basse-Terre vers Terre-de-Haut :** 12h15 les lundis, mercredis et vendredis sauf jours fériés.

▶ **de Terre-de Haut vers Basse-Terre :** 5h45 les lundis, mercredis et vendredis sauf jours fériés.
La compagnie dessert l'île des Saintes au départ de Trois-Rivières également :

▶ **de Trois-Rivières vers Terre-de-Haut :** 8h15, 9h, 15h45, 16h30 et 17h30

▶ **de Terre-de-Haut vers Trois-Rivières :** 6h15, 6h45, 13h15, 15h45 et 17h

▶ **de Trois-Rivières vers Terre-de-Bas :** 8h15, 15h45et le dimanche à 8h15 et 16h30

▶ **de Terre-de-Bas vers Trois-Rivières :** 6h, 13h et le dimanche à 6h30 et 16h
sauf dimanche et jours fériés
uniquement le dimanche et selon affluence, les consulter.

■ **GARE ROUTIÈRE**
La gare routière est située après le rond-point des Chevaux, lorsque vous venez de Gourbeyre.
Se renseigner auprès des chauffeurs afin de connaître les horaires et les tarifs en vigueur. Vous pourrez vous rendre en direction de la Grande-Terre et de Pointe-à-Pitre dès 4h du matin environ et jusqu'à 18h en semaine.

Se déplacer

■ **TAXI BORNE D'APPEL**
Boulevard Maritime
Centrale d'appels
✆ 05 90 81 27 78
Si le numéro de la centrale ne répond pas, appelez sur le portable.

Pratique

Tourisme – Culture

■ **OFFICE DE TOURISME INTERCOMMUNAL DU SUD BASSE-TERRE**
Rue Baudot
✆ 05 90 86 05 81
www.ot-sudbasse-terre.com
otisbt@hotmail.fr
Ouvert les lundis, mardis et jeudis de 8h30 à 13h et de 14h à 16h, les mercredis et vendredis de 8h30 à 13h.
L'OTISBT est chargé du développement touristique de son territoire, qui comprend les communes de Baillif, Basse-Terre, Gourbeyre et Saint-Claude. Leur site propose une liste d'hébergements, de restaurants et le programme des manifestations à venir.

■ **OFFICE NATIONAL DES FORETS**
Route de Saint-Phy
✆ 05 90 99 28 99
dr.guadeloupe@onf.fr
Ouvert du lundi au vendredi de 8h à 17h.
Cet organisme d'Etat gère 38 223 ha de forêts publiques depuis le massif volcanique de la Basse-Terre aux falaises abruptes de la Grande-Terre, comprenant notamment les forêts domaniales, départementales et certains sites du conservatoire du littoral.

BASSE-TERRE

Vigilants sur la préservation des écosystèmes forestiers qui témoignent des contrastes topographiques et paysagers, l'ONF fait office de protecteur de la forêt guadeloupéenne, qui se décompose en quatre grands types : la forêt dense humide dite forêt hygrophile, la forêt mésophile, la forêt sèche appelée xérophile et la mangrove englobant les milieux humides littoraux dont la forêt marécageuse (source ONF).

Réceptifs

■ RIVERAIN TOURS
14 cours Nolivos ℂ 05 90 25 50 14
www.rivtours.com
commandes@rivtours.com
Ouvert de 8h30 à 13h et de 14h30 à 17h, le samedi de 8h30 à 12h30.
Une agence de voyage guadeloupéenne, forte de 12 années d'expérience, qui pourra vous aider à préparer votre séjour. Réservations de vols et d'hôtels, location de voiture et croisières font partie des services offerts.

■ FEELING GUADELOUPE
26 rue Cours Nolivos ℂ 05 90 94 10 71
Voir page 27.

Représentations – Présence française

■ PRÉFECTURE DE LA GUADELOUPE
Rue Lardenoy ℂ 05 90 99 39 00
www.guadeloupe.pref.gouv.fr
Les jours et horaires d'ouverture au public sont différents selon le type de demande. Consultez le site Internet pour plus d'informations.

Santé – Urgences

■ MAISON MÉDICALE DE GARDE
Avenue Gaston Feuillard ℂ 05 90 92 90 18
Horaires de consultations : du lundi au vendredi de 20h à minuit, samedi de 14h à minuit, dimanche et jours fériés de 8h à minuit. Il est conseillé aux patients d'appeler le médecin régulateur.

Adresse utile

■ CONSEIL RÉGIONAL
Avenue Paul Lacavé ℂ 05 90 80 40 40
www.cr-guadeloupe.fr
Horaires d'ouverture : lundi, mardi, jeudi de 8h à 13h et de 14h à 17h, mercredi et vendredi de 8h à 13h30.

▶ **Autres adresses :** Antenne de Marie-Galante, 8, rue François Anténor Habazac 97112 Grand-Bourg Marie-Galante – ℂ 05 90 97 45 25.
● Espace régional du Raizet, rue du Général de Gaulle Raizet 97139 Abymes – ℂ 05 90 48 91 20.

Se loger

■ LE COLIBRI
886 avenue Paul-Lacave
Petit-Paris ℂ 05 90 81 89 70
giteslecolibri@orange.fr
A 2 minutes du bourg, face à l'Hôtel de Région. *Appartement F1 : 50 €/nuit et 300 €/semaine (pour 2 personnes). F2 : 55 €/nuit et 335 €/ semaine (pour 3 à 4 personnes). F3 : 70 €/ nuit et 410 €/semaine (pour 5 à 6 personnes).* M. Blanchet vous accueille personnellement dans ses gîtes situés entre mer et montagne, à proximité de la forêt tropicale, du volcan, du club de plongée et à quelques minutes de la plage. A votre arrivée, vous aurez le plaisir de découvrir des fruits, des fleurs, de l'eau et des jus de fruits et l'apéritif de bienvenue. Logements du F1 au F3 comprenant une cuisine équipée, une pièce principale (couchage 2, 4 ou 6 personnes), une salle d'eau. Le tout dans un beau jardin arboré et fleuri équipé d'un barbecue et d'un kiosque pour vous détendre à l'extérieur avec vue sur la Soufrière. La plage de Rivière-Sens est à 3 minutes.

Se restaurer

Sur le pouce

■ RENEE
Centre commercial Desmarais
ℂ 05 90 25 30 38
www.renee.gp – info@renee.gp
Autres adresses à Jarry et Pointe-à-Pitre.

© GILLES MOREL

Gerty Archimède, Rond-point des Chevaux.

La ville de Basse-Terre

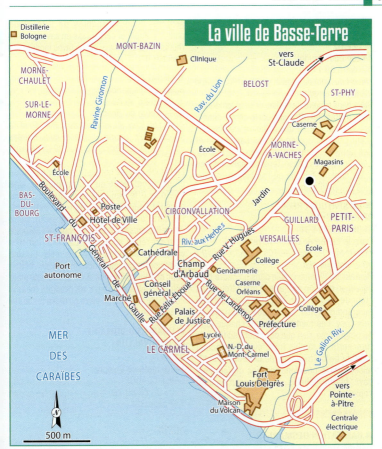

Distillerie Bologne
MONT-BAZIN
Clinique
vers St-Claude
MORNE-CHAULET
Ravine Giromon
BELOST
Rav. du Lion
ST-PHY
SUR-LE-MORNE
Caserne
École
MORNE-À-VACHES
Magasins
École
BAS-DU-BOURG
Boulevard du Général de Gaulle
Poste
Hôtel de Ville
Jardin
CIRCONVALLATION
GUILLARD
PETIT-PARIS
ST-FRANÇOIS
Riv. aux Herbes
Rue V. Hugues
VERSAILLES
École
Cathédrale
Champ d'Arbaud
Collège
Port autonome
Gendarmerie
Conseil général
Caserne Orléans
Rue Félix Éboué
Rue de Lardenoy
Collège
Marché
Palais de Justice
Préfecture
MER DES CARAÏBES
Lycée
Le Galion Riv.
LE CARMEL
N.-D. du Mont-Carmel
Fort Louis Delgrès
vers Pointe-à-Pitre
Maison du Volcan
Centrale électrique
500 m

Du lundi au samedi de 6h30 à 17h30. Le dimanche de 7h à 13h. Sandwich à partir de 2,70 €, plats aux alentours de 10 €.
Renée, c'est LE concept de sandwicherie/pâtisserie/restauration rapide, créé dans les années 1960. Une histoire de famille qui s'est développée autour d'un produit phare très apprécié des Guadeloupéens, le sandwich « Renée » accompagné d'un jus local, mais aussi des pâtisseries aux saveurs locales ou l'incontournable chocolat tradition et son pain au beurre, et une offre de restauration rapide le midi. Une enseigne familiale empreinte de tradition et de modernité.

■ SWEETHÉ
10 rue Germain Casse ✆ 06 90 95 67 35
Du lundi au vendredi de 9h à 17h30 et le samedi de 9h à 13h.
Une pause fraîcheur au milieu de la ville : voilà ce que propose Sweethé, petit concept de thé

glacé agrémenté de billes de sirop, déclinés autour des nombreuses saveurs des Caraïbes : ananas, mangue, passion, goyave... Petit plus : le client peut choisir le taux de sucre souhaité. Une jolie boîte à repas composée de wraps chauds est également proposée tous les midis.

Pause gourmande

■ LA RIVIERE AUX HERBES
4 Rue de la République
✆ 05 90 95 70 95
lariviereauxherbes@gmail.com
Du lundi au vendredi de 8h à 17h30 et le samedi de 8h à 13h30.
Une des rares adresses à Basse-Terre pour déguster une glace ou un sorbet aux fruits, des smoothies, des milk-shakes et des jus de fruits. Pour les plus gourmands, vous y trouverez également des crêpes, des gaufres, des pâtés, etc.

Bien et pas cher

■ **LEWOZ**
14 rue Paul Baudot
☎ 05 90 99 71 40
Ouvert du lundi au samedi de 7h à 19h. Environ 12 € pour un plat.
Situé dans le cœur de la ville, ce petit restaurant sans prétention offre une carte créole simple mais efficace. Pour une collation, l'établissement propose également des sandwichs et des petites entrées gourmandes type accras. Les habitants de Basse-Terre connaissent bien cette adresse typique où l'ambiance est des plus sympathiques.

■ **LA SPATULE CRÉOLE**
30 rue du Dr Cabre
☎ 05 90 25 14 31
Dans le centre de Basse-Terre.
Ouvert tous les jours de 10h à 14h30. De 10 à 15 € pour un plat.
Restaurant typique créole dans un cadre bien agréable, que l'on ne s'attend pas à trouver au cœur de Basse-Terre. La petite salle, accolée au grand comptoir, est colorée et le patio est très cosy. Les menus changent chaque jour. Au programme, rien que des plats traditionnels (brochette de lambis frais, cuisse de poulet farci au bœuf, fricassée de chatrou à l'antillaise, courts-bouillons, gratins de légumes pays, blaffs, bébélés...). Les assiettes sont copieuses.

Bonnes tables

■ **HABITATION DESMARETS**
Lieu-dit Desmarais
☎ 05 90 81 73 69
www.habitationdesmarets.com
habitationdesmarets@orange.fr
Ouvert du mardi au samedi, midi et soir. Menu entrée + plat ou plat + dessert : 27 € (uniquement le midi). Plat du jour : 19 €. Menu enfant : 12 €. A la carte, comptez environ 40 €.
Lors d'une balade au Sud de la Basse-Terre, faites une halte gourmande à l'Habitation Desmarets. Le restaurant est situé sur le site d'une ancienne distillerie. La grande bâtisse datant de 1823 et récemment rénovée, bénéficie d'une belle architecture entre poutres et de pierres apparentes. Le service se déroule sur la grande galerie ombragée, entourée d'un jardin tropical, et sous l'œil attentif de Muriel, votre hôtesse. Côté cuisine, David, le chef, mêle avec bonheur cuisine traditionnelle française et saveurs locales. La réputation méritée de ce restaurant le fait figurer au rang des établissements incontournables de l'île. Vous pouvez compléter cette étape en savourant les rhums vieux de la cave privée (avec modération bien sûr !).

■ **LE JAZZY'S**
Boulevard Félix-Eboué
☎ 05 90 25 50 02
Situé à côté du cinéma.
Ouvert du lundi au vendredi de 12h à 14h et de 19h30 à 22h. Fermé le samedi midi. Entrées entre 8 et 15 €, plats entre 18 et 29 €, desserts de 7 à 12 €.
La façade colorée fait plutôt penser à l'entrée d'une discothèque ou d'un piano-bar. Une fois passé le seuil de la porte, on oublie aussitôt l'agitation qui règne à l'extérieur. Lumière tamisée, musique agréable, belle vaisselle, vous voici dans une bulle de sérénité pour un repas au calme. La carte est très variée et change tous les trois mois. Cuisine française et cuisine traditionnelle se mêlent pour donner naissance à de savoureux plats épicés, travaillés à base de produits locaux. Possibilité de boire un verre ou de se restaurer en terrasse.

■ **L'OASIS DU DOMAINE DE BEAUVALLON**
D26
1468, route de Bologne
SAINT-CLAUDE
☎ 05 90 80 89 78
Voir page 322.

Sortir

■ **CINEMA D'ARBAUD**
18 boulevard Félix-Eboué
☎ 05 90 81 18 35
www.rexdarbaud.com/fr/d-arbaud/
darbaud@rexdarbaud.gp
Ouvert mercredi, samedi et dimanche de 15h à 22h, et jeudi à partir de 19h. Pendant les vacances scolaires : tous les jours de 15h à 22h. Tarif normal : 6,50 €. Pour les films en 3D : supplément de 2 €. Tarif réduit (moins de 12 ans et seniors) : 5 €.
Consultez la programmation par téléphone ou sur Internet.

■ **L'ARTCHIPEL**
Boulevard Félix-Eboué
☎ 0590 99 29 13
www.lartchipel.com
infos-lartchipel@wanadoo.fr
La scène nationale de la Guadeloupe a su prendre une direction artistique exigeante quant aux nouvelles écritures scéniques, tout

en restant populaire. Théâtre, musique, danse, cinéma, expositions, littérature et spectacles de cabaret se déploient dans les différents espaces, agrémentés d'un bar. La grande salle de 500 places porte le nom d'une reine taïno, Anacoana. La salle Jenny Alpha, baptisée du vivant de la comédienne martiniquaise, accueille des spectacles de « petite forme » et des soirées musique, tout comme la salle Sonny Rupaire, du nom d'un poète guadeloupéen, un espace intimiste parfait pour les soirées cabaret. Enfin, la galerie d'exposition porte le nom du photographe basse-terrien Adolphe Catan. Retrouvez la programmation sur leur page Facebook ou leur site.

◼ TROPIK BOWL CENTER
Rue Joseph Ignace
✆ 09 76 02 52 34
tbc971@yahoo.fr
Ouvert tous les jours de 16h à minuit. Snack-bar sur place.
Un tout nouveau lieu de convivialité à Basse-Terre, au cœur du village associatif et centre de loisirs du quartier du Carmel. Pour une partie de bowling, de billard ou de baby-foot, en famille ou entre amis.

À voir – À faire

◼ DISTILLERIE BOLOGNE
Rivière des Pères
✆ 05 90 81 12 07
www.rhumbologne.fr
contact@rhumbologne.fr
Ouvert du lundi au vendredi de 8h à 13h ainsi que le samedi matin de février à fin juillet. 4 visites par jour et 3 visites pendant les vacances scolaires. En saison : 4 € et gratuit pour les moins de 12 ans.
Située au pied du volcan, la distillerie Bologne a conservé le nom des propriétaires de la sucrerie des XVIIe et XVIIIe siècles. Il s'agissait d'une famille de protestants originaire des Pays-Bas. La sucrerie, créée vers 1665, est au XIXe siècle l'une des plus importantes de Basse-Terre et la plus ancienne de Guadeloupe. En 1830, Jean-Antoine Amé Noël, homme libre de couleur et ancien pêcheur, l'a acquise. Après plusieurs changements de propriétaires, Louis Sargenton-Callard achète l'habitation Bologne en 1930 et en fait une distillerie moderne. Sur le site actuel, la distillerie et le bâtiment destiné à la mise en bouteilles marquent l'entrée principale du domaine. A l'arrière se trouvent la maison principale et celle du gérant de l'habitation. Quelques vestiges sont encore visibles, notamment la masse à canal gravée du nom de Jacob Lesueur et le tombeau d'Amé Noël. Une roue hydraulique, un ancien moulin à canne et

deux alambics en cuivre rappellent les activités de la distillerie. Des visites de la distillerie sont organisées le matin. Il est à noter également que cette distillerie a fait des efforts très importants sur le plan du traitement de ses déchets industriels récemment afin de les recycler intégralement. A l'issue de la visite, une boutique de souvenirs propose les rhums Bologne et d'autres idées cadeaux.

◼ JARDIN DE BEAUVALLON
Mont-Bazin
193 chemin de Beauvallon
✆ 05 90 92 06 25
www.guadeloupe.fr
parcdebeauvallon@mediaserv.net
En plein centre de Basse-Terre.
Ouvert le mercredi et vendredi de 15h30 à 18h, samedi et dimanche de 9h30 à 12h30 et de 15h30 à 18h. Entrée : 10 € par adulte, 6 € par enfant, tarif de groupe. Aire de pique-nique aménagée. Pour les familles et groupes, possibilité de commander et de se faire livrer un repas, renseignements auprès du responsable.
Superbe jardin botanique, sur une surface de 1,2 hectare. D'inspiration zen et thaïe, il est sur le site de l'ancienne habitation Bazin. Les essences tropicales agrémentent parfaitement l'ordonnancement asiatique de nombreuses espèces rares : 80 variétés de palmiers, arbres fruitiers, plantes médicinales et aromatiques... Au détour d'un chemin, vous aurez peut-être l'occasion de croiser d'inoffensifs iguanes et des perroquets en liberté.

◼ MUSÉE DE L'HISTOIRE FORT LOUIS DELGRÈS

✆ 05 90 81 37 48
Ouvert tous les jours de 9h à 16h30 sauf le lundi. Entrée gratuite.
Construit vers 1650, ce fort, l'un des fleurons du patrimoine architectural militaire de la Guadeloupe, s'appela successivement fort Royal, fort Richepance et fort Saint-Charles. C'est finalement la figure héroïque du colonel Delgrès (rendu célèbre par son action de bravoure, lui et ses hommes, contre le rétablissement de l'esclavage) qui l'emporta. Dans le fort Delgrès se trouve ainsi un cimetière où reposent les tombes des soldats décédés pendant la colonie. Le site a été classé Monument historique en 1977. Aujourd'hui, le fort intensifie son activité touristique en multipliant les expositions à thème tout au long de l'année, notamment sur l'histoire locale. Le 27 mai, jour de l'abolition de l'esclavage en Guadeloupe, vous pouvez assister à une reconstitution du combat du colonel Delgrès.

■ **MAISON CHAPP**

42 Cours Nolivos

Construite à la fin du XVIIIe siècle en face du port, la Maison Chapp constitue l'un des plus anciens bâtiments de Basse-Terre. Un grand négociant, Charles Chapp, l'avait fait construire pour mener à bien ses affaires. Il pouvait ainsi recevoir et entreposer ses marchandises, tout en y vivant. La maison possède deux façades en pierre de taille, sur le Cour Nolivos et la rue du Docteur Cabre, qui abritaient l'une l'ensemble des écuries de la maison et l'autre les entrepôts. Elle faisait figure d'exception dans la ville car outre les bassins situés dans la cour, elle possédait une piscine, élément rare pour l'époque. Charles Chapp avait aussi une passion, la peinture. Des tableaux (portraits de famille, scènes de la vie locale) étaient présents à tous les étages. Après la mort de son propriétaire, elle est transmise à ses filles mais finit par être délaissée. Puis elle accueille un bar (Cour Nolivos) et un vendeur de barres de glace (Rue du Docteur Cabre), à l'époque où les réfrigérateurs étaient encore rares.

La Maison Chapp a été inscrite à l'inventaire supplémentaire des monuments historiques en 1987. Des travaux de réhabilitation (restauration, extension, mise aux normes sismiques) ont été engagés par le ministère de la Culture pour y installer les bureaux de la Direction des affaires culturelles de Guadeloupe qui donneront une nouvelle vie à la maison et permettront au public de s'approprier le lieu puisque certains espaces du rez-de-chaussée seront destinés à accueillir des évènements culturels.

■ **MAISON THERMES**

21 Rue du Champ d'Arbaud

Aujourd'hui à l'abandon, la Maison Thermes date de la seconde moitié du XIXe siècle. Elle possède des galeries ouvertes, une haute et une basse. La galerie d'étage est composée de deux cabinets formant une sorte de loggia. Les poteaux coffrés de planches forment des piliers légèrement tronconiques dont le sommet est souligné par un chapiteau. Les garde-corps autrefois composés de barreaux carrés étaient quant à eux très modestes.

Visites guidées

■ **MAISON DE L'ARCHITECTURE ET DU PATRIMOINE** ⭐

24 rue Paul-Baudot

Quartier Saint-François ℂ 05 90 80 88 70

Ouvert du lundi, mardi et jeudi de 7h30 à 12h et de 13h30 à 17h, et de 7h à 12h en période de vacances scolaires. Les mercredis et vendredis de 7h30 à 12h30. Tarif visite individuelle 6 €/adulte (à partir de 3 personnes) ; 3 €/enfant (-12 ans). Une maison créole datant du XIXe siècle qui abrite un centre d'interprétation de l'architecture et du patrimoine et l'office de tourisme intercommunal de Basse-Terre. Des visites de découverte autour de l'urbanisme et de l'histoire de la ville (quartiers Carmel et Saint-François), de l'architecture militaire (fort Delgrès) et administrative avec les bâtiments de l'architecte Ali Tur, les édifices religieux (évêché, cathédrale), le cours Nolivos et les aménagements urbains du XVIIIe siècle, la typologie de la maison créole traditionnelle, les cimetières publics et privés... Réservation obligatoire. Comptez 1h30 à 2h pour la visite.

Shopping

■ **LIBRAIRE DE A À Z**

22 Rue de la République ℂ 05 90 99 17 82

L'une des rares librairies de Basse-Terre mais qui propose un choix d'ouvrages sur la Guadeloupe, des fournitures, des livres scolaires et de la maroquinerie.

■ **LE LOCAL**

7 Boulevard Félix Eboué ℂ 05 90 46 49 20

lelocalgpe@gmail.com

Mardi, mercredi et vendredi de 9h à 13h30 et de 14h30 à 17h30, jeudi de 9h30 à 13h30 et de 14h30 à 18h, samedi de 9h à 13h30.

Une épicerie fine qui offre, en un lieu unique, un panel de produits du terroir, soigneusement sélectionnés. Sandrine vous accueille et vous conseille dans sa petite boutique où vous trouverez des confiseries, des produits cosmétiques, des épices et des objets d'artisanat à offrir ou à rapporter en souvenir de votre séjour. Petit déjeuner sur réservation 24h à l'avance et snacking (jus, thé/café gourmand) à toute heure. Soirée spéciale soupes le 1er et le 3e vendredi du mois, sur place ou à emporter. Ateliers thématiques un samedi par mois.

LA CÔTE SOUS-LE-VENT

Au nord de Basse-Terre, direction Vieux-Habitants et Bouillante, on suit le littoral de la Côte Sous-le-Vent par la N2. Un circuit à ne pas manquer lors d'un séjour en Basse-Terre. Les plages de sable noir d'origine volcanique sont devenues franchement mystérieuses, alors que dans les terres fertiles des Pères-Blancs, domaine des moines dominicains, les plantations de canne à sucre escarpées ont donné des rhums mythiques comme ceux du Père Labat ou le Mahogany. Entre Vieux-Habitants et Deshaies, la côte offre une série de vues sur les criques de sable noir, les anses paisibles abritant les embarcations des pêcheurs. L'Anse à la Barque, après le lieu-dit Marigot, est particulièrement pittoresque. Suivent des communes réputées pour la beauté de leurs maisons créoles, des sites de découverte et des paysages agricoles, des écomusées gourmands (Maisons du cacao, du café et de la vanille), des plages infinies et des spots de plongée remarquables, entre Bouillante et Deshaies, ainsi que des rivières et des gîtes dans les arbres... Cette partie de la Guadeloupe est l'une des plus attachantes. La route nationale elle-même, l'une des plus belles de l'île, aligne une succession de virages plus ou moins dangereux (prudence !) tout en multipliant les panoramas maritimes. A emprunter également, la verdoyante route de la Traversée, qui permet de relier par l'intérieur du Parc national les villes de Pointe-Noire et Pointe-à-Pitre en moins de 40 km.

BAILLIF ★★

Entourée de ses voisines, Basse-Terre, Saint-Claude et Vieux-Habitants, la commune de Baillif, intégrée dans le parc national de la Guadeloupe, laisse encore apparaître divers témoignages de son passé, entre traces de l'occupation amérindienne, vestiges militaires des combats entre la France et l'Angleterre pour la possession de la Guadeloupe et rivalités internes. Des témoignages de la présence amérindienne ont été mis au jour, évaluant leur occupation des lieux jusqu'à 400 ans après J.-C. aux abords des rivières de la commune. Le site de la rivière Plessis à Saint-Robert regroupe 20 roches gravées enrichies d'une centaine de dessins. Un second site de pétroglyphes a été découvert en 1995 dans la rivière du Baillif après le passage des cyclones Luis et Marilyne, hissant Baillif au deuxième rang des sites précolombiens de Guadeloupe, après Trois-Rivières.

© GILLES MOREL

Tour du Père Labat.

Baillif connaît un essor rapide avec l'implantation des habitations sucrières. De ce passé sucrier, seule subsiste aujourd'hui une distillerie reconnue parmi les plus réputées de Guadeloupe.

En 1637, les Pères Dominicains s'installent sur une parcelle de terrain vendue par le gouverneur Charles Liénard de l'Olive, en charge de l'expédition colonisatrice. Quelques années plus tard, Baillif devient le théâtre de rivalités familiales lorsque, Jean de Boisseret d'Herblay, s'y installe et érige une forteresse sur la rive droite de la rivière Baillif faisant ainsi affront à la ville de Basse-Terre fondée par son beau-frère Charles Houël du Petit Pré, gouverneur de la Guadeloupe depuis 1643. Des combats opposent Français et Anglais qui se disputent la propriété de l'île. La commune est détruite par les Anglais en 1691 et en 1703. Des vestiges militaires parmi lesquels les restes du Fort de la Madeleine, la Batterie Saint-Dominique et la Tour fortifiée du Père Labat sont toujours visibles.

Surplombant la nationale, l'église Saint-Dominique, a été érigée sur l'emplacement de l'ancien lieu de culte pour lequel seul le clocher a été conservé. Tout comme l'église, la mairie a été construite en béton en 1929 par Ali Tur dont le style particulier se démarquait à l'époque des constructions traditionnelles en bois.

Transports

▊ HERTZ ANTILLES
ZI des Pères Blancs
À l'intérieur de la concession Citroën
✆ 05 90 99 04 00
www.hertzantilles.com
reservation@hertzantilles.com
Ouvert du lundi au vendredi de 7h30 à 17h30. Le samedi de 8h à 11h (en cas de congés), sinon de 8h à 12h30 et de 14h30 à 17h.

▊ ADA
Parking CAMA Renault
Zone industrielle de Baillif
✆ 05 90 26 65 98

Agence ouverte du lundi au samedi de 7h à 12h et de 14h à 16h.

▊ JUMBO CAR
ZAC des Pères blancs
✆ 05 90 26 65 98
jumbocar-guadeloupe.com
guadeloupe@jumbocar.com
Au sein de la concession automobile Cama Renault
Agence de location de voitures. Ouvert du lundi au vendredi de 7h à 12h et de 14h à 16h. Fermé samedi et dimanche.

Se loger

▊ PARADIS TROPICAL
Bellevue
910 route de Saint-Louis
✆ 06 90 33 31 41
www.paradis-tropical.net
paradis-tropical@wanadoo.fr
À proximité de la plage de la Corniche d'Or, et à 4 km du centre de Basse-Terre.
Appartements standards ou supérieurs à partir de 95 € la nuit pour 2 personnes et de 115 € la nuit pour 4 personnes, selon la saison. Tarifs dégressifs selon le nombre de nuits. Nouveau : les lodges (bungalows individuels en bois) à partir de 95 €.
Classés 3-épis, ces 17 locations touristiques se trouvent dans un parc fleuri et calme, avec une vue panoramique sur la mer et la montagne. Une situation géographique très pratique pour visiter le sud de Basse-Terre. Les hébergements de 2 à 4 personnes disposent d'une ou deux chambres selon la catégorie, d'un séjour, d'une cuisine et d'une terrasse avec fauteuils de jardin à disposition autour de la piscine. Les appartements ont été rénovés fin 2018 (literie 160 x 200, rénovation des salles de bain, cuisines, peintures et carrelages). Un bungalow peut héberger les personnes à mobilité réduite. Possibilité de petit déjeuner sur réservation. Sur place, wifi gratuit et service de laverie avec supplément. Très bon accueil. Nouveau : les lodges (bungalows individuels en bois) avec piscine.

Mémorial ACTe

CENTRE CARIBEEN D'EXPRESSIONS ET DE MEMOIRE DE LA TRAITE ET DE L'ESCLAVAGE

Mémorial ACTe

VOTRE RENDEZ-VOUS AVEC L'HISTOIRE

Meeting History

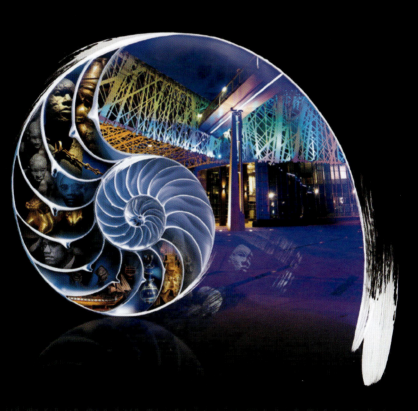

0590 251 600

www.memorial-acte.fr
Darboussier I Pointe-à-Pitre I Guadeloupe
contact@memorial-acte.fr

EXPOSITIONS
ACCROBRANCHES
BALADES EN TRAIN
EXCURSIONS
ESPACES BIEN-ÊTRE
HEBERGEMENTS

CONSEIL DÉPARTEMENTAL
DE LA GUADELOUPE

SEM
PATRIMONIALE
RÉGION GUADELOUPE

BEAUPORT GUADELOUPE
Ancienne usine de Beauport - 97117 Port-Louis
beauport-guadeloupe.com

 0590 48 96 30

Se restaurer

■ CAPRICE DES ILES

Boulevard du Père-Labat ✆ 05 90 81 74 97
www.capricedesiles.com
Ouvert du mardi au dimanche de 12h à 14h30 et du jeudi au samedi de 19h30 à 22h. Fermeture annuelle de mi-août à mi-septembre environ. Plats entre 15 et 22 €. Menus à 28,50 et 32,50 €. Réservation recommandée.
Établissement labellisé Maître Restaurateur, très connu des habitants de Basse-Terre Ville, Caprice des Iles garde le cap d'une cuisine guadeloupéenne inventive, d'où son succès. Derrière la simplicité apparente de la décoration, les préparations du chef sont plutôt sophistiquées et l'établissement mérite assurément sa réputation. On peut y apprécier une excellente cuisine créole des plus savoureuses avec des spécialités originales telles que le boudin rouge, les acras de légumes, l'aumônière de vivaneau aux langoustines, le pavé de thon à la crème de fois gras, les croquettes de manioc... Si vous avez le choix, demandez de préférence la terrasse qui bénéficie d'une belle vue mer tandis que la salle donne sur la rue. Une bonne table locale bien sympathique. L'accueil est chaleureux et l'ambiance agréable, surtout en fin de mois lors des soirées piano-bar.

■ LE GUET APENS

Route de Saint-Louis ✆ 06 90 45 72 86
augusty.henry@outlook.fr
Ouvert du mardi au dimanche de 19h à 23h. Addition moyenne à 30 €.
Un accueil chaleureux dans un cadre atypique à l'esprit intimiste. Vous y mangerez de délicieuse grillades au feu de bois. Que les grands estomacs se rassurent, les plats sont très généreusement servis.

■ WAM AFRICA

25 avenue du Père-Labat
✆ 06 90 68 05 90
www.wamafrica.com
contact@wamafrica.com
Ouvert du mercredi au vendredi de 12h à 14h30 et de 19h30 à 22h30, et le samedi de 19h30 à 22h30. Déjeuner à thème le premier dimanche de chaque mois. Plats à partir de 13 € et salades à partir de 11 €.
Au Wam Africa, vous découvrez les saveurs de la cuisine sénégalaise. Le concept : un plat différent est proposé chaque jour en plus des dibis, grillades, boulettes et autres spécialités. A consommer sur place ou à emporter. L'établissement organise également des soirées.

Shopping

■ MARCHÉ DES MORNES

Tous les vendredis de 15h à 19h.
L'association ADARSUB organise un petit marché de producteurs et agro-transformateurs du Sud Basse-Terre. Vous y trouverez des fruits et légumes locaux, des plantes et des fleurs.
Le petit plus : laissez-vous tenter par les délicieuses kassav préparées sur place et quelques gorgées d'eau de coco pour vous désaltérer.

VIEUX-HABITANTS

Après Baillif, en direction de l'anse du Val d'Orge, la belle route côtière conduit au Rocroy, une anse étroite, tranquille et accueillante, avec sa plage de galets (pointus !), ses eaux claires et son aire de pique-nique aménagée avec des tables. Puis vient la zone industrielle et la descente sur Vieux-Habitants. Les premiers colons de la Guadeloupe ont débarqué à Sainte-Rose, au nord, alors que d'autres s'installent au centre de la Côte sous-le-Vent, à Marigot (1636). Les autochtones les en chassent et ils sont contraints de se replier sur l'actuel bourg, plus facile à défendre. Vieux-Habitants est considéré comme l'une des plus anciennes communes de l'île. A l'époque, le terme « habitation » désignait une exploitation, comprenant la maison de maître, les terres agricoles, les manufactures et les cases des ouvriers agricoles et/ou des esclaves. Les « Vieux Habitants » signifiaient donc les premiers exploitants des terres, et non pas les premiers habitants au sens où la toponymie des lieux pourrait le laisser entendre.

Son histoire reste liée à celle de son église, considérée comme l'un des édifices religieux les plus anciens de l'île. Construite en 1636 par les pères dominicains, elle n'est alors qu'une simple chapelle qui sera ensuite améliorée et agrandie par des engagés en 1639. L'église est incendiée par les Anglais lors du débarquement en 1703 puis reconstruite au début du XIIIe siècle par les Capucins qui ajoutent des contreforts destinés à renforcer le bâtiment. Le blason des Capucins y est toujours visible tout comme les deux pilastres construits par des ouvriers bâtisseurs du Limousin qui encadrent le porche et qui sont ornés de l'emblème de leur région. Une chapelle dédiée aux pères Dominicains est érigée à l'intérieur de l'église. L'église Saint-Joseph, inscrite aux monuments historiques abrite une statue de Notre-Dame de Marsat par le président Valérie Giscard d'Estaing lors d'une visite officielle en 1979.
Sur les hauteurs de Cousinière, au lieu-dit Mon Repos, le paysage offre une vue panoramique sur la Côte sous-le-Vent et la campagne environnante s'étage en forêt, en jardins créoles traditionnels et maraîchers, en plantations. Dans les vallées, qui jouissent d'un micro-climat sec et chaud, déterminé par l'effet de Foehn, on cultive à partir du XVIIIe siècle du cacao, du café, de la vanille et du roucou. Aujourd'hui, ce sont les écomusées qui attirent les touristes gourmets dans la région. A découvrir, au choix, La Grivelière, ancien domaine de plantation de café, le musée du Café (Chaulet), l'Habitation Côte Sous le Vent et le musée de la Vanille (Vanibel). Vieux-Habitants a su conserver son caractère authentique, loin de l'agitation touristique.

Transports

▪ **ARDA TAXI**
Chemin communal n°8 de Giry
✆ 05 90 26 32 95

▪ **ROYALE LOCATION**
Zone artisanale de Géry ✆ 06 90 07 09 32
royalelocation.com
A partir de 16 € par jour. Tarif dégressif selon le nombre de jours.
Vieux-Habitants possède la plus ancienne église, un musée du café... et Royale Location qui vous propose des véhicules récents de catégories A et B économiques pour votre séjour en Guadeloupe. Livraison sur toute l'île ou à l'aéroport. La qualité à bas prix ! Véhicules neufs de type Huyndaï I20, Peugeot 208, Peugeot 108, Toyota Yaris...

Pratique

▪ **OFFICE DE TOURISME**
29 Boulevard des Habissois Souverains
✆ 05 90 98 33 43

Se loger

Locations

▪ **LE CLOS DU MANGUIER**
Traversée Cotonnier 221 route de Géry
✆ 06 79 85 71 86
www.closdumanguier.com
A 2 km du bourg de Vieux-Habitants.
De 1 100 € à 1 250 € la semaine pour 6 personnes, selon saison, nettoyage de fin de séjour inclus.
L'appartement neuf, situé dans un jardin tropical, peut accueillir jusqu'à 6 personnes. Il comprend 3 chambres climatisées, 2 salles de bains, 3 WC, un salon avec canapé-lit, une grande cuisine entièrement équipée (lave-vaisselle, lave-linge, sèche-linge...) avec bar, une terrasse et une table de ping-pong. Wifi gratuit. La décoration a été soignée. Vous logerez dans une ambiance créole haute en couleur avec notamment des tissus madras.

▪ **DAMPIERRE LOCATIONS**
666 chemin de la plage de l'Etang
B.P. 15 ✆ 05 90 98 53 91
www.dampierre-locations.com
alain.dampierre@wanadoo.fr
Studio à partir de 45 €/nuit et de 280 €/semaine. F2 à partir de 320 €/semaine pour deux personnes. Prise en charge à l'aéroport : 60 €. Sur demande, petit-déjeuner à 6 € par personne, et repas à partir de 11 € pour deux personnes.
Les propriétaires logent sur place et vous réservent un accueil chaleureux. Les 4 gîtes (2 studios pour 2 personnes, 2 gîtes F2 pour 2 à 4 personnes) sont implantés dans un joli jardin arboré à 400 m de la plage de l'Etang. Les studios disposent d'un séjour avec lit double, d'une kitchenette, d'une salle d'eau et d'une terrasse avec vue mer. Les F2 sont équipés d'une cuisine, d'un séjour avec clic-clac, d'une chambre climatisée avec

lit double, d'une salle d'eau et d'une terrasse vue mer. Les hébergements sont tous indépendants et sans vis-à-vis, avec un petit plus : le hamac ! La propriétaire est bonne cuisinière. Elle concocte et vend punchs et plats locaux à emporter (colombo de requin, chatrou, gratin de fruit pain…). Petite boutique de souvenirs sur place. Un studio est accessible aux personnes à mobilité réduite.

■ **L'EDEN DES COLIBRIS**
Chemin de Fond
Gomme Caféière ✆ 06 90 48 95 95
www.edendescolibris.com
Hébergement entier pour 6 à 8 personnes avec spa privatif, 3 chambres (« Bwà é Nati » avec un lit Queen Size, « la Plaj » avec un lit double et « la Riviè » avec 2 lits simples). A partir de 115 € la nuit, séjour minimum de 4 nuitées. Linge de lit et serviettes de toilette fournis, frais ménage 85 €. Possibilité de commander un petit déjeuner local maison 12 €/adulte et 8 €/enfant et le dîner (48h à l'avance) entrée + plat + dessert maison avec des produits locaux et frais : 25 €/adulte et 15 €/enfant de -12 ans.
Niché dans les hauteurs de Vieux-Habitants, l'Eden des colibris offre une vue sur mer, où vous pourrez profiter du son de la rivière, du chant des oiseaux et d'un moment de détente dans le spa. Le gîte est entièrement équipé et décoré avec goût. Le petit plus : le petit déjeuner à base de produits frais (sur réservation).

■ **KAZACHATGWADLOOP**
Rue du Baron de Cluny ✆ 05 90 80 10 05
55 €/nuit pour deux personnes.
Un concept unique en Guadeloupe : la case à chats. Vous séjournerez dans un bas de villa créole, entourés de chats persans et de chiens de la «Karukera's Cattery». Ce rez de jardin indépendant comprend tout le confort pour accueillir 2 à 4 personnes (1 lit queen size et 2 lits simples). La terrasse sans vis à vis se prolonge sur un deck qui donne sur un jardin agrémenté de bassins d'eau douce, dont l'un propice à la baignade. A moins que vous ne préfériez vous rafraîchir sous une douche extérieure garnie d'orchidées de bois flotté et de verdure.

■ **RÉSIDENCE DE LA COUSINIÈRE**
79 Chemin des Laitues
Cousinière ✆ 05 90 98 52 71
www.delacousiniere.com
delacousiniere@orange.fr
De 150 à 375 €/nuit selon le type d'hébergement et la saison.
Situées sur les premières hauteurs de Vieux-Habitants, avec la mer des Caraïbes et les monts Caraïbes en arrière plan et au milieu d'un jardin tropical, cinq villas de charme en bois rouge, spacieuses et tout confort : P'tite Anse (70 m²,

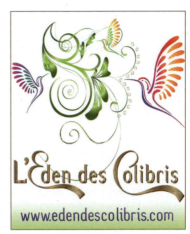

L'Eden des Colibris
www.edendescolibris.com

une chambre, douche hammam et spa), Terdeho et Terdeba (90 m², deux chambres, spa), Désirable (120 m², trois chambres, spa et piscine privée) et Lagalante (90 m², 1 chambre + mezzanine, spa). Toutes possèdent une cuisine équipée et aménagée, écran plat, connexion wi-fi gratuite, coffre-fort... ainsi qu'une terrasse avec chaises longues et barbecue. Petit plus : une piscine collective pour se rafraîchir.

Bien et pas cher

■ **LES COCOTIERS**
664 chemin de l'Etang
✆ 05 90 98 33 18
www.bungalows-cocotiers-guadeloupe.com
gitescocotiers@gmail.com
Tarifs à partir de 50 € la nuit et 320 € la semaine (studio 2 pers.), 95 € la nuit et 520 € la semaine (bungalow 2 à 4 personnes). Collation et panier petit déjeuner de bienvenue inclus. Cadeau découverte en basse saison : kayak, atelier cosmétique ou visite. Carbet bivouac : 40 € la nuit pour 2 pers. avec petit-déjeuner local inclus. Dîner à la table d'hôtes sur réservation : 30 €/personne. Location de kayak : 15 € la demi-journée.
Un très beau site avec des gîtes bien intégrés dans la nature et recommandés par le Parc national de la Guadeloupe (label Marque de Confiance) pour leur cadre et la qualité de l'accueil. Dans les chambres, pas de climatiseur, car ici, on privilégie la ventilation naturelle et l'électricité solaire. Le coin cuisine est aménagé à l'extérieur sous la galerie. La plage est à proximité mais il est conseillé d'avoir une voiture pour se promener aux alentours. Il y a aussi des chemins de randonnée qui passent ou partent près des bungalows, où le *farniente* est tentant.

Possibilité de repas sur place (cuisine familiale) sur réservation. Le site dispose maintenant d'un hébergement insolite et écolo pour 2 personnes en bivouac situé au pied d'un arbre du voyageur. Vous pouvez ainsi passer la nuit au cœur du jardin tropical sous un carbet équipé d'une moustiquaire, d'une table de pique-nique, de toilettes sèches et d'une douche en plein air protégée des regards par de la végétation.

■ GÎTE DES ROCHERS
Cousinière Rocher
✆ 05 90 98 44 46
Rolandnick.beaugendre@wanadoo.fr
Tarifs à la semaine : à partir de 237 € pour 2 personnes, 336 € pour 4 personnes.
Situé seulement à 2 km des plages et sur les hauteurs de Vieux-Habitants. Les studios pouvant accueillir de 2 à 4 personnes sont situés dans la résidence principale des propriétaires.

■ HABITATION GETZ
Route de Géry
✆ 05 90 24 46 86
www.habitation-getz.com
benoit@habitation-getz.com
Tarifs/nuit selon durée. Chambres Couleur Café et Bougainvillier pour 2 personnes à partir de 90 €. Cabane Pirate pour 2 adultes et 2 enfants à partir de 115 €. Cabanes Zoé et Rhum pour 3 personnes à partir de 95 €. Petit-déjeuner et ménage de fin de séjour compris.
C'est en pleine nature, sur les hauteurs de Vieux-Habitants, que vous découvrirez les 2 chambres d'hôtes et les 3 cabanes perchées dans les arbres. Ce site abrite une ancienne plantation de café qui a été transformée par ses

Statue de Teddy Riner réalisée par Jocelyn Pézeron.

propriétaires, très engagés en faveur de l'environnement. Tout a été pensé dans le respect de la nature : choix des arbres, orientation des cabanes pour une ventilation optimale, fabrication (les cabanes sont suspendues par des câbles et non pas clouées, ni vissées afin de ne pas maltraiter les arbres)... Les agencements et le mobilier sont en bois. Des toilettes sèches ont été installées. wi-fi gratuit et illimité. A votre disposition pour la détente : un couloir de nage.

Confort ou charme

■ DOMAINE DE VANIBEL
Cousinière caféière
✆ 05 90 98 40 79
www.vanibel.fr
contact@vanibel.fr
Accès par la D13 vers les terres. Situé en pleine campagne à 350 m d'altitude, à 4 km du bourg et à 7 minutes de la plage.
De 350 à 550 € la semaine selon le nombre de personnes. Fermé en août.
Agréé Gîtes de France 3-épis et certifié par la Marque de Confiance du parc national, cet ensemble est implanté sur un site historique agricole, une plantation où l'on cultive encore le café et la vanille. Un jardin créole avec barbecue, piscine, et balançoire entoure les logements, qui comprennent 1 ou 2 chambres, une salle d'eau, une cuisine ou kitchenette équipée (selon la catégorie) et une terrasse. Très joli mobilier. L'un des bungalows est spécialement aménagé pour les personnes à mobilité réduite. Une visite guidée du site vous sera proposée lors de votre séjour. Vous y découvrirez quelques vestiges archéologiques, un moulin à bonifier le café, une roue à eau, et un atelier de transformation de torréfaction. Des informations touristiques sont également à votre disposition à la réception.

Se restaurer

Pause gourmande

■ CHOCOLATERIE LES SUPRÊMES
Musée du Café
Le Bouchu
✆ 05 90 95 81 76
chocolaterie-les-supremes.com
lessupremes@hotmail.fr
Ouvert du mardi au vendredi de 9h à 17h et le samedi de 9h à 13h.
Fabriquer et vendre du chocolat en Guadeloupe est le défi que relèvent Les Suprêmes en sachant que ce produit, chargé d'histoire et de luttes, est l'un des plus appréciés à travers le monde. Marianne, jeune chocolatière suisse, est arrivée

en Guadeloupe en 2008, pour vivre au plus près de son art. La découverte des merveilles de la nature caribéenne l'a décidée à s'y installer pour y travailler le chocolat et associer son savoir-faire aux goûts caraïbes. Elle travaille avec tous les produits que lui offre la Guadeloupe : cacao, café, fruits, racines, légumes, fleurs. Tout ce travail fait partie de la chaîne de production artisanale mise en avant lors des présentations. Vous pourrez découvrir la gamme gourmande : rochers à la farine de manioc, confiture passion chocolat, grains de café au chocolat…, la gamme épicerie fine : sel aux épices et éclats de cacao, huile d'olive au cacao, sirop au cacao parfumé au rhum…, et, bien sûr, celle de 35 tablettes de chocolat, les dominos fourrés fruits de pays et beaucoup d'autres douceurs. La société Les Suprêmes a l'ambition et la capacité de faire du chocolat pour tous : enfants, adultes, professionnels de la restauration, amateurs de produits fins. La gamme va du gourmand au gourmet, de la tablette de chocolat au foie gras au cacao. Aujourd'hui ce défi est la source du logo : « Le savoir-faire suisse aux goûts caraïbes ».

Bien et pas cher

■ AN BA REZEN LA
Le Bourg
Plage Simaho℘ 05 90 92 10 88
an-ba-rezen-la@orange.fr
Ouvert tous les jours le midi sauf le jeudi. Addition moyenne : 15 €.
Une petite paillotte sur la plage avec terrasse. L'accueil de Martine ainsi que le service sont très agréables. La cuisine proposée se compose de spécialités créoles et est très diversifiée (plats en sauce, grillades, poissons…) et à un prix très raisonnable. Possibilité de plats à emporter et de diners à thème sur réservation.

■ LE RELAIS DES PÊCHEURS
Plage de Simaho
℘ 05 90 98 56 57
Ouvert tous les midis sauf le mercredi. Plats entre 8 et 14 €. Menu d'appel : 10 €. Menu complet à 18 € (ti-punch, eau, entrée, plat et dessert).
Restaurant de bord de plage à la cuisine familiale locale. Le choix à la carte est assez limité mais le rapport qualité/prix est appréciable. Possibilité de langoustes fraîches sur réservation.

■ ROCROY ZOUK'AFÉ
Plage de Rocroy
℘ 06 90 80 02 72
Ouvert du mardi au dimanche de 10h à 18h. Le soir, sur réservation pour les groupes.
Petit restaurant coloré où vous pouvez aussi bien y faire une halte pour un café, une boisson fraîche (cocktail, smoothie, jus local, milk-shake,

etc.) ou encore pour déjeuner. Possibilité de snack à emporter. Accras, bananes grillées, colombo de poulet, tartare de poissons frais, fricassée d'ouassous et autres spécialités locales sont au menu et l'accueil est très agréable.

■ TABLE D'HÔTES DE L'HABITATION LA GRIVELIÈRE
Domaine de l'habitation La Grivelière
Vallée de la Grande-Rivière
℘ 05 90 98 63 06
habitationlagriveliere.com
info@habitationlagriveliere.com
Tous les jours, y compris les jours fériés de 12h à 15h. Menu complet à 24 €/adulte, 14 €/enfant, visite du domaine incluse. Fermeture annuelle de fin août à mi-octobre. Fermé pour travaux jusqu'en janvier 2020.
Il s'agit de la table d'hôtes de l'Habitation La Grivelière, classée monument historique. Vous pouvez venir simplement pour le déjeuner mais il serait dommage de ne pas profiter de la visite du site qui vaut le détour, une fois sur place, d'autant que la route est longue et sinueuse. Le chef cuisinier a l'art de sublimer les produits du terroir. Le service se déroule dans la salle ouverte sur la végétation luxuriante. Les salades ou accompagnement à base de légumes pays arrivent dans de belles assiettes colorées, préparées en grande partie avec les ingrédients du jardin créole. Les plantations (café, cacao, vanille et rocou) donnent des idées en cuisine : chaque jour, un menu différent est proposé.

■ LES VERGERS DE CANAAN
℘ 06 90 74 88 69
sonia.camalet@orange.fr
Table d'hôtes le mardi midi, uniquement sur réservation. Formule apéritif/entrée/plat/dessert 20 € par adulte et 10 € pour les enfants de moins de 12 ans.
Sonia vous accueille sur son exploitation agricole pour un *manjé en bitassion* (table d'hôtes). Elle concocte des repas cuits au feu de bois et perpétue ainsi les traditions. Ambiance conviviale au bord de la rivière, en toute simplicité. Les plats sont servis dans des *couis* (calebasses). Vente directe de produits agrotransformés (confitures, sirops, punchs). Possibilité de se baigner à la rivière.

Bonnes tables

■ WOKWA BEACH
Plage de Rocroy ℘ 06 90 30 51 32
wokwabeach@gmail.com
Du mardi au dimanche midi et le vendredi et samedi soir à partir de 19h30. Addition moyenne à 40 €. Ambiance bar lounge le vendredi et le samedi à partir de 23h. Cocktails et tapas à la carte.

Une adresse des plus sympathiques à quelques mètres de la Plage de Rocroy avec une vue imprenable et une grande terrasse bien ventilée. Au menu : du poisson frais cuisiné, en tartare, en croustilles ou à la plancha et des salades. Et que les amateurs de viande se rassurent, on y trouve également quelques viandes dont un savoureux porc caramélisé. Le tout accompagné de crudités, frites de patates douces ou d'un riz que l'on vous recommande particulièrement. Ambiance bar lounge le vendredi et le samedi à partir de 23h.

Sortir

■ WOKWA BEACH

Plage de Rocroy
✆ 06 90 30 51 32
wokwabeach@gmail.com
Bar lounge le vendredi et le samedi à partir de 23h. Cocktails, tapas et chichas à la carte. Restaurant du mercredi au dimanche midi et le vendredi et samedi soir.
Une très bonne adresse pour boire un verre et profiter d'une bonne ambiance musicale à Vieux-Habitants en profitant de l'air marin sur la grande terrasse avec vue panoramique.

À voir – À faire

■ DOMAINE DE VANIBEL ⭐

Cousinière caféière
✆ 05 90 98 40 79
www.vanibel.fr
contact@vanibel.fr
Accès par la D13 vers les terres. Situé en pleine campagne à 350 m d'altitude, à 4 km du bourg et à 7 minutes de la plage.
Entrée : à partir de 7,50 € par adulte et 4,50 € par enfant (entre 5 et 12 ans). Visites guidées à 14h30 et 15h30 de janvier à mai (mieux vaut confirmer par téléphone avant de se déplacer). Visite unique à 15h de mai à décembre. Fermé les dimanches et jours fériés. Fermeture annuelle en août.
Parmi les plantations de café que l'on peut visiter, Vanibel est certainement la plus intime et la plus familiale. L'un des rares sites où l'on cultive encore le café, la vanille et bien sûr la banane, où le planteur conserve la tradition de la *bonifierie* à l'ancienne. Au XVIIIe siècle, le café guadeloupéen était considéré comme l'un des meilleurs cafés au monde. Il l'est peut-être encore aujourd'hui et n'a rien à envier au Blue Mountain jamaïcain. Vanibel respecte la méthode artisanale et les différentes étapes de transformation du café qui lui assure

cet arôme, cette saveur incomparable du pur arabica sans amertume. Sur le domaine, vous découvrirez aussi des vestiges précolombiens, un moulin à eau, un aqueduc, une bananeraie de montagne et vous pourrez également vous informer sur la fécondation des fleurs du vanillier.

■ HABITATION LA GRIVELIÈRE ⭐⭐

Vallée de la Grande-Rivière
✆ 05 90 98 34 14
habitationlagriveliere.com
contact@yotepounouse.com
Attention, route étroite et vallonnée pendant 4 km environ.
Fermé pour travaux jusqu'en janvier 2020. Visites guidées toutes les jours de 10h à 16h. Fermeture annuelle de fin août à mi-octobre. Visite guidée (café ou jus offert) : 7,50 € par adulte, 4,50 € par enfant de moins de 12 ans, 6,60 € pour les familles. Formule visite guidée + déjeuner à la table d'hôtes : 24 €. Café offert.
Au bout de la petite route sinueuse et escarpée, assez sportive, qui peut paraître longue, vous parvenez enfin au domaine de la Grivelière. Importante plantation de café autrefois, cette ancienne habitation du XVIIIe siècle, classée monument historique, produisait du café et elle en produit toujours de nos jours. Elle a fait l'objet d'un programme de restauration et a retrouvé son faste d'antan. Au programme, visite guidée (ou non selon votre envie) de la caféière, randonnées dans le domaine et le petit jardin botanique, et découverte du mobilier et d'objets d'époque, du savoir-faire lors autour du café et du cacao, animés par l'association Verte Vallée, et des guides passionnés. Cette association a été créée en 1994 afin de protéger la vallée de Grande-Rivière et le patrimoine culturel et naturel de la commune de Vieux-habitants. Pour finir, visitez la boutique, qui propose un large choix de produits pays (punchs, liqueurs café, cacao, chocolat) ainsi que de l'artisanat d'art (objets en verre). Vous pouvez achever la visite en accédant à la rivière Paradis qui se trouve à seulement 200 mètres après le domaine.

■ MUSÉE DU CAFÉ ⭐⭐

Le Bouchu
✆ 05 90 98 54 96
www.cafe-chaulet.com
cafe.chaulet@wanadoo.fr
Ouvert tous les jours de 9h à 17h. Fermeture de l'entrée à 16h. Comptez environ 45 minutes de visite. Entrée : 6 € par adulte, 3 € pour les -10 ans, 4 € pour les +10 ans. 5,50 € pour un groupe de 20 personnes.

Le café de la Maison Chaulet est vendu partout en Guadeloupe et pourrait prochainement être servi à l'Elysée selon les promesses d'Emmanuel Macron. L'objectif de production annuel du café bonifieur que se fixe la Maison Chaulet est de 200 tonnes. Ce 100 % arabica, reconnaissable à son paquet uniformément vert ou jaune, descend d'une histoire agricole passionnante, à laquelle l'habitation Chaulet est étroitement attachée. La visite permet de remonter le temps à la trace de la plante sur les cinq continents, de son implantation aux Antilles à la production et transformation du grain de café en boisson amère, mondialement consommée. Une véritable épopée depuis 1721. De la cueillette à la torréfaction, vous découvrirez une *bonifierie* entièrement restaurée, où toutes les opérations nécessaires sont évoquées. Et comme l'un ne va pas sans l'autre, vous pourrez assister à la transformation du *kako* (cacao), dans une chocolaterie contemporaine et artisanale, qui se visite aussi. Résultat d'un défi personnel, l'atelier met en valeur l'œuvre d'une jeune chocolatière suisse, qui est venue en Guadeloupe pour vivre la matière au plus près de son art. La découverte de la nature caribéenne l'a décidée à travailler le chocolat. Aujourd'hui, la devise de son entreprise est « le savoir-faire suisse aux goûts Caraïbes ». Un bel échange de cultures ! En fin de visite, n'oubliez pas de passer par sa boutique afin d'y découvrir la finesse de ses chocolats associés aux saveurs locales.

■ **PAROISSE SAINT-JOSEPH**
© 05 90 98 42 05
Elle est considérée comme la plus ancienne église de la Guadeloupe. Elle a été édifiée en 1636 par les Dominicains et n'est, au départ, qu'un abri de planches. En 1639, l'édifice est considérablement amélioré et agrandi. Il prend le titre d'église en 1640. L'église est brûlée en 1703 par les Anglais et reconstruite par les Capucins qui y ajoutent des contreforts

et un porche classé monument historique en juin 1975. Un agrandissement a été effectué entre 1952 et 1962. L'Eglise Saint-Joseph a été inscrite aux monuments historiques en 2006 et classée en 2007.

■ **VALLÉE DE LA GRANDE-RIVIÈRE**
Route D27.
A la sortie de Vieux-Habitants sur la route de Bouillante qui commence au milieu de jardins créoles et de diverses cultures pour continuer dans la végétation tropicale. Pendant trois siècles, cette vallée a produit du café, de la banane, du roucou et du tabac. Tout au long du cours d'eau, vous trouverez des bassins naturels d'eau fraîche vivifiante.

Shopping

■ **CAFÉ CHAULET – MUSÉE DU CAFÉ**
Le Bouchu
© 05 90 98 54 96
www.cafe-chaulet.com
cafe.chaulet@wanadoo.fr
Ici on vend le cru abrité des vents atlantiques, où la côte caribéenne a donné son nom à un cru de café, et quel nom ! Le «Côte sous le vent», un Bonifleur guadeloupéen, est en fait directement lié à l'importation des plants par Gabriel de Clieu, en 1720-1721 et la relance de sa production est due à la Coopérative Café Cacao (COPCAF) insulaire, dans les années 1990. Torréfacteur et exportateur depuis 1900, les Cafés Chaulet, c'est une sélection des meilleurs arabicas, une cueillette à la main, un traitement des cerises par voie humide et un séchage naturel au soleil un an durant... En bref, un café d'exception ! Avis aux habitants de métropole, vous pouvez acheter le café Chaulet en ligne ! Et si vous êtes parisiens, rendez-vous au 20, rue de l'Abbé Grégoire, dans le 6e arrondissement, dans l'épicerie fine de Christian de Montaguere, « L'Art de vivre aux Caraïbes ».

■ **NATURE DESIGN**
Grande rivière ✆ 05 90 86 41 40
philippecazalis@msn.com
Route d'accès pour le Domaine de la Grivelière.
*Atelier est ouvert tous les jours de 8h à 18h.
Commandes en ligne sur le site.*
Philippe Cazalis, originaire de Marie-Galante et artisan d'art depuis 20 ans, présente ses créations de bijoux en graines, luminaires en calebasses, tables en bois, toiles, petit mobilier... Ses pièces sont uniques, design et réalisées à la main artisanalement. Sa matière première (graines, calebasses, et bois) provient de la Guadeloupe ou de Marie-Galante. Philippe Cazalis expose également dans toute la Caraïbe lors d'expositions individuelles ou dans des foires.

BOUILLANTE ★★★★

Après une route sinueuse et une succession de panoramas qui dominent la baie, on découvre, au fond d'une crique, un village fièrement planté sur les flancs du volcan. D'où son nom ! Le bourg, d'abord appelé Anse-Goyave (ou Ilet-Goyave), changera de nom au début du XVIII$_e$ siècle pour devenir Fontaine-Bouillante puis Bouillante à l'aube de la Révolution, en référence aux sources chaudes qui jaillissent de son sous-sol. Déjà tournés vers la mer, les premiers habitants s'intéressent évidemment à la pêche, une activité toujours présente mais en recul au profit des loisirs balnéaires. Avec plus de 7 000 habitants, la commune englobe les villages de Malendure et de Pigeon, connectés par leurs plages de sable gris, face aux îlets de Goyave et de Pigeon – autrement dit, là où se trouve la célèbre réserve naturelle surnommée la réserve Cousteau, une zone classée qui a fait le tour des cercles de plongeurs, acquérant une réputation internationale. Des sentiers mènent aux habitations qui nichent à flanc de collines et s'étagent jusqu'à la mer.

Zones touristiques – Orientation

Le bourg de Bouillante
Sur la petite plage du bourg, des baraques de pêcheurs sont installées. Le site, tranquille et peu connu, dégage une grande douceur toute caribéenne. Le bourg s'affiche serein, contrastant avec l'afflux des quelques 50 000 vacanciers qui fréquentent la plage de Pigeon-Malendure, et la célèbre « réserve Cousteau ».

Pigeon-Malendure
Au large de la plage de Malendure se trouve le spot de plongée le plus populaire de Guadeloupe, qui fait partie d'une réserve naturelle surnommée la réserve Cousteau. Ce sanctuaire marin regroupe pas moins de 1 000 hectares de fonds sous-marins à couper le souffle. C'est ici que le célèbre navigateur, à bord de sa *Calypso*, est venu tourner une partie du film *Le Monde du silence*, sorti en

Statue du commandant Cousteau, Réserve Cousteau.

© GREGORY CEDENOT - FOTOLIA

La centrale géothermique de Bouillante

Depuis 1969, la première centrale géothermique de France exploite les sources chaudes afin de produire de l'électricité. Cette première unité de production avait une capacité de 5 MW. La deuxième unité de production, Bouillante 2, voit le jour en 2005 et porte la production totale à 15 MW. Elle fournit désormais 6 % de la consommation électrique de l'île. En décembre 2015, Ségolène Royal et Emmanuel Macron signaient un accord de principe de vente de la centrale à Ormat Industry, une société israélo-américaine. Depuis cette date, une partie de la population avait constitué un collectif (faisant appel au Président de la République, aux ministres, aux collectivités régionales) pour tenter d'annuler la transaction considérant cette transaction comme une spoliation de leur patrimoine. Le 5 juillet 2016, la cession des parts a été actée au Ministère de l'environnement en présence de Ségolène Royal et de Victorin Lurel, député et ancien président de la Région Guadeloupe. L'accord prévoit le rachat de l'électricité produite par EDF. Ormat détient désormais 60 % du capital et va investir 10 millions d'euros pour accroître le potentiel de la centrale.

salles en 1955. Depuis 2018, le parking de la plage est payant : 1 € de l'heure avec une durée maximum de 5 heures.

Se déplacer

■ **SOS FAUNE SAUVAGE**
Route de la traversée
✆ 05 90 98 83 52
Voir page 70.

Pratique

■ **OFFICE DE TOURISME**
Plage de Malendure ✆ 05 90 98 86 87
www.destination-bouillante.com/
office.tourisme@ville-bouillante.fr
Horaires : lundi, mardi, jeudi, vendredi de 9 h à 17h ; mercredi de 9h à 15h ; du 1er décembre au 30 mai : samedi de 10h à 15h et dimanche de 11h à 16h.

Se loger

Locations

■ **GWADALODGE**
Pigeon
Route de Birloton
✆ 06 90 99 10 10
www.gwadalodge.fr
gwadalodge@gmail.com
Location pour 7 nuits minimum : de 100 à 140 € par nuit pour 2 personnes, selon saison. Tarifs dégressifs selon la durée. Forfait ménage de fin de séjour offert. Taxe de séjour en supplément.
Soigneusement décorés et dotés de petites

piscines privatives, trois bungalows créoles haut de gamme aux chambres climatisées (Frangipanier, Lagon Bleu et Maracudja) disposent d'une vue magnifique sur la mer des Caraïbes et les îlets Pigeon.

Le bourg de Bouillante

Bien et pas cher

■ **GÎTES ALAMANDA**
Chemin de Matone
Coreil ✆ 05 90 98 84 82
www.guadeloupe-gites-alamanda.com
gites-alamanda@hotmail.com
Bungalows 1 chambre + couchage 2 personnes à partir de 375 € la semaine. Bungalow 2 chambres + 1 personne à partir de 475 €. Studios 2 personnes à partir de 275 €.Possibilité de location à partir de 4 nuits, 75 €/nuit/1 chambre, 85 €/nuit/2 chambres. Petit déjeuner d'accueil offert.
Ces maisonnettes de style créole, avec piscine et BBQ collectifs, sont situées à proximité des plages et possèdent une vue sur la mer. Elles sont équipées d'une kitchenette aménagée, d'un séjour, d'une chambre indépendante, d'une terrasse. L'un des bungalows est conçu pour recevoir des personnes à mobilité réduite. Les propriétaires logent sur place.

Confort ou charme

■ **GITES DU BORD DE MER**
Résidence Petite Anse
Monchy
✆ 05 90 25 05 22
www.gitesduborddemer.com
De 250 à 700 € la semaine, selon la saison et la capacité du gîte.

Quatre bungalows de type F3 et un studio bien répartis dans une grande maison, chacun avec son entrée indépendante, situés à 15 minutes en voiture de la plage de Malendure, et à 2 minutes à pied de la plage de Petite-Anse, peu connue. Ces 5 lodges offrent un dépaysement très exotique, avec vue sur la mer des Caraïbes depuis la terrasse (pour 3 des logements) et une végétation luxuriante tout autour. A l'intérieur des F3, 2 chambres, un séjour équipé d'un clic-clac, une salle de bains et la climatisation. Le studio est composé d'une chambre climatisée, d'une terrasse couverte avec une kitchenette et une salle de bains extérieure ouverte sur la falaise. Nicole, la propriétaire, vient d'ouvrir son centre de plongée sur la plage de Petite-Anse. Elle pourra vous indiquer les meilleurs spots et se fera un plaisir de vous initier au snorkeling (plongée avec palmes, masque et tuba), de vous proposer une demi-journée de randonnée palmée dans la réserve Cousteau (safari tortues), ou de faire votre baptême voire d'entreprendre une formation de plongée ou une sortie d'exploration à bord de son bateau. Celui-ci, un semi-rigide amarré au large, peut accueillir jusqu'à 8 personnes. Pour les plongeurs brevetés, Nicole propose des packages (gîte + voiture + plongées).

■ HABITATION MASSIEUX
Route du Marquis
☏ 05 90 98 89 80
www.habitation-massieux.com
francois.fauchille@wanadoo.fr
Chambre d'hôtes : 84 €/nuit pour 2 personnes, à partir de 2 nuits avec petit-déjeuner compris. Lodge : de 100 à 130 €/nuit. Case : 60 €/nuit. Table d'hôtes : petit déjeuner à 7 € et dîner à 35 € (menu unique à base de poisson).
Sur les pentes de Bouillante, face à la mer des Caraïbes, se niche une ancienne demeure de planteurs de café datant de 1670 au sein d'un parc de 15 000 m² où l'on a planté des essences exotiques, notamment plus de 150 palmiers et orchidées, des flamboyants... Le cadre naturel fait rêver mais le travail que les compagnons tailleurs de pierre ont réalisé sur la restauration de la cour est bien réel et donne de la noblesse à l'ensemble. Vous êtes ici dans une habitation de charme où Monique et François ont su créer une atmosphère à la fois classique, créole et asiatique de très bon goût. Sur place, trois chambres d'hôtes climatisées, décorées avec du mobilier ancien des îles, un écolodge en bois sur pilotis composé de deux chambres et d'une salle d'eau (pour 6 personnes maximum), qui surplombe le site grâce à une grande terrasse faisant office de cuisine, salon et salle à manger. Son aménagement est original. Enfin, la case, plus modeste, est bâtie sur une vieille ruine en pierre volcanique.

■ INFINITI BLUE
Coreil
Chemin de Matone
☏ 05 90 46 75 20
infinitiblue.net
infinitiblue@outlook.com
Bungalow : de 690 € à 840 € la semaine. Chambre d'hôte : en moyenne 140 € la nuit (tarif dégressif en fonction du nombre de nuit). Petit déjeuner et table d'hôte Baan Jaïdee sur réservation. Possibilité de massage pour 50 €/heure.
Pascale et Sam vous accueillent dans un écrin de verdure perché sur les hauteurs de Bouillante, avec une vue panoramique sur la mer des Caraïbes. Le site comprend deux bungalows, équipés et climatisés, pouvant accueillir deux personnes chacun. La chambre d'hôte dispose d'une salle de bains et d'une entrée indépendante. Terrasse ouverte, piscine au sel en accès libre et bain à remous sur réservation pour profiter du magnifique coucher de soleil.

■ JARDINS DE L'ESPÉRANCE
Chemin de l'Habituée Négresse
Birloton
☏ 05 90 98 88 27
www.gite-bouillante-jdle.com/
Tarifs à la semaine selon saison et gîte : de 360 à 510 € pour 2 à 4 personnes ; de 590 à 740 €/semaine pour 4 à 6 personnes. 90 €/adulte et 50 €/ enfant supplémentaire pour la semaine. Option ménage en fin de séjour : de 40 à 50 €.
D'une superficie de 50 m² et d'une capacité de 2 à 5 personnes, 4 gîtes aux couleurs vives, situés dans la forêt de l'Espérance à proximité d'une rivière et à 2,5 km de la plage de Malendure. Chacun dispose au rez-de-chaussée d'une chambre climatisée avec un grand lit (possibilité d'un lit supplémentaire), d'une mezzanine avec 2 lits simples, d'un coin salon avec lecteur radio-CD, TV, mini-bibliothèque. La cuisine équipée se trouve sur la terrasse. Côté pratique, wi-fi et lave-linge à disposition ainsi que la table et le fer à repasser. Grande piscine sécurisée, transats.... Eau chaude solaire et récupérateur d'eau, compost, etc. Victoria et Yves réservent aux visiteurs un accueil chaleureux, et se feront un plaisir de vous recevoir pour faire connaissance et vous offrir le « verre de l'amitié » au bord de la piscine.

■ KOKOKAZ
3 Les hauts de Massieux
☏ 06 90 74 62 63
kokokaz.com
corinne.godeau@wanadoo.fr
De 2 à 6 nuits : de 52 à 60 € la nuit. Séjours de 7 nuits : de 340 à 380 €. Les prix sont variables selon la saison. Tarif dégressif à partir de 14 nuits en haute saison. Planteur et 1er petit déjeuner offerts.
Bungalow de charme en bois, entièrement équipé, pour une à deux personnes. Allongés dans un

hamac sur la terrasse en deck, vous pourrez profiter d'une vue mer et montagne dégagée et sans vis-à-vis. Grand jardin luxuriant de 2 000 m² avec piscine au sel. Pour les arrivées tardives, collation offerte.

■ NID TROPICAL
Morne Tarare
✆ 05 90 98 72 05
www.nidtropical.com
gite@nidtropical.com
Ouvert toute l'année. Bungalows pour 2 adultes et 1 enfant : de 329 à 413 €/semaine selon la saison. Appartement 1 chambre : de 441 à 539 €/semaine, 2 chambres : de 637 à 784 €/semaine, 3 chambres : de 833 à 1 064 €/semaine.
Les 11 hébergements sont situés dans un parc tropical, avec vue sur la mer des Caraïbes et les îlets Pigeon. La propriété, à proximité de tous les commerces, est agrémentée d'une piscine et d'un carbet détente. Les 6 bungalows pour 2-3 personnes sont équipés de brasseurs d'air et d'une climatisation mobile, 4 autres bungalows d'une capacité de 2 à 4 personnes sont climatisés. Un appartement de standing climatisé, avec brasseur d'air au rez-de-chaussée de la maison des propriétaires, peut accueillir de 4 à 9 personnes.

Pigeon-Malendure

Bien et pas cher

■ GITES BAJAPO
Morne Tarare
✆ 05 90 98 72 76
www.bajapo.fr
De 60 à 70 €/nuit et de 315 à 420 €/semaine. Séjours de 1 à 5 nuits minimum selon période. Premier petit déjeuner offert.
Site calme avec vue panoramique face aux îlets Pigeon, composé de 3 gîtes d'une capacité de 3 personnes chacun. Le confort est assuré : climatisation, ventilateurs, tv, kitchenette équipée sur la terrasse qui permet de profiter de la vue mer et de faire des grillades au barbecue.

■ GÎTES COULEUR CARAÏBES
Rue de l'Allemand
Haut Malendure
✆ 06 90 35 59 97
www.gitescouleurcaraibes.com
gitescouleurcaraibe@orange.fr
A partir de 50 €/nuit selon la saison, et de 300 €/semaine pour 2 personnes. Week-end à partir de 100 €. Réservation minimum de 3 nuits.
Avec un petit air de « gîte de montagne », la structure Couleur Caraïbes, perchée à flanc d'un morne, regarde la mer de haut. Un ensemble de 6 gîtes de 2 à 6 personnes, équipés de lits,

canapés, réfrigérateur, four à micro-ondes, fer à repasser, lave-linge à jetons et téléviseur. La climatisation est optionnelle. Aux amoureux du sport, l'établissement propose des séances de plongée sous-marine, pêche au gros, canoë-kayak et des randonnées à travers la forêt de Basse-Terre. Air frais, calme et nature sont assurés. Accueil convivial.

■ GÎTES LA MARLYSE
Les Hauts de Malendure
Pigeon-Malendure
✆ 06 90 61 97 75
www.giteslamarlyse.com
giteslamarlyse@gmail.com
Tarifs (base 2 personnes) : 339 € à 539 € selon saison et gîte. Enfant supplémentaire jusqu'à 12 ans : 45 à 60 € par semaine. Personne supplémentaire de plus de 12 ans : 60 à 80 € par semaine. Forfait ménage inclus.
La plage de Malendure et les commerces sont à 1 km. Les trois gîtes peuvent recevoir de 2 à 4 personnes et bénéficient d'une vue panoramique sur la mer des Caraïbes et les îlets Pigeon. Chaque gîte se compose d'une chambre mansardée et climatisée, d'un salon au rez-de-chaussée avec un canapé convertible, d'une salle de bains avec douche antillaise, d'une cuisine entièrement équipée. La terrasse est équipée d'un mobilier en teck et d'un hamac pour les sportifs... Sur place, une machine à laver et un barbecue sont à votre disposition. Le premier petit déjeuner vous attend dans le réfrigérateur à votre arrivée pour les séjours d'au moins une semaine et vous serez accueilli avec le ti-punch.

■ PETITES FLEURS DE POIRIER
Route de Poirier
Pigeon – Malendure
✆ 05 90 98 77 49
petitesfleursdepoirier@wanadoo.fr
4 villas 2 chambres à partir de 550 €/semaine pour 2 personnes. Villa 3 chambres à partir de 999 €/semaine pour 6 personnes. Réductions en fonction de la date et de la durée du séjour.
Un ensemble de 5 villas réparties dans un cadre résidentiel planté d'arbres fruitiers, au calme. Capacité d'accueil de 4 à 6 personnes, modulable en fonction du nombre de personnes. Chaque villa possède sa propre terrasse équipé d'un salon de jardin. Sur place, une piscine semi-couverte avec une vue imprenable sur les îlets, transats, hamacs, barbecue et table de ping-pong. Belle vue panoramique sur la réserve Cousteau, les couchers de soleil sont splendides. La plage est à 700 m. Possibilité d'organiser une sortie de pêche avec Florent. Egalement une villa 3 chambres à la location pour recevoir jusqu'à 8 personnes. Accès aux personnes à mobilité réduite. Possibilité de disposer d'un repas livré à la ville le soir.

Confort ou charme

■ CHALETS SOUS LE VENT

Route de Poirier
Pigeon-Malendure
℡ 05 90 98 91 61
www.souslevent.biz
reservations@souslevent.biz
Chalets pour 2-3 personnes : de 320 à 440 € la semaine. Chalets doubles pour 4 à 6 personnes : de 620 à 715 € la semaine. Bungalow climatisé pour 2 à 3 personnes : de 430 à 470 € la semaine. Tarifs promotionnels sur le site Internet à certaines périodes de l'année.
Petite structure familiale qui offre un accueil personnalisé pour des vacances authentiques et proches de la nature. Les bungalows sont simples et confortables, avec accès privatif, cuisine équipée, salle d'eau et terrasse sans vis-à-vis. Ils sont entourés d'un immense jardin tropical de 2 300 m², au sein duquel vous pourrez profiter d'une piscine commune sécurisée, accessible de 8h à 20h.

■ GÎTES MAYO

Morne Tarare
Pigeon
℡ 05 90 80 34 60
www.gite-mayo.com
contact@gite-mayo.com
De 350 à 440 € la semaine avec petit-déjeuner inclus. 20 € par personne supplémentaire. Possibilité de louer la villa entière avec 5 chambres en période de basse saison.
Les cinq chambres d'hôtes et les deux studios se situent au cœur d'un jardin tropical et bénéficient de la vue sur la mer des Caraïbes. La piscine est isolée des hébergements pour la tranquillité des résidents. Une terrasse et un bar offrent un espace commun ouvert à tous.

■ GRANGE BEL'O

Rue de la Glacière
Pigeon
℡ 05 90 38 28 47
www.grangebelo.com
habitation.grange.belo@orange.fr
Tarifs par nuit selon saison : de 80 à 90 € (2 personnes) et de 390 à 420 € (16 personnes). Nouveaux bungalows : de 120 à 130 € pour 3 personnes selon saison.
Un nouvel exemple du fait que les anciennes habitations créoles peuvent avantageusement se reconvertir dans le tourisme. Ces gîtes se situent au cœur d'une exploitation agricole de 11 hectares, où l'on cultive encore la vanille et le café, et dont le petit élevage sert à la propriété, qui bénéficie du label Bienvenue à la ferme. Sous les paillottes, on peut préparer des pique-nique en famille (barbecue autorisé).

■ LE JARDIN TROPICAL

Rue de Poirier
Pigeon-Malendure
℡ 05 90 98 77 23
www.lejardintropical.com
lejardintropical@orange.fr
Bungalow : de 80 à 100 €/nuit et de 450 à 640 €/semaine selon saison et type de bungalow. Villa de 200 à 250 €/nuit et de 1 200 à 1 300 €/semaine selon saison. Petit déjeuner buffet : 10 €.
Les 11 bungalows et les 2 villas de ce complexe, orientés face à la mer des Caraïbes, bénéficient d'une vue exceptionnelle sur les îlets Pigeon. Les bungalows, à l'intérieur zen et confortable, peuvent accueillir jusqu'à 4 personnes. La villa Pierre O, au décor raffiné, est conçue pour recevoir 6 personnes, tandis que la villa Créole, plus conviviale, accueille jusqu'à 10 personnes. Sur place, une grande piscine avec vue panoramique sur la mer, un espace détente et un espace jeux. Le restaurant propose des petits déjeuners et dîners aux saveurs créoles.

■ RÊVE ET ALIZÉ

rue de la Glacière
Pigeon
℡ 05 90 98 94 54
www.reveetalize.com
contact@reveetalizes.com
Tarifs à la semaine pour 2 personnes de 390 à 580 € selon la saison ; pour 4 personnes de 610 à 750 €. Premier petit déjeuner offert. Tarif incluant le ménage.
Harmonieux bungalows en bois, à l'architecture créole, évoquent par leur nom les senteurs tropicales (Manguier, Flamboyant, Bois d'Inde, Calebassier). Indépendants, ils sont assez confortables et calmes, avec des chambres bien ventilées pourvues de grandes moustiquaires. La cuisine équipée (four à micro-ondes, grille-pain, congélateur…) donne sur la terrasse, avec un hamac et un barbecue privatif des plus appréciables. Lors d'une balade sur la propriété de 6 000 m², vous découvrirez la rivière Bourceau au bout du parc en suivant un sentier balisé. La petite piscine avec vue sur mer est bien à l'abri des regards au milieu de la végétation.

Se restaurer

Le bourg de Bouillante

■ AUX 4 MONDES

Douenele
℡ 05 90 41 63 79
resto@aux4mondes.com
Ouvert midi et soir, tous les jours sauf le lundi et le samedi midi. Le bar est ouvert à partir de

18h30. *Plats à la carte de 12 à 23 €. Plats à emporter. Connexion wi-fi gratuite.*
Ce bar à cocktails et restaurant fait face à la mer. Il propose une cuisine fusion qui combine les saveurs de l'Afrique et des Caraïbes. Le cadre est exotique et *cozy* avec sa terrasse en teck, son jardin créole, son bar tropical. Vraiment une bonne adresse pour boire un verre sur la terrasse ou manger dans le jardin. Le week-end, soirées en musique tous les 15 jours (consultez leur page Facebook).

■ HABITATION MASSIEUX
Route du Marquis ✆ 05 90 98 89 80
www.habitation-massieux.com
francois.fauchille@wanadoo.fr
Service le soir uniquement sur réservation. Repas : 35 €, hors boisson. Menu uniquement à base de poisson.
Une ancienne demeure de planteurs de café, datant de 1670, devenue une halte chaleureuse par l'accueil des ses propriétaires. Cette table d'hôtes, dont le cadre ancien superbement restauré accueille une décoration de très bon goût, sert une cuisine créole simple, concoctée à base de légumes locaux, de poissons ou de fruits de mer frais.

■ L'EDDY'S PAPILLON
Rue Abel-Racon ✆ 06 90 42 36 42
leddyspapillon@hotmail.fr
Face à la mer.
Ouvert tous les midis et le samedi soir. Addition moyenne à la carte : 30 €. Menus de 12 à 45 €.
Vous êtes toujours les bienvenus chez Eddy, que vous ayez envie d'un plat local. Plats traditionnels, idées culinaires innovantes ou spécialités locales qui plaisent à tous, comme les poissons et viandes grillées, des desserts originaux comme le fondant à la patate douce.

■ LES TORTUES
Lieu-dit Bas Duché ✆ 05 90 98 82 83
Carte aux alentours de 25 €.
Sur une estrade dominant la petite anse Duché, avec une vue panoramique magnifique, le restaurant propose une cuisine créole axée sur les produits de la mer et les poissons cuisinés sous toutes leurs formes : marlin aux deux sauces, brochette de lambi, *ouassous*, marmite de fruits de mer.

Pigeon-Malendure
Sur la plage de Malendure vous trouverez plusieurs *lolos* et restaurants, certains plus bruyants ou confortables que d'autres.

■ LE MABOUYA MALENDURE
Malendure
Rue des galets ✆ 06 90 51 67 46
lesvinsdelareserve@gmail.com

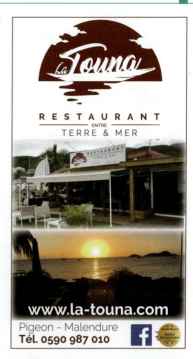

Du mercredi au dimanche de 12h à 14h et du mardi au samedi de 19h à 21h30. Addition moyenne à 25 €. Bar et tapas à partir de 17h.
Une bonne adresse qui propose des plats classiques ou revisités, à base de produits frais.

■ LA TOUNA
Pigeon-Malendure
✆ 05 90 98 70 10
www.la-touna.com
contact@la-touna.com
Ouvert tous les jours midi et soir, sauf le dimanche soir et le lundi. Menus à 22 et 27,50 €. Menu langouste à 43 €. Assiettes composées de 11 à 16 €. Plats de 15 à 29 €. Desserts de 6 à 16 €. Carte de tapas dès 18h30. Plats à emporter. Connexion wi-fi gratuite.
Le restaurant est situé à 200 m de la plage de Malendure et bénéficie d'une grande terrasse ouverte, depuis laquelle on a une vue imprenable sur la réserve Cousteau. L'accueil y est chaleureux et le service très sympathique. La carte traditionnelle, aux saveurs locales et raffinées, est variée et renouvelée régulièrement avec des suggestions du jour créatives et tentantes ! Vous pouvez également choisir une langouste dans le vivier. Le chef s'attache à la présentation des assiettes et accompagne ses plats de sauces originales. Côté desserts, de bonnes surprises également.

Whale-watching – observer les baleines

Avoir la possibilité d'observer les grands mammifères marins à proximité du bateau est une expérience sensationnelle. Sur les quinze espèces de cétacés (grands cachalots, dauphins, baleines à bosse, globicéphales, baleines à bec, etc.) observées toute l'année en Guadeloupe, seule une espèce migre une partie de l'année pour des eaux plus froides. La Côte sous-le-Vent, mais aussi le nord de la Guadeloupe deviennent chaque année à la même période (entre décembre et mai) le milieu naturel de ces animaux mythiques. Les femelles, qui se trouvent bien dans les eaux chaudes des Caraïbes, viennent y mettre bas, puis alimenter et socialiser leurs petits. Les sorties que vous ferez avec des guides naturalistes ont aussi un objectif scientifique : localiser, recenser et étudier ces géants des mers tout en garantissant leur tranquillité et votre sécurité. A noter que les cétacés sont hélas toujours chassés au large de Saint-Vincent-et-les-Grenadines...

■ **EVASION TROPICALE**
Rue des Palétuviers
✆ 05 90 92 74 24
www.evasiontropicale.org
evastropic@wanadoo.fr
Sortie découverte des cétacés sur le catamaran « Catadive » de 15 m de 30 passagers (une demi-journée) : 55 €/adulte, 45 €/adolescent et 35 €/enfant. Sortie découverte des cétacés, en petit comité, à bord du navire « Enzo Lola » de Manolo Rinaldi, 10 m, jusqu'à 10 passagers (une demi-journée) : cétacés 60 €/adulte, 40 € pour les moins de 12 ans. Sortie découverte des tortues marines et de leur habitat : 30 €/personne.
L'association Evasion Tropicale œuvre activement depuis maintenant 25 ans pour la préservation des cétacés et des tortues marines en mer des Caraïbes, elle est engagée pour la mise en place d'une réglementation de l'activité dans l'archipel guadeloupéen et dans la Caraïbe au sein de Caribwhale qui regroupe les opérateurs de tourisme baleinier dans la zone. L'association encadre les sorties publiques d'Ecotourisme Baleinier au départ de Bouillante en apportant les connaissances et informations pertinentes sur les espèces, leurs comportements et les problématiques de leur conservation, sur des bateaux offrant les meilleures conditions de sécurité pour les personnes embarquées et s'attachant à éviter les impacts sur les cétacés et les milieux naturels. Caroline et Renato Rinaldi, les fondateurs de l'association, pourront également vous accueillir lors de sorties d'étude, de missions d'écovolontariat à bord du navire de recherche de l'association, *Tzigane VI* (les contacter pour tout renseignement). Ne manquez pas de visiter le Musée Balen ka Souflé, un lieu unique en Caraïbe dédié aux tortues marines et aux cétacés et à leur conservation (entrée libre).

■ **O Z'EPICES**
Point de vue de la falaise
✆ 05 90 38 87 61
ozepices@orange.fr
Du mercredi au samedi de 12h à 14h30 et de 19h à 21h30. Dimanche de 12h à 15h. Ouvert uniquement le midi les jours fériés. Entrées : entre 12 et 17 €. Plats : entre 22 et 30 €. Desserts : de 9 à 12 €. Menu enfant : 10 €.
Jimmy Bibrac fait partie de ces chefs récompensés régulièrement pour leur talent. Les plats qu'il propose dans son restaurant sont aussi bons que beaux, témoins du bon maniement des légumes, épices et aromates sortis tout droit de son jardin. Le chef travaille avec des producteurs et pêcheurs locaux. Le pain, fait maison est servi chaud. Vous dégusterez les saveurs de la Guadeloupe mais en version revisitée. Lorsqu'ils arrivent, les plats sont présentés et expliqués. Vivier de langoustes. Belle cave à rhum vieux.

Sortir

■ **LE MABOUYA MALENDURE**
Malendure
Rue des galets ✆ 06 90 51 67 46
Du mardi au samedi de 19h à 21h30. Happy hour de 17h30 à 19h : 1 boisson achetée = 1 boisson offerte. Tapas, charcuterie et fromages à la carte. Restauration du mercredi au samedi de 12h à 14h et le dimanche de 12h à 15h.
L'une des rares adresses de la zone pour boire un verre (vins, bière, cocktails) en terrasse, face à la mer, accompagné d'une planche de charcuterie ou de poisson.

À voir – À faire

Centre important du tourisme vert, Bouillante est baignée à l'ouest par la mer des Caraïbes. Elle allie plaisirs nautiques, visites des fonds marins, plongée dans la réserve naturelle Cousteau, joies de la plage (Malendure, Anse-à-Sable, Petite-Anse) mais aussi découverte de la forêt tropicale, randonnée et trekking, et loisirs sportifs entre carbet et rivières. Bouillante est un haut lieu des vacances sportives tournées vers la mer et la nature.

■ RÉSERVE COUSTEAU

De la pointe Mahault à la pointe Lézarde, cette zone maritime classée en réserve naturelle s'est adjoint le nom, sans que cela n'ait quoi que ce soit d'officiel, du célèbre commandant Jacques-Yves Cousteau. A bord de la mythique *Calypso*, le navigateur et son équipe ont fait escale sur la Côte sous-le-Vent en 1950 lors du tournage du film *Le Monde du silence*, et furent émerveillés par la beauté du site. Depuis, la réserve est devenue un spot de plongée incontournable en Guadeloupe. Un buste en bronze de l'illustre explorateur, doté de son célèbre bonnet rouge, repose à quelques dizaines de mètres de fond, au large de Malendure. De la plage touristique de Malendure, au sable noir, partent de nombreux bateaux avec les plongeurs et des visiteurs à la découverte des fonds marins des îlets Pigeon, réputés pour la qualité de leurs eaux et leur biodiversité. C'est également le point de départ de balades en kayak, du bateau à fond de verre qui permet d'admirer les fonds marins sans avoir à plonger ou encore d'une randonnée en casque ajustable jusqu'aux épaules avec vue à 180 ° qui vous permet de respirer et d'explorer les fonds marins jusqu'à 4 ou 5 mètres de profondeur en marchant au départ de la plage.

La plupart des clubs sont installés sur la plage de Malendure, point de départ facile d'approche. Tous les candidats au baptême de plongée peuvent découvrir ici les richesses sous-marines sans appréhension. Mieux vaut se renseigner à l'avance sur la présence des accompagnateurs aux centres de plongée. Nous avons recensé pas moins de 19 sites dont la profondeur varie de 0 à 40 m. 3 épaves, situés à 10 minutes de la plage (*Le Franjack* 23 m, *L'Augustin Fresnel* à 28 m et *Le Gustavia* à 40 m) sont très prisés par les clubs pour des sorties de nuit. Pour les sorties PMT vers la réserve Cousteau, il n'est pas nécessaire de réserver. Par contre, la prudence reste toujours de mise ; il est impératif de respecter les consignes de sécurité et notamment de se signaler auprès des embarcations par une bouée. Informez-vous également des contre-indications éventuelles ; par exemple, les femmes enceintes et les personnes devant prendre l'avion dans la journée doivent s'abstenir de plonger.

■ PLAGE MALENDURE

Depuis 2018 le parking de la plage et aux abords est payant : 1 € de l'heure en zone rouge (durée maximale de 4 h) et 0.50 cts de l'heure en zone jaune (durée maximale de 9 h).
Son sable noir est susceptible de brûler les plantes de pied des touristes non aguerris... En effet, les grains de sable, issus de l'érosion volcanique,

chauffent rapidement sous le soleil. Ce bord de mer, paradisiaque et plébiscité par les touristes, est bordé de petites cabanes en bois tenues par des spécialistes en activités aquatiques, proposant maques et tubas pour observer les tortues, et d'autres établissements de plongée pour amateurs de profondeur... Les gourmands ne seront pas en reste puisque des petites cases créoles servent de délicieux bokits et autres spécialités culinaires antillaises. La plage de Malendure est un spot incontournable en Guadeloupe, où il fait bon lézarder à l'ombre d'un cocotier, en attendant un coucher de soleil grandiose...

■ ÎLETS PIGEON

Les îlets Pigeon sont deux petites îles situées en face de la plage de sable noir (volcanique) de Malendure à Bouillante. Il s'agit-là d'un site incontournable géré par l'Office national des Forêts de Guadeloupe et qui est devenu en 2010 le cœur du Parc national. L'endroit accueille la fameuse Réserve Cousteau, qui séduit chaque année de nombreux plongeurs. Bien que riche en végétation, l'île attire majoritairement les touristes pour les immersions en palmes-masque-tuba ou en plongée. Les eaux sont claires et l'incroyable faune marine s'observe dès le premier mètre de profondeur ! Un buste du Commandant Cousteau (qui a réclamé dans les années 1960 une protection écologique du site) est immergé à 10 mètres de profondeur sur le spot de plongée « Jardin de Corail ».

■ SOURCES D'EAU CHAUDE

La commune de Bouillante est parsemée de sources d'eau chaude naturelle en mer et à l'intérieur des terres. Certaines de ces sources sont accessibles, en bord de mer à Thomas, à quelques kilomètres au sud de Bouillante. On peut s'y baigner dans une petite vasque qui a été aménagée et dans laquelle se mélangent l'eau thermale à 55 °C et l'eau de mer. Egalement au nord de Bouillante à l'Anse à Sables (Bain du Curé) et en mer autour des îlets Pigeon.

Shopping

■ CAP CRÉOLE

La Lise – Pigeon
✆ 05 90 98 64 41 – www.capcreole.com
capcreole.jb@orange.fr
Face au stade de football.
Ouvert du lundi au jeudi de 8 h à 18h30, le vendredi et le samedi de 8 h à 13 h et de 15 h à 18h30.
Installée depuis 1996 en Guadeloupe sur la Côte sous-le-Vent, qui reste un gros vivier de pêche (poissons de haute mer notamment), la société Caraïbes Fumés a créé la marque Cap Créole.

Sa situation géographique leur permet de s'approvisionner en marlins, thazards, thons et daurades auprès des pêcheurs de l'île. Spécialisée dans la production de poissons fumés des Caraïbes et plats froids en barquettes réfrigérées, la boutique, adossée à la fumerie, propose toute une gamme de produits de la mer reconnue pour ses qualités gustatives et distribuée dans les grandes surfaces : rillettes de la mer, poissons fumés, pâte à accras. Leur gamme de produits est également disponible dans les grandes surfaces locales et à la boutique de Jarry. On la retrouve également sur la carte des restaurateurs de l'île.

▸ **Autre adresse :** Houelbourg, Immeuble La City à Jarry – 97122 Baie-Mahault

Sports – Détente – Loisirs

Sports – Loisirs

■ ALIZÉE PLONGÉE
Plage de Malendure ✆ 06 90 72 32 03
www.alizee-plongee.com/
alizee.plongee@yahoo.fr
Sorties à 9h30 et 14h tous les jours. Baptême : 55 €/adulte, 45 €/enfant. Explorations tous niveaux : 45 €. Réservation conseillée.
Alizée Plongée est une petite structure à taille humaine dotée d'une capacité de 10 plongeurs. L'établissement propose des baptêmes de plongée, des plongées d'exploration, des plongés épave (minimum niveau 1) et forme les plongeurs jusqu'au niveau 3 (ANMP ou FFESSM) sur la réserve Cousteau. Il y a également la possibilité de pratiquer du snorkeling. Deux sorties par jour sont proposées : à 9h30 le matin et à 14h l'après-midi avec un rendez-vous une demi-heure avant le départ.

■ AQUATIQUE AVENTURE
Plage de Malendure ✆ 06 90 60 84 05
www.caraibekayak.com
caraibespirates971@gmail.com
Ouvert 7j/7 de 8h à 18h. Une activité complète et encadrée pour explorer les fonds marins de la Réserve Cousteau : la randonnée palmée avec 2 heures et 3 arrêts (îlets Pigeon, observation des tortues et le jardin japonais), 3 sorties par jour à 9h, 10h30 et 14h : de 30 à 35 €/adulte et de 20 à 25 €/enfant (-12 ans). Location de kayaks : de 15 à 35 € selon âge et durée. Chèques vacances acceptés.
La structure vous propose une randonnée palmée (palmes, masque et tuba) d'environ 2 heures qui permet de visiter la Réserve Cousteau : vous partez en bateau et profitez d'une navigation dans un paysage magnifique de la réserve, afin d'aller explorer 2 sites de plongée incontournables en palmes, masque et tuba : le Jardin Japonais et les

îlets Pigeon. Ce circuit aquatique se termine par la recherche et l'observation des tortues marines. Matériel fourni : palmes, masque et tuba. Toutes les sorties s'effectuent en compagnie de guides qualifiés. Possibilité de louer des kayaks pour quelques heures ou à la journée.

■ ARCHIPEL PLONGÉE
Plage de Malendure ✆ 05 90 98 93 93
www.archipel-plongee.fr
plongee@archipel-plongee.fr
Le club est sur la plage face au ponton d'embarquement
Ouvert tous les jours et toute l'année. Départ à 10h15, 12h45 et 15h15. Baptême : 50 €/adulte, 42 €/enfant. Plongée débutant : 47 €. Plongée autonome : 37 €.
Club familial à la devise sympathique : *Rèspiré é pwan plézi* ! Les excursions en bateau naviguent dans toute la réserve Cousteau et vont de sites inédits et spots de plongée fameux jusqu'au canal des Saintes. Possibilité de sorties à la journée, avec 2 plongées dont une sur épave, puis déjeuner sur la plage. Le club dispose de 2 bateaux à la capacité de 13 et 25 personnes respectivement. Possibilité d'organiser avec l'agence un pack plongée avec un hébergement en gîte à proximité de la plage.

■ ATLANTIS FORMATION
Galet – Pigeon ✆ 05 90 41 73 21
www.atlantisformation-guadeloupe.com
100 m après le restaurant la Touna
Baptême de plongée : 49 €, baptême enfant (8-12 ans) : 35 €. Plongeur autonome : 35 €. Exploration : 43 €.
Le centre de plongée est idéalement situé en face de la réserve Cousteau. Vous pouvez ainsi découvrir les plus beaux spots de plongée de la Côte-sous-le-Vent ou des Saintes. A bord du Fizou II, un bateau confortable de 10 places, tout est organisé pour l'agrément des plongeurs, les sorties en petit comité étant privilégiées afin de limiter l'attente en surface et de profiter au maximum du spectacle sous-marin. Atlantis dispense aussi toutes les formations de plongée, du débutant au monitorat français ou PADI (seul centre 5 étoiles IDC PADI de l'île) ainsi que des cours de secourisme, des stages de formations aux permis côtier ou bateau « Hauturier »... L'encadrement et le matériel bien entretenu sont un gage de sécurité et l'ambiance y est très conviviale. Le centre dispose en plus d'un parking face au club où il est facile de se garer, même en pleine saison.

■ CANOPEE
Plage de Malendure ✆ 0590 26 95 59
www.canopeeguadeloupe.com
canopee.forest.adventure@gmail.com
Bureau d'accueil ouvert tous les jours sauf le dimanche. Sorties organisées sur réservation. Tarifs : à partir de 50 € à 75 € par adulte, et de

40 € à 50 € par enfant, selon la formule choisie. Prêt de combinaisons de plongée.

Canopée propose des activités à la fois sportives et ludiques en immersion dans la nature. Plusieurs parcours sont organisés à la demi-journée ou à la journée. Pour les plus aventuriers, la journée de canyoning est bien encadrée, avec au programme, des rappels de 12 et 25 m sous cascade. En fonction des envies et des aptitudes de chacun, on apprend à se connaître avant de se lancer. Certains parcours de canyoning sont accessibles à tous tandis que d'autres plus longs et plus techniques sont réservés aux initiés. Toute l'équipe connaît parfaitement la forêt et vous fait partager ses connaissances de la faune, de la flore, de l'histoire locale… Le tout dans une ambiance très conviviale.

■ **CARAÏBE KAYAK**
Plage de Malendure ℂ +590 6 90 74 39 12
www.caraibekayak.com
Ouvert tous les jours de 8h à 18h. Plusieurs formules pour découvrir les îlets Pigeon, au cœur de la Réserve Cousteau, en plein cœur du Parc national. Location de kayak en autonomie pour 3h, 4h ou à la journée. 15 € jusqu'à 11 ans et 25 € à partir de 12 ans et plus. Randonnée palmée de 2h, encadrée par un moniteur pour découvrir 3 sites d'exception. Départ 11h ou 14h30 sur un bateau tout confort. Matériel inclus. 25 € jusqu'à 11 ans et 35 € à partir de 12 ans. Circuit « Raid des îlets » comprenant une randonnée palmée encadrée (départ en bateau à 9h30) et visite de deux sites en PMT puis mise à disposition de kayaks pour profiter des îlets pigeon le reste de la journée. Repas tiré du sac. 35 € jusqu'à 11 ans et 45 € à partir de 12 ans.

Location de kayak en autonomie. Après le briefing, comptez environ 20 minutes de navigation avant de débarquer sur les îlets Pigeon où vous pourrez profiter de 3 sites de baignade reliés par des sentiers, à explorer depuis la surface, avec masque et tuba. Leurs richesses en faune et en flore vous émerveilleront. Ici, les fonds marins sont sans doute les plus beaux de Guadeloupe. Sur le Grand îlet, vous pourrez emprunter le sentier qui vous mènera en quelques minutes au point le plus haut, qui offrira une vue magnifique à 360° sur les îlets et sur la Côte sous le vent. Comptez 25 minutes de navigation pour revenir à la plage où vous attendent les douches et un rafraîchissement.

Randonnée palmée de 2h sur 3 sites d'exception, encadrée par un moniteur. Au départ de la plage de Malendure, vous embarquez sur un bateau tout confort (19 places max). Au programme : Jardin japonais, îlets Pigeon et Jardin des tortues. Un circuit qui ravit à coup sûr petits et grands. Tout le matériel est fourni : PMT, gilet. A bord, frites de nage et autres planches rigides et gonflables sont à votre disposition pour vous permettre d'explorer, depuis la surface et en toute sécurité, les fonds marins de cette réserve protégée.

Explorez la Réserve Cousteau !

CARAÏBE KAYAK

en KAYAK

en autonomie 3h, 4h, journée

en Randonnée Palmée encadrée

sortie en bateau de 2h

Plage de Malendure
Parking Principal
Bouillante, Guadeloupe

www.caraibekayak.com
+590 690 74 39 12

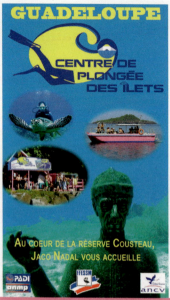

**05 90 41 09 61
www.plongee-guadeloupe.fr**

Tortues marines, coraux, gorgones, éponges, poissons-perroquets et papillons, kat zyé et bien d'autres vous surprendront par leur beauté.
Le Raid des îlets est une formule complète à la journée qui combine les deux activités précédentes. Début de journée avec une randonnée palmée encadrée avec la visite de deux sites en PMT : Jardin japonais et Jardin des tortues. Puis mise à disposition des kayaks pour aller librement aux îlets Pigeon pour le reste de la journée. Prévoyez votre pique-nique et profitez d'une journée sur un site d'exception en Guadeloupe.

◼ CANYON GUADELOUPE
SAINTE-ROSE
℡ 06 90 35 65 86
www.canyon-guadeloupe.com
sensationscanyon@gmail.com
Formules de 40 € à 80 €, selon la formule choisie. Uniquement sur réservation. Fermeture annuelle en août.
Voici une manière originale de découvrir la nature sauvage de la Guadeloupe. Olivier vous propose des excursions en canyoning ou des randonnées aquatiques pour tous niveaux à partir de 7 ans, accompagnées par des guides brevetés d'État. De la demi-journée d'initiation à la rando aquatique à la journée sportive de canyoning sportif de 6 heures, les possibilités sont multiples.

◼ CENTRE DE PLONGÉE DES ILETS
Plage de Malendure
Pigeon ℡ 05 90 41 09 61
www.centredesilets.fr
Ouvert tous les jours. Baptême de plongée : 47 € par adulte, 40 € par enfant. Exploration : 35 €. Randonnée PMT à 18 €. Sec-Pâté : 65 € (départ de Malendure ou de Rivières-Sens). Sorties à 8H, 10h, 13h et 15h.
Instructeur national de plongée, installé sur Malendure depuis près de 20 ans, Jaco Nadal et son équipe de moniteurs vous font découvrir les différents sites de la réserve Cousteau. Du tourisme certes, mais une sérieuse école de plongée également, du plongeur de bronze pour les enfants aux brevets FFESSM, ANMP ou PADI pour les adultes. Isa et Jaco ont aménagé leur centre en un espace tout confort accueillant, où tout le matériel nécessaire est fourni. On vous propose même de garder les enfants pendant la plongée. Au retour sur terre, le programme est le suivant : boissons fraîches, convivialité, un diaporama sur la flore et la faune de la réserve et la possibilité de faire graver un CD numérique avec vos photos de la journée. Le club dispose également d'appartements de 32 m² situés face à la mer des Caraïbes.

◼ CIP
Plage de Malendure ℡ 05 90 98 81 72
www.cip-guadeloupe.com
Le centre est ouvert tous les jours. 3 départs : 10h, 12h30 et 15h (RDV 30 mn avant). Baptême de plongée : 50 €, 40 €/enfant à partir de 6 ans. Baptême Premium (30 min seul avec un moniteur) 65 €. Plongée exploration autonome à partir de 35 € ou encadrée 40 €. Forfait plongées à tarifs dégressifs. Le matériel est renouvelé régulièrement et inclus dans les tarifs.
Valérie et Bertrand, ainsi que leur équipe de moniteurs diplômés d'État, vous accueillent afin de vous faire partager, dans la bonne humeur et en toute sécurité, leur passion pour la plongée. Très pratique, la possibilité de garde des enfants. Ils proposent des formations FFESSM, PADI et ANMP, du PE12/DSD au niveau 4/DM, ainsi que des formations pour les enfants dispensées par des moniteurs professionnels. Au nombre des atouts de ce centre, la possibilité d'immortaliser vos plongées par un photographe professionnel et la grande terrasse, pour un moment de convivialité après la plongée, surtout au moment du coucher du soleil (rafraîchissement offert).

◼ GUADELOUPE PLONGÉE ÉVASION
Baie de Bouillante – Cocagne ℡ 05 90 95 16 20
www.guadeloupeplongee-evasion.com
Ouvert toute l'année de 9h à 18h. Deux sorties plongée par jour à 9h et 13h30. RDV 30 min avant la sortie. Sortie en demi-journée ou à la journée. Les autres activités sont sur réservation. Baptême

de plongée : 50 € (adulte), 45 € (enfant) pour 30 min. Plongée encadrée : 42 €. Location de kayak : 25 € (3 heures).

De nombreuses activités nautiques et de loisirs subaquatiques sont proposées par Piou : bouée tractée, jet-ski, kayak, plongée sous-marine, voile, mais aussi baptêmes de plongée et sorties en mer dans la réserve Cousteau, ou dans des lieux peu ou pas fréquentés de la Côte sous-le-Vent (Sec-Pâté, les Saintes). A bord du bateau, l'*Agoa*, qui signifie « esprit des eaux », il y a 13 places et la bonne humeur est toujours de mise. Au retour des activités, vous profitez d'une baignade relaxante dans les sources chaudes situées devant la base. Les plus du club : 20 sites de plongées en plus de la réserve Cousteau, plongée de 60 minutes minimum, Baptême de 30 minutes. Chaque membre de la famille peut choisir son activité. Parking sur place, barbecue. Une zone pique-nique.

■ **GWADA PAGAIE**
Plage de Malendure ℂ 06 90 93 91 71
www.gwadapagaie.com
gwadapagaie.bouillante@gmail.com
Une petite case face au parking de la plage de Malendure.
Départs de la plage de Malendure. Ouvert 7j/7 de 8h à 17h. Tarif/personne pour 2 personnes au minimum. Circuit îlet ou côtier (3 heures) : 15 €/ enfant, 25 €/adulte. Circuit à la journée : 20 €/ enfant, 35 €/adulte (prévoyez un pique-nique). Réservation pour 2 personnes minimum. Location stand-up paddle : 10 €/heure (sortie dans la baie de Malendure, à la découverte des tortues). Après avoir pris connaissance des règles de sécurité, des meilleurs points d'observation et après 15 minutes de navigation, vous accostez sur une plage de sable blanc et à l'eau cristalline. Vous avez le choix entre 3 plages différentes au milieu des coraux et poissons pour la baignade. Chacune d'entre elles est accessible par de petits sentiers. Ensuite, direction vers le sommet de l'île pour un panorama de la Côte sous le Vent. Que vous soyez entre amis ou en famille, c'est l'occasion de passer un moment unique au cœur du parc national. Les palmes, masque et tuba, la carte topographique, et la plaquette étanche pour la reconnaissance des poissons sont mis gracieusement à votre disposition le temps de la découverte. Au retour, vous pourrez profiter d'une douche tropicale puis d'un délicieux planteur maison. C'est bien connu : après l'effort le réconfort...

■ **LES HEURES SAINES**
Rocher de Malendure ℂ 05 90 98 86 63
www.heures-saines.gp
Baptême adulte 50 € (20 min), 60 € les 30 min, 40 €/enfant (- 12 ans). Plongée encadrée : 45 €. Plongée autonome : 35 €. Tarifs dégressifs pour des forfaits 6 ou 10 plongées.

Plongées pour baptêmes enfants ou adultes, mais aussi pour plongeurs confirmés, plongées de nuit, excursions sur épave. Consultez le site Internet du centre pour connaître le programme de leurs sorties. 5 € de remise sur présentation du guide...

■ MICHEL PÊCHE AU GROS

Malendure ✆ 06 90 55 21 35
www.michelpecheaugros.com
burel.michel3@wanadoo.fr
Tony propose des sorties de pêche au gros. Tarifs : 160 € par jour et par pêcheur. Accompagnant : 90 €.
Partez une journée en mer, à traquer le poisson roi : le marlin bleu et autres thons ou thazards. Casse-croûte et boissons à bord. Possibilité pour les personnes souhaitant accompagner quelqu'un de monter sur le bateau sans pêcher. Les départs se font à 7h30 et les retours vers 15h. N'oubliez pas votre appareil photo au cas où vous croiseriez des dauphins, des baleines voire... des sirènes !

■ PPK PLONGÉE

Plage de Malendure ✆ 05 90 98 82 43
www.ppk-plongee-guadeloupe.com
ppkplongee@orange.fr
Ouvert tous les jours de 8h30 à 17h30. 3 départs par jour, à 9h30, 12h et 14h30. Baptême : 50 €/ adulte, 40 €/enfant (moins de 14 ans). Plongée exploration : 40 €. Plongée autonome : 35 €. PMT : 18 €.
A bord du bateau *Le Chambord*, ancienne annexe du paquebot *France* aménagé pour la plongée, vous pouvez tenter l'expérience de la plongée dans les meilleures conditions ; vous n'aurez rien à porter, car tout le matériel est déjà chargé. Du baptême aux sorties pour plongeurs confirmés, toutes les activités de ce petit club, implanté depuis 1991, sont encadrées par des moniteurs diplômés d'État. Ceux-ci accompagnent aussi le plongeur en voie de professionnalisation dans les différentes formations FFESSM. Le mercredi, la structure organise une plongée de nuit, et le samedi matin, une plongée sur épave. Sur un second bateau, *Le Dieulidou*, une vedette rapide est prévue pour les sorties à la journée.

■ NAUTILUS

Plage de Malendure ✆ 05 90 98 89 08
www.lesnautilus.com
expl.lesnautilus@wanadoo.fr
Bureau de l'agence et départ sur la plage de Malendure. Départs en haute saison à 9h45, 10h30, 11h15, 12h, 13h45, 14h30, 15h15 et 16h. Départs en basse saison à 10h30, 12h, 14h30 et 16h. Temps de balade : 1h15. Tarifs : 25 €/adulte, 13 €/enfant de 4 à 12 ans ; gratuit pour les enfants de moins de 4 ans.
Deux bateaux à vision sous-marine forment la flotte de la Société Nautilus. Ces bateaux qui sont spécialement adaptés pour la découverte de la faune subaquatique, vous conduisent dans la réserve Cousteau, assis confortablement dans un espace équipé de grandes baies vitrées qui transforment la mer en aquarium infini. Tranquillement installés, on admire ainsi les fonds sous-marins comme si l'on regardait un film. Vous aurez sans doute la chance de voir des poissons curieux s'approcher des vitres pour vous observer. Le *New Nautilus* a une capacité d'accueil de 100 personnes, tandis que celle du *Ti Nautilus* est de 50 personnes. Un arrêt baignade de 30 minutes est prévu (palmes, masque et tuba sont fournis). Le bateau est équipé d'un toboggan à l'arrière. Des rafraîchissements (cocktails de fruits avec ou sans rhum) sont offerts à bord. Au retour, alors que la chaleur est tombée, ce sont les tortues de mer, les langoustes et les lambis que l'on découvre dans les fonds peu profonds. Les familles avec enfants en bas âge adorent !

■ LA RAND'EAU

Anse des tortues ✆ 06 90 57 06 05
www.larandeau.com
contact@larandeau.com
A la sortie du Bourg (en venant de Pointe-Noire), sur la plage de Petite-Anse. Suivre les panneaux pour accéder au petit village de pêcheurs de l'Anse Duché.
Randonnées palmées selon durée et circuit : de 30 à 70 €/enfant de moins de 12 ans et de 40 à 90 €/adulte.
La Rand'eau, qui s'inscrit dans une logique écotouristique, vous propose de partir en groupe restreint à la découverte de cette côte intime et méconnue en plongée sous marine, en randonnée palmée, en kayak ou à la découverte de ses rivières en canyoning. Leur local est un vieux cabanon de pêcheurs restauré. Vous partez de la petite crique bien tranquille. Les sites de plongée sont à dix minutes.

Détente – Bien-être

■ O TRANSAT SUN

Plage de Malendure ✆ 06 90 90 19 07
fleurdesiles971.eh@gmail.com
Haute saison : lundi au dimanche de 9h à 18h. Basse saison : samedi et dimanche de 9h à 18h. Location transat + parasol : 7 €. Journée 10 €. Location de parasol 5 €.
Nouveau sur la plage de Malendure pour apprécier au mieux un moment de farniente notamment si la couleur du sable (gris) vous perturbe. O Transat Sun propose la location de transats et parasols. A tester le transat version sofa qui se gonfle en 3 secondes (sans pompe). Egalement bar à jus frais.

ROUTE DE LA TRAVERSÉE ★★

Pour les résidents, la route de la Traversée a considérablement rapproché Pointe-Noire de Pointe-à-Pitre. Une nette amélioration pour ceux qui, il y a une vingtaine d'années, devaient faire le tour en passant par le littoral, au nord (Sainte-Rose) ou au sud (Basse-Terre). En venant de Pointe-à-Pitre par la N1, l'entrée de cette route mythique est indiquée peu avant Petit-Bourg, au niveau de Versailles. En fin de parcours, on arrive sur la Côte sous-le-Vent, au bourg de Mahaut, entre Bouillante et Pointe-Noire. Cette départementale transversale en Basse-Terre (D23) dessert certains des plus beaux sites du Parc national de Guadeloupe et promet de nombreuses randonnées. Comme un long ruban vert, la route avance et se laisse arpenter, généreuse et contrastée. Que rencontre-t-on sur cette voie ouverte sur la nature ?

Des circuits pédestres variés, des promenades sylvestres et aquatiques, des balises sûres, gérées par l'Office des forêts. Ces itinéraires sont certes sécurisés mais restent dépendants de la météo. Il est donc impératif de s'enquérir des conditions avant une randonnée. En cas de fortes pluies, certaines randonnées seront d'ailleurs interdites par mesure de sécurité : les éboulements sont fréquents et les rivières peuvent sortir très rapidement de leur lit (de nombreux circuits impliquent la traversée de rivières). A voir : la cascade aux Ecrevisses, le zoo de Guadeloupe, la Maison de la forêt...

Se restaurer

■ L'ETOILE DE GUADELOUPE
Route de la Traversée
℡ 06 90 44 17 51
etoiledeguadeloupe.fr
letoiledeguadeloupe@gmail.com
Ouvert tous les jours de 9h à 17h30. Service de 12h à 14h30. Ticket moyen : de 20 € à 40 €/ pers. Menu enfant : 12 €.
Le restaurant domine la forêt tropicale avec une vue plongeante sur la mer des Caraïbes, il est idéalement situé en plein cœur du Parc national, face au Parc zoologique des Mamelles et entouré du Parc aventure le Tapeur. Dans un décor raffiné, entièrement vitré, le restaurant ouvre ses baies par beau temps, vous laissant côtoyer les oiseaux et l'air frais de la montagne, mais dès l'apparition de la brume il se referme afin de vous protéger au sein de sa bulle, tout cela dans un seul but, vous permettre de déguster une cuisine de qualité, élaborée avec des produits frais, dans un cadre exceptionnel.

BASSE-TERRE

■ **GITE DES MAMELLES**
Route de la Traversée © 06 90 39 90 06
legitedesmamelles@gmail.com
A 5 km après la cascade aux Ecrevisses en
venant de l'est de Basse-Terre. Attention,
l'établissement peut sembler fermé au premier
coup d'œil, lorsque vous passez devant. Garez-
vous sur le parking, car l'entrée ne se trouve
pas du côté de la route.
*Ouvert le midi du mardi au dimanche et le samedi
soir. Ouvert également certains vendredis soir
pour une soirée live. Addition moyenne : 30 €.*
Une halte sur la route de la Traversée. Le Gîte des
Mamelles ressemble à un chalet venu d'ailleurs !
Le panorama y est superbe. A la carte, des plats
aux saveurs locales avec des assiettes de crudités,
des boudins et des acras en entrée, des crabes
farcis, du poisson sauce maracuja, un petit gratin
de légumes pays, mais aussi l'incontournable
colombo, des brochettes d'agneau, une fricassée
de ouassous, kalalou de crabe. Accueil agréable.

■ **LE MAMBO**
Mahaut © 05 90 98 04 90
A la sortie de la route des Mamelles, tournez à
gauche au niveau de la nationale. L'entrée du
restaurant est à 250 m sur la droite.
*Ouvert tous les jours de 12 à 14h30 environ.
Menu créole (entrée, plat, dessert) à 16 €. Menu
langouste à 38 €.*
Près de la route de la Traversée, en descendant vers
Bouillante, un petit restaurant avenant qui offre
une vue panoramique sur la réserve Cousteau. A
la carte, une cuisine simple et délicieuse : tarte
au poisson, langoustes, *ouassous*, blaff, court-
bouillon de poisson, crabe farci, ragoût de cabri.
Le service peut être un peu long.

À voir – À faire

Au carrefour de Versailles, avant Petit-Bourg. Une
longue ligne droite commence dans une ambiance
champêtre. Vous êtes sur la D23, bordée de champs
de canne et de maisons paisibles. Au loin, à l'horizon,
se découpe un paysage de montagnes. Bientôt, la
vision se rétrécit au point de donner l'impression que
la route va se perdre dans la forêt. Après quelques
montées et descentes sous les feuillages, les terroirs
des anciennes résidences coloniales cèdent la place
à la nature, majestueuse. Une serre à ciel ouvert
s'annonce, où prolifèrent de multiples espèces tropicales, dont de grands arbres (les châtaigniers-pays
ou l'acomat boucan), qu'envahissent des lianes puissantes. On grimpe ainsi jusqu'au prochain carrefour,
en direction de Vernou, un lieu-dit où subsistent des
habitations traditionnelles.

▶ **Après avoir traversé la rivière Goyave,** la
montagne s'impose dans un vert intense, à peine
troublé par le jaune pointilliste des alamandas.
Ce passage marque l'entrée dans le parc national
de la Guadeloupe, où cours d'eau et cascades
vertigineuses contribuent à la fraîcheur tonique
des promenades et randonnées. De nombreux
arrêts ont été aménagés, afin de profiter des points
de vue les plus intéressants sur la forêt, et des
tables pour le pique-nique jalonnent le parcours.
Après le zoo de Guadeloupe, la dernière partie de
la route, la plus agréable avec sa végétation dense
et tropicale et ses beaux panoramas, présente une
certaine ressemblance avec la route de la Trace
en Martinique. La Traversée s'achève à Mahault
(sur la commune de Pointe-Noire).

■ **CASCADE AUX ÉCREVISSES**
En venant de Grande-Terre, la cascade est à
gauche de la D23, à mi-parcours de la route
de la Traversée. Parking et aire de pique-nique.
De nombreux piétons aux abords, et la route
est étroite. Soyez vigilants !
Accès pour les personnes à mobilité réduite.
Le site a hérité du nom de « Cascade aux
Ecrevisses », car autrefois, il regorgeait de *ouassous*,
l'écrevisse locale… ce qui n'est malheureusement
plus le cas aujourd'hui. Situé en bordure de la route
de la Traversée, ce superbe site est accessible à
tous gratuitement, et il est donc très fréquenté.
Qu'importe, la nature y est somptueuse et reposante.
Il s'agit-là d'un spot incontournable lorsqu'on
séjourne en Guadeloupe. En effet, chaque année la
cascade attire près de 200 000 visiteurs en quête de
fraîcheur. Aussi, il est préférable de choisir les heures
creuses pour mieux l'apprécier (tôt le matin, et le
soir avant la nuit). Le parcours, long de 210 mètres,
a été entièrement aménagé et peut également
convenir aux personnes à mobilité réduite. Il est
pavé, avec une pente réduite et un arrêt pour le
point de vue sur la cascade et des carbets pour se
poser et pique-niquer à l'ombre. Il suffit d'un petit
quart d'heure de marche pour parvenir à l'entrée du
sentier, sous la fraîcheur bienveillante des arbres.
La rivière Corossol, encombrée de rochers indociles,
vous accompagne à l'aide de balises jusqu'à
cette cascade, haute d'une dizaine de mètres, qui
tombe dans un vacarme étourdissant. Cette chute
d'eau, peu élevée, bénéficie en revanche d'un
débit très important. Son grondement augmente
au fur et à mesure que l'on s'approche d'elle et
peut impressionner les plus jeunes. Si la baignade
dans l'eau fraîche est tonique et sans danger,
évitez les plongeons du haut de la cascade car le
fond du bassin est composé de grosses roches.
Veillez également à ne pas vous y rendre par temps

de pluie, car l'eau de la rivière peut rapidement monter... Aussi, si vous apercevez un changement de couleur de l'eau (qui tire vers le marron) et des feuilles descendant de la rivière, cela peut éventuellement annoncer une coulée de boue intempestive. Il sera donc préférable de rebrousser chemin et de regagner votre véhicule. Quoi qu'il en soit, avant de repartir, vous pourrez, si vous le souhaitez, faire un détour par le cabanon en bois aménagé sur le parking pour acheter quelques souvenirs.

■ **COL DES MAMELLES** ★★
Parking du col des Mamelles.
Niveau 2 (petites difficultés). Mamelle de Pigeon : environ 1h30 minimum aller-retour. Niveau : facile. Mamelle de Petit-Bourg : 1h aller-retour.
A partir du col des Mamelles qui culmine à 786 m, vous pourrez faire de très belles promenades pédestres. Vous irez en particulier voir ces fameuses mamelles toutes proches, celle de Petit-Bourg, au sud-est, celle de Pigeon, au sud. Le sentier, qui s'enroule autour de cette seconde protubérance, révèle de ses lacets une vue qui s'élargit jusqu'au sommet (768 m d'altitude), où le panorama grandiose brasse toutes les directions : les sommets de Basse-Terre, la Côte sous-le-Vent, Pigeon et ses îlets... A partir de la mamelle Petit-Bourg (716 m), les randonneurs suivent la Trace des Crêtes, qui épouse l'arête montagneuse vers le sud pour atteindre les pitons de Bouillante, à plus de 1 000 m d'altitude. Cette balade fait partie d'un sentier de grande randonnée mythique qui traverse toute l'île dans le sens de la longueur. Le chemin rejoint la N2 près de Marigot, par Gros-Figuier et Beaugendre. La Mamelle des Pigeons soutient les vestiges de la cheminée d'un ancien volcan qui culmine à 768 m. Une trace a été aménagée pour un meilleur accès au site. La vue sur le Nord Basse-Terre, Bouillante, Pointe-à-Pitre... est superbe.

■ **ZOO DE GUADELOUPE AU PARC DES MAMELLES**
D23, route de la Traversée
✆ 05 90 98 83 52
www.zoodeguadeloupe.com
contact@zoodeguadeloupe.com
Le zoo de Guadeloupe se situe au cœur du massif de la Basse-Terre. 4 hectares de forêt tropicale sont dédiés à la conservation d'espèces animales rares ou menacées. Il abrite plus de 90 espèces animales endémiques des Antilles et d'Amérique du Sud. Vous pouvez ainsi observer des racoons, iguanes, félins, perroquets et singes. Si les animaux de Guadeloupe sont les plus nombreux au sein du parc, le jaguar noir et l'ocelot, fascinent petits et grands, tout comme les singes hurleurs roux, les caïmans, la tortue alligator ou encore l'anaconda, le puma, les toucans et les pandas roux arrivés dernièrement.

■ **MAISON DE LA FORÊT** ★★
Voir page 294.

LE PARC NATIONAL DE LA GUADELOUPE, POUMON VITAL DE L'ARCHIPEL

Il n'existe pas d'entrées à proprement parler pour ce parc naturel, qui couvre presque la totalité de Basse-Terre et le Grand Cul-de-Sac marin (du nord de Grande-Terre jusqu'à Bouillante, par la Côte sous le Vent). Il s'occupe de plusieurs sentiers, ou traces. Ils sont balisés et entretenus pour faciliter et sécuriser la vie des randonneurs. Ces chemins répertoriés, parfaitement indiqués, vous permettront de voir l'essentiel de la Guadeloupe naturelle, notamment en matière de richesse botanique, ainsi que de très beaux paysages et des panoramas à ne pas manquer. Les éboulements consécutifs à de fortes pluies sont constants dans la région, et peuvent changer les conditions d'accès aux traces. Parmi les belles entrées dans le Parc national, privilégier la route du Morne-Louis, à partir de la route de la Traversée. Bien qu'en mauvais état et très sinueuse, elle offre des points de vue majestueux sur la mer des Caraïbes. Pour des questions de sécurité, il vaut mieux compter sur l'avis d'un guide local qui saura où vous conduire pour explorer d'autres parcours, tout en ayant des informations météo à jour. Le Parc national de la Guadeloupe ne propose pas de sorties accompagnées, mais il indique quelques prestataires de confiance sur son site. Les offices de tourisme, les syndicats d'initiative locaux, la Maison de la forêt et les gîtes labellisés pourront également vous renseigner. Sur le site Internet du parc, vous trouverez tout ce qui concerne le tourisme vert, les balades à faire et l'état des sentiers mis à jour régulièrement. Le Parc a mis en ligne le site www.randoguadeloupe.gp, une mine d'informations sur les itinéraires de randonnées qui sont décrits et illustré. Vous y trouverez également une carte dynamique, une navigation en 3D, des traces GPS et des fiches téléchargeables sur les randonnées. Sur les sites touristiques, vous pourrez vous procurer des brochures éditées par le Parc.

■ **PARC NATIONAL DE LA GUADELOUPE** ⭐⭐
Siège administratif
Montéran
SAINT-CLAUDE ✆ 05 90 41 55 55
www.guadeloupe-parcnational.fr
Créée par le Parc national, l'application Rando-Guadeloupe (randoguadeloupe.gp), destinée au grand public, propose des itinéraires de randonnées détaillés, leur niveau de difficulté, l'itinéraire à suivre et de nombreux conseils avisés, une cartographie dynamique, des traces GPS et offre une navigation 3D.
Sur un espace relativement réduit, une exceptionnelle biodiversité caractérise ce parc naturel fondé en 1989, qui s'étend sur plus de 21 850 ha. Il concerne 21 communes.

▶ **De la forêt humide,** connue sous le nom de « forêt de la pluie », à la forêt des nuages, plus sèche et proche de la savane que l'on trouve en altitude, on y dénombre 816 espèces recensées dont 300 espèces d'arbres, 100 espèces d'orchidées, 270 espèces de fougères ; les plus impressionnants se trouvant dans la forêt de la pluie à la végétation inextricable. Terrain d'études encore largement méconnu, paysage enchanteur en perpétuel changement, le parc n'a pas seulement un intérêt scientifique ou

La Soufrière.

© GILLES MOREL

© GILLES MOREL

Ilets Pigeons.

touristique ; il constitue aussi une inestimable réserve d'eau douce, dont l'île a de plus en plus besoin.

Parmi les multiples essences de bois aujourd'hui protégés, on dénombre des bois précieux, utilisés comme bois d'œuvre jusque dans les années 1970. A plus de 30 m de hauteur, la cime des plus grands arbres, au niveau de la canopée, forme un véritable toit de verdure. Plus bas, à une vingtaine de mètres, des arbres plus modestes s'efforcent de capter la lumière du soleil. Au sol, des jeunes pousses, des arbustes, des fougères et cet enchevêtrement de racines qui soutient les géants de la forêt. Ces puissants contreforts autour du tronc assurent ainsi leur stabilité. Le spectacle est impressionnant ! Accroché aux branches des différentes strates de végétation, sans toutefois les parasiter, se développe un foisonnement de lianes et de plantes épiphytes. Ces plantes avec leurs racines contribuent à l'ambiance visuelle unique de la forêt de la pluie.

▶ **La faune du parc,** moins spectaculaire que la végétation, moins riche que celle du continent voisin, a souffert de la chasse – même si l'activité a toujours été réglementée. 17 espèces de mammifères y sont répertoriées : on peut rencontrer la mangouste, prédateur d'autres animaux comme les reptiles, les tortues et les oiseaux si aussi le raccon de Guadeloupe, sorte de raton-laveur, lointain cousin des ours probablement ramené du continent nord-américain au XIXᵉ siècle. Onze espèces de chauves-souris peuplent aussi la forêt et contribuent à sa régénération. La forêt tropicale, royaume des oiseaux, abrite 33 espèces

spécifiques, dont le seul pic sédentaire des petites Antilles, qui n'existe que dans cette région du monde, ainsi que plusieurs variétés de grives, ou encore le coucou-manioc. A défaut de les observer facilement, on peut aisément les entendre !

▶ **Quelques-uns des plus beaux sites de Guadeloupe,** comme la Soufrière ou les chutes de Carbet, sont situés au cœur du parc, protégés par la réglementation des parcs nationaux, malgré la forte fréquentation touristique.

▶ **La zone du Grand Cul-de-Sac marin et les îlets Pigeon,** formidable aire de plongée sous-marine, ont été intégrés au parc national en 2009. C'est ainsi qu'ont été immergés des corps-morts destinés à l'arrimage des bateaux de plaisance ou de plongée. On évite par ce moyen que les ancres n'endommagent gravement les bancs de coraux.

▶ **Les communes voisines du parc** tentent de concilier développement durable, notamment pour les infrastructures touristiques et la préservation de l'environnement. Ce souci s'étend à l'agriculture, avec les tentatives de réimplantation des cultures traditionnelles actuellement en cours (café, cacao ou vanille). Tous ces efforts s'intègrent à l'effort régional de protection de l'environnement, auquel participe le programme de l'UNESCO sur l'Homme et la Biosphère (MAB).

Le parc national de la Guadeloupe a choisi de fédérer les acteurs du tourisme vert au travers de la nouvelle marque nationale Esprit vert lancée en décembre 2015.

▪ **LE TAPEUR**
Parc des Mamelles
Route de la Traversée ☎ 06 90 44 17 51
www.le-tapeur.fr – letapeur@yahoo.fr
Face au Zoo de Guadeloupe.
Ouvert tous les jours de 9h à 17h. Dernier départ à 15h. Forfaits : 25 € par adulte, 20 € par enfant de 8 à 12 ans. 12 € de 3 à 7 ans. L'établissement ferme ses portes lors de grosses intempéries.
Ce parc aventure dispose de 800 mètres de tyroliennes et de 5 pistes adaptées à tous les niveaux, autant pour s'amuser en famille ou que pour les accros de sensations. En pleine forêt tropicale, vous vous baladez sur des ponts de singe, sur plus de 1 km de tyroliennes... à la cime des arbres à plus de 15 m de haut. Profitez-en pour visiter la forêt d'un autre œil, vue d'en haut. Vous passez tout d'abord par un parcours d'initiation et ensuite vous choisissez votre piste. Le « Ti sucrier » est réservée aux tout petits. Le niveau augmente légèrement avec « Gli-Gli » puis avec le « tapeur », de niveau moyen. Ensuite viennent la « Trembleuse » et la piste du « Fou-Fou » pour les casse-cou ! La taille minimum pour participer à l'activité est de 1,30 m. Sur place, un restaurant.

POINTE-NOIRE ★★

Pour connaître l'origine d'un tel nom aux Antilles, il faut savoir de quoi on parle. Les regards se portent instinctivement vers le large ou les profondeurs de la terre. Jules Ballet, l'historien marie-galantais du XIXe siècle évoque cette pointe nord, fondatrice du bourg, aux rochers d'un noir bleuté, teinte liée à une coulée de lave. Son patronyme est dès lors scellé, et colle d'ailleurs très bien avec la fierté pays. L'ancien volcan, la Belle-Hôtesse (711 m), est toujours là. Curieusement, avant, la commune s'appelait Caillou. Même si les deux noms suggèrent la même force géologique, ils n'ont rien de commun. Caillou rend hommage à Joseph Caillou, l'un des premiers colons de la région, dont le nom avait déjà utilisé pour baptiser la rivière, devenue depuis Baille-Argent. Vers la fin du XVIIe siècle, on a construit le fortin, qui a conservé quelques vestiges, afin de protéger les bateaux venant mouiller sur côte.

▶ **Aujourd'hui, son littoral tropical et son indolence engageante** fait que l'on a d'emblée envie de se promener sur sa route côtière. Les anciennes cases créoles, jolies et colorées, reflètent l'image traditionnelle d'un gros bourg paisible établi en bord de mer. L'église Notre-Dame-du-Port, qui a subi une retouche en 1976, domine la mer. Côté shopping, des échoppes de l'artisanat local proposent objets en bois, chapeaux et autres souvenirs, le tout complété par un sympathique petit marché. Le bord de mer étant tout de galets, on ira chercher une plage plus au sud, vers l'Anse-Caraïbe.

▶ **La route de la Traversée, une avancée considérable.** Jusqu'au percement de la route en 1965 à travers la montagne, cette commune était en quelque sorte coupée du reste de la Guadeloupe. Son accès s'effectuait uniquement par le littoral. Un parcours long et difficile ! Cette départementale transversale permet d'accéder aux plus beaux sites nichés au cœur du Parc national de Guadeloupe. C'est également le point de départ de nombreuses randonnées pédestres, des promenades sylvestres et aquatiques, gérées par l'Office national des forêts. Comme un long ruban vert, la route de la Traversée, véritable voie ouverte sur une nature exubérante et contrastée, avance et se laisse arpenter.

En 1935, c'est un pont fabriqué par les ateliers Gustave Eiffel qui vient enjamber la rivière de Petite Plaine afin d'assurer la liaison vers Basse-Terre. Le transport du courrier et des voyageurs s'effectuant jusqu'alors à pied, à dos de mulet ou en canot. La construction, sur la RN 2, d'un pont en béton armé signe l'obsolescence de la structure métallique. Le pont Eiffel, restauré puis réhabilité en août 2012, figure aujourd'hui en bonne place parmi les monuments historiques.

Pratique

▪ **OFFICE DU TOURISME**
Chemin les Plaines ☎ 05 90 99 92 43
www.pointe-noire-guadeloupe.com
odtpointenoire@gmail.com
Bureau ouvert les lundis, mardis et jeudis de 8h à 17h30, les mercredis et vendredis de 8h à 13h.
Pour vous renseigner sur les activités à faire sur place et dans les environs de Pointe-Noire.

Se loger

Locations

▪ **LA CHAMBRE AUX ETOILES**
☎ 06 90 74 25 17
lachambreauxetoiles971.wifeo.com
A partir de 190 €/semaine pour 2 personnes.
Ces 2 bungalows insolites, Castor et Pollux, nichés dans un jardin tropical, disposent d'un toit panoramique transparent. Ils sont situés sur les hauteurs d'Acomat. Ils sont équipés d'un coin cuisine, d'une salle de bains et d'une terrasse en partie couverte

dotée d'une table et de chaises et de transats dans le jardin privatif. Ils se trouvent à proximité de la plage Caraïbes, du saut d'Acomat et de la réserve Cousteau, au départ de nombreuses traces et activités nautiques.

■ EDEN FOREST VILLAS
Acomat ✆ 06 90 74 77 67
edenforestvilla@gmail.com
Tarifs par nuit selon saison : lodge à partir de 95 €, villa à partir de 350 €.
L'Eden Forest vous accueille au sein d'une magnifique résidence à l'entrée du quartier Acomat, où vous profiterez du calme de la nature, en famille ou en amoureux. La villa à la décoration contemporaine, chic et épurée fait honneur à la commune de Pointe-Noire avec son magnifique mobilier en bois. Elle dispose de quatre chambres avec salles de bain privatives, d'un salon et d'une cuisine ouverte entièrement équipée. Côté terrasse, vous pourrez vous prélasser dans la piscine lagon ou bronzer allongé sur un daybed. Pour l'apéritif et les grillades, un salon d'extérieur et un barbecue à charbon sont à votre disposition. La résidence compte également deux lodges avec coin cuisine équipé, lit 160 cm, canapé et bain bouillonnant privatif. Le petit plus : la vue sur mer.

■ VILLA MADRAS
Lotissement Cato
Rue des Hibiscus ✆ 06 09 92 75 21
www.villa-madras.com
Tarifs à la semaine de 2 100 € à 3 996 € selon la période.
Spacieuse et de grand standing, la villa Madras peut accueillir jusqu'à 12 personnes et dispose d'une décoration de charme. Les équipements très complets conviendront parfaitement aux séjours en famille ou entre amis. La villa dispose d'une piscine à débordement et d'un accès privatif à la mer. A proximité se trouvent la belle plage Caraïbe, aménagée, et des restaurants de plage. Les 5 chambres sont climatisées et équipées de moustiquaires. wi-fi sur place également. Possibilité de demi-pension ou pension complète.

Bien et pas cher

■ ECO LODGE BULLE DANS LES ARBRES – SOUS-BOIS D'ACOMAT
Acomat ✆ 06 87 74 90 58
Tarif : à partir de 70 €/nuit (petit déjeuner et produits de toilette biodégradables inclus).
Une expérience insolite à vivre pour votre séjour en Guadeloupe, dans les sous-bois d'Acomat : être suspendu dans les arbres dans une bulle transparente pour une immersion en pleine nature, sur une propriété privée. La bulle peut accueillir deux adultes et un jeune enfant. Possibilité de rajouter un hamac ou un lit d'appoint. Vous apprécierez de dormir sous le ciel étoilé et de vous réveiller avec un bon petit

déjeuner à base de produits locaux. Les petits plus écolo : douche solaire, toilettes sèches et produits de toilette biodégradables (savon, dentifrice, shampooing) sont à votre disposition pour contribuer à la préservation de l'environnement.

■ HABITATION COLAS
Chemin de Colas
Mahault ✆ 06 90 61 04 67
www.gite-en-guadeloupe.fr
De 55 à 110 €/nuit selon saison, capacité et durée. Séjour de 2 nuits minimum.
L'habitation est composée de 3 bungalows en bois d'une capacité d'accueil différente. Ils sont climatisés et bénéficient d'une jolie déco colorée et raffinée. Ils sont indépendants les uns des autres. Dans un cadre naturel verdoyant et calme, avec vue sur la piscine. La décoration de chaque bungalow est personnalisée. L'équipement, par contre, est le même avec une cuisine équipée, un séjour et une grande terrasse, véritable lieu de vie, équipée de hamac et chaises longues, entre autres. Accès direct à la rivière Colas pour une balade rafraîchissante. L'habitation est également le point de départ de sentiers pédestres. Point wi-fi sur la terrasse.

■ JACK TAVERN
Route des Plaines ✆ 05 90 46 16 28
www.jacktavern.fr – contact@jacktavern.fr
Tarifs/nuit : 25 € en lit en dortoir, de 35 € à 40 € en chambre « love », de 45 à 65 € en chambre double ou triple. Tarifs selon nombre de personnes pour les chambres. Petit déjeuner à partir de 5 €. Wifi gratuit. Laverie et blanchisserie : 6 € les 3 kg. Taxe de séjour incluse dans les tarifs. Restaurant et bar lounge sur le site.
L'une des rares auberges de jeunesse en Guadeloupe ! Au choix : trois dortoirs confortables et propres pour les aventuriers, une chambre « love » pour les amoureux et une chambre en base double ou triple. Un hébergement convivial à petits prix pour les jeunes et moins jeunes. Possibilité de choisir entre un dortoir masculin, féminin ou mixte. Sanitaires communs (sauf pour la chambre double). Réfrigérateur à disposition.

■ LA POINTE D'ARGENT
Baille-Argent ✆ 05 90 28 44 35
hotel-ptedargent@orange.fr
A 100 mètres de la plage de Petite Anse. Chambre double avec petit-déjeuner : 75 €/nuit, et 490 €/semaine. Appartement une chambre, séjour et kitchenette à partir de 90 €/nuit et 590 €/semaine. Appartement 2 chambres (6 personnes) à partir de 130 €/nuit. Tarifs dégressifs à partir de la deuxième semaine.
Un petit hôtel familial à la décoration un peu désuète mais qui pratique des prix très raisonnables. Il se compose de 5 chambres à l'étage (au-dessus du restaurant) et de 6 appartements et 4 studios tous orientés vers la piscine au cœur d'un jardin.

Confort ou charme

■ ACOMAT BELLEVUE
Chemin de Thomy
℡ 05 90 99 60 63
www.acomat-bellevue.com
info@acomat-bellevue.com
Pour y accéder, prendre la direction de la
caféière Beauséjour.
*Tarifs pour 2 personnes. A partir de 90 €/nuit
en basse saison. Séjour de 7 nuits minimum en
haute saison. Premier petit-déjeuner offert. Table
d'hôtes sur commande (entre 15 € et 20 €).*
Sur les hauteurs de Pointe-Noire, à 200 m d'altitude, vous trouverez 5 bungalows en bois de style
créole dans un jardin tropical de 5 000 m². Ils sont
tous agencés sur le modèle, avec deux chambres
ventilées. Ils bénéficient tous d'une vue sur la mer.
La décoration aux couleurs créoles est de très
bon goût, la sobriété du bois donne beaucoup
de cachet à l'ensemble. Une grande terrasse
couverte fait office de salon et d'espace de vie :
table et chaises en teck, canapé, hamac… La
capacité d'accueil par chalet est de 4 personnes.
Petit détail important : les bungalows sont bien
agencés dans le jardin et il n'y a pas de vis-à-vis.
Vous pouvez donc « siester » dans votre hamac en
toute intimité ! Sur place également, une cuisine
commune, face à la mer, équipée d'un réfrigérateur, de plaques de cuisson et d'un barbecue.

■ DOMAINE DE LIZARDY
2009 route de Morphy ℡ 05 90 86 92 24
www.lizardy.fr – gites.lizardy@pt.lu
A 5 minutes de Pointe-Noire.
*De 520 € à 645 €/semaine selon la saison.
Supplément de 50 à 100 €/semaine par personne
supplémentaire. Nettoyage en fin de séjour : 45 €.
Fermeture annuelle en juin et septembre.*
Chris et Georges proposent 5 gîtes *cozy* de deux ou
trois pièces équipés chacun d'une cuisine, pouvant
accueillir pour certains jusqu'à 5 personnes. Ils
se situent dans une propriété verdoyante de
presque un hectare.

■ BEAUSEJOUR GUEST HOUSE
Gros Morne
Chemin de Thomy
℡ 05 90 98 10 09
www.beausejour-guest-house.com
info@beausejour-guest-house.com
*Tarifs à la semaine/ Lodge Tarrazu (2 personnes) :
de 710 à 810 €. Lodge Blue Mountain (2 à
4 personnes) : de 770 à 850 €. Lodge Arabica
(4 personnes) : de 850 à 950 €.*
Beauséjour Guesthouse est situé sur les hauteurs
d'Acomat. Les trois écolodges, indépendants
les uns des autres, nichés au cœur du jardin,
bénéficient d'une superbe vue sur la mer des
Caraïbes. Les hébergements disposent d'une ou

deux chambres selon leur catégorie, d'une grande
terrasse avec espace salon, d'une cuisine équipée,
d'une salle de bain avec douche italienne, d'un
lave-linge. Vue panoramique sur le parc national
et la mer des Caraïbes. Possibilité de profiter d'un
repas créole élaboré à partir de la pêche du jour
ou du petit déjeuner servi sur votre terrasse. Des
sentiers permettent de découvrir la faune et la flore
de la propriété. Vous êtes à proximité des rivières.

■ DOMAINE DU ROCHER NOIR
Mahault ℡ 05 90 95 03 24
www.domainedurochernoir.fr
reservationrochernoir@gmail.com
*Hébergement de 205 € à 375 €/nuit selon la
saison et le type de lodge. Tarifs dégressifs en
fonction de la durée du séjour. Petit déjeuner :
9 €/enfant et 15 €/adulte (formule classique) ;
12 €/enfant et 20 €/adulte (formule complète).*
Si vous cherchez à passer un séjour en harmonie
parfaite avec la nature et vous réveiller au chant
des oiseaux, vous êtes au bon endroit. Le Domaine
du Rocher Noir est situé en pleine forêt, à proximité
du parc naturel. Les bungalows peuvent accueillir
de 1 à 6 personnes selon le modèle et disposent
chacun d'un spa. Leur forme octogonale met en
avant la singularité du site. Sur place, une piscine
commune, une aire de jeux, un kiosque de lecture
et de détente.

■ GUADELOUPE-PARADISIO
Pointe-Noire
1924 Chemin de Varin
℡ 06 90 74 07 50
www.guadeloupe-paradisio.fr
villa.guadeloupe-paradisio@orange.fr
*Hébergement de 350 à 650 €/semaine selon
la catégorie et la saison, pour 2 personnes.
Bungalows 1/2 personnes de 790 à 1 500 €/
semaine, 70 € par personne supplémentaire.
Ajoutez 35 € de frais de ménage en fin de séjour
pour les gîtes et 45 € pour les bungalows.*
Vous avez le choix entre 5 gîtes répartis très
habilement dans une grande villa. Ils bénéficient
tous d'une indépendance totale. Deux bungalows
nichés dans les arbres. Les logements peuvent
accueillir jusqu'à 7 personnes. La vue sur la
mer des Caraïbes est exceptionnelle, depuis la
piscine autant que du bain bouillonnant ou des
hébergements. Un très beau site au cœur d'un
parc de 3 hectares, bien fleuri, qui propose des
prestations de bon standing. Le carbet au bord
de la piscine est équipé d'un barbecue.

■ HABITATION LA MANON
Acomat Gros Morne Thomy
℡ 06 90 61 94 04
www.habitation-la-manon.com/
info@habitation-la-manon.com
*Chambre de l'écrivain : de 55 à 75 €/nuit. Gîte
La Discrète (2 personnes) : de 70 à 90 €/nuit.*

Gîte La Belle Étoile (4 personnes) : de 165 à 210 €/nuit. Gîte Au Bois Dormant et Clair de lune (4 personnes) : de 130 à 185 €/nuit. Séjours minimum de 3 nuits (sauf week-end).

Les gîtes sont situés sur les hauteurs de la cascade d'Acomat et offrent un luxe indéniable... La décoration, très soignée, rappelle l'époque du XVIIIe siècle tout en s'alliant au confort des équipements modernes. La vue s'ouvre sur la mer des Caraïbes. Coup de cœur pour la Chambre de l'écrivain (pour 1 ou 2 personnes) qui plongera ses invités dans une parfaite « zénitude ».

■ PARC AUX ORCHIDÉES
723 route de Trou-Caverne
✆ 05 90 38 56 77
www.parcauxorchidees.com
contact@parcauxorchidees.com
Situé dans la partie nord de Pointe-Noire, 4 km après la sortie du centre-ville, juste après l'école de Baillargent (entre les quartiers Trou Caverne et Beausoleil). Se garer en face de l'école.
De 57 à 161 €/nuit selon la saison et le bungalow. Ouvert toute l'année.
Les 3 gîtes de charme sont nichés dans un parc tropical absolument superbe où vous pourrez découvrir l'une des plus importantes collections d'orchidées de la Caraïbe. A conseiller aux amoureux de la nature qui souhaitent disposer de prestations de qualité. Les hébergements sont très bien équipés : cuisine, salle de bains, terrasse, climatisation avec accès au spa et à la piscine. Les matériaux de construction proviennent de la région de Pointe-Noire, dans le respect de l'habitat traditionnel. L'écologie reste le maître-mot des lieux. wi-fi, TV et Canal + (selon la catégorie).

■ RÉSIDENCE HÔTELIÈRE DE PETITE ANSE
Petite Anse – Baille Argent
✆ 09 72 16 39 98
www.hotel-titanse.fr
contact@hotel-titanse.fr
Studio (2 personnes) : de 90 à 115 €/ nuit et de 560 à 750 €/ semaine. F2 (4 personnes) de 120 à 145 €/nuit, et de 700 à 900 €/semaine. Tarifs selon saison.
Située à mi-chemin entre Deshaies et Pointe-Noire, la résidence hôtelière de Petite-Anse vous propose un vaste choix d'hébergements aux commodités variées. Studio 2 personnes, F2 pour 3 ou 4 personnes, tous sont équipés d'une climatisation, d'un écran plat, d'un accès wi-fi, et ils ont également accès à une piscine extérieure. Le complexe se situe au pied de la plage de Petite-Anse où vous pourrez vous détendre. Cette plage, côté Caraïbes, sera l'endroit idéal pour admirer de magnifique fonds marins et peaufiner votre bronzage. Un vrai petit coin de paradis pour des vacances au soleil entre amis ou en famille.

■ TIPLÈN KRÉOL
Route des Plaines ✆ 05 90 99 05 19
www.tiplenkreol.com
ti-plen-kreol@orange.fr
De 69 à 98 €/nuit (à partir de 2 nuits pour 2 personnes) selon saison et type de bungalow. 12 €/personne supplémentaire. Nuit seule à 80 € pour 2 personnes. Séjour gratuit pour les moins de 3 ans et -50 % entre 3 et 11 ans. Petit déjeuner : 15 €/personne.
Au cœur d'un site arboré et fleuri, un ensemble de 3 gîtes de charme en bois rouge, qui font honneur à Pointe-Noire, commune réputée pour son bois. L'accueil des propriétaires est chaleureux. Chaque gîte est entièrement équipé pour votre confort et décoré avec de jolies couleurs chatoyantes. Une piscine est à votre disposition sur le site. Le petit plus : la rivière à proximité.

■ VILLA ROSE CARAÏBES
Chemin de Varin
✆ 05 90 99 96 62
villarosecaraibes.com
contact@villarosecaraibes.com
Tarifs selon le nombre de personnes et la saison : de 435 € à 620 €. Table d'hôtes : 21.50 €/adulte et 12.50 €/enfant de moins de 10 ans.
Un très beau site où sont nichées 6 bungalows, d'une capacité de 2 à 5 personnes, en bois dans la lignée de l'architecture créole dont un sur pilotis, Kaz en l'air (2 chambres séparées par une salle de bains des plus originales, une cuisine sur la terrasse). Également deux chambres d'hôtes avec kitchenette et vue sur la mer. Un espace piscine est à disposition de tous les hôtes. Le tout dans un superbe jardin tropical à l'ambiance très zen agrémenté d'un bassin et d'une cascade avec nénuphars, et carpes Koï. Les propriétaires préparent également des plats locaux qu'ils proposent à leur table d'hôtes. Accès wi-fi.

■ WEST INDIES COTTAGE
62 chemin des Plaines ✆ 05 90 92 96 17
www.westindiescottage.com
Tarif à la nuit : 136 €. Tarif à la semaine de 500 à 950 € selon la saison et le type de logement. Possibilité de petit-déjeuner et dîner en table d'hôtes.
Si vous souhaitez sortir des gîtes standardisés, voilà une adresse originale et charmante. Au milieu d'un grand jardin, 6 logements différents, tous très intéressants et avec du cachet : une maisonnette en forme de moulin (un lit double et un simple), une roulotte (deux lits doubles), un carbet (*lodge*) assez spacieux (2 lits doubles et deux superposés, coin bar) et une maison sur pilotis (un lit double et un simple), les trois derniers en bois. Ils possèdent tous un coin cuisine équipé et sont ventilés naturellement. Le site dispose depuis peu d'un bassin lagon.

Luxe

■ ROCHERS CARAIBES

9 rue des Rochers ✆ 05 90 94 33 83
www.rocherscaraibes.com
Villa Gran Kaz : de 1 780 à 1 980 €/semaine,
Kaz a Man Tiren : de 900 €/semaine, bungalow
Ti Kaz : 800 €/semaine.
Sur un terrain escarpé entre Bouillante et Pointe-Noire, les trois hébergements sont bien intégrés au milieu naturel. Des petits sentiers dallés passent au travers du domaine, que l'on visite comme un parc. On se trouve au milieu d'un jardin tropical aux essences variées. L'aspect écologique est mis en avant (ventilation naturelle, récupération de l'eau pluviale, panneaux solaires). La Kaz à Man Tiren est une ancienne case créole de plus de 160 ans, idéale pour un couple. Ti Kaz est un bungalow 1 chambre très cosy en bois au beau milieu des bambous. Ces 2 hébergements disposent chacun d'un spa privatif. Gran Kaz est une belle villa en bois à l'architecture créole dotée de trois chambres et trois salles de bain et d'une piscine. Chaque hébergement a son parking en entrée privée. Accès wi-fi.

Se restaurer

Bien et pas cher

■ LE FLAMBOYANT DE TITANSE

Plage de Petite-Anse Baillargent
✆ 05 90 99 97 50 – restaurant-titanse.fr
Carte de 10 à 25 €.
Restaurant de plage, les pieds dans le sable, qui propose des plats antillais.

■ LES GOMMIERS

200 rue Baudot ✆ 05 90 98 01 79
restaurant.lesgommiers@gmail.com
Face au collège Courbaril
Ouvert du lundi au samedi de 7h à 17h, service
de 11h30 à 15h. Comptez entre 20 et 26 € pour
un repas complet (apéritif, entrée, plat, dessert).
Spécialités antillaises à base de produits de la mer selon arrivage, salades ou assiette de tapas (accras, nems...). Le menu du jour est très correct. De bons plats traditionnels sont proposés également. Un établissement à la déco sobre mais agréable, situé au centre du bourg, qui a bonne réputation. Vente à emporter possible. Un des meilleurs rapport qualité/prix de Pointe-Noire.

■ JACK TAVERN

Route des Plaines ✆ 05 90 46 16 28
www.jacktavern.fr – contact@jacktavern.fr
Tous les soirs de 18h à 22h sauf le mercredi.
Service le samedi et dimanche midi. Plats à
partir de 12 €. Menu enfant à 10 €. Auberge de
jeunesse sur le même site.

Un restaurant-bar lounge pour boire un verre ou manger une salade géante, une grillade ou un bon petit plat fait maison à base de produits frais et locaux. Vous y trouverez tant des plats locaux que de la cuisine française ou du monde (notamment des spécialités croates).

■ PARC AQUACOLE

Route des Plaines ✆ 05 90 98 11 83
www.parc-aquacole.fr
ocean@orange.fr
Table d'hôtes le vendredi et dimanche midi.
Formules à 22 € (menu poisson ou ouassous)
et 28 € (poisson et ouassous). Menu enfant :
12 €. Apéritif offert. Réservation recommandée.
Les repas sont bien sûr élaborés uniquement à partir des produits du parc aquacole (ouassous, rouget créole et loup-caraïbe). Le repas est servi au milieu du parc paysager. Vous pouvez également tenter de pêcher le rouget créole après le déjeuner. Possibilité d'acheter des produits de la ferme sur place.

■ LE REFLET

Plage Caraïbe ✆ 05 90 98 11 51
Ouvert le midi, tous les jours, sauf le jeudi en
basse saison. Le soir sur réservation. Menus à
15 € (entrée, plat, dessert).
Ce petit restaurant sans fioritures est situé sur une plage familiale au sable blanc qui reste assez calme en termes de fréquentation. Vous y viendrez pour leurs excellents accras de légumes mais également les ouassous, le poisson-lion et le gratin de christophines, les poissons grillés, les courts-bouillons et bien évidemment l'inévitable langouste !

■ LA ROUTE DU ROOTS

Plage de Petite Anse
✆ 06 90 09 41 78
Du mardi au dimanche de 11h30 au coucher du
soleil. Compter 13 € pour une formule jus/crêpe
salée/dessert.
Une petite cabane en bois sur la plage qui ne paye pas de mine mais où vous pourrez manger de délicieuses préparations à base de coco. Tout y est fait maison à base de produits frais du jour. Jus, crêpes, gâteaux, sucres à coco. Les crêpes sont servies aussi bien salées (garnies de poisson fumé ou de chiquetaille de morue et accompagnée de légumes), que sucrées (pâte à tartiner maison et confiture de coco).

À voir – À faire

■ L'HABITATION CÔTE-SOUS-LE-VENT

Route des plaines ✆ 05 90 80 42 62
www.habitationcotesouslevent.com
contact@habitationcotesouslevent.com
Ouvert tous les jours de 10h à 17h. Dernière entrée
à 16h. Fermé le lundi et mardi de mai à juin et

de septembre à novembre. Tarif adulte 14,50 €, enfant de 3 à 12 ans 4,50 €.

Située face à la mer des caraïbes, l'habitation Côte-sous-le-Vent est un parc dédié à cette région abritée des vents et idéalement située, considérée comme le grenier de la Guadeloupe à plus d'un titre. Sur l'ancien site de la maison du bois, dans une habitation entièrement réaménagée, se trouvent toutes les richesses de l'île : ses bois précieux, son cacao, son café, ses épices... Les amoureux des jolies fleurs se promèneront au milieu de milliers d'orchidées et de broméliacées avec l'accès à une maison créole typique. Des espaces pédagogiques vous feront découvrir l'artisanat local, les secrets de fabrication et bien sûr la magnifique flore de Guadeloupe. Une exposition exceptionnelle sur l'univers de la piraterie vous fera découvrir que la Côte-sous-le-Vent fut un haut lieu de la flibusterie au XVIIe siècle ! Enfin, les visiteurs auront le privilège d'entrer dans la serre aux papillons pour admirer des centaines d'espèces tropicales parmi les plus belles du monde. Pour finir, les amateurs de sensations fortes pourront admirer la flore vue d'en haut grâce aux vélovolants ! Sur plus d'un kilomètre de parcours, à plus de 10 mètres, les visiteurs pédaleront tout en profitant d'une vue exceptionnelle...

■ **LA MAISON DU CACAO** ⭐
Route de Grande-Plaine
✆ 05 90 98 25 23
www.maisonducacao.fr
contact@maisonducacao.fr
Ouvert tous les jours de 9h30 à 17h. Dernière visite commentée à 16h. Fermé le dimanche. Entrée : 8 €/adulte, 4 €/enfant (6-12 ans).
Au cœur d'une ancienne région caféière où l'on s'est mis à faire du cacao, vous découvrirez l'origine du chocolat ainsi que la culture agricole du cacaoyer. Vous apercevrez, au détour d'un chemin, la cabosse, le fruit du cacaoyer, qui pousse à même le tronc de cet arbre. Un écomusée au parcours pédagogique à travers un champ botanique et agricole permet de découvrir l'art de cultiver cette essence singulière, avant de prendre part à une exposition sur l'histoire du chocolat à travers les âges, ses implantations et fabrications artisanales, ses différentes étapes reproduites (fermentation, séchage, torréfaction, etc.), jusqu'à la fabrication de la pâte de cacao. Et ce que tout le monde attend arrive enfin : la dégustation du chocolat des îles en pur cacao ! Sensations inédites garanties... Dans la boutique, des produits 100 % cacao de fabrication artisanale sont en vente ainsi que des chocolats fins, des punchs, des tablettes plus douces, du beurre de cacao, des gâteaux. Que du bonheur !

■ **ANSE BAILLE-ARGENT**

À mi-chemin entre Pointe-Noire et Deshaies. Joli port de plaisance avec son marché aux poissons. La plage de Ti-Anse permet de plonger avec masque et tuba simplement pour admirer de superbes poissons tropicaux et quelques fois même une tortue de mer !

■ **ECO MUSEE LALIWONDAJ KOTESI**

Gommiers
Chemin de Belle Hôtesse
☎ 06 90 75 64 74
Sur les hauteurs de Gommiers, en plein cœur d'une nature luxuriante bercée par le chant des oiseaux, Geneviève Francius vous invite à découvrir trois espaces de connaissance pédagogique et de culture à ciel ouvert, dédiés à l'ornithologie, à la volcanologie et à la botanique forestière.

■ **LA MAMELLE DU PIGEON**

Accès gratuit. Parcours d'une durée : 1h30. Niveau de difficulté : facile malgré des passages bouées et des rochers qui peuvent s'avérer glissants. Départ sur la trace de la D23.
Il faudra forcer sur les mollets et transpirer un peu pour arriver au bout des 153 mètres de dénivelé de cette randonnée, et surtout ne pas avoir peur de se salir non plus car, malgré les marches en bois, la pente reste boueuse et glissante. Mais cette ascension scabreuse en vaut la peine ! Depuis le sommet, vous aurez une superbe vue sur la ligne de crête et les deux Mamelles volcaniques. Un belvédère vous permet d'observer le panorama tout en vous laissant envahir par le bruit de la forêt en contrebas.

■ **PARC AQUACOLE** ⭐

Route des Plaines ☎ 05 90 98 11 83
www.parc-aquacole.fr
ocean@orange.fr
Le parc est ouvert tous les jours sauf le samedi, de 9h à 17h. Visites commentées de l'écloserie : 8 € par adulte, 4 € par enfant ; départs à 11h le vendredi et dimanche. Pêche à la ligne : 5 €. Table d'hôtes ouverte : vendredi et dimanche de 12h à 14h en haute saison et vendredi et dimanche en basse saison. Réservation conseillée
Sur près de 2,5 hectares, une belle balade à faire en famille ou entre amis dans un milieu naturel où vivent plusieurs espèces d'oiseaux protégées : balbuzard, martin-pêcheur d'Amérique, grande aigrette, aigrette neigeuse, crabiers, kios... Vous apprécierez la quiétude des lieux. C'est aussi la seule écloserie de ouassous de toute la Caraïbe et le seul élevage marin de Guadeloupe. Une visite commentée (les mercredis, vendredis et dimanches) permet de découvrir l'aquaculture, ses enjeux et la biologie

des espèces élevées. Un parcours pédagogique est ponctué de panneaux explicatifs sur l'aquaculture durable. Le vendredi, journée la plus intéressante pour la visite du parc, on assiste le matin à la récolte et à la vente des ouassous, puis à une animation autour des épices locales organisée par madame Vanille. On pourra aussi pêcher le rouget dans les 10 étangs du site et même repartir avec sa pêche. Tout poisson sorti de l'eau doit être payé selon son poids et les tarifs en vigueur. Bonne table d'hôtes sur place, ouverte le vendredi et le dimanche midi, avec un chef cuisinier, Isabelle, qui met en valeur les produits frais de la ferme. Possibilité d'acheter sur place et d'aménagement d'emploi du temps pour les groupes.

■ **PLAGE CARAÏBE**

Il s'agit du point de rendez-vous touristique de cette partie de côte. Sur place, restaurants, club de plongée, un musée du Coquillage, ainsi que l'atelier de tableaux de sable Art des îles. Vers Pointe-Noire, vous pourrez visiter l'habitation côte sous le vent, d'où part la trace des Contrebandiers (D17).

■ **SAUT D'ACOMAT**

Attention, le bassin, bien que profond à certains endroits, est comblé par de grosses roches. Le plongeon est donc absolument interdit, bien que certains s'y risquent. Site dangereux en cas de pluie.
Depuis Pointe-Noire, en direction de la plage Caraïbe, la première départementale (D16) vous mène au site indiqué. Vous y garez votre véhicule et entamez une courte balade à travers les bois, où prospèrent manguiers et goyaviers. Un sentier parfois un peu glissant descend jusqu'à la rivière. La pente est un peu difficile au départ. En remontant encore son cours de quelques dizaines de mètres, vous parvenez à une jolie chute comblant un bassin à l'eau vert émeraude, large d'une dizaine de mètres de diamètre. Prévoyez de bonnes chaussures et vérifiez toujours la météo avant de vous y rendre.

Sports – Détente – Loisirs

Sports – Loisirs

Vous disposez de trois points de départ pour la plongée : de la plage Caraïbe, de Petite-Anse et du petit port. De nombreuses randonnées pédestres s'offrent à vous, des plus faciles (trace de Daubin, Petit Malendure au départ de Mahault), à d'autres réservées aux plus sportifs (trace des Alizés, sentier de grande randonnée, traces des Contrebandiers, du Morne-léger à Belle-Hôtesse et Belle-Hôtesse aux Amandiers).

BASSE-TERRE

■ AN-BA DLO LA

118 Plage Caraïbes ☎ 06 90 47 11 61
www.guadeloupe-plongee.fr/
contact@anbadlola.fr

Tous les jours sur réservation. Initiation et perfectionnement apnée de 8h30 à 13h : 200 € en cours particulier. Rando palmée/snorkeling : 40 €/adulte et 30 €/enfant. Packs familles et groupes disponibles. Equipement adapté fourni pour chaque activité.

Amoureux de la mer depuis sa tendre enfance, Antoine a un bon CV dans le domaine : moniteur de secourisme, moniteur de chasse-sous-marine, guide de randonnée, instructeur national d'apnée, initiateur en biologie marine... C'est avec cet expert sympathique que vous partirez en mer, rassuré par sa bonne humeur et son professionnalisme. Dans cette petite structure familiale, il organise des découvertes en apnée avec un guide, de la pêche côtière, de la chasse sous-marine mais toujours en petit comité. Passionné, il sait aussi transmettre ses connaissances et fait preuve d'une épatante pédagogie ! Les forfaits « famille » sont très intéressants. L'établissement est labellisé Esprit parc national pour sa pratique respectueuse de la faune et la flore.

■ ANSE CARAÏBE PLONGÉE

Plage Caraïbe ☎ 05 90 99 90 95
jazz97116@orange.fr

Le bureau, situé sur la plage dans une cabane en bois, est ouvert de 9h à 18h. Tarifs : baptême 50 €/adulte, 40 € par enfant (8-12 ans). Plongée autonome 40 €. Plongée sur épave : 8 € de supplément. Sortie journée : (2 plongées et repas) : 90 €. Sortie Sec Pâté : (2 plongées et repas) : 115 €.

Jazz, titulaire du brevet d'État et passionné de plongée depuis 32 ans, vous fera découvrir le monde sous-marin en toute sécurité et dans une ambiance conviviale. Il a choisi le site de Pointe-Noire pour son calme en contraste avec la plage de Malendure à Bouillante. Les plongées

(exploration et baptême) vous entraîneront vers les îlets Pigeon ou le long de la côte Caraïbe. Cette petite structure accueille 12 personnes au maximum par sortie et change de site afin de minimiser l'impact sur l'environnement. Pour les plus confirmés, nous vous conseillons la plongée de nuit dans les épaves de la réserve de l'îlet Pigeon. Un vrai spectacle ! Le club propose des formules intéressantes qui comprennent l'hébergement, la location de voiture et un forfait plongée. Contactez-les ou renseignez-vous sur leur site.

■ LES BAILLANTES TORTUES

Port de pêche de Baille-Argent
☎ 05 90 98 29 71
www.lesbaillantestortues.com

Fermé en août. Fermeture hebdomadaire le samedi après-midi. Tarifs : baptême à 46 €, plongée à partir de 36 € si vous avez votre matériel, 41 € si vous n'êtes pas équipé. Accompagnant non plongeur : 16 €.

Les sites de plongées sont répartis de Deshaies à la réserve Cousteau. Ce club est réputé pour son accueil et son ambiance sympathique dans le respect des règles de sécurité et de l'environnement. Il propose des sorties avec double plongées sur les épaves ainsi que des plongées de nuit à la demande.

■ GWAKAKO

route des Plaines ☎ 05 90 26 74 85
gwakako.com – atelier.gwakako@gmail.com

Du lundi au samedi de 9h30 à 12h et de 14h à 16h30. Atelier sur réservation uniquement. 50 € (adulte) et 30 € (enfant).

Confectionnez votre propre tablette de chocolat. La plantation Gwakako vous accueille en toute convivialité pour une expérience culinaire « de la plantation de cacao à la tablette ». Au programme : préparation et dégustation de boissons à base de cacao ; réalisation des étapes de confection d'une tablette de chocolat ; visite guidée de la plantation. L'atelier dure environ 2h30. Vous repartez avec votre tablette de chocolat !

■ **NAUTICA PLONGÉE**
Plage de Petite Anse
✆ 05 90 99 90 47
www.nauticaplongee.fr
A 5 minutes de Deshaies.
Baptême : 48 €/adulte, 37 €/enfant. Plongée exploration à l'unité : 43 €. Plongée de nuit : supplément de 5 €. Randonnée PMT : 15 €.
La Côte-sous-le-Vent de la Guadeloupe est un lieu de plongée privilégié : tortues, tombants, coraux, éponges, poissons de toutes formes et couleurs, épaves... Grâce au bateau rapide, vous avez également accès à la réserve Cousteau à proximité. Ce prestataire installé sur la plage de la Petite Anse propose des baptêmes pour les débutants dès sept ans, sur les plus beaux sites de l'archipel. Les plongeurs professionnels organisent aussi des sorties en mer nocturnes, et des explorations d'épave dans la réserve Cousteau et le Sec Pâté (dans le canal des Saintes).

■ **YALODE**
✆ 06 90 56 58 10
www.kayak-guadeloupe.fr
Départ de la base nautique de Pointe-Noire pour une excursion de canyoning/aquarando.
Base nautique de Pointe-Noire : canyoning sans corde ou aquarando facile, adaptés à un large public (44 €/adulte, 39 €/enfant de 7 à 12 ans). RDV à la Maison du Cacao de Pointe-Noire avec des baskets et un maillot de bain. Kayak au départ de Vieux-Bourg : 22 € par enfant de moins de 12 ans et 38 €/adulte, RDV à la base nautique municipale de Vieux-Bourg et Morne-à-l'Eau (sortie coucher de soleil conseillée).
Pascal est un guide breveté d'État de rivières et de mangrove depuis plus de 10 ans. Il est également passionné de contes et légendes qu'il intègre dans ses balades. Il propose des formules inédites en kayak dans la mangrove

au départ de Morne-à-l'Eau ou en aquarando au départ de Pointe-Noire. La balade s'effectue par groupe de 8 personnes maximum dans des kayaks aux sièges adaptés pour un meilleur confort. Balade guidée à la demi-journée.

Détente – Bien-être

■ **PARC AUX ORCHIDÉES**
723 route de Trou-Caverne
✆ 05 90 38 56 77
www.parcauxorchidees.com
contact@parcauxorchidees.com
Situé dans la partie nord de Pointe-Noire, 4 km après la sortie du centre-ville, juste après l'école de Baillargent (entre les quartiers Trou Caverne et Beausoleil). Se garer en face de l'école.
A partir de 55 €/personne (massage : 45 minutes). Ouvert mardi au dimanche de 9h à 17h, sur rendez-vous. Contact pour les massages : 0690 08 04 51. Relaxation nuits + massages : 0590 38 56 77. Demi-journée : 140 € avec bain bouillonnant, gommage, massage.
Dans ce jardin tropical vous trouverez une très grande richesse florale. Citons la collection d'orchidées notamment, avec environ 3 000 pieds répartis en 400 espèces ou variétés, et de nombreuses floraisons toute l'année. La visite du parc est réservée aux clients du spa et de l'espace détente. Environ 500 m² du parc sont ainsi consacrés au bien-être. Exemples de prestations exclusives selon les préceptes de la médecine créole : bain bouillonnant relaxant aux feuilles de corossol et de verveine caraïbe, suivi d'un massage bien-être de 45 minutes aux huiles de massage bio contenant aussi des extraits de passiflore et de verveine caraïbe... Sur place des gîtes pour combiner séjour et massages.

DESHAIES ★★★★

Cette commune de plus de 3 500 habitants a été fondée en 1730 par le lieutenant Charles Auguste Le Roy de la Potherie, mais l'origine de son nom reste incertaine. La baie bien protégée de ce joli port de pêche attira longtemps marins et flibustiers, surtout aux XVIIe et XVIIIe siècles. Lorsque vous arrivez de Pointe-Noire par la route ou en bateau, la vue sur le bourg est superbe. Si l'église est commune, la mairie et la bibliothèque sont remarquables, tout comme le Jardin botanique, situé sur un domaine ayant appartenu à Coluche. Un nombre impressionnant de locations saisonnières, éco-gîtes, petites résidences hôtelières et hôtels de charme, pour la plupart bien intégrés dans le paysage, accueille les amateurs de nature,

de plongée et de plaisirs balnéaires.
Par la sortie nord, jusqu'à Caféière, la nationale qui suit la côte invite à quelques arrêts photo, notamment au point de vue du Gadet, sur la Grande-Anse. Au lieu-dit Ziotte, une piste caillouteuse et boisée que les locaux pratiquent pour faire leur trekking quotidien passe à travers une bande de forêt littorale et longe un lac intérieur jusqu'à la plage vierge.
Grande-Anse, l'une des plus vastes et plus belles plages de Guadeloupe.
Entre Ferry et Deshaies, la côte de galets et de rochers est moins grandiose. Étape possible dans un petit hôtel, avec vue sur mer et la montagne. A proximité, la plage de Petite Anse

étale un beau sable gris clair. Vous y trouverez des tables de pique-nique.

Se déplacer

■ EUROPCAR
Hôtel Langley Resort Fort Royal
℡ 0690 34 74 71
europcar-guadeloupe.com
reservation.Europcar@gbh.fr
Agence ouverte de 7h à 12h tous les jours en haute saison (de mi-décembre à mai) et du lundi au samedi en basse saison. Fermée les jours fériés.

■ HERTZ ANTILLES
Impasse Petit Bas Vent
℡ 06 90 49 66 92
www.hertzantilles.com
reservation@hertzantilles.com
Ouvert tous les jours de 7h30 à 12h sauf le dimanche et les jours fériés de 8h à 11h.
Réservation en ligne possible.

■ LIONEL APPOLINAIRE
Caféière
℡ 06 90 27 87 16
gwadatour@gmail.com

Pratique

■ SYNDICAT D'INITIATIVE
Rue de la Liberté
℡ 05 90 68 01 48
sideshaies@wanadoo.fr
Ouvert du mardi au samedi de 8h à 12h.
Un lieu qui rassemble toutes les informations touristiques utiles, ainsi que l'agenda des manifestations culturelles. A titre d'exemples, citons la Fête patronale (durant trois jours) et la Fête du bokti (avec jeux et musique sur la plage de la Perle), qui ont lieu en juillet, ou encore la Foire culinaire des saveurs en novembre. De décembre à avril, une fois par mois, se tient sur la petite place devant le kiosque le Mardi-Fest spécial à thème (Chanté Noël, Carnaval, etc.), accompagné d'un pot de bienvenue avec animations.

Se loger

Locations

■ LA COLLINE VERTE
741 allée Capado ℡ 05 90 47 18 55
www.collineverte.net
infos@collineverte.net
Gîtes 2 personnes entre 60 et 80 €/nuit selon la saison, et entre 380 et 530 €/semaine. Gîtes 4-6 personnes entre 75 et 115 €/nuit, 495 et 745 €/semaine. Gîtes 8 personnes entre 110 et 150 €/nuit, 735 et 1 000 €/semaine.
Dans ce jardin tropical se trouvent 9 bungalows, à l'architecture créole, adossés à la colline et qui dominent la mer des Caraïbes. Leur capacité d'accueil varie de 2 à 8 personnes chacun. Tous sont dotés d'une cuisine équipée ouvrant sur la terrasse, de chambres climatisées, d'un téléviseur et de nombreux accessoires bien utiles au quotidien (barbecue, étendoir à linge, moustiquaire, hamac, accès wifi...). L'établissement dispose d'une belle piscine réservée aux occupants des bungalows. Accueil chaleureux et petites attentions à l'arrivée qui font la différence tels le premier ti-punch, le premier petit déjeuner offert pour un séjour d'au moins 3 nuits...

■ HABITATION PINEAU
1396 chemin Pineau Richard
℡ 05 90 83 00 27
habitationpineau.com/
h-pineau@wanadoo.fr
Tarifs/ nuit (2 nuits minimum) : bungalow (2 personnes) de 70 à 125 €, gîte (2 adultes + 2 enfants) : de 70 € à 84 €. Tarifs case créole (6 personnes) une semaine minimum : de 693 € à 903 €. Table d'hôte (petit déjeuner et dîner). Location de voiture à partir de 30 €/jour.
Trois types d'hébergement sont proposés sur cette charmante propriété, située face à la plage de la Perle : le bungalow climatisé avec son spa privé qui surplombe le domaine, le gîte «Soleil couchant» avec une vue de carte postale et un spa tout confort, et pour finir la maison créole écologique qui est dotée d'un très confortable Jacuzzi privé.

BASSE-TERRE

■ GITES LES REVES D'OR

Vwe Moune
☏ 05 90 28 46 75
www.lesresvesdor.com
gitereslesrevesdor@orange.fr

Tarifs/semaine selon saison et type d'hébergement : de 420 à 750 € (gîtes), de 595 à 1 190 € (villas). Restauration sur place aux Délices d'or, de préférence sur réservation. Location de voiture possible avec transfert.

Idéalement situés à flanc de colline et au cœur d'un jardin tropical, Les rêves d'or offrent une vue imprenable sur la plage de Grande Anse. Vous aurez le choix entre des gîtes et des villas pouvant accueillir de 2 à 6 personnes, entièrement équipés (climatisation, télévision, réfrigérateur, etc.) et joliment décorés. Chaque logement dispose d'une terrasse avec vue mer pour profiter de moments de détente dans un environnement calme et paradisiaque. A moins que vous ne préfériez vous prélasser dans la piscine ou dans le bain à remous ou profiter de l'espace bien-être pour un moment de relaxation ! Le petit plus : l'accès direct à la mer donnant sur une petite crique des plus agréables, peu fréquentée.

■ LE REPAIRE DE JADE ET JACK

Allée Capado
Bas-Vent
☏ 05 90 23 76 27
www.location-jad-ed-jack.fr
contact@location-jad-ed-jack.fr

De 550 € à 890 € la semaine selon saison. Tarifs 2 nuits pour 2 personnes de 250 € (sans petit déjeuner) à 290 € (avec petit déjeuner).

L'aménagement des 4 bungalows, à l'architecture typiquement créole, est inspiré par l'ère de la piraterie dans les Caraïbes et dans le respect de l'environnement. Chaque logement est équipé d'une chambre climatisée, d'un salon sur la terrasse, d'une cuisine entièrement équipée et d'un spa privé et couvert. Une buanderie commune avec lave-linge, sèche-linge (en supplément) et table/fer à repasser est également accessible. Accès Internet gratuit. Jade est une hôtesse toujours disponible pour vous assister dans le choix de vos excursions.

■ RÉSIDENCE LA SIMONA

Bas Vent
☏ 05 90 89 06 87
www.lamanijeanne.com
lamanijeanne@hotmail.com

Tarif variable selon saison et nombre de chambres utilisées. La Manijeanne de 70 à 140 €/nuit, de 490 à 910 €/semaine. Wifi en supplément : 10 €. La Simona : de 100 € à 200 €/nuit, de 700 à 1 400 €/semaine. Taxe de séjour en supplément.

Répertoriée parmi les Gîtes de France, la charmante résidence comprend 8 villas jumelées de type F4. Elles sont toutes nichées dans un cadre verdoyant, clôturé et sécurisé. De jolies allées fleuries mènent à chaque villa. Tous les équipements et prestations sont haut de gamme et s'avèrent d'un très bon rapport qualité-prix. La plage de Fort Royal est à 300 m et celle de Grande Anse à moins de 4 km. Toutes les villas disposent de 3 chambres climatisées, 2 salles d'eau, un séjour doté d'un convertible 2 places, une cuisine entièrement équipée et une vaste terrasse. Elles sont toutes meublées avec beaucoup de goût. Elles peuvent recevoir 6 personnes. Deux d'entre elles sont aménagées pour les personnes à mobilité réduite. La résidence Simona est dotée de 3 Jacuzzi de 5-6 places installés sous des carbets individuels et savamment nichés au cœur des jardins afin de préserver l'intimité de chacun.

■ LES TI COMBIS DE PAPE

Route de Boeing
☏ 06 90 26 58 54
les-ti-combis-de-pape.com
ticombisdepape@gmail.com

Tarifs selon combi, durée et saison : week-end de 170 € à 220 €, semaine de 490 € à 620 €. Tarif dégressif au-delà de 7 nuits. Caution : 2 000 €. Inclus dans le tarif : assurance et assistance, transfert aéroport, nécessaire de voyage, kit 1er repas. Forfait ménage de 50 € en sus.

Embarquez à bord d'un combi Volkswagen de 30 ans (restauré et en parfait état) et sillonnez les routes de Guadeloupe pour profiter chaque jour d'un décor différent. Vous aurez le choix entre deux combis T3 de 1982 et 1988, entièrement aménagés et équipés, parfait pour les amateurs de road trip ou de bivouacs, en version essence (2 personnes max) ou turbo diesel (3 à 4 personnes). Vous y trouverez tout le confort nécessaire (frigo, évier, lit 2 places, prises usb, vaisselle, linge de lit, jeux, radio CD, tables et chaises, douches solaires).

Le transfert de l'aéroport à l'aller et au retour est assuré gratuitement et à toute heure par l'équipe, qui se fera un plaisir de vous former pour prendre en main le véhicule et vous indiquer les meilleurs spots pour profiter de l'île.

■ VILLA KATALO

348 boulevard Vwé Moun
☏ 06 90 49 67 62
www.katalo-villa.com
katalovilla@gmail.com

Tarifs de 400 à 800 € la semaine selon la saison.

La villa neuve allie le style contemporain à l'architecture créole à 20 mètres de la plage. Sur place, deux appartements et deux studios qui peuvent accueillir 2 personnes voire 1 à 2 personnes supplémentaires dans le lit d'appoint du salon.

Les chambres climatisées et les salles de bains sont situées en rez-de-chaussée. Le salon et la cuisine-terrasse sont au 1er étage, face à la mer. Les hébergements bénéficient de tout le confort (téléviseur, cafetière, four, bouilloire, lave-vaisselle, grille-pain, etc.). Une piscine est à votre disposition pour les moments de détente.

Centrales de réservation – Réseaux

◼ **LE HAMAC**
Rifflet
✆ 05 90 28 58 94
www.le-hamac.com
info@le-hamac.com
Tarifs des locations sur le site Internet.
Centrale de réservation, à Deshaies, qui propose la location de villas, bungalows et hôtels, sélectionnés pour leur qualité, leur situation et leur accueil. Les offres sont variées et accessibles à tous les budgets. Possibilité de louer un véhicule par leur intermédiaire également.

Ferry

◼ **AU TI SUCRIER**
Chemin de Bornave
Ferry
✆ 05 90 28 91 29
www.autisucrier.com
autisucrier@orange.fr
Tarifs selon saison à la semaine : studio standard de 490 € à 840 € la semaine, grand studio à partir de 700 €, appartement 2 chambres à partir de 735 €. Fermeture annuelle de fin mai à début juillet.
A 40 m de la plage de Leroux et à proximité du jardin botanique de Deshaies, dans un parc tropical avec vue imprenable sur la mer des Caraïbes, l'île de Montserrat et Antigua. Cet ensemble de 14 logements avec une piscine en forme d'éventail peut accueillir jusqu'à 40 personnes. Des logements au style créole sont répartis en trois catégories, studios standard pour 2 personnes, grands studios et appartements pour 4 personnes au cœur d'un jardin tropical. Tous les logements sont équipés de la climatisation dans chaque pièce, d'un coffre-fort individuel. Commerces et restaurants à proximité.

◼ **BLEU DES ÎLES**
Chemin de Bornave
Ferry
✆ 0690 653 446
www.bleudesiles.com
contact@bleudesiles.com
Tarifs à la semaine, selon la saison. Bungalow de 25 m² (2 personnes) : de 515 € à 700 €, bungalow 40 m² (4 personnes) : de 670 € à 915 €.
Le site bénéficie d'une vue mer imprenable et d'un accès à la plage Leroux à 150 m. Les 5 bungalows sont situés dans un cadre calme, au milieu d'un jardin tropical de 3 000 m² doté d'une piscine avec vue mer. Les plus spacieux disposent de 2 chambres (climatisées en rez-de-chaussée), d'une kitchenette équipée et une terrasse de 30 m² avec vue mer. Un autre petit bungalow douillet (Ti Nid d'Amour) permet d'accueillir un couple. Le site est doté d'une piscine et d'un carbet commun.

Le bourg de Deshaies

Bien et pas cher

◼ **CŒUR CARAIBES**
192 allée du Cœur
Ziotte
✆ 05 90 28 43 53
www.coeurcaraibes.com
infos@coeurcaraibes.com
Séjours minimum de 5 nuits : de 441 à 861 €/ semaine selon la saison et le nombre de personnes. Les séjours plus courts sont fonction des disponibilités ; de 90 à 195 € la nuit pour 2 personnes. 5 % de remise pour les séjours de 3 à 4 semaines.
Dans un parc de 8 000 m², 10 bungalows aux couleurs de la Caraïbe climatisés de tailles différentes (de 40 à 120 m²). Ils portent chacun le nom d'une île de la Caraïbe et peuvent accueillir de 2 à 6 personnes selon l'hébergement. Ils sont tous dotés d'une terrasse, d'un cuisine aménagé. Certains sont dotés d'une piscine privative ou d'un spa. La plage de Grande-Anse est au bout de l'allée. Possibilité de transfert (avec supplément) de l'aéroport jusqu'à l'hébergement ou de location de voiture par leur intermédiaire.

■ ARCHIPEL LOCATION
46 Petit Bas-Vent ℰ 05 90 28 45 65
www.archipel-location.net
*Tarifs à la semaine des bungalows de 298 €
à 336 € pour 2 personnes, 442 € la semaine
pour 4 personnes et 480 € pour 5 personnes
en haute saison. Remise de 50 % à partir
de la 2e semaine en basse saison d'avril à
novembre.*
A moins de 150 m de la plage de Fort-Royal,
une structure composée de 6 hébergements
autour d'une piscine bordée d'un jardin
tropical. Des logements d'une surface de 38 m²,
prévus pour 2-3 personnes, sont composés
d'une chambre, d'une cuisine équipée avec
coin repas, d'une salle d'eau, d'une terrasse
couverte donnant sur le jardin. Les autres peuvent
accueillir 4-5 personnes, sur une surface de
54 m², et disposent de deux chambres, d'une
cuisine équipée avec coin repas, de deux salles
de bains et d'une terrasse couverte donnant
sur le jardin.

■ LES GUANINES
222 Allée du cœur ℰ 05 90 28 41 67
lesguanines.com – lesguanines@wanadoo.fr
*De 320 à 350 € (1 ou 2 personnes) et de 395 à
430 € (3 ou 4 personnes) selon saison.*
A 300 mètres de la plage de Grande Anse, nichés
dans un écrin de verdure, vous apprécierez ces
deux bungalows de 45 m² chacun, entièrement
équipés (lit double, armoire, clic-clac, kitchenette, salle d'eau, brasseur). La terrasse ouverte
permet de profiter de l'environnement calme et
reposant et d'admirer le ballet des colibris qui
sillonnent le parc arboré et agrémenté de plantes
tropicales. Plusieurs commerces se situent à
proximité (station-service, épicerie, restaurants,
boulangerie, etc.).

Confort ou charme

■ DOMAINE KARAIBES
La Coque ℰ 05 90 28 58 88
www.karaibes.com
domainekaraibes@karaibes.com
*Nuit à partir de 65 € pour un bungalow de
1 à 2 personnes, 80 € pour accueillir de 1 à
4 personnes, 86 € de 1 à 5 personnes. Loft (1 à
6 personnes) à partir de 96 €.*

Ce gîte de charme compte 7 hébergements qui
sont tous construits en bois, dans le respect de
l'environnement, savamment disséminés dans
un domaine paysager. Certains bungalows sont
conçus pour accueillir jusqu'à 5 personnes. Le loft
« La Gwada » peut recevoir jusqu'à 6 personnes.
Il dispose d'un spa privé et d'une grande terrasse
ouvrant sur la mer des Caraïbes. Le premier
petit-déjeuner vous est offert et vous attend
dans le réfrigérateur. Un espace piscine permet
de se relaxer au cœur de la végétation. Les
plages sont à 2 minutes et vos hôtes se font un
plaisir de vous assister dans le programme de
votre séjour.

■ ECOLODGES BUNGALOWS ARSENAULT
442 Allée du cœur
ℰ 05 90 28 47 74
ecolodges.arsenault@gmail.com
*Ecolodge 2 personnes, 3 à 6 nuits : de 85 à 95 €/
nuit ; de 540 à 640 € la semaine. Ecolodge 2 à
5 personnes, 3 à 6 nuits : 110 à 130 €/nuit ; de
700 à 900 € la semaine. Tarifs variables selon
la saison. Séjours à partir de 3 nuits en basse
saison et 7 nuits et plus en haute saison.*
Arrivée à Deshaies en 1988, la famille Arsenault
a construit à la main trois bungalows en bois
exotique, dans un jardin tropical bordé par une
rivière. Vous y trouverez tout le confort et pourrez
profiter de la terrasse avec vue mer et jardin
sans vis-à-vis. Les écolodges bénéficient du
label « Esprit parc national ». Le petit plus : la
plage de Grande Anse n'est qu'à 450 mètres.

■ GITE BOIS CANNELLE
Impasse de Villers
ℰ 05 90 91 44 70
bungalowsboiscannelle.com
boiscannelle971@gmail.com
*Tarifs selon saison et durée : de 70 à 90 €/nuit,
de 420 à 540 €/semaine.*
Nichés sur les hauteurs de Deshaies, Anne-Sophie
et Alain vous accueillent chaleureusement autour
d'un verre de l'amitié, dans leurs trois bungalows
en bois, en harmonie avec la nuit et la végétation
luxuriante qui les entoure. Chaque gîte, joliment
décoré, est composé d'une chambre pouvant
accueillir 2 à 3 personnes, d'une salle de bains et
d'une grande terrasse-cuisine de 12 m² donnant
sur la piscine balnéo.

■ CARAIB'BAY HOTEL

Allée du Cœur
Ziotte ✆ 05 90 28 54 43
caraibbayhotel.com
reservation@caraib-bay-hotel.com
*Fermeture annuelle en septembre. De 138 à
184 € la nuit pour 2 personnes, petit-déjeuner
inclus selon la saison. Semaine promotionnelle
à 595 € pour 2 personnes en basse saison.
Membre de l'association Guadeloupe Ecotourisme
et titulaire du label Qualité Tourisme.*
Catherine et Christophe, les propriétaires et
leur équipe vous accueillent avec un cocktail de
bienvenue. Une présentation des activités de la
région – qu'ils ont personnellement sélectionnées – vous est proposée durant votre séjour.
12 duplex de 55 m² avec terrasse privative
harmonieusement établis au sein d'un vaste
jardin tropical de 11 000 m², composent cet
hôtel et une Ti Kaz Bwa, noyée au milieu de la
végétation. Un service hôtelier (petit déjeuner,
ménage quotidien, connexion wifi à la réception)
accompagne votre séjour et tout cela dans une
ambiance chaleureuse et familiale. Des moments
de détente, de lecture, de jeu vous attendent dans
le carbet et des moments de baignade dans la
grande piscine, ainsi qu'à la majestueuse plage
de Grande-Anse au bout de l'allée à 300 mètres.
C'est toute la démarche de l'écotourisme que
l'on retrouve : partager avec vous les richesses
de l'authentique.

■ HABITATION GRANDE ANSE

Plage de Grande Anse
✆ 05 90 28 45 36
www.hotelhga.com
claudio@hotelhga.com
*À partir de 90 € le studio standard. Promotions à
partir de 7 nuits. 2 types de formules proposées :
la formule résidence avec un service de ménage
tous les 4 jours, ou la formule hôtel avec un
service de ménage quotidien. La formule hôtel est
proposée par défaut (supplément : 10 €/jour pour
les studios, 20 €/jour pour les appartements).*
À flanc de colline, dans un jardin tropical luxuriant,
l'Habitation Grande Anse se situe à 250 m à peine
de la plage de Grande Anse. Le cadre est idéal pour
un séjour au calme. À la fois hôtel et résidence,
l'établissement dispose 48 logements climatisés

dont des studios standard pour 2 personnes,
des studios pour 4 personnes, et des appartements 2 et 3 chambres pouvant accueillir jusqu'à
7 personnes. Un restaurant surplombe la piscine
(fermé en basse saison). Il est ouvert tous les soirs
sauf le mercredi en haute saison.

■ HÔTEL LANGLEY RESORT FORT ROYAL

Pointe du Petit Bas-Vent
✆ 05 90 68 76 70
fortroyal@langley.eu
*A partir de 125 € pour une chambre double avec
petit déjeuner ou un bungalow standard (vue sur
jardin). Réservations et prix détaillés sur le site
Internet. Possibilité de réserver en ligne. Formule
all inclusive proposée.*
Repris par un groupe suédois après des années
de fermeture, le site a pris un nouveau départ
avec l'accueil d'une clientèle haut de gamme, des
Européens du nord majoritairement. La clientèle
antillaise et métropolitaine est également la
bienvenue. L'hôtel dispose de 215 chambres
et bungalows. La plupart des chambres ont une
vue sur la mer des Caraïbes. Plusieurs types
de chambres et suites sont disponibles. Les
bungalows sont tous regroupés dans une sorte
de petit village situé à l'extrémité du site, non loin
du restaurant. Sur place, un bar est ouvert toute
la journée, ainsi qu'un restaurant. Plages, bars et
restaurants sont accessibles au public extérieur.
Animations en soirée plusieurs fois par semaine.

■ LE RAYON VERT

La Coque ✆ 05 90 28 43 23
www.hotels-deshaies.com
guadeloupe.lerayonvert@gmail.com
*Chambre standard double de 151 € à 171 € par
nuit et de 171 € à 201 € en chambre confort,
chambre familiale à partir de 281 €. Petit-déjeuner
inclus.Séjours de 4 nuits minimum en haute saison.
Possibilité de demi-pension : 35 €/adulte, 15 €/
enfant. Fermeture annuelle d'août à octobre.*
À flanc de collines, près du jardin botanique, l'hôtel,
avec ses 22 chambres propose une vue imprenable sur la baie de Ferry. Tous ont leur terrasse
privée, la télévision et un mini-bar. Restaurant et
bar sur place, au bord de la piscine à débordement,
dans un cadre verdoyant et calme. Au restaurant,
on sert une cuisine mixte (créole et continentale).
La plage de Leroux est à 800 m.

BASSE-TERRE

■ O CŒUR DE DESHAIES

La haut Matouba © 05 90 90 93 86
www.ocoeurdedeshaies.com
contact@ocoeurdedeshaies.com
Tarifs par nuit et par personne selon saison : à partir de 131 € pour une suite et 181 € en lodge. Séjour chambre (7 nuit minimum) : à partir de 550 €. Petit-déjeuner buffet inclus et wifi gratuit.
Niché sur les hauteurs de Deshaies, cette résidence hôtelière de charme, rénovée en 2016, allie confort et modernisme, dans un écrin de verdure. Toutes les chambres et suites bénéficient d'une terrasse avec vue sur mer et certaines sont aménagées pour accueillir les personnes à mobilité réduite. Le lieu est idéal pour les couples ou les familles. Les petit plus : profiter du coucher de soleil sur la baie en dégustant un verre de vin à la terrasse du restaurant le Kawan, se prélasser au bord de la piscine ou se faire masser à l'espace bien-être.

■ AU JARDIN DES COLIBRIS

Lieu-dit Villers © 05 90 28 52 68
www.aujardindescolibris.com
aujardindescolibris@orange.fr
Tarifs à la semaine, selon la saison, sur la base de 4 personnes. Gîte de charme de 299 € à 1 050 €, gîte grand charme de 489 € à 1 259 €, case créole de 449 € à 1 479 €, case mezzanine de 549 € à 1 599 €, cabane dans les arbres et villa de 549 € à 1 759 €.
Adossée au célèbre jardin botanique de Deshaies, cette charmante propriété sur 10 000 m² est dissimulée dans un sous-bois, sur les hauteurs. Une villa de 120 m² prévue pour 8 personnes, 4 gîtes de charme pétillants et colorés, trois cases créoles en bois pour les amoureux, une cabane dans les arbres, deux lodges « Nature bay » avec vue mer et village ainsi qu'une villa avec piscine privée... Les possibilités d'hébergements ne manquent pas ! Certains bungalows peuvent accueillir jusqu'à 6 personnes. La cabane sur pilotis reste toujours à notre avis le must du domaine. Elle peut accueillir de 2 à 4 personnes avec sa chambre, son séjour, sa terrasse de 30 m², sa cuisine ouverte sur la nature et sa salle d'eau écolo. Sur place, une piscine avec un petit carbet dédié aux massages. Les oiseaux ne s'y sont pas trompés : ce lieu de nature vient d'obtenir le classement en refuge par la Ligue de protection des oiseaux, une première en Guadeloupe ! En contrebas, la plage de Leroux n'est qu'à 3 minutes. Petite nouveauté pour les gourmands : un traiteur livre directement dans les hébergements.

Luxe

■ TAINOS COTTAGES

Plage de Grande-Anse
© 09 70 35 82 63
www.tainoscottages.fr
Cottage à partir de 150 €/nuit ou 900 €/semaine.

À l'extrémité de Grande-Anse se trouve un ensemble de style créole, construit en bois indonésien et en teck, parfaitement intégré à la végétation tropicale qui longe le littoral. L'arrivée réserve son lot de surprises avec ces totems d'accueil et protection, les petits bassins d'eau et autres éléments de décoration extérieure, très zen. Les 4 cottages en teck avec une toiture en tuiles de bois sont indépendants, très spacieux et meublés avec un mobilier ancien et splendide. Certains disposent d'un spa privatif. Chaque hébergement se distingue par un nom taïnos dont le propriétaire se fera un plaisir de vous révéler l'origine. On a l'impression d'être dans une habitation créole d'antan avec en plus tout le confort des temps modernes (lit à baldaquin, minibar, douche hydrojet, Wi-Fi...). Une galerie ouverte sur le jardin, un hamac pour la sieste, une piscine et un bar-restaurant face à la mer, auxquels s'ajoute l'accès direct à la plage protégée par l'ONF (seul le Taïnos Cottages y a accès). Le luxe en pleine nature et le charme réunis en un même lieu. Autre détail, la piscine, encastrée dans la colline, reste bien à l'abri des regards indiscrets. Un hôtel rare en Guadeloupe qui sait évoluer au fil des années pour répondre aux attentes d'une clientèle exigeante.

■ HABITATION TENDACAYOU

Matouba La Haut
© 05 90 28 42 72
www.tendacayou.com
resa@tendacayou.com
Tarifs à la nuitée, selon la saison et la catégorie d'hébergement. A partir de 194 €, petit déjeuner inclus. Tarifs dégressifs à partir de 5 nuits consécutives. Plusieurs offres de séjour (spa, gourmand). Restauration sur place à la Table du poisson rouge. Consultez le site Internet pour plus d'informations.
Sur les hauteurs de Deshaies se trouvent des bungalows, que les propriétaires, Sylvie et Georges, ont voulu d'exception. Des écolodges dans les bois, un spa sous la forêt tropicale, une petite piscine, une table d'hôtes (Le Poisson Rouge) : tout est fait dans le respect d'une certaine tradition créole, avec des matériaux nobles, des couleurs madras et du goût. Tous les gîtes sont différents et chacun d'eux est bien identifié. Le Château Mango, dénommé ainsi car il s'appuie carrément contre un manguier géant, peut accueillir 6 personnes. Le Doudou An'mwen, avec la tête dans les arbres, accueille 2 personnes. Les autres logements sont chacun pourvus de bain japonais (grande baignoire en bois ronde). Tous fonctionnent à l'énergie solaire et sont alimentés naturellement en eau de source. Ici pas de télévision, pas de téléphone, pas de wi-fi.

Se restaurer

Le bourg de Deshaies

Sur le pouce

◼ KAZ A PAT
boulevard des Poissonniers
℡ 06 90 58 09 07
Du lundi au samedi de 11h à 14h30 et de 18h à 21h30. Le dimanche de 18h à 22h. Fermé le jeudi. Ticket moyen à 20 €.
Une bonne adresse pour manger de généreux burgers, à base de viande ou de poisson. A la carte également : poissons (cuisinés à la plancha, en tartare ou en tataki) et *fish and chips*. Selon l'arrivage, n'hésitez pas à goûter le poisson-lion.

Pause gourmande

◼ BREIZH'ILIENNE
Plage de Grande-Anse
℡ 06 90 06 37 08
Sur la plage de Grande-Anse.
Bar mobile présent toute l'année sauf en septembre de 10h à 18h.
C'est à bord de sa camionnette qu'une jeune Bretonne propose de vous faire découvrir les jus de fruits frais Peyi et d'excellents sorbets coco dans son camion blanc installé sur la plage. Elle prépare devant vous smoothies, les milk-shakes, des glaces et les cocktails sans alcool. Les jus sont préparés à la demande afin qu'ils conservent le maximum de fraîcheur et de vitamines. Vous y trouverez également des sandwichs.

Bien et pas cher

◼ LA CROISIÈRE, CHEZ LULU
129 rue de la Vague-Bleue ℡ 06 90 01 17 93
lacroisiere97126@gmail.com
Derrière la Poste.
Du mardi au dimanche de 10h à 22h. 20 € le buffet à volonté. Ambiance musicale tous les dimanches midi.
Ce restaurant coloré, les pieds dans l'eau, tenu par des Guadeloupéens, existe depuis plus de 40 ans. Il propose un buffet à volonté (apéritif, entrée, plat, dessert) avec des plats typiques (poisson grillé, coq, cabri, etc.). Langouste, fruits de mer et entrecôtes sur commande. Repas dansant le dimanche midi avec orchestre.

◼ KARACOLI BEACH & SPA
Plage de Grande Anse
℡ 06 90 52 78 60
www.karacoli.com
karacoli.beach@gmail.com
Horaires : mercredi et jeudi de 14h à 22h, vendredi et samedi de 10h à minuit et le dimanche de
10h à 22h. Fermé le lundi et le mardi. Compter environ 10 € pour un cocktail et entre 10 et 70 € pour les tapas.
Le nouveau bar de plage branché de la plage de Grande Anse à Deshaies. Pour le moment entre amis, les pieds dans le sable, à quelques mètres de plage, avec de la musique d'ambiance. Cocktails, tapas, chichas, vins, champagne et spiritueux à la demande. Possibilité de location de transats et de privatisation de carbets. Spa sur réservation.

◼ LE MADRAS
Rue de la Vague Bleue
℡ 05 90 28 49 88
Ouvert tous les jours sauf le mercredi et le jeudi soir, de 9h à 22h. Menu : à partir de 20 €. Demi-langouste : 30 €.
Le chef propose une cuisine typique sans prétention à base de produits frais (court-bouillon de poisson, ragoût de coq à l'ananas, colombo, brochettes de poisson). Vous pouvez vous installer dans la salle ou sur la petite terrasse surplombant la mer. Les assiettes sont copieuses mais le service n'est pas forcément très rapide. Il s'agit du lieu de tournage de certaines scènes de la série *Meurtre au paradis*.

◼ LE MAHINA
139 boulevard des Poissonniers
℡ 05 90 88 95 38
Ouvert midi et soir du mercredi au dimanche. Pizza à partir de 9 €. Plats à emporter à partir de 12 €. Fermeture annuelle en juin et de mi-septembre à mi-octobre.
Petit restaurant familial, où l'on peut commander une assiette de tapas, une salade de chèvre, un poisson grillé du jour, une plancha de viande, un poisson mariné ou une pizza (le soir). Pensez à réserver si vous souhaitez profiter de la petite terrasse, qui donne directement sur la mer. Accueil sympathique.

◼ PASSION CRÉOLE
381 allée du Cœur ℡ 05 90 91 81 75
www.passion-creole.com
A 500 m de la plage de Grande-Anse.
Ouvert de 11 h à 15h et 18h30 à 21 h sauf le mercredi et le samedi. Vente à emporter. Prix moyen d'un plat à emporter : 10 €.
C'est une maison bleue aux volets orange, que l'on repère de loin. Son petit auvent en façade (pour la vente à emporter) donne instantanément envie de s'arrêter et vous pourrez constater que beaucoup font appel à ce service. Et si vous devez attendre avant d'avoir vos plats, on vous offre même le ti-punch ! La cuisine est traditionnelle (ceviche, poisson à la tahitienne, poissons grillés, produits de la mer en fricassée, colombo). Le tout accompagné de légumes pays. La décoration de la salle donne l'impression d'être chez un privé.

TI POISSON LA

Plage de la Perle
✆ 06 90 64 41 82
tipoissonlagwada@gmail.com
*Horaires : tous les jours de 8h à 19h sauf le jeudi.
Petit-déjeuner de 8h à 9h30. Repas sur place ou à
emporter à partir de 10 €.*
Charmant petit restaurant de bord de mer, sur la
plage de la Perle. Vous pourrez y déguster, les pieds
dans le sable face à la mer, une cuisine aux saveurs
créoles et provençales. Large choix de plats cuisinés,
grillades, sandwichs, mais aussi des cocktails et des
crêpes. Tout y est préparé avec des produits frais et
locaux. Langouste sur réservation.

Bonnes tables

L'AMER

7 rue de la Vague-Bleue
✆ 05 90 68 30 30
www.l-amer.fr
contact@l-amer.fr
*Ouvert tous les jours, de 8h à 23h (service
continu de 12h à 22h). Menu créole à 21,90 €,
menu enfant à 10 €. Formule (entrée et plat ou
plat et dessert) : 16,90 €. Addition moyenne à
la carte : 25 €.*
L'Amer bénéficie d'une jolie terrasse colorée
avec une très belle vue sur Deshaies et sur la
mer. La carte, variée, fait honneur au poisson
local, aux légumes pays. Possibilité de plats
à emporter.

L'ÔTENTIK

Plage de Grande Anse
✆ 05 90 48 50 56
l.otentik@yahoo.fr
*Du mercredi au samedi de 11h à 23h. Le
dimanche de 11h à 15h. Entrées : 8 € à 16 €.
Plat : 17 € à 25 €. Desserts : 5 € à 10 €.
Menu enfant à 10 € pour les moins de 10 ans.*
A l'entrée de la plage de Grande Anse, des plats
goûteux, faits maison. Cuisine française revisitée
à base de produits locaux (ravioles de vivanneau,
panaché de poissons sauce bouillabaise, dorade
sauce gingembre). Un vrai régal ! Réservation
fortement conseillée, surtout si vous souhaitez
profiter de la terrasse.

LE RAYON VERT

La Coque
✆ 05 90 28 43 23
www.hotels-deshaies.com
guadeloupe.lerayonvert@gmail.com
*Accès aux personnes à mobilité réduite.
Fermeture annuelle entre août et septembre.*

*Ouvert tous les jours midi et soir excepté lundi
et mardi midi. Addition moyenne autour de 35 €.*
La cuisine, continentale et créole, est élaborée à
partir de fruits et légumes frais et des poissons
de qualité (dorade sauce passion, langouste
sur demande, pavé de thon aux graines de
sésame, thazard grillé sauce créole, aile
de raie sauce vanille...). Le restaurant est
situé au bord de la piscine de l'hôtel avec,
en prime, une vue imprenable sur la baie de
Ferry et son village de pêcheurs. La terrasse
ainsi que la décoration de table sont joliment
colorées.

LA SAVANE

Boulevard des Poissonniers
Le Bourg
✆ 05 90 91 39 58
www.la-savane.com
contact@la-savane.com
*Fermé lundi, jeudi et vendredi midi et mercredi
toute la journée. Addition moyenne : 35 €.*
C'est le restaurant chic du bourg, que l'on
apprécie pour son cadre chaleureux, sa déco
africaine, sa terrasse ouverte sur la petite anse
et pour sa cuisine moderne et traditionnelle. Pas
de menus ici, mais des plats raffinés et revisités
à base de produits frais. Bon accueil et service
professionnel. Au bar, on s'assied sur le dos d'un
impressionnant gorille, mais ce sont surtout les
tables en bord de mer qui sont prises d'assaut.
Réservation conseillée.

Luxe

LA TABLE DU POISSON ROUGE

Table d'hôtes de Tendacayou
Matouba La Haut
✆ 05 90 28 42 72
www.tendacayou.com
resa@tendacayou.com
Juste avant d'entrer dans le bourg (depuis
Sainte-Rose), les panneaux en forme de
poisson vous indiquent la route.
*Ouvert midi et soir du mercredi au dimanche
(fermeture annuelle au mois de septembre).
Addition moyenne à 40 €. (tarifs préférentiels
pour les hôtes de Tendacayou). Réservation
conseillée. Au mois d'août : soirée cocktails
tous les jeudis à l'étage du restaurant.*
Niché dans la montagne, ce petit restaurant
est la table d'hôtes du gîte Tendacayou. Depuis
la terrasse, la vue est splendide. La décoration, faite d'objets récupérés et agencés du
sol au plafond, souligne le charme exotique
de la Guadeloupe profonde en une explosion

de couleurs, jusque sur les tables, réalisées en mosaïque ou peintes à la main par Sylvie, la maîtresse de maison. Le menu à l'ardoise varie en fonction de l'arrivage du jour. Si la cuisine est connue pour ses poissons, le chef propose aussi de savoureux plats de viandes.

Il est prudent de réserver. Pour y accéder, repérez-vous aux poissons qui vous indiquent la route à suivre. Nouveautés : le restaurant s'est agrandi et propose désormais un étage avec vue panoramique. Des soirées cocktails «Jeudi OpenSky» y sont organisées tous les jeudis du mois d'août : l'étage se transforme alors en bar à ciel ouvert.

Sortir

■ **KARACOLI BEACH & SPA**
Plage de Grande Anse
✆ 06 90 52 78 60
www.karacoli.com
karacoli.beach@gmail.com
Horaires : mercredi et jeudi de 14h à 22h, vendredi et samedi de 10h à minuit et le dimanche de 10h à 22h. Fermé le lundi et le mardi. Compter environ 10 € pour un cocktail et entre 10 et 70 € pour les tapas. Réservation possible sur le site Internet.
Le nouveau bar de plage branché de Grande Anse à Deshaies. Pour un moment entre amis, les pieds dans le sable, à quelques mètres de la plage, avec de la musique d'ambiance. Cocktails, tapas, chichas, champagne et spiritueux à la demande. Possibilité de location de transats et de privatisation de carbets. Spa sur réservation de préférence.

À voir – À faire

Visites guidées

■ **DOMAINE LUCINTHE IDALIE**
✆ 05 90 68 42 09
Jardin ouvert de 8h à 16h sur rendez-vous. Entrée : 7 €/adulte et 5 €/enfant. Comptez 2h de visite guidée.
Situé sur les hauteurs de Deshaies, le domaine bénéficie d'une superbe vue panoramique sur la mer et la montagne. Un bel endroit pour découvrir une centaine de variétés d'arbres dont des arbres fruitiers que l'on peut trouver dans tout l'archipel (cythère, goyave, manguier, cajou, abricot pays, vanille...). A voir également, la collection de plantes médicinales dont vous découvrirez les vertus. Petit plus : une collation est offerte.

BASSE-TERRE

■ **GUADELOUPE ÉVASION DÉCOUVERTE**
℡ 05 90 28 52 67
www.guadeloupeevasiondecouverte.com
jean-pierre.concaud@orange.fr
Dans le bourg
*Découverte des cétacés (1/2 journée) : 55 €/
adulte et 30 €/enfant sur réservation. Ecotour
du Grand-cul de sac marin (journée) : 65 €/
adulte et 35 €/enfant sur réservation.*
Guadeloupe Evasion Découverte propose des
activités écotouristiques, dont des mini-croi-
sières côtières en catamaran d'environ une
heure dans la mer des Caraïbes, bien protégée
des vents alizés par le relief montagneux de la
Basse-Terre et réputée pour ses eaux calmes.
L'équipe propose des excursions au départ de
Deshaies à la découverte des écosystèmes
spécifiques de la Côte sous-le-Vent, la réserve
Cousteau, la barrière de corail et la mangrove.
Voir des dauphins et cétacés n'est pas garanti,
mais très probable. Le bateau électrique
Taonaba, qui peut accueillir 20 passagers,
a été conçu pour respecter l'environnement
dans lequel il évolue. Il répond aux critères du
label Marque de confiance du Parc national
de Guadeloupe.

■ **PÉLICAN SAFARI**
℡ 06 90 67 70 22
www.pelicansafari.fr
contact@pelicansafari.fr
*Formules randonnées 4x4 : à partir de 50 € pour
1/2 journée et 80 € pour la journée. Randonnées
thématiques à partir de 60 €. Tarifs réduits pour
les moins de 12 ans. Possibilité de repas en sus.*
Pour découvrir la Guadeloupe autrement, à
l'écart des sentiers battus et loin de l'agitation
touristique, optez pour le raid en 4x4 ! Philippe
et William, deux passionnés, se feront un plaisir
de vous conduire au cœur de la Guadeloupe,
pour découvrir une culture, des traditions et
paysages empreints d'authenticité. Plusieurs
formules vous sont proposées : à la journée ou
à la demi-journée, en nord Basse-Terre, sur la
Côte au vent ou la Côte sous le vent. Et pourquoi
pas vous laisser tenter par une rando thématique
à la découverte de la Soufrière par exemple ?

Le bourg de Deshaies ★★

■ **GRANDE-ANSE** ★★
C'est l'une des plus vastes et plus belles plages
de Guadeloupe. Imaginez des kilomètres de
sable doré que viennent lécher les vagues
d'une eau turquoise limpide... Attention, des
rouleaux plus virulents que d'autres peuvent
surprendre ! Ils retiennent les baigneurs au bord
et s'offrent comme une formidable aire de jeu
pour petits et grands. Faites également attention
à la profondeur qui arrive très rapidement (après

un mètre seulement !). Même si les vacanciers
et les métropolitains se pressent sur cette plage,
l'impression de grandeur sauvage domine. Au
nord, aucune construction ne vient troubler la
vision panoramique du Gros Morne, tombant
à pic dans la mer. Au sud, des restaurants et
des petites cases cachées servent pendant le
déjeuner une cuisine créole correcte. Quelques
artisans vendent chapeaux, bijoux en bois et
paréos, le tout dans une ambiance de vacances
calmes en harmonie avec la nature.

■ **JARDIN BOTANIQUE**
℡ 05 90 28 43 02
www.jardin-botanique.com
info@jardin-botanique.com
Depuis Pointe-à-Pitre, suivre la direction
de Deshaies. Passez Sainte-Rose, puis le
bourg de Deshaies. Suivre les panneaux
indicateurs.
*Ouvert tous les jours de 9h à 16h30. Fermeture
du jardin à 17h30. Prévoir 1h à 1h30 de visite.
Circuit libre. Adulte : 15,90 € et enfant de 5 à
12 ans : 10,90 €. Étudiant : 8,40 €. Tarifs de
groupe également.*
Un jardin exceptionnel, à la fois botanique et
parc animalier, sur un domaine de 7 hectares
ayant appartenu à Coluche. Une promenade
reposante qui serpente à travers les plantes
et les essences des tropiques (bougainvilliers,
hibiscus, balisiers...). La balade est devenue
pédagogique avec la mise en place d'une application téléchargeable sur smartphones ou via
la location de tablettes sur place (avec caution)
qui permet d'obtenir des informations tout au
long de la visite.
À découvrir : la collection d'orchidées, l'allée
des cactus géants, et des arbres gigantesques
comme les baobabs, les fromagers, les
palmiers... Le parc est agrémenté de multiples
attractions : cascade, mur d'eau, bassin aux
flamants roses, étang à nénuphars, village
des aras (perroquets), volière, enclos à cabris
pour les enfants (à côté de l'aire de jeu et du
snack). Sur place également, un restaurant
panoramique réservé aux visiteurs du parc, un
snack, une aire de pique-nique et une boutique
de souvenirs d'artisanat guadeloupéen de
qualité. La totalité du circuit est accessible
aux personnes à mobilité réduite. Les allées
du parcours sont cimentées et bordées de
nombreuses zones ombragées.

Shopping

■ **BRASSERIE ARTISANALE DE DESHAIES**
1265 Allée Rifflet
℡ 06 90 72 18 84
www.karett.fr
brasserie.deshaies@gmail.com

Entre la plage de la Perle et l'anse Rifflet. Parking quelques mètres après la plage de la Perle, au niveau de l'abribus.

La brasserie est ouverte en saison lundi, jeudi, vendredi et samedi de 16h30 à 19h30. Appeler pour connaître les jours d'ouverture hors saison. Visite gratuite. Dégustation sur place d'une sélection de 4 bières pression (10 €), vins, jus de fruits et tapas. Possibilité d'acheter des bouteilles à emporter.

Aline et Philip vous font découvrir leur brasserie avec passion, à travers son histoire et les procédés de fabrication de la bière Karett. Les trois bières artisanales, non filtrées, à base d'ingrédients naturels : la blonde (malt d'orge, sucre de canne), la blanche (malt de blé, écorces de citron vert et d'orange amère, coriandre), l'ambrée (malt d'orge, café de Guadeloupe). Si vous êtes de passage aux mois de juin et juillet, vous aurez peut-être la chance de goûter la blonde Éphémère d'été, à base de malts caramélisés, aux accents délicats de graines de coriandre.

Sports – Détente – Loisirs

■ CHARLY JET
Ferry
Anse Leroux
✆ 06 90 00 59 99
www.charlyjet.com
charlyjet@live.fr
A 6 km du bourg, près de la plage de Leroux. *Navigation libre ou initiation 50 €/20 min. Parcours de randonnées à partir de 90 €. Bouées tractées : 15 €/personne. Flyboard, jetpack, hoverboard 90 €/30 min.*
Charly Jet propose des activités nautiques à hydropropulsion et des animations sur bouée tractée, mais son cœur d'activité est l'organisation de parcours de découverte en jet-ski. Le parcours Sensations vous mène jusqu'à la plage de Grande-Anse, l'îlet du Bourg, la Perle en 1 heure 30. La randonnée (très prisée) de 45 minutes se déroule sur la plage de la Perle et le Bourg de Deshaies. Le parcours Détente inclut une plongée à l'îlet Pigeon, un bain chaud et 3 heures de balade. Des parcours Découverte de 5 heures et Eco-nature de 6 heures, plus complets, sont également proposés avec repas compris.

■ COCO MAMBO ⭐
Anse de La perle
✆ 06 90 35 92 06
www.cocomambo.fr
excursion@cocomambo.fr
Excursion en demi-journée : 38 €/adulte et 21 €/enfant. Journée complète d'excursion à l'îlet Caret : 63 €/adulte et 36 €/enfant

(balade, PMT sur la barrière de corail, îlet aux oiseaux, repas local et boissons inclus). Formule 4 îlets : 82 €/adulte et 38 €/enfant. Formule nuit sur un îlet paradisiaque : 70 €/adulte, 31 €/enfant. Départ du port de Sainte-Rose.
Claudius vous propose de découvrir en toute convivialité le lagon, la mangrove et ses nombreux îlets paradisiaques sur son bateau moteur de 12 mètres de type cigarette, le tout accompagné d'un repas chaud local (boissons incluses). Le départ s'effectue de Sainte-Rose, par groupe de 12 personnes au maximum. Comptez seulement 15 minutes environ pour accéder à l'îlet Caret. La charte écologique que l'on doit respecter sur le bateau est un plus. Volontaire, elle recycle les déchets du bateau, respecte les fonds marins avec la pause d'un corps mort afin de ne pas jeter l'ancre sur les coraux, propose des cendriers aux fumeurs (aucun mégot dans le sable)... Nouveau, la formule Nuit sur un îlet qui permet de découvrir un îlet d'une façon originale et authentique. Départ prévu en fin d'après midi vers 16h30, retour le lendemain vers 11h. Au programme, un repas local préparé sur place, une visite commentée de la mangrove. Pour la nuit sur l'îlet, le matériel de camping est fourni (tentes, tapis de sol, draps de couchage).

■ MKG CENTRE NAUTIQUE
Plage de Grande Anse
✆ 06 90 26 88 64
www.mkg-centrenautique.com
contact@mkg-centrenautique.com
Tous les jours de 9h à 17h. Locations de kayak, stand-up paddle et pédalos entre 12 € /pers (45 min) et 17 € /pers (1h30) pour visiter l'étang mitan et sa mangrove ou la mer des Caraïbes. Location de matériel de plage à partir de 6 € la demi-journée.
Excursions dans la baie de Grande Anse et balades dans la mangrove en kayak, stand up paddle et bateaux à pédales, à partir de 5 ans. L'équipe propose également de pratique de SUP yoga (séance de yoga sur une planche de stand up paddle). Possibilité de louer du matériel de plage (palmes, masques, tubas, transats, ballons de foot et de volley, filets, skimboard, slake-line).

■ PITON PLONGEE
Départ au port de Deshaies
✆ 05 90 28 53 74
www.piton-plongee.com
contact@piton-plongee.com
Baptême : 50 €/ adulte et 40 €/enfant, plongée d'exploration : 42 €. Forfait 10 plongées : 340 €. Plongée de nuit : 52 € ainsi que des forfaits pour les formations (N1, N2, N3, Rifa…).

Vous êtes accueilli dans le local situé sur la petite marina de Deshaies, le long de la rivière à la sortie du village. A bord du bateau la *Palanquée* (confortable et muni d'un taud de protection), l'équipe vous fera découvrir dans une ambiance décontractée, mais toujours professionnelle, les différents sites de plongée le long de la Côte-sous-le-Vent. Petite attention supplémentaire, vous ne portez pas votre matériel, l'équipe s'en charge pour vous !

■ RANCH DES DEUX ÎLETS

Ferme équestre
Métuvier Bas-Vent ✆ 05 90 28 51 93
ranch-2-ilets.ffe.com
En direction de Sainte-Rose entre les plages paradisiaques de Rifflet et de Cluny.
Plusieurs formules de randonnées pour un minimum de 4 personnes : Découverte 1h à 30 € (montagne), Randonnée 2h à 55 € (montagne et mer), 3h à 70 € (montagne, mer et baignade avec les chevaux), 4h à 80 € (montagne, mer et baignade avec les chevaux ; attention, randonnée sportive).
Une agréable façon de découvrir le coin à cheval ! Randonnée d'une heure à la demi-journée avec Louisbert, au cœur de paysages merveilleux, mêlant le vert du parc national de la Guadeloupe et le bleu de la mer des Caraïbes. Vous pourrez galoper sur la plage et vous baigner avec les chevaux, si les conditions le permettent (et elles le permettent souvent). Également : des cours d'équitation et un stage de 3 jours qu'il faut réserver bien en amont.

■ REVENGE

✆ 06 90 67 79 81
deherpe@wanadoo.fr
130 €/pêcheur, 70 €/accompagnateur (repas inclus). Excursion apéro-pêche : 40 €/personne.
Pêche au gros à bord d'un open de 11 mètres. Pour un meilleur confort, les pêcheurs sont au maximum 4 par sortie. L'excursion Apéro-pêche se déroule en fin d'après-midi. Elle s'effectue également en petit comité (6 personnes). Elle permet de concilier pêche côtière et moment de convivialité entre amis et en famille, en savourant un apéritif à bord.

■ TALAMANCA

Port de pêche ✆ 06 90 19 29 26
www.talamanca.fr – info@talamanca.fr
Escapade au coucher du soleil : 55 €/adulte, 40 €/enfant. Journée voile et baignade : 85 €/adulte, 65 €/enfant.
Goûtez au plaisir de la voile à bord de ce catamaran de 18 m. En famille ou entre amis, vous pouvez découvrir Deshaies et ses environs le temps d'une croisière à la journée tout confort. A bord, à vous de choisir, entre deux baignades, entre plusieurs activités ; vous allonger dans le trampoline, admirer les vagues ou encore participer aux manœuvres en suivant les consignes du skipper. Moment de détente assuré !

■ TROPICAL SUB

Le Bourg ✆ 05 90 28 52 67
www.tropicalsubdiving.com
Ouvert tous les jours sauf le dimanche. Baptême 60 €/adulte – 45 €/enfant (8-14 ans). Plongée de nuit : 60 €. Formations PADI et ANMP.
Partez à la découverte des fonds marins à bord du Snook, une grande barge équipée pour 20 passagers. Au programme, excursions nautiques à la demi-journée dans la réserve Cousteau et à l'îlet Caret, pour découvrir les cétacés, faire votre baptême de plongée ou vous livrer à du snorkeling à votre rythme. A bord, confort, convivialité et matériel de plongée (vous n'aurez rien à porter). Les sorties se font uniquement sur réservation ; départs à 8h30 et 13h30. Vous pouvez également partir à la découverte des tortues tous les après-midi de 14h à 17h sauf le mercredi et le dimanche.

Les environs

A partir de Grande-Anse, au carrefour de la station-service, vous pouvez couper à travers les collines par la D18. Une route charmante, très pentue dans ses débuts. Un très joli point de vue se dégage sur la mer des Caraïbes. Vous redescendez par Desbonnes, petit hameau dépendant de la commune de Sainte-Rose, puis Duzert, son groupe scolaire bleu turquoise, recouvert de peintures naïves. On retrouve la nationale près de Pointe-Madame, pour découvrir d'adorables criques dans une verdure presque fluorescente. Grandes prairies à vaches.

■ CAFÉIÈRE

Au niveau de la plage de Grande-Anse, prenez la D18 (dans les terres).
Pour celui qui aime le grand air et la nature, le bourg n'a rien perdu de son charme et de ses atouts. Ne manquez pas les jours de marché (renseignements au syndicat d'initiative de Deshaies). On y vend les meilleures barres de chocolat de la Guadeloupe. Elles sont brutes et en plus grillées !

■ ÎLET KAHOUANNE

Situé à 1,5 km de la commune de Deshaies, l'îlet Kahouanne offre des paysages contrastés : falaises, plages et mornes se succèdent sur 20 hectares... Sa forêt sèche se compose de mancenilliers, de frangipaniers, de gommiers rouges et d'une mangrove à palétuviers blancs. Protégé par le conservatoire du littoral, l'îlet abrite des oiseaux marins comme les sternes, les pélicans bruns et les frégates. Il s'agit également d'un lieu précieux puisque c'est ici que les tortues marines viennent pondre...

LE NORD

Par la route nationale (N2), depuis la zone d'activité de Jarry et Pointe-à-Pitre, le nord de Basse-Terre est facilement accessible mais très encombré aux heures de pointe. Plusieurs options touristiques se présentent, des sites marins essentiels en Guadeloupe (Grand-Cul-de-Sac), des sorties en mer et des explorations plongée, des plages et des sources d'eau chaude pour se baigner, la mangrove, les écomusées. Au centre se trouve le port et chef-lieu Sainte-Rose.

SAINTE-ROSE

Bien que les premiers colons français aient accosté en 1635 à Pointe Allègre sous la conduite de Duplessis et de Liénard de l'Olive, le territoire reste, en premier lieu, quasi inhabité et fondé sur la culture de la canne à sucre à partir de 1650. On y dénombre de nombreuses sucreries, des distilleries et quelques habitations qui formeront ensuite les sections de Sainte-Rose avec La Boucan, Viard, Bellevue, La Ramée, Le Comté de Lohéac et Sofaïa.
Le premier bourg, baptisé paroisse du Grand-Cul-de-Sac, est implanté en 1710 sur le Comté de Lohéac. Il se déplace dès 1743 à son emplacement actuel. Une nouvelle église y est édifiée en l'honneur de sainte Isabelle Rose de Lima ; l'appellation Sainte-Rose fait alors son apparition. En 1794, Victor Hugues lui attribue un nom révolutionnaire ; Tricolore, mais la commune retrouve son appellation à la Restauration.
Aujourd'hui, le bourg, commerçant et dynamique, présente un patrimoine architectural attrayant avec ses maisons traditionnelles, la Mairie avec sur son esplanade « Mère Fontaine et ses angelots ». Installée en 1876, la fontaine symbolise alors l'unité du territoire et de la République. La pièce principale représente le bourg, et les quatre angelots, les principales sections d'habitation de l'époque. La « Maison blanche » située dans le quartier du bord de mer a été créée par l'architecte Ali Tur en 1935. Elle fut le premier édifice administratif de la ville en servira successivement de mairie, d'école, de bureau de poste, de salle des fêtes avant de devenir un musée.
Depuis 2014, Sainte-Rose a intégré la liste des communes ayant signé la charte d'adhésion au projet de développement durable du parc national de la Guadeloupe. Cette charte a pour objectif de préserver les patrimoines naturels, paysagers et culturels. Son programme d'action s'articule autour de la gestion des îlets de la commune, la mise en valeur des sentiers de randonnées et de découverte, la protection de la faune et de la flore, la protection des sites de pontes de tortues, l'aménagement paysager des berges...

Transports

■ **Z'ED LOCATION**
Chemin de Lachaise
✆ 06 90 55 50 77
www.zedlocation.fr
zed.location@gmx.fr
Du lundi au dimanche de 7h à 21h. Locations à partir de 20 €/jour. Prise en charge à l'aéroport ou à la gare maritime.
Z'ed location met à votre disposition une gamme de véhicules économiques. La flotte, composée de Renault (Twingo 2 et 3), Dacia (Lodgy et Sandero 2), Citroën C3 et Hyundai I20 est régulièrement renouvelée. L'équipe vous accueille à votre arrivée à l'aéroport ou à la gare maritime.

Pratique

■ **MAISON MÉDICALE DE GARDE**
Cité des fonctionnaires
✆ 05 90 90 13 13
Horaires de consultations : du lundi au vendredi de 20h à minuit, samedi de 14h à minuit, dimanche et jours fériés de 8h à minuit. Il est conseillé aux patients d'appeler le médecin régulateur.

■ **OFFICE DE TOURISME DE SAINTE-ROSE**
Place Tricolore
Esplanade de la Verdure
✆ 05 90 89 61 33
Dans un charmant pavillon, à mi-chemin entre la nationale, le parc et l'impressionnant cimetière (à voir), cet office de tourisme tenu par une hôtesse d'accueil très sympathique met à votre disposition toutes les informations nécessaires sur les ressources touristiques de la région. Comme toutes les adresses sont un peu dispersées à Sainte-Rose, c'est ici que vous pouvez demander comment aller au port en voiture, vous renseigner sur les possibilités d'hébergement, trouver le nom d'un bon restaurant ou encore vous faire indiquer la route de l'écomusée.

Se loger

Locations

■ LA JOUPA
Chemin de Solitude ✆ 05 90 28 00 04
www.gitelajoupa.com – lajoupa@orange.fr
Entre Deshaies et Sainte-Rose
De 420 à 840 €/semaine selon la saison et la case choisie.
Les propriétaires ont tout construit eux-mêmes sur le site d'une ancienne bananeraie. En pleine nature, la structure est composée de 3 cases en bois et de la villa des propriétaires à l'entrée du site. Belle vue sur la mer (l'îlet Kahouanne et Montserrat) ou la montagne, tout en bénéficiant de la fraîcheur de la campagne environnante. Le plus grand bungalow, Oiseau du paradis, peut accueillir jusqu'à 4 personnes. Il dispose d'un spa privatif. Les deux cases, avec piscine, peuvent accueillir 2 adultes pour l'une et jusqu'à 3 pour l'autre. Côté pratique, les chambres sont climatisées, une machine à laver commune est à disposition gratuitement, ainsi que l'accès wi-fi. Les plages sont à quelques minutes en voiture. Le premier petit déjeuner est offert et Sulyanise organise un pot d'accueil où vous aurez l'occasion de déguster des acras et des boudins créoles. Possibilité de commander un panier repas local.

■ LA VILLA LOHEAC
Lohéac ✆ 06 90 67 17 61
www.lavillaloheac.fr
Tarifs selon saison. Villa + 2 bungalows (8 adultes) : de 1 800 à 2 800 €. Villa seule (4 adultes) : 200 €/nuit (minimum 2 nuits) + 50 € pour le ménage. Planteur de bienvenue offert. Possibilité d'excursions (tarifs sur demande).
Idéalement située entre mer et montagne, la Villa Lohéac est une demeure en bois atypique offrant une vue panoramique. Sur un vaste terrain de 2 000 m², vous pourrez séjourner dans une villa qui peut être louée seule pour 8 adultes ou avec deux bungalows indépendants pouvant accueillir 4 adultes supplémentaires. La villa dispose d'une entrée indépendante, d'un parking privé, d'une piscine avec deck, d'un carbet, d'un barbecue, de quatre grandes chambres et une petite et d'une salle de bain. Le petit plus : la possibilité de visiter le site éolien de Deshaies, de profiter d'une randonnée sur le littoral ou d'un apéritif coucher de soleil en musique sur la plage.

Bien et pas cher

■ LA CAS'A WILLY
Vinty ✆ 05 90 95 62 18
casawilly.fr – casawilly@wanadoo.fr
A la sortie du bourg à 300 m de la plage de Vinty.

Tarif selon la saison, le nombre de personnes et le nombre de nuitées. 3 nuits : à partir de 183 €/nuit pour 2 pers, de 207 €/nuit pour 3 pers. et de 228 €/nuit pour 4 pers. 7 nuits : à partir de 244 € pour 2 personnes.
Une petite structure à l'architecture créole joliment colorée. Sur place, 3 villas jumelées et de 2 bungalows dans un jardin de 2 500 m² répartis autour de la piscine. Les logements sont modulables en fonction du nombre de personnes et peuvent accueillir jusqu'à 4 personnes. Ils sont équipés d'une chambre climatisée en mezzanine ou de plain-pied et d'un séjour avec canapé-lit et d'une terrasse. Willy Bissainte, le propriétaire est un passionné de voile qui a, entre autres, participé à la transatlantique « La Route du Rhum, Destination Guadeloupe » en 2014.

■ GÎTES DE L'ÉCOMUSÉE GUADELOUPE
Route de Sofaïa
Ravine-Cheval
✆ 05 90 28 67 98www.ecomusee.gp
contact@ecomuseeguadeloupe.fr
Accès par la N2 et la D19.
Gîtes pour 2 personnes : 290 €/semaine, 440 € pour 4 personnes.
L'écomusée Guadeloupe propose 3 gîtes en bois exotique pour un réveil entouré de sucriers et de colibris. Le gîte Oranger, en rez-de-chaussée, peut accueillir 2 personnes. Il comprend une chambre, une cuisine équipée et une terrasse. Le gîte Alpinia, conçu pour 4 personnes, est à l'étage avec vue panoramique sur le jardin créole ; il comprend 2 chambres, une salle d'eau et une cuisine. Le gîte pour 5 à 6 personnes dispose également d'une terrasse.

■ VILLA BAGATELLE
Chemin d'Anglemont
Vinty
✆ 05 90 28 59 28
gautry.monsite.orange.fr
gitebagatelle@gmail.com
Tarifs selon la saison. Pour 2 personnes : à partir de 315 €. A partir de 500 € pour 4 personnes. Service de location de voiture climatisée avec accueil à l'aéroport et transfert à la location.
Ce site, entre mer et montagne, est à proximité des commerces entre Deshaies et Sainte-Rose et à 900 m de la plage. Les villas de style créole sont indépendantes et sans vis à vis. Elles disposent de 2 ou 4 chambres climatisées modulables et d'un coin repas très spacieux. Les hébergements sont bien équipés (micro-ondes, lave-linge, fer à repasser, barbecue...). Une bonne solution pour se réunir et se détendre en famille ou entre amis (piscine sur place).

wi-fi gratuit. Spa commun à disposition. Possibilité de livraison de repas sur votre lieu d'hébergement.

Confort ou charme

■ COCO BUNGALOWS
14 allée Vanille
Plessis Nogent
✆ 06 90 48 58 42
www.coco-bungalow-guadeloupe.com/
contact@cocobungalows.fr
Ouvert toute l'année. De 50 à 105 €/nuit selon logement et durée du séjour. Le ti'punch de bienvenue est offert à l'arrivée.
Entre Sainte-Rose et Deshaies, cette structure joliment colorée de 5 bungalows dispose d'un accès direct à la plage (à 100 m) propose toutes les commodités, avec en prime la présence sympathique des propriétaires. Chaque logement est composée d'une chambre climatisée, un coin bureau, une salle d'eau avec WC indépendants, et une cuisine ouverte sur la terrasse prolongée par un deck avec une douche extérieure. Ils sont conçus pour accueillir 2 personnes et un bébé. Le bungalow Mabouya a été aménagé pour recevoir des personnes à mobilité réduite. wi-fi dans chaque hébergement. L'accueil des propriétaires est un plus incontestable pour passer un très bon séjour.

■ DOUCE CREOLE
Route de Sofaïa
✆ 06 90 81 09 11
1suzy.bartnicki28@orange.fr
Tarifs/nuit selon gîte et saison : Douslèt (2 personnes) de 57 à 70 €, Sik a koko (4 personnes) de 85 à 95 €. Tarif dégressif à partir d'une semaine. Premier petit déjeuner offert. Apéritif de bienvenue offert pour tout séjour de plus d'une semaine.
Deux gîtes de charme au sein d'une ancienne maison créole et au cœur d'un immense jardin tropical de 3 000 m². Pour un séjour au calme, sous le signe de la détente et du repos. D'une capacité de 2 (Douslèt) ou 4 personnes (Sik a koko), les gîtes sont entièrement équipés et climatisés et bénéficient d'un accès à la piscine. Ils disposent également chacun d'un barbecue pour préparer des grillades à déguster sur la terrasse.

■ GITES MOSAÏQUE
100 Anse De Nogent
✆ 05 90 28 00 26
www.gites-mosaiques.com/fr
guadeloupe@gites-mosaiques.com
Gîtes de 90 m² : de 96 à 120 € la nuit. Gîte de 200 m² : de 192 à 240 € la nuit. Prix dégressif en fonction de la durée du séjour. Séjour minimum d'une semaine en haute saison et deux jours en
basse saison. Deux gîtes adaptés aux personnes à mobilité réduite. Table d'hôtes sur réservation.
Didier et Corinne seront vos hôtes, dans un immense verger tropical avec piscine et accès à la plage. Le site compte cinq villas dont quatre de 90 m² pouvant accueillir de 2 à 6 personnes chacune et une de 200 m² pour une capacité de 8 à 14 personnes. Idéal pour les séjours en famille ou en groupe.

■ AU GRAND BLEU
5 lotissement Beauvallon
Cluny
✆ 05 90 21 05 66
lorentzc@wanadoo.fr
Basse saison (septembre et octobre, sauf à la Toussaint) : 310 €/semaine pour 1 à 2 personnes. Moyenne saison (mai à août, novembre au 14 décembre et à la Toussaint) : 350 €/semaine. Haute saison (du 15 au 31 décembre et de janvier à avril) : 510 €. Pour 3 ou 4 personnes : 380 €/semaine en basse saison, 460 €/semaine en moyenne saison et 610 €/semaine en haute saison.
Trois bungalows de style créole qui disposent d'une vue exceptionnelle sur la mer des Caraïbes et sur la campagne environnante. Les hébergements peuvent accueillir jusqu'à 4 personnes. Chaque gîte comprend une chambre et dispose d'un canapé convertible dans le salon. Sur place, une piscine commune aux 3 hébergements, au milieu d'un jardin tropical. La plage de Cluny est à 300 m.

■ HABITATION DU COMTÉ
Comté de Lohéac
✆ 05 90 21 78 81
hotel-restaurant-guadeloupe.fr/site/
contact@habitationducomte.com
Chambres : de 100 à 246 €/nuit selon la saison (petit-déjeuner inclus). Villa : à partir de 155 €/nuit (3 nuits minimum) selon la saison et le nombre de personnes avec possibilité de petit déjeuner en sus (10 €). Restaurant : formule de 25 à 36 € ou plats à la carte.
Au centre d'un beau parc traversé par le canal qui alimentait l'ancienne sucrerie, l'habitation du Comté a été construite en 1948 dans un style Art déco néo-colonial. L'hôtel comprend 9 chambres spacieuses, climatisées, décorées dans un style colonial allant de pair avec l'architecture de la bâtisse. Les chambres sont réparties sur 2 niveaux en chambres doubles avec ou sans terrasse, d'une suite prestige, d'un appartement de 2 chambres. L'établissement propose également deux villas bungalows comprenant une ou deux chambres équipées chacune d'une salle de bain, d'une kitchenette et d'une petite piscine ronde.

■ **GWADA NATURA ECOLODGES**
Route de Sofaïa
✆ 06 90 50 60 90
gwadanatura@gmail.com
Ecolodges à partir de 60 € la nuit. Bulle transparente aux étoiles à 239 € la nuit.
Un parc d'un hectare au cœur de la forêt tropicale disposant d'écolodges tout en bois décorés avec soin. D'une capacité de 4 personnes, ils disposent d'un lit queen size et de deux lits une place (dans la mezzanine). Pour ceux qui craignent la fraîcheur de la forêt : la piscine avec vue mer est chauffée toute l'année. Le petit plus : pour une nuit insolite la tête dans les étoiles, optez pour la bulle transparente qui dispose de tout le confort d'une chambre d'hôtel.

Se restaurer

Pause gourmande

■ **KARAÏB' CONFISERIES**
ZAC de Nolivier
✆ 05 90 68 41 47
karaibconfiseries.com
karaib.confiseries@gmail.com
Boutique ouverte du lundi au vendredi de 9h à 17h et le samedi de 9h à 13h. Consultez la page Facebook pour connaître les arrêts du Konfi'Truck.
Une petite boutique pleine de gourmandises qui raviront vos papilles. Les confiseries inspirées des recettes traditionnelles de la Guadeloupe, sont préparées de façon artisanale avec des saveurs issues des produits locaux : sucres à coco, bananarhum, doucelettes, pâtes de fruits. Nouveau : retrouvez le Confi'Truck, le food-truck des becs sucrés qui fait escale partout en Guadeloupe. Consultez la page Facebook pour connaître les différents points d'arrêt.

Bien et pas cher

■ **LE JARDIN CRÉOLE**
Table d'hôtes de l'écomusée Guadeloupe
Route de Sofaïa
✆ 05 90 28 67 98
www.ecomusee.gp
contact@ecomuseeguadeloupe.fr
Accès par la N2 et la D19.
La visite du site est obligatoire pour avoir accès à la table d'hôtes. Ouvert le midi du mardi au dimanche. Réservation impérative. Plat du jour : 15 €.
Une cuisine aux couleurs de la région préparée avec les épices et les produits du jardin. Au menu la *roucoyade* de poisson et ses légumes peyi, un excellent colombo de daurade...

Bonnes tables

■ **CHEZ CLARA**
Bord de mer
✆ 05 90 28 72 99
Restaurantclara@wanadoo.fr
Ouvert tous les jours midi et soir, sauf le mercredi et le dimanche soir. Menu complet le midi : 18 €. Comptez environ 30 € à la carte. Réservation conseillée le week-end.
Le restaurant Chez Clara est une institution à Sainte-Rose. Le restaurant dispose de deux salles aux ambiances différentes. Une terrasse, avec vue sur les îlets et une salle ventilée. L'établissement élabore sa carte en fonction de la pêche du jour. Outre les plats traditionnels comme le blaff, tartare de poisson et le court-bouillon de poisson, on découvre la salade de poisson-coffre ou la fricassée de lambi, et une cuisse de volaille farcie au lambi qui est magnifique, le tout accompagnée de gratins aux fruits et de légumes variés du pays. Pour ceux qui ne le savent pas, Clara, la propriétaire, est une ancienne Claudette ! Sa table est donc prisée par les admirateurs du chanteur disparu, Claude François. wi-fi gratuit.

■ **L'OTANTIK GRILL**
Bord de mer ✆ 06 90 06 69 00
thierryroumbo@gmail.com
Situé entre le port de pêche et la base nautique, face aux cabanes d'excursions.
Ouvert tous les jours de 10h à minuit sauf le mardi. Entrées de 7,50 à 12 €. Plats de 14 à 19 €. Desserts entre 2,50 et 3 €.
Un lolo bien sympa situé en bord de mer où la cuisine est simplement bonne et les assiettes copieuses. La brochette de lambi pané en suggestion du jour était un régal. Le chef, Thierry, est un Sainte-Rosien pour qui la cuisine créole n'a pas de secrets. Accueil agréable de sa compagne en salle.

■ **PASSION & SAVEURS GOURMANDES**
30 Lotissement Mailhé
✆ 06 90 28 74 30
passion-saveurs-gourmandes.com
contact@passion-saveurs-gourmandes.com
Formules (hors boissons) : 14 € (plat), 18 € (entrée/plat ou plat/dessert), 24 € (entrée/plat/dessert). Menu disponible sur le site internet. Réservation minimum 48h à l'avance. Livraison à partir de 4 repas (Sainte-Rose, Baie-Mahault, Lamentin, Deshaies) ou retrait sur place. Possibilité de cours de cuisine de 4 à 6 personnes pour 65 €/personne.
Pour des vacances sans corvée de cuisine, Eric vous propose de découvrir la cuisine locale. Les menus sont composés à base de produits locaux de saison, un poisson frais ou une viande.

Vous apprécierez sans aucun doute le mariage subtil et raffiné entre la cuisine antillaise et les saveurs bretonnes. Et si l'envie de cuisiner vous prend, Eric dispense également des cours pour partager sa passion au sein de son atelier. Plusieurs formules : découverte de la cuisine créole, initiation à la cuisine basse température ou recettes autour du chocolat. Convivialité, bonne humeur et détente assurées.

■ **SUCRERIE DE NOGENT**
Domaine de Nogent
Plessis-Nogent
Résidence Cap-Emeraude ✆ 05 90 21 55 01
www.sucreriedenogent.fr
lasucreriedenogent@orange.fr
Direction Sainte-Rose. Dépassez le centre-ville, puis le giratoire du lycée. A partir du centre commercial Super U visible sur votre droite, tournez aussitôt. A l'entrée du lotissement.
Ouvert tous les midis du mardi au dimanche. Plats entre 12 et 18 €, menu entre 26 € ou 31 € avec boisson.
Cette sucrerie datant de 1669 est l'une des premières manufactures de sucre. Cette bâtisse en pierres a fait l'objet de travaux de réhabilitation importants en 2006 après être restée très longtemps à l'abandon. Les plats proposés sont tous inspirés de la cuisine traditionnelle créole et les légumes servis viennent du jardin de la Sucrerie située seulement à quelques kilomètres.

■ **TERRASSE DU PORT**
Boulevard Saint-Charles ✆ 05 90 28 60 72
Sur le port.
Ouvert midi et le soir à partir de 19h30, sauf le dimanche soir et le lundi. Fermeture annuelle en octobre. Plat du jour à partir de 15 €, menus à 19 €, 59 € et 24 € le midi en semaine. Plateaux de fruits de mer uniquement sur réservation.
Situé sur le vieux port, le restaurant est à l'étage. Bonne cuisine à base des produits de la pêche. Les langoustes, *ouassous*, lambi et chatrou y sont déclinés à profusion et les légumes pays sont cuisinés en gratins. Les assiettes sont très copieuses notamment le plateau de fruits de mer. Les jours d'affluence, l'attente et le manque d'organisation dans le service sont un peu pesants.

À voir - À faire

■ **BAIN DE SOUFRE DE SOFAIA**
Anse Vieux-Fort
Sur la route de Sofaïa.
Le point d'eau soufré est apparu en 1843. Le bassin est actuellement aménagé en douches à l'accès gratuit. L'eau y jaillit à 31°C. On lui prête des vertus curatives (rhumatismes et dermatoses). L'odeur du soufre, bien que présente, est parfaitement acceptable. Point de vue dominant sur les plaines du Lamentin et sur le Grand Cul-de-sac marin. C'est également le point de départ de la route pour le Saut des Trois-Cornes.

■ **CHEMIN DES CONTREBANDIERS**
Au rond-point de la Boucan, prendre la direction de Duportail.
Difficulté de niveau 2.
Une randonnée de 6,5 kilomètres au milieu de la végétation tropicale au départ de la route forestière de Duportail qui traverse d'est en ouest le massif de la Basse-Terre. Le parcours était autrefois utilisé par les contrebandiers, comme son nom l'indique !

■ **DOMAINE DE SÉVERIN**
Cadet
✆ 05 90 69 85 44
www.severinrhum.com
contact@damebesson.com
Au pont de la Boucan, en venant de Sainte-Rose, tournez à droite et suivez le circuit fléché.
Ouvert du lundi au samedi. Horaires d'ouverture : de 9h à 17h. Visite standard à pied sans petit train + visite guidée à pied (3 visites guidées dans la matinée, pas de visite guidées l'après-midi). Accès à la grande maison d'habitation et aux jardins. Dégustation dans la cave à rhum. Adulte : 7 €, enfant (4-12 ans) : 5 €. Visite complète avec le petit train (commentée en français), visite guidée à pied et dégustation. Adulte : 11 €, enfant : 6 €. Visite en petit train : départs du lundi au samedi à 9h30, 10h30, 11h30, 14h, 15h et 16h. En septembre, uniquement le matin. La visite dure environ 35 minutes.
La visite guidée, à bord d'un petit train, pendant 35 minutes. Vous circulez au milieu des champs de canne et dans la campagne environnante jusqu'à un beau point de vue sur le Grand Cul-de-sac marin. On peut aussi découvrir le parc de l'ancienne habitation à pied (comptez 30 minutes de visite). Le domaine produit des produits de la marque Créole Food : des piments, une gamme de sauces, des moutardes, des vinaigres de canne aromatisés, des épices à dessert, de la pâte pour accras de morue... Des produits que l'on retrouve à O' Séverin, le restaurant, et dans les épiceries et supermarchés de Guadeloupe.

▶ **Jardin créole :** vous pourrez vous promener dans un magnifique jardin créole créé avec amour par May Marsolle, épouse du propriétaire du domaine Joseph Marsolle. Vous y observerez de nombreuses espèces de plantes et de fleurs exotiques.

■ ECOMUSÉE CRÉOLE ART

Route de Sofaïa ✆ 05 90 28 67 98
www.ecomusee.gp
contact@ecomuseeguadeloupe.fr
Accès par la N2 et la D19.
Entrée : 12.5 €/adulte et 9.5 €/enfant. Possibilité de se restaurer sur place à la table d'hôtes (sur réservation) ou encore de loger sur place. Ouvert du mardi au dimanche de 9h à 16h30.
A quelques kilomètres du bourg, l'écomusée Créole Art est devenu un véritable atout : outil pédagogique reconnu par l'Education nationale. Incontournable au fil des ans, l'établissement, labellisé Jardin remarquable, est parrain d'une école à travers le réseau national des écoles associées de l'Unesco. Mais ce site, se distingue aussi grâce à un conservatoire de plantes médicinales, aromatiques et culinaires. C'est également un grand musée de plein air bien structuré avec ses différents espaces : La civilisation caribéenne : historique de l'archipel, depuis Christophe Colomb en passant par ses populations originelles ; La mise en valeur de ses 32 communes grâce aux vitrines.
A ne pas manquer : la collection de jouets An Tan Lontan (jouets d'autrefois) et la reproduction du « lolo » (épicerie locale) où l'on venait faire ses courses, jouer aux dominos et où toute la vie du quartier était contée. Une table d'hôtes permet de conjuguer la visite avec la gastronomie locale, préparée à partir des produits du jardin bien sûr (sur réservation). Sans oublier le chocolat maison façon grand-mère que vous dégustez au début de la visite. Enfin, l'Ecomusée abrite, dans ses espaces privés, une villa nichée au cœur d'un jardin exotique, qui dispose de 2 appartements de charme avec terrasse pour vos vacances. L'hébergement du rez-de-chaussée peut accueillir 2 personnes, celui à l'étage de 2 à 4 personnes.

■ MUSÉE DU RHUM – GALERIE DES INSECTES

Distillerie Reimonenq
Bellevue
✆ 05 90 28 70 04
museedurhum@wanadoo.fr
Visite, dégustation et boutique du lundi au samedi de 9h à 17h. Prix de la visite : 6 €/adulte, 4 € pour les 11-18 ans, 3 € pour les 5-10 ans, gratuit pour les moins de 5 ans. Groupe de 20 personnes et plus : 5,50 € par personne.
Ce site réunit trois expositions en un seul site. La scénographie mériterait d'être rafraîchie mais les informations sont intéressantes pour connaître l'histoire du rhum et de la fabrication. La principale escale, le musée du Rhum, retrace trois siècles d'évolution de l'exploitation de la canne à sucre par la découverte de matériels et d'objets du passé (l'atelier du tonnelier, coutelas du monde, sucrote, etc.). Un film tourné à la distillerie *Les Heures du rhum* explique les secrets de la fabrication du rhum. Le deuxième espace, la galerie des Insectes, vous invite à découvrir une collection de plus de 5 000 spécimens naturalisés parmi les plus beaux et les plus singuliers provenant du monde entier. La troisième galerie, Les Grands Voiliers, est fière de ses 40 maquettes de bateaux. Parallèlement, des vitrines présentent des scènes de la vie agricole et des petits métiers d'antan vous aideront à comprendre les gestes et le savoir-faire des anciens. A la boutique, on trouve différents produits de la distillerie (rhum blanc agricole cœur de chauffe 40° et 50°, rhums vieux, punchs et *schrub* (la boisson de Noël). Dégustation offerte en fin de visite (à demander).

■ SAUT DES TROIS CORNES ET SA PETITE CASCADE

Itinéraire déconseillé par temps de pluie.
Au départ de Sofaïa, cette randonnée classée niveau 2 par le parc national, avec un dénivelé de 150 m, est accessible en famille. Prévoyez des chaussures de marche et de l'eau. Comptez une trentaine de minutes pour y accéder et vous baigner si vous le souhaitez. Au retour, vous pouvez profiter des vertus des douches sulfureuses de Sofaïa. Un circuit botanique a été aménagé par l'ONF, des panneaux signalent la flore environnante. Le sentier de randonnée de Sofaïa est désormais équipé de 12 bornes interactives qui permettent de découvrir la faune et la flore environnantes. Il faut au préalable avoir téléchargé sur votre smartphone l'application Sylvascope. Le public est informé par une sonnerie ou une vibration au niveau de chaque balise pour bénéficier d'explications.

■ SUCRERIE DE NOGENT

Domaine de Nogent
Plessis-Nogent
Résidence Cap-Emeraude
✆ 05 90 21 55 01
www.sucreriedenogent.fr
lasucreriedenogent@orange.fr
Direction Sainte-Rose. Dépassez le centre-ville, puis le giratoire du lycée. A partir du centre commercial Super U visible sur votre droite, tournez aussitôt. A l'entrée du lotissement.
Ouvert de 9h à 15h tous les jours sauf le lundi. Visite gratuite.
Cette bâtisse, longtemps restée à l'abandon, date de 1669. Restaurée en 2006, elle a fait l'objet de travaux de réhabilitation importants qui ont permis de sauvegarder la partie centrale, en pierre. Depuis, l'ancienne sucrerie, l'une des

premières manufactures de l'île, est devenue un écomusée. Des chambres d'hôtes ainsi qu'une table d'hôtes proposant des plats traditionnels créoles complètent l'offre touristique. Les plats proposés sont tous inspirés de la cuisine traditionnelle créole *(court-bouillon de poisson, lapin à la créole, ragoût de bœuf, mousse au corossol…)* et les légumes servis viennent du jardin.

Sports – Détente – Loisirs

■ ALAVAMA

Bord de mer ✆ 05 90 28 65 49
www.alavama.com
info@alavama.com
Proche du restaurant L'Arbre à pain.
Ouvert tous les jours sauf le dimanche après-midi. Tarifs : 45 € un baptême, 40 € une plongée exploration autonome, forfaits dégressifs à partir de 5 plongées à 150 €. Départs à 8h45 et 13h45. Labellisé «esprit parc national». Structure de taille moyenne à l'accueil professionnel et chaleureux. Stéphan et son équipe proposent d'embarquer à bord d'un navire conçu spécialement pour la plongée. Explorez les sites protégés du Grand Cul-de-Sac marin. Deux plongées par jour, à 9h et 14h, le rendez-vous est donné 15 minutes auparavant au local, le temps de vous équiper et de boire un café… Baptême accessible à tous, plongée profonde le dimanche matin pour les plus confirmés ou encore immersion dans l'effervescente vie nocturne des fonds sous-marins. Alavama est aussi une école de plongée : préparation des brevets PADI, FFESSM, ANMP avec des moniteurs diplômés d'État. Le centre dispose également d'accords avec des hôteliers et propose des forfaits à des tarifs intéressants.

■ CANYON GUADELOUPE

✆ 06 90 35 65 86
Voir page 354.

■ COCO MAMBO

✆ 06 90 35 92 06
cocomambo.fr
excursion@cocomambo.fr
Excursion en 1/2-journée : 38 €/adulte et 21 €/ enfant. Ilet Caret : 63 €/adulte et 38 €/enfant, balade, masque et tuba sur la barrière de corail, îlet aux oiseaux, repas local et boissons inclus. Formule « 4 îlets » : 82 €/adulte et 42 €/enfant. Formule « nuit sur un îlet » : 70 €/adulte et 38 €/ enfant. Le départ s'effectue du port de Sainte-Rose. Claudius vous propose de découvrir en toute convivialité le lagon, la mangrove et ses nombreux îlets paradisiaques sur son bateau moteur de 12 mètres de type cigarette, le tout accompagné d'un repas chaud local (boissons incluses). Le départ s'effectue de Sainte-Rose, par groupe de

12 personnes au maximum. Comptez seulement 15 minutes environ pour accéder à l'îlet Caret. La charte écologique que l'on doit respecter sur le bateau est un plus. Volontaire, elle recycle les déchets du bateau, respecte les fonds marins avec la pause d'un corps mort afin de ne pas jeter l'ancre sur les coraux, propose des cendriers aux fumeurs (aucun mégot dans le sable)… Nouveau, la formule Nuit sur un îlet qui permet de découvrir un îlet d'une façon originale et authentique. Départ prévu en fin d'après-midi vers 16h30, retour le lendemain vers 11h. Au programme, un repas local préparé sur place, une visite commentée de la mangrove. Pour la nuit sur l'îlet, le matériel de camping est fourni (tentes, tapis de sol, draps de couchage).

■ LES ATTELAGES DU COMTE

Habitation du Comté de Lohéac
✆ 06 90 56 61 12
Evasion en quad (1h30) : 50 € pour le conducteur, 30 € pour le passager ; pour 3h : 90 €/conducteur, 40 € pour le passager. Evasion en mer (3h) : 80 €/personne.
La structure propose deux sortes de balades, en quad et en mer. L'excursion en mer, à bord d'un bateau à moteur, vous entraîne pendant 3h à la découverte du littoral de Deshaies jusqu'à l'îlet Kahouanne. La balade se poursuit avec une pêche de traîne, puis sur une plage privée dotée d'un récif corallien, idéale pour la baignade, où vous prendrez l'apéritif. Possibilité de sortie la journée qui combine une excursion en quad et une balade en mer.

■ DOMAINE DE BELLE PLAINE

Conodor
Chemin de Belle-Plaine
✆ 06 90 51 38 34
acdg@outlook.fr
Promenade de 2 heures à 60 €, promenade demi-journée 70 €, randonnée journée avec repas 95 €. Minimum 8 participants.
Pour la journée complète, le départ est à 7h30. Il faut compter environ 5 heures de balade car, en plus de l'équitation, des pauses de dégustation de fruits locaux ponctuent la randonnée. Prestations uniquement sur rendez-vous les mardi et vendredi pour découvrir le Nord Grande Terre en version authentique ! Vous partez en pleine campagne sur des chevaux ou des poneys. L'encadrement est assuré par des accompagnateurs moniteurs diplômés. Profitez également d'une balade en calèche sur toute l'île au travers de chemins traversant des plantations, des bananeraies, des plages… La balade est accessible aux personnes handicapées ou à mobilité réduite. Elle se prête également à tous types d'évènementiels notamment pour les mariages. Contactez-les pour un devis personnalisé.

■ **GUADA DECOUVERTE**
Bord de mer
✆ 06 90 73 60 67
guadadecouverte@yahoo.fr
Tarif, repas inclus : 55 € la journée (9h-18h) et 35 € la demi-journée (8h-13h ou 13h-18h). Navette îlet Blanc 10 €, navette îlet Caret 20 €. Visite commentée de la mangrove, des îlets et de la barrière de corail. Balade en masque et tuba.

■ **LIBERTI BOAT**
✆ 06 90 00 57 99
www.libertiboat.fr
vivesjp@gmail.com
Location de bateau 6CV sans permis : 140 €/jour (8h30-16h30), 80 € la demi-journée (8h-12h ou 12h30-16h30). Carburant inclus. Réservation obligatoire.
A votre disposition, 4 bateaux 6CV pouvant accueillir jusqu'à 6 personnes sans avoir besoin de permis. Le départ s'effectue du port de Morne-Rouge, face aux îlets Caret, Fajou, La Biche... et à proximité de la mangrove pour de belles balades en perspective.

■ **QUAD GUADELOUPE**
✆ 06 90 52 02 39
quad.guadeloupe@gmail.com
Ouvert tous les jours de 9h à 18h. Tarif 2h : 75 € pour le conducteur et 20 € pour le passager. Tarif demi-journée : 120 € en solo ou en duo.
Quad Guadeloupe vous emmène en balade guidée à la découverte des paysages du Nord Basse-Terre entre champs de canne, forêt tropicale, rivières et littoral. Le petit plus : la baignade à la rivière est comprise dans l'excursion à la demi-journée. Conditions : conducteur de plus de 20 ans avec permis et passager à partir de 10 ans.

■ **TAM-TAM PAGAIE**
Port de Sainte-Rose
✆ 06 90 75 70 02
www.guadeloupe-kayak.com
franck@guadeloupe-kayak.com
Demi-journée : 35 €/adulte, enfant de 8 à 12 ans : 20 €. La journée : 50 €. Balade à partir de 2 personnes. Location de kayak seul.
Quoi de plus tranquille et de plus écologique que de découvrir le Grand Cul-de-sac marin et les îlets en kayak ! Tam Tam Pagaie vous propose cette découverte à la demi-journée, à la journée ou lors d'excursions de deux jours avec nuit en bivouac. Les balades sont toutes encadrées par un guide diplômé d'État.

■ **LAGOON LOCATION**
Port de Sainte-Rose ✆ 06 90 00 71 91
www.lagoonlocation.com
Location de bateau 6CV sans permis (3m90) pour 5 personnes : 60 € la demi-journée (8h30-12h30 ou 13h-17h), 120 € la journée (8h30-

17h). Bateau 150 CV avec permis (5,60 m) pour 6 personnes : 250 € la journée. Carburant non compris.
Idéal pour se promener dans la réserve naturelle par ses propres moyens. Les bateaux à moteur se conduisent avec ou sans permis. Ils sont munis d'un GPS traceur et d'une carte marine ; vous suivez simplement les routes prédéfinies et profitez ainsi en famille ou entre amis du lagon, de la barrière de corail, des épaves, des rivières ou bien des îlets de sable. Initiation à la plongée, conseils et recommandations pour passer un bon moment de détente et naviguer par ses propres moyens.

Visites guidées

■ **ALIZES ADVENTURE**
Port de Sainte-Rose
✆ 06 90 26 20 51
www.alizes-adventure.com
alizesadventure@gmail.com
Excursion à la demi-journée : 38 €/adulte et 20 €/enfant entre 2 et 10 ans. 1 € de taxe Parc national/personne. Rendez-vous à 7h20 ou 12h à la cabane violette.
Suivez Richard en montant à bord de la flotte d'Alizes Adventure, composée de 3 bateaux insubmersibles sans permis. On part tout d'abord à la découverte des endroits les plus reculés de la mangrove (4 arrêts), puis direction le lagon pour une randonnée palmée avec Richard, moniteur de plongée et animateur de biologie marine depuis 15 ans, qui nous fait découvrir les trésors de la vie sous-marine avec langoustes, coraux, éponges et poissons tropicaux. Enfin, cap vers l'île aux Oiseaux pour admirer les espèces vivant dans la mangrove avant de terminer par une petite collation (sur l'îlet Blanc). Une excursion ludique et conviviale.

■ **BLEU BLANC VERT**
Port de Sainte-Rose
✆ 06 90 63 82 43
www.bleublancvert.com
info@bleublancvert.com
Rendez-vous à 8h15 ou 12h45 pour la randonnée. Adulte : 35 €, enfant jusqu'à 11 ans : 15 €. 1 € de taxe/passager pour la protection des espaces naturels.
Randonnées bateau à la découverte du lagon du Grand-Cul-de-sac marin en Guadeloupe. Un guide vous accompagne et partage sa passion de la mer, des merveilles de la mangrove et de la barrière de corail, au cœur de la réserve naturelle. Au programme de la demi-journée : navigation en eau calme, baignade, snorkeling sur la barrière de corail, bronzage sur un îlet de sable blanc... Le tout à 4 personnes par bateau. Le petit plus : c'est vous qui êtes aux commandes du bateau !

■ BLUE LAGOON

Port de Sainte-Rose
☎ 06 90 34 99 69
www.guadeloupe-excursion.com
capitaine@guadeloupe-excursion.com
Départs à 8h ou 9h et 13h ou 14h. Il est prudent de réserver. 38 €/adulte la demi-journée, 20 €/ enfant (jusqu'à 10 ans).
Parmi les nombreux prestataires qui proposent des excursions marines au départ de Sainte-Rose, le Blue Lagoon se démarque. Jean Eudes, dit John John, n'embarque qu'une dizaine de personnes, au maximum. Son petit bateau confortable est à taille humaine, et ses descriptions, à la fois instructives, vivantes et humoristiques, rendent la sortie en mer encore plus magique. Sa connaissance de l'écologie, sa manière de raconter les légendes du pays, son sens de la météo ont de quoi vous épater. Ainsi, si le temps est changeant, le jeune capitaine sait virer de bord pour éviter les gouttes. Il aime aussi les îlets plus intimes, et la remontée de la rivière à travers la mangrove. Cette demi-journée d'évasion, avec en prime une escale plongée près de la barrière de corail, se termine, comme le veut la tradition, à l'îlet Caret pour prendre l'apéritif (un planteur offert, avec ou sans alcool).

■ GWADA TROTT

Route de Sofaia
☎ 06 90 40 03 61
fayollenicolas@yahoo.fr
Tarif : 35 € pour 2h30 de balade, équipement inclus. Accessible à partir de 12 ans.
Découvrez autrement la richesse de la Guadeloupe en enfourchant une trottinette électrique. Une activité fun pour adultes et enfants à partir de 12 ans, un excellent moyen de faire du tourisme écoresponsable. Accompagné d'un guide, explorez les champs de canne, la forêt et même une plantation de vanille ! Profitez d'une grande variété de parcours combinant chemins plats et passages plus techniques où vous retrouverez les sensations du VTT.

■ NICO EXCURSIONS

45 la Plaine Saint-Val
Départs du port de Sainte-Rose.
☎ 05 90 28 72 47
www.nicoexcursions.com
nico.excursions@wanadoo.fr
Fermeture annuelle en juin. Demi-journée (de 8 h à 11h30 ou de 11h30 à 15h) : 40 €/adulte, 25 €/enfant. Excursion coucher de soleil : 40 €/ adulte, 25 €/enfant.
A bord du bateau de Nico, vous découvrirez plusieurs îlets du lagon du Grand Cul-de-Sac marin, vous apercevrez le volcan de Montserrat. Au retour, vous passez par la mangrove et la réserve de la Biche. La structure est sympa-

thique car vous partez en petit comité avec 12 personnes au maximum à bord. Dans la réserve naturelle, navigation au-dessus de 2 épaves et plongée avec palmes, masque et tuba (PMT) sur 3 sites différents : barrière de corail, mangrove au milieu des racines de palétuviers avec alevins et barracudas, récif corallien au milieu du lagon. Établissement recommandé par le parc national de la Guadeloupe.

■ RANDO PASSION

Conodor
☎ 05 90 28 98 73
www.randopassion.fr
rouel.christian971@gmail.com
Départ de Viard Sainte-Rose et du port de pêche de Morne-Rouge.
Ouvert tous les jours. Sorties guidées en canoë-kayak ou en mini-catamaran à moteur électrique. Demi-journée de 8h30 à 12h : 35 €/adulte, 20 € pour les enfants de 6 à 11 ans. Location de canoë-kayak : 20 €/personne pour la demi-journée, 25 € pour la journée. Randonnée pédestre sur Sofaïa : 40 €. Réservation obligatoire.
Christian et son fils Christophe sont des guides naturalistes passionnés par la mangrove du lagon du Grand Cul-de-Sac marin. Ils organisent des balades en canoë-kayak et mini-catamaran à moteur électrique (sans permis). Ils vous font partager leurs connaissances de la faune et de la flore. La visite se déroule en petit groupe. Ce type d'embarcation est parfaitement adaptée pour s'infiltrer dans la mangrove tout en respectant les règles de l'écologie. Nouveau : excursion guidée en mini-catamaran à moteur électrique ; vous visitez la mangrove sans bruit, sans effort et en respectant les milieux visités.

■ REGY BALADE

☎ 06 90 62 82 24
www.regybalade.fr
Découverte de la mangrove et de la barrière de corail : de 60 à 75 € la journée (selon lieu de départ), 38 € la demi-journée. Croisière à la journée : 80 €, 35 € la demi-journée.
Regy Balade propose des excursions à la journée (départ à 8h30) ou à la demi-journée (départ à 8h et 13h). Au programme : découverte de la mangrove, baignade à la barrière de corail et sur une épave, visite de l'îlet aux Oiseaux, puis apéritif et repas sur l'îlet La Biche. Baignade dans «la piscine» (à l'intérieur de la barrière de corail). Autre formule : croisière au cœur de l'île sur la Rivière Salée, découverte de la mangrove, visite de l'îlet Fajou, de l'îlet aux Oiseaux, de l'îlet La Biche et de l'îlet Caret, puis baignade à l'épave (apéritif et repas servis à l'îlet La Biche).

La Réserve naturelle de Grand-Cul-de-Sac-Marin

Ce vaste lagon de plus de 15 000 m², composé d'un chapelet d'îlets inhabités, relie le nord-ouest de Basse-Terre et le nord-ouest de Grande-Terre. La zone est classée Réserve naturelle depuis 1987 et fait partie depuis 1991 du Parc national de la Guadeloupe. La mangrove, les forêts marécageuses, les plages et les marais herbacés qui bordent la baie du Grand-Cul-de-Sac-Marin protègent activement l'écosystème environnant. En effet, ce réservoir de biodiversité abrite la majorité des espèces coralliennes et 60 % des espèces de gorgones (éventails de mer rappelant les coraux par la forme) des Antilles françaises. Mais la faune n'est pas en reste non plus : mollusques, crustacés, reptiles, sternes, frégates, coquillages, tortues, poulpes d'eau... peuplent la baie.

Côté activités humaines, la zone est propice à la pêche artisanale, à l'écotourisme, aux visites guidés mais également aux sports marins, bien que les points touristiques les plus fréquentés se concentrent majoritairement sur l'îlet Caret (très apprécié pour la beauté paradisiaque de ses plages), l'îlet Blanc (aussi baptisé « l'îlet aux Oiseaux ») ou encore l'îlet Fajou.

L'état de santé de cet écosystème est devenu, au fil des années, une source de préoccupation pour les autorités de préservation du littoral. En effet, la pollution liée aux activités humaines (urbaines et agricoles) mais aussi les changements climatiques entraînent une dégradation progressive de cette impressionnante réserve naturelle. Aussi, la baie est activement protégée par les autorités compétentes pour maintenir un écosystème sain et une biodiversité multiple.

Shopping

■ **CREOLE FOOD**
Domaine de Séverin
Cadet ✆ 0590 69 87 67
Voir page 121.

■ **GILDA MADRAS**
ZAC de Nolivier ✆ 06 90 39 30 01
madras.gilda.free.fr
gildamadras@hotmail.com
A gauche du magasin Leader Price.
Ouvert du lundi au samedi de 9h à 18h.
Une petite envie de rapporter de Guadeloupe un souvenir original comme une robe créole faite sur-mesure pour vous ? Gilda Madras, modéliste, styliste et décoratrice, créée des vêtements sur mesure pour adultes et enfants. Dans sa boutique, vous trouverez également de l'ameublement en madras et broderie anglaise, du linge de maison mais aussi des souvenirs en coco, en graines...

■ **KARAÏB' CONFISERIES**
ZAC de Nolivier ✆ 05 90 68 41 47
Voir page 386.

Dans les environs

La balade sur le littoral de Sainte-Rose est des plus agréables et le paysage y est varié. La plage des Amandiers (après la plage de Cluny, en direction de Sainte-Rose) dispose de carbets pour prendre du repos ou pique-niquer à l'ombre. Le sentier vous pousse jusqu'à l'anse Vity, puis à l'anse Nogent et jusqu'à l'Anse du Vieux Fort depuis laquelle vous pouvez apercevoir l'îlet de la Tête-à-l'Anglais.

■ **ANSE DU VIEUX FORT**
Anse du Vieux Fort
Par la N4, à environ 4 km de Pointe-Allègre.
La première halte est pour le phare, la seconde pour la plage de Clugny. Le site naturel offre un panorama de choix, entre montagne et littoral. Soyez vigilant lors de la baignade en raison des longues vagues et des forts courants.

■ **BAIN DE SOUFRE DE SOFAIA**
Anse Vieux-Fort
Sur la route de Sofaïa.
Le point d'eau soufré est apparu en 1843. Le bassin est actuellement aménagé en douches à l'accès gratuit. L'eau y jaillit à 31°C. On lui prête des vertus curatives (rhumatismes et dermatoses). L'odeur du soufre, bien que présente, est parfaitement acceptable. Point de vue dominant sur les plaines du Lamentin et sur le Grand Cul-de-sac marin. C'est également le point de départ de la route pour le Saut des Trois-Cornes.

■ **POINTE ALLÈGRE**
Les premiers Français, Liénard de l'Olive et Jean Duplessis d'Ossonville, ont débarqué

ici en 1635. Ils ont marqué ainsi le début de la colonisation française. La plage est belle, mais elle se mérite. Il faut traverser un champ d'environ 700 mètres avant de l'atteindre, mais le jeu en vaut la chandelle.

■ ÎLET CARET
Grand-Cul-de-Sac-Marin
Cette petite bande de sable est l'endroit idéal pour jouer les aventuriers d'un jour ! La végétation du lieu se compose de coraux sans compter l'eau turquoise paradisiaque qui l'entoure. Côté faune, les visiteurs ne seront pas non plus déçus : il est possible d'admirer à certaines périodes de l'année la nidification des tortues Karet mais aussi plus de 700 espèces marines. Si le cadre a des allures de carte postale, il ne faut pas non plus oublier que l'écosystème y est extrêmement fragile et se dégrade chaque année un peu plus. Depuis plusieurs années, l'îlet tend à se rétrécir. Les visiteurs qui s'y rendent doivent impérativement être respectueux de l'environnement.

■ TÊTE-A-L'ANGLAIS
Anse du Vieux Fort
Cet îlet tient son nom de l'époque des batailles pour la possession des Antilles qui opposaient les Français et les Anglais. Les Français avaient pris pour habitude de s'entraîner au tir sur cet îlet dont la forme évoquait le casque porté par les troupes anglaises. C'est aujourd'hui la propriété de l'ONF et un site protégé de reproduction des oiseaux.

LE LAMENTIN

Comme son homonyme martiniquais, le Lamentin doit son nom au célèbre mammifère marin (dont le nom s'écrit toutefois différemment), présent dans les eaux du Grand Cul-de-sac marin jusqu'au début du XXe siècle. L'histoire de la commune, de par sa position géographique, est étroitement liée à celle de Pointe-à-Pitre. Les champs de canne et les activités qui en découlaient ont profondément marqué la région. Au XVIIIe siècle, le père Labat avait même envisagé d'établir ici la capitale de la Guadeloupe en créant un centre portuaire sur la zone de Blachon. L'agglomération se situe à l'intersection des plus grands flux d'échanges économiques de la Guadeloupe. Cette position est désormais un atout qui donne lieu à un fort développement local. Une zone d'activité à Jaula compte actuellement des entreprises majeures du bâtiment, de l'agroalimentaire... La proximité de la capitale n'empêche pourtant pas que l'on croise des vaches en chemin. En sortant de Pointe-à-Pitre, en direction de Basse-Terre par la N2, juste avant Sainte-Rose sur la droite, la route, sur plusieurs hectares, suit des plantations de canne qui cachent quelques habitations coloniales. En venant de Sainte-Rose, l'air s'emplit des odeurs caractéristiques de la bagasse et du sirop de canne brut. L'usine n'est d'ailleurs pas très loin.

▶ **Ravine Chaude.** A la sortie de la ville, à 110 m d'altitude, au milieu d'une végétation tropicale luxuriante avec la montagne en arrière-plan, une station thermale a été construite dans les années 1960. L'eau, riche en fer et calcium, vient des hauteurs de la Lézarde et coule à une température naturelle de 33°C. Ses eaux thermo-minérales, chloro-sulfatées, iodées et bromées sont reconnues pour leur bienfait dans le traitement des sciatiques, rhumatismes, fatigues physiques... Le centre de thermalisme, fermé depuis 2006 pour des raisons sanitaires, a bénéficié d'une réhabilitation. Il a rouvert ses portes en juillet 2016 sous le nom d'« Espace aqualudique René Toribio de Ravine chaude ». Les visiteurs et les résidents disposent désormais d'un centre de balnéothérapie, de deux piscines, d'activités sportives (zumba, yoga, aquagym, manifestations ponctuelles...). Ce pôle thermal permettra à l'île de bénéficier d'une activité unique dans la Caraïbe. Le projet initial de 18 millions d'euros a été revu à la baisse, jusqu'à 8,2 millions dont 2,5 de fonds européens. Il emploie une trentaine de salariés.

Se loger
Le tourisme n'en est qu'à ses balbutiements dans cette zone de l'île. Bonne nouvelle, les propriétaires qui se lancent dans l'aventure s'orientent vers un tourisme intégré, en phase avec la nature. Une offre idéale pour les visiteurs à la recherche d'authenticité.

■ O'SOURCES DE PIERRETTE
5922 Pierrette
☎ 06 90 35 95 66
https://www.osourcesdepierrette.com/
kanika@osourcesdepierrette.com
De 75 à 120 € la nuit selon saison et gîte. Forfaits : week-end à 190 €, 10 jours à 850 €. Situés au cœur de la Guadeloupe, et sur les hauteurs du Lamentin, les Gîtes O'Sources de Pierrette vous proposent trois charmantes villas en bois, luxueuses, design, tout confort, avec piscine, bain bouillonnant et sauna. Les gîtes sont proches du Centre thermo-ludique René Toribio où coule une eau légendaire aux vertus apaisantes, la ravine chaude, riche en minéraux source de bien-être, mais aussi à proximité des rivières, des plus belles plages...

BASSE-TERRE

▮ LE BERCEAU DE MOISE

Castel, Chemin maroudin
℡ 06 90 40 75 17
Www.leberceaudemoise.com
Leberceaudemoise971@gmail.com
*Tarif par nuit selon saison : T2 de 65 à 85 €,
T3 de 85 à 115 €, T4 de 125 à 145 €. Séjour
minimum de 3 nuits. Forfait ménage : 60 €.*
Pour des vacances agréables en famille ou
entre amis, 4 appartements allant du T2 au
T4, climatisés, entièrement équipés et décorés
avec soin. Les propriétaires font du confort de
leurs clients une priorité. Piscine commune,
cuisine extérieure, barbecue et spa à disposition. Location de véhicules possible.

▮ LA ROSERAIE

La Rozière
℡ 05 90 25 61 31
www.giteslaroseraie.com
contact@giteslaroseraie.com
*F2 à partir de 330 €/semaine/2 personnes.
F3 à partir de 495 €/4 personnes.*
Un ensemble de 3 villas tout confort situées
dans une propriété sécurisée et verdoyante.
Elles disposent d'une ou deux chambres climatisées, d'un séjour avec canapé-lit et d'une
cuisine équipée. Sur place une piscine, une table
d'hôtes ouverte midi et soir. Lave-linge et BBQ
dans chacune des villas. Accès wi-fi gratuit.

Se restaurer

▮ LA BELLE CHAUDIÈRE

Route de Ravine Chaude
Chartreux ℡ 05 90 25 96 46
jean.morvan133@orange.fr
*Fermé le dimanche soir, le lundi et le samedi midi.
Service jusqu'à 22h. Comptez entre envrion 35 €
par personne.*
Au choix, la terrasse ou bien la salle rafraîchissante
faite de pierres apparentes et de poutres, mise en
valeur par le nappage blanc en pleine campagne
lamentinoise. Vous y dégusterez une cuisine locale
originale et savoureuse. La carte met à l'honneur
les poissons et crustacés (coquilles de lambi,
omelette d'oursins, palourdes à la nage, excellents
ouassous sauvages) mais également quelques
plats pour les carnassiers inconditionnels. L'attente
peut être un peu longue, spécialement les jours
d'affluence. Pensez à réserver.

▮ LE CERCLE

Castel
℡ 05 90 25 68 66
www.facebook.com/RestaurantleCercle/
restau.lecercle@gmail.com
*Ouvert le midi du mardi au vendredi et le dimanche
et le soir du mercredi au samedi. Tarifs plats du
jour : 10 € (sur place), 9 € (à emporter), 20 €
(buffet à volonté uniquement le dimanche).*

© AUTHOR'S IMAGE

Pélicans à Sainte-Rose.

Une bonne table familiale réputée au Lamentin pour déguster des spécialités antillaises en plat du jour ou à la carte. Buffet à volonté le dimanche. Il existe également une discothèque du même nom sur le site.

■ COSMOPOLITE (ANCIEN PAPAYER)
Grosse Roche-la-Croix ✆ 05 90 25 77 65
france.chalder@orange.fr
Ouvert tous les jours sauf le lundi. Prix moyen de 15 € à 30 €.
Un restaurant créole où l'on sert des recettes d'antan transmises au chef par les grands-mères antillaises, des spécialités locales alliant harmonieusement tradition et modernité. Bel effort de présentation des assiettes. En salle ou en terrasse, c'est une ambiance festive qui y règne lors des soirées dansantes et à thèmes pendant lesquelles des artistes locaux viennent se produire. Des ateliers culinaires sont organisés toutes les deux semaines. Le cadre est agréable et coloré, et l'accueil sympathique.

Sortir

■ LE CERCLE
Castel ✆ 05 90 25 68 66
www.facebook.com/RestaurantleCercle/
restau.lecercle@gmail.com
Discothèque à la programmation variée, avec notamment les soirées du week-end (rétro, zouk ou musique compas). C'est aussi une table familiale où l'on propose une cuisine créole de bonne qualité.

À voir – À faire

■ AU JARDIN
Route de Ravine Chaude ✆ 06 90 55 22 96
Visite guidée d'une durée de 2 heures le samedi à 8h30 et 15h. Tarifs : 8 €/adulte et 6 €/enfant. Dégustation de jus et de fruits frais comprise. Réservation obligatoire (places limitées).
Cyril vous fait découvrir avec passion un parc fruitier et paysager de plus d'un hectare où toutes les espèces locales sont représentées (mangue, banane, cerise pays, corossol, pomme cannelle, goyave, etc.) ainsi que des fruits plus exotiques (ramboutan, jacquier, jaboticaba, etc.), le tout cultivé exclusivement avec des techniques naturelles respectueuses de l'environnement. Au programme : visite du jardin (300 arbres fruitiers, 200 plantes ornementales, 100 plantes médicinales, des ruches), découverte du « jardin créole » (ananas, igname, giraumon, vanille, gingembre, etc.) et récolte. A mi-visite, un jus frais vous sera proposé avec vue panoramique sur la montagne, avant de redescendre pour de nouvelles découvertes (mini-ateliers). Fruits et plantes du jardin sont proposés à la vente en fin de parcours.

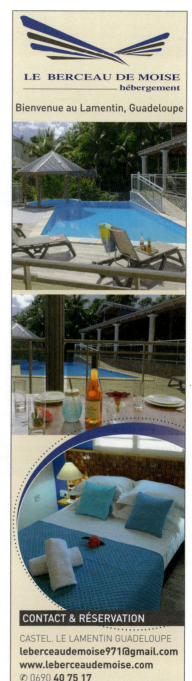

Le lamantin enfin de retour ?

Les recherches entreprises par Micheline Hatchi ont montré que le lamantin, appelé bœuf de mer en Amérique du Sud ou manitoo en créole, a existé en quantité très importante en Guadeloupe. Il servait déjà de nourriture aux Arawaks, puis sa graisse fut recherchée pour alimenter les lampes, pour graisser les moteurs des bateaux... Il disparaît complètement des Petites Antilles vers la fin du XIXe siècle. En 2010, le parc national de la Guadeloupe reprend l'idée de réintroduction prochaine du lamantin dans le Grand Cul-de-sac marin. Sur le plan quantitatif, le mammifère herbivore pourrait satisfaire ses besoins car les ressources ont peu changé dans la baie depuis l'époque où il y vivait. Après 8 ans de préparation, deux lamantins mâles, Kaï et Junior, provenant du zoo de Singapour, sont arrivés en août 2016. Mais l'aventure s'est avérée plus compliquée que prévu, avec la mort de Junior suite à une infection rénale. C'est ensuite Kaï qui a montré des signes de faiblesse en juillet 2017. Il a rejoint le zoo de Vincennes en octobre 2018, étant inapte au lâcher en mer et le Parc national de la Guadeloupe n'ayant pas vocation à détenir des animaux en captivité. Le projet initial de reproduction est donc en cours de refondation.

Sports – Détente – Loisirs

■ ARCHIPEL DES SCIENCES

www.archipel-des-sciences.org
contact@archipel-des-sciences.org
Archipel des Sciences propose des activités éclectiques autour des domaines de la science, souvent en rapport direct avec les thématiques locales. Parmi ces activités, l'astronomie occupe une place particulière avec des explications données sur la mécanique céleste, des expositions, des projections vidéo, des ateliers spécifiques et bien entendu des observations du ciel. C'est le groupe d'astronomie d'Archipel des Sciences (qui existe depuis plus de 20 ans) qui organise des réunions un samedi après-midi par mois, pour observer le ciel ou vous proposer une animation en salle. Les observations se déroulent sur différents sites choisis en fonction des besoins et de l'accessibilité du public. Les dates de ces activités changeant au fil de l'année, il est préférable de se renseigner au préalable afin de connaître leurs dates de programmation et contenus.

■ ESPACE THERMOLUDIQUE RENÉ TORIBIO

Ravine chaude ✆ 05 90 57 16 70
www.ravinechaude.business.sit
accueil@ravinechaude.fr
Fermé le lundi. Du mardi au dimanche de 9h à 20h. Tarif : 8 € pour 2h de baignade (2 €/

heure supplémentaire). Tarif réduit à 6 € (étudiants, personnes âgées, groupes…). Tarif enfants (moins de 12 ans) : 5 €. Possibilité de restauration sur place.
Avec ses trois bassins dont un spa, le centre peut accueillir jusqu'à 250 personnes dans une eau riche en fer, en minéraux et en calcium qui atteint les 33° C naturellement. L'eau de Ravine chaude pourrait également devenir la première eau minérale naturelle de la Guadeloupe. Un projet est à l'étude pour la création d'une usine d'embouteillage en 2020 et la commercialisation de cette eau, en partenariat avec la société CAPES qui produit déjà de l'eau à Trois-Rivières. Nouveauté : après un bon bain, vous pourrez vous restaurer. Chaque jour, un restaurateur, un traiteur ou un agro-transformateur ravira vos papilles de produits et mets locaux.

■ JEAN DES ILES

177 lotissement Les Belles Vues de Montalègre
✆ 06 90 57 05 92
www.jeandesiles.com
jeandesiles971@hotmail.fr
Location bateau à moteur pour 12 passagers avec carburant compris : 500 € pour la visite du Grand Cul-de-Sac Marin.
Jean des Îles propose des sorties en bateau autour de l'île, et la visite des différents îlets lors de journées détente ou découverte. Les excursions sont programmées à partir de 6 personnes. Vous choisissez vous-même votre heure de départ, votre itinéraire...

MARIE-GALANTE

Gueule Grand Gouffre.
© GILLES MOREL

MARIE-GALANTE

La chanson de Laurent Voulzy l'a rendue célèbre auprès du grand public, mais tous les amoureux des Caraïbes connaissaient déjà Marie-Galante, deuxième plus grande île de l'archipel après la Guadeloupe elle-même. Elle offre des paysages magnifiques (ses lagons et plages comptent parmi les plus beaux des Petites Antilles), de nombreuses traces de l'histoire humaine et agricole, et aussi un certain art de vivre, authentique et simple, lié à l'insularité et ses conditions d'existence à la fois rudimentaires et tranquilles. La population très hospitalière vous invite au dialogue. Ainsi, le salut amical et spontané dans la rue y est très récurrent.

Histoire

▸ **L'archipel de la Guadeloupe est abordé par Christophe Colomb** au cours de son second voyage, débuté à Cadix le 25 septembre 1493. Il débarque en compagnie de 17 navires et de 1 200 hommes. Marie-Galante sera la première île à l'accueillir, le 3 novembre 1493, avant la Guadeloupe et la Dominique. Après avoir célébré leur première messe et planté la croix et la bannière royale, les conquistadors prennent possession de l'île au nom de la couronne d'Espagne et la baptisent Maria-Galanda, du nom de la caravelle de leur chef, Christophe Colomb. Assimilant sa forme à un chapeau, ils la surnomment « l'île sombrero ».

Quant aux populations amérindiennes de cette île, elles lui ont donné le nom de Aulinagan signifiant dans leur langue « terre à coton », plante appelée *ichali* qu'ils cultivent au jardin et qu'ils échangent contre des poteries et des haches en pierre polie avec les autres Caraïbes occupant les Petites Antilles depuis le IXe siècle (Dominique, Martinique et Sainte-Lucie). Les autochtones sont bien loin de penser qu'ils accueillent avec bienveillance leurs futurs exterminateurs.

▸ **En 1648, 13 ans après la colonisation de la Guadeloupe**, Marie-Galante est occupée sur ordre du gouverneur Charles Houël, qui installe une colonie de 50 hommes à Vieux-Fort. Ils y cultivent le tabac, le coton, l'indigo et le raisin. Cependant, la cohabitation entre les colons français et les indigènes est mouvementée ; les luttes se succèdent. La plage du Massacre, à Vieux-Fort, est le théâtre de très violents combats qui opposent les Caraïbes aux colons.

Les immanquables de Marie-Galante

▸ **Faire des photos dignes de cartes postales sur la plage Anse de Mays.** L'eau turquoise, le sable blanc, les cocotiers qui bordent la plage... Tout est réuni pour faire de ce moment bronzette un incontournable de votre séjour.

▸ **Faire connaissance avec les meilleurs rhums du monde.** Découvrez l'histoire fascinante de la fabrication du rhum à Marie-Galante à travers trois distilleries : Bellevue, Bielle et Poisson. Dégustations recommandées !

▸ **Goûter au traditionnel bébélé.** Pour s'imprégner au maximum de la culture culinaire marie-galantaise, n'hésitez pas à commander un «bébélé». Ce plat atypique est cuisiné avec des bananes vertes et des tripes. Dépaysement des papilles garanti..

▸ **Plonger dans l'histoire de l'île à l'Habitation Murat.** Sur plusieurs centaines de mètres carrés dominant la mer, découvrez cette ancienne plantation de canne à sucre qui retrace à elle seule trois siècles d'histoire sucrière de la Guadeloupe à l'époque coloniale.

▸ **Louer un vélo et partir en randonnée dans le nord de Marie-Galante.** Pour avoir un large panorama des paysages de l'île, entre plages de rêve et falaises sauvages, le vélo est le meilleur des compagnons.

▸ **Oser manger... du caca bœuf !** Ce délicieux gâteau marie-galantais en forme d'excrément (pour ceux qui ont le cœur bien accroché) est composé de sirop de batterie, d'épices et de noix de coco râpée. Les habitants (et bientôt vous ?) en raffolent...

▸ **Se laisser émerveiller par la vue à 180° sur les falaises de Gueule-Grand-Gouffre** et les îles aux alentours.

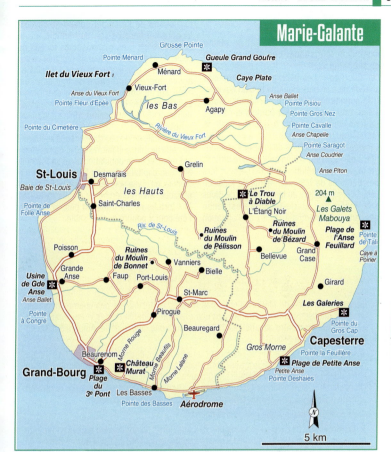

Marie-Galante

Grosse Pointe
Pointe Ménard
Gueule Grand Goufre ✳
Ménard
Caye Plate
Ilet du Vieux Fort
Vieux-Fort
Anse du Vieux Fort
Pointe Fleur d'Epée
les Bas
Agapy
Anse Ballet
Pointe Pisiou
Pointe Gros Nez
Rivière du Vieux Fort
Pointe Cavalle
Anse Chapelle
Pointe du Cimetière
Pointe Saragot
Anse Coudrier
Grelin
Anse Piton
St-Louis
Desmarais
Baie de St-Louis
les Hauts
✳ *Le Trou à Diable*
204 m ▲
Pointe de Folle Anse
Saint-Charles
L'Étang Noir
Les Galets Mabouya
Riv. de St-Louis
Ruines du Moulin de Pélisson
Ruines du Moulin de Bézard
Plage de l'Anse Feuillard ✳
Pointe de Tali
Poisson
Ruines du Moulin de Bonnet
Vanniers
Bielle
Bellevue
Grand Case
Caye à Poirier
Usine de Gde Anse ✳
Grande Anse
Faup
Port-Louis
Girard
Anse Ballet
St-Marc
Pointe à Congré
Pirogue
Les Galeries ✳
Beauregard
Pointe du Gros Cap
Morne Rouge
Morne Beaufils
Gros Morne
Capesterre
Pointe la Feuillère
Beaurenom
✳ *Château Murat*
Morne Lalane
Plage de Petite Anse ✳
Grand-Bourg
Plage du 3e Pont
Les Basses
Petite Anse
Pointe Deshaies
Pointe des Basses
Aérodrome ✈
N
5 km

▶ **A la fin du XVIIe siècle**, 1 276 colons sont envoyés sur l'île par le gouverneur Jacques de Boisseret, seigneur de Téméricourt, et Marie-Galante connaît une période de prospérité économique, ce qui attise la convoitise des Anglais, Espagnols et Hollandais, concurrents du Vieux Monde qui sillonnent les mers de l'arc antillais. Les Anglais, qui occupent l'île, dirigent leurs attaques contre la Guadeloupe en 1691, en 1703, en 1754 et en 1805. Les Hollandais, eux, se contentent de la piller en 1676, emportant le bétail et les esclaves.

▶ **La fin du XVIIIe siècle** se caractérise par l'abandon des cultures secondaires moins rentables, comme le café, le cacao ou l'indigo – il y avait 86 indigoteries à cette époque – au profit de l'exploitation quasi-exclusive de la canne à sucre. A l'époque de la Révolution française, Marie-Galante bascule en effet définitivement dans la monoculture de la canne à sucre.

Aux 72 moulins à vent existants s'ajoute une trentaine de moulins à bêtes ; Marie-Galante devient l'île aux Cent Moulins. L'abolition de l'esclavage, qui survient en 1848, marquera en même temps l'apogée et le déclin de l'industrie sucrière.

▶ **Après dix ans d'occupation anglaise (1805-1815)**, Marie-Galante devient définitivement française. Toutes ces turbulences perturbent l'activité économique de l'île, qui ne reprendra que vers la fin du XVIIIe siècle et le premier tiers du XIXe siècle. En 1835, il y a 106 habitations sucreries sur un territoire de 157 km² avec près de 11 000 esclaves.

▶ **En 1849**, des incidents violents opposent les anciens esclaves à ceux qui étaient naguère leurs maîtres. Cet épisode sanglant, connu sous le nom des événements de la mare au Punch, marquera la mémoire collective des Marie-Galantais.

Marie-Galante aujourd'hui

Aujourd'hui, Marie-Galante est en pleine expansion touristique. Les professionnels du tourisme commencent à s'intéresser à cet eldorado… Les hébergements proposés sont de plus en plus élégants et bien équipés. L'île souhaite satisfaire une clientèle plutôt aisée, attirée par ce petit paradis si calme ! La tendance qui, depuis toujours, faisait de Marie-Galante une destination à la journée, s'inverse. La « Galette » devient une destination à part entière, si bien qu'il s'avère difficile de trouver une solution d'hébergement lors des périodes de fêtes, ou même de louer un véhicule (surtout lors du festival Terre de Blues à la Pentecôte). Marie-Galante s'est tenue pendant si longtemps à l'écart de l'agitation touristique de l'archipel qu'elle se réveille aujourd'hui fière de son authenticité et de ses traditions. Les responsables locaux ne veulent pas dévaloriser leur île magnifique par une politique trop expansionniste. La politique active, menée par l'office de tourisme, est axée sur la conservation d'un patrimoine culturel et historique riche, et sur l'organisation de festivités et manifestations culturelles fortes.

Il est difficile de ne pas tomber sous le charme de cette île douce et harmonieuse où l'écologie est reine, et où la population aime sa tranquillité. Son capital nature en fait également une destination rêvée pour les amoureux des grands espaces, à la recherche de plages sauvages. Les tortues ne s'y trompent pas, et viennent l'été pour y pondre dans le sable.

L'île aux cent moulins

Principale curiosité de Marie-Galante, ces moulins ont éclos tels des champignons sur un relief relativement plat, garantissant une exploitation optimale des vents venus de la mer. Le premier d'entre eux, bâti en 1738, inaugura une longue série. Aujourd'hui, on en recense 72 encore debout.

Jusqu'au milieu du XIXe siècle, ils jouent un rôle essentiel dans l'économie de l'île. Le dernier d'entre eux est construit en 1843. Avec la Révolution industrielle, Marie-Galante entre dans l'ère des machines plus performantes, qui remplacent peu à peu les moulins. On continue à les utiliser malgré tout jusqu'en 1946, date à laquelle le dernier encore en activité (celui de Grand-Pierre, à Saint-Louis) est abandonné à son tour.

Voici quelques moulins que l'on pourra apercevoir :

▶ **Le moulin de Bézard** sur la commune de Capesterre, est totalement rénové (charpente et mécanismes) en 1994. Vous le découvrirez coiffé de son toit, équipé d'ailes toilées et de son gouvernail qui permettait d'orienter les ailes en fonction du vent. Malheureusement à l'arrêt aujourd'hui, il est quasiment laissé à l'abandon.

▶ **Les imposantes ruines du moulin de Trianon**, à la sortie de Grand-Bourg, direction Saint-Louis.

▶ **Le moulin d'Agapy**, à la sortie de Vieux-Fort, très intéressant avec sa machinerie à rolls verticaux.

▶ **Le moulin de Mayombé**, près de Saint-Louis, continue de veiller sur les ruines de l'ancienne sucrerie avec son vieux cœur de pierre (un blason gravé sur ses murs).

▶ **Le moulin de Borée**, vers Capesterre, tache rose de près de 9 m de hauteur, affiche encore fièrement sa date de naissance (1830).

▶ **Le moulin du Chalet**, au nord de l'île, l'un des derniers construits avant que les usines ne s'imposent, est fier avec sa silhouette trapue (7 m de hauteur sur 7 m de diamètre à la base).

▶ **Le moulin de Merlet**, à quelques kilomètres de celui du Chalet, bâti en pierre rose et fort bien conservé, fait le coquet en se dissimulant derrière une végétation de plus en plus abondante.

▶ **Le moulin de Murat**, près de Grand-Bourg, construit en 1814 durant la dernière occupation anglaise, s'élève à près de 8 m de hauteur et comporte 6 ailes au lieu de 4 (il a été classé monument historique en 1990).

Marie-Galante en bref

▸ **Marie-Galante est à 43 km de Pointe-à-Pitre**, à égale distance de Grande-Terre et de Basse-Terre. Comme Grande-Terre, elle est de formation calcaire. Elle est également surnommée « la grande galette » du fait de sa forme circulaire et plate.

▸ **Sa superficie est de 158 km²**, ce qui en fait la troisième des îles françaises des Antilles, après la Martinique et la Guadeloupe. Trois communes : Grand-Bourg dans le sud-ouest, qui est le chef-lieu de l'île, Capesterre dans le sud-est, Saint-Louis dans le nord-ouest. La température ne descend jamais en dessous de 26 °C.

▸ **La tradition rurale imprègne l'habitat** qui est très dispersé car les 20 000 îliens ont construit sur leur terre, si bien que le réseau routier est une vraie toile d'araignée. Les routes traversières sont magnifiques, truffées de tours de moulins et d'un relief toujours changeant et harmonieux. Le bord de mer, éternellement sauvage, invite à la contemplation. La circulation est agréable, car il n'y a ni feu, ni voie rapide. Ici, pas de bouchon, ni de klaxon. La ville de Grand-Bourg se rénove et se modernise depuis quelques années, il y a même une belle marina en projet. Cependant, le charme des vieilles cases typiquement créoles y a été préservé ainsi que son marché aux épices, aux fleurs et aux poissons où les marchandes se feront un plaisir de vous renseigner : un véritable lieu de convivialité et de détente.

▸ **Saint-Louis est la plus petite commune** par son nombre d'habitants et aussi la plus ancienne. C'est là que s'installent les premiers colons français. Le charme de cette ville est totalement conservé, on se croirait revenu quelques décennies en arrière. Saint-Louis est également le lieu qui abrite les plus belles plages de Marie-Galante, au décor très sauvage, et vous aurez également le plaisir de découvrir les paysages et la campagne luxuriante en empruntant un des nombreux sentiers de randonnée.

▸ **Capesterre au sud-est arbore un bourg typique** avec sa mairie et son église bordant la très belle plage de Feuillère. En vous y aventurant, et à condition d'être explorateur de nature, vous trouverez vers « les galets » de superbes endroits (falaises, grottes, plages sauvages, etc.).

MARIE-GALANTE

GRAND-BOURG ★★

Une fois arrivé sur l'île, vous pouvez faire le tour de Marie-Galante en voiture dans la journée. Toutefois, il est difficile de pouvoir apprécier la quiétude des lieux en 24 heures car les sites à visiter sont nombreux. Généralement, on découvre en premier lieu l'embarcadère de Grand-Bourg. Le chef-lieu de l'île vit au rythme de sa mairie, de son église baroque, intéressantes à visiter et surtout de son port, qui respire une ambiance paisible et chaleureuse. Les barques colorées, parfois alourdies de langoustes ou de poissons, contribuent à ce tableau pittoresque.

Près de l'embarcadère, des minibus invitent à faire le tour de l'île. La meilleure façon de visiter Grand-Bourg est de partir de l'angle de l'avenue Jeanne-d'Arc et de la rue du Presbytère, où se trouve sa petite mairie, et de parcourir les rues autour de l'église. Le marché se tient sur une petite place colorée, investie par des marchandes d'épices, de légumes et fruits de toutes sortes. Sur les trottoirs, des pêcheurs vendent du poisson frais (thon, daurade, raie, etc.).

Transports

Comment y accéder et en partir

■ **AIR CARAÏBES**
✆ 0820 835 835
Voir page 32.

■ **COCO BEACH CAR**
Les Basses
✆ 05 90 97 10 46
cocobeachcar.com
info@cocobeachmariegalante.com
Location à l'heure (à partir de 6 €) ou à la journée (à partir de 25 €). Réservation sur le site Internet. Prise en charge possible aux ports (Grand-Bourg, Saint-Louis), à l'Hôtel de Coco Beach, à l'aérodrome ou au Gosier.
Que vous soyez sur l'île pour quelques heures, pour la journée ou pour un plus long séjour, Coco beach car a la formule qu'il vous faut ! Véhicules neufs toutes catégories de marque Kia (gammes Picanto, Rio, Stonic, Logan) de 5 à 7 places.

■ **DINGO LOCATION**
Section Tivoli ℃ 06 90 63 94 93
dingolocation.com – dingolocation@gmail.com
*Location à partir de : 12 € pour les vélos et VTT,
23 € pour les vélos électriques, 25 € pour les
scooters et 35 € pour les voitures.*
Dingo location propose une flotte complète, du vélo
à la voiture en passant par le scooter. Petit plus :
pour les écolos ou ceux qui souhaitent pédaler
sans effort, possibilité de louer des scooters et
vélos électriques.

■ **HERTZ ANTILLES**
Rue du Fort ℃ 05 90 97 59 80
www.hertzantilles.com
*Ouvert tous les jours de 8h à 12h et l'après-midi
sur réservation. Les tarifs pour la journée sont
aux alentours de 33 € ; ils varient selon le type
de véhicule.*

■ **EXPRESS DES ÎLES**
Boulevard de la Marine ℃ 08 25 35 90 00
www.express-des-iles.com
*Aller-retour à partir de 20 € si vous voyagez le jeudi
ou 35 € les autres jours de la semaine. Arrivée
possible également à Saint-Louis le samedi à 13H15.*

▶ **Départ de Pointe-à-Pitre** (gare maritime de
Bergevin) vers Marie-Galante du lundi au samedi
à 8h15, 13h15 et 17h15. Le dimanche à 8h15,
17h15 et 19h30.

▶ **Départ de Marie-Galante** vers Pointe-à-Pitre
du lundi au samedi à 6h, 12h et 16h. Le dimanche
à 6h, 16h et 18h30.

▶ **Des rotations supplémentaires** sont mises
en place durant les vacances et les périodes de
forte affluence.

■ **TOTO LOCATION**
Débarcadère ℃ 05 90 97 59 16
www.toto-location.com
jean-paul.toto@wanadoo.fr
*Accueil aux débarcadères de Grand-Bourg et de
Saint-Louis. Location voiture à partir de 35 € la
journée touristique. La journée touristique débute
à l'arrivée du bateau et s'achève à son départ
(elle ne dure pas 24h). A partir de 27 € pour un
scooter 110 cc, de 70 € pour une 7 places, et
de 105 € pour un minibus 9 places.*
Dès le débarcadère, vous serez accueillis chaleureusement par l'équipe. L'agence dispose d'un
large choix de véhicules récents (scooters, voitures,
vélos électriques) pour découvrir Marie-Galante à
la journée ou pendant un plus long séjour.

▶ **Autre adresse :** Débarcadère de Saint-Louis.

■ **VAL FERRY**
℃ 05 90 97 11 53
www.valferry.fr – reservations@valferry.com
*Aller-retour : 42 €/adulte (38,80 € en réservant en
ligne), 25 €/enfant, 6 €/bébé. Aller-simple 25 €/*

*adulte, 15 €/enfant et 3 €/bébé. Pass découverte
(traversée pour Les Saintes + Marie-Galante) :
52 €/adulte, 35 €/enfant.*

▶ **Départ de Pointe-à-Pitre vers Grand-Bourg :**
lundi, mercredi, jeudi, vendredi et samedi à 7h45,
12h30 et 17h ; mardi à 17h (et 7h45 et 12h30 en
périodes de vacances scolaires) ; dimanche à
7h45, 16h45 et 19h15.

▶ **Départ de Marie-Galante vers Pointe-à-
Pitre :** lundi, mercredi, jeudi, vendredi et samedi
à 6h20, 9h10 et 15h30 ; mardi à 6h20 (et 9h10 et
15h30 en périodes de vacances scolaires) ;
dimanche à 6h20, 15h30 et 18h.

▶ **Se renseigner pour les jours fériés.**

Se déplacer

Ceux qui auront pris leurs dispositions seront
attendus personnellement à chaque arrivée de
bateau. Il suffit de repérer le panneau de votre
loueur. Attention, Marie-Galante est grande, il faut
un véhicule pour la visiter. Réservez (VTT, scooter,
voiture, minibus…) à l'avance si vous venez en
haute saison et les jours de fête. Depuis peu à
Marie-Galante, le quad tient le haut de l'affiche,
avec ou sans permis B. Le parc automobile
n'est pas aussi important qu'en Guadeloupe et
souvent les loueurs ne peuvent pas satisfaire tout
le monde ! Des bus effectuent les trajets entre les
bourgs, mais le réseau n'étant pas organisé, cela
reste aléatoire ! Il suffit de lever la main pour qu'un
bus s'arrête. Vous payez en descendant ; comptez
2 € environ le trajet. Pour visiter l'île, préférez les
bus, qui sont spécialisés dans cette prestation.

■ **CYCLO BATTERIE**
Centre du carrefour de l'étoile
℃ 06 90 32 90 12
https://cyclo-batterie.business.site/
cyclobatterie@gmail.com
*Du lundi au dimanche de 9h à 17h, sauf le mardi.
Tarif : 25 €/jour (22 €/jour pour les locations de
3 jours et plus.*
Pour découvrir Marie-Galante en vélo électrique,
de façon écologique et accessible à tous. Plusieurs
tailles de vélos disponibles, pour contenter petits
et grands.

■ **TAXI – ÉLIE CASTANET**
Bord maritime ℃ 05 90 97 33 34

Pratique

Tourisme – Culture

■ **OFFICE DE TOURISME DE MARIE-
GALANTE**
Rue Pierre Leroy
BP 15
℃ 05 90 97 56 51

www.ot-mariegalante.com
info@ot-mariegalante.com
Haute saison : du lundi au vendredi de 9h à 12h et de 13h à 16h, le week-end et les jours fériés de 8h à 12h. Basse saison : le lundi, le mardi et le jeudi de 8h à 12h et de 13h à 16h, le mercredi de 8h à 14h, le vendredi de 8h à 16h, fermé le week-end et les jours fériés. Saison estivale : lundi, mardi et jeudi de 8h à 12h et de 13h à 16h ; le mercredi de 8h à 14h et le vendredi de 8h à 16h. Samedi et jours fériés de 8h à 12h.
A l'image du site Internet, l'équipe sur place est dynamique et saura vous orienter et vous conseiller durant votre séjour. La borne interactive à votre disposition permet de consulter les communications des professionnels du tourisme qui pourraient vous intéresser (hébergement, loueurs, restauration, services, randonnées), ainsi que l'agenda des manifestations culturelles sur l'île. A récupérer sur place et à emporter avec soi : le guide de poche.

■ **SERVICE CULTUREL ET SPORTIF DE GRAND-BOURG**
Mairie
Place de l'Eglise
✆ 05 90 97 82 06
contact@omup-grandbourg.fr
L'office municipal s'occupe de la programmation culturelle de Grand-Bourg. Renseignements sur place ou par téléphone.

Réceptif

■ **RIVERAIN TOURS**
3 rue de l'Eglise
✆ 05 90 97 94 00
www.rivtours.com
riveraintours@rivtours.com
Billetterie aérienne et maritime ouverte du lundi au vendredi de 8h à 12h30 et de 14h à 16h, et le samedi de 14h à 16h.
Agence de voyage guadeloupéenne, forte de plus de 15 années d'expérience, qui saura vous guider pour le choix de votre séjour. Billets d'avion, croisières et promo sur le site internet.

Argent

■ **CRÉDIT AGRICOLE**
Rue du Presbytère ✆ 08 20 80 09 71

Moyens de communication

■ **ESPACE LOISIR INFORMATIQUE**
Rue Henri Rinaldo
Grande Savane
✆ 05 90 97 52 38
eli.mariegalante@wanadoo.fr
Ouvert tous les jours de 7h15 à 12h30 et de 16h à 18h. Mercredi et samedi : de 7h15 à 12h30. Fermé l'après-midi pendant les vacances scolaires.
Pratique pour envoyer un mail, décharger son appareil numérique ou graver ses photos. Un service de maintenance informatique est également proposé.

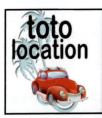

MARIE-GALANTE

Manifestations marie-galantaises

▶ **Janvier-février :** tous les dimanches, défilés carnavalesques dans chaque commune à partir de 15h.

Mardi gras : défilés dans chaque commune à partir de 15h. Mercredi des Cendres (noir et blanc) : défilés dans chaque commune à partir de 15h.

▶ **Mars :** le défilé de la mi-carême (rouge et noir) dans chaque commune. Tous les deux ans, fin mars, le Trophée BPE Belle-Ile-en-Mer-Marie-Galante.

▶ **Mai :** commémoration de l'abolition de l'esclavage le 27.

▶ **Pentecôte :** festival international de musique Terre de Blues de Marie-Galante.

▶ **Juin :** le 21, fête de la Musique.

▶ **Juillet :** fête patronale de Grelin et de Vieux-Fort à Saint-Louis. Fête patronale de Capesterre. Concours de bœufs tirants.

▶ **Août :** fête patronale de Tacy, et Etang-Noir à Capesterre. Fête patronale du 3$_e$ Pont et du Bourg de Grand-Bourg. Rallye automobile de Marie-Galante.

▶ **Octobre :** journée du créole.

▶ **Novembre :** fête de la musique de Sainte-Cécile. Début de la saison des combats de coqs.

▶ **Décembre :** Du 9 au 11 : fête de la charrette. Chanté-Noël et diverses manifestations liées à Noël. Du 21 au 24 : marché de Noël.

Plus de détails sur le site de l'office de tourisme.

Santé – Urgences

■ **HÔPITAL SAINTE-MARIE**
Morne Ducos ✆ 05 90 97 65 00
Sur la route de Ducos à Grand-Bourg.
Urgences, chirurgie, cardiologie..

■ **MEDECIN ET PHARMACIE DE GARDE**
✆ 05 90 90 13 13

Orientation

C'est la commune la plus vivante de l'île.
Le bourg est animé (artisans, marchands, gwoka...) et les campagnes riches de sites à visiter.
Au sud de la ville se trouve la plage très accessible du troisième pont, très appréciée par les résidents pour sa proximité avec la ville et son lagon très tranquille. Le sentier de randonnée de « Murat » y prend son départ pour arriver à la célèbre habitation du même nom où se déroule chaque année le festival « Terre de Blues » : un rendez-vous pour tous les Marie-galantais ainsi que pour un grand nombre de Guadeloupéens.
Au départ du Bourg, en empruntant la N9 en direction du morne Lolo, vous trouverez sur votre droite la Mare au Punch qui abrite des petites tortues molokoy que vous pourrez observer paisiblement depuis l'espace de pique-nique récemment aménagé.
Ensuite, la D204 permet de traverser Buckingham, dont la campagne et les moulins

ne peuvent laisser indifférent, puis de rejoindre le littoral à Grande-Anse où se trouve la sucrerie de l'île.
En revenant vers le bourg par la N9, direction Trianon, apparaît le site parfaitement mis en valeur de l'habitation Roussel-Trianon.

Se loger

Locations

■ **LAKABANE.COM**
Route de Beaufils ✆ 06 90 62 03 38
lakabane.com
lakabanedemariegalante@gmail.com
De 180 € les deux nuits à 875 € la semaine en fonction du type de logement. Capacité de 1 à 8 personnes selon l'hébergement choisi. 2 à 3 nuits minimum selon logement.
Un ensemble de villas, cabanes et cases en bois nichées à Grand-Bourg et Capesterre. Confort rustique et décoration style «bord de mer» pour les aventuriers à la Robinson. Néanmoins, les équipements sont bien présents dans les logements et le site dispose d'une piscine commune attenante au restaurant.

■ **LE LEZARD**
Section Ducos ✆ 05 90 97 52 07
le-lezard.fr
contact@le-lezard.fr
140 € la nuit et 670 € la semaine en basse saison. 160 € la nuit et 870 € la semaine

en haute saison. Réservation pour deux nuits minimum.

Deux jolis bungalows au charme contemporain qui surplombent Grand-Bourg et offrent une vue dégagée sur les îles environnantes. Chaque villa de 70 m² est conçue pour recevoir deux adultes. Tout le confort y est proposé et en prime, vous pourrez vous laisser bercer par les alizés dans votre piscine privative à débordement. Planteur et corbeille de fruits offerts à l'arrivée.

■ RESIDENCE CLEMENTINE

Section Latreille ✆ 06 90 62 35 26
residence-clementine.fr
clementineresidence@gmail.com
Tarifs/nuit selon logement et nombre d'occupants : de 115 à 130 € (villas 1 à 4 personnes), de 180 à 195 € (villas + de 4 personnes), 125 (appartement 1 à 4 personnes), 165 € (appartement + de 4 personnes).

Deux charmantes villas en bois de style créole aux noms évocateurs (« douceur » et « passion »), tout confort et climatisées pour goûter à la douceur de l'île de Marie-Galante. Le propriétaire, artisan de métier a travaillé le bois et aménagé les lieux avec goût. Chaque villa comprend 3 chambres avec salle de bain privative, un grand séjour et une cuisine moderne. Le petit plus : les piscines balnéo privatives avec vue sur le grand jardin, qui peuvent accueillir jusqu'à 8 personnes pour des moments de détente en famille, entre amis ou en amoureux. Et si vous préférez la mer, le site n'est qu'à 10 minutes de la plage.

A noter : le propriétaire dispose également d'un grand appartement non loin du port avec vue sur la mer, doté de 3 chambres, deux salles d'eau, une cuisine aménagée et un grand séjour.

■ VILLA CYCAS

Les Basses
✆ 05 90 97 28 69
www.im-caraibes.com/cycas
elithiery@wanadoo.fr
Tarifs à la semaine : 2 150 € pour la villa (4 à 8 personnes), 2 600 € pour la villa (6 à 10 personnes) et le studio, 660 € pour le studio 2 personnes. Le tarif inclut le ménage les jours ouvrables.

Une villa magnifique, « les pieds dans le sable ». Très confortable, elle peut accueillir 10 personnes (en réservant la villa de 8 personnes et le studio de 2 personnes à côté). La villa en totalité dispose de 3 chambres et une mezzanine.

La villa se trouve au bord du lagon, dans une petite baie. Elle est très joliment meublée. Toutes les chambres sont climatisées et disposent de leur salle d'eau avec toilettes. Vous pourrez

vous reposer dans le hamac suspendu sur la terrasse sur la grande galerie face à la mer… Le premier repas est offert, le réfrigérateur est garni et le rhum… est à discrétion. Quant au studio, le réfrigérateur est garni et le rhum est également présent.

■ VILLA PISTACHES

5 rue Sony-Rupaire
✆ 06 90 41 62 77
www.villapistaches.com
ad@villapistaches.com
De 65 à 120 € la nuit.

Une grande villa avec 5 chambres, au décor et au mobilier basiques, mais qui bénéficient tout de même d'une vue sur la mer, et d'une piscine. La villa peut se louer dans sa totalité. Les propriétaires proposent également le petit déjeuner, ainsi qu'une voiture avec chauffeur pour vos déplacements sur l'île.

■ VILLA ZANDOLINE

✆ 05 90 97 80 05
ot-mariegalante.com/villa-zandoline
Lotissement les Colibris
De 1 050 € à 1 400 € la semaine en basse saison et de 1 200 € à 1 600 € la semaine en haute saison.

Charmante villa au style créole à la décoration épurée, entièrement équipée. A votre disposition : trois chambres doubles climatisées avec salle d'eau privative, cuisine américaine. Piscine au sel, barbecue et grande terrasse couverte pour profiter de la vue sur la campagne environnante et la mer.

Bien et pas cher

■ KAZ'HAMAC

30 lotissement de l'Hermitage
✆ 06 90 45 53 01
www.kazhamac.com
contact@kazhamac.com
Tarifs par emplacement et par nuit selon la saison. De 12 à 19 € en formule convivialité, de 60 à 95 € ou de 390 à 590 €/semaine pour l'espace complet (maximum 8 personnes).

Voici un nouveau d'hébergement très original pour faire une pause version bivouac. Vous logez, au cœur d'un joli jardin, dans un espace ouvert qui accueille jusqu'à 8 hamacs de grande taille (160 cm). Les hamacs sont fournis avec la moustiquaire et un drap individuel spécial hamac et une couverture légère en polaire.

A votre disposition également un espace sanitaire et lavabo, des bancs-coffres individuels sécurisés et équipés d'une prise électrique et une cuisine commune ouverte également sur le jardin. Accès wi-fi gratuit. L'espace peut se louer en formule privée pour un séjour en famille ou entre amis.

MARIE-GALANTE

Confort ou charme

■ COCO BEACH RESORT
Les Basses de Morne Beaufils
✆ 05 90 97 10 46
www.cocobeachmariegalante.com
info@cocobeachmariegalante.com
Section les Basses
Chambre double : 89 € en basse saison, 109 € en haute saison et 129 € en très haute saison. Appartement T2 : 119 € en basse saison, 139 € en haute saison et 159 € en très haute saison ; Appartement T3 : 159 € en basse saison et 179 € en haute saison et 199 € en très haute saison. Petit déjeuner non compris.
Résidence hôtelière 3 étoiles, les pieds dans l'eau… sur la plage des Basses. Ce complexe est composé de 6 chambres et d'un appartement T1, 2 appartements T2 et un T3. Les hébergements, très clairs et meublés dans le style contemporain, sont équipés d'un lit king size ou de deux lits une place, de mobilier en teck, d'un écran plat… Le wifi est gratuit et les appartements disposent en plus d'un salon et d'une kitchenette. La piscine, entourée d'un deck, donne directement accès à la plage. L'hôtel dispose d'un espace détente et spa face à la mer, d'un Restaurant, d'un Sauna, d'une Boutique… L'hôtel propose aussi des voitures de location via son agence Coco Beach Car (réservation en ligne possible sur www.cocobeachcar.com)

■ GRAND PALM
Pointe de Basses ✆ 05 90 97 73 95
www.legrandpalm.net
legrandpalm@gmail.com
Tarifs à partir de 85 €/nuit selon la saison et le bungalow. Il existe également des tarifs à la semaine.
Situé en pleine campagne, entre Grand-Bourg et Capesterre dans un superbe parc floral. Accès direct à une petite crique de corail blanc qui est un spot de surf. Les 5 gîtes et la chambre d'hôte peuvent accueillir de 2 à 6 personnes. Sur place, une piscine et 2 spas avec cascade. Détente garantie.

■ ISOLA VERDE
La corniche des Basses
✆ 05 90 97 70 61
www.location-villa-mariegalante.com
isola-verde@wanadoo.fr
Bungalow deux personnes : à partir de 600 €/semaine, 800 € avec piscine privée, villa de 4 personnes avec piscine privée : à partir de 1200 €/semaine. Accueil à l'arrivée du bateau. wi-fi disponible.
Les propriétaires ont fait le choix de n'accepter que des adultes afin de préserver la quiétude du site. Sur place 5 bungalows dont 2 avec piscine et balnéo et 4 villas (pour deux personnes) avec

piscine à débordement et balnéo. Chaque logement possède son propre jardin et sa terrasse donnant sur le parc et surplombant la mer qui n'est qu'à 300 m. L'équipement est complet : une cuisine très bien équipée qui ouvre sur la terrasse, une chambre de style créole climatisée avec lit *king size*, télévision, machine à laver et barbecue à l'arrière de chaque bungalow dans le jardin.

■ LA KALLINA
Route des Basses ✆ 05 90 97 01 35
www.lakallina.com – lakallina@orange.fr
Chambre double à 60 € la nuit, bungalow 2 personnes à 65 € en basse saison et 80 € en haute saison, bungalow 4 personnes à 96 € en basse saison et 120 € en haute saison.
Dans un charmant jardin fleuri, un petit complexe hôtelier composé de chambres et de bungalows aux toits rouges, regroupés autour d'une piscine. Les chambres sont climatisées. Les bungalows disposent d'une ou deux chambres, d'une kitchenette et d'une terrasse. Le tout bien à l'abri dans un jardin fleuri.

■ LE MANGO NAPOLÉON
Les Hauts de Ducos ✆ 05 90 20 54 38
www.mango-napoleon-marie-galante.fr
mangonap@wanadoo.fr
A 2 minutes de Grand-Bourg, situé sur les hauteurs de Ducos,
Bungalow 2 personnes à partir de 80 €/nuit en basse saison. Bungalow 4 personnes à partir de 110 € la nuit en basse saison.
L'établissement est constitué de bungalows dans un grand jardin luxuriant et calme de 5000 m², à proximité des plages et du centre-ville. Sur place, 4 bungalows de 100 m² de style créole composés d'un séjour avec canapé convertible et TV, d'une cuisine équipée, d'une salle de bains et d'une terrasse privative. Les chambres sont climatisées. Barbecue à disposition.

■ L'OASIS
7 rue Sony-Rupaire ✆ 05 90 97 59 55
oasis.mg@wanadoo.fr
A partir de 80 € la nuit pour un appartement avec terrasse pour 3 personnes, jusqu'à 120 € la nuit pour un duplex avec bain à remous pour 5 personnes. Les tarifs varient selon le type d'hébergement et le nombre d'occupants. Prix dégressif à partir de la deuxième nuitée. Les réservations se font à partir de 2 nuits.
Les 3 appartements indépendants entièrement équipés sont nichés dans une oasis de verdure. L'appartement Terrasse est équipé de deux lits doubles. L'appartement Jacuzzi d'une chambre avec un grand lit *king size* et 2 banquettes lits dans la salle de séjour, d'une cuisine et d'un espace détente ainsi que d'un jacuzzi. L'appartement duplex est pourvu d'une chambre à l'étage avec un grand lit, dans la salle de séjour au premier niveau,

un clic-clac pour un couple et un lit simple et d'un jacuzzi. Chaque niveau est entouré d'une grande terrasse avec vue panoramique. Sur place, masque, tuba et palmes. Un accueil à l'arrivée du bateau par vos hôtes qui en profiteront pour vous faire part de leurs conseils afin de profiter au mieux de votre séjour. Classé 4 Moulins par l'office de tourisme.

Se restaurer

Sur le pouce

■ L'ANTRE-2-TRAITEURS
Rue Beaurenom prolongée
☏ 06 90 90 15 51
antre2@lemaistre.net
Du lundi au vendredi de 8h30 à 18h et le samedi de 8h30 à 15h30.
Adresse bien pratique lorsque l'on veut manger vite et bien. Le traiteur propose des rayons fromagerie, charcuterie, rôtisserie, pâtisserie, épicerie fine et plats cuisinés. Vous trouverez un large choix de produits qui contentera toute la famille. Mention spéciale pour le boudin de lambi qui est un vrai régal. Sur réservation, le traiteur vous concocte votre petit panier pique-nique (club sandwich, quiche, barquette de crudités, pâtisserie, eau fraîche) : vous n'avez plus qu'à profiter de la plage et du soleil.

Bien et pas cher

■ LE CALYPSO
65 rue Beaurenon ☏ 05 90 97 14 38
nenes67@wanadoo.fr
Fermeture en juin et juillet. Ouvert du mardi au samedi, midi et soir. Addition moyenne 25 €. Menu langouste à 35 €.
Une décoration sur le thème du voyage. Grande terrasse extérieure agrémentée de plantes vertes, mobilier en teck… Côté culinaire, la tendance est à la gastronomie traditionnelle française agrémentée de quelques pointes créoles (notamment d'excellentes terrines ou lasagnes de poisson…). Les *parilladas* (grillades) de poissons et les langoustes grillées ainsi que la lasagne de dorade valent le détour. Un petit coin est aménagé pour que vos bambins s'amusent durant le repas. Réservation conseillée. Un des rares restaurants à accepter encore des clients à 21h30.

■ LA CHARRETTE
Les Basses ☏ 05 90 97 79 78
lacharrette971@gmail.com
Ouvert de 18h à 22h30 tous les soirs sauf le dimanche. Menus de 13 à 25 €, à la carte 25 € en moyenne.
Dans un cadre soigné aux jolies tables bien dressées, il fait bon s'installer dans ce restaurant aux couleurs chamarrées, ouvert depuis plus de 27 ans. La carte propose une cuisine française, agrémentée de plats à base de produits locaux. Soirée couscous ou tajine une fois par mois. Carte des vins variée. Punch servi à la manière locale. Accueil agréable. Réservation fortement recommandée.

■ LA GALANTE
Gare maritime ☏ 05 90 97 77 35
Face à la gare maritime
Restaurant-bar groove ouvert du lundi au jeudi de 8h15 à 17h, le vendredi de 8h15 à minuit environ, le samedi de 17h30 à minuit environ, et le dimanche de 15h à 20h. Plats sur place ou à emporter à partir de 8,50 €. Formules et menus enfants. Chèques Vacances acceptés. Tarifs de groupe à partir de 10 personnes (sur réservation uniquement).
La Galante reste, au fil des ans, un rendez-vous « saveurs ». Dès le matin, vous pouvez apprécier un petit déjeuner en terrasse ou à l'intérieur. A midi, dégustez sur place ou à emporter une cuisine créole et évolutive, savoureuse : tartes, viandes, poissons, brochettes, salades et desserts faits maison. Le soir, ambiance garantie… En effet, les vendredis et samedis soirs, place au *groove* : dîner, tapas (en saison), Accras Party, BarTender, Nu Soul Session, Live en ville, DJ Live, Le JukeBox… Retransmission en direct des grands événements sportifs et wi-fi sécurisé.

■ **GINO PIZZA**
16 boulevard de la Marine
℡ 05 90 97 24 19
Addition moyenne : 20 €. Ouvert tous les jours midi et soir, sauf le mercredi, le samedi midi et le dimanche midi.
Franck et Nathalie vous accueillent dans un cadre très agréable où se mêlent convivialité et bonne humeur. On y mange des pizzas réputées pour être les meilleures de l'île, mais aussi des salades, des viandes et divers plats « maison » aux senteurs de l'Italie, qui subjugueront vos papilles. Un endroit très apprécié et souvent complet : il est donc fortement conseillé de réserver.

■ **LE JERICHO**
Immeuble Grenier
Rue du presbytère
℡ 06 90 63 03 59
restaurant.lejericho@gmail.com
Ouvert du lundi au vendredi de 8h à 15h. Plats à partir de 8 €.
Cuisine végétarienne qui met en valeur les fruits et légumes locaux. Salades composées et jus frais. Cadre agréable et cosy qui invite à la détente.

■ **EL RANCHO**
Grande Savane
℡ 05 90 97 81 60
www.el-rancho.net
el-rancho@wanadoo.fr
En direction de Saint-Louis.
Menu typique à 25 €, menu Pêcheur à 30 €, menu Prestige à 34 €, menu Langouste à 45 €. Tous avec option « enfant ».Le prix des menus comporte la visite guidée de l'île + la restauration. Nombreux forfaits hôtel + voiture ; ou hôtel + visite de l'île, à consulter sur leur site Internet.
Un établissement qui existe depuis 1982 et qui propose plusieurs prestations : restaurant, location de voitures, visites guidées. Idéal pour faire une visite complète de l'île sans se soucier d'oublier un site incontournable. Vos hôtes vous donneront toutes les informations et vous emmèneront déjeuner dans un restaurant typique avant de vous faire profiter d'une très belle plage pour vous détendre.

■ **SUN 7 BEACH**
Route de Murat
℡ 05 90 97 87 58
lakallina.com/le-sun7-beach.html
sun7beach@wanadoo.fr
Service de 12h à 15h et de 18h à 22h. Addition moyenne : 25 €.
Restaurant bar d'ambiance sur la plage, « les pieds dans l'eau », sur le lagon de Grand-Bourg, face à la Dominique et aux Saintes dans lequel on se sent à l'aise rapidement. Cuisine internationale et créole avec un vaste choix de salades très copieuses et de pizzas (uniquement le soir) ; vous pouvez composer ces dernières à votre guise avec 25 ingrédients différents. Les soirées Sun 7 sont très appréciées. L'accueil est sympa et l'ambiance se veut jeune et énergique.

Bonnes tables

■ **O' VIVIER**
Route de Beaufils
℡ 06 90 34 46 20
Ouvert midi et soir. Fermeture le jeudi. Réservation conseillée, surtout le week-end. Addition moyenne à 30 €.
Sympathique restaurant au bord de la piscine. Les plats sont cuisinés avec les produits frais rapportés par le patron pêcheur (langoustes, daurade, thon, etc.). A goûter absolument : la marmite du pêcheur. Un vrai régal ! Egalement à la carte, un choix de crêpes sucrées et salées.

■ **LA TABLE DU PÈRE LABAT**
Distillerie Père Labat
℡ 06 90 37 84 91
lolo.rayns@hotmail.fr
Addition moyenne à 35 €. Les horaires varient en fonction des saisons, il est donc conseillé d'appeler avant de se déplacer.
Juste à côté de la distillerie du Père Labat (dont le restaurant est indépendant) se cache une des tables de Marie-Galante qu'il ne faut rater sous aucun prétexte. On se régale en effet ici d'une cuisine des plus raffinées, et des plus créatives : tapas créoles, accras de boudin noir, blanquette de poisson frais et sa sauce vanille, chatrou (pieuvre locale) au chorizo, filet mignon aux ouassous, ou encore des parilladas de la mer et de la terre accompagnées d'une sauce au rhum vieux. Un cadre très authentique et une équipe sympathique. La table du Père Labat organise également des soirées festives et musicales, qui ont souvent lieu le week-end (se renseigner).

Sortir

■ **FOOTY**
Boulevard de la Marine
℡ 05 90 97 99 19
Quelques week-ends par mois, soirée dansante avec orchestre et chanteur. Très animé en période de festival. Addition moyenne : 15 €.
Pour ceux qui restent sur l'île le soir, il y a les soirées du Footy le week-end ! Venez vous tropicaliser sur les notes de la Caraïbe ! Mazurka, biguine, salsa… C'est également un restaurant de cuisine créole. Service en salle ou sur la terrasse qui donne sur la mer.

■ **TERRE DE BLUES**
Office de tourisme de Marie-Galante
Rue Pierre Leroy
✆ 05 90 97 56 51
Voir page 118.

À voir – À faire

■ **DÉLICES DE SIBLET**
Section Siblet ✆ 05 90 97 02 87
Visite gratuite tous les jours de 9h à 13h.
Incontestablement, le sirop de batterie fabriqué à Marie-Galante est excellent. Il en existe une dizaine, aux saveurs différentes. Celui de Siblet, au goût régulier d'une année sur l'autre, se conserve longtemps. Dans la fabrique de Patrick Maurin, on peut voir le chaudron fonctionner, goûter et faire son choix. Une boutique est présente sur place.

■ **DISTILLERIE BIELLE**
Section Durocher-Bielle ✆ 05 90 97 93 62
www.rhumbielle.com
info@rhumbielle.com
Visite et dégustation gratuite, tous les jours ouvrables de 9h30 à 13h et le dimanche de 10h30 à 12h (pendant la saison touristique uniquement).
Elle produit le fameux rhum Bielle, entre rhum agricole, rhum vieux et les liqueurs (bois bandé, schrubb, chocolat…). La distillerie produit 2 000 hl d'alcool pur de rhum agricole, soit un peu plus de 330 000 litres à 59 % vol. Chaque année, la distillerie se distingue au Concours général agricole. Elle a d'ailleurs obtenu une médaille d'or pour son Rhum Vieux 2011, pour le Bielle brut de fût 2008 et une médaille d'argent pour le Bielle vieux 2004 10 ans. Le rhum Bielle est vendu en métropole (vous trouverez la liste des revendeurs sur leur site) et bien sûr dans la boutique sur place. Vous découvrirez les étapes de la fabrication du rhum, du champ de canne jusqu'à la mise en bouteille, et observerez le manège des charrettes à bœufs qui viennent livrer la canne à la période de récolte (de février à juin). Derrière la distillerie, attardez-vous au musée de la Machine à vapeur et à l'ancienne sucrerie. Vous pourrez également déguster toute la gamme de produits au bar.

■ **DISTILLERIE POISSON – RHUM DU PÈRE LABAT**
Section Poisson
✆ 05 90 97 03 79
domaine-poisson@orange.fr
Ouverte du lundi au samedi de 7h à 15h toute l'année et le dimanche de 9h à 13h. Entrée libre : visite et dégustation gratuite.
De nombreux connaisseurs tiennent le rhum produit dans cette distillerie pour l'un des meilleurs de la Guadeloupe. Lors de votre visite, vous y apprendrez tous les secrets de fabrication du fameux rhum à 59°… La tradition est à l'honneur dans la distillerie avec des machines d'origine et l'odeur si particulière de la canne à sucre qui emplit les lieux. A expérimenter sur place, le punch aphrodisiaque au bois bandé pour ces messieurs et aussi celui au gingembre pour les dames. Attention tout de même, le rhum du Père Labat a la réputation de faire tourner les têtes (très) rapidement ! La qualité de fabrication étant en tout cas indéniable, la distillerie produit aux environs de 200 000 litres par an. La distillerie a fêté ses 100 ans en 2016.

MARIE-GALANTE

Courses de bœufs tirants

Le bœuf, bête de somme omniprésente à Marie-Galante, quitte ses champs de canne et la savane pour retrouver ses titres de noblesse. Le concours de bœufs tirants est un sport controversé actuellement, qui a pris ses racines à Marie-Galante. Les Guadeloupéens les considèrent comme un élément de leur patrimoine, au même titre que les combats de coqs. Il s'agit d'une compétition très réglementée où les animaux sont pesés et classés selon leur poids en plusieurs catégories, de 600 kg (minime) à 870 kg (classe A). Pour gagner, il faut grimper une piste en terre le plus haut possible en 10 minutes. Les attelages puissants peinent sur la piste, si empruntée qu'elle en devient impraticable, et tirent une charge réglementaire dans une charrette (de 1 à 2 tonnes). Chaque équipe comprend deux bœufs et trois hommes. Le chauffeur guide et crie à ses bœufs des ordres dans un langage très particulier. Les coureurs calent la charrette avec des pierres, surtout quand il pleut : ça grimpe, et la charrette n'a pas de frein ! Très impressionnant à voir, même si de plus en plus de voix s'élèvent pour dénoncer les souffrances engendrées pour l'animal. Les équipes de Guadeloupe viennent disputer leurs titres aux Forçats et Rapides de Marie-Galante. Calendrier des courses le week-end, de juin à février, sur les pistes de Canada, Morne-Lolo, Faup, Welch, Tacy, Courbaril et Saint-Michel.

Les dates sont disponibles à l'office de tourisme.

██ ÉCOMUSÉE DE MARIE-GALANTE – HABITATION MURAT ⭐⭐

Section Murat
ⓒ 05 90 97 94 41
Du lundi au vendredi de 9h à 12h30 et de 14h30 à 17h30 et le samedi de 9h à 13h. Entrée libre. Expositions temporaires. Jardin médicinal. Cases à esclaves.

C'est en avril 1807, sous la dernière occupation anglaise de Marie-Galante (1805-1815) que Dominique Murat et son fils Emmanuel, alors âgé de 24 ans, font l'acquisition d'une habitation sucrerie appartenant à la veuve Dumoulier résidant à Grand-Bourg. Elle compte 118 esclaves. Les Murat la nomment Bellevue-Laplaine en raison de sa situation topographique sur une petite éminence côtière dominant la mer des Caraïbes, l'île de la Dominique toute proche et les champs de canne tout autour. La légende prétend que ce serait l'une des filles de Murat qui aurait conçu les plans de construction de la splendide maison de maître en pierre de taille calcaire blanche faisant penser à un château du vignoble bordelais. Cette ancienne habitation est abandonnée durant le dernier tiers du XIXe siècle : abolition de l'esclavage, concurrence de la betterave, introduction de la machine à vapeur, création des usines centrales, effondrement des cours mondiaux du sucre expliquent cet abandon. Son dernier propriétaire, M. Reponty, l'a équipée en 1872 d'une machine à vapeur installée dans le vaste bâtiment de la sucrerie située en contrebas des deux moulins, l'un à bêtes du XVIIIe siècle et l'autre à vent

construit en 1814 par les Murat. En 1983, le département devient propriétaire du domaine avec une réserve foncière de 7 ha pour y abriter l'écomusée de Marie-Galante créé en 1979 par un arrêté du conseil général de la Guadeloupe. Le domaine accueille également un incroyable jardin médicinal installé dans l'ancien enclos à animaux. Vous découvrirez des variétés de plantes amères, considérées comme toniques, digestives et stimulantes, les plantes externes utilisées pour les bains, les plantes pour « mal vant » qui permettent de traiter divers maux… L'écomusée abrite également une importante collection d'outils à main, de matériels technologiques préindustriels, d'objets quotidiens divers, de documents d'archives privées et de témoignages enregistrés auprès des gens de métiers et détenteurs des savoir-faire populaires et naturalistes de l'île.

██ HABITATION ROUSSEL – TRIANON

A la sortie de Grand-Bourg, à gauche, en direction de Saint-Louis.
Vous apercevez les magnifiques restes d'une sucrerie abandonnée dont l'ancienne écurie en briques est restée en très bon état ainsi que sa cheminée répertoriée aux Monuments historiques et un imposant moulin en ruines, le plus vieux de l'île. Dans les années 1720-1740, elle appartenait à Nicolas Bonhomme, un créole originaire de Marie-Galante, avant d'être reprise vers 1860 par Victor Roussel, dernier propriétaire de l'habitation Trianon. C'est aujourd'hui la propriété du Conseil départemental de la Guadeloupe.

Le père Labat, inventeur du rhum à Marie-Galante

Jean-Baptiste Labat, ordonné prêtre à Paris en 1685, poursuit des études scientifiques à Nancy. En 1693, il part comme missionnaire dominicain dans les Caraïbes. En janvier 1694, il débarque en Martinique, rejoint la paroisse de Macouba pour deux années et y fonde l'exploitation sucrière de Fonds-Saint-Jacques (Sainte-Marie) ainsi que plusieurs paroisses, et participe au développement de l'industrie de la canne à sucre. Puis il voyage dans l'archipel, prend part au combat lors de l'attaque britannique de la Guadeloupe en 1704, séjourne à Marie-Galante, fait un passage en Dominique, et retourne en Martinique, avant de finalement rentrer en Europe en 1706. Parcourant les Antilles françaises, néerlandaises et anglaises, le père Labat a décrit de nombreux aspects de la société caribéenne, le monde de la flibuste notamment. Il possédait des esclaves, qu'il traitait avec humanité et qui observait à ses heures perdues. Dans ces récits de 1968 (*Nouveau Voyage aux Isles Françoises de l'Amérique*), il note ses impressions sur la passion de l'homme noir : la danse. Avec ses notions de botaniste, il aurait élaboré une eau-de-vie (guildive sucrée) qui soigne la fièvre. De médicament, la formule s'est adoucie pour devenir le rhum, que l'on connait aujourd'hui. Sur l'île de Marie-Galante, une distillerie artisanale produit un rhum qui porte son nom et titre à 59° (le rhum 59° ne se fabrique qu'à Marie-Galante, une prescription qui date de Napoléon). Père Labat est nommé en créole *pèrlaba,* ce qui signifie un esprit malin (dans le bon sens du terme). Un saint homme pour les Antilles !

■ JARDIN DE BUCKINGHAM-BALLET

✆ 06 90 49 66 42
En direction de Saint-Louis, après l'habitation Roussel-Trianon.
Visite guidée et collation : 10 €/adulte et 5 €/ enfant. Possibilité de repas pour 15 € en moyenne.Visite et repas sur réservation.
Laissez-vous guider par Guy-Henri Vingataramin, agriculteur passionné et amoureux de son île. Au détour d'une balade en charrette à bœufs, il vous fera découvrir son exploitation et les sites patrimoniaux aux alentours. A la fin de la visite, vous serez récompensés par des jus frais à base de fruits de saison. Et pour les plus gourmands, laissez-vous tenter par un déjeuner 100 % local, dans la plus pure tradition marie-galantaise.

■ MAISON DE L'INDIGO

Section Murat ✆ 05 90 84 56 49
www.maisondelindigo.com
L'atelier est ouvert de 9h à 13h et fermé le lundi. Visite gratuite de l'atelier. Sur réservation le dimanche.
La magie des pigments naturels, c'est certainement ce qui a lancé Anne dans cette quête du bleu indigo. Installée en Guadeloupe depuis plus de 25 ans, elle a décidé de pousser ses recherches sur les teintures végétales tropicales, particulièrement celles que les anciens utilisaient sur l'île. A partir de techniques traditionnelles, elle se livre à une alchimie chromatique sur tissus, véritable hommage à la mémoire de la culture de l'indigo qu'il faut absolument découvrir quand on est à Marie-Galante. La maison de l'indigo développe un projet de remise en valeur des plantes colorantes aux Antilles. Des stages et des formations sont également proposés. L'atelier est ouvert de 9h à 13h et fermé le lundi.

■ KREOL WEST INDIES

Rue Beaurenom Prolongée
✆ 05 90 97 21 56
www.kreolwestindies.com
kreolwestindies@gmail.com
Ouvert tous les jours de 9h30 à 12h et de 14h30 à 18h30. Expositions. Boutique.
Cette galerie œuvre pour la promotion des arts et du patrimoine créole. Les salles d'expositions permanentes proposent un parcours historique,

sorte de machine à remonter le temps, qui mêle art contemporain et objets du patrimoine en une scénographie originale. Chaque époque est reconstituée d'une manière vivante par strates chronologiques : civilisations précolombiennes, flibuste et piraterie, outils et objets traditionnels, intérieur créole du XIXe, cabinet de curiosités, années 1940... Ce concept novateur mêle plus de 100 œuvres d'art contemporain de peintres locaux et de grands maîtres haïtiens. En fin de parcours, la boutique a une démarche éco-citoyenne et propose des t-shirts, sacs en toile de voile recyclée et autres produits dérivés qui déclinent le concept Kreol West Indies avec un logo fun de Marie-Galante. Un partenariat avec l'association humanitaire Terre d'Azur renforce l'éthique du concept… Une visite à ne pas manquer !

■ MARE AU PUNCH

En face de l'usine Pirogue, à 5 km de Grand-Bourg.
Un site légendaire qui porte un bien joli nom au regard des événements qui s'y sont produits. Ils remontent aux 24 et 25 juin 1849, lors de la première participation aux élections législatives des anciens esclaves. Alors que la population proteste contre les tentatives de fraudes des planteurs, des dizaines de nouveaux affranchis sont tués. Révoltés, ils pillent, incendient l'Habitation Pirogue, puis déversent dans la mare à proximité tout le rhum et le sucre de l'habitation pour faire un gigantesque punch. Après trois jours de fête, certains, ivre-morts, s'en prennent aux prêtres et aux religieuses. De ce triste évènement est née une chanson que l'on entend encore aujourd'hui dans les fêtes.

■ PITT À COQS

Section Saint-Marc
Le dimanche à partir de 14h30. Entrée : 10 €.
Vous avez la possibilité de visiter l'arène où se joue tous les dimanches une vieille tradition culturelle : les combats de coqs. Vous serez plongé dans une ambiance authentique, et pourrez même participer aux paris. Les photos et les caméras sont autorisées. Il est tout de même déconseillé d'assister au spectacle avec de jeunes enfants ou des amis des bêtes, les combats étant violents et généralement mortels pour les animaux...

POTERIE AU GRÈS DES ÎLES

Section Bielle
℘ 05 90 97 78 21
gres-des-iles@orange.fr
Ouvert tous les matins de 9h à 13h et l'après-midi sur demande. Entrée libre.
Exposition de poteries ornées de scènes locales (moulins, charrette à bœufs…). Cours de poterie également sur rendez-vous. Accueil très sympathique.

SCULPTEUR ARMAND BAPTISTE

Galerie Armand Baptiste
Section Vanniers
℘ 05 90 97 84 66
Ouvert de 9h à 12h et de 14h30 à 17h sauf le dimanche. Entrée gratuite.
Exposition permanente de sculptures en bois (ébène, gaïac, mancenillier, campêche…). On ne peut que rendre hommage à son travail, les sculptures sont magnifiques. C'est tout près de la distillerie Bielle, alors faites un détour !

Sports – Détente – Loisirs

ELI AUTOGIRE

Aérodrome Les Basses
℘ 06 90 90 10 15
www.eliautogire.net
Poids du passager limité à 90 kg. Age minimum : 10 ans.
Et si le meilleur moyen d'appréhender la beauté de Marie-Galante était de prendre de la hauteur ? Embarquez pour 35 min de plaisir dans un ULM à voilure tournante. Vision à 360° garantie. Nouveauté 2019 : circuit découverte tour de l'île et grand tour avec survol intérieur.

TI BULLES

Plage du 3e Pont
Rue Beaurenon
℘ 06 90 67 70 60
www.tibulles-plongee.com
tibulles.plongee@gmail.com
Ouvert toute l'année 7j/7. Tarifs : baptême 50 €, plongée exploration à partir de 40 €. Tarif réduit pour les enfants de -12ans et forfait pour plongées multiples. Plongée de 9h30 à 14h, sur réservation.
Un club sympathique qui accueille tous les plongeurs, quel que soit leur niveau. Initiations, explorations, formations et plongées techniques personnalisées à la carte. Les sites, répartis sur les côtes atlantique et caribéenne, sont choisis en fonction de votre niveau. Vous embarquez à bord d'un semi-rigide. Parfait pour les baptêmes, autant que pour les plongeurs aguerris. Les débutants apprennent avec patience les gestes techniques pour une observation respectueuse de la faune et de la flore sous-marines.

Visites guidées

Au départ de la Guadeloupe ou sur l'île, des sociétés organisent des circuits et des excursions qui vous permettent de découvrir un maximum de sites intéressants en une journée sur l'île, ou lors de séjours plus longs.

BRUTE ALEX

℘ 06 90 50 87 41
Alex vous propose des promenades et des excursions en charrette à bœuf : un vestige du passé colonial conservé et préservé à Marie-Galante. Plusieurs circuits vous seront prossibles.

EL RANCHO

Grande Savane
℘ 05 90 97 81 60
www.el-rancho.net
el-rancho@wanadoo.fr
Forfait à partir de 65 € incluant la traversée en bateau, le repas et la visite. Forfait repas et visite à partir de 25 €.
Ne soyez pas étonné de retrouver le nom d'El Rancho à plusieurs reprises, car Guy Colmar, le propriétaire, est particulièrement présent sur l'île. Il possède un restaurant du même nom, propose des hébergements, des locations de véhicules et des visites guidées de Marie-Galante : départ de Grand-Bourg, dégustations diverses au marché, château Murat et son jardin de plantes médicinales, dégustation de rhum dans une distillerie, l'ancien moulin de Trianon, visite de Capesterre, les falaises, visites de Saint-Louis, le port de Folle-Anse et le moulin de Bézard… Déjeuner et baignade à la plage de Vieux-Fort. Selon le menu proposé : typique, pêcheur, langouste ou prestige, les tarifs varient.. Renseignez-vous sur place ou sur son site Internet qui détaille les différentes formules.

Shopping

OCÉOM – TERRE & MER

Avenue du Docteur Marcel Etzol
℘ 05 90 97 58 86
www.oceom.fr
oceombijoux@orange.fr
Près du Carrefour market.
Ouvert du lundi au samedi de 9h à 12h. Horaires aléatoires hors saison. Fermeture en septembre. Possibilité de commander et d'être livré sur la boutique en ligne www.oceom.fr.
Unique aux Antilles ! Jean-Pol Jacob crée depuis plus de 20 ans des bijoux naturels avec de véritables coquillages, éléments marins, végétaux et minéraux, recouverts d'or 24 carats. En véritable orfèvre de la nature, il réalise des

pendentifs, bagues, broches et boucles d'oreilles faites d'oursins, de perles et coquilles insolites, d'étoiles de mer, de gorgones, de crustacés, de graines, de pierres et autres matériaux naturels. Sa production originale constitue une collection bijoutière hors du commun, étonnante par sa diversité et ses modèles uniques.... A découvrir absolument. Son fameux « Dollar des sables » est désormais sa marque de fabrique, reconnaissable dans tout l'archipel. Ce pendentif est devenu le bijou emblématique de Marie-Galante. La boutique propose aussi l'artisanat de la Caraïbe et d'ailleurs, des objets et cadeaux déco en bois, des sables, des nacres, ainsi que des bijoux exotiques et design... Et même une ligne de vêtements légers en soie aux couleurs d'été depuis peu ! Les bijoux Océom sont également disponibles dans les deux villages d'artisans de Grande-Terre (situés à Sainte-Anne et à Saint-François) et à la boutique Maogany aux Saintes.

■ **ARTS ET TRADITIONS**
Section Murat
✆ 05 90 97 80 04
lucie.seytor@hotmail.com
Fermé le lundi. Ouvert tous les jours le midi. Services du soir vendredi et samedi uniquement.
Vente et exposition de charmantes poupées noires de chiffons. L'artisan qui les confectionne les considère autant comme un objet de tolérance que comme un simple jouet. Le restaurant La Poésie des Plats, attenant au musée, attend les visiteurs pour une pause gourmande.

■ **LA QUINTESSENCE CRÉOLE**
Rue de la Marine
✆ 05 90 84 35 06
www.artisanat-guadeloupe.com
paul-ary.hircau@orange.fr
Ouvert du lundi au samedi de 8h à 13h et de 14h à 18h (sauf le samedi après-midi).
Une petite halte shopping s'impose au moment de votre départ de Marie-Galante à Grand-Bourg. Dans cette boutique d'artisanat local, vous retrouverez des bijoux très originaux fabriqués en Guadeloupe, des huiles bienfaitrices, des sirops délicieux et des confiseries gourmandes ! Dans la deuxième salle,

au fond, vous retrouverez des meubles en bois de qualité, dont la majorité sont travaillés en Guyane.

■ **ESPACE KOUNAKY**
✆ 05 90 84 41 05
route sur la droite, face à l'Habitation Roussel.
Ouvert tous les jours.
Vous trouverez des créations artisanales, des masques, des gravures sur calebasse... et un accueil très chaleureux !

■ **KAZ A SIK**
Chemin de la Sucrerie
Route de Grande-Anse
✆ 05 90 97 89 31
esatjericho.gites@orange.fr
Ouvert du lundi au samedi de 9h à 15h et le dimanche de 9h à 13h30.
Situé aux abords de l'usine de sucre de Marie-Galante, vous trouverez dans cette petite case tous les produits phares à rapporter de l'île : divers sucres, liqueurs, punchs, farine de manioc, kilibibi, farine de coco, bijoux, peintures...

■ **LE RUCHER DE L'ÎLE**
✆ 06 90 46 74 88
lerucher.marie-galante@orange.fr
Lundi, mardi et vendredi de 16h à 19h. Mercredi, week-end et jours fériés de 9h à 16h. Accueil des groupes sur réservation.
Vente directe de miel et produits de la ruche (gelée royale, propolis, pollen, etc.) Visite et ateliers possibles pour les groupes.

■ **LA SUITE**
38 rue Marcel Etzol
✆ 05 90 97 06 90
lasuitemariegalante@gmail.com
Ouvert tous les jours de 9h à 13h et de 15h à 19h.
Comme son nom l'indique, ce lieu est la suite du Kréol West Indies, situé près de la plage du 3e pont. C'est également une galerie d'art, un espace culturel et une boutique. On y trouve des œuvres d'artistes caribéens, des cosmétiques de qualité produits dans l'archipel, des livres, des rhums, des draps de bains…

CAPESTERRE

Sur la route côtière (D203), lorsque vous longerez la mer par le sud-est, la découverte des plages de Petite-Anse, de la Feuillère puis de Capesterre ne peut vous laisser indifférent. L'entrée du bourg est vraiment pittoresque. Avec un peu de chance, vous pourrez assister au débarquement de la pêche. Un spectacle haut en couleur, dont on ne se lasse pas à Marie-Galante. Mais Capesterre, c'est aussi la verdure ondoyante des champs de canne. Empruntez la N9 ou la D201, puis passez la descente raide du morne des Pères. La route creusée tel un sillon profond dans la montagne réserve ses surprises. Aucune visibilité jusqu'au dernier virage, mais vous avez pris de la hauteur, et la beauté du site vous saute alors aux yeux. La vue sur la baie est magnifique !

Orientation

▶ **En longeant la côte est**, en direction de la pointe du Gros Cap, les falaises de Marie-Galante commencent à apparaître. La promenade des Galets permet d'approcher la grotte du morne Rita. En continuant toujours tout droit, et en allant jusqu'au bout du chemin de tuf, vous garerez votre voiture et continuerez la descente à pied durant une dizaine de minutes, en suivant les petites marques bleues au sol : vous arriverez ainsi sur l'une des plus belles plages de Marie-Galante, l'anse Feuillard, restée très longtemps inconnue, même des locaux.

▶ **Les sentiers de randonnée de « la côte est » et « des falaises »** permettent de découvrir de magnifiques panoramas. Ces sites sont aussi accessibles en empruntant la D201 en direction de Tacy. Vous pourrez notamment admirer le moulin de Bézard sur votre gauche. De nombreux autres moulins se fondent dans les paysages, alors ouvrez l'œil !

▶ **Sur le flanc ouest de la ville**, au sud, se trouvent deux magnifiques plages : La Ferrière, grande anse de sable blanc, et Petite-Anse, idéale pour l'observation des fonds marins.

▶ **En face de la plage de Petite-Anse**, la route du morne de Pichéry ou le sentier de randonnée des « hauts de Capesterre » vous conduisent à l'intérieur des terres, un paysage de campagne où la culture de la canne à sucre est omniprésente.

▶ **Ensuite la route D202 en direction de l'Etang Noir** vous mènera à la distillerie Bellevue et à son moulin.

Se loger

Bien et pas cher

■ **L'ÉTOILE DE MER**
Les Caps
✆ 05 90 97 43 14
www.im-caraibes.com/etoile-de-mer
etoile-2-mer@orange.fr
Tarifs sur la base de deux personnes : chambre 60 €/nuit, 400 €/semaine, studio 70 €/nuit, 470 €/semaine. 15 €/personne supplémentaire. Séjour minimum de 3 nuits. Gratuit pour les moins de 3 ans.
Simone et Séna sont très accueillants, ils vous reçoivent à la sortie du village, à quelques pas de la mer. Les 4 chambres d'hôtes climatisées donnent sur l'arrière de la maison et ouvrent sur les cocotiers et les bananiers (les deux à l'étage ont une terrasse). Elles disposent de réfrigérateur.
Les 4 studios à l'étage sont mansardés et naturellement ventilés. Ils sont équipés d'un coin cuisine pour préparer le petit déjeuner (avec plaques électriques, cafetière et réfrigérateur). Une case est équipée de plusieurs tables et d'une cuisine commune (avec un four électrique et deux gazinières). La prestation est très simple et conviviale.
Tous les hébergements sont dotés de nom de poissons locaux… Eh oui, Séna est pêcheur !

■ **LES HIBISCUS**
Chemin de Cadet
✆ 06 99 33 41 41
les-hibiscus.com
hibiscus.mariegalante@gmail.com
Pour 2 personnes maxi, de 64 € à 139 € par nuit selon le logement, la saison et la durée du séjour. Forfait ménage de 40 € à 60 €. Séjour de deux nuits minimum en basse saison.
Jolis bungalows récents en bois, entièrement équipés. La dernière case est en construction et sera disponible en décembre 2018.

■ **RÉSIDENCE JÉRICHO**
Tacy
✆ 05 90 97 69 50
www.esatjericho.com
esatjericho.gites@orange.fr
Villas à partir de 70 €/nuit pour 2 personnes en basse saison, de 80 € pour 3 personnes, et de 90 € pour 4 personnes. Appartements pour 6 à 8 personnes : à partir de 120 €/nuit. Petit déjeuner à partir de 10 €. Déjeuner et dîner à partir de 12 € par personne, hors boissons. Accès wi-fi.

Les gîtes de la résidence Jéricho se composent d'un ensemble de 4 villas et d'un appartement T3. La résidence est située dans un parc clôturé et fleuri. Les villas disposent d'une chambre climatisée et d'un couchage supplémentaire pour 2 personnes dans le salon. Tous les logements bénéficient d'une kitchenette entièrement équipée et d'une terrasse privative. Sur place, piscine et bain à bulles. Service de massage ou de petits-déjeuners, déjeuners, dîners sur demande. Possibilité de louer une voiture avec un partenaire.

■ LE TOULOULOU
Plage de Petite-Anse
✆ 05 90 97 32 63
www.letouloulou.com
touloulou@wanadoo.fr
Chambres avec kitchenette : de 55 à 70 € la nuit, selon la saison. Chambre sans kitchenette : de 50 à 65 €. Bungalow pour 4 personnes à partir de 120 à 150 €.
Les 4 chambres climatisées indépendantes sont réparties dans 2 bungalows, les pieds dans l'eau, à... 10 m du rivage, en bordure de plage de Petite-Anse. Deux des chambres sont équipées d'une kitchenette. Deux chambres (sans kitchenette) peuvent accueillir jusqu'à 3 personnes. Tous les hébergements sont pourvus d'une terrasse surplombant la plage. Sur place, un restaurant de spécialités créoles et une discothèque.

Confort ou charme

■ LES GITES TIT'ANSE
lotissement cadet/petite anse
✆ 05 90 97 08 14
lesgitestitanse.com/
sabeha.emerys@orange.fr
Gîtes à partir de 60 € par jour en basse saison et 85 € en haute saison. Cabane dans l'arbre : 60 € la nuit. Séjour de 3 nuits minimum pour la villa : 120 € la nuit. Forfait ménage : 20 €.
Sabéha et Frédo vous accueillent dans leurs gîtes à deux pas de la plage de Petite Anse. Trois bungalows, une maison créole et une cabane dans l'arbre du jardin. Le petit plus : les séjours peuvent être conçus sur mesure pour profiter de l'espace bien-être où Sabéha prodigue des massages du monde personnalisés.

■ HÔTEL LE SOLEIL LEVANT
42 rue de la Marine
✆ 05 90 97 31 55
www.lesoleillevant.fr
le-soleil-levant@orange.fr
Chambre double à partir de 55 €, appartements à partir de 130 €, bungalows double sans kitchenette à partir de 70 €, bungalows avec cuisine équipée à partir de 130 €.

Ce petit hôtel familial de 9 chambres et 11 bungalows à proximité de la plage de Feuillère, sur les hauteurs de Capesterre, combine son environnement verdoyant aux commodités d'une piscine et d'un solarium avec vue sur mer. Un confort simple mais d'un bon rapport qualité-prix avec un accueil des plus agréables. Vous trouverez également un espace spa où vous vous ferez bichonner. Possibilité de location de voiture.

■ AU JARDIN BEAUSEJOUR
Section Beauséjour
✆ 05 90 97 34 22
www.au-jardin-debeausejour.com
debeausejour@wanadoo.fr
Gîtes de 580 à 1 000 € la semaine. Studios de 80 à 100 € la nuit. Les tarifs varient selon la saison et le nombre d'occupants.
Situés sur les hauteurs de Capesterre et à 5 minutes de la plage de la Feuillère, les hébergements offrent tranquillité et convivialité dans un cadre bucolique. Sur place, on trouve 5 gîtes, dont un qui peut accueillir jusqu'à 8 personnes, 5 studios (pour 2, 3 ou 4 personnes) avec kitchenette et un accès libre à la piscine.

■ LE M
Section Brumant
✆ 05 90 97 32 95
www.lemhotel.fr
Réception ouverte de 8h à 22h. Chambres traditionnelles avec balcon à partir de 120 €. Chambres privilèges avec terrasse à partir de 138 €. Petit-déjeuner en terrasse de 7h30 à 10h. Bar lounge de 10h à 22h. Restauration sur place.
Voici un hôtel de charme conçu comme une maison privée, situé en bord de mer, où l'on se sent parfaitement à l'aise tout de suite compte tenu de l'accueil très agréable des propriétaires. Une petite structure intimiste, sur deux niveaux, composée de 5 chambres avec balcon et 5 autres avec une grande terrasse. Les hébergements climatisés sont fonctionnels, clairs et ont tous une vue sur mer. Belle déco et bonne idée de ne pas installer de téléviseur dans toutes les chambres pour ceux qui souhaitent profiter d'un séjour plus reposant sans tentation d'allumer la télé. Exposition d'un artiste local dans les chambres et dans le salon. Le M dispose d'un restaurant sur place, ouvert à la clientèle extérieure (sur réservation). Les Terrasses du Belvédère, qui propose une cuisine élaborée à partir de produits frais et locaux, avec une touche d'exotisme. Le petit déjeuner servi sur la terrasse ombragée ou en chambre est particulièrement apprécié pour ses produits frais et maison. Envie de tapas créoles et d'un verre ? Le bar est également à votre disposition.

■ **LE REPOS**

Section Pichery ✆ 06 90 41 50 24
www.villas-lerepos-mariegalante.com
le.repos@caribanet.com
*Appartements F2 : à partir de 55 €/nuit pour
2 personnes (pour un séjour de 7 nuits), selon
l'hébergement. Également trois villas F3, à partir
de 110 € la nuit, et un bungalow F2 avec spa
privatif à partir de 100 € la nuit. Les tarifs varient
selon la durée du séjour.*

A la campagne, sur un plateau qui domine la mer,
4 000 m² de tranquillité à proximité des plages
de Feuillère et Petite-Anse. Les 2 gîtes pour
3 personnes sont confortables, avec balcon.
Au-dessus de la maison familiale se trouvent
2 appartements indépendants pour 3 personnes
avec deux chambres, terrasse et jardin, vue sur
mer. La villa Senteurs Tropicales vous invite à
un bain de tranquillité et de sérénité, avec son
spa et son *deck* privés pour 2 personnes. La
villa Créole dispose d'une piscine privative.
Belles prestations : accès au wi-fi, accueil à
l'aéroport ou au port pour les arrivées du soir
sur demande…

■ **LA ROSE DU BRÉSIL**

Lieu-dit La Rigole
Route du Brésil ✆ 05 90 97 47 39
www.larosedubresil.com
larose.dubresil@orange.fr
Situé sur la route du Littoral
*Séjours à la semaine ou à partir de 3 nuits
selon les disponibilités. Chambre café pour
2 personnes : à partir de 75 € la nuit, jardin
Vanille pour 3 personnes à partir de 95 €, suites
à partir de 110 €, selon la saison.*

Construite au cœur d'un jardin tropical luxuriant
de 4 000 m², cette résidence hôtelière est à
seulement 200 m de la plage de Petite-Anse.
Les villas sont personnalisées, intégrées dans la
nature et sans vis-à-vis. Belle terrasse équipée
d'une cuisine extérieure, salon ouvrant sur le
jardin ou patio privé avec BBQ, transats et
hamac. Piscine sur place.

Luxe

■ **VILLAS COCCOLOBA & JACARANDA**

Maillard ✆ 06 90 42 10 01
villamariegalante.com
secretcove.mg@gmail.com
*Entre 1 900 et 2 400 €/semaine pour une
villa (8 personnes). Frais de ménage de fin
de séjour inclus, avec un ménage de milieu
de séjour également pour les séjours de plus
d'une semaine.*

Ces deux belles villas à la décoration épurée et
élégante disposent des mêmes caractéristiques
et du même confort, avec 4 chambres doubles
climatisées dotées chacune de leur salle de

bains et d'un dressing. Chaque chambre est
équipée d'un téléviseur à écran plat. Le vaste
salon donne sur une grande terrasse/deck (avec
barbecue) et une grande piscine, le tout dans
un jardin tropical. La cuisine est entièrement
équipée. Chaque villa dispose d'une chambre
aux dimensions adaptées pour accueillir une
personne à mobilité réduite. Elles sont situées
à 2 km du bourg de Capesterre et à 250 m de
la plage de Petite-Anse, bénéficiant ainsi d'une
superbe vue sur la mer des Caraïbes.

Se restaurer

■ **DANTANA CAFE**

Plage de Feuillère ✆ 06 90 48 05 67
*En saison, ouvert tous les jours (sauf dimanche
soir et lundi). Hors saison, ouvert midi et soir
à partir du jeudi. Formule à 27 € ou plats à
la carte.*

Joli restaurant tout en bois et coloré, les pieds
dans le sable pour apprécier une cuisine savoureuse, colorée et épicée à base de produits
frais du terroir sublimés par la cheffe Miske.
Une adresse incontournable de l'île. Musique
live le week-end.

■ **CHEZ LES COLVIL**

✆ 06 90 74 36 54
*Plats typiques : chaudage et bébélé. Addition
moyenne : 12 € (plat + eau).*

Les Marie-Galantais vous diront que c'est la
meilleure table de l'île pour les plats typiques,
le vendredi soir à partir de 19h et le dimanche
de 10h à 14h. Le lieu est sans chichis, dans
la maison familiale, juste derrière la vitrine
réfrigérée de la boucherie, dans une grande
salle entre le salon et la cuisine. Accueil à la
bonne franquette, sur de grandes tables. Apéro
ti-punch de rigueur, suivi d'un plat de viandes
locales, le chaudage (le vendredi soir), cuit
dans un bouillon avec du chou et du citron, et
accompagné de boudin rouge et de légumes
locaux. Vous pourrez aussi goûter au traditionnel bébélé (le dimanche midi). A déguster
avec du citron et un peu de piment. Plaisir et
authenticité garantis.

■ **LA PLAYA**

Plage de Feuillère
Boulevard du Littoral
✆ 05 90 93 66 10
Plage de Feuillère
*Ouvert tous les soirs de décembre à mai et
le dimanche soir. Hors saison, ouvert le soir
du mercredi au dimanche. Addition moyenne :
35 euros. Assiette de tapas : 12 euros.*

Sur la route du littoral, au niveau de la plage
de Feuillère, Jérôme, le chef, premier maître
restaurateur de l'île et Colomba proposent une

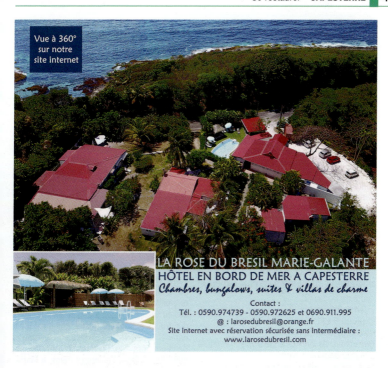

Vue à 360°
sur notre
site internet

LA ROSE DU BRESIL MARIE-GALANTE
HÔTEL EN BORD DE MER A CAPESTERRE
Chambres, bungalows, suites & villas de charme

Contact :
Tél. : 0590.974739 - 0590.972625 et 0690.911.995
@ : larosedubresil@orange.fr
Site internet avec réservation sécurisée sans intermédiaire :
www.larosedubresil.com

MARIE-GALANTE

cuisine copieuse inspirée par les produits de la mer : crabe au coco, ouassous, trilogie de poissons frais, la rose des mers (tartare de thon sur un carpaccio de marlin). L'établissement est réputé pour la préparation de ses langoustes fraîches. Quant à la viande, servie grillée ou en brochette, elle provient généralement de producteurs locaux. Une étape de qualité à faire absolument sur la route des plages. Le restaurant La Playa est classé par le Caribbean Journal parmi les 50 meilleurs restaurants de la Caraïbe et les 10 meilleurs de la Guadeloupe.

■ **LE TOULOULOU**
Plage de Petite-Anse ✆ 05 90 97 32 63
www.letouloulou.com
touloulou@wanadoo.fr
Ouvert tous les jours sauf le jeudi soir. Menu complet à 20 € ou langouste à 38 €. Plats à la carte de 14 € à 36 € (langouste grillée). Discothèque vendredi, samedi et veilles de jours fériés à partir de 22h30.
Le Touloulou a plus de 40 ans d'existence ! Le restaurant panoramique est situé en bordure de la plage de Petite-Anse. Vous mangez les pieds dans le sable ou sur le *deck* selon votre humeur. La cuisine de spécialités locales (blaff de burgots ou de palourdes, fricassée de chatrou ou de lambicourt, bouillon de poissons, langoustes)

se fait selon l'arrivage, les pêcheurs venant livrer leurs produits directement. C'est aussi au Touloulou que l'on mange le fameux bélélé, plat typiquement galantais qui mélange tripes, queue de porc et poitrine fumée avec des dombrés dans une potée de légumes et de racines peyi ! Pour ceux qui ne pourront plus repartir, des bungalows sont disponibles sur place ; ainsi qu'une discothèque pour les couche-tard qui propose des soirées à thème.

Sortir

■ **LE TOULOULOU**
Plage de Petite-Anse
✆ 05 90 97 32 63
www.letouloulou.com
touloulou@wanadoo.fr
Discothèque ouverte à partir de 22h. En attendant l'ouverture, vous pouvez déguster un cocktail au bar La Pergola, qui jouxte le Touloulou.
Soirées tous les week-ends durant la haute saison. En basse saison, les soirées sont ponctuelles. José, le propriétaire, fait venir des artistes locaux en tout genre (zouk et rétro zouk, reggae, dancehall, compas, etc.). La page Facebook de l'établissement fournit l'agenda des soirées à venir.

■ **DANTANA CAFE**
Plage de Feuillère
✆ 06 90 48 05 67
Le restaurant organise également des soirées avec DJ ou groupes locaux en bord de la plage. Ambiance assurée.

À voir – À faire

■ **CENTRALE ÉOLIENNE DE PETITE-PLACE**
En partant de Capesterre, empruntez le morne des Pères, arrivé au sommet, tournez sur la gauche, 3 km plus tard, juste après la section Tacy, empruntez le chemin sur votre droite sur 2 km.
Ouvert tous les jours. Entrée libre.
Mise en service en 1998, la centrale éolienne de Petite-Place produit de l'électricité qui est directement injectée dans le réseau EDF. Ainsi, 30 % de l'électricité consommée sur l'île est produite grâce au vent des alizés. Superbe panorama sur la plaine des Galets.

■ **FABRIQUE DE SIROP BATTERIE MOYSAN**
Route de Dugay
Vidon le Robert
✆ 06 90 59 71 18
siwo.jmoysan@gmail.com
Ouvert tous les jours de 9h30 à 13h. Fermeture annuelle en septembre.
Une visite guidée très agréable pour tout connaître sur la confection du sirop de batterie. Possibilité d'acheter du sirop dans la boutique.

■ **MOULIN DE BÉZARD**
Construit en 1814, puis déchaperonné par les intempéries, il a été restauré en 1994. Majestueux avec ses ailes toilées, il est malheureusement à l'arrêt et le site n'est plus entretenu, bien qu'il soit toujours l'un des mieux conservés de l'île après celui de la distillerie Bellevue.

■ **RHUMERIE AGRICOLE DE BELLEVUE** ⭐
Distillerie de Bellevue
Section Bellevue
Ile de Marie-Galante
✆ 05 90 97 29 58
www.distillerie-bellevue.com
infos@distillerie-bellevue.com
Visite tous les jours, dimanche inclus, de 9h à 13h. Visite de la distillerie et dégustation gratuite.
Au pied de son moulin à vent toujours en activité, la distillerie Bellevue est la plus ancienne de l'île puisque nous retrouvons sa trace sur des cartes de 1769. Son incroyable colonne de concentration entièrement en cuivre, dans le parfait respect de la tradition, coule un rhum agricole d'excellence. La distillerie produit ainsi des rhums agricoles à 50° et 59°, régulièrement médaillés, des rhums vieux hors d'âge ou vieux de 6 ans, des punchs (maracudja, coco, ananas, vanille, *pété bwagèt*), des planteurs, *pinacolada*, crème de café, de chocolat, des produits du terroir (miel, sirop batterie, sucre, confiture, farine coco, farine manioc) ainsi que des ouvrages culturels patrimoniaux sous forme de disques et de livres. La distillerie Bellevue est en outre la première distillerie respectueuse de l'environnement et l'unique distillerie éco-positive au monde. Comme une tradition, chaque année, elle reçoit la médaille d'or ou d'argent du Concours Général Agricole. Au cours de votre visite, vous pourrez découvrir une seconde boutique d'artisanat, d'art et de décoration.

Sports – Détente – Loisirs

■ **RANDONNÉES – OFFICE NATIONAL DES FORÊTS DE MARIE-GALANTE**
avenue Hôpital
✆ 05 90 97 49 55
L'ONF a balisé ici 8 sentiers de randonnée pédestre, qui permettent de découvrir la beauté originelle de la mangrove de Vieux-Fort : la coulée Ouliée. Un guide papier avec le détail des traces et sentiers (plans, commentaires, durées) est en vente à l'office de tourisme et dans les librairies. La mission de l'ONF est aussi de protéger l'environnement. A Marie-Galante, le feu sur la plage peut détruire l'écosystème ambiant, aussi préférez les barbecues aménagés, comme on en trouve à Vieux-Fort et à Feuillère. Unique en Outre-mer, la brigade équestre de l'ONF patrouille dans les forêts domaniales du littoral (espaces naturels protégés). Ces gardes à cheval font de la prévention et vous informent. Le versant écologique de l'ONF à Marie-Galante s'attache à la protection des tortues marines (vertes ou imbriquées) qui viennent pondre la nuit sur les plages tranquilles. L'île est le premier site de ponte des Petites Antilles, d'après le résultat des études menées par l'ONF et le Réseau Tortue de l'île. Approche possible avec guide de l'ONF (réservation obligatoire).

Shopping

■ **FARIMAG**
Résidence Savane
Section Jacquelot
✆ 05 90 97 40 53
Natacha fabrique de la farine de manioc, de la farine de coco et leurs dérivés : *cassaves*, bonbons *moussaches*, gâteaux... Une bonne occasion de découvrir ces produits 100 % antillais, issus d'un savoir-faire transmis depuis trois générations.

SAINT-LOUIS ⭐⭐

Saint-Louis se dresse au fond d'une baie calme et protégée. Véritable refuge pour les voiliers qui apprécient ce mouillage tranquille, le village vit doucement au rythme de la pêche. Le bourg de Saint-Louis, baigné par des eaux cristallines, est représentatif des petits villages de pêcheurs de la Caraïbe, notamment par la présence de ses cases colorées, habitations traditionnelles de la région. Une plaque fixée à l'entrée du joli bâtiment Art-déco de la mairie de Saint-Louis nous rappelle que Marie-Galante est jumelée avec Belle-Île-en-Mer. Impossible de s'enlever de la tête la chanson de Voulzy !

Transports

Comment y accéder et en partir

■ **AUTOMOTO LOCATION**
Avenue des Caraïbes
℡ 05 90 48 84 10
automoto-location@wanadoo.fr
Face à la mairie.
Location de voitures à partir de 30 € en basse saison et 35 € en haute saison.
Une agence très professionnelle ! Les véhicules vous attendent à l'embarcadère de Saint-Louis, à celui de Grand-Bourg ou à l'aérodrome.

■ **COMATRILE**
℡ 05 90 22 26 31
www.comatrile.com
Tarif A/R pour la «promo journée» : 43 €/adulte, 32 €/enfant. Le tarif passe à 39 €/adulte si vous réservez au moins la veille. Retour vers Saint-François entre 16h15 et 16h30. Présence des passagers obligatoire à partir de 16h.
Traversée entre les îles du Sud (Saint-Louis de Marie-Galante, Terre-de-Haut aux Saintes, La Désirade) à bord de l'*Iguana Beach*. La traversée pour Marie-Galante dure 45 minutes.

▶ **Possibilité de réserver son billet en ligne** ou en VAD (vente à distance) en appelant le 0590 91 02 45 du mardi au vendredi de 9h30 à 12h30.

■ **MAGALOC**
Avenue des Caraïbes ℡ 05 90 97 01 70
www.magaloc.com
L'agence est ouverte du lundi au samedi de 8h à 11h et de 13h à 17h, le dimanche de 8h à 11h et de 15h à 19h. Scooter 125 cm³ : à partir de 23 € ; véhicule catégorie A : à partir de 21 € ; minibus 9 places : à partir de 55 € ; 4X4 et pick-up : à partir de 34 €. VTT (enfant, classique, sport et femme) : de 8 à 15 € par jour.
Une équipe sérieuse, et un large choix de véhicules pour tous les budgets. Accueil et retour gratuits à l'aéroport. Possibilité de transfert entre l'Aéroport de Pointe-à-Pitre vers la gare maritime pour les clients de l'agence de Marie-Galante. Possibilité de continuité de votre location entre la Guadeloupe continentale et Marie-Galante.

▶ **Autre adresse :** Egalement présent sur le port de Grand-Bourg.

Se déplacer

■ **TAXI ÉTIENNE LEVEILLE**
℡ 06 90 49 28 18
Présent à l'arrivée des bateaux.

■ **TOULOUKAÉRA LOCATION**
Lieu-dit Courbaril ℡ 06 90 09 31 27
www.visitemariegalante.fr/
Tarif journée libre en cyclomoteur électrique : 30 €. Caution : 900 € (par chèque non encaissé). Moto : 35 €/jour. Vélo : 10 €/jour. Paiement par chèque ou en espèces.
Location de cyclomoteur électrique, pour la journée ou pour une randonnée.

Orientation

▶ **Au nord,** la D203 en direction de Vieux-Fort permet d'admirer le littoral et de découvrir notamment la plage paradisiaque de l'anse Canot, et plus loin celle de Vieux-Fort depuis laquelle on observe l'îlet surnommé « l'île aux oiseaux ». Puis, juste après, la rivière de Vieux-Fort et sa mangrove offrent la possibilité de se promener en bateau à pédales ou en canoé, ou bien encore d'emprunter le sentier de promenade aménagé.

MARIE-GALANTE

Des panneaux routiers pour protéger les tortues marines

Des panneaux de signalisation à l'effigie de tortues ont fait leur apparition en septembre 2016 afin de rappeler aux automobilistes que les environs des plages de Folle Anse et de Vieux-Fort constituent des sites de ponte pour les tortues marines, et qu'il peut arriver que ces dernières se retrouvent sur la route. Plusieurs accidents sans conséquence pour les chauffeurs mais mortelles pour les tortues ont déjà été recensés. Des barrières naturelles sont pourtant mises en place pour empêcher les tortues marines de traverser la route, mais ces panneaux sont présents pour appeler à la prudence chaque conducteur.

▶ **En poursuivant votre route vers le nord**, en direction de Ménard, vous arriverez par de petites routes (les sites sont bien indiqués) à la Gueule Grand-Gouffre et Caye Plate, des sites de falaises qui offrent des vues époustouflantes.

Se loger

Bien et pas cher

■ LE COIN TRANQUILLE
9 avenue des Caraïbes ☏ 05 90 97 14 88
lecointranquille.net
cointranquille@outlook.com
Face à la mairie et la police municipale.
Chambre double à partir de 49 € la nuit et 250 € la semaine. Studio 280 € la semaine. Tarifs dégressifs à partir de la 2ème nuit.
Une résidence de tourisme dans le bourg, bien pratique pour sa proximité avec l'embarcadère, mais aussi pour son prix. Certainement le moins cher de l'île, avec des chambres simples, télé et climatisation. Très bon rapport qualité/prix ! Commerces à proximité.

Confort ou charme

■ AU VILLAGE DE MÉNARD
Section Vieux-Fort
☏ 05 90 97 09 45
www.levillagedemenard.com
magtour971@orange.fr
Tarifs par nuit pour 2 personnes : studios à partir de 80 €, villa 1 chambre à partir de 90 € pour 2 personnes et villa 2 chambres à partir de 129 € pour 3 personnes. Studios à partir de 80 €. Transfert avec supplément.
Des villas individuelles réparties dans un jardin tropical d'un hectare encerclent la grande piscine. Les logements sont tous climatisés et comprennent une kitchenette équipée. Les studios disposent d'une terrasse extérieure. L'un de ces studios est spécialement équipé pour une personne à mobilité réduite. Nombreux barbecues, terrain de pétanque et location de véhicule. Restaurant-bar sur place au bord de

la piscine. Service de blanchisserie. Animaux domestiques acceptés. wi-fi gratuit.

■ LE JARDIN DES 4 EPICES
Section Ménard ☏ 06 90 63 03 59
www.jardindes4epices.com
esatjericho.gites@orange.fr
A 3 km du bourg de Saint-Louis et à 1 km des plages.
Villa 1 chambre avec spa : à partir de 144 €/nuit. Villa 1 chambre + canapé-lit pour 4 personnes : à partir de 144 €/nuit. Villa 3 chambres : à partir de 182 €/nuit. Villa 3 chambres avec spa : à partir de 240 €/nuit. Séjours minimum de 3 nuits. Petit déjeuner : 12 €/personne.
Cette résidence de charme, havre de calme situé au nord de Saint-Louis, se compose de 4 villas de grand confort aux noms évocateurs. Dotées de 1 à 3 chambres, elles bénéficient d'une décoration raffinée. Elles sont équipées entièrement, du salon (écran plat, chaîne hi-fi, lecteur DVD) à la cuisine (jusqu'aux produits de première nécessité disponibles). Deux des villas (Cannelle et Safran) disposent d'un spa privatif. Piscine commune pour les 4 villas.

■ LES PALMES DU MOULIN
Section Vieux-Fort – Lieu-dit Ménard
☏ 05 90 46 71 02
lespalmesdumoulin.weebly.com
contact@lespalmesdumoulin.fr
Tarifs en basse saison : 75 € par nuit pour 2 personnes (la durée minimale d'un séjour est de 2 nuits). Haute saison : 90 € par nuit pour 2 personnes (la durée minimale d'un séjour est de 3 nuits). Supplément de 20 € par nuit par adulte supplémentaire et 10 € par nuit par enfant de 2 à 12 ans. Tarif dégressif à partir de deux semaines.
Au cœur d'un jardin tropical avec piscine, quatre bungalows de charme vous attendent. Le « studio Menndé », d'une superficie de 40 m², permet de loger 4 personnes et les bungalows « Kaladja », « Léwoz » et « Toumblak » de 51 m² accueillent jusqu'à 4 personnes également. Les chambres sont toutes climatisées, et les hôtes offrent le premier petit-déjeuner et le pot d'arrivée !

■ **VILLAS COURBARIL**
Lieu dit Courbaril ✆ 06 90 09 31 27
visitemariegalante.fr
De 98 à 108 € pour un séjour minimum de 3 nuits et de 590 à 630 € la semaine, selon saison. Supplément de 10 € par nuit pour les enfants de plus de 2 ans. Dîner et petit déjeuner offert le jour de votre arrivée (pour les séjours d'une semaine, sauf en août).
Deux kaz créoles en bois décorées avec soin et entièrement équipées. Tout le confort y est : chambre climatisée et piscine privative avec vue sur mer. Chaque bungalow peut accueillir 2 adultes et 2 enfants.

Se restaurer

Sur le pouce

■ **LA BOHÈME MARIE-GALANTE**
Route du littoral
✆ 05 90 97 36 78
Mardi de 16h à 22h et du mercredi au dimanche de 12h à 22h. Addition moyenne à 20 €.
Vous apprécierez sans aucun doute le charme de ce petit restaurant bar à vins et tapas situé face à la mer dans le bourg de Saint-Louis. Un endroit agréable pour se détendre après une visite de l'île, boire un verre de vin ou déguster un cocktail autour d'une planche de fromages et charcuterie. A moins que vous ne préfériez une tartine gourmande accompagnée de salade ou un assortiment de tapas. Et les desserts sont tout aussi gourmands, comme le cheese cake maison. Le petit plus : contempler le coucher de soleil confortablement installé à la terrasse du restaurant. Pensez également à jeter un coup d'œil dans la boutique, où vous trouverez des bijoux en coton *made in* Marie-Galante, paniers, pochettes, vêtements et autres chapeaux de la marque « L'amoureuse de Marie-Galante » que vous pourrez acheter en souvenir de votre séjour sur l'île.

■ **KAZ ANDREA**
✆ 07 68 47 47 02
Ouvert tous les jours de 11h à 22h. Fermeture hebdomadaire le mardi soir et le mercredi. Addition moyenne à 23 €.

Un petit restaurant les pieds dans l'eau, sans prétention. La carte compte un choix de viande et de poisson à la plancha et des burgers. Les plats sont accompagnés de frites de patate douce et de crudités. Crêpes et coupes glacées. A noter : le service est assuré en continu toute la journée, pour les petites faims hors des heures de repas. Agréable en fin de journée pour admirer le coucher de soleil.

Bien et pas cher

■ **AUX PLAISIRS DES MARINS**
Section Chalet
✆ 05 90 97 08 11
auxplaisirsdesmarins@gmail.com
A la sortie du village en allant sur les plages du nord.
Ouvert tous les midis. Plat du jour (selon la pêche) : 14,50 €. Addition moyenne à la carte : 20 €.
Ce restaurant familial bénéficie d'un emplacement privilégié, en bord de mer où il est possible de se baigner avant ou après le repas. Vous déjeunez les pieds dans le sable à l'ombre d'un parasol. Les fils pêchent, la mère cuisine et le reste de la famille sert au restaurant. Nous vous conseillons de venir assez tôt pour éviter l'attente car le service peut être un peu long. La cuisine est locale : poissons, langoustes, délicieux courts-bouillons de poissons, fricassée de lambi (en saison).

■ **LA BALEINE ROUGE**
Boulevard Maritime
✆ 05 90 48 57 87
flopelisson@yahoo.fr
Ouvert tous les jours midi et soir sauf mardi soir et mercredi toute la journée. Entrées entre 5 et 8 €. Plats de 17 à 19 €. Formule brunch et petit-déjeuner le dimanche à partir de 8h30
La terrasse domine la sublime baie de Saint-Louis et les Saintes. Ce resto bar fait également office de yacht service grâce à son ponton. Outre la restauration, l'équipe propose diverses prestations (cybercafé avec wi-fi, coin lecture…). Le chef propose des plats créoles avec un grand choix de poissons, des crêpes, des burgers maison avec viande locale... dans un décor très agréable et accueillant.

- LE SPOT -
RESTAURANT NON STOP (en saison)
OUVERT DE 8H À 22H (en saison)

30 AVENUE DES CARAÏBES 97134 ST LOUIS
06 90 22 77 79

■ LE SPOT

30 Avenue Caraibes ✆ 06 90 22 77 79
le.spot.marie.galante@gmail.com
Ouvert de 8h à 22h du lundi au dimanche (en saison). Fermeture hebdomadaire le jeudi. Addition moyenne de 15 à 25 €. Cocktails et tapas de 17h à 19h.
Une case en bois aux couleurs pétillantes, au bord de l'eau. Vous pourrez y déguster les spécialités de la maison les pieds dans le sable, à l'ombre des paillotes. A la carte, crêpes et galettes bretonnes, poissons crus, grillés ou en carpaccio. Un choix de viandes également. Notre coup de cœur : le carpaccio de Saint-Jacques !

■ CHEZ HENRI

8 avenue Caraïbe ✆ 05 90 97 04 57
www.chezhenri.net – resto@chezhenri.net
A droite aussitôt après le débarcadère de Saint-Louis.
Ouvert à midi et le soir à partir de 19h. Comptez entre 12 et 22 € le plat garni.
Sur la plage, à proximité du ponton, ligne d'arrivée des régates sur Marie-Galante. Vous pouvez manger à l'intérieur ou les pieds dans le sable. Henri a longtemps vécu dans le sud de la France avant de revenir dans la case de sa grand-mère, d'où son accent méditerranéen prononcé ! Il vous fera tester son *Ti-glacé*, un

rhum de Marie-Galante à 59 ° placé au congélateur et servi dans sa bouteille givrée. Henri concocte aussi une cuisine très créative, à base de poisson et de viandes locales (filet ou bavette par exemple). Laissez-vous tenter par sa fameuse sauce Caraïbes, qui accompagne les plats, et par l'omelette créole (avec des racines), un dessert froid à la banane. Soirées musicales et concerts réchauffent régulièrement l'ambiance.

■ KABAROOTS

Rue de l'Eglise ✆ 06 90 72 70 64
Ouvert tous les jours, midi et soir. Pizza de 9 € à 12 €.
La vue de la pizzeria vaut absolument le détour ! Le restaurant, situé face aux plus beaux couchers de soleil de Marie-Galante, régale par ses pizzas gonflées (et généreuses !) et charme par son ambiance très roots... Idéal pour un apéro zen !

■ L'EDEN VOILE

Section la Belle Hôtesse Chalet
✆ 06 90 42 14 98
A la sortie de Saint-Louis, en direction de Vieux-Fort.
Fermé le mardi. Ouvert tous les autres jours de la semaine, le midi et le soir. Comptez environ 20 €/personne. Vous ne trouverez pas de carte

affichée à l'extérieur mais des suggestions du jour selon le marché et l'inspiration du chef. Jacqueline prépare une excellente cuisine créole, et notamment le fameux poisson-lion qui a envahi les eaux de la Caraïbe. Elle vous réserve également un accueil des plus chaleureux. La terrasse bénéficie d'une splendide vue sur la mer. L'accès peut s'effectuer par la mer car le site bénéficie d'un ponton équipé.

■ **L'ASSIETTE DES ÎLES – LE SKIPPER**
Avenue des Caraïbes ✆ 05 90 97 03 39
assiette.des.iles.free.fr
assiette.des.iles@gmail.com
Ouvert tous les jours de 12h à 16h, sauf le mardi. Addition moyenne : 23 €.
Ambiance créole dans une ancienne case rénovée tenue par une famille marie-galantaise. La carte est orienté vers les plats locaux et les fruits de mer (accras de crevettes, colombo, brochettes, poissons grillés, ouassous flambés, crabes farcis…). Les assiettes sont copieuses. Service traiteur. Très bon accueil. A goûter absolument : le punch au coco maison concocté avec le rhum du Père Labat.

■ **L'OCÉANITE**
Hôtel Au village de Ménard
Vieux Fort ✆ 05 90 97 09 45
www.villagedemenard.fr
teddy.mg971@gmail.com
Situé en direction de la plage de Vieux Fort et le site de Gueule Grand gouffre.
Le restaurant est ouvert tous les soirs de 19h à 21h et le bar à partir de 17h30. En basse saison, service en logement. Addition moyenne à 20 €. Réservation conseillée.
Au sein de l'hôtel Au village de Ménard, en direction de la plage de Vieux-Fort et du site de la Gueule Grand-Gouffre, ce restaurant s'est doté d'un nouveau chef qui vous propose diverses salades composées, entrecôtes, poissons, galettes de sarrasin… Le cadre invite à la détente : on mange près de la piscine, entouré d'un jardin tropical très fleuri.

Sortir

■ **CHEZ HENRI**
8 avenue Caraïbe ✆ 05 90 97 04 57
www.chezhenri.net – resto@chezhenri.net
A droite aussitôt après le débarcadère de Saint-Louis.
Ouvert tous les soirs sauf le lundi.
Bar d'ambiance, soirées musicales, espace artistique avec des expositions de peinture, sculpture et photographie… Henri reçoit surtout des groupes de jazz dans un cadre très sympathique sur la plage de Saint-Louis. Renseignez-vous et testez le fameux punch glacé !

À voir – À faire

■ **GUEULE GRAND-GOUFFRE** ★★★
Section Cambrai
A 5 km après la section du Vieux-Fort, prenez sur la droite un chemin de tuff.
En venant de Saint-Louis, allez jusqu'à la section de Vieux-Fort. Roulez pendant 5 km et prenez le chemin de tuf à gauche au bout duquel vous découvrirez un des sites géologiques qui compte parmi les joyaux de Marie-Galante, l'époustouflante Gueule Grand Gouffre.
En arrivant, vous serez impressionné par la vue vertigineuse et le contraste provoqué par ce gouffre à ciel ouvert de 50 mètres de hauteur, sombre, qui se détache face au bleu turquoise de l'océan. Les vagues de l'Atlantique viennent se jeter avec un grand fracas contre le rocher en forme d'arche d'une trentaine de mètres de circonférence, creusée dans la roche par la houle. Le phénomène d'érosion est dû à la nature calcaire de l'île de Marie-Galante. Les gerbes d'eau qui en jaillissent et le bouillonnement de la mer au fond du trou créent un magnifique spectacle. Sensations fortes et émerveillement garantis ! De ce point de vue, vous pourrez également apprécier le panorama des côtes de la Grande-Terre, et, par beau temps, de celles de la Désirade. Sur la gauche, un petit sentier vous mènera, en passant à travers un sous-bois, à un autre point de vue, pour contempler les falaises du nord de Marie-Galante de plus près et profiter de la vue panoramique. Par précaution, faites bien attention à ne pas vous appuyer sur la barrière, fragile à certains endroits, qui a été installée pour protéger les visiteurs de la falaise en calcaire friable, et respectez la signalisation. Restez vigilant, notamment si vous êtes avec des enfants. Une table est installée pour un pique-nique des plus agréables. Gueule Grand-Gouffre est un site naturel protégé par l'Office national des Forêts.

MARIE-GALANTE

█ CAYE PLATE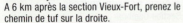

Section Caye-Plate

A 6 km après la section Vieux-Fort, prenez le chemin de tuf sur la droite.

La falaise de Caye Plate offre un superbe panorama sur l'horizon et la côte nord-est de Marie-Galante. Un site incontournable qui surplombe la mer et permet d'admirer les falaises qui se dressent, tantôt sculptées en pointes par le vent et les embruns, tantôt creusées par l'érosion provoquée par les vagues, dévoilant des anses de sable cachées.

█ RIVIÈRE DE VIEUX-FORT

A la sortie de Saint-Louis, venez découvrir en pédalo ou kayak la mangrove de la rivière de Vieux-Fort, ses tortues, sa faune et sa flore. Pour ceux qui n'auraient pas le pied marin, une passerelle a été mise en place pour observer les poissons.

█ LES SOURCES

Par la N9, direction Grand-Bourg.

Véritable oasis où serpente la rivière paisible, encadrée de mangles-rivière où vous pourrez emprunter un sentier de randonnée.

Sports – Détente – Loisirs

█ AICHI FUN

Saint-Charles

✆ 06 90 65 33 72

www.aichi-fun.com

contact@aichi-fun.com

Excursions en scooter des mers à partir de 66 € les 30 min. Randonnée 1 heure : 130 €. Randonnée en quad de 3h30 : 99 €. Les tarifs comprennent la machine pour 1 ou 2 personnes.

Aichi Fun propose de nombreuses formules qui combinent excursions et randonnée en scooter des mers et quad (la Galant' party est la plus demandée, elle inclut le transfert en bateau, une randonnée en scooter des mers, la visite de l'île en quad ou en bus suivant le groupe et le repas). Que vous séjourniez à Marie-Galante ou que vous y veniez en excursion au départ de la Guadeloupe « continentale », pour le plaisir de la découvrir. Également des visites de l'île en quad ou en jet-ski.

█ BASES NAUTIQUES DU CISMAG

Rue Légitimus ✆ 06 90 34 62 98

cismag@wanadoo.fr

Du mardi au samedi de 9h à 16h45. Activités à partir de 9 € de l'heure par adulte et 7 € par enfant.

La base nautique de Vieux-Fort vous propose la découverte de la mangrove en pédalo ou en canoë. Celle de Saint-Louis propose l'initiation à la voile, la planche à voile, le stand-up paddle et le canoë-kayak en mer.

█ MAN BALAOU

22 avenue des Caraïbes ✆ 06 90 42 97 70

www.plongee-marie-galante.com

manbalaou.mgalante@wanadoo.fr

Plongée enfant. Baptême de plongée : 50 €. 42 € pour une plongée simple. 50 € pour une plongée technique ou de nuit. Fermé le dimanche. Fermeture annuelle de fin août à mi-octobre.

Une équipe très professionnelle composée de Christian et Jean-Luc qui ont plus de 15 ans d'expérience et d'innombrables plongées à leur actif. Ils sont tous deux moniteurs diplômés d'Etat. Il est nécessaire d'être présent 15 minutes avant le départ au local de plongée de Saint-Louis. Il est conseillé de réserver au minimum la veille (venir avec 1/4 d'heure avant le départ avec le certificat médical obligatoire pour évoluer au-delà de l'espace proche). Consultez leur site Internet qui est très complet.

Visites guidées

█ ECOLAMBDA

Les Bas – Section Saragot

✆ 06 90 29 29 09 – www.ecolambda.org

a.ecolambda@orange.fr

A partir de Saint-Louis, direction Vieux-Fort : 9 km après la plage de Vieux-Fort, route à gauche et première à gauche.

Cette association œuvre pour la promotion et la protection de l'environnement insulaire caribéen. Elle organise par exemple des randonnées et des activités culturelles en pleine nature, qui offrent l'occasion d'apprécier des aspects méconnus du patrimoine écologique et culturel de Marie-Galante. Des « temps forts » dans l'année sont encadrés par des adhérents qui bénéficient de formations internes. Un moment unique de mai à septembre : l'observation des tortues marines en période de ponte, en compagnie des patrouilleurs d'Ecolambda (les places sont limitées). Une manière d'approcher cette espèce protégée sans la perturber !

Shopping

█ PLATEAU DE LA BELLE HÔTESSE

Belle Hôtesse – Plateau de la Belle Hôtesse

✆ 05 90 97 02 15

miel.delabellehotesse@yahoo.fr

Situé sur la route qui mène à Vieux-Fort.

Ouvert du lundi au vendredi de 9h à 14h, le week-end et les jours fériés jusqu'à 13h. Entrée gratuite. Visite guidée : 2,50 €.

Passionné d'apiculture depuis longtemps, Jean-Marc vous fera visiter les lieux et déguster son miel à la robe d'or... Vente directe des produits de la ruche (et notamment d'un miel primé) et de vinaigre de jus de canne.

LES SAINTES

Vue aérienne des Saintes.
© VINCENT FORMICA

LES SAINTES

Au sud de la Guadeloupe, l'archipel des Saintes compte neuf îlets. Terre-de-Haut et Terre-de-Bas, les plus connus et les deux seuls habités (environ 3 000 habitants) auxquels s'ajoute un chapelet d'îlots aux noms évocateurs : l'îlet à Cabrit, les Roches Percées, le Grand Ilet, la Redonde, la Coche, le Pâté, les Augustins.

Les prémices du tourisme se ressentent sur l'île dans les années 60, quand les résidences secondaires des Guadeloupéens commencent à fleurir. Dès 1966, un aérodrome voit le jour, suivi trois années plus tard du premier hôtel de l'île, le Bois Joli, au départ accessible uniquement par bateau. Depuis, une route d'accès a été ouverte mais rappelons qu'aux Saintes, on ne circule qu'à pied ou à deux-roues afin de conserver la sérénité d'antan. Une sérénité, toutefois, quelque peu entamée par le vrombissement des scooters dans la journée. Seules quelques navettes appartenant aux hébergements et des minibus circulent, et c'est largement suffisant.

Histoire

Christophe Colomb débarque sur l'île le 4 novembre 1493, lors de son second voyage. Il la baptise alors Los Santos pour honorer la fête religieuse de la Toussaint. Le nom s'est francisé lorsque la terre tombe aux mains de la Couronne. Dès 1666, de sérieux combats navals opposent les frères ennemis, Français et Anglais.

Partisans d'une défense stratégique, les Français ont édifié très tôt des batteries sur presque tous les mornes des îles principales et transformé l'archipel en ligne Maginot, à l'image des tours génoises en Corse. La très célèbre « bataille des Saintes » a lieu au large, dans le canal qui les sépare de la Dominique, le 12 avril 1782 ; la flotte française est anéantie par l'armada britannique. En 1816, le bruit des canons cesse enfin. Les Français parviennent à reconquérir les Saintes de manière définitive. Ils entreprennent l'édification du fort Napoléon en 1844 afin de se protéger encore d'une éventuelle nouvelle contre-attaque des Anglais.

Les Saintes aujourd'hui

Fiers de leur île, les habitants font tout pour la préserver. Une fierté qui ne fait que s'accroître puisqu'en 2019 Terre-de-Haut a obtenu la 3e place au classement du Village préféré des Français, une émission présentée par Stéphane Bern sur France 3. Si les bateaux déversent leur flot de touristes tôt le matin, la majorité d'entre eux repart le soir, laissant respirer les îles qui retrouvent leur rythme calme. Une vie de village reprend alors avec une population traditionnelle fort attachante.

Les Saintois s'expriment en français et dans un créole un peu différent de celui de la Guadeloupe. L'économie saintoise est très dépendante de la pêche, il suffit d'assister au retour des bateaux dans le quartier des pêcheurs pour mesurer son dynamisme. L'occasion pour prendre rendez-vous, si vous voulez faire une sortie en mer avec des pêcheurs. Vous prendrez place alors à bord des Saintoises, ces élégantes embarcations traditionnelles aux multiples couleurs et à fond plat qui rappellent les barques bretonnes et qui sont utilisées lors de régates en voile traditionnelle. Vous n'oublierez pas votre salako (chapeau).

Les immanquables des Saintes

▶ **Monter jusqu'au fort Napoléon** (à 114 m d'altitude) pour découvrir la baie des Saintes. Le panorama à 360° sur les îles de Marie-Galante, de la Dominique et de la Guadeloupe est exceptionnel.

▶ **Plonger sur la quinzaine de sites situés autour de l'île** entre grottes, canyons, tombants... Tous sont accessibles, même aux débutants.

▶ **Apprécier une journée de farniente sur la plage du Pain de Sucre**, l'une des plus belles de l'île (il faut une petite marche pour y accéder).

▶ **Partir en randonnée pédestre à Terre-de-Bas**, paradis du tourisme vert qui bénéficie d'une flore tropicale et d'une faune préservée.

▶ **Déguster le tourment d'amour et la crêpe de poisson**, spécialités de l'île.

Les Saintes

TERRE-DE-HAUT

OCÉAN ATLANTIQUE

Pointe Zozio

Pointe du Vent

Roches Percéés

Grosse Pointe

Baie de Pont-Pierre

Trou du Grand Souffleur

Grand Souffleur

Pointe Rodrigue

Grand-Anse

Pointe à l'Eau

Baie du Margot

Maison Blanche

Fort Napoléon

Anse-Mire

Anse-du-Bourg

Anse-du-Fond-Curé

Fond Curé

Anse-Rodrigue

Anse-du-Figuier

La Redonde

Pointe Plate

Grand Ilet

Pointe des Colibris

Pointe Coquelet

Anse-du-Bananier

Anse-Galet

LE CHAMEAU 309 m

Pointe Basse

Les Quilles

Pointe Bombarde

Fort Joséphine

Ilet à Cabrit

Anse-du-Petit-Étang

Anse à Cabrit

Pain de Sucre

Petite-Anse

Anse-Crawen

Pointe Boisjoli

Pointe du Fer à Cheval

Anse-des-Mûriers

Les Augustins

La Coche

Le Pâté

Pointe à Vache

Anse-à-Chaux

Pointe Noire

Grand-Anse

Grand-Anse

Pointe à Nègre

Anse-du-Petit-Étang

Pointe Frégate

Pointe du Havre

Petite Pointe Nézin

Ravine Cataibe

TERRE-DE-BAS

Ravine Fond

Grande Ravine

Pointe Sud

Pointe du Cap

Anse-Pajot

Pte du Gouvernail

Anse-Galet

Anse-Petit-Sable

Anse-à-Dos

Pointe Miquelon

Petites-Anses

Petite-Anse

Gros Cap

Pointe Pierre Chêne

2 km

0

N

TERRE-DE-HAUT ★★

Population : environ 1 800 habitants. A Terre-de-Haut, vit une population d'origine bretonne, poitevine et normande, à la peau blanche et aux cheveux blonds. Ici, l'agriculture a peu fait appel à la main-d'œuvre noire car la terre était trop sèche pour supporter la culture de la canne à sucre. Une véritable identité, forgée à travers les siècles par les Bretons, Rochelais ou Poitevins qui se sont succédés de génération en génération, depuis la Révolution, et ont contribué à ce que le visiteur ait encore aujourd'hui une impression d'unité et de solidarité dans la vie locale. Les Saintois sont, à juste titre, fiers de leur île et font tout pour la préserver.

Transports

Comment y accéder et en partir

▶ **Au départ de la Guadeloupe**, plusieurs ports sont en liaison avec l'archipel des Saintes : gare maritime de Pointe-à-Pitre, embarcadère aux Trois-Rivières, à Basse-Terre et à Saint-François, ainsi qu'à Sainte-Anne en haute saison avec la compagnie Comatrile. Le canal des Saintes est réputé pour être « difficile » si vous n'avez pas le pied marin, lorsque la mer est agitée. Si c'est le cas, mieux vaut s'installer à l'arrière du bateau ou à l'extérieur... Vous constaterez que les habitués s'assoient tous du même côté du bateau, imitez-les car vous comprendrez vite pourquoi ! (Il s'agit d'éviter de vous retrouver du côté frappé par les vagues et d'arriver trempé). Vérifiez bien avant de descendre du bateau car quelquefois, le bateau peut faire une halte à Terre-de-Bas avant d'arriver à Terre-de-Haut. Si vous louez un hébergement, renseignez-vous à la réservation : nombre d'établissements ont leur propre navette et peuvent venir vous accueillir à l'arrivée du bateau, sinon ce sera le taxi, la voiture électrique, le scooter ou encore la marche. Sachez aussi qu'il est possible d'aller aux Saintes à la journée à la voile sur monocoque (9 pers. maximum) depuis la marina de Rivière Sens avec Rêve de Nav' croisière pour une excursion côté mer (pas de visite à terre), pour découvrir les Saintes différemment.

Avant de partir, il est impératif de vous renseigner auprès de chaque compagnie afin de vous faire confirmer les horaires et les jours de traversée, qui sont susceptibles d'être modifiés en fonction de la saison ou de la météo !

■ **AIR CARAÏBES**
Centrale de réservation
✆ 0 820 835 835
www.aircaraibes.com
Centrale de réservation ouverte du lundi au samedi de 8h à 21h, dimanche et jours fériés de 8h à 18h. A Paris : 4, rue de la Croix Nivert, métro Cambronne. Ouvert du lundi au vendredi de 9h à 18h, samedi de 9h30 à 17h. Aérodrome de Terre-de-Haut. Comptez 10 minutes de vol en Cessna d'une capacité de 9 places au maximum.

Sachant que la neuvième place est celle du copilote, vous aurez peut-être la chance d'être l'heureux élu qui voyagera à côté du pilote.

Par contre, nous vous conseillons de prévoir une solution de rechange pour le départ des Saintes car la rotation est annulée quand il y a moins de 3 passagers. Vous risqueriez ainsi d'être bloqué sur l'île pour au moins une journée supplémentaire. Evitez de prévoir votre vol pour la Guadeloupe le même jour que votre trajet retour en métropole.

© GILLES MOREL

Terre-de-Haut.

■ **AQUA-BLUE, LOCATION**
3 Rue Emmanuel Laurent
℡ 06 90 33 13 20
aqua-blue.fr – loc@aqua-blue.fr
Location de « golfettes » (petites voitures électriques) : 85 € les 24h, 70 € la journée jusqu'à 17h.

■ **BEATRIX**
℡ 05 90 94 89 96
protourisme@lessaintes.fr
Rotation aller-retour (sur place) : 20 €/adulte, 16 €/étudiant et enfant de 12 à 17 ans, 12 € pour les 3-11 ans. Aller simple (sur place) : 15 €/ adulte, 14 €/étudiant et enfant de 12 à 17 ans, 10 € pour les 3-11 ans. Tarifs identiques pour Terre-de-Bas ou Terre-de-Haut.
Cette navette climatisée de 96 places dessert Terre-de-Haut et Terre-de-Bas au départ de Trois-Rivières. La traversée dure 25 minutes. Béatrix se positionne sur des horaires décalés par rapport aux autres compagnies avec des départs plus tôt le matin, des retours en milieu de journée ou après 17h en fin de journée. Les horaires peuvent être modifiés les jours fériés.

▶ **Du lundi au samedi.** Au départ de Terre-de-Haut vers Trois-Rivières : 6h30, 9h, 13h et 17h15. Au départ de Trois-Rivières vers Terre-de-Haut : 8h, 9h30, 15h15 et 18h.

▶ **Le dimanche.** Au départ de Terre-de-Haut vers Trois-Rivières : 6h30, 9h, 16h30 et 17h30. Au départ de Trois-Rivières vers Terre-de-Haut : 8h, 9h30, 17h et 18h.

■ **COMATRILE**
℡ 05 90 22 26 31
Départs à bord de l'Iguana Beach du mardi au dimanche depuis le port de Saint-François en haute saison. En basse saison, il convient de se renseigner à l'avance car les départs sont plus aléatoires. Comptez 43 € aller-retour par adulte et 32 €/enfant.
Comptez 1h30 pour la traversée de Saint-François aux Saintes avec une escale à Marie-Galante.

■ **DEHER**
℡ 05 90 92 06 39
www.ctmdeher.com
reservation@ctmdeher.com
Le comptoir d'accueil vous reçoit tous les jours de 7h à 18h, le dimanche et les jours fériés de 7h à 9h et de 15h à 17h. Possibilité de réserver via la centrale aux numéros indiqués ci-dessus. Tarif spécial au comptoir CTM de Trois-Rivières sur présentation de ce guide ou sur réservation. A/R adulte : 23 €. A/R enfant (2-11 ans) : 16 €. Tarif jeune (12-18 ans) : 17 €. Parking géré par la commune de Trois-Rivières à disposition (5 € la journée).

La CDM Deher assure les liaisons vers Les Saintes depuis plus de 40 ans grâce à son sérieux dans le respect des horaires et son accueil chaleureux. La flotte de l'entreprise se compose de trois vedettes qui permettent une traversée confortable : *Miss Guadeloupe* (300 passagers), *Miss Antoinette* (200 passagers) et la dernière arrivée, *Miss Karaïbes* (100 passagers).
Plusieurs traversées quotidiennes, 7j/7 :

▶ **Trois-Rivières vers Terre-de-Haut :** 8h15, 9h, 15h45, 16h30 et 17h30

▶ **Terre-de-Haut vers Trois-Rivières :** 6h15, 6h45, 13h15, 15h45 et 17h

▶ **Trois-Rivières vers Terre-de-Bas :** 8h15 et 15h45 (le dimanche : 8h15 et 16h30)

▶ **Terre-de-Bas vers Trois-Rivières :** 6h, 13h (le dimanche : 6h30 et 16h)
sauf dimanche et jours fériés
uniquement le dimanche et selon l'affluence ; les consulter
La compagnie assure également des rotations vers Basse-Terre

▶ **Basse-Terre vers Terre-de-Haut** : 12h15 le lundi, le mercredi et le vendredi (sauf jours fériés)

▶ **Terre-de-Haut vers Basse-Terre :** 5h45 le lundi, le mercredi et le vendredi (sauf jours fériés)

■ **EXPRESS DES ÎLES**
℡ 0 825 35 90 00
www.express-des-iles.com
Départ le samedi à 8h. Retour de Terre-de-Haut le samedi à 17h30. Billet à partir de 35 €.
Départ à la gare maritime de Bergevin à Pointe-à-Pitre. Durée de la traversée : 1 heure. Liaisons vers Marie-Galante et la Dominique également.

■ **JEANS FOR FREEDOM**
Gare maritime de Bergevin
POINTE-À-PITRE
℡ 08 25 01 01 25
Voir page 154.

■ **MARCO LOCATION**
118, rue Coquelet
℡ 06 90 31 99 91
marcolocation.com
marcolocation0@gmail.com
Du lundi au dimanche de 8h à 18h. Tarifs à la journée : 60 € (2 places), 80 € (4 places), 100 € (4 places voiturette neuve).
Pour visiter les Saintes tout en respectant l'environnement, Marco Location met à votre disposition une flotte de voiturettes qui se rechargent grâce à l'énergie solaire. Le panneau solaire installé sur le toit convertit la lumière en électricité qui permet d'alimenter la batterie.

■ **LES SAINTES MULTISERVICES**
3 rue Jean Calot
✆ 05 90 81 53 57
www.lessaintesmultiservices.com
contact@lessaintesmultiservices.com
Proche de l'embarcadère.
*Du lundi au samedi de 8h30 à 12h30 et de 14h
à 20h, le dimanche de 8h30 à 12h30.*
Services aux bateaux : demandes de mouillage,
nettoyage, location d'anneaux, eau potable,
ramassage des déchets, réception de courrier
cybercafé, services informatiques.

■ **VAL FERRY**
✆ 05 90 94 97 09
www.valferry.fr/
reservations@valferry.com
Embarcadère de Trois-Rivières.
*Aller-retour : 23 €/adulte (18,80 € en réservant
sur le site), 14 €/enfant (2-12 ans). Pass
Découverte (traversée pour Les Saintes + Marie-
Galante) : 52 € par adulte, 35 € par enfant.
Gratuité pour les moins de 2 ans. Réservation
obligatoire.*

▶ **Départs de Trois-Rivières vers Les
Saintes** : tous les jours à 9h ; autre départ : à
17h30 le mardi, jeudi, vendredi et dimanche.

▶ **Retour de Terre-de-Haut vers Trois-
Rivières** : tous les jours à 17h (et 6h15 le
samedi sur demande).

▶ **Retour de Terre-de-Bas vers Trois-
Rivières** : tous les jours à 16h40 ; autre retour :
à 6h le lundi, mercredi, vendredi, samedi.
Vérifier les horaires la veille du départ car ils
sont sujets à modification sans préavis.

Se déplacer

A Terre-de-Haut, le choix d'un véhicule pour se
déplacer est assez limité car il y a à peine 5 km
de routes carrossables. Le moyen de transport
le plus répandu a été pendant très longtemps le
scooter, malgré les nuisances sonores que ce
type de véhicule provoque. Depuis peu, la voiture
électrique s'installe sur l'île. Sachez également
que la plupart des hôtels possèdent leur propre
navette pour le transport des bagages et des
personnes, depuis le débarcadère ou l'aérodrome. Attention au stationnement, tant pour
les voitures électriques que pour les deux-
roues, car il est très réglementé. Il y a beaucoup
d'interdiction de stationner (bandes jaunes) et
la police municipale a l'amende facile. Pour les
plus courageux, la marche reste une option
possible, les distances étant assez courtes avec
l'avantage d'offrir de superbes paysages au fil
du parcours. Le vélo est aussi une alternative
pratique et plus silencieuse que les scooters.
Attention, lors des 3 jours de la fête nationale,
autour du 15 août, la circulation est interdite
aux Saintes. Vous ne pouvez que marcher.

▶ **Voiturettes électriques.** Ces véhicules 2 et
4 places fonctionnent à l'énergie solaire et
sont silencieux. Si vous souhaitez disposer
d'un véhicule électrique pendant votre séjour,
mieux vaut le réserver à l'avance car il y a peu
de voitures et une forte demande.

▶ **Scooters.** Ils sont facilement repérables
et se trouvent tout près du débarcadère. Pour
les visiteurs de l'île qui restent plusieurs jours,
les loueurs sont tous fermés entre 12h et 15h.
Si vous arrivez à 12h15 même s'ils sont sur
place, ils vous refusent la location : « Revenez
cet après-midi ! ».

▶ **Bus.** Il existe à Terre-de-Haut une dizaine
de minibus ou véhicules électriques qui vous
proposent un tour commenté de l'île avec pour
première destination le fort Napoléon. Vous les
trouverez à proximité du débarcadère, face à
l'église. Ils attendent que toutes les navettes
soient arrivées sur l'île avant de partir.

▶ **Taxi.** Ne cherchez pas le compteur du taxi,
les courses sont facturées au forfait.

■ **ARCHIPEL RENT SERVICE**
14 Mouillage
✆ 05 90 99 52 63
Location de scooter de 50 à 125 cm³. Ouvert 7j/7.

■ **CAP THÉODORE**
✆ 05 90 81 49 82
amontoix@gmail.com
Face à l'office de tourisme et à côté de la
pharmacie.
*Ouvert de 8h30 à 12h et de 14h à 17h30.
Voiturette 2 places : 50 €, 4 places : 70 €.
Tarifs pour la journée ou pour 24h si l'hébergeur
vous autorise à recharger le véhicule chez lui.
Egalement des scooters, de 25 à 40 € la journée.
Circuler à l'aide de voiturettes fonctionnant à
l'énergie solaire, une bonne idée ! Anne-Marie,
la propriétaire vous fournit un plan de l'île avec
les sites à visiter et les endroits difficiles à
franchir avec la voiturette.*

■ **GREEN CAR**
3 rue Jean Calot
✆ 06 90 71 32 10
pauljoly@ymail.com
*Ouvert tous les jours de 8h à 18h. 70 € à 75 €
selon le séjour.Réservation conseillée car il y a
peu de voitures sur l'île.Le RDV pour la prise du
véhicule a lieu face à la pizzeria « Le Mambo »
juste avant l'église.*
Location de voitures électriques pour
4 personnes. Vous identifierez facilement celles
de Green Car, elles sont vertes. Le siège auto ou
rehausseur gratuit (sur réservation).

■ **JEAN-PAUL TAXI**
✆ 06 90 30 56 80
Transferts et visite de l'île.

■ **CHEZ RODOLPHE SCOOTERS**
Place Hazier du Buisson
☎ 06 90 36 86 26
www.rodolphe-scooters.fr
info@rodolphe-scooters.fr
Face à la mairie. A 200 m du débarcadère.
Ouvert tous les jours de 8h à 12h et de 14h30 à
17h. De bons prix toute l'année. Tarifs à la journée
(8h-17h) selon marque : de 20 à 25 € (50 cc),
25 € (100cc), de 30 à 50 € (125cc). Possibilité
de location pour 24h.
Rodolphe propose des scooters de 50, 100 et
125 cm³ à 3 roues qui se conduisent avec un
permis voiture. Vous partez pour la visite de
Terre-de-Haut après une démonstration pour
une bonne prise en main de la machine. Vous
bénéficiez également d'une assistance technique
et de conseils sur les sites à visiter.

Pratique

Tourisme – Culture

■ **OFFICE DE TOURISME DES SAINTES**
Place du Débarcadère
Rue Jean Calot
☎ 05 90 94 30 61
www.lessaintes.fr – tourisme@lessaintes.fr
Ouvert tous les jours à l'arrivée des bateaux. Un
numéro de téléphone d'urgence est affiché en
permanence sur la porte pendant la fermeture
des bureaux.
Posté dans l'ancienne gendarmerie, juste
en face du débarcadère, il est immanquable
quand on descend du bateau. Vous y trouverez
tous les renseignements nécessaires pour la
visite de l'île et aurez la possibilité d'obtenir
une carte gratuite ou une autre plus détaillée
pour quelques euros. L'équipe a mis en place,
moyennant une participation financière, une
salle de repos avec douche et WC ainsi qu'un
coin bibliothèque.

Orientation

▶ **En descendant du fort Napoléon,** la
première route sur votre gauche arrive à la
plage de Pompierre. Cette baie, protégée par son
récif corallien les Roches Percées, se présente
comme un délicat croissant de sable. Deux
espèces de tortues de mer protégées viennent
y pondre leurs œufs la nuit. A faire, pour les
amateurs de randonnées, la trace des Crêtes,
bien indiquée, jusqu'à la plus grande plage de
l'île, Grande-Anse et ses falaises de couleur
ocre. A contempler plutôt en fin d'après-midi.
Baignade interdite !

▶ **Au nord,** le quartier du Mouillage aux belles
villas.

▶ **Au sud,** Fonds-Curé, petit village très
pittoresque de pêcheurs, fier de ses traditions
et de ses saintoises. Promenade le long de la
plage et accès à la mer par des minuscules
ruelles, jalonnées de cabanes de pêche (les
fameuses saintoises) et de filets qui assurent
le succès de cette activité traditionnelle. Ces
embarcations en bois aux couleurs vives peuvent
mesurer jusqu'à 8 m de longueur. L'église,
différente des autres églises antillaises, séduit
par sa forme et son clocher légèrement décalé.

LES SAINTES

Festivités saintoises

▶ **La culture à Terre-de-Haut** est
profondément marquée par la pêche.
Avec le plus grand nombre de pêcheurs
inscrits de Guadeloupe sur un aussi petit
territoire et un savoir-faire reconnu pour la
construction navale. La commune soutient
encore très fortement la traditionnelle fête
de la pêche chaque année en juin.

▶ **Le Traditour,** dont la première édition a
eu lieu en 2018, est une régate en canots
à voile traditionnels saintois, qui prend
son départ des Saintes pour un tour de la
Guadeloupe en plusieurs étapes.

▶ **La fête patronale du 15 août,** autre
temps fort des manifestations culturelles,
recueille chaque année un très vif succès
populaire, avec des milliers de visiteurs
venant assister aux concerts et au
concours de Miss Terre-de-Haut.

Plus de dates auprès de l'office de
tourisme.

▶ **Le port de Terre-de-Haut.** Les bateaux de Saint-François, Pointe-à-Pitre ou de Trois-Rivières vous laissent à l'embarcadère faisant face à la gendarmerie (classée aux monuments historiques) où vous trouverez l'office de tourisme. Un petit port coquet où se trouvent boutiques et loueurs de scooter. Tout le monde a adopté ce moyen de locomotion numéro un aux Saintes avec le bus. L'engouement pour le « scoot » est tel qu'il se forme, après chaque débarquement, un embouteillage près des loueurs et à la sortie du port ! Les petites maisons aux toits rouges, autour de la rade, entre le quartier du Mouillage et l'anse de Fonds-Curé, affichent un certain goût pour l'exotisme.

▶ **Le fort Napoléon** offre un très beau point de vue sur l'île, sur Terre-de-Bas, mais aussi sur la côte guadeloupéenne.

▶ **La baie de Terre-de-Haut** est sur toutes les cartes postales. Un Rio de Janeiro miniature, avec son arc de cercle parfait, son « pain de sucre », sa sentinelle avancée sillonnée de coulées de basalte… En une journée, on fait facilement le tour de l'île, mais pour apprécier le sable de ses magnifiques plages, boire des yeux la beauté de ses sites et goûter l'accueil des petits hôtels et restaurants, il faut rester plus longtemps.

▶ **Autour du bourg,** les mornes s'amplifient, comme le mont du Chameau (309 m), et les anciens forts militaires qui les chapeautent, chargés de surveiller les alentours, sont à bout de souffle.

Se loger

Locations

■ **GRAND BAIE LOCATIONS**
Rue Emmanuel Laurent
Place Hazier Du Buisson
℡ 06 83 05 63 67
www.grandbaie.com
hexacom@wanadoo.fr
Tarifs/nuit selon saison : de 58 à 78 € (studio/F1), de 85 à 95 € (F2), de 110 à 150 € (F3), de 190 à 200 € (F4). Durée de location minimum : une semaine en période de vacances d'hiver, 3 nuits en haute saison, 2 nuits en basse saison. Tarifs dégressifs en fonction du nombre de nuits.
Grand Baie Locations propose plusieurs types de locations sur les Saintes. La villa Anse Caraïbes est située dans le bourg, à proximité des commerces. Elle accueille six logements (du studio au F2) avec jardin et terrasse privative (vue sur la mer), tous indépendants les uns des autres. La villa Grand Baie est elle aussi composée de six hébergements, (F1, F3, F4 et

un bungalow F2), avec jardin et terrasse là encore. Les Hauts de Grande Anse (dominant la plage du même nom), enfin, est une grande villa dotée d'une piscine et d'un spa. Sur place également, 3 appartements (du studio au F3) sans vis-à-vis.

■ **LE MAS SUCRÉ**
Rue de la Grand Anse
Impasse de la Plage
℡ 06 90 27 77 40
guadeloupe.location.free.fr
mas.sucre.saintes@free.fr
Tarifs à la semaine selon saison : appartement 1 chambre de 450 à 530 € la semaine (ou 80 € la nuit), appartement 2 chambres de 680 à 780 € (120 € la nuit), villa complète de 2 100 à 2 300 € (400 € la nuit). Ménage de fin de séjour et taxe incluse.
La villa, de style créole, est située sur une colline du village de pêcheurs de Terre-de-Haut. Elle offre une vue magnifique sur la baie des Saintes. Elle comprend trois catégories de logements : un appartement avec une chambre de 45 m² (pour un couple et deux enfants) et sa galerie sur la mer, un appartement de 70 m² avec 2 chambres climatisées (pour 4 à 7 personnes), un séjour avec couchages, une cuisine américaine et une terrasse, un duplex qui comprend 4 chambres (de 8 à 10 personnes), un séjour, une cuisine équipée et une terrasse. Possibilité de louer la villa entière. Piscine sur place. La plage est à 200 m.

■ **LES PETITS FIGUIERS**
449 Anse figuier
℡ 06 90 62 42 33
lespetitsfiguiers.com
lespetitsfiguiers@gmail.com
Studio 2 personnes : 90 € la nuit et 550 € la semaine. Appartement 2 à 4 personnes : de 100 à 150 € la nuit et de 640 à 890 € la semaine, selon occupation.
Situés à 2 pas de la plage et du bourg de Terre-de-Haut, les Petits Figuiers offrent la tranquillité dont vous rêvez pour profiter des Saintes. Le studio et l'appartement sont équipés et disposent d'une terrasse avec vue sur mer, propice à la détente.

Bien et pas cher

■ **CLUB UCPA**
Chemin rural dit de Marigot
Baie de Marigot
℡ 05 90 99 54 94
www.ucpa-vacances.com
ucpa.les-saintes@wanadoo.fr
Fermeture annuelle en septembre.
Sur place, 6 bungalows pour accueillir jusqu'à 30 personnes. Les chambres sont équipées

de salle de bains, brasseurs d'air, terrasses ou balcon et sanitaires particuliers. Elles sont situées sur la plage de Marigot, les pieds dans l'eau, c'est un des plus beaux clubs UCPA. Ambiance jeune et bon enfant comme dans tous les clubs UCPA. Possibilité de réseau wi-fi. Buffet-repas sur place le midi et le soir.

■ **CHEZ MME BONBON**
Route de la Grande Anse
✆ 05 90 99 50 52
Chambre pour 2 personnes à 32 € la nuit, 35 € pour 3 personnes.
Bien pratique pour les petits budgets, ces chambres chez l'habitant sont à proximité du bourg. Elles sont équipées d'un micro-onde et d'un réfrigérateur. Salle d'eau et toilettes communes. Accès wi-fi.

■ **LE PARADIS SAINTOIS**
211 route des Prés Cassin
✆ 05 90 99 56 16
www.paradissaintois.com
paradis.saintois@wanadoo.fr
Après le club de plongée.
Chambre de 39 € à 70 €/nuit en haute saison et de 31 € à 56 €/nuit en basse saison. Studio de 51 € à 98 €/nuit en haute saison et de 41 € à 79 €/nuit en basse saison. Appartement de 64 € à 141 €/nuit en haute saison et de 51 € à 114 €/nuit en basse saison.
Cette jolie maison un peu sur les hauteurs, au-dessus du morne Rouge, est composée de 9 logements (5 appartements d'une capacité de 4 à 6 personnes, 3 studios et 1 chambre). Très belle vue sur la mer. Piscine avec vue panoramique sur place. Sur place, pétanque, barbecue, location de VTT et service de lavage. Ses propriétaires Mme et M. Jeanneret sont surnommés « les anges gardiens » ! wi-fi gratuit dans tout l'établissement.

Confort ou charme

■ **AQUA LODGE**
Baie des Saintes
✆ 05 90 90 16 81
www.aqualodge.fr
contact@aqualodge.fr
De 315 à 399 € par nuit.

Trois aqualodges, de conception locale, sont positionnés dans la sublime baie des Saintes : un cadre de rêve pour s'imaginer en Robinson Crusoé. Ces bungalows flottants, d'une surface de 80 m2, sont tous composés de deux chambres, d'une salle d'eau, d'un salon avec canapé convertible, d'une cuisine aménagée, d'une terrasse et d'un solarium à l'étage. Ils peuvent accueillir jusqu'à 6 personnes. Ce nouveau concept est totalement respectueux de l'environnement : l'eau chaude et l'électricité sont produites par des panneaux solaires avec une autonomie de 3 jours sans soleil. Les eaux usées sont traitées par un système interne avant d'être rejetées en mer. Les toilettes sont sèches et un dessalinisateur génère de l'eau douce à volonté. Chaque aqualodge dispose d'une annexe électrique pour vos allers et venues sur la terre ferme.

▶ **Autre adresse :** Lagon de Saint-François.

■ **CHEZ GISÈLE ET PHILIPPE**
Route de Pont Pierre
✆ 05 90 99 55 52
www.chezgiseleetphilippe.com
chezgiseleetphilippe@wanadoo.fr
Tarifs à la semaine et basés sur 2 personnes et 4 nuits minimum. Cabane du pêcheur : 469 €. Bungalow 539 €. Duplex 630 €. Studios avec terrasse 560 €. Appartement 6 personnes 1 430 €. Comptez 120 €/personne supplémentaire/semaine.
maison totalement modulable à 2 minutes de la plage de Pompierre, et à 15 minutes à pied du village. Cette grande maison peut être transformée soit en 2 maisons indépendantes (une composée de 2 chambres et l'autre de 3 chambres), soit en 2 duplex et 3 studios. Tous les logements sont équipés d'une kitchenette ou d'un coin cuisine. Un petit bungalow dans le jardin, équipé d'une petite terrasse couverte en deck peut accueillir 2 personnes (en complément de celui-ci et en partageant la même salle d'eau, possibilité de louer une chambre juste à côté.). La structure est équipée d'un bain bouillonnant avec un superbe panorama sur la baie de Pompierre et Marie-Galante, ou pour admirer les étoiles dès la tombée de la nuit ainsi que d'une piscine. Les hébergements sont tous non-fumeur à l'intérieur.

LES SAINTES

■ DANS UN JARDIN – GÎTE

℡ 06 90 65 79 81
www.clearbluecaraibes.fr
takekayak@me.com
À partir de 98 € par nuit pour deux personnes pour un séjour d'une semaine. Gratuit pour les enfants de 3 ans et moins. Animaux acceptés.
Ce gîte original est installé au cœur même d'une enceinte fortifiée datant du XVIIᵉ siècle. Construit en bois, il occupe une place de choix dans un verger tropical grandeur nature où se côtoient bananiers, manguiers, corossoliers, avocatiers, pruniers, hibiscus, bougainvilliers, pommes-cannelliers, flamboyants, etc. Les deux éco-gîtes sont situés à deux minutes à pied du débarcadère, à 50 mètres de la mer et de la zone piétonne avec les principaux services et boutiques. Les hébergements possèdent deux chambres fermées climatisées (avec lits doubles ou simples), divan-lit, cuisine, salle de bain, douche, eau chaude, wi-fi, barbecue). Ils peuvent accueillir jusqu'à 5 adultes. C'est un lieu idéal pour les familles.

■ EDEN MANGO

Chemin de Marigot
℡ 05 90 99 58 69
www.eden-mango.fr – cecile@eden-mango.fr
De 80 à 140 € selon le nombre de personnes. Tarifs dégressifs dès 3 nuits.
Eden Mango est situé à 5 min de la plage de Pompierre et à 10 min du bourg. Sur place, deux bungalows en bois indépendants l'un de l'autre et entièrement climatisés. Un des hébergements peut accueillir jusqu'à 7 personnes. Il dispose d'une galerie avec hamac et transat, d'un salon (avec canapé) doté également d'un coin nuit avec un lit double, d'une mezzanine avec lit double et d'un coin-repas équipé. Le second bungalow accueille jusqu'à 7 personnes. Il est doté en plus d'une chambre double indépendante disposant de sa salle de douche. Accès wi-fi.

■ HÔTEL BOIS JOLI

Pointe Bois-Joli
℡ 05 90 99 50 38
www.hotelboisjoli.fr
hotelboisjoli@outlook.fr
Chambre balcon pour 2 personnes de 117 à 161 €. Chambres rénovées de 182 à 260 €. Chambres familiales de 205 à 257 €. Restaurant sur place.
Sur place, 30 hébergements dont 17 chambres entièrement rénovées. Les bungalows sont répartis autour d'une plage de rêve, avec une belle vue sur Basse-Terre. Les chambres sont situées dans une ancienne construction à 3 niveaux dominant la baie. Les chambres tout confort avec balcon privé sont situées à flanc de colline et les bungalows sont en bordure

de mer. Deux des bungalows sont équipés de kitchenette. Accès wi-fi. L'établissement donne sur une jolie plage ombragée dotée d'un appontement privé, en bordure de laquelle se trouvent la piscine et le snack-bar. Sur place, un restaurant panoramique. Le transfert du débarcadère à l'hôtel est assuré par un minibus. Les voyages sont gratuits pendant le séjour, et payants pour les transferts lors du départ et de l'arrivée.

■ HÔTEL KANAOA

Anse Mirre
℡ 05 90 99 51 36
www.hotelkanaoa.com
kanaoa@wanadoo.fr
Chambre double petit-déjeuner inclus et vue sur la mer : à partir de 115 € en basse saison et de 140 € en haute saison. Egalement un bungalow en duplex avec vue sur la mer, entièrement équipé, à partir de 160 € pour deux personnes.
Cet hôtel bénéficie d'une superbe vue sur la baie des Saintes. A 6 minutes à pied du bourg, il dispose de 19 chambres climatisées avec balcon, dont 6 quadruples, et de 4 bungalows en duplex entièrement équipés, dotés de 2 terrasses (à l'avant et à l'arrière du bungalow). Sur place, une piscine et un ponton privé. Le restaurant panoramique propose des spécialités de poissons et fruits de mer. Les transferts du port ou de l'aéroport sont assurés par le minibus de l'établissement.

■ HOTEL LES PETITS SAINTS

480 rue de la Savane
℡ 05 90 99 50 99
www.petitssaints.com
infos@petitssaints.com
Tarifs selon la catégorie d'hébergement et la saison. Chambre double à partir de 138 €. Suite pour 3 personnes à partir de 166 €. Service de navette gratuit entre le port ou l'aérodrome de Terre-de-Haut et l'hôtel (les jours de départ et d'arrivée). Le petit déjeuner est offert, et servi sur les terrasses du restaurant surplombant la baie.
Très belle étape de charme située sur une petite colline, face à la très belle baie des Saintes. L'hôtel domine le bourg et ses toits rouges. Vous pourrez profiter en toute tranquillité de sa piscine, de son jardin tropical, de ses terrasses et de son salon disposant d'une connexion wi-fi. Le mobilier est composé de meubles anciens d'influence asiatique, africaine… Chaque chambre ou suite offre une décoration unique et un charme intemporel, et est extrêmement bien équipée : climatisation, salle de bains, TV (satellite et Canal +), téléphone, minibar, et même d'un coffre pour certaines. Vue splendide et restaurant en terrasse. Commerces à quelques minutes.

■ LÔ BLEU HÔTEL
Fond Curé
✆ 05 90 92 40 00
www.lobleuhotel.com
info@lobleuhotel.com
Fermeture annuelle en septembre. Chambre vue sur village à partir de 99 € pour 2 personnes par nuit. Chambre vue sur mer à partir de 129 €. Suite (2 adultes et 2 enfants) à partir de 148 €.
Un ravissant petit hôtel de charme, « les pieds dans l'eau », à la sortie du village de Terre-de-Haut. Les 11 chambres climatisées sont confortables et peuvent accueillir jusqu'à 4 personnes. Elles ont été décorées par des artistes de renom qui ont apporté un style bien différent pour chaque chambre. Vous pouvez faire votre choix sur le site. Certaines ont vue sur l'îlet à Cabrit ainsi que sur la Soufrière et la Guadeloupe.

■ RESIDENCE HOTELIERE HURLEVENT
301 route du Marigot
✆ 05 90 99 50 45
www.residence-hoteliere-hurlevent.com
Suite pour 2 personnes à partir de 119 à 155 €/ nuit en basse saison.
Cette nouvelle résidence hôtelière, qui a ouvert ses portes à l'automne 2017, bénéficie d'une superbe vue sur les Saintes. Il serait bien difficile de ne pas se laisser charmer par ce panorama. Les suites sont climatisées et spacieuses. Elles disposent d'un balcon privé, d'un lit king size, d'un écran plat, d'un mini-bar. La cuisine est parfaitement équipée avec un comptoir en granit, un réfrigérateur, un four à micro-ondes, un grille-pain, une machine à café ainsi que toute la vaisselle et la coutellerie nécessaires. La salle d'eau est dotée d'une grande douche. La cave à vin dispose de plus de 2 200 bouteilles. Vous pouvez ainsi déguster un margaux, un saint-émilion, un médoc, un vin d'Alsace ou encore un bon champagne dans votre suite, sur votre terrasse ou bien au bord de la piscine. Les plages et le bourg de Terre-de-Haut sont à 10 minutes.

■ VILLA KAZ'ANIS
328 rue de la Savane
✆ 05 90 92 04 77
www.kazanis.fr – michelcasaucau@yahoo.fr
Chambre d'hôtes à partir de 70 € petit-déjeuner inclus et 80 € pour deux. Location uniquement de novembre à fin mars.
La villa se situe sur les hauteurs du bourg à 5 min du centre-ville et de la plage. Il s'agit d'une maison à la déco contemporaine sur 2 niveaux dans un jardin. Elle est composée d'un séjour avec TV, hi-fi, wi-fi, de 3 chambres climatisées, d'une cuisine séparée et équipée, d'une grande salle de bains, d'une grande terrasse avec vue sur la baie. Une chambre d'hôtes est disponible de novembre à fin mars.

Se restaurer

Sur le pouce

■ ESCALE CRÉOLE
419 route du Bois-Joli ✆ 05 90 99 59 87
Proche de la plage de Pompierre
Ouvert tous les jours sauf le mercredi et un dimanche par mois. Fermeture annuelle en septembre.
Vous y trouverez une cuisine simple et familiale avec des salades, glaces, *bokits* (spécialités de la maison) et sandwichs variés, à emporter uniquement. Vous pouvez également commander des plats à emporter ou encore vous faire livrer où vous le souhaitez (l'apéritif est offert sur présentation du guide !). Le service de livraison est gratuit sur toute l'île.

■ CHEZ LES FILLES
Place du Débarcadère ✆ 06 90 61 21 34
Jus frais : 4,50 € les 25 cl, 5,80 € les 50 cl. Salades à 10 € et gaufres à 11 €.
Juste derrière le distributeur de billets, ce charmant endroit sert d'excellents jus frais, mais vous pouvez aussi déguster toutes les autres boissons fraîches. Pour le côté snack, un grand choix de salades, de gaufres sucrées ou salées et des omelettes variées. Terrasse avec vue sur la baie et les bateaux au mouillage.

■ SMOOTH'SEA
11 Rue Benoit Cassin ✆ 05 90 81 04 76
Ouvert tous les jours de 10h à 19h.
Au menu, des smoothies, des milkshakes, des jus de fruits naturels, des salades de fruits, des sandwiches et des salades.

Bien et pas cher

■ LA CASE AUX ÉPICES
Plage de la Colline ✆ 05 90 98 07 88
Ouvert tous les midis du lundi au dimanche. Comptez environ 35-40 € pour un repas complet, boissons incluses. Salades à partir de 12 €.
Située sur la route du Pain de Sucre, une charmante petite case en bois colorée « les pieds dans l'eau » qui offre un point de vue sur le Fort Napoléon, l'îlet Cabri et les yachts gigantesques. Possibilité d'y venir en annexe. Plage idéale pour la baignade. La terrasse permet de déjeuner à l'ombre de la végétation. La carte à tendance créole et traditionnelle propose une cuisine raffinée (ouassous flambés, tartare de poisson, langouste, poulet coco et gingembre...). Des punchs maison aux divers parfums sont proposés à l'apéritif ainsi que des rhums arrangés aux fruits du jardin pour le digestif. Les transats ainsi que la douche sont à la disposition de la clientèle.

■ **L'ANNEXE**

5 rue Benoît-Cassin

✆ 06 90 90 85 30

Ouvert midi et soir. Fermé lundi. Addition moyenne : 15-20 €.

Le nouveau propriétaire vous accueille dans cet endroit typique, une vieille case créole rénovée avec goût et disposant d'une belle terrasse au cœur du village. Un lieu convivial où vous pourrez déguster divers tapas, un burger à la viande de bœuf Black Angus ou au poulet boucané, une salade César, des brochettes...

■ **COULEURS DU MONDE**

Le mouillage

✆ 05 90 92 70 98

Ouvert tous les jours sauf le jeudi et dimanche soir. Addition moyenne : 15-18 €.

Situé sur le front de mer, ce petit restaurant coloré sert une cuisine créative de très bon niveau. Excellent rapport qualité/prix.

■ **LE DEBARCADERE**

Place du débarcadère ✆ 0590945937

paslau971@orange.fr

Ouvert tous les jours à partir de 9h30 sauf le mardi et le mercredi. Service à partir de 11h30. Carte : de 16 à 19 €.

Situé à l'étage à droite en sortant des bateaux, voici un joli restaurant coloré avec une galerie ombragée et des salons où vous pourrez déguster un jus de fruit frais ou une bière pression en attendant la navette. Poissons frais selon la pêche (dorade, thazard, poisson-lion, baliste, etc.), tataki de thon, salades, entrecôte, magret, tapas... Desserts maison pour conclure. Exposition-vente permanente d'une artiste peintre locale. wi-fi gratuit en prime !

■ **LE MAMBO**

Mouillage 807

✆ 05 90 99 56 18

guillaume.molza@wanadoo.fr

A 60 m à droite du débarcadère.

Ouvert de 8h du matin jusqu'à 22h30 tous les jours. Menu à partir de 14 €.

Une jolie case créole à proximité de l'église où l'on prépare une bonne cuisine familiale antillaise sans chichi pour un très bon rapport qualité-prix : poissons grillés, accras, spécialités locales (fricassées de seiche, chatrou, colombo) et des pizzas (uniquement le soir) à consommer sur place ou à emporter.

■ **LA PAILLOTE**

Plage de Marigot

Le Marigot

✆ 05 90 99 50 77

lapaillote97@yahoo.fr

Ouvert le midi tous les jours en haute saison. Fermé soit le mercredi, soit le vendredi en basse

saison. Menu (entrée-plat-dessert) à 22 €. Addition moyenne à la carte 18 € hors boisson.

Vous déjeunez au bord de la plage de la section Marigot, dans une petite case créole décorée par un artiste local. Les spécialités (poissons grillés au feu de bois, brochettes de poissons, langouste grillée) sont élaborées à partir de la pêche achetée chaque matin aux bateaux qui mouillent dans l'anse à proximité. En entrée, des spécialités créoles traditionnelles : accras et boudins et en dessert, vous pouvez goûter à la spécialité des Saintes, le Tourment d'Amour. Une bonne adresse à connaître. La Paillote existe depuis plus de 40 ans et les propriétaires, des Saintois, n'ont jamais changé. Accueil très agréable.

■ **LE SALAKO CHEZ Z'AMOUR**

Route de Pompierre

✆ 05 90 92 09 96

zamour.garcon@live.fr

A 100 mètres de la plage de Pompierre.

Ouvert le midi, tous les jours sauf le lundi. Formules à 13,50 € et 18 €.

Z'amour vous reçoit agréablement dans une petite maison saintoise où vous pouvez déjeuner à l'ombre sous des carbets ou parasols avec vue sur les iguanes qui flânent dans le jardin. Une carte locale avec au programme des spécialités telles que le tartare de poisson, le poisson grillé, le colombo, fricassée de lambi. Egalement vente de sandwichs à emporter ou à consommer sur place.

■ **LA TOUMBANA**

Impasse de la Plage

Rue du Cimetière

✆ 05 90 99 57 56

Ouvert midi et soir. Des menus de 10, 13, 14 et 16 €, coquille de langouste à 7 €. Carte : de 15 € le midi à 20 € le soir (entrée, plat et dessert).

Une belle maison créole, dans un grand jardin exotique, à l'entrée du chemin menant à la plage de Grande-Anse, un havre de paix légèrement en retrait du village ! Toujours un excellent rapport qualité-prix. L'accueil y est agréable. Spécialités de la maison : la coquille de fruits de mer, langouste, la fricassée de chatrou, gratins de légumes pays et de très bons boudins et accras. La disposition des tables à l'extérieur permet de profiter du beau temps sans souffrir du soleil.

Bonnes tables

■ **TI-BO DOUDOU**

58 rue Benoît-Cassin

✆ 05 90 98 56 67

Carte : 25 € environ.

Le restaurant est situé les pieds dans le sable. L'accueil est chaleureux et la cuisine de très bonne qualité et créative est orientée vers les produits de la mer (avec quelquefois des burgots farcis en prime). Réservation conseillée.

■ AU BON VIVRE

31 rue Jean Calot
✆ 05 90 94 19 84
www.aubonvivre.net/
aubonvivre.lessaintes@gmail.com
Après l'embarcadère à droite, en direction du Fort Napoléon. Pour les plaisanciers, le ponton vers la pharmacie vous est réservé.
Ouvert tous les jours de 12h à 14h et de 18h30 à 22h. Le midi : menus de 21 à 25 €. Le soir : menu surprise à 48 € ou plats à la carte.
Une charmante petite bâtisse faite de pierres et de boiseries, qui dispose d'un joli patio bien aéré. Le chef, sacré maître restaurateur concocte des plats métissés aux saveurs des Antilles, à l'image des ravioles de langouste, du carpaccio de chatroux sauce ravigote, du mi-cuit de thon et foie gras poêlé au vinaigre balsamique, des lasagnes de lambi, de la parillada de poisson au pesto, de la tarte Tatin de banane... Particularité de la maison : son bar à vin, avec des tapas à base de charcuterie et de fromages affinés venus tout droit de métropole. Une excellente adresse dont on ne se lasse pas, d'autant que les suggestions sont différentes chaque soir ! wi-fi gratuit.

■ RESTAURANT DE L'HÔTEL BOIS JOLI

Pointe Bois-Joli
Route du Bois Joli
✆ 05 90 99 50 38
hotelboisjoli.fr
bois.joli@wanadoo.fr
Ouvert de 12h30 à 14h et de 19h à 20h30 (il est néanmoins conseillé d'appeler avant de s'y rendre pour réserver). Menu complet à 31 €, entrée-plat ou plat-dessert à 27 €. Menu enfant à 9 €.
Le restaurant panoramique se situe à l'étage de l'hôtel du même nom. Cuisine créole et française. Une bonne table où les spécialités locales sont le boudin de poissons, les ouassous, la langouste et le poisson frais.

■ RESTAURANT LE 480 LES PETITS SAINTS

480 rue de la Savane
✆ 05 90 99 50 99
www.petitssaints.com
info@petitssaints.com
Dans l'enceinte de l'hôtel Les Petits Saints.
Fermé en basse saison. Ouvert le soir du mardi au samedi, et le dimanche le midi uniquement. Début du service à 19h, 12h le dimanche. Réservation conseillée. Suggestion entre 18,50 et 23 €. Dîner complet : de 30 à 40 € par personne.

Véritable institution sur l'île, le restaurant Les Petits Saints surplombe la baie des Saintes. Vous serez servi sur les terrasses de l'auberge dans un décor exotique enchanteur où se côtoient une porte sculptée de Bali, des masques africains, des nappes en madras. Le chef propose une cuisine inventive aux influences caribéennes et basée sur les produits frais. Connexion wi-fi gratuite.

■ TI KAZ LA

10 Rue Benoit Cassin
✆ 05 90 99 57 63
tikzla.com
contact@tikazla.com
Ouvert tous les jours midi et soir. Addition moyenne à 45 €.
Bel emplacement, les pieds dans l'eau, à 150 m de l'embarcadère. Inutile de vous parler de la vue sur la baie lorsque vous êtes sur la terrasse. Une carte inventive orientée coquillages et poissons, mêlant cuisine française et antillaise : ravioles aux langoustes, choucroute de la mer, langouste rôtie, jarret d'agneau blue montain, rôti de foie de veau en cocotte, brochette. En résumé, une belle halte culinaire dans un cadre reposant.

Sortir

■ COCONUT'S BAR

✆ 06 90 71 19 39
cassin_remy@hotmail.com
Face au marché.
Comptez environ 10 € la boisson.
Voici l'endroit le plus vivant de l'île le soir pour prendre un cocktail ou danser. Vous y côtoyez les résidents et les touristes n'ayant pas envie de se coucher trop tôt. Très bonne ambiance.

À voir – À faire

De très beaux paysages marins accompagnent les promenades : la baie de Marigot aux eaux calmes et peu profondes où les enfants nagent en toute sécurité ; l'anse du Figuier, recommandée aux plongeurs pour ses eaux limpides ; l'anse Crawen, derrière l'Hôtel Bois Joli (plage préférée des naturistes et autres amateurs de plongée) ; la plage du Pain de Sucre, accessible par un petit sentier. Du côté du Pain de Sucre, vers l'ouest, la plage de Crawen, superbe et bien abritée, à l'extrémité de l'île. On y pratique aussi le naturisme sur une zone bien délimitée.
La plage, tellement belle, appartient donc à tout le monde ! La route d'accès surplombant la baie est également attrayante. Dans une jolie baie presque fermée, à l'est de l'île, la plage de Pompierre, très plaisante, est aménagée avec douches et aires de pique-nique.

■ BATTERIE DE LA TÊTE-ROUGE

Achevée en 1870, elle protège actuellement les installations du téléphone-radio de l'île.

■ LE CHAMEAU

Le mont du Chameau, le plus haut des mornes de l'île, nécessite 1h30 d'ascension malgré ses 309 mètres. Vigie fortifiée, dominant à perte de vue l'ensemble de l'archipel, le Chameau assurait la protection des Saintes contre les Anglais de la Dominique. Pour la randonnée, il faut passer par la route du Pain de Sucre, puis par le chemin des Prés Cassin qui conduit au sommet du Chameau, depuis lequel la vue splendide s'étend sur Terre-de-Haut et ses criques, les falaises de Terre-de-Bas, la Dominique, la Désirade, Marie-Galante et même la Soufrière par temps clair. L'ouest de la rade offre également des sites enchanteurs qu'il faut découvrir à pied. Après le sommet, il est possible de poursuivre cette randonnée par un sentier en forêt qui aboutit sur la route menant à la plage de Crawen.

■ FORT JOSÉPHINE

Sur l'îlet à Cabrit

Puissamment armé à l'époque et faisant face au Fort Napoléon, il représentait en quelque sorte, un rempart pour les Saintes. Construit en 1777 alors que l'îlet connaissait une activité importante, il est détruit par les Anglais en 1809. Il n'en reste que des ruines aujourd'hui.

■ GRAND ÎLET

Le Grand îlet, inhabité, abrite deux anses tranquilles qui sont fréquentés par les crabes, les oiseaux marins et les tortues qui viennent y pondre. C'est un véritable Eden pour les plongeurs.

■ MUSÉE D'HISTOIRE DES SAINTES – FORT NAPOLÉON

Association Saintoise de Protection du Patrimoine

✆ 05 90 37 99 59

Ouvert tous les jours mais uniquement de 9h à 12h30, sauf le 1er janvier, le 1er mai, le 27 mai, les 15 et 16 août et le 25 décembre. Entrée : 5 €, enfant : 2,50 €. Notre conseil, choisissez la visite guidée.

Le Fort Napoléon situé à 114 mètres d'altitude surplombe la baie des Saintes, au sommet du morne Mire. Il faut environ une vingtaine de minutes à pied pour y accéder depuis l'embarcadère. Curiosité : les cactus géants s'y étirent aussi bien en longueur qu'en largeur. On doit là encore remercier le père Labat. C'est lui qui, au XVIIIe siècle, appuie la décision de planter des haies de cactus autour des forts. La forteresse est assez bien restaurée, entourée de douves non remplies. De style Vauban, le Fort Napoléon a été classé au titre des Monuments historiques le 15 décembre 1997. Contrairement aux apparences, le Fort Napoléon ne joue plus de rôle militaire. C'est un musée qui présente l'histoire des Saintes et la bataille de 1782 ayant opposé les Français aux Anglais. Pendant la Seconde Guerre mondiale et sous le régime de Vichy, le Fort a notamment servi de prison et des Français d'origine libanaise ou italienne s'y sont fait enfermer. C'est seulement en 1973 que le Fort Napoléon a été transformé en musée grâce à l'Association Saintoise de Protection du Patrimoine. A l'intérieur, sous les voûtes des grandes salles blanches, les reconstitutions de batailles, les techniques de navigation, l'histoire de la colonisation, l'évolution des espèces botaniques de l'île... On y présente en outre une autre grande spécialité locale, le chapeau appelé *salako*, venu du Vietnam via les soldats annamites, dont l'uniforme comportait cet accessoire délicat. Les Saintois l'ont adopté et enveloppé de tissus madras.

Dans le jardin, l'agencement et le choix des plantes témoignent d'un vrai sens artistique : cactus cierges, têtes à l'Anglais, mélocactus, balai trois heures, savonnettes, croc-chien, raquettes. Leur capacité d'adaptation en milieu tropical et leur aptitude à stocker de l'eau dans leurs racines expliquent cette présence végétale sur le sol. Vous pourrez également apercevoir quelques iguanes dans les talus. Vous pourrez facilement les approcher, ils sont apprivoisés.

■ PLAGE DE CRAWEN

Du côté du Pain de Sucre, vers l'ouest, se trouve une superbe plage abritée à l'extrémité de l'île. C'est le rendez-vous des amoureux de la nature. La route d'accès, surplombant la baie, est particulièrement attrayante.

■ PLAGE DE GRANDE-ANSE

Aussi belle que dangereuse... Lames de fond, courants puissants, interdiction de baignade. Cependant, son exceptionnelle étendue fait d'elle le site préféré des joggeurs et des promeneurs.

■ ÎLET CABRIT

Accessibles par navette électrique à partir de Terre-de-Haut.

Après avoir abrité un fort (Joséphine), un pénitencier militaire est construit en 1851. Quinze ans plus tard, il est dévasté par un cyclone. Il devient ensuite un lieu de quarantaine : un lazaret accueille les nouveaux immigrés venant d'Asie jusqu'en 1890, date à laquelle l'état-major français retire sa garnison des Saintes. Il est possible d'accéder aux vestiges de ces constructions grâce aux pêcheurs, qui acceptent de faire la navette ponctuellement. Aujourd'hui, les seuls habitants de l'îlet sont les iguanes et les cabris qui foisonnent au beau milieu d'une végétation où les cactus abondent.

Six sentiers permettent de découvrir ces vestiges avec des audio-guides. Pique-nique possible sur place.

■ **PLAGE DE POMPIERRE**
39 rue de la Grand Anse
Impasse de la Plage
Dans une jolie baie presque fermée, à l'est de l'île, cette plage correspond à l'idéal de la plage de sable fin avec ses palmiers. La mer, qui paraît ici presque prisonnière, a davantage l'air d'un lac que d'un océan. Idéal pour le snorkeling. En juin, la plage est couverte de fleurs. À voir absolument !

■ **PLAGE DU PAIN DE SUCRE** ☆
39 rue de la Grande-Anse
Impasse de la Plage
Avec une eau limpide et des poissons coralliens fabuleux, cette plage est la préférée des plaisanciers et est considérée comme la plus belle des Saintes. Avec masque et tuba, les explorateurs aquatiques nagent d'une plage à une autre en faisant le tour du Pain de Sucre. Les poissons colorés y sont nombreux ! Pour ceux qui font le choix de lézarder sur leur serviette de bain, grand bien leur fasse : le sable blanc est d'une finesse incroyable... Attention, si vous avez prévu d'y accéder à pied, il faut compter environ trois quarts d'heure de marche (prévoir de bonnes chaussures !) depuis le bourg à travers un chemin escarpé. Courage, il faut monter mais la balade vaut le détour.

Sports – Détente – Loisirs

Sports – Loisirs

■ **CARAÏBES ESCAPADE**
Plage Morne Rouge
Pointe batterie ✆ 06 90 58 96 50
www.terredehautkayak.com
caraibescalade@yahoo.fr
Ouvert tous les jours de 9h à 18h. Paddle : 20 €/ personne la demi-journée, kayak : 10 €/pers la demi-journée. Bateaux semi rigides : 40 € à 70 € selon durée.
Location de kayaks, de paddle et de bateaux semi-rigides et rigides.

■ **CENTRE ECONAUTIQUE CLEAR BLUE CARAIBES**
Rue Lassere
✆ 06 90 65 79 81
www.clearbluecaraibes.fr
takekayak@me.com
Ouvert du mardi au samedi de 9h au 17h, et le dimanche de 8h45 à 15h. Fermé le lundi sauf en période de vacances scolaires. Bateaux transparents (molokini), bateau gonflable (haunauma), paddleboards : Tarifs pour ces trois activités, et pour une excursion de 3h : gratuit

pour les enfants de 9 ans et moins, 18 € pour les 10-15 ans, 23 € pour les adultes. Excursion à l'îlet à Cabrit (demi-journée) : 23 €. Journée 30 €/adulte et 25 € pour les 10-15 ans.
Des embarcations transparentes vous permettent d'admirer la faune et la flore sous-marines d'une des plus belles baies du monde, sans vous mouiller ! À tester, les excursions en *molokini*, un canot transparent peu profond qui permet d'être assis dans le bateau et de contempler les coraux et les poissons, et d'accéder à des endroits magiques. Sortie en mer à bord du *Haunauma* également, une embarcation gonflable à fond de verre, insubmersible, qui permet de pousser plus loin l'aventure : par exemple aller en PMT sur une épave. Autre solution, le paddleboard, une planche rigide, qui donne la sensation de marcher sur l'eau (ou s'utilise comme planche à pagaie). Également organisée, une excursion à l'îlet à Cabrit ; comptez 20 à 30 min de traversée en kayak de mer.
Sylvie, la responsable du centre, propose également un hébergement en bord de mer, près du débarcadère. Le pavillon en bois, au cœur d'un verger tropical, peut recevoir jusqu'à 6 personnes, dispose de deux chambres climatisées et d'une cuisine complète. Des repas en table d'hôtes sont aussi proposés.

■ **LA DIVE BOUTEILLE**
Plage de la Colline
✆ 05 90 99 54 25
www.dive-bouteille.com
mail@dive-bouteille.com
« Two tanks dive » : 120 €, 1 sortie et 2 plongées. Baptême ou plongée débutant 79 €. Forfaits plongées dégressifs. Baptêmes et formations. Les accompagnants non plongeurs sont accueillis gracieusement sur le bateau comme accompagnants.
Les plongées se font en *two tanks dive*, c'est-à-dire que chaque plongeur embarque avec deux bouteilles et fait deux plongées successives et différentes, entrecoupées d'une collation avec thé et petits gâteaux. Les sorties ne se font qu'en comité restreint, avec confort, sécurité et convivialité assurés. Laurence et Philippe, les propriétaires, disposent d'un grand bateau aluminium de 20 places, sur lequel ils n'embarquent jamais plus de 10 plongeurs. À la Dive Bouteille, on prend le temps. Pas de rotations multiples, pas de planning surchargé pour vous permettre de profiter pleinement de l'exceptionnelle richesse des fonds saintois. La structure propose également une sortie « Journée Terre-de-Bas ». Après les plongées du matin, l'équipe jette l'ancre à Grande Anse. Au programme, déjeuner à Chez Eugenette qui prépare des accras délicieux et ensuite, programme libre. Locaux propres et confortables, matériel récent et très bon accueil.

■ **CLUB UCPA**
Chemin rural dit de Marigot
Baie de Marigot ✆ 05 90 99 54 94
www.ucpa-vacances.com
ucpa.les-saintes@wanadoo.fr
Fermeture annuelle en septembre. Fermeture hebdomadaire le dimanche.
Refait entièrement en 2015, ce centre moderne et convivial propose différentes activités accessibles à tous les niveaux. Séance kayak, catamaran, windsurf, kitesurf, plongée. Le site est idéal pour les sports nautiques. Renseignez-vous au siège à Paris pour les forfaits vol-hébergement-stage. Sur place, hébergement et restauration. Ambiance jeune et bon enfant comme dans tous les clubs UCPA.

■ **GWADA MARINE**
✆ 06 90 75 79 16 – www.gwadamarine.fr
gwadamarine@outlook.fr
Location de bateau avec ou sans skipper pour une journée, un week-end ou plus. Tarifs à partir de 150 €. (permis côltier exigé ou option skipper : 120 €/jour). Location de bouée tractée, de wakeboard, matériel de pêche, ski nautique.
Situé en Basse-Terre, Gwada Marine est spécialisé dans la location de bateaux à moteur jusqu'à 9 personnes. Vous pouvez louer un bateau au départ de la marina de Rivière Sens pour partir à la découverte de l'archipel des Saintes et naviguer entre les îles. La Côte sous le Vent permet une navigation en eau calme afin explorer la réserve Cousteau et l'ilet Pigeon en toute quiétude. (Les palmes, masque et tubas sont fournis). Ces deux destinations sont accessibles en 30 à 45 minutes de navigation seulement depuis la base.
Sur demande, Gwada Marine propose des excursions pour tous les goûts et des sorties en groupe pour observer des cétacés et des dauphins. Possibilité de départ à partir de Terre-de-Haut (Les Saintes).

■ **PISQUETTES CLUB DE PLONGÉE DES SAINTES**
Rue Jean Calot ✆ 05 90 99 88 80
www.pisquettes.com
plongee@pisquettes.com
A 2 minutes à pied du débarcadère en direction de la maison-bateau.
Baptême 57 €/adulte, 42 € pour les -12 ans. Exploration 52 €/adulte, 37 €/enfant. Sec Pâté et plongée de nuit 57 €. Des forfaits sont également très avantageux pour les amoureux de plongée.
Le club de plongée des Saintes Pisquettes est situé face à la maison-bateau du médecin. L'équipe propose quotidiennement deux sorties ainsi que des plongées de nuit. Réservation impérative pour la plongée sur le sec Paté, car le club connait un certain succès et une forte demande. Les deux embarcations sont

confortables et vous conduiront rapidement sur l'un des 15 sites, autour de 9 îlets, au relief très varié (tombants, canyons, grottes, secs, arches). Le fameux Sec Paté, situé dans le canal, est réservé aux plongeurs niveau 2. Vous serez entre de bonnes mains, encadré par des moniteurs et monitrices, tous brevetés d'Etat, prévenants et soucieux de votre sécurité. Baptêmes et plongées enfants encadrés par un moniteur particulier. Vous pouvez, par leur intermédiaire, trouver un hébergement si besoin. Pour information, une pisquette est un petit poisson argenté de la famille des anchois qui vit en bancs et que l'on rencontre le plus souvent près des côtes dans les zones sombres au voisinage des grottes et surplombs.

■ **PHIL À VOILE**
✆ 05 90 99 58 69
phil-a-voile.fr – philippe@phil-a-voile.fr
Croisières à la demande (demi-journée, journée) sur réservation. 60 € la sortie pour 1 à 2 personnes, 25 €/personne pour plus de 2 personnes (5 personnes maximum). Ouvert du lundi au dimanche de 9h à 18h.
Phil vous embarque sur sonr voilier monocoque « Diabolo » pour un tour dans la baie des Saintes, avec haltes PMT non loin du Pain de sucre et de l'Ilet Cabrit. Phil saura vous transmettre l'amour de sa terre.

■ **RÊVE DE NAV' CROISIÈRE**
Marina de Rivière-Sens ✆ 06 90 91 11 00
www.revedenav.com
contact@revedenav.com
Prix collectif avec repas : 85 €/adulte, 65 €/1-12 ans. 8 pers. maximum pour préserver l'authenticité du moment.Formule privative de 500 à 700 €/jour tout inclus avec une nuit à bord. Placez le curseur entre détente, découverte et apprentissage voile (Initiation-Perfectionnement). Manœuvrez le voilier, dormez dans des mouillages idylliques, sautez dans l'eau au petit matin, partez pour de mini-explorations à terre.
Rêve de Nav' est une école de croisière à la voile. Elle propose des croisières participatives allant de la découverte jusqu'à l'apprentissage de la voile en vue de l'autonomie. Deux formules possibles : en privatif ou en collectif (club). Elle propose également des excursions collectives ou privatives en voilier, le temps d'une journée à destination de l'archipel des Saintes. Départ de Rivière-Sens, près de Basse-Terre, pour une activité voile à pratiquer sur l'un des plus beaux plans d'eau du monde.
Avec la journée aux Saintes, vous vivrez une belle journée sportive à la voile en monocoque. Vous embarquerez pour une aventure en mer en toute simplicité. Au programme, manœuvres du voilier, repas puis plongée avec masque et tuba dans les belles eaux de l'archipel. Possibilité d'une croisière découverte, d'un stage d'ap-

prentissage, de coaching pour une journée, un week-end, une semaine ou plus. Les Saintes, Marie-Galante, la Dominique...

Détente – Bien-être

■ MASSAGE DOUCEUR DU MONDE ET RÉFLEXOLOGIE PLANTAIRE
℘ 06 90 84 51 33
coxinell2004@gmail.com
Sur rendez-vous et possibilité de déplacement à domicile. Tarifs : de 49 à 89 € (massages), 60 € (réflexologie plantaire).
Dans un cadre idyllique et paradisiaque, abandonnez-vous entre les mains expertes de Tiphaine. Venez vous ressourcer grâce à un massage douceur du monde ou à une réflexologie plantaire. Profitez d'un instant de bien-être rien que pour vous pendant votre séjour aux Saintes ou à Trois-Rivières.

Visites guidées

■ RICHARD VINCENT
℘ 06 90 37 95 94
Embarquement face à l'église.
Visite de l'île en minibus 10 €/personne. Tous les jours à l'arrivée des bateaux (le matin de préférence).
Arrêt au Fort Napoléon, visite commentée de l'île. Arrêt à la plage et récupération des passagers en fin de journée.

Shopping

■ COMPTOIR DU NOUVEAU MONDE
3 rue Jean Calot ℘ 06 90 26 19 50
lecomptoirdunouveaumonde@gmail.com
Du lundi au samedi de 9h à 19h et le dimanche de 9h à 18h.

Une adresse incontournable de Terre-de-Haut pour dénicher des produits aux saveurs de la Guadeloupe. A la fois épicerie fine et cave à rhums, vous y trouverez des références d'exception : environ 150 rhums blancs de dégustation, rhums vieux et rhums vintage, chocolats grands crus, vanille, produits issus de l'artisanat local. Marc et Anélia seront à même de vous prodiguer des conseils avisés et personnalisés selon vos goûts.

■ LES JOURS BLEUS
28 rue Jean Calot
℘ 05 90 92 29 33
Ouvert du lundi au dimanche de 8h30 à 19h.
Cette boutique propose des vêtements de fabrication artisanale conçus en madras ou avec des impressions textiles pour la plage ou pour la ville. Modèles femmes, enfants, hommes.

■ MAOGANY+
26 Rue Jean Calot
℘ 05 90 99 50 12
www.maogany.com – maogany@orange.fr
Ouvert de 9h à 19h tous les jours.
Vous trouverez une ligne de vêtements confortables, batikés à la main, aux dégradés bleus mer, ainsi que des chapeaux, des accessoires, des tableaux. Les créations de Jean-Pol Jacob, des bijoux uniques en Guadeloupe (également vendus à Marie-Galante, dans la boutique Océom), sont également proposées.

■ LA PRESSE
℘ 05 90 99 55 58
Dans le patio créole de la galerie Sea Side, 20 m à gauche après l'église, vous trouverez la presse locale, nationale et internationale, la papeterie, la littérature créole en édition bilingue, les ouvrages sur l'histoire des Saintes, les piles pour montres, les cartes postales et les photographies des Saintes.

TERRE-DE-BAS ⭐⭐

Terre-de-Bas résiste bien à la tentation de s'orienter vers un tourisme de masse. Vous serez les bienvenus au petit port ou à la plage. Si quelques infrastructures existent (mairie, poste, dispensaire, gendarmerie), on vit ici « comme au tan antan » car la douceur de vivre prédomine. Et pourvu que ça dure ! La couleur de peau des habitants est plus foncée qu'à Terre-de-Haut, témoignage du fait que les esclaves y étaient plus nombreux à travailler la terre.
La plage de Grande-Anse, les vestiges de l'ancienne poterie, les balades pédestres ou encore le petit village de Petite-Anse méritent d'être mieux connus ! Moins fréquentée que Terre-de-Haut, l'île de Terre-de-Bas offre à ses hôtes de passage, son calme, sa douceur de vivre et

l'hospitalité de ses habitants. C'est le lieu idéal pour découvrir l'authenticité des Saintes, car elle est peu visitée comparée à Terre-de-Haut. La végétation, très luxuriante, permet de belles randonnées.
A la demande de Terre-de-Bas, l'ONF a aménagé les sentiers (traces) de l'île en les balisant. Quatre traces sillonnent l'île dont une vous amène jusqu'à l'ancienne manufacture de poteries où travaillaient des esclaves. L'argile des Saintes est d'ailleurs reconnue pour sa qualité. Le premier bourg de l'île fut celui de Petites-Anses fondé en 1817. Grande-Anse naît de l'abolition de l'esclavage. Les 150 à 180 personnes qui travaillent et habitent sur la Poterie se retrouvent à Grande-Anse.

Le salako

Le *salako* est un chapeau en bambou confectionné à Terre-de-Bas. Originaire du Tonkin, il est recouvert de tissu coloré. Encore porté par quelques pêcheurs, il protège autant du soleil, que de la pluie, grâce à ses larges bords.

Transports

Comment y accéder et en partir

■ **AUTOLAGON RELAY LES MURIERS**
555 Anse des Mûriers ✆ 06 90 00 17 53
www.autolagon.fr – reservation@autolagon.fr
Le lundi de 8h30 à 13h. Du mardi au samedi de 7h à 13h et de 17h à 20h. Le dimanche de 7h à 13h. Tarifs selon durée : à partir de 25 € (voitures et scooters). Réservations par téléphone, sur le site Internet ou sur place au restaurant Les Mûriers.
Autolagon relay Terre-de-Bas vous propose un service personnalisé pour découvrir l'île en toute simplicité. Au choix : des véhicules 5 portes climatisés (Hyundai I20 et Skoda Fabia) ou des scooters 50 et 125 cc. L'accueil d'Isabelle et Stefan est des plus chaleureux.

■ **BÉATRIX**
✆ 05 90 94 89 96
protourisme@lessaintes.fr
Rotation aller-retour (sur place) : 20 €/adulte, 14 €/étudiant et enfant de 13 à 17 ans, 12 € pour les 3-12 ans. Aller simple (sur place) : 12 €/adulte, 10 €/étudiant et enfant de 12 à 17 ans, 8 € pour les 3-12 ans. Tarif identique pour Terre-de-Bas ou Terre-de-Haut.
La navette *Béatrix* effectue la liaison entre Trois-Rivières et Terre-de-Haut ou Terre-de-Bas. (Les horaires peuvent changer, n'hésitez pas à appeler).
▶ **Départ de Terre-de-Bas**, via Terre-de-Haut en direction de Trois-Rivières : 5h30, 8h20 et 16h10. Le vendredi à 18h.
▶ **Départ de Trois-Rivières** vers Terre-de-Bas, en direct : du lundi au samedi à 8h et 15h15. Le dimanche 18h.

■ **SOLEIL DES ÎLES**
✆ 06 90 50 36 28
martine.geo@wanadoo.fr
L'achat des billets s'effectue à bord du bateau. (11 €/adulte, 7 €/enfant). Possibilité de visite de l'île pour les groupes. Comptez 15 min de trajet.
La navette Bleu Azur de la compagnie Soleil des îles assure la liaison entre Terre-de-Haut et Terre-de-Bas plusieurs fois par jour.
▶ **Départ de Terre-de-Haut vers Terre-de-Bas :** du lundi au vendredi : 6h45, 9h30, 11h30, 15h45 et 17h, le samedi : 8h, 9h30, 11h30,

15h45 et 17h, les dimanches et jours fériés : 10h30 11h30, 15h45 et 17h.
▶ **Départ de Terre-de-Bas vers Terre-de-Haut :** du lundi au vendredi : 6h15, 8h, 11h, 15h15 et 16h15, le samedi : 8h, 11h, 15h15 et 16h15, les dimanches et jours fériés : 8h30, 11h, 15h15 et 16h15.

Se déplacer

Des minibus faisant office de navettes vous permettent d'accéder aux plages, restaurants, etc. Comptez entre 1 et 3 € par personne, selon le trajet.

■ **LES FRÈRES VALA**
✆ 06 90 67 07 03
Présents à l'arrivée des navettes.
Location de vélos, scooters et quads.
Les frères Vala proposent des deux-roues et des quads à la location, et disposent également de 2 minibus 8 places et d'un autre de 19 places.

■ **IGUANA LOCATION**
✆ 06 90 63 65 54
Iguanalocation@hotmail.fr
Location de voitures 4 et 5 places, de scooters (50 cm³ et 125 cm³), et de vélos à assistance électrique.

Pratique

Tourisme – Culture

■ **OFFICE MUNICIPAL DU TOURISME**
64 Route du sud – Petites Anses
✆ 05 90 92 29 90
terredebas.com
Situé sur le port.
Bureau ouvert tous les jours de 8h à 12h et de 14h30 à 17h30.

Moyens de communication

Vous trouverez une cyberbase à Grande-Anse (05 90 95 91 06) et une autre à Petite-Anse (05 90 86 95 94).

Se loger

■ **LES HAUTS DE LA BAIE**
Route de la plage – Grande-Anse
✆ 06 90 53 46 64
maisons-charme-guadeloupe.com
leshautsdelabaie971@gmail.com
Classé location meublée touristique 4 étoiles. De 130 à 150€/nuit (4 nuitées minimum). Tarifs dégressifs à partir de la 5ᵉ nuitée. Un cottage individuel et deux cottages jumelés.
Cette petite résidence est composée de trois cottages en bois, joliment colorés. Vous serez accueillis au bateau par une hôtesse. Deux cottages sont jumelés pour accueillir un plus grand nombre de personnes.

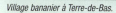

© AUTHOR'S IMAGE

© GILLES MOREL

Village bananier à Terre-de-Bas.

Terre-de-Bas.

© AUTHOR'S IMAGE

Escale baignade dans les eaux des Saintes.

© AUTHOR'S IMAGE

Grande-Anse.

Le cottage individuel de charme comprend un lit à baldaquin, une salle de douche, une cuisine extérieure équipée, deux terrasses et une mini piscine individuelle avec vue sur la baie des Saintes. Repas créoles possibles à la demande.

■ RÊVE DE ROBINSON
Grande-Anse
© 05 90 32 12 93
reve-de-robinson.com
reve-de-robinson@hotmail.fr
Ti Kaz Robinson, Ti Kaz Colibri et Bwa d'Inde,
Hutte Karaïb, petit carbet : de 60 à 70 € la
nuit/2 personnes.
Située sur les hauts de Grande-Anse au sein d'un jardin fleuri et arboré, cette structure accueille 10 personnes au maximum. Deux cases créoles en bois rouge d'une capacité d'accueil de 4 personnes et un concept Robinson avec les passerelles et les chambres perchées. Si la hauteur vous impressionne, une Ti Chambre prévue pour 2 personnes est située au rez-de-chaussée.
Sur place, un espace balnéo pour la détente. Le village et la plage sont à 10 minutes à pied. L'accès au belvédère avec une vue panoramique sur la baie des Saintes et Terre-de-Haut est à 5 minutes.

■ SOLEIL D'EMERY
© 05 90 60 11 01
solemery@orange.fr
A partir de 90 €/nuit, 560 €/semaine. Petit
déjeuner : 10 €/personne.
Une structure récente dotée d'une piscine et d'un jardin dans un site très calme. Les bungalows disposent de chambres climatisées et peuvent accueillir jusqu'à 4 personnes. La cuisine ouverte sur le séjour est entièrement équipée (micro-ondes, lave-linge, etc.) et la grande terrasse, qui donne sur la piscine et sur la montage, dispose de hamacs, de transats et d'un barbecue. wi-fi gratuit. Sentiers de randonnée à proximité pour les allergiques au *farniente*.

■ COCO D'ILES
Route de la plage – Grande Anse
© 06 90 98 98 39
www.locationlessaintes.fr
A 300 m de la plage de Grande Anse et du bourg de Grande Anse.
Les villas (4 étoiles) et la case créole (3 étoiles)
sont labellisées 3 Clévacances et bénéficient
de la qualification environnement Clévacances.
Coco a l'eau à partir de 95 €/nuit ou 600 €/
semaine. Coco fesse à partir de 115 €/nuit ou
700 €/semaine. Ti coco à partir de 65 €/nuit
ou 400 €/semaine. Ti bambou 75 €/nuit ou
480 €/semaine.
Très belle résidence de standing, composée de 2 villas d'exception construites dans une architecture antillaise, aux charpentes apparentes.

A proximité des villas, on découvre Ti Bambou dans lequel vous pouvez réaliser vos rêves d'enfance... Découvrez une formule de séjour mêlant l'ambiance de la case créole d'antan au confort d'aujourd'hui. Un doux mélange entre authenticité et standing. L'hébergement est composé de 2 modules distants de 5 m (un module chambre/salle d'eau/kitchenette et un module carbet équipé d'une grande table permettant de prendre les repas face à la baie des Saintes).
Nouveau : Coco Mango, grande habitation luxueuse de 140 m² + 40 m² de terrasse avec vue sublime sur la baie des Saintes, et 6 chambres offrant une capacité d'accueil de 12 personnes.
Les villas sont nichées au cœur d'un parc exotique luxuriant, dégageant des senteurs florales, sur un terrain de 2 700 m² descendant vers la mer et offrant une vue splendide à 180° sur la baie des Saintes. A l'intérieur de la résidence, on découvre de très belles prestations : les villas avec chambres climatisées sont équipées du wi-fi et de la télévision. Les cuisines sont entièrement équipées : réfrigérateur-congélateur, plaques à induction, micro-ondes, lave-vaisselle, lave-linge... Les salles de bains impressionnent également avec douche à l'italienne, ameublement de style colonial en bois rouge et rare (teck, mahogany, courbaril). La résidence Coco d'îles répond à une volonté des propriétaires de sensibiliser les clients à une forme d'écotourisme responsable. A ce titre, elle vient d'obtenir le trophée Environnementalité des îles de Guadeloupe. Dernier atout de cette résidence : le téléphone est gratuit vers les fixes et portables des DOM et métropole !

Se restaurer

Sur le pouce

■ LE DÉBARCADÈRE
Anse des Mûriers © 05 90 99 84 72
Ce snack-bar propose des sandwiches tous les jours, des grillades le samedi soir, des hamburgers et des crêpes le mercredi et vendredi soir.

Bien et pas cher

■ LA BELLE ÉTOILE
Plage de Grande-Anse
© 05 90 99 83 69
Ouvert le midi. Mieux vaut réserver. Addition
moyenne à 15 €.
Ici, C'est une histoire de famille : Maud élabore une cuisine créole à base de poisson frais pêché du jour tandis que Luc, en salle, se charge de vous préparer un punch maison pour vous mettre en appétit. Les assiettes sont copieuses. La paillote est au bord d'une plage, ombragée par les palmiers. Possibilité de location d'un studio chez l'habitant.

■ LES MURIERS
℡ 05 90 81 69 28
Ouvert du mardi au dimanche midi. Fermé le lundi. Petit déjeuner dès 7h.
Un petit snack-bar de style local tenu par des Belges, Isabelle et Stefan. Au menu : pavé et filet de poisson frais, viandes grillées (côte de bœuf, entrecôte, bavette). Pain cuit sur place et petit déjeuner le matin.

Bonnes tables

■ CHEZ EUGENETTE
Route de Grande Anse
℡ 05 90 99 81 83
Ouvert le midi. Plat du jour : 9 €. Formule entrée + plat + dessert : 14 €. Menu langouste (uniquement sur réservation) : 35 €. Réservation fortement conseillée.
On prépare ici de délicieuses recettes antillaises, servies à des prix modestes. Ici, pas de chichis, mais une cuisine typique, des spécialités créoles, résolument tournées vers la mer. Les accras font la réputation d'Eugenette jusqu'en Guadeloupe ! La carte est assez réduite mais les plats sont authentiques en saveurs et l'accueil est des plus agréables. Possibilité de commander des plats à emporter pour le soir (sous réserve de les commander le matin). Accueil chaleureux de Gaëtane, la fille d'Eugenette, et de Moïse, son fils.

À voir – À faire

Toute l'authenticité de l'archipel se trouve à Terre-de-Bas, îlot moins visité que Terre-de-Haut, où la nature domine et invite à de merveilleuses balades au sein d'une végétation luxuriante. Vous aurez peut-être l'occasion de rencontrer d'inoffensifs mais impressionnants reptiles, comme des iguanes et des couleuvres. De nombreuses espèces d'oiseaux marins peuvent également être observées sans être incommodées. Les spécialistes en ornithologie se régalent ici ! L'est de l'île est recouvert d'une végétation de type sèche, dont les fameux cactus « têtes à l'Anglais » ou cactus-cierges, que l'on voit souvent au premier plan des cartes postales des Saintes. La partie méridionale, plus humide, est le domaine du bois d'Inde, utilisé en cuisine et réputé pour ses propriétés médécinales (tisane de feuilles séchées aux vertus apaisantes, notamment). De nombreux sentiers aménagés par l'ONF sillonnent l'île. L'un de ces chemins de randonnée vous conduit jusqu'à l'ancienne manufacture de poteries, où travaillaient des esclaves. L'argile des Saintes est toujours reconnue pour la qualité de sa texture. On découvrira également le passé de l'île au travers de nombreuses ruines d'habitations créoles.

■ POINT DE VUE DU CHÂTEAU D'EAU
Depuis le château d'eau, le panorama sur Terre-de-Haut est sublime. À ne pas manquer !

■ POTERIE FIDELIN
Grande Anse
℡ 05 90 38 25 97
poterie.fidelin@gmail.com
L'ancienne poterie, aussi appelée « fabrique de Grand Baie » a été fondée en 1760. Elle faisait partie d'une habitation qui a disparu avec la crise sucrière de 1815. Fierté de l'île, ce monument industriel est l'un des derniers vestiges de l'activité potière et sucrière de la Guadeloupe, en pleine effervescence aux XVIIe et XIXe siècles. Elle produisait formes à sucre et pots de mélasse, récipients utilisés pour la fabrication du sucre. Sont encore présents sur le site des vestiges de l'atelier, de citernes, de fours, du moulin à bête et de la maison de maître. La poterie est classée Monument historique depuis 1997 et fait l'objet d'un projet de résidence d'artiste dédiée à la poterie, céramique, porcelaine. Le site de la poterie est idéalement placé en bord de mer et se prête à la baignade et à la détente. Amis marins, vous pouvez y jeter l'ancre et accoster sur le quai privé.

LES SAINTES

■ BATTERIE DU FER-A-CHEVAL
Anse des mûriers

Monument historique longtemps abandonné, la Batterie militaire du Fer-à-Cheval est située à la pointe est de l'Anse des Mûriers, port historique de Terre-de-Bas. Elle a été restaurée avec l'appui technique du Conservatoire du littoral et inaugurée en août 2019. Tournée vers la mer, la batterie faisait partie de la ligne de défense qui protégeait Les Saintes et permettait de surveiller l'arrivée des ennemis, principalement les Anglais venant de la Dominique. Un canon en bronze fait partie des vestiges encore visibles. Le site, surplombant l'entrée du port, offre par ailleurs une magnifique vue sur la baie.

Sports – Détente – Loisirs

Amoureux de la nature, Terre-de-Bas vous réserve quelques loisirs.

Le farniente grâce à une diversité de plages de sable brun, de sable noir, de sable blanc au choix et à la mer agitée ou mer calme.

La randonnée via les 10 km de traces au départ de Grande Anse vous amènent à la table d'orientation de la citerne où vous avez un point de vue exceptionnel sur l'ensemble de l'Archipel guadeloupéen (Basse-terre, Grande-Terre, Terre-de-Haut, Marie Galante, La Désirade et l'île de la Dominique. Vous y découvrirez de beaux paysages.

Le détail des quatre parcours est disponible à l'office de tourisme. Les randonnées peuvent s'effectuer dans les 2 sens.

▶ **La trace des falaises** vous entraîne de la plage de Grande Anse jusqu'à l'Anse à Dos pour une balade de 3h.

▶ **La trace au dessus de l'étang** s'effectue en environ 1h.

▶ **La trace au pied de l'étang** est la plus courte (45 min).

▶ **La trace du morne** part de la route du nord pour descendre vers le village de Petite Anse (45 min) au cœur de l'île en passant par la forêt.

■ PLAGE DE BORD DE MER
Dans le prolongement du bourg de Petite Anse, une plage de sable noir.

■ PLAGE DE GRAND BAIE
L'endroit est idéal pour apprécier la diversité de la faune et de la flore sous-marine en palmes, masque et tuba.

■ PLAGE DE GRANDE ANSE
Du sable doré, une eau d'un bleu superbe, quelques coins ombragés... Rien de mieux pour le *farniente* !

■ PLAGE DE L'ANSE À DOS
Vous y accéder par la route forestière qui longe une ravine (la plus importante de l'île). Très beau panorama. Quelques cocotiers et 2 carbets permettent de bénéficier d'un peu d'ombre.

Shopping

Nous sommes bien loin de l'esprit d'une galerie commerciale mais Terre-de-Bas s'ouvre doucement au tourisme et se transforme en vitrine du savoir-faire local. L'office de tourisme sert de lieu d'exposition pour des artisans locaux. Vous pourrez ainsi découvrir le bois d'Inde sous toutes ses formes, des liqueurs, miels, confitures et fruits confits locaux, des objets en coco, des *salakos* (chapeaux traditionnels saintois)...

■ MAISON DE L'ARTISANAT
Rue dans Fond – Grande Anse
✆ 05 90 99 80 16
Ouvert du lundi au samedi et le dimanche matin.
Vous pourrez constater que l'artisanat est très présent à Terre-de-Bas. De quoi ramener quelques jolis souvenirs de votre séjour.

Débarcadère à Terre-de-Bas.

LA DÉSIRADE

Parc Eolien, La Désirade.
© GILLES MOREL

LA DÉSIRADE

LA DÉSIRADE ★★

La Désirade en bref

▶ **Superficie :** 22 km².

▶ **Population :** A peine 1 532 habitants répartis le long de l'unique route desservant trois agglomérations (Grande-Anse, Le Souffleur, Baie-Mahault).

▶ **Point culminant :** 276 m (Grand'Montagne) suivi du morne Souffleur à 207 m.

▶ **Longueur :** 11 km.

▶ **Largeur :** 2 km.

A 45 minutes par bateau de Saint-François et au large de la pointe des Châteaux, l'île s'étend en une longue bande rocheuse au milieu de laquelle se dressent la Grande Montagne du haut de ses 276 mètres et le Morne souffleur à 207 mètres. Cette partie de l'île semble d'ailleurs avoir été créée pour la randonnée ! Au sud, le récif corallien ceinture un chapelet de plages plantées de cocotiers aux eaux calmes et limpides. L'unique route de 11 km, qui relie les villages entre eux (Les Galets, Beauséjour, le Souffleur et Baie-Mahault) est entrecoupée de petites anses donnant sur l'Atlantique. Le Nord, vierge d'habitations, est pratiquement inaccessible sauf pour quelques randonneurs expérimentés qui peuvent y découvrir des petites criques donnant sur la mer des Caraïbes en toute intimité. Tout comme les îlets de Petite-Terre qui lui sont rattachés, la Désirade abrite une faune étonnamment diversifiée dont certaines espèces

sont protégées. Pailles en queue, pélicans et frégates forment un ballet incessant que les éoliennes, source d'une partie de l'énergie de l'île, ne semblent nullement effrayer. Iguanes et agoutis comme à leur habitude se font discrets, nichés pour certains parmi les espèces variées de cactus tandis que les touloulous, les anolis, colibris, sucriers... se prêtent plus volontiers au jeu des photographies des touristes. L'île s'ouvre doucement au développement touristique. Accessible par bateau ou par avion privé, l'arrivée a lieu à Grande-Anse, petit port de pêcheurs et chef-lieu de la commune. Chaque habitant, chaque acteur du tourisme a à cœur de veiller au bien-être des visiteurs, chacun à sa façon, par un sourire, un bonjour, une petite attention qui ne peuvent que réchauffer les cœurs et les inciter à revenir.

▶ **Singularité géologique.** Dans le but de maîtriser les constructions et préserver le patrimoine naturel de la Désirade, le gouvernement annonce en 2011 la création d'une deuxième réserve nationale, après l'îlet Petite-Terre. L'un des facteurs qui a déterminé la création de cette zone protégée est la singularité géologique de l'île. Une végétation de climat sec, où les arbres caribéens sont bien adaptés, comme le mancenillier aux feuilles et fruits toxiques (provoque brûlures et démangeaisons), le raisinier du bord de mer, l'olivier, le bois cannelle ou encore l'arbre à cajou. La famille des cactées est bien représentée également. Sur tout le littoral, vous verrez des raquettes à fleurs jaunes propres à la Désirade, des raquettes volantes et des cocotiers. On y rencontre aussi une faune riche.

Les immanquables de La Désirade

▶ **Profiter d'une des plages** de sable blanc à l'ombre des cocotiers.

▶ **Parcourir l'île en VTT** pour avoir le temps d'apprécier sa végétation si particulière et sa faune.

▶ **Prendre le temps de goûter** à la spécialité de la Désirade : la noix de cajou.

▶ **Venir à la Désirade le week-end de Pâques** pendant la Fête à Kabrit.

▶ **Faire une halte à Notre-Dame-du-Calvaire** où reposent les sœurs et les prêtres en charge des lépreux envoyés sur l'île jusqu'en 1954.

▶ **Plonger jusqu'à l'épave du *Kachachou***, une péniche qui desservait l'île.

Transports

Comment y accéder et en partir

Pas de liaison maritime depuis Pointe-à-Pitre. Les départs se font de l'embarcadère de Saint-François. La traversée dure environ 45 minutes, voire un peu plus quand la mer est agitée. Les horaires indiqués sont succeptibles d'être modifiés sans préavis. Il est possible de prendre l'avion, sur réservation, pour se rendre sur le petit aérodrome de la Désirade au départ de Saint-François ou de l'aéroport Pôle Caraïbes.

■ **ARCHIPEL 1**
Le desert
☎ 06 90 49 49 33
sebastienarchipel1@gmail.com

Tarif : 30 €/adulte et 20 €/enfant aller-retour. Package bateau/resto/visite de l'île en 4x4 : 73 €. Sur présentation du guide : 28 €/adulte et 18 €/enfant, règlement possible en VAD.
La traversée dure environ 45 minutes. Elle s'effectue à bord de l'*Archipel 1*, un récent et confortable bateau de 287 personnes qui dispose d'un pont découvert de 120 personnes. La traversée est ainsi vraiment beaucoup moins mouvementée.

▶ **Départ de la Désirade :** lundi, jeudi, samedi à 6h15 et 15h45 ; mardi 6h15 ; mercredi 6h15 et 16h ; vendredi 6h15 et 16h30 ; dimanche 7h et 15h45.

▶ **Départ de Saint-François :** lundi, jeudi, samedi à 8h et 16h45 ; mardi 16h45 ; mercredi 8h et 17h15 ; vendredi 8h et 17h30 ; dimanche 8h et 16h45.

L'île de La Désirade.

Une escale providentielle pour Christophe Colomb

Ne trouvant pas d'eau potable lors de sa deuxieme expédition en mer des Caraïbes, Christophe Colomb et ses hommes accostent à la Désirade (*Desirada*), remerciant ainsi cette terre accueillante qui leur permet de se réapprovisionner en eau et de se reposer après la traversée de l'océan Atlantique. Son second nom, *Isola*, signifie « isolement ».

Dépendant de la Compagnie des Isles d'Amérique, elle est mise en vente lors de la liquidation de cette dernière. C'est Jacques de Boisseret, seigneur de Témérincourt, beau-frère de Charles Houël, sieur de Petit Pré, qui la rachète en même temps que Marie-Galante. Il en restera propriétaire jusqu'à sa mort, en 1653. Cependant, les terres s'avérant stériles et sèches, les colons cessent de s'y installer. L'île devient alors une zone crépusculaire, accueillant les lépreux de Guadeloupe après une épidémie au début du XVIIIe siècle.

Les sœurs de la Charité portent assistance aux malheureux. Cet épisode sanitaire lui vaut une mauvaise réputation, qui renforce encore son isolement. Un peu plus tard, ce seront les proscrits, les « bâtards » scandaleux et indésirables, rejetés du continent, qui viendront peupler l'île.

Se déplacer

Une route unique de 11 km relie les villages entre eux : des Galets à l'ouest, elle traverse Beauséjour, Le Souffleur et Baie-Mahault jusqu'à la station météo à l'est. La station-service près de la marina à proximité des loueurs de voiture. A la descente du bateau, des taxis vous attendent pour vous proposer une visite d'environ 2 heures (10 €/personne) pendant laquelle vous découvrirez les particularités et l'histoire de l'île.

■ CARIB LOCATION
Beauséjour
✆ 05 90 20 21 35
carib.location@wanadoo.fr
Location de 4x4 Suzuki à partir de 30 € la journée. Scooters 100 cm³ ou 125 cm³ à partir de 15 € par jour. La journée correspond aux horaires d'arrivée et départ du bateau. Accueil au débarcadère.

■ DÉSIRADE LOCATION PIOCHE
Baie-Mahault
✆ 05 90 83 53 72
m.pioche@wanadoo.fr
Location de véhicules Dacia 5 portes climatisés. Sandero : 30 €/jour (pour 1 à 4 jours), 28 € à partir de 4 jours. Duster : 40 €/jour (pour 1 à 4 jours), 38 € à partir de 4 jours. Livraison et réception à l'embarcadère ou à l'aérodrome. Location de VTT également.

■ TAXI MATHIEU
Beauséjour
✆ 06 90 62 82 79

Surnommé Monette, ce chauffeur de taxi affiche un slogan sur ses cartes de visite qui lui correspond tout à fait : « Plus serviable n'existe pas ».

■ TRANSPORT DINANE
✆ 06 90 67 97 30
transportdinane@gmail.com
Visite guidée en minibus : 10 €/adulte et 7 €/ enfant (moins de 12 ans). 4x4 : 25 €/adulte et 15 €/enfant.
Très professionnelle, cette équipe se charge de vous faire connaître les meilleures adresses de l'île. Le guide organise votre programme selon vos consignes : visite guidée de l'île, location de VTT, formule week-end.

Pratique

Attention, il n'y a pas beaucoup de commerces à La Désirade. Prévoyez de l'argent liquide avant votre arrivée car vous ne trouverez pas de banque sur place.
Il y a cependant un distributeur de billets. Vous pouvez faire vos courses dans les supé-rettes ou dans quelques boutiques bien appro-visionnées.

Tourisme – Culture

■ OFFICE MUNICIPAL DE TOURISME DE LA DÉSIRADE
Beauséjour
✆ 06 90 64 14 54
www.mairie-ladesirade.fr/
ot.desirade@gmail.com

Ouvert du lundi au vendredi de 8h à 12h et 14h à 17h, les samedis, dimanches et jours fériés de 8h à 12h.

Santé – Urgences

■ PHARMACIE
Rue Philippe Pain
✆ 05 90 20 01 28
Lundi, mardi, jeudi, vendredi 8h – 12h30 /15h – 18h30Mercredi, samedi 8h – 12h30

■ POMPIERS
✆ 18

Se loger

Bien et pas cher

■ ALIZÉA
Le Souffleur
✆ 05 90 20 06 14
https://gites-alizea.com
vividus97@gmail.com
Tarifs : 70 € la nuit (départ 10h ou supplément de 20 € pour extension 1/2 journée), 455 € la semaine pour 2 personnes. Fermeture annuelle en septembre.
Les 4 gîtes aux couleurs acidulées sont situés à 100 m de la plage du Souffleur, l'une des plus belles de l'île avec vue sur la mer et la montagne. Les logements climatisés, conçus pour recevoir 2 personnes, sont bien agencés au milieu du jardin et disposent d'une terrasse couverte avec cuisine équipée, d'une chambre, de toilettes et d'une salle de bains. C'est tout propre et bien décoré, belles prestations. Un carbet est à disposition pour se réunir après la plage et faire connaissance autour d'un ti-punch avec les autres clients ou tout simplement se reposer. L'accueil et le transfert sont assurés par les propriétaires sur demande. Ils peuvent également se charger de la location d'un véhicule.

■ LES FLOTS BLEUS
Baie-Mahault ✆ 05 90 83 53 72
lesflotsbleus-desirade.com
m.pioche@wanadoo.fr
90 €/nuit le bungalow pour 2 personnes. Tarifs dégressifs.
Six bungalows situés face à la mer dans un jardin, tous dotés d'une chambre climatisée, d'un séjour, d'une kitchenette équipée et d'une terrasse avec transats et barbecue. Une machine à laver et un sèche-linge communs sont aussi à disposition, moyennant un supplément. Le restaurant Chez Nounoune, sans doute le plus réputé de l'île, est à 5 minutes à pied.

■ LES GÎTES DE LA GRANDE SOURCE
Rue du Souffleur
✆ 05 90 20 03 88
lesgitesdelagrandesource@gmail.com
Bungalows pour 2 personnes à 65 € + 15 €/ personne supplémentaire/nuit. Villa pour 8 personnes : 280 €/nuit, 780 €/semaine. Table d'hôtes à partir de 15 €. Menu complet (avec verre de vin et ti-punch) à 25 €.
Les Gîtes de la Grande Source sont situés au cœur d'un grand jardin arboré. Les cinq bungalows peuvent accueillir jusqu'à 5 personnes. La villa dispose de 3 chambres et 2 salles de bains, d'un salon avec un couchage pour 2. Elle peut accueillir jusqu'à 8 personnes. Les hébergements sont climatisés. La propriétaire ouvre sa table d'hôtes et petit-déjeuner sur commande midi et soir à la clientèle extérieure. Elle y propose une bonne cuisine traditionnelle créole.

LA DÉSIRADE

Festivités

Chaque année, plusieurs fêtes sont organisées à la Désirade :

▶ **La fête du cabri** se déroule pendant le week-end de Pâques. Il est conseillé de réserver son hébergement et son véhicule à l'avance.

▶ **La fête des marins** a lieu le 16 août. Une grande procession est organisée. La maquette du bateau conservée à l'église Notre-Dame de l'Assomption, dans le bourg, est alors sortie et exposée.

▶ **Les « Chanté Noël »** tout le mois de décembre dans différents lieux.

▶ **Wval O Van début août** : Course de canot traditionnel

▶ **Les fêtes de quartier** se déroulent en juillet et août.

Pour toutes les autres festivités ponctuelles, renseignez-vous auprès de l'office du tourisme.

■ **GÎTES DESIRADA**
Baie-Mahault ✆ 05 90 20 00 48
www.desirada.org
locus.gerion@orange.fr
Fermeture annuelle en septembre. Réservation de 3 nuits minimum. Tarifs dégressifs. Pavillon : 90 € par nuit, 530 € par semaine. Studio double : 50 € par nuit, 300 € par semaine. Studio 3 ou 4 personnes : 60 € par nuit, 340 € par semaine.
Une bonne adresse sur l'île. La plage est à 150 m de ce pavillon, qui peut accueillir 7 personnes (3 chambres climatisées, salon, cuisine et terrasse avec vue sur la mer). On y trouve également 3 studios climatisés pouvant accueillir jusqu'à 4 personnes. Tous disposent d'un coin cuisine, de la télévision, et d'une terrasse avec vue sur la mer. Accès wi-fi. Une piscine est à la disposition des clients. Le petit déjeuner se prend sur la terrasse, et il est en outre possible de commander des plats cuisinés. Cuisine raffinée le week-end, ambiance musicale et danse. Héloïse et José, les propriétaires, fournissent de précieux conseils pour les randonnées en montagne, les sorties en mer avec un pêcheur ou les séjours combinés avec les îles de Marie-Galante et des Saintes.

■ **GÎTES DES REMPARTS**
Route du Phare ✆ 05 90 20 08 01
www.location-vacances-antilles.com
gite.remparts@wanadoo.fr
Studio 2 personnes : à partir de 62 € la nuit, forfait week-end à partir 70 €. T2 2 personnes à partir de 65 € la nuit, 78 € en week-end. T3 pour 4 personnes : à partir de 79 €, 95 € en formule week-end. Tarifs dégressifs selon durée. Supplément de 10 % pour la climatisation.
Ce gîte se compose de 3 studios climatisés situés au rez-de-chaussée et d'un appartement T3 (2 chambres) à l'étage et avec terrasse. Les studios peuvent accueillir jusqu'à 3 personnes, et le T2 jusqu'à 4 personnes, l'appartement jusqu'à 6 adultes. Le gîte est en pleine nature, à 100 m de la plage. Tous les hébergements ont vue sur la mer.

■ **HÔTEL L'OASIS**
Section Désert ✆ 05 90 20 02 12
www.oasisladesirade.com
contact@oasisladesirade.com
Face au stade municipal.
Fermé en septembre. Chambre double : à partir de 50 €, chambre triple à partir de 52 €. Studio 4 personnes avec kitchenette : 62 €. Demi-pension ou pension complète possible au restaurant Lagranlag appartenant à la même propriétaire.
A 300 m du port l'Oasis, l'hôtel propose 4 hébergements climatisés dont 5 chambres doubles et 2 studios équipés d'une kitchenette et d'une

terrasse privative. Tous les logements sont climatisés et dotés de la télévision. Wi-fi gratuit.

Confort ou charme

■ **CLUB CARAVELLES**
Quartier du Souffleur ✆ 05 90 20 04 00
www.desiradoo.com
clubcaravelles@desiradoo.com
Formule week-end 2 jours/1 nuit (du samedi 9h au dimanche 15h), petit-déjeuner inclus : 95 € pour 2 personnes, 130 € pour 3 personnes, 165 € pour 4 personnes. Formule séjour (à partir de 2 nuits) : 75 € pour 2 personnes, 95 € pour 3 personnes, 115 € pour 4 personnes. Formule semaine : 450 € pour 2 personnes. Supplément de 6 € par personne pour conserver le logement après 9h. Petit-déjeuner : 7 €. Également des véhicules en location : 10 € les 2 heures, 38 € la journée (34 € la journée pour plus de 3 jours). Possibilité de formules week-end et semaine avec location de voiture, n'hésitez pas à appeler pour connaître les modalités.
A votre disposition 6 appartements en duplex répartis dans 3 bungalows. Les hébergements entourent la piscine commune et bénéficient d'un accès direct à la mer. Ils peuvent accueillir de 1 à 5 personnes et disposent d'une kitchenette. Pratiques, les petits plats proposés par l'hôtesse qui permettent de dîner tranquillement et de profiter du cadre très agréable.

■ **LES GÎTES DE LA GRANDE RAVINE**
Le Désert – Grande ravine
✆ 0590 20 02 71
lesgitesdelagranderavine.com
berchel.josie@wanadoo.fr
Gîtes allant d'une capacité de 1 à 7 personnes pour des tarifs allant de 65 € à 140 € la nuit et de 335 € à 685 € la semaine. 10 € par personne supplémentaire (enfant de moins 12 ans 5 €/nuit). Chambres climatisées.Petit déjeuner sur commande à partir de 6 €. Wifi.
Dans un beau cadre agréable et fleuri, les propriétaires Josie et René vous permettront de passer un agréable séjour. Le meilleur accueil est réservé à leurs hôtes avec toutes les attentions souhaitables permettant de faciliter leur séjour et la connaissance de la Désirade.

Se restaurer

Bien et pas cher

■ **BLACK & WHITE**
Beauséjour
✆ 05 90 20 08 43
Ouvert tous les jours midi et soir. Manu (entrée, plat, dessert) à 18,50 €. Plats à la carte entre 13 et 18 €.

Madame et Monsieur Maston propose une carte composée de plats créoles authentiques (burgots, accras, boudins, poisson grillé, court-bouillon de poisson, lambi, chatrou...).

■ LAGRANLAG
Hôtel Oasis
Plage à Fifi
Beauséjour ✆ 05 90 20 01 00
www.oasisladesirade.com
contact@oasisladesirade.com
Entre l'embarcadère et la plage à Fifi.
Ouvert midi et soir du mardi au dimanche. Fermé lundi, jeudi soir et dimanche soir. Fermeture annuelle en septembre. Menus à partir de 18 €.
Vous y trouverez le poisson sous toutes ses formes (court-bouillon, grillé, en brochette), des spécialités telles que la fricassée de lambi ou de langouste, gratin de légumes pays... Le dessert maison, la *Langranlagaise*, est inspiré par la spécialité locale, une glace au sirop et du fruit de pomme de cajou, dont seuls les habitants de l'île connaissent le secret. Vous pouvez également goûter à une autre spécialité locale, le Ti Punch aux olives pays.

■ OUALIRI BREEZE
Beauséjour
✆ 05 90 20 20 08
www.rendezvouskarukera.com
oualiribeach.hotel@wanadoo.fr
Tous les jours à partir de 6h30-7h service petit déjeuner buffet à 10 €, 12h30 déjeuner et 19h30 dîner. Menu environ 15 €.
Mama Compper, la propriétaire, prépare elle-même les plats créoles à partir des produits de la pêche. Le restaurant organise régulièrement des soirées à thème : Beach party, BBQ, soirées musicales, Saint-Sylvestre. Également bar et glacier.

■ LA PAYOTTE
✆ 05 90 20 01 29
lapayotte97127@hotmail.com
A 200 m du port.
Addition moyenne à 18 €. Ouvert de 9h à 15h. Fermé les 3 premières semaines d'octobre et le mardi en basse saison.
Dans cette petite colorée située sur une des plus belles plages de l'île, vous pourrez apprécier des produits de la mer fraîchement pêchés sous forme de poisson grillé, poissons fumés, langouste fraîche, accompagnés de légumes pays de saison.

■ LES PIEDS DANS LE SABLE
Plage à Fifi
Beauséjour
✆ 06 90 74 89 80
Ouvert du lundi au dimanche de 8h30 à 18h. Plats entre 9 et 16 €.

L'anarcadier

Originaire du Brésil, cet arbre trapu, très résistant à la sécheresse, peut atteindre les 10 m. Il donne un pédoncule charnu, la pomme de cajou, un fruit-coque qui abrite une amande blanche et comestible : c'est la succulente noix de cajou, qu'il faut goûter fraîche et non salée. La spécialité de l'île s'appelle le pruneau Désirade, une pomme de cajou confite dans un sirop de sucre, qui peut se déguster comme des pruneaux ou dans le ti-punch ou encore en confiture. Seuls les Désiradiens en connaissent le secret de fabrication.

Une petite brasserie, les pieds dans l'eau, sous les cocotiers, comme son nom l'indique. Vous pouvez y venir simplement pour une boisson fraîche ou pour leurs plats : salade de langouste, magret de canard, andouillette, poisson du jour, poulet rôti...

■ LA PROVIDENCE : CHEZ NOUNOUNE
Plage de Petite-Rivière
Baie Mahault
✆ 05 90 20 03 59
Ouvert tous les jours le midi, réservation conseillée avant 11h. Fermé en septembre. Menu complet à 18 €.
Situé sur la plage de Petite-Rivière. Nounoune est considérée comme le cordon-bleu de La Désirade, elle prépare une cuisine antillaise « comme à la maison ». Sa grande spécialité reste la fricassée de langouste et son gratin d'ignames. Elle vous prépare les plats que vous souhaitez goûter à la carte et à la commande selon la pêche et le marché du jour. Et en plus, vous pouvez profiter de la plage avant et après le déjeuner.

■ ROSE ITA
Souffleur
✆ 06 90 71 98 26
rose.ita.desirade@gmail.com
Près de la plage du souffleur.
Ouvert tous les midis sauf le jeudi. Le soir du vendredi au lundi. Formules midi (plat + dessert + boisson) : à partir de 15 €. Addition moyenne : 20 €.
Ce restaurant-snack-bar-glacier tout de rose vêtu propose des produits locaux (langouste, cigale, lambis, brochettes de poisson...) ou plus classiques des entrecôtes et kebabs, avec une vue sur la mer. Des soirées karaoké, des soirées dansantes et des concerts y sont organisés. Très bon rapport qualité-prix.

LA DÉSIRADE

■ **LA ROULOTTE**

Souffleur

✆ 05 90 20 02 33

Ouvert tous les jours de 9h30 à 17h. Comptez entre 12 et 30 € le plat.

L'établissement propose une bonne cuisine créole. Vous pouvez déjeuner les pieds dans le sable ou dans la salle et apprécier une langouste, une fricassée de lambi, un court-bouillon ou une entrecôte et ensuite aller piquer une tête dans l'eau transparente à quelques pas.

■ **AU SOLEIL LEVANT, CHEZ SONIA & EUGÈNE**

Rue Schoelcher

✆ 05 90 20 03 14

Face à la mer.

Ouvert midi et soir sauf le mardi. Fermeture annuelle en octobre. Plats de 13 à 19 €.

Un restaurant à l'ambiance familiale ou vous apprécierez la cuisine créole (colombo, fricassée de lambi, chatrou, steack de thon, court-bouillon de poisson...). Le soir, Sonia et Eugène proposent également de la restauration rapide (grillades, frites, bokits).

Sortir

■ **BAR DESIRADA**

Section Baie-Mahault

✆ 05 90 20 00 48

www.desirada.org – locus.gerion@orange.fr

Ouvert de 7h à 20h tous les jours sauf le dimanche après-midi. Fermeture annuelle en septembre.

On y trouve des boissons rafraîchissantes, des glaces, de la bière pression, des cigarettes, des sucreries… On y rencontre des randonneurs qui viennent s'y désaltérer et se reposer un moment avant de poursuivre leurs efforts, à pied ou à vélo, des vacanciers mais aussi la population locale accueillante dans un cadre sympathique. Un des lieux incontournables de rencontres et d'échanges entre les résidents et les visiteurs de l'île. C'est l'endroit où se rendre pour obtenir toutes les meilleures infos pour un séjour sur mesure.

À voir – À faire

■ **ANCIENNE STATION MÉTÉO**

Tout le long de la route, de Grande-Anse jusqu'à l'ancienne station météorologique, tout à l'est de l'île, se dissimulent de nombreuses anses secrètes et tranquilles. La station, qui n'est plus en activité, présente une architecture années 1930 signée Ali Tur. Tout près, un imposant phare se dresse à l'assaut du ciel. La falaise de la pointe empêche avec efficacité une mer furieuse de dévorer les rochers.

■ **FET A KABRIT**

Voir page 117.

■ **GRANDE-ANSE**

Grande-Anse

Le bateau arrive à Grande-Anse, petit port de pêcheurs et chef-lieu de la commune. Le centre s'organise entre la petite église attenante au presbytère, la mairie, la poste et la bibliothèque. Dans le paysage, des canons rouillés témoignent des combats qui se sont tenus sur cette terre convoitée à la fois par les Anglais et les Français.

Une première randonnée se dirige vers l'ouest : environ 1h30 pour accéder à la plaine des Galets et à la pointe des Colibris. A la sortie du bourg, la plage de Beauséjour offre un point de vue très photogénique !

■ **GRAND MONTAGNE**

L'intérieur des terres est un paradis pour les randonneurs ; l'ascension du Grand Montagne culminant à 273 m se poursuit par une marche sur le plateau. Peut-être aurez-vous la chance de surprendre la course de quelques agoutis ou lièvres dorés... Les iguanes, eux, courent nettement moins vite mais se confondent avec la roche.

■ **JARDIN BOTANIQUE DU DÉSERT**

Le Désert

✆ 06 90 85 85 33

cactophilesdesantilles@orange.fr

Près du collège Maryse Condé.

Ouvert en saison du mercredi au dimanche de 9h à 13h, nocturne du vendredi au samedi de 18h à 21h. Sur rendez-vous uniquement hors saison. Visites libres ou guidées. Tarifs : 10 €/adulte, gratuit pour les -8 ans. Tarif réduit (4-18 ans, étudiants, demandeurs d'emploi) : 6 €. Tarif préférentiel pour les groupes.

C'est l'association Cactophiles des Antilles qui est à l'initiative de ce jardin botanique qui rassemble des cactus et autres plantes succulentes. Ses membres œuvrent pour sauvegarder et réintroduire le cactus appelé « tête à l'anglais » dans son milieu naturel. Le jardin s'étend ainsi sur un espace de 5 000 m² et abrite environ 3 500 exemplaires de 800 espèces différentes originaires des Antilles, d'Amérique du Nord et du Sud, d'Afrique, du Sud de l'Europe et de l'Asie… Vous trouverez également la vente de plantes et des conseils de culture et d'entretien. Le jardin est desservi par une navette de 8 places sur réservation. Pour déjeuner, une saladerie et une boutique de souvenirs se trouvent sur place.

Consignes de sécurité à respecter, rappelées en début de visite : avoir des chaussures adaptées, rester sur les chemins, circuler lentement en évitant tout geste brusque (risque de contact avec les épines), ne pas marcher sur les parterres, car cela peut écraser des petites plantes.

■ NOTRE-DAME-DU-CALVAIRE – ANCIENNE LÉPROSERIE
Baie-Mahault

A proximité immédiate de la plage de Baie-Mahault se trouvait l'ancienne léproserie dont il subsiste quelques murs de fondation en ruine. Dans les environs, vous pourrez voir la chapelle Notre-Dame-du-Calvaire, le cimetière marin où reposent les tombes des prêtres et des sœurs de la Charité qui soignaient les lépreux. Leurs sépultures sont enfouies sous une végétation foisonnante, qui les couvre chaque année un peu plus.

■ PLAGE À FAN FAN
En direction de l'aéroport, à l'opposé de la plage à Fifi.

Une plage très plébiscitée car vous pouvez faire de belles balades en longeant la mer qui est d'un beau turquoise et, de plus, elle est bien ombragée.

■ PLAGE À FIFI
A deux mètres du port.

Une plage de sable fin bordée de cocotiers avec quelques restaurants ouverts le midi.

■ PLAGE DE PETITE RIVIÈRE
Après la plage du souffleur en direction de la station météo.

Située sur la partie est de l'île, cette plage de sable blanc dispose d'espaces ombragés. Une barrière de corail permet de bénéficier d'une mer aux eaux tranquilles. Un restaurant (sans doute le plus réputé de la Désirade) se trouve sur place ainsi qu'une douche d'eau de source.

■ PLAGE DU SOUFFLEUR
Sur la route sud.

Une belle plage tout en longueur, bien ombragée sur laquelle vous trouverez des carbets et des sanitaires.

■ POINTE DU GRAND-ABAQUE
A partir de la plage de Baie-Mahault, par un petit sentier.

Il s'agit l'extrémité nord-est de l'île, une randonnée à faire à pied ou en VTT. Vous y découvrirez un paysage exceptionnel et varié entre une végétation faite de cactus, de plantes et d'arbres penchés par les alizés sur un plateau de calcaire. C'est sur cette partie de l'île que se trouvait la léproserie qui recevait les malades venus de toute la Guadeloupe. Vous y trouverez également la station météorologique.

■ SENTIER DE LA GRANDE RIVIÈRE
Départ de la D 207 du plateau central. Une randonnée qui permet d'observer la végétation sèche de la côte nord de l'île. Comptez plus de 2 heures pour accéder sur le rivage d'une plage de cailloux.

■ SENTIER DE LA POINTE DOUBLÉE
Comptez quasiment 2 heures pour l'aller-retour. Cette balade à l'est de la Désirade vous entraîne vers la savane via un chemin en béton qui mène à l'Anse des Galets. Vous arriverez à la station météo après avoir traversé une zone parsemée de cactus (têtes à l'anglais) et vous reviendrez par le phare et l'ancienne usine de coton.

■ SENTIER MONTANA
A l'extrémité est de l'île.

Une randonnée pédestre d'environ 1h30 inaugurée en juillet 2015 située en bordure du littoral, en compagnie des iguanes. La visite permet d'accéder aux ruines des anciennes cotonneries et léproserie tout en découvrant diverses espèces de végétaux.

■ TRACE DU PLATEAU
En passant par la vallée de la Rivière jusqu'à la côte sauvage de l'île. Comptez 6 à 7 heures aller-retour. Un sentier sauvage idéal pour apprécier la nature et avoir un point de vue privilégié sur la mer.

Sports – Détente – Loisirs

■ DÉSI-RANDO
✆ 06 90 62 33 76
www.desi-rando.com
contact@desi-rando.com
Randonnées à 20 €/personne. Trek 50 € (pique-nique inclus). Réservation obligatoire.
Dési-Rando propose des randonnées thématiques écotouristiques sur l'île, mais également des treks et une journée safari-nature en 4x4.

■ L'ÎLOT PLONGÉE
✆ 06 90 850 676
lilotplongee.desirade@gmail.com
Près de l'embarcadère, à côté du restaurant la Payotte.
Club ouvert du mardi au dimanche 8h à 12h et de 14h à 17h30 Fermeture le lundi. Baptême 55 €/adulte et 45 €/enfant. Randonnée aquatique 40 €. Accompagnateur 15 €. Formule Evasion (Plongée ou randonnée aquatique encadrée avec tour de l'île) 95 €. Tour de l'île 75 €. Plongée ou randonnée aquatique à Petite Terre 95 €.
Olivier est un ancien marin pêcheur, reconverti dans la plongée. Il a créé une petite structure très conviviale et vous accompagne pour partir à la découverte du monde sous-marin qui entoure l'île.

■ MINI RANCH

Rue Siméon pioche ✆ 06 90 75 15 24
Baptêmes : 4 €/personne. Cours, stages et randonnées (pendant les vacances scolaires) env. 12 € / heure ou 20 €/ heure en cours particuliers.
Le mini ranch de la Désirade, est un véritable lieu de détente qui propose des balades à la longe (sans rendez-vous), des cours d'équitation ou encore des randonnées à cheval.

Visites guidées

■ TRANSPORT DINANE

✆ 06 90 67 97 30
transportdinane@gmail.com
Visite guidée en minibus : 10 €/adulte et 7 €/ enfant (moins de 12 ans). 4x4 : 25 €/adulte et 15 €/enfant.
Très professionnelle, cette équipe se charge de vous faire connaître les meilleures adresses de l'île. Le guide organise votre programme selon vos consignes : visite guidée de l'île, location de VTT, formule week-end...

Shopping

■ ATELIER CÉRAMIQUE RÊVE DE TERRE

Les Galets
✆ 05 90 82 54 05
mgmg23@yahoo.com
A 2 km de la marina de Beauséjour
Marcella Favere réalise des objets et sculptures en céramique. Elle donne également des cours.

■ DESI-JASP

Rue Philippe Pain
✆ 06 90 68 82 81
verotcelaure@gmail.com
Ouvert tous les jours de 8h à 13h.
Véronique Tonton expose ses créations en pierres semi-précieuses dans sa toute nouvelle boutique.

■ VIVAL, CHEZ MARCELINE

✆ 05 90 20 04 60
A la sortie du bourg en direction du Souffleur.
Une petite supérette bien achalandée.

PETITE-TERRE ★ ★ ★

A 11 milles (20 km) au sud-est de Saint-François (Grande-Terre), deux petites îles désertes, Terre-de-Haut et Terre-de-Bas (1,5 km²), sont gérées par l'Office national des forêts (ONF) et dépendent administrativement de la Désirade.
Les îles de la Petite-Terre appartenaient à une famille de notaires célèbres, qui fut expropriée par l'Etat pour cause d'utilité publique. Réputées pour la richesse de leurs fonds marins, elles ont pour seuls habitants des iguanes, des crabes et des oiseaux. Quatre gardes de l'ONF résident à tour de rôle sur l'île de Terre-de-Bas, près du phare. Déclaré réserve naturelle depuis 1994, le territoire est devenu un sanctuaire de la faune et de la flore, notamment des crabes, des iguanes, des oiseaux marins. Terre-de-Haut n'est pas accessible. Toute chasse et pêche sont strictement interdites. La promenade à Terre-de-Bas est riche de découvertes naturelles.

Transports

Plusieurs catamarans proposent cette excursion à la journée au départ de la marina de Saint-François (Grande-Terre). A la voile, comptez environ 2 heures. Vous aurez sans doute le bonheur de voir des tortues qui nagent autour du bateau et, qui sait, peut-être des dauphins jouant dans les eaux turquoise, préservées de toute pollution.

Pratique

■ PETITE-TERRE.COM

www.petite-terre.com
Un site qui permet de découvrir ces deux îlets. Les compagnies qui permettent de s'y rendre, au départ de Saint-François principalement, y sont recensées.

À voir – À faire

■ PHARE DE L'ÎLET DE PETITE-TERRE ★

Vous pouvez atteindre le phare et y découvrir un magnifique panorama, agrémenté par les « souffleurs », des geysers d'eau de mer. Construit en 1840 et haut de 35 m, il s'agit du plus ancien phare de l'archipel ; il est d'ailleurs classé monument historique. Équipé d'une lanterne, il servait alors de repère aux bateaux afin d'éviter un échouage. Ce phare est la continuité de la mission confiée au XVIIIe siècle par le roi de France à la famille Thionville, issue de la Désirade, qui avait obtenu la concession de Petite-Terre, et qui consistait à allumer de grands bûchers nocturnes pour avertir les marins de la présence de l'île. Le phare a été automatisé en 1972 et il a fait l'objet d'une inscription au titre des Monuments historiques en mars 2002.

LA DOMINIQUE

Salisbury.
© GILLES MOREL

DÉCOUVERTE DE LA DOMINIQUE

Ouragan Maria

Depuis le passage de l'ouragan Maria en septembre 2017, qui a fait une trentaine de victimes, d'importants dégâts ont été recensés sur l'île. Les hébergements et les sites touristiques ont été massivement touchés par cette catastrophe naturelle. Bien que la majorité ait rouvert, quelques établissements sont encore fermés. Avant votre séjour, pensez à vous informer sur l'état des lieux en Dominique. Rendez-vous sur le site www.authentique-dominique.com pour obtenir toutes les informations en temps réel.

Mabrika ! Bienvenue sur l'île nature, la Dominique. Les premiers habitants disaient de cette terre : *waitukubuli*, ce qui veut dire « grand est son corps ». Si vous êtes en quête d'une nature généreuse et exubérante, c'est un lieu fait pour vous. Vous allez aimer la jungle étouffante et humide, peuplée de perroquets et autres centaines d'oiseaux, entre autres espèces rares qui viennent chercher refuge sur cette île protégée. Les tortues et les baleines en font autant. *« Après Bondié, c'est la terre »* : la devise de l'île exprime parfaitement l'importance que les habitants accordent à leur environnement insulaire. La terre en vue émerge de la mer des Caraïbes à l'état brut, apparaît croulante de végétation, comme hérissée de volcans aux pentes ponctuées de petites maisons aux toits verts et bleus. Des parcs nationaux inscrits à l'UNESCO, dont un au patrimoine mondial (Parc national de Morne-Trois-Pitons), un littoral sauvage, de superbes sites de plongée, et plus de rivières que de plages. Vous y appré-

cierez l'eau dans tous ses états, des sources sulfureuses chaudes et pétillantes venues du plus profond de la terre aux lacs volcaniques froids ou bouillonnants, en passant par les cascades aux voiles blancs majestueux et le mythe des 365 rivières. La Dominique (à ne pas confondre avec la République dominicaine ou sa capitale Saint-Domingue) est la plus montagneuse et la plus large des Îles-sous-le-Vent. Contrairement à ce que le nom laisse entendre, la vallée de la Désolation est une région agricole active (banane, pamplemousse, orange, tubercules, etc.), alors que la Côte sous-le-Vent est couverte d'une végétation plus sèche, de marécages, de mangrove et de plages de sable gris. Quelques plages de sable blanc se situent au nord-est de l'île (dont Turtle Bay, spot des surfeurs où viennent pondre les tortues, et Hampstead Beach, avec sa cocoteraie et ses eaux claires). Si Christophe Colomb revenait, c'est la seule île qu'il reconnaîtrait, disent les Dominiquais ! L'accueil est l'autre point fort de la Dominique. Les gens sont aimables, disent bonjour quand ils vous croisent, spontanément vous serrer la main et vous souhaitent la bienvenue. Fait assez rare pour être souligné, l'hospitalité n'est pas un vain mot ici, mais une réalité communautaire. La plupart des gens adoptent un style décontracté, et l'ambiance très détendue va bien aux nombreux rastas qui sillonnent les rues. La Dominique est également la terre d'un peuple de survivants : les Indiens Kalinagos, uniques descendants directs des Caribes, ces féroces guerriers entourés de légendes. Ils ont survécu aux massacres des conquistadors grâce à la protection de Mère Nature. Aujourd'hui, ils sont environ 3 500 et vivent en harmonie avec cette dernière, sur un petit bout de l'île.

LES PLUS DE LA DOMINIQUE

Un climat agréable toute l'année

Avec ses températures avoisinant les 30° C, la Dominique se positionne comme une destination accessible tout au long de l'année. Si la période cyclonique vous effraie, sachez que ce

type de phénomène est surveillé et repéré dès sa formation dans l'Atlantique. L'ouragan Maria de 2017 était d'une importance exceptionnelle. Mais pas de crainte, les compagnies aériennes ou votre hébergeur sur place sont en mesure de vous fournir les bonnes informations avant votre départ.

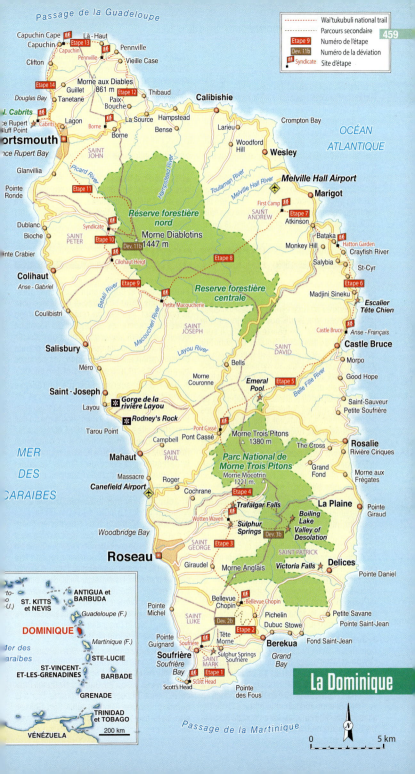

Une kyrielle d'activités

Les amateurs de randonnée sont bien sûr privilégiés, notamment grâce au Waitukubuli National Trail qui traverse l'île du sud au nord en 14 tronçons (divers niveaux de difficulté). Les sites de plongée offrent des panoramas sous-marins époustouflants. Les plages affichent des sables variés, du plus clair au plus foncé. L'observation des cachalots et des dauphins s'effectue dans le respect des animaux et s'avère une source d'expériences inoubliables. Profitez d'une balade en forêt pour vous détendre dans un des spas naturels à l'eau chauffée par l'activité volcanique. Les bienfaits de ces eaux sulfurisées sont connus pour adoucir la peau,

réduire le stress et les douleurs musculaires. Partez à la découverte du territoire des Indiens Kalinagos et partagez le mode de vie de ces quelques 3 500 habitants qui se consacrent à la culture, la pêche et l'artisanat.

Un positionnement pratique

L'île de la Dominique est située à mi-chemin entre la Guadeloupe, au nord, et la Martinique au sud.

Elle peut ainsi faire l'objet d'une escapade de quelques jours lors de la découverte d'une des îles des Antilles françaises, ou bien s'inscrire comme une destination de vacances à part entière.

IDÉES DE SÉJOURS

Séjour court

Vous séjournez en Guadeloupe et vous souhaitez faire une escapade de quelques jours à la Dominique ? Pour une courte période, il sera nécessaire de faire un choix et de planifier votre circuit. Car si l'île ne fait que 46 km de long sur 25 km de large, sa kyrielle de sentiers vous entraîne vers des sites tous plus époustouflants les uns que les autres. Si vous souhaitez profiter de toutes les attractions majeures de l'île, sachez que les hébergements sont situés principalement sur le littoral. Il faut donc prévoir le temps de trajet nécessaire pour accéder à votre activité. Le tour de l'île en voiture n'est actuellement plus possible suite aux dégâts provoqués par la tempête Erika et l'ouragan Maria. En effet, la route est coupée entre Fond Saint-Jean et Délices.

▶ **Jour 1.** Vous arrivez en Guadeloupe (ou en Martinique) où vous pourrez passer votre première nuit à moins que vous ne souhaitiez reprendre l'avion le même jour pour la Dominique (4 rotations hebdomadaires avec la compagnie Air Antilles Express). Au-delà du décalage (6h en été, 5h en hiver), vous allez devoir vous habituer à la température qui oscille entre 25 et 30 °C. Choisissez un hébergement situé à proximité de l'aéroport ou du port afin de limiter vos déplacements, la zone idéale pour cette nuit de transit étant le Gosier.

▶ **Jour 2.** C'est le départ pour l'île de la Dominique. Deux possibilités, vous optez pour l'avion et atterrissez 30 minutes plus tard à l'aéroport Douglas-Charles (à environ 1h de Portsmouth et 1h15 de Roseau en voiture) ou à l'aéroport Canefield (à 10 minutes de Roseau en voiture). Si vous choisissez le bateau. Comptez alors environ 2h pour parvenir au port de Roseau. De nombreux hébergements sont proposés

entre Roseau et Portsmouth sur la côte ouest et de même entre La Plaine et Calibishie pour la partie est. Profitez du reste de la journée pour vous repérer et récupérer du décalage horaire, d'autant plus si vous louez un véhicule (la conduite à gauche nécessitant une grande concentration au début) ! Sinon, les services de minibus sont très pratiques et peu chers.

▶ **Jour 3.** Descendez jusqu'à la réserve naturelle de Scott's Head qui traverse de nombreux quartiers de pêcheurs, très sereins. Profitez d'une plongée exploration dans un des superbes sites de la pointe Sud et/ou partez à la découverte des baleines et dauphins. Remontez ensuite jusqu'à Roseau pour admirer la cathédrale, la place du marché, le jardin botanique. Les points de restauration y sont très nombreux.

▶ **Jour 4.** Direction le Morne-Trois-Pitons National Park. La côte sud-est est la plus authentique. Même si vous n'appréciez guère la marche, vous ne pouvez pas venir sur l'île sans avoir une idée de son potentiel naturel. L'Emerald Pool est très accessible et ne nécessite pas d'être sportif. Un chemin, également facile d'accès, permet d'admirer les Trafalgar Falls, deux chutes très proches l'une de l'autre. Entre les chutes et Roseau (à Wotten Waven), se trouvent des sources chaudes naturelles. Le paysage lunaire du Boiling Lake et Desolation Valley se mérite un peu plus avec environ 3h de marche.

▶ **Jour 5.** Allez plus au nord vers Portsmouth, ville très vivante et accueillante. Vous trouverez de nombreuses petites criques pour la farniente. Dirigez vous jusqu'au Cabrits National Park entre Prince Ruppert Bay et Douglas Bay à la nature préservée et où se situe Fort Shirley, site historique, qui dispose d'une belle vue sur la baie.

Argent

Monnaie

La monnaie officielle est le dollar des Caraïbes Orientales (East Caribbean dollar), qui se note EC$ (prononcez « i-ci-dollar ») et dont l'abréviation officielle est XCD.

Taux de change

Le dollar caribéen dispose d'un taux fixe par rapport au dollar américain. 1 US$ = 2,70 EC$; 1 EC$ = 0,37 US$. 1 € = 3,03 EC$; 1 EC$ = 0,33 €. Vous pourrez changer euros et dollars à votre arrivée dans l'île. Attention, si les dollars américains sont acceptés à peu près partout dans l'île, ce n'est pas le cas de l'euro. Vous trouverez des distributeurs de billets à Roseau et désormais également à l'aéroport Douglas-Charles.

Idées de budget

A ce jour, vous ne trouverez pas de vol direct pour la Dominique. Les vols sont possibles via la Guadeloupe, la Martinique ou Saint-Martin. Selon l'heure d'arrivée de votre vol, une nuit en Guadeloupe ou en Martinique à l'aller et/ou au retour sera peut-être nécessaire. Si vous optez pour un vol via Saint-Martin arrivant en début d'après-midi, vous pouvez prendre un vol régional pour la Dominique en fin d'après-midi. Le tarif des billets d'avion fluctue considérablement selon la période. Vous pourrez ainsi trouver en basse saison un vol aller-retour aux alentours de 400 €. Le transfert vers la Dominique peut aussi s'effectuer par bateau au départ de la Guadeloupe et de la Martinique (à partir de 49,50 € l'aller-retour avec l'Express des Iles) ou par avion avec la compagnie régionale Air Antilles Express (à partir de 350 € l'aller-retour en basse saison) ou encore avec la Liat ou Winair en venant de Saint-Martin. Côté hébergements, vous aurez accès à différentes catégories entre *guesthouses,* hôtels de différents standings, locations. Il en est de même pour ce qui est des repas. La Dominique reste accessible à tous les budgets.

▶ **Petit budget.** Les hébergements à la Dominique sont pour la plupart assez onéreux. Le camping étant interdit sur l'île, les petits budgets devront miser sur des chambres simples dans des locations bon marché (hôtels non classés, auberges de jeunesse, studios ou encore bungalows) pour environ 40 US$ la nuit. Autres possibilités : à Carib Territory, dans l'est, la communauté Kalinago (indiens natifs) propose des séjours chez l'habitant au sein de

leur réserve pour 30 US$ ou des locations de tente pour 20 US$ la nuit au Rodney's Wellness Retreat, dans la ville de la Soufrière. Les petits budgets pourront facilement trouver des plats à emporter dans des camions type *street food* à la capitale Roseau. La version plus saine se trouve du côté des marchés – notamment celui de Roseau, très bien achalandé – qui permettent de faire le plein de produits frais et surtout peu coûteux. Côté visites, il est préférable de miser sur des randonnées au cœur des sites naturels (les nombreuses cascades et sources d'eau chaudes faisant office de spa naturel en plein air sont légion).

▶ **Budget moyen.** Les locations de charme, les chambres d'hôtes et les hôtels de bonne facture proposent des formules intéressantes à la semaine (en revanche, rares sont ceux proposant des petits-déjeuners). Il ne faut pas hésiter à se rendre sur leur site Internet pour bénéficier de bonnes promotions. De manière générale, pour ce type d'hébergement en basse saison, il faut compter autour de 300 US$ la semaine. Côté restauration, n'hésitez pas à privilégier les locations avec kitchenette pour cuisiner à la maison et limiter les grosses dépenses. Les prix dans les restaurants s'alignent majoritairement sur ceux de la Guadeloupe : comptez 20 US$ pour une formule entrée-plat ou plat-dessert. Attention, le pourboire (environ 10 % de la note) est apprécié. Sachez également qu'à la Dominique, les activités ont un coût... et pas des moindres ! Aussi, il est préférable de miser sur des plaisirs sportifs peu onéreux comme la location de canoë-kayak, de palmes-masque-tuba, de paddle, de VTT ou encore d'acheter un ticket journée pour pratiquer l'accrobranche au Wacky Roller. Les randonneurs apprécieront le *pass* écotourisme (12 US$ par personne et par semaine) pour visiter les 10 sites nationaux de l'île ou 5 US$ par site, collectés pour la protection des différents sites.

▶ **Gros budget.** Les hôtels de luxe impressionnent les touristes en quête d'élégance et de confort. Le Fort Young Hotel à Roseau ou encore le fascinant Secret Bay à Soufrière affichent des prix allant de 450 US$ à plus de 1 400 US$ la nuit. Les prestations de ces établissements sont très appréciées (spa, formules découverte de l'île, massages, cours de cuisine, activités sportives tout niveau, etc.) et leurs restaurants offrent des menus complets et d'excellente qualité à partir de 80 US$. En dehors de ces hôtels étoilés, les bonnes tables de l'île proposent des formules à partir 40 US$.

Côté activités, les budgets aisés pourront s'offrir des croisières sur bateau pour observer les cachalots et dauphins (70 US$), des cessions de plongée (par exemple deux plongées sur deux jours pour 232 US$ avec East Carib Dive à Roseau) ou encore des croisières « coucher de soleil » pour 80 US$.

La Dominique en bref

▶ **Statut :** Etat indépendant depuis le 3 novembre 1978, membre du Commonwealth.

▶ **Chef d'Etat :** Charles Savarin depuis 2013. Chef du Gouvernement : Roosevelt Skerrit depuis 2004.

▶ **Dominique :** nom donné par Christophe Colomb à l'île des Indiens Caribs, le 3 novembre 1493. Elle est apparue pour la première fois sur une mappemonde en 1505. Sur une autre carte, on la nomme « l'île des Cannibales » ! C'est la plus montagneuse des Caraïbes, avec la plus forte concentration de volcans également.

▶ **Situation :** trait d'union entre la Martinique et la Guadeloupe.

▶ **Superficie :** 749 km², 50 km de longueur et 25 km de largeur.

▶ **Point culminant :** Morne Diablotin (1 447 m).

▶ **Capitale :** Roseau, nom donné par les Français du temps de la colonisation.

▶ **Langues :** anglais et créole. Le créole dominiquais est celui des îles françaises.

▶ **Population :** la population dominiquaise est estimée à près de 74 679 habitants avec une croissance démographique de 0,5 %. En majorité des Afro-Antillais, et environ 3 500 Kalinagos, seuls survivants du peuple originel des Caraïbes. Ils vivent sur un territoire concédé en 1903 par la reine d'Angleterre.

▶ **PIB/habitant :** 7 810 US$.

▶ **Taux de chômage :** 23 %.

Téléphone

Le réseau est bien desservi et votre téléphone portable fonctionnera sur l'île. Vérifiez que votre abonnement Internet vous permet d'accéder au réseau Monde sans frais supplémentaires.

▶ **Depuis la métropole, la Martinique ou la Guadeloupe,** composez : 00 1 767 + les 7 chiffres du numéro. Les opérateurs téléphoniques installés sur place sont Flow et Digicel.

▶ **Depuis la Dominique vers la France métropolitaine :** 011 + 33 + 9 chiffres (sans le 0).

▶ **Depuis la Dominique** vers la Guadeloupe : 011 + 590 (pour les fixes) ou + 690 (pour les portables) et les six chiffres du numéro.

Décalage horaire

Le décalage horaire entre l'île de la Dominique (et les autres îles des Antilles) et la France évolue au cours de l'année. Il est de 5h en hiver et 6h en été ; ainsi, quand il est 12h aux Antilles, il est 17h en France en hiver et 18h en été.

Formalités

Les visiteurs en provenance d'un des pays membres du Commonwealth n'ont pas besoin de visa. Ils doivent néanmoins disposer d'un passeport en cours de validité et d'un billet de retour pour tout séjour supérieur à 21 jours. Les visiteurs français peuvent entrer en Dominique avec une carte d'identité et un billet retour. Le passeport reste recommandé pour les voyageurs l'ayant en leur possession. Les visiteurs en provenance d'Haïti et de la République dominicaine doivent en revanche obtenir un visa.

▶ **A votre arrivée.** N'oubliez pas de remplir les formulaires d'immigration recto et verso avec vos informations personnelles : adresse de votre lieu de séjour, et le numéro de votre passeport en cours de validité. Ces documents à remplir vous seront donnés par votre compagnie maritime lors de votre enregistrement au départ des îles françaises, et doivent être complétés avant d'arriver au guichet de l'immigration à la Dominique. N'oubliez pas de compléter le verso sur lequel vous devez indiquer si vous arrivez avec une somme d'argent, des médicaments, etc. Si vous arrivez par avion, ces documents sont généralement remis par la compagnie aérienne. Si ce n'est pas le cas, sachez qu'ils sont également à votre disposition avant le passage en douanes à côté des brochures

Roseau											
Janvier	Février	Mars	Avril	Mai	Juin	Juillet	Août	Sept.	Octobre	Nov.	Déc.
20°/29°	19°/29°	20°/31°	21°/31°	22°/32°	23°/32°	22°/32°	23°/32°	23°/32°	22°/32°	22°/31°	21°/30°

Le drapeau dominiquais

Le vert domine sur le drapeau, à l'image de la végétation sur l'île. Au centre, le sisserou, une espèce de perroquet endémique de la Dominique, est entouré de 10 étoiles correspondant aux 10 paroisses de l'île. Les 3 bandes de couleurs forment une croix en référence au christianisme. La couleur jaune représente le soleil et les indiens, la bande blanche symbolise les rivières et la pureté de l'eau et la bande noire rappelle les origines africaines de la population.

descriptives de l'île. Le passage des douanes peut parfois être long, car les autorités ont souvent l'habitude de fouiller absolument tous les sacs, surtout pour les arrivées par bateau. En cas de mer forte, l'arrivée du bateau peut être transférée au port de marchandises, plus protégé. Dans ce cas, le débarquement est un peu plus pittoresque car il n'y a pas d'infrastructures prévues pour les voyageurs.

▶ **Santé.** Vos vaccins doivent être à jour. Aucun vaccin supplémentaire n'est obligatoire, excepté pour les visiteurs en provenance d'une zone infectée par la fièvre jaune. Il est interdit d'entrer avec des médicaments sur l'île. Si vous suivez un traitement, gardez l'ordonnance avec vous afin de justifier leur présence dans vos bagages.

▶ **Les chauffeurs de taxi ou les guides** qui vous proposent leurs services à la descente du bateau ou à l'aéroport doivent être munis d'un badge officiel qui prouvent que leurs activités sont reconnues par le Ministère du Tourisme.

Climat

L'île bénéficie d'un climat tropical où la température oscille généralement entre 25 et 30 °C de moyenne selon la période. La saison sèche s'étend de janvier à mai. La saison pluvieuse concerne les mois de septembre, octobre et novembre. Sachez que les températures fléchissent au cœur de l'île, en pleine forêt. Le risque de cyclone ou de tempête est avéré entre juin et novembre. Toutefois, tout phénomène fait l'objet d'une surveillance et son arrivée éventuelle est annoncée en amont.

Saisonnalité

La haute saison touristique s'étend de décembre à mai. Les tarifs des hébergements y sont plus élevés. Ensuite, vous pouvez bénéficier de tarifs promotionnels, hors période d'affluence (Fête de l'indépendance le 3 novembre, World Creole Music Festival qui se déroule fin octobre...).

Héron vert à La Dominique.

▶ **Jour 6.** Direction le nord de l'île pour découvrir les petits villages de Pennville et Calibishie où vous pourrez vous baigner et déjeuner dans l'un des nombreux restaurants situés sur la plage. Poursuivez ensuite jusqu'au Kalinago Territory. Quelque 3 500 autochtones, descendants des premiers habitants de l'île, vivent toujours de la pêche, de l'agriculture et de l'artisanat sur ce petit territoire de 1 947 hectares qui leur a été octroyé par la couronne d'Angleterre en 1903, après un conflit séculaire. Il est possible de loger sur place.

▶ **Jour 7.** C'est le jour du retour vers la Guadeloupe. N'oubliez pas de prévoir de disposer de la somme de 86 EC$ par personne soit environ 29 € pour la taxe de sortie, surtout si vous partez de l'aéroport Douglas-Charles car la taxe n'est pas payable par carte. Néanmoins, l'aéroport est équipé d'un distributeur de billets à proximité du guichet de paiement de cette taxe qui doit être acquittée avant de pénétrer dans la salle d'embarquement.

Séjours thématiques

▶ **Séjour randonnée.** Que vous soyez un randonneur amateur ou averti, vous serez comblé en parcourant la piste du Waitukubuli National Trail. Ce circuit traverse l'île de Soufrière dans le sud jusqu'à Cabrits dans le nord. Le niveau de difficulté ainsi que la distance à parcourir varient en fonction des segments. Les randonnées les plus faciles s'effectuent en 2 à 4 h, les plus difficiles ou les plus longues entre 8 et 10h. Il faut compter au minimum 2 semaines pour l'ensemble du parcours. Les points d'entrée et de sortie de chaque piste sont situés à proximité d'un village. Le site de l'office de tourisme (www.authentique-dominique.com) fournit la liste des hébergements proches de chaque segment.

▶ **Séjour plongée.** Les clubs de plongée sont généralement situés à proximité d'un hébergement et proposent des packages attractifs sur une semaine. D'autres disposent de leurs propres offres d'hébergement. Le nombre important de spots leur permet d'être en mesure de vous proposer un séjour axé essentiellement sur la plongée. Vous pouvez contacter les clubs directement ou faire appel à une agence de voyage spécialisée dans ces activités.

SÉJOURNER

Se loger

D'une manière générale, l'hébergement est à peu près au même prix à la Dominique que sur les autres îles des Antilles françaises. Les *guesthouses* correspondent à nos locations meublées. Vous aurez le choix entre la chambre d'hôtel classique, la chambre d'hôtes et les villas et appartements à louer, qui sont exploités en famille. L'hôtellerie située en bord de mer est plus onéreuse (80 € minimum par chambre). Pour un service de qualité moyen, comptez un minimum de 50 € par personne. Si vous effectuez votre réservation par Internet (ce qui fonctionne très bien), demandez le transfert de votre lieu d'arrivée jusqu'à l'hôtel. La Dominique, dans sa démarche d'écotourisme, propose des hébergements originaux en pleine nature, construits avec beaucoup d'imagination et d'ingéniosité, à base de bambou et autres matériaux naturels, abondants sur l'île. Certains sont même autosuffisants en eau et/ou en électricité grâce à l'énergie solaire. Le camping sauvage y est interdit, mais certains groupes de trekkeurs aiment pratiquer le bivouac en forêt. La meilleure solution dans ce cas est de demander l'autorisation de poser votre tente sur des terrains privés.

▶ **La Dominique s'oriente vers le tourisme de luxe.** Après le Secret Bay et ses villas et bungalows de luxe situé à Portsmouth, trois chaînes (Kempinski, chaîne de luxe allemande, Mariott et Hilton) ont choisi de miser sur la destination.

L'hôtel Cabrits Resorts & Spa du groupe Kempinski (151 chambres et suites et 6 villas de plage) à Portsmouth, premier hôtel cinq étoiles que compte la Dominique, ouvre ses portes en octobre 2019. Le Mariott (135 chambres) sera également situé à Portsmouth mais ne devrait sans doute pas voir le jour avant le deuxième semestre 2020.

Le Jungle Bay, un des hôtels réputés de l'île, qui avait été entièrement détruit par la tempête Erika en 2015, a rouvert en juin 2019 en version plus luxueuse sur un nouveau site à Soufrière avec 60 villas au lieu de 35 auparavant.

Se déplacer

▶ **Comment s'y rendre**. Pas de vols directs depuis l'Europe. Depuis la France, le plus simple est de transiter par la Guadeloupe ou la Martinique d'où vous pourrez partir par bateau (Express des Îles ou Val Ferry) ou par avion (Air Antilles Express ou Winair). Vous pouvez également transiter par Saint-Martin pour accéder à la Dominique et ensuite prendre un vol Liat. L'île est également reliée aux aéroports d'Antigua, de la Barbade, de San

Juan. L'arrivée se fait à l'aéroport Douglas-Charles (anciennement Melville Airport), situé au nord-est de l'île, près de Marigot ou a l'aéroport de Canefield à l'ouest (vols Air Antilles Express uniquement).

▶ **Les transports en commun.** Un système de minibus aux lignes régulières dessert toute l'île, jusqu'aux points les plus reculés. La régularité de ces navettes est telle que cela ne vaut pas le coup de s'en priver, et les prix sont en outre très abordables entre 1,50 EC$ (0,45 €) et 10,25 EC$ (3 €). A Portsmouth et à Roseau, il suffit de bien vous renseigner sur les points de départ de ces bus, en fonction de votre destination (Exemple de tarifs : Aéroport Douglas Charles/Roseau : 200 EC$/2 personnes, Roseau/Trafalgar Falls : 5 EC$/personne). Sur la route, il suffit souvent de tendre le bras pour faire signe au chauffeur de s'arrêter. Le stop est également un moyen de transport très simple, qui fonctionne particulièrement bien avec les camions et les *pick-ups*, plus aptes à embarquer des voyageurs improvisés.

▶ **Location de voitures.** Les loueurs vous proposeront de venir vous accueillir au bateau et de vous ramener gratuitement. Pendant les périodes de festival, au carnaval et durant les autres périodes de fête, le parc automobile est pris d'assaut. Il est plus prudent de réserver bien à l'avance sa location dans ce cas-là. Lors de la location, vous devez acheter une licence (30 EC$, soit environ 12 US$) qui vous sera délivrée sur simple présentation de votre permis. Elle vous donnera l'autorisation de conduire pendant un mois sur l'île.

▶ **Le réseau routier.** Les routes principales avaient été refaites mais l'ouragan Maria a causé de gros dégâts en 2017. Depuis, des portions de routes, des ponts sont toujours déviés car ils ne sont toujours pas remis en état. La plupart des routes sont sinueuses, peu éclairées la nuit et empruntées par des conducteurs qui aiment la vitesse et qui roulent dans des pick-ups. Pourtant, mieux vaut ne pas dépasser les 45 km/h dans les portions étroites. Attention, la route du sud de l'île est interrompue entre Fond-Saint-Jean et Délices,

ce qui signifie que vous ne pouvez pas faire le tour complet de l'île. Même les randonnées sont déconseillées dans le secteur compte-tenu du risque de chute de pierres et de glissement de terrain.

▶ **Conduite.** Attention, conduite à gauche ! Méfiez-vous des aspérités du bitume, et des conducteurs qui roulent plus au milieu de la route qu'à gauche. La consigne à suivre : utiliser le klaxon avant d'aborder un virage afin de vous signaler à un éventuel conducteur arrivant dans l'autre sens. Utilisez-le également avant de doubler un autre véhicule. Certaines portions de routes indiquent les distances en km, d'autres sont en *miles* (tout dépend du constructeur de la route) ! Les limitations de vitesse sont indiquées en *miles*.

▶ **Quitter la Dominique.** Lorsque vous repartez, vous devez vous acquitter d'une taxe de sortie de 86 EC$ (environ 29 €), payable à la douane, en cash, après votre enregistrement pour l'embarquement (bateau ou avion). Les enfants de moins de 12 ans en sont exemptés. Il est préférable de payer vos taxes en dollars est-caribéens car ils n'ont pas toujours de monnaie. Mais ils vous laisseront payer en dollars et même en euros si vous n'avez plus de change. L'aéroport de Douglas Charles est équipé d'un distributeur de billets ce qui s'avère très pratique si vous oubliez de conserver du cash pour le paiement de cette taxe.

A l'arrivée et au départ, attention à bien respecter les exigences Vigipirate, à savoir pas d'objets tranchants dans vos bagages à main, pas de briquet, pas de contenants liquides de plus de 100 ml, pas de médicaments. Cette mesure peut faire sourire pour un voyage en bateau entre deux îles des Caraïbes, mais elle est respectée de manière scrupuleuse par les agents de sécurité qui ne sont pas réputés pour leur sens de l'humour.

▶ **Bateau et plaisance**. Vous devrez déclarer votre arrivée et votre départ au port de Roseau (sud-ouest), la capitale, ou au port de Portsmouth (nord-ouest). Si vous vous faites accoster par un bateau de la douane, le nom *custom* (« douane ») doit être écrit sur le bateau.

LA DOMINIQUE EN 10 MOTS-CLÉS

Activités

Si vous pensiez n'avoir que des randonnées au programme. Détrompez-vous, l'île a bien d'autres atouts, entre la plongée (avec de sublimes spots et deux réserves marines), l'observation des cachalots (cette espèce vit en permanence dans les eaux alentour), l'observation de la faune et la flore sans avoir à marcher pendant des heures, l'expérience unique de la ponte d'une tortue marine, la visite d'un territoire réservé aux descendants des Indiens Caribs... et bien sûr le *farniente* sur une plage au sable blanc, gris ou noir.

Faire – Ne pas faire

Faire

- Apprendre quelques mots de créole.
- Observer les cachalots et dauphins.
- Partir en randonnée.
- S'accorder un moment détente dans un spa naturel au cœur de la forêt tropicale.
- Plonger dans la baie Champagne.
- Plonger dans les origines de l'île dans le territoire des Kalinagos.

Ne pas faire

- Confondre Dominiquais, habitant de la Dominique, avec Dominicain, habitant de la République dominicaine.
- S'attacher aux références culinaires françaises : oubliez vos standards et appréciez la découverte.
- Conduire à droite. Si vous louez un véhicule, soyez vigilant car la conduite se fait à gauche.
- Oublier son adresse de résidence sur l'île. Cette information vous sera exigée à la douane.
- Utiliser des contenants en plastique à usage unique. L'interdiction de l'usage du plastique est entrée en vigueur le 1er janvier 2019.

Authenticité

C'est sans doute l'adjectif qui caractérise le mieux la Dominique avec sa nature à l'état pur. Vous le constaterez au travers de ses paysages mais également du mode de vie et de l'accueil chaleureux des Dominiquais.

Domingo

C'est un dimanche (*domingo* en espagnol), le 3 novembre 1493 plus précisément, que Christophe Colomb baptisa cette île. Le nom de Dominique qui en découle ne doit pas être confondu avec la République dominicaine, au nord-ouest, ni avec sa capitale Saint-Domingue !

Eau

L'eau est omniprésente. On surnomme la Dominique « l'île aux 365 rivières ». Vous y trouverez également des cascades, sources chaudes, bassins... et la mer des Caraïbes bien sûr.

Hébergement

Ici pas de tourisme de masse, mais des structures veillant à préserver leur environnement. Beaucoup de petits établissements (gîtes, locations, hôtels) permettent d'apprécier le mode de vie local. Depuis ces dernières années, de nouveaux établissements ont vu le jour, comme le Secret Bay, hôtel de grand standing à Portsmouth, parfaitement intégré à son environnement et aux prestations de qualité.

Kalinagos

Les Kalinagos – appelés parfois Caribs – sont les derniers descendants des peuples indigènes de l'arc des Caraïbes. La Dominique est le seul pays au monde qui compte encore 3 500 Kalinagos sur son sol, et, depuis 1903, ils sont propriétaires d'une réserve, le « Carib Territory », en bordure des côtes nord-est de l'île.

Mabrika

Mabrika signifie « bienvenue » en langue kalinago.

Vert

La végétation exubérante s'impose d'emblée à l'arrivée en avion, en bateau et lors des randonnées le long du Waitukubuli National Trail. Le vert est d'ailleurs la couleur qui domine sur le drapeau de la Dominique.

Volcan

Difficile d'occulter l'activité volcanique de l'île : les sites de Boiling Lake et de la Vallée de la Désolation, qui jouxtent l'ancien volcan de Morne-Trois-Pitons, viennent contraster avec les forêts à la végétation luxuriante. Les autres volcans de l'île sont : Morne-aux-Diables (Devil's Peak), Morne-Plat-Pays, Morne-Wat et bien sûr le point culminant, Morne-Diablotins.

Waitukubuli

Waitukubuli signifie « grand est son corps » en langage kalinago, et est le nom autochtone pour désigner l'île de la Dominique. Celle-ci s'étend sur 46 km de long et 25 km de large. Un sentier de randonnée, le plus long de toutes les Caraïbes (185 km), traverse l'île de part en part. Il a été baptisé Waitukubuli National Trail (WNT).

SURVOL DE LA DOMINIQUE

Géographie

La Dominique est située entre les îles françaises de la Guadeloupe (au nord) et de la Martinique (au sud). Les habitants sont des Dominiquais. L'île de la Dominique fait partie des îles Sous-le-Vent avec 47 km du nord au sud et 26 km de largeur pour une superficie de 780 km². Roseau, la capitale, se situe sur la côte sud-ouest. La chaîne de montagnes s'étend du nord au sud avec en moyenne une altitude de 3 000 pieds (1 000 m), dont la plus haute est le morne Diablotin (1 447 m), suivie par Trois-Pitons à 1 387 m. Une faible activité volcanique est perceptible à différents endroits comme dans la vallée de la Désolation ou au lac bouillonnant à 701 m au-dessus du niveau de la mer. Ces deux sites font partie du Parc national Trois-Piton, classé au Patrimoine mondial de l'UNESCO. Les plages sont en majorité de sable gris... et désertes.

▶ **Géologie.** La Dominique commence à prendre forme il y a 26 millions d'années, à la période miocène. Les Petites Antilles sont constituées de deux arcs : l'arc extérieur est le plus ancien et le plus érodé, l'arc intérieur est le plus jeune et la Dominique en fait partie. Sa formation date donc de 12 millions d'années. L'origine récente de l'île est soulignée par la présence de volcans endormis, de lacs formés dans d'anciens cratères éteints, de fumerolles, du Boiling Lake et des sources sulfureuses. Une série de centres volcaniques forment l'intérieur de l'île, tels ceux de morne Watt, de morne Micotrin (ou morne Macaque), de morne Trois-Pitons et de morne Diablotin. Quelques-uns de ces volcans sont potentiellement actifs et les plus récents s'entassent sur les plus anciens. Les vents et les pluies ont provoqué l'érosion des montagnes et des volcans, ce qui a entraîné la création de vallées profondes comme la Layou ou encore celle de Roseau.

Climat

Les alizés venant de l'Atlantique soufflent au-dessus des montagnes et provoquent près de 762 cm de précipitations annuelles. La température est presque constante toute l'année, avoisinant 30 °C en été, et s'accompagne d'une humidité importante. La saison la plus sèche correspond à la période de janvier à mai. Les mois de septembre à décembre sont les plus pluvieux.

▶ **Ouragans.** La saison cyclonique s'étend de juin à novembre. Chaque phénomène qui se développe, très majoritairement au niveau du Cap Vert, dans l'océan Atlantique, fait l'objet d'une surveillance accrue afin de prévenir à temps la population. Les prévisionnistes parviennent à donner une idée assez précise de sa trajectoire quelques jours avant l'arrivée d'une tempête ou d'un ouragan. L'ouragan Erika d'août 2015 avait causé de nombreux glissements de terrain après des pluies intenses qui avaient considérablement paralysé la circulation sur l'île. Dans la nuit du 18 au 19 septembre 2017, l'ouragan Maria, classé en catégorie 5, a balayé l'île, faisant 67 morts et disparus. Des vents soufflant à plus de 320 km/h on été enregistrés, dévastant la Dominique à plus de 70 %, principalement sur le plan des infrastructures mais également dans la végétation.

Environnement / Écologie

L'île dispose d'un immense potentiel naturel mais doit concilier développement économique et protection de son environnement. La promotion de la destination met en avant la préservation de ses ressources naturelles. Dans cette optique, le circuit du Waitukubuli National Trail met l'accent sur la nécessité de préserver la biodiversité tout en générant des rentrées d'argent pour gérer ces espaces naturels. Par ailleurs, depuis le 1er janvier 2019, le gouvernement a affiché sa volonté d'être la première nation à résister au changement climatique en interdisant les objets en plastique à usage unique qui nuisent à l'environnement. L'année 2019 est également marquée par le lancement d'un projet national d'embellissement et de reboisement porté par le ministère de l'Environnement, de la Résilience climatique, de la Gestion de la catastrophe et de la Rénovation urbaine et soutenu par des institutions des secteurs public et privé.

Parcs nationaux

La Dominique compte trois parcs nationaux et deux réserves forestières. Un droit d'entrée de 5 US$ vous sera demandé pour les parcs nationaux, ou 12 US$ pour un *pass* hebdomadaire.

▶ **Parc national de Morne-Trois-Pitons.** Plus grand parc national de la Dominique, situé dans le sud-est de l'île, il est remarquable par la variété de sites à y découvrir et est inscrit au patrimoine mondial de l'UNESCO.

▶ **Parc national Cabrits.** Au nord de l'île, près de Portsmouth, ce parc fut créé en 1986 pour préserver la forêt sèche côtière.

▶ **Parc national Morne-Diablotins.** Dans le centre-ouest de l'île, il entoure le point culminant de la Dominique, le Morne-Diablotin (1 447 m).

■ **FORESTRY, WILDLIFE AND PARKS DIVISION**
℡ +1 7672665852
forestry@dominica.gov.dm
Pour toute information sur les parcs nationaux de la Dominique.

Faune et flore

Faune

▶ **170 espèces d'oiseaux répertoriées.** Le sisserou ou *Amazona imperialis*, emblème de l'île, est représenté sur le drapeau national. Le jacko à cou rouge (*Amasona arausiaca*) est un autre perroquet que vous pourrez aussi observer à la cime des arbres. Ces deux oiseaux polychromes sont protégés par la loi sur la protection des forêts. Ils vivent dans la région du Morne Diablotin où ils peuvent être observés. Une route accessible aux véhicules mène vers la forêt (suivre Syndicate Falls depuis la route côtière), en direction du Morne Diablotin. Il est conseillé de faire appel à un guide car le sisserou vole assez haut et il peut être difficile à repérer. Sinon, vous pourrez les admirer plus facilement mais en cage, au Jardin botanique de Roseau. Parmi les autres espèces reconnaissables : le siffleur des montagnes et son trémolo particulier, et la buse « malfini » et son cri strident quand elle survole la vallée. Plus petits, le rossignol nichant dans les toitures, le trembleur et le sucrier (*bananaquit*). Le colibri léger est un oiseau bien connu lui aussi, qui virevolte autour des fleurs tropicales. Citons encore le coucou manioc *(mangrove cuckoo)*, la grive, le gros-bec, le ramier ou la perdrix. Près des rivières, vous verrez le héron ou *crabier*, qui cherche les crustacés sous les rochers. Sur la mer, vous aurez la chance de voir le bayas ou *sandpiper*, l'oiseau moucheté, la grande frégate, le pélican, et parfois l'aigle des mers, planant au-dessus des bancs de poissons.

▶ **Reptiles et batraciens.** L'iguane (protégé) est originaire d'Amérique du Sud. On peut l'observer le long de la côte ouest. Il vit dans des zones sèches et aime se dorer au soleil, sa peau adaptée à la chaleur restant bien hydratée. Il aime l'eau et est un excellent nageur ! Il peut mesurer jusqu'à 1 m voire plus. Il se nourrit de feuilles, d'insectes et de fruits. Il cache ses œufs dans les sédiments au bord des rivières. Le lézard Anolis, petite espèce verte des Antilles est communément appelé *zandoli* en créole. On compte quatre espèces de serpents non venimeux sur l'île, dont le redoutable boa constrictor de l'espèce *Nebulosa*. Ce grand

La ponte des tortues de mer

Les tortues marines aiment la Dominique ! Chaque année, de mars à octobre, de nombreuses espèces retrouvent le chemin de la plage, le plus souvent celle de Rosalie ou La Plaine, où elles viennent pondre leurs œufs à la nuit tombée. Les femelles peuvent parcourir d'énormes distances pour rejoindre leur lieu de ponte favori. Ce spectacle rare peut être admiré grâce à des associations écologiques situées au Citrus Creek Plantation (www.citruscreekplantation.com) ou par DomSeTCO. Des soirées d'observation sont organisées dans le respect le plus strict des règles de sécurité et de protection des tortues. Grâce à ses actions très dynamiques sur l'île, le biologiste marin arrive à faire respecter ces anciens reptiles. Il organise régulièrement des activités de sensibilisation, car les Dominiquais sont friands de leur chair et de leurs œufs. Hélas, malgré le travail de protection de l'espèce en Dominique, la plupart des tortues, constamment menacées de braconnage, sont en voie d'extinction.

■ **DOMINICA'S SEA TURTLE CONSERVATION ORGANIZATION INC. (DOMSETCO)**
℡ +1 767 265 0908
www.domsetco.org
Organisme en charge de la recherche, de la protection, de l'éducation et de l'écotourisme autour de la tortue.

© TOM MADGE-WYLD

Iguane.

serpent, qui peut mesurer jusqu'à 3 m, a une couleur marron sableuse. Comme tous les serpents, il vit caché et il est extrêmement rare d'en voir un. S'il ne se sent pas menacé, il n'est pas agressif. Il se nourrit de souris, de rats, de grenouilles, d'agoutis et d'oiseaux autour desquels il s'enroule pour les étouffer. Fait intéressant, il donne naissance à ses petits vivants dans l'œuf, c'est-à-dire qu'ils incubent et éclosent à l'intérieur du corps de la mère. On trouve également sur l'île 4 types de tortues : la tortue carette, aussi appelée tortue caouanne (*loggerhead sea turtle*), qui promène avec elle de nombreux parasites sous sa carapace ; la tortue Hawksbill aux belles écailles ; la grosse tortue franche (*green sea turtle*) et enfin la tortue-luth, la plus grande de toutes les espèces, pesant en moyenne 500 kg pour une longueur d'environ 1,80 m. Le *mountain chicken* était le plat national de l'île : il s'agit d'un crapaud de 15 cm environ, originaire d'Amérique du Sud et qui n'a subsisté qu'en Dominique. Il vit en surface, principalement sur la côte occidentale de l'île, dans les zones d'altitude supérieure à 350 m. Il abondait le long des berges abruptes qui bordent les rivières mais il ne se reproduit pas dans l'eau : le premier stade précoce du têtard se déroule dans l'œuf. Cette mutation est sans doute le résultat de l'adaptation au milieu, car les étangs d'eau douce, habitat naturel de cette grenouille, sont rares en Dominique. Sa peau est glissante, à cause du mucus humidifiant qui la recouvre et l'aide à respirer – ce qui rend difficile à attraper. En 2001, une maladie de peau a pratiquement éradiqué l'espèce. Elle est depuis strictement protégée depuis 2002 et ne peut donc figurer au menu des restaurants dominiquais.

▶ **Parmi les poissons et crustacés**, citons l'écrevisse, le crabe et le mulet.

▶ **Les mammifères marins.** Les cachalots ainsi que 6 autres espèces de baleines, attraction locale incontournable, habitent la côte ouest toute l'année. On en a recensé également 11 espèces de dauphins. Les baleines à bosses sont présentes au début d'avril. Le *whale watching*, balade en bateau à la recherche des cétacés, est une expérience unique, à faire absolument. Comptez environ 45 € pour une excursion de 3 heures – mais attention, elle ne sera pas toujours couronnée de succès...

▶ **Les grands rongeurs.** Originaire d'Amérique centrale et d'Amérique du Sud, l'agouti est présent sur tout le territoire et plus particulièrement dans la forêt tropicale. Petit rongeur timide de la taille d'un lapin, il s'apparente au rat mais est principalement végétarien. Il mange des racines de fougères, des tubercules, des fruits et des graines, et peut vivre de dix à quinze ans dans des terriers naturels comme les cavités de troncs d'arbres. L'agouti est solitaire et ses prédateurs sont le boa constrictor et les hommes, par la chasse et la déforestation. L'opossum ou manicou est originaire d'Amérique centrale et d'Amérique du Nord. C'est un petit animal gris clair, avec de gros yeux globuleux et un museau fuselé. Cet animal se nourrit la nuit et dort la journée. Quand il a faim, il mange tout ce qu'il trouve : fruits, fleurs, citrons, poissons, rats, lézards, souris, etc. L'opossum est un bon grimpeur et il faut lever la tête pour l'apercevoir car il niche dans des endroits très élevés. Son nid est résistant à l'eau et est fabriqué dans des vieux troncs d'arbres pourris, avec des feuilles sèches et des brindilles. C'est un excellent nageur qui n'aime pas être mouillé ! Quand il est dérangé ou en colère, l'opossum pousse un cri guttural comme un chien ; quand il est apeuré, il produit un couinement comme un rat.

Flore

La Dominique compte un millier d'espèces de fleurs, dont 74 orchidées et 200 fougères. 22 plantes endémiques à la Dominique ont été identifiées, notamment le *bwa kwaib*. Sur la côte ouest, vous trouverez les *scarlet bwa kwaib*, *purple savonnet*, la campêche... Les lantanas orange, roses et jaunes colorent le littoral. A l'intérieur des terres, l'orange des immortelles fait concurrence aux héliconias rouges, jaunes et verts – les couleurs des rastas... En 1975, la Dominique établit son premier parc national à Morne Trois-Pitons. Il couvre un peu moins de 7 000 hectares et sa vocation est de protéger la faune et la flore endémiques de l'île. Depuis 1997, il est inscrit au patrimoine mondial de l'UNESCO. Il complète l'important capital naturel de la Dominique, constitué de la première réserve centrale forestière (créée en 1952), de la réserve forestière du Nord (créée en 1977) et du parc national des Cabrits (créé en 1986), qui protègent la forêt sèche et la mangrove. La mangrove du Parc national Morne-Diablotins, créé en 2000, protège les perroquets et offre également un circuit dans une partie très ancienne de la forêt pluviale. Un point de vue permet d'observer les perroquets.

▶ **Les origines de la vie végétale**. Les plantes commencent à prendre racine sur l'île avant même la fin de l'activité volcanique, il y a 45 000 ans. Différentes théories ont été émises pour expliquer l'origine de la vie en Dominique. Les fruits et les graines viennent probablement des côtes du Venezuela, portés par les courants à travers l'océan depuis l'Afrique du Sud vers l'Amérique du Sud. Une partie d'entre elles descend l'Orénoque, suit les courants jusque dans la mer des Caraïbes et trouve terre sur les îles. Fascinante histoire de traversée, qui nous apprend que ces graines du Sud ont des enveloppes sèches si épaisses qu'elles leur permettent de résister à l'eau puis de germer sur un sol fertile. Par la suite, les colons introduisent les mangues, les fruits à pain, les noix de coco...

Les rafales de vents violents et les cyclones ont probablement transporté des animaux comme les oiseaux, les insectes et les chauves-souris jusque dans l'archipel ; tous jouent un rôle non négligeable dans la pollinisation. Les déplacements des oiseaux le long des côtes des îles caribéennes, et les insectes et reptiles dérivant sur des débris ou troncs d'arbres participent également à la prolifération des essences végétales. On suppose en outre que des grenouilles, serpents, lézards et rongeurs voyagèrent accidentellement sur les embarcations des Indiens Arawaks et Caribs.

HISTOIRE

La Dominique amérindienne

Bien que Christophe Colomb l'ait découverte et nommé en 1493, les côtes escarpées de l'île intéressent peu les Espagnols, ce qui permet à la population amérindienne de pouvoir vivre encore quelques temps sans être inquiétée. Ses premiers habitants l'avaient baptisée Waitukubil qui signifie « son corps est grand ». Les quelques Espagnols installés sur place vivent en harmonie avec les Caribs (ou Karibs) – nom utilisé par les Européens pour désigner les premiers habitants des îles, du temps du second voyage de Christophe Colomb, en 1493. Ce n'est pas celui que se donnaient les habitants, même si, répété inlassablement depuis cinq siècles, il a été adopté par les descendants. Le missionnaire Raymond Breton, visitant l'île en 1642, rapporte que les hommes se faisaient appeler *callinago* et *calliponam* pour les femmes, alors que le terme *callinemeti* désignait les « hommes de paix ». Aujourd'hui, le terme Kalinago est également utilisé pour dénommer les Caribs.

La colonisation anglaise

Cet à partir du XVIIe siècle qu'Anglais, Espagnols et Français commencent à se disputer l'île. Les Anglais et les Français continuent les batailles de possession jusqu'en 1763, date à laquelle le traité de Paris octroie l'île aux Britanniques. Les Français tentent d'en reprendre possession à plusieurs reprises au début du XIXe siècle mais en vain : la Dominique est définitivement britannique en 1814. L'esclavage y est aboli en 1833. En 1898, la Dominique bénéficie du statut de colonie de la Couronne britannique.

L'indépendance

L'île accède à l'indépendance le 3 novembre 1978 et devient une république. Le Président de la République dispose d'un champ d'action limité tandis que le Premier ministre occupe les fonctions de chef du gouvernement. En 1980, Mary Eugenia Charles, surnommé « la Dame de fer des Antilles » est élue Premier ministre. La Dominique connaît une période de troubles ponctuée de coups d'Etat ratés, de tentatives d'invasions jusqu'en 1996 où l'île redevient stable. L'île s'ouvre au tourisme en 1996 avec l'arrivée du nouveau Premier ministre Edisson James. Le Premier ministre Roosevelt Skerrit, en poste depuis janvier 2004, a été reconduit pour un 4e mandat en décembre 2014.
Source : office de tourisme de la Dominique.

Quelques figures historiques

▶ **Balla.** Leader des Marrons du XVIIIe siècle. Il est enregistré comme étant né en Guinée. Chef du camp du village de Belles. Il devient fameux, lors de l'attaque guerrière donnée sur la plantation de Rosalie en 1785 mais il est trahi par un esclave venant de la plantation de Belfast. Sa longue mise à mort en place publique à Roseau dure une semaine entière. Son histoire a inspiré une chanson *Balla mort, bois gatay* qui signifie « Balla est mort, le bois pourrit ».

▶ **Beaubois.** Dès le milieu du XVIIIe siècle, le planteur français, Chevalier de Beaubois, et sa descendance sont déjà les propriétaires de Castle Comfort. Beaubois est donc le nom en créole donné à la plantation de Castle Comfort. C'était une tradition chez les travailleurs des plantations d'appeler les habitations par le nom du propriétaire. Exemple : Gillon (Walhouse), Docteur (Morne Prosper), Guy (Hillsborough).

▶ **Diablesse.** Un personnage des contes dominiquais. Il était une fois, une légendaire diablesse… Elle apparaissait, en très jolie jeune femme aux hommes marchant dans la forêt isolée à la pleine lune. Elle pouvait être identifiée grâce aux empreintes de ses pieds fourchus ! Elle tentait les hommes, réapparaissait en vieille sorcière furieuse et les rendait fous, ce qui les tuait.

▶ **James Garraway.** James Garraway, le membre le plus éminent de l'une des plus grandes familles de la Dominique du XIXe siècle, devient gouverneur en 1860 ; c'est le premier homme d'origine africaine à atteindre cet honneur dans toutes les dépendances de la Couronne britannique. Il est le fondateur de JAS Garraway, la plus vieille entreprise existant encore sur l'île. La famille est propriétaire de deux plantations : celle de Morne Prosper et celle de Mont Eolus à Portsmouth.

▶ **Jacko.** Il est l'un des plus importants chefs marrons et commande les camps d'esclaves échappés durant l'esclavage. Né en Afrique, il est déporté en Dominique sur la plantation Beaubois de laquelle il s'enfuit en 1760. Il s'établit avec ses compagnons sur les hauts plateaux du village de Belles et sera l'un des stratèges durant la guerre des Marrons livrée contre les colons de 1780 à 1810. Le 12 juillet 1814, son camp est attaqué. Il est assassiné après avoir valeureusement résisté.

▶ **Angélique Marronne.** Ici, le mot « marron » est utilisé pour décrire les esclaves noirs qui s'enfuyaient dans la montagne pour vivre en liberté. Cette femme est capturée pendant un raid britannique dans le camp de marronnage du chef Balla, durant la première guerre contre les Marrons en 1785-1786. Elle est citée en justice et livre des informations sur la taille et le nombre de camps de « marrons » existants.

POLITIQUE ET ÉCONOMIE

Politique

Structure étatique

Depuis son indépendance en 1978, la Dominique est une république parlementaire démocratique qui fait partie du Commonwealth (ensemble de territoires issus de l'Empire britannique). L'île s'est dotée d'un pouvoir exécutif bicaméral (avec un président aux pouvoirs limités et un premier ministre) et d'un parlement effectivement composé d'une unique chambre, qui comprend une assemblée législative (21 représentants élus au suffrage universel pour 5 ans) et 9 sénateurs. 5 des sénateurs sont nommés par le Président sur proposition du Premier ministre, et 4 par le chef de l'opposition. Roosevelt Skerrit (Dominica Labour Party – DLP) est Premier ministre depuis 2004. Il a été reconduit à son poste, pour la quatrième fois, le 8 décembre 2014. Les prochaines élections auront lieu en décembre 2019.

Partis

Le Dominica Labour Party (DLP) de Roosevelt Skerrit, le Premier ministre, est au pouvoir depuis 2001. L'opposition est représentée par le United Workers Party (UWP).

LA DOMINIQUE

Économie

La baisse de l'économie touristique et des investissements étrangers ont marqué le pas de l'économie locale suite à la crise économique mondiale de ces dernières années. La dette publique correspond à 75 % du PIB. Le PIB/habitant s'élevant à 7 031 US$ et le taux de chômage à 14 %. Les principaux fournisseurs de l'île sont les États-Unis (25 %), la Chine (23 %), Trinité-et-Tobago (14 %), l'Union européenne (11 %) et la Corée du Sud (5 %). Ses clients proviennent majoritairement (40%) du CARICOM (organisation qui regroupe plusieurs États des Caraïbes, notamment la Jamaïque, Antigua-et-Barbuda, le Guyana, Trinité-et-Tobago, Sainte-Lucie, le Suriname et Haïti), puis de l'Union européenne (29 %) et de la Chine (8 %).

Principales ressources

▶ **L'agriculture** demeure le pilier de l'économie dominiquaise, surtout basée sur les ressources de son sol. L'agriculture est une source d'emploi pour 28 % de la population. Près d'un tiers de la main-d'œuvre travaille dans le secteur agricole. Cette terre volcanique, humide et fertile, permet de bonnes récoltes. Banane, vanille, citron vert, pamplemousse, café, cacao et noix de coco ont successivement constitué ces principales cultures d'exportation. Jusqu'à maintenant, la banane était le fruit le plus exporté, mais face à la concurrence sur le marché international et les géants américains, ce commerce se bat pour exister.

▶ **Des petites unités de productions** fabriquent des jus de fruits naturels ou industriels, des confitures et des sirops aux fruits tropicaux (Bello), des condiments, et conditionnent de l'eau de coco mise en bouteille. D'autres petits producteurs vendent directement aux consommateurs leurs chips de bananes plantain, du tofu de soja, du thé et du café de Dominique. Près d'un tiers de la main-d'œuvre travaille dans le secteur agricole. Les plus grosses entreprises occupent le marché de la bière locale (Kubuli), de la peinture (Harris), du savon et des bougies (Candle Industrie), des cartons et des sacs en plastique (Paul Plastique), des savons à base d'huiles essentielles (Coal Pot), de l'eau de source (Loubiere et Trois-Pitons).

▶ **Le premier producteur mondial d'huile essentielle de bois d'Inde.** La production mondiale d'huile essentielle extraite des feuilles du bois d'Inde (*Pimenta racemosa*) est dominée par l'île de la Dominique. Discrète mais précieuse industrie, les distilleries de la Dominique excellent dans la fabrication des huiles essentielles exotiques. On y retrouve une forte concentration de parcelles familiales, notamment dans l'est autour du village de Saint-Sauveur. Ces petites usines exploitent les arbres dont on tire un fort subtrat, très apprécié par les fabricants de cosmétiques américains, pour les aftershaves par exemple. Mais l'huile essentielle pure a des vertus plus intéressantes encore. Les feuilles sont cueillies manuellement, puis triées et classées selon trois essences aromatiques : la girofle (antidouleur et cicatrisante), la citronnelle (anti-moustiques et tonique) et l'anisée en moindre mesure.
Renseignez-vous auprès de l'office de tourisme de Roseau pour la visite des usines.

Place du tourisme

La Dominique a un avantage écotouristique à ne pas négliger : ses sites naturels, comme les parcs nationaux dont un classé au patrimoine mondial de l'Unesco, les lieux naturels et protégés, ses réserves marines, ses chemins de randonnée (dont le célèbre Waitukubuli National Trail qui traverse l'île), ses eaux chaudes sulfureuses volcaniques, ses eaux de rivières naturelles et ses cascades... Le gouvernement, via son ministère du tourisme, s'attache à faire connaître les différents atouts de l'île dans le monde entier. L'écotourisme est une piste, ayant peu de plages sablonneuses et pas encore d'aéroport international.
Le gouvernement a mis en place, depuis plus de 20 ans, un programme nommé CBI (Citoyenneté par l'Investissement). Les investisseurs dont le projet est approuvé se voient accorder la citoyenneté dominiquaise. Le secteur du tourisme est ainsi privilégié dans le choix des investissements sous réserve qu'il s'agisse d'un projet haut de gamme visant à développer la destination. Trois chaînes hôtelières de luxe ont ainsi choisi de s'installer sur l'île : Kempinski en octobre 2019, Mariott en 2020 à Portsmouth, ainsi que Hilton encore à l'état de planification. Mais le CBI a pour objectif le développement d'autres secteurs en cherchant des investisseurs permettant notamment la construction du futur aéroport international.

La reconnaissance des Kalinagos

La Dominique est la dernière île de la Caraïbe sur laquelle vivent ses premiers habitants, arrivés avant Christophe Colomb. Les habitants des autres îles ont été exterminés. Après des siècles de conflits, c'est en 1903 que les Kalinagos finissent par obtenir gain de cause et se voient octroyer un territoire de 1 497 hectares situé au nord-est de l'île. Aujourd'hui, ils vivent de la pêche, de l'agriculture et de l'artisanat (vannerie).

▶ **Avant 1493 >** L'île est habitée par les Indiens arawaks, puis par les Kalinagos.

▶ **1493>** Un dimanche, Christophe Colomb longe les rives de l'île et l'appelle « Domingo » (« dimanche » en espagnol), d'où le nom de Dominica. Les Espagnols laissent très vite les Français et les Anglais s'affronter pour le contrôle de l'île. Deux fois leurs canonnades mettent le feu et détruisent totalement Roseau.

▶ **XVIIᵉ siècle >** Affrontements franco-anglais.

▶ **1627>** Les Anglais en prennent possession mais ne s'y installent pas.

▶ **1632>** L'île devient une colonie française jusqu'au 1660, date à laquelle les Caribs en reprennent possession après la destruction de Roseau.

▶ **1748 >** Français et Anglais abandonnent l'île aux Caraïbes et la déclarent zone neutre pour mettre fin aux conflits.

▶ **1759>** Retour des Britanniques alors que quelques colons français s'y étaient implantés avec des esclaves africains pour la culture du café.

▶ **1763>** Bataille des Saintes : les Anglais sont victorieux des Français. L'île est attribuée aux Anglais par le traité de Paris.

▶ **1783>** Le traité de Paris donne la Dominique à l'Angleterre.

▶ **1805>** Les Français rompent le traité et tentent de s'emparer de la Dominique. Résultat : destruction totale de Roseau par le feu à nouveau. Après une dernière tentative de reconquête, en incendiant encore Roseau, les Français quittent définitivement l'île en échange d'une indemnité. L'île devient britannique.

▶ **1833>** Abolition de l'esclavage.

▶ **1898>** L'île obtient le statut de colonie de la Couronne britannique.

▶ **1903>** Les Kalinagos obtiennent une parcelle de territoire de 1 497 hectares sur la côte nord-est.

▶ **1967 >** La colonie devient État associé au Commonwealth et entame son processus d'indépendance, lié notamment à l'installation d'un régime démocratique.

▶ **1978>** L'indépendance est effective le 3 novembre.

▶ **1979>** L'île est durement frappée par le cyclone David.

▶ **1980>** Le nouveau Premier ministre Eugenia Carles est surnommé la « Dame de fer des Antilles » en raison de son autoritarisme.

▶ **1996>** Nomination du Premier ministre Edisson James. Il ouvre l'île au tourisme.

▶ **2000>** La Dominique fête le 22ᵉ anniversaire de son indépendance. Désignation du charismatique Roosevelt Douglas, qui entreprend une croisade internationale pour faire connaître son pays et demander l'aide internationale. Il décède six mois plus tard. Son bras droit, Pierre Charles, récupère son poste de Premier ministre par intérim.

▶ **2003>** Pierre Charles est nommé Premier ministre du pays.

▶ **2004>** Décès de l'honorable Pierre Charles, qui est remplacé par Roosevelt Kerrit du Parti travailliste. Né en 1972, il devient le plus jeune Premier ministre au monde.

▶ **2009>** Roosevelt Skerrit est reconduit dans ses fonctions le 18 décembre.

▶ **2012>** Le 17 septembre, Eliud Williams est élu à l'unanimité par le Parlement septième président du Commonwealth de la Dominique, à la suite de la démission de Nicholas Liverpool.

▶ **2013 >** M. Charles Savarin est élu chef d'Etat le 1ᵉʳ octobre.

▶ **2014>** M. Roosevelt Skerrit est reconduit dans ses fonctions de Premier ministre pour un quatrième mandat le 8 décembre.

▶ **2015 >** Le 27 août, la tempête Erika provoque d'importants dégâts estimés à environ 450 millions d'euros. Des centaines de glissements de terrain, les plus importants étant situés dans le sud-est de l'île, détruisent un village entier, Petite-Savane. On déplore 31 morts, la plupart à Petite-Savane. L'aéroport de Melville Hall est impraticable et quasiment toute l'île est privée d'électricité.

▶ **Fin 2016** > La Dominique se remet doucement de ce phénomène. Des routes et des ponts ont été remplacés par des structures provisoires car ils ne sont pas encore remis en état.

▶ **Septembre 2017 >** L'ouragan Maria a frappé l'île le 18 septembre, avec des vents soufflant à plus de 260 km/h. Près d'une trentaine de personnes sont décédées et des centaines de blessés ont été recensés. Les routes, les infrastructures et la végétation ont été complètement dévastées. Des aides internationales ont été acheminées et le pays est en cours de reconstruction.

▶ **2018 >** L'île fête les 40 ans de son indépendance.

▶ **2019>** Elections au mois de décembre.

Enjeux actuels

Le faible flux de touristes vers la Dominique, amplifié par la dernière crise économique mondiale et les énormes dégâts occasionnés par l'ouragan Maria de septembre 2017 perturbent l'économie locale. Les moyens d'accès à cette île restent encore assez complexes depuis l'Europe. Il faut se rendre en Guadeloupe ou en Martinique, puis accéder à la Dominique par bateau ou par avion. Il existe également une liaison qui permet de s'y rendre en passant par l'île de Saint-Martin, au nord de la Guadeloupe. Les professionnels du tourisme travaillent de concert afin de bénéficier de rotations aériennes ou maritimes plus adaptées aux besoins de leurs visiteurs. En 2019, de nombreux établissements ont rouvert après une longue période de travaux et les autorités mettent l'accent sur le renouveau de l'île pour attirer les touristes.

POPULATION ET LANGUES

Population

Vous trouverez difficilement une population aussi encline à vous porter assistance. Si vous êtes arrêté sur le bord de la route dans votre voiture, un Dominiquais s'arrêtera à son tour afin de savoir si vous êtes perdus, si vous semblez perdu à pied dans Roseau ou si vous êtes importuné, un autre viendra à votre rencontre afin de vous assister. L'île compte environ 74 679 habitants. La majorité de la population (96 %) est d'origine afro-caribéenne. La population blanche est généralement constituée d'expatriés canadiens, anglais, américains ou français, de quelques rares descendants de familles coloniales et ne représente que 1 % de la population. Les Indiens constituent les 3 % restants. On recense moins de 200 résidents de nationalité française. Entre 20 000 et 50 000 Dominiquais vivraient hors de leur pays.

▶ **Les Kalinagos**. La Dominique est le seul pays au monde qui compte encore 3 500 Indiens Kalinagos sur son sol, derniers descendants des peuples indigènes de l'arc des Caraïbes qui vivent de l'agriculture, de la pêche et de l'artisanat. Leurs ancêtres, qui venaient du bassin de l'Orénoque, ont peuplé toutes les Antilles après avoir massacré (ou mangé) tous les Arawaks. Les Kalinagos de l'île de la Dominique sont appelés par erreur Caribs, dérivé du mot « cannibale ». Les historiens s'interrogent à savoir si les Kalinagos et les Arawaks ont pu cohabiter, ou si les Kalinagos ont conquis leur territoire par des actions guerrières. Dans le récit d'expédition de Patrick Leigh Fermor à la Dominique, un certain M. de Rochefort décrit les méthodes des Indiens Caribs (*Histoire naturelle des Antilles de l'Amérique*, en 1658). Extrait : « *Nulle chair européenne ne leur paraissait plus délectable que celle des Français. Venaient ensuite les Anglais. Ils trouvaient le Hollandais fade, l'Espagnol fibreux, coriace, à peu près immangeable. [...] La préparation commençait sur la victime encore vive. On commençait par pratiquer dans le dos et les flancs quelques ouvertures qu'on farcissait de piments et d'herbes. Le prisonnier ayant été achevé à coups de massue, on le faisait rôtir à feu doux, les femmes le tournant sur la broche, l'arrosant et recueillant la graisse dans des gourdes ou des calebasses, qu'elles mettaient précieusement de côté. De temps en temps, elles suçaient goulûment leurs bâtons trempés de jus* ». La réalité serait toutefois beaucoup moins horrifique. Les ossements retrouvés sous les huttes seraient des restes de sépultures. En tous cas, on préfère à l'époque les éviter ! En 1903, le gouverneur britannique d'alors crée la première réserve caribe, qui deviendra plus tard le « Carib Territory », en bordure des côtes nord-est de l'île, dont les Kalinagos sont aujourd'hui propriétaires. Ces terres leur ont été concédées par la reine Victoria. Aujourd'hui administrés par le Carib Council, ses membres élisent un chef qui les représente au sein du gouvernement dominiquais. La population est estimée actuellement à 3 500 personnes, qui vivent paisiblement de l'agriculture.

Langues

▶ **La langue officielle est l'anglais.** Le créole est parlé sur toute l'île et beaucoup d'habitants ont également quelques notions de français, ne serait-ce que par le contact de certains membres de leur famille résidant en Guadeloupe ou en Martinique.

▶ **Le patois dominiquais**. Mélange de créole et d'anglais, il a permis aux habitants de communiquer entre eux sans que l'occupant puisse les comprendre. Très pratique, ce patois spécifique est toujours utilisé par les Antillais, même par ceux qui ne parlent pas anglais. Pourtant, sur ces îles très britanniques, il est considéré comme un langage de « campagnards ». Le village de Marigot est le seul village où l'on parle encore le *cocoy*, le créole anglais, importé à la Dominique par des esclaves échappés d'Antigua.

MODE DE VIE

Vie sociale

Caractère

Sur l'île de la Dominique, comme dans beaucoup d'autres îles des Caraïbes, la vie a son propre rythme, loin des trépidations métropolitaines. Les rastas, très présents sur l'île, préconisent un mode de vie solidaire en lien avec la nature. Ils sont parfaitement intégrés. Même si l'île est indépendante depuis 1978, l'influence anglaise est toujours présente, avec la langue bien sûr, mais également dans la décoration, la conduite à gauche, la cuisine, le sport (on y joue au cricket). La population aime faire la fête et le carnaval qui se déroule en février, les fêtes de villages, tout comme le festival de musique créole, qui bénéficie d'une excellente réputation, sont autant d'occasion de s'amuser.

Éducation

La Dominique figure depuis 2016 parmi les pays participants au Partenariat Mondial pour l'Éducation. Cette opération a pour but de donner accès à l'éducation à tous les enfants parmi les plus marginalisés.

Santé

L'île a réussi à éradiquer des maladies telles que la rougeole, la rubéole et les oreillons. La Dominique a passé un accord avec la Guadeloupe et la Martinique en termes de soins d'urgence. La vigilance reste de mise pour les maladies transmises par une piqûre de moustique (dengue, chikungunya et zika), également présentes dans les Antilles françaises.

Religion

Les religions occupent une place très particulière dans la vie des Dominiquais. Du fait de la colonisation, l'île est en majorité catholique (61,4 %) et anglicane (29,5 %), mais vous y retrouverez toutes les communautés présentes dans les Antilles françaises : évangélistes, Témoins de Jéhovah, adventistes et la Gospel Hall Church, très influente dans les îles anglaises. Le peuple est très pratiquant et les messes sont très fréquentées. Par ailleurs, le rastafarisme (1,3 %), qui attire de nombreux jeunes, est également bien implanté en Dominique.

▶ **Le mouvement rastafari** est assez bien implanté sur l'île de la Dominique. Pour essayer de comprendre cette communauté, il faut un peu quitter les stéréotypes tels que les bonnets pour *dreadlocks* ou la marijuana. Les origines de cette religion remontent aux années 1920, quand le mouvement naît d'une des nombreuses formes du syncrétisme et puise ses racines au plus profond de l'Afrique Noire, en Ethiopie. Hailé Sélassié, dernier empereur d'Ethiopie, serait d'après les rastas la réincarnation du Christ ; avant de prendre le nom de Sélassié, à son couronnement, le Négus s'appelait Ras (« le prince ») Tafari. Depuis, le mouvement rasta, mélange de christianisme (sans reconnaissance du pape), de judaïsme messianique et de croyances ancestrales africaines, a des velléités sociales. Il prêche la lutte passive contre la toute-puissance blanche en affirmant fortement son identité noire ; les couleurs vert-jaune-rouge, fièrement arborées et les *dreadlocks* que l'on ne doit pas couper sont autant de signes forts qui riment avec les valeurs communes de cette communauté : musique reggae, consommation de cannabis, retour à la terre, autosuffisance... Très longtemps réprimés dans les îles du Commonwealth, les rastafaris sont une composante importante de la communauté de la Dominique, tout comme en Jamaïque.

LA DOMINIQUE

Les centenaires de la Dominique

On recense régulièrement une vingtaine de centenaires dans cette population de 72 000 habitants ! L'année 2015 a d'ailleurs compté 32 centenaires recensés officiellement. Comment expliquer cette longévité sur l'île ? Environnement naturel ? Alimentation ? L'absence de stress ? Un peu de tout cela certainement... Le gouvernement octroie désormais une pension mensuelle, des ustensiles, du gaz et autres commodités à chacun de ses centenaires. Elizabeth Israël, *Ma Pampo* pour les Dominiquais, était la doyenne de l'île, et a vécu paisiblement à Portsmouth où elle est décédée en 2003 à l'âge supposé de 127 ans ; sa date de naissance n'a cependant jamais été prouvée avec certitude, bien qu'elle ait selon toute vraisemblance largement dépassé le centenaire.

ARTS ET CULTURE

Architecture

Difficile de définir l'architecture de l'île en quelques mots car vous allez vite vous rendre compte de la diversité de styles selon les secteurs. La capitale, Roseau, est sans doute la plus représentative de l'architecture coloniale avec ses maisons en pierres volcaniques. L'ancien centre Old Market (le vieux marché) représente le cœur de la première cité, établi par des Français dans les années 1630. Des ruelles sont aménagées en étoile autour du centre. Les autres quartiers sont construits avec des rues à angle droit en damier, un aménagement typiquement anglais. Certains édifices religieux de Roseau méritent un arrêt, tels St. George's Anglican Church (une église colorée et dotée d'une baie vitrée qui permet de voir la montage en arrière-plan) ou encore Our Lady of Fairhaven (qui ne peut s'observer que de l'extérieur actuellement, étant fermée pour travaux).

La St. Patrick's Roman Catholic Cathedral date du XIXe siècle. Plus au nord, après Portsmouth, vous pouvez également découvrir le fort Shirley, datant du XVIIIe siècle, dont une partie des bâtiments a bénéficié d'une rénovation. Il abrite un musée militaire et dispose encore de quelques canons pointés vers la baie pour rappeler son utilité première. Quant au territoire des Indiens, vous aurez l'occasion d'y découvrir leur habitat traditionnel composé de bambou et de roseau.

Artisanat

Vous trouverez de l'artisanat local : les attrape-doudous, qui se glissent sur votre doigt, ou encore les chaussures en cuir pour femmes et hommes. Les Kalinagos sont de bons vanniers. Ils tressent des paniers de grande qualité avec les feuilles et branches de la forêt, qu'ils décorent de motifs géométriques traditionnels, ainsi que d'autres objets en paille (dessus de table, chapeaux, poupées créoles, sacs) ou encore des épices, du rhum, du tabac et toute la panoplie du rasta. Les boutiques de Roseau et les étals du marché touristique sont généralement ouverts de 8h à 13h, et de 14h à 16h, du lundi au vendredi.

Cinéma

C'est dans la baie du Prince Rupert, située à Portsmouth, qu'ont été tournées certaines scènes des films *Pirates des Caraïbes II* et *III*, avec Johnny Depp dans le rôle du capitaine Jack Sparrow.

Danse

Les danses traditionnelles sont bien présentes sur l'île. Le quadrille, d'origine française et encore présent en Guadeloupe et en Martinique lors d'évènements folkloriques, est une danse très élégante. Les femmes sont vêtues de tenues traditionnelles et les hommes de costumes avec nœud-papillon. Le bélé, issu d'Afrique de l'Ouest, a un aspect rituel rythmé par le tambour. D'autres styles musicaux venues des îles venues donnent lieu à des danses variées avec le calypso, le soca (proche du calypso, en plus rythmé), le reggae issu de la Jamaïque, ou encore le zouk au rythme chaloupée. Les danses des Indiens Caribs sont à observer lors de votre passage sur leur territoire dans le cadre d'une visite organisée. Chacune de ces danses est honorée lors du World Creole Music Festival qui se déroule chaque année fin octobre.

Littérature

Notons quelques livres intéressants pour le profil de ses auteurs :

▶ **Elma Napier** fut la première femme à siéger dans un parlement caribéen. Elle a publié *Black and White Sands*.

▶ **Phyllis Shand Alfrey** fut la co-fondatrice du Parti Travailliste de la Dominique. On lui doit les romans *It Falls into place* et *La Maison aux orchidées*.

▶ **Polly Pattullo** est une journaliste qui a entre autres écrit *Le coût du tourisme dans les Caraïbes*. Elle a co-fondé la maison d'édition Papillote Press basée à la Dominique et à Londres. Elle édite des livres de fiction, des romans, des livres pour enfants sur la Dominique en version anglaise dont les ouvrages des auteures précédentes.

▶ **Jean Rhys (Ella Gwendolen Rees Williams)** est une écrivaine britannique née le 24 août 1890 à Roseau et décédée en 1979. Elle a publié plusieurs livres dont *Quartet* et *Wild Sargasso Sea* qui ont été produits également au cinéma.

▶ **Shannah Robin** a publié un recueil de conseils de vie basés sur de vieux dictons intitulé *L'esprit positif : 100 Pensées & Questions*.

Médias locaux

La chaîne Discovery Channel a tourné à la Dominique le premier épisode d'*American Tarzan* (décrit comme un mélange de *Survivor* et *American Ninja Warrior*) en mars et avril 2016.

Musique

Le patrimoine de la Dominique est riche et varié. Il émane des cultures successives (Caribs, Africains et Européens) qui se sont établies sur l'île. Du fait de son isolement, l'île a conservé beaucoup de ses coutumes ancestrales, et certains villages ont développé leurs propres styles de danse ou de musique. Le *jing ping* est un style de musique traditionnelle tandis que le Bouyon est une association de musique traditionnelle et moderne. On peut, bien sûr, également entendre du reggae, du zouk, de la soca... sans oublier les musiques et danses traditionnelles des Indiens.

▶ **Nasio Fontaine** est une star du reggae *roots*.

▶ **Gordon Henderson.** Ce chanteur a suivi des études à Porto Rico. Il a notamment été chanteur des titres anglais du groupe guadeloupéen Les Vikings.

▶ **Michelle Henderson,** auteure-compositrice, est une des vocalistes les plus talentueuses de l'île. Elle est investie dans plusieurs organisations, dont Crimes Stopper Dominique et Home at Heart Foundation.

▶ **Jeff Joseph.** Le plus fervent promoteur de la musique dominicaine à ce jour, fondateur et chanteur du groupe Grammacks. Il est décédé prématurément après un AVC en 2011.

▶ **Ophelia Marie.** Cette chanteuse de calypso dominiquaise bénéficie d'une popularité de star internationale. Une des ses chansons, *Ay Dominique*, est devenue un hymne à la Dominique.

Peinture et arts graphiques

Les peintres dominiquais sont très investis dans les activités culturelles de l'île. Leurs expositions et animations d'ateliers attirent de nombreux jeunes talents qui s'inspirent de leur environnement direct pour créer. Le plus emblématique des peintres contemporains se prénomme Earl Etienne, formé par l'Academy School of Art de Jamaïque en 1982. Particulièrement reconnu pour son utilisation originale de la technique dite « fumée » – également nommée « bouzaille » ou « flambeau » -, il est directement influencé par l'art précolombien. Les peintres de l'île n'hésitent pas à puiser dans la nature (bois, végétal) et utilisent les couleurs franches pour réaliser des toiles très énergiques. C'est au sein du Old Mill Cultural Centre, à Canefield, que les artistes dominiquais viennent exposer leurs œuvres.

FESTIVITÉS

Les Dominiquais, comme les Antillais en général, aiment faire la fête, pour manger, chanter, danser et oublier les soucis de la vie quotidienne, et tout simplement pour être ensemble. Et les occasions sont nombreuses : fêtes religieuses, familiales, communautaires. L'année 2018 a été ponctuée par de nombreux événements culturels avec des artistes locaux à l'occasion de la célébration des 40 ans de l'indépendance de l'île.
Tout au long de l'année, le site www.authentique-dominique.com permet de prendre connaissance des animations prévues.

L'île est divisée en 10 communes (*parish*, « paroisse »), nommées d'après des noms de saints fêtés et célébrés toute l'année. La semaine qui précède l'anniversaire du jour de l'Indépendance (le 3 novembre) est riche en manifestations culturelles, et l'on y retrouve toutes les traditions de l'île, du costume créole national (le madras) porté pour le Creole Day à la journée de cuisine créole, en passant par la commémoration du jour de l'Indépendance, suivi par le Festival de musique créole, qui réunit les plus grands chanteurs de ce genre musical. Ensuite, c'est déjà l'Avent et la Noël, puis le Carnaval et les fêtes de Pâques.

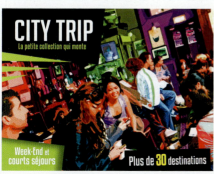

LA DOMINIQUE

Février

■ CARNAVAL DE LA DOMINIQUE
Le carnaval se déroule en février.
Certains le considèrent comme le carnaval le plus original de la Caraïbe. La population défile dans les rues de Roseau avec des costumes traditionnels pendant plusieurs jours jusqu'au Teway Vaval et son défilé sur le territoire des Indiens. Plusieurs événements émaillent le carnaval comme l'élection de la reine du carnaval, des concerts.

Mai

■ JAZZ & CREOLE FESTIVAL
En mai. – Concerts de jazz et de musique créole organisés chaque année à Fort Shirley dans le Cabrits National Park.

Juillet

■ DIVE FEST DOMINICA (FESTIVAL DE PLONGEE)
Au mois de juillet. – Un festival de plongée à l'occasion duquel les centres de l'île ouvrent leurs portes pour faire découvrir les magnifiques sites dont regorge l'île.

Août

■ FESTIVAL DE L'ÉMANCIPATION
En août.
Les Dominiquais rendent hommage à leurs ancêtres au travers du festival de l'émancipation pendant lequel chants, danses et spectacles sont au rendez-vous. L'hommage à ces victimes de l'esclavage est également présent par un parcours (Neg Marron Emancipation Hike) qui reprend le trajet emprunté par les esclaves.

Septembre

■ DOMINICA'S KALINAGO CULTURAL FESTIVAL
Les traditions des indiens kalinago sont mises en avant pendant une semaine au mois de septembre. Ces festivités sont ouvertes au public qui peut ainsi découvrir toutes les activités traditionnelles de ce peuple.

Octobre

■ DOMINICA'S WORLD CREOLE MUSIC FESTIVAL
dominicafestivals.com
tourism@dominica.dm
Rendez-vous musical majeur dans l'île, le festival international de musique de la Dominique existe depuis 1997. Tous les ans en octobre, les artistes créoles les plus prestigieux viennent interpréter leurs chansons à succès pour un public de plus en plus nombreux venu des Antilles, mais aussi des États-Unis et du Royaume-Uni. Tous les styles caribéens sont représentés, du reggae au zouk en passant par la salsa, l'afro jazz, le bèlè, le compas... Si vous souhaitez vous y rendre, anticipez le voyage car les rotations (maritimes ou aériennes), bien que multipliées pour l'évènement, sont prises d'assaut.

Novembre

■ INDEPENDANCE DAY
Le 3 novembre.
La Dominique a obtenu son indépendance le 3 novembre 1978. Des fêtes se déroulent chaque année à cette date, aux quatre coins de l'île. Un défilé a notamment lieu à Roseau. En 2018, la Dominique a fêté ses 40 ans d'indépendance.

CUISINE DOMINIQUAISE

Comme ses cousines guadeloupéenne et martiniquaise, la cuisinière dominiquaise utilise beaucoup de riz, de lentilles et de légumes pays, l'igname et le manioc parfois, servis avec du poisson grillé ou du poulet. Le crabe farci, la soupe de *calalou* (sorte d'épinard) et les fruits tropicaux (goyave, ananas, mangue, banane, noix de coco, papaye, corrosol, carambole, etc.) sont très courants eux aussi.

Les influences anglaises se retrouvent encore, comme dans le *buljow* (poisson volant servi avec des beignets de fruit à pain). *Le mountain chicken* (« poulet de montagne »), un plat à base de cuisses de grenouilles frites ou sautées, contrairement à ce que son nom indique, était le plat typique de l'île. Sa consommation est interdite depuis plusieurs années suite à une maladie qui a provoqué la quasi disparition de cette espèce qui est désormais protégée. Finie l'époque où l'on trouvait les mêmes plats sur toutes les cartes.

A goûter également, les chips de banane plantain, l'eau de coco (nature ou en bouteille), les punchs aux fruits exotiques et la bière blonde Kubuli.

Trois rhums bruns sont enfin produits sur l'île : le Soca Rum, le D-Special Rum et le Macouchery Rum.

Les club sandwichs, poissons grillés, poulet coco, brochettes de poulet, crevettes (appelées « kebbab »), beignets, hamburgers, soupes, wraps sont certes très présents mais beaucoup de restaurants de diverses catégories permettent d'étoffer le panel des plats.

JEUX, LOISIRS ET SPORTS

Plages

Sur la côte nord, vous trouverez des plages de sable doré. La côte, au sable noir, n'est pas la plus adaptée pour se baigner à cause de courants très dangereux. La côte ouest (côté Caraïbes), est constituée de sable gris. Vous trouverez aussi de très belles plages à Mero (où sont situés plusieurs petits restaurants et des activités touristiques pendant la haute saison). Salisbury dispose d'un centre de plongée français et d'un petit restaurant, et Batalie abrite un centre de plongée affilié à un hôtel.

Deux belles plages à Portsmouth (Prince Rupert Bay et Purple Turtle Beach), de sable blanc magnifique et très peu fréquentées. Vous serez enchanté de découvrir Hampstead Beach et sa très jolie cocoteraie, qui borde des eaux transparentes. La plage de Turtle Bay est destinée aux surfeurs et aux vacanciers qui veulent repartir avec un solide bronzage. Un vrai décor de carte postale, et aussi un lieu de ponte privilégié pour les tortues marines. Sur la plage de Woodford Hill, la mer est tranquille pour les enfants et les pêcheurs vous invitent à leur donner un coup de main pour ramener les filets et les poissons. Négociez votre travail en poisson frais et en ti-punch...

Enfin, la plage de la baie du Prince Rupert, à Portsmouth, offre des aménagements pour les loisirs : planche à voile, canoë, VTT...

Plongée

La plongée offre certains des plus beaux spots de la planète ! Tous les centres de plongée de l'île sont des structures professionnelles. Ils sont tous membres de l'Association des Sports aquatiques de l'île. La Dominique a une telle réputation qu'elle entre dans le club des cinq meilleures destinations mondiales pour la plongée ! On dit que c'est la capitale de la plongée des Petites Antilles, et « l'île aquatique » peut être fière de ses nombreux spots : Portsmouth, Middle Ground (Coulibistrie, Salisbury, Mero), Scott's Head... La plus grande biodiversité marine s'observe sans doute à Middle Ground. On y retrouve des récifs coralliens (des tombants) et des épaves de bateaux. Les poissons que vous y verrez sont identiques à tous ceux des Caraïbes, et très nombreux, car

la Dominique enregistre un taux de pollution très bas. N'oubliez pas l'appareil photo ! Voici d'autres spots reconnus :

▶ **Scott Head Pinnacle** (niveau moyen). Au sud. Vous arrivez à un cratère doté d'une dénivellation spectaculaire. Vous découvrirez une caverne abritant langoustes, hippocampes, barracudas...

▶ **La cime de Dangeblens** (niveau moyen). Au sud. Cette dénivellation offre le spectacle des allers-retours de bancs de carangues.

▶ **Les grottes de Toucari** (niveau débutant). Au nord. Site accessible dès 7 mètres de profondeur pour les moins expérimentés pour descendre jusqu'à 30 m.

▶ **La gueule du requin** (niveau débutant). Au sud. Vous n'y croiserez pas de requins mais des éponges dont la forme rappelle la gueule d'un requin. La variété de couleurs et de la faune vaut le déplacement.

▶ **Le trou de Rina** (niveau débutant). Au sud. Ce site peu profond qui bénéficie des rayons du soleil pour l'éclairer et observer diverses espèces dans les failles sans nécessiter une grande expérience de la plongée.

▶ **Récif requin-baleine** (niveau moyen). Au centre. A la hauteur de Grande-Savane, ce site vous entraîne jusqu'à 49 mètres de profondeur pour observer des éponges gigantesques et toutes sortes de coraux colorés autour desquels gravitent des poissons tout aussi chamarrés.

▶ **Des sentiers sous-marins** sont tracés à Douglas Bay dans le parc national de Cabrits, et vous y verrez aussi d'anciennes épaves de bateaux à voile, à coque d'acier ainsi qu'une canonnière datant de la Seconde Guerre mondiale sur le site de Toucari et de Capucin. Au-dessus de Roseau, à Rodney's Rock, vous pourrez contempler des coraux pourpres très rares ainsi qu'une multitude de poissons tropicaux : poisson chauve-souris, hippocampe, poisson volant et le poisson-grenouille de toutes les couleurs. Il n'est pas rare de tomber nez à nez avec des raies ou des tortues ! Un festival de la plongée est organisé chaque année au mois de juillet. N.B : Vous êtes obligé de passer par des centres de plongée agréés (Padi) pour pratiquer la plongée à la Dominique.

Randonnée

Paradis du trekking, la Dominique est une île de rêve pour les amateurs de tourisme vert, une terre d'aventure, où l'on s'évade sur les sentiers du Waitukubuli Trail à la recherche des chutes d'eau, lacs et rivières...

▶ **Cascades et rivières**. Des balades pour tous les niveaux de marches, du chevronné au néophyte ! Laissez-vous bercer par le chant des siffleurs des montagnes, des malfinis et autres perroquets qui accompagneront votre promenade. Partez tranquille, il n'y a pas d'animaux dangereux ou venimeux. De splendides petites cascades, nichées dans la forêt tropicale et illuminées par les rayons de soleil, vous attendent. Avec ou sans guide, les marcheurs seront sûrement comblés au long des presque 500 km de sentiers balisés ! Une chose va certainement vous surprendre dès votre arrivée : tout le monde se propose de vous guider. Certaines randonnées ne nécessitent pas vraiment un accompagnateur chevronné, mais pour les escapades plus aventureuses, n'hésitez pas à demander à l'office de tourisme de vous fournir la liste des guides habilités. Il existe maintenant une école où les guides sont spécialement formés. Quand on vous accoste sur le bord de la route ou sur les sites (où ils sont vraiment plus collants), vous pouvez essayer de vous adresser à eux en disant dans votre meilleur anglais : « *Respect man, somebody's waiting for me.* » – normalement, ils comprennent tout de suite que vous n'avez pas besoin de leurs services.

▶ **Guides.** Pour vous garantir des balades en toute sécurité, l'assistance d'un guide qualifié peut se révéler très utile. Il connaît l'impact d'une pluie ou d'un changement climatique sur le niveau d'une rivière, et sait se repérer dans la forêt tropicale. A l'entrée des villages ou près des cascades, des jeunes Dominiquais seront là à vous attendre pour vous accompagner. Les prix se situent autour de 40 EC$ pour les balades les plus faciles d'accès, et 50 EC$ pour les autres.

▶ **Une taxe** est exigée pour la visite des parcs nationaux : 5 US$ pour la journée sans limite de visites, et 12 US$ pour une semaine de visite. Entrée au Waitukubuli National Trail : 12 US$/jour, 40 US$/2 semaines. Taxes à régler à la Forestry Division, sur certains sites directement (seulement les plus connus ou encore auprès d'entreprises agréées telles que le Tamarind Tree Hotel, au sud de Salisbury (nord de Roseau). N'oubliez pas que ce sont des sites écologiques naturels ou des parcs nationaux, dont certains sont inscrits au patrimoine mondial de l'Unesco ! Vous contribuerez ainsi à l'entretien de ces lieux. Vous pouvez également faire appel à des guides certifiés ; comptez environ 50 US$/personne à partir de 2 personnes, 80 US$ pour une personne seule.

Voile

La Dominique est l'île la plus montagneuse des Petites Antilles. Ses côtes abruptes offrant peu d'abris, elle n'est guère fréquentée par les voiliers, qui se contentent souvent de longer sa côte Ouest, magnifique, entre la Martinique et la Guadeloupe. L'un des mouillages les plus connus se trouve dans la large baie du Prince Rupert, qui abrite Portsmouth, deuxième ville de l'île, au nord. Les bateaux entrant dans la baie sont bientôt entourés d'une armada de barques motorisées, à bord desquelles de jeunes rastas proposent une visite de la rivière indienne, des fruits... Mais il y a aussi celui de l'Anchorage, près de Roseau, où l'ancrage est peut-être un peu plus sécurisé.

ENFANTS DU PAYS

Mabel « cissie » Caudeiron

Folkloriste et professeur née en 1909 et décédée en 1968. Enfant, Mabel participe à des pièces de théâtre et des concerts et compose par la suite beaucoup de chansons créoles, influençant les biguines de la Martinique. Elle quitte son île, se marie à un Vénézuélien, Caudeiron, et élève sa famille en Amérique du Sud. Elle revient en Dominique au début des années 1960, avec une nouvelle énergie, bien déterminée à faire reconnaître l'héritage folklorique dominiquais et la culture traditionnelle. Elle devient professeur au collège de Wesley. Localement, elle écrit des articles sur l'héritage de la musique, de la danse et des costumes traditionnels.

Dame Mary Eugenia Charles

Née le 15 mai 1919 au village de Pointe-Michel. Avocate, politicienne et journaliste. Elle fait son éducation au Convent High School à Roseau et ensuite au Saint-Joseph Convent à Grenade. Elle étudie à l'université de Toronto et est appelée au barreau d'Inner Temple, à Londres en 1949. La même année, elle écrit sous couvert d'anonymat des articles à La Dominique, dans le *Harald* et le *Star*. Elle fonde le Dominica Freedom Party en

1968, entre à l'Assemblée en 1970 et devient leader de l'opposition en 1975. Elle est la première femme de la Caraïbe à devenir Premier ministre, lorsque le DFP gagne les élections en 1980. Réélue en 1985 et 1995, elle est nommée chevalier par la reine Elisabeth à Harare, au Zimbabwe en 1991. Appelée la « dame de fer des Caraïbes », elle reste 15 ans au pouvoir. Elle meurt en 2005.

Francis Otho Coleridge Harris, dit « Cosie »

Juge et législateur né à Roseau le 30 décembre 1918. Il suit des études qu'il terminera à Oxford, où il excelle en sport et devient le capitaine de son équipe de cricket. Elu en 1951 aux législatives de Roseau, il devient le représentant du Conseil de l'université des West Indies en 1954. Il travaille à la révision des lois du Malawi, de Guyana, de Trinidad et de la Dominique. Il meurt en 1989.

Lennox Honychurch

Lennox Honychurch est un anthropologue né en Dominique qui a beaucoup étudié les Kalinagos. Son site www.lennoxhonychurch. com (en anglais et en français) est intéressant. Il a notamment écrit *Negre Mawon* qui retrace la vie des habitants de la Dominique de sa découverte jusqu'à nos jours.

Patrick Roland John

Premier ministre et parlementaire, maire, professeur né à Roseau le 3 novembre 1938. Il a cofondé l'Union des travailleurs. Élu maire en 1965, John est le Premier ministre de la Dominique proclamée indépendante le 3 novembre 1979. Arrêté après une tentative de coup d'État, il est déclaré coupable en octobre 1985 puis condamné à 12 ans de prison pour être relâché le 29 mai 1990. Il a aussi été président de l'Association dominiquaise de football.

Edward Olivier LeBlanc

Né à Vieille-Case, le 3 octobre 1923. Études d'agriculture tropicale à Trinidad. Employé par la Société de planteurs de banane pour les représenter. Poète à ses heures perdues. Élu Premier ministre de l'île en 1967, il est le défenseur des « petits » et de la culture traditionnelle. Il démissionne en juillet 1974 après moult déboires politiques et laisse son siège à Patrick John. Il prend sa retraite dans son village de Vieille-Case avant de s'éteindre en 2004.

Phillis Shand Allfrey

Politicienne, poétesse, journaliste, éditrice née à Roseau en 1907. Émigrée aux États-Unis pendant son adolescence et ensuite en Angleterre. Elle rejoint le Labour Party anglais et commence une carrière en littérature avec une nouvelle publiée *La Maison aux orchidées*.
De retour à la Dominique en 1953, elle fonde le Labour Party local avec E. Loblock en 1955, gagne un siège aux élections fédérales de 1958 comme membre du Parlement de la Fédération des West Indies et sera finalement élue ministre du Travail et des Services sociaux. Elle devint éditrice du *Harald* en 1963, puis du *Star* en 1965. Elle participera à la création du Dominican Freedom Party, en 1968. Elle s'éteint en 1986.

LA DOMINIQUE

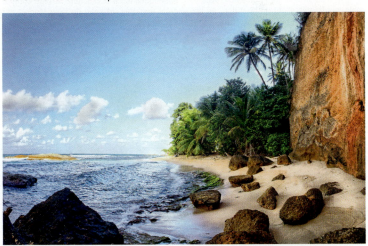

© DEREK GALON

Plage de Pointe Baptiste, Calibishie.

VISITE DE LA DOMINIQUE
⭐⭐⭐

L'OUEST

Les immanquables de la Dominique

▶ **Découvrir les sentiers de randonnée**, activité majeure de l'île, et notamment le Waitukubuli National Trail qui représente le plus long itinéraire de randonnée des Caraïbes.

▶ **Partir à la découverte du monde sous-marin** sur l'un des sites de plongée privilégiés ou voguer à la rencontre des cachalots.

▶ **S'offrir un instant de détente** dans un spa naturel.

▶ **Traverser le territoire des Kalinagos.**

▶ **Reconnaître le lieu de tournage** des certaines scènes des films *Pirates des Caraïbes II* et *III* sur la plage de Prince Rupert Bay à Portsmouth.

La capitale de l'île, Roseau, se trouve au sud-ouest, face à la mer. Au nord de Roseau, le long de la côte ouest, les plages Mero (Castaways Hotel), Batalia (Sunset Bay Club) et Saint-Joseph sont très agréables, avec un sable aux teintes allant du brun doré au noir volcanique. La mer est en général très calme sur cette côte et invite à la baignade. Un arrêt à Dublanc permettra de s'enfoncer vers l'est à l'assaut du Morne-Diablotins et de son parc national.

ROSEAU

Le centre-ville de Roseau est petit, aussi le parcourir à pied est un plaisir. Les noms des rues sont en outre bien identifiés, de sorte qu'il est très difficile de s'y perdre. La petite capitale d'environ 20 000 habitants, au plan en damier possède quelques belles maisons créoles de bois coloré. La plupart, non restaurées depuis la fin du colonialisme, sont malheureusement en mauvais état.

Ces demeures témoignent de l'influence française à la Dominique et présentent un curieux mélange de structures simples et solides, conçues pour résister aux intempéries, et de riches ornementations comme ces nombreuses persiennes et ces jalousies percées dans les murs. Au hasard des rues, vous pourrez aussi admirer quelques vieilles églises, dont les fondations en grosses pierres remontent à 300 ans pour les plus anciennes. Roseau abrite également un musée sur l'histoire de l'île. Au nord de la ville, au pied de la montagne Morne Bruce, vous pouvez visiter les jolis jardins botaniques de la Dominique. Roseau compte deux marchés, et celui de New Market est très animé.

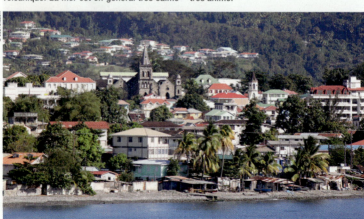

© JUDYDILLON

La ville de Roseau.

Transports

Comment y accéder et en partir

▶ **En avion**. Vous pourrez acheter vos billets d'avion dans les agences de voyage ou dans les aéroports des îles françaises. Renseignez-vous à l'aéroport Pôle Caraïbes. L'aéroport de Canefield se trouve à 10 minutes au nord de Roseau n'accueillait que des vols privés. Désormais, les vols d'Air Antilles Express atterrissent à l'aéroport de Canefield et à Douglas-Charles (ancien Melville Hall), situé au nord-est de l'île, près de Marigot également desservi par la Liat. Comptez entre 1h30 à 2h pour rejoindre Roseau selon la météo, car vous allez emprunter de petites routes sinueuses et devoir conduire à gauche.

▶ **En Bateau.** Vous arrivez au port de Roseau directement dans le centre. Si la houle est trop importante, l'arrivée peut s'effectuer au port de commerce, un peu plus au nord.

▶ **Les formalités d'entrée et de sortie.** Prévoyez un stylo car vous allez devoir compléter (recto et verso) un document à remettre à la douane. Ce document vous est remis sur le bateau. Si vous arrivez par avion, vous devrez le prendre dans le hall sur la table qui accueille les brochures de l'île. Une partie de ce document vous sera remis par les services de la douane et vous devrez le conserver jusqu'à votre départ, au moment où vous paierez la taxe de 86 EC$ (ou 29 US$) pour quitter l'île. Ce guichet spécial se situe à côté de la porte d'accès à l'enregistrement à l'aéroport, ou face au port si vous repartez en bateau.

■ AIR ANTILLES
Douglas Charles Airport
MARIGOT
✆ 0890 648 648
airantilles.com
Vols quotidiens en juillet et août et entre 3 et 4 rotations/semaine. A partir de 59 € l'aller simple.
Les rotations en provenance de Guadeloupe (ou de Martinique) arrivent à l'aéroport Douglas-Charles (ancien Melville Airport) situé au nord-est de l'île. Nouveauté en 2019 : quatre rotations supplémentaires par semaine entre Pointe-à-Pitre et l'aéroport de Canefield.

■ COURTESY CAR RENTAL
10 Winston Lane
Goodwill
✆ +1 767 448 7763
www.dominicacarrentals.com
courtesyrental@cwdom.dm
Bureau à proximité du port de commerce et de l'hôpital.

A votre disposition, une équipe dynamique et sympathique pour vous aider à passer un séjour agréable sur l'île. Courtesy Car Rental propose un service de qualité à des tarifs abordables. Les véhicules (parfaitement entretenus) sont disponibles à l'aéroport de Douglas-Charles (ex Melville). Le bureau se situe près du port si vous arrivez par bateau. Vous aurez besoin de votre permis afin d'obtenir la licence locale. Autre condition, avoir au moins 25 ans et 2 années d'expérience de conduite. Une empreinte de carte de crédit vous sera demandée en caution. Ce loueur propose diverses catégories de véhicules 4x4, bien pratiques sur les routes sinueuses de l'île..

▶ **Autre adresse :** Aéroport Douglas-Charles (anciennement Melville Hall)

■ CANEFIELD AIRPORT
Saint Paul Parish
✆ +1 767 449 1199
A 15 minutes en voiture au nord de Roseau. Un petit aéroport auparavant réservé aux vols privés et désormais desservi par la compagnie Air Antilles Express.

■ DOUGLAS-CHARLES AIRPORT (EX-MELVILLE HALL)
MARIGOT
✆ +1 767 445 7109
Au nord de l'île, près de Marigot. A environ 1h30 de Roseau.
Liaisons avec Pointe-à-Pitre assurées par la compagnie Liat (3 vols/semaine) et Air Antilles Express (4 vols/semaine et tous les jours en juillet et août).

■ EXPRESS DES ÎLES
Port de Roseau
HHV Whitchurch & Co LTD
✆ +1 767 255 1125
www.express-des-iles.com
shipping@whitchurch.com
5 rotations par semaine. À partir de 99 €/adulte un aller-retour.
L'express des îles effectue le trajet Guadeloupe – Dominique – Martinique – Sainte Lucie. Si vous êtes sujet au mal de mer, la traversée pourrait être un peu difficile. Notre conseil, restez sur le pont si le temps le permet.

■ GARE MARITIME
Whitchurch & Co LTD
P.O. Box 771
✆ +1 767 448 2181
Bureau ouvert de 8h à 18h.

■ LIAT
MARIGOT
✆ +1 767 445 7242
reservations@liat.com
Vols de Saint-Martin vers la Dominique (aéroport Douglas-Charles).

■ **VAL' FERRY**
PORTSMOUTH
✆ +1 7676163457
valferry.fr – valferrydominica@gmail.com
Tarifs aller-retour : de 75 à 91 €. Billetterie et ventes flash accessibles en ligne.

▶ **Départ de Pointe-à-Pitre vers la Dominique via les Saintes** : 8h30 du vendredi au lundi.

▶ **Départ de la Dominique vers Pointe-à-Pitre via les Saintes** : 15h du vendredi au lundi.

▶ **Départ de Pointe-à-Pitre vers la Dominique** : 17h30 le mercredi et 18h le jeudi et le vendredi (escale à Marie-Galante le vendredi).

▶ **Départ de la Dominique vers Pointe-à-Pitre** : 6h30 jeudi, vendredi et samedi.

▶ **La compagnie propose également des départs pour les Saintes, Marie-Galante et Fort-de-France depuis la gare maritime de Pointe-à-Pitre.**

■ **WINAIR**
Douglas-Charles Airport
MARIGOT
✆ +1 767 445 8936
www.fly-winair.com
reservations@fly-winair.com
Liaison Guadeloupe-Dominique à partir de 134 US$.
L'arrivée s'effectue à l'aéroport Douglas-Charles (anciennement Melville Hall), situé au nord-est de l'île.

Se déplacer

Les dégâts de la tempête tropicale Erika, passée en 2015, sont toujours visibles sur certaines portions de routes, et l'ouragan Maria de septembre 2017 a lui aussi causé d'énormes dégâts. Certains ponts ayant été endommagés ou détruits sont toujours déviés car ils ne sont toujours pas remis en état. La plupart des routes sont sinueuses, peu éclairées la nuit et emprun-tées par des conducteurs qui aiment la vitesse et qui roulent dans des pick-ups. Pourtant, mieux vaut ne pas dépasser les 45 km/h dans les portions étroites. La route reliant Roseau à l'aéro-port Douglas Charles, en passant par le territoire des Kalinagos, est en assez bon état et dispose désormais de lumières solaires sur une partie. Attention, conduite à gauche ! Méfiez-vous des aspérités du bitume, et des conducteurs qui roulent plus au milieu de la route qu'à gauche. La consigne à suivre : utiliser le klaxon avant d'aborder un virage afin de vous signaler à un éventuel conducteur arrivant dans l'autre sens. Utilisez-le également avant de doubler un autre véhicule. Certaines portions de routes indiquent les distances en km, d'autres sont en *miles* (tout dépend du constructeur de la route !). Les limitations de vitesse sont indiqués en *miles*.

▶ **Les loueurs de véhicules** vous proposeront de venir vous accueillir au bateau et de vous ramener gratuitement. Pendant les périodes de festival, au Carnaval et durant les autres périodes de fête, le parc automobile est pris d'assaut. Il est plus prudent de réserver bien à l'avance sa location dans ce cas-là. Lors de la location, vous devez acheter une licence (30 EC$, soit environ 12 US$) qui vous sera délivrée sur simple présentation de votre permis. Elle vous donnera l'autorisation de conduire pendant un mois sur l'île.

▶ **Transports en commun.** Des minibus parcourent l'île toute la journée jusqu'à 19h du lundi au samedi. Ils sont par contre moins nombreux le dimanche. Les arrêts de bus ne sont pas signalés, il suffit de tendre le bras pour que le bus prenne sur le bord de la route. Pour les petits budgets, ils sont un bon moyen pour visiter le pays. Économiques et très populaires, ils desservent à peu près tous les villages de l'île. Entre 1,50 EC$ (0,45 €) et 10,25 EC$ (3 €) et 200EC$ pour 2 personnes pour accéder à Roseau depuis l'aéroport.

Conduite à gauche, de nouveaux réflexes

Pour les règles de conduite à l'anglaise, si vous ne vous sentez pas très à l'aise, il vous sera plus facile de conduire une voiture automatique ou de demander les services d'un chauffeur. Vous n'aurez plus qu'à vous concentrer sur la route et sur le paysage ! N'oubliez pas de bien garder votre gauche, surtout lorsque vous sortez d'un rond-point, car vous aurez alors tendance à vous déporter.

▶ **Doublez évidemment sur la voie de droite.**

▶ **Priorité à droite en accédant à un rond-point.** Le rond-point se prend par la gauche (oubliez vos habitudes françaises).

▶ **Priorité à gauche dans tous les autres cas !**

▶ **Usez du klaxon** sans modération avant de doubler et avant de prendre un virage, surtout sur les petites routes sinueuses. C'est une façon de vous signaler à l'éventuel véhicule arrivant dans l'autre sens.

▶ **Faire du stop ?** Encore plus économique, le stop sur un pick-up est une pratique courante. Vous apprécierez d'être promené en plein air, cheveux au vent. Demandez un *ride* pour aller dans un village. Ce rapport plus direct avec les Dominiquais permet d'obtenir des mines d'informations sur les balades et les petits coins pas faciles à trouver ! Prudence tout de même pour les jeunes femmes ! Ne vous engagez pas trop facilement et ne sortez pas vos billets de banque.

■ **DOMINICA TAXI ASSOCIATION**
✆ + 1 767 235 8648
domtax@cwdom.dm
L'association des taxis de Dominique représente les intérêts des chauffeurs de taxi de l'île. Contactez-les pour réserver un taxi pour votre séjour, ou pour des excursions à la journée. Oris Campbell, le président de l'association, est un excellent conducteur et se mettra en quatre pour vous mener à bon port.

■ **EDDIE TOURS & TAXI SERVICES**
Grande savanne – salisbury
✆ 0017672452242
Eddietours2001@yahoo.com
Eddie parle français. Il propose de vous faire découvrir l'île selon vos envies ou tout simplement de vous amener à la destination de votre choix.

Pratique

Tourisme – Culture

■ **AUTHENTIQUE-DOMINIQUE**
✆ 01 58 01 01 30
www.authentique-dominique.com
france@authentique-dominique.com
Il s'agit du site officiel de l'office de tourisme que vous pouvez consulter en français. Il regorge d'informations pratiques sur les activités, les hébergements, les locations, comment accéder en Dominique...

■ **DOMINICA**
Financial Centre
✆ +1 767 448 2045
www.dominica.gov.dm
A visiter pour connaître les données officielles de l'île. Vous y trouverez la liste des guides certifiés pour les randonnées, ainsi que des dépliants et informations touristiques. L'office donne sur le Old Market, lieu où vous trouverez toutes sortes de souvenirs artisanaux fabriqués sur l'île. Le site Internet est tout bonnement le site officiel du gouvernement de la Dominique – et il est uniquement en anglais. Les franco-

phones devront se rabattre sur le site www. tourist-dominique.com/

■ **OFFICE DU TOURISME**
5 Great Marlborough Street
✆ +1 767 448 20 45
www.discoverdominica.com
tourism@dominica.dm
Le bureau d'informations pour les touristes se situe sur le boulevard du bord de mer de la capitale, juste à côté du musée de la Dominique et de l'hôtel Garraway.
Rendez-vous sur le site officiel de Discover Dominica Authority qui correspond à l'office de tourisme de la Dominique. Vous pouvez désormais réserver votre hébergement sur leur site. L'office de tourisme travaille en étroite collaboration avec les établissements hôteliers. De nombreuses actions sont mises en place visant à mettre en avant les atouts de la Dominique et notamment la diversité de ses sites naturels.

■ **ROSEAU CITY GUIDE**
www.roseaucity.com
Ce site Internet est une mine d'informations touristiques sur la ville de Roseau.

■ **A VIRTUAL DOMINICA**
www.avirtualdominica.com
info@avirtualdominica.com
Tout ce qui se passe sur l'île de la Dominique s'y trouve. C'est une mine d'informations et son propriétaire Steve Mac Cabe en a fait un outil indispensable pour ceux qui ont envie de se faire connaître.

Représentations – Présence française

■ **ALLIANCE FRANÇAISE**
Elmshall Road
✆ +1 767 448 4557
www.afdominique.com
afrancaise@cwdom.dm
Face au jardin botanique de Roseau.
Ouvert du lundi au jeudi de 9h à 13h et de 14h à 17h. Le vendredi de 9h à 12h et de 14h à 16h.
L'Alliance française de la Dominique remplit sa mission en apprenant aux Dominiquais la langue française et sa culture. C'est aussi un lieu de rencontres pour les expatriés et les touristes français de passage à la recherche de renseignements, d'aides, et le seul endroit où l'on trouve une bibliothèque bien garnie de livres français et un point presse. L'Alliance française, en partenariat avec l'ambassade de France située à Sainte-Lucie, offre régulièrement des activités spectacles, danses, projections et théâtres très prisées par la population locale, des expositions et des voyages linguistiques pour les Dominiquais sur les îles françaises.

■ **CONSULAT FRANÇAIS**
✆ +1 758 455 60 60
embassy@ambafrance-lc.org
La Dominique relève de l'ambassade de France à Sainte-Lucie.

▶ **Autre adresse :** L'île de la Dominique relève de la circonscription consulaire de l'ambassade de France à Sainte-Lucie, Castries ✆ +1 758 455 6060. Téléphone d'urgence : ✆ +1 758 484 3167. Site Internet : www.ambafrance-lc.org

Argent

La monnaie officielle est le dollar des Caraïbes Orientales (East Caribbean dollar), qui se note EC$ (on prononce « i-ci-dollar »). Vous le verrez souvent en abrégé : XCD.
Le dollar caribéen dispose d'un taux fixe par rapport au dollar américain. 1 US$ = 2,70 EC$; 1 EC$ = 0,37 US$. 1 € = 3,02 EC$; 1 EC$ = 0,33 €. Vous trouverez des distributeurs dans Roseau qui acceptent les cartes Visa et MasterCard. La carte EC Maestro est acceptée aux distributeurs de la Nova Scotia Bank et de la Royal Bank of Canada. Egalement à votre disposition, un distributeur à l'aéroport Douglas-Charles. Quand vous demandez un prix, pensez systématiquement à vous faire préciser s'il s'agit de dollars caribéens ou américains pour éviter les mauvaises surprises.

Santé – Urgences

■ **POMPIERS**
✆ +1 767 448 2890
Le service d'ambulance est assuré par les pompiers.

■ **PRINCESS MARGARET HOSPITAL**
✆ +1 767 448 08 13
L'hôpital ne possède pas de caisson de recompression. Le plus proche se trouve à Fort-de-France en Martinique.

Se loger

Locations

■ **HARMONY VILLA**
Pont Casse – Layou Road
✆ +447470466502
harmonyvilla.com – info@harmonyvilla.com
Tarifs selon la saison : séjour 3 nuits à partir de 1 095 US$ pour 6 personnes. Ce tarif comprend le petit-déjeuner.
Un véritable coin de paradis au cœur de la forêt tropicale. Harmony Villa constitue le lieu idéal pour vous ressourcer, que vous soyez en couple, en famille ou entre amis, et partir

à la découverte de la nature exubérante de la Dominique. Les segments 4 & 5 du Waitukubuli et des cascades sont à proximité. La villa, conçue entièrement en bois, a été décorée avec soin par la propriétaire, entre mobilier massif et couleurs chatoyantes. Elle dispose de 3 chambres sur 3 niveaux, toutes dotées de leur propre salle de bains ou salle d'eau. La villa peut accueillir jusqu'à 6 personnes. Vous disposez également d'un grand séjour, d'une cuisine ouverte et d'une grande terrasse avec le ronronnement de la rivière et le chant des oiseaux en bruit de fond. Les prestations sont de qualité (micro-ondes, lave-vaisselle, lave-linge, gardien logeant sur place, possibilité de faire préparer tous les repas et divers services de conciergerie).

■ **CHEZ OPHÉLIA**
Copt Hall Estate ✆ +1 767 616 8000
www.chezophelia.com
chezophelia@cwdom.dm
Tarifs à partir de 82,50 US$/2 personnes, 97,50 US$/3 personnes, 111 US$/ 4 personnes. Petit-déjeuner continental 15 US$. Dîner 25 US$.
Ophélia compte parmi les figures de l'île puisqu'elle est sans doute la plus célèbre chanteuse de la Dominique. Ambiance locale assurée ! Elle parle très bien français et vous accueille avec beaucoup de gentillesse dans cet ensemble de 5 bungalows divisés en 2 appartements, au cœur de la vallée de Roseau et dans un jardin fleuri. Chacun des appartements est équipé d'un lit double et de deux lits simples, ou de 4 lits simples, d'une cuisinette et d'une salle de bain.

Bien et pas cher

■ **LA FLAMBOYANT HOTEL**
22 King George V Street ✆ +1 767 245 1040
www.laflamboyanthotel.dm
laflamboyanthotel@gmail.com
Chambre standard à partir de 75 $/nuit, chambre supérieure à partir de 90 $/nuit. Wifi gratuit.
Difficile d'être mieux placé au centre de Roseau que La Flamboyant Hotel. A quelques pas de la mer, et de tous les restaurants et bars du centre-ville. Les chambres, certes assez classiques, sont toutes confortables et compensent leur manque d'originalité par une touche de couleur présente également sur tout le bâtiment.

■ **ROSEAU VALLEY HOTEL**
✆ +1 767 449 81 76
www.roseauvalleyhotel.com
roseauvalleyhotel@gmail.com
Dans la vallée, à 10 minutes du centre de Roseau.
L'établissement propose différents forfaits (lune de miel, observation des baleines, randonnées...). Comptez à partir de 94 US$ pour l'hébergement

seul. *Petit-déjeuner anglais à partir de 10 US$.*
Un hôtel abordable dans une charmante maison
nichée dans la colline. Au total 11 chambres
agencées différemment dont 4 avec balcon. Sur
place, un spa et un restaurant. L'établissement
vous propose également des formules d'exploration de l'île.

Confort ou charme

■ COCOA COTTAGE

☎ +1 767 276 2920
www.cocoacottages.com
cocoacottage@gmail.com
Chambre double à partir de 100 US$. Personne
supplémentaire : 30 US$, taxes et services en
plus. Treehouse (2 à 6 personnes) : à partir de
200 US$. Cuisine commune à disposition.
A votre arrivée, Iris, la propriétaire, vous expliquera
que son petit cottage a été construit avec amour.
Et cela se ressent ! On se sent chez soi dans les
6 chambres réparties au milieu de la forêt tropicale,
dans la vallée de Roseau. Seul le bruit de la pluie
pourra éventuellement déranger votre sommeil.
Les discussions amicales et les rires des pièces
communes sont suffisamment discrets pour ne
pas troubler votre tranquillité. A moins que vous
ne souhaitiez vous joindre aux autres convives !
A 15 minutes de route du centre de Roseau, et
tout proche de Trafalgar Falls et de Titou Gorges.
Iris cultive également son cacao et fabrique du
chocolat.

■ GARRAWAY HOTEL

1 Dame Mary Eugenia Charles Blvd
☎ +1 767 449 8800
garrawaydominica@outlook.com
Chambre double standard à partir de 105 US$.
Suite à partir de 115 US$/nuit.
Situé sur la jetée et à quelques pas du centre
de Roseau, l'hôtel offre à la fois une vue sur
les montagnes et sur l'océan. Il dispose de
32 chambres dotées de TV câblée, ADSL
Internet Service, climatisation, ventilateur
réparties en 6 catégories. L'établissement
est dirigé par les descendants de James
Garraway, premier homme de couleur à
devenir gouverneur dans les années 1840.
Deux siècles plus tard, la famille Garaway est
toujours impliquée dans la vie économique de l'île.

■ MANGO ISLAND LODGES

Syers Estate
St Joseph ☎ +1 767 617 7963
www.mangoislandlodges.com
mangoislandlodges@yahoo.com
Chambre pour 2 personnes de 150 à 340 US$
en basse saison et de 160 à 360 US$ en haute
saison. Taxes incluses.
Les propriétaires sont français. Leur accueil ainsi
que celui de leur équipe est excellent. Ils sont tous

aux petits soins avec leurs clients. Vous disposerez
des meilleurs conseils pour visiter l'île.
L'établissement propose trois catégories de
chambres et vous pouvez admirer plus de
130 espèces de plantes et de fleurs dans le
jardin. Possibilité de transfert jusqu'à l'hôtel de
demi-pension (avec un chef qui sait s'adapter
aux goûts de sa clientèle, ce qui est assez
important pour être souligné).
Sur place également, une boutique d'artisanat
local (vannerie, masques en bois, tee-shirts).

■ OCEAN & EDGE

Castle Comfort ☎ +1 767 616 7077
oceanedge6@gmail.com
Fermeture en septembre. Chambre standard pour
deux personnes à partir de 85 US$ en basse
saison et 100 US$ en haute saison.
Un petit établissement de 12 chambres à l'ambiance familiale doté également d'un restaurant
et d'un bar. Les chambres sont simples mais
confortables, climatisées et avec réfrigérateur.
Wifi gratuit. Castle Comfort est réputé pour son
centre de plongée et ses sorties découverte des
baleines et des dauphins.

Luxe

■ FORT YOUNG HOTEL

Victoria Street ☎ +1 767 448 5000
www.fortyounghotel.com
info@fortyounghotel.com
Chambres à partir de 172 US$, suites à partir
de 297 US$.
Comme toute capitale d'une ancienne colonie
britannique qui se respecte, Roseau possède son
hôtel historique, celui dans lequel se tiennent les
réceptions de l'ambassadeur, celui à l'atmosphère
légèrement empreinte de nostalgie coloniale.
Le Fort Young est ce qui s'en rapproche le plus,
même si le service est un peu moins guindé
qu'ailleurs et l'on ne s'en plaint pas. C'est également
ici que se tiennent un grand nombre d'événements
culturels, de concerts privés, de vernissages,
souvent sur l'agréable terrasse attenante au bar.
Leurs chambres sont sans doute celles qui se
rapprochent le plus du standard européen. Sur
place, un restaurant-buffet au 5 étage (disposant
d'une vue panoramique) et un snack-bar au niveau
des différentes entrées de l'hôtel.

Se restaurer

Vous avez l'embarras du choix pour vous
restaurer sur Roseau. Les rues proches de
l'embarcadère regorgent de petits restaurants
typiques, asiatiques, de franchises internationales (telles Pizza Hut et KFC). Les grands hôtels
de Roseau disposent également de leur propre
restaurant dans un cadre plus confortable et
généralement avec une vue sur la mer.

■ **GARAGE BAR & GRILL**

15 Hanover Street ✆ +1 767 615 2100

Ouvert midi et soir tous les jours de 15h à minuit et le samedi à partir de 11h. Fermé le dimanche. Comptez 50 EC$ le repas.

Dans le centre-ville, un bar aux accents internationaux, avec le soir ambiance tamisée et musique un peu forte, et des plats de toutes nationalités. Une bonne ambiance en fin de semaine, mais un peu vide le reste du temps. La terrasse est idéale pour tester la bière locale, la Kubuli, ou un cocktail à base de rhum.

■ **OLD STONE GRILL & BAR**

15 Castle Street ✆ +1 767 440 7549

Ouvert de 17h à 21h.

Dans le centre-ville de Roseau, une jolie salle agrémentée d'un bar offrant tous les alcools dont vous pouvez rêver, et une terrasse en angle de rue. Vous avez, au choix, une carte snack et une carte plus gastronomique. Bon rapport qualité-prix.

■ **LES PALISSADES**

Victoria street

✆ +1 767 448 50 00

www.fortyounghotel.com

sales@fortyounghotel.com

Buffet à 32 EC$. Ouvert de 12h à 14h30 en semaine et de 18h30 à 22h du mardi au dimanche. Le restaurant situé à l'étage bénéficie d'une salle climatisée mais également d'une terrasse panoramique des plus agréables. Un buffet de plats locaux y est servi chaque jour. Dîner à la carte. Pour les petites faims, un snack est situé au rez-de-chaussée.

■ **LE PETIT PARIS**

Angle de Kennedy Avenue et Bayfront

✆ +1 767 275 7777

Ouvert du lundi au jeudi de 8h à 18h et le vendredi de 8h à 22h. Pas de carte bancaire, paiement en dollar US ou ECS.

Ce petit établissement fait office de boulangerie et de restaurant, et l'équipe sympathique parle français. Au menu, des salades, des pizzas, des sandwichs et des spécialités bien françaises telles que le cassoulet, le camembert rôti, la quiche. L'ambiance est décontractée. Possibilité de plats à emporter.

Sortir

Beaucoup d'activités comme les concerts, les festivals, les pièces de théâtre et événements exceptionnels ont lieu toute l'année. Vous trouverez les informations dans les journaux locaux hebdomadaires ainsi que sur le site de l'office de tourisme. La réception de votre hôtel vous donnera également des informations complémentaires. Le Festival mondial de musique créole se déroule comme chaque année à la fin du mois

d'octobre. Il attire énormément de résidents de la Caraïbe. Trouver un hébergement à cette date est plus compliqué et les tarifs sont plus élevés.

■ **JUICEMAN'S CAFÉ**

81 Goodwill Road

Pottersville ✆ +1 767 315 5556

juicemancafe@gmail.com

Du mardi au samedi de 11h à minuit.

Un petit établissement sur la gauche à la sortie de Roseau en direction de Portsmouth, avant le port de commerce. Pratique pour s'y désaltérer et manger un morceau : jus frais, burgers maison, salades. Le propriétaire est très sympathique et vous confie son code wifi pour vous dépanner. L'établissement fait également discothèque le week-end et attire la population locale.

■ **RUINS ROCK CAFE**

King George V Street ✆ 1 767 440 5483

A l'angle de Hanover et King George V Street. A proximité du Dominica's Museum.

Ouvert de 9h à 18h.

Vous comprendrez l'origine du nom de ce lieu en arrivant sur place. L'établissement se situe à proximité des taxis qui vous transportent jusqu'à Scott Head. Dépaysement garanti entre la décoration, la musique reggae. Idéal pour apprécier un smoothie ou un rafraîchissement. Grand choix de rhums arrangés à consommer sur place ou à acheter, ainsi que des épices dans la petit boutique attenante au bar. Possibilité de déjeuner sur place.

À voir - À faire

■ **DOMINICA BOTANIC GARDENS**

Bath Rd ✆ +1 767 503 4630

shillica@aol.com

Accès de George V Street vers le centre de Roseau.

Ouvert de 6h à 19h.

Au nord de la ville, au pied de la montagne Morne Bruce, vous pouvez visiter les jardins botaniques de la Dominique. ils ont été installés en 1890 à l'emplacement d'un champ de cannes à sucre et profitent de conditions climatiques idéales pour les plantes tropicales. Ils ont été organisés en deux parties, la première à vocation ornementale, la seconde dédiée au développement des plantes pour l'agriculture locale.

En 1889, le gouvernement royal encourageait la diversification des cultures sur l'île et distribua des plants et des semis aux fermiers. Le site couvrait alors 40 acres, dont une partie plantée de cannes à sucre fut vendue au gouvernement par William Davies, propriétaire de Bath Estate. Le conservateur du jardin Henri Green commence le gros œuvre de la plantation. En 1892, Joseph Jones reprend le jardin, qui devient sa seule passion et la vocation de toute une vie. La fonction du jardin botanique est essentiellement économique et expérimentale. Les plantes exotiques ont été collectées à travers le monde entier lorsqu'il dépendait du jardin britannique royal de Kew. A plusieurs reprises, le parc reçoit la visite de la famille royale d'Angleterre. Un terrain de cricket, le plus officiel de l'île, est installé dans le parc, ainsi que deux églises (anglicane et catholique), construites entre 1800 et 1916. En 1930, c'est l'un des plus beaux parcs botaniques de toutes les îles anglaises. En 1979, le cyclone David détruisit les arbres les plus impressionnants et les plus âgés, comme ce baobab, couché, laissé sur place après avoir écrasé un bus. Au fond du parc, il n'est pas rare d'entendre des perroquets chanter les louanges du passé.

Pour vous aider éventuellement dans votre visite, le département Faune et Flore propose un plan des jardins, légendé pour reconnaître les différentes espèces. Votre visite vous mènera peut-être jusqu'à un souvenir de l'ouragan David, un bus écrasé sous un baobab. Les jardins ont perdu de leur superbe après l'ouragan Maria mais la visite n'en reste pas moins agréable.

■ GÉOTHERMIE ★★
Si vous n'aimez pas marcher, des sites géothermiques sont facilement accessibles par la route. Quelques minutes de marche mènent à la mare bouillonnante de Wotten Waven, au-dessus de Roseau, tapissée de dépôts jaunes et exhalant une forte odeur de soufre. On lui prête des vertus médicinales, notamment contre les rhumatismes.

■ MORNE BRUCE ★★
Prenez la porte d'Elmshall. Vue panoramique sur Roseau. James Bruce, l'ingénieur et architecte anglais, a dessiné les plans de fortification de cette ancienne garnison britannique. La plus jolie vue panoramique de Roseau est à la place où se trouve le crucifix géant daté de 1920.

■ NEW MARKET ★★
Ce marché prend place à l'embouchure de la Roseau River. Le samedi matin, les étals, bien rangés et colorés de fruits et de légumes, laissent planer les flaveurs exotiques. L'ambiance y est populaire et gaie. Le marché aux fleurs à l'intérieur et le marché aux viandes et aux poissons sont au même endroit le vendredi.

■ OUR LADY OF FAIR HAVEN CATHEDRAL ★★
20 Virgin Lane
L'édifice de la cathédrale, dont les travaux ont commencé en 1916, vaut le coup d'œil car il est érigé en pierres volcaniques. A l'origine, l'église portait le nom français de Notre-Dame du Bon Port du Mouillage de Roseau.

■ OLD MARKET OF ROSEAU ★★
Il fut jadis le marché aux esclaves mais aujourd'hui il a laissé la place aux vendeuses de vannerie

et d'objets en bois, de tee-shirts souvenirs, de fruits tropicaux, de disques de reggae dominiquais, etc. Typiques, l'animation frénétique du mardi (bateau croisière) et les vendeurs qui vous attendent pancarte à la main. Ce vaste marché est situé juste derrière le musée de la Dominique, devant la mer et non loin du port où débarquent les touristes. Il est considéré comme un spot incontournable pour les amoureux des lieux vivants et riches en partage… Et comme sur tous les marchés du monde, on échange, on communique et parfois on négocie. Un endroit incontournable à noter dans son carnet de voyage.

■ THE DOMINICA MUSEUM ★★
Dame Mary Eugenia Charles Blvd
℡ +1 767 448 24 01
Ouvert de 9h à 16h en semaine, et le samedi de 9h à 12h.
Situé sur le front de mer et à proximité immédiate du marché de Roseau, le musée de la Dominique est un petit bâtiment orange construit en 1810. Sur deux étages, la bâtisse aux couleurs typiques de la Dominique a été réalisée durant l'époque coloniale. Le très célèbre historien de l'île, Lennox Honychurch, a largement participé à la constitution d'archives pour les expositions permanentes du musée (ameublements issus de l'époque coloniale, instruments agricoles et instruments de musique, espèces de poissons et d'oiseaux, art indigène…) et ce dernier fait aujourd'hui référence sur la vie des Dominiquais. Sur les deux étages qui constituent cette bâtisse, vous découvrirez également de fascinantes collections de photographies, et pourrez suivre la chronologie de l'île grâce aux objets récupérés. On y aborde également les origines volcaniques de l'île. Un très joli petit musée qui ravira les grands comme les petits !

■ THE OLD MILL CULTURAL CENTRE ★★
Old Mill
Canefield ℡ +1 767 449 1804
A 5 minutes au nord de la capitale, le centre culturel du Old Mill vous ouvre ses portes… Le bâtiment est un parfait exemple de l'architecture du XVIIIe siècle en Dominique. Originellement, cet établissement accueillait les productions de sucre mais aussi de rhum et il accueille désormais des expositions d'artistes et d'artisans locaux ainsi que des événements culturels, notamment des représentations de théâtre amateur local et autres performances artistiques. Mais ce n'est pas tout : les jeunes artistes, élèves ou étudiants de l'île, viennent également prendre des cours dans cet espace dédié à l'héritage culturel de la Dominique. Juste à côté, visitez l'école dépendant de la division culturelle. Cet établissement, spécialisé dans la sculpture du bois, propose des objets artisanaux d'une grande beauté. Un lieu incontournable pour les amateurs et les passionnés d'art (ancien et moderne).

Sports – Détente – Loisirs

Dans les environs de Roseau et sur les plages de la côte ouest, plusieurs clubs de plongée ont élu domicile sur les belles plages, dont certains travaillent avec du personnel francophone. Pour les plongeurs, ne manquez pas le site réputé de Rodney's Rock, au nord de Mahaut, où vous pourrez explorer des épaves, et admirer le corail pourpre et une grande variété de poissons.

■ DIVE DOMINICA
Castle Comfort ✆ +1 767 448 2188
www.divedominica.com
dive@divedominica.com
Plongée à partir de 65,80 US$. Sortie cétacés à 69 US$.
Le centre organise des sorties plongées mais également des « safaris océan » pour partir à la découverte des baleines et des dauphins.

■ SEASIDE DIVE RESORT
Plage de Batalie
Coulibistrie ✆ +1 767 446 6522
www.sunsetbayclub.com
sunset@cwdom.dm
À 20 minutes au nord de Roseau. Plongée à partir de 81 US$, équipement inclus.
Club de plongée attenant au Sunset Bay Club, le Seaside Dive Resort dispose d'un personnel francophone. Deux bateaux et une situation idéale sur la côte Ouest pour vous faire découvrir les merveilles de 13 sites différents à portée de main. Les fonds marins de la mer des Caraïbes sont à votre portée !

■ WACKY ROLLERS
8 Fort Lane ✆ +1 767 440 4386
www.wackyrollers.com
wackyrollers@gmail.com
Pass pour le parc d'aventure : 65 US$.
C'est une journée placée sous le signe de l'aventure qui vous attend : tour de l'île en Jeep, descente de rivières en kayak, accrobranche dans les arbres, bouées rapides, etc. Les expériences sportives sont encadrées par des professionnels très exigeants sur la sécurité, le tout dans la bonne humeur. Réservation conseillée.

Shopping

■ DOMINICA ESSENTIEL OILS & SPICES
2 Jewel Street ✆ +1 767 448 2969
deosc@cwdom.dm
Coopérative ouverte au public, en semaine de 8h à 13h et 14h à 16h.
Cette coopérative a commencé son exploitation en 1964. Elle produit l'huile de l'arbre à bay, plus connue sous le nom de bois d'Inde. Elle est utilisée dans la fabrication de produits de beauté. Dominica Essentials Oils & Spices est un des principaux producteurs. L'entreprise a diversifié sa production avec d'autres huiles essentielles (géranium, ylang-ylang, etc.).

■ FASHION LINE
6 Hillsborough Street ✆ +1 767 235 3665
www.fashionlinestores.com
fashionline@cwdom.dm
Boutique ouverte de 8h à 17h.
Boutique de vêtements, chaussures et accessoires pour femmes, hommes et enfants. Cette marque locale, très réputée, propose un vaste choix de tenues *casual* et tendance pour tous les styles. Boutique en ligne.

■ JEWELLERS INTERNATIONAL
Bayfront
Fort Young Hotel ✆ +1 767 448 5247
Boutique ouverte de 9h à 17h.
La boutique idéale pour offrir ou s'offrir un bijou ou une montre en détaxe. Les collections sont déclinées au fil des saisons pour vous assurer de suivre la tendance du moment.

SAINT-JOSEPH

■ LAYOU RIVER GORGE
La rivière Layou se jette dans la mer à une dizaine de kilomètres au nord de Roseau, à côté de Saint-Joseph. A partir du village intérieur de Belles, suivre le cours d'eau pour une excitante aventure sur la plus grande rivière de l'île. Prudence, car les rochers qui longent la berge sont très glissants, et les rapides impressionnants de puissance. Cette descente sportive n'est pas recommandée aux débutants, et l'accompagnement d'un guide est conseillé même pour les initiés. Passez le Layou River Hotel en direction de l'ancien barrage de la Layou : un petit bassin d'eau chaude et un étroit banc de sable invitent au pique-nique et au bain. Vous pouvez également effectuer la descente en bouée tractée.

SALISBURY

Le village de Salisbury est situé au centre de la côte ouest entre les deux plus grandes villes de l'île : Roseau (à 20 km au sud) et Portsmouth (à 25 km au nord). Vous trouverez quelques hébergements de diverses catégories dans les environs de Salisbury et des centres de plongée qui se trouvent directement sur la plage de sable noir. Le segment N° 9 du Waitukubuli National Train peut se rejoindre au niveau de Salisbury.

■ SUNSET BAY CLUB BEACH RESORT
Plage de Batalie ✆ +1 767 235 6522
www.sunsetbayclub.com
sunset@cwdom.dm

Sur la côte Ouest, à 20 minutes au nord de Roseau.

Chambre standard double à partir de 147 US$, petit-déjeuner inclus en haute saison.

Sur la belle plage de Batalie, le Sunset Bay Club est un ensemble de bungalows répartis dans un jardin tropical. Marcella et Rogers, francophones, accueillent avec plaisir et bienveillance les visiteurs depuis 1997. L'établissement dispose de quatre bungalows de trois chambres chacun, 8 chambres doub*les*, 4 chambres quadruples et d'une suite dotée d'une chambre double avec un lit *king size* dans laquelle on peut ajouter deux lits suplementaires pour des enfants. Tous possèdent une terrasse agréable pour un repos mérité après une journée de balade... A moins que vous ne préfériez la plage qui borde l'hôtel, la piscine ou encore la rivière sur laquelle un accès a été aménagé. Le restaurant propose des spécialités locales tout à fait succulentes. Possibilité de formule tout inclus (petit déjeuner complet, « Tea time » ou collation entre le midi et soir, déjeuner et dîner au restaurant, le midi de grandes assiettes et des sandwiches, dîner, vins et boissons illimitées parmi une sélection, panier pique-nique). Possiblité également de forfait plongée.

■ TAMARIND TREE HOTEL

Roseau ℂ +1 767 616 5258
www.tamarindtreedominica.com
hotel@tamarindtreedominica.com

Tarifs petit-déjeuner inclus : à partir de 118 US$/nuit/2 personnes en basse saison, 708 US$/semaine, 1 416 US$/2 semaines en chambre standard. A partir de 148 US$/nuit/2 personnes en basse saison, 888 US$/semaine, 1 776 US$/2 semaines en chambre supérieure.

Sur la côte Ouest, en surplomb de la plage de Salisbury, l'hôtel dispose d'une vue splendide sur la mer des Caraïbes. Un club de plongée se trouve en contrebas. Les 6 chambres de catégorie supérieure sont climatisées. Les 9 chambres standards sont dotées d'un ventilateur. Les hébergements sont simples mais confortables et dotés d'une terrasse ouvrant sur la mer. Vous n'y trouverez pas de téléviseur mais le site se prête à la détente. Possibilité de suite familiale (2 chambres communicantes). L'accueil d'Annette qui parle parfaitement l'anglais, le français et l'allemand, aide à se sentir chez soi. Le restaurant qui surplombe la baie est particulièrement agréable car vous êtes bien accueilli. Il est ouvert midi et soir sauf le mardi en haute saison, en basse saison midi sur demande. Au menu, le midi une carte snack (hamburgers, salades et sandwiches), le soir des plats locaux bien savoureux. Également une piscine et un spa à la disposition des clients. Wifi gratuit.

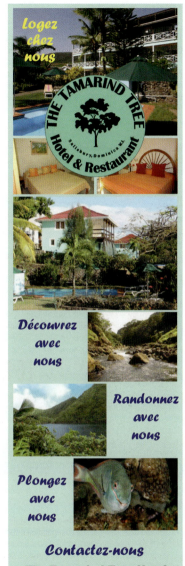

MORNE DIABLOTINS NATIONAL PARK

Dans le nord-ouest de l'île, près de Portsmouth, il entoure le point culminant de l'île, le mont Morne-Diablotins (1 447 m). Le sentier débute à 579 m d'altitude. Plus vous approchez du sommet, plus la vue sur Cabrits, Portsmouth et les villages alentour est sublime.

Transports

On accède au parc principalement par Dublanc, sur la côte au sud de Portsmouth, ou bien par le village de Glavillia.

À voir – À faire

■ MORNE DIABLOTINS NATIONAL PARK

✆ +1 767 266 5864
www.waitukubulitrail.com
Ce site est intégré dans le Waitukubuli National Trail (segment 10).
Le Morne Diablotins National Park encercle le morne Diablotins, ancien volcan et point culminant de l'île à 1 447 mètres d'altitude. Il s'agit notamment du deuxième plus haut sommet des Petites Antilles après la Soufrière de la Guadeloupe. D'une superficie de plus de 8 000 hectares, ce parc naturel protège des espèces d'oiseaux menacés comme l'Amazone impériale, emblème de la Dominique et présent au centre du drapeau de l'île. Au XVIIIe siècle, le parc abritait des groupes d'esclaves qui sont parvenus à s'échapper du régime colonial qui sévissait sur l'île. Pour se lancer dans une randonnée, à partir du village de Dublanc, sur la côte ouest de l'île, il faut suivre vers l'est la balade qui mène au perchoir des perroquets de la Syndicate Parrot Reserve, qui se niche sur le flanc ouest de la montagne. Accolées au parc national, les réserves nord et centrale prolongent la zone protégée vers le sud.

■ SYNDICATE PARROT PRESERVE

La réserve se trouve sur le flanc ouest du Morne Diablotins National Park, à l'est du village de Dublanc. Dans une luxuriante forêt niche une vaste colonie de perroquets multicolores qui offrent un spectacle splendide. Levez la tête, car les perroquets sont le plus souvent perchés à la cime des arbres. Avec un peu de chance et de patience, vous pourrez apercevoir le sisserou (ou amazone impériale), perroquet emblématique et endémique de l'île qui orne son drapeau. Pour admirer ce ballet aérien, partez tôt le matin ou en fin d'après-midi. Plus loin, après 30 minutes de randonnée, vous arriverez à la cascade de Syndicate Falls, magnifique et propice à la baignade.

LE NORD

Deuxième ville de l'île, Portsmouth est le point d'arrivée du sentier Waitukubuli. On y croise donc beaucoup de randonneurs, mais également des plaisanciers puisque la baie est facilement accessible par bateau. A ne pas manquer, le parc national des Cabrits et les ruines du fort Shirley. Vers le nord, les criques sont nombreuses et propices à des haltes *farniente*.

PORTSMOUTH

Deuxième ville de l'île et ancienne capitale, Portsmouth doit l'essentiel de sa réputation à son port qui abrite de beaux bateaux anciens, des sloops et des goélettes. Chaque année en juin, lors du Festival de la marine, des courses sont organisées. Comme toutes les villes portuaires, Portsmouth compte de nombreux bars et petits restaurants typiques où vous pouvez vous imprégner de l'ambiance locale. La ville abrite une université américaine, qui a la particularité d'être la moins chère des Etats-Unis. Le millier d'étudiants qui la fréquente participe activement aux différentes manifestations festives organisées dans la région et contribuent à l'ambiance locale. Si Portsmouth est une ville animée et attachante où il fait bon se promener, elle s'avère moins oppressante que la capitale Roseau. Elle dispose maintenant de beaux complexes hôteliers axés sur le bien-être qui, économiquement, devraient lui permettre une belle évolution dans les années à venir.

Transports

■ M & S RENTALS

Ross Boulevard ✆ 1+1 767 276 0409
www.msrentalsdominica.com
sales@msrentalsdominica.com
Agence ouverte du lundi au dimanche de 10h à 17h. Tarif : à partir de 35 US$/jour. Assurance et assistance 24h/24 incluses. Livraison port et aéroport incluse pour les locations de 7 jours et plus (60 US$ en deçà). Possibilité de réservation en ligne, par téléphone ou sur place.
Macklean et Suzan vous réservent un accueil chaleureux et professionnel et vous proposent une flotte de véhicules bien entretenus (pick-up, 4x4, SUV, citadines).

■ VAL' FERRY

✆ +1 7676163457
Voir page 484.

Se loger

Bien et pas cher

■ PORTSMOUTH BEACH HOTEL

34 Picard Estate ✆ +1 767 445 5142
portsmouthbeachhotel.dm
portsmouthbeachhoteldominica@gmail.com
Sur la droite, à la sortie de Portsmouth (environ 800 m) en direction de Roseau.
Chambre standard à partir de 90 US$/nuit. Studio avec kitchenette à partir de 120 US$/ nuit. Packages : 2 nuits, petit-déjeuner, déjeuner + visites à partir de 191 US$ par personne. Restauration possible sur place de 7h à 22h. Excursion cétacés à partir de 100 US$.
Cet hôtel de 77 hébergements dont 25 studios est situé sur le front de mer à côté de la baie de Prince Ruppert. Il s'agit de la plus longue plage de sable de l'île. Les studios climatisés sont équipés d'un téléviseur, d'une kitchenette (avec réfrigérateur et micro-ondes) et d'un balcon. Wifi gratuit.
Sur place, une plage privée, un spa, un centre de plongée et un restaurant-bar (ouvert de 7h à 22h) qui propose une cuisine variée avec salades, sandwiches, hamburgers, brochettes...

Confort ou charme

■ MANICOU RIVER ECO LODGES

Everton Hall Estate
✆ +1 767 616 9343
www.manicouriver.com
info@manicouriver.com
A partir de 148 US$ la nuit pour 2 personnes selon la saison. Restauration possible sur place au Manicou by Smiles : petit déjeuner à 14 US$, menu (entrée/plat/dessert) à 38 US$.
Des *ecolodges* (*100 % eco friendly*) prestigieux en bois, spacieux (50 m²) et meublés avec goût dans un environnement verdoyant. Linge maison haut de gamme, ainsi que la vaisselle et les équipements. Les *lodges* possèdent tous une cuisine, une salle de bains et une chambre à part. L'électricité est fournie par les panneaux solaires et l'eau par la récupération des eaux de pluie ou de rivière. Le petit plus : une vue imprenable sur la forêt du Parc Cabrits et la mer des Caraïbes. Le restaurant Manicou by Smiles propose une carte avec une cuisine caribéenne santé, moderne et naturelle inspirée de ce que la nature offre de meilleur. A la carte : tortilla à la farine d'igname garnie de filet de bœuf et de crudités, raviole de porc en réduction de mélasse, risotto végétarien, cabri rôti en croute, mi-cuit de thon au café, nems en fleurs de banane. De quoi ravir les papilles de tous les amateurs de cuisine saine ou végétarienne.

■ PICARD BEACH COTTAGES

✆ +1 767 445 5131
Picardbeachcottages.dm
A côté de la baie de Prince Rupert.
Cottage vue jardin : à partir de 170 US$. Cottage vue plage : à partir de 200 US$.
Les dix-huit *cottages* sont situés sur la plage et nichés dans la verdure. Chacun dispose d'une chambre avec un *queen bed*, d'un salon-séjour avec kitchenette et d'une terrasse privative. Certains chalets sont situés directement sur la longue plage de sable fin, d'autres sont un peu en retrait (à 2 mn de la plage). Possibilité d'accueillir une personne à mobilité réduite dans certains des hébergements.
Sur place : un bureau d'excursions, un spa, diverses activités nautiques, des cours de yoga, de Pilates... Possibilité de transferts jusqu'au port ou l'aéroport. Le bar-Restaurant Le Flambeau situé sur le même site propose un service de livraison jusqu'aux hébergements.

■ REJENS HOTEL

Route de Roseau
✆ +1 767 445 5577
www.rejens.com – info@rejens.com
À partir de 91 US$/personne/nuit pour une chambre standard 2 personnes. Ajoutez 40 US$ par personne supplémentaire.
À environ 10 minutes de voiture au sud de Portsmouth en direction de Roseau (navette gratuite pour le centre-ville), le Rejens est une grande bâtisse. Il s'agit en fait de véritables petits appartement avec une cuisine, un espace séjour et un coin repas. Le niveau de confort est d'un très bon rapport qualité-prix. Vous y trouverez des suites.

■ THE CHAMPS

Village Picart – Blanca Heights
✆ +1 767 616 3001
www.hotelthechamps.com
info@hotelthechamps.com
Chambre supérieure 150 US$ pour 2 personnes, chambre vue jardin à partir de 300 US$ pour 2 personnes. Consultez régulièrement leur site internet pour obtenir des réductions.
Dans un petit village à la sortie de Portsmouth, entre mer et montagne, cet hôtel bâti à flanc de colline se situe tout près du fort Shirley et du Cabrits National Park. Vous y trouverez des chambres spacieuses et confortables, bien orientées (certaines vers la mer), avec télé LCD (câble), accès wi-fi gratuit, réfrigérateur, bouilloire et climatisation. 2 chambres au rez-de-jardin d'environ 30 m² disposent d'une terrasse de 12 m², avec accès direct au jardin. Un restaurant et un sunset-bar/lounge complètent l'offre de séjour. Transferts aller-retour pour l'aéroport ou le ferry.

Luxe

■ CABRITS RESORT & SPA KEMPINSKI

Douglas bay
Bell Hall road
✆ 001 767 6145725
reservations.dominica@kempinski.com
Tarif à partir de 555 US$/nuit pour 2 personnes.
Le Cabrits Resort & Spa ouvre ses portes dans un magnifique écrin, le réputé Parc national Cabrits, sublime réserve naturelle. Découvrez un hôtel 5-étoiles à couper le souffle ! Un incontournable si vous êtes à la recherche de calme et de relaxation avec des services entre luxe et nature. L'établissement vous séduira par son design moderne conçu pour s'intégrer au paysage et respectueux de l'écosystème environnant. Les 151 chambres et suites de luxe et les six villas de plage disposent d'une vue panoramique sur la mer. Parmi les infrastructures proposées : un centre de remise en forme de pointe, une salle de fitness, quatre piscines chauffées et naturelles, trois restaurants, deux bars et un lounge, un club enfant et deux terrains de tennis.

Se restaurer

Portsmouth est très animée du fait d'accueillir l'université de l'île. Vous y trouverez un large choix de restaurants et bars en tout genre. Les établissements hôteliers disposent de leurs propres restaurants, généralement ouverts à la clientèle extérieure.

■ LE FLAMBEAU

✆ +1 767 445 5142
portsmouthbeachhotel.dm/restaurant.php
Dans l'enceinte du Porsmouth Beach Hotel
Ouvert de 7h à 23h. Fermeture de la cuisine à 22h. Petit-déjeuner : 15 US$, déjeuner : 20 US$, dîner : 32 US$.
Ce restaurant-bar est situé sur la plage. Vous pouvez vous y rendre pour vous rafraîchir dans le salon, sur la terrasse ou sur la plage. Vous y mangerez une cuisine créole, américaine ou continentale. La carte est différente selon le service du midi ou du soir. wi-fi gratuit. Service agréable.

■ MANICOU BY SMILES

Everton Hall Estate
✆ + 1 767 265 0454
www.smiles-gourmets.com
gourmets@smiles-group.biz
Service midi et soir. Formule à 39 US$ (entrée, plat, dessert).
Le cadre vous séduira d'emblée avec sa vue imprenable sur le Parc des Cabrits et la mer des Caraïbes et son jardin privatif. Manicou by Smiles propose une cuisine caribéenne, à base de produits locaux avec un savoir-faire

français. Le chef Marc est aux fourneaux aux côtés de Yolanda et Alex, boulanger-pâtissier. Le restaurant possède même son propre potager. Midi et soir, vous pourrez y déguster une cuisine saine, moderne, naturelle et inspirée de ce que la nature offre de meilleur. Tout les plats sont faits maison, à accompagner de rhums d'exception, de cocktails originaux ou de bons vins. A la carte : mini tortilla à la farine d'igname garnie d'un filet de bœuf et de crudités, duo de quenelles de langouste/papaye fumée et sa nage à la tomate, risotto végétarien, cabri rôti en croûte, mi-cuit de thon au café, mini burger glacé, etc. Seul, en famille, entre amis ou en couple, franchissez les portes de ce restaurant qui vous réserve un agréable moment.

■ SWIRLS FROZEN YOGURT CAFE

Picard
✆ + 1 767 316 8141
Ouvert du lundi au samedi de 11h30 à 18h et le dimanche de 15h à 18h. Ouvert les jours fériés.
Une adresse pour les amoureux des desserts qui veulent découvrir autre chose que la crème glacée, c'est-à-dire le yogurt glacé.

■ THE PURPLE TURTLE

Michael Douglas Boulevard
✆ +1 767 445 5296
Dans le centre de Portsmouth, sur la gauche en direction du nord de l'île.
Ouvert de 11h à 21h30.
Vous ne pouvez pas rater ce restaurant qui, faisant référence à son enseigne, est de couleur violette. Ce restaurant de plage dispose d'une carte variée mais attention, tous les plats ne sont pas forcément disponibles surtout en basse saison. Vincent, le propriétaire, dispose d'une chambre à louer à l'étage également.

À voir – À faire

■ INDIAN RIVER

Comptez 60 US$ pour la visite.
A l'entrée de Portsmouth, se trouve l'estuaire d'une jolie rivière, l'Indian River. Un petit tour en barque colorée (à rames) est un incontournable de ce lieu vivement conseillé par de nombreux guides. Ils sont une vingtaine à vous attendre mais ils font partie d'une association reconnue par l'office de tourisme. Ces derniers vous livreront ainsi des anecdotes sur les lieux et vous informeront sur la faune (hérons, aigrettes, canards, lézards, mais aussi différentes espèces de crabes) et la flore environnantes. Vous pourrez notamment observer des arbres magnifiques (baptisés les « Bwa mang ») avec des troncs déformés et des racines ondulées. La promenade en barque dure une heure et demie environ, y compris la

petite halte dans un bar au milieu d'un jardin tropical pour déguster un cocktail explosif, le « Dynamite », ou un jus de fruits frais. Si vous n'avez pas le désir de sortir des sentiers battus, la découverte de la mangrove et la balade valent vraiment le détour. Un petit détour vous entraîne également vers la cabane ayant servi de décor à un des films de la trilogie *Pirates des Caraïbes*. Emerveillement garanti (mais sans pirates, promis !). Attention, pendant la haute saison des bateaux de croisière, les embouteillages peuvent subvenir sur la rivière…

■ **PRINCE RUPERT BAY**

La petite marina et la plage sont parfaites pour les amateurs d'écoplaisance ! Pas de grosse infrastructure, mais beaucoup de charme. La plage de Prince Rupert est équipée d'une base de loisirs. On imagine sans peine les premières caravelles de Christophe Colomb abordant lors de son second voyage ce petit port naturel, qui deviendra ensuite une escale pour les conquistadores en route pour l'Amérique du Sud. Et puis c'est sur cette plage que certaines scènes de *Pirates des Caraïbes II* et *III* ont été tournées !

Sports – Détente – Loisirs

■ **RAINFOREST RIDING**
Belle Hall ✆ 1 767 265 7386
www.rainforestriding.com/
2 heures de balade à cheval sur la plage : 60 US$.
1h30 de balade en forêt à cheval : 45 US$.
Découvrir la Dominique à dos de cheval… C'est le pari lancé par Valérie, responsable du centre Rainforest Riding, qui organise des balades sur les plages et dans les forêts dominicaines. Cette canadienne passionnée aura à cœur de vous faire découvrir des paysages magiques et de faire de votre expérience équestre un parfait moment de convivialité.

ANSE DU MÉ

Un joli village avec quelques installations portuaires sur la côte nord, et une belle plage de sable volcanique dans la baie. Le nom lui vient d'un capitaine français appelé Du Mé. Auprès des pêcheurs, vous trouverez du poisson et des langoustes frais.

CABRITS NATIONAL PARK

Au nord de Portsmouth, dans les ruines du fort Shirley, une garnison anglaise installée au XVIIIe siècle a laissé des canons en acier, que l'on retrouve sur le site surélevé. On y découvre également une magnifique vue sur la baie du Prince Rupert, qui est abritée au nord par la pointe des Cabrits. Celle-ci tient son nom d'une

vieille habitude des marins, qui y lâchaient des chèvres lorsqu'ils débarquaient : leur bétail vivait là en liberté jusqu'au retour des navigateurs, trop contents de retrouver de la viande fraîche lors de leur escale suivante dans les environs. Sur place se trouve aussi un petit parc, axé autant sur les ressources de la terre que celles de la mer. Vous y trouverez un centre d'informations pour les visiteurs, des sentiers balisés pour partir à la découverte des différents milieux naturels (forêt, marais, plages volcaniques), et pour le repos, une aire de pique-nique, une plage et des rochers pour plonger.

■ **CABRITS NATIONAL PARK**

Au nord de l'île, près de Portsmouth, ce parc fut créé en 1986 pour préserver la forêt sèche côtière. Il abrite plusieurs sentiers de randonnée faciles offrant de belles vues, ainsi qu'un lieu historique parmi les plus remarquables de l'île, le fort Shirley. C'est le plus petit des parcs de la Dominique.

■ **FORT SHIRLEY**

Entrée : 5 US$.
Il s'agit-là d'un des rares bâtiments historiques de l'île situés au cœur du Cabrits National Park. Cette ancienne garnison est bâtie en pierres volcaniques. Le site est bien entretenu et certains bâtiments ont bénéficié d'une restauration tandis que d'autres sont restés en ruine au milieu de la végétation. Le site est riche en anecdotes et les touristes découvrent ici une part importante de l'histoire dominicaise. En effet, en 1802, la révolte du 8e régiment des Indes Occidentales au fort Shirley aura comme conséquence l'octroi en 1807 du statut d'hommes libres aux esclaves soldats dans tout l'Empire britannique. Pour vous y rendre, vous arrivez tout d'abord sur une première plateforme sur laquelle sont situés des canons pointés sur la baie de Portsmouth, qui rappellent que la Dominique fut l'objet de nombreuses batailles navales (notamment entre Français et Anglais). En grande partie restauré sous l'impulsion de l'historien Lennox Honychurc en 1982, le Fort se décompose en plusieurs salles qui peuvent aujourd'hui, pour certaines, accueillir des conférences et des réceptions. Le point de vue sur Prince Rupert Bay y est superbe et l'ensemble du site est propice à de longues balades qui pourront vous permettre de réaliser de beaux clichés. Vous trouverez un snack-bar et une boutique sur place.

■ **DOUGLAS BAY**
Un parc marin, dans le parc national des Cabrits où vous pourrez plonger et nager en compagnie des poissons tropicaux, au milieu de solides coraux et autres éponges. Ne rien prélever ! A la fin de la pointe Douglas, une partie de la falaise s'est effondrée formant une incroyable crevasse. Idéal pour les plongeurs expérimentés.

PENNVILLE

Vous êtes alors tout au nord de l'île. Le panorama est superbe, avec des paysages façonnés par l'océan Atlantique. Vous atteignez Morne-aux-Diables en entrant dans les terres par une route sinueuse.

■ MORNE-AUX-DIABLES

Ce volcan culmine à 861 mètres. Il est composé de plusieurs cratères et d'un dôme de lave de 80 mètres de haut.

VIEILLE CASE

Côté Atlantique, la route serpente entre les cocoteraies, les bananeraies et de petits axes secondaires conduisant à des villages aux noms surannés, qui rappellent la présence des Français à l'image de Paix-Bouche, Vieille-Case... Sur la plage d'Antrou, vous assisterez au combat quotidien des pêcheurs contre les vagues. Il lutte tous les jours contre l'océan pour rentrer leur embarcation ! L'église du village, où officient des communautés fondamentalistes chrétiennes, est à voir pour ses peintures murales.

HAMPSTEAD

Sur la route sinueuse qui longe la côte nord-est, d'adorables petits villages accrochés aux collines ou lovés dans les baies se succèdent : Batibou Bay, Hampstead, Point-Baptiste à Calibishie, L'Anse-Tortue, Woodford Hill,... On y trouve les rares plages de sable blanc de la Dominique. Juste avant Hampstead River, à cinq minutes, allez découvrir l'une des plus belles plages de sable blanc de l'île, Hampstead Beach.

■ CHAUDIÈRE POOL

Faites un petit détour vers l'intérieur des terres, et après le village de Bense, vous trouverez la Chaudière (ou Chaudron). Une descente d'une trentaine de minutes vous mènera à cette piscine d'eau douce alimentée par la rivière Hampstead. Il s'agit d'un bassin creusé dans la roche de plus de 4 mètres de profondeur. On peut s'y baigner et même plonger. Un endroit superbe, à découvrir !

■ NORTHERN FOREST RESERVE

Cette réserve de plus de 5 560 hectares est accolée au nord du Morne Diablotin National Park, tandis qu'au sud de ce dernier se trouve la Réserve forestière centrale, ouverte depuis 1977. Cet espace végétal, véritable poumon vert de l'île, accueille plusieurs espèces d'oiseaux et notamment celui qui a été choisi pour figurer sur le drapeau de la Dominique : le *sisserou parrot*. Les amateurs d'oiseaux rares pourront véritablement se régaler au sein de cette forêt aux mille couleurs... N'hésitez pas à vous munir de bonnes chaussures si vous souhaitez randonner : en effet, les petits chemins escarpés sont nombreux et ils peuvent être très glissants après le passage des pluies. Jolies cascades, arbres aux racines impressionnantes, végétation luxuriante... Au cœur de cette forêt d'exception, vous vivrez des moments naturels extraordinaires.

CALIBISHIE

Quand vous arrivez dans ce village de pêcheurs paisible où il fait bon vivre, vous avez une vue sur deux gros rochers séparés par la mer que les pêcheurs du coin appellent « la porte de l'Enfer ». La vue est fantastique et l'ambiance est typique des petits villages côtiers de l'île. Possibilité de vous baigner sur la plage de la pointe Baptiste. Spot de plongée près de Toucari et Capucin, pour les plongeurs expérimentés : y gisent les épaves de deux navires datant de la Première Guerre mondiale. Vous trouverez de nombreux restaurants en front de mer et une offre variée d'hébergements. Quelques kilomètres à l'est, Woodford Hill dispose d'une petite plage idéale pour venir en famille.

■ ATLANTIQUE VIEW RESORT & SPA
Anse de mai
✆ +1 767 445 4206
atlantiqueview.com
sale@atlantiqueview.com
Chambres avec vue sur le jardin à partir de 150 US$ pour 2 personnes ; avec vue sur la mer à partir de 180 US$ pour 4 personnes. Suites de luxe avec vue sur la mer à partir de 210 US$. Ajouter à ces tarifs 10 % de taxe et 10 % pour le service.
Cet hôtel de 35 chambres et suites dispose d'un emplacement privilégié. Il bénéficie de couleurs chamarrées et de deux piscines, dont une sur 2 niveaux. Les chambres doubles, situées dans le jardin près de la piscine, disposent d'une « petite » vue sur la mer. Les autres chambres et suites bénéficient d'un panorama dégagé et sont prévues pour accueillir 4 personnes. Les suites disposent d'une terrasse. Les prestations proposées et les équipements sont de qualité. Sur place, une salle de fitness, un court de tennis, un bar-restaurant situé sur la terrasse extérieure et offrant un superbe point de vue sur la mer. Le joli village de Calibishie est à proximité. Sur place, vous trouverez une épicerie, un office de tourisme et de nombreux restaurants.

■ CALIBISHIE COVE
Pointe Dubique
✆ 7 4439876742
www.calibishiecove.com
calibishiecove@gmail.com
Chambre 2 personnes avec vue sur la mer : à partir de 173 US$. 3 nuits minimum exigées. Tarifs dégressifs à partir de 7 nuits.
Cet établissement de luxe propose deux suites très confortables (vue sur la mer, petit-déjeuner

servi directement sur le balcon, bain extérieur) et deux chambres finement décorées et donnant sur la mer également.

■ **CENTRE D'INFORMATIONS TOURISTIQUE**
Main road ✆ +1 767 445 8344
www.calibishiecoast.com
calibishietourism@gmail.com
Ouvert du lundi au vendredi de 9h à 16h.

■ **RAINBOW BEACH APARTMENTS & ROOMS**
Main road
✆ +1 767 612 6258

www.rainbowbeachapartments.com
mollar65@comcast.net
Appartement 2 chambres à partir de 87 US$ pour 2 personnes.
Molly, la propriétaire, est une personne très accueillante qui a une mission : que ses hôtes bénéficient d'un séjour inoubliable. Elle propose à la location deux appartements. Celui du rez-de-chaussée (les pieds dans le sable et dans l'eau) dispose d'une chambre, celui de l'étage est composé de 2 chambres. Les deux héberge-ments sont très propres et douillets. Terrasses avec vue sur mer.

L'EST

Deux points d'intérêt majeurs sur la partie est de l'île : la réserve kalinago Carib Territory, et le fameux Parc national de Morne-Trois-Pitons, inscrit au patrimoine de l'humanité de l'Unesco. Dans ce dernier, certaines randonnées méritent l'assistance d'un guide pour être réellement appréciées sans courir de risques. D'ailleurs, pour le Boiling Lake, le gouvernement a rendu obligatoire la présence d'un guide auprès des visiteurs.

MARIGOT

Marigot est certes le village le plus proche de l'aéroport Douglas-Charles, mais il s'agit d'un petit village de pêcheurs très tranquille. C'est dans ce secteur que la population parle le cocoy, un mélange de dialectes africains et d'anglais. Vous y trouverez quelques petits restaurants, dont le Pagua Bay House qui propose également l'hébergement.

Transports

■ **AIR ANTILLES**
Douglas Charles Airport
✆ 0890 648 648
Voir page 483.

■ **DOUGLAS-CHARLES AIRPORT (EX-MELVILLE HALL)**
✆ +1 767 445 7109
Voir page 483.

■ **LIAT**
✆ +1 767 445 7242
Voir page 483.

■ **WINAIR**
Douglas-Charles Airport ✆ +1 767 445 8936
Voir page 484.

Se loger

■ **PAGUA BAY HOUSE**
Pagua Bay ✆ +1 767 445 8888
www.paguabayhouse.com
paguabayhouse@gmail.com
A 10 minutes de l'aéroport Douglas-Charles.
De 210 à 420 US$/nuit selon la saison et la catégorie de la chambre. Certaines périodes sont soumises à une durée minimale pour les séjours. Petit déjeuner : 15 US$/personne. Demi-pension : 55 US$/personne, pension complète : 85 US$/personne.
6 bungalows spacieux dotés de belles salles de bains et d'une décoration contempo-raine. La piscine et la terrasse du restaurant disposent d'une superbe vue sur l'Atlantique. L'environnement est très agréable.

Se restaurer

■ **PAGUA BAY BAR & GRILL**
Pagua Bay ✆ +1 767 612 6068
www.paguabayhouse.com
Comptez aux alentours de 30 US$ au déjeuner et 40 US$ au dîner. Restaurant ouvert de 8h à 21h30. Petit-déjeuner possible pour les clients extérieurs, sur réservation.
Un cadre des plus agréables avec une grande terrasse ouverte sur la plage. Les plats sont principalement préparés à base de produits frais, notamment le poisson.

REPÉREZ LES MEILLEURES VISITES

★ INTÉRESSANT ★★ REMARQUABLE ★★★ IMMANQUABLE ★★★★ INOUBLIABLE

CARIB-TERRITORY

Ce n'est pas une réserve au sens américain du terme, comme tient à le rappeler le chef Joseph Garnette, qui représente son peuple sur le plan local et international. Ici, vous entrez sur le territoire des Kalinagos, situé entre Marigot et Castle Bruce. Vous traverserez ensuite Sineku, Madjini, Gaulette, Saint-Cyr, Salybia, Crayfish-River, Bataka, Monkey-Hill, Atkinson... Cette communauté vit de l'agriculture, de la pêche, de l'artisanat, notamment de la vannerie. Leur créativité ancestrale se retrouve dans les paniers, chapeaux et tapis en feuilles tropicales qu'ils vendent au fil de la route. Ils sont également experts dans la construction de canoës en bois de gommier, des embarcations que toutes les îles des Caraïbes ont ensuite adoptées. S'ils ne vivent plus dans les huttes traditionnelles, un village a été reconstitué dans la forêt, le Kalinago Barana Auté, situé dans le village de Sallybia. A voir également, l'église (à côté de l'école), pour son autel original en forme de coque de bateau et ses peintures murales.

Se loger

■ KALINAGO HOMESTAYS
Commonwealth of Dominica
Crayfish River, Kalinago Territory
℡ +1 767 445 7979
www.kalinagoterritory.com
info@kalinagoterritory.com
Hébergement Tradition. Prix indicatifs : 50 US$ par personne, Confort : 30 US$ par personne, Mixte : 40 US$ par personne. Les repas sont optionnels. Petit-déjeuner : 10 US$, snack : 6 US$, déjeuner : 15 US$, dîner : 10 US$.
Une très bonne initiative de la communauté Kalinago, des séjours chez l'habitant au sein de la réserve. Selon vos goûts, vous pouvez choisir une formule traditionnelle dans laquelle vous vivez vraiment la vie de vos hôtes, une formule plus adaptée aux habitudes européennes, ou un savant mélange des deux. Une belle expérience originale, qui se situe à la lisière de deux segments du Waitukubuli National Trail.

À voir – À faire

■ CRAYFISH RIVER WATERFALL ⭐
Les eaux de Crayfish river (Isulukati Waterfall) se jettent dans une piscine naturelle puis dans la mer.

■ KALINAGO BARANA AUTÊ ⭐
Kalinago Territory
Crayfish River ℡ +1 767 445 7979
www.kalinagobaranaaute.com
admin@kalinagobaranaaute.com

Ouvert tous les jours de 9h à 17h. Visite du site 10 US$. Pour le spectacle culturel : forfait de 150 US$ par présentation de 30 minutes.
À l'initiative de la communauté Kalinago, s'est ouvert ce centre d'interprétation dont le but est de faire connaître aux visiteurs sa culture à travers un village témoin et des représentations de chants et danses traditionnelles. Vous trouverez des visites guidées régulières en haute saison (en anglais), mais il est préférable d'appeler pour se renseigner, notamment en saison creuse. Sachez tout de même que les démonstrations de danse et de chant se font sur réservation uniquement. Sur place, vous pourrez assister à plusieurs types de démonstrations : art de la vannerie, sculpture de calebasse, construction de pirogues traditionnelles, cuisson du pain au manioc, mais aussi utilisation des plantes médicinales. Lors de votre visite, vous apprendrez également des informations précieuses sur les magnifiques faune et flore environnantes... Pour ceux qui souhaitent rester plus longtemps, le centre propose des hébergements chez l'habitant. N'hésitez pas à suivre le sentier autour du village, car les les points de vue sont à couper de souffle, notamment celui donnant sur la côte Atlantique. Le centre d'interprétation se trouve sur la côte Est, près d'Isukulati Falls, et propose une boutique de cadeaux traditionnels ainsi qu'un snack gourmand.

■ SALYBIA CATHOLIC CHURCH ⭐
Village de Salybia
Faire un arrêt à l'église car son autel est érigé sen forme de pirogue traditionnelle Kalinago et des tableaux reproduisent l'arrivée de Christophe Colomb. Vous pourrez voir les pêcheurs partir en mer chaque jour. Vous passerez près d'un cimetière allemand dans lequel reposent les corps de marins allemands échoués pendant la Seconde Guerre mondiale.

■ SERPENT TÊTE CHIEN OU BOA CONSTRICTOR ⭐
Balade à 15 minutes du village de Sineku.
L'escalier Tête-Chien est le nom que l'on a donné à une coulée de lave solidifiée qui se jette dans l'océan. Cette gigantesque forme noire serpentant dans l'écume blanche semble bien se faufiler du haut d'un roc jusqu'à la mer. Impressionnant !

CASTLE BRUCE

En sortant de ce village, après un premier pont jaune que vous ne pouvez manquer, un autre pont surplombe la Castle Bruce River. A gauche, un chemin remonte la rivière Lor au milieu des grands arbres. L'endroit est superbe. Vous aurez peut-être la chance de voir des sisserous, ces perroquets impériaux, emblèmes de l'île !

SAINT SAUVEUR

Dans la baie de Grand Marigot se trouve ce petit village au charme désuet, mais au grand savoir-faire en matière de distillation des plante ; celle du bois d'Inde notamment, dont on extrait une huile essentielle très riche en composés actifs, aux vertus thérapeutiques avérées. Cette importante industrie fait vivre toute cette partie de l'île.

ROSALIE

A voir dans le village, la dernière arche encore debout d'un ancien aqueduc qui transportait l'eau jusqu'à l'usine à sucre, et d'autres ruines, comme celle de cette plate-forme de grue, pièce d'archéologie industrielle imposante qui témoigne du travail mécanisé autour des bateaux. On y chargeaient les marchandises des plantations avoisinantes (sucre, citrons, café, cacao, épices) destinées au Vieux Continent. En longeant les bords de la rivière Rosalie, vous trouverez de grandes piscines naturelles puis une plage de sable gris.

■ **ROSALIE BAY**
℡ +1 767 446 1010
www.rosaliebaydominica.com
info@rosaliebaydominica.com
Réouverture prévue en février 2020.
A l'embouchure de la rivière Rosalie, avec une magnifique plage sur l'océan Atlantique, une baie paradisiaque à 45 minutes de Roseau.

LA PLAINE

■ **CITRUS CREEK PLANTATION**
Taberi
℡ +1 767 617 1234
citruscreekplantation.com
riverside@citruscreekplantation.com
Tarifs à partir de 115 US$ pour un cottage (base 2 personnes). Restaurant sur place.
Dans une plantation de 8 hectares en bordure de la rivière Taberi, cet écolodge dispose d'hébergements dotés d'une ou deux chambres. Vous aurez le choix entre des villas et cottages de charme et confortables équipés d'une cuisine. Pour les amateurs de séjours authentiques, au calme et en harmonie avec la nature. Sur place, le Riverside Café permet de déguster des produits locaux, dont des fruits et légumes pour la plupart issus du jardin.

■ **RIVERSIDE CAFE**
Taberi
℡ + 1 767 446 1234
www.citruscreekplantation.com
riverside@citruscreekplantation.com
Tous les jours de 10h à 17h et le soir sur réservation à partir de 19h.

Une bonne table au cœur du Citrus Creek Plantation qui propose de la cuisine locale avec une touche française, à base de produits frais. Les fruits et légumes proviennent pour la plupart du jardin.

DELICES

En partant du village de Delices par la vallée de la Roche, il y a une demi-heure de marche pour arriver au pied d'une des plus belles cascades de la Dominique, dans laquelle vous pourrez vous baigner.

■ **VICTORIA FALLS**
A 30 minutes de marche de Délices. Niveau intermédiaire. Déconseillé aux enfants.
Au sud-est du Parc national Morne-Trois-Pitons se trouvent les magistrales chutes Victoria... La couleur de cette piscine naturelle est à couper le souffle ! En effet, elle varie du blanc au turquoise clair selon la couleur du ciel... En amont de cette chute impressionnante de plus de 20 mètres, vous trouverez un sentier traversé par des fougères arborescentes, d'anthoriums sauvages, de bambous et de fougères vaporeuses. Avis aux amateurs de belles plantes ! En redescendant, vous tomberez sur la rivière Claire, puis sur la rivière Blanche. Il s'agit-là de deux lieux très appréciés pour leur calme et leur sérénité... Non loin de là, ne manquez surtout pas de rendre visite à Moïse le rasta, qui habite à l'entrée du chemin de Victoria. Vous pourrez notamment vous reposer autour d'un thé à la menthe poivrée (*peppermint*), ou d'un jus d'un fruit frais du jardin. Vous pouvez aussi lui commander un déjeuner végétarien (*I-tal food*). Un lieu hors du temps, avec des habitants qui vivent en harmonie avec la nature et vous racontent des anecdotes et des histoires passionnantes sur leur île.

MORNE TROIS-PITONS NATIONAL PARK

Ce parc de 6 800 hectares, essentiellement constitué par la forêt tropicale, comporte quelques-uns des plus beaux sites de la Dominique : Boeri Lake, Fresh Water Lake ou encore Boiling Lake. Il doit son nom à une montagne constituée de trois pitons rocheux, le plus haut atteignant 1 356 m d'altitude. Ce n'est pas le plus haut sommet de l'île, ce titre revenant au morne Diablotins, 1 447 m, situé plus au nord-ouest, au cœur de la Northern Forest Reserve.
Plus grand Parc national de la Dominique, il est remarquable par la variété de sites à y découvrir et est inscrit au patrimoine mondial de l'UNESCO. A ne pas manquer : les chutes Trafalgar, le lac Bouillant et la vallée de la Désolation, Emerald Pool, le charmant village de Wotten Waven (qui abrite plusieurs spas naturels), les sources d'eau chaude naturelle à Ti Kwen Glo Cho, Chez Screws, ou encore le Fresh Water Lake à Tia.

À voir - À faire

■ BOILING LAKE

Etrange, impressionnant... Les adjectifs ne manquent pas pour décrire ce lac Bouillant, considéré comme le plus grande étendue d'eau de cette nature au monde. Il se mérite : il vous faudra au moins trois heures de marche à partir de Laudat pour l'atteindre. Au départ de Titou-Gorge, le sentier monte longuement dans la jungle jusqu'aux crêtes ventées, qui ouvrent de belles perspectives sur la vallée et les sommets environnants. Déjà, l'odeur de soufre caractéristique des sites volcaniques s'impose. Les troncs d'arbres rougis par les gaz apparaissent peu à peu, et dans la vallée de la Désolation, la végétation disparaît complètement, laissant nues les pentes abruptes de terre rouge du morne Watt.

▶ **Vous êtes sur un site géothermique** où de nombreux phénomènes témoignent de l'activité souterraine du volcan : émanations de fumée, sources chaudes, mares bouillonnantes, marmites de boue grise, dépôts de soufre... De là s'écoulent des rivières chaudes, parcourues de rapides et de cascades. L'eau grise, bleue, parfois noire comme de l'encre, teinte à vie la roche des fonds et des rives d'une infinité de couleurs : jaune, ocre, rouge, vert, bleu, gris, noir... Ce sont les minéraux hérités de l'ancienne activité volcanique qui définissent cette palette chromatique. Dans certains bassins de ces rivières, la baignade est autorisée. L'eau est à une température idéale.
Vous remontez une autre belle rivière, puis, enfin, une masse imposante de fumée blanchâtre annonce le Boiling Lake, formé au bord d'un vaste et profond cratère, au fond duquel s'allonge un lac d'eau grise, bouillonnant en son centre et fumant en bouffées monstrueuses. Ici, la présence du guide est obligatoire ! Le mieux est d'en embaucher un au village de Laudat (de 40 à 50 EC$ par personne). Dans les sites géothermiques, il convient de ne pas poser les pieds n'importe où, car l'eau et la boue sont par endroits bouillantes, et le sol parfois fragile.

■ BOLI FALLS

Au nord-est du parc.
C'est une grande randonnée à ne pas rater si vous êtes dans le coin et en bonne condition physique. Partez avec un guide (voir liste des guides agréés par l'office e) et prévoyez un pique-nique. L'arrivée est fantastique : trois cascades aux piscines limpides, entourées de végétation et inondées de soleil, vous attendent. L'une d'elles n'est pas accessible, mais la baignade est autorisée dans les deux autres bassins.

■ EMERALD POOL

C'est à travers le sentier le plus accessible du Morne-Trois-Pitons National Park que vous accéderez à cet espace des plus magiques... Après environ quinze minutes de marche, accompagné par le chant des oiseaux et entouré d'une végétation luxuriante, vous arrivez devant une piscine naturelle aux eaux couleurs turquoise et émeraude. Également baptisé « piscine de cristal », il s'agit d'un site extrêmement apprécié par les touristes qui visitent la Dominique. La cause ? La beauté époustouflante de cet espace naturel protégé et surtout le calme qui y règne. La couleur émeraude de l'eau laissera les plus romantiques d'entre vous sans voix... N'hésitez pas à profiter de la douceur de son eau pour buller tranquillement au soleil. Un conseil, évitez de vous rendre sur le site lorsque vous apercevez un bus sur le parking car le lieu est assez petit et il s'apprécie plus dans la sérénité...

■ FRESH WATER LAKE – BŒRI LAKE

A partir de Laudat, village de l'intérieur relié à Roseau par minibus, une heure de marche conduit à ce « lac d'eau fraîche », dans un cratère situé à 800 mètres d'altitude. Vous pouvez également vous y rendre en voiture si vous n'avez pas le courage de randonner... Outre le point de vue spectaculaire, l'endroit est remarquable pour la pureté de son air. Le lac d'eau douce, bordé de végétation luxuriante, s'est récemment vu doter d'une centrale hydro-électrique, nécessaire à l'approvisionnement correct de l'île en électricité. Une heure de marche supplémentaire et vous accéderez à Bœri Lake, lac de cratère plus petit, situé à 900 mètres d'altitude. Sachez que les efforts sont toujours récompensés pour les amateurs de randonnée : vous y trouverez un superbe panorama qui donne jusqu'à l'Atlantique. Une vue à couper le souffle ! Sachez également que la présence d'un guide n'est pas nécessaire pour accéder au Fresh Water Lake.

■ MIDDLEHAM FALLS

Cette balade vous entraîne au cœur de la forêt via un chemin bien balisé. Le sentier descend jusqu'à un bassin creusé dans la roche. Vous parvenez après environ 45 minutes de marche devant une gigantesque chute de 60 mètres de hauteur.

■ WOTTEN WAVEN

A l'ouest du parc en direction de Roseau.
Wotten Waven, à quelques minutes de Roseau, est le paradis des amateurs de spa et autres moments de bien-être. Une source chaude alimente plusieurs établissements qui proposent des bains dans des piscines d'eau chaude, des massages et soins de beauté, le tout avec une

touche d'exotisme (musique zouk, choix de jus de fruits et cocktails, etc.).

■ TRAFALGAR FALLS
Près de Laudat, au nord-ouest du parc.
Il s'agit-là d'un des principaux sites touristiques de l'île qui accueille chaque année de nombreux visiteurs. Sur place, vous découvrirez deux chutes d'eau, le « père » et la « mère » qui se jettent de 60 mètres de hauteur de chaque côté d'un morne dans le Rocky Pools. Prenez le temps d'admirer les mouvements de l'eau sur la pierre noire volcanique et la flore environnante principalement constituée de fougères et d'orchidées. Attention, soyez prudent dans l'eau et évitez les sauts !
Ici, la présence d'un guide n'est pas nécessaire, car du bout de la route, une marche de 15 minutes seulement vous mène au pied des chutes, où vous pourrez vous baigner dans une piscine rocheuse aux eaux couleur turquoise. Vous pouvez donc décliner sans état d'âme les offres de ceux qui vous aborderont et réserver cet accompagnement pour d'autres sites autrement plus difficiles d'accès... et ce n'est pas cela qui manque en Dominique !

Sports – Détente – Loisirs

■ TIA'S BAMBOO COTTAGE
Wotten Waven – Vallée de Roseau
℗ +1 767 448 1998
www.tiasbamboocottages.com
tiacottages@gmail.com
Pour profiter pleinement des sources d'eau chaude de Wotten Waven, le Tia's Bamboo Cottage propose un hébergement de 4 chambres au cœur des sources. Les cottages sont construits de manière traditionnelle avec du bambou et du roseau local. L'intérêt de dormir sur place est de profiter des bassins 24h/24 ! Également un restaurant proposant des mets locaux à base de produits frais.

LE SUD

De Roseau jusqu'à Scott's Head, la pointe la plus au sud, vous traversez des petits villages de pêcheurs très agréables et paisibles. Ensuite, faites un arrêt à Soufrière où vous trouverez des sources chaudes. La pointe sud constitue un lieu privilégié pour observer des baleines dans la Réserve marine. C'est également le lieu où se rejoignent la mer des Caraïbes et l'océan Atlantique. Il s'agit sans nul doute d'un des sites les plus fabuleux pour la plongée et la baignade. Au sud de la Dominique, vous allez trouver plusieurs clubs de plongée qui vous emmènent dans des sites réputés pour la qualité de leurs eaux et beautés naturelles. Moins de bateaux, moins de pollution qu'ailleurs : c'est le grand avantage de la Dominique, la qualité de ses eaux. Les amateurs de sports collectifs ne manqueront pas d'approcher les terrains de cricket ! Les parties ont lieu le dimanche en général.

POINTE-MICHEL
En sortant du village de Pointe-Michel en direction de Scott's Head, vous trouverez la plage Champagne, idéale pour la plongée.

■ CHAMPAGNE BEACH ⭐
Cette plage et sa baie doit son nom à son eau. En plongeant, vous serez entouré de bulles résultant de l'activité volcanique, et vous aurez l'impression de nager dans le précieux nectar !

SOUFRIERE
La plupart des sites de plongée se trouvent entre Soufrière et Scott's Head. De l'autre côté de la baie à l'Abyme, une falaise marine, abrupte et très profonde, offre un excellent site de plongée à découvrir absolument.

Se loger

■ SECRET BAY
℗ +1 767 445 4444
secretbay.dm/fr – info@secretbay.dm
A la sortie de Portmouth en direction de Roseau.
Villa pour 2 personnes : Zabuco avec piscine à partir de 1 286 US$ la nuit, Ylang Ylang à partir de 802 US$, Ti Fey à partir de 866 US$ la nuit.
Ce complexe écoluxe composé de 60 villas assure à chaque convive intimité et sérénité. Chaque hébergement bénéficie d'une vue sur la mer des Caraïbes et la montagne. La mise en œuvre de cette structure, tout comme son approvisionnement en énergie font l'objet de pratiques écologiques et durables. Les hébergements sont nichés au cœur d'un jardin tropical. Les prestations sont de qualité (service de blanchisserie, de conciergerie).

■ SOUFRIERE GUESTHOUSE
Soufrière ℗ +1 767 275 5454
www.soufriereguesthouse.com
Tarifs par nuit : lit en dortoir à 20 US$/personne, chambre double à 45 US$, chambre triple avec vue jardin à 55 US$.
Cette maison d'hôtes est idéalement située au cœur de la Soufriere Valley. Elle permettra aux randonneurs et autres aventuriers de profiter de nombreuses activités aux alentours. Ici pas de grand luxe mais les chambres sont propres et l'ambiance est conviviale.

LA DOMINIQUE

Vous aurez le choix entre des chambres doubles ou triples ou des lits en dortoir. Les deux chambres avec vue sur le jardin disposent d'une véranda, d'un lit double queen size et d'un lit simple. Les trois chambres doubles sont également équipées d'un lit queen size. Egalement neuf lits répartis dans deux dortoirs. Toutes les chambres sont équipées de brasseurs d'air et ont un accès au wifi. La maison dispose d'eau chaude solaire. Vous pourrez partager la cuisine, un coin bibliothèque et une grande véranda avec hamacs.

À voir – À faire

■ SOUFRIERE SCOTTS HEAD MARINE RESERVE

Située à la pointe sud de l'île, cette réserve marine représente un des meilleurs endroits pour pratiquer le snorkeling. C'est également un site fabuleux pour les plongeurs en quête de sensations. L'endroit est composé de coulées de lave, de grottes et abrite des gorgones, coraux et éponges aux couleurs éblouissantes, car il profite d'une excellente luminosité. La pêche y est interdite et de fait, la faune sous-marine abonde en masse. Les spots de plongée sont très nombreux dans cette zone : on en dénombre pas moins de dix, tous encadrés par d'excellents professionnels. Citons par exemple la baie Champagne, entre Pointe-Michel et Soufrière, sans doute le site le plus connu de la Dominique. Les fines bulles de gaz (qui rappellent la fameuse boisson du Champagne) sont dues aux sources chaudes et aux fumerolles volcaniques. Un paysage magique qui ravira les grands comme les petits !

■ GALLION

Gallion Road

Balade à faire : Galion, Soufrière, Bois-Cotelette. Sur les hauteurs du village de Soufrière, allez découvrir la vue époustouflante sur la baie et la réserve marine. La route qui vous y conduira est magique, et vous y trouverez les traces sur les mornes de l'activité volcanique autour. Du temps de la colonisation anglaise, tout le village travaillait sur les plantations de citrons. Les Anglais récupéraient les récoltes grâce à un téléphérique qui partait du point de vue du Galion jusqu'à Soufrière.

■ ST. MARK CATHOLIC CHURCH

Une peinture murale décrivant la vie du village peut être vue dans cette église. Celle-ci a plus de 100 ans.

Sports – Détente – Loisirs

■ NATURE ISLAND DIVE

Gallion Road ✆ +1 767 2456505
www.natureislanddive.dm
natureislanddive@gmail.com

Deux plongées d'exploration : 100 US$. Plongée de nuit : 85 US$. Baptême de plongée : 90 US$.
Par petits groupes, les guides de plongée vous mèneront sur des sites extraordinaires et peu fréquentés. La biodiversité sous-marine vous impressionnera par sa beauté. Pour les novices, les encadreurs auront à cœur de vous rassurer pendant toute la durée de l'expérience.

SCOTTS HEAD

Cette pointe à l'extrême sud du pays, qui domine la baie de Soufrière, doit son nom au capitaine anglais Scott qui a repris l'île aux Français au début du XVIIe siècle. Les ruines du fort Cashacrou étaient leur poste de défense. Mais Scott's Head, c'est surtout un magnifique village de pêcheurs.

De la petite plage au pied du rocher, plongée avec masque et tuba, superbe. Possibilité de faire du kayak ou de demander aux locaux de louer une barque de pêcheurs. Depuis cet isthme, facile d'accès à pied, on a une vue spectaculaire sur la baie de la Soufrière et la réserve marine.

A voir également, la piscine d'eau chaude (d'origine volcanique) qui est le départ d'une jolie montée d'environ une demi-heure. Redescendez ensuite vers Grand Bay. Enfin, c'est à Scotts Head que débute le sentier de randonnée qui traverse toute l'île du sud au nord : le Waitukubuli National Trail.

BEREKUA

En bas du village sur le bord de mer. Eglise avec des peintures locales sur les portes et des gargouilles sur le toit. Le plus ancien crucifix de l'île, sculpté dans la pierre, date de 1720. La vue donnant sur le cimetière est superbe. A faire, la balade de Tête Morne pour les randonneurs.

FOND SAINT-JEAN

Pour les randonnées pédestres, renseignez-vous auprès de votre hébergeur car certaines zones peuvent être déconseillées depuis le passage de l'ouragan Maria.

PETITE-SAVANE

Après Fond-Saint-Jean. Descendants des premiers Français installés à la Dominique. C'est aussi dans ce village que vous pourrez voir le terrain de cricket le plus spectaculaire des West Indies. Une randonnée vous mènera de Morne-Paix-Bouche jusqu'à Pointe-Mulâtre où vous verrez de la vapeur s'élever du Boiling Lake.

Le Waitukubuli National Trail (dites « WNT » (en anglais), c'est plus simple !) parcourt 184 km, divisés en 14 segments (dont 3 fermés suite à l'ouragan Maria) de divers niveaux et longueurs. Il commence à Soufrière, dans le sud de l'île, et se termine à Cabrits dans le nord. Chaque segment peut s'effectuer indépendamment des autres. L'entrée du parc est payante : 12 US$/jour et 40 US$ pour deux semaines.

La plupart des segments sont de nouveau accessibles suite au passage de l'ouragan, à l'exception des segments 2, 8 et 9. La prudence reste tout de même de mise lors des randonnées.

Ce magnifique parcours de marche tout niveau peut être emprunté sur sa totalité en une dizaine de jours – pour les meilleurs marcheurs. Une bonne idée de vacances sportives, et une belle manière de découvrir la Dominique. Ce tracé a été conçu pour que chaque segment ait son identité, son niveau de difficulté, son temps de marche, et soit relié à une route, de sorte que vous pouvez aussi décider de n'en parcourir qu'une partie. En revanche, ce n'est pas une boucle, étudiez donc bien la carte avant de partir pour éviter de devoir revenir sur vos pas. On peut décider de partir pour la journée, de faire un ou deux segments et de prévoir un moyen de transport pour retrouver son lieu d'hébergement, ou encore de prendre quelques journées de pause en chemin. Pour vous loger, des solutions (lodges, *guesthouses*) existent entre chaque segment. En théorie, il est interdit de dormir en forêt.

▶ **Chaque segment porte un nom.** Le chemin est très bien entretenu, et le balisage assez correct. Vous pouvez vous y engager sans guide, en étant vigilant. C'est un trek parfois très soutenu, notamment dans les étapes 8, 9 (actuellement fermées) et 11, qui offrent parcours en forêt tropicale primaire, ascensions de pics, randonnées côtières, et de multiples rencontres avec les différentes communautés. Engager un bon guide est recommandé pour cette portion du WNT. Souvenez-vous qu'en plus de ses aptitudes professionnelles, un guide peut aussi vous permettre de mieux observer la nature et de faire des rencontres avec les habitants des villages – sans compter que vous ferez ainsi marcher l'économie locale.

▶ **Suivre le balisage en jaune et bleu.** Parfaitement réalisés, très réguliers (peut-être même un peu trop), ces signes aident à se repérer. Il est pratiquement impossible de se perdre, même avec un gros brouillard ou une énorme averse tropicale. Les traversées de rivières, auparavant très délicates, ont toutes été équipées de ponts, qui restent glissants mais facilitent tout de même considérablement la progression. Avant de vous engager, nous vous invitons à consulter le site officiel du WNT pour prendre connaissance de toute évolution de la réglementation, ou d'éventuelles restrictions météo. Nous avons repris la cotation des difficultés établies par Paul Crask (www.paulcrask.com), auteur du seul guide complet à ce jour, uniquement en anglais, sur la Dominique. Chaque début et fin de segment est matérialisé par un panneau descriptif : caractéristiques du segment, curiosités, difficultés, kilométrage...

▶ **Que choisir : parcours intégral ou tronçons ?** Pour réaliser l'intégralité du parcours, nous vous conseillons de faire vos plans à partir de trois grandes zones et de déterminer un ou deux camps de base par zone.

Pour le sud, vous aurez l'embarras du choix : sur la Soufrière, Scott's Head, Genova ou encore Wotten Waven. On peut aussi faire une sélection mixte, comme indiqué dans le déroulé intégral, en regroupant le segment 1 avec une partie du segment 2, le reste du segment 2 avec le segment 3 et le Boiling Lake, en terminant par le segment 4, jusqu'à Pont-Cassé. Cette zone alterne forêts et cultures fruitières, avec également une partie dans le parc de Morne-Trois-Pitons, déclaré patrimoine naturel de l'humanité par l'UNESCO.

De la partie centrale et ouest de l'étape 5, à la fin de l'étape 7, les bases pourraient être situées à Castle Bruce et Crayfish River, sans oublier une grosse pause détente et spectacle à Calibishie, au nord-ouest de l'île. L'intérêt majeur de ces étapes, hormis les paysages, est bien sûr la traversée du territoire Kalinago. Les étapes 8 et 9 sont jugées difficiles. Si vous n'êtes pas dans un groupe organisé, avec appui logistique et véhicule à votre disposition à la sortie de l'étape 8, vous n'aurez pas d'autres possibilités de logement que le bivouac. Ces deux étapes sont particulièrement intéressantes pour le challenge sportif, et l'immersion en pleine nature mais elles sont actuellement fermées. Vous êtes ici en pleine forêt primaire !

Le nord et la fin du Trail (de la fin de l'étape 9 à l'étape 14) sont plus aisés à arpenter depuis Portsmouth ou ses alentours. Ces dernières étapes sont à la fois très nature (beaux paysages à admirer dans ses parties côtières) et très culturelles, avec de nombreux villages traversés.

Pour ceux qui ne sont que de passage : hormis les étapes 8 et 9 (fermées), les trois autres sont très intéressantes, et peuvent être abordées séparément ou en randonnée à la journée. A vous, d'après les descriptifs donnés plus haut, de composer votre itinéraire et de bien préparer ce rêve.

■ **ÉCHANGES-VOYAGES**
℡ 05 61 41 03 97
www.echanges-voyages.com
info@echanges-voyages.com
Liste et modalités des séjours sur le site Internet.
Spécialiste de la randonnée et du trekking, Échanges-Voyages conçoit des séjours à la carte et hors des sentiers battus. Son équipe de spécialistes qualifiés permet une approche spécifique de la destination, en toute sécurité et avec un désir de personnalisation de l'expérience. C'est d'ailleurs pour toutes ces raisons que l'agence privilégie les petits groupes constitués. Travaillant aussi bien avec des individuels, que CE et groupes institutionnels, Échanges-Voyages s'engage localement dans les destinations couvertes, notamment à travers la mise en place de formations professionnalisantes, la conception de randonnées labellisées en tant que telles par les autorités touristiques, etc. C'est le cas à La Dominique et le fondateur de l'agence, Daniel Geevers, est l'auteur de la reconnaissance et de la rédaction consacrée au Waikitubuli National Park dans cette destination pour le *Petit Futé.*

■ **WAITUKUBULI NATIONAL TRAIL**
Pont-Cassé
℡ +1 767 266 3593
www.waitukubulitrail.com
wntp@dominica.gov.dm
La préservation du WNT est pérennisée par les entrées. Vous pouvez acheter un pass à la journée et arpenter plusieurs segments (12 US$) ou opter pour celui permettant d'accéder à la totalité des parcours soit 40 US$.
Il s'agit du plus long itinéraire de randonnée de la Caraïbe avec ses 185 km divisés en 14 segments de longueurs diverses (dont 3 sont actuellement fermés). Il parcourt l'île du sud (Soufrière) jusqu'au nord au niveau de Cabrits avec des niveaux de difficultés variés. Chaque tronçon peut se découvrir indépendamment.

▶ **Segment 1 : de Scott's Head à Soufrière.**
Terrain : niveau 3, rivière : niveau 0, dénivelé : niveau 4, durée : niveau 2, longueur : 7 km, marche : 5h30.
La première étape est relativement courte, mais déjà assez engagée. Elle démarre à l'isthme de Cachacrou. En laissant derrière la pointe de Cachacrou, et en regardant vers le nord, le pic en face est le morne Crabier. A la hauteur du restaurant Chez Wen et Rogers, prendre la route qui monte dans Scott's Head ; très vite, vous repérerez le balisage jaune et bleu. En haut du village, passez par la vallée de Touloulou, puis ensuite sur les pentes du morne Crabier. Après une petite heure de montée, vous arrivez au plateau au pied du morne Crabier, à 390 m d'altitude, avec de formidables points de vue. Après une nouvelle montée en forêt, pointée à 475 m, vous attaquerez une longue descente, plutôt délicate. Il ne vous reste que très peu de chemin pour arriver à Soufrière.

▶ **Segment 2 : de Soufrière à Bellevue Chopin. ACTUELLEMENT FERMÉ.** *Terrain : niveau 3, rivière : niveau 1, dénivelé : niveau 3, durée : niveau 4, longueur : 11 km, marche : 6h30.*
Le segment 2 est assez engagé, avec des ruptures de dénivelé, et très long au total. Quelle que soit la variante, comptez au moins 6 heures. Reprenez le WNT au niveau des piscines d'eaux sulfureuses, remontez la rive droite jusqu'à la crête qui sépare Soufrière de Picodeau, où vous retrouvez un bout de route qui redescend jusqu'à Beruka (470 m). Possibilité de ravitaillement à Picodeau ; poursuivez au-dessus de Geneva. Il y a plusieurs *guesthouses* à Geneva, dont Campeche en redescendant du point 2-50 du WNT vers Grand Bay. Pour rejoindre Bellevue Chopin (485 m), le chemin à gauche par Morpo vous conduira à travers la forêt au pied du morne Plat-Pays.

▶ **Segment 3 : de Bellevue Chopin à Wotten Waven.** *Terrain : niveau 3, rivière : niveau 1, dénivelé : niveau 3, longueur : 15 km, marche : 7h.*
Le point de départ de cette étape est situé au col de Bellevue Chopin. Prenez plein nord. La randonnée se révèle superbe jusqu'au charmant village fleuri de Giraudel. Après ce dernier, vous abordez une partie à flanc de montagne, en forêt, très « casse-pattes » ! Puis vous vous engagez sur un assez long plateau et dans une descente très raide, avant d'entamer la remontée, jusqu'au morne Prosper. Il reste encore environ 1 heure jusqu'à Wotten Waven. En haut du village de Morne-Prosper, prenez à gauche pour rejoindre directement la fin de cette étape. Au bout du dernier chemin, des piscines d'eau chaude sulfureuse vous attendent.

▶ **Segment 4 : de Wotten Waven à Pont-Cassé.**
Terrain : niveau 2, rivière : niveau 1, dénivelé : niveau 3, longueur : 12,8 km, marche : 6h.
Durant une petite heure, il vous faudra suivre la route jusqu'au petit village de Trafalgar, où

vous pourrez vous ravitailler. Ensuite, au milieu de diverses cultures, vous remonterez jusqu'à Laudat (640 m). A l'arrêt de bus, prenez à gauche. Cette deuxième partie est entièrement en forêt jusqu'à Pont-Cassé. En moins d'une petite heure, vous pouvez, au niveau d'un carbet (675 m), descendre à gauche, puis remonter pour apprécier les Middleham Falls et vous rafraîchir un peu. Le reste de la randonnée se fait donc en forêt sans trop changer d'altitude, sauf à la fin avec une dernière remontée et une plus longue descente sur Pont-Cassé.

▶ **Segment 5 : de Pont-Cassé à Castle Bruce.** *Terrain : niveau 2, rivière : niveau 2, dénivelé : niveau 1, longueur : 12,8 km, marche : 6h.*
Le point de départ se situe un peu en contrebas du croisement de Pont-Cassé, en allant vers Castle Bruce. De temps en temps, des ouvertures dans la forêt vous permettront d'avoir, vers le nord, des vues sur un pic conique, connu sous le nom de morne Nègre-Marrons. Au cours de cette douce descente, vous arriverez à un nouveau site touristique très connu, Emerald Pool, « la piscine d'émeraude » : il s'agit d'une piscine naturelle, parfois fréquentée par les touristes des grands bateaux de croisière. Dès la fin de la forêt, la vallée s'élargissant, vous vous rapprochez de l'Atlantique.

▶ **Segment 6 : de Castle Bruce à Hatton Garden.** *Terrain : niveau 2, rivière : niveau 2, dénivelé : niveau 2, durée : niveau 4, longueur : 15 km, marche : 7h.*
Ce segment, côtier en grande partie, traverse la réserve Kalinago où vous rencontrerez de nombreuses communautés. Reprenez le WNT là où vous l'avez laissé, légèrement en contrebas de Domcan's Guest House. A hauteur de Raymond Bay, vous traverserez la Madjini River (ou Akayuma), pour remonter ensuite vers Sineku ; vous retrouverez la route principale. Quelques mètres après l'arrêt de bus, vous retrouverez sur votre droite les balises du WNT. A quelques centaines de mètres de la route, continuez tout droit vers la mer. Reprenez votre périple, le long de la côte ; à Crayfish River, il y a une petite pension, où l'on trouvera gîte et couvert, soit en revenant en stop depuis Hatton Garden, soit en poursuivant le jour suivant la fin du segment 6 avec le segment 7.

▶ **Segment 7 : de Hatton Garden à First Camp.** *Terrain : niveau 2, rivière : niveau 2, dénivelé : niveau 3 ; durée : niveau 3, longueur : 12,6 km, marche : 6h.*
La difficulté de cette étape réside dans sa succession de montées, de descentes et de traversées de rivière. Le départ de cette étape se situe une fois la Crapaud Hall River franchie, à gauche. Remontez la Marechal River vers Marechal et Captain Bruce. En arrivant sur les hauteurs de Hanover, vous aurez des vues surprenantes sur Melville Hall Airport, l'île française de Marie-Galante, Morne-Diablotins, Morne-aux-Diables et Pagua Bay. Allez encore un effort et vous arriverez au bout de la première moitié de votre aventure, First Camp, où il n'y a aucune possibilité de logement si ce n'est en bivouac. En redescendant sur la côte nord-est, vers la magnifique baie de Calibishie, vous trouverez quelques restaurants, des petits snacks, deux hôtels un peu plus huppés et aussi des *guesthouses*, notamment la Véranda.

▶ **Segment 8 : de First Camp à Petite Macoucherie. ACTUELLEMENT FERMÉ.** *Terrain : niveau 4++, rivière : niveau 2, dénivelé : niveau 4, longueur : 10 km, marche : de 7 à 9h.*
L'intérêt de ce segment est l'engagement physique qu'il requiert et bien sûr, l'ambiance de cette forêt tropicale. Attention, cette randonnée est vraiment longue, jusqu'à 9 heures ; les quatre premières heures peuvent paraître faciles durant l'ascension, mais la descente de Mosquito Mountain est sévère, surtout après les 5 premières heures. Ensuite, il vous reste encore 3 à 4 heures de randonnée, alors vérifiez vos provisions en eau et vivres de course, et GO ! A la descente, gardez toute votre concentration sur les marches de bois et en bambou, très glissantes. De temps en temps, quelques ouvertures dans la frondaison vous permettront d'élargir votre champ de vision. Enfin, lorsque vous rencontrerez la première route pavée, vous serez arrivé à la fin du segment 8, la Petite Macoucherie.

▶ **Segment 9 : de Petite Macoucherie à Colihaut Heights. ACTUELLEMENT FERMÉ.** *Terrain : niveau 3, rivière : niveau 3, dénivelé : niveau 3, longueur : 9,8 km, marche : 7h.*
De même nature que la précédente, cette étape est très longue et requiert une bonne condition physique. Au tiers du parcours, vous rencontrerez sur votre droite une route pavée pouvant vous ramener sur Salisbury. Ensuite, aux deux-tiers, une autre route peut vous ramener sur Morne-Raquette. Finalement, vous parvenez aux Hauts-de-Colihaut (Colihaut Heights) : fin de notre étape 9. Il est conseillé d'entreprendre la descente sur Colihaut : avec un peu de chance, vous trouverez un paysan qui vous prendra avec son pick-up. Depuis Colihaut, remontez vers le nord : c'est la route principale qui mène de Roseau à Portsmouth, donc pas de problème pour attraper l'un des nombreux bus publics. A Portsmouth, il y a plusieurs hôtels et *guesthouses* ; de là, vous pourrez gagner le départ de toutes les autres étapes.

▶ **Segment 10 : de Colihaut Heights à Syndicate.** *Terrain : niveau 2, rivière : niveau 0, dénivelé : niveau 1, longueur : 6,2 km, marche : 4h.*
Si vous avez choisi la formule du camp de base à Portsmouth, vous devez prendre un bus au croisement des deux principales routes, nord-sud et ouest-est. Prenez un bus en direction de Roseau, et descendez à Colihaut. Remontez ensuite à gauche dans le village, en longeant la Colihaut River. Cette étape est probablement la plus facile et la plus courte de ce raid : à peine 3 heures tout en prenant son temps à observer les colibris. Très vite, vous arriverez à Syndicate Estate, départ du segment 11.

▶ **Segment 11 : de Syndicate à Borne.** *Terrain : niveau 2, rivière : niveau 2, dénivelé : niveau 3, longueur : 10 km, marche : 7h.*
Il s'agit d'une étape un peu longue et dans sa dernière partie, la remontée vers Borne est un peu difficile ; c'est pourquoi nous vous proposerons de l'écourter. Au-dessus de Picard River, vous passerez notamment par le morne Turner (714 m). Enfin, au sortir de la forêt, vous retrouverez de nombreuses petites plantations d'arbres fruitiers et la Picard River ; un peu après Constant Spring Estate, vous devrez prendre sur votre droite le long d'un des petits affluents de la rivière Picard, Grande Ravine. Vous serez alors de nouveau dans un mélange de forêts et de terres agricoles, jusqu'à retrouver, à la hauteur de Brandy Manor, la route de Portsmouth à Calibishie. C'est à cet endroit que nous vous

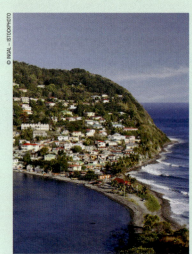

Le village de Scotts Head.

proposons d'abandonner l'étape 11, quitte à revenir au même endroit le lendemain pour coupler cette dernière partie avec le segment 12.

▶ **Segment 12 : de Borne à Pennville.** *Terrain : niveau 3, rivière : niveau 1, dénivelé : niveau 3, longueur : 9,8 km, marche : 7h.*
Vous pouvez reprendre cette étape à l'endroit où vous l'avez laissée la veille à Brandy Manor, ou à son point de départ situé un peu avant l'église de Bornes sur la gauche de la route. Là aussi, cette étape assez longue, offre de très beaux paysages dans la montée depuis Borne jusqu'à Morne-Destinée. Au tiers de la randonnée, après Champs (Elysées, vous retrouverez une petite partie de route pavée qui vous mènera jusqu'à Moore Park Estate. De là, reprenez un petit sentier assez raide avec des marches en rondins qui vous conduira au point le plus haut de cette journée (470 m), avant de basculer dans la « Crapaud Valley » avec en point de mire Vieille-Case. Ensuite, la randonnée se fait côtière jusqu'à Pennville. A partir de là, il vous reste 3 à 4 km à parcourir, sur la route goudronnée, pour arriver à la fin de la section 12.

▶ **Segment 13 : de Pennville à Capuchin.** *Terrain : niveau 1, rivière : niveau 1, dénivelé : niveau 2, longueur : 8 km, marche : 3h30.*
Le point de départ se situe au niveau d'un petit bar de Delafort, Après avoir contourné la rive gauche en descendant la Delafort River, vous arriverez à un premier promontoire. Ensuite, vous n'avez plus qu'à poursuivre ce bord de côte, quelques petits passages de rivière pour vous rafraîchir, jusqu'à Capuchin et le cap Merville, au nord-ouest de l'île.

▶ **Segment 14 : de Capuchin à Cabrits.** *Terrain : niveau 3, rivière : niveau 1, dénivelé : niveau 2, longueur : 10,8 km, marche : 5h.*
Pendant une bonne première partie, vous marchez juste en bordure de mer, sur de gros galets, tout en évitant les paquets d'eau qui viennent se fracasser sur ces rochers. Si la mer est particulièrement déchaînée, il vaut mieux vous rabattre sur la route qui vous mènera jusqu'à Cottage. Au bout de Douglas Bay, ne suivez pas la route mais poursuivez le long de la plage pour retrouver le sentier. Il vous reste à traverser l'isthme séparant les deux Cabrits du reste de l'île. Une fois la route retrouvée, prenez à droite, passez le terminal des ferrys et entrez dans le Parc national des Cabrits.

▶ **Autre adresse :** P.O. Box 792, Roseau.

PENSE FUTÉ

Décoration caribéenne.
© ANNA JEDYNAK / SHUTTERSTOCK.COM

PENSE FUTÉ

ARGENT

Monnaie

La monnaie utilisée est l'euro, comme dans tous les départements français. Aucun problème de taux de change à l'horizon !

Si vous comptez vous rendre à la Dominique, la monnaie officielle est le dollar des Caraïbes Orientales (East Caribbean dollar), qui se note EC$ (prononcez « i-ci-dollar »). En août 2019, 1 € = 3,30 EC$; 1 EC$ = 0,30 €. Vous pourrez changer euros et dollars à votre arrivée dans l'île. Attention, si les dollars américains sont acceptés à peu près partout dans l'île, ce n'est pas le cas de l'euro. Des distributeurs automatiques se trouvent à Roseau.

Coût de la vie

Un sujet épineux aux Antilles, qui a valu à l'archipel 44 jours de blocage total de l'île en 2009. Le coût de la vie y reste, en effet, bien supérieur à celui de la métropole, certaines denrées de base pouvant se vendre 30 à 40 % plus cher (surcoût d'importation oblige). La solution est de vivre, et surtout de se nourrir à l'antillaise, en favorisant l'achat de produits locaux (quoique lorsque l'on voit le prix des tomates locales à 6 euros le kilo en juillet/août, cela peut surprendre !). En règle générale, si vous achetez du café *peyi*, des fruits et légumes cultivés en Guadeloupe, et si vous pouvez vous passer de viande rouge, de fromage et de vin, l'addition au supermarché est moins salée. Ces aliments d'importation sont surtaxés, tout comme les produits laitiers, les aliments diététiques, le carburant, l'alcool (sauf le rhum !), les billets d'entrée pour les parcs et musées, les excursions en mer, les visites, la presse… C'est un paramètre qu'il faut prendre en compte dans le budget, surtout lorsque l'on voyage de façon indépendante. Un tour-opérateur ayant organisé la totalité de votre séjour assure en effet votre pension complète, vos déplacements et vos transferts, ce qui vous épargne ces dépenses et vous permet surtout de bénéficier de tarifs négociés par le T.O. Si vous optez pour une demi-pension, il ne vous restera plus que les dépenses courantes, assez faciles à maîtriser, bien que les bars et petits restaurants typiques pratiquent parfois les prix des grands boulevards parisiens ou des stations de ski.

Les hôtels, qui appliquent des tarifs similaires à ceux de la métropole pour les mêmes classements ou prestations, accueillent une clientèle de plus en plus exigeante. La diversité et la multiplicité des gîtes, écolodges, résidences hôtelières et chambres d'hôtes ont permis de faire jouer la concurrence et de réguler un peu les prix de l'hébergement. Comparativement, le tarif d'une location saisonnière est similaire à celui des stations balnéaires.

Banques

Premier conseil, patience au guichet ! Si vous êtes équipé de cartes bancaires, le mieux est de vous rendre au distributeur automatique, où vous pourrez retirer des espèces bien plus rapidement. Généralement ouvertes du lundi au vendredi, de 8h à 12h et de 14h à 16h. Attention également aux horaires aménagés, qui s'appliquent pour certaines banques qui ferment plus tôt en juillet-août. Certaines agences sont ouvertes le samedi matin dans les centre-villes de Pointe-à-Pitre et de Basse-Terre. Dans les centres commerciaux, des agences bancaires sont également ouvertes le samedi matin. Des distributeurs sont disponibles à l'aéroport Pôle Caraïbes, dans les centres commerciaux de Bas-du-Fort (Gosier), de Milénis (Les Abymes) et de Destreland (Baie-Mahault).

Carte bancaire

Département et Région d'Outre-Mer français (DROM), la Guadeloupe fait partie de la zone Euro. Vous pouvez donc y effectuer vos retraits et paiements par carte bancaire (Visa, MasterCard, etc.) comme vous le feriez en France. Inutile d'emporter des sommes importantes en liquide. Tous vos paiements par carte sont gratuits et vos retraits sont soumis aux mêmes conditions tarifaires que ceux effectués en France (ils sont donc gratuits pour la plupart des cartes bancaires). De plus, les distributeurs et terminaux de paiement sont aussi sécurisés que dans l'hexagone et les paiements sont majoritairement validés par code pin.

En cas de perte ou de vol de votre carte à l'étranger, votre banque vous proposera des solutions adéquates pour que vous poursuiviez votre séjour en toute quiétude. Pour cela, pensez à noter avant de partir le numéro d'assistance indiqué au dos de votre carte bancaire ou disponible sur internet. Ce service est accessible 7j/7 et 24h/24. En cas d'opposition, celle-ci est immédiate et confirmée dès lors que vous pouvez fournir votre numéro de carte bancaire. Sinon, l'opposition est enregistrée mais vous devez confirmer l'annulation à votre banque par fax ou lettre recommandée.

▶ **Conseils avant départ.** Pensez à prévenir votre conseiller bancaire de votre voyage. Il pourra vérifier avec vous la limitation de votre plafond de paiement et de retrait. Si besoin, demandez une autorisation exceptionnelle de relèvement de ce plafond.

Retrait

Les cartes bancaires (Visa, MasterCard…) sont le moyen de paiement le plus adéquat. La carte American Express est également de plus en plus acceptée dans les commerces. Le paiement en espèces est bien sûr possible partout, mais évitez tout de même d'avoir de fortes sommes d'argent sur vous.

▶ **Trouver un distributeur.** Pour connaître le distributeur le plus proche, des outils de géolocalisation sont à votre disposition sur visa. fr/services-en-ligne/trouver-un-distributeur ou mastercard.com/fr/particuliers/trouver-distributeur-banque.html.

▶ **Utilisation d'un distributeur anglophone.** De manière générale, le mode d'utilisation des distributeurs automatiques de billets (« ATM » en anglais) est identique à la France. Si la langue française n'est pas disponible, ce qui est relativement assez rare en Europe, sélectionnez l'anglais. « Retrait » se dit alors « withdrawal ». Si l'on vous demande de choisir entre retirer d'un « checking account » (compte courant), d'un « credit account » (compte crédit) ou d'un « saving account » (compte épargne), optez pour « checking account ». Entre une opération de débit ou de crédit, sélectionnez « débit ». ». (Si toutefois vous vous trompez dans ces différentes options, pas d'inquiétude, le seul risque est que la transaction soit refusée). Indiquez le montant (« amount ») souhaité et validez (« enter »). A la question « Would you like a receipt ? », répondez « Yes » et conservez soigneusement votre reçu.

▶ *Cash advance.* Si vous avez atteint votre plafond de retrait ou que votre carte connaît un dysfonctionnement, vous pouvez bénéficier d'un *cash advance.* Proposé dans la plupart des grandes banques, ce service permet de retirer du liquide sur simple présentation de votre carte bancaire au guichet d'un établissement bancaire, que ce soit le vôtre ou non. On vous demandera souvent une pièce d'identité. En général, le plafond du *cash advance* est identique à celui des retraits, et les deux se cumulent (si votre plafond est fixé à 500 €, vous pouvez retirer 1 000 € : 500 € au distributeur, 500 € en

cash advance). Quant au coût de l'opération, c'est celui d'un retrait à l'étranger.

Paiement par carte

De façon générale, évitez d'avoir trop d'espèces sur vous. Celles-ci pourraient être perdues ou volées sans recours possible. Préférez payer avec votre carte bancaire quand cela est possible.

▶ **Acceptation de la carte bancaire.** La plupart des commerçants sont équipés pour le paiement par carte. Sinon, vous pourrez aisément retirer des espèces à l'un des distributeurs à proximité.

▶ **Info chèques.** Attention, les chèques hors place (émis sur les succursales de la métropole) sont refusés dans un grand nombre d'établissements.

Transfert d'argent

Avec ce système, on peut envoyer et recevoir de l'argent de n'importe où dans le monde en quelques minutes. Le principe est simple : un de vos proches se rend dans un point MoneyGram® ou Western Union® (poste, banque, station-service, épicerie…), il donne votre nom et verse une somme à son interlocuteur. De votre côté de la planète, vous vous rendez dans un point de la même filiale. Sur simple présentation d'une pièce d'identité avec photo et la référence du transfert, on vous remettra aussitôt l'argent.

Pourboires, marchandage et taxes

▶ **Pourboire.** Comme en France, le pourboire n'est pas caractère obligatoire puisque le service est compris dans les tarifs affichés. C'est en revanche une façon claire de remercier voire de motiver un serveur, un vendeur ou un prestataire qui se montrerait particulièrement aimable et attentif. A vous de juger !

▶ **Marchandage.** La pratique est diversement appréciée sur place.

▶ **Taxe.** La taxe de séjour existe depuis près d'un siècle dans les communes touristiques. Elle est collectée par le logeur qui la reverse ensuite intégralement à sa commune. Elle est dédiée entièrement à l'amélioration des infrastructures (offices de tourisme, organisation de manifestations, gestion des espaces publics, etc.). Elle peut être incluse dans les tarifs indiqués par les résidences hôtelières, les hôtels et les gîtes, elle peut également vous être réclamée en supplément. Son montant selon la commune où vous résidez. Cette taxe a sensiblement augmenté à Gosier, Sainte-Anne et Saint-François. Elle est calculée par jour et par adulte, en fonction de la catégorie du logement. Elle doit impérativement vous être signifiée à l'arrivée et figurée sur la facture.

Duty Free

Puisque votre destination finale est un DOM, vous pouvez bénéficier du Duty Free (achats exonérés de taxes). Attention, si vous faites escale au sein de l'Union européenne, vous en profiterez dans tous les aéroports à l'aller, mais pas au retour. Par exemple, pour un vol aller avec une escale, vous pourrez faire du shopping en Duty Free dans les trois aéroports, mais seulement dans celui de votre lieu de séjour au retour.

BAGAGES

Que mettre dans ses bagages ?

Même si tout s'achète sur place, les indispensables pour les Antilles restent le sac à dos, la crème ou lotion anti-moustique, une protection solaire forte (indice 30 à 50), éventuellement une moustiquaire individuelle pour les gîtes non équipés, des vêtements légers en coton, des maillots et un paréo, une tenue plus chaude pour le voyage (aller/retour). Pour le soir, pas besoin de vêtements plus chauds (sauf si vous prévoyez de séjourner sur les hauteurs de Saint-Claude ou Matouba, où les températures ont tendance à baisser le soir) et, pour les hommes, le polo peut remplacer sans souci la chemise pour une sortie dans un restaurant gastronomique. Les vêtements amples et longs sont recommandés le soir afin de se protéger des moustiques – si vous n'êtes pas dans une pièce climatisée (où les moustiques ne sont quasiment plus agressifs). Pour les randonnées : des chaussures de marche, une veste de pluie légère, un chapeau ou une casquette, des lunettes de soleil, un appareil photo et, bien sûr, votre guide touristique préféré !

Matériel de voyage

■ **INUKA**
℡ 04 56 49 96 65
www.inuka.com – contact@inuka.com
Ce site vous permet de commander en ligne tous les produits nécessaires à votre voyage, du matériel de survie à celui d'observation en passant par les gourdes ou la nourriture lyophilisée.

■ **TREKKING**
www.trekking.fr
Trekking propose dans son catalogue tout ce dont le voyageur a besoin : trousses de voyage, ceintures multi-poches, sacs à dos, sacoches, étuis… Une mine d'objets de qualité pour voyager futé et dans les meilleures conditions.

DÉCALAGE HORAIRE

Cinq heures de décalage avec l'heure d'hiver en métropole (par exemple, lorsqu'il est 18h à Paris, il est 13h à Pointe-à-Pitre). Décalage de six heures pendant les mois d'été.

ÉLECTRICITÉ, POIDS ET MESURES

La norme électrique est le 220V, avec des prises identiques à celles de la métropole. Les mesures utilisées sont également les mêmes car vous êtes toujours en France, même à 8 000 km et avec un soleil radieux au quotidien.

FORMALITÉS, VISA ET DOUANES

Tout citoyen français en possession d'une carte nationale d'identité ou d'un passeport en cours de validité peut effectuer un séjour dans l'archipel guadeloupéen. Les ressortissants du Canada et des Etats-Unis sont admis sans visa pour un séjour inférieur à trois mois, sur simple justification officielle de leur identité. Il n'est plus possible d'inscrire un enfant mineur sur le passeport de l'un de ses parents. Les enfants doivent disposer d'un passeport personnel ou d'une carte nationale d'identité. Dans le cas d'un mineur voyageant sans ses parents, l'autorisation de quitter le territoire est redevenue obligatoire depuis le 15 janvier 2017 (www.service-public.fr, CERFA N° 1564601).

▶ **Pour la Dominique,** les visiteurs en provenance d'un des pays membres du Commonwealth n'ont pas besoin de visa. Ils doivent disposer d'un passeport en cours de validité et d'un billet retour pour un séjour supérieur à 21 jours. Les Français peuvent présenter une carte d'identité pour tout séjour de moins de 2 semaines.

A THAÏLANDE
POUR SEULEMENT
54 520 € TTC
au départ de Paris

520 €
BILLET D'AVION
POUR LA THAÏLANDE

+

54 000 € (1)
FRAIS MÉDICAUX SUITE
À UN ACCIDENT

Pour qu'un voyage ne vous coûte pas plus que prévu, pensez à souscrire une **assurance voyage Allianz Travel** comprenant notamment :

 FRAIS MEDICAUX ET D'HOSPITALISATION

 RAPATRIEMENT SANITAIRE

 ASSISTANCE ET ACCOMPAGNEMENT 24H/24

Mon assurance voyage sur **www.allianz-voyage.fr**
ou au **01 73 29 06 10**(2)

L'assurance de voyager serein

Les visiteurs en provenance d'Haïti et de la République dominicaine doivent obtenir un visa. Vos animaux de compagnie sont acceptés à bord des avions sous certaines conditions. Renseignez-vous avant votre départ, auprès de votre transporteur, en ce qui concerne les normes réglementaires du transport animalier (habitacles, cages, vaccins...). Car l'entrée des animaux domestiques est très réglementée dans les DOM ; l'animal doit être tatoué, avoir toutes ses vaccinations à jour notées sur son carnet de santé et être vacciné contre la rage au moins 30 jours avant le voyage. Votre vétérinaire devra vous remettre une attestation de bonne santé à moins de 8 jours du départ. Attention à bien respecter ces consignes car la douane est inflexible à ce sujet et votre compagnon ne pourra pas entrer dans le département ! Une fois sur place, en cas d'un séjour prolongé, il est nécessaire de consulter un vétérinaire car les chiens ont besoin d'un traitement spécifique, notamment contre la dirofilariose, communément appelée ver du cœur, transmise par une espèce de moustique. Ce fameux ver parasite le cœur et provoque des problèmes respiratoires et cardiaques qui peuvent conduire l'animal à la mort s'il n'est pas soigné. Il est également primordial de ne pas laisser divaguer votre chien sur la voie publique, car la population utilise, pour faire face à la prolifération des chiens errants, des boulettes empoisonnées qui sont mortelles très rapidement. L'entrée de végétaux est strictement interdite afin de protéger les espèces sur place, particulièrement sensibles. Là encore, ne pensez pas réussir à emmener votre rosier préféré en faisant du charme au douanier, cela ne marchera pas !

Obtention du passeport

Le passeport délivré en France est désormais biométrique. Il comporte votre photo, vos empreintes digitales et une puce sécurisée. Pour l'obtenir, rendez-vous en mairie muni d'un timbre fiscal, d'un justificatif de domicile, d'une pièce d'identité et de deux photos d'identité. Le passeport est délivré sous trois semaines environ et est valable dix ans. Les enfants doivent disposer d'un passeport personnel (valable cinq ans).

▶ **Vous pouvez accéder à la Guadeloupe** uniquement avec votre carte d'identité si vous êtes citoyen français. La durée de cette dernière est prolongée de 5 ans depuis janvier 2014. Les nouvelles cartes d'identité sont concernées par cet allongement mais également celles délivrées entre le 2 janvier 2004 et le 31 décembre 2013 pour une personne majeure.

▶ **Conseil.** Avant de partir, pensez à photocopier tous les documents que vous emportez avec vous. Vous emporterez un exemplaire de chaque document et laisserez l'autre à quelqu'un en France. En cas de perte ou de vol, les démarches de renouvellement seront ainsi beaucoup plus simples auprès des autorités consulaires. Vous pouvez également conserver des copies sur le site Internet officiel (mon.service-public.fr) ; il vous suffit de créer un compte et de scanner toutes vos pièces d'identité et autres documents importants dans l'espace confidentiel.

Douanes

Les Collectivités d'Outre-Mer ont une fiscalité particulière : l'octroi de mer constitue un impôt spécifique sur les produits arrivant sur leur territoire. Ces taxes représentent un véritable complément de ressource.

A son arrivée, chaque voyageur doit déclarer toute marchandise d'une valeur de plus de 880 € importée même si l'achat a été effectué en métropole (TVA comprise) ou s'il s'agit d'un cadeau.

L'octroi de mer représente un véritable complément de ressources. Les marchandises ne dépassant pas les franchises suivantes (à l'arrivée comme au départ d'ailleurs) : 200 cigarettes ou 100 cigarillos ou 50 cigares ou 250 gr de tabac à fumer, 1 litre d'alcool titrant plus de 22° ou 2 litres d'alcool titrant moins de 22°, 4 litres de vin et 16 litres de bières ne sont pas soumises à des taxes. Les jeunes âgés de moins de 17 ans ne peuvent importer ni tabac ni alcool. Toute marchandise entrant sur l'île (commande d'une entreprise à un fournisseur, commande internet d'un particulier...) est soumise à l'octroi de mer.

■ **INFO DOUANE SERVICE**
✆ 08 11 20 44 44
www.douane.gouv.fr
ids@douane.finances.gouv.fr
Standard téléphonique ouvert du lundi au vendredi de 8h30 à 18h.
Le service de renseignement des douanes françaises est à la disposition des particuliers. Les téléconseillers sont des douaniers qui répondent aux questions générales, qu'il s'agisse des formalités à accomplir à l'occasion d'un voyage, des marchandises que vous pouvez ramener dans vos bagages ou des informations utiles pour monter votre société d'import-export. À noter qu'une application mobile est également disponible sur le site de la douane.

POUR AIDER LES PLUS PAUVRES, JE CHOISIS D'AGIR AVEC EUX

FAITES UN DON

secours-catholique.org

BP455-75007 PARIS

 caritasfrance   Secours Catholique-Caritas France

Secours Catholique Caritas France

ENSEMBLE, CONSTRUIRE UN MONDE JUSTE ET FRATERNEL

HORAIRES D'OUVERTURE

Les boutiques sont ouvertes de 9h à 13h et de 15h à 18h en semaine voire 20h le week-end dans les galeries commerciales (Milénis aux Abymes, Destreland à Baie-Mahault, Casino Bas-du-Fort-Gosier). Sachez qu'à Pointe-à-Pitre, les magasins ferment leurs portes à 13h le samedi. Les supermarchés (leader Price, Super U, Carrefour Market...) et supérettes sont en général ouverts le dimanche matin. Rythme tropical oblige, ici on se lève tôt comme le soleil, mais on se couche tôt également, car la nuit tombe vite. Des restaurants peuvent ainsi ouvrir leurs portes dès 19h et ne servir que jusqu'à 21h30. Quant aux services de l'administration, La Poste, les banques, ils sont généralement fermés mercredi et vendredi après-midi.

INTERNET

L'aéroport ainsi que les hébergements touristiques sont généralement pourvus d'un accès wifi, parfois gratuit. Les bars et restaurants proposent souvent ce service gratuitement pour peu que l'on consomme au moins une boisson. Autre possibilité : le pass Everywhere d'Orange, sous forme de clé USB, qui permet de se connecter depuis son PC sur le réseau mobile disponible partout. Divers opérateurs disposent d'offres sur place via l'ADSL, le satellite ou la fibre : Orange Caraïbes, Canal Satellite Antilles, SFR, Digicel, Dauphin Télécom. De nombreux utilisateurs guadeloupéens se sont orientés vers les offres *triple play* (téléphone + télévision + Internet) mais les tarifs proposés sur place restent plus élevés qu'en métropole. La fibre optique est en cours de déploiement sur le territoire. Côté mobile, l'attribution des fréquences 3G et 4G concerne désormais plusieurs opérateurs : Orange Caraïbes, Digicel, SFR.

JOURS FÉRIÉS

La Guadeloupe bénéficie de jours fériés ou chômés supplémentaires par rapport à la métropole. Lundi gras, Mardi gras, mercredi des Cendres, jeudi de la mi-Carême, Vendredi saint, 27 mai (abolition de l'esclavage en Guadeloupe), 21 juillet (anniversaire de Victor Schœlcher) et 2 novembre (fête des défunts). Certains commerces commencent maintenant à ouvrir le matin des jours fériés excepté pour les 1er et 27 mai qui sont très respectés. Attention, toutefois aux ponts qui peuvent survenir dans les administrations et les banques qui ferment en général dès 12h la veille d'un jour férié.

PHOTO

■ **SIMAX COMMUNICATION**
SAINTE-ANNE
☎ 06 90 63 99 33
simax-photo.com
simax-communication@wanadoo.fr

Gilles Morel, photographe, est installé aux Antilles depuis 1998. Si vous avez besoin de photos de paysages ou de manifestations locales, ou si vous souhaitez vous faire plaisir et garder une photo souvenir de votre séjour en Guadeloupe, contactez-le !

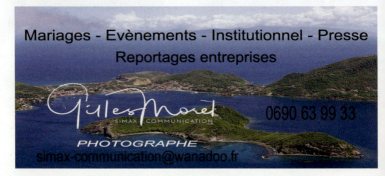

POSTE

Les lettres ou les cartes doivent porter la mention « Par avion ». Le délai d'acheminement est de trois à cinq jours ouvrables. En dehors de la poste, les timbres sont rares, ce qui provoque de considérables files d'attente d'autant que les bureaux, selon leur situation, ferment entre 13h et 15h en général.
Les levées sont quotidiennes pour le transfert postal par avion. L'affranchissement est le même qu'en métropole.
Un distributeur de timbres est disponible au rez-de-chaussée de l'aéroport où se situe une agence de La Poste.

QUAND PARTIR ?

Climat

■ **MÉTÉO CONSULT**
www.meteoconsult.fr
Les prévisions météorologiques pour le monde entier.

■ **MÉTÉO FRANCE ANTILLES**
Guadeloupe
Voir page 112.

■ **SXM CYCLONES**
Guadeloupe
Voir page 114.

Haute et basse saisons touristiques

Sur le plan touristique, on distingue plusieurs périodes sur une année. La période allant de décembre à avril, constitue la haute saison. C'est la plus recherchée, donc la plus onéreuse, il vaut mieux alors réserver longtemps à l'avance. La période des fêtes de fin d'année correspond à la période tarifaire la plus élevée. Entre avril et novembre, la fréquentation est moins intense et les tarifs de fait plus avantageux. C'est la basse saison.
Les vacanciers européens boudent un peu la destination dans la mesure où il fait beau chez eux ! Toutefois les mois d'été (juillet et août) représentent une période un peu particulière aux Antilles : les grandes vacances permettent aux Antillais vivant en métropole de revenir au pays, les Martiniquais viennent en vacances en Guadeloupe et inversement, ce qui en fait une saison intermédiaire.
Les prix des prestations touristiques, des locations de voiture augmentent légèrement et les billets d'avion sont chers, même très chers, si vous vous y prenez à la dernière minute.

SANTÉ

Le niveau d'hygiène en Guadeloupe est le même que celui de la métropole. Les quelques précautions sanitaires à prendre relèvent plutôt de l'ambiance insulaire tropicale. La plus grande prudence devra être appliquée aux petites plaies, qui ont souvent du mal à cicatriser dans ce milieu. L'eau est potable partout, pas d'inquiétude à ce niveau-là. Protégez-vous en revanche du soleil !

▶ **Les insectes**. Parmi les espèces à craindre, les araignées matoutou-falaises (mais uniquement dans la forêt tropicale de la Basse-Terre). Elles sont beaucoup beaucoup plus rares en Guadeloupe qu'en Martinique, ces « mygales » antillaises sont moins dangereuses que leurs sœurs continentales.

Par contre, les scolopendres sont présentes dans tout l'archipel. La morsure de ces mille-pattes, aux tailles très diverses, peut être très douloureuse voire dangereuse (pour les plus gros). Ils adorent les endroits humides, les douches, l'herbe grasse, les bananiers. Si vous vous faites piquer, soulagez la douleur (une sensation de brûlure plus ou moins intense selon la taille de la bête) en approchant un glaçon, puis désinfecter avant de consulter un médecin si la douleur persiste car ce type de piqûre peut provoquer des infections.

Un conseil : si vous voyez une scolopendre adulte dans votre maison, vaporisez-le généreusement de bombe anti-cafard, cela ne la tuera pas sur le coup mais limitera efficacement ses mouvements, car les scolopendres sont très rapides. N'essayez surtout pas de l'écraser avec votre pied si vous avez une chaussure ouverte, il risquerait de vous piquer.

▶ **Les méduses.** Les consignes, en cas de piqûre, sont les mêmes partout dans le monde : rincez à l'eau salée. Retirer les tentacules restantes avec une pince à épiler. Passer du sable pour les fragments de méduses restés sur la peau. Passer délicatement un carton rigide (une carte postale, une carte bancaire par exemple). Rincer abondamment avec de l'eau chaude salée.

▶ **Le mancenillier.** Cet arbre pousse au bord de certaines plages guadeloupéennes : ne touchez ni ses feuilles ni ses fruits ! Brûlures et démangeaisons en résulteraient. Ne vous abritez surtout pas dessous quand il pleut. Leur tronc sont généralement marqués à la peinture rouge afin d'être facilement repérables.

▶ **Dengue et chikungunya**. La Dengue est

Sus aux moustiques !

La lutte anti-vectorielle reste d'actualité aux Antilles car après la dengue, le chikungunya apparu depuis décembre 2013 aux Antilles, ce fut au tour du zika en 2016. Ces différents virus sont transmis par un moustique du genre *Aedes*. En ce qui concerne le zika, le virus a été suspecté d'être la cause de graves anomalies du développement cérébral intra-utérin (microcéphalies et malformations neurologiques). L'épidémie a cessé fin 2016.

Toutefois, la prévention reste de mise : portez des vêtements longs, appliquez un répulsif sur les parties du corps découvertes, utilisez des serpentins, des raquettes et des diffuseurs électriques pour les repousser et dormez avec une moustiquaire. Sachez que les moustiques sont beaucoup moins actifs dans une pièce climatisée. Il est important de se protéger, notamment à la tombée de la nuit et à l'aube, périodes pendant lesquelles les piqûres sont les plus fréquentes.

∎ **ANTILLES MOUSTIQUES**
Immeuble Simcar – Bld de Houelbourg – Z.I. de Jarry
BAIE-MAHAULT ✆ 05 90 32 89 19
www.antillesmoustiques.com – contact@antillesmoustiques.com
Cette société propose des pièges anti-moustiques inoffensifs pour l'homme et l'environnement. Le principe : attirer les moustiques avec un leurre odorant (perceptible uniquement par les moustisques) et les retenir dans un piège qui fonctionne à l'électricité. Marche dans les pièces fermées ou sur les terrasses ouvertes selon le modèle.

∎ **PRODUITS OFF**
Ces lotions et sprays pour le corps sont de véritables protections immédiates contre les moustiques pendant environ 4 heures. Il existe plusieurs gammes de produits dont une pour les enfants. On peut les trouver dans toutes les grandes surfaces, les boutiques ou les épiceries de quartier.

assez courante dans les pays tropicaux. Depuis décembre 2013, le chikungunya a également fait son apparition aux Antilles. Ces deux virus sont transmis par les moustiques. Ils se traduisent par un syndrome grippal (fièvre, maux de tête, douleurs articulaires et musculaires, nausée, démengeaisons...). Il n'existe pas de traitement préventif ou de vaccin à ce jour. Seuls remèdes pour soulager les maux : le paracétamol, la vitamine C (surtout pas d'aspirine car la dengue qui se présente sous 4 formes peut être hémorragique). Cette maladie pouvant être mortelle dans ce cas précis, il est fortement recommandé de consulter un médecin en cas de forte fièvre.

▶ **Le virus Zika.** En 2015, le sous-continent sud-américain a été mis en état d'alerte face à l'épidémie du virus Zika. Transmis par les moustiques infectés et vraisemblablement arrivé au Brésil lors de la Coupe du monde de Football 2014, ce virus aux symptômes grippaux serait la cause de cas de microcéphalie du fœtus chez les femmes enceintes infectées. Fin 2015, toutes les régions du Brésil étaient touchées, ainsi que la Guyane française, le Surinam, le Paraguay, la Colombie et le Venezuela voisins. L'Amérique centrale (Le Salvador notamment), la Barbade, la Martinique et la Guadeloupe ont été concernées en janvier 2016.

Fin 2016, l'agence de santé Guadeloupe (ARS) a annoncé la fin de l'épidémie, il n'y a donc plus de vigilance particulière à avoir. Restez malgré tout informé avant votre séjour en vous rendant sur le site www.guadeloupe.ars.sante.fr.

Conseils

Pour recevoir des conseils avant votre voyage, n'hésitez pas à consulter votre médecin. Vous pouvez aussi vous adresser à la société de médecine des voyages du centre médical de l'Institut Pasteur au ℮ 01 45 68 80 88 (www.pasteur.fr/fr/sante/centre-medical) ou vous rendre sur le site du ministère des Affaires étrangères à la rubrique « Conseils aux voyageurs » (www.diplomatie.gouv.fr/voyageurs).

▶ **En cas de maladie** ou de problème grave durant votre voyage, consultez rapidement un pharmacien puis un médecin.

Centres de vaccination

Pour plus d'informations, vous pouvez consulter le site Internet du ministère de la Santé (www.sante.gouv.fr) pour connaître les centres de vaccination proches de chez vous.

■ **INSTITUT PASTEUR**
25-28, rue du Dr Roux (15ᵉ)
Paris ℮ 01 45 68 80 00
www.pasteur.fr
Sur le site Internet, vous pouvez consulter la liste des vaccins obligatoires pays par pays.

L'Institut Pasteur, créé en 1888 par Louis Pasteur, est une fondation privée à but non lucratif dont la mission est de contribuer à la prévention et au traitement des maladies, en priorité infectieuses, par la recherche, l'enseignement, et des actions de santé publique. Tout en restant fidèle à l'esprit humaniste de son fondateur Louis Pasteur, le centre de recherche biomédicale s'est toujours situé à l'avant-garde de la science, et a été à la source de plusieurs disciplines majeures : berceau de la microbiologie, il a aussi contribué à poser les bases de l'immunologie et de la biologie moléculaire. Le réseau des Instituts Pasteur, situé sur les 5 continents et fort de 8 500 collaborateurs, fait de cette institution une structure unique au monde. C'est au Centre médical que vous devez vous rendre pour vous faire vacciner avant de partir en voyage.

▶ **Autre adresse :** Centre médical : 213 bis rue de Vaugirard, Paris 15ᵉ.

Médecins

Les médecins n'effectuent de visite à domicile et reçoivent généralement uniquement sur rendez-vous. Si vous ne pouvez pas patienter sans toutefois nécessiter de vous rendre aux services des urgences de l'hôpital, le centre médical situé à l'aéroport est ouvert 7j/7. Soyez alors patient, car la file d'attente est toujours impressionnante. L'alternative consiste à appeler le médecin régulateur des maisons médicales de garde (05 90 13 13 13 ou le 15). Ces centres sont situés au Moule, à Sainte-Rose et aux Abymes (près du CHU). Ils prennent le relais des médecins le soir, le week-end et les jours fériés mais seulement sur rendez-vous.

■ **CENTRE MÉDICAL DE L'AÉROPORT**
Aéroport Pôle Caraïbes
POINTE-À-PITRE
✆ 05 90 21 71 41
Voir page 158.

■ **DR THIMOTEE LONGUEVILLE**
Petite-Anse
TERRE-DE-BAS ✆ 05 90 99 82 01
Consultations du vendredi au mardi matin à Terre-de-Bas et le mardi et le jeudi à Terre-de-Haut.

■ **MAISON MÉDICALE DE GARDE**
Zac de Damencourt
LE MOULE ✆ 05 90 90 13 13
Voir page 261.

■ **MAISON MÉDICALE DE GARDE**
Cité des fonctionnaires
SAINTE-ROSE ✆ 05 90 90 13 13
Voir page 383.

■ **MAISON MÉDICALE DE GARDE**
Avenue Gaston Feuillard
BASSE TERRE ✆ 05 90 92 90 18
Voir page 330.

■ **MAISON MÉDICALE DE GARDE**
Rond-point de Chauvel
LES ABYMES ✆ 05 90 90 13 13
Voir page 173.

■ **MEDECIN ET PHARMACIE DE GARDE**
GRAND-BOURG ✆ 05 90 90 13 13
Voir page 404.

Hôpitaux / Cliniques / Pharmacie

Le système médical est identique à celui de la métropole avec la présence d'un Centre hospitalier universitaire à Pointe-à-Pitre, de deux centres hospitaliers, l'un à Basse-Terre et l'autre à Capesterre, ainsi que de plusieurs cliniques. Le Centre hospitalier universitaire ayant subi un important incendie le 28 novembre 2017, plusieurs services sont délocalisés. Les pharmacies sont nombreuses dans toutes les communes avec une située dans l'aéroport. Préférez plutôt les maisons de garde ou les médecins afin d'éviter d'encombrer la salle d'attente des urgences si votre état le permet et n'oubliez pas votre Carte d'assurance maladie.

▬▬ SÉCURITÉ ET ACCESSIBILITÉ ▬▬

Dangers potentiels et conseils

La Guadeloupe est une île de droit français sous les tropiques. Sur le plan de la sécurité, pour vous éviter des déconvenues, prenez les précautions habituelles, celles qui relèvent du bon sens que vous adopteriez en métropole. En général, les touristes ne sont pas concernés par la violence ordinaire. Cependant, ne vous promenez pas la nuit dans un quartier que vous ne connaissez pas, surtout à Pointe-à-Pitre et dans sa périphérie (place de la Victoire, Carénage, Bas-du-Fort...).

Les nuits sont également « chaudes » sous ce climat ! Attention à ne pas attirer l'œil des voleurs avec vos bijoux en or, smartphones et autres objets de valeur (utilisez plutôt le coffre-fort de votre hébergement). Ne vous promenez pas avec trop d'argent sur vous, et ne laissez rien traîner en vue dans les voitures de tourisme notamment en allant à la plage. Sachez que les touristes sont de suite repérés par la population (tenue vestimentaire, peau rougie par le soleil...) ; Ils représentent une manne idéale pour se procurer du cash, un appareil-photo, un smartphone... pour les opportunistes.

Femme seule en voyage

Partir seule aux Antilles ne pose aucun problème. En général, le personnel des résidences hôtelières ou des gîtes redouble d'attention pour vous lorsque vous voyagez seule. Votre propre attitude sera déterminante dans la relation ; un sourire est souvent la meilleure façon d'entamer le contact. Pour vos randonnées, renseignez-vous auprès des structures associatives qui proposent des services de guides accompagnateurs, en général des amoureux de leur île qui vous feront découvrir les richesses naturelles de la Guadeloupe. Il est déconseillé de partir seule (ou seul d'ailleurs) en forêt, même dans le Parc national. En présence d'un séducteur insistant, ignorez-le ou faites savoir que vous n'êtes pas intéressée, sans animosité. En règle générale, cela n'ira pas plus loin. En revanche, le soir, il est fortement conseillé de ne pas fréquenter seule les quartiers qui bougent, notamment dans le centre de Pointe-à-Pitre, aux abords des clubs. Restez dans les quartiers touristiques, afin d'éviter une éventuelle mauvaise rencontre. Sans être anormalement sur vos gardes, méfiez-vous de l'abus de confiance qui peut transformer une soirée festive en cauchemar... comme partout dans le monde !

Voyager avec des enfants

La Guadeloupe est une destination idéale pour un voyage avec des enfants, ceux-ci sont d'ailleurs considérés comme des « petits rois » dans la famille antillaise. Les hôtels proposent des formules attractives pour les familles. Des activités balnéaires à profusion, des sports et loisirs adaptés pour eux et aucun danger particulier à signaler ! Deux seuls petits bémols, mais qui sont les mêmes pour tous les vols long-courriers : les 8 heures d'avion et le décalage horaire. Attention également à bien protéger vos petits des méfaits du soleil qui tape très fort sous les tropiques. Protégez-les et protégez-vous des moustiques.

Voyageur handicapé

Les professionnels du tourisme en Guadeloupe font de gros efforts afin de rendre accessibles de nombreux logements et sites aux personnes à mobilité réduite. Le label Tourisme et Handicap a

été mis en place dans l'archipel. Il concerne les différentes formes de handicaps (auditif, mental, moteur et visuel) et a pour objectif d'adapter l'offre touristique. Un fauteuil roulant, portant le nom de « joelette », permet à une personne à mobilité réduite, une personne âgée ou fatiguée de profiter pleinement des joies de la randonnée. Idem pour l'accès aux plages. Il s'agit d'un fauteuil allégé et confortable avec une seule roue et un système de brancards soutenus par deux personnes valides qui permet d'accéder aux sentiers escarpés, de rouler dans le sable...

■ RANDO ET HANDICAP

Rue de Poirier – Pigeon
BOUILLANTE
✆ 05 90 98 73 49
www.tigligli.com
contact@tigligli.com
A partir de 35 € la 1/2 journée.
Aux écogites Tigligli, sur les hauteurs de Bouillante, il est possible de réserver des formules de randonnées familiales ou en groupes « handi-valides ». La sortie se fera avec des guides valides qui accompagnent des personnes à mobilité réduite. Les circuits sont proposés selon le choix des participants : visite de la mangrove, de la forêt tropicale, de sites, de lieux touristiques, de villes... La propriétaire est spécialisée dans l'accompagnement de personnes déficientes. Elle adapte ses circuits au handicap de chaque personne.

■ TETRATRIP

tetratrip.com – tetratrip84@gmail.com
Ebook : 8,49 €.
Un guide touristique de voyage pour les PMR. De précieuses informations et des conseils pour passer un agréable séjour en Guadeloupe.

Voyageur gay ou lesbien

On ne peut pas dire que la Guadeloupe soit la destination *gay friendly* par excellence. Pour l'instant ! Peu d'établissements touristiques arborent fièrement le drapeau arc-en-ciel.
L'homosexualité existe dans la population locale, mais elle reste discrète et pas toujours bien tolérée dans certains milieux. Ici, encore, le sujet demeure assez tabou. Le premier mariage gay de Guadeloupe, célébré dans la ville de Sainte-Anne, a donné lieu à la venue d'une kyrielle de curieux !

TÉLÉPHONE

Le mois de mai 2016 a sonné la fin des frais de *roaming*. Les surcoûts générés par les appels et les SMS depuis les portables entre la métropole et

les DOM n'existent plus. Vous pouvez désormais téléphoner de la métropole vers l'outre-mer (et inversement) sans coût supplémentaire.

S'INFORMER

AVANT SON DÉPART

■ **ANTENNE EUROPE DU COMITÉ DU TOURISME DES ÎLES DE GUADELOUPE**
8 - 10, rue Buffault (9ᵉ)
Paris ✆ 0 820 017 018
www.lesilesdeguadeloupe.com
infoeurope@lesilesdeguadeloupe.com
Ouvert du lundi au vendredi de 10h à 12h et de 14h à 17h.
Une antenne chargée d'assurer la promotion de la Guadeloupe en France métropolitaine et dans toute l'Europe.

■ **MINISTÈRE DES OUTRE-MER**
27, rue Oudinot (7ᵉ)
Paris ✆ 01 53 69 20 00
www.outre-mer.gouv.fr
De nombreuses informations sur les administrations, la population, le climat, la géographie, l'histoire…

■ **OFFICE DU TOURISME DE LA DOMINIQUE**
✆ 01 53 25 03 55
Voir page 114.

SUR PLACE

Institutions

■ **CONSEIL DÉPARTEMENTAL**
Boulevard Félix Eboué
BASSE TERRE ✆ 05 90 99 77 77
www.cg971.fr/
info@cg971.fr
Ouvert lundi, mardi et jeudi de 8h à 13h et de 14h à 17h, mercredi et vendredi de 8h à 13h30.

■ **CONSEIL RÉGIONAL**
Avenue Paul Lacavé
BASSE TERRE ✆ 05 90 80 40 40
Voir page 330.

■ **PRÉFECTURE DE LA GUADELOUPE**
Rue Lardenoy
BASSE TERRE ✆ 05 90 99 39 00
Voir page 330.

■ **SOUS-PRÉFECTURE**
Place de la Victoire
POINTE-À-PITRE
Voir page 166.

Tourisme

■ **COMITÉ DU TOURISME DES ÎLES DE GUADELOUPE**
5 square de la Banque
POINTE-À-PITRE ✆ 05 90 82 09 30
Voir page 158.

■ **OFFICE DE TOURISME DE MARIE-GALANTE**
Rue Pierre Leroy – BP 15
GRAND-BOURG ✆ 05 90 97 56 51
Voir page 402.

■ **OFFICE DE TOURISME DES SAINTES**
Place du Débarcadère – Rue Jean Calot
TERRE-DE-HAUT ✆ 05 90 94 30 61
Voir page 431.

■ **OFFICE MUNICIPAL DE TOURISME DE LA DÉSIRADE**
Beausejour
LA DÉSIRADE ✆ 06 90 64 14 54
Voir page 450.

MAGAZINES ET ÉMISSIONS

Presse

■ **AMINA**
11, rue de Téhéran (8ᵉ)
Paris ✆ 01 45 62 74 76
www.amina-mag.com
Abonnement annuel : 24€ (France) 40 € (Europe) ; 33 € (Afrique) ; 63 € (Canada/USA).

« Le magazine de la femme », le magazine mensuel de référence qui présente l'actualité des femmes depuis 1972 : voici comment se présente lui-même le magazine *Amina*. Et en effet, créé à l'origine pour les femmes noires, *Amina* continue à parler d'elles et pour elles, mais ce qui s'impose comme une évidence, c'est qu'il s'agit d'un journal passionnant, bourré d'informations utiles ou divertissantes, mis en page et illustré avec élégance et esthétisme et qui pourrait inspirer plus d'une femme blanche, foi de Futé(e) ! La gamme des rubriques que l'on y trouve est d'une grande richesse : Mode, Beauté, Société, Lifestyle, People, Culture, Femmes d'Amina, Agenda, Amina TV… *Amina* est aujourd'hui diffusé aux Antilles, en Amérique, mais également auprès de toute la communauté afro-antillaise européenne.

Radio

■ 92.6 – TROPIQUES FM
4, boulevard des Iles
Issy-les-Moulineaux ✆ 01 46 48 92 60
www.tropiquesfm.net
contact@tropiquesfm.com
La nature ayant horreur du vide, Tropiques FM naît le 7 septembre 2007 pour combler le silence ultramarin au cœur de l'Hexagone. Tropiques FM est une radio généraliste à dominante musicale tropicale, diffusée 24h/24 à Paris et région parisienne, et où se côtoient les musiques du monde, l'information nationale, internationale et ultramarine. Tropiques FM est le média de référence des Français d'outre-mer, il contribue au développement culturel et économique des ultramarins demeurant à Paris, aux Antilles et à l'étranger (via également l'Internet). Tropiques FM : un média de proximité, des émissions spécifiques, et un rendez-vous quotidien d'information en collaboration avec Radio Outre-Mer Première.

■ GUADELOUPE LA 1ERE
Guadeloupe
la1ere.francetvinfo.fr/guadeloupe/
Site de la chaîne publique de TV et de radio consacrée à la Guadeloupe (fréquences 88.9 et 96.9).

■ RADIO CARAÏBES INTERNATIONAL (RCI)
✆ 05 90 83 96 96 – www.rci.fm
Fréquence Grande Terre : 98.6 FM. Fréquence Basse Terre : 106.6 et 100.2 FM.

■ RADIO TRANSAT
Guadeloupe
Voir page 112.

■ ZOUK NEWZ
POINTE-À-PITRE (Guadeloupe)
Voir page 112.

Télévision

■ FAUT PAS RÊVER – FRANCE 3
www.twitter.com/fprever
Rendez-vous voyage et découverte incontournable de France 3, diffusé un lundi soir sur trois (en alternance avec *Thalassa* et *Le Monde de Jamy*). Présenté par Philippe Gougler et Carolina de Salvo, *Faut pas Rêver* nous invite à la découverte des peuples et des cultures du monde à travers de magnifiques reportages et des rencontres originales.

■ FRANCE 24
80, rue Camille Desmoulins
Issy-les-Moulineaux
✆ 01 84 22 84 84 – www.france24.com
France 24, quatre chaînes internationales d'information en français, anglais, arabe et en espagnol. Émettant 24h/24 et 7j/7 sur les 5 continents. La rédaction de France 24 propose depuis Paris une approche française du monde et s'appuie sur un réseau de 160 bureaux de correspondants couvrant la quasi-totalité des pays du globe. Disponible en Italie sur la TNT : 241 (en français) – sur Tivu : 73 (en français), 69 (en anglais) – sur Sky : 541 (en français), 531 (en anglais). Également sur Internet (france24.com) et applications connectées.

■ RMC DÉCOUVERTE
✆ 01 71 19 11 91
https://rmcdecouverte.bfmtv.com
Média d'information thématique, cette chaîne – diffusée en HD – propose un florilège de programmes dédiés à la découverte, et plus particulièrement des documentaires liés aux thématiques suivantes : aventure, animaux, science et technologie, histoire et investigations, automobile et moto, mais également voyages, découverte et art de vivre.

■ THALASSA – FRANCE 3
www.thalassa.france3.fr
thalassa@francetv.fr
Rendez-vous incontournable de France Télévision, quasi historique, *Thalassa*, le magazine de la mer, existe depuis 1975. L'équipe de journalistes part à la rencontre de tous les acteurs du monde marin. Dans cette émission hebdomadaire, où il est souvent question d'environnement, d'écologie, de pêche et de pêcheurs, de navigants, de tours du monde à la voile, la découverte du littoral français et les grandes aventures du bout du monde y sont régulièrement à l'honneur pour mieux comprendre les enjeux actuels et les actions en faveur de la planète bleue.

■ TREK
www.trekhd.tv
Chaîne thématique.
Chaîne du Groupe AB consacrée aux sports en contact avec la nature qui propose une grille composée le lundi par les sports extrêmes ; mardi, les sports en extérieur ; mercredi, les sports de glisse sur neige ; jeudi, les expéditions, avec des voyages extrêmes ; vendredi, le jour des défis avec des jeux télévisés de TV réalité ; samedi, deuxième jour de sports de glisse sur mer ; dimanche, l'escalade, à main nue ou à la pioche. Remplaçant la chaîne Escales, Trek est disponible sur les réseaux câble, satellite et box ADSL.

PENSE FUTÉ

RESTER

ÉTUDIER

Etudier ou poursuivre des études supérieures dans les Territoires d'Outre-Mer se prépare longtemps à l'avance. En métropole, il y aura par exemple des démarches administratives à effectuer auprès du service des relations de votre université, avant toute autre chose. Un semestre voire une année hors de métropole est assurément une expérience enrichissante, tant sur le plan personnel que professionnel, et un atout à mentionner sur le CV.

■ CIDJ
www.cidj.com
La rubrique « Europe et International » sur le serveur du Centre d'Information et de Documentation Jeunesse fournit des informations pratiques aux étudiants qui ont pour projet d'aller étudier hors de métropole.

■ ÉDUCATION NATIONALE
www.education.gouv.fr
Sur le serveur du ministère de l'Éducation nationale, une rubrique « International » regroupe les informations essentielles sur la dimension européenne et internationale de l'éducation.

■ LE CREPS ANTILLES-GUYANE
Route des Abymes
LES ABYMES
℡ 05 90 82 18 23
www.creps-antilles-guyane.fr/
Pour mener de front deux projets, la poursuite des études et la pratique du sport de façon intensive. Attention, les journées sont longues : debout à 5h30 et coucher à 21h. Les jeunes sont accueillis à partir de 14 ans. 34 disciplines sont représentées.

■ CROUS ANTILLES
Campus universitaire de Fouillole
POINTE-À-PITRE
℡ 05 90 89 46 60
www.crous-antillesguyane.fr
communication@crous-antillesguyane.fr
Les services du CROUS englobent tous les aspects de la vie quotidienne : logements, restauration, aides financières, action sociale, activités culturelles et sportives.

■ UNIVERSITÉ DES ANTILLES
Fouillole
POINTE-À-PITRE
℡ 05 90 48 30 30
www.univ-ag.fr
brs-uag@univ-ag.fr
L'université des Antilles dispense des enseignements dans de grands domaines de formation répartis entre le campus de Pointe-à-Pitre et celui situé en Basse Terre à Saint-Claude (Camp Jacob) : arts, lettres, langues, droit, économie, gestion, médecine, sciences humaines et sociales, sciences et techniques des activités physiques et sportives, sciences, technologies, santé, mais également une formation de pilote de ligne via l'ENAC (Caribbean Aviation Center of Excellence).

▶ **Autre adresse : Université** du Camp Jacob – 97120 Saint-Claude ℡ : 05 90 48 32 00

INVESTIR

Les investissements dans les biens immobiliers sont encouragés par l'État via la défiscalisation. Vous pouvez à la fois vous créer un patrimoine et réduire vos impôts. Le taux de réduction d'impôt varie de 23 à 32 % selon la durée de l'engagement à louer le logement (de 6 à 12 ans). Vous pouvez ainsi louer pendant 6 ans et ensuite conserver le logement en pied-à-terre. Ce programme est soumis aux plafonds suivants : prix d'acquisition inférieur à 5 500 € le m^2, montant d'investissement limité à 300 000 €, achat limité à 2 logements par an, loyers plafonnés. Il existe également un plafond de ressources pour les locataires.

REPÉREZ LES MEILLEURES VISITES

★ INTÉRESSANT ★★ REMARQUABLE ★★★ IMMANQUABLE ★★★★ INOUBLIABLE

NOURRIR
ÇA VEUT DIRE
SOIGNER

UNE PERSONNE MALADE PEUT RAPIDEMENT SOUFFRIR DE MALNUTRITION.
SAVEZ-VOUS QUE LES MALADIES SONT L'UNE DES PRINCIPALES CAUSES DE LA FAIM DANS LE MONDE, FRAGILISANT
ENCORE L'ORGANISME DES PLUS FAIBLES ? ALORS NOUS ŒUVRONS DIRECTEMENT AUPRÈS DES POPULATIONS
POUR PRÉVENIR ET SOIGNER, AFIN QU'ELLES PUISSENT RETROUVER UNE VIE ET UNE ALIMENTATION NORMALES.

Action contre la Faim – SIRET 318 990 892 00065 – .■ geometry global – .■ © Guillaume Binet

C'EST BIEN PLUS QUE NOURRIR.

© Naïade Plante

VOUS AVEZ **BOUCLÉ** VOTRE **VALISE** ?

AIDEZ
61 MILLIONS D'ENFANTS*
À PRÉPARER LEUR CARTABLE

SOUTENEZ AIDE ET ACTION SUR
www.france.aide-et-action.org

L'éducation change le monde, changez-le avec nous !

Aide et Action

L'Education change le monde

* Selon l'Unesco, 61 millions d'enfants en âge de fréquenter le primaire n'ont pas accès à l'école.

TRAVAILLER – TROUVER UN STAGE

Travailler ou trouver un stage aux Antilles : nombreux sont ceux qui en ont rêvé, et ont finalement réussi à partir s'y installer. Mais dans le domaine des entreprises guadeloupéennes, le manque d'informations à destination du grand public rend parfois le processus compliqué. Il existe quelques organismes au service du développement local, qu'il est bon de connaître lorsque l'on souhaite se lancer, dans la création ou la reprise d'une entreprise par exemple. Au-delà de l'activité professionnelle, informez-vous également des possibilités d'hébergement et de transport. Les loyers ou les prix d'achat sont certes accessibles dans les communes éloignées des zones d'activités (Anse-Bertrand, Port-Louis, Baillif, Sainte-Rose...) mais elles imposent de disposer d'une voiture et de prévoir un temps de trajet conséquent pour se déplacer vers les zones urbaines. Pour le moment, seul le transport en commun (réseau de bus Karu'lis) fonctionne correctement sur les territoires de Gosier, Pointe-à-Pitre, Abymes et Baie-Mahault.

■ ANTILLES INFO BUSINESS
Guadeloupe
Un annuaire des sociétés locales qui fournit des informations sur le business dans les Antilles et particulièrement la Guadeloupe. Recherchez une entreprise, un événement et consultez les informations pratiques.

■ CHAMBRE DE COMMERCE ET DE L'INDUSTRIE DES ÎLES DE GUADELOUPE – CCIIG
Rue Félix-Eboué
POINTE-À-PITRE
℃ 05 90 93 76 00
www.guadeloupe.cci.fr/
Du lundi au vendredi de 8h à 17h.
La Chambre de commerce et d'industrie de Pointe-à-Pitre se met au service des entreprises pour le développement de leur activité dans le pays, en Union européenne et dans le réseau EIC. Elle propose des formations tertiaires et techniques, et le centre de documentation édite et délivre des informations sur le développement économique de la région. Tous les organismes publics concernés par l'activité économique de l'archipel y sont indiqués.

▶ **Autre adresse :** 6, rue Victor-Hugues, 97100 Basse-Terre ℃ 05 90 99 44 44, cci-basse-terre@wanadoo.fr

■ CHAMBRE DES MÉTIERS ET DE L'ARTISANAT
30 boulevard Félix-Eboué
BASSE TERRE
℃ 05 90 91 85 85
www.cmarguadeloupe.org/
sgstc@cmguadeloupe.org
La chambre des Métiers et de l'Artisanat dispose d'un guichet unique pour les démarches des artisans. Elle procède à l'immatriculation ou au changement d'activité. Il faut impérativement se rendre sur place pour toute démarche. Une seule consigne alors, la patience, car l'attente peut être longue.

▶ **Autre adresse :** Avenue du Général-de-Gaulle – Le Raizet – 97139 Abymes ℃ 05 90 91 85 85

■ DOMEMPLOI
Guadeloupe
www.domemploi.com/
contact@keldom.com
Le premier site de recrutement en ligne des DOM. Plus de 50 partenaires recruteurs sur la Martinique, la Guadeloupe, les îles du nord, la Guyane et la Réunion. Le site propose également des offres en intérim et des formations dispensées dans chaque département. Vous pouvez également déposer votre C.V. sur le site.

■ LE CFE
Hôtel consulaire
Rue Félix-Eboué
POINTE-À-PITRE
℃ 05 90 93 76 15
cci-info@cci-pap.org
Ouvert les lundis, mercredis et jeudis de 8h30 à 16h, et les mardis et vendredis de 8h30 à 12h30.
A la Chambre de commerce et d'industrie, le Centre de formalité des entreprises est le seul interlocuteur des commerçants, prestataires de services, industriels et dirigeants de sociétés commerciales et de groupements d'intérêts économiques, lorsqu'il s'agit de traiter tous les événements affectant la vie de leur entreprise : immatriculation en quelques clics, changement de situation, d'identification ou de mode d'exploitation, nouvelles caractéristiques de l'entreprise, de ses établissements, des organes et assimilés, transfert d'adresse, etc., et ce jusqu'à la cessation d'activité.

INDEX

I / J / K / L

M

N / O

P

■ R / S ■

■ T / U / V / W ■

■ Z ■